Reichenberger • Der gedachte Krieg

Sicherheitspolitik und Streitkräfte der Bundesrepublik Deutschland

Begründet vom
Militärgeschichtlichen Forschungsamt

Herausgeben vom
Zentrum für Militärgeschichte und
Sozialwissenschaften der Bundeswehr

Band 13

Florian Reichenberger

Der gedachte Krieg

Vom Wandel der Kriegsbilder
in der militärischen Führung der Bundeswehr
im Zeitalter des Ost-West-Konflikts

DE GRUYTER
OLDENBOURG

Umschlagabbildungen:
Mitarbeiter des Bundespresseamtes beobachten das Herbstmanöver
»Fränkischer Schild« der Bundeswehr mit Beteiligung zahlreicher Soldaten
aus NATO-Mitgliedstaaten sowie eines französischen Großverbandes im
Raum Würzburg. Auf dem Bild: Kampfpanzer Leopard 2 und Panzerabwehr-
Hubschrauber MBB BO 105, 23.9.1986.
Foto: BArch, Bild F073468-00180/Arne Schambeck
Atomtest in der Wüste von Nevada in den 1950er Jahren.
Foto: Amerika Haus/SZ Photo

Zugl. Dissertation der Universität Potsdam, 2016
(Erstgutachter: Prof. Dr. Michael Epkenhans;
Zweitgutachterin: Prof. Dr. Loretana de Libero)

ISBN 978-3-11-071001-4
e-ISBN (PDF) 978-3-11-046531-0
e-ISBN (EPUB) 978-3-11-046271-5
ISSN 2190-1449

Library of Congress Control Number: 2018948108

Bibliografische Information der Deutschen Nationalbibliothek
Die Deutsche Nationalbibliothek verzeichnet diese Publikation in der
Deutschen Nationalbibliografie; detaillierte bibliografische Daten sind
im Internet über http://dnb.dnb.de abrufbar.

© 2020 Walter de Gruyter GmbH, Berlin/Boston
Dieser Band ist text- und seitenidentisch mit der 2018 erschienenen
gebundenen Ausgabe.
Redaktion: ZMSBw, Potsdam, Fachbereich Publikationen (0792-01)

Projektkoordination, Lektorat: Aleksandar-S. Vuletić
Bildrechte: Marina Sandig
Texterfassung, Satz, Bildbearbeitung: Christine Mauersberger
Cover: Carola Klinke
Grafiken: Daniela Heinicke, Frank Schemmerling

Druck und Bindung: Hubert & Co. GmbH & Co. KG, Göttingen

www.degruyter.com

Inhalt

Danksagung und Widmung IX

I. Einleitung 1
   1. Thema, Relevanz und Fragestellung 1
   2. Forschungsstand und Quellenlage 10
      a) Forschungsstand 10
      b) Quellenlage 23
   3. Methodik 27

II. Das Kriegsbild – eine Begriffsbestimmung 33
   1. Geschichte und Gebrauch des Begriffs 33
   2. Begriffsdefinition von »Kriegsbild« 38
   3. Eigentümlichkeiten von Kriegsbildern 51
   4. Möglichkeiten und Grenzen der Erfassbarkeit von Kriegsbildern 58
   5. Die Problematik des Begriffs »Krieg« 62

III. Die gedanklichen Grundlagen: Entwicklung von Kriegsbildern in den deutschen Militäreliten von 1871 bis 1945 67
   1. Operativ geprägte Idealvorstellungen: Kriegsbilder vor dem Ersten Weltkrieg 68
   2. Desillusionierung: Die Realitäten des Ersten Weltkriegs 85
   3. Zwischen der Renaissance des beweglichen Operationskriegs, totalem Volkskrieg und Blitzkrieg: Kriegsbilder in der Zwischenkriegszeit 90
   4. Kriegsbilder unter dem Eindruck des Zweiten Weltkrieges: Prägende Erfahrungen für die frühe Bundeswehrführung 114

IV. Die Entwicklung von Kriegsbildern in der militärischen Führung der Bundeswehr 121
   1. Gewohnte Kriegsbilder im Dienste der politischen Interessen: Die Kontinuität konventionellen operativen Denkens der Wehrmacht im Amt Blank und in der frühen Bundeswehr bis 1956 121
      a) Nie wieder Krieg? Zusammenbruch und Neuanfang unter veränderten Rahmenbedingungen 1945 bis 1948 121

- b) Die Ausformung eines neuen Kriegsbildes und Restauration des operativen Denkens 1948 bis 1950 126
- c) Die Himmeroder Denkschrift: Kontinuität traditionellen operativen Denkens im Dienste der Politik (1950) 144
- d) Instrumentalisierung und verdrängte Einsichten: Beharrungsvermögen des traditionellen Kriegsbildes 1951 bis 1955 155
- e) Ausdifferenzierung und Wandel: Die langsame Nuklearisierung im traditionell geprägten Kriegsbild 1956 186
- f) Zwischenfazit 196

2. Kriegsbilder im Dilemma: Zwischen Nuklearisierung des Gefechtsfeldes, Unvorstellbarkeit des Allgemeinen Atomkrieges und Begrenzung des Krieges 1957 bis 1965 198
   - a) Widerstreit der Kriegsbilder: Konkurrierende Vorstellungen der Teilstreitkräfte im Banne der Nuklearkriegführung 1957 bis 1959 203
   - b) Kompromisse im Zeichen der nuklearen Vorwärtsverteidigung: Kriegsleitbilder der Generalinspekteure und aus dem Führungsstab der Bundeswehr 1957 bis 1962 238
   - c) »Die Wandlung der Apokalypse« und die »Teufelsspirale« zur »Weltkatastrophe« 1962 bis 1964 267
   - d) Die Hinwendung zum »Begrenzten Krieg« und die Umformulierung des Leitbildes 1963 bis 1965 277
   - e) Zwischenfazit 296

3. Wunschbilder: Differenzierte Vorstellungen vom begrenzten Krieg und die langsame Rückkehr zur konventionellen Kriegführung 1966 bis 1979 298
   - a) Der nationale Standpunkt: Die Verfestigung der Vorstellung vom begrenzten Krieg und die Zunahme des Verantwortungsbewusstseins im Umgang mit Atomwaffen 1966 bis 1969 299
   - b) Lokal begrenzter Krieg mit begrenzten Kräften: Kriegsbilder unter dem ersten sozialdemokratischen Verteidigungsminister 1969 bis 1972 332
   - c) Kriegsbilder zwischen Modernisierung und Verdecktem Kampf: Der langsame Einzug von Operations Research und Technologie 1972 bis 1979 345
   - d) Die Beflügelung der Kriegsvorstellungen durch die Hochtechnologie und das »Umdenken in die neuen Luftkriegsdimensionen hinein« 1979 362
   - e) Zwischenfazit 368

4. Kriegführung im »Kontinuum der Abschreckung«: Die schleichende Rekonventionalisierung der Kriegsbilder im Zeichen der Hochtechnologie 1980 bis 1990 369
   - a) Das Aufkommen der Hochtechnologie in Rüstung und Kriegführung 1980 bis 1983 371
   - b) Das Denken im »Kontinuum der Abschreckung« 1983 bis 1986 .. 387

c) Die Renaissance operativen Denkens und die gedankliche
   Rekonventionalisierung der Kriegführung 1987 bis 1990 404
d) Zwischenfazit 418

V. Zusammenfassung und Ausblick 421
Anhang
   Abkürzungen 445
   Quellen und Literatur 449
   Personenregister 493

Danksagung und Widmung

Auch wenn ich die nachfolgende Studie mein geistiges Werk nennen kann, an dem ich unzählige Stunden alleine geschrieben habe, so wäre es doch nicht ohne Förderer, Mentor(in)en, Ratgeber(innen), Zuarbeiter(innen) und Freunde möglich geworden. Ich möchte vorab allen danken, die mich beim Entstehungsprozess dieser Arbeit in vielfältiger Weise unterstützt haben.

Zuerst gilt mein Dank Herrn Oberstleutnant i.G. Frank Lindstedt, meinem ehemaligen Kommandeur des Jägerbataillons 292 in Donaueschingen, und Herrn Oberstleutnant Dr. Martin Hofbauer, ehemals Projektleiter im Militärgeschichtlichen Forschungsamt (MGFA) Potsdam, die mir durch ihr Engagement im Jahr 2010 gemeinsam die Möglichkeit eröffnet haben, nach meiner dreijährigen Zeit als Kompaniechef den Weg in die Militärgeschichte einzuschlagen.

Ich danke dem damaligen Amtschef des MGFA, Oberst Dr. Hans Ehlert, und seinem Nachfolger Oberst Dr. Hans-Hubertus Mack sowie dem jetzigen Kommandeur des Zentrums für Militärgeschichte und Sozialwissenschaften der Bundeswehr (ZMSBw), Kapitän zur See Dr. Jörg Hillmann, dem ehemaligen Chef des Stabes im ZMSBw, Oberst Prof. Dr. Winfried Heinemann, und dem früheren Leiter der Abteilung Forschung im MGFA und jetzigen Leitenden Wissenschaftler im ZMSBw, Prof. Dr. Michael Epkenhans, die mir den dienstlichen Rahmen für das Promotionsprojekt geboten haben. Aus der infanteristischen Schlammzone der Truppe kommend, habe ich es als Privileg empfunden, meine Arbeit als dienstlichen Auftrag zum großen Teil während meiner Dienstzeit ohne Gefahr für Leib und Leben unter familienfreundlichen Bedingungen schreiben zu dürfen.

Darüberhinaus bedanke ich mich vor allem auch bei Herrn Dr. Rüdiger Wenzke, meinem Forschungsbereichsleiter, und Herrn Oberstleutnant Dr. Dieter H. Kollmer, meinem fachvorgesetzten Projektleiter zur Bundeswehrgeschichte, die mir im MGFA und ZMSBw nach meiner Zeit als Wissenschaftlicher Assistent von Prof. Dr. Epkenhans weitestgehend den Rücken von anderen Aufträgen frei gehalten und so die für die Fertigstellung der Arbeit notwendigen Zeiträume gewährt haben.

Ganz besonderen Dank möchte ich Frau Prof. Dr. Loretana de Libero aussprechen, die mich nach einer siebenjährigen Truppenzeit mit viel Einsatzbereitschaft, Geist, Feinsinn, Empathie und Geduld wieder an das wissenschaftliche Arbeiten herangeführt hat. Mein herzlicher Dank ist ihr dafür gewiss, dass sie einen Auftrag, den sie damals im MGFA wohl eher unvermittelt erhalten hat, auch über ihre Zeit in Potsdam hinaus als »officium« verstanden hat. So hat sie mich mit der notwendigen Zuversicht und Kraft für mein Dissertationsprojekt gestärkt. Gratias ago! In ihr sehe ich ein Vorbild im wissenschaftlichen Arbeiten und habe versucht, ihren Ansprüchen nach besten Kräften gerecht zu werden.

Ganz besonderes bedanke ich mich bei meinem wichtigsten Ratgeber, Oberstleutnant Dr. Helmut Hammerich. In ihm habe ich nicht nur einen hervorragenden Kenner meines Themas gefunden, sondern auch früh einen Förderer im besten Sinne des Wortes. Von den Anfängen meines ersten Gliederungsentwurfs über die Erschließung der Quellen bis hin zum Korrekturlesen hat er meine Arbeit mit durchweg kompetenten, wertvollen Ratschlägen inhaltlich und mit seiner verbindlichen, fränkischen Wesensart auch menschlich begleitet.

Sehr wichtig war für mich beim Entstehungsprozess der Arbeit im MGFA bzw. ZMSBw auch mein alter Kommilitone, Kamerad und Freund Oberstleutnant Dr. Thorsten Loch. Er hat mir über den gesamten Entstehungsprozess hinweg in vielen guten Gesprächen mit kritischen Fragen, Ratschlägen, Literaturhinweisen und auch Humor geholfen, die Thematik geistig besser zu durchdringen.

An dieser Stelle möchte ich auch Herrn PD Dr. Oliver Bange danken, einem weiteren Experten im ZMSBw zu meinem Themenfeld, der meine Arbeit mit Wohlwollen begleitet, hier früh meinen ideengeschichtlichen, vergleichenden Ansatz unterstützt und mir in unseren Flur- bzw. »Türrahmengesprächen« mit geistigen Anregungen sowie nützlichen Literatur- und Quellenhinweisen geholfen hat.

So habe ich in vielerlei Hinsicht von der geballten Expertise zur Militärgeschichte im MGFA und ZMSBw profitiert. Dies gilt für Gedankenanstöße, Literaturhinweise, Korrekturanmerkungen und Verbesserungsvorschläge von Oberst Dr. Gerhard P. Groß und PD Dr. Markus Pöhlmann (zur Vorgeschichte bis 1945), Dr. Martin Rink, Dr. Heiko Biehl und Oberstleutnant Dr. Rudolf J. Schlaffer (zur Bundeswehr, insbesondere zum Heer), Fregattenkapitän a.D. Dr. Frank Nägler, Fregattenkapitän Dr. Rüdiger Schiel und Fregattenkapitän Dr. Oliver Krauß (zur Marine), Dr. Bernd Lemke, Oberstleutnant Dr. Heiner Möllers, Oberstleutnant Dr. Harald Potempa und Herrn Ulf Balke (zur Luftwaffe) sowie Dr. Rüdiger Wenzke (zur Warschauer Vertragsorganisation).

Was den Quellenzugang betrifft, möchte ich vor allem Frau Cynthia Flohr, Mitarbeiterin des ZMSBw im Militärarchiv in Freiburg i.B., nennen, die mich bei meinen Archivaufenthalten vielfach mit Rat und Tat freundlich unterstützt hat. Des Weiteren bedanke ich mich bei der Arbeitsgruppe des Bundesministeriums der Verteidigung im Militärarchiv, die auf meinen Antrag hin zahlreiche Quellen für mich ausgewertet und viele davon zur Nutzung offengelegt hat.

Ich bedanke mich weiterhin bei Frau Beatrix Dietel vom Nachlassreferat MA 1 im Militärarchiv und bei den Nachlassgeber(inne)n und -verwalter(inne)n, die wichtige Dokumente für die geschichtswissenschaftliche Auswertung zur Verfügung gestellt haben, vor allem bei Herrn Staatssekretär a.D. Prof. Dr. Walther Stützle, Herrn General a.D. Hans Speidel und Herrn Dr. med. Wolf-Dieter Steinhoff.

Hilfe bei der Quellenerschließung haben darüber hinaus Frau Dr. Dorothee Hochstetter und Frau Elke Wagenitz aus dem ZMSBw, Frau Brigitte Nelles vom

Parlamentsarchiv des Deutschen Bundestages und Frau Dr. Angela Keller-Kühne vom ACDP geleistet.

Ein besonderer Dank bei der Quellenarbeit gilt den hilfsbereiten Zeitzeug(inn)en, die nicht nur auf einer guten Vertrauensbasis Rede und Antwort auf meine vielen Fragen gegeben haben, sondern sich viel Zeit nahmen, um mich gastfreundlich zu empfangen und meine Arbeit durch wertvolle weiterführende Hinweise zu verbessern: Frau Christine Golling alias Frederike Frei (Künstlername), Herrn General a.D. Wolfgang Altenburg, Herrn Generalleutnant a.D. Jörg Schönbohm und Herrn Generalleutnant a.D. Rainer Glatz.

Ich danke ferner den Damen der Bibliothek des ZMSBw, insbesondere Frau Anke Strohmeier, für ihre vielfache Unterstützung.

Dank gebührt schließlich dem Fachbereich Publikationen im ZMSBw, vor allem Frau Christine Mauersberger für die Textbearbeitung und Satzgestaltung sowie dem Lektor, Herrn Dr. Aleksandar-S. Vuletić, darüber hinaus Frau Marina Sandig für die Klärung der Bildrechte, Frau Carola Klinke für die Covergestaltung und Frau Daniela Heinicke sowie Herrn Frank Schemmerling für die Grafiken.

* * *

Widmen möchte ich die vorliegende Arbeit meiner Familie, meiner liebevollen Ehefrau Ariane sowie unseren liebenswerten Kindern Konrad und Elise. Mit viel Verständnis und Geduld haben sie über Jahre immer wieder Entbehrungen auf sich genommen, damit diese Studie entstehen konnte.

* * *

»Kriegsbild und strategisches Konzept in der zur Verfügung stehenden Zeit erschöpfend zu behandeln, ist ausgeschlossen. Wir sollten uns darüber klar sein, daß auf diesem Gebiet nur weniges konkret und nur weniges beweisbar ist. Die Versuchung ist zweifellos groß, in Spekulationen zu verfallen, von einem Wunschdenken oder von vorgefassten Meinungen auszugehen. Geistige Zucht und ein vorurteilsloses Bemühen sind die Voraussetzungen, um zu realistischen Annahmen oder Auffassungen zu gelangen.«[1]

Generalinspekteur der Bundeswehr Heinz Trettner, 28. Juni 1966

»Denken ist eine anstrengende Tätigkeit und erfordert mehr als die Manipulation eines Kaleidoskops mentaler Bilder.«[2]

Quentin Skinner, 2010

---

[1] BArch, BW 2/20377, Der Bundesminister der Verteidigung, S VII 4, Tgb.Nr. 991/66, Kriegsbild und strategisches Konzept aus deutscher Sicht, Vortrag des Generalinspekteurs der Bundeswehr General Trettner anlässlich der 12. Kommandeur-Tagung der Bundeswehr, 28.6.1966, S. 1.

[2] Skinner, Bedeutung und Verstehen in der Ideengeschichte, S. 84.

I. Einleitung

1. Thema, Relevanz und Fragestellung

»Schwarzes Pferd Eins Null, Schwarzes Pferd Eins Null, hier Schaufel Sechs. Bestätigen Beobachtung von Charlie Eins wie folgt: großer Panzerverband hat innerdeutsche Grenze Null Drei Null Fünf Zulu in etwa Brigadestärke überschritten. Besteht aus Papa Tango (PT) 76, Bravo Tango Romeo (BTR) 62 und Tango (T) 72. Informieren Sie Schwarzes Pferd Sechs, dass Schaufel den Kampf aufnimmt. Ende.«[1]

Mit diesen Worten, die den militärischen Funkspruch eines amerikanischen Kompaniechefs darstellen sollten, leitete, britischer Schriftsteller und ehemaliger General sowie NATO-Oberbefehlshaber der Heeresgruppe Nord in Europa, sein 1978 auch auf Deutsch erschienenes Buch »Der Dritte Weltkrieg: Hauptschauplatz Deutschland«, von dem mehr als drei Millionen Exemplare in zehn Sprachen verkauft wurden, ein. Dabei handelte es sich um eine etwa 350 Seiten umfassende Fiktion eines im August 1985 zwischen Eisenach und Fulda beginnenden Dritten Weltkrieges. Mit beklemmender Eindringlichkeit, die auf einer umfassenden militärischen Fachkenntnis beruhte, schilderte Hackett eine große militärische Auseinandersetzung zwischen der Warschauer Vertragsorganisation (WVO), dem sogenannten Warschauer Pakt, und der Nordatlantikpakt-Organisation (NATO). Zum Glück war es ein »Krieg, der nicht stattfand«,[2] außer in den Köpfen zahlreicher Menschen, vor allem der Militärs.

Der Ost-West-Konflikt[3] zwischen dem Atlantischen Bündnis und dem Warschauer Pakt war indessen real und nahm sogar Züge eines »Kalten Krieges«[4] an, in dem der sogenannte Eiserne Vorhang[5] gleichsam einer Frontlinie auch quer durch Deutschland verlief. Seine Relikte sind immer noch präsent und

---

[1] Hackett, Der Dritte Weltkrieg, S. 19. Das Zitat ist darüber hinaus in einem Zeitschriftenartikel abgedruckt: Hackett, Schlachtfeld Deutschland.
[2] Loth, Der Krieg, der nicht stattfand. Diese Problematik beschreibt auch: Hammerich, Die Operationsplanungen der NATO, S. 287.
[3] Niedhart, Der Ost-West-Konflikt.
[4] Bernd Stöver bezeichnet den Kalten Krieg als »eine weitgehend entgrenzte politisch-ideologische, ökonomische, technologisch-wissenschaftliche und kulturell-soziale Auseinandersetzung« von Bündnissystemen um die Zentren USA und UdSSR, die »sich auf den Eventualfall des großen militärischen Konflikts« umfassend vorbereiteten. Stöver, Der Kalte Krieg, S. 21.
[5] Loth, Der Krieg, der nicht stattfand, S. 290.

belasten weiterhin die Gemüter.[6] Diese Ost-West-Konfrontation stellte eine Auseinandersetzung zwischen diametral entgegengesetzten politischen, sozialen und ökonomischen Systemen, Machtsphären, Weltbildern und Lebensformen dar, wobei die eine Seite die andere mit Streitkräften und nicht zuletzt Atomwaffen existenziell bedrohte.[7] Als die ersten Auflagen von Hacketts Roman erschienen, lagerten bereits über 5000 US-amerikanische Nuklearwaffen auf dem Territorium der Bundesrepublik Deutschland. Dies bedeutete die höchste Dichte atomarer Waffen in einem einzelnen europäischen Land.[8]

Wie ein Damoklesschwert schwebte so während des Ost-West-Konflikts die Möglichkeit einer offenen militärischen Auseinandersetzung zwischen beiden Machtblöcken über dem »Frontstaat« Bundesrepublik Deutschland. Das Spektrum der einsetzbaren Kriegsmittel reichte dabei von konventionellen Waffen über chemische Kampfstoffe und biologische Kampfmittel bis hin zu Atombomben. Ein Krieg konnte zu Lande, zu Wasser und in der Luft, schließlich bis in den Weltraum hinein geführt werden. Angesichts dieser permanenten Bedrohung wurde die militärische Führung der 1955 gegründeten Bundeswehr ständig mit der Frage nach dem möglichen Krieg, nach dem »Kriegsbild«, wie es ja unter anderem von Hackett ausgemalt wurde, konfrontiert. Der erste Generalinspekteur der Bundeswehr, Adolf Heusinger, kommentierte diese Frage bereits 1954 mit den Worten: »Prophezeien ist immer eine missliche Sache, besonders aber, wenn es gilt, sich ein Bild eines etwaigen zukünftigen Krieges zu machen. Trotzdem ist es dringlich notwendig, den Versuch zu machen.«[9] Diese Notwendigkeit bestätigte 1959 auch Dr. Hans Speidel, der zweite Mann in der frühen Doppelspitze der Bundeswehr und spätere Oberbefehlshaber der alliierten NATO-Landstreitkräfte (AFCENT) in Mitteleuropa mit der Begründung: »Noch nie hat sich das allgemeine Denken mit den Vorstellungen eines möglichen Krieges so eingehend beschäftigt wie heute.«[10] Drei Jahre später urteilte der Generalmajor der Bundeswehr Wolf Graf von Baudissin, damals Kommandeur des NATO Defense College in Paris: »Das Kriegsbild [...] entscheidet möglicherweise über Sein oder Nichtsein«,[11] denn seiner Ansicht nach lag es im vitalen Interesse von Staaten, die Streitkräfte unterhielten, Natur und Gestalt zukünftiger Kriege zu ergründen, um gegebenenfalls den Fortbestand der Freiheit ihrer Bürgerinnen und Bürger sichern zu können. Der Brigadegeneral und Militärtheoretiker Eike

---

[6] Zum Beispiel in Form von Bunkerbauten und atomaren Hinterlassenschaften, die auch noch zahlreiche weitere Generationen beschäftigen werden. Siehe dazu: Sprenger, Atomare Hinterlassenschaften; Bederke, Betonkoloss mit Gruselfaktor; Stark, Ein Relikt des Kalten Krieges; Geheimbunker der Bundesbank geöffnet.
[7] Niedhart, Der Ost-West-Konflikt, S. 34; Loth, Der Krieg, der nicht stattfand, S. 285. Zu den unterschiedlichen Weltbildern siehe auch: O'Gorman, Spirits of the Cold War.
[8] Geiger, Die Bundesrepublik Deutschland und die NATO, S. 166.
[9] BArch, BW 2/982, Handakte Heusinger, Vortrag vor dem EVG-Ausschuss am 12.7.1954, S. 1.
[10] ZMSBw, Sammlung Militärgeschichte 1945–1990, Nachlass Hans Speidel, Mappe 262a »Vorträge. Gehalten ab 1951/52«, hier: »Gedanken zur militärpolitischen Lage. Technische Hochschule Stuttgart 4.11.1959«, S. 17 f.
[11] Baudissin, Das Kriegsbild (1962), S. 8.

Middeldorf bewertete die Relevanz des Themas 1968 im Leitfaden »Führung und Gefecht« ähnlich, indem er das Kriegsbild »eine Lebensfrage«[12] nannte. Die in der WVO zur Doktrin erhobene These Vladimir I. Lenins von der Unvermeidbarkeit des Krieges als höchste Form des Klassenkampfes[13] und die Möglichkeit des Einsatzes von Massenvernichtungswaffen verliehen der Frage nach dem Kriegsbild im Ost-West-Konflikt eben eine besondere Brisanz. Sie beschäftigte damals Soldaten, Politiker, Wissenschaftler, Staatsrechtler, Theologen, Philosophen, Friedensforscher und immer wieder auch eine noch breitere Öffentlichkeit.[14]

Aber auch, als einige Jahre später ein Entspannungsprozess nach der Konferenz für Sicherheit und Zusammenarbeit in Europa (KSZE-Prozess) bereits angelaufen war und die Zeichen auf sicherheitspolitischem Ausgleich standen, hing es – wie der Militärtheoretiker Ferdinand Otto Miksche 1976 schrieb – vom Kriegsbild ab, ob »sich Europas Schicksal zwischen der Elbe und dem Rhein innerhalb einiger Tage entscheiden würde«.[15] Und hier schließt sich wieder der Kreis zu Hackett, der eben diese potenziell schicksalhaften Ereignisse in seinem Zukunftsroman darzustellen versuchte.

Doch hatte bereits Heusinger das Kriegsbild »ein sehr schwieriges Thema«[16] genannt, nicht zuletzt deshalb, weil »über die Art eines künftigen Krieges [...] Meinung gegen Meinung«[17] stand. Aufgrund unterschiedlicher Ansichten, vielleicht auch Interessen konnten Kriegsvorstellungen durchaus umstritten sein. Und wer konnte bei einem Krieg, der nicht stattfand, schon sagen, wer Recht hätte? Allein die Erfahrungen, die bis zum Ende des Jahres 1914, spätestens jedoch nach den Materialschlachten des Stellungskrieges bis zum Ende des Ersten Weltkrieges gesammelt worden waren, hatten schon einmal die mögliche Diskrepanz zwischen Kriegsbild und der Kriegswirklichkeit vor Augen geführt. Wie der Historiker Dieter Storz festgestellt hat, hatten sich »die Führungseliten der Armeen [...] den Krieg der Zukunft in den Jahrzehnten vor 1914 als zügigen Bewegungskrieg [...], in dem große, raumgreifende Operationen der Feldarmeen ein rasches Kriegsende herbeiführen würden«[18], vorgestellt. Dies galt insbesondere auch für die deutsche Militärführung, deren aus der strategischen Schwächeposition geborene Illusion einer raschen operativen Entscheidung sich – so-

---

[12] Middeldorf, Führung und Gefecht, S. 13 f.
[13] Walitschek, Probleme des modernen Kriegsbildes, S. 196; Spannocchi, Strategie und modernes Kriegsbild, S. 358.
[14] Baudissin, Das Kriegsbild (1962), S. 1; BArch, BW 2/1944, Leiter Fü B III, Entwurf betreffend »Bild eines künftigen Krieges«, 20.2.1958, S. 1 f.
[15] BArch, N 842/29, Nachlass Heinrich Trettner, Textentwurf »Denkende Waffen verändern das Kriegsbild« von Ferdinand Otto Miksche, 2.1.1977, S. 26.
[16] Zitat aus dem Vortrag des Generalinspekteurs Heusinger vor dem Vereidigungsausschuss. PA-DBT, Protokolle des Bundestagsausschusses für Verteidigung, 70. Sitzung vom 13.1.1960, S. 31.
[17] BArch, BW 2/2673, Der Vorsitzende des Militärischen Führungsrates, »Studie Nr. 2 Gedanken zur Organisation, Ausbildung und Führung des Heeres«, Bonn, 11.10.1956, S. 1.
[18] Storz, Die Auswirkungen, S. 71. Er gibt damit den wissenschaftlichen Forschungsstand wieder. Vgl. Müller, Anmerkungen zur Entwicklung; Dülffer, Kriegserwartung und Kriegsbild; Bald, Zum Kriegsbild.

wohl zu Lande als auch zur See – als tragischer Irrtum erweisen sollte. Dass der Charakter dieses Krieges völlig unzureichend vorhergesehen worden war, wird der damaligen Militärführung heute noch angelastet.[19] Sogar Heinz Trettner, Generalinspekteur der Bundeswehr vom 1. Januar 1964 bis 25. August 1966, ging mit den militärischen Verantwortlichen aus jener Zeit hart ins Gericht, obwohl er sich im Zeitalter des Ost-West-Konflikts selbst vor die Herausforderung gestellt sah, ein Kriegsbild zu entwerfen und zu vertreten, das dann gleichsam zu einem Leitbild vom Kriege für die Bundeswehr wurde.[20] Als nach dem Ersten und dem Zweiten Weltkrieg in der zweiten Hälfte des 20. Jahrhunderts noch ein »Dritter Weltkrieg«[21] drohte, hatte sich die Führung der Bundeswehr wiederum ein Bild vom möglichen Krieg zu machen.

In der vorliegenden Studie soll es um eben diesen »Krieg in den Köpfen«[22] gehen, jedoch nicht als Kriegserinnerung oder -bewältigung in die Vergangenheit gerichtet,[23] auch nicht als Darstellung oder »Repräsentation«[24] eines Krieges, sondern als Vorstellung einer möglichen Zukunft, als Erwartungshorizont. Es sollen Antizipationen einer militärischen Auseinandersetzung zwischen NATO und WVO, d.h. des sogenannten Verteidigungsfalls für die Bundesrepublik Deutschland untersucht werden. Genauer gesagt soll im Rahmen dieser Arbeit unter dem Titel »Der gedachte Krieg« die Entwicklung von Kriegsbildern[25] in der militärischen Führung der Bundeswehr im Zeitalter des Ost-West-Konflikts untersucht werden.

Um die zentrale Fragestellung, wie sich die Kriegsvorstellungen entwickelten, beantworten zu können, soll das Thema mit folgenden Leitfragen erschlossen werden:
– Was ist ein Kriegsbild?

---

[19] Müller, Anmerkungen zur Entwicklung, S. 439.
[20] 1966 sagte Trettner bei einer Kommandeurtagung der Bundeswehr: »Die Geschichte lehrt, daß überholte Vorstellungen oft mit hohen Anfangsverlusten bezahlt werden mußten, bevor sich die Kriegsführung dann den nicht vorhergesehenen Verhältnissen anzupassen vermochte.« BArch, BW 2/20377, Der Bundesminister der Verteidigung, S VII 4, Tgb.Nr. 991/66, Kriegsbild und strategisches Konzept aus deutscher Sicht, Vortrag des Generalinspekteurs der Bundeswehr General Trettner anlässlich der 12. Kommandeur-Tagung der Bundeswehr, 28.6.1966, S. 2.
[21] Hackett, Der Dritte Weltkrieg; Walter, Zwischen Dschungelkrieg und Atombombe, S. 8.
[22] Sack, Der Krieg in den Köpfen. Zu diesem Thema fand am 13.12.2012 mit dem Untertitel »Rezeption, Imagination und Repräsentation von Krieg in antiken Gesellschaften« auch eine Tagung am Institut für Alte Geschichte und Altertumskunde in Graz statt. Siehe dazu <http://hsozkult.geschichte.hu-berlin.de/termine/id=20696> (letzter Zugriff 9.8.2017).
[23] Vom 18. bis 20.9.2014 fand an der Eberhard-Karls-Universität Tübingen ein internationaler Doktorandenworkshop zum Thema »Den Krieg denken: Kriegswahrnehmung und Kriegsdeutung in Mitteleuropa in der ersten Hälfte des 17. Jahrhunderts« statt. Hier ging es um individuelle und kollektive Interpretationen von Kriegserfahrungen. Siehe hierzu den Tagungsbericht unter <http://hsozkult.geschichte.tu-berlin.de/tagungsberichte/id=5883> (letzter Zugriff 18.3.2015).
[24] Siehe dazu z.B.: Repräsentationen des Krieges; Krimmer, The Representation of War; War Visions; Paul, Der Bilderkrieg.
[25] Die Individualität des Phänomens »Kriegsbild« erfordert den Plural, wie später im Kapitel II.2 noch eingehend erläutert werden wird.

I. Einleitung

- Gab es in der militärischen Führung der Bundeswehr ein einheitliches Kriegsbild?
- Wie hat sich das Kriegsbild bzw. haben sich Kriegsbilder im Laufe des Ost-West-Konflikts gewandelt?
- Wann und weshalb sind Veränderungen eingetreten?
- Wo lagen möglicherweise Kontinuitäten?

An diese Leitfragen knüpfen sich zahlreiche weitere Fragen, die im Rahmen der Untersuchung ebenfalls zu klären sind, zum Beispiel: Woher bezog ein Kriegsbild jeweils seine Impulse? Inwiefern wurden Kriegserfahrungen darin verarbeitet? Inwieweit wurden technische Innovationen berücksichtigt? Welche Rolle spielten politische Vorgaben? Inwiefern wurden Kriegsbilder instrumentalisiert? Wie gestaltete sich der Austausch von Kriegsvorstellungen im nationalen und internationalen Kontext? Diese ideengeschichtlichen Zusammenhänge zu beleuchten, bleibt letztlich das Ziel der vorliegenden Studie.

Sollte dies gelingen, so könnte ein von Bernd Wegner formuliertes Desiderat nach einer historisch-kritischen Beschäftigung mit militärischen Führungsvorgängen[26] realisiert werden. Ebenso könnte diese Untersuchung einen Beitrag dazu liefern, ein von Dieter Krüger im Rahmen der 47. Internationalen Tagung für Militärgeschichte im September 2005 anlässlich des fünfzigjährigen Bestehens der Bundeswehr genanntes künftiges Feld der militärhistorischen Forschung, »das strategische und operative Denken der Bundeswehrführung im Rahmen ihrer Integration in die NATO«,[27] zu erschließen. Dabei wäre zugleich – wie von Martin Kutz thematisiert – die Möglichkeit des Einsatzes von Atomwaffen zu untersuchen, die aus dessen Sicht die wohl weitreichendste Zäsur in der Militär- und Kriegsgeschichte der Neuzeit darstellen würde.[28] Da genau diese Möglichkeit eine zentrale Rolle für das Thema »Kriegsbild« im Zeitalter des Ost-West-Konflikts spielt, stellt die vorliegende Studie also einen Schnittpunkt mehrerer Forschungsdesiderate dar. Deren Erforschung kann jedoch nur mit einem interdisziplinären, multiperspektivischen Ansatz erfolgen, der im weiteren Verlauf der Studie[29] noch eingehender erläutert wird.

An dieser Stelle soll zunächst das Thema in der wissenschaftlichen Forschung verortet und auf diese Weise genauer charakterisiert werden. Da die Kriegsvorstellungen der militärischen Führung der Bundeswehr im Zentrum des Interesses stehen, ist es naheliegend, dass es sich bei der vorliegenden Studie im Prinzip um eine militärgeschichtliche Untersuchung handelt, wobei die Militärgeschichte als Teildisziplin der Geschichtswissenschaft das Militärwesen in einem gesamtgesellschaftlichen Kontext betrachtet. Eine ihrer wesentlichen Leistungen liegt darin, die Entwicklungslinien der Veränderungen des Krieges – und damit auch des Kriegsbildes – in einem größeren Zusammenhang aufzuzei-

---

[26] Wegner, Wozu Operationsgeschichte?, S. 111.
[27] Krüger, Einführung, S. 296.
[28] Kutz, Realitätsflucht und Aggression, S. 61.
[29] Siehe zur Methodik das Unterkap. I.3.

gen.[30] Diesem Anspruch kann diese Untersuchung nur durch Interdisziplinarität gerecht werden, die sich zunächst aus dem theoretischen Konstrukt »Kriegsbild« ergibt. Seine Ergründung erfordert eine Auseinandersetzung mit den Methoden der Bildwissenschaften und der Kognitionsforschung, denn nach Klaus Sachs-Hombach könnte das Thema ebenso unter dem Dach einer allgemeinen, interdisziplinären Bildwissenschaft[31] betrachtet werden. Da uns die Auseinandersetzung mit den Bildwissenschaften jedoch immer auch zu Individualvorstellungen, Denkmustern und Leitbildern führen, ist die vorliegende militärgeschichtliche Studie in erster Linie ideengeschichtlich geprägt, was ja insbesondere von Krüger gefordert worden ist. Barbara Stollberg-Rilinger, die 2010 einen umfassenden Sammelband zur Ideengeschichte des 20. Jahrhunderts herausgegeben hat,[32] mahnte an, dass Ideen nicht losgelöst von ihrem historischen Kontext untersucht werden dürften.[33] Daraus ergeben sich – insbesondere für das Thema Kriegsbilder – zahlreiche Anknüpfungspunkte zu anderen Disziplinen und Subdisziplinen der Geschichtswissenschaft. Hier sei zum einen die Mentalitätengeschichte genannt,[34] bei der es unter anderem um kollektives Bewusstsein, Zeitgeist und Paradigmen geht; sie spielt für mentale Dispositionen in der militärischen Führung der Bundeswehr ebenso eine Rolle wie sozialgeschichtliche und auch biografie- oder gesellschaftsgeschichtliche[35] Aspekte. Da Kriegsbilder operatives Denken vorwegnehmen und sich in militärischen Operationsplanungen sowie Manövern manifestieren, weist das Thema zudem operationsgeschichtliche[36] Facetten auf. Die Einbettung der Entwicklung von Kriegsbildern in die Strukturen der Organisation Bundeswehr führt uns zudem in die Felder der Institutions- und Organisationsgeschichte.[37] Darüber hinaus hat das Thema politikgeschichtliche[38] Facetten, nicht nur wegen der vielfältigen Wechselbeziehungen zwischen Militär und Politik, sondern auch wegen Fragen der Interessenlagen, der Deutungshoheit und Ressourcenverteilung, die über Kriegsbilder transportiert wurden. Ferner ergeben sich bei der Beleuchtung von Kriegsbildern wegen der Bedeutung von Rüstung und Waffentechnologie Bezüge zur Wirtschafts-[39]

---

[30] Geschichte und Militärgeschichte, S. 7–13; Niemeyer, Elemente des modernen Kriegsbildes, S. 75.
[31] Das Spektrum der interdisziplinären Bildwissenschaften reicht von der Kognitions- und Kommunikationswissenschaft über Neurowissenschaft und Psychologie bis hin zu Philosophie, Geschichtswissenschaft und Soziologie. Es umfasst zudem noch Anwendungsbereiche wie Kartografie, Typografie oder Computervisualistik. Zu den Disziplinen der Bildwissenschaft siehe: Bildwissenschaft.
[32] Ideengeschichte. Die Ideengeschichte lässt sich bis ins Zeitalter der Aufklärung zurückverfolgen und wurde im Jahr 1940 mit der Gründung des »Journal of the History of Ideas« in New York und 2007 mit der »Zeitschrift für Ideengeschichte« in Marbach als wissenschaftliche Disziplin institutionalisiert.
[33] Stollberg-Rilinger, Einleitung, S. 7 f.
[34] Sellin, Mentalität und Mentalitätengeschichte; Duby, Mentalitätengeschichte.
[35] Funck, Militär, Krieg und Gesellschaft.
[36] Wegner, Wozu Operationsgeschichte?; Förster, Operationsgeschichte heute.
[37] Berger, Geschichtswissenschaft.
[38] Dülffer, Militärgeschichte; Was heißt Kulturgeschichte des Politischen?.
[39] Pierenkemper, Wirtschaftsgeschichte, S. 362–378; Kerkhof, Rüstungsindustrie und Kriegswirtschaft, S. 175–194.

I. Einleitung 7

und Technikgeschichte.[40] Das komplexe Thema Kriegsbild erfordert insgesamt also eine breite, interdisziplinär angelegte Analyse von Perzeptionsverläufen in der westdeutschen Militärführung.

Als militärische Führung der Bundeswehr wird hierbei das maßgebliche militärische Spitzenpersonal der Organisation Bundeswehr definiert, das sich von Berufs wegen mit Fragen der Kriegführung zu beschäftigen hatte.[41] Es wurde durch den Generalinspekteur der Bundeswehr, die Inspekteure der Teilstreitkräfte Heer, Luftwaffe und Marine sowie die Angehörigen der jeweiligen Führungsstäbe (der Bundeswehr bzw. Streitkräfte, des Heeres, der Luftwaffe und der Marine) repräsentiert. Der Generalinspekteur der Bundeswehr war und ist ranghöchster Soldat und militärischer Berater der Bundesregierung und als solcher für die Gesamtkonzeption der militärischen Verteidigung verantwortlich. Der Führungsstab der Streitkräfte (Fü S) unterstützt den Generalinspekteur der Bundeswehr in seinen Aufgaben. Die Inspekteure sind für die Einsatzbereitschaft in ihren jeweiligen Bereichen verantwortlich und wirken als ministerielle Abteilungsleiter zugleich an der Entwicklung der Gesamtkonzeption der Streitkräfte mit.[42] Klaus Naumann bezeichnet diese sowie Kommandeure und Angehörige integrierter Stäbe als »Führungselite im engeren Sinn«.[43] Die Sichtweise im Sanitätsdienst der Bundeswehr sowie in der Territorialen Verteidigung soll hier jedoch aus Effizienz- und Vergleichbarkeitsgründen nicht untersucht werden. In der Zeit vor 1945 (darum geht die Vorgeschichte der Denkmuster in den Teilstreitkräften) stellte das Äquivalent zur Bundeswehrführung die jeweilige Führungsspitze des General- und Admiralstabs in den deutschen Streitkräften dar. In Deutschland wurde die Fortsetzung der Generalstabstraditionen seit dem Potsdamer Abkommen 1945 von den Siegermächten des Zweiten Weltkriegs unterbunden. Stattdessen gab es den Führungsstab der Bundeswehr (Fü B) bzw. der Streitkräfte sowie die Führungsstäbe der Teilstreitkräfte Heer (Fü H), Luftwaffe (Fü L) und Marine (Fü M).[44] Was den internationalen Gedankenaustausch von Militäreliten und eine international vergleichende Betrachtung betrifft, fand die militärische Führung der Bundeswehr bei den anderen Nationen auch nach 1945 in den Generalstäben ihre Entsprechung.[45]

---

[40] Gleitsmann/Kunze/Oetzel, Technikgeschichte; Troitzsch, Technikgeschichte.
[41] Aus den Quellen (Dokumentenverteiler) zur Kriegsbild-Thematik werden immer wieder die gleichen Zuständigkeiten und Protagonisten ersichtlich: Beispielsweise beschäftigten sich mit der »Strategie-Synopse« 1982 u.a. der Verteidigungsminister, der Generalinspekteur, der Chef des Stabes Fü S, die Stabsabteilungsleiter Fü S II, Fü S III und Fü S VI sowie die Führungsstäbe von Heer, Marine und Luftwaffe. BArch, BW 2/15168, Fü S III, Strategie-Synopse, Bonn Juli 1982, Verteiler.
[42] Auf die Institutionsgeschichte der Bundeswehr soll an dieser Stelle jedoch nicht weiter eingegangen werden. Siehe dazu: Krüger, Das Amt Blank; Die Bundeswehr 1955 bis 2005; Entschieden für Frieden.
[43] Naumann, Generale in der Demokratie, S. 23.
[44] Die Waffen-SS und der Volkssturm sollen aufgrund ihrer kurzen Existenz kein Teil der Untersuchung sein.
[45] Hierbei ist zu berücksichtigen, dass aufgrund des Potsdamer Abkommens der an sich für den Entwurf von Kriegsbildern prädestinierte Generalstab als Führungsorgan der Streitkräfte nicht mehr existierte und stattdessen dem Führungsstab der Bundeswehr

Mit dem Fokus auf die westdeutsche Militärführung erstreckt sich der Untersuchungszeitraum formal von der Gründung der Bundeswehr im Jahr 1955 bis zum Ende der bipolaren Konfrontation der geopolitischen Blöcke in Ost und West, was an der Wiedervereinigung Deutschlands im Epochenjahr 1990 und der Auflösung der Warschauer Vertragsorganisation 1991 festgemacht werden kann. Die Analyse von Kriegsvorstellungen muss jedoch schon deutlich früher einsetzen, weniger weil der Ost-West-Konflikt als ideologischer Systemkonflikt schon 1917 begann,[46] sondern weil die gedanklichen Grundlagen für die ideengeschichtliche Entwicklung im Amt Blank und in der frühen Bundeswehr der 1950er Jahre mindestens bis zu Helmuth von Moltke d.Ä. und zum preußisch-deutschen Generalstab ins Jahr 1871 zurückreichten.[47]

Alle Facetten des komplexen Phänomens Kriegsbild über einen solchen Zeitraum im Detail ausleuchten zu wollen, würde jedoch den Rahmen einer Dissertationsschrift sprengen. Es gilt, das Thema auf ein vernünftiges Maß einzugrenzen. Deshalb konzentriert sich die vorliegende Studie auf die Analyse der wichtigsten Perzeptionsverläufe, vor allem auf die Entwicklung der maßgeblichen Bilder vom Kriege. Bei der Beleuchtung der Hintergründe können nur diejenigen Faktoren berücksichtigt werden, die jeweils für den Wandel dieser Kriegsleitbilder relevant waren. Bereiche, die für eine wissenschaftliche Untersuchung interessant wären (wie z.B. eine Vielzahl alternativer Vorstellungen oder auch mannigfaltige internationale Vergleichsmöglichkeiten), jedoch keinen angemessenen Erkenntnisfortschritt für die ideengeschichtliche Entwicklung der Kriegsleitbilder liefern, sollen nur angeschnitten, aber nicht weiter vertieft werden. Daher wäre es sicherlich auch spannend, die Diskussion von Kriegsvorstellungen im Spiegel von Militärfachzeitschriften eingehend zu untersuchen, doch soll dies ebenfalls nur dort erfolgen, wo die Gesamtentwicklung der Kriegsleitbilder besser nachvollziehbar gemacht werden kann. Von der Untersuchung weitgehend ausgeschlossen ist ferner die literarische Behandlung des Zukunftskrieges, die ja vorwiegend aus der Feder von Zivilpersonen stammte. Es soll aber um die westdeutsche Militärelite und die sich vor allem aus den Akten des Verteidigungsministeriums erschließenden Sichtweisen gehen. Die gebotene Eingrenzung des Themas erfordert es, sich auf die Soldaten, d.h. auf die militärische Führung im Bundesministerium für bzw. der Verteidigung zu konzentrieren und die politische Leitung,[48] die vor allem aus dem Bundesminister, je zwei Parlamentarischen und beamteten Staatssekretären besteht, auszuklammern, sofern sie nicht maßgeblichen Einfluss auf die Kriegsbilder der Militärs

---

bzw. dem Führungsstab der Streitkräfte und den Führungsstäben von Heer, Luftwaffe und Marine diese Aufgaben oblagen und sie insofern vergleichbare Aufgaben wie die Generalstäbe anderer ausländischer Streitkräfte wahrnahmen.

[46] Stöver, Der Kalte Krieg, S. 28–66. Für Stöver ist die Zeit von 1917 bis 1945 der Weg in den Kalten Krieg. Auf der Ebene des Systemkonflikts setzt die vorliegende Untersuchung mit ihren Leitfragen erst nach dem Zweiten Weltkrieg ein. In diesem Sinne auch: Dülffer, Europa im Ost-West-Konflikt.
[47] Siehe hierzu: Groß, Mythos und Wirklichkeit.
[48] Zur Definition der »Politischen Leitung« siehe: Weißbuch 1985, S. 168–170. Zur »Militärischen Führung« in Abgrenzung davon siehe: Ebd., S. 170 f.; Vgl. Bestandsaufnahme, S. 41–45.

ausübte. Gleiches gilt für die zivilen Bereiche des Verteidigungsministeriums mit den Abteilungen Personal, Wehrverwaltung, Recht, Haushalt sowie dem Hauptabteilungsleiter Rüstung. Bei dieser Herangehensweise wird der politisch-zivile Bereich bisweilen gleichsam zum Einflussfaktor für die Denkmuster der Militärs. Hier spielte beispielsweise die zivile Verteidigung gegenüber der militärischen eine untergeordnete Rolle.[49] Juristische Fragestellungen, wie etwa die Veränderung von Gesetzgebungskompetenzen und die Anwendung von Vorsorgegesetzen im Spannungs- und Verteidigungsfall, hatten in den Überlegungen der Militärs gleichfalls eine untergeordnete Bedeutung. Mobilmachungsmaßnahmen, der Einsatz des Bundesgrenzschutzes und Zivilschutzfragen können nur am Rande – eben sofern sie sich im Denken der westdeutschen Militärelite niederschlagen – gestreift werden. Andererseits soll es – bei aller Konzentration auf das Militär – in der vorliegenden Studie nicht um den Transfer von Kriegsvorstellungen auf dem Dienstweg von der strategisch-operativen Ebene zur taktischen Ebene gehen. Auch wenn der Ansatz, die Militärgeschichte »von unten«[50] zu untersuchen lange Zeit beliebt war, sollen hier die von Wegner thematisierten Führungsprozesse und nicht etwa die Sichtweise der Angehörigen irgendeiner bestimmten Kompanie oder der Besatzung eines ganz bestimmten Schiffes untersucht werden. Außerhalb der Betrachtung liegen zudem die frühen Bundeswehreinsätze im Ausland vor 1990, da sie nach dem Völkerrecht und Grundgesetz nicht als Teil einer militärischen Auseinandersetzung oder als Bestandteil des Verteidigungsfalls gesehen wurden. Ferner geht es auch nicht um eine sehr abstrakte Zukunft des Krieges, die wie in sogenannten Science-fiction-Geschichten über einen größeren Zeithorizont von mehreren Jahrzehnten oder gar Jahrhunderten in ferner Zukunft bedacht worden wäre, sondern um die recht konkrete Bedrohung durch den Warschauer Pakt, aus dem sich in unmittelbarer Zukunft eine militärische Aggression und Auseinandersetzung hätte ergeben können. Das Ziel der vorliegenden Untersuchung ist es daher, die Entwicklung von Perzeptionen in der militärischen Führung der Bundeswehr auf dieses recht konkrete Bedrohungspotenzial hin nachzuvollziehen, die Vorstellungen vom möglichen Kriege in naher Zukunft zu rekonstruieren und zugleich die Standpunkte der westdeutschen Militärelite zu zentralen Sicherheitsfragen herauszuarbeiten.

Eine wesentliche Herausforderung wird es dabei sein herauszufinden, wann genau sich Kriegsbilder jeweils geändert haben. Denn für Joachim Niemeyer, der sich mit dem Kriegsbild im österreichischen Militär des 19. Jahrhunderts beschäftigte, ist es »keine statische, sondern eine dynamisch fließende Figur«.[51] Doch ge-

---

[49] Die Gesamtverteidigung wurde in die militärische und die zivile Verteidigung unterteilt. Unter der militärischen Verteidigung verstand die Bundeswehrführung sowohl die nationale militärische Landesverteidigung als auch die militärische Verteidigung im NATO-Bündnis. BArch, BW 2/29776, Gesamtverteidigung, Vorüberlegungen zur ZDv 40/500, (ohne Datum).

[50] Wette, Militärgeschichte von unten, S. 9–47.

[51] Niemeyer, Das österreichische Militärwesen, S. 7; Niemeyer, Elemente des modernen Kriegsbildes, S. 73; Walitschek, Probleme des modernen Kriegsbildes, S. 2; Pech, Das Kriegsbild in der BRD, S. 15 f.; HDv 100/1, Ziffer 8, S. 12.

rade in diesem Aspekt des Wandels liegt der Reiz für eine geschichtswissenschaftliche Untersuchung. Angesichts des fortlaufenden Transformationsprozesses der Bundeswehr und der jüngsten sicherheitspolitischen Entwicklungen in der Ukraine hat die Frage nach dem Kriegsbild bis heute nicht an Aktualität verloren.[52]

2. Forschungsstand und Quellenlage

a) Forschungsstand

Nach einer fachbezogenen, applikatorischen, auf militärische Nutzanwendung ausgerichteten Wehr- und Kriegsgeschichte im 19. und frühen 20. Jahrhundert führte die diskreditierte Militärgeschichte als Subdisziplin der Geschichtswissenschaft in der zweiten Hälfte des 20. Jahrhunderts in Deutschland ein Schattendasein. Durch ihre Institutionalisierung in den 1960er Jahren und eine sozial- und kulturgeschichtliche Ausrichtung wurde die Militärgeschichte verstärkt ab den 1970er Jahren wiederbelebt. Ging es dabei seit den 1980er Jahren vor allem um die Perspektive des einfachen Soldaten, eine »Militärgeschichte von unten«,[53] widmet die militärgeschichtliche Forschung in jüngster Zeit der militärischen Führungsebene – nun jedoch unter den Vorzeichen der historisch-kritischen Methode – wieder mehr Aufmerksamkeit.[54] In diese Entwicklung ist die folgende Beschäftigung mit Kriegsbildern in der militärischen Führung der Bundeswehr einzuordnen.

In der deutschsprachigen Forschungsliteratur existieren bisher nur relativ wenige Werke, die sich explizit mit der Entwicklung von Kriegsvorstellungen auseinandersetzen: Am intensivsten behandelt worden ist das Phänomen Kriegsbild in deutschen Streitkräften vom späten 19. Jahrhundert an bis zum Ersten Weltkrieg. Hier sind zunächst die Monografien von Kurt Peball (1968)[55] und von Joachim Niemeyer (1979)[56] zum Kriegsbild in der kaiserlichen und königlichen (k.u.k.) Armee zu nennen, die sich jedoch nicht nur mit Zukunftsvorstellungen, sondern vor allem auch mit Rüstungsfragen und der Entwicklung des österreichischen Militärwesens beschäftigen. Was die Kriegsantizipationen im preußisch-deutschen Generalstab betrifft, gibt es interessante Aufsätze von Detlef Bald (1986)[57], Stig Förster (1995)[58] und Jost Dülffer (2003)[59]. Für das hier be-

---

[52] Sicherheitspolitische Zukunftsanalyse, S. 67.
[53] Wette, Militärgeschichte von unten, S. 9–47.
[54] Wohlfeil, Wehr-, Kriegs- oder Militärgeschichte?; Opitz, Der Weg der Militärgeschichte; Was ist Militärgeschichte?; Das ist Militärgeschichte!, S. 9–24; Echternkamp, Militärgeschichte; Groß, Mythos und Wirklichkeit, S. 1–6.
[55] Peball, Zum Kriegsbild der österreichischen Armee.
[56] Niemeyer, Das österreichische Militärwesen.
[57] Bald, Zum Kriegsbild.
[58] Förster, Der deutsche Generalstab.
[59] Dülffer, Kriegserwartung und Kriegsbild.

handelte Thema besonders aufschlussreich sind zudem die »Anmerkungen zur Entwicklung von Kriegsbild und operativ-strategischem Szenario« von Christian Müller, erschienen in den Militärgeschichtlichen Mitteilungen 1998.[60] Ergänzt werden diese Aufsätze durch Forschungsbeiträge zu strategischen Planungen im Generalstab, vor allem im Rahmen eines von Hans Ehlert, Michael Epkenhans und Gerhard P. Groß 2007 herausgegebenen Sammelbandes zum Schlieffenplan.[61] Darüber hinaus lieferte Dieter Storz[62] in einer Monografie 1992 einen umfassenden europäischen Vergleich zum Themenkomplex Kriegsbild und Rüstung. Hinzu kommt eine Reihe von weiteren Publikationen zum Admiralstab im Deutschen Kaiserreich und seinem Seekriegsdenken. Als Standardwerk gilt hier immer noch die bereits 1971 erschienene Monografie von Volker R. Berghahn zum Tirpitzplan,[63] ebenso eine 2004 ins Deutsche übersetzte Veröffentlichung von Rolf Hobson.[64] Zu nennen sind zum gleichen Thema weiterhin die Beiträge von Paul M. Kennedy,[65] William Michaelis,[66] Eva Besteck[67] und Frank Nägler[68] sowie von Rolf Hobson zu den Besonderheiten des wilhelminischen Navalismus.[69]

Relativ gut erforscht sind Kriegsvorstellungen auch für die Zeit zwischen den beiden Weltkriegen. Die ideengeschichtlichen Brücken im Zeitalter der Weltkriege schlagen Werner Rahn,[70] Gerhard Schreiber[71] und Gerhard P. Groß.[72] Einen interessanten, nicht zu vernachlässigenden Aspekt stellt hierbei die Verarbeitung von Kriegserfahrungen dar, wie sie von Johannes Hürter,[73] Hans-Heinrich Wilhelm[74] und Peter Jahn[75] beschrieben worden ist. Explizit mit dem Kriegsbild der Zwischenkriegszeit haben sich 1989 Wilhelm Deist,[76] 2001 sowie 2003 Bernd Jürgen Wendt[77] und 2010 Markus Pöhlmann[78] befasst, wobei Deist unterschiedliche Denkschulen an Einzelpersonen wie Hans von Seeckt oder Joachim von Stülpnagel oder Wegener festgemacht hat. Sehr fundiert, umfassend und besonders ergiebig sind zwei Monografien zu Kriegsvorstellungen in der Reichswehr.

---

[60] Müller, Anmerkungen zur Entwicklung.
[61] Der Schlieffenplan. Besonders relevant sind hierin die Aufsätze von Mombauer und Groß: Mombauer, Der Moltkeplan; Groß, There was a Schlieffen Plan.
[62] Storz, Kriegsbild und Rüstung.
[63] Berghahn, Der Tirpitz-Plan. Hierzu erschien auch ein Aufsatz: Berghahn, Der Tirpitz-Plan und die Krisis.
[64] Hobson, Maritimer Imperialismus.
[65] Kennedy, Maritime Strategieprobleme.
[66] Michaelis, Tirpitz' strategisches Wirken.
[67] Besteck, Die trügerische »First Line of Defence«.
[68] Nägler, Operative und strategische Vorstellungen.
[69] Hobson, Die Besonderheiten.
[70] Rahn, Seestrategisches Denken; Rahn, Strategische Optionen.
[71] Schreiber, Thesen zur ideologischen Kontinuität.
[72] Groß, Das Dogma der Beweglichkeit; Groß, Mythos und Wirklichkeit.
[73] Hürter, Kriegserfahrung; Hürter, Hitlers Generäle.
[74] Wilhelm, Motivation und »Kriegsbild«.
[75] Jahn, »Russenfurcht«.
[76] Deist, Die Reichswehr.
[77] Wendt, »Totaler Krieg«; Wendt, Zur Einführung.
[78] Pöhlmann, Großer Krieg und nächster Krieg.

Die erste stammt von Robert M. Citino[79] und untersucht vor allem Seeckts offensive Überlegungen und dessen Truppenführungsvorschriften. Die zweite hat 2011 Matthias Strohn[80] verfasst, der – im Gegensatz zu den Beiträgen der Vorjahre, die auf die Entwicklung des »Blitzkrieg«-Denkens der Wehrmachtführung abzielten – die Gedanken der Reichswehr- und Wehrmachtführung zum Verteidigungskrieg dargelegt hat, die aus der militärischen Schwächeposition Deutschlands nach dem Ersten Weltkrieg resultierten. Während sich die meisten Forschungsbeiträge zur Zwischenkriegszeit und darüber hinaus mit Fragen der Landkriegführung auseinandersetzen, gibt es zumindest einige wenige Aufsätze zu Kriegsvorstellungen und strategischen Überlegungen der Marine[81] und der im Ersten Weltkrieg entstandenen Luftstreitkräfte.[82] Beide Forschungsgebiete kombinierten schon 1979 Klaus A. Maier und Bernd Stegemann.[83]

Relativ wenig erforscht sind allerdings Kriegsbilder in deutschen Streitkräften nach 1945. Erst 1996 wurde dieses Forschungsfeld eröffnet, als sich Axel F. Gablik mit »Strategischen Planungen in der Bundesrepublik Deutschland«[84] zwischen 1955 und 1967 befasste. Gablik hat für seine Arbeit einen umfassenden Fundus an Akten des Bundesverteidigungsministeriums aus dem Bundesarchiv, Abt. Militärarchiv, Nachlässen von früheren Spitzenmilitärs und an Dokumenten aus dem Nuclear History Program (NHP) der Stiftung Wissenschaft und Politik herangezogen. Diese sehr gut recherchierte Studie ist nach wie vor ein Standardwerk zur Entwicklung von Kriegsplanungen und -vorstellungen in der frühen Bundeswehrführung. Allerdings endet ihr Untersuchungszeitraum noch vor der offiziellen Implementierung der Flexible Response in der NATO 1968, und sie geht in erster Linie der Frage nach, wer die strategischen Planungen in der frühen Bundesrepublik Deutschland maßgeblich beeinflusste, wobei vorrangig die Rollen- und Machtverteilung zwischen Militärs und Politikern, der Primat der Politik und in diesem Zusammenhang auch Kriegsvorstellungen behandelt werden. Zweifellos wurde hier jedoch für die eingehende Erforschung von Kriegsvorstellungen in der militärischen Führung der Bundeswehr eine wichtige Vorarbeit geleistet. Gleiches gilt für zwei jüngere Aufsätze, in denen sich Gablik zum einen 2004[85] mit Baudissins Kriegsbild von 1962 und zum anderen 2007[86] mit dem Strategiewechsel der NATO von der Massive Retaliation zur Flexible Response und dabei explizit auch mit dem Wandel des Kriegsbildes in der Bundeswehrführung auseinandergesetzt hat.

---

[79] Citino, The Path to Blitzkrieg.
[80] Strohn, The German Army and the Defence.
[81] Neben den bereits genannten Beiträgen von Rahn: Dülffer, Weimar, Hitler und die Marine; Salewski, Führungsdenken in der Kriegsmarine; Schreiber, Thesen zur ideologischen Kontinuität.
[82] Boog, Führungsdenken in der Luftwaffe; Boog, Luftwaffe; Corum, The Luftwaffe; Neitzel, Zum strategischen Misserfolg verdammt?
[83] Maier/Stegemann, Einsatzvorstellungen.
[84] Gablik, Strategische Planungen.
[85] Gablik, »... von da an herrscht Kirchhofsruhe.«
[86] Gablik, »Eine Strategie kann nicht zeitlos sein«.

I. Einleitung 13

Einen weiteren wichtigen Impuls erhielt diese Kriegsbildforschung mit dem fünfzigjährigen Bestehen der Bundeswehr und der 47. Internationalen Tagung für Militärgeschichte (ITMG) des damaligen Militärgeschichtlichen Forschungsamtes (MGFA), das heute mit dem ehemaligen Sozialwissenschaftlichen Institut der Bundeswehr (SOWI) zum Zentrum für Militärgeschichte und Sozialwissenschaften der Bundeswehr (ZMSBw) fusioniert ist. Auf dieser Tagung (2006) und im darauffolgenden Jahr erschienenen Tagungsband wurde »der gedachte Krieg auf deutschem Boden«[87] umfassender thematisiert. Ebenfalls zum 50. Jubiläum der Bundeswehr veröffentlichte das damalige MGFA seine sogenannten Teilstreitkraftbände zur Geschichte von Heer,[88] Luftwaffe[89] und Marine[90] bis etwa 1970 (im Falle der Marine 1972). In allen drei Bänden finden sich Ausführungen zum Kriegsbild in der Bundeswehr. Helmut R. Hammerich lieferte in einem Kapitel »Vom Wandel des Kriegsbildes«[91] mit gut 24 Seiten den bislang bedeutendsten zusammenhängenden Beitrag zur Beleuchtung der Kriegsbilder in der militärischen Führung der Bundeswehr, um im Weiteren vor allem auch die Strukturgeschichte des Heeres nachvollziehbar zu machen. Er betrachtete diesen Wandel in dessen Abhängigkeiten von den Planungen der NATO-Verbündeten und politischen Vorgaben. Allerdings beschränkt sich seine Untersuchung des Wandels auf die Zeit bis etwa 1970. Verständlicherweise wird der Begriff »Kriegsbild« in dem vorwiegend struktur-, politik- und operationsgeschichtlichen Ansatz nicht weiter problematisiert. Gleiches gilt für die ebenfalls umfassenden, jedoch stark auf die Teilstreitkraft Luftwaffe fokussierten Beiträge von Bernd Lemke[92] und Dieter Krüger.[93] Hier steht das Kriegsbild in erster Linie im Kontext von strategischen Planungen der NATO und Einsatzgrundsätzen der U.S. Airforce. Auch in der Monografie von Johannes Berthold Sander-Nagashima über die Bundesmarine 1950 bis 1972 sind Überlegungen zum Kriegsbild zwar immer wieder eingeflossen, sie dienen jedoch nur als Vehikel, um Konzeption und Aufbau der dritten Teilstreitkraft der Bundeswehr nachzuzeichnen.[94]

Danach war vom Kriegsbild der westdeutschen Militärführung erst wieder 2014 in einem Aufsatz von Frank Reichherzer[95] zu lesen, der sich dem Phänomen Kriegsbild bis 1979 mit der Diskussion von Wehrexperten[96] im Spiegel von Militärfachzeitschriften – »Wehrwissenschaftliche Rundschau« (WWR) und »Wehr-

---

[87] Die Bundeswehr 1955 bis 2005, S. 291.
[88] Hammerich [u.a.], Das Heer 1950 bis 1970.
[89] Lemke [u.a.], Die Luftwaffe 1950 bis 1970.
[90] Sander-Nagashima, Die Bundesmarine 1950 bis 1972.
[91] Hammerich, Kommiss kommt vom Kompromiss, S. 93–121.
[92] Lemke, Konzeption und Aufbau der Luftwaffe.
[93] Krüger, Der Strategiewechsel.
[94] Zur Marine liegt zudem ein Beitrag von 1999 vor, in dem es um die Seekriegskonzeptionen der Marine geht: Doepgen, Die Konzeptionen.
[95] Reichherzer, Zwischen Atomgewittern und Stadtguerilla.
[96] Der Begriff »Wehrexperte« dient Reichherzer als wissenschaftlich-analytischer Sammelbegriff, der hohe, ehemalige oder im aktiven Dienst befindliche Offiziere, Wissenschaftler unterschiedlichster Fakultäten, Publizisten, Diplomaten, Politiker, Vertreter der Ministerialbürokratie oder auch Funktionäre halbstaatlicher und zivilgesellschaftlicher Organisationen umfasst. Ebd., S. 134 f.

kunde« – und von interessierten (ehemaligen) Militärs, Wissenschaftlern, Politikern und Publizisten her genähert hat. Der Beitrag von Reichherzer behandelt das Denken der Kriegstheoretiker über den Krieg im Atomzeitalter zwischen großen Krieg und Guerilla-Krieg.[97] Dabei konzentriert er sich auf die beiden Extreme eines allgemeinen Atomkriegs auf der einen Seite und des Kleinkriegs auf der anderen Seite. Allerdings weist er so auch implizit auf ein Forschungsdesiderat hin, nämlich die Untersuchung des »Zwischenraums« zwischen den Extremen, in dem sich die Vorstellungen der militärischen Führung der Bundeswehr in erster Linie bewegten.

Als Fazit bleibt festzuhalten, dass es bislang an einer Studie zu den Kriegsbildern fehlt, die den gesamten Zeitraum des Ost-West-Konflikts abdeckt und damit den Entwicklungsprozess über mehrere Jahrzehnte untersucht. Solange das Kriegsbild als Vehikel diente, das ein anderes Erkenntnisinteresse bedienen sollte, wurde es eben immer nur ausschnittweise behandelt oder schlaglichtartig beleuchtet. Diese Feststellung gilt auch für eine bemerkenswerte Detailstudie mit dem Titel »The Service Staffs' Struggle over Structure«[98] von Martin Rink aus dem Jahre 2011, die sich zwar nicht explizit mit dem Kriegsbild befasst, in der es jedoch durchaus um Meinungsverschiedenheiten über das Wesen eines zukünftig möglichen Krieges und den Konkurrenzkampf von Heer, Marine und Luftwaffe um die jeweilige Rolle in einer möglichen militärischen Auseinandersetzung mit der Warschauer Vertragsorganisation geht. Dieser Beitrag beinhaltet einen hochinteressanten Vergleich von drei divergierenden Kriegsbildern in den Teilstreitkräften und macht die Notwendigkeit deutlich, den Versuch einer vergleichenden Betrachtung über den gesamten Untersuchungszeitraum – soweit es die Quellenlage hergibt – zu wagen, um der Komplexität der ideengeschichtlichen Entwicklung selbst von vorherrschenden Kriegsbildern gerecht zu werden.

Bei der Rekapitulation des Forschungsstandes zum Thema Kriegsbild wurde ein methodisches Erfordernis klar: eine umfassende Auseinandersetzung mit dem Begriff »Kriegsbild«, eine möglichst konkrete, nachvollziehbare Definition und die Problematisierung dieses Begriffs. Denn in der Forschungsliteratur taucht der Begriff meist ohne Definition, jedoch mit sehr unterschiedlichen Bedeutungen auf. Es gibt nur wenige Werke, die sich – selbst über den Forschungsgegenstand Bundeswehr hinaus – eingehender mit dem Kriegsbild-Phänomen und seinen Eigenheiten auseinandergesetzt haben.

Neben den kurzen Definitionen und Thesen, die in den bereits genannten Werken von Hammerich und Gablik zu finden sind, ist hier vor allem eine Monografie von Dierk Walter aus dem Jahr 2009 zu nennen, welche die Entwicklung von Kriegsbildern bei den britischen Militäreliten im Spiegel von Militärzeitschriften untersucht.[99] Walter versucht, »Muster im Kaleidoskop britischer Kriegsbilder 1945 bis 1971 zu identifizieren«[100], und bewegt sich damit inhaltlich in einem Spannungsfeld zwischen globaler Machtprojektion und militärischer Integration

---

[97] Ebd., S. 132.
[98] Rink, The Service Staffs' Struggle.
[99] Walter, Zwischen Dschungelkrieg und Atombombe.
[100] Ebd., S. 8.

I. Einleitung 15

in Westeuropa. Auch wenn kritisch anzumerken ist, dass sich Walter ähnlich wie Reichherzer in seinen Ausführungen fast ausschließlich auf die zeitgenössische Militärpublizistik abstützt, da diese tendenziell ein zugespitztes Kriegsbild, nicht jedoch unbedingt das dominierende in den Streitkräften wiedergibt, versucht er im Rahmen seiner Arbeit immer wieder, das Phänomen Kriegsbild im Allgemeinen zu charakterisieren. In einem Kapitel eigens zu »Kriegsbildern«[101] stellte Walter eine ganze Reihe von Thesen zu deren Entwicklung, vor allem im Ost-West-Konflikt, auf. Diese bieten wertvolle Anregungen für die vorliegende Arbeit und sollen im Rahmen der folgenden Untersuchung zunächst erörtert und schließlich überprüft werden. Das Gleiche gilt für Thesen, die von anderen Wissenschaftlern schon früher zur Thematik entwickelt worden sind.

Des Weiteren sind die Arbeiten von Joachim Niemeyer zu nennen, die sich bereits in den späten 1970er Jahren mit »Erscheinungsform, Aussagekraft und Grundlagen des Kriegsbildes in seiner Bedeutung für die Militärgeschichte«[102] auseinandergesetzt haben.[103] Für Fragen der Definition und Methodik können auch Niemeyers Beiträge nach wie vor den Standardwerken zu Kriegsbildern zugerechnet werden. Gleiches gilt für die einschlägigen Werke von Martin Kutz,[104] der bereits 1990 militärische Denkstrukturen, Denkschulen und operative Führung im deutschen Militär analysiert hat. Er setzte hier den modernen Begriff »Kriegsbild« in direkten Bezug zur Clausewitzschen Philosophie des absoluten Krieges und beleuchtete auf diesem Wege die Zusammenhänge zwischen operativer und strategischer Führungsebene.[105] Dies lieferte weitere Impulse für die vorliegende Arbeit. Auch Christian Müller hat sich 1998 relativ eingehend mit dem Begriff des »Kriegsbildes« befasst, einige Merkmale beschrieben und weiterführende Thesen zu dessen Entwicklung aufgestellt.[106] Weitere Thesen stammen von Jost Dülffer[107] und Artur Pech.[108] Alle sollen nun erstmals zusammengetragen und umfassend erörtert werden, um die Ausgangsbasis für das methodische Vorgehen in der vorliegenden Studie aufzuzeigen.

Während also für die Analyse von Kriegsbildern noch systematische Definitions- und Grundlagenarbeit erforderlich ist, ist die Strategieforschung – vor allen im internationalen Kontext – vergleichsweise weit vorangeschritten. Dies ist insoweit für diese Untersuchung relevant, weil es Schnittmengen zwischen den zeitgenössischen Strategieplanungen und den Kriegsvorstellungen gibt, die an anderer Stelle noch definiert und aufgezeigt werden sollen.[109] Deutlich wird

---

[101] Ebd., S. 13–20.
[102] Niemeyer, Das österreichische Militärwesen, S. 1–33.
[103] Siehe auch Niemeyer, Elemente des modernen Kriegsbildes.
[104] Kutz, Realitätsflucht und Aggression; Kutz, Aus den Katastrophen der Geschichte lernen.
[105] Kutz, Realitätsflucht und Aggression, insbesondere S. 18–20 und S. 61–67.
[106] Müller, Anmerkungen zur Entwicklung, S. 386–442.
[107] Dülffer, Kriegserwartung und Kriegsbild, S. 110–123.
[108] Pech setzte sich als Angehöriger der ehemaligen Militärakademie »Friedrich Engels« in stark ideologisch eingefärbter Art und Weise mit dem »Kriegsbild der BRD« auseinander und versuchte dessen »Instrumentalisierung durch die Monopolbourgeoisie« aufzuzeigen. Pech, Das Kriegsbild in der BRD, S. 6.
[109] Es sei hier auf das Unterkap. II.2 verwiesen.

der thematische Zusammenhang beispielsweise anhand eines in Anlehnung an den französischen Soziologen Raymond Aron gewählten Titels eines Buches von Beatrice Heuser, die sich 2010 in ihrer Monografie »Den Krieg denken«[110] der Entwicklung von Strategie und Kriegstheorie seit der Antike gewidmet hat. Heuser lieferte damit ein – wenngleich nicht ganz systematisches – Überblickswerk über militärstrategisches Denken. Stringenter und für den Gedankenaustausch aufschlussreich ist der internationale Strategievergleich, den Heuser schon 1997 im Hinblick auf die Nuklearfragen vorgenommen hat.[111] Trotz seines eher unscheinbaren Titels ist dieses Werk für die vorliegende Studie ergiebiger als ihr erstgenanntes Buch. Denn es ist naheliegend, dass im Folgenden das Augenmerk auf die Strategieforschung zum Zeitalter des Ost-West-Konflikts gerichtet werden muss.

Beim Thema Ost-West-Konflikt erfahren gerade in der historischen Politikforschung seit fast 20 Jahren nukleare Themen große Aufmerksamkeit, wovon in jüngster Zeit Tagungen wie »Nuclear experts and nuclear expertise in a global context after 1945«[112] oder »Nuclear Landscapes in Eastern Europe and Asia: Knowledge – Practices – Social Change«[113] zeugen. Was die für die Bundeswehr maßgebliche NATO betrifft, ist im deutschsprachigen Raum in den letzten Jahren das zehnbändige Werk »Entstehung und Probleme des Atlantischen Bündnisses«[114] hervorzuheben. Aus dieser Reihe hat vor allem Christian Greiner[115] 2003 mit seiner Studie zur Entwicklung der Bündnisstrategie wichtige Hintergrundinformationen für die vorliegende Arbeit geliefert. In gleicher Weise hatten bereits zuvor Bände zur NATO-Strategieforschung beigetragen, die im Rahmen des NHP erschienen sind,[116] etwa mit der bereits oben genannten Studie von Gablik oder auch mit der Monografie von Helga Haftendorn zum Thema »Kernwaffen und die Glaubwürdigkeit der Allianz«[117] aus dem Jahr 1994. Die Schnittstelle zur Bundeswehr und damit zur nationalen Perspektive stellten in Strategiefragen die Beiträge von Bruno Thoß dar. Zu nennen ist hier vor allem seine Monografie »NATO-Strategie und nationale Verteidigungsplanung«[118] aus

---

[110] Heuser, Den Krieg denken.
[111] Heuser, NATO, Britain, France and the FRG. Ähnlich angelegt ist auch ein neuerer Aufsatz von Magdalena Revue. Siehe: Revue, Französische Armee, Bundeswehr und NATO.
[112] Zu diesem Thema wurde am 6./7.10.2014 eine Tagung an der Humboldt-Universität zu Berlin durchgeführt. Siehe dazu <http://hsozkult.geschichte.tu-berlin.de/tagungsberichte/id=5709> (letzter Zugriff 7.12.2014).
[113] Zu diesem Thema wurde am 27./28.11.2014 eine Tagung an der Ruprecht-Karls-Universität Heidelberg durchgeführt. Siehe dazu <http://hsozkult.geschichte.hu-berlin.de/termine/id=26505> (letzter Zugriff 18.11.2014).
[114] Die Reihe begann 1998 mit Heinemann, Vom Zusammenwachsen des Bündnisses, und endet 2017 bislang mit Brenner, Die NATO im griechisch-türkischen Konflikt.
[115] Greiner, Die Entwicklung der Bündnisstrategie.
[116] Das NHP wurde 1987 gegründet. Es fördert geschichtswissenschaftliche Studien, die sich mit der Rolle von Kernwaffen in den Beziehungen zwischen den USA, Europa und der Sowjetunion befassen. Studien- und Projektgruppen arbeiten in den USA, in Deutschland in Frankreich und in Großbritannien. Trägerinstitutionen sind die Stiftung Wissenschaft und Politik auf europäischer, die University of Maryland auf US-amerikanischer Seite.
[117] Haftendorn, Kernwaffen.
[118] Thoß, NATO-Strategie.

dem Jahr 2006, in der es um Planung und Aufbau der Bundeswehr unter den Bedingungen einer massiven atomaren Vergeltungsstrategie (Massive Retaliation) bis 1960 geht. Ergänzt wird diese Studie durch eine Reihe von Aufsätzen wie »Bedingt abwehrbereit«[119] zur Rolle der Bundeswehr als NATO-Mitglied während der Kubakrise, »Bündnisintegration und nationale Verteidigungsinteressen«[120] zum Spannungsfeld zwischen nuklearer Abschreckung und konventioneller Verteidigung sowie zuletzt »Je mehr Bundeswehr, desto weniger Atombomben«[121] zur Bundeswehrelite und den Atomkriegsplanungen der Allianz bis 1968. Ein weiterer Forschungsbeitrag zum selben Spannungsfeld, dem Strategiewechsel der NATO 1968 und den Belangen der Bundesluftwaffe stammt ferner von Dieter Krüger,[122] Auch hier spielt das Kriegsbild eine wichtige Rolle. Michael Knoll[123] lieferte mit seiner Dissertationsschrift über die westdeutsche Kernwaffenpolitik in der Ära Adenauer schließlich eine weitere umfassende Studie zum Thema Nuklearpolitik. Im Fokus stehen darin Adenauers außen- und sicherheitspolitische Konzeptionen sowie das Streben der Westdeutschen nach nationaler Verfügungsgewalt über Atomwaffen.

Beschränkt man sich auf den oben umrissenen Ausschnitt der Strategieforschung und die Rolle von nuklearen Waffen in diesem Zusammenhang, so sind beide in das größere Themenfeld des Ost-West-Konflikts und des Kalten Krieges eingebettet. Eine Auswertung von Forschungstendenzen im Wissenschaftsforum »H-Soz-Kult« über die letzten Jahre hat gezeigt, dass dieses Themenfeld national wie international stetig, relativ intensiv und mit einer großen methodischen Bandbreite bearbeitet wird. Das Forschungsinteresse reicht von »Public Relations of the Cold War«[124] über »Kirchen und Christentum im Kalten Krieg«,[125] die »Kultur des Kalten Krieges«,[126] und »Cold War Culture. The Global Conflict and its Legacies in Germany since 1945«,[127] »Kalter Krieg und Film-Frühling«[128]

---

[119] Thoß, »Bedingt abwehrbereit«.
[120] Thoß, Bündnisintegration.
[121] Thoß, »Je mehr Bundeswehr, desto weniger Atombomben«.
[122] Krüger, Schlachtfeld Bundesrepublik? Krüger hat darüber hinaus die Rolle des Alpenraumes im Kalten Krieg beleuchtet. Siehe hierzu: Die Alpen im Kalten Krieg; Krüger, Brennender Enzian.
[123] Knoll, Atomare Optionen.
[124] Zu diesem Thema fand vom 1. bis 3.12.2011 eine Tagung an der Cambridge University statt. Siehe dazu <http://hsozkult.geschichte.hu-berlin.de/tagungsberichte/id=4018> (letzter Zugriff 20.1.2012).
[125] Zu diesem Thema wurde am 3./4.5.2012 in Frankfurt a.M. eine Tagung durchgeführt. Siehe dazu <http://hsozkult.geschichte.hu-berlin.de/tagungsberichte/id=4264> (letzter Zu griff 11.6.2012).
[126] Zu diesem Thema wurde am 31.5./1.6.2012 an der Universität Zürich eine internationale Tagung durchgeführt. Siehe dazu <http://hsozkult.geschichte.hu-berlin.de/tagungsberichte/id=4312> (letzter Zugriff 15.7.2012).
[127] Zu diesem Thema fand vom 19. bis 21.9.2012 eine Tagung an der Albert-Ludwigs-Universität in Freiburg i.Br. statt. Siehe dazu <http://hsozkult.geschichte.hu-berlin.de/tagungsberichte/id=4437> (letzter Zugriff 28.10.2012).
[128] Zu diesem Thema fand vom 22. bis 24.11.2012 eine Tagung im Hamburgischen Centrum für Filmforschung statt. Siehe dazu <http://hsozkult.geschichte.hu-berlin.de/termine/id=20181> (letzter Zugriff 24.10.2012).

und »Challenges, Concepts, Ideas during the Cold War of the 1970s & 1980s«[129] bis hin zu »Herausforderungen zwischen Ost und West? Die westeuropäischen kommunistischen Parteien in der letzten Dekade des Kalten Kriegs«.[130] Weitere Publikationen thematisieren »Environmental Histories of the Cold War«[131] und die »Cold War Broadcasting«[132] zur »Kultur- und Filmpolitik im Kalten Krieg«.[133] Aus den englischsprachigen Ländern haben sich die Beiträge des an der Harvard University betreuten »Journal of Cold War Studies« und der in London basierten »Cold War History«[134] auch in Kontinentaleuropa etabliert. Der internationale Forschungsstand findet sich im dreibändigen Werk »Cambridge History of the Cold War«[135] gut widergespiegelt.

Im deutschsprachigen Raum verdienen die Sammelbände aus der Reihe »Studien zum Kalten Krieg«[136] des Hamburger Instituts für Sozialforschung (HIS) besondere Beachtung. Vor allem der dritte Band »Angst im Kalten Krieg« aus dem Jahr 2009 ist mit seinem perzeptionsgeschichtlichen Ansatz fruchtbar für die vorliegende Studie. Gleiches gilt für den Sammelband »War plans and alliances in the cold war. Threat perceptions in the East and West«[137] von Vojtech Mastny, Sven G. Holtsmark und Andreas Wenger und die erst 2014 erschienene ideengeschichtliche Publikation »Den Kalten Krieg denken«[138] von Patrick Bernhard und Holger Nehring. Monografien wie »Der Kalte Krieg« von John L. Gaddis (2004), »Der Kalte Krieg: Die neue Geschichte« von Rolf Steininger (2016) und »Der Kalte Krieg 1947–1990« von Bernd Stöver (2007) sind hingegen in erster Linie politik- und diplomatiegeschichtlich ausgerichtet. Speziell mit dem Ende der Systemkonfrontation befassen sich schließlich die Sammelbände »Ending the Cold War: interpretations, causation, and the study of international relations«, herausgegeben von Richard K. Herrmann (2004), »Europe and the End of the Cold War« von Frédéric Bozo (2008) oder auch »Wege zur Wiedervereinigung. Die beiden deutschen Staaten in ihren Bündnissen 1970 bis 1990«, herausgegeben von Oliver Bange und Bernd Lemke (2013). Gerade die hierin gesammelten Beiträge tragen sehr zum Verständnis der Entwicklung von Kriegsbildern am

---

[129] Zu diesem Thema wurde vom 13. bis 15.9.2013 von der Universität Tübingen eine Tagung durchgeführt. Siehe dazu <http://hsozkult.geschichte.hu-berlin.de/termine/id=22650> (letzter Zugriff 4.9.2013).
[130] Zu diesem Thema wurde am 31.10./1.11.2013 am deutsch-französischen Forschungszentrum Marc Bloch in Berlin eine Tagung durchgeführt. Siehe dazu <http://hsozkult.geschichte.hu-berlin.de/tagungsberichte/id=5156> (letzter Zugriff 3.1.2014).
[131] Environmental Histories of the Cold War.
[132] Cold War Broadcasting.
[133] Kötzing, Kultur- und Filmpolitik im Kalten Krieg.
[134] Siehe hierzu <http://hsozkult.geschichte.hu-berlin.de/rezensionen/2013-2-154> (letzter Zugriff 30.5.2013). Siehe auch: Lamberton Harper, The Cold War.
[135] The Cambridge history of the Cold War.
[136] Bisher sind in dieser Reihe sechs Bände erschienen. Siehe dazu <http://hsozkult.geschichte.hu-berlin.de/rezensionen/2013-3-013> (letzter Zugriff 4.7.2013). Heiße Kriege im Kalten Krieg; Krisen im Kalten Krieg; Angst im Kalten Krieg; Ökonomie im Kalten Krieg; Macht und Geist im Kalten Krieg; Erbe des Kalten Krieges.
[137] War Plans and Alliances.
[138] Den Kalten Krieg denken.

Ende des Ost-West-Konflikts bei. Die neuesten Befunde zum Kalten Krieg finden sich in der Mehrverfasserschrift »Der Kalte Krieg im langen 20. Jahrhundert«[139] aus dem Jahr 2014 zusammengefasst. Für den gesamten Untersuchungszeitraum aufschlussreich sind aber auch einige ältere Sammelbände wie »Vom Kalten Krieg zur deutschen Einheit. Analysen und Zeitzeugenberichte zur deutschen Militärgeschichte 1945 bis 1995«[140] aus dem Jahr 1995 und die 1997 von Gregory Pedlow herausgegebenen NATO Strategy Documents.[141]

Was die andere Seite des ehemaligen Eisernen Vorhangs betrifft, werden wichtige Strategiedokumente der Warschauer Vertragsorganisation immer noch unter Verschluss gehalten und machen die Strategieforschung ungleich schwieriger. Aufschluss geben dennoch einige Beiträge wie die Monografien »Das rote Bündnis«[142] von Frank Umbach aus dem Jahr 1996 und »Kontinuität und Wandel: Entwicklung der Militärdoktrin und Kriegsplanung des Warschauer Paktes im Verlauf der 80er Jahre«[143] von Thomas Anton Kauffmann aus dem Jahr 2002. Hinzu kommen Sammelbände wie »Der Warschauer Pakt«,[144] herausgegeben von Torsten Diedrich, Winfried Heinemann und Christian F. Ostermann (2009), »Helsinki 1975 and the Transformation of Europe«,[145] herausgegeben von Oliver Bange und Gottfried Niedhart (2008), sowie die oben bereits genannten »War Plans and Alliances in the Cold War« und »Wege zur Wiedervereinigung«.

In das Themenfeld Ost-West-Konflikt und Kalter Krieg ist neben der Strategieforschung noch der Themenbereich westdeutsche Sicherheitspolitik mit der Bundeswehr eingebettet, die wiederum den engeren Rahmen für den Untersuchungsgegenstand Kriegsbilder bilden. Denn sie geben für die folgende Untersuchung die konkreteren politik- und organisationsgeschichtlichen Rahmenbedingungen vor, unter denen sich die ideengeschichtliche Entwicklung von Kriegsvorstellungen vollzog und ihr Wandel erklärbar wird. Vergleichsweise gut erforscht sind die Anfänge westdeutscher Sicherheitspolitik, wozu vor allem die Studien der Ressortforschungseinrichtung MGFA beigetragen haben. Neben der vierbändigen Reihe »Anfänge westdeutscher Sicherheitspolitik«[146] dominiert hier vor allem die zwölfbändige Reihe »Sicherheitspolitik und Streitkräfte der Bundesrepublik Deutschland«[147] das in der bundesrepublikanischen Geschichtsforschung insgesamt gesehen eher randständige Thema Bundeswehr. Seit dem Jubiläumsjahr 2005 bilden in erster Linie die Publikationen des MGFA bzw. ZMSBw den aktuellen Forschungsstand ab. Sammelbände wie die oben

---

[139] Bernhard/Nehring/Rohstock, Der Kalte Krieg, S. 11–39.
[140] Vom Kalten Krieg zur deutschen Einheit.
[141] NATO Strategy Documents.
[142] Umbach, Das rote Bündnis.
[143] Kauffmann, Kontinuität und Wandel. Vgl. auch: »Damit hatten wir die Initiative verloren«.
[144] Der Warschauer Pakt.
[145] Helsinki 1975.
[146] AWS, Bd 1–4.
[147] Die Reihe beginnt 2006 mit Thoß, NATO-Strategie, und endet bislang 2014 mit dem Sammelband: Sonderfall Bundeswehr? Vom 17. bis 19.9.2012 führte das MGFA in Potsdam zu diesem Thema eine internationale Tagung durch. Siehe dazu <http://hsozkult.geschichte.hu-berlin.de/tagungsberichte/id=4627> (letzter Zugriff 6.2.2013).

genannten Teilstreitkraftbände oder »Die Bundeswehr 1955 bis 2005. Rückblenden – Einsichten – Perspektiven«,[148] herausgegeben von Frank Nägler 2007, sind dafür bezeichnend. Hierzu gehören auch wenige rüstungsgeschichtliche Beiträge, vor allem von Dieter H. Kollmer verfasst und herausgegeben,[149] einige biografische Studien wie von John Zimmermann zum Generalinspekteur Ulrich de Maizière[150] und generationsgeschichtliche Untersuchungen unter anderem zum militärischen Spitzenpersonal, die in einem von Rudolf J. Schlaffer und Helmuth R. Hammerich 2011 herausgegebenen Sammelband enthalten sind.[151] Als Standardwerk gilt wegen seiner umfangreichen Faktensammlungen immer noch »Verteidigung im Bündnis«[152] aus dem Jahr 1975. Ganz aktuell sind dagegen zwei für die Frühphase der Bundeswehr sehr interessante Beiträge von Agilof Keßelring und Thorsten Loch über die bis weit vor Himmerod zurückreichenden Anfänge westdeutscher Sicherheitspolitik und die Rolle des Politikers und vormaligen Offiziers Eberhard Wildermuth.[153] Aktualisiert hat den Forschungsstand im gleichen Zusammenhang zudem Agilof Keßelring mit neu aufgefundenen Überlieferungen zur Vorgeschichte der Bundeswehr und des Bundesnachrichtendienstes. Seine Studie aus dem Jahr 2014 zur »Organisation Gehlen« und das »Unternehmen Versicherungen«[154] hat zu neuen Erkenntnissen über die Remilitarisierung der westdeutschen Besatzungszonen und die personelle Aufstellung der Bundeswehr mit national organisierten Milizformationen aus alten Elitedivisionen geführt. Mit diesen Befunden – dies sei vorab angemerkt – werden sich die Ergebnisse der vorliegenden Studie zu einem stimmigen Gesamtbild deutscher Souveränitätsbestrebungen zusammenfügen.

Was die Zeit nach 1970 angeht, existiert allerdings – selbst aus dem MGFA bzw. ZMSBw – kaum Forschungsliteratur zur Bundeswehrgeschichte, insbesondere solche, die auf Grundlagenforschung basiert.[155] Diesem Zustand soll in den folgenden Jahren mit einem weiteren Reihenwerk des ZMSBw zur deutsch-deutschen Militärgeschichte in der Zeit von 1970 bis 1990 abgeholfen wer-

---

[148] Die Bundeswehr 1955 bis 2005.
[149] Kollmer, Die materielle Aufrüstung der Bundeswehr; Kollmer, »Klotzen, nicht kleckern!«. Kollmer, »Nun siegt mal schön!«; Militärisch-Industrieller Komplex?. Technik- und rüstungsgeschichtliche Themen wie »Interdependenz von Krieg und Technik« oder auch »Technik im Kalten Krieg« spielen in der Forschungslandschaft der letzten Jahre eine eher untergeordnete Rolle. Siehe dazu <http://hsozkult.geschichte.hu-berlin.de/termine/id=20051> (letzter Zugriff 25.9.2012).
[150] Zimmermann, Ulrich de Maizière. Siehe in diesem Zusammenhang auch einen ganz neuen Beitrag zum ersten Inspekteur der Luftwaffe Josef Kammhuber von Wolfgang Schmidt: Schmidt, Gewaltdispositionen. Darüber hinaus auch: Meyer, Adolf Heusinger (2001); Wolf Graf von Baudissin.
[151] Militärische Aufbaugenerationen. Zur militärischen Elitenforschung siehe auch: Naumann, Generale in der Demokratie; Schlaffer, Die Innere Führung; Pauli, Wehrmachtsoffiziere in der Bundeswehr.
[152] Verteidigung im Bündnis.
[153] Keßelring/Loch, Himmerod war nicht der Anfang. Keßelring/Loch, Der »Besprechungsplan«.
[154] Keßelring, Die Organisation Gehlen.
[155] Ausgenommen sind nur wenige Beiträge wie die Aufsätze von Helmuth R. Hammerich (z.B. Hammerich, Die Operationsplanungen der NATO) und die Beiträge zur Einsatzgeschichte der Bundeswehr. Siehe hierzu z.B.: Auftrag Auslandseinsatz; Libero, Tod im Einsatz.

I. Einleitung _____ 21

den. Andere Publikationen zu diesem Zeitraum, meist von Journalisten und Politikwissenschaftlern verfasst, werden den Standards geschichtswissenschaftlicher Forschung vielfach nicht gerecht.

Zu erwähnen ist jedoch noch eine Reihe von Einzelstudien zur Bundeswehr und westdeutschen Sicherheitspolitik, beispielsweise von Matthias Künzel[156](1992), Christian Tuschhoff[157] (2002) und Tilman Hanel[158] (2015), die ebenfalls der beschriebenen Tendenz zu nuklearen Themenstellungen folgen. Gleiches gilt für einen Sammelband zum NATO-Doppelbeschluss, herausgegeben von Philipp Gassert[159] (2011). Hinzu kommen wenige fremdsprachige Beiträge zur Geschichte der Bundeswehr wie zum Beispiel von James Corum[160] oder auch ein Zeitschriftenaufsatz von Ingo W. Trauschweizer.[161]

Veröffentlichungen von Detlef Bald[162] sind durch einen kritischen Ton gegenüber dem Militär und damit auch der Bundeswehr gekennzeichnet, während ein gut bebildertes Überblickswerk zur Bundeswehr 1955 bis 2005 von Rolf Clement und Paul Elmar Jöris[163] und die gerade neu erschienene Bundeswehr-Überblicksgeschichte von Martin Rink[164] aus der Reihe »Militärgeschichte kompakt« nicht unbedingt der Grundlagenforschung zugerechnet werden können.

Da die folgende Untersuchung interdisziplinär angelegt ist, sind ferner Forschungsergebnisse aus anderen Themenfeldern zu berücksichtigen. Dies betrifft nicht nur ideengeschichtliche Werke wie die Geschichte des operativen Denkens im deutschen Heer von Gerhard P. Groß[165] und mentalitätsgeschichtliche Beiträge wie Jörg Echternkamps[166] Untersuchung kollektiver Repräsentationen des Krieges und der Wehrmacht in der deutschen Nachkriegsgesellschaft, sondern auch die Erkenntnisse aus der Bildforschung.

Im Zuge des seit etwa zehn Jahren anhaltenden »iconic turn«[167] ist das Paradigma Bild in seinen verschiedenen Spielarten in fast allen kulturwissenschaftlichen Fächern angekommen, und es steht das Desiderat im Raum, Bilder nicht nur als visuelle Artefakte, sondern auch als Imaginationen für kulturhistorische Fragestellungen zu erschließen. Die Untersuchung von Kriegsbildern soll dieser Forderung nachkommen, bewegt sich aber dennoch abseits der eingefahrenen Wege des »visualistic turn« bzw. »pictorial turn«.[168] Im Rahmen der sogenann-

---

[156] Küntzel, Bonn und die Bombe.
[157] Tuschhoff, Deutschland, Kernwaffen und die NATO.
[158] Hanel, Die Bombe als Option.
[159] Zweiter Kalter Krieg und Friedensbewegung.
[160] Rearming Germany, S. 93–116.
[161] Trauschweizer, Learning with an Ally.
[162] Bald, Die Bundeswehr; Bald, Die Atombewaffnung der Bundeswehr.
[163] Clement/Jöris, 50 Jahre Bundeswehr.
[164] Rink, Die Bundeswehr.
[165] Groß, Mythos und Wirklichkeit. Siehe hierzu auch: Operatives Denken und Handeln; Lider, Origins and Development.
[166] Echternkamp, Soldaten im Nachkrieg. Siehe dazu auch: Megargee, Hitler und die Generäle.
[167] Siehe hierzu z.B. die Ringvorlesung »Der iconic turn in der Geschichtswissenschaft« unter <http://hsozkult.geschichte.hu-berlin.de/termine/id=16902> (letzter Zugriff 22.7.2011).
[168] Bildtheorien; Bilder – Sachen – Mentalitäten. Hierzu gehören in jüngster Zeit Themen wie »Zeigen und Bildung. Das Bild als Medium der Unterrichtung seit der frühen Neuzeit«.

ten Imigery-Debatte wird seit den 1980er Jahren um den Status geistiger Bilder gestritten. Dabei stehen sich die Sichtweisen der »Deskriptionalisten« und der »Piktorialisten« gegenüber. Während die Letztgenannten von der Annahme mentaler Bilder im Sinne realer Bilder vor einem geistigen Auge ausgehen,[169] stellen die Deskriptionalisten in Abrede, dass mentale Bilder als Bilder im engeren Sinne gesehen werden können.[170] Im Grunde geht es dabei um unterschiedliche Interpretationen empirischer Erkenntnisse zur Messung von Gehirnaktivitäten in der Psychologie und Neuropsychologie,[171] die für eine ideengeschichtliche Untersuchung nachrangig sind.[172]

Diese Debatte führt zu weiteren kleinen Forschungskontroversen, die für Kriegsbilder im Ost-West-Konflikt relevanter sind: Umstritten ist die Bedeutung des Jahres 1983 für den Ausbruch eines möglichen Dritten Weltkriegs. Auf der einen Seite bezweifelt Mark Kramer in der »Nicht-Krise um Able Archer 1983«,[173] dass die NATO-Stabsrahmenübung »Able Archer« vom 7. bis 11. November 1983 an den Rand eines Atomkrieges geführt habe, sondern vertritt die These, dass eine nur vermeintliche und künstlich geschürte Kriegspanik zu propagandistischen Zwecken genutzt wurde. Auf der anderen Seite vertritt Georg Schild die gegenteilige Meinung und gelangt zu der Schlussfolgerung, dass das Jahr 1983 aufgrund der sicherheitspolitischen Gesamtsituation das gefährlichste des Kalten Krieges gewesen sei.[174] Die eigenen Forschungsergebnisse aus einer Zeitzeugenbefragung des damaligen Generalinspekteurs der Bundeswehr, aber auch ein bereits veröffentlichtes Interview[175] mit dem diensthabenden Offizier im russischen »Zentrum für die Beobachtung von Himmelskörpern« im September 1983 stützen die Sichtweise Kramers, zumindest wenn es um Perzeptionsfragen geht. Eine andere Forschungskontroverse betrifft das Ende

---

Tagung im Deutschen Institut für Internationale Pädagogische Forschung Berlin am 30./31.10.2014. Siehe dazu <http://hsozkult.geschichte.hu-berlin.de/termine/id=24639> (letzter Zugriff 6.4.2014), oder »Bilder als Wissenschaftliche Quelle«. Interdisziplinärer Methodenworkshop am 4.4.2014 an der Universität Siegen, siehe dazu <http://hsozkult.geschichte.hu-berlin.de/termine/id=24370> (letzter Zugriff 9.3.2014).

[169] Mitchell, Was ist ein Bild?, S. 23–29.
[170] Sachs-Hombach, Bild, mentales Bild und Selbstbild, S. 118 und 123–127.
[171] Gottschling, Bilder im Geiste, S. 11. Zum Ablauf und zu den verschiedenen Phasen dieser Debatte siehe ebd., S. 18 f. Die Kognitionswissenschaftlerin Verena Gottschling arbeitete verschiedene Positionen des Piktorialismus und des Deskriptionalismus heraus. William J.T. Mitchell relativierte indessen den Unterschied zwischen externen und internen Bildern. Mitchell, Was ist ein Bild?, S. 23–29.
[172] Ähnlich verhält es sich bei Themenstellungen wie »Weltbilder zwischen Geographie und Ideologie«. Tagung an der Ludwig-Maximilians-Universität zu München 15. bis 18.9.2014, siehe dazu <http://hsozkult.geschichte.hu-berlin.de/termine/id=25587> (letzter Zugriff 6.8.2014), oder für den Sammelband Europabilder.
[173] Kramer, Die Nicht-Krise um »Able Archer 1983«.
[174] Schild, 1983. Schild nennt hier den Abschuss eines südkoreanischen Passagierflugzeugs durch sowjetische Abfangjäger, die fälschliche Registrierung eines Anflugs US-amerikanischer Raketen über den Nordpol durch das Raketenfrühwarnzentrum in Moskau im September 1983, den aggressiven Eindruck des NATO-Manövers »Able Archer« sowie die Stationierung der ersten Pershing-II-Raketen in Großbritannien und in der Bundesrepublik Deutschland im November 1983.
[175] »Der rote Knopf hat nie funktioniert«.

des Ost-West-Konflikts, das in Deutschland vielfach mit dem 3. Oktober 1990 in Verbindung gebracht wird,[176] das Gregor Schöllgen und Walter Laqueur jedoch erst mit dem Zerfall der Sowjetunion 1991 gekommen sehen.[177] Hierfür soll im Unterkapitel IV.4.c eine speziell perzeptionsgeschichtlich geprägte Lösung entwickelt werden.

Zusammenfassend ist nach der Auswertung der Forschungsliteratur festzuhalten, dass es bislang weder eine Analyse von Kriegsbildern in der Bundeswehr über einen längeren Zeitraum noch eine umfassende Auseinandersetzung mit diesem Begriff gibt.

b) Quellenlage

Diese Forschungslücke kann nur durch eine systematische Quellenerschließung und -auswertung geschlossen werden. Da Perzeptionen und Imaginationen als eigentlich rein geistige Konstrukte schwierig zu erfassen sind, stellt sich hier die Frage, in welchen Quellen sich Vorstellungen und Gedankengänge der Bundeswehrführung manifestierten, sodass sie überhaupt erst untersucht werden können.

Bisherige Forschungsbeiträge zu Kriegsbildern haben sich vor allem auf die Militärpublizistik,[178] aber auch auf Dienstvorschriften und Militärakten[179] abgestützt. Diese bereits bewährten Quellenarten sollen in der folgenden Studie ebenfalls genutzt werden.[180]

Nach Einschätzung von Kurt Mark sind neben Vorschriften auch Großmanöver ein Spiegelbild des offiziellen Kriegsbildes.[181] Was Manöver betrifft, weist Lorenz Engell aber auch auf die Unterschiede zwischen gedachtem, simuliertem und wahrscheinlichem Krieg hin.[182] Simulationen[183] wie auch Vorschriften spiegeln Vorstellungsmuster recht gut, jedoch mit einiger Zeitverzögerung wider. Um ideengeschichtliche Entwicklungen möglichst in Echtzeit nachvollziehen zu

---

[176] Frank, Von der Landesverteidigung, S. 705.
[177] Schöllgen, Was hat der Ost-West-Konflikt in der Weltpolitik bewirkt?, S. 56; Laqueur, Das Ende des Kalten Krieges, S. 63.
[178] Als Beispiele hierfür können die Beiträge Walters und Niemeyers genannt werden.
[179] Diese Quellenarten nutzten vor allem Gablik und Hammerich. An dieser Stelle danke ich Oberstleutnant Dr. Hammerich aus dem ZMSBw für die Bereitstellung der Kopien von Heeresvorschriften.
[180] Besonders bewährt haben sich dabei die Truppenführungsvorschriften des Heeres (Heeresdienstvorschriften der Reihe 100). Sie sind im Bestand BArch, BHD 1 überliefert. Was Militärzeitschriften betrifft, so werden vor allem die Wehrwissenschaftliche Rundschau, Truppenpraxis, Wehrkunde, die Neue Zeitschrift für Wehrrecht, die Österreichische Militärische Zeitschrift und die Allgemeine Schweizerische Militärzeitschrift für die folgende Studie herangezogen.
[181] Mark, Kriegsbild der Zukunft, S. 34.
[182] Engell, Der gedachte Krieg, S. 36-38; Baudissin, Das Kriegsbild (1962), S. 6; Vgl. auch Baudissin, Gedanken zum Kriegsbild (1964), S. 462.
[183] Für die vorliegende Studie werden sowohl Übungsanlagen und Kriegstagebücher militärischer Großübungen als auch Erfahrungsberichte von Operations-Research-Studien herangezogen.

können, ist es erforderlich, auf weitere Quellen zurückzugreifen, die ein jeweils aktuelleres Kriegsbild offenlegen können. Vorträge, Briefe und Denkschriften, die sich meist in den Handakten des militärischen Führungspersonals finden, sowie Arbeitsunterlagen aus dem Bundesverteidigungsministerium (z.B. Studien im Führungsstab der Bundeswehr bzw. Streitkräfte), welche die gedankliche oder zumindest informative Grundlage dafür lieferten, sind besonders geeignet, um damals aktuelle Gedankengänge nachvollziehen zu können. Insofern kommen sämtliche Formen der militärischen Lagefeststellung für Verteidigungsplanungen in Betracht. Oft erschließen sich die Gedanken der militärischen Führung zudem im Rahmen der Langzeitplanung für die Bundeswehr und über operative Studien zur Verteidigungsführung.

Alle diese Quellenarten finden sich in großer Zahl und fast ausschließlich im Bundesarchiv, Abt. Militärarchiv in Freiburg i.Br. Eine Nachfrage beim leitenden Archivar des NATO-Archivs von SHAPE hat hingegen ergeben, dass dort keine Dokumente verfügbar sind, die zur Beantwortung der oben gestellten Leitfragen besonders geeignet wären, da es hier ja speziell um die westdeutsche Sichtweise gehen soll. Deshalb stützt sich die vorliegende Untersuchung hauptsächlich auf eine Vielzahl von Quellengattungen, die fast alle im Bundesarchiv, Abt. Militärarchiv, überliefert sind. Relevant sind vor allem die Bestände BW 1 (Bundesministerium der Verteidigung ohne Führungsstäbe und Inspektion des Sanitäts- und Gesundheitswesens), BW 2 (Führungsstab der Streitkräfte), BH 1 (Führungsstab des Heeres), BL 1 (Führungsstab der Luftwaffe), BM 1 (Führungsstab der Marine) und BW 9 (Dienststellen zur Vorbereitung des westdeutschen Verteidigungsbeitrags). Als schwierig für die Auswertung der dortigen Quellenbestände erwies sich, dass ein großer Teil der an das Militärarchiv abgegebenen Akten, insbesondere aus der Zeit nach 1970 noch gar nicht verzeichnet worden ist. Dieses damals meist als »Geheim« eingestufte Quellenmaterial musste daher erst anhand von Abgabeverzeichnissen im Verschlusssachen-Zwischenarchiv des Archivs ermittelt werden und konnte erst nach einem relativ umständlichen Antragsverfahren eingesehen werden. Um die so erschlossenen Quellen für eine Publikation nutzen zu können, mussten sie zudem von einer Arbeitsgruppe des Bundesverteidigungsministeriums im Militärarchiv herabgestuft bzw. offengelegt werden. Auf diese Weise ist eine ganze Reihe von Quellen, meist aus den 1970/80er Jahren für die geschichtswissenschaftliche Forschung verfügbar gemacht worden.[184] Als hervorragende Quelle für die Untersuchung von Kriegsbildern haben sich dabei die Lagevorträge der Generalinspekteure sowie der Inspekteure von Heer, Marine und Luftwaffe im Rahmen der Kommandeurtagungen der Bundeswehr erwiesen, darüber hinaus aber auch Führungsweisungen und Überlegungen zu Langzeitkonzeptionen für die Bundeswehr.

Vielleicht ist gerade in der Vielschichtigkeit von Kriegsbildern der Grund dafür zu sehen, dass sich in den Akten, die bis etwa 1965 zum Teil mit Findmitteln erschlossen worden sind, unter diesem Suchbegriff nur sehr wenig finden

---

[184] Z.B. BArch, BW 2/8665, BW 2/12461, BW 2/12462, BW 2/14399, BW 2/19438, BW 2/31014); oder zumindest teilweise offengelegt, z.B. BArch, BW 2/13464, BW 2/20529, BW 2/20530.

lässt. Häufig verbergen sich jedoch hinter Bezeichnungen wie beispielsweise »Grundlegende Betrachtungen zur operativen Lage der Bundesrepublik«,[185] »Die operative Planung im Atomkrieg«[186] oder »Militärische Grundannahmen für die Verteidigungsplanung«[187] umfassende Ausführungen zu den Kriegsvorstellungen.[188] Auf solchen Umwegen finden sich in Freiburg i.Br. vielfältige Quellen, aus denen sich Kriegsvorstellungen herauslesen lassen.

Von großer Aussagekraft sind zudem die größtenteils ebenfalls im dortigen Archiv befindlichen Nachlässe[189] des militärischen Führungspersonals sowie Deposita und Abgaben,[190] die dem MGFA bzw. ZMSBw zur Auswertung bereitgestellt wurden. Ihr spezieller Wert liegt darin, dass sie bisweilen gegenüber den offiziellen Sichtweisen vor allen in Briefwechseln abweichende private Ansichten erkennen lassen.

Besonders aufschlussreich für die jüngste Geschichte der Kriegsbilderentwicklung war eine Reihe von Zeitzeugeninterviews, die unter anderen mit dem ehemaligen Generalinspekteur der Bundeswehr Wolfgang Altenburg, dem ehemaligen Inspekteur des Heeres und Staatssekretär Jörg Schönbohm und dem ehemaligen Befehlshaber des Einsatzführungskommandos der Bundeswehr Rainer Glatz geführt werden konnten.[191] Sie vermittelten nicht nur ganz persönliche Eindrücke und Einschätzungen, sondern auch Zusammenhänge und Hintergrundwissen, wie es in den Bundeswehrakten noch nicht einmal zwischen den Zeilen herausgelesen werden kann.

Als weiteres Archiv, das zumindest über einige relevante Akten aus der Bundeswehr zu Kriegsbildern in Planungsdokumenten verfügt, ist an dieser Stelle das Archiv für Christlich-Demokratische Politik (ACDP) in Sankt Augustin aufzuführen.[192]

---

[185] BArch, BW 9/3119, Denkschrift des militärischen Expertenausschusses über die Aufstellung eines Deutschen Kontingents im Rahmen einer übernationalen Streitmacht zur Verteidigung Westeuropas, 9.10.1950. Zugleich abgedruckt in: Rautenberg/Wiggershaus, Die »Himmeroder Denkschrift« (1985), S. 38−41.

[186] BArch, BW 2/982, Handakte Heusinger, Vortrag vor Verteidigungsrat und Kabinett: Die operative Planung im Atomkrieg, 3.2. und 22.2.1956.

[187] BArch, BW 2/2228, Fü B III 6, Az. 58-29-00, Vorentwurf: Die militärischen Grundannahmen für die Verteidigungsplanung 1962, 15.12.1961.

[188] Der häufige Bezug zum Operativen unterstreicht, dass diese Untersuchungsebene zur Erfassung der Vorstellungen der Bundeswehrführung richtig gewählt ist.

[189] Z.B. BArch, N 28 (Ludwig Beck); BArch, N 379 (Friedrich Ruge); BArch, N 625 (Erich Schneider); BArch, N 643 (Adolf Heusinger); BArch, N 690 (Heinz Karst); BArch, N 758 (Robert Knauss); BArch, N 842 (Heinrich Trettner); BArch, N 857 (Alfred Zerbel), BArch, N 885 (Johannes Steinhoff).

[190] Hier ist z.B. die Abgabe des Staatssekretärs a.D. Prof. Dr. Walther Stützle zu nennen, dem ich an dieser Stelle für die Freigabe zur Nutzung herzlich danke. Auch das Material für die Presse des Informations- und Pressestabs im BMVg enthielt interessante Informationen. Für die Bereitstellung danke ich Oberstleutnant Dr. Heiner Möllers aus dem ZMSBw.

[191] Hier danke ich auch Frau Friederike Frei, Tochter des Brigadegenerals Ernst Golling, und Oberstleutnant Dr. Helmut R. Hammerich für die Vermittlung des Zeitzeugengesprächs.

[192] Für die Unterstützung beim Zugang zu diesen Akten danke ich Oberstleutnant Dr. Thorsten Loch aus dem ZMSBw. Für die Bereitstellung und Freigabe bedanke ich mich bei Dr. Angela Keller-Kühne vom ACDP.

Auch das Parlamentsarchiv des Deutschen Bundestages in Berlin, das die Protokolle des Bundestagsausschusses für Verteidigung in seinen Beständen führt, soll hier nicht vergessen werden.[193] Über sie kann gut nachvollzogen werden, wie die Bundeswehrführung Kriegsvorstellungen im politischen Raum kommunizierte.

Eine wichtige Vorarbeit zur Erschließung sensibler Quellen mit nuklearen Themen ist des Weiteren durch das NHP geleistet worden. Die NHP-Dokumentensammlung im ZMSBw hat erheblich dazu beigetragen,[194] den Wandel von Kriegsbildern in den 1960er Jahren zu verstehen, zumal vielfach Akten zu nuklearen Themen im Bundesarchiv, Abt. Militärarchiv, bis zu sechzig Jahre lang unter Verschluss gehalten werden.

Ferner steht für die Analyse des Wandels von Kriegsbildern und seiner Hintergründe eine Vielzahl edierter Quellen zur Verfügung. Exemplarisch seien hier die Akten zur Auswärtigen Politik der Bundesrepublik Deutschland (AAPD) genannt, die im Auftrag des Auswärtigen Amts vom Institut für Zeitgeschichte herausgegeben werden und sich sehr gut eignen, um – zumindest blitzlichtartig oder partiell (Koreakrieg, Athener Richtlinien, Kubakrise, Vietnamkrieg) – den Kenntnisstand zwischen militärischer Führung und Auswärtigem Amt abzugleichen.[195] Hinzu kommen noch weitere Druckerzeugnisse wie Weißbücher und Verteidigungspolitische Richtlinien, die durch das Bundesverteidigungsministerium herausgegeben wurden, überregionale Tageszeitungen (Frankfurter Allgemeine Zeitung, Frankfurter Rundschau, Generalanzeiger, Süddeutsche Zeitung, The Times) und Wochenzeitungen (Der Spiegel, Die Zeit) sowie Autobiografien von Politikern.[196]

Insgesamt stützt sich die folgende Untersuchung also in erster Linie auf die Aktenbestände der Bundeswehr aus dem Bundesarchiv, Abt. Militärarchiv, ab. Die Quellenlage kann als reichlich, im Zugang oft jedoch wegen der Erschließung auf Umwegen und VS-Problematik als durchaus schwierig charakterisiert werden.

---

[193] Hier danke ich Dr. Dorothee Hochstetter aus dem ZMSBw sowie Frau Brigitte Nelles vom Parlamentsarchiv des Deutschen Bundestages.

[194] ZMSBw, Sammlung Militärgeschichte 1945–1990, NHP-Dokumentensammlung. An dieser Stelle danke ich Dr. Bernd Lemke für die Bereitstellung der Unterlagen und wertvolle Hinweise.

[195] Die AAPD sind in 61 Bänden für die Jahre 1949 bis 1983 ediert. Siehe dazu <www.ifz-muenchen.de/publikationen/editionen/ed/edition/akten-zur-auswaertigen-politik-der-bundesrepublik-deutschland/> (Stand: 21.7.2015).

[196] Als Beispiel sei hier die Autobiografie des ehemaligen Bundeskanzlers genannt: Kohl, Erinnerungen 1982–1990.

3. Methodik

Nach den grundlegenden Feststellungen, dass zum einen die Untersuchung von Kriegsbildern in der westdeutschen Militärführung eine Forschungslücke schließen kann und zum anderen eine vielfältige, wenngleich (teilweise) schwierige Quellenlage dies durchaus ermöglicht, soll im Folgenden kurz erläutert werden, wie das Thema methodisch handhabbar gemacht und inhaltlich erschlossen werden wird.

Der gedankliche Ausgangspunkt hierfür ist das Kernziel der Arbeit, das darin besteht, die Entwicklung von Kriegsbildern in der militärischen Führung der Bundeswehr nachzuzeichnen und zu begründen. Um diese Zielsetzung zu erreichen, muss der Begriff »Kriegsbild« zunächst genau bestimmt werden. Seine vielfältige, manchmal beliebige und oft unreflektierte Verwendung in der historischen Forschung und seine sich daraus ergebende Unschärfe machen eine umfassende Auseinandersetzung mit den verschiedenen Verständnissen von Kriegsbildern nötig. Dazu sollen erstmals die zahlreichen Thesen der Forschung zu Kriegsbildern zusammengetragen werden, um deren Charakteristika und geistige Natur als sogenannte mentale Bilder zu ergründen. Dies wird zu der grundlegenden Erkenntnis für die Leser führen, dass die Studie eine ideengeschichtliche Prägung erhalten muss. Stollberg-Rilinger hat Ideengeschichte als »die Geschichte [...] menschlichen Denkens«[197] definiert. Sie betrifft Gegenstände des Denkens, Glaubens, Wissens, Meinens, im erweiterten Sinne Glaubensvorstellungen, Weltbilder und Wertüberzeugungen.[198] Die Kognitionswissenschaft hat gezeigt, wie Denkprozesse in menschlichen Gehirnen ablaufen. Dies macht mentale Bilder eigentlich zu einer ausgesprochen individuellen Angelegenheit, was aber in der geschichtswissenschaftlichen Erforschung von Kriegsbildern bislang gerne unterschlagen wurde. Genau genommen wirft ein ideengeschichtlicher Ansatz schnell zwei entscheidende Fragen auf: Wie kann die Entwicklung und Weitergabe einer im Grunde unübersehbaren Fülle individueller Vorstellungen in einer so großen Organisation wie der Bundeswehr nachvollzogen werden? Und wie wird menschliches Denken, eine Idee, eine Kriegsvorstellung als ein rein geistiges Konstrukt überhaupt fassbar?

Der hierarchische Aufbau der Bundeswehr, die ihr eigentümliche Befehlskette und die Logik eines von oben nach unten und ebenso von unten nach oben über die verschiedenen Befehlsebenen hinweg verlaufenden Dienstwegs liefern den methodischen Schlüssel zur Lösung der ideengeschichtlichen Problematik und damit zur Erschließung der Thematik von Kriegsbildern. Denn die Vorstellungen des Systems Bundeswehr werden – zumindest formal und dem Anspruch der Gesetze und Vorschriften nach – an der Spitze der Hierarchie gebündelt, repräsentiert oder auch vorgegeben. Dies belegt auch die Quellenlage. Indem man den ideengeschichtlichen Ansatz auf die führenden Köpfe in der militärischen

---
[197] Stollberg-Rilinger, Einleitung, S. 7.
[198] Ebd., S. 8.

Führung der Bundeswehr (Generalinspekteur der Bundeswehr, die Inspekteure der Teilstreitkräfte Heer, Luftwaffe und Marine sowie die Angehörigen der jeweiligen Führungsstäbe) eingrenzt, wird die Untersuchung von Kriegsbildern einigermaßen überschaubar und handhabbar. Mit repräsentativen Individuen und führenden Köpfen[199] werden die leitenden Ideen in der Organisation Bundeswehr identifizierbar. Und über deren schriftliche Befehle und Vorgaben im weitesten Sinne werden zumindest die Leitbilder vom Kriege[200] fassbar, zumal die Quellenlage auf dieser Hierarchieebene besonders reichhaltig ist. Im Mittelpunkt des Interesses steht somit das in der Bundeswehr jeweils vorherrschende Kriegsbild. Dominante offizielle Vorstellungen implizieren jedoch auch immer die Existenz von »Minderheitenmeinungen«.[201] Diese sollen dort, wo sie die Protagonisten beschäftigten und die Entwicklung ihrer Vorstellungen beeinflussten, ebenfalls in Betracht gezogen werden. Die Analyse der Leitvorstellungen auf einer längeren Zeitachse ermöglicht es, Zäsuren, Veränderungen und schließlich Entwicklungen festzustellen. Indem man denjenigen Faktoren einschließlich weiterer Ideengeber nachspürt, welche die Vorstellungswelten und Kriegsbilder der führenden Köpfe beeinflussten, kann ein Wandel erklärt werden.

Quentin Skinner, Mitbegründer der Cambridge School of Intellectual History und der Politischen Ideengeschichte, hat jedoch noch auf ein weiteres methodisches Problem ideengeschichtlicher Analysen aufmerksam gemacht. Nach seiner Meinung ist es unmöglich, ideengeschichtliche Untersuchungen anzustellen, ohne von den eigenen Erwartungen und Vorurteilen darüber beeinflusst zu werden.[202] Die »unbewusste Anwendung von Paradigmen«[203] beeinträchtige gemäß Skinner die Forschung. Insofern gilt es, die eigene »Borniertheit«[204] zu minimieren, sodass der eigene Blickwinkel nicht verhindert, sich in die Protagonisten hineinzudenken und ihre Gedankengänge nachzuvollziehen.

Zu den »Fallstricke[n] auch der ideengeschichtlichen Forschung«[205] gehört es nach Skinner weiterhin, Texte als selbstgenügsame Untersuchungsgegenstände zu behandeln, ohne sie zu kontextualisieren, sie mit einer bestimmten Situation, Intention und Zielgruppe in Verbindung zu bringen. Damit vertritt Skinner in der ideengeschichtlichen Forschung die Sichtweise der sogenannten Externalisten, die andere als nur geistige Faktoren untersuchen, gegenüber den »Internalisten«,

---

[199] Die Beispiele von Stülpnagel und Baudissin in den Unterkap. III.3 und IV.2.c werden zeigen, dass die führenden Köpfe nicht immer zwangsläufig Bestandteil der obersten Führungsspitze der Bundeswehr sein müssen. Deshalb ist der ideengeschichtliche Ansatz einem organisationsgeschichtlichen, der nur nach der formalen Zuständigkeit für Kriegsbilder fragen würde, vorzuziehen.

[200] Wie Generalleutnant Jörg Schönbohm, Inspekteur des Heeres vom 27.9.1991 bis 18.2.1992, sie beschrieb, könnten diese auch im Sinne eines »kollektiven Kriegsbildes« verstanden werden. Zeitzeugengespräch mit Generalleutnant a.D. Jörg Schönbohm, ZMSBw Potsdam, 18.6.2015. Für die Unterstützung hier danke ich Dr. Rüdiger Wenzke, Dr. Oliver Bange und Oberstleutnant Dr. Thorsten Loch aus dem ZMSBw.

[201] Dülffer, Kriegserwartung und Kriegsbild, S. 110.
[202] Skinner, Bedeutung und Verstehen in der Ideengeschichte, S. 62 f.
[203] Ebd., S. 62.
[204] Ebd., S. 63.
[205] Ebd., S. 84.

I. Einleitung 29

die versuchen, Quellen nur aus sich selbst heraus zu verstehen.[206] Der Standpunkt der Externalisten soll auch die folgende Untersuchung von Kriegsbildern in der westdeutschen Militärelite prägen, da er den Grundsätzen der historisch-kritischen Methode entspricht. Sie ist weit davon entfernt, gemäß der Zielsetzung der applikatorischen Methode nur nach Nutzanwendungen für zukünftige militärische Auseinandersetzungen zu fragen, wie dies bei einem oberflächlichen Blick auf die Beschäftigung mit Kriegsbildern leicht unterstellt werden könnte. Vielmehr geht es darum, Denkmuster der militärischen Führung der Bundeswehr in den vielfältigen Wechselbeziehungen zu Politik, Gesellschaft, Kultur, Wirtschaft, Wissenschaft und Technik im Zeitalter des Ost-West-Konflikts zu analysieren.[207]

Die Untersuchung des Wandels von Kriegsbildern fragt mit einem interdisziplinären Ansatz nach Kontinuität und Wandel, Zäsuren, Weiterentwicklungen, Motiven und Interessenleitung in den Gedankengängen der Militärelite. Daher sind auch mentalitätsgeschichtliche und biografische Hintergründe unbedingt zu berücksichtigen. Was diese Arbeit in besonderer Weise kennzeichnen soll, ist eine innovative Kombination von verschiedenen Subdisziplinen der Geschichts- und Sozialwissenschaften mit der Bildforschung unter dem Dach der Militärgeschichte. Eine Verknüpfung der Kriegsbildtheorie mit Erkenntnissen aus den Bild- und Kognitionswissenschaften hat es bislang nicht gegeben. Doch gerade so kann es gelingen, die vorliegende Studie nach dem Verständnis einer neuen, erweiterten Ideengeschichte zu verfassen, wie sie Stollberg-Rilinger gefordert hat.[208]

Um diesem Anspruch gerecht zu werden, ist eine umfassende, epochenübergreifende synchron-diachrone Betrachtung geistiger Entwicklungen, sowohl individueller als auch kollektiver, geboten: Aufgrund der Tatsache, dass die Angehörigen der Führungsspitze in der frühen Bundeswehr wie Heusinger und Speidel auf prägende Kriegserfahrungen aus dem Zweiten Weltkrieg, meist sogar noch aus dem Ersten Weltkrieg zurückblickten,[209] kann eine Untersuchung von Kriegsbildern schwerlich erst mit der Gründung der Bundeswehr im Jahre 1955 beginnen. Dies würde unterstellen, dass Kriegsbilder gewissermaßen aus einem geschichtlichen Nichts entstehen könnten. Vielmehr ist in einer ideengeschichtlich erweiterten diachronen Studie ein Einstieg noch vor dem Zeitalter der Weltkriege sinnvoll, um Kontinuität und Wandel in kollektiven und individuellen Bewusstseinszuständen sowie Kriegsvorstellungen einschätzen zu können. Nur mit einem epochenübergreifenden Ansatz, unter Berücksichtigung der biografischen Vorgeschichten und ganz bestimmter mentaler Prägungen der Aufbaugenerationen der Bundeswehr kann die Entwicklung von Kriegsbildern

---

[206] Stollberg-Rilinger, Einleitung, S. 8.
[207] Auch nach Joachim Niemeyer sind bei einem Kriegsbild stets die Verknüpfungen kriegerischer Auseinandersetzungen mit Gesellschaft, Wirtschaft, Technologie, Natur und Innen- wie Außenpolitik in Betracht zu ziehen. Niemeyer, Elemente des modernen Kriegsbildes, S. 73
[208] Stollberg-Rilinger, Einleitung, S. 8.
[209] Als Beispiele seien hier vorab Heusinger und Speidel genannt. Siehe dazu insbesondere Unterkapitel IV.1 und IV.2.

im Amt Blank und in der frühen Bundeswehr nachvollzogen werden.[210] Hierzu ist es erforderlich, die gedanklichen Grundlagen bis in die Zeit des preußisch-deutschen Generalstabes und einer von Moltke d.Ä. im späten 19. Jahrhundert etablierten, operativ dominierten Denkschule zurückzuverfolgen.

Doch auch in der anderen Richtung des Zeitstrahls soll im Rahmen einer umfassenden diachronen Betrachtung ein Blick über das Ende des eigentlichen Untersuchungszeitraums hinaus gewagt werden, um aus dieser Perspektive im Vergleich die mentalen Eigentümlichkeiten der vorhergehenden Epoche der Ost-West-Konfrontation besser abschätzen zu können. Die Fortentwicklung von Kriegsbildern nach der Epochenzäsur von 1990 kann aufgrund der Umfangsbegrenzung der Arbeit jedoch nur noch als kurzer Ausblick skizziert werden. Im Zeitraum dazwischen, im eigentlichen Untersuchungszeitraum von der Gründungsphase der Bundeswehr bis zum Ende des Ost-West-Konflikts, kam es darauf an, in einem ersten Arbeitsschritt qualitative Veränderungen in den Kriegsvorstellungen und auf diese Weise Zäsuren zu identifizieren. In einem zweiten Arbeitsschritt waren dann die Gründe für einen Wandel und die Charakteristika der einzelnen Entwicklungsphasen von Kriegsbildern herauszuarbeiten, meist in einem Wechselspiel aus Individualvorstellungen der Protagonisten und Kriegsleitbildern mit kollektivem Anspruch.

Da auf nationaler wie internationaler Ebene ganz unterschiedliche Kriegsvorstellungen existierten, ist zudem an mehreren Stellen der Arbeit eine vergleichende, synchrone Betrachtung erforderlich gewesen. Denn bei der Entwicklung der Kriegsbilder in der Bundeswehrführung spielten andere Vorstellungen in den Militärführungen anderer Staaten ebenso eine Rolle wie unterschiedliche Denkansätze in den verschiedenen Teilstreitkräften der Bundeswehr. Krieg zu Lande ist eben – gerade in den Augen der Protagonisten mit unterschiedlichen sozialen und militärischen Prägungen – etwas anderes als Krieg zur See oder in der Luft. Auch stellt sich ein Krieg für einen von der potenziellen Front weiter entfernten Staat mit Insellage wie Großbritannien möglicherweise ganz anders dar als für den »Frontstaat« Bundesrepublik Deutschland.[211] So sollen Vergleiche in die Untersuchung einfließen, um unterschiedliche Standpunkte sowie den Gedankenaustausch nachzuvollziehen und der Komplexität eines ideengeschichtlichen Themas mit seinen vielfältigen Wechselwirkungen gerecht zu werden.

Schließlich soll der Fokus am Ende der Studie wieder geweitet werden, nicht nur zeitlich durch einen Blick auf die weitere Entwicklung bis in die Gegenwart, sondern auch methodisch. Denn die Theorie zum Kriegsbild stellt ja den methodischen Rahmen dar, in den der Untersuchungsgegenstand Bundeswehr eingefasst ist. Daher sollen abschließend die im Verlauf der Untersuchung gewonnenen

---

[210] Die Arbeit geht in mentalitätsgeschichtlicher Hinsicht von einem kollektivbiografischen Ansatz aus, wie ihn auch schon Hürter in seinen Studien vertreten hat. Hürter, Kriegserfahrung, S. 760.
[211] Nach Helmut R. Hammerich kamen die nationalen Generalstäbe der NATO-Mitgliedstaaten zu unterschiedlichen Einschätzungen zukünftiger militärischer Auseinandersetzungen. Hammerich, Kommiss kommt von Kompromiss, S. 93.

Erkenntnisse zum Wandel von Kriegsvorstellungen in der militärischen Führung der Bundeswehr mit den eingangs systematisch zusammengestellten Thesen der Forschung zur Entwicklung von Kriegsbildern im Allgemeinen abgeglichen werden. Sozusagen als Nebenprodukt kann auf diese Weise die Kriegsbildforschung effizient weiter vorangetrieben und zugleich ein Beitrag zu einer allgemeinen, interdisziplinären Bildwissenschaft[212] geleistet werden.

---

[212] Bildwissenschaft, S. 11–19; Bisanz, Die Überwindung des Ikonischen, S. 9 f.

II. Das Kriegsbild – eine Begriffsbestimmung

In der Einleitung wurde die vielfältige Verwendung und die sich daraus ergebende Unschärfe des Begriffs »Kriegsbild« bereits angesprochen. Auch dessen Komplexität wurde durch die wissenschaftliche Einordnung des Untersuchungsgegenstandes schon in groben Zügen deutlich gemacht. Für eine wissenschaftliche Arbeit, in deren Zentrum das Phänomen Kriegsbild steht, ist dessen einführende Erläuterung daher unabdingbar. Voraussetzung dafür ist eine umfassende Auseinandersetzung mit dem Begriff »Kriegsbild« und dessen Bedeutung. Dazu gehört zunächst die Herleitung und Definition dieses Begriffs. Darüber hinaus sollen im nun folgenden Kapitel erstmals die zahlreichen Thesen der Forschung zu Kriegsbildern zusammengefasst werden, um Eigentümlichkeiten, Möglichkeiten und Grenzen der Erforschung von Kriegsbildern zu verdeutlichen. Dies erfordert nicht nur die Berücksichtigung bildwissenschaftlicher Erkenntnisse, sondern auch eine Erörterung und Klärung des dieser Arbeit zugrundeliegenden Verständnisses von »Krieg«. Ein erstes Zwischenziel ist es also, den Untersuchungsgegenstand zu bestimmen und für die weiterführende Quellenarbeit zu konkretisieren.

1. Geschichte und Gebrauch des Begriffs

Die derzeit festzustellende Unschärfe des Begriffs »Kriegsbild« liegt zum Teil darin begründet, dass er in ganz unterschiedlichen Bedeutungszusammenhängen verwendet wurde und wird. Im Wesentlichen kann zwischen drei Hauptinterpretationen des Wortes »Kriegsbild« unterschieden werden: erstens als Schilderung bzw. Darstellung von Kriegsbegebenheiten, zweitens als eine materielle Abbildung aus Kriegszeiten und drittens als theoretische Vorstellung eines möglichen Krieges. Die gängige Auffassung von der Bedeutung des Wortes verschob sich im deutschen Sprachgebrauch im Laufe der letzten drei Jahrhunderte und mündete erst relativ spät in das der Arbeit zugrunde liegende, militärisch geprägte Begriffsverständnis.

Das Wort »Kriegsbild« bezeichnete spätestens seit dem Ende des 18. Jahrhunderts bis ins frühe 20. Jahrhundert hinein zunächst in erster Linie die Schilderung bzw. Darstellung eines vergangenen oder noch andauernden Krieges. Der Begriff kursierte vor allem in der Unterhaltungsliteratur und im Theaterwesen.

Im »Deutschen Wörterbuch« von Jacob und Wilhelm Grimm aus dem Jahre 1873 wurde das Kriegsbild als »lebensbild oder landschaftsbild im kriege«[1] definiert. Ein sehr frühes und zugleich prominentes Beispiel für die Verwendung des Begriffs »Kriegsbild« in diesem Sinne ist Johann Wolfgang von Goethes »Kampagne in Frankreich 1792«, in der von brennenden Dörfern und »Rauch [...] in einem Kriegsbilde«[2] die Rede ist.[3] Von derselben Begriffsauslegung zeugen auch zahlreiche Buchtitel aus jener Zeit wie zum Beispiel »Atlantische Nächte – Eine Sammlung Novellen und Kriegsbilder«[4] von 1832, »Kriegsbilder und Scenen aus dem Feldzuge der Preußen im Sommer des Jahres 1866«[5] aus dem Jahre 1866 oder »Kriegsbilder aus großer Zeit«[6] von 1916.[7] Die Spannbreite der Verwendung des Begriffs »Kriegsbild« in der Unterhaltungsliteratur reichte von der banalen humoristischen Schilderung[8] von Kriegsereignissen bis hin zu deren Verarbeitung im Sinne einer vaterländischen Erziehungsliteratur.[9] Was das Theaterwesen betrifft, findet sich das Wort »Kriegsbild« im Titel einer ganzen Reihe von Bühnenstücken jener Zeit. Als Beispiele seien »1813 – Kriegsbild in zwei Aufzügen«[10] aus dem Jahr 1881, »Der Dragonerschmied – Ein Kriegsbild in 5 Aufzügen«[11] von 1891 oder auch »Feldgraue Weihnachten. Kriegsbild in einem Akt«[12] von 1915 genannt.[13] Im Gegensatz zur Literatur wurden hier Begebenheiten aus Kriegszeiten nicht nur geschildert, sondern dem Publikum als Bilder tatsächlich vor Augen geführt. Nach 1918 verschwand der Begriff »Kriegsbild« in dieser Interpretation allerdings allerdings recht schnell.[14]

Vielmehr verlagerte sich die Bedeutung des Begriffs. Mit Kriegsbildern wurden mit dem vermehrten Aufkommen der Fotografie zunehmend Abbildungen, d.h. Fotografien – später auch Filmsequenzen – aus Kriegszeiten gemeint. Gerade Bildbände aus dem Ersten Weltkrieg und den 1920er Jahren mit Titeln wie »In West und Ost – Kriegsbilder aus der Geschichte der 47. Reserve-Division«[15] von 1917 oder »Der Weltkrieg in seiner rauen Wirklichkeit – Kriegsbilder-Werk

---

[1] Grimm/Grimm, Deutsches Wörterbuch, Bd 5, S. 2263.
[2] Goethe, Kampagne in Frankreich 1792, S. 37 f.
[3] Pech setzt das Aufkommen des Begriffs »Kriegsbild« im Sinne einer Schilderung des Kriegsverlaufs später, in der Mitte des 19. Jahrhunderts an. Pech, Das Kriegsbild in der BRD, S. 9.
[4] Suckow, Atlantische Nächte.
[5] Straube, Kriegsbilder und Scenen.
[6] Kriegsbilder aus großer Zeit.
[7] Als weitere Beispiele seien genannt: Falkenstein, Kriegsbilder aus dem Jahre 1812; Gerhardt, Erlebnisse und Kriegsbilder; Pawlecki, Die unverhoffte Wiederkehr; Pietsch, Von Berlin bis Paris; Hackländer, Freiwillige vor!; Gerstäcker, Kriegsbilder.
[8] Wolff, Schultze und Müller im Orient.
[9] Schlipköter, O Deutschland hoch in Ehren!; Hoffmann, Kriegsbilder.
[10] Benedix, 1813.
[11] Reitzenstein, Der Dragonerschmied.
[12] Voigt, Feldgraue Weihnachten.
[13] Als weitere Beispiele seien angeführt: Halbe, Mit Gott für König und Vaterland; Marx, Im Schützengraben; Philippi, Unser Waffenbruder.
[14] Als Ausnahme ist zu nennen: Rohrwasser, Theodor Plieviers Kriegsbilder.
[15] In West und Ost.

II. Das Kriegsbild – eine Begriffsbestimmung

mit 600 Bildern aus allen Fronten nach Original-Aufnahmen«[16] aus dem Jahre 1927 können als Beispiele dafür angeführt werden.[17] Alternativ konnten mit Kriegsbildern aber auch Gemälde mit Kriegsmotiven, vor allem aus dem Ersten Weltkrieg, gemeint sein.[18] Eine erneute Zäsur hinsichtlich der Begriffverwendung stellte der Zweite Weltkrieg dar. Der Gebrauch des Begriffs »Kriegsbild« für eine materielle Abbildung von gegenwärtigen oder vergangenen Kriegen ist nach dem Zweiten Weltkrieg zurückgegangen. Vermutlich waren Bildbände – zumindest unter dem Titel »Kriegsbilder« – nach dem verlorenen Zweiten Weltkrieg in Deutschland wenig populär. Erst in jüngster Zeit erlebte der Begriff in kulturwissenschaftlichen Untersuchungen über Bildnisse eine gewisse Renaissance.[19]

Dominierend ist seit 1945 jedoch eine dritte Auslegung des Begriffs »Kriegsbild«, nämlich als hypothetisches Konstrukt im Sinne einer Vorstellung von einem gegenwärtig oder zukünftig möglichen Krieg. Dies gilt vor allem für den militärischen und militärgeschichtlichen Sprachgebrauch. In der Verwissenschaftlichung des Krieges und systematischen Entscheidungsvorbereitung in den Generalstäben des 19. Jahrhunderts sehen Eckart Kutsche und Joachim Niemeyer den Ursprung des Kriegsbildbegriffs nach heutigem Verständnis.[20] Wegen der zunehmenden Kostspieligkeit bei der Anschaffung neuer Waffensysteme infolge fortschreitender Technisierung wurde zwecks Planung und Effizienzsteigerung die Frage aktueller und zukünftiger Strukturen bewaffneter Konflikte aufgeworfen. Allerdings war das Wort »Kriegsbild« dabei zunächst offenbar noch nicht besonders geläufig. Dies ergibt die Analyse von Konversations- und Militärlexika bis zum Zweiten Weltkrieg.[21] Im Werk »Vom Kriege«[22] des Militärtheoretikers Carl von Clausewitz aus dem Jahr 1832 ist der Begriff »Kriegsbild« noch nicht zu finden. Clausewitz sprach stattdessen noch vom »Wesen und Zweck des Krieges«,[23] von der »Gestalt des Krieges«[24] oder auch von der »Vorstellung von dem ihm absolut zukommenden Wesen«.[25] In den offiziösen Militärzeitschriften aus der Zeit vor dem Ersten Weltkrieg ist beim Gedankenaustausch über Vorstellungen

---

[16] Der Weltkrieg in seiner rauen Wirklichkeit.
[17] Als weitere Beispiele seien genannt: Düsseldorf während des großen Völkerringens; Bethge, Bei unsern Kriegern an der Front.
[18] Als Beispiele seien angeführt: Vollbehr, Kriegsbilder-Tagebuch; Vollbehr, Bei der Heeresgruppe Kronprinz; Kriegsbilder-Ausstellung; Ausstellung Österreich-Ungarischer und Bulgarischer Kriegsbilder.
[19] Siehe dazu Winter, Kriegsbilder; Röver-Kann, »Nie wieder!«; Becker, Bilder von Krieg und Nation, S. 425–470 (Malerei und Kriegsbild); Büchl, Shooting war; Kriegs/Bilder; Kriegsbilder. Gebräuchlich sind für Abbildungen aber auch andere Bezeichnungen wie z.B.: Paul, Bilder des Krieges.
[20] Kutsche, Kriegsbild, Wehrverfassung und Wehrwesen, S. 5. Vgl. Niemeyer, Das österreichische Militärwesen, S. 4.
[21] In Meyers Großem Konversations-Lexikon, Bd 11, von 1909 und Meyers Lexikon, Bd 6, von 1939 findet sich der Begriff »Kriegsbild« nicht. Gleiches gilt für den Großen Brockhaus, Bd 10, von 1931. Ebenfalls keine Erwähnung findet das »Kriegsbild« im Militär-Handlexikon von 1877 sowie im Militärischen Wörterbuch von 1940.
[22] Clausewitz, Sämtliche hinterlassenen Werke, Bd 1.
[23] Ebd., S. 583.
[24] Ebd., S. 587.
[25] Ebd., S. 586.

eines möglichen Krieges eher von den »Erscheinungen, mit denen im Falle eines Krieges der vorgedachten Art in Zukunft zu rechnen sein wird«,[26] von der »Natur des Krieges«,[27] von einem »Zukunftskriege«,[28] vom »nächsten Kriege«,[29] von einem möglichen »Kriegsausbruch«,[30] vom »Kriegsfalle«[31] oder ganz allgemein von der »Kriegführung«[32] als vom Kriegsbild die Rede. Dennoch war der Begriff bereits vor dem Ersten Weltkrieg bisweilen in Gebrauch. Im Jahr 1913 benutzte ein gewisser Hauptmann Henke – unter Verzicht auf eine Definition – das Wort »Kriegsbild«,[33] um zu beschreiben, wie sich der Krieg von 1870/71 seinerzeit für Preußen darstellte. Am 11. Oktober 1916 beschrieb der Wirkliche Geheime Rat Felix Wach[34] in einer später gedruckten Rede mit dem Titel »Wie ist das Kriegsbild?« in sehr groben Zügen die damals aktuelle militärische Lage des Deutschen Reiches im Ersten Weltkrieg.[35] Eine Definition von »Kriegsbild« beinhaltete die Rede wiederum nicht. Sowohl bei Henke als auch bei Wach handelte es sich um das Bild eines gegenwärtigen Krieges. Im Jahr 1944 tauchte das »Kriegsbild« – jedoch wiederum ohne eine nähere Begriffsbestimmung – als Schlagwort bei Reinhard Höhn[36] in einem geschichtswissenschaftlichen Kontext auf. Aus Sicht von Niemeyer ist Höhn der erstmalige Gebrauch eines »modernen Kriegsbildes«[37] zuzuschreiben. Der Begriff muss sich zu jener Zeit in der Sicherheitspolitik etabliert haben, da er in der Dienststelle Blank nur wenige Jahre später bereits gebräuchlich war.[38] Die dort im Juni 1955 angestellten, schriftlich fixierten Gedanken und Planungen für die zukünftige Bundeswehr orientierten sich an einem »veränderten Kriegsbild«.[39] Auch in den Bundeswehrakten der späten 1950er Jahre taucht das »Kriegsbild« immer wieder auf,[40] nun vor allem im Sinne einer Zukunftsvorstellung und als Planungsbegriff, da die sich zunehmend öffnende Schere zwischen ansteigenden Betriebs- und Investitionskosten

---

[26] Blume, Inwiefern haben sich die Bedingungen des Erfolges im Kriege seit 1871 verändert?, S. 408.
[27] Kirchhoff, Seekriegsgeschichte und ihr Studium, S. 412.
[28] Henke, Das deutsche Geldwesen im Kriege, S. 260.
[29] Rohne, Über die Bedeutung der Artillerie, S. 640.
[30] Henke, Das deutsche Geldwesen im Kriege, S. 279.
[31] Dix, Volkswirtschaftliche Kriegsvorsorge, S. 442, S. 444 f.
[32] Blume, Inwiefern haben sich die Bedingungen des Erfolges im Kriege seit 1871 verändert?, S. 450. Vgl. Glatzel, Einführung des Armeeoffiziers, S. 41.
[33] Henke, Das deutsche Geldwesen im Kriege, S. 276.
[34] Felix Wach (1871–1943) war ein sächsischer Staatsbeamter und Geheimrat.
[35] Wach, Wie ist das Kriegsbild?, S. 1.
[36] Höhn, Revolution. Höhn beschrieb in seiner Monografie die Revolutionierung des Kriegswesens vom Zeitalter des Absolutismus bis zu den Preußischen Reformen.
[37] Niemeyer, Elemente des modernen Kriegsbildes, S. 73.
[38] Ein möglicher Einflussfaktor für die schnelle Etablierung mögen auch die US-amerikanischen Erfahrungen mit »operations research« zur Unterstützung militärischer Entscheidungen im Zweiten Weltkrieg gewesen sein, die nun im Begriff »Kriegsbild« auch in die westdeutsche Sicherheitspolitik Aufnahme fanden. Siehe dazu Niemeyer, Das österreichische Militärwesen, S. 3.
[39] Vom künftigen deutschen Soldaten, S. 55.
[40] BArch, BW 2/1944, Leiter Fü B III, Entwurf betreffend »Bild eines künftigen Krieges«, 20.2.1958, S. 1. BArch, BW 2/1944, Fü B III, 442/58, Die Führungskonzeption der deutschen Streitkräfte, 5.3.1958, S. 6.

II. Das Kriegsbild – eine Begriffsbestimmung

im Verteidigungshaushalt die Frage nach der zukünftigen Struktur eventueller bewaffneter Konflikte aufwarf.[41] Das Kriegsbild hatte sich damit also zu einem rein gedanklichen Bild einer zukünftigen Situation sozusagen vor einem geistigen Auge gewandelt. Der Gebrauch des Begriffs in diesem Sinne intensivierte sich insbesondere in den 1960er Jahren, nachdem Wolf Graf von Baudissin die Diskussion um die Folgen eines möglichen Atomkrieges mit seinem Vortrag »Das Kriegsbild« 1962 in eine breitere Öffentlichkeit getragen hatte.[42] In zahlreichen Militärzeitschriften wurden die Thematik und der Begriff in den folgenden Jahren aufgegriffen. Eine gewisse Uneinheitlichkeit im Begriffsverständnis innerhalb der Bundeswehr machte 1964 eine verbindliche Definition erforderlich. Spätestens zu dieser Zeit hatte sich das »Kriegsbild« bzw. »Bild des Krieges« zu einem festen Bestandteil der Planungsdokumente der Bundeswehrführung und ihrer Führungsvorschriften[43] entwickelt. Im allgemeinen Sprachgebrauch hatte sich der Begriff »Kriegsbild« jedoch nach wie vor nicht etabliert. Bis zum Ende des Ost-West-Konflikts blieb der Begriff jedoch in den westdeutschen Streitkräften, der Militärpublizistik sowie in der Geschichtswissenschaft gebräuchlich.[44] Nach ostdeutscher Diktion wurde das Kriegsbild als »bürgerlicher Begriff«[45] ausschließlich der Bundesrepublik Deutschland zugeordnet. Militärtheoretiker der Nationalen Volksarmee wie Artur Pech sahen es als einen »Teil des imperialistischen Herrschaftswissens«[46] und Mittel imperialistischer Politik zur Vernichtung des Sozialismus an.[47] Nach dem Ende des Ost-West-Konflikts gibt es eine in der Brockhaus-Enzyklopädie von 1997 formulierte gesamtdeutsche Interpretation vom »Kriegsbild« als »Leitbild der Sicherheits- und Wehrpolitik und damit Grundlage aller militär. Planungen«[48] über den militärischen und wissenschaftlichen Sprachgebrauch hinaus. Interessanterweise gibt es aber in der deutschen Fassung von Wikipedia keinen Artikel zum Kriegsbild. Aktuell steht der Begriff »Kriegsbild« in erster Linie an der Schnittstelle zwischen Streitkräften und Forschung. Dies wird beispielsweise anhand eines Aufsatzes von Roland Kaestner über »Kriegsbilder im 21. Jahrhundert«[49] deutlich. Im Dezernat Zukunftsanalyse des Zentrums für Transformation der Bundeswehr werden gegenwärtig in interdisziplinärer wissenschaftlicher Grundlagenarbeit

---

[41] Vgl. auch Pech, Das Kriegsbild in der BRD, S. 18.
[42] Walitschek, Probleme des modernen Kriegsbildes, S. 200; Gablik, »... von da an herrscht Kirchhofsruhe.«, S. 46.
[43] HDv 100/1, Ziffer 8, S. 12.
[44] Siehe Canstein, Gedanken zum modernen Kriegsbild; Niemeyer, Elemente des modernen Kriegsbildes; Miksche, Vom Kriegsbild. Die Verwendung in der Geschichtswissenschaft wird im folgenden Kapitel näher beleuchtet. Er findet sich weder in Der Große Brockhaus, Bd 6, von 1955, noch in Militärisches Taschenlexikon von 1958, noch in Meyers Enzyklopädisches Lexikon, Bd 14, von 1975.
[45] Pech, Das Kriegsbild in der BRD, S. 9.
[46] Ebd., S. 8.
[47] Ebd., S. 4–7.
[48] Brockhaus. Die Enzyklopädie, Bd 12, S. 525. Im aktuellen Duden findet der Begriff »Kriegsbild« keine Erwähnung.
[49] Kaestner, Kriegsbilder. Kaestner war Generalstabsoffizier und Dozent an der Führungsakademie der Bundeswehr in Hamburg.

von Soldaten und zivilen Wissenschaftlern »Kriegsbilder der Zukunft«[50] für 2025 entwickelt. Deren Zweck sind Empfehlungen für die Weiterentwicklung der Konzeption der Bundeswehr mit zeitgemäßen Fähigkeitsprofilen.

2. Begriffsdefinition von »Kriegsbild«

Nach der Verortung des Begriffs »Kriegsbild« im Sprachgebrauch, die letztlich zur mittlerweile geläufigen Interpretation im Sinne einer Vorstellung von einem gegenwärtig oder zukünftig möglichen Krieg geführt hat, ist nun eine weitere Klärung und inhaltliche Präzisierung erforderlich.

Die bereits festgestellte Unschärfe des Begriffs resultiert nicht nur aus dessen Bedeutungswandel, sondern auch aus dessen schlagwortartigem, undifferenziertem Gebrauch.[51] Hinzu kommt die relativ große Spannbreite der Verwendung in der geschichtlichen Forschungsliteratur, in Bundeswehrquellen sowie in der Militärpublizistik. Alle drei Bereiche sind zu berücksichtigen, um zu einer ausgewogenen, repräsentativen und dennoch hinreichend präzisen Begriffsdefinition für den Untersuchungsgegenstand Bundeswehr zu gelangen. Die der weiterführenden Untersuchung zugrunde gelegte Definition sollte vor allem dem Verständnis dieses Begriffs sowohl in der wissenschaftlichen Forschung als auch in den Streitkräften gerecht werden. Ob am Ende der Suche nach einer geeigneten Definition eine allgemeingültige auf Grundlage des kleinsten gemeinsamen Nenners bisheriger Interpretationen – stehen kann, wird sich erst noch herausstellen müssen.

Einen ersten, allgemeinen Einstieg bei dieser Suche bietet die oben zitierte Brockhaus-Definition. Nach dieser ist ein Kriegsbild bei genauerer Betrachtung nicht nur Leitbild der Sicherheitspolitik und Grundlage militärischer Planungen, sondern auch eine »Zusammenschau aller bleibenden Elemente und veränderl. Faktoren, die einen (zukünftigen) Krieg und seine Erscheinungsformen in den Grundzügen bestimmen«.[52] Die Definition bleibt jedoch unklar, da sie zu viel Spielraum für weitere Interpretationen über nicht näher bezeichnete »bleibende Elemente« und »veränderliche Faktoren« eines Krieges lässt. Sofern diese im Rahmen der Beschäftigung mit einem Kriegsbild überhaupt thematisiert wurden, herrscht hierzu keine Einigkeit. Unklar bleibt weiterhin, ob es sich um einen gegenwärtig oder zukünftig möglichen Krieg handeln soll. Aufschlussreicher sind allerdings weitere Konkretisierungen innerhalb der Brockhaus-Definition zu den

---

[50] Sicherheitspolitische Zukunftsanalyse, S. XI.
[51] Als Beispiel dafür seien die Ausführungen von Artur Pech genannt, der es für gerechtfertigt hielt, »innerhalb eines doktrinären ›Kriegsbildes‹ von einzelnen ›Kriegsbildern‹ zu sprechen«. Pech, Das Kriegsbild in der BRD, S. 16. Zahlreiche Beiträge, die ein »Kriegsbild« im Titel führen, kommen ohne Definition dieses Begriffs aus. Als aktuelles Beispiel dafür sei genannt: Reichherzer, Zwischen Atomgewittern und Stadtguerilla, S. 131.
[52] Brockhaus. Die Enzyklopädie, Bd 12, S. 525.

II. Das Kriegsbild – eine Begriffsbestimmung

Inhalten eines Kriegsbildes. Es soll »Aussagen über einen mögl. Kriegsbeginn, versch. Kriegsformen und Kampfesweisen, Kriegsverlauf und -dauer sowie Intensität und das Ausmaß von Kampfhandlungen«[53] bieten.

Gerade diese Bestandteile stimmen im Wesentlichen mit dem überein, was bereits in der frühen Bundeswehr unter einem »Kriegsbild« oder auch »Bild des Krieges«[54] subsumiert wurde. Der spätere erste Generalinspekteur der Bundeswehr, General Adolf Heusinger, machte 1956 unter diesen Überschriften Ausführungen zu verschiedenen Phasen eines zukünftig möglichen Kriegsablaufs.[55] In der von Heusinger als Generalinspekteur unterzeichneten bedeutsamen »Führungskonzeption der deutschen Streitkräfte« vom 5. März 1958 wurden die Ausdrücke »Bild eines künftigen Krieges« und »Kriegsbild« synonym verwendet. Gemeint waren damit »Vorstellungen über die mögliche Kriegslage in der Kampfzone«.[56] Auch aus einer Vorlage für den Bundesverteidigungsminister vom 13. Februar 1958 geht hervor, dass unter Kriegsbild die »Beurteilung der voraussichtlichen Kriegslage in der Kampfzone, dabei besonders in der BRD [sic]«[57] verstanden wurde. Dieser Definition entspricht auch diejenige von General Speidel, der in der Aufbauphase der Bundeswehr zusammen mit Heusinger als zweiter Viersternegeneral deren militärische Doppelspitze bildete.[58] Bemerkenswert ist bei diesen frühen Zeugnissen der Auseinandersetzung mit dem Kriegsbild zum einen dessen Verständnis als Zukunftsprojektion. Dabei wird der Anspruch erhoben, einen möglichen Krieg über einen Zeithorizont von wenigstens fünf Jahren vorauszudenken.[59] Zum anderen ist die Fokusierung auf die Kampfzone, also denjenigen Raum, der von militärischen Operationen unmittelbar betroffen sein würde, interessant. An dieser Stelle zeichnet sich bereits ab, dass die Kriegsvorstellungen der militärischen Führung der Bundeswehr nicht auf der militärpolitischen oder strategischen, sondern auf der operativen Ebene angesiedelt waren. Ob dahinter militärische Prägung und Engstirnigkeit oder bewusste Unterordnung unter den Primat der Politik standen, ist für die Definition des Kriegsbildes zunächst wenig bedeutsam. Zumindest weist diese Interpretation auf eine Eigentümlichkeit des Denkens in der Bundeswehrführung hin. Hinzu kommt ein weiteres Charakteristikum militärischen Denkens an einen möglichen zukünftigen Krieg, nämlich die gedankliche Einstellung auf den

---

[53] Ebd., S. 525.
[54] BArch, BW 2/982, Handakte Heusinger, Vortrag vor Verteidigungsrat und Kabinett: Die operative Planung im Atomkrieg, 3.2. und 22.2.1956, S. 4. Es ist daher zu vermuten, dass sich die Brockhaus-Definition auf Quellen aus der Bundeswehr stützte.
[55] Ebd., S. 4–7.
[56] BArch, BW 2/1944, Fü B III, 442/58, Die Führungskonzeption der deutschen Streitkräfte, 5.3.1958, S. 6.
[57] BArch, BW 2/2713, Fü B III, Tgb.Nr. 40/58, Vorlage Heusingers an den Verteidigungsminister, 13.2.1958, S. 1.
[58] Mittlerweile: ZMSBw, Sammlung Militärgeschichte 1945–1990, Nachlass Hans Speidel, Mappe 70 (»Handakte O.B. persönlich. Bemerkungen zu Übungen«), Brief Speidels an Foertsch zu »Fallex«, 7.8.1962, S. 1–3.
[59] BArch, BW 2/1944, Fü B III, 442/58, Die Führungskonzeption der deutschen Streitkräfte, 5.3.1958, S. 9.

jeweils ungünstigsten Fall.⁶⁰ Das, was auch in der heutigen Bundeswehr noch bevorzugt als »Worst-Case-Szenario« angenommen wird, bedeutete im Ost-West-Konflikt nichts Geringeres als die große, offene militärische Auseinandersetzung mit den Streitkräften des Warschauer Paktes.

Wolf Graf von Baudissin gilt heute nicht nur als geistiger Vater der »Inneren Führung«, sondern zugleich als der bedeutendste Vordenker des dieser Führungsphilosophie zugrundeliegenden Kriegsbildes für die Bundeswehr.⁶¹ Als der damalige Generalmajor sich im Rahmen eines vielbeachteten Vortrags am 7. April 1962 vor der Deutschen Atlantischen Gesellschaft ausführlich mit dem Kriegsbild von 1970⁶² auseinandersetzte, definierte er es als »Erscheinungsform, Intensität, Ausdehnung [...] Möglichkeiten, Mittel [...] und Zwecke [...], kurz [...] Wesen eines kommenden Krieges«.⁶³ An anderer Stelle bezeichnete Baudissin das Kriegsbild verkürzt als die »möglichen Formen und Abläufe eines Krieges«.⁶⁴ Auch für ihn handelte es sich beim Kriegsbild also um eine Zukunftsvorstellung, vorausgedacht über einen Zeithorizont von etwa acht Jahren. Eigentümlich ist für Baudissin, dass er den Krieg der Zukunft nicht nur wie Heusinger und Speidel auf der operativen Ebene, sondern auch aus der Sicht des Individuums beleuchtete.⁶⁵ Er entwickelte seine Gedanken zum Kriegsbild weiter und verstand darunter im Jahre 1964 schließlich »Wesen und Zweck eines möglichen Krieges«,⁶⁶ einschließlich seiner Intensität, Ausdehnung, Motive und Mittel.

Im selben Jahr wurde – interessanterweise trotz der vorangegangenen Ausführungen Baudissins und einer Definition des Generalinspekteurs Friedrich Foertsch vom September 1962⁶⁷ – im Führungsstab der Bundeswehr festgestellt,

---

[60] So schrieb Heusinger in der Führungskonzeption: »Es wird nicht möglich sein, alle möglichen Kriegslagen von der nur örtlichen feindlichen Aktion bis zum großen Atomkrieg in allen Phasen aufzuzeigen. Man muß sich beschränken auf das mögliche Kriegsbild, das der NATO-Verteidigungsplanung zugrunde liegt und die Voraussetzung darstellt für die Einsatzrichtlinien, die auch für die deutschen Streitkräfte gegeben sind. Das bedeutet, dass es notwendig ist, von der für uns gefährlichsten Lage auszugehen, in welche alle einfacher abzuwehrenden Fälle eingeschlossen sind.« BArch, BW 2/1944, Fü B III, 442/58, Die Führungskonzeption der deutschen Streitkräfte, 5.3.1958, S. 6. Vgl. BArch, BW 2/982, Handakte Heusinger, Vortrag vor 1. Lehrgang in Sonthofen am 5.5.1956: Grundlagen und Bild eines Zukunftskrieges, S. 3.
[61] Beide Begriffe stehen in unmittelbarem Zusammenhang, wie später noch zu erläutern sein wird. Siehe dazu auch: Nägler, Der gewollte Soldat und sein Wandel, S. 89-337.
[62] Baudissin, Das Kriegsbild (1962), S. 8.
[63] Ebd., S. 1. Vgl. Baudissin, Das Kriegsbild (1970), S. 54. Dieser Definition folgt auch das Verständnis der Diplomaten aus dem Auswärtigen Amt vom Oktober 1962. Siehe dazu die »Kriegsbildannahme« zur NATO-Übung »Fallex 62« in: AAPD 1962, Bd 3, Dok. 410 vom 23.10.1962, S. 1767.
[64] Baudissin, Das Kriegsbild (1962), S. 11.
[65] Ebd., S. 4. Für Baudissin als »Vater der Inneren Führung« war es wichtig, den Soldaten mit dem geistigen Rüstzeug für seine militärische Aufgabe und einen möglichen Krieg auszustatten. Er ging davon aus, dass auf dem Gefechtsfeld der Zukunft mehr kooperiert als gehorcht würde, da Spezialisten auf sich gestellt sein würden und von den Vorgesetzten gar nicht mehr überwacht werden könnten.
[66] Baudissin, Gedanken zum Kriegsbild (1964), S. 452.
[67] »Das Kriegsbild ist die Vorstellung vom kuenftigen Kriege.« BArch, BW 2/5783, Anl. 1 zu BMVtdg, Fue B III 4, Tgb.Nr. 457/62, Studie »Das Kriegsbild«, Bonn, 1.9.1962, S. 1.

II. Das Kriegsbild – eine Begriffsbestimmung

dass eine einheitliche Definition des Begriffs »Kriegsbild« in den westdeutschen Streitkräften bisher fehle.[68] Daher unterbreitete der dem Generalinspekteur unterstellte Führungsstab der Bundeswehr, hier Fü B III 4, als federführendes Dezernat Vorschläge zur Begriffsbestimmung und forderte zugleich Stellungnahmen von den Führungsstäben der Teilstreitkräfte zu diesem Thema ein. Die einzelnen Definitionsansätze fielen recht unterschiedlich aus.[69] Weshalb dies der Fall und weitere Definitionsarbeit nach Baudissins Vorarbeit überhaupt erforderlich war, wird an anderer Stelle noch zu erörtern sein. Es genügt vorläufig festzuhalten, dass es innerhalb der Bundeswehr einen regelrechten Konkurrenzkampf diverser Definitionsvorschläge gab, der am 29. Juli 1964 seitens Fü B mit folgender bundeswehreinheitlichen Definition formal beendet wurde:

»Das Kriegsbild ist die durch bleibende Elemente und veränderliche Faktoren gebildete Vorstellung vom Wesen eines zukünftigen Krieges sowie seinen vielfältigen Arten und Erscheinungsformen vor dem Hintergrund der Feindbedrohung.«[70]

Als 1966 Heinz Trettner, damals Generalinspekteur der Bundeswehr, im Rahmen einer Kommandeurstagung der Bundeswehr das Kriegsbild definierte, sprach er verkürzt von der »Vorstellung vom Wesen und den vielfältigen Erscheinungsformen eines zukünftigen Krieges«[71]. Im »Maritimen Kriegsbild« der Bundesmarine von 1967 wurde diese Definition ebenfalls genutzt.[72] Stärker an der

---

[68] BArch, BW 1/318109, Fü B III 4, Az. 31-06-01-10b, Vorschläge betreffend »Definition des Begriffs ›Kriegsbild‹«, 25.6.1964.

[69] Der Führungsstab des Heeres (Fü H) schlug am 9.7.1964 folgende Definition vor: »Das Kriegsbild ist die auf der Grundlage bleibender und veränderlicher militärischer und politischer Faktoren gebildete Vorstellung vom Wesen und den möglichen Erscheinungsformen einer unter Umständen eintretenden gewaltsamen Auseinandersetzung von Staaten oder Staatengruppen.« BArch, BW 1/318109, Fü H II 3, Az. 31-05-05, Vorlage von Fü H II 3 an Fü B III 4 betreffend »Definition des Begriffs ›Kriegsbild‹«, 7.7.1964. Der Führungsstab der Luftwaffe (Fü L) schlug am 2. Juli 1964 folgende Definition vor: »Das Kriegsbild ist die zur Planungsgrundlage erhobene Vorstellung vom Wesen und den Erscheinungsformen eines zukünftigen Krieges mit den Auswirkungen auf die politische, wirtschaftliche, soziale und militärische Struktur der beteiligten Mächte und den zu erwartenden Verlusten bzw. Schäden.« BArch, BW 1/318109, Fü L II 1, Az. 31-06-01-10b, Vorlage von Fü L II 1 an Fü B III 4 betreffend »Definition des Begriffs ›Kriegsbild‹«, 9.7.1964, S. 1.

[70] BArch, BW 1/318109, Fü B/Fü B III 4, Az. 31-06-01-06, Begriffsbestimmung Kriegsbild, 29.7.1964, S. 1.

[71] BArch, BW 2/8665. Kriegsbild und strategisches Konzept aus deutscher Sicht, Vortrag General Trettners im Rahmen der 12. Kommandeur-Tagung der Bundeswehr. Ebenfalls überliefert unter: BArch, BL 1/4926, Kriegsbild und strategisches Konzept aus deutscher Sicht, zitiert nach Hammerich, Kommiss kommt von Kompromiss, S. 93. Identisch war die Definition in einer Studie mit dem Titel »Das Kriegsbild« von Fü S III vom 30.8.1966. Siehe dazu BArch, BW 2/6617, Der Bundesminister der Verteidigung, S III 4, Az. 31-06-01-10b, Tgb.Nr. 4351/66, Das »Kriegsbild«, Bonn, 30.8.1966, S. 3. Ganz ähnlich lautete ferner eine Definition des Generals Ulrich de Maizière: »von den verschiedenen Erscheinungsformen moderner militärischer Auseinandersetzungen«. Maizière, In der Pflicht, S. 243.

[72] BArch, BM 1/4.282, Der Bundesminister der Verteidigung, Fü M II 1, Az. 31-01-01-23, Führungsgrundlagen der Marine Nr. 23, Das Maritime Kriegsbild, ohne Ort, 1967, S. 8. »Das Kriegsbild ist die Vorstellung vom Wesen und den vielfältigen Erscheinungsformen eines zukünftigen Krieges«.

Begriffsbestimmung von 1964 orientierte sich diejenige im Ausbildungsleitfaden für Bundeswehroffiziere »Führung und Gefecht« aus dem Jahre 1968.[73] Dabei ist eine gewisse geistige Anlehnung an Baudissin erkennbar. Neu ist der Aspekt der Bedrohungsanalyse.[74] Jedoch blieb der Interpretationsspielraum wegen der »bleibenden Elemente und veränderlichen Faktoren« nach wie vor sehr groß. Erkennbar wurde nun, dass die Definitionsbestandteile »bleibende Elemente« und »veränderliche Faktoren« auf einen kriegstheoretisch-applikatorischen Denkansatz in den Streitkräften zurückgingen. Dieser ist allerdings für eine Definition im Rahmen einer geschichtswissenschaftlichen Untersuchung ungeeignet. Wolfgang Altenburg, Generalinspekteur der Bundeswehr von 1983 bis 1986, definierte den Begriff »Kriegsbild«, der in der Bundeswehr auch in den 1970er und 1980er Jahren »sehr gebräuchlich«[75] gewesen sei, als »das vermutete Gesamtgeschehen einer kriegerischen Auseinandersetzung in einem bestimmten Zeitraum«.[76] Maßgebend war für Altenburg hier der wahrscheinlichste Fall eines Krieges.

Ein für wissenschaftliche Zwecke geeigneter, an Baudissin anknüpfender Ansatz findet sich auch in den jüngsten Kriegsbild-Definitionen aus der Organisation Bundeswehr. Im Jahre 2008 formulierte das Dezernat Zukunftsanalyse im Zentrum für Transformation der Bundeswehr folgende Begriffsbestimmung:

»Als generische Beschreibungen der Art zukünftiger militärischer Auseinandersetzungen, [sic] treffen die Kriegsbilder Aussagen zu der Erscheinungsform, Intensität und Ausdehnung von möglichen Kriegen und damit zu den Möglichkeiten, Zwecken, Zielen und Mitteln der Kriegführung.«[77]

Diese Definition orientiert sich wieder stärker an Baudissin und ermöglicht zugleich einen Brückenschlag zu den Definitionsansätzen aus der geschichtswissenschaftlichen Forschung. Wie bei den vorherigen Interpretationen des Begriffs »Kriegsbild« aus dem Bereich der Bundeswehr sind die Vorstellungen ausschließlich auf die Zukunft gerichtet. Im »Dezernat Zukunftsanalyse« wurde dabei 2008 von einem Zeithorizont bis 2025 und einer »mittleren Perspektive von 15 Jahren«[78] ausgegangen. 2014 verstand Rainer Glatz, ehemaliger Befehlshaber des Einsatzführungskommandos der Bundeswehr (2009–2013),

---

[73] Für den Herausgeber, ehemaligen Wehrmachtoffizier und General der Bundeswehr Eike Middeldorf stellte ein Kriegsbild »eine Zusammenschau aller ›bleibenden Elemente und veränderlichen Faktoren‹ dar, die das Wesen eines zukünftigen Krieges und seiner möglichen Erscheinungsformen in den Grundzügen bestimmen. Es soll Aufschluss geben über Ziele, Dauer, Kampfmittel und Intensität, über mögliche – sowie wahrscheinliche – Kriegsformen.« Middeldorf, Führung und Gefecht, S. 13. Middeldorf lieferte zudem eine Aufstellung über Charakteristika, Formen und Faktoren des »Kriegsbildes«. Ebd., S. 14–20.

[74] Auch nach Middeldorf müssten die Kenntnis der Grundauffassungen des möglichen Gegners über Kriegsbild und Streitkräfte Ausgangspunkt für eigene Überlegungen und Maßnahmen sein. Ebd., S. 28.

[75] Zeitzeugengespräch mit General a.D. Wolfgang Altenburg, Lübeck-Travemünde, 11.6.2014.

[76] Ebd. Unter »Gesamtgeschehen« verstand Altenburg nicht nur die militärischen Ereignisse, sondern die gesamte Sicherheitspolitik, Außenpolitik und Wirtschaft. Ein isoliert betrachtetes militärisches Kriegsbild hätte aus seiner Sicht für politische Entscheidungen irreführend sein können.

[77] Sicherheitspolitische Zukunftsanalyse, S. 12.

[78] Ebd., S. XI.

II. Das Kriegsbild – eine Begriffsbestimmung

ein Kriegsbild – zumindest für die Zeit des Kalten Krieges – als »Gesamtbild der Kontrahenten (tatsächliche und/oder vermutete Intentionen, Ressourcen, Potenziale und daraus resultierende Handlungsoptionen etc.) in einer bewaffneten Auseinandersetzung«[79] einschließlich der »gesamtstaatlichen und gesamtpolitischen Folgen«,[80] ohne dass es dafür eine allgemein gültige, in Vorschriften festgehaltene Definition gäbe.

Als Zwischenfazit zu den Kriegsbilddefinitionen aus der Bundeswehr gilt es festzuhalten: Die Gedanken drehen sich dort um das Wesen eines möglichen zukünftigen Krieges. Dies beinhaltet seine möglichen Erscheinungsformen sowie Mittel, Zwecke, Ausdehnung und Intensität vor allem im schlimmsten anzunehmenden Fall auf Grundlage der jeweils aktuellen Feindbedrohung.

An der Schnittstelle von Bundeswehr und Wissenschaft war in der Bundesrepublik Deutschland im Untersuchungszeitraum die Militärpublizistik angesiedelt. Gerade dort gab es in den 1960er Jahren – angeregt durch Baudissins Vortrag – eine intensive Diskussion über das Kriegsbild, die mit den Erwägungen in der Bundeswehr in einem engen Zusammenhang stand und daher wertvolle Rückschlüsse auf eine Begriffsdefinition zulässt.

Noch im Jahr 1962 näherte sich der Historiker Wilhelm Ritter von Schramm dem »Kriegsbild« in der Zeitschrift »Wehrkunde« mit einer entwicklungsgeschichtlich-philosophischen Methode und definierte es – allgemeiner als Baudissin – als eine »Vorstellung von dem Bild eines möglichen Krieges«[81] bzw. »die ganze Handlung eines möglichen Krieges«.[82] Zu kritisieren ist bei Schramm die recht vage Formulierung in der Definition sowie die bewusste Ausklammerung ideologischer Fragen und der Analyse der Kriegstüchtigkeit des potenziellen Gegners in seiner weiteren Charakterisierung des Kriegsbildes.[83] Dies steht im Widerspruch zu den Auffassungen in der Bundeswehr. Doch auch für Schramm galt es – und dies deckt sich mit dem Verständnis in den Streitkräften –, auf den schlimmsten Fall vorbereitet zu sein.[84] In einer weiteren Ausgabe der Zeitschrift legte im Folgejahr Generalmajor a.D. Hellmuth Reinhardt seine Gedanken zum Kriegsbild dar. Er sah darin »eine Vorstellung [...], in welchen Formen ein [...] Krieg sich wahrscheinlich abspielen wird, welchen Einflüssen sein Ablauf unterworfen sein kann und welche Anforderungen er vermutlich stellen wird«.[85] Bemerkenswert ist bei Reinhardt neben dem bisher nur implizierten Gesichtspunkt der Anforderungen in seinen weiteren Ausführungen vor allem die Betonung, dass es sich beim Kriegsbild zunächst um die Vorstellung eines einzelnen militärischen Planers aus dem Führungsstab der Bundeswehr handele.[86] Der Aspekt der Individualität einer Kriegsvorstellung wird später noch

---

[79] Zeitzeugengespräch mit Generalleutnant a.D. Rainer Glatz, Potsdam-Eiche, 17.11.2014.
[80] Ebd.
[81] Schramm, Vom zeitgerechten Kriegsbild, S. 649.
[82] Ebd., S. 651.
[83] Ebd., S. 650.
[84] Ebd., S. 654.
[85] Reinhardt, Gedanken zu einem modernen Kriegsbild, S. 644.
[86] Ebd., S. 644. Für Reinhardt gibt es verschiedene Varianten des Kriegsbildes, soldatische und zivile.

einmal genauer beleuchtet werden müssen. Als sich der Generalstabsoffizier Hubert Walitschek[87] 1964 in der »Wehrwissenschaftlichen Rundschau« mit den Problemen des modernen Kriegsbildes auseinandersetzte, übernahm er im Wesentlichen die bereits bekannte offizielle Bundeswehr-Definiton von Fü B III aus dem selben Jahr.[88] Das Kriegsbild durfte sich nach Walitschek jedoch nicht auf die Darstellung eines Zustandes beschränken, sondern musste darüber hinaus Phasen eines künftigen Krieges aufzeigen.[89] Die Interpretation des Kriegsbildes als »Formen und Möglichkeiten einer kriegerischen Auseinandersetzung«[90] verbindet den damaligen Brigadegeneral Raban Freiherr von Canstein, der sich 1965 in der selben Zeitschrift zum Kriegsbild äußerte, nicht nur mit Walitschek, sondern auch mit anderen Angehörigen der Bundeswehr. Außerdem zog ein Kriegsbild für Canstein nicht nur gegenwärtige Faktoren in Betracht, sondern sollte auch zukünftige Entwicklungsmöglichkeiten, die aus dem Stand der Wissenschaft und Technik gewonnen werden könnten, berücksichtigen.[91] In der Verbindung des Kriegsbildes mit Zukunftsvorstellungen kristallisiert sich also eine weitere Gemeinsamkeit der Begriffsdefinitionen aus dem Bereich der Militärpublizistik und der Bundeswehr heraus. Als altbekannte Bestandteile eines Kriegsbildes und zugleich verbindende Elemente im Verständnis davon tauchen in der Definition des Obersten i.G. a.D. Ihno Krumpelt 1970 der politische Zweck eines Krieges und die Formen des Kriegsgeschehens wieder auf.[92] Krumpelt sprach beim »Kriegsbild der Zukunft«[93] zunächst von einer Vielzahl möglicher Erscheinungsformen, ging aber von einem Konflikt der beiden Weltmächte USA und Sowjetunion sowie deren jeweiligen Verbündeten auf dem europäischen Kriegsschauplatz aus.[94] Dies wiederum deckt sich mit der gedanklichen Vorbereitung auf den schlimmsten anzunehmenden Fall. Nach wie vor siedelte auch Krumpelt 1970 das Kriegsbild auf der operativen Ebene an. Auf der operativen Ebene sprach Krumpelt von »Kriegsbild«, auf der taktischen Ebene von »Gefechtsbild«.[95]

---

[87] Walitschek (1918–1997) war 1964 Oberstleutnant i.G. und Angehöriger der Akademie für Wehrverwaltung und Wehrtechnik. Er wurde 1978 als Generalmajor in den Ruhestand verabschiedet.
[88] Walitschek definierte das Kriegsbild als »Zusammenschau aller bleibenden Elemente und veränderlichen (kontrollierbaren und unkontrollierbaren) Faktoren, die das Wesen eines künftigen Krieges und seiner möglichen Erscheinungsformen in den Grundzügen bestimmen«. Walitschek, Probleme des modernen Kriegsbildes, S. 202.
[89] Ebd., S. 204.
[90] Canstein, Gedanken zum modernen Kriegsbild, S. 514.
[91] Ebd., S. 519.
[92] Krumpelts Kriegsbild-Definition lautete wie folgt: »Das Kriegsbild wird durch die innere und äußere Gestaltung des Krieges geprägt, also durch die Größen und Verhältnisse, in denen ein Krieg stattfindet, durch die Motive, auf denen er beruht, durch den politischen Zweck, der durch ihn verwirklicht werden soll, und nicht zuletzt durch die Formen, unter denen sich das Kriegsgeschehen vollzieht.« Krumpelt, Das Kriegsbild der Zukunft, S. 83.
[93] Ebd., S. 87.
[94] Ebd., S. 87.
[95] Ebd., S. 88.

II. Das Kriegsbild – eine Begriffsbestimmung

Aus dem Rahmen der in der Militärpublizistik üblichen Interpretationen von Kriegsbild fallen diejenigen von Joachim Niemeyer, Elmar Dinter und Johannes Varwick. In einem 1976 in der Zeitschrift »Truppenpraxis« erschienenen Aufsatz geht Niemeyer von einem sehr umfassenden Verständnis eines Kriegsbildes aus. Dazu gehörten für ihn

»Fixierungen oder verbindliche Aussagen über die grundsätzlichen Voraussetzungen zur Führung eines Krieges, d.h. der hierbei zur Anwendung gelangenden Mittel, die Art ihres Gebrauchs, Strukturen des Rüstungssystems sowie der Bereich des politisch-strategischen Denkens in höchster Ebene.«[96]

Die Analyse eines derart weit gefassten Kriegsbildes wäre im Rahmen der vorliegenden Studie nicht leistbar. Im Verständnis des Militärschriftstellers Elmar Dinter vom Kriegsbild trat 1987 hingegen die individuelle Ebene sehr stark in den Vordergrund, da es ihm dabei um die Auseinandersetzung von Soldaten und Zivilpersonen mit Kriegsziel, Sieg bzw. Niederlage, Verwüstung, Verwundung, Gefangenschaft und Tod ging.[97] Johannes Varwick fasste 2001 unter dem Begriff »Kriegsbild der Zukunft« lediglich die Formen eines zukünftigen Krieges zusammen und vernachlässigte dabei in der Definition das Wesen solcher zukünftigen militärischen Auseinandersetzungen.[98]

Nach der Auswertung der west- und seit 1990 gesamtdeutschen Militärpublizistik lässt sich also festhalten: Die Interpretation eines Kriegsbildes als Zukunftsvorstellung möglicher Formen eines Krieges zieht sich wie ein roter Faden durch die Definitionen aus der Bundeswehr und der Militärpublizistik. Auch das Motiv des schlimmsten anzunehmenden Falls taucht in beiden Bereichen immer wieder auf. Die Übereinstimmungen sind insofern nicht verwunderlich, als viele Beiträge in Militärzeitschriften von aktiven oder ehemaligen Soldaten stammen. Ein fester Bestandteil ist zudem der Zweck einer zukünftigen kriegerischen Auseinandersetzung.

Um zu einer ausgewogenen, militärgeschichtlich ausgelegten Begriffsbestimmung zu gelangen, sollen nun noch Definitionen aus der geschichts- und politikwissenschaftlichen Forschungsliteratur analysiert werden. Dazu ist zunächst festzustellen, dass eine ganze Reihe von Forschungsbeiträgen eine Definition des Begriffs »Kriegsbild« vermissen lässt, obwohl dieses eigentlich im Kern der jeweiligen Arbeit steht[99] oder zumindest eine Randrolle spielt.[100]

Bezeichnenderweise stammt der wohl erste Versuch einer wissenschaftlichen Auseinandersetzung mit dem Kriegsbild, die den Versuch einer Begriffs-

---

[96] Niemeyer, Elemente des modernen Kriegsbildes, S. 73. Mit anderen Definitionen in Übereinstimmung zu bringen ist Niemeyers Verständnis vom »Kriegsbild« als »Gesamtkonzeption [...] über alle möglichen Erscheinungsformen eines Krieges«. Ebd.
[97] Dinter, Gedanken eines Offiziers, S. 86.
[98] Varwick, Kriegsbild im Wandel, S. 40.
[99] Als Beispiele seien angeführt: Höhn, Revolution; Miksche, Vom Kriegsbild; Storz, Kriegsbild und Rüstung; Dülffer, Kriegserwartung und Kriegsbild; Bald, Zum Kriegsbild; Wendt, »Totaler Krieg«; Elser, Kriegsbild und Mechanisierung; Duncker, Eine neue Aera der Kriegführung?; Vad, Neue Technologien und das Kriegsbild der Zukunft; Wilhelm, Motivation und »Kriegsbild«.
[100] Als Beispiele seien genannt: Boog, Anglo-amerikanisches Führungsdenken.

bestimmung enthält, aus den späten 1960er Jahren. Auch hier wird der Einfluss Baudissins deutlich, ohne dass auf ihn direkt Bezug genommen wird. Kurt Peball versuchte 1968 »Wehrpolitik, Kriegstheorie, Führungsgrundsätze, Kampfgrundsätze und Waffentechnik«[101] als »die wesentlichsten Komponenten des Kriegsbildes der österreichischen Armee zur Zeit Napoleons«[102] darzustellen und diese »zum Eigenleben der Armee und seinen geschichtlichen Wandlungen im soziologischen und politischen Leben des Staates in Beziehung«[103] zu setzen. Ähnlich wie zuvor bereits bei Höhn war das Kriegsbild für Peball nur ein Sammelbegriff. Es blieb bei ihm deshalb lediglich beim Ansatz einer Definition, welche die Spannbreite eines Kriegsbildes umriss. Dass es sich dabei im Kern jedoch um eine gedankliche Vorstellung eines zukünftigen Krieges handeln würde, wurde in der Forschungsliteratur erst 1974 bei Eckart Kutsche deutlich. Er definierte das Kriegsbild als »Vorstellung von den Erscheinungen, der Intensität und den Auswirkungen eines künftigen Krieges«.[104] Die Definition von Joachim Niemeyer, der sich mit dem Phänomen Kriegsbild ja recht umfassend auseinandersetzte, ging 1979 in eine ähnliche Richtung, doch in Erweiterung des Begriffsverständnisses noch etwas über die Interpretation Kutsches hinaus:

»Im Kriegsbild spiegeln sich die organisatorischen, strategisch-taktischen und kriegstechnischen Vorstellungen über die künftige Kriegführung wieder in ihrem Verhältnis zur Innen- und Außenpolitik des Staates und seiner sozioökonomischen Möglichkeiten.«[105]

Ob diese thesenartige Umschreibung des Kriegsbildes auf die Bundeswehrführung während des Ost-West-Konflikts zutrifft, wäre erst noch zu überprüfen. Für Niemeyer beinhaltete der Begriff »Kriegsbild« Aussagen über die grundsätzlichen Voraussetzungen zur Führung eines Krieges, d.h. der hierbei zur Anwendung gelangenden Mittel sowie der Art ihres Gebrauchs, Führungsgrundsätze, Ausbildung, Kampfgrundsätze sowie Waffentechnik und ihre Auswirkung auf die Gefechtsführung.[106] Interessant ist die übereinstimmende Thematisierung von Auswirkung(en) im Rahmen des Kriegsbildes bei Niemeyer und Kutsche, die seitens des Militärs weitgehend ausgespart wurde. Eine Ausnahme bildet eine wissenschaftliche Abhandlung applikatorischer Prägung des Generalstabsoffiziers Roland Kaestner. Als er sich 1989 zusammen mit Kurt Mark mit dem Begriff »Kriegsbild« auseinandersetzte, verstand er darunter »die Austragungsform, welche die Kriege in der Realität annehmen und welche Wirkungen sie auf die beteiligten Akteure ausüben könnten, wenn man an zukünftige Formen des

---

[101] Peball, Zum Kriegsbild der österreichischen Armee, S. 135.
[102] Ebd., S. 160.
[103] Ebd., S. 135.
[104] Kutsche, Kriegsbild, Wehrverfassung und Wehrwesen, S. 5. Im erweiterten Sinn stellte das Kriegsbild für Kutsche sogar »die Synthese aller mit dem Krieg, der Wehrverfassung und dem Wehrwesen zusammenhängenden Gebiete dar.« Ebd., S. 7 f. Diese Interpretation würde jedoch eine griffige Definition wiederum verwässern.
[105] Niemeyer, Das österreichische Militärwesen, S. 7.
[106] Ebd., S. 5.

II. Das Kriegsbild – eine Begriffsbestimmung

Krieges denkt«.[107] Für Kurt Mark, der von einer fast identischen Definition von »Kriegsbild« ausging,[108] stand zudem fest, dass immer »worst-case-scenarios«[109] betrachtet werden müssten, da es um die Erkenntnis von Dominanzen in zukünftigen kriegerischen Auseinandersetzungen gehe. Diesem Denkprinzip entsprachen 1990 auch die Ausführungen von Martin Kutz über das Kriegsbild. Das sogenannte Worst-case-Denken schloss bei ihm die Berücksichtigung von Entwicklungen ein, die sich im Bereich der Technologie auch nur ankündigen würden.[110] Eine klare Zukunftsausrichtung des Kriegsbildes war damit auch bei Kutz gegeben. Neu war bei ihm in der Kriegsvorstellung die Differenzierung zwischen »Denkmöglichem« und »Denkwahrscheinlichem«. Für Kutz bezeichnete ein Kriegsbild ein »Totalgemälde«. Was bei der Reflexion über den Zukunftskrieg »denkmöglich« wäre, sei das Kriegsbild. Was davon »denkwahrscheinlich« sei, bezeichne hingegen ein »Szenario«.[111] Der gleichen Argumentation folgte 1998 Christian Müller, für den sich die Vorstellungen vom Zukunftskrieg in Kriegsbild und Szenario unterteilen ließen.[112] Das Kriegsbild war für Müller

> »ein in der Militärtheorie entworfenes Gesamtbild aller für die Führung eines Krieges potenziell relevanten Faktoren zu einem bestimmten Zeitpunkt. Dazu müssen Einflussfaktoren wie Entwicklungsstand und Entwicklungstendenzen der Militärtechnik und Heeresorganisation ebenso wie die sozioökonomischen Verhältnisse in ihren ›denkmöglichen‹ Wechselwirkungen und den Folgen für Strategie und Taktik betrachtet werden.«[113]

Kutz und Müller verengten sozusagen den Kriegsbild-Begriff auf einen »denkmöglichen« Teil der Kriegsvorstellungen. In jüngeren Forschungsbeiträgen zum Kriegsbild hat sich dessen Verständnis dann wieder geweitet. Axel Gablik bezog sich 2004 auf die Definition von Baudissin, kurzum das Wesen eines kommenden Krieges.[114] Für Helmut R. Hammerich bot das Kriegsbild – in geistiger Anlehnung an eine Definition Trettners aus dem Jahre 1966 – »realistische Vorstellungen von einem zukünftigen Krieg«[115]. Diese Definition schloss Erscheinungsformen kriegerischer Auseinandersetzungen ein, aber im Grunde mit dem »Realistischen« auch wieder das »Denkwahrscheinliche«.[116] 2008 verstand Bernhard Neff unter einem Kriegsbild wiederum »die Zusammenschau der Faktoren [...] die einen möglichen zukünftigen Krieg und seine Erscheinungsformen bestimmen«.[117] Für

---

[107] Kaestner, Kriegsbilder der Zukunft, S. 12. Seine gedankliche Vorausschau zum »Battlefield 2000« umfasst einen Zeithorizont von elf Jahren.
[108] Die Definition von Kurt Mark lautete: »Unter Kriegsbild wird die Austragungsform, welche Kriege in der Realität annehmen und deren Wirkungen auf die beteiligten Akteure verstanden.« Mark, Kriegsbild der Zukunft, S. 30.
[109] Ebd., S. 29.
[110] Kutz, Realitätsflucht und Aggression, S. 18.
[111] Ebd., S. 19.
[112] Müller, Anmerkungen zur Entwicklung, S. 386.
[113] Ebd., S. 385.
[114] Gablik, »... von da an herrscht Kirchhofsruhe.«, S. 45. In diesem Sinn wurde 1993 der Begriff bereits von Georg Meyer verwendet. AWS, Bd 3 (Beitrag Meyer), S. 911.
[115] Hammerich, Kommiss kommt von Kompromiss, S. 93.
[116] Ebd., S. 93.
[117] Neff, Antizipationen des modernen Krieges, S. 379.

Neff enthielt ein Kriegsbild idealerweise Aussagen über die Kampfweise, die Kriegsdauer sowie über die Intensität und das Ausmaß der Kampfhandlungen, was an die Begriffsinterpretation von Kutsche erinnert. Schließlich, in einem Sammelband aus dem Jahr 2013 zur Spiegel-Affäre um den Artikel »Bedingt abwehrbereit« von 1962, wird als Kriegsbild verstanden, »wie [...] ein künftiger Krieg, der dritte Weltkrieg, verlaufen könnte – und welche Rolle der jungen Bundeswehr dabei zugedacht werden müsse«.[118] Jüngst verwendete Frank Reichherzer den Begriff »Kriegsbild«[119] im Sinne einer Vorstellung vom Kriege oder auch des Denkens über den Krieg. Dierk Walter gebrauchte den Begriff »Kriegsbild« 2009 in einer größeren Bandbreite: als »hypothetische[n] allgemeine[n] Charakter eines möglichen kommenden Krieges«, als »Visionen« eines Zukunftskrieges, als »Vorhersage von Natur und Gestalt, Ort und Dauer des künftigen Krieges«, als »militärische Zukunftsprognose« oder gar als »fiktive Geschichte künftiger Kriege«,[120] da es ihm insbesondere um den Aspekt der Instrumentalisierung von Kriegsbildern ging. Dieser findet auch in einer aktuellen politikwissenschaftlichem Definition des Kriegsbildes als »die Darstellung, Form und Art und Weise kriegerischer Auseinandersetzungen«[121] eine gewisse Berücksichtigung. Mit einer »Darstellung« geht es nicht nur um eine Vorstellung, sondern auch um die Vermittlung dieser Gedanken. Von Artur Pech, einem ehemaligen Absolventen der Militärakademie »Friedrich Engels« der Deutschen Demokratischen Republik (DDR), war der instrumentelle Charakter von Kriegsbildern bereits 1983 – damals noch stark ideologisch eingefärbt und unter dem Vorzeichen des Klassenkampfes - herausgestellt worden. Pech sah im Kriegsbild ein Mittel der »Monopolbourgeoisie« und insbesondere eines aggressiven »Militär-Industrie-Komplexes«.[122] Für Pech waren Kriegsbilder daher in der Bundesrepublik Deutschland geprägte »Vorstellungen von den Varianten der Vorbereitung und Entfesselung, des Verlaufs und der allgemeinen Resultate heute möglicher Kriege«.[123] Pech charakterisierte sie auch als »geistige[...] Entwürfe«.[124] Diesem Verständnis lag die gängige offizielle Definition von »Kriegsbild« aus dem »Militärlexikon« der Deutschen Demokratischen Republik von 1973 zugrunde: als »von imperialistischen Militärtheoretikern – insbesondere in der Bundesrepublik Deutschland – gebrauchte Bezeichnung für

---

[118] Die SPIEGEL-Affäre, Anhang »50 Jahre SPIEGEL-Affäre«, S. 378–432, hier S. 386.
[119] Reichherzer, Zwischen Atomgewittern und Stadtguerilla, S. 131.
[120] Walter, Zwischen Dschungelkrieg und Atombombe, S. 14–16. Daran geknüpft sind nach Walter die Fragen, wie lang ein solcher Krieg dauern würde, wie ressourcenintensiv er wäre, mit welchen Waffensystemen er geführt würde, welche Taktiken und Operationsformen Anwendung fänden, welche Rolle dabei die Streitkräfte und ihre einzelnen Waffengattungen spielen würden, inwieweit die Bevölkerung und die Wirtschaft des Landes mobilisiert würden, in welchen Formen diese Mobilisierung verlaufen würde, welche Strukturen und Organisationsmuster, welche logistischen, Kommunikations- und Aufklärungsverfahren sich als erfolgversprechend erweisen würden.
[121] Gärtner, Internationale Sicherheit, S. 139.
[122] Pech, Das Kriegsbild in der BRD, S. 4–7.
[123] Ebd., S. 6.
[124] Ebd., S. 47.

II. Das Kriegsbild – eine Begriffsbestimmung

das Modell möglicher künftiger Kriege«.[125] Dieses Modell enthalte insbesondere Aussagen über den Charakter des Krieges, die Möglichkeit des Kriegsbeginns, verschiedene Kriegsarten, das Ausmaß und die Intensität der Kampfhandlungen, den Kriegsverlauf, die Dauer des Krieges sowie die sich daraus ergebenden Anforderungen an die Kriegsvorbereitung und -führung.[126] Die Interpretation eines Kriegsbildes im Sinne eines Modells oder Entwurfes ist eher unüblich, beschränkte sich jedoch nicht nur auf die Kritiker in der DDR. Auch der westdeutsche Historiker und Politikwissenschaftler Detlef Bald gebrauchte Kriegsbilder 1986 als Synonym für »Kriegsentwürfe«.[127] Als eher unkonventionell ist auch die Assoziation des Kriegsbildes mit Gegenwärtigem oder gar Vergangenem einzuschätzen. So verstand Jörg Echternkamp das Kriegsbild 1999 als »Sicht des Krieges«,[128] mit der eine vergangene militärische Auseinandersetzung verarbeitet und gedeutet wird. Ein jüngst erschienener Sammelband interpretierte Kriegsbilder als »mediale Repräsentationen«[129] und Teil der Erinnerungskultur (in Romanen, Fotografien, Spielfilmen und auf Plakaten) an einen vergangenen Krieg.

Die Auswertung der Definitionen aus der Forschungsliteratur hat das Phänomen Kriegsbild insgesamt noch einmal sehr viel komplexer erscheinen lassen. Das Spektrum der Interpretationen reicht von Faktoren und Elementen, die einen zukünftigen Krieg bestimmen würden, über denkmögliche Formen militärischer Auseinandersetzungen bis hin zur Vorstellung von Ausmaß und Verlauf des schlimmsten vorstellbaren Falls. Allein die zeitliche Dimension reicht – wie zuletzt gezeigt – von der Vergangenheit (eher unüblich) bis zur Zukunft (gängig). Ein kleinster gemeinsamer Nenner von »Kriegsbild« lässt sich nicht finden. Es kann daher nicht der Anspruch erhoben werden, eine Universaldefinition des Begriffs zu formulieren. Diese Erkenntnis wird umso deutlicher, wenn die im vorherigen Kapitel angeführten Interpretationen von »Kriegsbild^2« im Sinne externer Repräsentationen zusätzlich in Betracht gezogen werden. Die Definition des Kriegsbildes wurde und wird in der Forschung eben meist sehr stark dem jeweiligen Erkenntnisinteresse der Forschenden angepasst.

Und doch liefert die vorausgegangene Analyse von Kriegsbild-Definitionen einen wertvollen Erkenntnisgewinn für die weitere Auseinandersetzung mit dem Untersuchungsgegenstand. Es wurde deutlich, welche Bestandteile und Dimensionen eine Definition von »Kriegsbild« beinhalten kann und welche Interpretation des Begriffs in einem geschichtswissenschaftlichen Sinne plausibel ist. Auf dieser Grundlage kann nunmehr als Synthese repräsentativer Definitionsbestandteile eine ausgewogen reflektierte und zugleich auf das Quellenmaterial präzisierte Begriffsbestimmung vorgenommen werden.

---

[125] Militärlexikon, S. 191. In der DDR wurde stattdessen der Begriff der »Militärdoktrin« geprägt, wie an anderer Stelle noch eingehender erläutert wird.
[126] Pech, Das Kriegsbild in der BRD, S. 13.
[127] Bald, Zum Kriegsbild, S. 147.
[128] Echternkamp, Die Inszenierung des Krieges, S. 410. Auch in seinen jüngsten Forschungsbeiträgen bleibt es bei der Definition als »Sicht des Krieges«, »Repräsentation des Krieges« oder auch Vorstellung vom erlebten Krieg. Echternkamp, Soldaten im Nachkrieg, S. 44–54.
[129] Kriegsbilder.

Diese Definition soll sich zunächst am gängigen Verständnis vom Kriegsbild als Vorstellung von einem zukünftigen Krieg ausrichten. Damit ist klar, dass es sich um ein »gedankliches Bild« handelt. Was dessen Inhalte angeht, scheint eine Orientierung an den wegweisenden Ausführungen Baudissins, aber auch am aktuellen Verständnis in der Bundeswehr angebracht zu sein. Somit handelt es sich grundsätzlich um das »Wesen« eines zukünftigen Krieges und im Einzelnen um dessen Erscheinungsformen sowie Zwecke, Möglichkeiten, Mittel, Ausdehnung und Intensität der Kriegführung. In Anlehnung an Kutsche, Niemeyer, Kaestner und Glatz sollen diese Inhalte durch den Aspekt der Auswirkungen eines möglichen Krieges ergänzt werden. Da die Vorstellungen der Militärführung im Zentrum der Arbeit stehen, sollen vor allem auch die militärischen Denkmuster der Annahme des schlimmsten Kriegsfalles, die in der Forschung von Kutz als denkwahrscheinliche Szenarien herausgestellt wurden, ins Zentrum des Interesses rücken. Beim Zeithorizont, auf den sich die Vorstellung eines zukünftigen Krieges erstreckt, kann üblicherweise von etwa zehn Jahren ausgegangen werden.

Der Untersuchung soll daher folgende Arbeitsdefinition zugrunde gelegt sein: Ein Kriegsbild bezeichnet eine Grundvorstellung vom Wesen eines zukünftig möglichen Krieges, d.h. von dessen Erscheinungsformen sowie von den Zwecken, den Möglichkeiten, den Mitteln, der Ausdehnung, der Intensität und den Auswirkungen der Kriegführung. Die zugrunde gelegte Definition folgt dem weitläufigen Verständnis des Begriffs in der Forschung und den Streitkräften. Sie trägt damit zum einen dem Gebrauch des Begriffs in der Organisation Bundeswehr Rechnung und wird zum anderen wissenschaftlichen Ansprüchen gerecht. Im Mittelpunkt des Interesses steht das in der Bundeswehrführung jeweils vorherrschende Kriegsbild, dem nach der Logik des Dienstwegs in der hierarchisch aufgebauten Bundeswehr eine gewisse dominante Rolle als Leitbild innerhalb dieser Organisation zuzusprechen ist.

Da sich das Kriegsbild an einer Schnittstelle zu anderen Paradigmen der Militärgeschichte bewegt, soll es zur Vermeidung von Irrtümern kurz von den Begriffen »Strategie«, »Militärdoktrin« und »operatives Denken« abgegrenzt werden. Hierzu ist zunächst anzumerken, dass aufgrund verschiedener Auffassungen und fließender Übergänge eine klare Abgrenzung schwierig ist. Alle drei Begriffe stellen gewissermaßen Ausflüsse eines Kriegsbildes dar, sind einem Kriegsbild also zeitlich nachgeordnet.

Bei der Gegenüberstellung von Kriegsbild und Strategie betonte Hellmuth Reinhardt, dass ein Kriegsbild sehr viel umfassender, allgemeiner, vielseitiger, aber auch vager und ungewisser sei.[130] Die relativ diffuse Grundvorstellung vom Wesen eines zukünftigen Krieges bildet die Grundlage militärischer Planungen. Das Kriegsbild stellt den Ausgangspunkt für die analytische Entwicklung einer zielgerichteten Strategie dar.[131] Diese hat Beatrice Heuser 2010 von Clausewitz abgeleitet wie folgt definiert:

---

[130] Reinhardt, Gedanken zu einem modernen Kriegsbild, S. 644.
[131] Kutz, Realitätsflucht und Aggression, S. 20; Walitschek, Probleme des modernen Kriegsbildes, S. 203; Niemeyer, Elemente des modernen Kriegsbildes, S. 73; Spannocchi, Strategie und modernes Kriegsbild, S. 445; Mark, Kriegsbild der Zukunft, S. 29.

»Strategie ist Einsatz jeglicher verfügbaren Mittel, vor allem des Mittels der Streitkräfte, zu politischen Zwecken, mit dem Ziel, dem Gegner die eigenen Politik und den eigenen Willen aufzuzwingen bzw. seinem Willen zu widerstehen.«[132]

Der Begriff »Militärdoktrin« ist im Gegensatz zum Kriegsbild kein Forschungsbegriff, sondern war ein Paradigma der Militärpolitik im offiziellen Sprachgebrauch des Warschauer Paktes und der Nationalen Volksarmee. Er bezeichnete die in einem Staat von der politischen Führung offiziell festgelegten Auffassungen über Charakter, Vorbereitung und Führung möglicher Kriege.[133] Anhand einer Definition von Kriegsbild im »Militärlexikon« der Deutschen Demokratischen Republik wird der Zusammenhang zur Militärdoktrin deutlich: »Soweit es sich beim Kriegsbild um offizielle Auffassungen handelt, sind sie Bestandteil der [...] Militärdoktrin.«[134] Besonders schwierig ist gerade in den Bundeswehrquellen die Abgrenzung des Kriegsbildes vom operativen Denken.

Joachim Niemeyer sah bei beiden gemeinsame Bestandteile, führte diese allerdings in seiner Studie zum österreichischen Militärwesen nicht auf.[135] Operatives Denken, als militärische Führungsebene zwischen Strategie und Taktik angesiedelt, setzt sich mit der »Anordnung und Verknüpfung von Gefechten zum Erreichen des Kriegszieles auf einem Kriegsschauplatz«[136] auseinander. Es ist also weniger umfassend als das Kriegsbild und beschränkt sich auf militärische Operationen. Gerhard P. Groß nennt das operative Denken eine »deutsche Führungsphilosophie«,[137] die durch Effektivität infolge von Schwerpunktsetzung, Risikobewusstsein, Schnelligkeit und Bewegung gekennzeichnet wird. Operatives Denken ergibt sich aus dem Kriegsbild und politischen Vorgaben.[138] Es wird interessant sein zu untersuchen, inwieweit das operative Denken wiederum das Kriegsbild beeinflusste.

3. Eigentümlichkeiten von Kriegsbildern

In der wissenschaftlichen Forschung sowie in der Kriegstheorie sind zu Kriegsbildern einige Thesen aufgestellt worden, die deren Eigentümlichkeiten, Möglichkeiten und Grenzen im Allgemeinen deutlich machen sollen. Vor der eingehenden Beleuchtung der Kriegsvorstellungen in der Bundeswehrführung ist es nützlich, sich die Eigentümlichkeiten von Kriegsbildern noch einmal vor Augen zu führen. Dies erleichtert den Zugang zur Thematik, fördert ein inter-

---

[132] Heuser, Den Krieg denken, S. 18.
[133] Militärlexikon, S. 232.
[134] Ebd., S. 191; vgl. Pech, Das Kriegsbild in der BRD, S. 13 und 17.
[135] Niemeyer, Das österreichische Militärwesen, S. 12.
[136] Groß, Einführung, S. 2.
[137] Groß, Mythos und Wirklichkeit, S. 4.
[138] Kutz, Realitätsflucht und Aggression, S. 67.

disziplinäres Gesamtverständnis und ermöglicht eine bessere Einordnung bestimmter, vielleicht bundeswehrspezifischer Entwicklungen.

Zunächst soll dazu der Blick auf den Zweck von Kriegsbildern gelenkt werden. Weitgehende Einigkeit herrscht in der Forschung und Bundeswehr darüber, dass Kriegsbilder in erster Linie eine Orientierungsfunktion haben.[139] Der Charakter eines Kriegsbildes als »Leitbild der Sicherheits- und Wehrpolitik«[140] wurde ja bereits anhand der Brockhaus-Enzyklopädie deutlich. Damit ist ein Kriegsbild zugleich auch die Grundlage konkreter militärischer Planungen, die im Kriegsfalle einen erfolgreichen Waffengang garantieren sollen.[141] Es dient dazu, frühzeitig Erkenntnisse über das für Streitkräfte relevante Veränderungspotenzial in der Kriegführung zu gewinnen. Die Vorstellung vom zukünftigen Krieg beeinflusst operative Konzepte, taktische Einsatzgrundsätze, Struktur, Personalpolitik, Bewaffnung, Ausrüstung, Ausbildung und Zielsetzung von Streitkräften.[142] Ein Kriegsbild ist also ein Mittel zur sicherheitspolitischen Entscheidungsfindung sowie zur Weiterentwicklung von Streitkräften, gerade auch im Bereich der Rüstungsproduktion. Die steigende Kostspieligkeit sowie die zunehmenden Realisierungsfristen neuer Waffensysteme erfordern eine Abwägung über Einsatzwahrscheinlichkeiten, um kostspielige Fehlplanungen zu vermeiden.[143] Kriegsbilder als Leitbilder dienen dabei als Mittel der Effizienzsteigerung von Rüstungsanstrengungen. Doch beschäftigen Kriegsbilder als Leitbilder nicht nur die Entscheidungsträger auf der politischen, strategischen und operativen Ebene. Sie sind darauf ausgelegt, massenhaft verbreitet zu werden und entsprechende Vorstellungen in einer breiten Öffentlichkeit zu erzeugen.[144] Zugleich dienen sie bisweilen dazu, Reaktionen in der Bevölkerung zu ermitteln.[145] Letztlich sollen möglichst Einheitlichkeit hergestellt und Partikularinteressen untergeordnet werden.[146] Pech sprach in diesem Zusammenhang von einer »Integrationsfunktion«[147] von Kriegsbildern. Darüber hinaus sah Pech bei Kriegsbildern insbesondere noch eine Drohfunktion, da sie

---

[139] Pech hielt jedoch Abschreckung für eine zentrale Kategorie eines Kriegsbildes. Pech, Das Kriegsbild in der BRD, S. 54−57.
[140] Brockhaus. Die Enzyklopädie, Bd 12, S. 525; Gablik, »... von da an herrscht Kirchhofsruhe.«, S. 45; Mark, Kriegsbild der Zukunft, S. 29.
[141] Brockhaus. Die Enzyklopädie, Bd 12, S. 525; Hammerich, Kommiss kommt von Kompromiss, S. 93; Walitschek, Probleme des modernen Kriegsbildes, S. 204; Middeldorf, Führung und Gefecht, S. 13.
[142] Gablik, »... von da an herrscht Kirchhofsruhe.«, S. 45; Niemeyer, Das österreichische Militärwesen, S. 12; Kaestner, Kriegsbilder der Zukunft, S. 12; Kaestner, Kriegsbilder, S. 105 f.; Baudissin, Das Kriegsbild (1962), S. 2.
[143] Pech, Das Kriegsbild in der BRD, S. 8 und S. 47−51; Canstein, Gedanken zum modernen Kriegsbild, S. 519 f.; So benötigen gerade auch Waffensysteme, für deren Entwicklung, Produktion und Einführung in der Truppe 20 Jahre und mehr. Vgl. BArch, BW 2/1944, Fü B III, 442/58, Die Führungskonzeption der deutschen Streitkräfte, 5.3.1958, S. 9.
[144] Pech, Das Kriegsbild in der BRD, S. 57.
[145] Gablik, »... von da an herrscht Kirchhofsruhe.«, S. 45 f.
[146] Pech, Das Kriegsbild in der BRD, S. 43.
[147] Ebd., S. 43. Pech stellte sogar die These auf, Kriegsbilder würden dazu dienen, in Vorbereitung befindliche Aggressionen zu erläutern und politisch-moralisch zu sanktionieren (»Ideologische Funktion«). Ebd., S. 51−54.

II. Das Kriegsbild – eine Begriffsbestimmung 53

als eine Art Abschreckungsmittel den Gegner politisch beeinflussen sollen.[148] Es wird zu untersuchen sein, welche Funktionen dem Kriegsbild jeweils seitens der Bundeswehrführung verliehen wurden.

Ferner wird es interessant sein, der Frage nachzugehen, welche Kompetenz der Bundeswehrführung bei der Entwicklung von Kriegsbildern im öffentlichen und politischen Raum beigemessen wurde. Die Meinungen über die Zuständigkeit für die Entwicklung von Kriegsbildern gehen in diesem Punkt auseinander. In der Kriegsbilddefinition der Brockhaus-Enzyklopädie aus dem Jahre 1997 wurde die Erarbeitung und ständige Überprüfung des Kriegsbildes in erster Linie der militärischen Führung zugeschrieben, die dabei von Fachleuten aus Wirtschaft, Verwaltung, Wissenschaft und Technik unterstützt würde.[149] Auch für Dierk Walter stellten Kriegsbilder geradezu eine Legitimationsberechtigung von Militäreliten dar, die zudem in direktem Zusammenhang mit Einfluss, Geld und Karrierechancen stehen.[150] Vor allem Soldaten würden sich aus seiner Sicht bei der Diskussion um Kriegsbilder zu Wort melden, um auf deren Erarbeitung Einfluss zu nehmen und die Gestalt eines kommenden Krieges mitzubestimmen, soweit dabei eigene Streitkräfte betroffen sind.[151] Andere Autoren, wie Middeldorf, Walitschek und Gablik, sahen die Erarbeitung von Kriegsbildern in erster Linie als eine politische Aufgabe.[152] Daher sollten unter politischer Gesamtverantwortung Personen aus Wissenschaft und Forschung, Wirtschaft, Technik, Verwaltung sowie aus dem militärischen Bereich zur Entwicklung von Kriegsbildern beitragen. Ferner gibt es eine kompromissartige Sicht, welche die Zuständigkeit für die Entwicklung von Kriegsbildern Militär und Politik gleichermaßen zuschreibt.[153] So sah beispielsweise Pech – zumindest aus gegnerischer Sicht – die Verantwortung für die Kriegsbilderarbeitung sowohl beim Generalinspekteur der Bundeswehr als auch beim Bundesverteidigungsminister.[154]

Zumindest als »Gegenstand der militärischen Unterrichtung über den Krieg«[155] kann ein Kriegsbild gewiss der Fachkompetenz von Militäreliten zugeschrieben werden. Es wird zu untersuchen sein, ob und wie die Kriegsvorstellungen seitens der Bundeswehrführung erfasst, gesteuert und verbreitet wurden. Was das Erarbeitungsverfahren von Kriegsbildern angeht, klassifizierte Schramm drei gebräuchliche Arten. Das »historisierende« orientiere sich vor allem an der jüngsten, meist selbst erlebten Kriegsgeschichte. Das »pragmatische« beurteile Entwicklungen vom Technischen her, berücksichtige aber zumeist nicht die strategische Dimension. Die entwicklungsgeschichtlich-philosophische Methode

---

[148] Ebd., S. 54–57.
[149] Brockhaus. Die Enzyklopädie, Bd 12, S. 525.
[150] Walter, Zwischen Dschungelkrieg und Atombombe, S. 15.
[151] Ebd., S. 15.
[152] Middeldorf, Führung und Gefecht, S. 14; Walitschek, Probleme des modernen Kriegsbildes, S. 203 f.; Gablik, »... von da an herrscht Kirchhofsruhe.«, S. 45.
[153] Kutsche, Kriegsbild, Wehrverfassung und Wehrwesen, S. 4; Pech, Das Kriegsbild in der BRD, S. 15; Kaestner, Kriegsbilder der Zukunft, S. 12.
[154] Pech, Das Kriegsbild in der BRD, S. 15.
[155] Moritz, Die Wandlung des völkerrechtlichen Kriegsbegriffs, S. 149.

differenziere bei der kritischen Analyse der Kriegsgeschichte zwischen »veränderlichen Faktoren« und »bleibenden Elementen«.[156]

Dass es überhaupt kein einheitliches Verständnis von »veränderlichen Faktoren« und »bleibenden Elementen« gibt, wurde bei der Suche nach der Definition für das Kriegsbild bereits festgestellt. Dennoch ist es durchaus aufschlussreich, sich zu vergegenwärtigen, welche Faktoren ein Kriegsbild im Allgemeinen beeinflussen können. Eine nicht zu unterschätzende Einflussgröße für das Kriegsbild scheint das psychologische Phänomen zu sein, dass sich Vorstellungen bzw. geistige Bilder über die Zukunft an Erinnerungen bzw. bekannten geistigen Bildern der Vergangenheit orientieren. Eine Redewendung lautet, dass ein neuer Krieg in den Formen beginne, in denen der letzte aufgehört habe. Für Reinhardt ging dies auf den Umstand zurück, dass der menschliche Geist sich für ein Zukunftsbild nur an dem orientieren kann, was schon einmal da gewesen sei und menschliches Handeln, ob bewusst oder unbewusst, stets auf Erfahrungen fuße.[157] Auch für Schramm, Niemeyer, Mark und Müller hat sich erwiesen, dass Erinnerungen für Kriegsbilder oft ausschlaggebend zu sein pflegen, und dass vor allem das Verhalten des Siegers am Ausgang eines vorherigen Krieges den Beginn eines zukünftigen präge.[158] Darüber hinaus würden die Vorstellungen von einem zukünftigen Krieg nach Ansicht der Forschung entscheidend durch die Rezeption zeitgenössischer Kriege sowie außenpolitischer Krisen beeinflusst.[159] Der Aspekt der Vergangenheitsverhaftung von Kriegsbildern dürfte gerade für die Untersuchung der Vorstellungen in der frühen Bundeswehrführung von besonderem Interesse sein. Ob dann später im Untersuchungszeitraum die Verarbeitung zeitgenössischer Kriege an Bedeutung gewann, ist zu überprüfen.

Einen relativ breiten Konsens gibt es bezüglich der Beeinflussung von Kriegsbildern durch die Faktoren Ideologie,[160] politisch-strategische Rahmenbedingungen und Vorgaben,[161] ökonomische Leistungsfähigkeit[162] sowie Stand der

---

[156] Schramm, Vom zeitgerechten Kriegsbild, S. 650.
[157] Reinhardt, Gedanken zu einem modernen Kriegsbild, S. 644 f.; Spannocchi, Strategie und modernes Kriegsbild, S. 353.
[158] Schramm, Vom zeitgerechten Kriegsbild, S. 651; Niemeyer, Elemente des modernen Kriegsbildes, S. 73; Mark, Kriegsbild der Zukunft, S. 30; Müller, Anmerkungen zur Entwicklung, S. 392. So stellte Müller z.B. fest, dass der Deutsch-Französische Krieg von 1870/71 das Kriegsbild bis 1914 im preußisch-deutschen Heer nachhaltig prägte.
[159] Dülffer, Kriegserwartung und Kriegsbild, S. 121; Müller, Anmerkungen zur Entwicklung, S. 391. Für das Kriegsbild vor 1914 spielten z.B. der Burenkrieg, der Russisch-Japanische Krieg 1904/5 und die Balkankriege 1912/13 eine Rolle.
[160] Müller, Anmerkungen zur Entwicklung, S. 386 und 441; Baudissin, Das Kriegsbild (1962), S. 8 f.; Middeldorf, Führung und Gefecht, S. 14 f.; Pech, Das Kriegsbild in der BRD, S. 6; Höhn, Revolution, S. XLVII.
[161] Müller, Anmerkungen zur Entwicklung, S. 386; Kutsche, Kriegsbild, Wehrverfassung und Wehrwesen, S. 5–7; Niemeyer, Elemente des modernen Kriegsbildes, S. 73; Brühl/Förster, Militärtechnik, S. 276; Baudissin, Das Kriegsbild (1962), S. 2–11; Kaestner, Kriegsbilder der Zukunft, S. 13; Sicherheitspolitische Zukunftsanalyse, S. 4 und S. 13 f.; Pech, Das Kriegsbild in der BRD, S. 17; BArch, BW 2/1944, Leiter Fü B III, Entwurf betreffend »Bild eines künftigen Krieges«, 20.2.1958, S. 2.
[162] Kutz, Realitätsflucht und Aggression, S. 19; Müller, Anmerkungen zur Entwicklung, S. 386; Niemeyer, Elemente des modernen Kriegsbildes, S. 73; Mark, Kriegsbild der Zukunft, S. 30;

II. Das Kriegsbild – eine Begriffsbestimmung 55

Militärtechnik[163] der jeweiligen Kriegsparteien. Doch auch andere Einflussgrößen wie militärische Potenziale,[164] wehrgeografische Situation,[165] personelle Grundlagen,[166] Mentalität,[167] Rechtsauffassungen,[168] operative Vorstellungen,[169] anzunehmende Operationsziele,[170] geistige Fähigkeiten,[171] Ethik[172] und Natur[173] können bei der Ausprägung von Kriegsbildern eine Rolle spielen. Deutlich wird anhand dieser Zusammenstellung, dass sich das Phänomen Kriegsbild an einer Schnittstelle von operativem und strategischem Denken befindet. Es könnte aufgrund seiner vielfältigen Faktoren für mehrere wissenschaftliche Disziplinen einen lohnenswerten Untersuchungsgegenstand darstellen. Es liegt auf der Hand, dass sich die Faktoren im Untersuchungszeitraum verändern und daher diesem Wandel Rechnung getragen werden muss. Herauszufinden ist, ob dies bei der Bundeswehrführung der Fall war und welche Determinanten dabei eine besondere Bedeutung hatten. Es wird aber auch kritisch zu hinterfragen sein, welche Faktoren möglicherweise keine große Rolle spielten, obwohl dies erwartet werden könnte. Die Untersuchung von Kriegsbildern wird sich dabei nicht auf die nationale Dimension beschränken können, sondern wird militärische Potenziale und Sichtweisen in anderen Militärführungen ebenfalls zu berücksichtigen haben. Angesichts der mehrfach vertretenen These, dass es in Staaten ohne eigene Atomwaffen wie der Bundesrepublik Deutschland kein unabhängiges, nationales

---

Brühl/Förster, Militärtechnik, S. 276; Middeldorf, Führung und Gefecht, S. 14 f.; BArch, BW 2/1944, Leiter Fü B III, Entwurf betreffend »Bild eines künftigen Krieges«, 20.2.1958, S. 2.

[163] Kutz, Realitätsflucht und Aggression, S. 19; Gablik, »... von da an herrscht Kirchhofsruhe.«, S. 45; Müller, Anmerkungen zur Entwicklung, S. 386; Kutsche, Kriegsbild, Wehrverfassung und Wehrwesen, S. 5–7; Niemeyer, Elemente des modernen Kriegsbildes, S. 73; Mark, Kriegsbild der Zukunft, S. 30; Brühl/Förster, Militärtechnik, S. 276; Flor, Konventionelle Rüstungsentwicklung, S. 1; Baudissin, Das Kriegsbild (1962), S. 2–11; Baudissin, Gedanken zum Kriegsbild (1964), S. 456; Middeldorf, Führung und Gefecht, S. 14 f.

[164] Kutz, Realitätsflucht und Aggression, S. 19; Gablik, »... von da an herrscht Kirchhofsruhe.«, S. 45; Flor, Konventionelle Rüstungsentwicklung, S. 1.

[165] Baudissin, Das Kriegsbild (1962), S. 2; Middeldorf, Führung und Gefecht, S. 14 f.; BArch, BW 2/1944, Leiter Fü B III, Entwurf betreffend »Bild eines künftigen Krieges«, 20.2.1958, S. 2; BArch, BW 2/2228, Fü B III 6, Az. 58-29-00, Vorentwurf: Die militärischen Grundannahmen für die Verteidigungsplanung 1962, 15.12.1961, S. 2 f.

[166] Mark, Kriegsbild der Zukunft, S. 30; Middeldorf, Führung und Gefecht, S. 14 f.; BArch, BW 2/2228, Fü B III 6, Az. 58-29-00, Vorentwurf: Die militärischen Grundannahmen für die Verteidigungsplanung 1962, 15.12.1961, S. 2 f.

[167] Kutz, Realitätsflucht und Aggression, S. 19; Müller, Anmerkungen zur Entwicklung, S. 441; Kutsche, Kriegsbild, Wehrverfassung und Wehrwesen, S. 5–7; Niemeyer, Elemente des modernen Kriegsbildes, S. 73; Mark, Kriegsbild der Zukunft, S. 30; Middeldorf, Führung und Gefecht, S. 14 f.

[168] Kutsche, Kriegsbild, Wehrverfassung und Wehrwesen, S. 5–7; Middeldorf, Führung und Gefecht, S. 14 f.

[169] Gablik, »... von da an herrscht Kirchhofsruhe.«, S. 45; Flor, Konventionelle Rüstungsentwicklung, S. 9–83.

[170] Gablik, »... von da an herrscht Kirchhofsruhe.«, S. 45; BArch, BW 2/2228, Fü B III 6, Az. 58-29-00, Vorentwurf: Die militärischen Grundannahmen für die Verteidigungsplanung 1962, 15.12.1961, S. 2 f.

[171] Kutsche, Kriegsbild, Wehrverfassung und Wehrwesen, S. 5–7.

[172] Ebd.

[173] Niemeyer, Elemente des modernen Kriegsbildes, S. 73.

Kriegsbild mehr gäbe,[174] wird der Gedankenaustausch der Bundeswehrführung mit den Militärführungen anderer Staaten, vor allem in der NATO, zu beleuchten sein. Die wichtigste Frage in diesem Zusammenhang lautet, wie sich möglicherweise die verschiedenen Vorstellungen auf internationaler Ebene gegenseitig beeinflussten. In den gleichen Kontext gehört die Frage nach dem Einfluss von Feindbildern auf die Entwicklung von Kriegsbildern.[175]

Was das Phänomen der Kriegsbilder aus Sicht der Forschung weiterhin charakterisiert, ist – nun vor allem wieder auf nationaler Ebene – deren Konkurrenz. Da es nach Gablik stets verschiedene Vorstellungen zum Krieg von Morgen gäbe, existierten immer mehrere Kriegsbilder nebeneinander.[176] Genau diese Sichtweise teilt auch Walter, für den diese verschiedenen Visionen eines zukünftigen Krieges – sei es im Rahmen von Denkschulen, Teilstreitkräften oder Waffengattungen – miteinander konkurrieren.[177] Kutsche sprach sogar vom »Ringen um das Kriegsbild«.[178] Dieser Umstand ist im Grunde unterschiedlichen Auffassungen, Neigungen, Gegnerschaften, politischen Perspektiven und Absichten geschuldet, welche die jeweiligen Vertreter eines Kriegsbildes kennzeichnen können.[179] Ein Kriegsbild wäre in diesem Konkurrenzkampf ein Anspruch auf Deutungshoheit und zugleich ein Mittel im Kampf um Ressourcen. Erwiesen sich die Kontrahenten dabei als annähernd gleich durchsetzungsfähig, würden die widersprüchlichen Kriegsbilder nach Meinung Walters an die Verteidigungspolitik und an die Öffentlichkeit herangetragen.[180] Ob diese These auch auf die Bundeswehr zutrifft, soll im Rahmen der vorliegenden Studie geklärt werden. Fest steht zumindest, was Gablik im Rahmen seiner Untersuchungen herausgefunden und auf den Punkt gebracht hat: »Kriegsbilder sind Streitobjekte.«[181]

In direktem Zusammenhang mit dieser Feststellung steht die Möglichkeit der Instrumentalisierung von Kriegsbildern, außenpolitisch, innenpolitisch oder auch bundeswehrintern. Gegenüber gegnerischen Nationen oder Militärbündnissen können Kriegsbilder als ein Mittel der psychologischen Kriegführung dienen[182] und eine Drohfunktion erfüllen. Gerade in diesem Kontext vertraten Walter und Mark die These, dass die Art und Weise, wie sich eine bewaffnete Macht auf den Krieg vorbereitet, darüber mitentscheide, wie dieser verlaufe.[183] Diese

---

[174] Walitschek, Probleme des modernen Kriegsbildes, S. 193; Middeldorf, Führung und Gefecht, S. 17.
[175] Walter, Zwischen Dschungelkrieg und Atombombe, S. 16; Walitschek, Probleme des modernen Kriegsbildes, S. 204.
[176] Gablik, »... von da an herrscht Kirchhofsruhe.«, S. 45; Niemeyer, Das österreichische Militärwesen, S. 7.
[177] Walter, Zwischen Dschungelkrieg und Atombombe, S. 15.
[178] Kutsche, Kriegsbild, Wehrverfassung und Wehrwesen, S. 7.
[179] Gablik, »... von da an herrscht Kirchhofsruhe.«, S. 45.
[180] Walter, Zwischen Dschungelkrieg und Atombombe, S. 15; Vgl. Reichherzer, Zwischen Atomgewittern und Stadtguerilla, S. 150 f.
[181] Gablik, »... von da an herrscht Kirchhofsruhe.«, S. 45.
[182] Dülffer, Kriegserwartung und Kriegsbild, S. 116 f.
[183] Walter, Zwischen Dschungelkrieg und Atombombe, S. 15 f. Vgl. Mark, Kriegsbild der Zukunft, S. 39

II. Das Kriegsbild – eine Begriffsbestimmung

These ist beim Untersuchungsgegenstand Bundeswehr nicht überprüfbar. Anders verhält es sich möglicherweise mit der innenpolitischen oder internen Instrumentalisierung. Hier vertrat Walter die Auffassung, dass das Militär während des Ost-West-Konflikts durch die Präsenz von Kriegsbildern von der dauerhaft gesteigerten Aufmerksamkeit in der Öffentlichkeit profitierte, sodass es einen einfacheren Zugriff auf gesellschaftliche Ressourcen hatte.[184] Durch Aufgreifen gesellschaftlicher Bedrohungsängste und Bereitstellung einer militärischen Expertise könnten Kriegsbilder, so Walter dazu genutzt werden, das Prestige des Militärs zu steigern.[185] Doch könne ein Kriegsbild streitkräfteintern auch dazu instrumentalisiert werden, nur das Prestige einer einzelnen Teilstreitkraft aufzuwerten. Walter vertrat auch die Auffassung, dass gerade ein möglicher Atomkrieg im Konkurrenzkampf um finanzielle Ressourcen nicht nur eine Bedrohung, sondern auch eine Chance war. Ein zu erwartender kürzerer Schlagabtausch habe prinzipiell die Luftwaffe bei der Sicherung von Budgetmitteln begünstigt, während dies für Heer und Marine bei einem konventionell geprägten Kriegsbild der Fall gewesen sei.[186] Hier könnte zwischen Kriegsbild, Prestige und Ressourcen also ein unmittelbarer Zusammenhang bestehen, der näher zu untersuchen ist. Der möglichen Instrumentalisierung von Kriegsbildern durch einzelne Teilstreitkräfte soll daher eine besondere Aufmerksamkeit geschenkt werden.

Walter verwies auf ein weiteres Merkmal von Kriegsbildern, das für die vorliegende Untersuchung von Relevanz ist: Aufgrund ihrer Interessenleitung besitzen sie meist einen appellativen Charakter mit einer plakativen Aussagekraft.[187] Denn Kriegsbilder suggerierten, dass ein Krieg in einer bestimmten Weise verlaufen würde, wenn nicht bestimmte Maßnahmen vorher ergriffen würden.[188] Da in beinahe jeder Vorhersage von Gestalt und Verlauf des künftigen Krieges ein Anliegen stecke, gebe es kaum neutrale, distanzierte bzw. objektive militärische Zukunftsprognosen.[189] Nach Pech können Kriegsbilder je nach Intention und Adressatenkreis durchaus variieren, von fachlich-konzeptioneller Arbeit bis zur Ausrichtung auf Massenwirksamkeit.[190]

Ein weiterer Komplex von Forschungsthesen zur Charakterisierung von Kriegsbildern bezieht sich auf ihre Veränderung. Dass ein Kriegsbild »einem ständigen Wandel [...] unterworfen«[191] sei, findet nicht nur im Rahmen der Definition des Kriegsbildes in der Brockhaus-Enzyklopädie von 1997

---

[184] Walter, Zwischen Dschungelkrieg und Atombombe, S. 18 f. Zu einer ähnlichen Feststellung gelangte auch Dieter Storz bei seiner Arbeit über Kriegsbilder vor dem Ersten Weltkrieg. Diese hätten auf den innenpolitischen Status von Streitkräften stabilisierend gewirkt. Storz, Die Auswirkungen, S. 99.
[185] Walter, Zwischen Dschungelkrieg und Atombombe, S. 18.
[186] Ebd., S. 17.
[187] Ebd., S. 16.
[188] Ebd., S. 16.
[189] Ebd., S. 16.
[190] Pech, Das Kriegsbild in der BRD, S. 19.
[191] Brockhaus. Die Enzyklopädie, Bd 12, S. 525.

Erwähnung, sondern wurde auch von anderer Seite vielfach bestätigt.[192] Für Niemeyer war ein Kriegsbild daher »keine statische, sondern eine dynamisch fließende Figur«.[193] Vor allem politische, sozioökonomische und technische Entwicklungen würden den Wandel von Kriegsbildern maßgeblich beeinflussen. Doch ist die Transformierung neuer Rahmenbedingungen in ein adäquates Kriegsbild aus Niemeyers Sicht nicht immer einfach und seinerzeit die neue Rolle der Atombombe im Kriegsbild nicht sofort erkannt worden.[194] Nach Christian Müller verlangt die Entwicklung eines Kriegsbildes einen hohen Grad an Abstraktionsfähigkeit. Trotz ständiger Weiterentwicklung von Militärwesen und Gesellschaft würden Kriegsbilder dabei nur schrittweise durch neue ersetzt werden.[195] Wie sich der Wandel in den Kriegsbildern der Bundeswehrführung vollzog, ist eine zetrale Fragestellung der vorliegenden Arbeit. Besonders interessant dürfte dabei der Aspekt sein, wie schnell Kriegsbilder an veränderte Rahmenbedingungen angepasst wurden.

4. Möglichkeiten und Grenzen der Erfassbarkeit von Kriegsbildern

Nach dem Überblick über allgemeine Charakteristika von Kriegsbildern sollen im Folgenden insbesondere noch einmal diejenigen Eigentümlichkeiten beleuchtet werden, die Aufschluss über die Erfassbarkeit von Kriegsbildern geben. Dabei sollen zudem Erkenntnisse aus der Bildforschung Berücksichtigung finden. Es gilt, Problemfelder herauszuarbeiten, um schließlich Klarheit über die Grenzen des Aussagewerts von Kriegsbildern zu gewinnen.

Als das zentrale Problemfeld beim Kriegsbild ist zunächst dessen Individualität herauszustellen. Wird das Kriegsbild nämlich im Sinne einer Grundvorstellung verstanden, kann es sich dabei genau genommen immer nur um das gedankliche Bild einer einzelnen Person handeln. An dieser Stelle ist – gerade auch in Rückbesinnung auf die Herkunft des Wortes »Kriegsbild« – ein kleiner Exkurs in das Feld der Bildwissenschaften geboten. Dort wird üblicherweise zwischen Bildern im engeren und im erweiterten Sinne unterschieden.[196] Unter Bildern im engeren Sinne sind »materielle externe Repräsentationen«,

---

[192] Niemeyer, Das österreichische Militärwesen, S. 7; Reinhardt, Gedanken zu einem modernen Kriegsbild, S. 648; Schramm, Vom zeitgerechten Kriegsbild, S. 651; Walitschek, Probleme des modernen Kriegsbildes, S. 203; Middeldorf, Führung und Gefecht, S. 13.
[193] Niemeyer, Das österreichische Militärwesen, S. 7; Vgl. Niemeyer, Elemente des modernen Kriegsbildes, S. 73; Reinhardt, Gedanken zu einem modernen Kriegsbild, S. 645.
[194] Niemeyer, Elemente des modernen Kriegsbildes, S. 77.
[195] Müller, Anmerkungen zur Entwicklung, S. 386.
[196] Sachs-Hombach, Bild, mentales Bild und Selbstbild, S. 117–122; Mitchell, Was ist ein Bild?, S. 20; Gerndt, Überlegungen, S. 433; Bruhn, Das Bild, S. 12–16. Matthias Bruhn betont, dass sich ein Bild nicht in einer eindeutigen, abstrakten und wissenschaftlich verbindlichen Weise definieren lässt. Bruhn, Das Bild, S. 16; Bild und Eigensinn, S. 14.

II. Das Kriegsbild – eine Begriffsbestimmung

also manifeste Abbildungen wie in der Malerei oder Fotografie zu verstehen.[197] Das Phänomen Kriegsbild fällt unter ein erweitertes Bildverständnis. Es ist ein »inneres Bild«,[198] »mentales Bild«[199] oder auch »geistiges Bild«.[200] Während die Visualität beim »äußeren Bild« auf einen Gegenstand eingegrenzt ist, ist sie beim »geistigen Bild« visional bzw. imaginativ erweitert.[201] Zum Bereich des Imaginativen gehören nach Matthias Bruhn auch Erinnerungs- und Gedächtnisbilder, Träume oder Halluzinationen.[202] W.J. Thomas Mitchell, der fünf Typen von Bildern (grafische, optische, perzeptuelle, geistige und sprachliche) unterschied, ordnete dem Bereich der »geistigen Bilder« Träume, Erinnerungen, Ideen und Vorstellungsbilder bzw. Phantasmata zu.[203] In der historischen Kulturwissenschaft wird bei »inneren Bildern« nach Helge Gerndt zwischen »Wahrnehmungsbildern« bzw. »Anschauungsbildern«, die durch aktuelles Hinschauen entstehen, gespeicherten »Erinnerungsbildern« der Vergangenheit und »intendierten Vorstellungsbildern«, die durch Imaginationen entstehen, unterschieden.[204] Da Kriegsbilder durch Imagination eines zukünftig möglichen Krieges entstehen, könnten sie den »intendierten Vorstellungsbildern« zugeordnet werden. Wichtiger jedoch als ihre begriffliche Zuordnung ist die Feststellung, dass Kriegsbilder als Vorstellungen im Bewusstsein und Denken des einzelnen Menschen eine individuelle Ausprägung erfahren.[205] Dabei variieren die »inneren Bilder« von einer Person zur anderen.[206] Die individuellen Vorstellungen mehrerer Personen (zum Beispiel in der Organisation Bundeswehr) vom gleichen Objekt (beispielsweise einem zukünftigen Krieg) können ganz unterschiedlich ausfallen.[207] Dass das Kriegsbild von der Geisteshaltung, der Phantasie, den Erfahrungen und der Betrachtungsweise des Individuums abhängig ist, stellte Baudissin bereits 1962 in seinem bedeutsamen Vortrag einleitend fest.[208] Andere Theoretiker des Kriegsbildes unterstrichen später diese Problematik noch einmal.[209] Ebenso personenabhängig wie ein Kriegsbild sind aber auch das eng damit verbundene Weltbild, das Feindbild und das Selbstbild.[210] Für die Untersuchung von Kriegsbildern in der Bundeswehr bedeutet dies, dass genau genommen nur

---

[197] Sachs-Hombach, Bild, mentales Bild und Selbstbild, S. 117 f.; Bruhn, Das Bild, S. 12–16.
[198] Gerndt, Überlegungen, S. 433.
[199] Bruhn, Das Bild, S. 15; Sachs-Hombach, Bild, mentales Bild und Selbstbild, S. 119.
[200] Mitchell, Was ist ein Bild?, S. 20.
[201] Gerndt, Überlegungen, S. 430.
[202] Bruhn, Das Bild, S. 12–16.
[203] Mitchell, Was ist ein Bild?, S. 20.
[204] Gerndt, Überlegungen, S. 434.
[205] Ebd., S. 433.
[206] Mitchell, Was ist ein Bild?, S. 23.
[207] Bisanz, Die Überwindung des Ikonischen, S. 9 f. Wie »externe Bilder« können auch »innere Bilder« als »kulturelle Kodierungen« gesehen werden.
[208] Baudissin, Das Kriegsbild (1962), S. 1.
[209] Reinhardt, Gedanken zu einem modernen Kriegsbild, S. 644; Walitschek, Probleme des modernen Kriegsbildes, S. 200; Pech, Das Kriegsbild in der BRD, S. 12 f.; Ilsemann, Probleme der modernen Streitkräfte, S. 19; Deist, Die Reichswehr, S. 89.
[210] Wenn Pech als ideologischer Gegner der BRD im Kriegsbild in der Bundeswehr ein Mittel sah, um auf aggressive Weise Schritte zur Vernichtung des Sozialismus aufzuzeigen, ist dies hierfür bezeichnend. Pech, Das Kriegsbild in der BRD, S. 21. Eine eingehende Beleuchtung

individuelle Sichtweisen erfasst werden können. Die Organisation Bundeswehr als Abstraktum hat keine Vorstellung, sondern nur die einzelnen Angehörige dieser Organisation.

Nach dieser Erkenntnis stellt sich die Frage nach der Repräsentativität von Kriegsvorstellungen in der Bundeswehrführung. Entsprechend dem streng hierarchischen Aufbau der Bundeswehr bzw. der Logik ihres sogenannten Dienstweges folgend, ist von einer Bündelung der Vorstellungen dieser Organisation in deren Führungsspitze auszugehen – trotz der Trennung zwischen dem Führungsstab der Bundeswehr bzw. der Streitkräfte und den Führungsstäben der Teilstreitkräfte –, die hier erstmals umfassend problematisiert wird. Insofern ist bei der Untersuchung eine Fokusierung auf die Militäreliten sinnvoll, da sie die Kriegsleitbilder formulierten und nur diese durch Aktenbestände ausreichend erfasst sind. Dennoch muss darauf hingewiesen werden, dass es sich um individuelle, wenngleich um offizielle und organisationsgemäß dominante Vorstellungen handelt. Eine solche Einschränkung bezüglich des Aussagewerts wurde auch bei früheren Arbeiten zu Kriegsbildern bereits deutlich, als beispielsweise Christian Müller vom »Wandel des herrschenden Kriegsbildes«,[211] Jost Dülffer von »dominanten Erwartungen«[212] und Dierk Walter von »dominierende[n] Vorstellungen vom möglichen Dritten Weltkrieg«[213] sprachen. Doch auch bei der Bewertung von dominierenden Einzelvorstellungen ist Vorsicht geboten. »Innere Bilder« sind nach den Erkenntnissen der Kognitionswissenschaft mit dem Problem behaftet, nicht so wiedergegeben werden zu können, dass sie von einer anderen Person in der gleichen Weise wahrgenommen werden.[214] Selbst wenn also ein Kriegsbild im besten Fall als einheitliche, offizielle Vorstellung auf dem Dienstweg innerhalb der Bundeswehr vermittelt würde, bliebe es in der Rezeption bei den einzelnen Adressaten jeweils zu einem gewissen Grade noch individuell geprägt. Von einem Kriegsbild in der Bundeswehrführung auf ein »Kriegsbild der Bundeswehr« gewissermaßen als Kollektivvorstellung für die gesamte Bundeswehr schließen zu wollen, ginge am Forschungsstand der Kognitions- und Bildwissenschaften vorbei.

Ein weiteres Problemfeld liegt in der Unschärfe und Unüberprüfbarkeit von Kriegsbildern. Auch in diesem Punkt lassen sich bild- und geschichtswissenschaftliche Erkenntnisse in Übereinstimmung bringen. In der Bildwissenschaft sieht Mitchell »geistige Bilder« mit dem Problem behaftet, dass sie nicht exakt erfassbar, vorzeigbar und damit für andere überprüfbar sind.[215] Dadurch sind sie von einer gewissen Blässe gekennzeichnet.[216] Zur gleichen Einschätzung ist in der geschichtswissenschaftlichen Untersuchung zu Kriegsbildern vor dem Ersten

---

des Feindbildes sollte der Stereotypforschung vorbehalten bleiben. Siehe Bruhn, Das Bild, S. 140.
[211] Müller, Anmerkungen zur Entwicklung, S. 389.
[212] Dülffer, Kriegserwartung und Kriegsbild, S. 110.
[213] Walter, Zwischen Dschungelkrieg und Atombombe, S. 8.
[214] Mitchell, Was ist ein Bild?, S. 23.
[215] Ebd., S. 27 und 33.
[216] Ebd., S. 33.

II. Das Kriegsbild – eine Begriffsbestimmung

Weltkrieg Dülffer gelangt. Er stellte fest, dass ein Kriegsbild »in vielen Fällen nur in einer metaphorischen Weise umrissen werden«[217] kann. Diese Unklarheit der Kriegsvorstellungen liegt sicherlich zum großen Teil darin begründet, dass die Ausmalung von Details vom Wesen eines zukünftig möglichen Krieges das menschliche Vorstellungsvermögen übersteigt. Auch wenn die Notwendigkeit militärischer Planung zur Entwicklung einer Grundvorstellung zwingen mag, bleibt eine exakte Vorhersage unmöglich.[218] Im Untersuchungszeitraum der vorliegenden Studie ließ gerade die rasante Wandlung der Technik nach Einschätzung Baudissins keine Analogieschlüsse für Prognosen mehr zu.[219] Dies gilt besonders vor dem Hintergrund eines drohenden Atomkriegs.[220] Mit dieser Feststellung ergibt sich ein interessantes Spannungsverhältnis zur oben angeführten These von der plakativen Aussagekraft von Kriegsbildern. Es wird zu untersuchen sein, ob und wie sich diese Diskrepanz in der Bundeswehrführung darstellte. Ein Kriegsbild ist dem Wesen nach jedoch immer nur eine Spekulation. Es bleibt damit inhaltlich vage. Eine gewisse Unschärfe liegt in der Natur geistiger Bilder. Daher dürfen keine erschöpfenden Aussagen zu dem, was als ein Kriegsbild definiert worden ist, erwartet werden. Da es im Verlauf des Ost-West-Konflikts in Europa zu keiner großen militärischen Auseinandersetzung der Machtblöcke unter Beteiligung der Bundeswehr gekommen ist, können Aussagen zum Realitätssinn von Kriegsbildern – im Gegensatz zu Untersuchungen zu Kriegsbildern vor dem Ersten Weltkrieg, bei denen ein Abgleich mit Kriegsrealitäten möglich ist – schwerlich verifiziert oder falsifiziert werden.

Neben den Umstand der naturgemäßen inhaltlichen Unschärfe eines Kriegsbildes tritt das Problem, dass ein »geistiges Bild« mittels Sprache kaum adäquat wiedergegeben werden kann. Die Visualisierung einer reinen Vorstellung für andere erfordert jedoch als Medium die Sprache bzw. Schrift.[221] Sprachliche Darstellungen »geistiger Bilder« werden in den Bildwissenschaften ebenfalls als Bilder im weiteren Sinne verstanden und als »Sprachbilder« bezeichnet.[222] Nur als Sprachbilder werden Vorstellungen in Quellen erfassbar. Es ist zu betonen, dass von einer an sich recht nebulösen Kriegsvorstellung nur derjenige Teil erfasst werden kann, der sich in einer Quelle schriftlich niedergeschlagen hat. Emotionen und Wünsche, die nach Bernd Jürgen Wendt und Dierk Walter

---

[217] Dülffer, Kriegserwartung und Kriegsbild, S. 112.
[218] Walter, Zwischen Dschungelkrieg und Atombombe, S. 19; Müller, Anmerkungen zur Entwicklung, S. 439; Sicherheitspolitische Zukunftsanalyse, S. 66; Flor, Konventionelle Rüstungsentwicklung, S. 7; Dinter, Gedanken eines Offiziers, S. 86; Canstein, Gedanken zum modernen Kriegsbild, S. 522; Reinhardt, Gedanken zu einem modernen Kriegsbild, S. 644 f.; Baudissin, Das Kriegsbild (1962), S. 1; Baudissin, Gedanken zum Kriegsbild (1964), S. 452 und 468; Middeldorf, Führung und Gefecht, S. 13 und 15. In der neuesten Kriegsbildforschung werden mit sogenannten Wildcards sogar Platzhalter für Ereignisse gesetzt, die normalerweise nicht vorhersehbar sind. Historische Trendanalyse, Bd 2, S. 49–57.
[219] Baudissin, Das Kriegsbild (1962), S. 7.
[220] Walter, Zwischen Dschungelkrieg und Atombombe, S. 19; Reinhardt, Gedanken zu einem modernen Kriegsbild, S. 646.
[221] Engell, Der gedachte Krieg, S. 39.
[222] Mitchell, Was ist ein Bild?, S. 30–41; Bildwissenschaft, S. 12 f.; vgl. auch Bildtheorien, S. 13.

im Kriegsbild des Individuums mitschwingen,[223] können in Sprachbildern nicht immer erfasst werden.

Insgesamt ist festzuhalten, dass Kriegsbilder in einen komplexen Prozess von Bildproduktion und -reproduktion eingebettet sind. Die Erfassbarkeit von Kriegsbildern wird durch ihre mentale Unschärfe erschwert und durch ihre Manifestation lediglich als »Sprachbilder« eingeschränkt. Ihr Aussagewert wird durch ihre Individualität begrenzt. Hält man sich zudem die Vielzahl der beeinflussenden Faktoren, ihre Instrumentalisierung, ihre Konkurrenz und ihre Veränderung vor Augen, tritt die Komplexität des Phänomens Kriegsbild noch einmal deutlicher zutage.

Wird akzeptiert, dass es sich bei Kriegsbildern nur um gedankliche Hilfskonstruktionen mit gewissen Einschränkungen bezüglich ihrer Erfassbarkeit und ihres Aussagewerts handelt, können sie doch in nicht unerheblichem Maße zum mentalitätsgeschichtlichen Erkenntnisfortschritt beitragen. Der Erkenntnisgewinn liegt darin, dass anhand von Kriegsbildern Perzeptionsverläufe, Denkprozesse und Interessenleitung in der Bundeswehrführung im Ost-West-Konflikt nachvollziehbar gemacht werden können. Laut Niemeyer ist ein Kriegsbild vor allem für größere Zeiträume oder gegensätzliche Auffassungen griffig und geschichtswissenschaftlich unproblematisch.[224] Die verschiedenen Thesen zu Kriegsbildern sollen im Weiteren überprüft und am Ende gegebenenfalls weiterentwickelt werden.

5. Die Problematik des Begriffs »Krieg«

Nachdem geklärt ist, was unter einem Kriegsbild verstanden wird und worin seine Eigentümlichkeiten liegen, ist nunmehr noch zu erörtern, welches Verständnis des Begriffs »Krieg« der Untersuchung zugrunde gelegt wird. Die gegenwärtige Spannbreite von dessen Definitionen ist jedoch mindestens ebenso groß wie diejenige für das Kriegsbild. Im Wörterbuch »Internationale Sicherheit« von 2008 führte Heinz Gärtner verschiedene Interpretationsmuster von »Krieg« auf: als politisches Instrument, als Akt der Gewalt, als staatlich organisierte Gewalt, als Einsatz von Waffengewalt zwischen zwei oder mehreren Kriegsparteien, als tödlichen gesellschaftlichen Kampf zwischen zwei oder mehr um ein Gemeinwesen, als Kampfhandlungen zentral gelenkter Organisationen von gewisser Dauer, als gewaltsamer Massenkonflikt oder als militärische Auseinandersetzung mit mindestens 1000 Gefallenen.[225] Eine Vielzahl von Typologien in der Kriegsforschung[226] und deren Spannungsverhältnis[227] wurde

---

[223] Wendt, »Totaler Krieg«, S. 394–397; Walter, Zwischen Dschungelkrieg und Atombombe, S. 16.
[224] Niemeyer, Das österreichische Militärwesen, S. 10.
[225] Gärtner, Internationale Sicherheit, S. 128–139.
[226] Chojnacki, Auf der Suche nach des Pudels Kern.
[227] Beyrau/Hochgeschwender/Langewiesche, Einführung, S. 12.

II. Das Kriegsbild – eine Begriffsbestimmung

in einem bereits 2007 erschienen Sammelband thematisiert. Da es keine klare und allgemein verbindliche Definition von Krieg gibt, liegt es nahe, die Arbeit am Begriffsverständnis der Bundeswehrführung im Untersuchungszeitraum auszurichten.

Dies ist jedoch insofern nicht ganz unproblematisch, als sich gerade im Zeitalter des Ost-West-Konflikts das bis dahin völkerrechtlich geprägte Kriegsverständnis in Auflösung befand. Den Ausgangspunkt der meisten Kriegsdefinitionen stellt die Clausewitzsche Grundannahme dar, dass Krieg die Fortsetzung der Politik mit anderen Mitteln sei. Zur Zeit von Clausewitz fiel die Kriegführung unter das Monopol des Staates. Dementsprechend ging er vor allem von einem zwischenstaatlichen Krieg aus.[228] Das Völkerrecht übernahm diese Vorstellungen und definierte den Krieg im Sinne einer legitimen Konfliktaustragung zwischen Staaten und ihren Streitkräften als einen institutionalisierten Rechtszustand in den internationalen Beziehungen. Zumindest in Europa bildete dies bis ins Zeitalter der Weltkriege hinein die Grundlage für ein weitläufiges Verständnis vom Krieg.[229] Nach dem Zweiten Weltkrieg löste sich dieses Verständnis jedoch zunehmend auf. Die Ursache dafür lag zum einen in einer Veränderung des Sprachgebrauchs. Nicht zuletzt die Atomkriegsbedrohung im Zeitalter des Ost-West-Konflikts bewirkte, dass sich bewaffnete Auseinandersetzungen häufig unter die Schwelle eines zwischenstaatlichen Krieges verlagerten.[230] Während das Wort »Krieg« als Rechtsbegriff nach dem Zweiten Weltkrieg deshalb nur noch selten verwandt und stattdessen von »Konflikten«, »Kampfeinsätzen« oder »Vergeltungsaktionen« gesprochen wurde, hielt der Kriegsbegriff zunehmend Einzug in die Umgangssprache. Als Beispiele dafür können bereits in den 1960er Jahren Wortschöpfungen wie »Handelskrieg« oder »Fischereikrieg« angeführt werden.[231] Doch auch jüngste Formulierungen wie der »war on terror« des ehemaligen US-Präsidenten George W. Bush nach dem 11. September 2001 zeugen von einer Erweiterung des Begriffsgebrauchs über die völkerrechtliche Definition hinaus. Einen passenden Beleg für die Auflösung des traditionellen Kriegsbegriffs liefert gegenwärtig die Bundeswehr selbst. Während sie derzeit in Afghanistan im völkerrechtlichen Sinne lediglich an einem »Stabilisierungseinsatz« zur Unterstützung des Staatsaufbaus beteiligt ist,[232] äußerte der ehemalige Verteidigungsminister Karl-Theodor zu Guttenberg 2010:

---

[228] In Europa dominierten seit dem 17. Jahrhundert Kriege zwischen Staaten und keine Bürgerkriege, es sei denn sie verbanden sich mit Staatenkriegen. Ebd., S. 11.

[229] Der Historiker und Archivar Wilhelm Janssen erörterte die Geschichte des Kriegsbegriffs und der Kriegstheorien in den »Geschichtlichen Grundbegriffen«. Janssen, Krieg; Chojnacki, Auf der Suche nach des Pudels Kern, S. 479–482.

[230] Moritz, Die Wandlung des völkerrechtlichen Kriegsbegriffs, S. 145 f. Im Zeitalter des Kalten Krieges sind weltweit etwa 150 heiße Kriege gezählt worden. In vielen davon waren Mitgliedsstaaten der NATO und des Warschauer Paktes in Form politischer Unterstützung, durch Militärhilfen oder als Konfliktpartei involviert. Walter, Zwischen Dschungelkrieg und Atombombe, S. 21; Gantzel/Schwinghammer, Die Kriege nach dem Zweiten Weltkrieg, S. 108 f.

[231] Moritz, Die Wandlung des völkerrechtlichen Kriegsbegriffs, S. 145; Spannocchi, Strategie und modernes Kriegsbild, S. 357.

[232] Klargestellt. Berlin: Staatssekretär erläutert.

»Ich selbst verstehe jeden Soldaten, der sagt: ›In Afghanistan ist Krieg, egal ob ich nun von ausländischen Streitkräften oder von Taliban-Terroristen angegriffen, verwundet oder getötet werde.‹«[233]

Befördert wurde die Auflösung des traditionellen Kriegsbegriffs zum anderen aber vor allem durch die politisch-ideologische Komponente des Ost-West-Konflikts, von der auch die Bundeswehrführung erfasst wurde. Sie sah sich mit dem sowjetischen Anspruch einer »proletarischen Weltrevolution« im Rahmen des vermeintlichen Klassenkampfes, der in allen Lebensbereichen ausgetragen werden sollte, konfrontiert.[234] Nach marxistisch-leninistischer Auffassung handelte es sich beim Krieg – ganz im Sinne der Interpretation von Clausewitz – um eine Fortsetzung der Klassenpolitik mit den Mitteln der Gewalt.[235] Walitschek, der sich 1964 nicht nur mit dem Kriegsbild, sondern auch mit der Wandlung des Kriegsbegriffs beschäftigte, stellte fest, dass die Definitionen von Krieg im Osten und Westen politisch, militärisch und rechtlich nicht mehr übereinstimmten.[236] Denn in der Bundesrepublik Deutschland wurde versucht, an der traditionellen, völkerrechtlichen Definition des Krieges als Staatenkrieg gegenüber dem Verständnis des Ostblocks als revolutionärer Bürgerkrieg festzuhalten.[237] Und doch war mit dem sogenannten Kalten Krieg die traditionelle Trennung zwischen Krieg und Frieden, die bis dahin durch eine formale Kriegserklärung markiert worden war, bereits durchbrochen worden. Im US-Dokument »NSC-68 United States Objectives and programs for National Security« vom 14. April 1950 hieß es daher: »Der Kalte Krieg ist tatsächlich ein realer Krieg.[238] Ein ähnliches Verständnis herrschte 1955, im Jahr der Aufstellung der Bundeswehr, auch in der Dienststelle Blank. Dort wurde die geistige Auseinandersetzung mit dem Ostblock als Kalter Krieg in ein erweitertes Kriegsverständnis gefasst.[239] Im »Handbuch Innere Führung« für die Bundeswehr von 1960 wurde diese Betrachtungsweise noch vertieft, indem der Kalte Krieg als »permanenter Bürgerkrieg«[240] interpretiert wurde, zu dem »das heiße Gefecht«[241] gewissermaßen hinzutreten würde.[242] Baudissin sprach deshalb 1964 auch nicht von einem »Friedenszustand«, sondern lediglich vom »Nichtkrieg«.[243] Auch er sah in der Ost-West-Konfrontation eine auf »geistig-politische[r] Ebene«[244] ausgetragene Auseinandersetzung. Günter Moritz, der sich – auch im

---

[233] Deutsche Soldaten im Krieg, S. 7; Am Hindukusch und anderswo; »Ich krieg mich nicht mehr unter Kontrolle«.
[234] Handbuch Innere Führung (1960), S. 35.
[235] Walitschek, Probleme des modernen Kriegsbildes, S. 198.
[236] Ebd., S. 194–200; Janssen, Krieg, S. 607–612.
[237] Janssen, Krieg, S. 607–612. Eine Untersuchung ergab allerdings, dass im Zeitraum von 1946 bis 2003 innerstaatliche Kriege (109) gegenüber zwischenstaatlichen (24) zahlenmäßig dominierten. Chojnacki, Auf der Suche nach des Pudels Kern, S. 495.
[238] Zit. nach Gärtner, Internationale Sicherheit, S. 133.
[239] Vom künftigen deutschen Soldaten, S. 55.
[240] Handbuch Innere Führung (1960), S. 34; Baudissin, Gedanken zum Kriegsbild (1964), S. 455; Walter, Zwischen Dschungelkrieg und Atombombe, S. 18; Engell, Der gedachte Krieg, S. 12 f.
[241] Handbuch Innere Führung (1960), S. 42.
[242] Ebd., S. 37–42.
[243] Baudissin, Gedanken zum Kriegsbild (1964), S. 470.
[244] Ebd., S. 470.

II. Das Kriegsbild – eine Begriffsbestimmung 65

Rahmen der Rechtsabteilung VR II 3 im Führungsstab der Bundeswehr[245] – mit der Wandlung des völkerrechtlichen Kriegsbegriffs und dem Kriegsbild auseinandersetzte, stellte 1966 schließlich fest, dass sich der Begriff »Krieg« einer präzisen Definition entziehe[246] und das moderne Kriegsbild auf die klassische völkerrechtliche Unterscheidung von Frieden und Krieg verzichte.[247] Für die vorliegende Arbeit bedeutet dies, dass beim zugrunde gelegten Kriegsverständnis die traditionelle völkerrechtliche Unterscheidung zu kurz greifen würde.

Und doch drehten sich die Kriegsvorstellungen der Bundeswehrführung im Untersuchungszeitraum um eine militärische Auseinandersetzung von Streitkräften des Warschauer Paktes und der NATO auf dem Gebiet der Bundesrepublik Deutschland, also um das »Heiße Gefecht«[248] im Sinne eines Staatenkriegs.[249] Zur Erschließung der spezifisch militärischen Sichtweise kann ein Aufsatz von General Speidel aus dem Jahr 1953 dienen. Er differenzierte grundsätzlich zwischen zwei Formen eines ideologischen Machtkampfes, wie ihn der Kalte Krieg darstellte: Erstens die Anwendung offener oder verdeckter militärischer Gewalt und zweitens die Nichtanwendung organisierter Gewalt bei gleichzeitiger Fortsetzung der politischen Feindseligkeiten. Bei der ersten Form würden militärische Mittel bzw. Streitkräfte vorherrschen, bei der zweiten ginge es um psychologische Wirkungen auf die seelisch-geistige Widerstandskraft von politischen Systemen.[250] Auf die erste Form, die Anwendung militärischer Gewalt, konzentrierten sich naheliegender Weise die Vorstellungen und Planungen der Bundeswehrführung. In einer Studie des Generalinspekteurs der Bundeswehr mit dem Thema »Das Kriegsbild« von 1962 hieß es: »Das Kriegsbild ist die Vorstellung vom kuenftigen Kriege [...] Diese Ausarbeitung behandelt nur den ›Heissen Krieg‹.«[251] Dieses Denken im Sinne offener militärischer Auseinandersetzungen spielte sich in der Regel in den bereits angesprochenen Kategorien des schlimmsten Falls ab und bedeutete im Grunde nichts anderes als die Annahme des Verteidigungsfalls für die Bundesrepublik Deutschland. Dabei handelt es sich nach Artikel 115a Grundgesetz (GG) um die »Feststellung, dass das Bundesgebiet mit Waffengewalt angegriffen wird oder ein solcher Angriff unmittelbar droht«.[252] Er ist für beendet zu erklären, wenn kein Angriff mehr auf

---

[245] BArch, BW 1/318109, VR II 3, Az. 39-61-00, Anmerkungen von VR II 3 an Fü B III 4 betreffend »Definition des Begriffs ›Kriegsbild‹«, 7.7.1964, S. 2.
[246] Moritz, Die Wandlung des völkerrechtlichen Kriegsbegriffs, S. 146.
[247] Unter dem »klassischen Krieg« versteht Moritz die bewaffnete Auseinandersetzung zwischen Staaten mit Kriegserklärung. Moritz, Die Wandlung des völkerrechtlichen Kriegsbegriffs, S. 149 f.
[248] Handbuch Innere Führung (1960), S. 42.
[249] Siehe dazu HDv 100/1, Ziffer 8, S. 11. Vgl. beispielsweise die Sicht Heusingers, der drei »Möglichkeiten eines künftigen Krieges« unterschied: einen »lokalen Konflikt«, einen großen »Krieg ohne Atom« und einen großen »Krieg mit Atom«. BArch, BW 2/982, Handakte Heusinger, Vortrag vor Innenministern der Länder, 21.2.1957, S. 13.
[250] Speidel, Geistige »Kriegführung«, S. 77–80.
[251] BArch, BW 2/5783, Anl. 1 zu BMVtdg, Fue B III 4, Tgb.Nr. 457/62, Studie »Das Kriegsbild«, Bonn, 1.9.1962, S. 1.
[252] Grundgesetz für die Bundesrepublik Deutschland, Artikel 115a-l (Verteidigungsfall). Die Feststellung des Verteidigungsfalles obliegt im Normalfall, d.h. bei gegebener Handlungs-

die Bundesrepublik stattfindet und ein solcher Angriff auch nicht mehr unmittelbar bevorsteht.[253] Genau dieses Verständnis vom Krieg, das dem Staatenkrieg zwar nahekommt, aber doch über die rein völkerrechtlich gefasste Definition hinausgeht, soll der weiteren Untersuchung zugrunde gelegt werden.

---

fähigkeit des Bundestages, dem Bundestag. Bei Handlungsunfähigkeit des Bundestages (angenommener Ausnahmefall) wird der Verteidigungsfall vom »Gemeinsamen Ausschuss« als Notparlament der Bundesrepublik festgestellt. Der Bundesrat muss der Feststellung zustimmen. Der entsprechende Antrag muss von der Bundesregierung gestellt werden. Ist der Verteidigungsfall formal festgestellt, so wird diese Feststellung, dass sich Deutschland mit einem Angreifer im Kriegszustand befindet, vom Bundespräsidenten im Bundesgesetzblatt oder über die Medien verkündet. Im Verteidigungsfall geht die Befehls- und Kommandogewalt über die Bundeswehr vom Bundesminister der Verteidigung auf den Bundeskanzler über.

[253] Ebd. Siehe auch Hesselberger, Das Grundgesetz. Kommentar, S. 314–326.

III. Die gedanklichen Grundlagen: Entwicklung von Kriegsbildern in den deutschen Militäreliten 1871 bis 1945

Im vorangegangenen Kapitel ist das sehr komplexe Phänomen Kriegsbild für eine wissenschaftliche Untersuchung handhabbar gemacht worden. Nun soll es unter einem ganz bestimmten erkenntnisleitenden Fokus in seiner Entwicklung auf der Zeitachse betrachtet werden. Das Erkenntnisinteresse ist durch die in der Einleitung formulierten Leitfragen vorgegeben und wird insbesondere auf die führenden Köpfe der deutschen, später der westdeutschen Streitkräfte gerichtet. Natürlich kann die Entwicklung von Kriegsvorstellungen in der Bundeswehr erst mit deren Gründung im Jahr 1955 beleuchtet werden. Da die führenden Köpfe dieser Organisation, deren erste Generäle und militärische Verantwortliche, zu diesem Zeitpunkt aber eine bestimmte Vorgeschichte und militärische Prägung hatten, muss die Betrachtung von Kriegsvorstellungen früher einsetzen. Angesichts der Tatsache, dass Adolf Heusinger und Hans Speidel als militärische Führungselite in der Aufbauphase der Bundeswehr bereits seit dem Ersten Weltkrieg militärisch sozialisiert worden sind, ist eine Rückschau auf geistige Grundlagen ihrer Vorstellungswelt zumindest bis 1914 erforderlich. Da die Wurzeln der in der deutschen Militärführung dominierenden Denkschulen und vor allem eine spezifische Tradition operativen Denkens bis zum preußischen Generalfeldmarschall Helmuth von Moltke d.Ä. zurückreichen, setzten die Ausführungen bereits im Jahr 1871 mit der Gründung des Deutschen Kaiserreiches sowie einer nationalen, preußisch dominierten Militärführung ein. Es soll an dieser Stelle jedoch nicht der Anspruch erhoben werden, die Entwicklung von Kriegsbildern in den deutschen Militärführungen von 1871 bis 1945 in allen Details darzustellen. Vielmehr geht es im folgenden Kapitel darum, in groben Linien die Entwicklung von Denkmustern für die Bereiche Heer, Marine und – mit einiger zeitlicher Verzögerung – Luftwaffe nachzuzeichnen, um auf diese Weise Kontinuitäten und Brüche für die Vorstellungen in den späteren Teilstreitkräften der Bundeswehr erkennen und vergleichend bewerten zu können.

1. Operativ geprägte Idealvorstellungen: Kriegsbilder vor dem Ersten Weltkrieg

Mit der Gründung des Deutschen Reiches 1871 war in Europa eine neue Großmacht entstanden, die aufgrund ihrer geografischen Mittellage und Vorgeschichte über starke Landstreitkräfte und zunächst eher unbedeutende Seestreitkräfte verfügte. Seit dem Sieg der deutschen Kontingentheere über die französische Armee erlangte das Militär im Kaiserreich, insbesondere das preußisch-deutsche Offizierkorps, eine herausragende gesellschaftliche Stellung. Es entwickelte einen besonderen Ehrenkodex und definierte sich über Opferbereitschaft, Willenskraft, Tatendrang sowie hohes professionelles Können. Zugleich repräsentierte es den Machtanspruch des neuen Reiches. Unter dem Eindruck der lange erhofften und letztlich auf militärischem Wege herbeigeführten Reichsgründung war die überwiegende Mehrheit der Zivilgesellschaft bereit, das Selbstverständnis und die privilegierte Stellung des Militärs, insbesondere des Generalstabs, im Reichsgefüge zu akzeptieren. Vom Vertrauen in das Militär profitierte zunächst in erster Linie die Generalität des kaiserlichen Kontingentsheeres, später in zweiter Linie aber auch die Admiralität der neuen Kaiserlichen Marine. Nicht zuletzt wurde den militärischen Führungspersönlichkeiten aufgrund ihrer Expertise die Kompetenz zur Entwicklung von Kriegsbildern zugestanden, von denen im Ernstfall das Schicksal der Nation abhängen sollte.

Zunächst soll das Augenmerk auf das Heer gerichtet werden. Hier stellte der preußisch-deutsche Generalstab das geistige Zentrum und die beherrschende Kraft dar. Eine seiner Hauptaufgaben bestand darin, bereits in Friedenszeiten umfassende Kriegspläne und daraus resultierend Aufmarschpläne für mögliche zukünftige militärische Auseinandersetzungen des Reiches zu entwickeln. Da Kriegsbilder – wie das vorausgegangene Kapitel gezeigt hat – in den Köpfen von Individuen zu verorten sind, ist es naheliegend, sich in erster Linie mit den Auffassungen der Generalstabschefs auseinanderzusetzen, zumal sie aus ihrer Spitzenstellung heraus Kriegsleitbilder vorgaben, welche die Denkmuster der deutschen Heeresleitungen, ja Militärführungen insgesamt, nachhaltig prägen sollten.[1] Allerdings wurde ein Krieg der Zukunft trotz aller militärischer Expertise immer unkalkulierbarer, wie das im Deutsch-Französischen Krieg von 1870/71 aufgetretene Volkskriegsphänomen bereits gezeigt hatte. Denn seit der Französischen Revolution wurde der Krieg in Europa zunehmend als nationales Anliegen verstanden und hatte sowohl mit dem Volkskrieg von Massenarmeen als auch mit dem Kleinkrieg neue Dimensionen und Erscheinungsformen angenommen. Zum aufkeimenden, bisweilen unberechenbaren Nationalismus kam im ausgehenden 19. Jahrhundert die fortschreitende Technisierung der Streitkräfte im Zuge der Industriellen Revolution. Ergänzt wurde die Entwicklung durch ein allseitiges Wettrüsten der imperialistischen Großmächte und neue außen-

---

[1] Förster, Der Krieg der Willensmenschen, S. 23–25; Groß, Mythos und Wirklichkeit, S. 46 f.; Megargee, Hitler und die Generäle, S. 2; Hürter, Hitlers Generäle, S. 262.

III. Die gedanklichen Grundlagen

politische Konstellationen, die bis zum Ersten Weltkrieg zu einer weitgehenden Isolierung des Deutschen Reiches führen sollten.[2] Welche Kriegsvorstellungen entwickelte unter diesen Rahmenbedingungen die deutsche Heeresführung?

Helmuth Graf von Moltke (der Ältere, d.Ä.)[3] war der Chef des preußischen Großen Generalstabs von 1857 bis 1888. In seinem Verantwortungsbereich wurden die erfolgreichen Kriegspläne gegen Dänemark 1864, gegen Österreich 1866 und gegen Frankreich 1870/71 ausgearbeitet. Dass sein Name nicht nur in der militärgeschichtlichen Forschungsliteratur zur Kaiserzeit, sondern auch zur Reichswehr, Wehrmacht und sogar zur Bundeswehr erwähnt wird,[4] macht seinen Einfluss auf die Denkmuster nachfolgender deutscher Militärführungen deutlich. Einen geradezu legendären Ruf hatte er sich dadurch erworben, dass er in den Reichseinigungskriegen ein System schneller Feldzüge des Heeres zur Niederwerfung des Gegners als Idealbild preußischer Kriegführung etabliert hatte. Doch sollte sein Kriegsbild nach 1871 von zwei grundsätzlichen Befürchtungen geprägt werden: dem Volkskrieg und dem Zweifrontenkrieg. Nach dem deutschen Sieg bei Sedan Anfang September 1871 war das operative Konzept Moltkes mit der französischen »guerre à outrance«, d.h. dem Volkskrieg, in einer zweiten Phase des Deutsch-Französischen Krieges infrage gestellt worden.[5] Solange die kriegführenden Parteien noch über die Ressourcen verfügten, um durch eine »levée en masse« neue Streitkräfte aufzustellen, bestand die Gefahr, dass Schlachten, die eigentlich einen Entscheidungscharakter hätten haben können, zu gewöhnlichen Schlachtenerfolgen ohne unmittelbare strategische Auswirkungen würden.[6] Mit dieser Einsicht war für Moltke das Zeitalter der Kabinettskriege beendet.[7] Hinzu kam die ungünstige geostrategische Lage des Deutschen Reiches in der Mitte Europas. Sie barg in sich die permanente Gefahr, auf der einen Seite mit dem auf Revanche bedachten Frankreich und auf der anderen Seite in einen Krieg mit Russland verwickelt zu werden. Ein solcher Krieg bedeutete zugleich eine Auseinandersetzung mit einer insgesamt personell wie materiell überlegenen Feindkoalition. Der Ausgang einer derartigen Auseinandersetzung war für Moltke jedoch ungewiss.[8]

Aus dieser geostrategischen Not machte Moltke, seinem Berufsethos verpflichtet, eine operative Tugend und griff dabei auf bewährte Konzepte zurück. Wenn überhaupt, so würde nur eine schnell erzwungene Entscheidungsschlacht mit

---

[2] Niemeyer, Elemente des modernen Kriegsbildes, S. 73–76; Förster, Der Krieg der Willensmenschen, S. 23.
[3] Helmuth Karl Bernhard von Moltke d.Ä. (1800–1891) trat 1811 in die dänische Armee ein, wechselte 1822 in die preußische Armee, war ab 1833 im Großen Generalstab und ab 29.10.1857 als dessen Chef eingesetzt. Seit 1867 war er zudem als Abgeordneter der Konservativen Partei im Norddeutschen bzw. Deutschen Reichstag.
[4] Bald, Zum Kriegsbild, S. 146 f.; Pöhlmann, Großer Krieg und nächster Krieg, S. 288 f.; Strohn, The German Army and the Defence, S. 25; Megargee, Hitler und die Generäle, S. 14 f. Groß bezeichnete ihn neben dem später ebenfalls noch zu berücksichtigenden Schlieffen als Protagonisten für die Entwicklung operativen Denkens. Groß, Mythos und Wirklichkeit, S. 6.
[5] Förster, Der deutsche Generalstab, S. 68 f.; Groß, Mythos und Wirklichkeit, S. 50–53.
[6] Groß, Mythos und Wirklichkeit, S. 52.
[7] Förster, Der deutsche Generalstab, S. 69 f. Vgl. Groß, Mythos und Wirklichkeit, S. 53.
[8] Groß, Mythos und Wirklichkeit, S. 21 und 25.

einer Vernichtung der feindlichen Streitkräfte die ungünstige strategische Lage Deutschlands ausgleichen und Spielraum für diplomatische Lösungen eröffnen. Vor allem ging es dabei auch darum, durch Schnelligkeit der Operationsführung den Krieg einzuhegen und so möglichst die Eskalation zu einem Volkskrieg zu verhindern.[9] In Moltkes auf die operative Ebene konzentriertem Kriegsbild nahm die Schlachtentscheidung mit der Vernichtung der feindlichen Streitkräfte eine zentrale Rolle ein.[10] Moltke trat deshalb für eine schnelle, bewegliche und offensive Operationsführung unter Ausnutzung neuer Technik wie Eisenbahn und Telegrafie ein, die sowohl in der strategischen Offensive als auch – wegen der damals gerade gesteigerten Waffenwirkung – in der strategischen Defensive zu praktizieren wäre.[11] In diesem Sinne beschäftigte er sich in seinen Aufmarschplänen mit verschiedenen Varianten der Kriegführung Richtung Osten und Westen hin, mit Schwerpunkt aber eher nach Osten.[12] Von einer schnellen Kriegsentscheidung ging er allerdings nicht zwingend aus und bezweifelte – im Gegensatz zu seinem späteren Nachfolger Alfred Graf von Schlieffen – die Planbarkeit des Kriegsverlaufs nach dem ersten Zusammentreffen mit der feindlichen Hauptmacht. Als auf die operative Ebene konzentrierter Praktiker entwickelte Moltke kein theoretisches Denkmodell vom Kriege, ebenso wenig ein klares Kriegsbild. Vielmehr betonte er die Unwägbarkeit eines zukünftigen Krieges.[13] Aufgrund der Fortschritte in der Waffentechnologie, beim Ausbau des Eisenbahnwesens, bei der zunehmenden Fortifizierung und aufgrund der Einführung der allgemeinen Wehrpflicht bei den potenziellen Gegnern sowie des gesteigerten Nationalismus bezweifelte Moltke, dass sein operatives Konzept der Vernichtungsschlacht aufgehen würde.[14]

Seine Präventivkriegsforderungen der Jahre 1875 und 1887/88 gegen jeweils einen der beiden Gegner, die von der Reichsleitung abgelehnt wurden,[15] dokumentieren das wachsende Unbehagen Moltkes über diese Entwicklungen. Am Ende überwogen wieder seine alten Befürchtungen. Nach der Verabschiedung in den Ruhestand konfrontierte er die Abgeordneten des Reichstags in seiner letzten Rede am 14. Mai 1890 daher mit dem düsteren Szenario eines Volkskrieges, dessen Ende nicht absehbar wäre und der auch nicht in zwei Feldzügen gewonnen werden könne. Getreu seinem Motto »Erst wägen, dann wagen«, warnte Moltke angesichts der mittlerweile eingetretenen Rahmenbedingungen vor der

---

[9] Müller, Anmerkungen zur Entwicklung, S. 410; Strohn, The German Army and the Defence, S. 23–25.
[10] Groß, Mythos und Wirklichkeit, S. 33 und 70 f. Vernichtung der feindlichen Streitkräfte bedeutete damals weniger deren physische Beseitigung, als vielmehr sie als politischen Machtfaktor handlungsunfähig zu machen.
[11] Groß, Mythos und Wirklichkeit, S. 37–44 und 57 f.
[12] Ebd., S. 56 f. und 85.
[13] Ebd., S. 31 und 71.
[14] Förster, Der deutsche Generalstab, S. 73.
[15] Groß, Mythos und Wirklichkeit, S. 53–55. Zwar trennte Moltke zwischen Politik und Krieg und sprach sich für den Vorrang der Operationsführung im Krieg aus, doch hat er den Primat der Politik in der Person des preußischen Königs und Deutschen Kaisers immer akzeptiert. Siehe dazu Groß, Mythos und Wirklichkeit, S. 44 f.

III. Die gedanklichen Grundlagen

Entfesselung eines nicht mehr verantwortbaren langen Krieges.[16] Insgesamt aber lag die wesentliche Bedeutung Moltkes für die Entwicklung von Kriegsbildern darin, dass er in der deutschen Heeresführung eine Denkweise etablierte, die sich bei der Beschäftigung mit einem zukünftigen Krieg auf eine schnelle, bewegliche und offensive Operationsführung sowie den Gedanken der Vernichtungsschlacht konzentrierte. Im Rahmen von Generalstabsreisen, Übungen und Kriegsspielen, die fortan in den deutschen Streitkräften einen hohen Stellenwert genossen, wurden Moltkes Grundgedanken in die militärische Elite des Generalstabs und von dort in das übrige Offizierkorps und Militär transportiert.[17] Damit hatte er eine Entwicklung eingeleitet, der sich auch seine Nachfolger verpflichtet zeigten. Im Generalstab sollte trotz des späten Wandels in Moltkes persönlicher Sichtweise fortan vor allem militärisch-operativ und selten strategisch-politisch gedacht werden.[18] Der noch von Carl von Clausewitz geforderte Primat des Politischen für die Entwicklung von Kriegsbildern trat in den Hintergrund. Stattdessen prägten verstärkt militärische Technokratie[19] und eine sozialdarwinistische Mentalität die Kriegsbilder. Nach Stig Förster dominierte im Generalstab ein Gedankenkomplex, der den Topos von der Unvermeidlichkeit des Krieges und die sozialdarwinistische Idee vom Krieg als Kulturträger enthielt.[20] Sozialdarwinistische Denkmuster nährten eine aggressive Mentalität – und dies nicht nur im Deutschen Reich.[21] Insofern verhallte die am Ende durchaus selbstkritische Warnung Moltkes vor einem zukünftigen Volkskrieg im neu angebrochenen Zeitalter des Nationalismus und Imperialismus.[22] In Verbindung mit den Selbstbildern der Angehörigen des Offizierkorps als Willensmenschen entstand eine Vorstellungswelt, in der moralische Faktoren wie Angriffsgeist und der vorwärtstragende eiserne Siegeswille die Materie und vor allem die Technik überwinden würden.[23] Diese geistigen Grundlagen hatten auf die Entwicklung von Kriegsbildern einen bedeutenden Einfluss und spielten bei Moltkes Nachfolger, Alfred Graf von Waldersee,[24] der von ihm forcierten Steigerung der Heeresausgaben ab 1885 sowie beim Aufrüstungsschub in den 1890er Jahren in den deutschen Streitkräften eine

---

[16] Förster, Der deutsche Generalstab, S. 66; Bald, Zum Kriegsbild, S. 153.
[17] Oelke, Kaiserliche Kriegsspiele (2010); Groß, Mythos und Wirklichkeit, S. 47; Citino, The Path to Blitzkrieg, S. 105.
[18] Groß, Mythos und Wirklichkeit, S. 58 f.
[19] In der Ausbildung der Generalstabsoffiziere des Kaiserreichs wurden z.B. übergreifende Studien politischer, gesellschaftlicher, wirtschaftlicher und rüstungstechnischer Rahmenbedingungen der Kriegführung zugunsten der Ausweitung der Lehre der Taktik zurückgestellt. Siehe dazu: Bald, Zum Kriegsbild, S. 157.
[20] Förster, Der Krieg der Willensmenschen, S. 31; Förster, Der deutsche Generalstab, S. 74; Groß, Mythos und Wirklichkeit, S. 74.
[21] Bald, Zum Kriegsbild, S. 157.
[22] Wette, Militarismus in Deutschland, S. 103.
[23] Förster, Der Krieg der Willensmenschen, S. 23; Groß, Das Dogma der Beweglichkeit, S. 146 f.; Groß, Mythos und Wirklichkeit, S. 93 f.
[24] Alfred von Waldersee (1832–1904) trat 1850 nach Besuch verschiedener Kadettenanstalten in die preußische Armee ein, wurde 1870 preußischer Militärattaché in Paris und 1888 Chef des Großen Generalstabs. Wegen Differenzen mit Kaiser Wilhelm II. musste er seinen Posten 1891 räumen.

Rolle.²⁵ Waldersee war im Deutsch-Französischen Krieg Flügeladjutant des preußischen Königs und ab 1882 stellvertretender Chef des Großen Generalstabs gewesen. Als Chef des Großen Generalstabs von 1888 bis 1891 ging Waldersee ebenfalls von einem Zweifrontenkrieg gegen Frankreich und Russland aus. Im Gegensatz zu Moltke riet er weiterhin zum Präventivkrieg.²⁶

Einen länger andauernden und prägenden Einfluss – gerade auf Kriegsvorstellungen im Deutschen Reich am Vorabend des Ersten Weltkriegs – hatte anschließend Alfred Graf von Schlieffen,²⁷ Chef des Großen Generalstabs von 1891 bis 1906.²⁸ Er war 1863 in den Generalstab gelangt, hatte 1866 an der Schlacht von Königgrätz und 1870/71 am Deutsch-Französischen Krieg teilgenommen. 1888 war er stellvertretender Generalstabschef geworden. Mit Schlieffen vollzog sich nicht nur ein Generationenwechsel im Generalstab, sondern auch eine sichtbare Schwerpunktverlagerung in der gedanklichen Ausrichtung von einer eher defensiven zu einer klar offensiven Kriegführung.²⁹ Für Schlieffens Ära eigentümlich war zudem eine Verfeinerung der Kriegsbilder bzw. des Kriegsleitbildes infolge fortschreitender Planungs-, Rationalisierungs- und Technologisierungsprozesse im Generalstab, letztlich die Vorstellung einer gewissen Planbarkeit eines Krieges.³⁰ Schlieffen selbst ging zunächst von der Grundannahme eines Zweifrontenkriegs, vom Krieg der Massenarmeen und von der Prämisse aus, dass das Deutsche Reich einen langen Abnutzungskrieg nicht gewinnen würde. Einen langwierigen Krieg, der durch Stellungskampf und eine Wirtschaftsblockade gekennzeichnet sein könnte, hielt er aber durchaus für möglich. Ein solches Szenario, das er aus wirtschaftlichen wie innenpolitischen Gründen fürchtete, verdrängte Schlieffen allerdings zunehmend. Stattdessen fasste er – ganz im Sinne des imperialistischen und sozialdarwinistischen Zeitgeistes – den Entschluss, einen zukünftigen Krieg so schnell wie möglich offensiv zu führen und so ein schnelles Ende herbeizuführen, um dem Deutschen Reich einen Groß- und Weltmachtstatus zu sichern. Schlieffen erarbeitete einen Ausweg aus dem strategischen Dilemma Deutschlands, das in der deutschen Militärführung nicht nur als »Einkreisung«³¹ wahrgenommen wurde, sondern sich mit der französisch-russischen Militärallianz von 1891, der Entente Cordiale von Frankreich und Großbritannien 1904 und dem Vertrag von Sankt Petersburg zwischen Großbritannien und Russland

---

25 Bald, Zum Kriegsbild, S. 154 f.
26 Förster, Der deutsche Generalstab, S. 74.
27 Alfred Graf von Schlieffen (1833–1913) trat 1854 in die preußische Armee ein, gelangte 1963 in den Generalstab, nahm 1866 an der Schlacht von Königgrätz und 1870/71 am Deutsch-Französischen Krieg teil, wurde 1888 stellvertretender Generalstabschef und 1891 Chef des Großen Generalstabs. Siehe auch: Groß, Mythos und Wirklichkeit, S. 71–73.
28 Groß wies darauf hin, dass der Große Generalstab auch zu Schlieffens Zeit kein monolithischer Block gewesen sei und über die zukünftige Kriegführung nicht nur die Chefs nachgedacht hätten, sondern eine Vielzahl von Offizieren, aktive sowie in den Ruhestand versetzte. Insofern seien Schlieffens Anschauungen im Generalstab nicht immer vorbehaltlos hingenommen worden. Groß, Mythos und Wirklichkeit, S. 63 und 89.
29 Ebd., S. 85.
30 Ebd., S. 82 f.
31 Siehe dazu: Schlieffen, Der Krieg in der Gegenwart, S. 20–22; Mombauer, Der Moltkeplan, S. 82.

III. Die gedanklichen Grundlagen 73

1907 konkretisierte.[32] So entwickelte er – wie er beispielsweise im Rahmen einer Schlussbesprechung der Generalstabsreise Ost 1901 darlegte – die Idee, mit der besser ausgebildeten und geführten deutschen Armee einen Feind nach dem anderen gewissermaßen portionsweise jeweils in Einfrontenkriegen unter Ausnutzung des gut ausgebauten deutschen Eisenbahnnetzes auf der inneren Linie zu besiegen. Wegen der Tiefe des russischen Raumes, der hingegen deutlich geringeren operativen Tiefe Frankreichs und der schneller zu erwartenden französischen Mobilmachung dachte Schlieffen zuerst an einen Angriff auf den Gegner im Westen. Durch eine gewaltige Umfassungsoffensive sollte dieser Feind in einer schnell herbeigeführten Entscheidungsschlacht vernichtet werden. An der Idee einer Umfassungsoffensive im Westen hielt Schlieffen auch in den folgenden Jahren fest. Im Osten lehnte er die Aufgabe größerer Landstriche westlich der Weichsel ab und dachte hier an eine offensiv geführte Verteidigung.[33] Seine Vorstellungen von einem zukünftigen Krieg mit Frankreich dokumentierte er schließlich in seiner Denkschrift[34] vom Februar 1906, die als »Schlieffen-Plan«[35] und strategisches Konzept in die Geschichtsbücher einging. Diesen Plan und seine Umsetzung in allen Details nachzuzeichnen, ist eine Aufgabe der Strategie- und Operationsgeschichte[36].

Die vorliegende Studie soll sich jedoch auf den ideengeschichtlichen Aspekt, auf das Leitbild vom Kriege beschränken. In dieser Hinsicht dachte Schlieffen an eine deutsche Invasion Frankreichs mit einem starken rechten und einem schwachen linken Armeeflügel. Der rechte Flügel würde durch Luxemburg, Belgien, und die Niederlande marschieren, um in einer weiträumigen Umfassungsbewegung die französischen Festungswerke und Stellungen zu umgehen und dann zum Angriff nach Süden einzuschwenken. In mehreren grenznahen Umfassungsschlachten sollte die französische Armee dann vernichtend geschlagen werden. Nur für den Fall, dass sie auswich, sollte Paris westlich umfasst und die französische Armee dann nach Osten, auf ihre Festungswerke zurückgedrängt und vernichtet werden. Die deutsche Offensive war somit als eine ununterbrochene Folge von Angriffen vorgesehen. Die schnelle Ausschaltung der französischen Streitkräfte zielte letztlich darauf ab, Russland und Großbritannien schließlich zu entmutigen, den Krieg gegen das Deutsche Reich fortzusetzen. Auf diese Weise sollte die Reichsleitung Spielraum für eine politische Lösung erhal-

---

[32] Groß, Mythos und Wirklichkeit, S. 58 f. und 73 f.
[33] Ebd., S. 74 f., 81, 86–88 und 98.
[34] Diese Denkschrift mit dem Titel »Krieg gegen Frankreich« verfasste Schlieffen Ende 1905/ Anfang 1906 für seinen Nachfolger Helmut Johannes Ludwig von Moltke (d.J.) Wie neu aufgefundene Quellen zeigen, passte Schlieffen sein Kriegsbild an politische Entwicklungen und nachrichtendienstliche Erkenntnisse über die Feindstaaten an, z.B. an die Mutmaßung, dass die Franzosen nach der russischen Niederlage im Russisch-Japanischen Krieg erst einmal von einer Offensive absehen würden. Siehe dazu: Groß, Mythos und Wirklichkeit, S. 88. Schlieffen ging somit zu jener Zeit davon aus, dass Deutschland in einem künftigen Krieg auf absehbare Zeit nur Frankreich als Gegner gegenüberstehen würde. Siehe dazu: Foley, Der Schlieffenplan, S. 112–116.
[35] Zur Problematik der Quellenlage und Fehlinterpretationen der Quellen zum Schlieffenplan siehe: Groß, There was a Schlieffen Plan; Foley, Der Schlieffenplan.
[36] Der Schlieffenplan.

ten und ein Krieg nach einer Dauer von vier bis sechs Monaten beendet sein.[37] Mit dieser ausgeprägt operativen Sichtweise reduzierte Schlieffen das Kriegsbild im Grunde auf eine Vernichtungsschlacht in Frankreich.[38] Dabei handelte es sich allerdings nicht um eine realistische strategische Einschätzung, sondern um eine Idealvorstellung vom Verlauf eines Zweifrontenkrieges. Dass es sich um Wunschdenken handelte, wird auch daran deutlich, dass im Schlieffenplan nicht mit den tatsächlich vorhandenen Streitkräften gerechnet wurde, sondern mit acht deutschen Armeekorps, die 1905 noch gar nicht existierten.[39] Selbst zu Beginn des Ersten Weltkriegs sollte diese Heeresstärke trotz der vorausgegangenen Heeresvermehrungen von 1912 und 1913 noch nicht erreicht sein. Christian Müller bewertete den Schlieffenplan deshalb als »technokratischen Illusionismus«.[40] Gerhard P. Groß sah hier eine »durch einseitige Festlegung auf ein operatives Verfahren vertretene mechanische Kriegsauffassung«.[41] Und nach Stig Förster manifestierte sich im Schlieffenplan der Glaube der deutschen Militärführung an die Möglichkeit eines kurzen Krieges. Es habe sich um den verzweifelten Versuch eines im Grunde ratlosen Generalstabschefs gehandelt, aus einer ausweglosen strategischen Lage herauszukommen.[42] Es gibt unterschiedliche Ansichten darüber, ob Schlieffen deshalb als Dogmatiker bezeichnet werden muss.[43] Mit Blick auf sein Kriegsbild kann zumindest festgehalten werden, dass er eine ausgesprochen operativ geprägte und einseitig auf die Offensive fixierte Idealvorstellung vertrat. In diesem Gedankenkonstrukt gab es nur wenig Raum für die Zeit nach den militärischen Operationen. Es lässt die Einbettung in eine Gesamtstrategie vermissen.[44] Im Gegenteil: Wegen der Betonung des schnellen operativen Erfolges wurden strategische Aspekte der Kriegführung wie Wirtschaftskrieg und Logistik geradezu ausgeblendet.[45] Selbst die deutsche Rüstung auf einen Krieg hin war, vor allem was die Motorisierung des Heeres betrifft, nur bedingt mit Schlieffens Kriegsbild abgestimmt. Hier siegte im Kaiserreich immer wieder das Ressortdenken.[46]

---

[37] Groß, Mythos und Wirklichkeit, S. 75–81 und 90–97; Groß, There was a Schlieffen Plan, S. 155 f.; Förster, Der deutsche Generalstab, S. 76–80; Förster, Der Krieg der Willensmenschen, S. 28–30; Müller, Anmerkungen zur Entwicklung, S. 411 f.; Dülffer, Kriegserwartung und Kriegsbild, S. 107; Strohn, The German Army and the Defence, S. 25 f.; Creveld, Die Gesichter des Krieges, S. 25.
[38] Nach Martin Kutz wurden im Schlieffenschen Denkschema operative Konzepte induktiv (statt deduktiv) entwickelt und Politik, erst recht Kriegsbild und Szenario, aus der Analyse ausgeklammert. Kutz, Realitätsflucht und Aggression, S. 66.
[39] Förster, Der deutsche Generalstab, S. 77 f.; Müller, Anmerkungen zur Entwicklung, S. 413.
[40] Müller, Anmerkungen zur Entwicklung, S. 414.
[41] Groß, Mythos und Wirklichkeit, S. 71.
[42] Förster, Der Krieg der Willensmenschen, S. 23; Förster, Der deutsche Generalstab, S. 62.
[43] Eric D. Brose sah Schlieffen als Dogmatiker. Brose, The Kaiser's Army, S. 69. Nach Groß hingegen ist der Topos von Schlieffen als engstirniger Dogmatiker in Zweifel zu ziehen. In seinen Kriegsspielen habe Schlieffen verschiedene Kriegsszenarien, was die Konstellation der Feindstaaten betrifft, vorweggenommen und sei sich auch der Problematik eines längeren Krieges bewusst gewesen. Groß, Mythos und Wirklichkeit, S. 97 f.
[44] Ebd., S. 2.
[45] Ebd., S. 2 und 95–97.
[46] Ebd., S. 80 f.

III. Die gedanklichen Grundlagen 75

Während Schlieffen sein Kriegsbild noch im Ruhestand durch die Militärpublizistik auch immer wieder öffentlich vertrat, auch um seinen Nachfolger im Amt auf seine eigenen operativen Planungen zu verpflichten,[47] entwickelte Helmuth Johannes Ludwig Moltke (der Jüngere, d.J.) unter veränderten Rahmenbedingungen eigene Vorstellungen. Interessanterweise vertrat Moltke d.J., von Februar 1906 bis September 1914 Chef des Großen Generalstabes, zwei sehr unterschiedliche Auffassungen vom Wesen eines zu erwartenden Krieges: einerseits offiziell eine optimistische und andererseits im kleinen Kreise eine pessimistische. Dominant war bei Moltke d.J. ein Kriegsbild, das in erster Linie einen Ausdruck rein operativen Denkens darstellte und sich daher in vielen Punkten an demjenigen seines Amtvorgängers orientierte. Demnach würde sich Deutschland im Rahmen einer allgemeinen europäischen militärischen Auseinandersetzung einem Zweifrontenkrieg zu Lande gegenübersehen, in dem Frankreich und Russland die Hauptgegner sein würden. Moltke d.J. teilte den Zweifrontenkrieg gedanklich in zwei Einfrontenkriege auf. Die Entscheidung müsste erst mit einer vernichtenden Großoffensive in Frankreich gesucht werden, bevor die »russische Dampfwalze«[48] – ein damals gängiges Stereotyp[49] – anrollen würde. Nach dem Sieg im Westen würde sich das deutsche Heer mit österreichisch-ungarischer Unterstützung gegen Russland wenden. Dem lag die Annahme zugrunde, dass der russische Aufmarsch langsamer und seit 1908 zudem grenzfern auf der Linie Bialystok–Brest-Litowsk erfolgen würde.[50]

In einigen Aspekten wichen Moltkes d.J. Vorstellungen jedoch von denjenigen Schlieffens ab: Weil Moltke d.J. den Kriegseintritt Großbritanniens und eine Seeblockade fürchtete, sahen seine Pläne vor, dass im Kriegsfall die Niederlande die Funktion einer »Importschleuse« für das Deutsche Reich übernehmen sollten. Eine Verletzung der niederländischen Neutralität lehnte er deshalb ab. Stattdessen erwog er einen Handstreich auf die belgische Festung Lüttich. Wegen einer vorstellbaren französischen Offensive aus Lothringen heraus wollte er im Westen den linken Flügel des Feldheeres verstärken. Ferner sah Moltke d.J. mehr Truppen im Osten vor, da nun doch mit einem relativ schnellen Einmarsch des russischen Heeres vor allem in Ostpreußen zu rechnen war und dieses Gebiet nicht preisgegeben werden sollte.[51] Insofern ist 1914 weniger von der Umsetzung des Schlieffenplans als vielmehr – wie Annika Mombauer und Gerhard P. Groß herausstellen – eines Moltkeplans zu sprechen, dem wegen sich verändernden Rahmenbedingungen zwischen 1905 bis 1913 ein eigenes Kriegsbild zugrunde lag.[52] Insgesamt nahm jedoch bei dieser offiziellen, durch operatives Denken do-

---

[47] Ebd., S. 79.
[48] Hoeres, Die Slawen, S. 179.
[49] Stereotype können nach Peter Hoeres weder als vollkommen realitätsfern noch als Abbild der Realität aufgefasst werden. Siehe dazu: Ebd., S. 181.
[50] Müller, Anmerkungen zur Entwicklung, S. 392 f., 411 und 435; Förster, Der deutsche Generalstab, S. 72; Dülffer, Kriegserwartung und Kriegsbild, S. 107; Mombauer, Der Moltkeplan, S. 83–86; Groß, Mythos und Wirklichkeit, S. 90.
[51] Mombauer, Der Moltkeplan, S. 86–95; Groß, There was a Schlieffen Plan, S. 157 f.; Groß, Mythos und Wirklichkeit, S. 99–102.
[52] Groß, Mythos und Wirklichkeit, S. 100 f.

minierten Kriegsvorstellung Moltkes d.J. wiederum die Schlachtentscheidung einen zentralen Platz im Sinne einer Kriegsentscheidung ein. Erstaunlicherweise vertrat Moltke d.J. im kleinen Kreis und leise eine deutlich skeptischere Sichtweise. Bereits vor seiner Amtsübernahme hatte er am 29. Januar 1905 in einem privaten Schreiben folgende Einschätzung geäußert:

> »Es wird ein Volkskrieg werden, der nicht mit einer entscheidenden Schlacht abzumachen sein wird, sondern der ein langes, mühevolles Ringen mit einem Lande sein wird, das sich nicht eher überwunden geben wird, als bis seine gesamte Volkskraft gebrochen ist, und der auch unser Volk, selbst wenn wir Sieger sein sollten, bis aufs äußerste erschöpfen wird.«[53]

Vieles deutet darauf hin, dass Moltke d.J. bei kritischer Überlegung mit einem Volkskrieg von mindestens eineinhalb Jahren Dauer rechnete.[54] Die durch die britisch-französisch-russische Triple-Entente verschlechterte strategische Lage des Kaiserreichs und dessen deutliche personelle wie materielle Unterlegenheit im Falle eines langwierigen Mehrfrontenkrieges gaben allen Anlass zum Pessimismus. Gerade die Entwicklungen im Bereich der Rüstungstechnik am Vorabend des Ersten Weltkriegs mussten Zweifel an der Realisierbarkeit des Schlieffenplans aufwerfen. Die Einführung des rauchschwachen Pulvers und die damit gestiegene Bedeutung der Tarnung, die Entwicklung von Maschinengewehren und Feldgeschützen mit Rohrrücklauf sowie von neuen Richtmitteln der Artillerie und die damit verbundenen Möglichkeit zum Schießen aus verdeckten Feuerstellungen begünstigte tendenziell den Verteidiger. Nicht zuletzt waren anhand der Auswertung ausländischer Erfahrungen aus dem Burenkrieg und dem Russisch-Japanischen Krieg Schwierigkeiten für einen Angreifer absehbar.[55] Auf dieser Grundlage entwickelten sich militärwissenschaftliche Debatten, vor allem über die Dauer des Krieges und den Wert der Defensive bzw. Offensive. Nach Dieter Storz herrschte bei der Verarbeitung dieser Kriegserfahrungen durch die deutsche Militärführung eine gewisse Ratlosigkeit.[56] Moltke d.J. gab im kleinen Kreis zu erkennen, dass er nicht unbedingt an den Erfolg einer großen Umfassungsschlacht, an einen kurzen Krieg und einen deutschen Sieg glaubte.[57] Noch am 28. Juli 1914 schrieb er an Reichskanzler Theobald von Bethmann Hollweg, dass ein Krieg »die europäische Zivilisation auf Jahrzehnte hinaus zerstören würde«.[58] Stig Förster stellte daher die These von der »Illusion des kurzen Krieges«[59] zu Recht infrage. Angemessener wäre es wohl, von einer ope-

---

[53] Moltke, Erinnerungen, Briefe, Dokumente, S. 308. Siehe dazu auch: Dülffer, Kriegserwartung und Kriegsbild, S. 113; Groß, Mythos und Wirklichkeit, S. 99 f. Damit näherte er sich den Einschätzungen seines Onkels an.
[54] Müller, Anmerkungen zur Entwicklung, S. 410.
[55] Storz, Die Auswirkungen, S. 72–82; Müller, Anmerkungen zur Entwicklung, S. 395–408; Bald, Zum Kriegsbild, S. 155; Groß, Das Dogma der Beweglichkeit, S. 146; Groß, There was a Schlieffen Plan, S. 159.
[56] Storz, Die Auswirkungen, S. 76.
[57] Groß, There was a Schlieffen Plan, S. 157; vgl. Groß, Mythos und Wirklichkeit, S. 101 f.
[58] Müller, Anmerkungen zur Entwicklung, S. 439; Wette, Militarismus in Deutschland, S. 104.
[59] Förster, Der deutsche Generalstab, S. 63–65. Eine andere Auffassung vertritt hier: Julien, Der Erste Weltkrieg, S. 34.

rativen »Doktrin des kurzen Krieges« zu sprechen.[60] Denn die Sichtweise und Planungen der deutschen Heeresführung wurden von der Notwendigkeit und Realisierbarkeit einer kurzen Kriegsdauer beherrscht,[61] nach heutigen Begriffen von einem »Best-case-Denken«.[62] Daher wurde der komplexe und möglicherweise langwierige zukünftige Krieg auf die operative Entscheidung reduziert.[63] Ein siegreicher Krieg war für die Heeresführung eben nur unter den oben beschriebenen spezifischen operativ-strategischen Voraussetzungen vorstellbar, bei denen Überraschung, Bewegung und Geschwindigkeit eine maßgebliche Rolle spielten. Auf taktisch-operativer Ebene wurde folglich mentalen Faktoren wie Führungskunst, Angriffsgeist, Siegeswille und Opfermut eine herausgehobene Bedeutung zugesprochen.[64] Alles in allem aber gewann das von Moltke d.J. vertretene offizielle Kriegsbild den Charakter eines Idealbildes, in dem durch operative Winkelzüge die Quadratur des Kreises auf der strategischen Ebene gelang.[65] Damit aber hielt der Chef des Großen Generalstabs den Großteil des Militärs und die deutsche Öffentlichkeit – wahrscheinlich wider besseres Wissen – in dem Glauben, dass es einen kurzen und siegreichen Krieg geben werde. Was mag ihn dazu bewogen haben? Hier scheint sich Dierk Walters These von der Instrumentalisierung der Kriegsbilder zu bestätigen.

Das offizielle Kriegsbild diente am Vorabend des Ersten Weltkrieges in erster Linie dazu, die elitäre Stellung der Streitkräfte im Deutschen Kaiserreich und deren Sozialprestige zu stabilisieren.[66] Deshalb stellten die Planungen der Heeresführung weniger ein Siegesrezept als vielmehr eine Notlösung aus einer verfahrenen strategischen Situation dar.[67] Die Reichsleitung über die Aussichtslosigkeit eines Zweifrontenkrieges zu unterrichten oder gar zu einer Änderung der Außenpolitik zu bewegen, entsprach nicht dem Selbstverständnis des Generalstabs und hätte zudem seine Position im Reichsgefüge infrage gestellt.[68] Außerdem konnten mit der Propagierung bestimmter Kriegsbilder verstärkte Rüstungsanstrengungen durchgesetzt werden.[69] Allein die geplanten acht Armeekorps des Schlieffenplans stellten eine attraktive gedankliche Begründung für Heeresvermehrungen dar. Insgesamt aber erhielt wohl zu jener Zeit im Kaiserreich eine von Partikularinteressen geleitete Politik offenbar eine größere

---

[60] Vgl. dazu auch: Storz, Die Auswirkungen, S. 88.
[61] Müller, Anmerkungen zur Entwicklung, S. 407; Storz, Die Auswirkungen, S. 71; Wette, Militarismus in Deutschland, S. 103; Dülffer, Kriegserwartung und Kriegsbild, S. 122.
[62] Müller, Anmerkungen zur Entwicklung, S. 440.
[63] Storz, Die Auswirkungen, S. 71; Creveld, Die Gesichter des Krieges, S. 24–27.
[64] Storz, Kriegsbild und Rüstung, S. 332 f.; Dülffer, Kriegserwartung und Kriegsbild, S. 107; Müller, Anmerkungen zur Entwicklung, S. 426–428; Groß, Mythos und Wirklichkeit, S. 68–70; Strohn, The German Army and the Defence, S. 30–33; Megargee, Hitler und die Generäle, S. 12; Hürter, Kriegserfahrung, S. 763; Creveld, Die Gesichter des Krieges, S. 24 f. Allerdings wurde dem Offensivgeist nicht nur im Deutschen Reich, sondern international eine große Bedeutung zugemessen.
[65] Förster, Der deutsche Generalstab, S. 82.
[66] Storz, Die Auswirkungen, S. 99; Bald, Zum Kriegsbild, S. 154.
[67] Groß, Mythos und Wirklichkeit, S. 104; vgl. Groß, There was a Schlieffen Plan, S. 160.
[68] Groß, Mythos und Wirklichkeit, S. 104.
[69] Förster, Der deutsche Generalstab, S. 83–90.

Gewichtung als eine realitätsnahe Kriegsvorbereitung. Es ist bezeichnend, wenn Generalstabschef Moltke d.J. im Jahre 1907 feststellte, dass die am Vorabend des Ersten Weltkrieges abgehaltenen Kaisermanöver den Soldaten jedenfalls unrealistische Bilder vom kommenden Krieg boten.[70] Zum politisch-instrumentellen Aspekt des Kriegsbildes kam noch der mentalitätsgeschichtliche Faktor. Zwar existierten zum Krieg der Zukunft noch alternative, aus heutiger Sicht realistischere Einschätzungen,[71] doch setzten sich diese nicht durch.[72]

Am Vorabend des Ersten Weltkrieges nahmen nationalistische, sozialdarwinistische und kriegsfatalistische Denkmuster international eine neue Qualität an. Ein Krieg wurde als Naturgesetz und geradezu unvermeidlicher Rassenkampf zwischen den germanischen, romanischen und slawischen Völkerschaften interpretiert. Das Verständnis des Krieges als vermeintliche Notwendigkeit mischte sich dabei mit kulturpessimistischen Ideologemen zu einer Art Kriegsfatalismus. Hier hatte nicht zuletzt die militärische Elite des Kaiserreichs eine verbindende weltanschauliche Grundlage, ihre Berufsideologie.[73] Diesem Zeitgeist konnte sich auch Moltke d.J. nicht entziehen, und in diesem Sinne führte er die deutschen Heere 1914 in den Krieg.

Bemerkenswert ist, dass sich die führenden Köpfe des Heeres bis dahin kaum mit der Führung der Admiralität über ihre Kriegsvorstellungen ausgetauscht hatten und die Planungen beider folglich kaum aufeinander abgestimmt worden waren. Solch eine strategische Koordination wäre eine Obliegenheit des Kaisers gewesen, fand aber nicht statt. Folglich arbeiteten die Ressorts oft nebeneinander her, bisweilen auch gegeneinander, denn in der Kaiserlichen Marine wurden Kriegsbilder ebenfalls interessengeleitet entwickelt.[74]

Aspekte der Seekriegführung standen im Kaiserreich zunächst, vor allem unter der »preußischen Schule«[75] und dem »System Stosch«,[76] im Schatten des traditionell dominierenden Landkrieges. Erst zum Ende des 19. Jahrhunderts gewannen sie mit dem international aufkommenden Phänomen des Navalismus[77]

---

[70] Storz, Die Auswirkungen, S. 92.
[71] Zu nennen ist hier insbesondere Johann von Blochs Prognose »Der zukünftige Krieg in seiner technischen, volkswirtschaftlichen und politischen Bedeutung« von 1899, in welcher der Charakter des Zukunftskrieges als langwieriger Grabenkrieg mit der letzten Konsequenz des Zusammenbruchs der gesellschaftlichen Organisation vorgezeichnet wurde. Siehe dazu: Niemeyer, Elemente des modernen Kriegsbildes, S. 76; Förster, Der deutsche Generalstab, S. 66.
[72] So stellten beispielsweise Stimmen, die anstelle eines Vernichtungskrieges eine Kriegführung mit begrenzter Zielsetzung verfolgten, oder auch Kriegserwartungen der Pazifisten Meinungen von Minderheiten dar. Siehe dazu: Müller, Anmerkungen zur Entwicklung, S. 393; Storz, Kriegsbild und Rüstung, S. 304–307; Storz, Die Auswirkungen, S. 88; Wette, Militarismus in Deutschland, S. 103 f.; Dülffer, Kriegserwartung und Kriegsbild, S. 110 f.
[73] Müller, Anmerkungen zur Entwicklung, S. 388–390, 398, 411 und 433; Janssen, Krieg, S. 600–607; Bald, Zum Kriegsbild, S. 149–151; Förster, Der deutsche Generalstab, S. 81; Storz, Die Auswirkungen, S. 84–89; Dülffer, Kriegserwartung und Kriegsbild, S. 112.
[74] Groß, Mythos und Wirklichkeit, S. 84.
[75] Siehe dazu: Hobson, Maritimer Imperialismus, S. 85–164.
[76] Siehe dazu: Petter, Deutsche Flottenrüstung, S. 81–139.
[77] Rolf Hobson definierte Navalismus als »eine Politik der maritimen Aufrüstung, die als ein Mittel zur Mehrung nationaler Macht und Größe dienen sollte und die die Erfordernisse

III. Die gedanklichen Grundlagen

auch in Deutschland an Bedeutung.[78] Was dabei die Kriegsvorstellungen der Marineführung betrifft, sind diese allerdings aus organisationsgeschichtlichen Gründen schwieriger fassbar als beim Heer. Aus der 1889 bis 1899 zunehmend zersplitterten Spitzenorganisation der Marine und ihren diversen Immediatstellen lassen sich Alfred (von) Tirpitz,[79] von 1892 bis 1896 Chef des Stabes im Oberkommando der Marine und seit 1897 Staatssekretär des Reichsmarineamts (RMA), sowie seit 1899 die Chefs des Admiralstabs der Marine als die führenden Köpfe bei der Ausformung von Kriegsbildern identifizieren. Während Tirpitz, als Staatssekretär des RMA von Kaiser Wilhelm II. protegiert, seine Machtstellung dazu nutzte, um mit dem Aufbau der »Risikoflotte«[80] die Gestalt der Marine zu prägen, oblag dem Admiralstab die operative Ausarbeitung von Kriegsplänen.[81]

Tirpitz hatte verschiedene Verwendungen in der preußisch-deutschen Flotte durchlaufen und wurde 1897 Staatssekretär des RMA. Seine Ideenwelt wurde von den Seekriegstheoretikern Alfred Stenzel und Alfred Thayer Mahan beeinflusst.[82] Sein Kriegsbild war spätestens seit Ende der 1890er Jahre langfristig, über einen Zeithorizont von mindestens zwanzig Jahren ausgerichtet und hatte eine politische, eine wirtschaftliche sowie eine militärstrategische Dimension. Die politische Intention des Tirpitzplans ist in der Forschung umstritten.[83] Die Dimensionen und Grundzüge des Tirpitzschen Kriegsbildes lassen

---

    der nationalen Verteidigung im Kontext eines angeblichen Expansionsbedürfnisses beurteilte.« Hobson, Die Besonderheiten, S. 161.

[78] Hobson, Maritimer Imperialismus, S. 91–118, 165–189 und 321–350.

[79] Alfred (von) Tirpitz (1849–1930) begann seine militärische Laufbahn 1865. 1900 wurde er in den preußischen Adelsstand erhoben. Im Jahr 1911 erhielt er Rang und Titel eines Großadmirals. Meinungsverschiedenheiten mit Kaiser Wilhelm II. über den Einsatz der Flotte im Krieg führten 1916 zum Ausscheiden aus dem militärischen Dienst. 1917 war Tirpitz Mitbegründer und Vorsitzender der national orientierten Vaterlandspartei und von 1924 bis 1928 Abgeordneter der Deutschnationalen Volkspartei im Reichstag.

[80] Nach der von Tirpitz vor dem Reichstag erläuterten Risikotheorie wäre »ein Krieg auch für den seemächtigsten Gegner mit derartigen Gefahren verbunden, dass seine [sic] eigene Machtstellung in Frage gestellt« wäre. Zit. nach Besteck, Die trügerische »First Line of Defence«, S. 23; vgl. Epkenhans, Tirpitz, S. 41. Die Tragfähigkeit des Konzepts der Risikoflotte ist in der Forschung umstritten. Siehe dazu: Nägler, Operative und strategische Vorstellungen, S. 28–30. Zur Politik der Historiografie zur »Risikoflotte« siehe: Hobson, Maritimer Imperialismus, S. 338–350; Rödel, Krieger, Denker, Amateure, S. 7–12. In Vorbereitung: Jentzsch, Vom Kadetten bis zum Admiral.

[81] Hubatsch, Der Admiralstab, S. 33–108, vor allem S. 83–85; Berghahn, Der Tirpitz-Plan, S. 23–89; Petter, Deutsche Flottenrüstung, S. 154–237; Epkenhans, Tirpitz, S. 23–56; Hobson, Maritimer Imperialismus, S. 231–338; Rahn, Strategische Optionen, S. 211–213; Kennedy, Maritime Strategieprobleme, S. 202.

[82] Rödel, Krieger, Denker, Amateure, S. 157–195; Hobson, Maritimer Imperialismus, S. 223–227; Rahn, Strategische Optionen, S. 211 f.

[83] Volker R. Berghahn bewertete den Tirpitzplan als innenpolitische Krisenstrategie des wilhelminischen Reiches zum Erhalt des Herrschaftsgefüges. Berghahn, Der Tirpitz-Plan. Vgl. Berghahn, Der Tirpitz-Plan, S. 89–97. Paul M. Kennedy vertrat die These, dass es Tirpitz' Kalkül gewesen sei, langfristig eine der Royal Navy gleichstarke Flotte aufzubauen und die britische Suprematie zur See zu brechen. Kennedy, Maritime Strategieprobleme.

sich jedoch anhand eines Immediatvortrags vom 28. September 1899[84] recht klar umreißen: Vor die Alternative Seemacht oder Niedergang gestellt, sah Tirpitz Deutschland als vierte zukünftige Weltmacht neben Großbritannien, den USA und Russland. Eine deutsche Schlachtflotte, die in der Lage wäre, die britische Suprematie zur See infrage zu stellen, galt Tirpitz als Voraussetzung des Aufstiegs Deutschlands zum Weltindustrie- und -handelsstaat; zugleich sollte sie dem Kaiser »Seegeltung«[85] für seine Außenpolitik gewähren. Für eine kriegerische Konfrontation war diese Risikoflotte als solche allerdings erst in den 1920er Jahren vorgesehen.[86] Tirpitz ging von Großbritannien als Hauptgegner zur See aus. Als Hauptkriegsschauplatz in einem möglichen Krieg ergab sich damit für ihn die Nordsee, der eine Hebelfunktion zukommen würde und in der zwischen Helgoland und der Themse die Kriegsentscheidung in einer Seeschlacht herbeigeführt werden sollte. Dafür setzte Tirpitz auf eine Schlachtflotte, die insbesondere auf die Kampfführung in heimischen Gewässern ausgelegt sein und vor allem aus Linienschiffen und Torpedobooten bestehen sollte.[87] Von der prinzipiellen Alternative eines transozeanischen Kreuzerkrieges sah Tirpitz – wie er mit Blick auf die Seekriegführung bereits im Emser Memorandum von 1897 dargelegt hatte – schon wegen des Mangels an deutschen Stützpunkten ab.[88] Tirpitz ging – in Übereinstimmung mit den damaligen Maximen der Royal Navy – vom Grundgedanken einer unmittelbaren britischen seestrategischen Offensive, einer Nahblockade an der deutschen Küste und der schnellen Herbeiführung einer Entscheidungsschlacht, die dem Sieger die Seeherrschaft sichern würde, aus. Dieser Vorstellung lag – ganz wie beim Heer – ein militärisches Offensiv- und Vernichtungsdenken zugrunde.[89] Für die deutschen Seestreitkräfte ergaben sich laut Tirpitz in dieser Entscheidungsschlacht aus der strategischen Defensive heraus aufgrund der idealtypisch angenommenen Überlegenheit durch geografische Lage, Wehrsystem, Mobilmachung, Torpedoboote, taktische Ausbildung, planmäßigen Aufbau und einheitliche Führung »zweifellos gute Chancen«[90] gegen

---

[84] Notizen des Staatssekretärs des Reichsmarineamts, Kontreadmiral Tirpitz, zum Immediatvortrag am 28.9.1899 über die Vorbereitung und Zielsetzung der Novelle zum Flottengesetz. In: Berghahn/Deist, Rüstung im Zeichen der wilhelminischen Weltpolitik, S. 159–162.

[85] Ebd., S. 161. Vgl. Epkenhans, Tirpitz, S. 23–56, insbes. S. 31 und 33.

[86] Nägler, Operative und strategische Vorstellungen, S. 20 f.; Rahn, Strategische Optionen, S. 214–216; Besteck, Die trügerische »First Line of Defence«, S. 101.

[87] Notizen des Staatssekretärs des Reichsmarineamts, Kontreadmiral Tirpitz, zum Immediatvortrag am 28.9.1899 über die Vorbereitung und Zielsetzung der Novelle zum Flottengesetz. In: Berghahn/Deist, Rüstung im Zeichen der wilhelminischen Weltpolitik, S. 160. Vgl. Kennedy, Maritime Strategieprobleme, S. 179 f.

[88] Rödel, Krieger, Denker, Amateure, S. 86–94; Kennedy, Maritime Strategieprobleme, S. 183; Kelly, Tirpitz, S. 133.

[89] Nägler, Operative und strategische Vorstellungen, S. 22 f.; Besteck, Die trügerische »First Line of Defence«, S. 34 f.; Rödel, Krieger, Denker, Amateure, S. 96 f. und 100 f.; Kelly, Tirpitz, S. 198. Der Vernichtungsgedanke spielte in Tirpitz' Denken bereits seit den 1870er Jahren eine zentrale Rolle. Siehe dazu: Epkenhans, Tirpitz, S. 18–22.

[90] Notizen des Staatssekretärs des Reichsmarineamts, Kontreadmiral Tirpitz, zum Immediatvortrag am 28.9.1899 über die Vorbereitung und Zielsetzung der Novelle zum Flottengesetz. In: Berghahn/Deist, Rüstung im Zeichen der wilhelminischen Weltpolitik,

III. Die gedanklichen Grundlagen

die Royal Navy. Ein langfristiger Krieg, der zum Zusammenbruch der Wirtschaft des Deutschen Reiches führen würde, war für den Staatssekretär des RMA hingegen nicht denkbar.[91] Die militärstrategischen Aspekte dieses Kriegsbildes hatten sich bereits in der Dienstschrift Nr. IX der Kaiserlichen Marine von 1894, die unter der Verantwortung von Tirpitz als Chef des Stabes im Oberkommando der Marine verfasst worden war, manifestiert.[92] Darüber hinaus war das Kriegsbild von Tirpitz jedoch gerade auf die deutsche Seerüstung seit 1898 abgestimmt[93] und mit dem Weltmachtstreben der Reichs- und Marineleitung verknüpft.[94] Mit der Prägung des deutschen seestrategischen Denkens in der Dienstschrift Nr. IX einerseits und der Gestaltung der deutschen Seestreitkräfte und durch das langfristig angelegte Flottenbauprogramm[95] andererseits gab Tirpitz in der Marine das Leitbild für die Seekriegführung bis zum Ausbruch des Ersten Weltkrigs vor.

Insofern spielten seine Vorstellungen auch im Admiralstab eine wichtige Rolle. Da sich die Gedanken im Admiralstab in erster Linie um die rein operativen Einsatzmöglichkeiten der Marine drehten, die Kriegsplanungen jährlich überarbeitet wurden und die Chefs häufiger wechselten, waren die Kriegsbilder dort kurzfristiger angelegt und – in Abhängigkeit von den jeweiligen Stärkeverhältnissen gegenüber der Royal Navy – stärker ausdifferenziert. Unter seinem Chef Wilhelm Büchsel[96] rechnete der Admiralstab zu Beginn eines möglichen Krieges – dies hatten 1904 japanische Seestreitkräfte im Russisch-Japanische Krieg gerade gezeigt – mit einem unmittelbaren Angriff der zahlenmäßig überlegenen britischen Flotte. Diese würde eine Blockade nahe der deut-

---

S. 161. Für eine technische und taktische Überlegenheit sprach sich Kennedy aus. Siehe dazu: Kennedy, Maritime Strategieprobleme, S. 185.

[91] Notizen des Staatssekretärs des Reichsmarineamts, Kontreadmiral Tirpitz, zum Immediatvortrag am 28.9.1899 über die Vorbereitung und Zielsetzung der Novelle zum Flottengesetz. In: Berghahn/Deist, Rüstung im Zeichen der wilhelminischen Weltpolitik, S. 161. Vgl. Nägler, Operative und strategische Vorstellungen, S. 27; Kennedy, Maritime Strategieprobleme, S. 184 und 194–197. Kennedy wies darauf hin, dass es eine Anzahl erfahrener Stabsoffiziere gab, die von einer bewusst in die länge gezogenen Kriegführung Großbritanniens ausgingen. Kennedy, Maritime Strategieprobleme, S. 193 f.

[92] Taktische und Strategische Dienstschriften des Oberkommandos der Marine, Nr. IX, Berlin, 16.6.1894. Ediert bei Besteck, Die trügerische »First Line of Defence«, S. 125–208. Siehe dazu auch: Nägler, Operative und strategische Vorstellungen, S. 22; Hobson, Maritimer Imperialismus, S. 215–227; Kelly, Tirpitz, S. 89–98. Der Zusammenhang zwischen der Risikotheorie und der Dienstschrift Nr. IX ist in der Forschung umstritten. Siehe dazu: Besteck, Die trügerische »First Line of Defence«, S. 27–60; Nägler, Operative und strategische Vorstellungen, S. 29.

[93] Notizen des Staatssekretärs des Reichsmarineamts, Kontreadmiral Tirpitz, zum Immediatvortrag am 28.9.1899 über die Vorbereitung und Zielsetzung der Novelle zum Flottengesetz. In: Berghahn/Deist, Rüstung im Zeichen der wilhelminischen Weltpolitik, S. 161. Siehe dazu auch: Berghahn, Der Tirpitz-Plan, S. 108–591; Nägler, Operative und strategische Vorstellungen, S. 19; Kennedy, Maritime Strategieprobleme, S. 208.

[94] Kennedy, Maritime Strategieprobleme, S. 185.

[95] Berghahn, Der Tirpitz-Plan, S. 205–591.

[96] Wilhelm Büchsel (1848–1920) trat 1865 in die Preußische Marine ein, wurde 1905 zum Admiral befördert und war von 1902 bis 1908 Chef des Admiralstabes der Kaiserlichen Marine.

schen, möglicherweise auch niederländischen und belgischen Küste verhängen, deutsche Inseln sowie Infrastruktur an der Küste angreifen und so die Kaiserliche Marine in Nord- und Ostsee zur entscheidenden Vernichtungsschlacht stellen, um letztlich das Deutsche Reich als wirtschaftlichen Konkurrenten auf dem Weltmarkt – so das angenommene Kriegsziel – auszuschalten.[97] Die Überlegungen der deutschen Marineführung konzentrierten sich im Bewusstsein der eigentlich einzuräumenden eigenen Schwäche auf die Defensive in der Nordsee und den dortigen Einsatz der Schlachtflotte unter möglichst günstigen taktisch-operativen Umständen. Wenn die deutschen Kleinkriegswaffen (wie Torpedoboote, Minenleger und später auch U-Boote) ausgenützt würden, bestünde im Idealfall die Möglichkeit, die britische Überlegenheit auszugleichen und auf einen Schlachtenerfolg zu hoffen.[98] Unter Friedrich Graf von Baudissin[99] (1908/09), Max von Fischel[100] (1909–1911) und August von Heeringen[101] (1911–1913) verschoben sich weiterhin die britisch–deutschen Kräfteverhältnisse und gerieten die Kriegsvorstellungen im Admiralstab zugleich zunehmend unter den Einfluss einer sich schnell wandelnden Technik. Aufgrund der wachsenden Stärke der deutschen Schlachtflotte nahmen sogenannte Kopenhagen-Ängste und die Furcht vor einem Präventivschlag der Royal Navy gegen die noch im Bau befindliche deutsche Flotte ab.[102] Zugleich wurde das Kriegsbild in der Marineführung zeitlich stärker ausdifferenziert. In der ersten Phase eines möglichen Krieges rechnete die Marineführung verstärkt mit dem Einsatz von U-Booten, alternativ mit Seeminen und leichten Seestreitkräften vor der deutschen Küste, während das britische Gros der Flotte für eine zweite Kriegsphase zur Schlacht gegen die deutsche Hochseeflotte in Bereitstellung gehalten würde. Hinzu kam, dass sich ab 1908 wiederholt deutlicher eine Fernblockade der Royal Navy abzeichnete, wenngleich Hinweise darauf nicht zur dauerhaften Grundlage der deutschen Planungen wurden. Technische Verbesserungen im Nachrichtenwesen und die höhere Geschwindigkeit der modernen Kriegsschiffe unterstützten jedoch die Tendenz, weiter entfernte Blockaden zu wählen. In Reaktion auf die-

---

[97] Nägler, Operative und strategische Vorstellungen, S. 31–33 und 37; Rahn, Strategische Optionen, S. 214. Eine andere Auffassung vertrat hier Kennedy. Er wies darauf hin, dass Büchsel 1901 die Überzeugung, dass die Royal Navy eine enge Blockade errichten würde, nicht geteilt hätte. Kennedy, Maritime Strategieprobleme, S. 199.

[98] Nägler, Operative und strategische Vorstellungen, S. 24 f. und 32–41; Besteck, Die trügerische »First Line of Defence«, S. 60–63; Rödel, Krieger, Denker, Amateure, S. 101. Die Stärkeverhältnisse lassen diese Option jedoch als unwahrscheinlich erscheinen. So verfügte die Royal Navy im Jahr 1899 beispielsweise über 138 große Schiffe (Linienschiffe und Große Kreuzer), während sich deren Anzahl bei der Kaiserlichen Marine auf lediglich 28 belief. Nägler, Operative und strategische Vorstellungen, S. 31.

[99] Friedrich Graf von Baudissin (1852–1921) trat 1867 in die Preußische Marine ein, wurde 1908 zum Admiral befördert und war vom 29.1.1908 bis 5.9.1909 Chef des Admiralstabes der Kaiserlichen Marine.

[100] Max von Fischel (1850–1929) trat 1867 in die Marine des Norddeutschen Bundes ein, wurde 1907 zum Admiral befördert und war vom 1.10.1909 bis 11.3.1911 Chef des Admiralstabes der Kaiserlichen Marine.

[101] August von Heeringen (1855–1927) trat 1872 in die Kaiserliche Marine ein und war dort vom 12.3.1911 bis 31.3.1913 Chef des Admiralstabes.

[102] Berghahn, Der Tirpitz-Plan, S. 102.

III. Die gedanklichen Grundlagen

se Entwicklung griff der deutsche Admiralstab die Vorstellung von taktischen Angriffen gegen die britische Küste auf, um die vermeintlich unumgängliche Entscheidungsschlacht herbeizuführen. Der Kampf in den der Küste vorgelagerten Seegebieten entsprechend dem Tenor der Dienstschrift Nr. IX stellte also trotz der skizzierten Ausdifferenzierung und kurzfristigen Modifizierungen in den Kriegsvorstellungen eine vorherrschende Konstante dar.[103] Wie nah im Grunde die Kriegsbilder von Tirpitz und der Admiralstabsführung beisammen lagen, wird anhand der Auswertung einer geheimen Denkschrift des Admiralstabschefs vom 18. August 1910 deutlich.[104] Die Übereinstimmung der Gedankengänge zeigt sich darin, dass Großbritannien als Hauptgegner und die Nordsee als zukünftiger Kriegsschauplatz angenommen wurden, die Zerschlagung der deutschen Seemacht und Wirtschaftskraft als britisches Kriegsziel eingeschätzt wurde, die Vorstellung einer Fernblockade unerträglich schien und der Gedanke vorherrschte, man könne mit den Linienschiffen eine Entscheidungsschlacht erzwingen und der Royal Navy trotz eigener zahlenmäßiger Unterlegenheit mit einer gewissen Aussicht auf Erfolg gegenübertreten.[105] Selbst der Operationsbefehl Nr. 8 des Chefs des Admiralstabs der Marine an den Chef der Hochseestreitkräfte vom 30. Juli 1914,[106] in dem von britischen Bewachungs- und Blockadestreitkräften in der Deutschen Bucht und der Herbeiführung einer Schlacht ausgegangen wurde, zeigt die Erstarrung in den in der Dienstschrift Nr. IX vorgegebenen Denkmustern und die Wirkmächtigkeit des Tirpitzschen Leitbildes.[107] Laut Kennedy habe Tirpitz an seinen strategischen Grundsätzen »unglaublich starr«[108] festgehalten. Andererseits rüttelte Tirpitz vielleicht, als er im Mai 1914 im Gespräch mit dem Flottenchef Friedrich von Ingenohl das voraussichtliche Vorgehen der britischen Flotte für den Kriegsfall aber doch noch einmal grundsätzlich hinterfragte, an einem in der Kaiserlichen Marine bereits geradezu dogmatisch erstarrten Leitbild vom Wesen der Seekriegführung.[109] Auch hinter diesem Leitbild vom Kriege verbargen sich fragwürdige Wunschvorstellungen. Denn bei realistischer Einschätzung der Kräfte, die der Kaiserlichen Marine 1914 zur Verfügung standen, war für die deutsche Seite höchstens mit einem Achtungserfolg gegen die Royal Navy zu rechnen, nicht jedoch mit einem Vernichtungssieg von strategischer Tragweite.[110]

Zusammenfassend lässt sich zu den Entwicklungen der Kriegsbilder in den deutschen Streitkräften am Vorabend des Ersten Weltkrieges Folgendes festhalten: Sie verliefen in Armee und Marine des Kaiserreiches weitestgehend un-

---

[103] Nägler, Operative und strategische Vorstellungen, S. 41−50 und 55 f.; Kennedy, Maritime Strategieprobleme, S. 187 und 198−200; Kelly, Tirpitz, S. 361−365.
[104] BArch, RM 5/1607, fol. 75−80, Ganz geheime Denkschrift Nr. 10 »Ostsee oder Nordsee als Kriegsschauplatz« des Admiralstabs der Marine vom 18.8.1910.
[105] Ebd., S. 1−10; vgl. Nägler, Operative und strategische Vorstellungen, S. 41−50.
[106] Befehl Nr. 8 des Chefs des Admiralstabs der Marine an Chef der Hochseestreitkräfte, Berlin 30.7.1914, RM 47/1 Bl. 5. In: Die deutsche Seekriegsleitung, S. 67.
[107] Nägler, Operative und strategische Vorstellungen, S. 55 f.
[108] Kennedy, Maritime Strategieprobleme, S. 202.
[109] Rödel, Krieger, Denker, Amateure, S. 90; Epkenhans, Tirpitz, S. 54 f.
[110] Rahn, Strategische Optionen, S. 214 f.

abhängig voneinander und wurden auf strategischer Ebene nicht koordiniert. Ein polykratisches, auf Rivalität um Ressourcen ausgelegtes System begünstigte ein vorwiegend ressortegoistisches, operativ geprägtes Denken.[111] Trotz ganz unterschiedlicher Einschätzungen der zukünftigen Hauptgegner im Kriege zu Land (Frankreich und Russland) und zur See (Großbritannien) weisen die Denkmuster in der Heeres- und Marineführung grundlegende Parallelen auf. Aus der Ungunst der geostrategischen Mittellage des Deutschen Reiches und aufgrund des Fehlens bedeutsamer überseeischer Stützpunkte entwickelten die militärischen Eliten des Kaiserreiches Vorstellungen, die in geradezu dogmatischer und fatalistischer Weise auf einen kurzen Krieg gegen eine personell wie materiell überlegene Feindkoalition in Europa fixiert waren. Ein langwieriger Ermattungskrieg zu Lande oder ein Kreuzerkrieg zur See wurden gedanklich ausgeblendet, da sie aus innenpolitischen und wirtschaftlichen Gründen negiert wurden. Stattdessen konzentrierten sich die Vorstellungen auf die durch schnelle und gewandte Operationen herbeigeführte Vernichtungs- und Entscheidungsschlacht, sowohl zu Lande als auch auf See, in der moralischen Faktoren eine besondere Bedeutung zukommen würde. Im Kern allerdings handelte es sich sowohl bei der Heeres- als auch bei der Marineführung um Wunschvorstellungen unter Idealbedingungen.[112] Sie unterlagen offenbar einem starken sozialen Druck und standen im Banne sozialdarwinistischer Denkmuster. Dabei ging es prinzipiell um die strategische Defensive, die – beim Heer in stärkerem Maße als in der Marine – durch die operative und taktische Offensive erfolgreich gestaltet werden sollte. Der Luftkrieg war angesichts des Standes der technischen Entwicklung in diesem Bereich weder bei der Heeres- noch bei der Marineführung ein fester Bestandteil des Kriegsbildes.[113] Anhand der geschilderten Beispiele wurde zudem deutlich, dass Kriegsbilder sich individuell verändern oder einen Doppelcharakter zwischen offizieller und privater Sichtweise annehmen können.

---

[111] Auf der politisch-militärstrategischen Führungsebene herrschte im Kaiserreich ein Kompetenzgewirr. Reichskanzler, Kriegsminister, Chefs von Militärkabinetten, Chefs der General- und Admiralstäbe, Reichsmarineamt und diverse andere Immediatstellen wetteiferten um die Gunst des Kaisers. Ein einheitliches Oberkommando und eine Gesamtstrategie gab es nicht. Siehe dazu: Müller, Anmerkungen zur Entwicklung, S. 415; Förster, Der deutsche Generalstab, S. 80; Groß, Mythos und Wirklichkeit, S. 103 f., 116 f., 119 und 143; Megargee, Hitler und die Generäle, S. 3; Berghahn, Der Tirpitz-Plan, S. 105 f. und 113 f.; Kennedy, Maritime Strategieprobleme, S. 203 und 209; Nägler, Operative und strategische Vorstellungen, S. 24, 35 und 38; Hobson, Imperialism at Sea, S. 274–284 und 330; Hubatsch, Der Admiralstab, S. 83. Groß sprach in diesem Kontext von einer »systemimmanente[n] Abschottung« der Vorstellungswelten. Groß, Mythos und Wirklichkeit, S. 104.

[112] Diese Bewertung fällt aus der Rückschau recht leicht. Gerd Krumeich warnte allerdings in einem Vortrag zur Bedeutung des Begriffs »avant-guerre« im November 2011 davor, anachronistische Maßstäbe anzulegen, da unsere Vorkriegszeit eben nicht diejenige der Zeitgenossen darstelle.

[113] Neitzel, Zum strategischen Mißerfolg verdammt?, S. 174. Im technologisch noch jungen Flugzeug und im Luftschiff sah die Militärführung allenfalls ein Hilfsmittel für die Aufklärung im Land- und Seekrieg. Ebd., S. 168.

2. Desillusionierung: Die Realitäten des Ersten Weltkrieges

Im Sommer 1914 traten die Mittelmächte mit 3,7 Millionen und die Entente mit 5,8 Millionen Soldaten in den Ersten Weltkrieg ein.[114] Auf deutscher Seite folgte die Kriegführung zunächst vor allem dem Moltkeplan, der ja das quasi-strategische Konzept, zum Teil die Grundlage und zugleich aber auch das Resultat des offiziellen Kriegsbildes im Großen Generalstab darstellte und für diplomatische Lösungen wenig Zeit ließ.[115] Trotz ungeheurer Anstrengungen und Leistungen der Soldaten ließ die Kraft des deutschen Angriffs im Westen nach, nicht zuletzt weil es an der für eine Umfassungsoffensive notwendigen motorisierten Transportkapazität mangelte. An der Marne war der Kulminationspunkt der Offensive erreicht. Die Hypertrophie des Angriffsgeistes führte in Kombination mit der Wirkung moderner Schnellfeuerwaffen zu derart hohen Verlusten unter den angreifenden deutschen Verbänden an der Westfront, dass deren Gefechtsstärken um teilweise über 50 Prozent sanken.[116] Diese hohen Verluste, die Erschöpfung der Mobilmachungsvorräte sowie die Schwierigkeit, Millionenheere in einem Bewegungskrieg zu Fuß und zu Pferd zu vernichten, bedingten schließlich nach dem sogenannten Wettlauf zum Meer im Herbst 1914 den Übergang zum Stellungskrieg.[117] Das eigentlich operativ-strategische Konzept einer schnellen Schlacht- und Kriegsentscheidung mit einer Vernichtung der feindlichen Armeen im Westen war damit gescheitert. Das offizielle Kriegsbild der Vorjahre erwies sich als eine Illusion. Auf der taktischen Ebene wurde die Friedensausbildung – ein Ausfluss des offiziellen Kriegsbildes – durch die Kriegsrealität ad absurdum geführt.[118] Jost Dülffer gelangte daher zu der Bewertung, dass die Erfahrungen aus den Kriegen seit 1899 nicht angemessen reflektiert worden seien. Dies betraf sowohl die technische Entwicklung als auch die Einschätzung der Wirkungen feindlichen Feuers auf die eigenen Operationen.[119] Erich von Falkenhayn,[120] nach Ablösung Moltkes d.J. am 14. September 1914 neuer Chef der Obersten Heeresleitung (OHL), musste diese Einsicht ebenfalls verinnerlichen. Gegenüber

---

[114] Groß, Mythos und Wirklichkeit, S. 26.
[115] Müller, Anmerkungen zur Entwicklung, S. 432; Groß, There was a Schlieffen Plan, S. 158.
[116] Müller, Anmerkungen zur Entwicklung, S. 441; Groß, Das Dogma der Beweglichkeit, S. 147; Groß, Mythos und Wirklichkeit, S. 95 und 140.
[117] Müller, Anmerkungen zur Entwicklung, S. 435 f.; Groß, Mythos und Wirklichkeit, S. 105–108; Strohn, The German Army and the Defence, S. 36–40.
[118] Groß, Das Dogma der Beweglichkeit, S. 147 f.; Groß, Mythos und Wirklichkeit, S. 108 und 140 f.; Förster, Der deutsche Generalstab, S. 63; Schramm, Vom zeitgerechten Kriegsbild, S. 652; Megargee, Hitler und die Generäle, S. 13; Müller, Anmerkungen zur Entwicklung, S. 442. Auch bei anderen europäischen Großmächten führte das starre Festhalten der Militärführung an traditionellen Denkmustern zu hohen Verlusten. Siehe dazu: Brühl/Förster, Militärtechnik, S. 276.
[119] Dülffer, Kriegserwartung und Kriegsbild, S. 108; Citino, The Path to Blitzkrieg, S. 15.
[120] Erich von Falkenhayn (1861–1922) trat nach Besuch der Kadettenanstalt 1880 in die preußische Armee ein, wurde 1893 Angehöriger des Großen Generalstabs und war von 1896 bis 1903 als Militärberater in China tätig. 1913 wurde er preußischer Kriegsminister und übernahm vom 14.9.1914 bis 29.8.1916 den Posten als Chef des Generalstabs.

dem italienischen Militärattaché stellte Falkenhayn im November 1914 zum Wesen des Krieges ernüchtert fest: »Wir waren alle blind.«[121] Sein Befehl vom 25. November 1914, dass das Heer zum Stellungskrieg übergehen sollte, stellt eine Zäsur in den Denkmustern der deutschen Militärführung dar.[122] Es ist naheliegend, dass in der OHL unter Falkenhayn nun kein zukünftiger Krieg mehr vorausgedacht wurde. Es galt vielmehr, den bereits stattfindenden Krieg möglichst erfolgreich zu führen. Daher beherrschte das reine operative Denken in den Kriegsjahren die Militärführung.

Da der Verlust der Initiative im Westen in den Vorjahren gedanklich regelmäßig ausgeblendet worden war, mussten spätestens seit 1915 erhebliche Lernprozesse auf operativer und taktischer Ebene einsetzen, die den Realitäten des Krieges Rechnung trugen. Ein Ergebnis dieser Denkprozesse waren die »Gesichtspunkte für den Stellungskrieg«,[123] herausgegeben vom Chef des Generalstabs im Oktober 1915. Das Wesen des Stellungskrieges zeigte sich an durchlaufenden, tiefgestaffelten Grabensystemen und umfangreichen Sperren, in der Wirkung der automatischen Waffen sowie bei der aus verdeckter Feuerstellung schießenden Artillerie. Die Infanterie wurde zur Hauptträgerin des Kampfes. Die Bedeutung der Artillerie stieg gewaltig an, während die Kavallerie die ihre im Westen verlor. Panzer kamen im Verlauf des Krieges als eine neue Waffengattung auf, wurden aber nicht für selbstständige Operationen eingesetzt. Das Maschinengewehr, Trommelfeuer der Artillerie und Giftgas prägten die Kriegserfahrungen des einfachen Soldaten im Westen.[124] Die Kriegsteilnehmer erlebten eine »radikale[...] Entwertung des Individuums«.[125] Unter ihnen befanden sich als junge Offiziere Adolf Heusinger[126] und Hans Speidel.[127] Heusinger nahm ab November 1915 am Krieg an der Westfront teil, zunächst als Infanterist und Gruppenführer, nach einer Verwundung als Ordonnanzoffizier des Bataillons. Im Juli 1917 geriet er in britische Kriegsgefangenschaft. Speidel trat im November 1914 als Fahnenjunker in ein Grenadierregiment ein und sammelte ebenfalls an der Westfront (in Flandern, an der Somme und bei Cambrai) in den nächsten vier Jahren Kriegserfahrungen als Zug- und Kompanieführer der Infanterie.

Die Materialschlachten an der Westfront, für welche die Chiffren »Verdun« und »Somme« stehen, verliehen dem Krieg zunehmend den Charakter eines Abnutzungskrieges, in dem sich die operative Ausweitung eines taktischen Durchbruchs in den kilometertiefen Stellungssystemen als unmöglich erwies.[128]

---

[121] Zit. nach Afflerbach, Planning Total War?, S. 118.
[122] Falkenhayn, Die Oberste Heeresleitung, S. 30–36. Siehe dazu: Strohn, The German Army and the Defence, S. 40–43.
[123] Strohn, The German Army and the Defence, S. 44.
[124] Groß, Das Dogma der Beweglichkeit, S. 148–151; Groß, Mythos und Wirklichkeit, S. 105–143.
[125] Geyer, Das Stigma der Gewalt, S. 679.
[126] Meyer, Adolf Heusinger, S. 50–78; Meyer, Drei deutsche Generale, S. 51.
[127] Tönsgerlemann, General Prof. Dr. Hans Speidel, S. 81 f. Vgl. Krautkrämer, Generalleutnant Dr. phil. Hans Speidel, S. 245; Range, General Dr. Hans Speidel, S. 32; Meyer, Drei deutsche Generale, S. 51.
[128] Müller, Anmerkungen zur Entwicklung, S. 437–439; Groß, Mythos und Wirklichkeit, S. 105.

III. Die gedanklichen Grundlagen _____ 87

Diese Erfahrung machten im Krieg zuletzt Paul von Hindenburg[129] und Erich Ludendorff,[130] die am 29. August 1916 die OHL übernommen hatten. Hindenburg musste feststellen, dass der Krieg das Wesen eines »Erschöpfungskrieges«[131] angenommen hatte. Die 3. OHL entwickelte moderne Verteidigungs- und Angriffsverfahren, in erster Linie defensive Konzepte wie Raumverteidigung und Tiefengliederung, Gefecht der verbundenen Waffen und beweglich geführte Verteidigung sowie Stoßtrupp- und Kampfgruppenverfahren, um den Einsatz der relativ beschränkten Kräfte und Kriegsmittel möglichst exakt aufeinander abzustimmen.[132] Allerdings gelang der deutsche Durchbruchsversuch auch in der letzten großen Offensive des Jahres 1918 vor allem wegen fehlender Mobilität und unzureichender Logistik nicht.[133] Nach vier Jahren Blockade- und Abnutzungskrieg waren die Kräfte des Deutschen Reiches erschöpft. Was dem deutschen Heer missglückte, gelang den materiell weit überlegenen Westmächten im August 1918 durch den massierten Einsatz ihrer Tanks und mit maßgeblicher Unterstützung der USA: der operative Durchbruch der deutschen Verteidigung und mit der Aussicht, nun einen Bewegungskrieg führen zu können.[134] Der Waffenstillstand am 11. November 1918 bedeutete das Ende der offenen militärischen Auseinandersetzung und die Niederlage des Deutschen Reiches. Am Ende dieses Krieges hatten – gerade im Gegensatz zu den offiziellen Kriegsbildern vor 1914 – doch die verfügbaren Ressourcen von Menschen und Material über taktische Effizienz triumphiert.[135]

Daran änderte auch die relativ erfolgreiche deutsche Kriegführung an der Ostfront nichts, wo es ebenfalls zu erheblichen Abweichungen der Kriegsrealität vom offiziellen Kriegsbild gekommen war. Mobilisierung und Aufmarsch des russischen Heeres hatten sich im Sommer 1914 recht schnell vollzogen. Angesichts der eher erfolglosen russischen Kriegführung erwies sich das Bild der »Dampfwalze« schon in der Schlacht von Tannenberg Ende August 1914 als Irrtum.[136] Im Gegensatz zur Westfront gelang dem verhältnismäßig kleinen Teil der deutschen Landstreitkräfte im Osten häufiger eine bewegliche Kriegführung,

---

[129] Paul von Beneckendorff und von Hindenburg (1847–1934) trat nach Besuch der Kadettenanstalt 1866 in die preußische Armee ein, wurde 1877 in den Großen Generalstab berufen, war im Ersten Weltkrieg zunächst Oberbefehlshaber der 8. Armee, Generalstabschef des Feldheeres und übernahm 1916 mit Ludendorff bis 1919 die OHL, die Wilhelm II. praktisch entmachtete. Nach dem Krieg wurde er ein Vertreter der Dolchstoßlegende und 1925 zum Reichspräsidenten gewählt.
[130] Erich Ludendorff (1865–1937) trat nach dem Besuch von Kadettenanstalten 1882 in die preußische Armee ein, wurde 1896 in den Generalstabsdienst und 1908 in den Großen Generalstab berufen. Im Ersten Weltkrieg war er Stabschef der 8. Armee in Ostpreußen, damit auch operativer Kopf der Schlacht von Tannenberg, und ab 1916 Stellvertreter Hindenburgs in der OHL mit diktatorischen Vollmachten bis zu seiner Entlassung am 26.10.1918.
[131] Strohn, The German Army and the Defence, S. 49.
[132] Groß, Das Dogma der Beweglichkeit, S. 148 f.; Groß, Mythos und Wirklichkeit, S. 129 f. und 136 f.; Stachelbeck, Militärische Effektivität, S. 61–195; Strohn, The German Army and the Defence, S. 48–62.
[133] Groß, Das Dogma der Beweglichkeit, S. 152 f.; Groß, Mythos und Wirklichkeit, S. 135–140.
[134] Groß, Das Dogma der Beweglichkeit, S. 150; Citino, The Path to Blitzkrieg, S. 2.
[135] Groß, Mythos und Wirklichkeit, S. 128 f.
[136] Hoeres, Die Slawen, S. 179; Groß, Mythos und Wirklichkeit, S. 108 f.

nicht nur in der Defensive, sondern auch in der Offensive wie beispielsweise in der Durchbruchsschlacht bei Gorlice-Tarnow 1915.[137] Besonders interessant für Kriegsbilder zukünftiger Militärführungen sollte sich die Ostfront erweisen, wo die Kriegserfahrungen mit Fremdheits- und Raumerfahrungen verbunden waren und sich Feindbilder verfestigten, die gut zwanzig Jahre später wieder eine Rolle im Denken der deutschen Generäle spielten.[138] Wurde der westliche Kriegsgegner noch als Kulturnation wahrgenommen, mischten sich unter den Kriegseindrücken die Urteile über Slawen mit den Stereotypen asiatischer Wildheit und Grausamkeit. Bei vielen deutschen Kriegsteilnehmern wurde dadurch ein kulturelles und militärisches Überlegenheitsgefühl erzeugt bzw. verstärkt.[139] Interessanterweise herrschte auf beiden Seiten der Ostfront schon im Ersten Weltkrieg ein »eliminatorischer Nationalismus«[140] in der Kriegführung vor.

Im Bereich der Seekriegführung zeigte sich, dass – entgegen dem Kriegsbild der Marineführung – die Entscheidungsschlacht in der Nordsee ausblieb. Indem sich die Royal Navy auf die Fernblockade konzentrierte und nur gelegentliche Vorstöße in die südliche Nordsee unternahm, entfiel eine zentrale Bedingung für einen eventuell möglichen Erfolg in einer Entscheidungsschlacht der ohnehin noch nicht zu ihrer vorgesehenen Stärke ausgebauten Risikoflotte. Ihre politische Stabilisierungs- und Abschreckungsfunktion hatte sie ja bereits zuvor verfehlt.[141] Im Bezug auf das leitende Kriegsbild der Marineführung sprach Christian Rödel von einer »Fehleinschätzung«,[142] der Tirpitz und die deutsche Marineführung aufgesessen seien, Eva Besteck von einer »ideologisch bedingten Fehlperzeption«,[143] Frank Nägler von einer erst aus der Rückschau erkennbaren »Fehlkalkulation« eines seinerzeit schlüssigen und wirkmächtigen Konzepts.[144]

Statt die deutsche Flotte anzugreifen, konzentrierte sich die Royal Navy auf den Schutz der Britischen Inseln und der Seeverbindungen des Empire. Die erwartete Nahblockade und die Anwesenheit britischer Streitkräfte vor der deutschen Küste blieben dagegen aus. Die stattdessen angewandte Fernblockade schnitt das Reich von kriegswichtigen Importen ab und forderte zahlreiche Opfer unter der deutschen Zivilbevölkerung. Zugleich offenbarte sie die Machtlosigkeit der deutschen Schlachtflotte. Die einseitige Festlegung auf den Bau der Schlachtflotte erwies sich nun als Fehlrüstung. Auf die britische Kriegsstrategie war die Marineführung des Kaiserreichs weder praktisch noch gedanklich vorbereitet. Vielmehr hielt sie am bereits in der Dienstschrift Nr. IX vorgezeichneten Kriegsleitbild fest. Während die Armeen des Deutschen Reiches den Landkrieg zunächst offensiv führten, beschränkte sich die Schlachtflotte weitestgehend auf die Defensive. Trotz Ihrer

---

[137] Groß, Das Dogma der Beweglichkeit, S. 148; Groß, Mythos und Wirklichkeit, S. 109.
[138] Feindbild definiert Peter Jahn als »Bündelung negativer Qualitäten [...], die einer sozialen Gruppe als starr und unveränderlich zugeschrieben werden.« Jahn, »Russenfurcht«, S. 56.
[139] Hürter, Kriegserfahrung, S. 766 f.; Hoeres, Die Slawen, S. 187–192; Groß, Mythos und Wirklichkeit, S. 112 f. und 128.
[140] Bergien, Vorspiel des »Vernichtungskrieges«?, S. 401.
[141] Berghahn, Der Tirpitz-Plan, S. 600–604.
[142] Rödel, Krieger, Denker, Amateure, S. 142.
[143] Besteck, Die trügerische »First Line of Defence«, S. 103.
[144] Nägler, Operative und strategische Vorstellungen, S. 20 f. und 56.

III. Die gedanklichen Grundlagen _____ 89

Nutzlosigkeit sollte sie nach den Vorstellungen der Reichsleitung und anfänglich auch von Tirpitz als politisches Instrument intakt bleiben.[145]

Der deutsche U-Bootkrieg entwickelte sich in mehreren Phasen – schließlich sogar unter Inkaufnahme des Bruchs mit den USA – aus dem Dilemma eines verfehlten Kriegsbildes heraus. Aber auch er konnte die gewünschten Erfolge nicht erzielen. Lediglich die russische Position konnten die Mittelmächte schwächen, indem sie die Dardanellen beherrschten und die Ostsee-Zugänge sperrten. Wegen der deutschen Schlachtflotte konnten zudem britische Anlandungen im Rücken der deutschen Landfront nicht realisiert werden. Insgesamt erwiesen sich die Konzepte der Marineführung im Krieg jedoch als untauglich.[146] Das Kriegsleitbild im Reichsmarineamt und im Admiralstab am Vorabend des Ersten Weltkrieges war von dem im Krieg tatsächlich praktizierten Vorgehen weit entfernt gewesen.[147]

Erst im Verlauf des Krieges eröffnete der Luftkrieg aufgrund technischer Weiterentwicklungen eine neue Dimension militärischer Auseinandersetzungen. Einsatzaufgaben und Umfang der Militärfliegerei wurden erheblich ausgedehnt, blieben aber in die Organisation von Heer und Marine eingebettet. Trotz zahlenmäßiger Unterlegenheit waren die deutschen Luftkriegsmittel denen der Westalliierten technisch ebenbürtig und erfolgreich. Doch war der Einsatz der Flugzeuge taktisch, d.h. meist auf die Unterstützung des Heeres unmittelbar über den Schlachtfeldern (Nahaufklärung, Jagdeinsatz und Schlachtfliegereinsatz) beschränkt. Angriffe mit Luftschiffen und Bombern auf Städte des Gegners (v.a. London und Paris) blieben Episode.[148] Sie haben sich vor allem in das kollektive Gedächtnis der Briten eingebrannt.

Insgesamt dient der Erste Weltkrieg als anschaulicher Beleg dafür, wie groß die Diskrepanz zwischen Kriegsbildern und der Kriegswirklichkeit sein kann. Offensichtlich ist der Charakter dieses Krieges weder zu Lande noch zur See hinreichend erfasst worden. Der Große Generalstab hatte sein Wesen als letztlich weltweiter Wirtschaftskrieg mit einem bis dahin unbekannten Grad der Mobilisierung ökonomischer, materieller und personeller Ressourcen verkannt.[149] Er hatte die mit zunehmender Dauer auftretende Totalisierung des Krieges und zunehmende Verschränkung militärischer und ziviler Angelegenheiten nicht vorhergesehen und vorbereitet.[150] Christian Müller sprach deshalb von einer »alle Ebenen des Kriegsbildes durchziehenden Reihe falscher Prämissen«.[151] Reinhard

---

[145] Rahn, Strategische Optionen, S. 215 f.; Epkenhans, Tirpitz, S. 57–71; Kelly, Tirpitz, S. 375–393; Offer, The First World War, S. 23–78. Siehe hierzu auch: Hopman, Das ereignisreiche Leben, S. 410 f.
[146] Rahn, Strategische Optionen, S. 216–219 und S. 224 f.; Nägler, Operative und strategische Vorstellungen, S. 27. Zur phasenweisen Entwicklung des U-Bootkrieges siehe Rahn, Strategische Optionen, S. 217 f.; Kelly, Tirpitz, S. 393–401.
[147] Nägler, Operative und strategische Vorstellungen, S. 46.
[148] Neitzel, Zum strategischen Mißerfolg verdammt?, S. 167–176.
[149] Müller, Anmerkungen zur Entwicklung, S. 437–439; Kutz, Realitätsflucht und Aggression, S. 61; Creveld, Supplying war, S. 231–234.
[150] Hürter, Hitlers Generäle, S. 265.
[151] Müller, Anmerkungen zur Entwicklung, S. 440.

Brühl formulierte seine Bewertung noch schärfer: »Das Kriegsbild der führenden Militärs war weit von der Kriegswirklichkeit entfernt.«[152] Doch um welchen Preis hätte es sich – auch in anderen Großmächten – eine Militärführung im Zeitalter des Imperialismus überhaupt erlauben können, mehr als zehn Millionen Tote, den Verfall der Weltwirtschaft und das Ende der Vorherrschaft Europas, die der Krieg letztlich tatsächlich fordern sollte, öffentlich als Kriegsbild zu thematisieren? Der Krieg und die sich unmittelbar anschließenden Bürgerkriege brachten aber gewisse kollektive Erfahrungen mit sich, wie zum Beispiel die mangelnde Blockadefestigkeit der deutschen Kriegsgesellschaft und das doppelte Trauma der Niederlage und Revolution,[153] die zu »Schlüsselerlebnissen«[154] für die Generäle des Zweiten Weltkriegs werden sollten.

3. Zwischen der Renaissance des beweglichen Operationskriegs, totalem Volkskrieg und Blitzkrieg: Kriegsbilder in der Zwischenkriegszeit

In der Zwischenkriegszeit wurden die deutschen Streitkräfte, d.h. die vorläufige Reichswehr bis zum 31. März 1921, danach die Reichswehr und seit 21. Mai 1935 die Wehrmacht, zunächst sehr stark von den Bestimmungen des Versailler Vertrages geprägt. Diese sahen im militärischen Bereich im Wesentlichen eine Reduzierung der Armee auf 115 000 Soldaten, die Aussetzung der Wehrpflicht, ein Verbot von Offensivwaffen (v.a. Panzer, schwere Artillerie, Schlachtschiffe, U-Boote und Flugzeuge) sowie chemischer Kampfmittel vor. Verboten wurden ferner der Generalstab und die Kriegsakademie. Ein Reichswehrminister stand nunmehr über der Heeres- und Marineleitung, während der Präsident der neuen Republik den Oberbefehl innehatte.[155] Die Kernelemente des Generalstabs bestanden jedoch unter der Tarnbezeichnung »Truppenamt« in der Heeresleitung des Reichswehrministeriums weiter. Trotz, ja gerade wegen der Beschränkungen des Versailler Vertrages wurden hier weiterhin Vorstellungen von einem zukünftigen Krieg entwickelt. Im Truppenamt wurde zudem ab 1923 die sogenannte Führergehilfenausbildung, d.h. eine verdeckte General- und Admiralstabsausbildung, durchgeführt,[156] die von 1927 bis 1930 unter anderen auch Heusinger und Speidel absolvierten.[157]

---

[152] Brühl/Förster, Militärtechnik, S. 277.
[153] Hürter, Kriegserfahrung, S. 768–770.
[154] Ebd., S. 771.
[155] Citino, The Path to Blitzkrieg, S. 7 f.; Strohn, The German Army and the Defence, S. 84; Megargee, Hitler und die Generäle, S. 4.
[156] Wendt, »Totaler Krieg«, S. 385; Wendt, Zur Einführung; Rahn, Strategische Optionen, S. 224.
[157] Meyer, Adolf Heusinger, S. 101–109.

III. Die gedanklichen Grundlagen

Der Chef des Truppenamts war nunmehr formal dem Reichspräsidenten, dem Reichswehrminister und dem Chef der Heeresleitung unterstellt.[158] Allerdings rivalisierten Truppenamt und Reichswehrministerium miteinander. Dabei beherrschte der Primat des Militärischen in den Jahren der Weimarer Republik weiterhin das Denken.[159] Zudem blieb die Organisationskultur im Generalstab im Grunde unverändert. Sie beeinflusste die politischen, strategischen und operativen Debatten in der Reichswehr. Die im Truppenamt dominierende politische Zielvorstellung für das Deutsche Reich war zunächst die Wiedererlangung des Großmachtstatus und danach – trotz der Erfahrungen des Ersten Weltkriegs – die Erlangung eines Weltmachtstatus. Dies implizierte wiederum die Grundannahme von der Unvermeidbarkeit eines Krieges.[160] Denn es wurde an der Idee festgehalten, strategische Ziele durch einen operativen Sieg erreichen zu können, während die Verwässerung des Schlieffenplans durch Moltke d.J. und die Dolchstoßlegende schnell zu Gründen für die Niederlage erklärt wurden.[161] Gerhard P. Groß sieht hier lediglich neuen Wein in alte Schläuche gegossen.[162] Insofern wurde der Stellungskrieg in der Vorstellungswelt der Militärführung zu einer Negativfolie, vor der sich das Idealbild des Bewegungskriegs bei der weiteren Entwicklung der Kriegsvorstellungen nur noch verhärtete.[163] Ein langwieriger Materialkrieg könne – wie die Erfahrung der vorhergehenden Jahre ja gezeigt hatte – nicht gewonnen werden.[164] Trotz intensiver Auswertung der Erfahrungen des Ersten Weltkriegs in der Zeit der Weimarer Republik sollte sich der Lernprozess somit in erster Linie auf der operativ-taktischen und weniger auf der strategischen Ebene vollziehen.[165]

Hans von Seeckt,[166] seit dem 4. Juli 1919 Chef des Truppenamtes und seit April 1920 Chef der Heeresleitung, war ein bedeutender Vertreter traditioneller Denkmuster nach den Schulen Moltkes d.Ä. und Schlieffens.[167] Er war 1885 in das

---

[158] Megargee, Hitler und die Generäle, S. 4.
[159] Pöhlmann, Großer Krieg und nächster Krieg, S. 289; Groß, Mythos und Wirklichkeit, S. 149 und 195.
[160] Megargee, Hitler und die Generäle, S. 5–21; Groß, Das Dogma der Beweglichkeit, S. 148; Groß, Mythos und Wirklichkeit, S. 149 f. und 194 f.
[161] Megargee, Hitler und die Generäle, S. 16. Auch die Vergangenheitsbewältigung verlief interessengeleitet. Siehe dazu: Groß, Das Dogma der Beweglichkeit, S. 153 f.; Förster, Der deutsche Generalstab, S. 62.
[162] Groß, Mythos und Wirklichkeit, S. 145–149 und 194.
[163] Hürter, Hitlers Generäle, S. 265–267.
[164] Megargee, Hitler und die Generäle, S. 18; Groß, Mythos und Wirklichkeit, S. 194 f.
[165] Groß, Das Dogma der Beweglichkeit, S. 154.
[166] Hans von Seeckt (22.4.1866–27.12.1936) trat 1885 in das preußische Heer ein, war im Ersten Weltkrieg Chef des Stabes im III. Armeekorps, der 11. Armee und des osmanischen Feldheeres. 1919 fungierte er als Vertreter des Generalstabs bei den Versailler Friedensverhandlungen. Vom 1.10.1919 bis 8.10.1926 war er Chef der Heeresleitung und führender Kopf im Truppenamt. Wolfram Wette sah in ihm einen Vertreter des traditionellen Schwertglaubens und der Rückbesinnung auf die eigene militärische Kraft, auf die es im Zukunftskrieg beim Griff nach der Weltmacht ankommen würde. Wette, Militarismus in Deutschland, S. 149–154; Strohn, The German Army and the Defence, S. 89–91.
[167] Strohn, The German Army and the Defence, S. 123; Citino, The Path to Blitzkrieg, S. 7–72; Megargee, Hitler und die Generäle, S. 4 f.

preußische Heer eingetreten und im Ersten Weltkrieg unter anderem als Chef des Stabes im III. Armeekorps sowie der 11. Armee vorwiegend am östlichen und südöstlichen Kriegsschauplatz eingesetzt gewesen. Er hatte daher vor allem Erfahrungen im Bewegungskrieg gemacht und erlebt, wie besser geführte, ausgebildete und ausgerüstete Verbände sehr viel größere Feindkräftegruppierungen geschlagen hatten.[168] Aus seiner Sicht stellte der Umstand, an der Westfront der französischen Mobilmachung 1914 nicht durch schnelle Operationsführung zuvorgekommen zu sein, einen wesentlichen Grund für die Niederlage im Ersten Weltkrieg dar. Ein Massenheer wie das deutsche Feldheer des Jahres 1914 war für ihn zu unbeweglich und zu schwer zu führen.[169] Seeckts Kriegserfahrungen bestimmten sein Kriegsbild. In seinen Vorstellungen würde auch zukünftig überlegene Führungskunst, die sich moderner Technik bedient, einen zahlenmäßig weit überlegenen Feind besiegen.[170] Seeckts Denkschrift »Das Neuzeitliche Heer« vom Februar 1919 sowie die Vorschrift »Führung und Gefecht der verbundenen Waffen (F.u.G.)« von 1921/23 geben Aufschluss über sein Kriegsbild.[171] Für Seeckt kam es darauf an, den Stellungskrieg zu vermeiden. Darin, dass eine besser motivierte, hochprofessionelle, schnell mobilisierbare, hochbewegliche und flexibel operierende Streitmacht den Feind ausmanövrieren würde, sah Seeckt den Schlüssel zum Sieg in einem zukünftigen Krieg, in dem es wiederum um eine strategische Defensive gehen musste. Er forderte daher eine beweglich geführte Verteidigung des Reiches mit schnellen, weiträumigen und entscheidungssuchenden Angriffsoperationen, möglichst im grenznahen Territorium des Feindes. Selbst in der Kavallerie sah er dabei eine wichtige operative Größe und stützte sich bei dieser Einschätzung auf Erfahrungen aus dem Amerikanischen Bürgerkrieg, dem Russischen Bürgerkrieg sowie dem Griechisch-Türkischen Krieg. Allerdings dachte Seeckt beim Operationsheer über ein 100 000-Mann-Heer hinaus und bezog schwere Artillerie, Panzer bzw. Kampfwagen und Flugzeuge in die Überlegungen mit ein. Ein künftiger Krieg werde mit dem Kampf der Luftstreitkräfte um die Vorherrschaft in der dritten Dimension beginnen. Noch während diese Luftschlacht tobte, sollte sein unmittelbar einsatzbereites Heer mit schnellen Offensiven auf das feindliche Territorium vordringen und die gegnerische Armee vernichtend schlagen, noch bevor die ihre volle personelle und materielle Überlegenheit ausschöpfen konnte. Es ging also – wie schon bei Schlieffen – darum, das überlegene strategische Potenzial des Feindes zu unterlaufen. Seeckt ging er von einer Heeresstärke von 200 000 bis 300 000 Berufssoldaten aus, um in einem zukünftigen Krieg erfolgreich operieren zu können.[172] Im Falle eines feindlichen Vordringens auf Reichsgebiet sollte darüber hinaus ein Milizheer zur Verteidigung mobilisiert werden. Diesen

---

[168] Strohn, The German Army and the Defence, S. 89–91; Hoeres, Die Slawen, S. 180.
[169] Strohn, The German Army and the Defence, S. 98; Groß, Mythos und Wirklichkeit, S. 152.
[170] Wendt, »Totaler Krieg«, S. 386 f.; Megargee, Hitler und die Generäle, S. 18 f.
[171] Groß, Das Dogma der Beweglichkeit, S. 154; Groß, Mythos und Wirklichkeit, S. 153–155.
[172] Seeckt, Gedanken eines Soldaten, S. 93 f. und 117–151; Citino, The Path to Blitzkrieg, S. 9–11; Strohn, The German Army and the Defence, S. 96–99, S. 104 und 117; Groß, Mythos und Wirklichkeit, S. 150–155.

III. Die gedanklichen Grundlagen _____ 93

Hilfstruppen käme aber nur eine zweitrangige Bedeutung zu. Sie würden den Feind binden und einen Vorstoß in die Tiefe des eigenen Staatsgebiets zumindest verzögern. Die restliche Bevölkerung sollte die Kriegführung der Armee durch ihre Arbeit in der Industrie oder Landwirtschaft und im Falle der feindlichen Besetzung durch passiven Widerstand unterstützen. Nach den Erfahrungen der Revolution von 1918 hatte Seeckt jedoch kein Vertrauen in den Erfolg eines Volkskrieges.[173]

Mit gesamtgesellschaftlichen Aspekten der Kriegführung oder auch Fragen der Kriegswirtschaft – der strategischen Ebene also – beschäftigte sich Seeckt dagegen nicht eingehend. Er konzentrierte sich stattdessen auf das Operative, d.h. den schnellen Waffengang, die Beweglichkeit der Kriegführung und die Vernichtung des Feindes in einer Entscheidungsschlacht.[174] Matthias Strohn sah darin eine Nachwirkung des alten Offensivgeistes[175] und sprach für die Ära Seeckt von »the rebirth of the offensive«.[176] Seeckt überschätzte jedoch die operative Beweglichkeit der Infanterieverbände, denen schlichtweg noch die entsprechenden technischen Mittel fehlten.[177] Andererseits machte Seeckt mit seinem Kriegsbild sozusagen aus der politischen Not eine militärische Tugend. Er eröffnete damit den Angehörigen der neuen Reichswehr nach dem verlorenen Krieg eine Perspektive, die zu neuem Selbstbewusstsein verhalf.

Durch diese Instrumentalisierung der Kriegsvorstellungen hatte Seeckt einen bedeutenden Einfluss auf das Selbstbild der deutschen Armee in der Zwischenkriegszeit.[178] In der Tradition von Moltke d.Ä. bediente er sich zur gedanklichen Kriegsvorbereitung des Mittels der Übungen und Kriegsspiele. In der Ausbildung wurden Panzerattrappen verwandt.[179] Doch wird gerade an diesem Beispiel deutlich, dass Seeckts Kriegsbild ein eher langfristig ausgerichtetes Wunschdenken darstellte.[180] Wie sehr dieses von den kurz- und mittelfristigen Möglichkeiten der Weimarer Republik abwich, zeigte sich, als am 11. Januar 1923 ca. 250 000 französische und belgische Soldaten ins Ruhrgebiet einmarschierten.[181] Die Unfähigkeit der Reichswehr zu einer effektiven Landesverteidigung wurde in dieser Situation offensichtlich. Seeckt war sich denn auch bewusst, dass die Reichswehr in ihrer tatsächlichen Stärke den Krieg gegen die Invasoren nur verlieren konnte.[182] Die Munition der sieben Infanteriedivisionen hätte gerade

---

[173] Strohn, The German Army and the Defence, S. 94 und 100–102; Groß, Mythos und Wirklichkeit, S. 152 f.
[174] Deist, Die Reichswehr, S. 84 f.; Groß, Das Dogma der Beweglichkeit, S. 154; Groß, Mythos und Wirklichkeit, S. 153 f. und 157 f.
[175] Strohn, The German Army and the Defence, S. 4.
[176] Ebd., S. 89.
[177] Groß, Mythos und Wirklichkeit, S. 158.
[178] Strohn, The German Army and the Defence, S. 89.
[179] Citino, The Path to Blitzkrieg, S. 11 und 105–144.
[180] Geoffrey P. Megargee verwies Seeckts Vorstellungen ins »Reich der Phantasie«. Megargee, Hitler und die Generäle, S. 19. Groß sprach von »Utopismus«. Groß, Mythos und Wirklichkeit, S. 159.
[181] Allein Frankreich verfügte zu dieser Zeit über eine Million Soldaten. Citino, The Path to Blitzkrieg, S. 7 f.; Strohn, The German Army and the Defence, S. 84.
[182] Ebd., S. 64. Vgl. Groß, Das Dogma der Beweglichkeit, S. 154 f.

einmal für eine Stunde Gefecht gereicht.[183] Reichskanzler Wilhelm Cuno proklamierte daher im Ruhrgebiet den passiven Widerstand, der nach neun Monaten wegen der wirtschaftlichen Situation und innenpolitischer Spannungen wieder aufgegeben werden musste.[184]

Gerade angesichts der Handlungsunfähigkeit der Reichswehr während der Besetzung des Ruhrgebiets entwickelte um die Jahreswende 1923/24 eine Gruppe jüngerer Offiziere im Truppenamt um den Chef der Heeresabteilung (T 1), Joachim von Stülpnagel,[185] ein alternatives Kriegsbild.[186] Stülpnagel hatte den Ersten Weltkrieg als Generalstabsoffizier an der Ost- und Westfront in verschiedenen Großverbänden erlebt und arbeitete seit 1920 im Reichswehrministerium. Für ihn stellten die Vorstellungen Seeckts nur Utopien dar. War in Seeckts Kriegsbild das Militär vom zivilen Bereich gedanklich weitgehend getrennt, so sprach sich Stülpnagel für die Radikalisierung der Kriegführung und unter Einbeziehung der Zivilbevölkerung aus.[187] Im Februar 1924 präsentierte er mit seinem Vortrag »Gedanken über den Krieg der Zukunft«[188] den Offizieren des Reichswehrministeriums sein Kriegsbild. Das Ziel eines zukünftigen Krieges sei es, so Stülpnagel, die durch den Versailler Vertrag geschaffenen Friedensbedingungen trotz der auf mindestens zehn Jahre absehbaren Unterlegenheit der Reichswehr außer Kraft zu setzen. Seine Vorstellungen kreisten daher um einen planmäßig vorbereiteten und bewusst aufgenommenen Volkskrieg gegen Frankreich und Polen mit Unterstützung der Sowjetunion und wohlwollender Neutralität Großbritanniens. Der Krieg sollte nach etwa fünfjähriger Vorbereitungszeit oder nach einem Präventivschlag Frankreichs aufgenommen werden. Solange das Deutsche Reich militärisch unterlegen sei, müsse die Kriegführung noch ausgesprochen defensiv ausgelegt sein. Stülpnagel sah in einer ersten Kriegsphase einen hinhaltenden Widerstand durch schnell bewegliche kleine Kampfgruppen in den tiefen Grenzräumen des Reiches als Zermürbungsstrategie vor. Im Rahmen einer »Erhebung des ganzen Volkes zur Befreiung im primitivsten Abwehrkampf«[189] sollte die Zivilbevölkerung – durch Abzeichen in den Kombattantenstatus erhoben – im Rücken des Feindes einen Kleinkrieg führen. Auf jede erdenkliche Weise, auch mittels Sabotage und

---

[183] Deist, Die Reichswehr, S. 85; Citino, The Path to Blitzkrieg, S. 140.
[184] Strohn, The German Army and the Defence, S. 134–140. Die operativen Studien »Sommerarbeit« und »Winterarbeit« des Truppenamtes aus dem Jahr 1923 hatten zu der Feststellung geführt, dass Deutschland bis auf Weiteres nicht verteidigungsfähig sei und im Kriegsfalle lediglich ein Rumpfdeutschland unbesetzt bliebe. Ebd., S. 156–160.
[185] Joachim von Stülpnagel (1880–1968) trat nach Besuch der Kadettenanstalt 1898 ins preußische Heer ein, wurde 1910 in die Aufmarschabteilung des Großen Generalstabs berufen, diente im Ersten Weltkrieg als Generalstabsoffizier an der Ost- und Westfront verschiedener Großverbände und arbeitete seit 1920 im Reichswehrministerium. Siehe dazu Strohn, The German Army and the Defence, S. 141.
[186] Deist, Die Reichswehr, S. 85; Citino, The Path to Blitzkrieg, S. 68; Strohn, The German Army and the Defence, S. 9; Groß, Mythos und Wirklichkeit, S. 162 f.
[187] Groß, Mythos und Wirklichkeit, S. 160 f.
[188] Ebd., S. 159. Siehe hierzu auch: BArch, N 5/10, Nachlass Joachim von Stülpnagel.
[189] Zit. nach Groß, Mythos und Wirklichkeit, S. 160. Siehe hierzu auch: BArch, N 5/20, Nachlass Joachim von Stülpnagel.

III. Die gedanklichen Grundlagen

Verseuchung, sollte der Vormarsch der französischen und polnischen Truppen aufgehalten werden. Stülpnagel war sich darüber im Klaren, dass dieser Krieg über eine gewisse Zeitspanne lediglich einer heroischen Geste gleichkommen würde. Die feindlichen Angriffsverbände sollten jedoch so geschwächt und verunsichert werden, dass die zunehmend – auch mit Flugzeugen – aufgerüstete Reichswehr, eventuell auch unterstützt von neu gewonnenen Verbündeten, in einer zweiten Kriegsphase zur entscheidenden Offensive beweglicher Verbände mit starker Artillerie- und Luftunterstützung übergehen könnte. In diesem letzten Punkt befand sich Stülpnagel gedanklich wieder nahe bei Seeckt.

Vom Gegner erwartete Stülpnagel Unterdrückungsmaßnahmen gegen die Zivilbevölkerung, wie Luftangriffe, auch unter Einsatz von Gasbomben, Deportationen und Geiselmord. Als Auswirkungen wären die Entvölkerung ganzer Landstriche und enorme Verluste hinzunehmen. Der Krieg würde mit Sieg oder Untergang enden.[190] Diese Kriegführung sollte insgesamt einer straffen militärischen Führung unterliegen und bedingte im Grunde einen totalitären Staat sowie die verstärkte Militarisierung von Staat, Wirtschaft und Gesellschaft.[191] Auch wenn Stülpnagels Vorstellungen 1924/25 in die Kriegsspiele der Reichswehr einflossen, Kunstbauten (Brücken, Straßen, Dämme) zur Sprengung vorbereitet wurden, der Einsatz chemischer Kampfstoffe vorgeplant wurde, sich die Zusammenarbeit zwischen Militär und zivilen Ressorts (Außen-, Innen-, Finanz- und Wirtschafts-, Ernährungs- sowie Verkehrsministerium) intensivierte, stand Seeckt den Vorstellungen Stülpnagels – zumindest der Zermürbungsstrategie seiner ersten angenommenen Kriegsphase – distanziert gegenüber: Fragen der Kriegführung und militärische Gewaltanwendung sollten ein Monopol der Reichswehr bleiben und so ihre Machtstellung im neuen Staat sichern.[192]

Bereits in einem Brief an den Reichspräsidenten Paul von Hindenburg vom 14. April 1925 hatte Stülpnagel selbstkritisch festgestellt, dass er nur ein unbequemer Mahner sei.[193] Wilhelm Heye,[194] Seeckts Nachfolger als Chef der Heeresleitung von 1926 bis 1930, zeigte sich Stülpnagels Gedankengängen gegenüber zwar aufgeschlossener und wollte daher vor allem die zivil-militärische Zusammenarbeit weiter ausbauen, konnte sich jedoch gegenüber dem Reichswehrministerium nicht durchsetzen.[195] Verstärkte Kritik, auch aus den Reihen des Offizierkorps der Reichswehr, führten um 1930 dazu, dass

---

[190] Deist, Die Reichswehr, S. 85 f.; Wendt, »Totaler Krieg«, S. 386–390; Strohn, The German Army and the Defence, S. 141–155; Groß, Mythos und Wirklichkeit, S. 159–162. Siehe hierzu auch: BArch, N 5/10, Nachlass Joachim von Stülpnagel.
[191] Strohn, The German Army and the Defence, S. 146; Groß, Mythos und Wirklichkeit, S. 163.
[192] Deist, Die Reichswehr, S. 86; Wendt, »Totaler Krieg«, S. 386–389; Groß, Mythos und Wirklichkeit, S. 160–165.
[193] Strohn, The German Army and the Defence, S. 154. Siehe dazu auch: BArch, N 5/10, Nachlass Joachim von Stülpnagel.
[194] Wilhelm Heye (1869–1947) trat 1888 in die preußische Armee ein, war seit 1900 Angehöriger des Generalstabs, im Ersten Weltkrieg Generalstabschef einer Heeresgruppe an der Ost- und Westfront sowie Chef der Operationsabteilung im Generalstab des Feldheeres. 1920 wurde er Chef des Truppenamtes, 1926 Chef der Heeresleitung und 1930 in den Ruhestand verabschiedet.
[195] Wendt, »Totaler Krieg«, S. 390; Strohn, The German Army and the Defence, S. 174–179.

die Gedanken an einen totalen Volkskrieg wieder verworfen wurden.[196] Auch wenn Stülpnagels Ideen nicht zum Kriegsleitbild erhoben wurden, muss bei der Entwicklung von Kriegsvorstellungen Mitte der 1920er Jahre doch von der Koexistenz und Konkurrenz zweier Kriegsbilder und Denkschulen in der deutschen Heeresführung gesprochen werden. Stülpnagels Denkansatz, der auf die Gedanken von Clausewitz auf Anfang des 19. Jahrhunderts und auf die Denkschule Moltkes d. Ä., aber auch die Erfahrung der Totalität des Ersten Weltkriegs zurückging, ist aufgrund seiner strategischen Ausrichtung bemerkenswert. Immerhin waren dieser Denkschule auch Werner von Blomberg und Werner von Fritsch zuzurechnen, die wenige Jahre später eine bedeutende Rolle in der Wehrmacht spielen sollten.[197] Die Vision eines totalen Volkskrieges scheiterte 1930 aber vor allem an der Person Wilhelm Groeners,[198] Reichswehrminister von 1928 bis 1932. Groeners hatte seit 1897 dem Großen Generalstab angehört und war im Ersten Weltkrieg Chef des Feldeisenbahnwesens im Großen Hauptquartier, stellvertretender Kriegsminister und Generalstabschef einer Heeresgruppe gewesen. Er galt als politisch gemäßigter Kopf und Vernunftrepublikaner. Aufgrund seiner Erfahrungen aus dem Ersten Weltkrieg und seiner Führungsposition in der vorläufigen Reichswehr genoss er eine weit größere Autorität als sein Vorgänger im Amt, Otto Geßler, wenngleich seine Sichtweise von der Heeresführung nur zum Teil mitgetragen wurde.[199] Groener erkannte den Primat der Politik an, dachte die Konsequenzen eines totalen Krieges zu Ende und erteilte den Plänen eines offensiven Volksbefreiungskrieges, der aus seiner Sicht nur in einer katastrophalen Niederlage enden konnte, eine klare Absage.[200] Mit seiner Weisung »Die Aufgaben der Wehrmacht« vom 16. April 1930 legte Groener gegenüber den Chefs der Heeres- und Marineleitung den Rahmen für einen Einsatz der Reichswehr und eine denkbare Kriegführung in der nächsten Zukunft fest. Die Reichswehr sollte als Instrument der Politik nur eingesetzt werden, wenn es eine realistische Aussicht auf einen operativen Erfolg gab.[201]

---

[196] Wendt, »Totaler Krieg«, S. 392 f.; Strohn, The German Army and the Defence, S. 102–104 und 151–154; Citino, The Path to Blitzkrieg, S. 68.

[197] Strohn, The German Army and the Defence, S. 8 und 142; Groß, Mythos und Wirklichkeit, S. 164–166.

[198] Wilhelm Groener (22.11.1867–3.5.1939) trat 1884 in die Württembergische Armee ein, gehörte ab 1897 dem großen Generalstab an und war im Ersten Weltkrieg Chef des Feldeisenbahnwesens im Großen Hauptquartier, stellvertretender Kriegsminister und Generalstabschef einer Heeresgruppe. Am 26.10.1918 wurde er faktisch Chef der OHL und leitete die Demobilisierung der deutschen Truppen und der vorläufigen Reichswehr. 1928 wurde er Reichswehrminister, 1931 zusätzlich kommissarischer Reichsinnenminister. Er galt als politisch gemäßigter Kopf und Vernunftrepublikaner. Dennoch waren seine Denkmuster zugleich von sozialdarwinistischen Vorstellungen des ewigen Lebenskampfes der Völker geprägt. Siehe dazu: Wette, Militarismus in Deutschland, S. 147–149.

[199] Groß wies darauf hin, dass trotz des mäßigenden Einflusses von Groener im Truppenamt weiterhin »das Kriegsbild der großen Offensiv- und Gegenschlagsoperationen« und das klassische operative Denken gepflegt wurden. Groß, Mythos und Wirklichkeit, S. 170.

[200] Wendt, »Totaler Krieg«, S. 392 f.; Groß, Mythos und Wirklichkeit, S. 196.

[201] Deist, Die Reichswehr, S. 89; Strohn, The German Army and the Defence, S. 182; Megargee, Hitler und die Generäle, S. 19 f.; Groß, Mythos und Wirklichkeit, S. 168 f.

III. Die gedanklichen Grundlagen

Zwei Studien des Truppenamts hatten jedoch 1929 zu dem Ergebnis geführt, dass die Reichswehr im Falle eines Krieges mit Frankreich vernichtet und Deutschland besetzt würde. Noch nicht einmal einem konzentrierten Angriff der polnischen Streitkräfte hätte die Reichswehr standhalten können.[202] Aus Sicht von Wilhelm Adam,[203] Chef des Truppenamtes von Oktober 1930 bis September 1933, musste ein Krieg – wie er in einem Bericht aus dem Jahr 1933 deutlich machte - wegen Deutschlands militärischer Schwäche um jeden Preis vermieden werden.[204] Noch im Mai 1934 hätte das deutsche Heer wegen begrenzter Munitions- und Betriebsstoffvorräte nicht länger als sechs Wochen Krieg führen können.[205] Aufgrund ihrer unzureichenden Stärke und Ausrüstung musste sich die Reichswehr – gerade in einem zu befürchtenden Zweifrontenkrieg – im Bereich der Ausbildung auf den hinhaltenden Widerstand konzentrieren.[206]

Aufgrund dieser Erfahrungen und Einsichten mussten Anfang der 1930er Jahre die von Seeckt 1921 in die Vorschrift F.u.G. eingeflossenen Gedanken zugunsten einer Betonung der Verteidigung überarbeitet werden. Das Ergebnis sollten die »Heeresdienstvorschrift 300 Truppenführung (T.F.)« vom 17. Oktober 1933 und ihre Ergänzung vom 18. Oktober 1934 darstellen. Die T.F. wurde häufig als Manifestation des »Blitzkrieges« gedeutet, enthielt jedoch tatsächlich mehr Anteile zur Defensivkriegführung. Sie betonte die Bedeutung des Gefechts der verbundenen Waffen für den motorisierten Bewegungskrieg und sollte das geistige Fundament für die Ausbildung der Offiziere auf den Zweiten Weltkrieg hin werden.[207] Als geistiger Urheber der neuen Führungsvorschrift kann in erster Linie Ludwig Beck,[208] seit Oktober 1933 Chef des Truppenamtes und ab 1935 Generalstabschef des Heeres, betrachtet werden. Er war 1898 in die preußische Armee eingetreten, hatte ab 1912 dem Großen Generalstab angehört und war im Ersten Weltkrieg als Operateur in verschiedenen Stäben an der Westfront eingesetzt gewesen. An der Ausarbeitung der Truppenführungsvorschrift mitgewirkt hatte zudem Werner von Fritsch,[209] seit Januar 1934 Chef der Heeresleitung und ab Juni 1935 Oberbefehlshaber des Heeres. Beck und Fritsch verbanden nicht

---

[202] Strohn, The German Army and the Defence, S. 163.
[203] Wilhelm Adam (15.9.1877–8.4.1949) trat 1897 in die bayerische Armee ein, wurde im Ersten Weltkrieg als Kompaniechef und in verschiedenen Stäben von Großverbänden eingesetzt. Vom 1.10.1930 bis 30.9.1933 war er Chef des Truppenamtes, 1935 Chef der Wehrmachtsakademie und wurde wegen seiner kritischen Haltung gegenüber Hitlers Kriegskurs am 10.11.1938 aus dem aktiven Dienst entlassen.
[204] Strohn, The German Army and the Defence, S. 169 f.
[205] Megargee, Hitler und die Generäle, S. 28.
[206] Deist, Die Reichswehr, S. 87; Strohn, The German Army and the Defence, S. 160–170.
[207] Strohn, The German Army and the Defence, S. 185–202; Groß, Das Dogma der Beweglichkeit, S. 156 f.
[208] Ludwig Beck (1880–1944) trat 1898 in die preußische Armee ein, gehörte ab 1912 dem Großen Generalstab an und war im Ersten Weltkrieg als Operateur in verschiedenen Stäben an der Westfront eingesetzt. 1933 wurde er Chef des Truppenamtes, 1935 Generalstabschef des Heeres. Nach seiner aktiven Dienstzeit engagierte er sich im Widerstand gegen Hitler und war am Putschversuch des 20. Juli 1944 beteiligt, bei dem er sein Leben ließ.
[209] Werner von Fritsch (4.8.1880–22.9.1939) trat 1898 in das hessische Militär ein, gehörte ab 1913 dem Großen Generalstab an, war im Ersten Weltkrieg als Operateur verschiedener Verbände tätig und diente zeitweilig im Generalstab des Kommandierenden Generals

nur eine geistige Nähe, sondern auch der Einklang gemeinsamer Interessen. Beide traten für den Primat des Generalstabs in der Kriegführung ein und bewegten sich damit in der Denktradition Moltkes d.Ä. und Schlieffens. Beck mit seinem hoch entwickelten Verständnis für europäische Politik erhob jedoch für sich den Anspruch, auch politisch zu denken. Er forderte, dass die politischen Ziele und der Waffenkrieg genau aufeinander abgestimmt sein müssten. Die Entscheidung über Krieg oder Frieden sollte auf Grundlage der militärischen Expertise gefällt werden. Im Gegensatz zu Seeckt und Stülpnagel äußerte Beck Vorbehalte gegenüber einer Miliz – einer Armee, deren Angehörige in ihrer Freizeit militärische Fähigkeiten trainierten. Er sprach sich für die Wehrpflicht aus, dachte also in den Kategorien von Massenarmeen.[210] Eine Denkschrift Becks vom Dezember 1933 sah innerhalb von vier Jahren eine personelle Aufstockung der Reichswehr auf 21 Divisionen mit 300 000 Soldaten vor. Beck ging davon aus, dass die Wehrpflicht wieder eingeführt und Rüstungsbeschränkungen aufgehoben werden würden. Folglich hätten nach Becks Vorstellungen ab 1938 im Kriegsfall 33 reguläre Divisionen und 30 Reservedivisionen mobilisiert werden können.[211] Diese könnten an mehreren Fronten (Osten, Südosten und Westen) erfolgreich einen Verteidigungskrieg führen. Für einen Angriffskrieg an zwei oder noch mehr Fronten würden die insgesamt 63 Divisionen allerdings nicht stark genug sein. Voraussetzung für einen Angriffskrieg wäre eine weitere Aufrüstung der Streitkräfte.[212] Trotz des Nichtangriffsvertrages zwischen dem Deutschen Reich und Polen vom 26. Januar 1934 wurde weiterhin über einen Krieg gegen Polen nachgedacht. Die »Weisung für die Kampfführung des Grenzschutzes im Osten«[213] und die »Weisung für die erste Kampfführung im Westen«[214] Fritschs vom 20. April 1934 belegen, dass von den Kriegsgegnern Frankreich und Belgien auf der einen Seite sowie Polen und der Tschechoslowakei auf der anderen Seite (seit dem 25. Januar 1924 durch einen Unterstützungsvertrag mit Frankreich verbündet) ausgegangen wurde. In Becks und Fritschs Augen war die Reichswehr kurzfristig, d.h. selbst mit einer Ist-Stärke von 25 Divisionen im Jahr 1935 zu schwach, um sich gegen die Tschechoslowakei und Frankreich gleichzeitig behaupten zu können. Nach ihren Berechnungen wären allein 30 Divisionen erforderlich, um entlang der Rur (Roer), des Rheins und des Schwarzwalds über längere Zeit sich erfolgreich gegen die etwa 100 Divisionen der französischen Armee

---

      der Luftstreitkräfte. 1934 wurde er zum Chef der Heeresleitung ernannt, 1935 zum Oberbefehlshaber des Heeres.

[210] Strohn, The German Army and the Defence, S. 185–202; Groß, Das Dogma der Beweglichkeit, S. 156 f.; Groß, Mythos und Wirklichkeit, S. 174 f.

[211] Strohn, The German Army and the Defence, S. 185–202; Groß, Das Dogma der Beweglichkeit, S. 156 f.; Megargee, Hitler und die Generäle, S. 26–28. Groß geht von 67 Divisionen im Kriegsfall aus. Siehe dazu: Groß, Mythos und Wirklichkeit, S. 175.

[212] Strohn, The German Army and the Defence, S. 205 f.

[213] BArch, RH 2/25, Weisung für die Kampfführung des Grenzschutzes im Osten, 20.4.1934, S. 89–97. Siehe dazu auch: Strohn, The German Army and the Defence, S. 206.

[214] BArch, RH 2/25, Weisung für die erste Kampfführung im Westen, S. 81–88. Siehe dazu: Strohn, The German Army and the Defence, S. 206.

III. Die gedanklichen Grundlagen

verteidigen zu können. An einer letztlich zwangsläufig eintretenden deutschen Niederlage bestand in Fritschs Augen kein Zweifel.[215]

Becks und Fritschs Kriegsbilder waren offenbar eng aufeinander abgestimmt. Beider Gedanken drehten sich um einen Krieg an mehreren Fronten von eher längerer Dauer. Solange Deutschland militärisch noch geschwächt war, sollten sich Kriegsvorstellungen auf eine Verteidigung des Reiches beschränken. Auf strategisch-operativer Ebene würde der Krieg also defensiv, auf operativ-taktischer Ebene – gemäß den Vorgaben der T.F. – mobil und offensiv zu führen sein. In dieser Beziehung bestand noch eine gewisse Nähe zu Seeckts Vorstellungen. Gleiches gilt für den Bereich der Luftkriegführung, wo nach dem Erringen der Luftherrschaft die direkte Unterstützung des Heeres, insbesondere auch durch Sturzkampfbomber, im Vordergrund stand.[216] Dass Beck die operative Bedeutung der Panzerwaffe verkannt und sich gegen deren Aufbau ausgesprochen hätte, ist nach neueren Forschungsergebnissen widerlegt.[217] Beck nutzte das Mittel der »Militärwissenschaftlichen Rundschau«, um sein Kriegsbild in den 1930er Jahren publik zu machen. Diese Zeitschrift setzte damit die Tradition der »Vierteljahreshefte für Truppenkunde und Heereskunde« fort.[218]

Allerdings mussten Beck und Fritsch zunehmend erkennen, dass ihr Kriegsbild an Bedeutung verlor. Adolf Hitler, der sich nach dem Tod Hindenburgs am 2. August 1934 nicht nur Führer und Reichskanzler des Deutschen Reiches nannte, sondern ab 1938 nach der Blomberg–Fritsch-Affäre auch das Amt des Oberbefehlshabers der Wehrmacht übernahm,[219] setzte immer stärker den Primat der Politik durch, erreichte nach der Konsolidierung seiner Machtstellung die Gleichschaltung der Wehrmacht und reduzierte die Militärführung letztlich auf die Rolle einer Befehlsempfängerin, die seine Vorgaben operativ auszuplanen hatte. Wer in den Streitkräften eine herausgehobene Dienststellung bekleiden wollte, hatte sich künftig immer mehr an den ideologischen Denkmustern des Nationalsozialismus auszurichten.[220] Am 3. Februar 1933, nur wenige Tage nach der Ernennung zum Reichskanzler, erklärte Hitler seine außenpolitischen und militärischen Zielvorstellungen gegenüber der Reichswehrführung. Für ihn war ein Krieg langfristig unausweichlich, da er die Eroberung von Lebensraum im Osten und dessen »rücksichtslose Germanisierung«[221] anstrebte. Auch das Hoßbach-Protokoll vom 5. November 1937 verdeutlichte, dass Hitler ganz eigene Auffassungen vertrat und auf die Expertise der Wehrmachtführung keinen besonderen Wert legte. Vor den Befehlshabern von Heer, Luftwaffe und Marine

---

[215] Strohn, The German Army and the Defence, S. 208–210; Groß, Mythos und Wirklichkeit, S. 186.
[216] Strohn, The German Army and the Defence, S. 3 und 206–212; Corum, The Luftwaffe, S. 128 f.; Groß, Mythos und Wirklichkeit, S. 176 f.
[217] Siehe dazu: Müller, Generaloberst Ludwig Beck, S. 216 f.; Groß, Mythos und Wirklichkeit, S. 183 f.
[218] Strohn, The German Army and the Defence, S. 211–218.
[219] Megargee, Hitler und die Generäle, S. 35.
[220] Pöhlmann, Großer Krieg und nächster Krieg, S. 288–290; Corum, The Luftwaffe, S. 145.
[221] Wilhelm, Motivation und »Kriegsbild«, S. 154; Strohn, The German Army and the Defence, S. 205 f.

sowie Kriegsminister Werner von Blomberg und Außenminister Konstantin von Neurath erklärte Hitler seine Pläne zur Eroberung von Lebensraum im Osten spätestens 1943/45. Dann würde die Zeit gegen Deutschland arbeiten, da die Feindstaaten ihre Streitkräfte vergrößern würden und die Deutschen ihren Modernisierungsvorsprung bei der materiellen Ausstattung der Armee zu verlieren drohten. Eine Annexion Österreichs und der Tschechoslowakei war für Hitler bereits für das kommende Jahr 1938 vorstellbar.[222] Damit war klar, dass die Wehrmacht für Hitler in erster Linie ein Mittel für einen Eroberungs- und Vernichtungskrieg und nicht – wie es den Vorstellungen Becks und Fritschs entsprach – für eine Verteidigung des Reiches darstellte.[223] Auf der einen Seite hatten Beck und Fritsch den Nationalsozialismus begrüßt, kam Hitler den Interessen der Militärführung doch mit seinen Zielen (Revision des Versailler Vertrags, Erringen einer Hegemonialstellung des Reiches, Abschaffung der parlamentarischen Demokratie, Aufrüstung der Reichswehr, Militarisierung einer Volksgemeinschaft) entgegen.[224] Die Umbenennungen des Jahres 1935 von Reichswehr in Wehrmacht, vom Truppenamt in den Generalstab des Heeres, des Chefs der Heeresleitung zum Oberbefehlshaber der Wehrmacht und des Reichswehrministeriums zum Reichskriegsministerium dokumentierten die ihnen willkommene Wiederaufrüstung Deutschlands.[225] Die ab 1935 einsetzende Liquidation des Versailler Vertrages, die Remilitarisierung des Rheinlandes und die Wiedereinführung der Wehrpflicht stießen bei der Militärführung auf große Zustimmung.[226] Auch ermöglichte in den Reihen der Militärführung oft ein Feindbild, das noch aus den Zeiten des Ersten Weltkriegs oder der Freikorpskämpfe gegen die »barbarischen Ostvölker« und den »Bolschewismus«[227] stammte, eine relativ einfache Integration in nationalsozialistische Denkmuster.

Auf der anderen Seite stießen bei Beck und Hitler spätestens 1937 ganz unterschiedliche Kriegsbilder und Rollenverständnisse aufeinander.[228] Beck kritisierte schriftlich, dass sich Hitler bei seiner Lagebeurteilung nicht den Rat der militärischen Fachleute einholte. Er lehnte Hitlers Zeitplan ab, empörte sich über dessen Verantwortungslosigkeit, mit der jener bereit war, Deutschland in einen Krieg mit den Westmächten hineinzuführen, und tat eine Neutralität Großbritanniens und Frankreichs bei einem Angriff der Wehrmacht im Osten als Wunschdenken ab.[229] Für Beck stand bereits zu jener Zeit fest, dass ein lokaler Krieg »automa-

---

[222] Hoßbach, Zwischen Wehrmacht und Hitler, S. 207–217. Siehe auch: Megargee, Hitler und die Generäle, S. 48; Strohn, The German Army and the Defence, S. 231 f.; Pöhlmann, Großer Krieg und nächster Krieg, S. 290.
[223] Strohn, The German Army and the Defence, S. 232–234.
[224] Megargee, Hitler und die Generäle, S. 22–25 und 32; Hürter, Hitlers Generäle, S. 267; Groß, Mythos und Wirklichkeit, S. 174 f.
[225] Strohn, The German Army and the Defence, S. 10 f.; Megargee, Hitler und die Generäle, S. 36 f.
[226] Strohn, The German Army and the Defence, S. 10 f.; Megargee, Hitler und die Generäle, S. 36 f.; Groß, Mythos und Wirklichkeit, S. 175.
[227] Hürter, Hitlers Generäle, S. 268.
[228] Zur Beleuchtung siehe: Funke, Hitler und die Wehrmacht, S. 301–313.
[229] Bemerkungen Becks zur Niederschrift des Oberst i.G. Hoßbach über eine Besprechung in der Reichskanzlei am 5.11.1937 vom 12.11.1937. In: Müller, General Ludwig Beck, S. 498–501;

tisch zu einem europäischen oder einem Weltkrieg führen«[230] würde. Doch versuchten Beck und Fritsch vergeblich, die Unabhängigkeit des Heeres für die Kriegführung und Operationsplanung zu bewahren.[231]

Im Zuge des Aufbaus der Wehrmacht vollzog sich im polykratischen Dritten Reich in einem zunehmend opportunistischen Klima ein Kompetenzkampf zwischen den Ressorts, bei dem es nicht nur um Kriegsbilder, sondern auch um die Verteilung von Rüstungsressourcen, politische Einstellungen und persönliche Antipathien ging.[232] Das Ergebnis waren ein Verlust an Homogenität in der Militärführung und eine schnelle, weitgehend unkoordinierte Aufrüstung.[233] Während das Oberkommando des Heeres[234] (Beck und Fritsch) bestrebt war, Hitlers Vabanque-Politik die Spitze zu nehmen, versuchte das Oberkommando der Wehrmacht (Blomberg und Reichenau), das seine Zuständigkeit für die Kriegsplanungen mit Hinweis auf den gesamtgesellschaftlichen Charakter eines zukünftigen Krieges begründete, Hitlers Kriegspolitik den Weg zu bereiten.[235] Nach der Blomberg-Fritsch-Affäre übernahm am 4. Februar 1938 Hitler selbst den Oberbefehl über die Wehrmacht. Mit Wilhelm Keitel[236] als Chef des OKW

---

siehe dazu Megargee, Hitler und die Generäle, S. 49; Strohn, The German Army and the Defence, S. 232–234; Aus Becks Sicht wäre der Heeresaufbau erst 1942 oder 1943 abgeschlossen gewesen. Megargee, Hitler und die Generäle, S. 49. In einer Planübung der Wehrmachtakademie (1935–1938) des Jahres 1937 wurde von einem Krieg Deutschlands, Italiens, Ungarns und Österreichs gegen die Sowjetunion, Frankreich und die Tschechoslowakei ausgegangen. Polen und Litauen würden sich neutral verhalten. Die mittlerweile gesteigerten Kräfte der Wehrmacht würden zwar für eine nachhaltige Verteidigung im Westen ausreichen und die Tschechoslowakei könnte durch einen Zangenangriff aus Bayern und Schlesien schnell als Kriegsgegner ausgeschaltet werden, doch könnte den sowjetischen Streitkräften darüber hinaus ein Vormarsch auf deutsches Gebiet und die Einnahme der Stadt Königsberg nicht verwehrt werden. Am Ende der Planübung stand fest, dass ein großer Krieg in Europa nicht gewagt werden könne. Ebd., S. 225–229; Groß, Mythos und Wirklichkeit, S. 188.

[230] BArch, N 28/4, Nachlass Ludwig Beck, Der Chef des Generalstabes des Heeres Beck an den Oberbefehlshaber des Heeres, 16.7.1938, fol. 28D, S. 2.

[231] Megargee, Hitler und die Generäle, S. 30–34.

[232] Pöhlmann, Großer Krieg und nächster Krieg, S. 293 f.; Megargee, Hitler und die Generäle, S. 37–39 und 47; Wendt, »Totaler Krieg«, S. 391 f.; Groß, Mythos und Wirklichkeit, S. 189–194.

[233] Megargee, Hitler und die Generäle, S. 37–39.

[234] Von Oktober 1931 bis Juli 1934 gehörte Heusinger der Heeresabteilung (T1) des Truppenamtes an, seit August 1937 der ersten Abteilung bzw. Operationsabteilung im OKH (Umbenennung war mit Proklamierung der Wehrhoheit am 16. März 1935 erfolgt). Georg Meyer wies darauf hin, dass in Heusingers Vorstellungswelt England und nicht die Sowjetunion der eigentliche Gegner war, der die deutsche Vorherrschaft in Europa bedrohte. Heusinger dachte noch in machtstaatlichen Kategorien. Meyer, Adolf Heusinger, S. 111–118 und 123–279.

[235] Pöhlmann, Großer Krieg und nächster Krieg, S. 293; Megargee, Hitler und die Generäle, S. 43–46; Groß, Mythos und Wirklichkeit, S. 189–194.

[236] Wilhelm Keitel (22.9.1882–16.10.1946) trat 1901 in die preußische Armee ein, erlebte den Ersten Weltkrieg als Frontoffizier und vor allem als Generalstabsoffizier an der West- und Ostfront. Von 1925 bis 1927 und 1929 bis 1933 war er in der Organisationsabteilung des Truppenamts eingesetzt. 1935 wurde er zum Chef des Wehrmachtamtes, 1938 zum Chef des OKW berufen. Er unterzeichnete 1945 die deutsche Kapitulationsurkunde und wurde in Nürnberg hingerichtet.

und Walther von Brauchitsch[237] als Oberbefehlshaber des Heeres hatte Hitler das geeignete Spitzenpersonal gefunden, das seinen Kriegskurs mittrug, ohne eigene Kriegsbilder zu vertreten.[238]

Becks Skeptizismus und das Beharren auf seinen Vorstellungen, die er noch in mehreren Denkschriften des Jahres 1938 vertrat, führten ihn am 31. Oktober 1938 in den vorzeitigen Ruhestand.[239] Bevor Beck seinen Posten verließ, gab er folgende – gerade im Bezug auf das Kriegsbild interessante – Notiz zu den Akten des Generalstabs: »Um unsere Stellung den Historikern gegenüber in der Zukunft klarzustellen und den Ruf des Oberkommandos sauber zu halten, wünsche ich als Chef des Generalstabes zu Protokoll zu geben, dass ich mich geweigert habe, irgendwelche nationalsozialistische Abenteuer zu billigen. Ein endgültiger deutscher Sieg ist eine Unmöglichkeit.«[240]

Und in einer im selben Jahr veröffentlichten Studie schrieb er: »Der kommende Krieg wird ein totaler Krieg und kein reiner Waffenkrieg mehr sein, weil unsere voraussichtlichen Gegner ihn nicht nur als solchen führen werden. Sie werden vielmehr vor allem diejenigen Kräftefaktoren gegen uns zur Anwendung bringen, in denen sie uns überlegen sind. Das sind Zeit, Raum und die unerschöpflichen Reserven eines fast unbegrenzten Hinterlandes.«[241]

Mit totaler Kriegführung meinte Beck, dass »alle nur denkbaren Kräfte und Mittel, nicht zuletzt auch die ganze nationale Leidenschaft«[242] mobilisiert würden und eine Niederlage dem Untergang der Nation gleichkäme. Becks Kriegsbild – aus heutiger Warte als durchaus realistisch zu bewerten – war Hitler zu negativ gewesen. Die Persönlichkeit seines Nachfolgers Franz Halder,[243] Chef des Generalstabs des Heeres von September 1938 bis September 1942, der weniger in strategischen Kategorien dachte und schließlich die rein instrumentelle Rolle des Heeres bei der offensiven Kriegführung akzeptierte, fügte sich besser in die neue Militärspitze der Wehrmacht ein.[244]

Nach dem bereits am 1. Oktober 1938 erfolgten Einmarsch der Wehrmacht in das Sudetenland hatte die Militärführung mit der Besetzung der sogenann-

---

[237] Walther von Brauchitsch (1881–1948) trat nach seiner Schulausbildung im Kadettenkorps 1900 in die preußische Armee ein, wurde 1913 in den Großen Generalstab versetzt und war im Ersten Weltkrieg in verschiedenen Verbänden als Stabsoffizier tätig. In die Reichswehr übernommen, wurde er 1929 Chef der Heeresabteilung im Truppenamt, 1938 Nachfolger von Fritsch als Oberbefehlshaber des Heeres und am 19.12.1941 als solcher von Hitler entlassen, der dieses Amt selbst übernahm.
[238] Megargee, Hitler und die Generäle, S. 49–56.
[239] Ebd., S. 57–65; Strohn, The German Army and the Defence, S. 237–241.
[240] Westphal, Heer in Fesseln, S. 75 f. Siehe dazu auch: Megargee, Hitler und die Generäle, S. 63.
[241] Beck, Der Anführer im Kriege, S. 30. Siehe auch: Pöhlmann, Großer Krieg und nächster Krieg, S. 292.
[242] Beck, Deutschland in einem kommenden Kriege, S. 54.
[243] Franz Halder (30.6.1884–2.4.1972) trat 1902 in die bayerische Armee ein und war im Ersten Weltkrieg in verschiedenen Stäben an der Ost- und Westfront eingesetzt. 1919 wurde er ins Reichswehrministerium berufen und 1938 schließlich zum Generalstabschef des Heeres ernannt.
[244] Megargee, Hitler und die Generäle, S. 63–65; Strohn, The German Army and the Defence, S. 238 f.; Groß, Mythos und Wirklichkeit, S. 198 und 270.

III. Die gedanklichen Grundlagen

ten Rest-Tschechei im März 1939 und der folgenden Auslösung des Zweiten Weltkrieges nur noch die operative Ausarbeitung von Hitlers Vorstellungen – meist ad hoc – zu übernehmen.[245] Ihm wurden nunmehr das strategische Denken und die Verantwortung für Angriffskriege überlassen. Diese Angriffskriege waren für Hitler zur Klärung der außenpolitischen Situation und zur Finanzierung der Aufrüstung notwendig geworden.[246] Doch sollten sich seine Vorstellungen als Trugschluss erweisen. Beispielsweise äußerte Hitler während einer Besprechung mit Brauchitsch und Halder noch am 14. August 1939, dass er nach den Erfahrungen des Ersten Weltkriegs das Risiko eines großen Krieges nicht erwarte.[247]

Die Art und Weise der Kriegführung in den Jahren 1939/40, die als Blitzkrieg in die Geschichte einging, stellte letztlich kein geschlossenes Kriegsbild dar, sondern war Ausdruck eines bestimmten operativen Denkens in der deutschen Militärführung.[248] Die Konzeption des Blitzkrieges beruhte nach Uwe Bitzel auf der Ausnutzung zeitweiliger Vorteile in einzelnen Feldzügen[249] und wird vor allem vor dem Hintergrund der bereits erwähnten Negativfolien des Ersten Weltkriegs sowie des wirtschaftlichen Drucks des Deutschen Reiches nachvollziehbar. Das Phänomen des Blitzkriegs war das Ergebnis operativer Denkprozesse, die auf die Schulen von Moltke d.Ä. und Schlieffen zurückgingen, danach über Seeckt bis hin zu Beck und Fritsch weiterentwickelt worden waren.[250] Es handelte sich um die Anwendung taktisch-operativer Konzepte beweglicher Kriegführung für einen jeweils nur begrenzt gedachten Feldzug, bei dem der Faktor Logistik weitgehend vernachlässigt wurde. Der angenommene Erfolg der beweglichen Kriegführung basierte auf der zwischen 1919 und 1939 um das Zehnfache vorangeschrittenen Motorisierung und der Entwicklung moderner Panzer, Flugzeuge, Nachrichtengeräte, Funktechnik, Funknavigation und Funkmessverfahren sowie elektronischer Such- und Zielleitvorrichtungen. Erst die neue Militärtechnik erschloss gegenüber 1914 realistische neue Möglichkeiten für operative Durchbrüche.[251] Es ist naheliegend, das es unter diesen Vorzeichen zu einer »Rückbesinnung auf den Angriff« und zu einer »Renaissance der

---

[245] Pöhlmann, Großer Krieg und nächster Krieg, S. 289 f.; Megargee, Hitler und die Generäle, S. 47–55; Strohn, The German Army and the Defence, S. 241–244; Groß, Mythos und Wirklichkeit, S. 203.
[246] Megargee, Hitler und die Generäle, S. 39–41 und 47–49; Pöhlmann, Großer Krieg und nächster Krieg, S. 294.
[247] Pöhlmann, Großer Krieg und nächster Krieg, S. 285.
[248] Strohn, The German Army and the Defence, S. 246.
[249] Bitzel, Die Konzeption des Blitzkrieges bei der deutschen Wehrmacht, S. 158–167.
[250] Citino, The Path to Blitzkrieg, S. 11, 229–232 und 244; Groß, Das Dogma der Beweglichkeit, S. 158.
[251] Brühl/Förster, Militärtechnik, S. 282; Pöhlmann, Großer Krieg und nächster Krieg, S. 288; Groß, Mythos und Wirklichkeit, S. 201 und 272 f. Als Vordenker des operativen Panzereinsatzes, gerade auch im Zusammenwirken mit der Luftwaffe, kann jedoch nicht nur der allzu bekannte Heinz Guderian gelten, sondern die Ideen der Panzerkriegführung wurden von einer größeren Gruppe von Offizieren entwickelt, zu der u.a. Walther Nehring, Walter Spannenkrebs und der Österreicher Ludwig Ritter von Eimannsberger gehörten. Siehe dazu: Groß, Mythos und Wirklichkeit, S. 179–185.

Faktoren Wille und Moral«[252] kommen musste. Von einer konkreten Vorstellung des Blitzkrieges, einem Propaganda-Begriff, der vor allem durch die Presse 1940/41 geprägt wurde, kann bis August 1939 in der Militärführung nicht die Rede sein.[253]

Was die Marine betrifft, war sie aufgrund ihrer Ineffizienz im Ersten Weltkrieg, der Meutereien des Jahres 1918 und der Bestimmungen des Versailler Vertrages in ihrer Existenz erschüttert. Dieser Vertrag begrenzte die Zahl und Qualität der Schiffe. Zudem verbot er U-Boote sowie eine Marineluftwaffe. Auf der anderen Seite bot der Versailler Vertrag auch eine Existenzbegründung, als die Reichsmarine 1920 wegen ihrer Beteiligung am Kapp-Putsch zur Disposition stand. Unter Paul Behncke,[254] Nachfolger des wegen der Beteiligung am Kapp-Putsch abgelösten Chefs der Marineleitung Adolf von Trotha[255] von September 1920 bis September 1924, wurden die Kriegserfahrungen ausgewertet und Vorstellungen von einem künftigen Seekrieg entwickelt. Die Gedanken drehten sich um einen Zufuhrkrieg, bei dem es auf die Sicherung der für das Reich wichtigen Verbindungs- und Zufahrtswege ankäme. Ausgegangen wurde nun in einem künftigen Krieg vor allem von einem gemeinsamen polnisch-französischen Vorgehen gegen das Deutsche Reich, was gedanklich zur notwendigen Sicherung der Verbindung Ostpreußens mit dem übrigen Reichsgebiet über die Ostsee und zur Durchbrechung einer möglichen französischen Blockade der deutschen Nordseehäfen führte. Auch wurde die Option offensiver Entlastungsvorstöße gegen den französischen Seehandel erwogen. Voraussetzung dafür stellte jedoch eine wohlwollende Neutralität Großbritanniens dar.[256] Das Führerkriegsspiel im Winter 1925/26 stand daher im Zeichen eines vorläufig noch defensiven ozeanischen Zufuhrkrieges.[257] Andererseits herrschte gerade in der Marineführung eine revisionistische, revanchistische und antidemokratische Ideologie, die aus dem Kaiserreich tradiert wurde.[258] Auch Tirpitz und seinen erwiesenermaßen verfehlten Vorstellungen wurde im Marineoffizierkorps nach wie vor hoher Respekt gezollt.[259] Zukunftsvorstellungen wurden hier – um es mit den Worten Gerhard

---

[252] Groß, Das Dogma der Beweglichkeit, S. 159.
[253] Frieser, Blitzkrieg-Legende, S. 7–14; Groß, Mythos und Wirklichkeit, S. 197, 199 und 202.
[254] Paul Behncke (1866–1937) trat 1883 als Seekadett in die Kaiserliche Marine ein, wurde 1911 in den Admiralstab der Marine berufen und nahm im Ersten Weltkrieg als Chef eines Geschwaders an der Skagerrakschlacht teil. 1918 wurde er Staatssekretär des Reichsmarineamtes, 1920 Chef der Admiralität und Chef der Marineleitung. 1924 wurde er aus dem aktiven Dienst verabschiedet.
[255] Adolf von Trotha (1868–1940) trat 1886 in die Kaiserliche Marine ein, wurde 1918 Chef des Marinekabinetts und war vom 26.3.1919 bis 5.10.1920 Chef der neuen Admiralität der Reichsmarine. Im März 1920 spielte er mit seiner Erklärung, dass die Marine der Regierung der Putschisten zur Verfügung stehe, eine wichtige innenpolitische Rolle. Da er für die Entwicklung von Kriegsvorstellungen in der Marine keine besondere Bedeutung besaß, wird im Rahmen der vorliegenden Studie nicht weiter auf ihn eingegangen.
[256] Dülffer, Weimar, Hitler und die Marine, S. 189 f. und 196–198; Deist, Die Reichswehr, S. 86 f.; Pöhlmann, Großer Krieg und nächster Krieg, S. 290.
[257] Schreiber, Thesen zur ideologischen Kontinuität, S. 431 f.
[258] Ebd., S. 427–433.
[259] Rahn, Strategische Optionen, S. 219–221; Schreiber, Thesen zur ideologischen Kontinuität, S. 430 f.

III. Die gedanklichen Grundlagen 105

Schreibers auszudrücken – »losgelöst von der Realität, aber ernsthaft«[260] entwickelt. Die Gedanken kreisten daher oft weniger um das Gesamtbild eines zukünftigen Krieges als um Voraussetzungen und Ziele zukünftiger Seekriegführung. Die Entscheidung der Marineführung im Juni 1927 für ein 10 000-Tonnen-Panzerschiff mit deutlich erweitertem Aktionsradius dehnte das Operationsgebiet gedanklich bereits bis in den Atlantik aus.[261] Bei der Reichsmarine blieb das Bewusstsein, eine Schlachtschiffflotte zu benötigen, als zentrale Voraussetzung für die Landesverteidigung und eine perspektivische Seemachtstellung dauerhaft erhalten.[262] Das ist auch insofern interessant, als dieses langfristige Kriegsbild gegen Großbritannien und die USA im Heer keine Entsprechung fand. Das in den Köpfen verankerte maritime Weltmachtstreben zielte letztlich wiederum auf eine Kriegführung gegen die Seemächte Großbritannien und USA ab.[263] Doch entgegen den langfristigen Zielsetzungen war ein solcher Krieg kurz- und mittelfristig nicht vorstellbar.[264]

In der Ideenwelt Erich Raeders,[265] seit 1. Oktober 1928 Nachfolger Hans Zenkers[266] als Chef der Marineleitung und ab 1935 Oberbefehlshaber der Kriegsmarine, vereinigten sich traditionalistische Denkströmungen mit dem Bemühen, die Erfahrungen des Ersten Weltkrieges zu berücksichtigen. Raeder war 1894 in die Kaiserliche Marine eingetreten, hatte im Ersten Weltkrieg die Funktion des Ersten Admiralstabsoffiziers beim Befehlshaber der Aufklärungsstreitkräfte innegehabt und 1916 an der Skagerrakschlacht teilgenommen. Da er über den Kreuzerkrieg im Ersten Weltkrieg gearbeitet hatte, sprach sich Raeder für eine Kombination von Handelsstörern und Schlachtflotte aus. Die wichtigste Kriegsaufgabe seines Wehrmachtteils sah er darin zu verhindern, dass die Zufuhr über See abgeschnitten würde, da die Landkriegführung aus seiner Sicht sonst letztlich nutzlos wäre. Da Großbritannien erneut zu einer Seeblockade fähig wäre, dürfe es nicht Kriegsgegner werden. Selbst den Großkampfschiffen des potenziellen Gegners Frankreich wäre die Marine in der Zukunft nur mit

---

[260] Schreiber, Thesen zur ideologischen Kontinuität, S. 429.
[261] Deist, Die Reichswehr, S. 86 f.
[262] Dülffer, Weimar, Hitler und die Marine, S. 191–196; Pöhlmann, Großer Krieg und nächster Krieg, S. 290.
[263] Schreiber, Thesen zur ideologischen Kontinuität, S. 427 f.
[264] Insofern ist hier Schreibers These der ununterbrochenen Kontinuität der maritimen Denkmuster – zumindest im Bezug auf das Kriegsbild – zu relativieren. Siehe Schreiber, Thesen zur ideologischen Kontinuität, S. 429 f.
[265] Erich Raeder (1876–1960) trat 1894 in die Kaiserliche Marine ein, hatte im Ersten Weltkrieg die Dienststellung des Ersten Admiralstabsoffiziers beim Befehlshaber der Aufklärungsstreitkräfte inne und war von 1928 bis 1934 Leiter des Oberkommandos der Marine und ab 1935 Oberbefehlshaber der Kriegsmarine.
[266] Hans Zenker (1870–1932) trat 1889 in die Kaiserliche Marine ein und war vom 1.10.1924 bis 30.9.1928 Chef der Marineleitung der Reichsmarine. Er bemühte sich nach den Revolutionswirren um eine Konsolidierung der Reichsmarine und setzte sich für den Bau von Panzerschiffen ein. Da er für die Entwicklung von Kriegsvorstellungen in der Marine gegenüber Raeder nur eine untergeordnete Rolle spielte, wird im Rahmen der vorliegenden Studie nicht weiter auf ihn eingegangen.

Marinefliegern, U-Booten und einzelnen stärkeren Schiffen gewachsen.[267] Den Weg für die Realisierung dieser begrenzten Vision machte ab 1935 das deutsch-britische Flottenabkommen frei, das der Marine die Aufrüstung auf gut ein Drittel der britischen Stärke gestattete.[268] Noch in einem Vortrag vor Hitler, Reichskriegsminister Blomberg und Parteiführern der NSDAP im Februar 1937 rechnete Raeder nur mit Kontinentalmächten als Kriegsgegner und kennzeichnete die zukünftige Seekriegführung als einen Kampf um die eigenen und feindlichen Seeverbindungen, bei dem alle Seekriegsschauplätze als eine Einheit gesehen werden müssten und weiträumige offensive Operationen gegen die Seeverbindungen des Feindes erforderlich sein würden. Des totalen Charakters eines zukünftigen Krieges war sich Raeder bewusst. Falle keine operative Entscheidung, werde der Krieg die Züge eines Abnutzungskrieges annehmen. Dem Reich drohe – selbst bei einer Neutralität Großbritanniens – eine empfindliche Beeinträchtigung seiner Seeverbindungen mit weitreichenden Folgen für die Kriegswirtschaft.[269] Doch auch die alten Vorstellungen von Seemacht bzw. Seegeltung spielten eine gewisse Rolle.[270] Langfristig lag für Raeder ein Krieg mit Großbritannien im Bereich des Möglichen. An dieser Vision war bereits die Rüstung der 1930er Jahre ausgerichtet.[271] Aber erst nachdem Hitlers die Wehrmachtführung in seine außenpolitischen Ziele eingeweiht hatte, war für Raeder klar, dass auch mittelfristig mit Großbritannien als Kriegsgegner zu rechnen war.[272] Die Führung der Kriegsmarine stellte sich schnell auf die veränderte politische Vorgabe ein. Ab 1938 war die Gegnerschaft Großbritanniens neben die Frankreichs in Raeders Kriegsbild integriert.[273] Aus einer Denkschrift der Seekriegsleitung vom 25. Oktober 1938 geht hervor, dass aus Raeders Sicht im Kriegsfall gegen die britische Seemacht gewisse, keineswegs sichere Erfolgsaussichten nur im ozeanischen Kreuzerkrieg mit Panzerschiffen, Kreuzern und U-Booten möglich waren.[274] Die ungünstige strategische Ausgangslage wurde zutreffend eingeschätzt. Statt Panzerschiffe – entsprechend Raeders Wunsch – forderte Hitler jedoch einen stärkeren Schlachtschiffbau, der in erster Linie als politisches Instrument dienen sollte. Das Ergebnis war der sogenannte Z-Plan der Kriegsmarine vom Januar 1939.[275] Zu dieser Zeit rechnete Raeder noch damit, den

---

[267] Rahn, Strategische Optionen, S. 221–226; Schreiber, Thesen zur ideologischen Kontinuität, S. 430; Salewski, Führungsdenken in der Kriegsmarine, S. 212.
[268] Dülffer, Weimar, Hitler und die Marine, S. 338–354.
[269] BArch, RM 6/53, Vortrag des Oberbefehlshabers der Kriegsmarine: »Grundsätzliche Gedanken der Seekriegführung«, 3.2.1937, S. 1–13, 29–47 und 61–69. Siehe dazu: Rahn, Strategische Optionen, S. 226 f.
[270] Ebd., S. 228.
[271] Schreiber, Thesen zur ideologischen Kontinuität, S. 434.
[272] Rahn, Strategische Optionen, S. 229 f.; Dülffer, Weimar, Hitler und die Marine, S. 434–470.
[273] Schreiber, Thesen zur ideologischen Kontinuität, S. 437.
[274] Rahn, Strategische Optionen, S. 230.
[275] Dülffer, Weimar, Hitler und die Marine, S. 471–505; Schreiber, Thesen zur ideologischen Kontinuität, S. 436; Rahn, Strategische Optionen, S. 231 f. Der Z-Plan sah bis 1946 den Bau von sechs großen Schlachtschiffen und acht neuen Panzerschiffen vor. Hinzu kämen wenige Flugzeugträger, Kreuzer und etwa 160 größere U-Boote.

III. Die gedanklichen Grundlagen

Z-Plan weitgehend realisieren zu können und erst ab 1944 mit Großbritannien als Kriegsgegner konfrontiert zu sein.[276] Darüber hinaus verfestigte sich bei Raeder Anfang 1939 der Gedanke, dass in einem zukünftigen Kriege Stützpunkte an der französischen Atlantikküste sowie in Mittel- und Nordnorwegen von deutschen Truppen besetzt werden müssten, um eine breitere geografische Ausgangsbasis für die ozeanische Kriegführung der Kriegsmarine zu schaffen und den Bedarf an Rohstoffen für das Deutsche Reich zu decken.[277] Für ein alternatives Kriegsbild innerhalb der Führung der Kriegsmarine stand Karl Dönitz,[278] der in den Jahren 1936 bis 1939 als »Führer der U-Boote« die Vorstellung eines großangelegten U-Bootkrieges in Rudeltaktik entwickelte. Er hatte bereits im Ersten Weltkrieg Erfahrungen bei der U-Bootwaffe gesammelt und war von 1936 bis 1939 Führer der Unterseeboote. Wie Raeder ging auch Dönitz bis 1938 von einem Krieg nur mit Frankreich aus und nahm erst etwa ab 1938 auch Großbritannien als Gegner in sein Kriegsbild auf. Dönitz unterstrich den Einsatzwert der neuaufgebauten U-Bootwaffe in einem möglichen baldigen Handelskrieg gegen Großbritannien. Seine Denkschrift vom 1. September 1939 forderte schließlich mit Nachdruck den Großausbau der U-Bootflotte. Einigkeit herrschte zwischen Raeder und Dönitz im Oberkommando der Marine darin, dass die U-Boote bis zur Fertigstellung der Hauptflotte das wichtigste Instrument eines potenziellen Seekrieges für das Deutsche Reich darstellen würden. Die Entscheidung für das Dönitzsche U-Bootprogramm hätte jedoch ein Zurückstellen der langfristigen See- und Weltmachtambitionen bedeutet und konnte daher zunächst noch nicht gefällt werden.[279]

Für den Bereich der Luftkriegführung vollzog sich in der Zwischenkriegszeit mit der sukzessiven Etablierung eines neuen Wehrmachtsteils, insbesondere nach der NS-Machtübernahme, letztlich auch eine Herausbildung eigenständiger Kriegsbilder. Dabei lassen sich einige Parallelen zur Entwicklung der Vorstellungsmuster in der Marine, aber auch im Heer feststellen. Im Versailler Vertrag war Deutschland auch die Aufstellung von Luftstreitkräften verboten worden. Dennoch verfolgten einige Reichswehroffiziere die Entwicklung von Luftkriegsdoktrinen und der Luftfahrttechnik bei den Luftstreitkräften der führenden Militärmächte, insbesondere den USA, sehr genau. Vor allem der Fliegerreferent der Heeresleitung entwickelte, im Truppenamt getarnt, – zunächst ohne die materielle Grundlage entsprechender Luftstreitkräfte – eigene Ideen für den Krieg der Zukunft, wovon beispielsweise ein Luft-Kriegsspiel des

---

[276] Dülffer, Weimar, Hitler und die Marine, S. 523, 530, 537 und 543.
[277] Ebd., S. 520–529.
[278] Karl Dönitz (1891–1960) trat 1910 in die Kaiserliche Marine ein, sammelte bereits im Ersten Weltkrieg seit 1916 Erfahrungen bei der U-Bootwaffe, war von 1936 bis 1939 Führer der Unterseeboote und wurde am 31.1.1943 als Großadmiral Nachfolger Raeders als Oberbefehlshaber der Kriegsmarine.
[279] Dülffer, Weimar, Hitler und die Marine, S. 531–534 und 543 f.; Salewski, Führungsdenken in der Kriegsmarine, S. 212–214.

Truppenamtes aus dem Jahre 1924[280] und die »Richtlinien für die Führung des operativen Luftkrieges«[281] von 1926 zeugen.

Die Luftkriegsvorstellungen orientierten sich in den 1920er Jahren international an den Ideen von Luftkriegstheoretikern wie Giulio Douhet, Camille Rougeron, Billy Mitchell und Hugh Trenchard, die sich vor allem mit dem strategischen Einsatz von Luftstreitkräften beschäftigten. In Deutschland wurden sie vorzugsweise in der Zeitschrift »Militärwochenblatt«, ein offiziöses Organ der Wehrmachtführung, veröffentlicht und reflektiert. Im Rahmen der oben erwähnten intensivierten zivil-militärischen Zusammenarbeit spielten aber auch die Vorstellungen von Robert Knauss, dem damaligen Verkehrsleiter der Lufthansa, eine gewisse Rolle. Gerade im Kriegsbild führender Reichswehroffiziere, die der Stülpnagelschen Denkschule anhingen, stellte die noch nicht existente deutsche Luftwaffe ein wesentliches Instrument eines möglichen totalen Krieges dar. Sie dachten insbesondere über einen strategischen Einsatz gegen das feindliche Hinterland nach. Die zukünftigen deutschen Luftstreitkräfte sollten demnach durch den Angriff auf die Großstädte, Industriezentren und Ernährungsbasis des Feindes dessen Moral und Kriegswillen zermürben. Doch wie die Denkschule eines totalen Volkskrieges setzten sich die adäquaten Luftkriegsvorstellungen – bis hin zum Einsatz von Giftgas aus der Luft gegen die Zivilbevölkerung, wie er beispielsweise von Douhet vorgesehen war – bei der Militärführung in Deutschland nicht durch, implizierten sie doch einen langwierigen Abnutzungskrieg und einen Verstoß gegen das Kriegsvölkerrecht.[282] Seeckt dagegen sah die Aufgabe von Luftstreitkräften in erster Linie darin, das Heer im offensiven Einsatz zu unterstützen. Aus seiner Sicht kam es darauf an, die Luftherrschaft zu erringen und dann das Aufmarsch- und Transportsystem des Feindes zu vernichten. Seeckts eher taktisch-operativ fixierte Vorstellungen sollten langfristig zum Leitbild der deutschen Luftstreitkräfte werden.[283]

Andererseits wuchsen bei der deutschen Militärführung angesichts des Aufbaus strategischer Bomberverbände in Frankreich und Großbritannien sowie der rasanten Fortschritte in der Luftfahrttechnik die Befürchtungen vor einer Bedrohung aus der Luft. Im gleichen Maße nahm die Bedeutung des Luftschutzes, vor allem in Form von Flugabwehrgeschützen und Schutzbauten,

---

[280] Angenommen wurde dabei ein Kriegsfall zwischen dem Deutschen Reich und Frankreich. Da die fiktiven deutschen Luftstreitkräfte die direkte Luftschlacht gegen die tatsächlich vorhandenen, weit überlegenen französischen Luftstreitkräfte meiden mussten, wurde von der deutschen Seite eine Art Zermürbungsstrategie ausgedacht, bei der vor allem auch die französische Luftrüstungsindustrie bombardiert werden sollte, um den Nachschub für deren Luftkriegsmittel zu unterbinden. Corum, The Luftwaffe, S. 74 f.

[281] BArch, Lw 106/11. Siehe dazu: Corum, The Luftwaffe, S. 77 und 81–83; Maier/Stegemann, Einsatzvorstellungen, S. 43; Deist, Die Reichswehr, S. 86. Verfasst wurden diese Richtlinien maßgeblich von Helmuth Wilberg, dem Luftwaffenreferenten des Heeres im Truppenamt.

[282] Corum, The Luftwaffe, S. 68–121; Boog, Luftwaffe, S. 524; Neitzel, Zum strategischen Mißerfolg verdammt?, S. 170; Maier/Stegemann, Einsatzvorstellungen, S. 43; Pöhlmann, Großer Krieg und nächster Krieg, S. 291; Deist, Die Reichswehr, S. 86.

[283] Neitzel, Zum strategischen Mißerfolg verdammt?, S. 170; Corum, The Luftwaffe, S. 128 f.; Völker, Die deutsche Luftwaffe, S. 28 f.; Groß, Mythos und Wirklichkeit, S. 154.

zu.[284] Insgesamt bleibt festzuhalten, dass die Ideen der international renommierten Luftkriegstheoretiker wie Douhet für die Kriegsbilder der deutschen Militärführung in den 1920er Jahren zwar eine gewisse Rolle spielten, aber nur in Ansätzen übernommen und schließlich traditionellen Denkmustern der Landkriegführung angepasst wurden. Allerdings maß die deutsche Militärführung den Luftstreitkräften nunmehr in einem künftigen Krieg eine solche Bedeutung zu, dass sie bald als dritter Wehrmachtteil neben Heer und Marine treten würden. Ein konzeptionelles Zusammenwirken von Luftstreitkräften und Marineeinheiten wurde aufgrund des Kriegsbildes der Marineführung und des aus der Kaiserzeit bekannten Ressortegoismus jedoch nicht eingehender erwogen. Zenker und Raeder sahen Flugzeuge in erster Linie lediglich als Aufklärungsmittel für die Seekriegführung der Panzerkreuzer.[285]

Nachdem im Frühjahr 1933 ein Reichsministerium für Luftfahrt errichtet worden war, intensivierte sich der weiterhin getarnte Aufbau des neuen Arms der Wehrmacht, sodass die Kriegsvorstellungen mit einer gewissen materiellen Substanz unterlegt wurden. Zu dieser Zeit galten auch für die sogenannte dritte Dimension Frankreich, Polen, Belgien und die Tschechoslowakei als Gegner in einem möglichen Zweifrontenkrieg.[286] Als selbstständiger Wehrmachtteil gewann die Luftwaffe aber erst zwei Jahre später an Gestalt. Im Juni 1935 wurde Hermann Göring »Reichsminister der Luftfahrt und Oberbefehlshaber der Luftwaffe«. Er forcierte nunmehr die ungetarnte, schnelle Aufrüstung der Luftstreitkräfte.[287] Allerdings waren zu dieser Zeit die Prognosen für eine erfolgreiche Kriegführung in naher Zukunft ähnlich schlecht wie bei der Heeres- und Marineführung. Eine vom Reichskriegsminister und Oberbefehlshaber der Wehrmacht angeregte »Wehrmachtstudie«,[288] in der die Luftwaffenführung in ihrem Beitrag von einem Zweifrontenkrieg gegen Frankreich auf der einen, die Tschechoslowakei und Litauen auf der anderen Seite ausging, führte Ende 1935 zu dem Ergebnis, dass die deutsche Luftrüstung dafür völlig ungenügend sei. Aus Sicht der Luftwaffenführung würde die Luftwaffe den französischen Luftstreitkräften in der Defensive unterliegen, die zahlenmäßig etwa zehnfach überlegen waren und von denen angenommen wurde, dass sie überfallartig, wahrscheinlich ohne Kriegserklärung angreifen würden. Aufgrund ihres Rüstungstandes war die deutsche Luftwaffe lediglich für eine räumlich begrenzte

---

[284] Corum, The Luftwaffe, S. 83 und 118–134.
[285] Ebd., S. 81 und 109–112.
[286] Ebd., S. 120–124 und 151.
[287] Ebd., S. 155–157 und 161–166. Auf Görings Staatssekretär Erhard Milch und den Leiter des Technischen Amtes ab 1936, Ernst Udet, soll an dieser Stelle nicht weiter eingegangen werden, da sie trotz ihrer Spitzenstellungen eigentlich nicht dem Generalstab der Luftwaffe zugerechnet werden können und eher mit Rüstung und Organisation als mit der Entwicklung von Kriegsbildern betraut waren.
[288] »Weisungen des Oberbefehlshabers der Luftwaffe für die Führung der Operationen in der ersten Zeit eines Krieges«, Beitrag zur Wehrmachtstudie, 18.11.1935; »Erfahrungen der Luftwaffenführung bei der Erarbeitung der Wehrmachtstudie«, 23.12.1935. In: Völker, Dokumente, Nr. 195 und 196, S. 445–450. Siehe dazu auch Maier/Stegemann, Einsatzvorstellungen, S. 50 f.; Völker, Die deutsche Luftwaffe, S. 74 f.

Luftkriegführung gegen die Bodenorganisation sowie Rüstungszentren in einigermaßen grenznahen Gebieten Mitteleuropas ausgelegt und in besonderer Weise zur Unterstützung von Heeresoperationen befähigt. Eine weiträumige Kriegführung in den Tiefen der gegnerischen Gebiete oder gar über See war der Luftwaffe hingegen nicht möglich.

Walther Wever,[289] seit September 1933 Chef des Luftwaffenkommandoamtes und ab März 1935 erster Chef des Generalstabes der Luftwaffe, hatte für die Entwicklung von Kriegsvorstellungen im neu aufgestellten Wehrmachtsteil eine herausgehobene Bedeutung. Er vertrat gemäßigte, kompromissartige Auffassungen, die sich in Kriegsspielen der Jahre 1934 bis 1936 und in der Luftwaffen-Dienstvorschrift (L.Dv.) 16 »Luftkriegführung«[290] von 1936 widerspiegelten. Wevers Luftkriegskonzept sah ein enges Zusammenwirken mit den anderen Wehrmachtteilen vor und bediente nicht nur ressortegoistische Interessen. In Wevers Kriegsbild bestand die Rolle der Luftwaffe darin, sofort bei Kriegsbeginn im Angriff vor allem die feindlichen Luftstreitkräfte – möglichst noch am Boden – zu vernichten, um die Luftherrschaft zu erringen, dann aber auch das Heer, die Seestreitkräfte und die Rüstungsindustrie im rückwärtigen Operationsgebiet des Feindes zu bekämpfen. Die Weversche Luftkriegskonzeption wurde also vom teilstreitkraftübergreifenden Gedanken geleitet und besaß sowohl eine operative als auch eine taktische Komponente. Operativer Bombenkrieg und unmittelbare Erdkampfunterstützung waren in erster Linie auf den Landkrieg ausgelegt. Diese Konzeption stellte eine Fortentwicklung der Seecktschen Vorstellungen dar, integrierte aber auch – soweit dies bei den begrenzten Ressourcen des Deutschen Reiches möglich war – einige Ideen von Douhet. Für Wever stand fest, dass die entscheidende Waffe eines zukünftigen Luftkrieges der Bomber sein würde.[291] Angriffe auf Städte zur Terrorisierung der Zivilbevölkerung lehnte Wever jedoch ab. Sie kämen nur als Vergeltungsmaßnahmen infrage.[292] Insofern distanzierte er sich vom reinen »Douhetismus«. Wevers Kompromiss-Luftwaffe wurde im Spanischen Bürgerkrieg erfolgreich vor allem als »fliegende Artillerie«, aber auch

---

[289] Walther Wever (1887–1936) trat 1905 in die preußische Armee ein, diente im Ersten Weltkrieg in verschiedenen Truppenstäben sowie in der 3. OHL, wurde 1927 Referent im Truppenamt, 1933 Leiter des Luftkommandoamtes und 1935 Chef des Generalstabes der Luftwaffe.

[290] Luftwaffendienstvorschrift »Luftkriegführung« (L.Dv. 16), Nachdruck vom März 1940. Auszugsweise abgedruckt in: Völker, Dokumente, Nr. 200, S. 466–486. Entscheidenden Anteil an der Entstehung dieses Dokuments hatte Wilberg, der wegen seiner jüdischen Abstammung nach 1933 nicht die naheliegende Rolle des Generalstabschefs der Luftwaffe übernehmen durfte. Siehe dazu: Corum, The Luftwaffe, S. 125 f. und 140–144; Boog, Die deutsche Luftwaffenführung, S. 124–171.

[291] Boog, Luftwaffe, S. 524 f.; Corum, The Luftwaffe, S. 127 f., 134–144, 152–154 und 179–181; Maier/Stegemann, Einsatzvorstellungen, S. 46; Boog, Die deutsche Luftwaffenführung, S. 164–169; Völker, Die deutsche Luftwaffe, S. 32 f. Unter dem Begriff »Operativer Luftkrieg« wurden damals Kategorien der Kriegführung zusammengefasst, die nach heutigem Verständnis zum einen die taktische, zum anderen aber auch die strategische Ebene beinhalteten. Siehe dazu: Boog, Die deutsche Luftwaffenführung, S. 152–164; Groß, Mythos und Wirklichkeit, S. 7 f. und 15 f.

[292] Boog, Luftwaffe, S. 524; Corum, The Luftwaffe, S. 143 f.; Maier/Stegemann, Einsatzvorstellungen, S. 44–46.

im operativen Bombenkrieg (z.B. in Guernica) erprobt.[293] Aufgrund hektischer Beschaffungsprogramme, erheblicher Strukturprobleme in der Luftfahrtindustrie, technischer Unzulänglichkeiten (vor allem bei den Motoren) und des Mangels an Facharbeitern, Edelmetallen sowie Devisen herrschte bei der deutschen Luftrüstung Quantität vor Qualität. Der Stand der Rüstungstechnologie und die Erfahrungen aus Spanien bewirkten letztlich, gerade unter Wevers Nachfolgern im Amt, eine Fokusierung auf den operativen und taktischen Einsatz.[294] Die Luftverteidigung des Heimatgebietes durch Jagdflugzeuge spielte in diesen ausgesprochen offensiven Vorstellungen der Luftwaffenführung nur eine untergeordnete Rolle. Lediglich die Zivilverteidigung besaß – die Entwicklung aus den 1920er Jahren fortsetzend – einen großen Stellenwert.[295]

Mit dem Unfalltod Wevers am 6. Juni 1936 verlor die Wehrmacht ihren führenden Visionär der Luftkriegführung. Von weitaus geringerer Bedeutung für die Ausbildung von Kriegsbildern folgten im Amt als Chef des Generalstabes am 9. Juni 1936 Albert Kesselring, am 1. Juni 1937 Hans-Jürgen Stumpff und am 1. Februar 1939 Hans Jeschonnek.[296] Der Letztgenannte beauftragte unmittelbar nach Amtsantritt den Befehlshaber der Luftwaffengruppe 2 und ehemaligen Referatsleiter »Taktik der Luftstreitkräfte« im Truppenamt 1924 bis 1926, Hellmuth Felmy,[297] Überlegungen zu einem möglichen Krieg gegen Großbritannien anzustellen. Nach der bereits weiter oben erläuterten Besprechung Hitlers mit der Generalität vom November 1937 wurde im Generalstab der Luftwaffe zunehmend das Eingreifen Großbritanniens auf Seite der bisher angenommenen Feinde in einem Kriege befürchtet. In Abweichung von den Vorstellungen der Heeresführung und in Übereinstimmung mit denjenigen der Marineleitung sah die Luftwaffenführung ab 1938 Großbritannien nunmehr als Hauptgegner in einem zukünftigen Krieg.[298] Dies bedingte eine nicht unerhebliche Erweiterung des Kriegsbildes und erforderte Vorstellungen darüber, wie ein Luftkrieg auch über dem Meer und den Britischen Inseln zu führen sei. Zu dieser Frage hatte Felmy dem Oberbefehlshaber der Luftwaffe bereits im September 1938 eine Denkschrift vorgelegt, in der er festgestellt hatte, dass das Eindringen der Luftwaffenverbände in den britischen Luftraum ohne Basen in Belgien und den Niederlanden nicht

---

[293] Maier/Stegemann, Einsatzvorstellungen, S. 52 f.; Corum, The Luftwaffe, S. 182–223.
[294] Maier/Stegemann, Einsatzvorstellungen, S. 50–52; Corum, The Luftwaffe, S. 170–176, 209–212 und 243–249; Neitzel, Zum strategischen Mißerfolg verdammt?, S. 171. Die ersten Entwürfe für Langstreckenbomber (Do 19, Ju 89) vermochten aufgrund der geringen Leistungsfähigkeit der damaligen Flugzeugmotoren nicht zu überzeugen. Die Luftwaffenführung begnügte sich letztlich mit dem Bau mittlerer Bomber mit geringeren Reichweiten.
[295] Corum, The Luftwaffe, S. 147–150.
[296] Ebd., S. 224–233.
[297] Helmuth Felmy (1885–1965) wurde bereits vor dem Ersten Weltkrieg als Flieger ausgebildet, war im Krieg an der Sinaifront eingesetzt, leitete von 1924 bis 1926 das Referat »Taktik der Luftstreitkräfte« im Truppenamt, und wurde am 1.2.1938 zum General der Flieger befördert. In den späten 1920er Jahren vertrat er im Truppenamt die Ansicht, dass strategische Bomber den Krieg der Zukunft bestimmen würden, und sprach sich daher dafür aus, vor allem deren Entwicklung voranzutreiben. Corum, the Luftwaffe, S. 119 f. und 127. Siehe hierzu auch die Biografie: Weber, Hellmuth Felmy.
[298] Maier/Stegemann, Einsatzvorstellungen, S. 54–56; Völker, Die deutsche Luftwaffe, S. 75.

ausreichend sein würde, um den Luftkrieg über Großbritannien zu führen. Ausbildungsstand des fliegenden Personals lasse es zudem nicht zu, einen erfolgreichen Luftkrieg über See zu führen.[299] Als Kriegsziel der Westmächte nahm die Luftwaffenführung das Niederringen Deutschlands durch Bekämpfung seiner Rüstungsindustrie unter Inkaufnahme eines langen Krieges an. Von der britischen Luftwaffe wurde erwartet, dass sie gegen die deutsche Wirtschaft, vor allem das rheinisch-westfälische Industriegebiet und die Nordseehäfen, eingesetzt würde, während die deutsche Luftwaffe zur Unterstützung des Heeres in Frankreich gebunden wäre. Die Luftwaffenführung riet Hitler deshalb von der Entfesselung eines Luftkrieges gegen Großbritannien ab.[300] Auch das auf Veranlassung Jeschonneks hin durchgeführte Planspiel der Luftflotte 2 vom Mai 1939 bestätigte, dass eine Luftkriegsentscheidung gegen Großbritannien selbst unter den zu erwartenden günstigen technischen Bedingungen des Jahres 1942 nicht zu erreichen sein würde; bestenfalls wäre es möglich, die britische Seefahrt durch Minenkrieg aus der Luft zu beeinträchtigen.[301] Obwohl die Unzulänglichkeit der deutschen Luftkriegsmittel für ein dermaßen erweitertes Kriegsbild offenkundig geworden war, wandte sich auch Jeschonnek innerhalb der von Wever vorgegebenen Denkmuster vorwiegend taktischen Fragen der Luftstreitkräfte und der unmittelbaren Heeresunterstützung zu.[302] Deshalb wurde Jeschonnek von Horst Boog auch als »eine Verkörperung des militärisch verengten Führungsdenkens«[303] bezeichnet. Hier vollzog sich also Ende der 1930er Jahre eine ähnliche Entwicklung wie im Heer, diesmal aber – wohl auch unter dem Einfluss Görings – eher auf freiwilliger Basis. Das »Konzentrierte Flugmuster-Programm«[304] mit Endtermin 1942 lässt erkennen, dass der militärfachlich nicht besonders bewanderte Göring langfristig in den Kategorien der Beherrschung des Luftraums über den Britischen Inseln dachte.[305] Für einen operativen und strategischen Luftkrieg gegen Großbritannien war die deutsche Luftwaffe bei Kriegsbeginn 1939 allerdings weder in der Offensive noch in der Defensive vorbereitet. Sie war rüstungs- und ausbildungstechnisch immer noch – wie vor allem von Wever geprägt – auf die Kriegführung gegen benachbarte Kontinentalmächte eingestellt.[306] Anders ausgedrückt, hatten Luftrüstung und

---

[299] Boog, Die deutsche Luftwaffenführung, S. 94; Corum, The Luftwaffe, S. 256; Völker, Die deutsche Luftwaffe, S. 72 f. und 159–163.
[300] Maier/Stegemann, Einsatzvorstellungen, S. 58 f.
[301] »Schlußbesprechung des Planspiels des Luftflottenkommandos 2 zur Frage der Luftkriegführung gegen England und über See«, 13.5.1939. In: Völker, Dokumente, Nr. 199, S. 460–466. Siehe auch: Corum, The Luftwaffe, S. 264; Boog, Die deutsche Luftwaffenführung, S. 93 f.; Völker, Die deutsche Luftwaffe, S. 161 f.
[302] Boog, Die deutsche Luftwaffenführung, S. 178–180.
[303] Ebd., S. 541.
[304] Das »Konzertierte Flugmuster-Programm« stellte ein gigantisches Rüstungsprogramm dar und sah die Verstärkung der Luftwaffe um das Fünffache bis zum 1.4.1942 vor. Da seine Realisierung jedoch fraglich war, erarbeitete der Abteilungschef der Organisationsabteilung des Generalstabs, Josef Kammhuber, ein Notprogramm, das auf etwa ein Drittel des geplanten Umfangs reduziert war. Siehe dazu: Boog, Die deutsche Luftwaffenführung, S. 177.
[305] Maier/Stegemann, Einsatzvorstellungen, S. 60 f.
[306] Ebd., S. 68; Völker, Die deutsche Luftwaffe, S. 29 f. und 73.

III. Die gedanklichen Grundlagen 113

Ausbildung mit dem schnellen Wandel des Kriegsbildes der Luftwaffenführung von 1938 nicht Schritt halten können. Insgesamt blieben die Kriegsvorstellungen der Luftwaffenführung sehr stark landkriegsbezogen und offensiv geprägt, was sich auch in den Rüstungsprogrammen widerspiegelte.[307] Die Dimension des strategischen Luftkriegs stand im Hintergrund, was nicht zuletzt mit der Herkunft der führenden Luftwaffenoffiziere aus dem Heer zu begründen ist.[308]

Zusammenfassend kann bei der Entwicklung von Kriegsbildern in der Zwischenkriegszeit auf der einen Seite von einer Kontinuität militärisch gestützter Machtbestrebungen und operativ geprägter Denkmuster gesprochen werden. Andererseits hat schon Markus Pöhlmann betont, dass der gesamtgesellschaftliche Charakter eines Zukunftskrieges in Reichswehr und Wehrmacht durchaus erkannt wurde, und dass der Erste Weltkrieg hierfür eine wichtige Voraussetzung bildete.[309] Die Erfahrungen der Totalität des Ersten Weltkrieges, die Ungunst der strategischen Ausgangslage und die relative Schwäche der Reichswehr wurden insbesondere in den Köpfen von Männern wie Groener, Beck, Raeder und Felmy reflektiert. Gerade Becks Kriegsbild macht deutlich, dass es in der Mentalität der Militäreliten nicht in jedem Fall einen nahtlosen Übergang von der Kaiserzeit zum Dritten Reich gegeben hat. Die Kriegsbilder von Heeres-, Marine- und Luftwaffenführung am Vorabend des Zweiten Weltkrieges kamen den bald folgenden Realitäten deutlich näher als dies bei denjenigen vor 1914 der Fall gewesen war.[310] Sie entbehrten nicht einer gewissen, realistischen Skepsis. Auch wurden entgegen weitläufiger Meinung die Kriegsvorstellungen mit dem Jahr 1933 nicht einfach von Verteidigung auf Angriff umgestellt. Erst mussten – zumindest im Heer – mit einigen führenden Köpfen auch die sich darin widerspiegelnden Denkweisen ausgetauscht werden, um der Angriffskriegführung den Weg zu bahnen. Eine verhängnisvolle Parallele zu der Zeit vor 1914 wird in der Polykratie des Dritten Reiches erkennbar. Divergierende Machtinteressen und Kompetenzkonkurrenz um Rüstungsressourcen[311] machten die Abstimmung in den Kriegsbildern der Wehrmachtteile – Wever sei von dieser Feststellung ausgenommen – nur unwesentlich besser als im Kaiserreich. Bemerkenswert ist in der Zwischenkriegszeit aber das Aufkommen von Alternativvorstellungen in den Militäreliten, die sich mit den Namen Stülpnagel und Dönitz verbinden.

---

[307] Boog, Die deutsche Luftwaffenführung, S. 126 und 151.
[308] Ebd., S. 124–150 und 182 f.; Völker, Die deutsche Luftwaffe, S. 28.
[309] Pöhlmann, Großer Krieg und nächster Krieg, S. 296 f.
[310] Brühl/Förster, Militärtechnik, S. 282.
[311] Groß, Mythos und Wirklichkeit, S. 193 f.; Dülffer, Weimar, Hitler und die Marine, S. 488–512; Salewski, Führungsdenken in der Kriegsmarine, S. 210.

4. Kriegsbilder unter dem Eindruck des Zweiten Weltkrieges: Prägende Erfahrungen für die frühe Bundeswehrführung

Zu Beginn des Zweiten Weltkrieges entsprachen die operativen Prinzipien der Wehrmacht – wie ihre militärischen Erfolge in den Jahren 1939/40 zeigten – weitgehend den tatsächlichen Bedingungen der militärischen Auseinandersetzungen.[312] Der »Fall Weiß« unter der operativen Führung Halders läutete am 1. September 1939 eine neue Ära der beweglichen, mechanisierten Offensivkriegführung mit zusammengefassten Panzerverbänden und Luftnah- sowie großräumiger Heeresunterstützung durch die Luftwaffe ein. Die Reihe der Siege gegen Polen, Norwegen, Dänemark, die Niederlande, Luxemburg, Belgien und Frankreich innerhalb der ersten zehn Monate des Zweiten Weltkrieges war beeindruckend.[313] Erich von Mansteins Sichelschnitt-Plan des Jahres 1940 zur Realisierung des Blitzkriegs-Konzepts im Westfeldzug folgte der Denkschule der Vernichtungsschlacht.[314] Unter dem Eindruck der ersten Siege ließ Brauchitsch mit Weisung vom 15. Dezember 1939 das Kapitel über »hinhaltenden Widerstand« aus der Vorschrift T.F. löschen.[315] Dies zeigt jedoch die Verkennung der strategischen Situation und die Unterentwicklung seines Kriegsbildes. Hinter den ersten Triumphen traten bereits gravierende Schwächen der Wehrmacht zutage.

Die Kriegsmarine war im September 1939 auf den Krieg völlig unzureichend vorbereitet. Die Übermacht der Gegner Großbritannien und Frankreich war so erdrückend, dass der von Raeder angedachte ozeanische Handelskrieg nur in Ansätzen und mit enormen, bewusst und angekündigt in Kauf genommenen Verlusten realisiert werden konnte.[316] Dönitz' Vorstellungen setzten sich hingegen nach den Erfolgen der U-Bootwaffe erst im Krieg durch. Deshalb wurden die Rüstungspläne kurzfristig auf den großangelegten Bau von U-Booten umgesteuert.[317] Auch für den Landkrieg waren aufgrund der kurzen Aufbauphase für eine mechanisierte und motorisierte Kriegführung nur wenige Eliteverbände der Wehrmacht gerüstet.[318] Von 157 Divisionen des deutschen Heeres waren nur 16 vollmotorisiert, während sich die übrigen etwa 90 Prozent – wie im Ersten Weltkrieg – zu Fuß oder zu Pferd bewegten.[319] Zudem war die Masse der Soldaten nur kurz, also relativ schlecht ausgebildet worden.[320] Mit der sogenannten Luftschlacht um England offenbarte sich ferner die bereits von Felmy prognostizierte Überforderung der in erster Linie auf Heeresunterstützung ausgerichteten Luftwaffe. Den Jagdmaschinen fehlte die Reichweite für eine effiziente Kriegführung über den Britischen Inseln, wo zudem die Ziele nicht klar identifi-

---

[312] Brühl/Förster, Militärtechnik, S. 283; Corum, The Luftwaffe, S. 272–280 und 287.
[313] Megargee, Hitler und die Generäle, S. 86–91.
[314] Groß, Einführung, S. 2; Groß, Mythos und Wirklichkeit, S. 210–217.
[315] Strohn, The German Army and the Defence, S. 247.
[316] Rahn, Strategische Optionen, S. 232–240.
[317] Dülffer, Weimar, Hitler und die Marine, S. 533.
[318] Groß, Das Dogma der Beweglichkeit, S. 159; Groß, Mythos und Wirklichkeit, S. 209.
[319] Frieser, Blitzkrieg-Legende, S. 39.
[320] Groß, Das Dogma der Beweglichkeit, S. 160; Groß, Mythos und Wirklichkeit, S. 209.

III. Die gedanklichen Grundlagen _____ 115

ziert und definiert worden waren. Auch die Seeluftstreitkräfte waren unterentwickelt. Nun rächte sich die mangelnde Koordination der Kriegsvorstellungen und -planungen von Luftwaffe und Marine in den Vorkriegsjahren. Hinzu kamen falsche Einschätzungen des generischen Rüstungspotenzials.[321] Über die operative Ausplanung einzelner Feldzüge konnte unter diesen Umständen schwerlich hinausgedacht werden. Zudem hatte die Entwicklung eigener Vorstellungen in der Wehrmachtführung in diesem Stadium des Krieges keinen Zweck mehr. Über strategische Entscheidungen wurde sie von Hitler jeweils sehr kurzfristig informiert. So erhielten die Befehlshaber der Wehrmachtteile die Entscheidung Hitlers zum Angriff im Westen möglichst noch 1939 erst am 27. September 1939, als Halder bereits eine defensive Kriegführung im Westen geplant hatte.[322] Auch war die Generalität über den Nichtangriffspakt mit der Sowjetunion vom 23. August 1939 bis zum sowjetischen Angriff auf Polen gar nicht informiert gewesen.[323] Die überraschenden Kriegserfolge hatten jedoch die Bereitschaft Hitlers, auf die Militärführung zu hören, mittlerweile noch vermindert.[324] Als Großbritannien 1940 nicht um Frieden ersuchte, herrschte im OKW Ratlosigkeit, wie der Krieg erfolgreich beendet werden könnte.[325]

Seit 25. Oktober 1940 war Heusinger Abteilungschef der Operationsabteilung im OKH. Er sah den Hauptgegner zunächst noch in Großbritannien und einen Fortgang des Krieges eher im Mittelmeerraum als in der Sowjetunion. In Heusingers Briefen fanden sich manche in die Irre gehende politische Spekulationen, die auch Halder teilte.[326] Der tatsächliche Gesamtcharakter des Krieges wurde von den meisten nicht erfasst. Die Entscheidung Hitlers, im Juni 1941 die Sowjetunion anzugreifen, rief keine Proteste der Wehrmachtführung hervor. Im Gegenteil: Hitlers Vorstellungen kamen insbesondere der Führung des Heeres und der Luftwaffe sehr entgegen, während die Marineführung die Kriegserklärung des Deutschen Reiches an die USA im Dezember 1941 im Sinne einer effektiveren U-Bootkriegführung begrüßte.[327]

Aus Sicht Hans-Heinrich Wilhelms war das Berufsleben der maßgeblichen operativen Planer auf den Krieg gegen die Sowjetunion ausgerichtet. Sie seien sich des Risikos eines »Weltanschauungskrieges« voll bewusst gewesen.[328] Die deut-

---

[321] Neitzel, Zum strategischen Mißerfolg verdammt?, S. 171 f. und 177–182; Maier/Stegemann, Einsatzvorstellungen, S. 48; Corum, The Luftwaffe, S. 280–284; Boog, Die deutsche Luftwaffenführung, S. 90–123; Völker, Die deutsche Luftwaffe, S. 210–214.
[322] Megargee, Hitler und die Generäle, S. 90 f.
[323] Ebd., S. 89.
[324] Megargee, Hitler und die Generäle, S. 101. Vgl. Groß, Mythos und Wirklichkeit, S. 254.
[325] Megargee, Hitler und die Generäle, S. 104–107.
[326] Meyer, Adolf Heusinger, S. 143–266, hier bes. S. 145. Spekuliert wurde beispielsweise über eine Erweiterung des am 27.9.1940 geschlossenen Dreimächtepaktes Deutsches Reich–Italien–Japan um die Sowjetunion.
[327] Murray, Vorwort, S. XII. Heusinger sagte nach dem Krieg aus, der Generalstab habe die Entscheidung Hitlers mit höchster Besorgnis betrachtet. Megargee, Hitler und die Generäle, S. 124; Jahn, »Russenfurcht«, S. 59.
[328] Wilhelm, Motivation und »Kriegsbild«, S. 156. Groß schrieb dieses Bewusstsein eher dem OKW als dem OKH zu. Siehe dazu: Groß, Mythos und Wirklichkeit, S. 221 f. Der weltanschauliche Charakter des Krieges musste spätestens ab dem 30.3.1941 der gesamten deut-

sche Generalität rechnete hier von Anfang an mit einem Krieg, der nicht nach der Haager Landkriegsordnung geführt werden würde. Den meisten war wohl jedes Mittel recht, das in der Auseinandersetzung mit einem besonders grausam eingeschätzten Feind Erfolge versprach.[329] Sozialdarwinistische Anschauungen vom Kampf des Germanentums gegen das Slawentum und Angstvorstellungen von einer »Überflutung« Deutschlands durch »asiatische Horden«[330] spielten nach wie vor eine große Rolle.[331] Russophobie und Antibolschewismus beherrschten im Deutschen Reich den Zeitgeist.[332] Überlegenheitsgefühle und rassistische Vorurteile hatten einen großen Einfluss auf die Vorstellungen von diesem kurzfristig absehbaren Feldzug.[333]

Wenn überhaupt, so lässt sich von einem Kriegsbild des Blitzkrieges in der Wehrmachtführung zwischen dem Sieg über Frankreich und der Auslösung des Unternehmens »Barbarossa« gegen die Sowjetunion am 22. Juni 1941 sprechen.[334] Die operativen Planungen im OKH gegen die Sowjetunion beherrschte wiederum das Leitmotiv der Vernichtungsschlacht, um die kontinentale Hegemonie des Deutschen Reiches zu sichern.[335] Auch wenn die ersten Erfolge des Russlandfeldzugs, die Heusinger damals auf die »turmhohe Überlegenheit der Führung über die russische«[336] zurückführte, die Vorstellungen der Militärführung noch zu bestätigen schien, kam es zu beträchtlichen Fehleinschätzungen über das Kriegspotenzial der Roten Armee. Das Blitzkriegskonzept stellte sich als Wunschbild heraus und scheiterte.[337] Im Frühsommer 1943 äußerte Heusinger gegenüber einem Bekannten aus Leutnantstagen, dass der Krieg schon lange verloren sei.[338]

Als Chef der Operationsabteilung im OKH nahm Heusinger zu jener Zeit eine zentrale Stellung im Generalstab ein. Er hatte täglich Informationen von der Front auszuwerten und die neueste Lageentwicklung bei Hitler vorzutragen, der jedoch jede örtliche Zurücknahme von Truppen an der Ostfront ablehnte.[339] Feindbild und Erfahrungen aus dem Ersten Weltkrieg waren auch bestimmende Faktoren für Hitlers Kriegsvorstellungen. In fanatischer Überhöhung seiner eigenen Grabenkriegserfahrungen bestand Hitler auf dem starren Halten

---

schen Militärführung bewusst gewesen sein. Siehe dazu: Groß, Mythos und Wirklichkeit, S. 264 f.
[329] Wilhelm, Motivation und »Kriegsbild«, S. 171–174; Jahn, »Russenfurcht«, S. 48 f.
[330] Die Chiffre »asiatisch« fasste Vorstellungen von Despotie und Barbarei zusammen. Siehe dazu: Jahn, »Russenfurcht«, S. 54 f.; Hoeres, Die Slawen, S. 187–194.
[331] Wilhelm, Motivation und »Kriegsbild«, S. 161; Jahn, »Russenfurcht«, S. 49; Hoeres, Die Slawen, S. 200; Bergien, Vorspiel des »Vernichtungskrieges«?, S. 393–396.
[332] Jahn, »Russenfurcht«, S. 51 und 59 f.
[333] Wilhelm, Motivation und »Kriegsbild«, S. 158–160; Bergien, Vorspiel des »Vernichtungskrieges«?, S. 396–398; Groß, Mythos und Wirklichkeit, S. 227.
[334] Frieser, Blitzkrieg-Legende, S. 7–14; Groß, Mythos und Wirklichkeit, S. 197 und 226.
[335] Groß, Mythos und Wirklichkeit, S. 217–222.
[336] Meyer, Adolf Heusinger, S. 151 f.
[337] Groß, Das Dogma der Beweglichkeit, S. 161; Megargee, Hitler und die Generäle, S. 123–141; Groß, Mythos und Wirklichkeit, S. 226–236.
[338] Meyer, Adolf Heusinger, S. 275.
[339] Megargee, Hitler und die Generäle, S. 173–177.

des eroberten Bodens.[340] Die Beschneidung der Handlungsspielräume widersprach zwar den Vorstellungen der Operateure von einer beweglich geführten Verteidigung, doch letztlich siegten im Allgemeinen Gehorsam und Ehrgeiz über die Vernunft.[341] Im Dezember 1941 übernahm Hitler selbst den Oberbefehl über das Heer, mischte sich zunehmend in operativ-taktische Detailfragen ein und gab sich dabei – wie Heusinger es ausdrückte – »Illusionen«[342] hin.[343] Wie sich später noch zeigen wird, waren all dies prägende Erfahrungen für Heusinger und die frühe militärische Führung der Bundeswehr. Spätestens nach der Entlassung Halders im September 1942 war die Militärführung – nach den Worten Georg Meyers – zu »Handlangern einer enthemmten Gewaltherrschaft und allenfalls misstrauisch geduldeten Ratgebern eines menschenverachtenden Diktators«[344] abgestiegen, der zunehmend den Bezug zur Realität verlor.[345]

1943 nahm der Krieg im Osten den Charakter eines Verteidigungskrieges an, in dem Infanterie und Artillerie der Wehrmacht nun die Hauptlast des Kampfes trugen, während die Menge und Bedeutung der Panzerwaffe - zumindest auf deutscher Seite – wegen hoher Verluste, chronischen Treibstoffmangels und zunehmender Luftüberlegenheit des Feindes abnahm.[346] Als Dönitz, seit Januar 1943 neuer Oberbefehlshaber der Kriegsmarine, im Mai des Jahres die U-Boote aus dem Nordatlantik zurückziehen musste, war das Konzept einer offensiven Kriegführung – gerade aufgrund des sträflich unterschätzten Potenzials der Seemächte USA und Großbritannien – auch auf See, gescheitert.[347] Was die deutsche Luftwaffe betrifft, wurde sie von den Westalliierten bereits 1942 sowohl quantitativ als auch qualitativ-technisch überholt und 1944 deklassiert. Die Luftwaffe war nicht in der Lage, einen strategischen Luftkrieg zu führen, da sie über keine schweren, viermotorigen Bomber bzw. Langstreckenbomber in ausreichender Zahl und keine dem britischen Bomber Command analoge Zentraldienststelle verfügte. Das Denken in den Kategorien der unmittelbaren Heeresunterstützung wurde im Krieg aufgrund der Befehlslage und Sachzwänge im Osten sogar noch zementiert. Die strategischen Luftangriffe der Briten und Amerikaner auf deutsche Städte, die in erster Linie gegen die gegnerische Rüstung, Infrastruktur und Zivilbevölkerung gerichtet waren, trugen hingegen starke Züge der Douhetschen Luftkriegsvorstellungen.[348]

Die deutsche Niederlage in Stalingrad 1943, die erfolgreiche Landung der Alliierten in der Normandie und der Zusammenbruch der Heeresgruppe Mitte 1944 – begleitet von den enormen Verlusten der Wehrmacht und den

---

[340] Hürter, Hitlers Generäle, S. 261; Groß, Mythos und Wirklichkeit, S. 241–248.
[341] Megargee, Hitler und die Generäle, S. 184 und 285.
[342] Meyer, Adolf Heusinger, S. 298 und S. 305.
[343] Megargee, Hitler und die Generäle, S. 196 f.
[344] Meyer, Adolf Heusinger, S. 109.
[345] Megargee, Hitler und die Generäle, S. 267; Groß, Mythos und Wirklichkeit, S. 257–260; Dülffer, Vom Bündnispartner zum Erfüllungsgehilfen, S. 299.
[346] Groß, Das Dogma der Beweglichkeit, S. 162 f.; Groß, Mythos und Wirklichkeit, S. 241–249.
[347] Rahn, Strategische Optionen, S. 232–240; Rahn, Der Atlantik, S. 668–679.
[348] Neitzel, Zum strategischen Mißerfolg verdammt?, S. 167 und 171; Boog, Luftwaffe, S. 526; Boog, Führungsdenken in der Luftwaffe, S. 183; Corum, The Luftwaffe, S. 286.

Auswirkungen des alliierten strategischen Luftkriegs – waren Marksteine hin zur bedingungslosen Kapitulation der Wehrmacht am 8. Mai 1945. Mit den Misserfolgen der Wehrmacht nahm der Krieg auch immer mehr totale Züge an. Vor dem Hintergrund der fortschreitenden Radikalisierung der Kriegführung wurden Rechtsnormen aufgrund von Kriegsnotwendigkeiten zunehmend über Bord geworfen worden.[349] In der aussichtslosen strategischen Lage des Deutschen Reiches ging es der verantwortlichen politischen und militärischen Führung schließlich vor allem um die Inszenierung eines »heroischen Untergangs«, mit dem eine Situation wie 1918/19 vermieden werden sollte.[350] Als die Reste des OKW am 23. Mai 1945 aufgelöst wurden, gab es keine deutschen Streitkräfte mehr.[351]

Zusammenfassend kann zur Entwicklung von Kriegsbildern in den deutschen Militäreliten von 1871 bis 1945 festgehalten werden, dass sie einem komplexen Konglomerat politischer, struktureller, militärischer, biografischer, ideeller und kultureller Faktoren unterlag. Da die geistigen Wurzeln von Kriegsvorstellungen vielfach Jahrzehnte zurückreichen, war dieser Rückblick vor der Beschäftigung mit Kriegsbildern der Bundeswehr selbst unabdingbar. Besonders gut konnten die Kriegsbilder – zumindest die offiziell deklarierten – dabei anhand von Denkschriften, Führungsvorschriften und Kriegsspielen nachvollzogen werden. Im Falle des Deutschen Reiches war ihre Entwicklung im Wesentlichen durch die geografische Mittellage, das Groß- und Weltmachtstreben, die Ressourcenknappheit sowie personell wie materiell weit überlegene Feindkoalitionen bestimmt. Das Dilemma eines Zwei- oder Mehrfrontenkrieges führte seit der Kaiserzeit immer wieder zu Ideal- bzw. Wunschbildern eines kurzen Krieges, in dem die Mobilisierung des gegnerischen Potenzials mit rasch herbeigeführten Vernichtungsschlachten unterlaufen würde. Kontinuitätslinien zeichnen sich beim Heer in der Vorstellung des offensiv geführten Bewegungskrieges ab. In der Marineführung ist von Tirpitz über Raeder bis zu Dönitz ein Streben nach Seegeltung des Deutschen Reiches zu erkennen, bei dem der Marine eine bedeutende Rolle zugedacht war und das auf eine Konfrontation mit der überlegenen Seemacht Großbritannien bzw. mit überlegenen atlantischen Seemächten hinauslief.[352] In der relativ kurzen Vorgeschichte der Luftwaffe spielten im Hinblick auf die Kriegsbilder auf der einen Seite ebenfalls der Gegner Großbritannien, auf der anderen Seite aber auch die unmittelbare Heeresunterstützung eine große Rolle.

Die Militäreliten aller Wehrmachtteile verband die Konzentration auf die operative Ebene der Kriegführung. Horst Boog sah darin ein hervorstechendes Merkmal des »Kurzkriegsdenkens«[353] und des sogenannten Ia-Denkens[354] der

---

[349] Wette, Militarismus in Deutschland, S. 196–206.
[350] Vgl. Megargee, Hitler und die Generäle, S. 282–284.
[351] Ebd., S. 280.
[352] Rahn, Strategische Optionen, S. 239; Schreiber, Thesen zur ideologischen Kontinuität, S. 427; Dülffer, Weimar, Hitler und die Marine, S. 544; Salewski, Führungsdenken in der Kriegsmarine, S. 217.
[353] Boog, Führungsdenken in der Luftwaffe, S. 191.
[354] Ebd., S. 187.

III. Die gedanklichen Grundlagen 119

Wehrmacht. Die Konzentration auf die Operationsführung ging jedoch mit einer Vernachlässigung strategischer Faktoren der Kriegführung einher.[355] In diesem Zusammenhang stellte Williamson Murray fest, dass 1939 – trotz der gegenüber 1914 realistischeren Kriegsvorstellungen – fast alle schweren strategischen Fehler wiederholt wurden, die bereits im Ersten Weltkrieg begangen worden waren.[356] Vielfach herrschte eine kurzsichtige, zudem ressortorientierte Auffassung vor, welche die globalen Machtverhältnisse nicht ausreichend berücksichtigte.[357] Die Vorstellungswelt der Wehrmachtführung war im Kern auf den Waffenkrieg beschränkt geblieben.[358] Deshalb »endete für die Masse der Generale ihr Denken mit der Vernichtung der gegnerischen Streitkräfte«,[359] wie Gerhard P. Groß zuletzt zutreffend festgestellt hat.

Es ist davon auszugehen, dass die Kriegsvorstellungen der Gründungsväter der Bundeswehr mit Vordienstzeiten in der Wehrmacht und Reichswehr eine spezifische Prägung erhielten, die bis zur Denkschule von Moltke d.Ä. zurückging.[360] Der amerikanische Atomwaffeneinsatz am Ende des Zweiten Weltkrieges in Japan brachte schließlich aber ein ganz neues Potenzial für die Kriegführung. Nach Ihno Krumpelt würde die Waffe »Gestalt und Formen des Krieges von Grund auf ändern und damit ein völlig neues Kriegsbild schaffen«.[361] Vor diesem Hintergrund stellt sich die Frage, ob es in der militärischen Führung der Bundeswehr – zumal unter völlig veränderten strategischen Bedingungen nach 1945 – wiederum neuen Wein in alten Schläuchen gab? Interessant dürfte im Weiteren auch die Beschäftigung mit den Thesen der Kriegsbildtheorie bleiben, die sich bereits in diesem Kapitel in mehrerlei Hinsicht bestätigt haben, vor allem was die Konkurrenz unterschiedlicher Vorstellungen, ihre Instrumentalisierung und die Prägung von Kriegsbildern durch Kriegserlebnisse betrifft.

---

[355] Groß, Mythos und Wirklichkeit, S. 317 f.
[356] Murray, Vorwort, S. XI.
[357] Megargee, Hitler und die Generäle, S. 16; Groß, Das Dogma der Beweglichkeit, S. 144; Wilhelm, Motivation und »Kriegsbild«, S. 170.
[358] Dülffer, Vom Bündnispartner zum Erfüllungsgehilfen, S. 296–298.
[359] Groß, Mythos und Wirklichkeit, S. 263.
[360] Johannes Hürter bezeichnete Moltke d.Ä. und Schlieffen sogar als die »Hausgötter« der Wehrmachtelite. Hürter, Hitlers Generäle, S. 262.
[361] Krumpelt, Das Kriegsbild der Zukunft, S. 84.

IV. Die Entwicklung von Kriegsbildern in der militärischen Führung der Bundeswehr

1. Gewohnte Kriegsbilder im Dienste der politischen Interessen: Die Kontinuität konventionellen operativen Denkens der Wehrmacht im Amt Blank und in der frühen Bundeswehr bis 1956

Der Zeitraum von 1945 bis 1955/56, vom Ende der Wehrmacht bis zur Aufstellung der Bundeswehr, stellt eine Zäsur in der deutschen Militärgeschichte dar. Gemäß Georg Meyer sind damals »erhebliche Bewusstseinsveränderungen«[1] in der deutschen militärischen Führungsschicht[2] eingetreten. Bei der Auseinandersetzung mit der Kriegsbildtheorie wurde allerdings bereits festgehalten, dass sich Zukunftsvorstellungen im Allgemeinen an bekannten geistigen Bildern der Vergangenheit orientieren. Insofern stellt sich die Frage, ob die Bewusstseinsveränderungen auch die Vorstellungen von künftigen Kriegen betrafen? Kam es bis zur Aufstellung der Bundeswehr unter den völlig veränderten Rahmenbedingungen des Jahres 1955 zu Brüchen in den Vorstellungswelten oder lassen sich doch Kontinuitätslinien aus der Zeit vor 1945 feststellen?

a) Nie wieder Krieg? Zusammenbruch und Neuanfang unter veränderten Rahmenbedingungen 1945 bis 1948

Der Ausgang des Zweiten Weltkriegs zeigte die abgrundtiefe Diskrepanz zwischen dem von der politisch-militärischen Führung des Dritten Reiches Beabsichtigten und dem letztlich tatsächlich Erreichten. Nach erbitterten Kämpfen, die von 1939 bis 1945 weltweit über 50 Millionen Tote gefordert hatten, war die Wehrmacht besiegt.[3] Die Überlegenheit der Alliierten an personellen und mate-

---

[1] AWS, Bd 1 (Beitrag Meyer), S. 583.
[2] Meyer weist auf die Schwierigkeit hin, den vielschichtigen Begriff »militärische Führung« zu definieren. Ebd., S. 585.
[3] Hillgruber, Bilanz des Zweiten Weltkrieges, S. 201. Über die deutschen Verluste aufgrund des Zweiten Weltkrieges gibt es kaum zuverlässige Zahlen. Die Zahlen schwanken – je nach Berechnungsgrundlage und Interpretation – allein für die Wehrmacht zwischen 3,35 und 9,406 Millionen. Das OKW ging 1945 von 3 367 000 toten und vermissten deutschen

riellen Ressourcen, vor allem der USA und der UdSSR, war dermaßen groß, dass die Wehrmacht sie durch kein noch so geschicktes Operieren und keine noch so große Tapferkeit ausgleichen konnte. Selbst der totale Kriegseinsatz der deutschen Gesellschaft konnte am Ausgang des Krieges nichts ändern.[4] Die militärische Katastrophe von 1945 bedeutete zugleich das Ende der deutschen Groß- und Weltmachtpolitik. Die Viermächteerklärung vom 5. Juni 1945 zur Übernahme der zentralen Gewalt durch die Besatzungsmächte besiegelte sogar das Ende der staatlichen Souveränität. Fremde Mächte bestimmten nunmehr über die äußere und innere Sicherheit ihrer Besatzungszonen.[5] Hans Speidel schilderte die Situation des Jahres 1945 im Nachhinein wie folgt: »Deutschland lebte inmitten einer Welt von Feinden ohne jeden Freund in einem Zustand völliger Vertrags- und Rechtlosigkeit, während die Waffenbrüderschaft der Alliierten zunächst anzuhalten schien.«[6] Mit dem Gesetz Nr. 34 des Alliierten Kontrollrats vom 20. August 1946 wurde die Wehrmacht schließlich für ungesetzlich erklärt und eine Wiedererrichtung des deutschen Militärs untersagt. Den ehemaligen deutschen Soldaten wurden auf diese Weise finanzielle Ansprüche aus ihrer Dienstzeit entzogen. Existenznöte, Demütigungen, Orientierungslosigkeit und Verbitterung waren im Allgemeinen die Folgen.[7] Angesichts der staatlichen und sozialen Krise der unmittelbaren Nachkriegsjahre vollzog sich eine tiefe ideengeschichtliche Zäsur und eine Identitätskrise bei der ehemaligen deutschen Militärelite, die zwischen Selbstzweifeln und Selbstrechtfertigung einen neuen Anfang suchte. Dass die traditionellen Herrschafts- und Besitzverhältnisse, Wertordnungen und Leitbilder zusammenbrachen, erschütterte ihr Selbstverständnis vielfach schwer, zumal sie in der Öffentlichkeit massiven Vorwürfen ausgesetzt war. Das tradierte Standesbewusstsein erwies sich nun vielfach als ein falsches.[8] Für die ehemaligen Berufssoldaten in den ersten Nachkriegsjahren bestand so »eine schwierige psychologische Gemengelage«.[9] Zuletzt beschrieb Jörg Echternkamp umfassend die schwierige und vielschichtige Transformation von einer Kriegs- zur westdeutschen Nachkriegsgesellschaft zwischen Restauration und Verdrängung alter Denkmuster.[10] Adolf Heusinger verfasste in US-Kriegsgefangenschaft unter dem unmittelbaren Eindruck des Zusammenbruchs für die amerikanische Siegermacht einige kriegsgeschichtliche Studien. Eigentlich hätte – so lautete sei-

---

Soldaten aus. Overmans, Die Toten des Zweiten Weltkriegs, S. 862; Overmans, Deutsche militärische Verluste.
[4] AWS, Bd 1 (Beitrag Greiner), S. 126; AWS, Bd 1 (Beitrag Meyer), S. 584–602; Groß, Mythos und Wirklichkeit, S. 320; Hillgruber, Bilanz des Zweiten Weltkrieges, S. 196; Chickering, Der totale Krieg, S. 241–258.
[5] Hillgruber, Bilanz des Zweiten Weltkrieges, S. 196–202.
[6] BArch, BW 11 VI/9, Ansprache des Herrn Gen.Lt. Dr. Speidel zur Eröffnung des Lehrganges II am 16.7.1956 in Sonthofen (nach Tonband), S. 1.
[7] AWS, Bd 1 (Beitrag Meyer), S. 609–656; Groß, Mythos und Wirklichkeit, S. 276.
[8] AWS, Bd 1 (Beitrag Rautenberg), S. 739 und 864; Koselleck, Der Einfluß der beiden Weltkriege, S. 324–331; AWS, Bd 1 (Beitrag Meyer), S. 581; Naumann, Generale in der Demokratie, S. 39–168; Sander-Nagashima, Die Bundesmarine 1950 bis 1972, S. 23–29; Kutz, Die verspätete Armee, S. 64 f.
[9] AWS, Bd 1 (Beitrag Meyer), S. 582.
[10] Echternkamp, Soldaten im Nachkrieg, S. 43–327.

ne Bilanz – »der klare Blick für die Grenzen des Möglichen [...] alle Überlegungen beherrschen«[11] müssen. Stattdessen hätten »Illusion und Selbsttäuschung«,[12] die »tragische[...] Überschätzung der Willenskräfte gegenüber realen Tatsachen«[13] und schließlich Resignation im Generalstab vorgeherrscht. »Starre unbewegliche Verteidigung«[14] war für Heusinger einer der Hauptgründe, die zur deutschen Niederlage im Krieg hatte führen müssen. Bewusst berief er sich auf das gedankliche Erbe Moltkes d.Ä. und Schlieffens, um sich von Hitler abzugrenzen. In dieser Denkschule, die ja maßgeblich zu den militärischen Erfolgen der Jahre 1939/40 beigetragen hatte, waren Initiative, wendige Führung, risikobewusste Schwerpunktbildung, Angriff in Flanke und Rücken des Gegners und Vernichtungssiege bestimmende Größen militärischer Operationen. Gegen einen überlegenen Gegner wäre – so Heusinger – eben nur eine »aktiv geführte bewegliche Verteidigung«[15] für den militärischen Erfolg infrage gekommen. Insofern zeigte sich bereits bei der Vergangenheitsbewältigung der späteren Bundeswehrführung in der Stunde Null eine gewisse Kontinuität des traditionellen operativen Denkens. Deutungs- und Sinnstiftungsmuster wurden den neuen politischen Rahmenbedingungen angepasst, um Vergangenheit und Zukunft verbinden zu können.[16] Speidel notierte zur Situation Deutschlands 1948 deprimiert: »Niemandsland-Land im Zwielicht. Grosser Staat entmachtet und entwaffnet, Herd der Anarchie als Schlachtfeld der anderen. Horror vacui.«[17] Zu dieser Zeit hatten Friedenssehnsucht und eine Entmilitarisierung, die 300 Jahre preußisch-deutscher Geschichte als eine Fehlentwicklung interpretierte, in breiten Schichten der deutschen Bevölkerung bereits zu einer pazifistischen Grundströmung geführt.[18]

Deshalb war es im Jahre 1948 für ehemalige Berufsoffiziere in Westdeutschland eigentlich abwegig, ein neues Kriegsbild zu entwickeln. Und doch datieren die ersten Belege für die Wiedererrichtung eines solchen Gedankengebäudes aus eben diesem Jahr. Der Grund für diese bemerkenswerte Entwicklung lag in der Veränderung der geostrategischen Rahmenbedingungen.

Im Internationalen System führte der Ausgang des Zweiten Weltkriegs zu grundlegenden Umwälzungen. Während die bisherigen europäischen Großmächte zu erschöpften, abhängigen Staaten zweiter Ordnung abstiegen, entwickelten sich die Vereinigten Staaten von Amerika und die Sowjetunion zu Supermächten.

---

[11] BArch, N 643/63b, Nachlass Adolf Heusinger, Studie »Hitler und Generalstab. Illusion und Realität«, Mai/Juni 1945 in amerikanischer Kriegsgefangenschaft, fol. 12.
[12] Ebd., fol. 22.
[13] BArch, N 643/63b, Nachlass Adolf Heusinger, Studie »Kritik des 2. Weltkrieges«, Mai–August 1945 in amerikanischer Kriegsgefangenschaft, fol. 283.
[14] Ebd., Studie »Vertanes Erbe. Die Kometen[?]bahn deutscher milit. Führung im 2. Weltkrieg«, Mai/Juni 1945 in amerikanischer Kriegsgefangenschaft, fol. 71.
[15] Ebd., fol. 88.
[16] Echternkamp, Soldaten im Nachkrieg, S. 15 und 329–415.
[17] ZMSBw, Sammlung Militärgeschichte 1945–1990, Nachlass Dr. Hans Speidel, Mappe 39, Dr. Hans Speidel: Bemerkungen, Bonn, 15.12.1948.
[18] AWS, Bd 1 (Beitrag Rautenberg), S. 866 f.; Echternkamp, Soldaten im Nachkrieg, S. 396–413; Groß, Mythos und Wirklichkeit, S. 273.

Die USA gingen wegen ihres Wirtschaftspotenzials, ihrer bedeutenden See- und Luftstreitkräfte sowie ihres Kernwaffenmonopols[19] als erste Weltmacht aus dem Krieg hervor. Der Aufstieg der UdSSR zu einer konkurrierenden Weltmacht vollzog sich hingegen trotz großer Opfer und Kriegsschäden mit einer enormen Streitmacht an konventionellen Truppen und einer gewaltigen Ausdehnung ihres Herrschaftsbereichs durch die Forcierung sozialrevolutionärer Umwälzungen in den osteuropäischen Satellitenstaaten. Da die Kremlführung von der Unabänderlichkeit einer kriegerischen Auseinandersetzung zwischen dem kapitalistischen und dem sozialistischen »Lager« überzeugt war, unterhielt sie weiterhin eine riesige Armee von über 200 Divisionen, während die westlichen Alliierten ihre Besatzungsstreitkräfte in Europa auf einige wenige Divisionen reduzierten.[20]

Nachdem die Anti-Hitler-Koalition an ihren ideologisch-politischen Gegensätzen zerbrochen war, versuchten die USA im Rahmen ihrer Containment-Politik,[21] die Ausdehnung des kommunistischen Machtbereichs zu verhindern. Währenddessen trat der Antagonismus zwischen dem kommunistischen System und den westlichen Demokratien unter Führung der jeweiligen Supermacht immer deutlicher zutage. Ein Resultat war der Kalte Krieg und die Bildung zweier weltpolitischer Blöcke, auf die auch bald die Bildung zweier deutscher Staaten folgen sollte.[22] In diesem beginnenden Ost-West-Konflikt rückte eine kriegerische Auseinandersetzung immer mehr in den Bereich des Möglichen. 1948 wähnten die verantwortlichen US-Politiker und Militärs, darunter auch der amerikanische Militärgouverneur in Deutschland, General Lucius D. Clay, und General Omar Bradley, Chairman der Joint Chiefs of Staff, die Welt wiederum am Rande eines größeren Krieges.[23] Dieses Bedrohungsbild wurde zur Handlungsgrundlage der politischen und militärischen Akteure, gerade auch in Deutschland, das an der neuralgischen Stelle einer möglichen Konfrontation in Europa – nach den Bestimmungen des Potsdamer Abkommens geteilt – beiderseits des Eisernen Vorhangs in die unterschiedlichen Blöcke integriert war.[24]

Für den Vorsitzenden des Parlamentarischen Rates und baldigen ersten Bundeskanzler Konrad Adenauer[25] war der Bedeutungswandel Westdeutschlands vom Feindstaat zum zukünftigen Verbündeten und Frontstaat im Ost-West-Konflikt der entscheidende Hebel, um politische Konzessionen der Besatzungsmächte und einen Zugewinn an deutscher Souveränität zu erreichen. In den USA wurde nämlich bereits darüber nachgedacht, das westdeutsche

---

[19] Die erste amerikanische Atombombe wurde am 16.7.1945 bei Alamogordo in New Mexico gezündet.
[20] AWS, Bd 1 (Beitrag Wiggershaus), S. 11−28 und 78−87.
[21] Containment bedeutete die Eindämmung des sowjetischen Machtbereichs durch US-geführte Bündnisse. Siehe dazu: Gaddis, Strategies of containment.
[22] Hillgruber, Bilanz des Zweiten Weltkrieges, S. 189−196; AWS, Bd 1 (Beitrag Wiggershaus), S. 3−8; AWS, Bd 1 (Beitrag Greiner), S. 127 und 141−148. Zur Geschichte des Ost-West-Konflikts siehe: Loth, Die Teilung der Welt; Link, Der Ost-West-Konflikt; Schmidt, Strukturen des »Kalten Krieges«, S. 3−380; Stöver, Der Kalte Krieg.
[23] Gablik, Strategische Planungen, S. 37.
[24] AWS, Bd 1 (Beitrag Greiner), S. 122; AWS, Bd 1 (Beitrag Wiggershaus), S. 11−28 und 78−87.
[25] Köhler, Adenauer, S. 474−1010.

Wehrpotenzial in die Verteidigung Westeuropas einzubeziehen. Vor dem Hintergrund der ab Juni 1948 einsetzenden Berlin-Blockade durch sowjetische Soldaten, der 1948 bekannt gewordenen weiteren Aufrüstung der UdSSR und der verdeckten Aufstellung militärisch gegliederter Polizeikräfte in der SBZ wurde eine Wiederbewaffnung bald auch in der westdeutschen Politik und Presse diskutiert.[26] Insbesondere in diesem politischen Kontext ist die erste Phase der Entwicklung eines neuen Kriegsbildes für die spätere Bundeswehr zu sehen, die sich von 1948 bis 1956 erstreckte und in der Angehörige der ehemaligen Wehrmachtelite ihre Ansichten in die Diskussion um mögliche zukünftige Kriege einbrachten.

Natürlich gab allein die veränderte geostrategische Situation ganz neue Rahmenbedingungen für ein Kriegsbild zukünftiger westdeutscher Streitkräfte vor. Bis zum Ende des Zweiten Weltkrieges waren die Denkmuster der deutschen Militäreliten von folgenden Determinanten bestimmt: geografische Mittellage, Groß- bzw. Weltmachtstreben und personelle wie materielle Unterlegenheit. Vom Groß- und Weltmachtstreben konnte in einem besetzten Land auf unabsehbare Zeit keine Rede mehr sein. Auch mussten die Überlegungen zu einem möglichen Krieg wegen der Teilung des Landes aus einer westdeutschen Perspektive angestellt werden. Allerdings rückte in der neuen bipolaren Weltordnung das bisher außenpolitisch weitgehend isolierte (West-)Deutschland gedanklich von der geostrategischen Mittellage in die Peripherie eines maritim geprägten Bündnisses. Das Paradigma des Zweifrontenkrieges, das über Jahrzehnte die Kriegsbilder der deutschen Militäreliten dominiert hatte, war damit faktisch aufgehoben. Die traditionellen Kriegsgegner im Westen waren nun als Verbündete zu betrachten. Doch die Lage unmittelbar am Eisernen Vorhang machte Westdeutschland zum wahrscheinlichen Frontstaat. Die SBZ war auf absehbare Zeit ein wesentlicher Bestandteil des Aufmarschraums der Streitkräfte des Ostblocks, während den Westzonen die Rolle eines ersten Glacis Westeuropas zukam. Dabei stellte Westdeutschland einen sehr begrenzten Raum zur Operationsführung dar, mit einer 800 km langen Grenze im Osten und einer Tiefe von nur 125 bis höchstens 425 Kilometern bis zu seiner Westgrenze. Hinzu kam, dass in einer maritim geprägten Allianz in den Maßstäben von See- und weniger von Kontinentalmächten gedacht werden musste. Hier sollte der Ermattungsstrategie eine größere Rolle als dem Vernichtungsdenken zukommen. Insofern war es auch nicht mehr entscheidend, die Mobilisierung der feindlichen Ressourcen durch eine schnelle Offensive zu unterlaufen, sondern Zeit zu gewinnen, um die überlegenen Rüstungspotenziale des Westens, namentlich der USA, zur Entfaltung zu bringen.[27] Einen neuen strategischen Faktor der Kriegführung stellten zudem die Nuklearwaffen der USA dar. Der Abwurf der ersten Atombomben über Hiroshima und Nagasaki Anfang August 1945 im Krieg gegen Japan markierte die Schwelle zum atomaren Zeitalter. Zweifellos verlieh die bis dahin unbe-

---

[26] Rautenberg/Wiggershaus, Die »Himmeroder Denkschrift«, S. 3–7; Hammerich, Kommiss kommt von Kompromiss, S. 27–36; Thoß, NATO-Strategie, S. 3. Siehe dazu auch: Diedrich/Wenzke, Die getarnte Armee.
[27] Groß, Mythos und Wirklichkeit, S. 22 f., 26 f. und 282 f.

kannte Zerstörungswirkung der Atomwaffen durch Druckwelle, Hitze und radioaktive Verstrahlung der Kriegführung eine ganz neue Qualität.[28] Mit diesen Determinanten hatten sich in den folgenden Jahren diejenigen auseinanderzusetzen, die ein Kriegsbild für die spätere Bundeswehr entwickeln wollten. Doch wer waren diese führenden Köpfe? Wie konnten sie sich ihrer neuen Aufgabe stellen? Und wie sahen die Ergebnisse ihrer Arbeit aus?

b) Die Ausformung eines neuen Kriegsbildes und Restauration des operativen Denkens 1948 bis 1950

Die militärischen Verantwortlichen der westlichen Besatzungsmächte und die neue politische Führungsschicht in Westdeutschland beschäftigten sich zunehmend mit Fragen der äußeren Sicherheit. Dabei wurden sie sich der Bedeutung eines westdeutschen Wehrbeitrags bewusst und suchten deshalb ab 1948 gezielt den militärischen Sachverstand ehemaliger Wehrmachtoffiziere. Unter diesen setzten sich Adolf Heusinger und Hans Speidel als die wichtigsten Berater und damit zugleich als zukünftige Führungsspitze der Bundeswehr durch. Ihre Sichtweise, die sich insbesondere in der Himmeroder Denkschrift von 1950 niederschlagen sollte, prägte das erste Leitbild in der Bundeswehr von einem möglichen künftigen Krieg, wie im Folgenden erläutert werden soll.[29]

Weder Heusinger noch Speidel traf das Ersuchen um ihre Expertise im Jahr 1948 unvorbereitet. Die Grundlagen für ihre sicherheitspolitischen Sachkenntnisse waren bereits in der »Historical Division« und der »Organisation Gehlen« gelegt worden. Denn im Auftrag der US-Streitkräfte beschäftigten sich seit Januar 1946 mehr als 300 ehemalige hohe Wehrmachtoffiziere in der »Operational History (German) Section« des »American Historical Office« damit, die Kriegserfahrungen der Wehrmacht operativ auszuwerten. Mit der Führung der deutschen Sektion war Franz Halder, der ehemalige Chef des Generalstabs, betraut. Heusinger nahm 1947 zeitweise die Funktion seines Stellvertreters wahr. Und auch Speidel verfasste Studien für die Historical Division. Stand für die Amerikaner dabei zunächst der Wunsch im Vordergrund, die eigenen Operationen des Zweiten Weltkrieges durch die ehemalige Gegenseite aufzuarbeiten, wuchs aufgrund der Verschärfung des Ost-West-Gegensatzes das

---

[28] Middeldorf, Führung und Gefecht, S. 16 f.; Walter, Zwischen Dschungelkrieg und Atombombe, S. 16. Die Sprengkraft der nuklearen Gefechtsköpfe wird im Vergleich zum konventionellen Sprengstoff Trinitrotuluol (TNT) entweder in Kilotonnen (KT) oder Megatonnen (MT) berechnet. Die Hiroshima-Bombe hatte 20 KT, d.h. ihre Wirkung entsprach 20 000 t herkömmlichen Sprengstoffs. Sie verursachte 1,8 km^2 zerstörte Fläche, 70 000 Tote und mindestens ebenso viele Verletzte. Die Langzeitwirkung der radioaktiven Verstrahlung ist auch in der Gegenwart noch feststellbar. Spannocchi, Strategie und modernes Kriegsbild, S. 354; Gablik, Strategische Planungen, S. 30.

[29] Bereits Axel Gablik stellte fest, dass diese Denkschriften die geistige »Grundlage aller deutschen militärischen Beurteilungen der kommenden Jahre« darstellten. Gablik, Strategische Planungen, S. 56.

Interesse an den deutschen Ostkriegserfahrungen. Zwar war es für viele ehemalige Wehrmachtoffiziere wegen ihrer Verbitterung über die Internierung und wegen der Ungewissheit ihres weiteren persönlichen Schicksals nicht gerade selbstverständlich, sich der Geschichtsschreibung des einstigen Feindes zur Verfügung zu stellen, doch bot sich für die Betroffenen die Chance, aus ihren professionellen Erfahrungen der Zeit vor 1945 Kapital zu schlagen. Dies galt zunächst ganz banal im wörtlichen Sinn, um über ein geregeltes Einkommen zu verfügen und den Lebensunterhalt – auch für die Familienangehörigen – zu sichern. Darüber hinaus bestand im übertragenen Sinne die Aussicht, von der amerikanischen Gewahrsamsmacht für diese Arbeit sogar eine gewisse Anerkennung zu erlangen, sich für andere Aufgaben als gleichberechtigter Verhandlungspartner zu empfehlen, sich für das Verhalten im Dritten Reich zu rechtfertigen und sich so von der Rolle als Objekt der amerikanischen Besatzungspolitik zu befreien. Angesichts der andauernden Entnazifizierungsprozesse dürfte die Arbeit in der Historical Division für die ehemalige Wehrmachtelite zudem eine psychologisch wichtige Entlastung dargestellt haben.[30]

Indem die Schuld für die Kriegsniederlage auf Hitler selbst als politischen Verantwortlichen übertragen wurde, war es möglich, einer kritischen Debatte über die operative Doktrin im Zweiten Weltkrieg auszuweichen und eine bestimmte Lesart über die tatsächlichen oder vermeintlichen Leistungen der Wehrmacht in die Köpfe der US-Militärs, später auch in eine breitere Öffentlichkeit im In- und Ausland, zu transportieren.[31] Die ehemalige deutsche Militärelite war bemüht, die Reputation des Generalstabs des Heeres zu retten, berief sich dabei explizit auf ihre operative Traditionslinie bis zu Moltke d.Ä. und machte diese zum Ausweis besonderer Kompetenz. Umgekehrt neigte der ehemalige Kriegsgegner aus dem Westen dazu, die Professionalität der Wehrmachtführung zu bewundern und ihre Erfahrungen im Kampf gegen die Sowjetunion zu schätzen. Auf diesem Wege apologetischer Kriegsgeschichtsschreibung für die Historical Division floss die Expertise der ehemaligen Wehrmachtelite in aktuelle Erwägungen für einen an Wahrscheinlichkeit gewinnenden Krieg der USA gegen die UdSSR ein.[32] Fremd- bzw. Selbstbilder und Geschichtsbilder verwoben sich hier erneut zu Kriegsbildern. Der Glaube an die Überlegenheit des deutschen operativen Könnens gegenüber den ehemaligen Kriegsgegnern endete also nicht mit der Kapitulation der Wehrmacht, sondern lebte in den Köpfen ehemaliger Generalstabsoffiziere der Operationsabteilung und der späteren Aufbaugenerationen der Bundeswehr fort.[33] Die alten Denkmuster aus der Zeit

---

[30] Wegner, Erschriebene Siege, S. 289 f.; Meyer, Adolf Heusinger, S. 324–328.; AWS, Bd 1 (Beitrag Meyer), S. 680–690; Hillmann, Der Mythos vom unpolitischen Soldaten.
[31] Bezeichnend für diese Lesart ist Heusingers Biografie »Befehl im Widerstreit« aus dem Jahr 1950. Heusinger, Befehl im Widerstreit. Reinhart Koselleck wies in diesem Zusammenhang darauf hin, dass Kriegserinnerungen durchaus variabel sein konnten. Koselleck, Der Einfluß der beiden Weltkriege, S. 331; Kutz, Die verspätete Armee, S. 72 f.
[32] Meyer, Adolf Heusinger, S. 311; Wegner, Erschriebene Siege, S. 287–298; Groß, Mythos und Wirklichkeit, S. 276 f. und 307.
[33] Groß, Mythos und Wirklichkeit, S. 306.

vor 1945 wurden so konserviert und sollten sich bald in den Vorstellungen der zukünftigen Bundeswehrführung widerspiegeln. Für Gerhard P. Groß konnte vor diesem Hintergrund »von einer Weiterentwicklung des operativen Denkens hin zu einer überzeugenden Gesamtstrategie [...] keine Rede«[34] sein. Stattdessen vollzog sich hier eine »Restauration des operativen Denkens«.[35]

Während sich das traditionelle operative Denken zunächst in der Historical Division institutionalisierte, speisten sich die Vorstellungen über das Potenzial des möglichen zukünftigen Kriegsgegners Sowjetunion aus den Informationsquellen der Organisation Gehlen.[36] Auch diese geheimdienstliche Organisation, Vorläuferin des späteren Bundesnachrichtendienstes, wurde seit Juni 1946 von den Amerikanern finanziert und von Reinhard Gehlen, ehemals Leiter der Abteilung »Fremde Heere Ost« im Generalstab des Heeres, geführt. Da die Amerikaner zunächst über das militärische Potenzial der Sowjetunion relativ schlecht unterrichtet waren, stellten die schon bei »Fremde Heere Ost« sorgfältig gesammelten und nunmehr weiter ergänzten Informationen ein Pfund dar, mit dem von der deutschen Seite ebenfalls gewuchert werden konnte. Die Aufgabe der Organisation Gehlen bestand darin, Truppenbewegungen im sowjetischen Einflussbereich festzustellen und ein möglichst umfassendes Bild über die Stärke, Fähigkeiten, Möglichkeiten sowie Absichten des ideologischen Gegners zu gewinnen. Gerade in der ersten Phase des Kalten Krieges wurde die amerikanische Bedrohungsanalyse aus dieser Informationsquelle entscheidend mitgeprägt, sodass die Organisation Gehlen nicht nur als Instrument der Besatzungsmacht, sondern auch als ein sie beeinflussender Faktor bezeichnet werden kann.[37]

Eine Vielzahl der in dieser Organisation beschäftigten ehemaligen Generalstabsoffiziere betrachtete ihre Tätigkeit dort als eine Art Zwischenstadium vor einer bald erhofften militärischen Wiederverwendung. So verhielt es sich auch bei Heusinger, der im März 1948 von der Historical Division zur Organisation Gehlen wechselte und dort Chef der Auswertung wurde. In dieser Funktion erwarb er sich bei den Amerikanern, zum Beispiel bei James Critchfield, dem Vertreter der CIA in Pullach seit Spätherbst 1948, durch Professionalität und präzise

---

[34] Ebd., S. 278.
[35] Ebd., S. 278. Noch 1956 wurden der militärischen Führung der Bundeswehr von deutschen Mitarbeitern der Historical Division Studien über operative Erfahrungen der Luft- und Panzerkriegführung des Zweiten Weltkrieges zur Auswertung vorgelegt. BArch, ZA/3/367, Studiengruppe Geschichte des Luftkrieges, Operative und taktische Schulbeispiele aus beiden Weltkriegen. III. Teil, 13.6.1956; BArch, ZA/3/367, Historical Division, HQ USAREUR – Air Force Project -/General der Flieger a.D. Paul Deichmann, Gedanken zum Einsatz der Luftwaffe zur Heeresunterstützung: Luftwaffe als Hauptmittel zum Abstoppen von Panzerdurchbruechen durch die Front [ohne Datum, vermutlich 1. Halbjahr 1956]; BArch, ZA/3/364, Historical Division, HQ USAREUR – Air Force Project –, Bedeutung des Kampfes der Luftwaffe auf der »Inneren Linie« (einschließlich einer Kopie der »Richtlinien für die Führung des operativen Luftkrieges« vom Mai 1926), 18.8.1955.
[36] Zu den geschichtlichen Hintergründen siehe: Pahl, Fremde Heere Ost, S. 93–228.
[37] Reese, Organisation Gehlen, S. 132–187; Wegener, Die Organisation Gehlen und die USA, S. 18–105; Krüger, Reinhard Gehlen.

Lagebeurteilungen hohes Ansehen.³⁸ Insofern verfügte gerade Heusinger über die notwendigen Hintergrundinformationen und eine bevorzugte Stellung, um sich den Fragen eines künftigen Krieges sowie der Zukunft westdeutscher Streitkräfte widmen zu können. Da er zudem ehemaliger Chef der Operationsabteilung im Generalstab des Heeres von 1940 bis 1944 war und politisch als unbelastet galt, avancierte Heusinger Ende der 1940er Jahre zu einem der wichtigsten deutschen Ansprechpartner für operative Fragestellungen. Er brachte sich als Experte selbst immer wieder ins Spiel, war er doch bestrebt, seinen strategisch-operativen Sachverstand für eine westliche Verteidigungsgemeinschaft unter Beteiligung deutscher Streitkräfte einzusetzen.³⁹

Hans Speidel, der zweite Mann in der Doppelspitze der frühen Bundeswehr, hatte hingegen bis 1945 eine eher unauffällige militärische Karriere durchlaufen und fand als historisch und kulturell interessierter Mensch einen vorwiegend politischen Zugang zu Fragestellungen eines zukünftig möglichen Krieges. War der Blick bei seinen Arbeiten für die Historical Division der US-Armee und bei seiner Lehrtätigkeit an der Universität Tübingen zunächst noch auf die Vergangenheit gerichtet, wandte er seine Aufmerksamkeit angesichts des sich verschärfenden Ost-West-Gegensatzes zunehmend aktuellen sicherheitspolitischen Aspekten zu. Seine Informationen bezog er zunächst aus der internationalen Presse, vor allem aus deutschen und schweizerischen Zeitungen.⁴⁰ Dort mehrten sich Stimmen, die aufgrund des sowjetischen Expansionsdrangs und Militärpotenzials eine Wiederbewaffnung Westdeutschlands für notwendig hielten.⁴¹ Speidel nutzte verschiedene Gelegenheiten, um politische Persönlichkeiten des In- und Auslandes mit seiner Einschätzung der Sicherheitslage und seinen Lösungsansätzen vertraut zu machen, z.B. in Gesprächen mit dem späteren Bundespräsidenten Theodor Heuss, den Bundesminister für Wohnungsbau, Eberhard Wildermuth, sowie den süddeutschen Ministerpräsidenten Hans Ehard (Bayern) und Gebhard Müller (Württemberg-Hohenzollern), aber auch mit dem Deutschlandberater des französischen Militärgouverneurs, Botschafter André François-Poncet, und dem amerikanischen Hohen Kommissar John J. McCloy. Auch vor dem Laupheimer Kreis, einer Vereinigung wichtiger politischer und gesellschaftlicher Persönlichkeiten über die Parteigrenzen hinweg, trug Speidel seine Ansichten vor. Auf diesem Wege gelangten seine sicherheitspolitischen und operativen Gedanken frühzeitig in die Vorstellungswelt von Mitgliedern des Parlamentarischen Rates.⁴² Da Speidel ebenfalls als politisch unbelastet galt, gewann er als Ansprechpartner für militärische Fragen relativ

---

38 AWS, Bd 1 (Beitrag Meyer), S. 684 f.; Meyer, Adolf Heusinger, S. 328−354; Gablik, Strategische Planungen, S. 37−39.
39 Meyer, Adolf Heusinger, S. 351.
40 ZMSBw, Sammlung Militärgeschichte 1945−1990, Nachlass Dr. Hans Speidel, Mappe 31.
41 So äußerte z.B. der amerikanische Publizist Robert Ingrim in der Züricher Zeitschrift »Die Tat« die Notwendigkeit der Wiederaufstellung eines deutschen Heeres, worauf Speidel in seiner ersten Denkschrift Bezug nehmen sollte. Speidel, Aus unserer Zeit, S. 250; vgl. auch: Speidel, Die Sicherheit Westeuropas, S. 462.
42 Meyer, Adolf Heusinger, S. 377−386; vgl. ZMSBw, Sammlung Militärgeschichte 1945−1990, Nachlass Dr. Hans Speidel, Mappe 31, »Besprechung mit Botschaftsrat Dr. Förster − deut-

schnell an gesellschaftlichem und politischem Einfluss. Er sammelte verschiedene Denkschriften, meist von ehemaligen Generalstabsoffizieren der Wehrmacht und Korrespondenzpartnern, die sich ebenfalls mit Fragen der äußeren Sicherheit und der möglichen Operationsführung in einem künftigen Kriege zwischen Ost und West befassten.[43] Aus diesen Dokumenten übernahm Speidel Einzelaspekte und verknüpfte diese mit Informationen, die er aus der Tagespresse und von diversen in- und ausländischen Gesprächspartnern[44] erhielt, auf der Grundlage operativer Erfahrungen der Wehrmacht zu einem Kriegsbild.

Ein erster Beleg für die Ausformung eines neuen Kriegsbildes der künftigen westdeutschen Streitkräfte datiert vom 5. Mai 1948, als Speidel im Gespräch mit dem bayerischen Ministerpräsidenten Ehard Gedanken für eine erfolgreiche Verteidigung Westdeutschlands gegen einen möglichen sowjetischen Angriff entwickelte: Er leitete seine Ausführungen mit der Einschätzung des sowjetischen Militärpotenzials ein und stützte sich dabei auf Informationen, die ihm aus der Organisation Gehlen zur Verfügung gestellt worden waren.[45] Die Friedensstärke der Roten Armee belief sich nach Speidels Einschätzung auf 200 bis 220 Divisionen, die Kriegsstärke auf 385 Divisionen. Davon befänden sich 30 (nämlich zehn Panzerdivisionen, 16 mechanisierte Divisionen und vier motorisierte Infanteriedivisionen) in der SBZ und Westpolen, weitere sechs Panzer- und mechanisierte Divisionen in Österreich sowie vier Panzer- bzw. mechanisierte Divisionen in Rumänien. Diese insgesamt 40 Divisionen könnten in einer ersten Welle aus dem Stand zum Angriff auf Westeuropa antreten und würden dann von den Streitkräften des Westens aufgehalten werden müssen. Jedoch könnten im weiteren Verlauf eines Krieges zusätzliche sowjetische Verbände aus Innerrussland herantransportiert werden, zwei Divisionen pro Tag auf sechs verschiedenen Anmarschwegen.

Als Operationsabsicht unterstellte Speidel diesen Streitkräften, dass sie in drei Armeegruppen angreifen würden. Eine Nordgruppe würde in den Raum Dänemark–Schleswig–Hamburg–Bremen vorstoßen, eine Mittelgruppe – hier wäre der Schwerpunkt der feindlichen Offensive zu erwarten – zwischen Teuto-

---

sches Friedensbüro – 22.1.1948, 16.30 Uhr«. Siehe dazu auch: Keßelring/Loch, Himmerod war nicht der Anfang, S. 60–96.

[43] ZMSBw, Sammlung Militärgeschichte 1945–1990, Nachlass Dr. Hans Speidel, Mappe 41, »Denkschriften anderer Persönlichkeiten zur Frage eines deutschen Beitrags«. Zu erwähnen sind hier die »Denkschrift über die Organisation einer deutschen Widerstandsbewegung im Falle einer Überflutung Westeuropas durch die bolschewistische Rote Armee von Dr. Hans Roesch von 1948« (ohne Datum), »Europa zwischen den Mächten« von J.L. Jahn von 1948 (ohne Datum), »Krieg und Kriegsgeschrei« von Prof. Dr. Dr. Mannhans von 1948 (ohne Datum) und »Die Schlacht um Europa« von Dr. Reinhard Wulle vom 20.1.1948.

[44] Vom amerikanischen General Charles Lindbergh, einem Vertrauten General Bradleys, hat Speidel im Rahmen einer Diskussion an der Universität Tübingen beispielsweise erfahren, dass angesichts der amerikanischen und britischen Truppenreduzierungen in Deutschland (von 3 500 000 auf 400 000 und 1 300 000 auf 400 000 Soldaten) bei einem Angriff der Roten Armee eine Verteidigung erst an der Rheinlinie erfolgen könnte. Speidel und Heusinger strebten an, diese Verteidigung weiter nach Osten bis zur Elbe zu verlegen. Speidel, Aus unserer Zeit, S. 243 f.

[45] Ebd., S. 248 f.

burger Wald und Main auf das Ruhrgebiet und die Rheinübergänge sowie eine Südgruppe in den Raum München–Stuttgart. Nach der Beurteilung des Feindes kam Speidel auf eine erfolgversprechende Reaktionsmöglichkeit des Westens zu sprechen. Starre Verteidigung käme nicht infrage, da sie bei entsprechender feindlicher Schwerpunktbildung überall durchbrochen werden könnte. Hier kamen die genannten Negativfolien aus dem Zweiten Weltkrieg zum Tragen. Dem Gegner müsse eine bewegliche Kampfführung aufgezwungen werden, »da der Russe einer solchen Führung nicht gewachsen ist«.[46] Deshalb müssten in Westdeutschland hochmobile Kräfte so bereitgehalten werden, dass sie die einzelnen Kampfgruppen der Sowjetstreitkräfte in einer beweglichen Kampfführung schlagen könnten. Vorbedingung war aus Speidels Sicht, dass zwei starke »Pivots« (Eckpfeiler) gehalten würden. Der erste sollte sich in Süddeutschland südlich des Mains befinden und seine Verteidigungslinie sollte von Wien über Passau, den Böhmerwald und das Fichtelgebirge bis zu den Höhen nördlich des Mains in der Rhön verlaufen. Den anderen Eckpfeiler der Verteidigung sollte der Raum Hamburg–Schleswig darstellen. Die Bereitstellung der Verteidigungskräfte in Stärke von 25 Panzer- und mechanisierten Divisionen (nach amerikanischem Muster, d.h. wesentlich kampfstärker als die sowjetischen) sei ebenfalls in drei Gruppen vorzusehen: die erste nördlich des Mains im Raum Schweinfurt–Lichtenfels–Königshofen, die zweite im Raum Göttingen–Braunschweig und die dritte im Raum ostwärts des Nord-Ostsee-Kanals. Diese Verteidigungskräfte würden erfolgreich mit den überlegenen westlichen Luftstreitkräften zusammenwirken können. Zugleich würde von jenen ein operativer Luftkrieg gegen den Osten geführt.[47]

In diesen Ausführungen Speidels traten die traditionellen Denkmuster mit den operativen Prinzipien aus Wehrmacht- und Reichswehrzeiten zutage. Nach der Schule des Generalstabs projizierte Speidel militärische Kräfte gedanklich in ein Gelände, leitete Prognosen ab und formulierte operative Imperative, die wie ein militärisches Erfolgskonzept erscheinen mussten. Speidel verband seine Ausführungen jedoch auch mit politischen Forderungen, im Wesentlichen nach einem deutschen Verteidigungsbeitrag unter der Bedingung der Gleichberechtigung in einem westlichen Bündnis. Freilich stellte dieses Kriegsbild Speidels noch kein fertiges Gedankengebäude dar und beschränkte sich zunächst auf den westdeutschen Raum. Allerdings trug es bereits die Grundzüge des ersten Kriegsleitbildes der späteren Bundeswehrführung in der Aufstellungsphase westdeutscher Streitkräfte. Bemerkenswert ist, dass sich Speidels Gedanken ausschließlich in den Kategorien der konventionellen Kriegführung bewegten. Den möglichen Einsatz von Atomwaffen, über die zumindest die USA ja zu diesem Zeitpunkt bekanntlich verfügten, thematisierte er nicht. Dies mag vor allem daran gelegen haben, dass Speidel keine genaueren Kenntnisse über den Stand der nuklearen Rüstung und Planungen hatte. Auffällig ist bei seinen

---

[46] ZMSBw, Sammlung Militärgeschichte 1945–1990, Nachlass Dr. Hans Speidel, Mappe 31, »Für Arbeit Ministerpräsident Ehardt [sic]«.
[47] Ebd.

Gedankengängen ferner die Kontinuität des alten Feindbildes[48] vom »Russen«, aber auch die Verarbeitung von Erfahrungen aus dem Zweiten Weltkrieg und die Behauptung, dass »der Russe« einer beweglichen Kriegführung nicht gewachsen war.

Im Juni 1948, zur Zeit der Berlin-Blockade also, brachte Speidel sein Kriegsbild partiell erstmals in einer Denkschrift mit dem Titel »Die Sicherheit Westeuropas« zum Ausdruck. Hier erweiterte er den geografischen Fokus: Wiederum begann Speidel mit der Einschätzung der Feindlage. Das Ziel der Sowjetunion sei es, die Vorherrschaft über Deutschland und ganz Europa zu erringen. Nach Angaben der »New York Times« vom 21. März 1948 beliefen sich die Sowjetstreitkräfte einschließlich Reserven auf 13 700 000 Soldaten, 475 000 Tonnen Marineeinheiten und 28 000 Flugzeuge. Nach Einschätzung von General Omar Bradley, dem amerikanischen Chairman of the Joint Chiefs of Staff, seien davon ca. 4 000 000 Soldaten und 14 000 Flugzeuge schnell einsetzbar und in der Lage, den größten Teil Europas, den Nahen und Mittleren Osten, Korea sowie China zu überrennen. Im Falle eines militärischen Konflikts zwischen den USA und der Sowjetunion würden das Mittelmeer und der Nahe Osten die zentralen Kriegsschauplätze darstellen. Europa käme die Rolle der Nordflanke bzw. eines Nebenkriegsschauplatzes zu. Vorstellbar waren für Speidel hier wiederum drei verschiedene sowjetische Offensivoperationen: erstens und am wahrscheinlichsten ein Vorstoß aus Aufmarschräumen beiderseits der Elbe mit rechtem Flügel über Hamburg und Bremen zur Nordseeküste und linkem Flügel – hier wäre unverändert der Schwerpunkt zu erwarten – über das Ruhrgebiet und Antwerpen zur Kanalküste, zweitens eine Offensive aus dem Aufmarschraum Slowakei–Ungarn–Österreich in Richtung Triest an die Adria, um Italien zu bedrohen und die Balkan-Halbinsel zu gewinnen, und drittens – wegen des erforderlichen Kräfteaufwands als weniger wahrscheinlich anzunehmen – ein breit angelegter Vormarsch durch Deutschland, Österreich und die Schweiz zum Atlantik und zu den Pyrenäen. Eine neutrale Rolle käme für (West-)Deutschland in einem solchen Konflikt nicht infrage, da seine Sicherheit durch die Vereinten Nationen (VN) nicht gewährleistet werden könnte. Nur die USA wären dazu fähig. Die amerikanischen Planungen und deren Umsetzbarkeit waren für Speidel zu diesem Zeitpunkt jedoch noch unklar.[49] Auch seine »Bemerkungen für ein Gespräch über die Sicherheit Deutschlands« vom 10. November 1948 dokumentieren eine weitgehende Unkenntnis über die Kriegsplanungen der USA bei einer Verteidigung Westeuropas und Deutschlands.[50] Insofern blieb auch dieses lediglich geografisch erweiterte Kriegsbild recht rudimentär.

Aus derselben Zeit wie Speidels erste Denkschrift stammt auch diejenige Heusingers. Dessen Memorandum »Militärische Probleme eines Präventivkrieges,

---

[48] Hier lässt sich die These von Wolfgang Benz bestätigen, dass nach 1945 die alten Feindbilder übernommen worden seien. Benz, Verdrängen oder Erinnern?, S. 211–230.
[49] Speidel, Die Sicherheit Westeuropas; vgl. Speidel, Aus unserer Zeit, S. 250; ZMSBw, Sammlung Militärgeschichte 1945–1990, Nachlass Dr. Hans Speidel, Mappe 40.
[50] ZMSBw, Sammlung Militärgeschichte 1945–1990, Nachlass Dr. Hans Speidel, Mappe 39, »Einzelvorgänge. Aufzeichnungen v. Gesprächen 1948/50.

vom Standpunkt der S.U. gesehen«[51] vom Juni 1948 skizzierte auf gut 20 Seiten mögliche operative Zielsetzungen und Kräfteansätze der Sowjetunion. Heusingers Überlegungen beschränkten sich wiederum – wie Speidels – auf die konventionelle Kriegführung. Eine Auseinandersetzung zwischen Ost und West würde sich im Rahmen eines neuen Weltkrieges abspielen, bei dem vor allem der Nahe und Mittlere Osten mit Westeuropa als operative Einheit betrachtet werden müsste. Heusinger unterstellte den Sowjets vier strategische Ziele: erstens den Nahen und Mittleren Osten, Westeuropa bis zu den Pyrenäen und Skandinavien einzunehmen, zweitens Großbritannien, Spanien und Nordafrika militärisch zu beherrschen, um dem Westen Brückenköpfe für eine Wiedereroberung Europas zu nehmen, drittens die USA von den Japanischen Inseln zu verdrängen und viertens schließlich die USA selbst anzugreifen. Wahrscheinlich war nach Heusingers Einschätzung jedoch nur der Versuch, das erste Ziel zu erreichen, da der Sowjetunion für alles weitere die Kräfte fehlten. Aus der strategischen Zielsetzung der Sowjets leitete Heusinger Kräfteansätze und Stoßrichtungen einer wahrscheinlichen sowjetischen Offensive ab. Im Nahen Osten müsse mit Operationen von jeweils 30 Divisionen und insgesamt fast 4500 Flugzeugen gegen den Persischen Golf, den Suezkanal und die Dardanellen gerechnet werden. Hier würden Türken, Griechen und die frühzeitig auftretenden angloamerikanischen See-/Luftstreitkräfte im Mittelmeer starken Widerstand leisten. In Westeuropa erwartete Heusinger den sowjetischen Hauptstoß mit rund 100 Divisionen und ca. 4400 Flugzeugen zwischen den Alpen und dem Skagerrak. Als westliche Verteidigungskräfte stünden die angloamerikanische Luftwaffe, schwache britische und amerikanische Besatzungstruppen in Westdeutschland sowie insgesamt bestenfalls 30 bis 50 französische, belgische, niederländische und dänische Friedensdivisionen bereit. Der sowjetische Hauptstoß wäre von Flügeloperationen in Skandinavien und Italien begleitet, die von jeweils 30 Divisionen und über 1500 Flugzeugen geführt würden. Während der westliche Widerstand in Italien nur schwach ausfiele, würde er sich im schwierigen Gelände Skandinaviens heftiger gestalten. Um das erste strategische Ziel zu erreichen und einen erfolgreichen Offensivkrieg zu führen, benötigten die Sowjets nach Heusingers Berechnungen insgesamt – einschließlich einer Zentralreserve von 50 bis 80 Divisionen in Russland – 340 Divisionen und über 15 000 Flugzeuge. Erhebliche Anfangserfolge wären den Sowjets aus Sicht Heusingers allerdings bereits aus dem Stand und gerade in Mitteleuropa möglich, wobei er annahm, dass die sowjetischen Luftstreitkräfte dabei zur Erdkampfunterstützung eingesetzt werden sollten. Nach der Eroberung Westeuropas würde dessen Verteidigung die Sowjets allerdings vor gewaltige Probleme stellen, da die sowjetischen Luftstreitkräfte aus technischen und Ausbildungsgründen noch nicht zu einem operativen Luftkrieg in der Lage wären. Heusinger nahm an, dass ihre ferngelenkten Raketen für diese Art der Kriegführung technisch noch nicht in der Lage waren. Wegen der Unterlegenheit der sowjetischen Luftwaffe und Kriegsmarine

---

[51] BArch, N 643/141, Nachlass Adolf Heusinger, Militärische Probleme eines Präventivkrieges, vom Standpunkt der S.U. gesehen, Juni 1948, S. 1–21.

erwartete er im Fernen Osten lediglich eine defensive Kriegführung mit 30 bis 40 Divisionen und gut 2000 Flugzeugen.

Heusingers Einschätzung vom weltweiten Charakter eines zukünftigen Krieges entsprach den gängigen Vorstellungen der Amerikaner von einem »general war«, die kurze Zeit später die NATO-Doktrin der Massive Retaliation prägen sollten.[52] Die Amerikaner sorgten jedoch für eine strikte Geheimhaltung ihrer Planungen.[53] Wegen der mangelnden Informationen über die alliierten Pläne blieb auch Heusingers Kriegsbild zunächst relativ unscharf. Sowohl bei ihm als auch bei Speidel stand die Beurteilung der Feindlage im Mittelpunkt der Überlegungen. Geprägt durch operative Denkmuster entwickelte sich das Kriegsbild bei beiden aus der Zielsetzung, den Möglichkeiten, dem Potenzial und der wahrscheinlichsten Handlungsoption des Gegners heraus. Es ist deshalb nicht verwunderlich, dass Speidels und Heusingers Vorstellungen sich recht ähnelten. Aus den Erfahrungen des Zweiten Weltkrieges zogen beide zahlreiche Analogieschlüsse für einen potenziellen Ost-West-Krieg. Beide verband dabei einerseits das Vertrauen in die Überlegenheit der angloamerikanischen Luftstreitkräfte, andererseits die Bedenken um die Schwäche der westlichen Landstreitkräfte. Deshalb lief – wie auch schon implizit bei Speidel – auch Heusingers Kalkül bereits darauf hinaus, dass ein deutsches Truppenkontingent in die Verteidigung Westeuropas integriert wurde. In den folgenden Monaten stimmten Speidel und Heusinger ihre Kriegsbilder immer enger aufeinander ab und entwickelten bis zum Sommer 1950 in weiteren Memoranden konkrete Vorstellungen, wie einer möglichen Aggression der sowjetischen Streitkräfte in Europa operativ zu begegnen sei.[54] Zunächst jedoch ließ die offenkundige, sowohl quantitative als auch qualitative Schwäche der westlichen Landstreitkräfte für das Gebiet der westlichen Besatzungszonen im Kriegsfall kaum günstige Prognosen zu. Speidel schrieb dazu im November 1948:

»Kurze Beurteilung der sowjetrussischen Militärmacht: Die obere sowjetrussische Führung ist gut, sie führt nach altbewährten deutschen operativen Grundsätzen, die wir in diesem Kriege im Osten nicht befolgt haben. Mittlere Führung scheint immer noch schwerfällig und methodisch zu sein. Der sowjetische Soldat, vor allem der Panzermann, ist wertmäßig den besten der westeuropäischen gleichzusetzen, den meisten an Kriegserfahrung, Todesverachtung und Bedürfnislosigkeit überlegen. Sowjetrussland und seine Satellitenstaaten haben ein Mehrfaches an Erdstreitkräften, die tatsächlich da sind, gegenüber den Kräften der USA und Englands, die erst kommen sollen.«[55]

Diese Einschätzung stimmte gerade zu dieser Zeit mit den Meldungen der in- und ausländischen Presse darin überein, dass die Verteidigung Westeuropas gegen einen Angriff aus dem Osten erst am Rhein aufgenommen werden würde.

---

[52] Gablik, Strategische Planungen, S. 40.
[53] AWS, Bd 1 (Beitrag Greiner), S. 178 f.
[54] Gablik, Strategische Planungen, S. 42.
[55] ZMSBw, Sammlung Militärgeschichte 1945–1990, Nachlass Speidel, Mappe 39, »Entwurf. Bemerkungen für ein Gespräch über die Sicherheit Deutschlands« vom 10.11.1948, S. 2.

IV. Die Entwicklung von Kriegsbildern

Und doch vertraten Speidel und Heusinger ganz andere Auffassungen, nämlich von einer grenznahen und beweglich geführten Verteidigung. Bei einer Räumung Gesamtdeutschlands durch die Westalliierten im Rahmen eines sowjetischen Vordringens in einem Krieg befürchtete Speidel, dass ein Bürgerkrieg der bewaffneten Polizeiorgane von Ost- und Westdeutschland ausbrechen könnte.[56] Auch eine weitere Studie Heusingers mit dem Titel »The American-Soviet Problem in Europe and the Near East«[57] vom November 1948 stellte die westliche Schwäche bei den Landstreitkräften in Mitteleuropa heraus, verwies auf den Aufbau paramilitärischer Polizeikräfte in der SBZ und deutete die Möglichkeit eines westdeutschen Verteidigungsbeitrags an. Speidel führte diese Gedanken weiter aus und stellte sich vor, dass in Westdeutschland Sicherungsverbände in Form von motorisierten, modern bewaffneten und mit Panzern ausgerüsteten Einheiten aufgestellt werden könnten.[58] Zwischenzeitlich war der General a.D. über einen alten Bekannten im Sekretariat des Parlamentarischen Rates, seinen ehemaligen Ordonnanzoffizier, Major i.G. a.D. Rolf Pauls, dem Präsidenten des Parlamentarischen Rates, Konrad Adenauer, als kompetenter Ansprechpartner für Sicherheitsfragen empfohlen worden.[59] Am 14. Dezember 1948 wurde Speidel zu Adenauer selbst eingeladen, um seine operativen Überlegungen auch hier noch einmal vorzutragen und danach in einem »Aide-Memoire« niederzulegen. In seiner daraufhin verfassten Denkschrift »Gedanken zur Sicherung Westeuropas« vom 15. Dezember 1948 hielt Speidel am Grundgedanken fest, dass der Schwerpunkt möglicher sowjetischer Angriffsoperationen wiederum im Mittelmeerraum und im Nahen Osten liegen würde. Was den Nebenangriff auf Westeuropa anging, verfeinerte er den bereits früher skizzierten Kräfteansatz nach Aufmarschräumen. Speidel ging von einer sowjetischen Armeegruppe in Mecklenburg aus, die in Norddeutschland und Dänemark angreifen würde, um die Nordseeküste zu gewinnen und Großbritannien zu bedrohen. Der Hauptstoß der zweiten Armeegruppe würde aus Thüringen heraus gegen das Ruhrgebiet erfolgen. Eine dritte Armeegruppe würde in Süddeutschland und möglicherweise gegen die Schweiz eingesetzt werden. Diesmal ging Speidel beim Ablauf eines möglichen Krieges einen gedanklichen Schritt weiter. Von alliierter Seite würde die Verteidigung am Rhein geführt und scheitern.[60] Die weiteren operativen Optionen standen für Speidel fest:

»Militärisch wäre eine ›Dünkirchen-Operation‹, d.h. Räumung Mitteleuropas, Verteidigung der Rhein- oder Pyrenäenlinie auf Zeit bis zur Wiederaufnahme der Operationsfreiheit und Rückgewinnung Frankreichs und der mitteleuropäischen Staaten unmöglich.[61]«

---

[56] Speidel, Ergänzung zu den Bemerkungen.
[57] BArch, N 643/141, Nachlass Adolf Heusinger, The American-Soviet Problem in Europe and the Near East, November 1948, S. 1-67.
[58] Speidel, Ergänzung zu den Bemerkungen, S. 467.
[59] Gablik, Strategische Planungen, S. 38−40.
[60] Speidel, Gedanken zur Sicherung Westeuropas.
[61] Ebd., S. 470.

Angesichts des sowjetischen Militärpotenzials mangelte es aus Speidels Sicht an feldverwendungsfähigen Streitkräften: »Ohne den Kräftezuschuss von mindestens 20 Panzerdivisionen der US-Armee erscheint eine erfolgreiche Abwehr gegenüber einer sowjetrussischen Aggression nicht gewährleistet.«[62] Insofern entwarf Speidel hier ein Schreckensszenario, sozusagen ein negatives Kriegsbild. Zugleich bot er mit dem Vorschlag eines deutschen Verteidigungsbeitrages und der zwischen den zwei Eckpfeilern im Norden und Süden beweglich geführten »Vorwärtsverteidigung« einen erfolgversprechenden Lösungsvorschlag an. Dafür formulierte er jedoch ganz bestimmte Bedingungen:

»Wird ein deutscher Beitrag im Rahmen einer europäischen Gesamtkonzeption für wünschenswert erachtet, so wird es sich nicht um Eingliederung kleinerer deutscher Einheiten in nationale Kontingente der anderen westeuropäischen Staaten handeln können. Es erscheint vielmehr zweckmäßig, einheitliche deutsche Sicherungsverbände im Rahmen einer europäischen Armee aufzustellen. Es würde sich hierbei um modern bewaffnete und ausgerüstete motorisierte Einheiten mit panzerbrechenden Waffen und mit Panzern handeln.«[63]

Diese Sichtweise und militärische Expertise kamen Adenauer mit seinen politischen Ambitionen um die Wiederherstellung deutscher Souveränität entgegen, konnte er doch einen zwischen Scheitern und Erfolg entscheidenden deutschen Verteidigungsbeitrag in die Waagschale der internationalen Politik werfen.

Denn 1949 wurde nicht nur die Bundesrepublik Deutschland als teilsouveräner Staat gegründet, sondern auch der formal noch gegen Deutschland gerichtete Brüsseler Pakt zum westlichen Verteidigungsbündnis der Nordatlantischen Vertragsorganisation (NATO) umfunktioniert. Im Art. 5 vereinbarten die Mitgliedsländer, »dass ein bewaffneter Angriff gegen eine oder mehrere von ihnen in Europa oder Nordamerika als ein Angriff gegen sie alle angesehen wird«.[64] Die NATO sollte – insbesondere nach der Wahl Adenauers zum Bundeskanzler am 15. September 1949 – zum Fixpunkt deutscher Sicherheitspolitik werden, auch wenn es bis zum Beitritt der Bundesrepublik noch sechs Jahre dauern sollte. Eine zentrale Bedeutung sollte die NATO später auch für die Entwicklung von Kriegsvorstellungen in der Bundeswehr einnehmen. Für Heusinger und Speidel war eine Verteidigung ohne amerikanische Hilfe undenkbar. Deshalb forcierten sie die Integration der Bundeswehr in ein westliches Bündnis.[65] Zunächst waren sich beide jedoch darin einig, dass es zuerst den deutschen Standpunkt zu klären galt, bevor die Auseinandersetzung mit dem amerikanischen beginnen konnte.[66]

Das Jahr 1949 war reich an Begegnungen zwischen den beiden Generalen a.D., die eine ähnliche Sichtweise und ein gutes Arbeitsverhältnis verband.[67]

---

[62] Ebd., S. 471.
[63] Ebd., S. 471. Siehe auch: Rink, »Strukturen brausen um die Wette«, S. 375−386.
[64] AWS, Bd 1 (Beitrag Wiggershaus), S. 86.
[65] Gablik, Strategische Planungen, S. 24 und 56 f.
[66] Meyer, Adolf Heusinger, S. 355.
[67] Siehe dazu z.B. BArch, BW 9/2883; vgl. Meyer, Adolf Heusinger, S. 381 f. Auch Gehlen und der General a.D. Hermann Foertsch waren zeitweise bei der Entwicklung dieser Überlegungen beteiligt.

IV. Die Entwicklung von Kriegsbildern

Beide stimmten sich eng miteinander ab. Nicht grundlos wurden sie damals im Kreis der ehemaligen Wehrmachtoffiziere »Zwillinge«[68] genannt. Gemeinsam mit Pauls erarbeiteten sie die Denkschrift »Gedanken zur Sicherheit Westeuropas« vom 5. April 1949,[69] in der die bisherigen operativen Gedankengänge zusammengefasst wurden. Die Einschätzung des militärischen Potenzials der Sowjetunion deckte sich weitestgehend mit den Ausführungen Speidels vom Mai 1948. Was die Operationsabsichten der Roten Armee betraf, wurden die im Vorjahr von Speidel und Heusinger formulierten Gedanken noch einmal für einen Angriff durch Deutschland sozusagen mit feineren Linien gezeichnet: eine Nordgruppe mit dem Aufmarschraum Mecklenburg und dem Operationsziel der Inbesitznahme Dänemarks, Schleswigs, Hamburgs, Bremens und der Nordseeküste, würde die Absicht verfolgen, die britischen Inseln zu bedrohen. Die im Schwerpunkt eingesetzte und daher mit den stärksten Kräften ausgestattete Mittelgruppe mit dem Aufmarschraum Magdeburg–Thüringen um Ohrdruff und dem Operationsziel, zwischen Teutoburger Wald und Main vorzustoßen, hätte das Operationsziel, das Ruhrgebiet und die Rheinübergänge zu nehmen, um weiter nach Westen angreifen zu können. Eine Südgruppe mit dem Aufmarschraum Thüringen ostwärts der Saale, Südsachsen und gegebenenfalls Nordböhmen, würde das Operationsziel verfolgen, Süddeutschland und möglicherweise auch die Schweiz einzunehmen. Zu rechnen war darüber hinaus mit einer weiteren großen Operation aus dem Aufmarschraum Tschechoslowakei–Ungarn–Österreich heraus zur Inbesitznahme von Oberitalien und Triest. Bei den Gedanken zur Verteidigung stand wiederum die bewegliche Kampfführung im Mittelpunkt. Die Kriegserfahrungen – so Speidel und Heusinger – zeigten, dass die sowjetische Militärführung einer solchen Kampfweise nicht vollständig gewachsen wäre. Bereits zwei Monate zuvor, bei der Beantwortung amerikanischer Fragen zu seinen Kriegserfahrungen, hatte Speidel betont:

»Nichts schien die russische Führung mehr unsicher zu machen, ja zu verwirren, als überraschende Angriffe gepanzerter Kampfgruppen aus dem Rückzug gegen die Angriffsspitzen, wenn möglich aber gegen Flanken von Angriffsverbänden.«[70]

Deshalb war Speidel der Auffassung, dass schnelle, in Westdeutschland bereitgehaltene Panzerkräfte im Zusammenwirken mit Luftstreitkräften die Kampfverbände der Sowjetarmee einzeln schlagen könnten. Was die Dislozierung der Verteidigungskräfte und die Eckpfeiler der Verteidigung anging, deckten sich seine Ausführungen ebenfalls mit seinem Kriegsbild vom Mai 1948. Wiederum spielte der Einsatz von Nuklearwaffen keine Rolle. Auch der operative Luftkrieg zur Abriegelung gegen Reserven und Nachschub der sowjetischen Streitkräfte blieb eine Konstante im Kriegsbild.[71] Diesmal zielten die in der Denkschrift formulierten Forderungen im Wesentlichen auf eine gleichberechtigte Stellung

---

[68] Maizière, In der Pflicht, S. 198.
[69] Speidel, Gedanken zur Sicherung Westeuropas, S. 472–474.
[70] ZMSBw, Sammlung Militärgeschichte 1945–1990, Nachlass Dr. Hans Speidel, Mappe 39, »Beantwortung der Fragen«, 10.2.1949, S. 1.
[71] Speidel, Gedanken zur Sicherung Westeuropas, S. 472–474.

Westdeutschlands in der NATO ab und waren auf die außenpolitischen Ambitionen der neuen Bundesregierung abgestimmt.

Hier zeigt sich, wie eng Kriegsbild und Politik zu dieser Zeit miteinander verwoben waren. Auf der einen Seite wussten sich Speidel und Heusinger geschickt im politischen Bereich zu bewegen, erkannten das Prinzip des politischen Primats an und beschränkten sich im Wesentlichen auf die Rolle der militärischen Fachleute.[72] Auf der anderen Seite griff die Bundesregierung gerade in den ersten Jahren der Bundesrepublik Deutschland sehr stark auf die Expertise der alten Militärelite zurück, da sie sich noch keine militärstrategische Einschätzung erlaubte.[73] Für Adenauer bot es sich an, die sicherheitspolitische Argumentation Heusingers und Speidels aufzugreifen. Diese verstanden zudem ihre operativen Erfahrungen aus dem Krieg gegen die sowjetische Übermacht gegenüber den westlichen Militäreliten bewusst auszuspielen, was gerade als potenzieller Juniorpartner im Bündnis eine besondere Bedeutung hatte.[74]

In diesem Sinne der politischen Instrumentalisierung war auch Heusingers Studie »Die Verteidigung Westeuropas«[75] bzw. »The Defense of Western Europe«[76] aus den Jahren 1949/50 verfasst. Sie sollte »Verteidigungsmöglichkeiten Westeuropas gegen einen Angriff von Osten«[77] aufzeigen und war in der herkömmlichen Weise aufgebaut: Zunächst erörterte Heusinger wieder die militärischen Möglichkeiten und die strategische Zielsetzung der Sowjets. Wiederum liefen diese auf einen Vorstoß bis zur Linie Atlantikküste–Pyrenäen–Korsika–Sardinien–Sizilien–Kreta–Suezkanal–Persischer Golf hinaus. Außerdem erwartete Heusinger, dass die Sowjets versuchen würden, die Ausgänge aus dem Schwarzem Meer und der Ostsee zu erobern, um ihre U-Bootwaffe gegen die Überseeverbindungen des Westens von Nordamerika nach Europa zum Einsatz zu bringen. Erstmals ging Heusinger nun – wenn auch nur am Rande – auf die Rolle der Seestreitkräfte in seinem Kriegsbild ein. Dies lag daran, dass sich mit Admiral a.D. Friedrich Ruge,[78] einem Freund Speidels aus dem Zweiten Weltkrieg, ein Vertreter der ehemaligen Kriegsmarine in die Diskussionen um einen zukünftigen Krieg einbrachte, dessen Gedanken nun zusätzlich in die Denkschriften einflossen.[79] Insofern spielten auch Netzwerke eine Rolle für die Entwicklung von Kriegsbildern. Ruges Denkschrift »Gedanken zur Lage vom Marinestandpunkt« vom 25. September 1949 spiegelt seine Auffassungen zur Seekriegführung wider:

---

[72] Speidel, Aus unserer Zeit sein?, S. 81; vgl. Gablik, Strategische Planungen, S. 15 f., 24 und 78−80. Auf der anderen Seite gab es nach Axel Gablik durchaus Machtkämpfe zwischen Politikern und Offizieren, um die strategischen Konzeptionen zu beeinflussen. Gablik, Strategische Planungen, S. 17.
[73] Ebd., S. 82.
[74] AWS, Bd 1 (Beitrag Meyer), S. 580; Groß, Mythos und Wirklichkeit, S. 283.
[75] BArch, N 643/142, Nachlass Adolf Heusinger, Die Verteidigung Westeuropas, 1949/50.
[76] BArch, N 643/141, Nachlass Adolf Heusinger, The Defense of Western Europe, 1949.
[77] BArch, N 643/142, Nachlass Adolf Heusinger, Die Verteidigung Westeuropas, 1949/50, S. 4.
[78] Zur Person Ruge und zu dessen Werdegang siehe Bradley, Vizeadmiral Professor Friedrich Ruge.
[79] Sander-Nagashima, Die Bundesmarine 1950 bis 1972, S. 29 f.; ZMSBw, Sammlung Militärgeschichte 1945−1990, Nachlass Dr. Hans Speidel, Mappe 41, Admiral Ruge: Gedanken zur Lage vom Marinestandpunkt, 25.9.1949.

IV. Die Entwicklung von Kriegsbildern

Die Sowjets würden in einem zukünftigen Kriege den Kampf gegen die atlantischen Seeverbindungen, d.h. gegen den Nachschub von Truppen und Material nach Europa und dem Nahen Osten, aufnehmen. Wegen der überwältigenden Überlegenheit der atlantischen Seemächte an Überwasserstreitkräften wäre dieser Kampf nur mit U-Booten und Flugzeugen als Träger von Torpedos und Minen sowie mit leichten Überwasserstreitkräften in Küstennähe vorstellbar. Am gefährlichsten wäre jedoch die Bedrohung durch U-Boote, von denen jeweils etwa ein Drittel in der Ostsee, im Schwarzen Meer und im Nordmeer liegen würde. Die Sowjets würden versuchen, die Ostseeausgänge zu nehmen, um Zugang zum Atlantik zu erhalten. Die Dänen wären jedoch nicht in der Lage, diese zu verteidigen. »Die Lösung muss in einer offensiven Defensive mit Vorstößen aus dem schleswig-holsteinischen Raum gesucht werden«[80], lautete daher Ruges Credo, ganz im Sinne der »Vorwärtsverteidigung«. Auf diese Weise wäre Zeit gewonnen, um Verstärkungen über See heranzuführen. Darüber hinaus würden die Schleusen des Weißmeer-Ostsee-Kanals[81] durch westliche Luftstreitkräfte leicht außer Gefecht gesetzt. Die Dardanellen würden als Tor zum Mittelmeer eine ähnliche Rolle spielen und wären mit Unterstützung von Seestreitkräften leicht zu verteidigen. Gerade zur Versorgung der türkischen Heere in Ostanatolien und Armenien sei jedoch der Einsatz stärkerer Seestreitkräfte der Allianz erforderlich. Außerdem war hier eine Offensive gegen Baku durch Landungen vorstellbar, um die Erdölgebiete im Nahen Orient zu schützen.

Dennoch herrschte in Heusingers Studie zur Verteidigung Westeuropas das kontinentale Denken deutscher Generalstabstradition vor. Was das Militärpotenzial des Ostens betrifft, ging Heusinger weiterhin von 175 sowjetischen Friedens- und 380 Kriegsdivisionen aus. Hinzu kämen nunmehr noch rund 50 Divisionen aus den Satellitenstaaten. Zudem schätzte er mittlerweile die Stärke der Luftstreitkräfte des Gegners auf 20 000 bis 25 000 Flugzeuge (dabei 5000 Düsenflugzeuge) in der Friedensstärke und bis zu 40 000 Flugzeugen nach etwa dreißigtägiger Mobilmachung. 24 Kampftruppendivisionen in der SBZ, in Pommern und in Schlesien wären in der Lage, aus dem Stand heraus anzugreifen.

Die weiteren Ausführungen Heusingers hinsichtlich der erwarteten Haupt- und Nebenstöße der drei feindlichen Armeegruppen folgten dem bekannten Muster aus Speidels »Gedanken zur Sicherheit Westeuropas«. Was den Kriegsverlauf anbelangt, prognostizierte Heusinger, dass sich die sowjetischen Divisionen der ersten Angriffswelle – angesichts der fehlenden Verteidigungsbereitschaft des Westens – bereits drei Tage nach Angriffsbeginn am Rhein, in Dänemark, Hamburg und Bremen befinden würden. Gleichzeitig könnten sie den Skagerrak durch Besetzung Skandinaviens auch von Norden erreichen. Die Lage auf dem Balkan und in Italien war für Heusinger wegen des Verhaltens der Jugoslawen im Kriegsfall schwer einschätzbar. Jedoch rechnete er auch hier mit sowjetischen Angriffsoperationen.

---

[80] Ebd., S. 1.
[81] Der Weißmeer-Ostsee-Kanal ist eine 227 km lange, aus Flüssen, Seen und künstlichen Abschnitten kombinierte Wasserstraße von der Ostsee bis zum Weißen Meer im Norden Russlands.

Heusinger skizzierte das Kriegsbild weiter nach dem Prinzip einer militärischen Lagebeurteilung und warf die Frage auf, welche Kräfte künftig für eine erfolgversprechende Verteidigung Westeuropas erforderlich wären. Er glaubte weiterhin an den Erfolg einer offensiv geführte Verteidigung, die den Angreifer wie bereits im Zweiten Weltkrieg aus dem Konzept bringen würde. Dazu sollten die westlichen Luft- und Seestreitkräfte, bald darauf aber auch die Landstreitkräfte in die Flanken der sowjetischen Offensive zum Gegenangriff übergehen. Die Alpen[82] mit Tagliamento und Süddeutschland sowie der Raum Schleswig-Holstein–Dänemark müssten wegen ihrer operativen Bedeutung als »Eckpfeiler der westeuropäischen Verteidigung«[83] unbedingt gehalten werden. Aus diesen Eckpfeilern im Süden und Norden wären dann Angriffe in die Flanken des sowjetischen Hauptstoßes, der zwischen Main und Teutoburger Wald kanalisiert würde, möglich. Zugleich würde auf diese Weise dem Angreifer der Zugriff auf die Ostseeausgänge verwehrt. In Mitteldeutschland müsste etwas mehr Raum aufgegeben werden, jedoch aus wirtschaftlichen und infrastrukturellen Gründen nicht das Ruhrgebiet und der Großraum Frankfurt a.M. Die Verteidigung des südlichen Eckpfeilers wies Heusingers Studie italienischen, amerikanischen, österreichischen, französischen und deutschen Truppen zu und den etwa 300 Kilometer breiten Mittelabschnitt französischen, belgischen, niederländischen und deutschen Divisionen. Den nördlichen Eckpfeiler würden britische, dänische und deutsche Verbände halten. Heusinger rechnete mit dem Einsatz von jeweils vier deutschen Divisionen, d.h. zwölf deutschen Panzerdivisionen insgesamt. Was die angloamerikanischen Luft- und Seestreitkräfte betraf – hier wieder ein Aspekt aus Ruges Denkschrift – nahm Heusinger an, dass sie die Luft- und Seeherrschaft im Mittelmeer, im Schwarzen Meer und in der Ostsee erringen, weiterhin die sowjetischen Luftstreitkräfte in Europa niederringen und die gegnerischen Nachschublinien in Ostdeutschland und Polen zerschlagen würden. Darüber hinaus sah seine Studie frühzeitig Angriffe der westlichen Verbände gegen die Ölgebiete in Rumänien und im Kaukasus sowie gegen die russische Industrie und Elektrizitätsversorgung vor. Schließlich sollte der Angreifer sogar nach Osten zurückgewiesen werden.

Nach Heusingers Vorstellungen versprachen starre Verteidigungslinien wegen der Möglichkeit von feindlichen Luftlandungen im Hinterland keinen Abwehrerfolg mehr. Vielmehr ging er davon aus, dass sich die erfolgreiche Verteidigung in weiträumigeren Verteidigungsgebieten abspielte. In diesem Punkt werden gedankliche Bezüge Heusingers zu seinen bereits oben skizzierten Ausführungen aus dem Jahr 1945 sehr deutlich, als er die Ursachen für die deutsche Niederlage im Krieg reflektiert hatte. Um seine Sichtweise plausibel zu machen, verwies Heusinger in seiner Studie immer wieder auf die Erfahrungen des Zweiten Weltkrieges.[84] Und doch traten zugleich noch ältere Denkmuster zutage, die wie eine Reminiszenz an Seeckts Vorstellungswelt (Führungskunst,

---

[82] Zur geplanten Verteidigung der Alpen durch die NATO zu jener Zeit siehe: Krüger, Brennender Enzian, S. 1–69.
[83] BArch, N 643/142, Nachlass Adolf Heusinger, Die Verteidigung Westeuropas, 1949/50, S. 16.
[84] Ebd., S. 4–22.

Beweglichkeit, Angriffsgeist) erscheinen. Insgesamt war Heusingers Kriegsbild nun optimistischer geworden und beschrieb das Szenario einer erfolgreichen Verteidigung des Westens unter Beteiligung von zwölf deutschen Divisionen (die es noch gar nicht gab). Das Kriegsbild wurde von der amerikanischen Seite aufmerksam wahrgenommen.[85]

Indem Speidel, Heusinger und Ruge bei ihren Überlegungen von der sogenannten Vorwärtsverteidigung,[86] d.h. der offensiv geführten Verteidigung bereits im Zuge der Elbe sowie auf der Ostsee ausgingen, wich ihr Kriegsbild – schon allein geografisch – von den Vorstellungen ab, die zur selben Zeit in den USA und den westeuropäischen Staaten dominierten. Die NATO-Strategie MC 3[87] vom 19. Oktober 1949 sah angesichts der erheblichen sowjetischen Überlegenheit an konventionellen Kräften vor, die Verteidigung erst am Rhein aufzunehmen und bestenfalls die Pyrenäen-Linie zu halten, d.h. die Iberische Halbinsel als europäischen Brückenkopf zu verteidigen, also weite Landstriche Kontinentaleuropas aufzugeben, dann mit dem Strategic Air Command eine nuklearstrategische Gegenoffensive in Richtung des sowjetischen Kernlandes zu führen und schließlich Westeuropa mit herangeführten amerikanischen Reserven wieder zurückzuerobern.[88] In der NATO hatte sich damit unter politisch diktiertem Spardruck die Sichtweise der U.S. Air Force gegen diejenige der Army durchgesetzt.[89] Doch war diese Strategie in den USA selbst umstritten, und die Glaubwürdigkeit des Nuklearwaffeneinsatzes wurde u.a. vom amerikanischen Verteidigungsminister James V. Forrestal und General Omar N. Bradley, dem Vorsitzenden der Joint Chiefs of Staff (JCS), infrage gestellt.[90] Die künftige Spitze der Bundeswehr entwarf bewusst ein Gegenbild zu den ihnen bekannten, in der MC 3 manifestierten Vorstellungen der westlichen Militärs, berief sich vor allem auf ihre Kriegserfahrungen und bot eine Art Erfolgsrezept gegen die sowjetische Übermacht.[91] Wie bereits mehrfach in der Geschichte der Entwicklung von Kriegsbildern in deutschen Streitkräften war hier durch-

---

[85] Gablik, Strategische Planungen, S. 42.
[86] Speidel, Gedanken zur Sicherung Westeuropas, S. 472.
[87] NATO Strategy Documents, S. 6.
[88] Thoß, Bündnisintegration, S. 15; Gablik, Strategische Planungen, S. 47. Mit der Bezeichnung »OFFTACKLE« zeichneten US-Strategen 1949 ein weiteres Szenario, das eine Rückeroberung von den Ausgangsbasen Großbritannien, Iberische Halbinsel, Süditalien und Nordafrika in der letzten Phase des Krieges in einer zangenförmigen Angriffsoperation über Polen und die Türkei vorsah. Dazu sollten in kürzester Zeit 40 Divisionen aufgestellt sein. Ausgegangen wurde von einer Kriegsdauer von mindestens zwei Jahren. Nach britischen und französischen Planungen war eine Verteidigung im Zuge des Rheins vorgesehen. Ostwärts davon sollten nur Verzögerungsgefechte geführt werden. Die Benelux-Staaten gingen hingegen von der Rhein–Ijssel-Linie aus. Siehe dazu: Hammerich, Kommiss kommt von Kompromiss, S. 95–97.
[89] Lemke, Konzeption und Aufbau der Luftwaffe, S. 82. Zu den unterschiedlichen Vorstellungen der US-Teilstreitkräfte siehe: AWS, Bd 1 (Beitrag Greiner), S. 180–196.
[90] Ebd., S. 171; Gablik, Strategische Planungen, S. 50. Nukleare Mittel zum unmittelbaren Einsatz gegen feindliche Streitkräfte auf dem Gefechtsfeld gab es zunächst nicht. Die vorhandenen Atombomben eigneten sich nur für großflächige Zerstörungen im Heimatgebiet des Gegners. AWS, Bd 1 (Beitrag Greiner), S. 123.
[91] Meyer, Adolf Heusinger, S. 373 f.

aus wieder der Wunsch der Vater des Gedankens. Doch auch das Beispiel des Koreakrieges[92] zeigte ab dem 25. Juni 1950 allerdings, dass ein begrenzter Krieg auch unterhalb der Atomschwelle ablaufen konnte. Insofern verwundert es nicht, dass die Grundannahme Heusingers und Speidels, Westdeutschland nicht als Vorfeld, sondern als Hauptkampffeld einer konventionell geführten westlichen Verteidigung anzusehen, auch in der »Beurteilung der militärischen Lage«[93] vom Juni 1950 und in den »Gedanken über die Frage der äußeren Sicherheit der deutschen Bundesrepublik«[94] vom 7. August 1950 sowie im »Memorandum über die Sicherung des Bundesgebietes nach innen und außen«[95] vom 29. August 1950 bestehen blieb.[96] Diese beiden Denkschriften hatten vor allem deshalb den Charakter eines Wunschbildes, weil sie den zukünftigen westdeutschen Wehrbeitrag zum »Zünglein an der Waage« einer erfolgreichen Verteidigung Westeuropas erhoben. Doch stellten beide Memoranden als Alternativen nur eine realistischere Schreckensvision in Aussicht: »Der Russe wird diese kuemmerlichen Erdtruppen hinwegfegen. Er kann in zwei Tagen am Rhein, in 14 Tagen an den Pyrenaeen stehen, denn er braucht nicht zu kaempfen, sondern nur zu fahren«,[97] formulierte es Heusinger recht eindringlich. Speidel vermittelte etwas nüchterner die gleiche Botschaft: »Die Sowjet-Union kann bei der fehlenden westlichen Verteidigungsbereitschaft mit den in der Ostzone vorhandenen Kräften einen Stoss bis zur Atlantikküste führen.«[98] Durch die Gegenüberstellung von Wunsch- und Schreckensbild verlieh die spätere Doppelspitze der Bundeswehr ihrem Kriegsbild einen Doppelcharakter, der Assoziationen zur Betrachtungsweise von Moltke d.J. weckt.

Eine Weiterentwicklung in diesem Kriegsbild des Jahres 1950 bestand darin, dass Atombomben beim potenziellen Kriegsgegner nun in den genannten Studien berücksichtigt wurden, nachdem eine erfolgreiche sowjetische Versuchsexplosion im September 1949 das amerikanische Atomwaffenmonopol

---

[92] Zum Koreakrieg siehe: Zur westdeutschen Rezeption dieses Krieges siehe: AAPD 1949/50, Dok. 81 vom 1.6.1950, S. 81 f.; Dok. 87 vom 10.7.1950, S. 238–241; Dok. 90 vom 12.7.1950, S. 246–249; Dok. 92 vom 17.7.1950, S. 254–257, und Dok. 97 vom 22.7.1950, S. 274–280.

[93] BArch, N 643/142, Nachlass Adolf Heusinger, Beurteilung der militärischen Lage, Juni 1950, S. 32–40.

[94] BArch, BW 9/1323, »Gedanken über die Frage der äusseren Sicherheit der deutschen Bundesrepublik«, 7.8.1950, fol. 2–26. Dieses Memorandum arbeiteten im Auftrag Adenauers Speidel und Heusinger gemeinsam mit dem General a.D. Hermann Foertsch sowie dem Politikwissenschaftler Arnold Bergstraesser aus und legten es am 14.8.1950 vor. Speidel, Aus unserer Zeit, S. 270.

[95] Auszug aus dem Memorandum über die Sicherung des Bundesgebietes nach innen und außen, 29.8.1950. In: Rautenberg/Wiggershaus, Die »Himmeroder Denkschrift« , S. 35 f. Vgl. dazu auch das Memorandum Adenauers vom 29.8.1950 in: AAPD 1949/50, Dok. 113 vom 29.8.1950, S. 322–327.

[96] Speidel, Aus unserer Zeit, S. 270.

[97] BArch, N 643/142, Nachlass Adolf Heusinger, Beurteilung der militärischen Lage, Juni 1950, S. 33.

[98] ZMSBw, Sammlung Militärgeschichte 1945–1990, Nachlass Dr. Hans Speidel, Mappe 49 »Denkschrift f.d. Herrn Bundeskanzler 1950«, hier »Gedanken über die Frage der äußeren Sicherheit der Deutschen Bundesrepublik« vom 7.8.1950, S. 4. Vgl. auch: BArch, BW 9/1323, S. 6; Speidel, Aus unserer Zeit, S. 480.

ja durchbrochen hatte.⁹⁹ Damit musste klar sein, dass die künftige Kriegführung durch einen beiderseitigen Nuklearwaffeneinsatz bestimmt sein würde.¹⁰⁰ Doch drückte Heusingers Geringschätzung dieses Kriegsmittels einmal mehr die Kontinuität des operativen Denkens aus Wehrmachtszeiten aus. Seiner Ansicht nach war die Atombombe nur eine von vielen Waffen in der Rüstungsgeschichte, wie das Zündnadelgewehr, der Tank, die Gaswaffe und die Raketenwaffe. Die Atomwaffe würde den Krieg daher nicht entscheiden. »Russland allein mit der Atombombe zur Kapitulation bringen zu wollen, duerfte eine Utopie sein«,¹⁰¹ lautete Heusingers Einschätzung. Vielmehr müsste Russland erst erobert werden.¹⁰² Als entscheidende Voraussetzung für einen Sieg des Westens im künftigen Krieg sah Heusinger, dass die Positionen in Europa und im Vorderen Orient gehalten wurden und von den dortigen Basen aus ein erfolgreicher strategisch-operativer Luftkrieg geführt wurde. Insoweit war sein Vertrauen in die westlichen Luftstreitkräfte unverändert hoch.

Als Zwischenfazit lässt sich festhalten, dass sich ein Kriegsbild bei der künftigen militärischen Führung der Bundeswehr spätestens ab 1948 herausbildete und zunehmend verdichtete. Heusinger und Speidel stimmten sich dabei eng miteinander ab und verfolgten ein auf die Bedürfnisse Adenauers zurechtgeschnittenes politisches Programm. Ihr Kriegsbild bewegte sich nicht zuletzt deshalb in den Dimensionen des traditionellen, konventionellen Landkrieges. Die beweglich geführte Vorwärtsverteidigung mit schnellen Panzerdivisionen spiegelte aber auch die ideengeschichtliche Kontinuität des operativen Denkens aus Wehrmacht- und Reichswehrzeiten wider. Dass der Seekrieg dabei weitgehend vernachlässigt wurde, entsprach ebenfalls deutscher Generalstabstradition. Die Atombombe stellte im Kriegsbild von Heusinger und Speidel zunächst noch eine große Unbekannte dar und wurde daher marginalisiert. Die ehemalige Wehrmachtelite zeichnete jedoch bewusst ein Gegenbild zu den westlichen Kriegsplanungen und entwickelte damit eine nationale Position, die in der »Himmeroder Denkschrift« ihre endgültige Ausprägung finden sollte.

---

⁹⁹ AWS, Bd 1 (Beitrag Wiggershaus), S. 82 f. Die Produktion zum Masseneinsatz zog sich noch über einige Jahre hin. Das Atomwaffensupremat der USA blieb bis zum Ende der 1950er Jahre erhalten. Die nukleare Pattsituation wurde erst etwa 1960 erreicht. Spannocchi, Strategie und modernes Kriegsbild, S. 355.

¹⁰⁰ Der verfügbare Atombombenvorrat belief sich in den USA 1947 auf weniger als 100, 1948 auf rund 150 und 1950 auf ca. 250 Sprengköpfe. Aber bereits im Juni 1951 wurden offiziell 750 Stück angegeben. Der Bestand der UdSSR wurde 1950 auf 30 und 1951 auf 63 Sprengköpfe geschätzt. Gleichzeitig zeichnete sich ab 1949 mit dem Aufbau einer sowjetischen strategischen Luftwaffe die Verwundbarkeit der USA ab. AWS, Bd 1 (Beitrag Greiner), S. 192 und 202.

¹⁰¹ BArch, N 643/142, Nachlass Adolf Heusinger, Beurteilung der militärischen Lage, Juni 1950, S. 35.

¹⁰² Vgl. auch ebd., Notizen betreffend Brief Oberst L., 45.1 (L), 12.6.1950, S. 56−59.

c) Die Himmeroder Denkschrift (1950): Kontinuität traditionellen operativen Denkens im Dienste der Politik

Am 29. August 1950 übergab der Bundeskanzler Speidels »Gedanken über die Frage der äußeren Sicherheit der deutschen Bundesrepublik« der Alliierten Hohen Kommission und signalisierte damit zugleich die Bereitschaft für einen westdeutschen Verteidigungsbeitrag. Freilich war dieser an die Bedingung erweiterter Souveränität für die Bundesrepublik gekoppelt. Um Einzelheiten über Voraussetzungen, Form und Modalitäten des Wehrbeitrags auszuarbeiten und damit zugleich ein Konzept für die künftige Bundeswehr zu erstellen, ließ Adenauer vom 5. bis 9. Oktober 1950 einen militärischen Expertenausschuss ins Kloster Himmerod einberufen.[103]

Dieser Ausschuss, dem naturgemäß auch die Aufgabe zufallen musste, als Grundlage für weitere Planungen ein Kriegsbild zu entwickeln, bestand aus 15 Heeres-, Luftwaffen- und Marineoffizieren der ehemaligen Wehrmacht. Die personelle Zusammensetzung liefert einen plausiblen Erklärungsansatz für bereits festgestellte ideengeschichtliche Kontinuitäten. Vom Heer stammten außer Speidel, Heusinger und Hermann Foertsch die ehemaligen Offiziere Fridolin von Senger und Etterlin, Hans Röttiger, Eberhard Graf von Nostitz, Wolf Graf von Baudissin, Johann Adolf Graf von Kielmansegg und Heinrich von Vietinghoff. Die Luftwaffe wurde durch den General der Flieger a.D. Rudolf Meister, den bereits früher erwähnten General der Flieger a.D. Robert Knauss und Oberst a.D. Horst Krüger repräsentiert. Als Experten für Marinefragen nahmen die Admirale a.D. Ruge und Walter Gladisch sowie Kapitän zur See a.D. Alfred Schultze-Hinrichs an der Tagung teil. Etwa die Hälfte des Himmeroder Expertenkommission sollte später in der Bundeswehr Schlüsselpositionen besetzen und die westdeutschen Streitkräfte nachhaltig prägen. Hinzu kamen auf der Tagung im Oktober 1950 einige Fachreferenten ohne militärischen Hintergrund, z.B. für Presse oder auch Staats- und Völkerrecht, sowie Adenauers Persönlicher Referent Herbert Blankenhorn. Dieser sollte sicherstellen, dass politische Vorgaben der Integration in die westeuropäische Verteidigung berücksichtigt wurden.[104] Die Grundlage der Tagung stellte nach Vorgabe Adenauers das Memorandum Speidels vom 7. August 1950 dar. Dieser sollte die Rolle des Vorsitzenden des militärpolitischen Ausschusses einnehmen und am Ende das Ergebnis der Besprechungen zusammenfassen. Das vorgegebene Ziel lautete, eine umfassende offizielle Denkschrift zum westdeutschen Verteidigungsbeitrag für die politische Führung der Bundesrepublik Deutschland, allen voran natürlich Adenauer selbst, zu erarbeiten. Zudem sollten die Mitglieder des Gremiums später für militärfachliche Gespräche mit den Westmächten zur Verfügung stehen.

---

[103] Rautenberg/Wiggershaus, Die »Himmeroder Denkschrift«, S. 12–15.
[104] Ebd., S. 18–20 und 57 f. Zum Hintergrund der Marinevertreter siehe Sander-Nagashima, Die Bundesmarine 1950 bis 1972, S. 29–40.

IV. Die Entwicklung von Kriegsbildern 145

Bereits vor der Zusammenkunft in Himmerod hatte Speidel seine weitreichenden politischen Kontakte im Inland und alte Verbindungen in die Schweiz, nach Frankreich und in die USA nutzen können, um über die westlichen Sichtweisen im Bilde zu sein und den politischen Handlungsspielraum auszuloten.[105] Was den Feind anging, standen aus der Organisation Gehlen und der Dienststelle Schwerin[106] nach wie vor sehr genaue nachrichtendienstliche Erkenntnisse über die Streitkräfte des Ostens, wie z.B. Standorte und Gliederung der sowjetischen Divisionen sowie der KVP in der SBZ, zur Verfügung.[107] In einem gemeinsam von Speidel und Heusinger ausgearbeiteten Besprechungsplan war im Januar 1950 bereits viel von dem, was später in die Himmeroder Denkschrift einfließen sollte, vorweggenommen worden.[108] Gerade Heusinger hatte als früherer Chef der Operationsabteilung die operativen Anteile des Grundlagendokuments formuliert.[109] Doch bereiteten immer noch fehlende Informationen über die operative Gesamtplanung der westlichen Alliierten den Himmeroder Experten besondere Schwierigkeiten.[110] Dennoch wurde die »Denkschrift des militärischen Expertenausschusses über die Aufstellung eines Deutschen Kontingents im Rahmen einer übernationalen Streitmacht zur Verteidigung Westeuropas«,[111] kurz »Himmeroder Denkschrift«, bis zum 9. Oktober 1950 fertiggestellt. Sie behandelte Fragen, welche die Integration westdeutscher Kontingente in ein europäisches Bündnis ebenso betrafen wie jene der Einordnung der Streitkräfte in Staat und Gesellschaft. Im Hinblick auf das Kriegsbild finden sich die zentralen Ausführungen dazu im Kapitel »II. Grundlegende Betrachtungen zur operativen Lage der Bundesrepublik«[112]. Sie fassten die Inhalte der verschiedenen Memoranden Speidels und Heusingers aus den vergangenen beiden Jahren noch einmal zusammen und ergänzten sie in einigen Bereichen, vor allem zu See- und Luftkriegsfragen.

Wie sah das Kriegsbild aus, das auf der Himmeroder Tagung skizziert wurde? Es folgte dem bekannten Dreiklang von Bedrohungsanalyse, Beurteilung der operativen Bedingungen für die Verteidigung Westeuropas und Ausführungen zu praktischen Durchführungs-möglichkeiten. Wegen seiner zentralen Bedeutung

---

[105] Meyer, Adolf Heusinger, S. 377−386.
[106] Zur Dienststelle Schwerin siehe: Krüger, Das Amt Blank, S. 17−28.
[107] BArch, BW 9/3108, fol. 107−296. Siehe z.B. ebd., Beurteilung der militärischen Lage in der Sowjetzone mit Stand vom 15. August 1950 (Geh. Bundessache), 18.8.1950, fol. 153−158. Norbert Wiggershaus und Hans-Jürgen Rautenberg weisen in diesem Zusammenhang darauf hin, dass die Einschätzung der Bedrohungslage bei der Bundesregierung und den Alliierten sehr viel komplexer war als bei der Himmeroder Expertengruppe. In der Bedrohungsperzeption der militärischen Experten und der politischen Führung gab es also durchaus Unterschiede. Siehe dazu Rautenberg/Wiggershaus, Die »Himmeroder Denkschrift«, S. 24 f.
[108] Meyer, Adolf Heusinger, S. 387. Siehe dazu auch: Keßelring/Loch, Himmerod war nicht der Anfang, S. 60−96; Keßelring/Loch, Der »Besprechungsplan«.
[109] Speidel, Aus unserer Zeit, S. 274; Groß, Mythos und Wirklichkeit, S. 283.
[110] Rautenberg/Wiggershaus, Die »Himmeroder Denkschrift«, S. 24.
[111] Ebd., S. 36−57.
[112] Ebd., S. 38−41; ZMSBw, Sammlung Militärgeschichte 1945−1990, Nachlass Dr. Hans Speidel, Mappe 40, »Militärpolitische Grundlagen« und »Operative Betrachtungen«.

für den Aufbau der Bundeswehr soll die Argumentation der Himmeroder Denkschrift etwas genauer nachvollzogen werden. Zunächst wurde noch einmal das sowjetische Militärpotenzial für die Kriegführung aufgezählt: Die Sowjets verfügten in Ostdeutschland über 22 voll einsatzbereite und bewegliche Panzerdivisionen sowie mechanisierte und motorisierte Schützendivisionen mit rund 6000 Panzern und Sturmgeschützen sowie eine jederzeit einsatzbereite Luftwaffe von 1800 Flugzeugen, davon 550 Düsenjägern. Hinzu kamen zwei weitere Divisionen in Polen, drei in Österreich und drei bis vier auf dem Balkan. In die Feindlagebeurteilung einzubeziehen waren aus Sicht der Himmeroder Experten weitere 50 Verbände aus den Satellitenstaaten von eher minderer Kampfkraft. Dieses unmittelbar einsatzbereite Militärpotenzial könnte durch 60 weitere Divisionen aus der Sowjetunion ohne größere Mobilmachungsmaßnahmen verstärkt werden. Den Sowjets stünden dann immer noch 30 Divisionen für den Nahen Osten, 25 für den Fernen Osten und 20 für Skandinavien zur Verfügung. Im Mobilmachungsfall könnten diese Divisionszahlen gar verdoppelt werden. Fünf leistungsfähige Eisenbahnlinien würden jeweils den Transport von fünf Divisionen innerhalb dreier Tage nach Deutschland ermöglichen. Im Bereich der Luftkriegführung wären die Sowjetstreitkräfte mit ihren insgesamt 25 000 einsatzbereiten Flugzeugen jederzeit in der Lage, Bodenoperationen einschließlich des Einsatzes von Fallschirmjägern umfassend zu unterstützen. Im Bereich der Seekriegführung würden vor allem die 300 sowjetischen U-Boote, davon jedoch höchstens ein Drittel moderner Bauart, zum Einsatz kommen. Zusammenfassend stellte Speidel in der Denkschrift fest: »Die Sowjets können demnach, rein militärisch gesehen, jederzeit ohne langwierige Vorbereitungen einen Angriff gegen Westeuropa beginnen.«[113] Eine Schwachstelle erkannten die Himmeroder Experten bei der gegnerischen Betriebsstoffversorgung, was bei entsprechenden Luftangriffen der Westmächte zu einer logistischen Krise führen könnte. Die Operationen würden seitens der Sowjetunion mit dem Ziel geführt werden, schnell in den Besitz der Atlantikküste von Narvik bis zu den Pyrenäen und des Mittelmeerraumes bis zur Linie Korsika–Sizilien–Suez zu gelangen. Damit wären die Westmächte der Basis für eine Gegenoffensive beraubt. Sollten diese Ziele jedoch nicht erreicht werden, würde die Sowjetunion letztlich dem überlegenen Rüstungspotenzial der USA unterliegen.[114]

Im weiteren Verlauf der Denkschrift wurden dann die operativen Bedingungen erörtert: Angesichts des sowjetischen Potenzials sei die Verteidigung Westeuropas im Jahre 1950 »völlig unzureichend«[115] organisiert und bedürfe

---

[113] ZMSBw, Sammlung Militärgeschichte 1945–1990, Nachlass Dr. Hans Speidel, Mappe 40, »Operative Betrachtungen«, S. 2; Rautenberg/Wiggershaus, Die »Himmeroder Denkschrift«, S. 39.

[114] ZMSBw, Sammlung Militärgeschichte 1945–1990, Nachlass Dr. Hans Speidel, Mappe 40, »Operative Betrachtungen«, S. 1 f.; Rautenberg/Wiggershaus, Die »Himmeroder Denkschrift«, S. 38 f.

[115] ZMSBw, Sammlung Militärgeschichte 1945–1990, Nachlass Dr. Hans Speidel, Mappe 40, »Operative Betrachtungen«, S. 3; Rautenberg/Wiggershaus, Die »Himmeroder Denkschrift«, S. 39.

daher eines gemeinsamen operativen Planes zur Harmonisierung der Verteidigungsanstrengungen einschließlich des amerikanischen Potenzials. Wegen der amerikanischen Überlegenheit im Nuklearbereich sei bis 1952 nicht unbedingt mit einem sowjetischen Angriff zu rechnen. Da die weitere Entwicklung jedoch ungewiss sei, müsse die Verteidigungsbereitschaft binnen kurzer Zeit sichergestellt werden. Das totalitäre System des Ostblocks ermögliche jedenfalls eine überraschende Offensive der sowjetischen Streitkräfte, die damit bei Kriegsbeginn zunächst im Vorteil wären. Wegen der Bedeutung der operativen Tiefe sei die Verteidigung Westeuropas so weit ostwärts wie möglich zu führen, insbesondere unter den Bedingungen einer modernen Luftkriegführung. Territoriale Verluste hätten zudem gefährliche psychologische Auswirkungen auf die Bevölkerung. Die operativen Schwerpunkte der Verteidigung müssten bei den Dardanellen sowie in den Räumen Tagliamento–Alpen–Süddeutschland und Schleswig-Holstein–Dänemark–Südskandinavien liegen. Durch das Anlegen von Befestigungen und Sperren entlang der deutsch-tschechischen Grenze, des Mains, der Fulda–Weser-Linie, im Sauerland und vor allem im Raum Hamburg sollte die westliche Verteidigung unterstützt werden. Die Behauptung dieser Schlüsselgelände sichere einerseits die Seeverbindungen für den Westen und andererseits ließe sich so eine wirkungsvolle Flankenbedrohung der nach Westdeutschland einmarschierenden sowjetischen Kräfte aus Süden und Norden erreichen. Was die Kriegführung auf deutschem Boden betraf, vertrat die Denkschrift die Auffassung, dass die Verteidigung von Kriegsbeginn an möglichst beweglich und offensiv, d.h. mit Gegenangriffen, geführt werden müsse. Es käme darauf an, mit einer Kampfgruppe zwischen Main und Lüneburger Heide den Angriff frontal aufzuhalten und mit jeweils einer weiteren Kampfgruppe aus den Räumen Süd- und Norddeutschland Flankenangriffe durchzuführen. Die zu erwartenden großen Fluchtbewegungen der Bevölkerung würden die Verteidigung gefährden und sollten daher durch propagandistische Maßnahmen eingeschränkt werden. Die angloamerikanische Luftwaffe würde die Verbindungslinien über die Weichsel zerstören, die feindlichen Luftstreitkräfte zerschlagen und die angreifenden sowjetischen Divisionen bekämpfen. Sobald der sowjetische Angriff zu Lande zum Stehen gebracht worden war – darin bestünde die wesentliche Leistung der westlichen Verteidiger –, sollten großangelegte Gegenangriffe nach Russland hinein geführt werden. Vorher schon könnten in der Tiefe des Feindgebietes Atomwaffen eingesetzt und das Ölgebiet in Baku auf diese Weise vernichtet werden. Was die Seekriegführung betrifft, sollten im nördlichen Eismeer, in der Ostsee und im Schwarzen Meer westliche U-Boote, Schnellboote und Landungsverbände unmittelbar offensiv in Erscheinung treten.[116] Erfahrungen aus dem Zweiten Weltkrieg reflektierend wurde in der Denkschrift betont:

---

[116] ZMSBw, Sammlung Militärgeschichte 1945–1990, Nachlass Dr. Hans Speidel, Mappe 40, »Operative Betrachtungen«, S. 3–6; Rautenberg/Wiggershaus, Die »Himmeroder Denkschrift«, S. 39 f.

»Die Bedeutung einer solchen offensiven, beweglichen Verteidigungsführung kann gerade den Sowjets gegenüber garnicht [sic] unterschätzt werden. Allein die Erwartung, dass sie mit ihr zu rechnen haben, kann ihren Angriffsentschluss weitgehend beeinflussen und sie zur Vorsicht mahnen.«[117]

Aus diesen Überlegungen zur Kriegführung wurden schließlich die Verantwortlichkeiten, Stärke und Dislozierung der benötigten Kräfte für eine erfolgversprechende Verteidigung abgeleitet: Italien habe im Süden die Verteidigung der Tagliamento-Front, Norwegen und Schweden hätten im Norden die Verteidigung Südskandinaviens zu übernehmen. Im Mittelabschnitt der Verteidigung Westeuropas, d.h. zwischen Alpen und Skagerrak, gäbe es vier Verteidigungsräume. Im süddeutschen Raum seien etwa zehn Panzerdivisionen (sechs amerikanische und vier deutsche) vorzusehen. Im Raum Schleswig-Holstein–Dänemark seien zehn Divisionen (vier britische, vier deutsche und zwei dänische) einzusetzen. Im Raum zwischen Main und Lüneburger Heide hätten etwa vier deutsche Panzerdivisionen zusammen mit französischen, belgischen und niederländischen Kräften den Angriff gegen das Ruhrgebiet zum Stehen zu bringen. Das Rheingebiet sollte als Rückhalt dienen, in dem sich der Aufmarsch von insgesamt 30 französischen, belgischen, niederländischen und schweizerischen Divisionen vollziehen würde. Diesen Kräften müssten entsprechende Luftstreitkräfte zur Luftverteidigung, Erdkampfunterstützung und Aufklärung zugeteilt werden. Marineeinheiten hätten indessen den Kampf um das Küstenvorfeld zu führen. Mit der Verfügbarkeit von etwa 25 Divisionen, darunter zwölf westdeutschen, wäre den Sowjets die Möglichkeit genommen, aus dem Stand mit den in der DDR und Polen stationierten Divisionen erfolgreich angreifen zu können. Würden hier mehr feindliche Divisionen zum Angriff zusammengezogen, was allerdings auch mehr Zeit erforderte, könnte mit der Verlegung der Divisionen aus dem Rheingebiet zur Verteidigung ostwärts des Rheins reagiert werden. Auch in diesem Falle wäre den Sowjets die Hoffnung auf einen schnellen Vorstoß zum Atlantik genommen. Der Krieg würde vom ersten Tage an zu einem schweren Abringen der Streitkräfte beider Seiten führen. Die Dauer eines Krieges war also – so die Autoren – ungewiss. Zumindest müsste die Verteidigung Westdeutschlands in beweglicher Gefechtsführung bis zum Gegenangriff westeuropäischer und amerikanischer Verstärkungen geführt werden.[118] Insgesamt erhofften sich Speidel und Heusinger, dass bei dieser Perspektive die Kriegsgefahr gebannt würde.[119] Insoweit spielte in ihrem Kriegsbild auch die Abschreckung des potenziellen Gegners eine wichtige Rolle.

---

[117] Rautenberg/Wiggershaus, Die »Himmeroder Denkschrift«, S. 40; ZMSBw, Sammlung Militärgeschichte 1945–1990, Nachlass Dr. Hans Speidel, Mappe 40, »Operative Betrachtungen«, S. 5.
[118] ZMSBw, Sammlung Militärgeschichte 1945–1990, Nachlass Dr. Hans Speidel, Mappe 40, »Operative Betrachtungen«, S. 6 f.; vgl. Rautenberg/Wiggershaus, Die »Himmeroder Denkschrift«, S. 40 f.
[119] ZMSBw, Sammlung Militärgeschichte 1945–1990, Nachlass Dr. Hans Speidel, Mappe 40, »Operative Betrachtungen«, S. 6; vgl. Rautenberg/Wiggershaus, Die »Himmeroder Denkschrift«, S. 40.

IV. Die Entwicklung von Kriegsbildern

Wie lässt sich das in der Himmeroder Denkschrift skizzierte Kriegsbild eigentlich charakterisieren? Indem auf der einen Seite die schlechte Perspektive für eine Verteidigung Westeuropas unter den Bedingungen des Jahres 1950 prognostiziert und auf der anderen Seite eine Art Erfolgsrezept, das westdeutsche Streitkräfte einschließt, für die Zukunft präsentiert wird, besitzt dieses Kriegsbild wiederum eine gewisse Ambivalenz. Es verwundert nicht, dass dem Bild des operativen Erfolgs der Vorzug gegeben wird. Trotzdem handelte es sich angesichts der militärischen Kräfteverhältnisse in Europa doch um mehr als nur ein rhetorisches Mittel. Suggeriert wurde letztlich die Vorstellung, dass der Westen dank der deutschen operativen Erfahrungen und Fertigkeiten in der Lage wäre, einen sowjetischen Angriff abzuwehren. Zugleich erschienen die westdeutschen Divisionen als die dazu erforderliche kritische Masse. Im Grunde wurde hier – in der Form operativer Imperative – eine Wunschvorstellung formuliert, die als Vehikel für politische Forderungen diente und den Bedürfnissen Adenauers Rechnung trug.[120] Dierk Walters These[121], dass Kriegsbilder instrumentalisiert werden, wird damit ganz deutlich bestätigt. Großräumige Landoperationen und eine starke Ausrichtung auf Gegenoffensiven standen im Zentrum dieses Gedankengebäudes, das eher eine operative als eine strategische Dimension besaß. Der Kerngedanke der Vorwärtsverteidigung, den Feind möglichst früh frontal zu binden und dann flankierend zu schlagen, knüpfte an die Tradition des operativen Denkens im Generalstab des Heeres der Wehrmacht an. Helmut R. Hammerich stellte dies bereits 2006 fest: »Das Kriegsbild der ehemaligen Wehrmachtsoffiziere, die im Kloster Himmerod im Herbst 1950 eine neue deutsche Armee skizzierten, unterschied sich [...] kaum von dem der letzten Kriegsjahre.«[122] Gerhard P. Groß sah hier das klassische, im Zweiten Weltkrieg bereits praktizierte Prinzip des »Schlagens aus der Nachhand«[123] verwirklicht. Doch wurden diese Gedanken schon innerhalb der Expertengruppe des Jahres 1950 nicht von allen geteilt. In einem Privatbrief schrieb Senger und Etterlin an Kielmansegg am 26. Dezember 1950: »Ich bin – nicht als Experte – sondern als historischer Dilettant überzeugt, daß die Periode der durch operativ überlegene Planung zu gewinnenden Umfassungsschlachten vorüber ist.«[124]

Bemerkenswert ist weiterhin, dass das Kriegsbild der Himmeroder Denkschrift sehr stark konventionell geprägt blieb. Trotz des mittlerweile ja in West und Ost vorhandenen Nuklearwaffenpotenzials wurde die Dimension der Nuklearkriegführung in der Denkschrift wieder nur beiläufig gestreift, sozusagen als Komponente des strategischen Luftkrieges im Hinterland des Feindes.[125]

---

[120] Krüger, Das Amt Blank, S. 25.
[121] Walter, Zwischen Dschungelkrieg und Atombombe, S. 15.
[122] Hammerich, Kommiss kommt von Kompromiss, S. 98. Wiggershaus und Rautenberg hatten dies wie folgt formuliert: »Die Denkkategorien und die Sprachfiguren, wie sie in die Denkschrift Eingang gefunden haben, entstammen fast ausschließlich der Vorstellungs- und Erfahrungswelt des Zweiten Weltkrieges.« Rautenberg/Wiggershaus, Die »Himmeroder Denkschrift«, S. 25.
[123] Groß, Mythos und Wirklichkeit, S. 284.
[124] Rautenberg/Wiggershaus, Die »Himmeroder Denkschrift«, S. 65.
[125] Ebd., S. 24.

Diese Vernachlässigung erklärt sich aus dem unzureichenden Kenntnisstand der ehemaligen Wehrmachtoffiziere, die aus Geheimhaltungsgründen lange Zeit nicht über die nuklearen Einsatzplanungen der Amerikaner informiert waren. Ein Kernwaffeneinsatz spielte sich daher gedanklich noch wie in Hiroshima und Nagasaki ab. Und tatsächlich hatten sich die Zielplanungen der U.S. Airforce in den späten 1940er Jahren noch auf Ziele in der Sowjetunion selbst beschränkt. Dennoch wurde von amerikanischer Seite bereits über den Einsatz von Atomwaffen gegen Angriffsziele wie Führungseinrichtungen, Nachschubbasen, Kommunikationslinien und Truppenansammlungen auch in den osteuropäischen Satellitenstaaten nachgedacht. Zudem wurde die Entwicklung nuklearer Gefechtsfeldwaffen 1950 bereits angekündigt.[126] Zugleich rechneten die Amerikaner schon zu dieser Zeit mit Atombombenabwürfen durch sowjetische strategische Bomber auf Großbritannien und amerikanische Seestützpunkte.[127]

Was den Aspekt der Luftkriegführung betrifft, waren wesentliche Vorbedingungen für ein Kriegsbild der Himmeroder Expertenkommission eigentlich noch ungeklärt. Einerseits wurde – wie ergänzend vor allem aus den Ausführungen zur Luftwaffe im Kapitel »III. Organisation des Deutschen Kontingents (D.K.)«[128] der Denkschrift hervorgeht – damit gerechnet, dass die noch nicht so gut entwickelte sowjetische Fern-Luftwaffe ihre Angriffe zunächst auf Ziele wie Industrie, Bevölkerung und Infrastruktur in Westdeutschland, z.B. im Ruhrgebiet, konzentrieren würde. Hinzu käme die aus dem Zweiten Weltkrieg bekannte Zusammenfassung der sowjetischen Luftstreitkräfte über dem Schlachtfeld zur Luftnahunterstützung der Bodentruppen. Andererseits waren jedoch die Planungen des alliierten Oberbefehlshabers für die Luftverteidigung Westeuropas weitestgehend unbekannt. Dennoch wurde davon ausgegangen, dass die Westmächte die Verteidigung des Luftraumes der Bundesrepublik übernehmen würden. Wie im Zweiten Weltkrieg ging man davon aus, dass auch die Flak-Artillerie dabei eine wichtige Rolle spielen würde. Sehr stark am letzten Weltkrieg orientiert war ferner die Vorstellung, dass das Heer im Erdkampf von taktischen Luftstreitkräften umfassend unterstützt würde. Daraus wurde in der Denkschrift die Forderung nach eigenen Fliegerkräften für das Heer abgeleitet.[129]

Der in der Gesamtschau zunächst vernachlässigte Aspekt der Seekriegführung wurde ebenfalls im Kapitel »III. Organisation des Deutschen Kontingents (D.K.)«[130] der Denkschrift, diesmal unter den Ausführungen zur Marine, zumindest noch ein wenig ausführlicher behandelt. Als Einsatz- und Operationsraum der deutschen Marine war die westliche Ostsee vorgesehen. Hier käme es im Kriegsfall darauf an, die Seeflanke des deutschen Heeres gegen feindliche Landungen zu

---

[126] Gablik, Strategische Planungen, S. 86 f.
[127] AWS, Bd 1 (Beitrag Greiner), S. 203.
[128] Rautenberg/Wiggershaus, Die »Himmeroder Denkschrift«, S. 45–48.
[129] Ebd., S. 45 f. Bernd Lemke wies darauf hin, dass der ab 1955 neu entstehenden Luftwaffe keine strategische Tragweite zugestanden wurde und sie daher ohnehin nur auf rein taktischer Ebene zur Heeresunterstützung konzipiert wurde. Lemke, Konzeption und Aufbau der Luftwaffe, S. 79. Zudem unterstich Lemke die Informationsdefizite der Himmeroder Experten im Hinblick auf die amerikanischen Luftkriegsplanungen. Ebd., S. 92–96.
[130] Rautenberg/Wiggershaus, Die »Himmeroder Denkschrift«, S. 48 f.

IV. Die Entwicklung von Kriegsbildern

sichern und selbst Störmanöver in den Flanken und im Rücken des Feindes durchzuführen sowie die sowjetischen Nachschublinien über die Ostsee zu stören. Wichtige Aufgaben wären weiterhin, Durchbrüche sowjetischer U-Boote durch die Ostseeausgänge zu verhindern und den Eckpfeiler der Verteidigung Schleswig-Holstein zu schützen. Der Anspruch, die Verteidigung offensiv zu führen, wurde durchaus deutlich, wenngleich hierfür nur leichte deutsche Seestreitkräfte wie Torpedoboote, Schnellboote, Klein-U-Boote, Marinefliegerverbände, Minensuchboote, Räumboote, Geleitboote, Kriegsfischkutter, Sprengboote und Landungsfahrzeuge vorgesehen waren.[131] Mit der Forderung nach eigenen Marineluftstreitkräften zogen die drei Marinesachverständigen offenbar die Konsequenzen aus den Erfahrungen des Zweiten Weltkrieges.[132] Insofern waren auch im Kriegsbild der Himmeroder Denkschrift wieder einmal Ressortinteressen angelegt. Alles in allem blieb es jedoch ausgesprochen heereslastig und nach heutigen Maßstäben defizitär.

Gemessen an den politischen und wirtschaftlichen Möglichkeiten der Bundesrepublik Deutschland sowie den geringen Spielräumen der alten Militäreliten in der damaligen Zeit[133] dokumentierte allerdings die Himmeroder Denkschrift einen beeindruckenden Gestaltungswillen der ehemaligen Wehrmachtoffiziere. Roland G. Foerster sah darin »ein einmaliges Zeugnis eigenständiger deutscher Überlegungen zur Verteidigung Westeuropas in umfassender Form«.[134] Die Denkschrift wurde am 9. Oktober 1950 zur Weiterleitung an den Bundeskanzler übergeben.[135] Das im Wesentlichen von Heusinger und Speidel geprägte Kriegsbild wurde darin offiziell zur Legitimation eines Verteidigungsbeitrags der Bundesrepublik Deutschland im westlichen Bündnis herangezogen. Es war auf zwölf deutsche Divisionen angelegt, deren Zahl von den Experten als Mindestgröße zur Erfüllung der operativen Aufgaben und zugleich als Grenze der zumutbaren Leistungsfähigkeit der Bundesrepublik eingeschätzt wurde. Die Aufstellung der Divisionen sollte bereits im November 1951 beginnen.[136] Relativ kurze Zeit nach dem Ende des Zweiten Weltkrieges gab es im In- und Ausland jedoch noch starke Vorbehalte gegen eine Wiederbewaffnung der Deutschen. Nachdem der Inhalt der Denkschrift Anfang November 1950 noch einmal zwischen Adenauer, Heusinger und Speidel besprochen worden war, teilte Theodor Blank, »Bevollmächtigter des Bundeskanzlers für die mit der Vermehrung der alliierten Truppen zusammenhängenden Fragen« und Dienststellenleiter der

---

[131] Ebd.
[132] Ebd., S. 29.
[133] Siehe hierzu auch: Kutz, Die verspätete Armee, S. 64 f.; Buchholz, Strategische und militärpolitische Diskussionen.
[134] AWS, Bd 1 (Beitrag Foerster), S. 561 f.
[135] Rautenberg/Wiggershaus, Die »Himmeroder Denkschrift«, S. 22; AWS, Bd 1 (Beitrag Foerster), S. 561–565.
[136] Rautenberg/Wiggershaus, Die »Himmeroder Denkschrift«, S. 28 und 42–49. Martin Rink führte dazu aus, dass um die zwölf deutschen Panzerdivisionen das gesamte Heer, ja die gesamte Bundeswehr geplant worden seien. Es handelte sich um Fortsetzung der Wehrmachtstrukturen mit verbesserten Mitteln. Die Planungen konnten letztlich aber nicht realisiert werden. Rink, »Strukturen brausen um die Wette«, S. 357–359.

nach ihm benannten Vorgängerinstitution des Verteidigungsministeriums vom 26. Oktober 1950 bis 1955,[137] den beiden Generalen a.D. am 21. Dezember 1950 mit, dass sie sich auf Bitte des Bundeskanzlers darauf einrichten sollten, für längere Zeit als Berater für die bevorstehenden Verhandlungen mit den Westalliierten zur Verfügung zu stehen.[138] Damit setzten sich Heusinger und Speidel mit ihrer Sichtweise endgültig als künftige Doppelspitze der Bundeswehr durch. Zwar hatte Adenauer in den späten 1940er Jahren und selbst 1950 noch Denkschriften auch von anderen Angehörigen der ehemaligen Wehrmachtführung, wie zum Beispiel General a.D. Hasso von Manteuffel[139] und General der Panzertruppen a.D. Gerhard Graf von Schwerin, anfertigen lassen, doch waren es nun die Gedankengebäude Speidels und Heusingers, die er vor allem um der nationalen Sicherheit und Souveränität willen favorisierte.[140] Dagegen war nunmehr das Konzept einer mobilen Bundesgendarmerie, für das Schwerin stand und das mit einem ganz anderen Kriegsbild verknüpft war, abgeschrieben.[141]

Zum besseren Verständnis soll diese gedankliche Alternative hier in aller Kürze noch einmal skizziert und dem Himmeroder Kriegsbild gegenübergestellt werden: Erst Ende Mai 1950 war Schwerin auf britische Empfehlung hin zu Adenauers Sicherheitsberater ernannt worden. Er war davon ausgegangen, dass eine Bundespolizei den Kern künftiger westdeutscher Streitkräfte bilden würde. Um die Aufstellung von Polizei- und Streitkräften mit einem Arbeitsstab gedanklich vorzubereiten, hatte Schwerin die »Zentrale für Heimatdienst« aufgebaut. Im Zentrum der Überlegungen stand, das Bundesgebiet im Falle eines sowjetischen Angriffs mit westdeutschen Polizeikräften vor Unruhen und bewaffneten Aufständen zu sichern sowie Evakuierungsmaßnahmen durchzuführen.[142] In seiner »Denkschrift über Flüchtlingsbewegungen im Katastrophenfall«[143] beschrieb Schwerin folgendes Kriegsbild:

»Dem augenblicklichen Kräfteverhältnis entsprechend, vermögen die Westmächte das Gebiet zwischen Elbe und Rhein nicht nachhaltig zu verteidigen. Die im westlichen Teil der Ostzone stehenden sowjetischen Kräfte werden vielmehr in der Lage sein, in wenigen Tagen den Rhein abwärts Mainz zu erreichen und auf dem Westufer Brückenköpfe zu bilden. Daneben ist mit Flügeloperationen nach Norden in Richtung Hamburg–Bremen und im Süden in Richtung Nürnberg zu rechnen. Auch der Einsatz alliierter Luftstreitkräfte selbst unter Anwendung von Massenvernichtungsmitteln (Atombombe oder

---

[137] Blank wurde zunächst als »Beauftragter (später Bevollmächtigter) des Bundeskanzlers für die mit der Vermehrung der Alliierten Truppen zusammenhängenden Fragen« bezeichnet. Rautenberg/Wiggershaus, Die »Himmeroder Denkschrift«, S. 58–60.
[138] Ebd., S. 33 f.
[139] ZMSBw, Sammlung Militärgeschichte 1945–1990, Nachlass Dr. Hans Speidel, Mappe 39 »Einzelvorgänge. Aufzeichnungen v. Gesprächen 1948/50«, Hasso von Manteuffel, 26.2.1950.
[140] Meyer, Adolf Heusinger, S. 377–386.
[141] AWS, Bd 1 (Beitrag Foerster), S. 565.
[142] Krüger, Das Amt Blank, S. 17–28; Rautenberg/Wiggershaus, Die »Himmeroder Denkschrift«, S. 10.
[143] BArch, BW 9/3105, Handakte Schwerin, hier: »Denkschrift über Flüchtlingsbewegungen im Katastrophenfall« vom 30.10.1950, S. 216–220.

IV. Die Entwicklung von Kriegsbildern

d[er]gl[eichen]) wird den Vorstoss der sowjetischen Panzerverbände in angegebenem Umfang zunächst nicht verhindern können.«[144] •
Insofern fiel Schwerins Prognose für eine Verteidigung ähnlich schlecht aus wie die von Heusinger und Speidel. Der entscheidende Unterschied bestand jedoch darin, dass Schwerin keine alternative vermeintlich erfolgreiche Vision zu bieten hatte. Nach seiner Ansicht wären der sowjetischen Offensive auf das Gebiet der Bundesrepublik Deutschland unterstützende Aufstandsversuche einer fünften Kolonne, ungeregelte Flüchtlingsströme von zehn bis zwölf Millionen Deutschen und in den von den Sowjets besetzten Landesteilen Massenliquidierungen und Deportationen gefolgt. Schwerin hatte eine Möglichkeit der improvisierten Verteidigung darin gesehen, Sperren anzulegen, alte Kriegskameradschaften ehemaliger deutscher Kampfverbände zu reaktivieren und mit diesen eine Art Kleinkrieg – ähnlich wie Stülpnagel dies in den 1920er Jahren bereits durchdacht hatte – zu organisieren:[145] »Terroristische Gegenaktionen werden in bestimmten Landstrichen zu ständigen Untergrundkämpfen und guerillaartigem Kleinkrieg führen«,[146] lautete daher Schwerins Prognose. Die Kleinkriegführung wurde von Speidel und Heusinger jedoch – wie in der Himmeroder Denkschrift noch einmal ausdrücklich betont wurde[147] – aus offenbar politischen Gründen kategorisch abgelehnt. Doch auch wegen der Einschätzung der Geländebeschaffenheit Westdeutschlands und der deutschen Mentalität wurde der Partisanenkampf ausgeschlossen. Sie verharrten stattdessen in den traditionellen Denkmustern regulärer Streitkräfte und vertraten damit zugleich das für Adenauer attraktivere Gedankengebäude. Gewiss war ihr in der Himmeroder Denkschrift dokumentiertes Kriegsbild kurzfristig sogar weniger realistisch als die Prognosen Schwerins. Denn angesichts der Kräfteverhältnisse musste die konventionelle Vorneverteidigung lange Zeit nur einen rein deklaratorischen Charakter besitzen.[148]

Dennoch wurden die in der Himmeroder Denkschrift formulierten Zielvorstellungen zum Leitbild für die Bundeswehr erhoben und Schwerin zugleich politisch fallen gelassen.[149] Dieser Umstand kann nur durch politische Faktoren erklärt werden. Schwerin und seine Zentrale für Heimatdienst standen für eine nicht mehr

---

[144] BArch, BW 9/3105, Handakte Schwerin, hier: »Denkschrift über Flüchtlingsbewegungen im Katastrophenfall« vom 30.10.1950, S. 216.

[145] Ebd., Aufzeichnung einer Besprechung Blankenhorns und Schwerins mit General Hays, Bonn, 17.7.1950, S. 35–42; BW 9/3105, Zentrale für Heimatdienst: Aide Mémoire für die Besprechung des Herrn Bundeskanzlers, Bonn, 17.8.1950, S. 121–125; BW 9/3105, Handakte Schwerin, hier: »Denkschrift über Flüchtlingsbewegungen im Katastrophenfall« vom 30.10.1950, S. 219; vgl. Meyer, Adolf Heusinger, S. 398.

[146] BArch, BW 9/3105, Handakte Schwerin, hier: »Denkschrift über Flüchtlingsbewegungen im Katastrophenfall« vom 30.10.1950, S. 219.

[147] Mit Verweis auf die Charakteristik des deutschen Volkes und die Geländebeschaffenheit wurde der Partisanenkampf zur Verteidigung ausdrücklich ausgeschlossen. Rautenberg/Wiggershaus, Die »Himmeroder Denkschrift«, S. 37.

[148] AWS, Bd 1 (Beitrag Greiner), S. 125. Nach Georg Meyer planten in Himmerod und auch später im Amt Blank »Feldherren ohne Heere«. AWS, Bd 1 (Beitrag Meyer), S. 702.

[149] Den formalen Anlass für Schwerins Entlassung am 26.10.1950 lieferte ein Gespräch mit Journalisten vom 19.10.1950 über Aufrüstungsplanungen, dessen Inhalte durch Indiskre-

aktuelle Sicherheitsvorstellung, nachdem zudem Adenauers Antrag auf Bildung einer mobilen Bundesgendarmerie von der Alliierten Hohen Kommission bereits Juli 1950 abgelehnt worden war. Das nicht zuletzt für die politische Leitung attraktivere Kriegsbild wurde hier instrumentalisiert, um die Bedeutung eines westdeutschen Verteidigungsbeitrags herauszustellen, mehr Souveränität für die Bundesrepublik Deutschland zu erreichen und deren Sicherheit im Bündnis zu gewährleisten. Zwölf deutsche Panzerdivisionen hatten im außenpolitischen Kontext, vor allem auch in den Petersberger Gesprächen des Jahres 1951, eben ein größeres Gewicht als Kleinkriegsmittel der Bundesgendarmerie.[150] Adenauer gab seine ursprünglich vertretene Position auf, für starke Bundespolizeikräfte einzutreten, und betrieb trotz starker innenpolitischer Widerstände die Integration der Bundesrepublik in ein westliches Verteidigungsbündnis.[151] Durch Blank ließ der Bundeskanzler die Zentrale für Heimatdienst am 8. November 1950 auflösen.[152] Auch wenn an der Aufstellung westdeutscher Streitkräfte wegen der personellen wie inhaltlichen Verbindungen zur Wehrmacht im Bundestag innenpolitische Kritik geübt wurde,[153] wurden nun Heusinger und Speidel die offiziellen militärfachlichen Berater des »Beauftragten des Bundeskanzlers für die mit der Vermehrung der alliierten Truppen zusammenhängenden Fragen«. Heusinger übernahm im »Amt Blank« bald die Funktion des Leiters der militärischen Abteilung und kooptierte bei beginnender Wiederaufrüstung ehemalige Mitarbeiter der Operationsabteilung des Heeres bzw. der Wehrmacht,[154] wie z.B. Johann Graf von Kielmansegg und Ulrich de Maizière.[155] Fragen der inneren Sicherheit und des Zivilschutzes, mit denen sich Schwerin noch beschäftigt hatte, wurden indessen völlig dem Innenministerium zugeordnet und sollten daher auch in den Kriegsvorstellungen der Bundeswehrführung künftig kaum noch eine Rolle spielen.[156]

---

tionen von dritter Seite und in verzerrter Weise an die Öffentlichkeit gelangten. AWS, Bd 1 (Beitrag Foerster), S. 565–570.

[150] AWS, Bd 1 (Beitrag Meyer), S. 580; Krüger, Das Amt Blank, S. 36–38; Groß, Mythos und Wirklichkeit, S. 283.
[151] Rautenberg/Wiggershaus, Die »Himmeroder Denkschrift«, S. 4 f.; AWS, Bd 1 (Beitrag Rautenberg), S. 757–759.
[152] Rautenberg/Wiggershaus, Die »Himmeroder Denkschrift«, S. 15 f.
[153] So hatte Foertsch bereits bei den Vorbereitungen zur Vereidigung der Wehrmacht auf Adolf Hitler persönlich mitgewirkt.
[154] Zu personellen Entscheidungen und organisationsgeschichtlichen Aspekten siehe: Krüger, Das Amt Blank, S. 51–69.
[155] Als Biografie siehe: Zimmermann, Ulrich de Maizière.
[156] AWS, Bd 1 (Beitrag Foerster), S. 562; Krüger, Das Amt Blank, S. 29; Thoß, NATO-Strategie, S. 96–106.

d) Instrumentalisierung und verdrängte Einsichten: Beharrungsvermögen des traditionellen Kriegsbildes 1951 bis 1955

Nachdem das Kriegsbild 1950 in Himmerod auf nationaler Ebene seine vorläufig dominierende Ausprägung gefunden hatte, sollte es – in besonderem Maße repräsentiert durch Speidel – in den nächsten Jahren im internationalen Kontext transportiert, instrumentalisiert und weiterentwickelt werden.[157] Hierbei vollzog sich eine ambivalente Entwicklung: Auf der einen Seite versuchten Speidel und Heusinger mit beachtlichem Erfolg, die maßgeblichen militärischen Verantwortlichen der amerikanischen und westeuropäischen Streitkräfte von ihrer Sichtweise, insbesondere von der grenznahen Vorwärtsverteidigung, zu überzeugen. Auf der anderen Seite musste das Kriegsbild der Himmeroder Denkschrift aufgrund von rüstungstechnischen Fortschritten und abweichenden Strategievorgaben der NATO im Sinne einer Nuklearisierung der Kriegführung weiterentwickelt werden. Beide Aspekte dieser Entwicklung wurden parallel auch in Militärfachzeitschriften diskutiert.[158]

Der von 1950 bis 1953 dauernde Koreakrieg unterstrich zunächst – gerade auch im internationalen Kontext – die Bedeutung eines konventionellen Kriegsbildes, wie es in Himmerod formuliert worden war. Die überraschende, anfangs sehr erfolgreich vorgetragene Offensive der nordkoreanischen Landstreitkräfte im Sommer 1950 und das gleichzeitige Versagen der auf Atombomben gestützten amerikanischen Vergeltungsstrategie demonstrierten die anhaltende Bedeutung der herkömmlichen Kriegführung. Die Tauglichkeit der Nuklearwaffen für begrenzte Kriege (limited wars) und die tragende Rolle der United States Air Force (USAF) im Krieg der Zukunft waren damit grundsätzlich infrage gestellt.[159] Da die Erfahrungen in Fernost auf die Situation in Deutschland übertragen wurden, hatte der Koreakrieg eine Katalysatorwirkung. Er beschleunigte sowohl die Aufstockung der westlichen Streitkräfte in Europa als auch die Aufstellung der Bundeswehr. Angesichts der Tatsache, dass die Kasernierte Volkspolizei

---

[157] Rink, »Strukturen brausen um die Wette«, S. 375. Auf nationaler Ebene bemühte sich Heusinger darum, das Kriegsbild von Himmerod und die daran geknüpfte Notwendigkeit zu einem westdeutschen Verteidigungsbeitrag im Umfang von zwölf Divisionen gegenüber dem Bundestag plausibel zu machen. Siehe dazu: BArch, N 643/142, Nachlass Adolf Heusinger, Stenographisches Protokoll über die 14. Sitzung des EVG-Ausschusses, Bundeshaus Bonn, 24.10.1952. Das Sitzungsprotokoll wurde auch ediert: Der Bundestagsausschuss für Verteidigung, Bd 1, S. 585–622, hier S. 587–598. Siehe weiterhin: BArch, BW 2/982, Handakte Heusinger: »Vortrag am 10.2.1955 vor Aussenpolitischen und Sicherheitsausschuss«, S. 2–8. Siehe weiterhin: BW 2/982, Handakte Heusinger: »Vortrag am 10.2.1955 vor Aussenpolitischen und Sicherheitsausschuss«, S. 2–8.

[158] Diese Diskussionen in den Zeitschriften »Wehrwissenschaftliche Rundschau« (WWR) ab 1951 und »Wehrkunde« ab 1952 hat Frank Reichherzer in seinem Beitrag dargestellt. Reichherzer, Zwischen Atomgewittern und Stadtguerilla, S. 136–160.

[159] AWS, Bd 1 (Beitrag Wiggershaus, 2), S. 347; Hammerich, Kommiss kommt von Kompromiss, S. 97 f.; Lemke, Vorwärtsverteidigung, S. 21–23.

(KVP) in der SBZ damals schnell aufwuchs,[160] war ein von Moskau gesteuerter Stellvertreterkrieg nach koreanischem Muster insbesondere aus westdeutscher Sicht nicht auszuschließen. Er wurde jedoch von den Sicherheitsexperten der NATO für unwahrscheinlich gehalten. Zumindest gab der Koreakrieg aber – sicherlich auch vor dem Hintergrund der sowjetischen Nuklearwaffenentwicklung – den Anstoß für ein Umdenken im atlantischen Bündnis und bewirkte ein stärkeres militärisches Engagement der Amerikaner in Europa. Sie erklärten Westeuropa nunmehr zur Schlüsselregion für die Verteidigung der freien Welt und forderten zugleich mehr Rüstungsanstrengungen der Europäer sowie die Integration des westdeutschen Verteidigungspotenzials in die Verteidigung Westeuropas.

Im September 1950 billigte US-Präsident Harry S. Truman die Empfehlung der JCS, dass sich die Bundesrepublik mit eigenen Divisionen an der Verteidigung Westeuropas beteiligen sollte. Die in der Himmeroder Denkschrift vorgesehenen westdeutschen Streitkräfte (zwölf deutsche Panzerdivisionen, die 84 größere Bootstypen und 821 Flugzeuge für den taktischen Einsatz) fügten sich genau in die Streitkräfteplanung des atlantischen Bündnisses von 1950 ein. Noch im selben Jahr wurde in der NATO die »forward strategy«, die Verteidigung so dicht am Eisernen Vorhang wie möglich,[161] zur politischen Richtlinie für die militärstrategischen Planungen erhoben.[162] Das »Supreme Headquarters Allied Powers Europe« (SHAPE) bildete ab Ende 1950 den organisatorischen Kern, der diese Vorgaben umsetzen sollte.[163] Hier befanden sich die führenden Köpfe der NATO für die Kriegsplanungen in Europa, die mit der künftigen Bundeswehrführung bald in einen Gedankenaustausch traten.

Zunächst war es der amerikanische Hohe Kommissar in Deutschland, John McCloy, der Speidel 1950 nach der Himmeroder Tagung zu einer Aussprache einlud, weil er sich sehr für die Möglichkeiten der operativen Führung eines Abwehrkampfes in Europa und die deutschen Erfahrungen im Kampf mit der Sowjetunion interessierte.[164] Schon bald erwärmten sich auch der erste Supreme Allied Commander Europe (SACEUR) und damit Oberkommandierender des NATO-Hauptquartiers (SHAPE), General Dwight D. Eisenhower, und sein Chef des Stabes, Generalleutnant Alfred M. Gruenther, für die Vorstellungen der

---

[160] Die Volkspolizei umfasste 1950 immerhin 53 000 Mann. AWS, Bd 1 (Beitrag Wiggershaus, 2), S. 342–347. Zur Beurteilung dieses Krieges siehe auch Krüger, Das Amt Blank, S. 17–19.
[161] AWS, Bd 1 (Beitrag Greiner), S. 302. NATO, NISCA, C 6-D/1, Annex B, 13.12.1950, S. 1. In: »Documents of the year 1949–1952 series reviewed«, <www.nato.int/archives/tools/2.pdf> (letzter Zugriff 6.2.2018).
[162] Speidel, Aus unserer Zeit, S. 267; AWS, Bd 1 (Beitrag Greiner), S. 287–293, 302 f., 311–315 und 318; Rautenberg/Wiggershaus, Die »Himmeroder Denkschrift«, S. 7–10; AWS, Bd 1 (Beitrag Wiggershaus, 2), S. 339–362; Groß, Mythos und Wirklichkeit, S. 285. Im Kommuniqué der New Yorker Außenministerkonferenz der Besatzungsmächte vom 19.9.1950 manifestierte sich die Bereitschaft zur Revision des Besatzungsstatuts. Allerdings wurden nationale deutsche Streitkräfte und ein westdeutscher Generalstab abgelehnt. Die Großverbände der Bundeswehr sollten Divisionsstärke nicht überschreiten und zusammen mit Truppenteilen anderer Nationen in Korps oder Armeen eingegliedert werden. AWS, Bd 1 (Beitrag Wiggershaus, 2), S. 374–389.
[163] AWS, Bd 1 (Beitrag Greiner), S. 309.
[164] Speidel, Aus unserer Zeit, S. 278.

Himmeroder Experten, war ihnen doch an der Umsetzung der »forward strategy« und einer Verbesserung der bislang unzureichenden Verteidigungsfähigkeit Westeuropas gelegen.[165] Eisenhower machte sich – nicht zuletzt als Heeresgeneral – 1950/51 zum Fürsprecher der westeuropäischen Forderungen, die amerikanischen Truppen auf dem Kontinent zu verstärken. Und tatsächlich wurden 1951 zusätzlich fünf US-Divisionen nach Europa verlegt. Für die USA galt es aber andererseits auch immer, eine Überforderung (»overcommitment«) ihrer Kräfte zu verhindern.[166] Es würde an dieser Stelle zu weit führen, dem Kriegsbild Eisenhowers auf den Grund zu gehen, doch müssen für ihn als SACEUR zwölf westdeutsche Divisionen und ein erfolgversprechendes Verteidigungskonzept ein relativ großes Gewicht gehabt haben.[167]

Dass sich die Vorstellungen der Protagonisten in der künftigen Bundeswehr vom möglichen Krieg auch zu dieser Zeit noch ganz in den Kategorien der Himmeroder Denkschrift bewegten, dokumentieren die »Grundlegenden Betrachtungen zur operativen Lage Westeuropas«[168] vom Juni 1951. Idealtypisch wurde darin unverändert ausgeführt, wie durch die beweglich und offensiv geführte Verteidigung zu verhindern sei, dass Europa von den Sowjettruppen überrannt werden würde.

Als Speidel am 27. Juli 1951 von der Bundesregierung beauftragt wurde, die Verhandlungen zur Europäischen Verteidigungsgemeinschaft (EVG) als militärischer Chefdelegierter zu leiten, war klar, dass er genau dieses Kriegsbild – mit allen seinen politischen Implikationen – möglichst überzeugend vertreten würde. Tatsächlich aber war vieles von diesem Gedankengebäude – in nationaler wie internationaler Hinsicht – noch ganz unfertig, wie aus einer Vortragsnotiz hervorgeht, die Ulrich de Maizière nur wenige Monate zuvor für Blank verfasst hatte. Sie enthielt den Hinweis, dass der Operationsplan General Eisenhowers für das Bundesgebiet in einer militärischen Auseinandersetzung zwischen Ost und West weder der deutschen Bundesregierung noch dem Amt Blank auch nur in groben

---

[165] BArch, BW 9/3284, Handakte Speidel 1951/52, hier: »Zusammensetzung des Stabes SHAPE mit Stand 15.3.1951«, S. 12. Speidel führte 1956 dazu aus: »Der erste Oberbefehlshaber der NATO in Europa, Gen. Eisenhower, der jetzige Präsident der USA, stellte im Jahre 1951 bei seiner Befehlsübernahme fest, dass bei der zahlenmäßigen Überlegenheit der Oststaaten die Aussicht auf eine erfolgreiche Verteidigung Europas mit den vorhandenen Truppen nicht gegeben war.« ZMSBw, Sammlung Militärgeschichte 1945–1990, Nachlass Dr. Hans Speidel, Mappe 67 »Reise Madrid–Lissabon–Washington (10.–22.10.56)«, »Vortrag vor der Militärakademie in Lissabon 15. Oktober 1956«, S. 1.
[166] Greiner/Maier/Rebhan, Die NATO, S. 6; Thoß, Bündnisintegration, S. 15; Hammerich, Kommiss kommt von Kompromiss, S. 19 f.
[167] Zu Eisenhower siehe: Smith, Eisenhower; Wukovits, Eisenhower (2006).
[168] BArch, BW 9/36, Der Beauftragte des Bundeskanzlers für die mit der Vermehrung der alliierten Truppen zusammenhängenden Fragen: Grundlegende Betrachtungen zur operativen Lage Westeuropas, Bonn, 13.6.1951, fol. 31–33. Als Feinde im zukünftig möglichen Kriege wurden die Streitkräfte der Sowjetunion, der Tschechoslowakei, Polens, Rumäniens, Ungarns, Bulgariens, Albaniens sowie die KVP der DDR (zu dieser Zeit noch nicht kriegsbereit) angenommen. Jugoslawien wurde mit 32 Divisionen im Kriegsfall eher auf der Seite des Westens gesehen. BArch, BW 9/36, Der Beauftragte des Bundeskanzlers für die mit der Vermehrung der alliierten Truppen zusammenhängenden Fragen: Grundlegende Betrachtungen zur operativen Lage Westeuropas, Anlagen 1 und 2, Bonn, 13.6.1951, fol. 34 f.

Zügen bekannt sei. Unklar blieb vor allem, ob die Verteidigung erst am Rhein oder schon im Raum zwischen Elbe und Rhein beabsichtigt war, aber auch die Frage, ob die Bundesrepublik – solange sie noch nicht über eigene Streitkräfte verfügte – dabei als neutrales Land oder kriegführender Partner der Atlantikmächte anzusehen wäre.[169] Die Informationen über die militärischen Angelegenheiten der Westmächte erhielt das Amt Blank nämlich durch die Auswertung der großen ausländischen Tageszeitungen.[170] Weiterhin unterstrich de Maizière in seiner Vortragsnotiz die zahlreichen nationalen Probleme, mit denen im Kriegsfall zu rechnen wäre und für die Vorbereitungen getroffen werden müssten: panikartige Flüchtlingsbewegung mehrerer Millionen Menschen, Evakuierung der wehrfähigen männlichen Bevölkerung und der Bundesregierung, Luftschutzfragen, Schutz vor Sabotageakten, Sicherung der Grundversorgung, Rationierungen und Regelung des Geldverkehrs. Im Amt Blank war zu jener Zeit unklar, welche Anordnungen in den verantwortlichen Ministerien[171] bereits getroffen waren.[172] Insofern waren viele Bedenken Schwerins aus dem Vorjahr doch noch nicht ganz vom Tisch. Es wird vor allem aber deutlich, auf welch wackligen Füßen die Annahmen der Himmeroder Denkschrift eigentlich standen und in wie starkem Maße diese doch Idealvorstellungen darstellten.

Dennoch lieferte die Himmeroder Denkschrift das Leitbild für den internationalen Gedankenaustausch mit den zukünftigen Verbündeten. Als militärischer Chefdelegierter für die Verhandlungen zur Europäischen Verteidigungsgemeinschaft (EVG) – und später nach deren Scheitern auch für die Beitrittsverhandlungen zur NATO – tauschte Speidel das Leitbild von Himmerod ab Dezember 1951 mit den maßgeblichen Generalstabschefs der westeuropäischen Nationen[173] sowie

---

[169] BArch, BW 9/36, Vortragsnotiz Betr. Katastrophenfall, II/4 de Maizière, Bonn, 12.2.1951, fol. 8.

[170] BArch, BW 9/3284, Zusammensetzung des Stabes S.H.A.P.E. auf Grund der bisherigen Ernennungen, Stand 15.3.1951, fol. 12.

[171] Zu nennen sind in diesem Zusammenhang die Bundesministerien des Inneren, Ernährung-Landwirtschaft-Forsten, für Wirtschaft, der Finanzen, der Justiz, für Verkehr, Post/ und Fernmeldewesen sowie die Dienststelle für Auswärtige Angelegenheiten (später Auswärtiges Amt).

[172] BArch, BW 9/36, Vortragsnotiz betr. Katastrophenfall, II/4 de Maizière, Bonn, 12.2.1951, fol. 8–11; vgl. ebd., Brief Blanks an Adenauer, Bonn, 9.5.1951, fol. 25 f.

[173] BArch, BW 9/2297, hier: Aufzeichnung über Gespräch mit dem Chef des italienischen Wehrmacht-Generalstabes, General Marras, am 12.12.1952, S. 56–59; ebd., Aufzeichnung über Gespräch Minister de Staerke und dem Souschef des belgischen Generalstabes, Oberst Hartéon, am 11.12.1952, S. 135 f.; ebd., Aufzeichnung über Gespräche mit dem Chef des spanischen Wehrmacht-Generalstabes, General Juan Vigón und mit dem spanischen Kriegsminister, General Munoz Grande, am 25./27.5.1952, S. 238–243; ebd., Aufzeichnung über den Besuch beim Chef des niederländischen Generalstabes, Generalleutnant Hasselman, 25./26.1.1953, S. 192–198; ebd., Gespräch Speidels mit General Marras, dem Chef des italienischen Generalstabes, Anfang 1953; ebd., Aufzeichnung über den Besuch beim Chef des niederländischen Generalstabes, Generalleutnant Hasselman, 25./26.1.1953, S. 193 f.; Depositum Dr. Hans Speidel, Mappe 56, »Aufzeichnungen 1951–1953«, Aufzeichnung über ein Bespräch mit General Marrasin Fontainebleau am 12.12.1952, S. 1 f. Auch die militärische Führung der Schweiz wurde von General a.D. Dr. Speidel in diesen Gedankenaustausch integriert. ZMSBw, Sammlung Militärgeschichte 1945–1990, Nachlass Dr. Hans Speidel, Mappe 60, »Aufzeichnungen«, hier »Aufzeichnung über Gespräche mit

den amerikanischen Operateuren bei der NATO[174] aus und leistete dabei eine bemerkenswerte Überzeugungsarbeit. Die deutschen Ostkriegserfahrungen wurden dabei immer wieder zur Trumpfkarte. In diesem Sinne erörterte Speidel in einem ersten Gespräch bei SHAPE mit SACEUR Gruenther und Eisenhowers Stellvertreter, dem britischen Feldmarschall Bernard L. Montgomery (Deputy Supreme Allied Commander Europe), am 23. Januar 1952 operative Erfahrungen aus dem Zweiten Weltkrieg und die Notwendigkeit eines deutschen Verteidigungsbeitrages in Form von zwölf Divisionen. Speidel vertrat seine Auffassung dabei sehr selbstbewusst und professionell. Als Gruenther ihn um seine Einschätzung bat, ob die Verteidigung Westeuropas entlang eines »Ostwalls« von etwa 20 Kilometern Tiefe geführt werden könne, verwarf der Deutsche diese Vorstellung, da sie mit seinem Kriegsbild nicht korrespondierte.[175] Speidel und andere militärische Delegierte der Bundesregierung ließen stattdessen kaum eine Gelegenheit ungenutzt, um die Idee der beweglich und offensiv geführten Vorwärtsverteidigung bei SHAPE plausibel zu machen. Im Rahmen einer weiteren Besprechung zum künftigen deutschen Marinekontingent am 8. Februar 1952,[176] an der neben Speidel auch Konteradmiral a.D. Gerhard Wagner und Fregattenkapitän a.D. Karl-Adolf Zenker[177] als Marinesachverständige teilnahmen, betonten die Deutschen die Bedeutung des nördlichen Eckpfeilers der Verteidigung. Wagner trug zudem seine Auffassungen vor, wie ein »Krieg Ost gegen West in den an Deutschland angrenzenden Seegebieten«[178] zu führen sei und welche »Seekriegaufgaben« auf die Bundesmarine zukommen würden. Dabei berief er sich auf die bekannten Ideen des Himmeroder Leitbildes. Die Ostsee würde die nördliche Verlängerung der Heeresfronten im deutschen Raum und damit ein »Teil der vordersten Verteidigungslinie Westeuropas« darstellen. Analog zur beweglich geführten Verteidigung des Heeres sprach Wagner von einer »aktiven Seekriegsführung im Rahmen der Verteidigung des Westens«[179] und berief sich ebenfalls immer wieder auf die deutschen Kriegserfahrungen aus dem Zweiten Weltkrieg.

Es ist naheliegend, dass auf dieses Kriegsbild der Vorschlag zur Stärke und Zusammensetzung des westdeutschen Marinekontingents aufbaute.[180] Da insbesondere die amerikanischen Offiziere dem militärisch-operativen Können

---

dem Chef des Ausbildungswesens der eidgenössischen Armee, Oberstkorpskommandant Dr. Hans Frick, dem Chef des Generalstabs, Oberstkorpskommandant de Montmollin und dem Oberstdivisionär a.D. Nationalrat Dr. Birchner am 15. und 16.12.1951«.

[174] ZMSBw, Sammlung Militärgeschichte 1945–1990, Nachlass Dr. Hans Speidel, Mappe 60 »Aufzeichnungen«; BArch, BW 9/81, Handakte Heusinger, »Der Militärische Chefdeligierte: Aufzeichnung über die Gespräche mit Feldmarschall Montgomery und General Gruenther am 23.1.1952 im Hauptquartier SHAPE«.

[175] Ebd., fol. 25–30.

[176] BArch, BW 9/3291, Niederschrift über die Besprechungen bei SHAPE am 8.2.1952 bezüglich des deutschen Marine-Kontingents, Paris, 8.2.1952, fol. 50 f.

[177] Zum Werdegang Zenkers siehe Köster, Aus Liebe zur Seefahrt!, S. 319–349.

[178] BArch, BW 9/3291, Ausführungen des deutschen Marinesachverständigen Konteradmiral a.D. Wagner über Fragen des deutschen Marinebeitrages, Paris, 8.2.1952, fol. 52.

[179] Ebd., fol. 53.

[180] Ebd., fol. 52–62.

der ehemaligen Wehrmachtelite hohen Respekt zollten, konnte die künftige Bundeswehrführung ihre Vorstellungen und Interessen mit Erfolg vertreten.[181] Im Amt Blank herrschte durchaus die Überzeugung, die Deutschen hätten »wirkliche Kampf- und Kriegserfahrung mit den Sowjets« und seien »daher am ehesten befähigt, die militärischen Notwendigkeiten real einzuschätzen«.[182] Die Überzeugungskraft wirkte umso stärker, als sich die Amerikaner auf der anderen Seite der eigenen Schwächen bewusst waren. So ging General Matthew B. Ridgway, Eisenhowers Nachfolger als SACEUR ab 30. Mai 1952, davon aus, dass die amerikanischen Truppen den Anforderungen eines Krieges nicht gewachsen wären.[183] Kaum zufällig wurden daher bei Speidels erstem Besuch bei Ridgway am 12. Juli 1952 Erinnerungen an den Zweiten Weltkrieg, die deutschen Osterfahrungen und Ridgways Vorliebe für Clausewitz thematisiert.[184] Im französischen Marschall Alphonse Juin, dem Kommandeur der NATO-Truppen in Zentraleuropa (CINCENT), fand Speidel in operativer Hinsicht einen Gleichgesinnten und Unterstützer seiner Ansichten, der zudem von politischen Ressentiments gegenüber den Deutschen frei war. Bei einer Besprechung mit Speidel am 26. September 1952 äußerte Juin seine Ansicht, dass im Kriegsfall mit 25 sowjetischen Divisionen zu rechnen sei, die ohne Mobilmachung und planmäßigen Aufmarsch zu einer »attaque brusquée« bereit wären. Juin und Speidel teilten die Überzeugung, dass in Nord- und Süddeutschland ein starker Eckpfeiler (»pivot«) gehalten werden müsste, um die Operationsfreiheit zu bewahren. Nach den Verhältnissen des Jahres 1952 konnten aus Juins Sicht bestenfalls einzelne Brückenköpfe unmittelbar ostwärts des Rheins (entlang des Neckars, ostwärts Koblenz, Raum Köln und Ruhrgebiet) gehalten werden, auf welche die westlichen Streitkräfte vor den sowjetischen Angreifern kämpfend ausweichen müssten. Erst wenn die ersten deutschen Divisionen zur Verfügung stünden, könnten »pivots« der Verteidigung gehalten werden, um von dort aus Gegenangriffe auf die Tschechoslowakei oder nach Sachsen zu führen. Außerdem müsste eine operative Reserve von Panzerverbänden bereitgehalten werden.[185]

Die Erörterung der Kriegsbilder spielte sich jedoch nicht nur hinter den verschlossenen Türen von SHAPE in Fontainebleau ab, sondern gelangte im Rahmen von Vorträgen und Presseartikeln auch immer wieder einmal in die breitere Öffentlichkeit. So fanden die Vorstellungen der Himmeroder Experten

---

[181] Vgl. auch: Gablik, Strategische Planungen, S. 57.
[182] BArch, BW 9/36, Dienststelle Blank: Die europäische Verteidigung im Bezug auf die Stellung Italiens und Deutschlands, Bonn, 11.6.1951, fol. 57−59.
[183] Gablik, Strategische Planungen, S. 41.
[184] BArch, BW 9/2317, Deutsche Delegation bei der Konferenz für die Organisation einer europäischen Verteidigungsgemeinschaft – Der militärische Chefdelegierte –, Aufzeichnung über den Besuch bei General Ridgway, Paris, 12.7.1952, fol. 10.
[185] ZMSBw, Sammlung Militärgeschichte 1945−1990, Nachlass Dr. Hans Speidel, Mappe 56, »Aufzeichnungen 1951−1953«, Der Militärische Chefdelegierte: Aufzeichnung über ein Gespräch mit Marschall Juin am 26.9.1952, S. 1−4; BArch, BW 9/2317, Deutsche Delegation bei der Konferenz für die Organisation einer europäischen Verteidigungsgemeinschaft, Der militärische Chefdelegierte: Aufzeichnung über das Gespräch mit Marschall Juin, Paris, 1.10.1952, fol. 14−17.

im September 1952, zur Zeit der großen NATO-Herbstmanöver in Europa, einen gewissen Niederschlag in den westlichen Printmedien, d.h. im amerikanischen »Newsweek Magazine«, in der französischen Zeitung »Le Monde«, in der »Frankfurter Allgemeinen Zeitung«, in der »Welt« und im »Stern«.[186] »Der Plan von Rommels Stabschef General Speidel«[187] wurde in einem Stern-Artikel gar als »Europas einzige Chance«,[188] einem Angriff aus dem Osten zu begegnen, bezeichnet. Mit dem Angriff aus der Verteidigung heraus wurde hier, abgestützt auf den Mythos Rommel, eine Art Erfolgsrezept für den Krieg mit dem Osten präsentiert.[189] Zwar gab der Magazinartikel die Vorstellungen Speidels nicht ganz zutreffend wieder, doch traf er im Kern die im Amt Blank gehegten Wünsche.[190] Sowohl von Sprechern der Bundesregierung (Blank) wie von der NATO (Juin) wurde das Bestehen verschiedener Pläne dementiert.[191] Tatsächlich aber übten die alliierten Truppen bei den Herbstmanövern der NATO das planmäßige Ausweichen von der Elbe bis zum Rhein, wobei die Vormarschgeschwindigkeit der Sowjetstreitkräfte durch planmäßige Zerstörungen auf 50 Kilometer am Tag verlangsamt werden sollte.[192] Dies entsprach aufgrund der Kräfteverhältnisse wohl eher den unmittelbar gegebenen militärischen Möglichkeiten. Zwar ver-

---

[186] ZMSBw, Sammlung Militärgeschichte 1945–1990, Nachlass Dr. Hans Speidel, Mappe 58, »Speidel-Plan«.

[187] Ebd.; »Das ist Europas einzige Chance!«. In: Der Stern. Die grosse Illustrierte, 5 (1952), 42, S. 24 f. (siehe Abbildung auf S. 162 f.).

[188] Ebd., S. 23–26.

[189] Von wem dieser Artikel in die Presse lanciert wurde, ist nicht mehr nachvollziehbar. Im Kern stimmen die Ausführungen mit dem Kriegsbild Speidels überein, erweisen sich jedoch im Vergleich mit den hier getroffenen Untersuchungsergebnissen in einigen Details als unzutreffend. Im selben Artikel wurde dem sogenannten Juin-Plan eine geplante starre Verteidigung entlang des Rheins und der Maginotlinie nach der Linien-Strategie unterstellt. Tatsächlich waren die operativen Überlegungen von Speidel und Juin doch sehr ähnlich.

[190] Am 24.10.1952 trug Heusinger während der 14. Sitzung des EVG-Ausschusses im Bundestagsausschuss für Verteidigung Folgendes vor: »Mit 17 operationsfähigen Verbänden lässt sich für 600 km keine feste Verteidigung aufbauen. Das würde wieder eine lineare Verteidigung [werden], wo man Division neben Division stellt, ohne Reserven dahinter zu haben. Dann knallt er an einer Stelle durch, und wir haben wieder die Bilder, die wir 1943 zu dutzenden Malen in Russland erlebt haben [...] In der derzeitigen Lage würde man wahrscheinlich dazu kommen, dass man eine endgültige Verteidigung ostwärts des Rheins – nicht an der Rheinlinie – hätte [...] Der Kampf gegen den Russen muss auf dem großen Vorteil basiert werden, den der Westen und seine Führung gegenüber dem Russen haben, und das ist die bewegliche Kampfführung [...] Wenn jetzt zu diesen 17 Divisionen zwölf deutsche Divisionen kommen, dann haben Sie, wie ich glaube, die berühmte operationsfähige Masse, d.h. dann kann jemand, der hier in Europa führt, mit den 17 Divisionen diesen zähen hinhaltenden Widerstand leisten und die zwölf Divisionen [...] zusammenfassen, um damit den Gegenschlag oder -schläge zu führen [..] Wir können nur dann erwarten, dass die Verteidigung nach Osten vorverlegt wird, dass es sich nicht mehr darum handeln wird, große Brückenköpfe ostwärts des Rheins zu haben, sondern die ganze Führung soweit wie möglich nach Osten zu legen.« Der Bundestagsausschuss für Verteidigung, Bd 1, S. 585–622, hier S. 594–597.

[191] ZMSBw, Sammlung Militärgeschichte 1945–1990, Nachlass Dr. Hans Speidel, Mappe 58, »Speidel-Plan«.

[192] Ebd., Presse- und Informationsamt der Bundesregierung, III/3, Nr. 199/52: Französische Kritik an den jüngsten Erklärungen Marschall Juins, Bonn, 15.9.1952, S. 20.

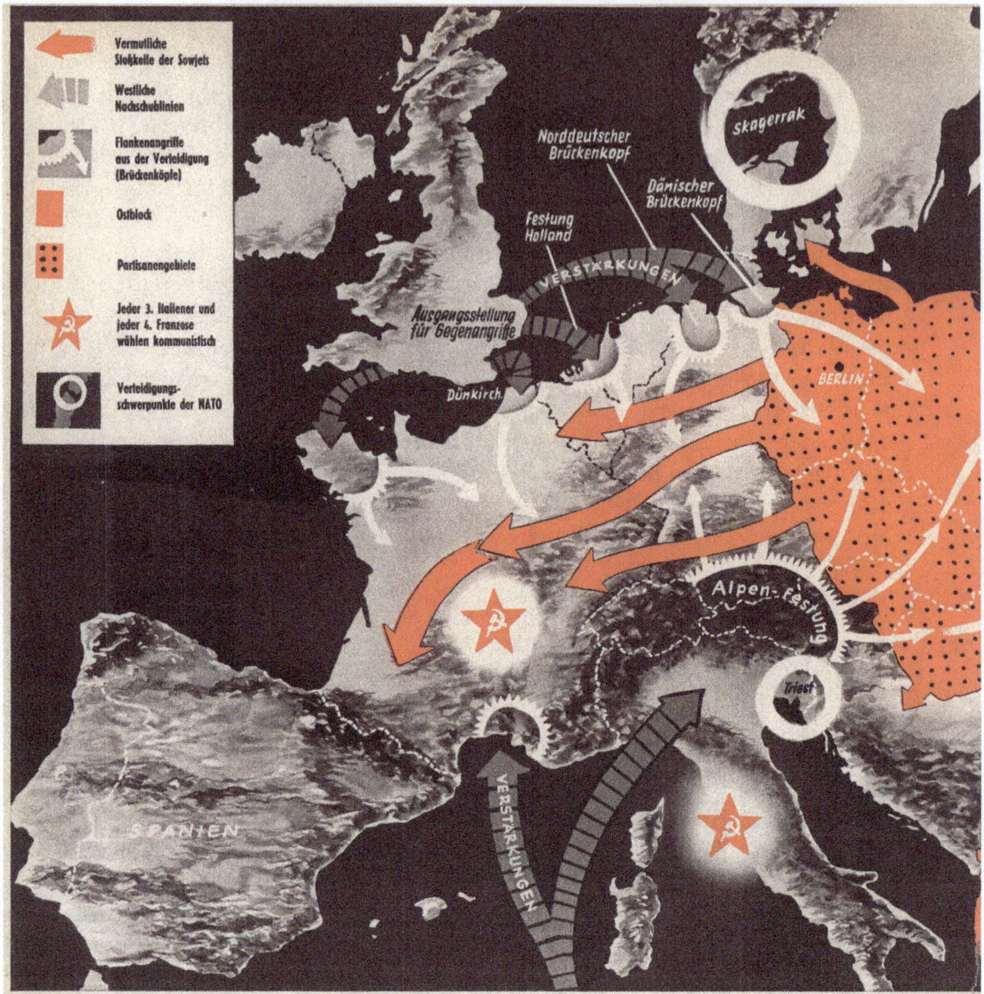

IV. Die Entwicklung von Kriegsbildern

Angriff aus der Verteidigung heraus, das ist die Idee des „Speidel-Planes", des einzigen Planes, der Europa wirklich eine Chance gibt. Danach ziehen sich die Amerikaner und einige französische Truppenkontingente nach hinhaltendem Widerstand in die Alpenfestung zurück, die über Italien versorgt wird. Die Norweger und Dänen, die Engländer, einige französische Einheiten, die Belgier und Holländer gehen auf Igel-Positionen an der Nordsee zurück, während sich die britische Hauptstreitmacht in der „Festung Holland" hinter dem Yssel-Fluß und der Rheinmündung konzentriert. Die Brückenköpfe an der Nordsee und am Kanal können hinter überfluteten Wasserstraßen und mit Feuerunterstützung von See und aus der Luft wirksam verteidigt werden, die Rheinmündung und die durch Überflutung der Yssel geschaffene kilometerweite Wasserwüste stellen ein nahezu unüberschreitbares Hindernis dar. Aus diesen Festungen und Igel-Stellungen könnten gegen vorrückende sowje-

1949 wäre den schwachen Besatzungstruppen nichts übriggeblieben, als sich nach einer Art symbolischem Widerstand am Rhein rasch zur Einschiffung auf die Atlantik-Häfen zurückzuziehen. Sammlung einer Befreiungsarmee in Nordafrika zum Gegenstoß mit US-Hilfe.

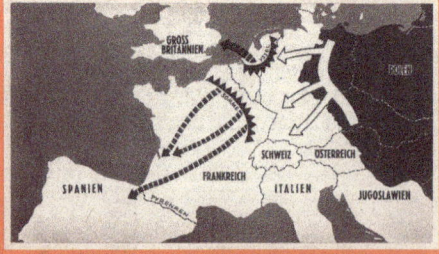

1951 bestand immer noch keine Chance, Europa zu halten. Rückzug auf Yssel — Rhein, weitere Widerstandslinie unter Preisgabe Dänemarks, Hollands, Belgiens, Luxemburgs entlang der Flüsse Somme — Maas. Einschiffung über Bordeaux, England ist dabei schutzlos dem V-Waffenbeschuß preisgegeben.

IV. Die Entwicklung von Kriegsbildern 163

Der Plan von Rommels Stabschef General Speidel

Das ist Europas einzige Chance!

DEUTSCHE TRUPPEN KÄMPFEN NUR, WENN DEUTSCHLAND VERTEIDIGT WERDEN KANN

In unserer heutigen Situation würde ein sowjetischer Angriff bedeuten, daß — sogar ohne Unterstützung durch rückwärtsliegende Armeen oder durch die Satelliten — allein den vier Panzergruppen der Roten Armee in Verbindung mit den zwei Infanteriearmeen, denen unterstützende Aufgaben zukämen, ein Erfolg sicher sein dürfte. Die Panzergruppen wären in der Lage, in massierten Keilen zur Ruhr und dem Nordwesten sowie nach Süddeutschland vorzustoßen, während die westlichen Verteidigungsdivisionen, der Lage entsprechend auf den gesamten Raum des Vorfeldes verteilt, ihre Kräfte nur getrennt, und das besagt zersplittert, einsetzen könnten.

Mögen die Armeen der Satellitenstaaten heute noch ein höchst unsicherer, das heißt unzuverlässiger Faktor sein, so ist immerhin damit zu rechnen, daß aus dem tschechisch-ungarisch-rumänischen Raum eine erhebliche Anzahl von Divisionen im Ernstfall sich zugleich in Marsch setzen würden, denen Moskau seine zwei Divisionen aus der österreichischen Sowjetzone gewissermaßen als Korsettstangen einfügen könnte. Aus dieser Situation, die sich, rein theoretisch betrachtet, bereits düster genug bei Anlaß, muß jener Plan des französischen Marschalls Juin verstanden werden, den zu kennen ebenso bedeutsam ist, wie es für uns Deutsche entscheidend sein wird, ihn durch neue Tatsachen abzuändern und auszumerzen.

Es waren nicht allein die Erfahrungen des 1. Weltkrieges, die den französischen Generalstab dazu bewogen, die Sicherheit Frankreichs auf der Maginotlinie aufzubauen. Das Jahr 1940 beendete die Illusion von der kontinentalen Macht Frankreichs und zeigte offensichtlich, daß die verfehlte Maginotstrategie tiefe psychologische Ursachen hatte, ja Grundsatz des starren und überlebten militärischen Denkens geworden ist. Diese Ursachen sind auch heute nicht beseitigt. Und so kann es nicht erstaunen, daß Frankreich, wie es den Anschein hat, inzwischen nichts lernte. Es konnte nichts lernen, weil eben die Maginotstrategie die einzige ist, welche sich dieses Land vorstellen kann. Sie entspricht allen seinen militärischen Voraussetzungen.

Ausgehend von dieser Situation und dem gegenseitigen Kräfteverhältnis diesseits und jenseits des Vorhanges, sieht Marschall Juin den Rhein als erste Linie für den Widerstand an, der dann hinhaltend auf die Maginotlinie zurückverlegt werden würde, um schließlich die Pyrenäen als natürliche, aber letzte Festung zu erreichen. Es ist belanglos, ob diese Planung als ein „Juin-Plan" existierte oder nicht. Fest steht jedenfalls, daß diese Linienstrategie französischen Ursprungs ist. Fest steht aber auch, wie das Amen in der Kirche, daß keine deutsche Division bereit sein wird, jenseits des Rheines um den alleinigen Preis zu kämpfen, Frankreich vor dem Zugriff der Roten Armee zu retten, indessen Deutschland zerstört und der roten Tyrannis ausgeliefert wird.

Die französische Konzeption, geboren, wie nicht nachdrücklich genug betont werden kann, aus der gegenwärtigen Situation, nämlich dem Kräftepotential und der militärisch-moralischen Verfassung Frankreichs, berücksichtigt darüber hinaus in keiner Weise, daß es natürlicher Verteidigungsräume bedarf, um eine solche Abwehrstrategie mit einiger Aussicht auf Erfolg in die Tat umzusetzen. Ganz abgesehen davon — auch ein Verteidigungskrieg darf einer tragenden Idee nicht entbehren. Mit rein passiver Strategie ist noch nie ein Krieg gewonnen worden.

Das gleiche gilt von der Konzeption der holländisch-belgischen Generalstäbe. Sie wenden sich zwar dagegen, daß man Verteidigungslinien westlich des Rheines zu planen beabsichtigt, weil sie kürzer als der Rhein seien, fordern aber die Linie Rhein-Yssel als endgültige Verteidigungslinie.

Es mag sein, daß der amerikanische Generalstab, wie behauptet wird, mit dieser holländisch-belgischen Ansicht übereinstimmt. General Bradley, Chef des US-Generalstabes, scheint jedoch die Meinung zu vertreten, daß mit der Errichtung einer westdeutschen Armee in den nächsten zwei Jahren zumindest an der Ostgrenze der Bundesrepublik Verteidigungslinie werden muß, wobei man sich daran erinnert, daß der frühere Vorsitzende der SPD, Schumacher, bereits vor zwei Jahren als Bedingung für ein Ja der SPD die Elbe als Verteidigungslinie nannte. Ein natürlicher Verteidigungsraum ist hier freilich ebensowenig gegeben wie am Rhein.

Von den natürlichen Verteidigungsräumen aber geht der Gedanke aus, der als „Speidelplan" bekannt geworden ist und von dem es heißt, daß der einstige Generalstabschef Rommels die Erfahrungen aus dem Rußlandkrieg seinen Vorschlägen zugrunde legte. Dieser Plan sieht bei hinhaltender Verteidigung den Rückzug der Europaarmee auf die natürlichen Verteidigungsräume vor, wie sie die Alpen, die Ardennen oder eine durch Überschwemmungen geschaffene Insel Holland darstellen. Die Lehren aus dem Rußlandkrieg zeigten, daß in solchen Stellungen ein sechsfach und noch stärkerer Gegner gebunden werden kann. Im Schutze dieser Räume vollzieht sich dann die Aufstellung und Bereitstellung, und aus ihnen heraus soll der Gegenangriff in die Flanken des Feindes und seine rückwärtigen Verbindungen vorgetragen werden.

Es existieren also durchaus gewisse Anzeichen, die darauf hindeuten, daß mit einem entscheidenden Wandel der militärischen Situation des Westens gerechnet wird, sobald deutsche Divisionen am Plan stehen. Erst damit beginnt auch die Frage, ob Europa eine Chance hat, sich ernsthaft zu stellen. Unzählige Nebenprobleme bedürfen dabei zugleich einer Lösung, um die zentrale Frage mit einem klaren Ja beantworten zu können.

Nehmen wir an, daß die europäische Verteidigungsgemeinschaft bis zum 1. Januar 1953 wirklich aus der Taufe gehoben wird, so würde sich das tragisch-lächerliche Bild ergeben, daß die Divisionen der Europaarmee mit etwa 150 verschiedenen Geschützarten und ein Dutzend verschiedener automatischer Waffen ausgerüstet wären. Die Liste über die Waffenproduktion der EVG-Staaten enthält allein 750 verschiedene Posten, und noch immer ist man weit davon entfernt, auch nur ein ein-

[FORTSETZUNG AUF SEITE 36]

General Bradley

Marschall Juin

Fm. Montgomery

General Speidel

tische Stoßkeile empfindliche Flankenangriffe nach der Rommel-Strategie geführt werden. Die wesentlichste Bedeutung dieses Planes liegt darin, daß allein seine Existenz den Sowjets bereits den Angriff verleiden könnte. Denn wenn es nicht gelingt, in einem Blitzkrieg an den Atlantik vorzustoßen, dann bleibt Amerika genügend Zeit zum Eingreifen mit seinen Luft- und Flottenstreitkräften und mit weiteren Truppen von Übersee. Allein der „Speidel-Plan" gäbe auch einem deutschen Truppenkontingent eine sinnvolle Aufgabe.

1952 wird der Plan des französischen Marschalls Juin diskutiert. Lineare Widerstandslinien, hinhaltender Widerstand an der Elbe, erste Verteidigungslinie am Rhein, zweite an Somme und Maas, dritte entlang der Loire, letzte Auffangstellung hinter den Pyrenäen. Von dort aus Gegenangriff.

DIE KRÄFTEVERTEILUNG ZUR SEE UND IN DER LUFT ZEIGEN UNSERE ÜBERSICHTSKARTEN IM NÄCHSTEN HEFT DES

suchte Speidel im Dezember 1952 auch General Luigi Efisio Marras, den Chef des italienischen Generalstabes, für die Verteidigung des südlichen Eckpfeilers bereits auf Höhe des Achensees in Tirol zu gewinnen,[193] doch musste er im Gespräch mit General Lauris Norstad, dem Oberbefehlshaber (Air Deputy) der NATO-Luftstreitkräfte in Mitteleuropa, am 17. Dezember 1952 einsehen, dass ihm die operativen und taktischen Absichten bezüglich der NATO-Luftkriegführung weitestgehend unbekannt waren.[194] Außerdem erfuhr Speidel im Gespräch mit dem niederländischen Generalstabschef Ben Hasselman im Januar 1953[195] und General Roger Noiret, dem Oberbefehlshaber der französischen Truppen in Deutschland, im März 1953,[196] dass noch immer im Kriegsfall bestenfalls von einer Verteidigung erst am Rhein ausgegangen werden konnte. Zwar hatte General Gruenther am 5. Februar 1953 noch einmal seine Unterstützung für die Pläne für Speidels und Adenauers ausgesprochen,[197] doch war zwischenzeitlich klar geworden, dass der Anspruch der »forward strategy« weder den realen militärischen Kräfteverhältnissen noch den (west)deutschen Vorstellungen von einer Vorwärtsverteidigung gerecht wurde.[198] Ein Vortrag Speidels über sein Kriegsbild vor der Wirtschaftspolitischen Gesellschaft am 15. Juni 1953, machte deutlich, dass er eine lineare Verteidigung am Rhein für falsch erachtete und an seinen Idealvorstellungen festhielt.[199] Immerhin war selbst die Schweizer Armee, von der Speidel eine sehr hohe Meinung hatte, von der Réduit-Verteidigung zur Mittellandverteidigung übergegangen, was ebenfalls dem Prinzip der beweglich geführten und mit Angriffsoperationen gepaarten Verteidigung entsprach.[200]

Die Diskrepanz zwischen den Idealvorstellungen und den realen NATO-Planungen nährte – ähnlich wie bereits bei Stülpnagel in den 1920er Jahren – wiederum alternative Gedankengänge. Im Amt Blank bemühte sich Oberst a.D. Bogislaw von Bonin,[201] ehemals Nachfolger Heusingers in der Operationsabteilung

---

[193] ZMSBw, Sammlung Militärgeschichte 1945–1990, Nachlass Dr. Hans Speidel, Mappe 56, »Aufzeichnungen 1951–1953«, Aufzeichnung über ein Gespräch mit General Marras in Fontainebleau am 12.12.1952, S. 1 f.; BArch, BW 9/2297, Aufzeichnung über Gespräch mit dem Chef des italienischen Wehrmacht-Generalstabes, General Marras, 12.12.1952, fol. 56–59.

[194] ZMSBw, Sammlung Militärgeschichte 1945–1990, Nachlass Dr. Hans Speidel, Mappe 56, »Aufzeichnungen 1951–1953«, Aufzeichnung über die Besprechung mit General Norstad in Fontainebleau vom 17.12.1952, S. 5.

[195] BArch, BW 9/2317, Deutsche Delegation bei der Konferenz für die Organisation einer europäischen Verteidigungsgemeinschaft, Der militärische Chefdelegierte: Aufzeichnung über den Besuch beim Chef des niederländischen Generalstabes, Generalleutnant Hasselman, 25./26.1.1953, fol. 192–194.

[196] ZMSBw, Sammlung Militärgeschichte 1945–1990, Nachlass Dr. Hans Speidel, Mappe 56 »Aufzeichnungen 1951–1953«, Aufzeichnung über ein Gespräch mit General Noiret in Baden-Oos vom 17.3.1952, S. 2.

[197] BArch, BW 9/2297, Aufzeichnung über Gespräch mit General Gruenther am 5.2.1953, S. 123–126.

[198] Gablik, Strategische Planungen, S. 137.

[199] ZMSBw, Sammlung Militärgeschichte 1945–1990, Nachlass Dr. Hans Speidel, Mappe 262a, Vortrag Frankfurt a.M., 15.6.1953.

[200] BArch, BW 9/1545, Brief Speidels an Truman Smith, 24.10.1953, fol. 336. Siehe dazu auch: Die Planung der Abwehr in der Armee 61.

[201] Zum biografischen Hintergrund siehe Brill, Bogislaw von Bonin, Bd 1.

des Heeres von Ende Juli 1944 bis Januar 1945 und seit Sommer 1952 Chef der militärischen Planungsabteilung, einen Ausweg aus dem operativen Dilemma zu finden. Er kritisierte das Himmeroder Konzept der beweglichen Kriegführung wegen der aus seiner Sicht dilettantischen alliierten Planungen als nicht umsetzbar. Stattdessen ersann Bonin einen national geprägten Ansatz zur Verteidigung Westdeutschlands im Falle eines sowjetischen Angriffs, der nach seiner Auffassung überraschend und mit mehr als 5500 Panzern mit Schwerpunkt aus dem Thüringer Bogen zwischen Coburg und Braunschweig heraus erfolgen würde. Bonins Überlegungen kreisten um einen panzerabwehrstarken Abwehrriegel direkt an der Demarkationslinie der beiden Blöcke. In zwei Denkschriften vom Februar und Juli 1954 stellte Bonin sich die Abwehr eines Angriffs entlang einer 40 bis 50 Kilometer tiefen Verteidigungszone mit Panzerabwehrdivisionen (ausgestattet vor allem mit Pionierkräften, Maschinengewehren und Panzerabwehrkanonen) und sechs Panzerdivisionen, die Durchbrüche auffangen sollten, vor.[202] Hierbei handelte es sich also um ein Kriegsbild, in dem die alliierten Streitkräfte, die Nuklearwaffen der Supermächte, aber auch auf das Territorium des Feindes gerichtete Gegenoffensiven keine Rolle spielten. Es war zudem auf einen kürzeren Zeithorizont als dden von Heusinger und Speidel ausgelegt. Denn Bonin drängte auf eine Lösung, die mit Panzerabwehrdivisionen wesentlich schneller zu realisieren war als mit Panzer- und mechanisierten Divisionen. Seine Gedanken, die ein »teilweises Über-Bord-werfen bisheriger Vorstellungen«[203] verlangten, sorgten zunächst im Amt Blank selbst für Aufregung, gefährdeten sie doch die Streitkräftekonzeption von Himmerod und die bisherigen Absprachen mit den verantwortlichen Politikern sowie westlichen Militärs. Bonins Ansichten hatten eine enorme politische Tragweite, da sie die Westbindung der Bundesrepublik Deutschland durch einen sicherheitspolitischen Alleingang grundsätzlich infrage stellten. Seine Gedanken stießen im Amt Blank allein deshalb auf starke Ablehnung.[204] An dieser Stelle wird einmal mehr deutlich, dass im Kriegsbild nicht nur rein militärische Erwägungen, sondern insbesondere politische Interessen und Auflagen eine Rolle spielten.

Heusinger und Speidel hielten an ihrem seit 1948 kontinuierlich weiterentwickelten Gedankengebäude fest. Nicht nur stand für sie dabei ihr militärisches Ansehen und ihre Glaubwürdigkeit auf dem Spiel, die statische linea-

---

[202] BArch, BW 2/5001, Oberst a.D. von Bonin, Gedanken zum Thema: Sind wir mit unseren Vorbereitungen einer westdeutschen Aufrüstung auf dem richtigen Wege?, Bonn, Februar 1954; ebd., Oberst i.G. a.D. von Bonin, Studie über die Möglichkeiten der Abwehr eines russischen Angriffs auf das westdeutsche Gebiet, Bonn, Juli 1954. Abschrift der »Juli-Studie« (1954) Bogislaw von Bonins (Bonin-Plan), auch ediert in: Brill, Bogislaw von Bonin, Bd 2, S. 69–89. Siehe dazu auch: Brill, Bogislaw von Bonin, Bd 1, S. 118–122; Unterseher, Bewegung, Bewegung!, S. 90; Thoß, NATO-Strategie, S. 95 f.; Groß, Mythos und Wirklichkeit, S. 286 f.

[203] BArch, BW 2/5001, Oberst i.G. a.D. von Bonin, Studie über die Möglichkeiten der Abwehr eines russischen Angriffs auf das westdeutsche Gebiet, Bonn, Juli 1954, S. 20; Abschrift der »Juli-Studie« (1954) Bogislaw von Bonins (Bonin-Plan), ediert in: Brill, Bogislaw von Bonin, Bd 2, S. 89.

[204] Brill, Bogislaw von Bonin, Bd 1, S. 122–129.

re Verteidigung im Kriegsbild Bonins widersprach zudem ihren militärischen Erfahrungen und Überzeugungen. Heusinger glaubte nicht daran, dass die starre Verteidigung einer Schwerpunktbildung der feindlichen Offensivkräfte an einer bestimmten Stelle trotzen würde. Nur die beweglich geführte Verteidigung mit alliierter Hilfe hatte seiner Einschätzung nach Aussicht auf Erfolg.[205] Speidel stimmte verständlicherweise in diese Kritik an Bonins Gedanken ein. Er betonte am 15. September 1954 in einem Schreiben an Blank, dass die deutschen Osterfahrungen der Jahre 1942 bis 1944 gezeigt hätten, wie die Sowjets eine lineare Verteidigungszone ohne größere Tiefe zunächst mit motorisierten Infanterieverbänden angreifen, die Panzerabwehr ausschalten und dann mit Panzerverbänden durch die Bresche nachstoßen würden. Speidel kritisierte zudem die militärische Einseitigkeit von Bonins Vorstellungen, vor allem dass dieser die Aspekte des Luftkriegs in seinem Kriegsbild vernachlässigen würde.[206] Alles in allem gab Speidel zu bedenken, dass Bonins »Schwarz-Weiss-Thesen«[207] der Wirklichkeit nicht standhalten würden. Mit der Bemerkung »Manche Leute denken immer noch wie vorgestern!«[208] kritisierte auch General der Infanterie a.D. Günther Blumentritt, mit dem Speidel über strategische und operative Fragestellungen in Gedankenaustausch stand,[209] Bonins Kriegsbild. Blumentritt bestärkte sowohl die Position Speidels als auch die der NATO. Allerdings dachte er noch einen Schritt weiter und hatte auch die Auswirkungen der militärischen Auseinandersetzung vor Augen:

»Wenn wirklich ein Krieg, an den ich für die nächsten Jahre nicht glaube, kommen würde, dann ist leider gar nichts daran zu ändern, dass wir Vorfeld sind. Und dann kommt das berühmte Problem der personellen und materiellen Räumung, die wir ja schon vor dem letzten Kriege in der Abteilung ›Landesverteidigung‹ als Selbstverständlichkeit bearbeitet haben [...] Eiskalt müssen wir uns darüber klar sein, dass mit brutalen Mitteln Deutschland und Österreich weitgehend nach Westen ›geräumt‹ würde und dass dann eiskalt operative Zerstörungen planmässig erfolgen müssen.«[210]

Offenbar war Blumentritt nicht bewusst, wie sehr er sich selbst noch in den traditionellen Denkkategorien bewegte. Auch Oberst i.G. a.D. Kurt Fett, der Bonin als Leiter der Planungsgruppe bald nachfolgen sollte, verfasste am 31. August 1954

---

[205] Abschrift der Stellungnahme von General Adolf Heusinger zu Bonins Juli-Studie, 20.8.1954, ediert in: Brill, Bogislaw von Bonin, Bd 2, S. 102-107.
[206] Abschrift der Stellungnahme General Speidels zur Bonin-Studie, ediert in: Ebd., S. 108–110.
[207] BArch, BW 9/3362, Brief des Militärischen Chefdelegierten beim Interimsausschuß für die Organisation der Europäischen Verteidigungsgemeinschaft Speidel an das Mitglied des Bundestages Blank, Paris, 15.9.1954, fol. 115–117, hier fol. 115.
[208] ZMSBw, Sammlung Militärgeschichte 1945–1990, Nachlass Dr. Hans Speidel, Mappe 60, Abschrift eines Briefes von Blumentritt an Jahn für General Dr. Speidel, Marburg, 25.3.1955, S. 9.
[209] Siehe dazu z.B. ZMSBw, Sammlung Militärgeschichte 1945–1990, Nachlass Dr. Hans Speidel, Mappe 262a, Günther Blumentritt: Die globale Situation in militärischer Sicht, 6.9.1954.
[210] ZMSBw, Sammlung Militärgeschichte 1945–1990, Nachlass Dr. Hans Speidel, Mappe 60, »Aufzeichnungen«, hier »Abschrift – Streng vertraulich! Marburg/Lahn, 25.3.55«, Brief von Blumentritt an Jahn, S. 9 f.

IV. Die Entwicklung von Kriegsbildern _____ 167

eine Denkschrift, in der er – der Argumentation Heusingers und Speidels folgend – die operativen Überlegungen Bonins zu widerlegen suchte.[211] Bonin wurde schließlich am 23. März 1955 mit Billigung Adenauers durch Blank entlassen, nachdem er die Kontroverse um die Verteidigungsstrategie in die Öffentlichkeit getragen und so bei den Westmächten für Irritationen gesorgt hatte.[212] Bonins Kriegsbild wurde letztlich als »rein persönliche Auffassungen eines Einzelnen«[213] abgetan. Damit hatten sich Heusinger und Speidel einmal mehr durchgesetzt und waren inzwischen unbestritten die wichtigsten militärischen Berater der Bundesregierung. Doch wie einst Stülpnagel ist Bonin durchaus nicht als einzelner Querdenker zu bewerten. Axel Gablik sah im Fall Bonin deutlich die unterschiedlichen Grundströmungen innerhalb des ehemaligen Offizierkorps in Westdeutschland kurz vor dem Beitritt zur NATO widergespiegelt.[214]

Zu erkennen ist anhand der Episode Bonin sehr gut, wie politische Intentionen die Sichtweisen vom Krieg beeinflussten. Gleiches galt für die Vorwärtsverteidigung auf internationaler Ebene. Auch hier beharrten Speidel und Heusinger auf ihrer Sichtweise und vertraten diese beinahe dogmatisch bei verschiedenen Vorträgen im westlichen Ausland. Exemplarisch hierfür steht die Rede Heusingers vor Mitgliedern des Canadian National Defense College in Bonn am 11. Mai 1954[215]: Heusinger zeichnete ein Bild, in dem die Bundesrepublik Deutschland bei der Verteidigung Europas von Skandinavien bis zu den Dardanellen eine Schlüsselrolle spielen würde. Die zwölf westdeutschen Divisionen, die binnen zweieinhalb Jahren aufzustellen wären, würden die bewegliche Verteidigung möglich machen, die westdeutschen Luftstreitkräfte dabei Gegenangriffe auf die Nachschublinien in der Tiefe des feindlichen Raumes durchführen, und in der Ostsee sowie im Schwarzen Meer könnten die westlichen Marinen im Kriegsfall ebenfalls offensiv vorgehen.

Eben diese von der Himmeroder Denkschrift her bekannten Gedanken und die deutschen Erfahrungen im Krieg gegen die UdSSR spielten auch in weiteren Konsultationen der künftigen Bundeswehrführung mit den Vertretern der NATO eine große Rolle.[216] Mit dem SACEUR Gruenther und seinem Generalstabschef,

---

[211] Abschrift der Stellungnahme von Oberst Kurt Fett zu Bonins Juli-Studie zur Bonin-Studie, ediert in: Brill, Bogislaw von Bonin, Bd 2, S. 111–119.

[212] Brill, Bogislaw von Bonin, Bd 1, S. 155–161; Gablik, Strategische Planungen, S. 61–65; vgl. Groß, Mythos und Wirklichkeit, S. 286 f. Der sogenannte Bonin-Plan wurde auch im Spiegel 14/1955 diskutiert.

[213] ZMSBw, Sammlung Militärgeschichte 1945–1990, Nachlass Dr. Hans Speidel, Mappe 60, »Aufzeichnungen«, hier: »Aufzeichnung über Gespräch mit dem Oberbefehlshaber von SHAPE, General Gruenther«, am 21.7.1954, S. 2; vgl. auch ZMSBw, Sammlung Militärgeschichte 1945–1990, Nachlass Dr. Hans Speidel, Mappe 60, »Aufzeichnungen«, hier »Abschrift – Streng vertraulich! Marburg/Lahn, 25.3.55«, Brief von Blumentritt an Jahn; vgl. ferner Gablik, Strategische Planungen, S. 61–65; Thoß, NATO-Strategie, S. 95 f.

[214] Gablik, Strategische Planungen, S. 65.

[215] BArch, BW 2/982, Handakte Heusinger, Speach of General Heusinger held to a group of members of the Canadian National Defense College at Bonn, 11.5.1954.

[216] ZMSBw, Sammlung Militärgeschichte 1945–1990, Nachlass Dr. Hans Speidel, Mappe 60, Dr. Hans Speidel: Aufzeichnung über Gespräch mit Marschall Juin, Oberbefehlshaber von Centre Europe, Paris, 3.11.1954, S. 2 f.; ZMSBw, Sammlung Militärgeschichte 1945–1990,

General Cortland Schuyler, begann Ende 1954 eine Folge von wöchentlichen Aussprachen über operative Fragestellungen und militärische Planungen.²¹⁷ Die Führung von SHAPE schätzte die Expertisen der ehemaligen Wehrmachtelite scheinbar sehr. Die militärischen Delegierten der Bundesregierung fühlten sich deshalb wiederum gar nicht als zweitrangige Partner und vertraten selbstbewusst ihre Ansichten. Nach Axel Gablik steckte in Speidels Bemerkungen bei diesem Gedankenaustausch das Selbstbewusstsein operativer Urteilsfähigkeit.²¹⁸ So konnte die künftige Bundeswehrführung bewirken, dass sich das Bild der Vorwärtsverteidigung in den Köpfen der maßgeblichen Verantwortlichen von SHAPE festsetzte. Schuyler gelangte bereits im November 1954 zu der Auffassung, dass mit Hilfe des (west)deutschen Verteidigungsbeitrags ab 1957 – so weit reichte der operative Planungshorizont bei SHAPE – eine Verteidigung der Bundesrepublik Deutschland am Eisernen Vorhang möglich sei.²¹⁹ Als auch Gruenther am 24. Mai 1955 gegenüber Speidel ausführte, Europa werde bei einem sowjetischen Angriff ohne deutschen Verteidigungsbeitrag überrannt, es jedoch nach Aufstellung der deutschen Divisionen sicher möglich sei, Europa und (West-)Deutschland vorne zu verteidigen,²²⁰ zeigte sich – zumindest teilweise – der Erfolg jahrelanger Überzeugungsarbeit. Gruenthers Aussage, »Die Verteidigung liege dann also nicht mehr am Rhein, sondern am Eisernen Vorhang.«²²¹ macht deutlich, dass die Kriegsbildkomponenten »Ausdehnung« und »Möglichkeiten« bei der NATO zwischenzeitlich an die Leitvorstellungen von Himmerod angeglichen worden waren. Damit hatte sich das insbesondere von Speidel vertretene Kriegsbild gegen offiziöse französische Vorstellungen, die Westdeutschland lediglich die Rolle eines »glacis« und Vorfeldes einer im Zuge des Rheins eingerichteten Verteidigung zuwiesen, durchgesetzt.²²² Der Erfolg lag in erster Linie darin begründet, dass die operativen Auffassungen der Deutschen umfassend abgestimmt worden waren und von den maßgeblichen Verantwortlichen bei SHAPE, General Gruenther (Supreme Allied Commander Europe), Feldmarschall Montgomery, General Norstad (Air Deputy) und General Schuyler (Chief of Staff) geteilt wurden.²²³ Hinzu kam, dass Gruenther

---

    Nachlass Dr. Hans Speidel, Dr. Hans Speidel: Aufzeichnung über Gespräch mit Sir Basil Embry, CENTRE EUROPE in Fontainebleau, 15.7.1955.
²¹⁷ Speidel, Aus unserer Zeit, S. 332 f. und 355.
²¹⁸ Gablik, Strategische Planungen, S. 69.
²¹⁹ BArch, BW 9/2673, Dr. Hans Speidel, Aufzeichnung über das Sondergespräch mit General Schuyler, Chef des Stabes von SHAPE, Paris, 9.11.1954, fol. 58 f.
²²⁰ ZMSBw, Sammlung Militärgeschichte 1945–1990, Nachlass Dr. Hans Speidel, Mappe 60, »Aufzeichnungen«, hier »Aufzeichnung über Gespräch mit Oberbefehlshaber von SHAPE« vom 3.6.1955, S. 1–3.
²²¹ Ebd., S. 3. Siehe hierzu die Karte auf S. 170.
²²² ZMSBw, Sammlung Militärgeschichte 1945–1990, Nachlass Dr. Hans Speidel, Mappe 56, »Aufzeichnungen 1951–1953«, Aufzeichnung über ein Gespräch mit General Noiret in Baden-Oos vom 17.3.1952, S. 2; Speidel, Aus unserer Zeit, S. 321. Gleiches galt auch für den Bereich der Seekriegführung und die Konzeption der Bundesmarine. Siehe dazu: Sander-Nagashima, Die Bundesmarine 1950 bis 1972, S. 54 f.
²²³ ZMSBw, Sammlung Militärgeschichte 1945–1990, Nachlass Dr. Hans Speidel, Mappe 109, »Korrespondenz: Ausland (A–Z)«.

IV. Die Entwicklung von Kriegsbildern _____ 169

auf den Beitritt der Bundesrepublik zur NATO und die in Aussicht stehenden zwölf westdeutschen Divisionen spekulierte.[224]

Nach Klaus Larres war die Politik der USA bis zur Bündnisbindung der Bundesrepublik Deutschland 1955, einschließlich der erklärten NATO-Strategie, darauf ausgerichtet, weitgehend auf die deutschen Interessen einzugehen.[225] Helmut R. Hammerich hat dazu festgestellt, dass in der NATO »immer wieder verschiedene Kriegsbilder abgeglichen und auf einen Nenner gebracht werden mussten«.[226] Insofern zeigt sich an dieser Stelle einmal mehr die Instrumentalisierung von Kriegsbildern bei politischen Entscheidungen.

Beeinflusste auf der einen Seite das Kriegsbild von Speidel und Heusinger in den Komponenten »Ausdehnung« und »Möglichkeiten« die Sichtweise der NATO-Operateure, so musste die künftige Bundeswehrführung auf der anderen Seite zugleich die Veränderung ihres Kriegsbildes in den Komponenten »Erscheinungsformen« und »Mittel« hinnehmen. Die Entwicklung taktischer Atomwaffen[227] und ihre Integration in die Kriegsplanungen der Supermächte bedingte zwischen 1953 und 1955 sozusagen eine zunehmende »Nuklearisierung des Gefechtsfeldes«. Die Kriegführung nahm damit freilich eine ganz neue Qualität an, welche die Lebensgrundlagen der deutschen Bevölkerung bedrohte. In der Rückschau ist es sehr interessant zu beobachten, wie beharrlich Heusinger und Speidel diesen Aspekt – sei es aus politischem Kalkül oder wegen ihrer Prägung durch das traditionelle operative Denken – über Jahre hinweg verdrängten. Im Folgenden soll deutlich werden, wie beide trotz zahlreicher Einsichten in die NATO-Planungen traditionellen Denkmustern nachhingen und die taktischen Nuklearwaffen marginalisierten, bis ein politischer Kurswechsel den Wandel des Kriegsbildes erforderte.

Wie oben bereits beschrieben, wurden die deutschen Erfahrungen aus dem Zweiten Weltkrieg gerne herangezogen, um die Vorstellung von der beweglich geführten Vorwärtsverteidigung plausibel zu machen. Wie präsent die Erfahrungen und Bilder des Zweiten Weltkriegs bei den Deutschen aber auch in mancherlei anderer Hinsicht noch waren, macht ein Entwurf zur Heeresdienstvorschrift (HDv) 100/1 von 1952 deutlich. Darin wurde, von einer »vollmotorisierten Wehrmacht [...], zu der beim Feldheer auch Fußdivisionen mit bespannten, motorisierten und teilmotorisierten Truppenteilen gehören«,[228] ausgegangen. Dies entsprach dem bekannten Bild vom »Konzert der

---

[224] Gablik, Strategische Planungen, S. 67.
[225] Larres, Sicherheit mit und vor Deutschland, S. 47.
[226] Hammerich, Kommiss kommt von Kompromiss, S. 94.
[227] In der NATO wurden Atomwaffen im Jahr 1954 wie folgt definiert: »Als Atomwaffe gilt jede Waffe, die Kernbrennstoff oder radioaktive Isotope enthält oder eigens dazu bestimmt ist, solche aufzunehmen oder zu verwenden und welche – durch Explosion oder andere unkontrollierte Kernumwandlung des Kernbrennstoffes oder durch Radioaktivität des Kernbrennstoffes oder der radioaktiven Isotope – Massenzerstörungen, Massenschäden oder Massenvergiftungen hervorrufen kann.« BArch, BW 9/3059, zu Ü 741/54 Übersetzung des Protokolls Nr. III über die Rüstungskontrolle, fol. 112.
[228] BArch, BHD 1/1, Entwurf der HDv 100/1 »Truppenführung« (T.F.), I. Teil, Kapitel I-IV, Neubearbeitung durch General der Infanterie a.D. Busse, 1952, Vorwort.

IV. Die Entwicklung von Kriegsbildern

Waffen«[229] aus Wehrmachtzeiten. Als sich Angehörige des Amts Blank um Führungsgrundsätze für den Krieg der Zukunft Gedanken machten, übernahmen sie große Teile der alten Truppenführungsvorschrift (T.F.) und ergänzten diese lediglich um einige Passagen. Im Zentrum der Überlegungen standen nun – ganz im Sinne der Himmeroder Denkschrift – selbstständige Panzerkorps mit Panzerdivisionen, die sich durch die Vereinigung von Feuerkraft und Beweglichkeit auszeichneten und nach Ansicht der Verfasser in besonderer Weise zum Angriff aus der Bewegung heraus prädestiniert wären. Sie sollten die Schlacht entscheiden. Zwar tauchten mit Panzerjägern, Luftlandetruppen und Entgiftungstruppen einige neue Elemente der Kriegführung auf, doch handelte es sich im Kern um die alten Waffen und Grundsätze. Selbst Pferde und Radfahrer wurden weiterhin als bewegliche Kriegsmittel angenommen.[230] Der Luftwaffe wurde in diesem Vorschriftenentwurf lediglich die Rolle zugedacht, die Luftherrschaft zu erringen, vor allem durch den Angriff auf feindliche Flugplätze, und das Heer taktisch zu unterstützen.[231] Die gedankliche Ausrichtung am Zweiten Weltkrieg offenbarte sich in diesem Dokument sehr deutlich. Atomwaffen wurden nicht thematisiert, obwohl die USA bekanntlich seit 1945 und die UdSSR seit 1949 über solche verfügten. Ganz offensichtlich war das im Entwurf zur HDv 100/1 umrissene Kriegsbild in rüstungstechnischer Hinsicht nicht auf der Höhe der Zeit. Denn tatsächlich setzten die Amerikaner im Jahr 1953 mit der Entwicklung der Wasserstoffbombe und der Integration ihrer taktischen Nuklearwaffen in die Bündnisstreitkräfte der NATO ganz neue Maßstäbe.[232]

Dass diese Entwicklung der künftigen Bundeswehrführung nicht verborgen blieb, geht bereits aus einem Gesprächsprotokoll vom Juni 1953 hervor. In einer Besprechung mit General Ridgway am 15. Juni 1953, an der neben Adenauer auch Blank und Heusinger teilnahmen, bat der Amerikaner die Deutschen um eine Stellungnahme zu der Frage, ob neue amerikanische 280-mm-Geschütze, die wie herkömmliche Artilleriegeschütze Atomgeschosse verschießen könnten, auch in Europa stationiert werden sollten.[233] Und tatsächlich standen die 280 mm–Kanonen für den Verschuss von Atomsprengköpfen bis zu einer Entfernung von 30 Kilometern im Oktober 1953 schon zur Verfügung. Kein halbes Jahr später war zudem der taktische Flugkörper »Matador«, ein amerikanisches Trägersystem für Nuklearwaffen bis zu einer Reichweite von 500 Kilometern, einsatzbereit. Hinzu kam der Raketenwerfer »Honest John«, der Atomsprengkörper bis zu 180 Kilometer weit verbringen konnte.[234] Auch Speidel waren die operativen Vorstellungen des neuen SACEUR Gruenther vom August 1953, wonach künftige Großkriege mit

---

[229] Hammerich, Kommiss kommt von Kompromiss, S. 156−160.
[230] BArch, BHD 1/1, Entwurf der HDv 100/1 »Truppenführung« (T.F.), I. Teil, Kap. I−IV, Neubearbeitung durch General der Infanterie a.D. Busse,1952; ebd., Kap. V−VII; ebd., Kap. VIII−XI; ebd., Kap. XII−XV.
[231] Ebd., Kap. V−VII, S. 133−149; ebd., Kap. VIII−XI, S. 212 f.
[232] Thoß, NATO-Strategie, S. 14 f.
[233] BArch, BW 9/2295, Aufzeichnung über eine Besprechung des Bundeskanzlers mit General Ridgway am 15.6.1953, 16.6.1953, fol. 207.
[234] AWS, Bd 3 (Beitrag Greiner), S. 611.

Atomwaffen geführt werden sollten, frühzeitig bekannt. Gruenther hielt es zu dieser Zeit sogar für wahrscheinlich, dass Nuklearwaffeneinsätze zunächst gegen rein militärische Ziele und nicht so sehr gegen Städte und Industrieanlagen, die der Sieger unbeschädigt in die Hände zu bekommen hoffe, gerichtet würden. Deshalb schlug der SACEUR seinen Vorgesetzten in Washington kleinere, beweglichere und dezentralisierte militärische Verbände vor.[235]

Demnach hätte schon im Sommer 1953 im Amt Blank klar sein können, dass das Kriegsbild der Himmeroder Denkschrift, das den Atomwaffeneinsatz ja nur als Teil des strategischen Luftkrieges tief im Hinterland des Feindes annahm, den rüstungstechnischen Entwicklungen angepasst werden musste. Anhand verschiedener Denkschriften[236] und Reden[237] Heusingers wie Speidels, die sich mit der Thematik Kriegsbild auseinandersetzten, wird jedoch klar, dass die militärische Doppelspitze im Amt Blank zu jener Zeit trotzdem an ihren Grundvorstellungen aus dem Jahre 1950 festhielt.[238] Dies hatte mehrere Gründe. Die Instrumentalisierung von Kriegsbildern für politische Interessen spielte dabei sicherlich eine Rolle. Zu erkennen ist dies daran, dass die Gedanken aus Heusingers Denkschriften in einem Bulletin des Presse- und Informationsamtes der Bundesregierung veröffentlicht wurden, um die Bedeutung der beweglich geführten Verteidigung Westdeutschlands für die Verteidigung Westeuropas herauszustellen.[239] Vor diesem Hintergrund sah Heusinger den technologischen Fortschritt insbesondere unter dem Vorzeichen zunehmender Motorisierung und Beweglichkeit. Aus seiner Sicht hatten der Erste und Zweite Weltkrieg gezeigt, dass das Verkehrswesen ein kriegsentscheidender Faktor sei. In einem Krieg des Ostens gegen den Westen könne daher die zahlenmäßige Überlegenheit der Sowjets nur durch die auf das hochentwickelte mitteleuropäische Verkehrswesen abgestützte größere Beweglichkeit und flexiblere Schwerpunktbildung des Westens ausgeglichen werden.[240] Aus der heutigen Perspektive kann Heusinger

---

[235] ZMSBw, Sammlung Militärgeschichte 1945–1990, Nachlass Dr. Hans Speidel, Mappe 262a, »Vorträge. Gehalten ab 1951/52«, hier »General Gruenther: ›Atom-Look‹ künftiger Kriege«, S. 1.
[236] BArch, N 643/142, Nachlass Adolf Heusinger, Beurteilung der militärischen Lage, 20.2.1953
[237] ZMSBw, Sammlung Militärgeschichte 1945–1990, Nachlass Dr. Hans Speidel, Mappe 262a, »Vorträge. Gehalten ab 1951/52«, hier »Vortrag Frankfurt – Main, 15.6.1953«, S. 10–22.
[238] Gleiches gilt für Ruge, den ersten Inspekteur der Marine in der späteren Bundeswehr, vor allem was die offensiven und defensiven Aufgaben der Marine betrifft. Auch Ruge nahm 1954 immer wieder Bezug auf die Erfahrungen des Zweiten Weltkrieges, während der Einsatz von Nuklearwaffen in der Seekriegführung in seinen Gedanken keine Berücksichtigung fand. Da die Erfahrungen der beiden Weltkriege jedoch gezeigt hatten, dass die Sowjets zu keinen schnellen Entschlüssen fähig und in der Seekriegführung unflexibel wären, rechnete er auch einer kleinen (west)deutschen Marine bei wendiger Führung in der Ostsee gute Erfolgsaussichten im Kriegsfall aus. Siehe dazu: BArch, BW 9/2440/1, Unterrichtsvermerk Nr. 27/54: Gedankengänge des Vortrages von Vizeadmiral a.D. F. Ruge am 22.10.1954 über das Thema: Aufgaben einer neuen Marine, Koblenz, 8.11.1954, fol. 47–49.
[239] Siehe dazu auch: AWS, Bd 3 (Beitrag Greiner), S. 603. Gleiches gilt sinngemäß für die Vorstellungen der Marine. Bulletin, Nr. 213, S. 1929 f. In: BArch, BW 9/3059, fol. 194 f. Reaktionen hierauf ließen sich anhand der vorliegenden Quellen leider nicht ermitteln.
[240] BArch, N 643/142, Nachlass Adolf Heusinger, Kriegführung und Verkehrsentwicklung, ohne Datum (vermutlich 1953), S. 170–174.

IV. Die Entwicklung von Kriegsbildern

leicht unterstellt werden, dass seine Sichtweise interessenpolitisch geleitet war. Als er im Juni 1954 seine »Beurteilung der strategischen Weltlage«[241] anstellte und dabei sein Kriegsbild skizzierte, bemühte er sich explizit um Objektivität: »Trotz zahlreicher Unsicherheitsfaktoren soll versucht werden, ein möglichst klares Bild zu geben. Dabei ist jede optimistische oder pessimistische Betrachtungsweise nach irgendeiner Richtung vermieden.«[242]

Es blieb auch hier im Wesentlichen bei den bereits in der Himmeroder Denkschrift fixierten Vorstellungen. Dass Heusinger sehr stark in den Kategorien der konventionellen Kriegführung dachte, lag auch daran, dass er sich vom Beispiel des Koreakrieges leiten ließ. Er unterstellte den Sowjets, aus militärischen und wirtschaftlichen Erwägungen keinen dritten Weltkrieg anzustreben, sondern – wie in Korea – nur kleinere lokale Konflikte unterhalb der Schwelle eines Nuklearkrieges zu schüren. Zwar nahm Heusinger in seiner Denkschrift vom 25. Juni 1954 die Atomwaffen neben Heer, Marine und Luftwaffe wie eine vierte Teilstreitkraft in seine Überlegungen auf, doch warnte er zugleich davor, diese überzubewerten und sich einseitig auf sie abzustützen. Heusingers strategische Einschätzung lautete:

> »Ein 3. Weltkrieg kann für die Sowjets nur erfolgreich sein, wenn sie Amerika entweder schlagen oder aus all' den Positionen verdrängen, von denen Amerika einen erfolgreichen Gegenschlag führen könnte. Diese Positionen sind Vorderasien, Nordafrika und Westeuropa.«[243]

Deshalb sei die westliche Verteidigung sofort zu verstärken, die westdeutschen Streitkräfte dabei zu integrieren und die Möglichkeit zu schaffen, auf einen sowjetischen Angriff nicht nur defensiv, sondern mit starken Offensivschlägen antworten zu können. Nicht zuletzt kam bei Heusinger in diesen Gedankengängen auch das operative Denken aus Wehrmachtzeiten zum Tragen.

Was die Auswirkungen eines möglichen Atomkrieges, insbesondere für die Zivilbevölkerung, betraf, unterstellte Bernd Greiner, dass Heusinger im Juli 1954 die Nuklearwaffen wenig sensibilisiert, ja fast verharmlosend beurteilt hätte.[244] Dies trifft jedoch nur insoweit zu, als Zivilschutzangelegenheiten dem Innenministerium zugeschrieben und daher in der militärischen Lagebeurteilung ausgeblendet wurden. Dass Heusinger über Arten und Wirkungen von Nuklearwaffen – sowohl strategischen als auch taktischen – durchaus im Bilde war, geht aus einem Vortrag vor dem EVG-Ausschuss am 12. Juli 1954 zum Thema Atomkrieg hervor.[245] Für Heusinger war der Gedanke an den Einsatz dieser Kriegsmittel so abschreckend, dass stattdessen sowohl kleinere kriegerische Auseinandersetzungen ohne Atomwaffen als auch ein großer Krieg, bei dem be-

---

[241] Ebd., Beurteilung der strategischen Weltlage, 25.6.1954, S. 181–192.
[242] Ebd., S. 181.
[243] Ebd., S. 189.
[244] AWS, Bd 3 (Beitrag Greiner), S. 617.
[245] BArch, BW 2/982, Handakte Heusinger, Vortrag vor dem EVG-Ausschuss am 12.7.1954. Heusinger unterschied drei Arten von Atombomben: erstens die Bombe alter Art mit einer Uran- bzw. Plutoniumladung, zweitens die Wasserstoffbombe aus Wasserstoff und Lithiumisotopen und drittens die Kobaltbombe mit radioaktivem Kohlenstaub.

wusst auf den Nuklearwaffeneinsatz verzichtet würde, für ihn gut vorstellbar waren. Eine weitere Form einer möglichen Auseinandersetzung sah er in einem allgemeinen, auch mit Atomwaffen geführten Krieg, der zur beiderseitigen nuklearen Erschöpfung führen könnte.

Erstmals ist hier eine Art Ausdifferenzierung verschiedener Formen im Kriegsbild Heusingers feststellbar. In jeder dieser drei Erscheinungsformen des Krieges würden konventionelle Streitkräfte und altbewährte Verteidigungsverfahren aus seiner Sicht eine große Rolle spielen. Heusinger betonte deshalb die Bedeutung von Führungskunst, Auflockerung, Beweglichkeit durch Motorisierung, Aufklärung, Eingraben und Panzern. Er wies darauf hin, dass nach amerikanischen Erfahrungen Panzer auch atomverseuchtes Gelände durchfahren könnten.[246] Letztlich versuchte Heusinger so die Himmeroder Konzeption und ihre traditionelle Prägung zumindest argumentativ irgendwie zu rechtfertigen. Tatsächlich aber verdichteten sich in den Gesprächen Speidels mit Spitzenmilitärs der NATO die Hinweise darauf, dass den taktischen Nuklearwaffen eine tragende Rolle zukommen könnte. Schuyler äußerte als Chef des Stabes von SHAPE gegenüber Speidel am 9. November 1954:

»Vor etwa acht Monaten sei man hier zum Entschluss gekommen, dass es höchste Zeit wäre, den Blick in die Zukunft zu richten, sich klar zu werden, wie ein Krieg in Zukunft, etwa in drei bis vier Jahren aussehen würde [...] Das Ziel sei, die Streitkräfte aller NATO-Staaten auf eine Atomkriegführung auszurichten [...] Das wichtigste Element im Atomkrieg sei, die Atomwaffen zur Nahunterstützung der Landstreitkräfte einsetzen zu können.«[247]

Auch der SACEUR Gruenther bestätigte in einem Gespräch am 14. Dezember 1954 noch einmal, dass der Einsatz von Atomwaffen durch Flugzeuge, gelenkte Geschosse, Artillerie und Raketen im Mittelabschnitt geplant sei.[248] Und tatsächlich standen den amerikanischen Truppen in Europa bereits zahlreiche nukleare Sprengköpfe zur Verfügung. Auch die UdSSR besaß ca. 200 Atombomben mit einem Sprengwert von je 20 Kilotonnen.[249] Im Dezember 1954 verfügte Speidel nachweisbar über die wesentlichen Daten zu den taktischen Atomwaffen, deren Fertigung und Wirkungsweise. Die Informationen waren das Ergebnis einer bei SHAPE durchgeführten Studienarbeit, bildeten die Grundlage für die Planung der NATO-Generalstäbe und waren Speidel über Aufzeichnungen des französischen Generalstabes inoffiziell zugänglich gemacht worden. In gewohnter Weise tauschte er sich darüber mit Heusinger aus.[250] Jener hatte sich zuvor im Rahmen

---

[246] Ebd., S. 1–13.
[247] ZMSBw, Sammlung Militärgeschichte 1945–1990, Nachlass Dr. Hans Speidel, Mappe 60, Dr. Hans Speidel: Aufzeichnung über das Sondergespräch mit General Schuyler, Chef des Stabes von SHAPE, Paris, 9.11.1954, S. 1 f.
[248] BArch, BW 9/2673, Aufzeichnung über Gespräch mit Oberbefehlshaber von SHAPE, General Gruenther, 14.12.1954, fol. 139. Vgl. ZMSBw, Sammlung Militärgeschichte 1945–1990, Nachlass Dr. Hans Speidel, Mappe 262a, General Gruenther: »Atom-Look« künftiger Kriege, ohne Datum (1954/55).
[249] AWS, Bd 3 (Beitrag Greiner), S. 609; AWS, Bd 1 (Beitrag Greiner), S. 277.
[250] BArch, BW 9/3362, Brief Speidels an Heusinger, 15.12.1954, fol. 139.

der NATO-Manöver, in denen seit Ende 1954 atomare Lage gespielt wurden,[251] persönlich einen Eindruck verschaffen können, wie taktische Nuklearwaffen das Wesen des Krieges künftig beeinflussen würden.

Als Leiter der Militärischen Abteilung im Amt Blank erstattete Heusinger am 1. Dezember 1954 im Ausschuss für Fragen der europäischen Sicherheit des Deutschen Bundestages über die Herbstmanöver der britischen Rheinarmee in Niedersachsen und des amerikanischen VII. Korps im Donau-Raum Bericht. Die Übungen waren von SHAPE angelegt worden. Geübt wurden erstens der Einsatz taktischer Atomwaffen und zweitens das Absetzen von Infanterie aus Hubschraubern. Von Bedeutung für das Kriegsbild war insbesondere der Einsatz von 280-mm-Geschützen von beiden Parteien, wobei für die Atomgranaten ein Wirkungsradius von einem Kilometer angenommen worden war. 70 Prozent der Granaten hatten ihre Ziele jedoch verfehlt, sodass bei Heusinger Zweifel an der Effizienz taktischer Atomwaffen aufkamen. Er sah sich in seiner Auffassung bestätigt, dass Eingraben, Auflockerung, Tarnung, Aufklärung und Beweglichkeit in künftigen Kriegen an Bedeutung gewinnen würden. Der Spaten erhielt aus seiner Sicht wieder eine ähnlich hohe Bedeutung wie im Ersten Weltkrieg. Und als Heusinger bei seinem Bericht die Darstellung der Feindkräfte kritisierte, da diese nicht den sowjetischen Einsatz- und Führungsgrundsätzen entsprochen hätten und von Westalliierten wohl noch nicht beherrscht worden wären, sprach aus ihm wieder einmal die Erfahrung des Operateurs aus dem Zweiten Weltkrieg.[252] Insoweit ist die These von Gerhard P. Groß zur Kontinuität operativen Denkens in den deutschen Streitkräften bis Heusinger zu unterstreichen. Die in der Forschungsliteratur bisweilen noch vertretene Meinung, dass den Westdeutschen die Planungen für die Integration taktischer Nuklearwaffen bis 1955 weitgehend unbekannt waren[253] und die künftige Führung der Bundeswehr über technische Daten von nuklearen Waffensystemen nicht unterrichtet war bzw. keine genauen Vorstellungen von den Einsatzgrundsätzen der Atomwaffen besaß,[254] trifft daher nicht zu.

Unbestritten lag die Entscheidung über den Einsatz von Nuklearwaffen im Kriegsfall in amerikanischer Hand. Die US-Informationspolitik zu den Atomwaffen war sehr restriktiv und wurde erst 1954 gelockert, um den Alliierten Informationen über nukleare Gefechtsfeldwaffen zukommen zu lassen.[255] Weder Heusinger noch Speidel, Blank oder Adenauer konnten einen Einfluss auf den

---

[251] Thoß, NATO-Strategie, S. 338.
[252] BArch, BW 9/720, Bundesrat – Ausschuß für Auswärtige Angelegenheiten/Sekretär –: Bericht über die Sitzungen des Ausschusses für Fragen der europäischen Sicherheit des Deutschen Bundestages am 30.11. und 1.12.1954, Bonn, 1.12.1954, fol. 21–24; BArch, BW 1/54919, Deutscher Bundestag, Stenographisches Protokoll der 23. Sitzung des Ausschusses für Fragen der europäischen Sicherheit (6. Ausschuß) am 1.12.1954, S. 6 und 12–17; vgl. BArch, BW 2/2722, Handakte Heusinger, II/Z, Vortragsnotiz betreffend Verwendung taktischer Atomwaffen während der britischen Manöver, Bonn, 26.11.1956, S. 1; vgl. ferner Protokolle des Bundestagsausschusses für Verteidigung, 23. Sitzung vom 1.12.1954, S. 258–270.
[253] Groß, Mythos und Wirklichkeit, S. 291 f.; Thoß, NATO-Strategie, S. 123.
[254] Gablik, Strategische Planungen, S. 86.
[255] Ebd., S. 86. Vgl. Lemke, Vorwärtsverteidigung, S. 34.

Nuklearwaffeneinsatz ausüben, zumal die Bundesrepublik Deutschland der Allianz erst am 9. Mai 1955 beitreten sollte. Als der NATO-Rat im Dezember 1954 beschloss, die Verteidigungskraft der NATO zu erhöhen, und mit einer neuen Strategie die Weichen zum taktischen Einsatz der Nuklearwaffen stellte, konnten die Westdeutschen dies lediglich zur Kenntnis nehmen. Im Rahmen der »massive retaliation«[256] (Massiven Vergeltung) sollte nunmehr jede Kriegshandlung der Sowjets in Europa mit dem Einsatz des gesamten Spektrums von Nuklearwaffen beantwortet werden. Die Planungen der NATO sahen vor, dass die nuklear-strategischen Schwert-Streitkräfte unmittelbar das feindliche Hinterland angreifen sollten, während die mit taktischen Atomwaffen verstärkten Schild-Streitkräfte das Bündnisgebiet über 30 Tage hinweg bis zum Eintreffen von amerikanischen, kanadischen und britischen Verstärkungen hinhaltend verteidigen würden. Der Mangel an vorhandenen Verbänden der NATO in Europa sollte somit durch atomare Feuerwirkung ausgeglichen werden und der Angreifer aus dem Osten auf deutschem Territorium noch vor Erreichen der Rheinlinie erheblich abgenutzt werden. Dies bedeutete, dass bei einem Krieg in Europa nicht mehr eine große Land-Luft-Schlacht mit beweglich geführten panzerstarken Divisionen, sondern taktische und strategische Nuklearwaffen die Entscheidung zugunsten der NATO herbeiführen würden.[257] Bruno Thoß sprach daher von der »hervortretenden Konventionalisierung von Atomwaffen«[258] und sah in der neuen Strategie einen Kompromiss zwischen angenommener Bedrohung und finanzierbarer Verteidigung.[259] Die Umsetzung der Vorwärtsstrategie hatte demnach den Preis der Nuklearisierung des Gefechtsfeldes und der absehbaren atomaren Verwüstung des Bundesgebietes. Die neue NATO-Strategie war der Ausgangspunkt für eine Operationsplanung von SHAPE, die letztlich kaum noch etwas mit den deutschen Vorstellungen gemein hatte. Der Nuklearwaffeneinsatz, der lediglich unter politischem Vorbehalt des NATO-Rats stand, wurde zur einzigen militärischen Planungs- und Handlungsoption. Mit der Vorgabe dieser neuen Parameter für die Kriegführung seitens der NATO, die Speidel und Heusinger in den Jahren 1955 ganz deutlich vor Augen geführt werden sollten, setzte eine Zäsur in der Entwicklung ihres Kriegsbildes ein. Bemerkenswert ist, dass es noch fast zwei Jahre dauern sollte, bis sich das Kriegsbild in der Bundeswehrführung explizit qualitativ wandelte, weil diese auf den alten Denkmustern beharrte. Dies soll im Folgenden kurz deutlich gemacht werden.

---

[256] Die am 17.12.1954 im NATO-Rat beschlossene »massive retaliation« richtete die Verteidigungsplanung der NATO auf die massive nukleare Vergeltung aus. Die neue Strategie wurde in den Dokumenten des Militärausschusses MC 48 vom Dezember 1956 und - etwas differenzierter - MC 14/2 vom März 1957 fixiert. Heuser, NATO, Britain, France and the FRG, S. 33−41; Thoß, NATO-Strategie, S. 62; Lemke, Konzeption und Aufbau der Luftwaffe, S. 88.
[257] Speidel, Aus unserer Zeit, S. 361. Vgl. AWS, Bd 3 (Beitrag Greiner), S. 605−608; Groß, Mythos und Wirklichkeit, S. 291 f.; Hammerich, Kommiss kommt von Kompromiss, S. 100 f.
[258] Thoß, NATO-Strategie, S. 126.
[259] Ebd., S. 39−63.

IV. Die Entwicklung von Kriegsbildern

Schon im Januar 1955 war im Amt Blank bekannt, welche taktischen Atomwaffen auf dem Gebiet der Bundesrepublik stationiert waren.[260] Heusinger integrierte sie unmittelbar in sein Kriegsbild, als er am 10. Februar 1955 einen Vortrag vor den Bundestagsausschüssen für auswärtige Angelegenheiten und für Fragen der europäischen Sicherheit zur strategischen Situation Deutschlands hielt.[261] Dies rief insbesondere aus der SPD-Fraktion kritische Nachfragen zum Zerstörungspotenzial der Atomwaffen, zu politischen Konsultationen vor deren Freigabe und zu deutschen Einflussmöglichkeiten auf deren Einsatz hervor. Trotzdem folgte Heusingers Argumentation den alten Denkkategorien. In den Atomwaffen sah er vor allem ein Mittel zur Abschreckung. Er riet, nicht alles auf die nukleare Karte setzen, da er sich vorstellen könne, dass die Nuklearwaffen in einem künftigen Krieg – ähnlich wie im Zweiten Weltkrieg die Gaswaffen – nicht eingesetzt würden. Heusinger beharrte darauf, dass die Bundesrepublik Deutschland in einem Krieg der Angelpunkt der Verteidigung Westeuropas und die zwölf westdeutschen Divisionen die entscheidende operative Masse wären. Der westdeutsche Verteidigungsbeitrag könnte verhindern, dass der Westen überrannt würde. Auflockerung, Beweglichkeit, Führungskunst, Eingraben und Luftlandetruppen würden in zukünftigen Kriegen an Bedeutung gewinnen. SACEUR Gruenther interpretierte die Rolle der Nuklearwaffen und der westdeutschen Streitkräfte jedoch ganz anders, als er am 23. Februar 1955 in den USA ein Radio-Interview gab. Die zwölf westdeutschen Divisionen seien als Bestandteil des Schildes dazu eingeplant, den Feind zur Kräftemassierung zu zwingen und den Einsatz der taktischen Atomwaffen zu ermöglichen. Diese Aussagen waren auch im Amt Blank bekannt.[262]

Bei allen politischen Implikationen des damals anstehenden Beitritts der Bundesrepublik Deutschland zur NATO sowie der Aufstellung der Bundeswehr sollte deren künftiger Führung jedoch nicht allzu leichtfertig Verblendung oder Borniertheit vorgeworfen werden. In der Veröffentlichung »Vom künftigen deutschen Soldaten. Gedanken und Planungen der Dienststelle Blank«[263] vom Juni 1955 wird klar, welcher rhetorische und gedankliche Spagat abverlangt war. Im Geleitwort versuchte Bundeskanzler Adenauer das Verständnis der Bevölkerung für die Wiederbewaffnung zu wecken und betonte, dass die Bundesrepublik ein freier und souveräner Staat geworden sei, ihre Wehrhoheit gewonnen habe und

---

[260] Beim US-Heer standen das 280-mm-Geschütz und der Raketenwerfer »Honest John«, bei den US-Luftstreitkräften die ferngelenkte Rakete »Matador« zur Verfügung. BArch, BW 9/3665, II/1/1, Stationierung taktischer Atomwaffen (im Frieden), 24.1.1955, fol. 60 f.

[261] BArch, BW 2/982, Handakte Heusinger, Vortrag am 10.2.1955 vor Aussenpolitischen und Sicherheitsausschuss. Vgl. dazu auch die Protokolle des Bundestagsauschusses für Verteidigung, 32. Sitzung vom 10.2.1955, S. 622–645.

[262] BArch, BW 9/3665, Radio Interview by General Alfred M. Gruenther on Edward R. Murrow Show, CBS KFAB, Omaha/Nebraska, 23.2.1955, mit deutscher Übersetzung für Dr. Hans Speidel, fol. 128 f. und 136–139. Die gleichen Gedanken wiederholte wenige Monate später auch Gruenthers Stellvertreter bei SHAPE, Feldmarschall Montgomery. Siehe dazu: ZMSBw, Sammlung Militärgeschichte 1945–1990, Nachlass Dr. Hans Speidel, Mappe 60, »Aufzeichnungen«, hier »Aufzeichnung über Gespräch mit Feldmarschall Montgomery« vom 3.6.1955, S. 1–3.

[263] Vom künftigen deutschen Soldaten.

als gleichberechtigtes Mitglied in die NATO und Westeuropäische Union (WEU) aufgenommen worden sei.[264] Er erklärte einerseits:

»Solange deutsche Verbände fehlen, wird den Westmächten nichts anderes übrig bleiben, als sich gegen einen Angriff so zu verteidigen, wie es ihre derzeitigen Kräfte zulassen. Die Lage ändert sich, wenn deutsche Verbände zur Verfügung stehen.«[265]

Andererseits fügte er hinzu, dass der Krieg mit militärischen Mitteln wie Kanonen, Panzern und Flugzeugen »neuerdings durch die Möglichkeit eines Einsatzes überdimensionaler Kampfmittel in seinen bisherigen Voraussetzungen infrage gestellt« würde.[266]

Mit dem NATO-Beitritt und den sich daraus ergebenden tieferen Einblicken in die Planungen der Allianz musste sich der Blickwinkel auf den Krieg noch einmal ändern. Im Mai 1955 gab der NATO-Rat seinen Mitgliedern die Empfehlung, die zivilen Notstandsplanungen auf die operativen Planungen des Bündnisses auszurichten. Im Kriegsfall sei in den ersten drei bis vier Tagen mit einem sowjetischen Nuklearwaffeneinsatz gegen Produktions- und Einsatzanlagen von Atomwaffen, Regierungs-, Industrie-, Verkehrs- und Bevölkerungszentren, Hafenanlagen und – insbesondere in der Bundesrepublik – mit einem ungeheuren Maß an Zerstörungen und Chaos zu rechnen.[267] Am 28. Juni 1955 wurde Speidel im Rahmen eines Operations-Briefings bei SHAPE durch Chief of Staff Schuyler erstmals offiziell in die Planungen eingewiesen. Schuyler skizzierte dabei die geltende Verteidigungsstrategie: »Aufhalten des Angreifers, Verteidigung Europas (so weit wie möglich nach Osten vorgeschoben)« und »Herstellung des militärischen Gleichgewichts durch Einsatz von Atombomben«.[268] Im Juli 1955 brachte General Thomas D. White, der Chef der Planungs- und Ausbildungsabteilung bei SHAPE, Speidel die sogenannte Lücken-Lehre noch einmal näher. Auch White eröffnete seine Einweisung mit der Feststellung, dass die zukünftige Hauptwaffe die Atomwaffe sei. Die Landstreitkräfte seien so einzusetzen, dass sie Atomschläge ermöglichten. Durch Abschirmtruppen würde der Feind zu Massierungen gezwungen werden, die dann Ziele für die nuklearen Waffen darstellten. Hinter den Abschirmtruppen stünden die Hauptverteidigungskräfte, die jedoch aufgrund fehlender Stärke nur an wichtigen Geländeabschnitten eingesetzt würden. Speidel ließ sich bei diesen Einweisungsgesprächen jedoch nicht in die typische Rolle eines Neulings drängen, dem man die Regeln vorschreiben konnte. Er vertrat seine operativen Überzeugungen hartnäckig und wollte nicht akzeptieren, dass sich die maßgeblichen NATO-Partner auf die atomare

---

[264] Am 5.5.1955 traten die Pariser Verträge in Kraft. Die Bundesrepublik Deutschland wurde damit weitgehend souverän.
[265] Vom künftigen deutschen Soldaten, S. 16.
[266] Ebd., S. 55.
[267] AWS, Bd 3 (Beitrag Greiner), S. 616.
[268] ZMSBw, Sammlung Militärgeschichte 1945–1990, Nachlass Dr. Hans Speidel, Mappe 60, »Aufzeichnungen«, hier »Aufzeichnung über Operations-Briefing bei SHAPE am 28.6.1955« vom 28.6.1955, S. 2. Die geplante Verteidigungslinie verlief nun – wie aus einer Handkarte hervorgeht – von Chiemsee über Regensburg, Bamberg, Schweinfurt, Fulda, Kassel, Minden, Bremen, Hamburg bis Lübeck. Gablik, Strategische Planungen, S. 72.

IV. Die Entwicklung von Kriegsbildern 179

Kampfführung konzentrierten, während den konventionell gerüsteten westdeutschen Streitkräften lediglich die Rolle zufiel, den Feind zu Massierungen zu zwingen und damit Atomziele zu bilden.[269] Montgomery war gegenüber Speidels Ansichten wesentlich aufgeschlossener, vertrat aber eigene Vorstellungen, die im Grunde ebenfalls darauf hinausliefen, feindliche Truppenmassierungen mit taktischen Atomwaffen zu vernichten. Auch was die sowjetische Seite betraf, rechnete Montgomery mit einem Atomwaffeneinsatz.[270] Der radioaktive Niederschlag war für die NATO-Planer dabei eine weitgehend unbekannte Größe. Dennoch hielten sie die Nuklearkriegführung für beherrschbar. Bei den ungünstigen konventionellen Stärkeverhältnissen blieb bei einem größeren sowjetischen Angriff wohl kaum etwas anderes übrig, als Atomwaffen einzusetzen. Andernfalls drohte die militärische Besetzung Kontinentaleuropas durch sowjetische Streitkräfte.[271] Was die Komponente »Auswirkungen« im Kriegsbild betrifft, hat bereits Bernd Greiner folgende, sehr treffende Feststellung gemacht: »Die Folgen einer mit Nuklearwaffen geführten Verteidigung versteckte man hinter der Hoffnung, daß die nukleare Abschreckung diese nicht werde eintreten lassen.«[272] Insgesamt wurde bei den Einweisungsgesprächen im Frühsommer 1955 recht deutlich, dass das in der Himmeroder Denkschrift fixierte Kriegsbild mit der Nuklearstrategie der NATO unvereinbar war.[273]

Dieser Umstand wurde noch klarer, als am 26. Juli 1955 die ersten Vertreter aus dem Amt Blank ihren Dienst in den integrierten Stäben der NATO begannen und Lehrgänge für den Umgang mit taktischen Nuklearwaffen besuchten.[274] So hatte beispielsweise Johann Adolf Graf Kielmansegg, der ab September 1955 als »National Military Representative« (NMR)[275] bei SHAPE eingesetzt wurde, zuvor eine dreimonatige Einweisung in den USA erhalten. Er wurde so zu einem Bindeglied der Einflussnahmen aus Paris auf Bonn und umgekehrt.[276] Doch ging es bei SHAPE weniger um langfristige theoretische Überlegungen als vor allem auch um kurzfristige operative Planungen für den Kriegsfall. So hielt der spätere Generalinspekteur Ulrich de Maizière am 22. September 1955 im Diensttagebuch der Abteilung II/IV des Amts Blank fest, dass bei SHAPE, entsprechend der dortigen Aufgabe, nur vom Krieg mit Nuklearwaffen gesprochen

---

[269] Gablik, Strategische Planungen, S. 72–75.
[270] ZMSBw, Sammlung Militärgeschichte 1945–1990, Nachlass Dr. Hans Speidel, Dr. Hans Speidel: Aufzeichnung über Gespräch mit Sir Basil Embry, CENTRE EUROPE in Fontainebleau, 15.7.1955; Gablik, Strategische Planungen, S. 70 f.
[271] AWS, Bd 3 (Beitrag Greiner), S. 615.
[272] Ebd., S. 615.
[273] Gablik, »... von da an herrscht Kirchhofsruhe«, S. 47 f.; Groß, Mythos und Wirklichkeit, S. 294 f.; Krüger, Schlachtfeld Bundesrepublik?, S. 173–179.
[274] Gablik, Strategische Planungen, S. 83 und 101; AWS, Bd 3 (Beitrag Greiner), S. 707.
[275] In den späten 1950er und frühen 1960er Jahren stellte die konsequente Auswertung der sicherheitspolitischen und militärischen Publizistik in den USA durch den Deutschen Militärischen Vertreter beim Militärausschuss der NATO in Washington die erstrangige Quelle für waffentechnische und nuklearstrategische Informationen dar. Thoß, NATO-Strategie, S. 375.
[276] BArch, BW 9/2527-7, Kielmansegg in einer Besprechung mit der Abteilung II, 22.9.1955; Gablik, Strategische Planungen, S. 76 und 82 f.

werde.[277] Herbert Blankenhorn, der erste Ständige Vertreter der Bundesrepublik Deutschland bei der NATO, forderte nach diesen Einblicken schon im Sommer 1955 eine umgehende Revision der deutschen Streitkräfteplanung im Sinne der Nuklearkriegführung.[278] Dies fiel jedoch mitten in die Gründungsphase der Bundeswehr. Eine Revision der Planungen hätte sicherlich die Konzeption und Aufstellung der Bundeswehr über den Haufen geworfen. Die Bundesregierung und das Verteidigungsministerium zogen es daher vor, den Mahnungen Blankenhorns, so treffend sie auch sein mochten, zunächst wenig Beachtung zu schenken.[279]

Von besonderer Bedeutung für den Wandel des Kriegsbildes im Amt Blank war wegen seiner Öffentlichkeitswirksamkeit die Übung »Carte Blanche«. Unter dieser Bezeichnung fand vom 20. bis 28. Juni 1955 auf dem Gebiet der Bundesrepublik Deutschland, der Niederlande, Belgiens, Luxemburgs und Frankreichs das bisher größte Luftwaffenmanöver der NATO statt. Es wurde unter der Annahme geführt, dass sich in einem Krieg zwischen »Nordland« und »Südland« beide Seiten im Besitz atomarer Waffen befänden. Die Dimensionen entsprachen in etwa der Beschaffenheit des potenziellen Schlachtfeldes Deutschland. Als Beobachter aus dem Amt Blank nahmen der Dienststellenleiter selbst sowie die Luftwaffenexperten Werner Panitzki und Johannes Steinhoff teil. Die Übung unter der Leitung des britischen Befehlshabers Allied Air Forces Central Europe (AAFCE), Sir Basil Embry, sollte vor allem zeigen, wie Westeuropa gegen einen überfallartigen Angriff mit Atomwaffen zu verteidigen wäre und wie die NATO gerade in den ersten sechs Tagen eines Krieges die Luftherrschaft erringen könnte. Von insgesamt 335 simuliert abgeworfenen Atombomben fielen 268 auf deutschen Boden. Mehrere Städte, von Frankfurt a.M. bis Celle, gingen imaginär unter Atompilzen zugrunde. Die angenommenen Verluste unter der deutschen Bevölkerung beliefen sich auf 1,7 Millionen Tote und 3,5 Millionen Verwundete. Embry zog aus dem Manöver das Fazit, dass der Höhepunkt eines Krieges bereits wenige Stunden nach dem Ausbruch der Feindseligkeiten erreicht wäre:

»Es kommt jetzt nicht mehr darauf an, die letzte Schlacht zu gewinnen. Diese Denkweise, auf der die bisherigen militärischen Überlegungen des Westens beruhten, sind [sic] überholt wie Pfeil und Bogen. Der sofortige Einsatz entscheidet.«[280]

Die Rolle der Landstreitkräfte bestand in den Augen des Leitenden »in keinem Falle darin, den Gegner im Gegenschlag bis Moskau zu treiben«.[281] Sie hätten lediglich die Aufgabe, den Gegner hinzuhalten, bis die eigenen strategischen Luftstreitkräfte eine Entscheidung erzwungen hätten.[282] Aus den Berichten über

---

[277] BArch, BW 9/2527/7, Tagebuch (Textband) BMVtdg Abt. II/IV, 4.7.55−31.12.55, Besprechung II/2, 22.9.1955, fol. 31. Zu de Maizière siehe auch: Zimmermann, Ulrich de Maizière.
[278] Thoß, Bündnisintegration, S. 130.
[279] AWS, Bd 3 (Beitrag Greiner), S. 617.
[280] Zit. nach: Der Spiegel, 9 (1955), 29, S. 9.
[281] BArch, DVW 1/25820a, Bericht über das NATO-Luftwaffenmanöver »Carte Blanche«, ohne Datum (1955), S. 33.
[282] BArch, BW 9/2440/1, Amt Blank II/PL/L, Teilnahme an der alliierten Luftwaffen-Übung »Carte Blanche«, 27.5.1955, fol. 139; BArch, DVW 1/25820a, Bericht über das NATO-

»Carte Blanche« musste den Militärs, Politikern und der Öffentlichkeit klar werden, welche Diskrepanz zwischen den Planungen im Amt Blank und denen bei SHAPE bestand und welche erheblichen, ja katastrophalen Schäden im Falle einer atomar geführten Verteidigung zu erwarten waren.[283] Aus Sicht eines Spiegel-Journalisten lagen die Zerstörungen jenseits aller Vorstellungskraft, da zum Beispiel eine Wasserstoffbombe mit 45 Megatonnen nach dem technischen Stand von 1955 die Sprengwirkung der Bombenlast von 11 250 000 Flugzeugen des Typs B 29-Superfortress aus dem Zweiten Weltkrieg besaß.[284] Gerade die geschätzten Verluste unter der Zivilbevölkerung fanden in der Presse großen Widerhall und hatten einen Sturm der Entrüstung in der Öffentlichkeit zur Folge. Zudem wurde Kritik an dem im Amt Blank gehegten Kriegsbild laut, wie zum Beispiel im Nachrichtenmagazin »Der Spiegel«:

> »Dieses Manöver der taktischen Nato-Luftstreitkräfte in Europa hat nicht nur die Bundesrepublik ebenso gründlich wie unsichtbar in Schutt und Asche gelegt, sondern auch den Traum der kleinen Residenz am Rhein von Schutz und Sicherheit im Schall und Rauch von 335 Atombombenexplosionen aufgehen lassen.«[285]

Der Spiegel-Journalist sah Deutschland nach fünf Tagen Atomkrieg in den Urzustand versetzt und der SPD-Vorsitzende Erich Ollenhauer Deutschlands Existenz in der Theorie ausgelöscht. Die Informationen vom Manöver wirkten wie eine »bittere Medizin«.[286] Der FAZ-Militärexperte und Major i.G. a.D. Adelbert Weinstein zog aus »Carte Blanche« die Schlussfolgerung, dass die Aufstellung der zwölf westdeutschen Divisionen vertagt und das eingesparte Geld statt in eine »romantische militärische Restauration«[287] besser in den Luftschutz investiert werden sollte, der jedoch nur mit beschränkten Mitteln betrieben wurde. Denn vorgesehen war lediglich, die vorhandenen Bunker instandzusetzen, in begrenztem Maße Sammelschutzräume zu bauen, den Technischen Notdienst auszubauen und den Sanitätsdienst in der Bevölkerung zu organisieren. Aus Weinsteins Sicht waren die taktischen Atomwaffen fast unbemerkt zu konventionellen Waffen verfälscht worden.[288] Er sah sich nunmehr »mitten in einer militärischen Revolution, die in der Militärgeschichte nicht ihresgleichen hat«, und »Heusinger [...] in der Denkart von 1940 steckengeblieben.«[289]

Axel Gablik hat darauf hingewiesen, dass die Erfahrungen aus »Carte Blanche« im Amt Blank sehr eigentümlich interpretiert und dort Vorstellungen entwickelt wurden, die sich nicht zwangsläufig ergeben mussten.[290] Auch dies dokumentierte das Beharrungsvermögen in den traditionellen Denkkategorien,

---

Luftwaffenmanöver »Carte Blanche«, ohne Datum (1955), S. 6–37; Der Spiegel, 9 (1955), 29, S. 8 f.

[283] Thoß, Bündnisintegration, S. 20.
[284] Der Spiegel, 9 (1955), 29, S. 8 f.
[285] Ebd., S. 7 f.
[286] Ebd., S. 8.
[287] Ebd., S. 9.
[288] Ebd., S. 9 f.
[289] Ebd., S. 10.
[290] Gablik, Strategische Planungen, S. 88 f.

nicht zuletzt aus politischen Interessen heraus. Zwar zog Heusinger aus der Übung die Schlussfolgerung, dass in einem künftigen Krieg die Erringung der Luftherrschaft die wichtigste operative Forderung sei. Trotzdem sah die westdeutsche Militärelite das Manöver als einen Ausdruck der amerikanischen Vorliebe für den Luftwaffeneinsatz und der Ermangelung eines brauchbaren operativen Konzepts gegen die Sowjetunion. Besonders unter den älteren der ehemaligen Wehrmachtoffiziere, die aus der Infanterie und den Panzertruppen stammten, hegte die Mehrheit weiterhin Zweifel am Nuklearwaffeneinsatz und an der Dominanz der Luftwaffe in einem künftigen Krieg. Auch Heusinger warnte in seiner Bilanz zu »Carte Blanche« vor falschen Schlüssen und davor, die Rolle der Landstreitkräfte zu unterschätzen. Die Kriegsentscheidung würde in seinen Augen nicht allein durch eine Waffe herbeigeführt. Wegen des atomaren Patts war aus seiner Sicht weiterhin ein Verzicht auf den Nuklearwaffeneinsatz vorstellbar. Zudem seien die Vorräte an Atomwaffen begrenzt und ihre Zielgenauigkeit unklar. Der Einsatz von Bodentruppen sei dann von besonderer Bedeutung, wenn die Luftschlacht beide Seiten entscheidend geschwächt hätte. Schließlich könne eine kriegerische Auseinandersetzung nur durch die Besetzung des feindlichen Territoriums mit Landstreitkräften beendet werden. Die konventionell konzipierte Bundeswehr würde den Erfordernissen der Atomwaffen dennoch Rechnung tragen und verhindern, von den Streitkräften der Sowjetunion überrollt zu werden. Denn amerikanische Erfahrungen bei Atomwaffenzündungen in der Wüste von Nevada hätten gezeigt, dass sich Bodentruppen der atomaren Vernichtung durch Auflockerung entziehen könnten. Deshalb würden höchst bewegliche, feuerstarke, gepanzerte Verbände benötigt.[291]

Die tatsächlichen Verhältnisse standen aus Heusingers Sicht im Gegensatz zu den »mitunter recht pseudo-strategischen und voreiligen Polemiken in der Presse«.[292] Die Presseberichte zogen jedoch schon Mitte Juli 1955 eine Große Anfrage der SPD-Fraktion im Deutschen Bundestag zu den Konsequenzen von »Carte Blanche« für die Verteidigungsplanung der Bundesregierung, insbesondere zum Schutz der Zivilbevölkerung, nach sich.[293] Als die Folgerungen aus »Carte Blanche« und »Operation Alert 1955«[294] in der 100. Sitzung des Deutschen Bundestages am 16. Juli 1955 und in der 116. Sitzung am 7. Dezember 1955 auf die Tagesordnung gebracht wurden, verwies Verteidigungsminister Blank auf

---

[291] BArch, DVW 1/25820a, Bericht über das NATO-Luftwaffenmanöver »Carte Blanche«, ohne Datum (1955), S. 6–37; Buchholz, Strategische und militärpolitische Diskussionen, S. 241–244; AWS, Bd 3 (Beitrag Greiner), S. 622 f.; Gablik, Strategische Planungen, S. 87–89; Groß, Mythos und Wirklichkeit, S. 294.

[292] BArch, BW 9/2527/111, Bericht über NATO-Luftmanöver »Carte Blanche«, 7.7.1955, fol. 6.

[293] BArch, BW 2/662, Deutscher Bundestag. 2. Wahlperiode 1953, Große Anfrage der Fraktion der SPD, Bonn, 13.7.1955.

[294] »Operation Alert 1955« war eine Übung der Zivilverteidigung in den USA, über die im Amt Blank jedoch keine Details bekannt waren und die in den Verantwortungsbereich des Bundesministers des Inneren verwiesen wurde. Siehe dazu: BArch, BW 2/662, Schreiben des Staatssekretärs des Bundeskanzleramtes Dr. von Cramer an den Bundesminister des Innern betreffend »Grosse Anfrage der Fraktion der SPD«, Bonn 16.8.1955.

den fiktiven Charakter der Manöver.²⁹⁵ Die Regierungserklärung stellte letztlich ein Plädoyer für die konventionelle Kriegführung dar, bei dem die bisherigen strategisch-operativen Betrachtungsweisen wiederholt wurden.²⁹⁶ Blank erklärte daher, dass »die deutschen militärischen Planungen diesen modernsten Erkenntnissen in vollem Umfang Rechnung« trügen.²⁹⁷ Axel Gablik hat dies als »Ausblenden des nuklearen Problems« bezeichnet,²⁹⁸ Gerhard P. Groß hat es »Illusion (Selbstbetrug)« genannt.²⁹⁹

Im Grunde wurde die durch »Carte Blanche« aufgeworfene Frage der Nuklearkriegführung, die sowohl die Rolle der zukünftigen Bundeswehr als auch die traditionelle Position des Heeres in Zweifel zog, im Amt Blank 1955 zunächst weiterhin nicht gelöst. Nach Einschätzung von Bruno Thoß kam man im Amt Blank jedoch spätestens seit »Carte Blanche« nicht mehr um die Einsicht in eine wesentlich nuklear ausgerichtete Planung der NATO herum.³⁰⁰ Je mehr sich die NATO-Planer auf den Nuklearwaffeneinsatz abstützten und je deutlicher dies für die Öffentlichkeit wurde, desto schwieriger war es für die politische und militärische Führung der Bundesrepublik Deutschland, ihren Standpunkt zu bewahren.³⁰¹

Bei der NATO waren die deutschen »Ideallösungen«³⁰² zur Verteidigung Westeuropas aus wirtschaftlichen und sicherheitspolitischen Gründen indessen kaum annehmbar. Auf der Konferenz der Verteidigungsminister der NATO im Oktober 1955³⁰³ wurde dies noch einmal ebenso deutlich wie im Vortrag des Generals Louis Le Puloch, Kommandeur der interalliierten taktischen Studiengruppe am NATO-Defence College (GETI), über die Rolle der Landstreitkräfte in einem Krieg in naher Zukunft³⁰⁴ im selben Monat oder wie in einem Vortrag von Montgomery zum »Dritten Weltkrieg«³⁰⁵ am 12. November 1955. Das im Rahmen von »carte blanche« angenommene Kriegsbild fand hier international noch einmal seine Bestätigung.

Andererseits ist es gar nicht verwunderlich, dass die westdeutsche Seite sich als absehbarer Hauptbetroffener von Kriegshandlungen in Europa für die kon-

---

²⁹⁵ BArch, BW 2/662, Deutscher Bundestag. 2. Wahlperiode 1953, Tagesordnung der 116. Sitzung des Deutschen Bundestages, 7.12.1955.
²⁹⁶ Ebd.; vgl. Gablik, Strategische Planungen, S. 87−89; Buchholz, Strategische und militärpolitische Diskussionen, S. 241−244; Groß, Mythos und Wirklichkeit, S. 294.
²⁹⁷ Bulletin, Nr. 131, S. 1112 f.; AWS, Bd 3 (Beitrag Greiner), S. 622 f.
²⁹⁸ Gablik, Strategische Planungen, S. 90. Auf der anderen Seite hat Gablik darauf hingewiesen, dass die NATO-Doktrin (Schwert und Schild) unter den Militärs bereits kontrovers diskutiert und viele Offiziere den Nuklearwaffen in einem zukünftigen Krieg eine erhebliche Bedeutung zuschrieben. Gablik, Strategische Planungen, S. 89.
²⁹⁹ Groß, Mythos und Wirklichkeit, S. 309.
³⁰⁰ Thoß, NATO-Strategie, S. 7.
³⁰¹ AWS, Bd 3 (Beitrag Greiner), S. 621.
³⁰² Ebd., S. 603.
³⁰³ Ebd., S. 624 f.
³⁰⁴ BArch, BW 2/1.946, Vortrag von General Le Puloch über die »Rolle der Landstreitkräfte im modernen Kriege«, Rohübersetzung, Collège de Défense NATO, 13.10.1955, S. 2−9.
³⁰⁵ BArch, BW 2/724, Royal United Service Institution, Vortrag von Feldmarschall Montgomery vom 12.10.1955, Übersetzung von I/A/9 vom 10.12.1955, S. 1.

ventionelle Kriegführung stark machte. Die der Bundeswehr zugedachte Rolle als »Stolperdraht« und »Lückenbüßer«, der den Feind zu Massierungen zwingen und ihn auf eigenem Territorium dem Atomfeuer aussetzen würde,[306] war eben so wenig akzeptabel. Bernd Greiner hat dies als »Schlachtfelddilemma«[307] des Jahres 1955 bezeichnet. Immerhin informierte Heusinger als einer der ersten die westdeutsche Öffentlichkeit über die »Scheußlichkeit und Furchtbarkeit eines zukünftigen Krieges«.[308]

Bei der Auseinandersetzung um das Kriegsbild ging es zu dieser Zeit nicht nur um nationale Sichtweisen, sondern auch um den Konkurrenzkampf von Land-, Luft- und Seestreitkräften. Wie »Carte Blanche« gezeigt hatte, priorisierte die NATO Luftstreitkräfte, da diese gemäß der MC 48 als Schwert den Angreifer mit Nuklearwaffen militärisch und politisch zu vernichten hatten. Dem Schild der Landstreitkräfte kam dabei – selbst mit integrierten taktischen Nuklearwaffen – eine untergeordnete Funktion zu.[309] In dem oben genannten Vortrag des Kommandeurs der Interalliierten Taktischen Studiengruppe (GETI) stellte deshalb Le Puloch als erstes Merkmal einer möglichen Atomschlacht um Mitteleuropa die erhöhte Bedeutung der Luftwaffe heraus, da sie die Hauptträgerin der Atomwaffen und damit zugleich die Waffe der strategischen Entscheidung sei.[310] Die gleiche Sichtweise spiegelte sich in Montgomerys Vortrag zum »Dritten Weltkrieg« wider: »Soweit ich die Dinge übersehen kann, wird die Luftmacht in jedem Weltkrieg, der uns in absehbarer Zukunft treffen würde, der ausschlaggebende Faktor sein.«[311] Dem stellvertretenden SACEUR schwebten »offensive Luftstreitkräfte in riesigem Maßstab«[312] vor. Was das Heer betraf, erwartete Montgomery, dass die Nuklearwaffen die gegnerische logistische Organisation schwer schädigen und somit Bewegungen des Feindes größeren Stils erheblich erschweren würden. Dessen Marine würde durch die Auflockerung der Flottenverbände auf See zwar anfangs der Zerstörung entgehen, die Zeit der großen Schiffe sei jedoch vorbei.[313] In der Abteilung Streitkräfte des Bundesverteidigungsministeriums, die mehrheitlich von ehemaligen Heeresoffizieren der Wehrmacht gebildet wurde, dominierten 1955 hingegen konventionelle, dem Landkrieg verhaftete Vorstellungen.[314] Heusinger und Speidel sahen die Luftwaffe als »den nahezu allein entscheidenden Wehrmachtsteil in

---

[306] Thoß, NATO-Strategie, S. 129.
[307] AWS, Bd 3 (Beitrag Greiner), S. 618.
[308] Bulletin, Nr. 120, S. 1002.
[309] AWS, Bd 3 (Beitrag Greiner), S. 628 f.; Lemke, Konzeption und Aufbau der Luftwaffe, S. 88.
[310] BArch, BW 2/1946, Vortrag von General Le Puloch über die »Rolle der Landstreitkräfte im modernen Kriege«, Rohübersetzung, Collège de Défense NATO, 13.10.1955, S. 9–17.
[311] BArch, BW 2/724, Royal United Service Institution, Vortrag von Feldmarschall Montgomery vom 12.10.1955, Übersetzung von I/A/9 vom 10.12.1955, S. 35.
[312] Ebd., Vortrag von Feldmarschall Montgomery: Kriegsorganisation im Modernen Zeitalter, Royal United Service Institution, 12.11.1955, S. 15.
[313] Ebd., Royal United Service Institution, Vortrag von Feldmarschall Montgomery vom 12.10.1955, Übersetzung von I/A/9 vom 10.12.1955, S. 21.
[314] Gablik, Strategische Planungen, S. 92.

einem künftigen Kriege«[315] allzu sehr in den Vordergrund gestellt. Auch in dieser Hinsicht wirkte bei den Westdeutschen die traditionelle Denkschule des ehemaligen Generalstabs immer noch nach.

Als Zwischenfazit ist festzuhalten, dass die Bundesrepublik Deutschland zum Zeitpunkt der Aufstellung der Bundeswehr im November 1955 vor dem Dilemma stand, trotz ihres Verteidigungsbeitrags im Verteidigungsfall von den eigenen Verbündeten nuklear zerstört zu werden. Während die militärische Führung der Bundeswehr beharrlich an ihrem traditionell geprägten Kriegsbild einer beweglichen Vorwärtsverteidigung, idealtypisch sogar in einem konventionell und regional begrenzten Krieg, festhielt, plante die NATO den allgemeinen Nuklearkrieg mit Schwert- und Schildstreitkräften. Auf der einen Seite wurden die deutschen operativen Erfahrungen aus dem Zweiten Weltkrieg und die Konzeption der Himmeroder Denkschrift dadurch entwertet. Auf der anderen Seite stellten Heusinger und Speidel selbstbewusst die in der NATO herrschenden Vorstellungen infrage und brachten die eigenen operativen Ansätze zum Tragen.[316] Dabei spielten politische Interessen und Ressortdenken der Teilstreitkräfte eine Rolle. Es ging aber auch darum, eine Abschreckungswirkung zu entfalten und Deutschland vor der atomaren Verwüstung zu bewahren.

Als Heusinger und Speidel von Bundespräsident Theodor Heuss am 10. November 1955 zu den ersten Dreisterne-Generalen der Bundeswehr ernannt wurden,[317] blieb für sie der von der NATO geplante Nuklearwaffeneinsatz vorerst lediglich eine Option der Kriegführung. Dennoch war eine Modifikation des Kriegsbildes von Himmerod für die Bundeswehr nunmehr dringend erforderlich geworden. Die Nuklearisierung des Gefechtsfeldes konnte nicht länger verdrängt werden. Als im Dezember 1955 die US-Heeresvorschrift über den taktischen Gebrauch von Atomwaffen ins Deutsche übersetzt wurde und Anfang 1956 in Oberammergau ein Atomlehrgang stattfand,[318] waren die Weichen zur Nuklearkriegführung auch für die Bundeswehr eigentlich gestellt.

---

[315] ZMSBw, Sammlung Militärgeschichte 1945–1990, Nachlass Dr. Hans Speidel, Mappe 60, Dr. Hans Speidel: Aufzeichnung über Gespräch mit Sir Basil Embry, CENTRE EUROPE in Fontainebleau, 15.7.1955, S. 1.
[316] AWS, Bd 3 (Beitrag Greiner), S. 629–637.
[317] Am 22.11.1955 folgte Heusingers Berufung zum Vorsitzenden des Militärischen Führungsrates im Bundesministerium für Verteidigung. Zur Organisationsgeschichte: Krüger, Das Amt Blank, S. 131–170, hier S. 169.
[318] BArch, BW 9/2527/7, Tagebuch (Textband) BMVtdg, Abt. II/IV, 4.7.55–31.12.55, Besprechung IV A, 14.12.1955, fol. 76.

e) Ausdifferenzierung und Wandel: Die langsame Nuklearisierung im traditionell geprägten Kriegsbild 1956

Bei allem Beharrungsvermögen in den traditionellen Denkmustern, wurde der von Bernd Greiner so bezeichnete »Trend zur Atomrüstung«[319] für die Bundeswehrführung im Jahr 1956 schließlich unabwendbar. Ein vorrangig konventionell geprägtes Kriegsbild ließ sich nicht länger aufrechterhalten. Aufgrund der durch den NATO-Beitritt eingegangenen Vertragsverpflichtungen, vor allem aber weil im Kriegsfall der SACEUR als Oberbefehlshaber die Operationen der westdeutschen Streitkräfte führen würde,[320] musste sich die Bundeswehrführung – zumindest ansatzweise – an den Planungen der NATO ausrichten. Deren Strategie, die Feindlagebeurteilung und die Aufbauschwierigkeiten bei der Bundeswehr stießen einen Umdenkprozess an.[321] Jener führte dazu, dass sich in der Doppelspitze der Bundeswehr ein differenziertes Kriegsbild herausbildete. Dass auch die taktische Nuklearkriegführung darin berücksichtigt wurde, machte einen qualitativen Unterschied zu den Vorstellungen von Himmerod aus und bedeutete eine klare Zäsur in der Entwicklung des Kriegsbildes. Wie im Jahr 1950 politische Vorgaben eine große Rolle spielten, so sollte die Entscheidung zur Integration taktischer Atomwaffen Ende 1956 wiederum auf der politischen Ebene fallen.

Im Ost-West-Konflikt forderte zwar der Kreml nach dem 20. Parteitag der KPdSU Mitte Februar 1956, die internationalen Spannungen zu mindern, stellte eine friedliche Koexistenz von Ost und West in Aussicht und sah – im Gegensatz zur Herrschaftsperiode Stalins – in der Auseinandersetzung zwischen Kapitalismus und Kommunismus einen Krieg als vermeidbar an, doch blieb die militärische Bedrohung durch die Truppen des Ostblocks unvermindert groß.[322] Mittlerweile war am 14. Mai 1955 die Warschauer Vertragsorganisation (WVO) als Gegenstück zur NATO gegründet worden, die der Sowjetunion die militärische Vormachtstellung im Osten sicherte. Angesichts ihrer anhaltenden fünffachen Überlegenheit an konventionellen Waffen gegenüber dem Westen sah Heusinger es weiterhin als die »Aufgabe jeder verantwortlichen Staatsführung [...], sich ein Bild von einem möglichen Krieg zu machen«.[323] Heusingers weiterentwickeltes »Bild des Krieges«[324] erschließt sich aus den Vortragsdokumenten seiner Handakte und stellte sich im Februar 1956 wie folgt dar: In einer ersten Phase, die bis zu 30 Tage umfassen würde, seien Atomschläge der NATO gegen den Angreifer zu erwarten. Diese würden mit Atombomben im Bereich

---

[319] AWS, Bd 3 (Beitrag Greiner), S. 724; Lemke, Konzeption und Aufbau der Luftwaffe, S. 106–112.
[320] BArch, BW 2/1860, Merkschrift »Handbuch für Führer und Führergehilfen« (Dienst in Höheren Stäben), Entwurf vom April 1956, S. 10.
[321] Groß, Mythos und Wirklichkeit, S. 296.
[322] Die sowjetische Niederschlagung des Ungarn-Aufstandes im Oktober 1956 zeigte, dass die ideologische Auseinandersetzung der Blöcke mit unverminderter Härte geführt wurde.
[323] BArch, BW 2/982, Handakte Heusinger: »Vortrag vor dem Verteidigungsrat und Kabinett am 3.2. und 22.2.1956: Die operative Planung im Atomkrieg«, S. 1
[324] Ebd., S. 4.

IV. Die Entwicklung von Kriegsbildern

von 20 bis 500 Kilotonnen in Form von Granaten, Raketen oder Fliegerbomben ausgeführt. Wasserstoffbomben entwickelten darüber hinaus eine Sprengkraft im Megatonnen-Bereich und würden ihre Vernichtungswirkung in einem Radius von zehn Kilometern entfalten. Die Nuklearwaffenangriffe würden sich in erster Linie gegen feindliche Luftstreitkräfte, Raketenabschussbasen, Führungseinrichtungen, Nachschubbasen und Truppenkonzentrationen richten, in zweiter Linie auch gegen Industrie und Bevölkerung der Sowjetunion und ihrer Verbündeten. Die Bundesrepublik sei besonders gefährdet, da sich auf ihrem Territorium viele Atomziele befänden. Heusinger ging davon aus, dass am Ende der ersten Kriegsphase beide Seiten schwer angeschlagen wären. Nachdem die Atomvorräte im nuklearen Schlagabtausch stark reduziert worden waren, gewannen aus Heusingers Sicht in der zweiten Kriegsphase die konventionellen Waffen an Bedeutung. Das Ziel der Kriegsparteien bestünde dann darin, die Streitkräfte des Gegners zu vernichten und dessen Territorium in Besitz zu nehmen. Die Nuklearwaffen wären dabei nur noch Hilfswaffen. Die Sowjets würden in ihren Bodenoperationen versuchen, einen Durchbruch zum Rhein, durch die Ostseeausgänge, die Dardanellen und die »Triester Pforte« zu erzielen. Der Schwerpunkt der Kämpfe läge in Zentraleuropa und müsste im Rahmen der Verteidigung so weit wie möglich nach Osten geschoben werden. Für den Erfolg der Verteidigung war es aus Heusingers Sicht wichtig, die Ostsee und das Schwarze Meer zu sperren, die Seewege über den Atlantik auf diese Weise offen zu halten, See- und Luftoperationen gegen östliche See- und Luftstreitkräfte und deren Basen sowie gegen sowjetische Kraftzentren zu führen. Wichtig erschien ihm weiterhin, dass die Landstreitkräfte in Westdeutschland Gegenangriffe unternahmen. Als wichtige Erfolgsfaktoren schätzte er unverändert Beweglichkeit, Auflockerung, Tarnung, Schanzarbeiten, Aufklärung, Nachtausnutzung und Führungskunst ein. Entscheidend sei aber vor allem auch die Luftüberlegenheit. Was die Rolle der Teilstreitkräfte[325] betraf, sah Heusinger die Luftwaffe vor allem als Atomwaffenträgerin und die Marine als schwimmende Luftbasis sowie Garantin der Nachschubsicherung. Das Heer als »einzige Besetzungswaffe« war aus seiner Sicht vor allem für die bodengebundene Verteidigung der Luftwaffenbasen zuständig[326]. Die Atomwaffe selbst schätzte Heusinger sogar als möglichen vierten »Wehrmachtteil«[327] ein. Aufgrund der technischen Entwicklung, der Massenvernichtungswaffen und der zunehmenden Ideologisierung seit 1945 konnte aus seiner Sicht ein Krieg nur noch mit allen Kräften eines Volkes geführt werden. Eine Trennung zwischen Front und Heimat bestand in seinen Augen daher nicht mehr. Am Ende gebe es wegen des

---

[325] Mit der Aufstellung der Bundeswehr wurde die Verantwortung für die personelle und materielle Einsatzbereitschaft ihrer Teilstreitkräfte Heer, Marine und Luftwaffe unter dem Dach des Verteidigungsministeriums den jeweiligen Inspekteuren zugewiesen. Heusinger sah erst in der Aufstellung der Teilstreitkräfte am 2.1.1956 die eigentliche Geburtsstunde der Bundeswehr. Thoß, Einführung, S. 1.
[326] BArch, BW 2/982, Handakte Heusinger: »Vortrag vor dem Verteidigungsrat und Kabinett am 3. und 22.2.1956: Die operative Planung im Atomkrieg«, S. 3.
[327] Ebd., S. 3.

Ausmaßes der Zerstörungen keinen Sieger und keinen Besiegten. Insoweit spielte für Heusinger der Abschreckungsgedanke eine wichtige Rolle. Erneut leitete er aus seinen Ausführungen Forderungen ab. So seien im militärischen Bereich die Radarsysteme auszubauen und im zivilen Sektor der Luftschutz und die Evakuierung der Bevölkerung zu organisieren.[328]

In diesem Kriegsbild Heusingers waren einerseits – vor allem in der ersten Phase – viele Einsichten verarbeitet, welche die Bundeswehrführung in den letzten Jahren bei der NATO gewonnen hatte. Auf der anderen Seite enthielt es – insbesondere in der zweiten Phase – viele traditionelle Elemente, vor allem auch die Vorwärtsverteidigung. Gegenüber den bisherigen Gedankengebäuden war Heusingers Kriegsbild des Jahres 1956 im Hinblick auf die Aspekte von Land-, Luft- und Seekriegführung insofern ausgewogener, als es den bisher aufeinanderprallenden unterschiedlichen Vorstellungen stärker im Sinne eines Kompromisses Rechnung trug. Dennoch war es mit den Planungen der NATO-Führung bei Weitem nicht deckungsgleich. Denn Heusingers Kriegsbild ging tendenziell von einer längeren Dauer der Kriegshandlungen aus und trug – indem es die Wirksamkeit des nuklearen Schwertes infrage stellte – deutlich konventionellere Züge. Der entscheidende Unterschied zwischen seinen Sichtweisen und denjenigen der NATO-Führung lag jedoch darin, dass Heusinger bei der militärischen Auseinandersetzung zwischen Ost und West zwar prinzipiell von einem weltweiten Krieg ausging, jedoch die Möglichkeit herausstellte, dass es auch nur »kleine Kriege geben«[329] würde.

Diese differenzierte Betrachtungsweise spiegelte den Wunsch der Bundeswehrführung nach einer Alternative zum Nuklearkrieg wider und fand auch in den ersten Führungsvorschriften der Bundeswehr ihren Ausdruck. Im März 1956 erließ Blank parallel zwei Truppenführungsvorschriften des Heeres: einerseits die Heeresdienstvorschrift HDv 100/1 »Grundsätze der Truppenführung des Heeres (T.F./G.)«[330] für die konventionelle Kriegführung und andererseits die Heeresdienstvorschrift HDv 100/2 »Führungsgrundsätze des Heeres im Atomkrieg (T.F./A.)«.[331] Eigentlich für die mittlere Führungsebene im Heer gedacht, nahmen diese Vorschriften faktisch die Bedeutung einer zentralen Vorschrift für die Truppenführung aller Teilstreitkräfte und Truppengattungen ein. Da die weiter oben bereits erwähnte Entwurfsvorlage des Generals a.D. Theodor Busse von 1952 den Anforderungen der Zeit nicht mehr genügte, wurde auf dieser Vorarbeit aufbauend seit 1954 an einer neuen Vorschrift gearbeitet, bis sie im März 1956 als HDv 100/1 herausgegeben werden konnte.

Die HDv 100/1 beschränkte sich explizit auf die Grundsätze eines mit herkömmlichen Waffen geführten Krieges und stellte einen Kompromiss zwischen den

---

[328] BArch, BW 2/982, Handakte Heusinger: »Vortrag vor dem Verteidigungsrat und Kabinett am 3.2. und 22.2.1956: Die operative Planung im Atomkrieg«, S. 1–7 und 10.
[329] Ebd., S. 4.
[330] BArch, BHD 1/794, HDv 100/1, Grundsätze der Truppenführung des Heeres (T.F./G.), März 1956.
[331] BArch, BHD 1/565, HDv 100/2, Führungsgrundsätze des Heeres im Atomkrieg (T.F./A.), März 1956.

IV. Die Entwicklung von Kriegsbildern

deutschen Weltkriegserfahrungen und den Überlegungen der Verbündeten zur nichtnuklearen Kriegführung dar. Aus der alten T.F. 33 zum Gefecht der verbundenen Waffen waren wiederum ganze Passagen übernommen worden, was einmal mehr die Kontinuitäten aus Reichswehrzeiten dokumentierte. Die HDv 100/1 vermittelte, dass Schnelligkeit, Beweglichkeit, Überraschung und Täuschung, Angriff in Flanke und Rücken, Aufklärung und Schwerpunktbildung – auch aus einer Position der Unterlegenheit heraus – weiterhin die Erfolgsfaktoren in der Kriegführung darstellen würden. Entsprechend der alten Feindlagebeurteilung wurde der Panzerabwehr entscheidende Bedeutung zugemessen. Besonders betont wurde der Angriff, während das Kapitel »Abwehr« mit hinhaltendem Kampf und Verteidigung aus Stützpunkten heraus eher kurz gefasst war. Die Orientierung am traditionellen operativen Denken wurde ganz im Sinne Heusingers begründet: »Führung und Truppe müssen jederzeit in der Lage sein, in der herkömmlichen Form zu kämpfen, falls Atomwaffen nicht eingesetzt werden.«[332]

Gerhard P. Groß hat daruf hingewiesen, dass die Vorschrift bereits mit ihrem Erscheinen 1956 veraltet war.[333] Zumindest zeigte das Dokument die anhaltende gedankliche Fixierung auf die Option eines begrenzten, konventionellen Krieges. »Unter dem Eindruck der massiven Vergeltungsstrategie erschien die offizielle Begründung für die Trennung von konventioneller und atomarer Kampfführung wie Wunschdenken«[334] lautete hierzu treffenderweise Axel Gabliks Fazit. Allerdings wurde in der HDv 100/1 ja auf die HDv 100/2 zur Atomkriegführung, die aller Voraussicht nach aber noch Wandlungen unterliegen werde, verwiesen. Die »Führungsgrundsätze des Heeres im Atomkrieg« beschäftigten sich mit dem Wesen und der Wirkung von Atomwaffen sowie ihren Auswirkungen auf die Kampfweise.[335] Diese Vorschrift lässt eine Geringschätzung der nachhaltigen Natur von Nuklearwaffen erkennen. An Aussagen wie der folgenden kann dies festgemacht werden:

»Die Atomwaffen ermöglichen im taktischen Rahmen Verluste und Zerstörungen, die mit herkömmlichen Waffen nur unter großem materiellen, personellen und zeitlichen Aufwand sowie hoher Konzentration der Mittel zu erreichen sind.«[336]

Zugleich wird in der HDv 100/2 eine gewisse Unbedarftheit im Umgang mit taktischen Atomwaffen deutlich. Beispielsweise wurde darauf hingewiesen, dass Panzer verstrahltes Gebiet »sofort nach der Detonation ohne Gefährdung überschreiten«[337] könnten. Als Norm für den taktischen Nuklearwaffeneinsatz wurden Atomkörper von ca. 20 Kilotonnen Sprengkraft angenommen, die in

---

[332] BArch, BHD 1/794, Grundsätze der Truppenführung des Heeres (T.F./G.), März 1956, Vorbemerkung, S. 3.
[333] Groß, Mythos und Wirklichkeit, S. 299–302.
[334] Gablik, Strategische Planungen, S. 102.
[335] BArch, BHD 1/565, HDv 100/2, Führungsgrundsätze des Heeres im Atomkrieg (T.F./A.), März 1956, S. 7–25.
[336] Ebd., S. 13.
[337] Ebd., S. 12.

ihrer Wirkung etwa den Bomben von Hiroshima und Nagasaki aus dem Jahr 1945 entsprachen und einen unmittelbaren Wirkungsradius von etwa zwei bis drei Kilometern hatten. Die Vorschrift machte Ausführungen sowohl zum eigenen als auch zum feindlichen Nuklearwaffeneinsatz. Insgesamt konnte aus der HDv 100/2 jedoch gefolgert werden, dass Atomwaffen die herkömmlichen Führungsgrundsätze nicht außer Kraft setzen würden.[338]

Heusingers differenzierte Sichtweise wurde von Speidel weiterhin geteilt und von beiden Bundeswehroffizieren auch über die nächsten Monate hinweg beharrlich vertreten. Als Heusinger vor dem Führungspersonal der Bundeswehr am 5. Mai 1956 zum Thema »Grundlagen und Bild eines Zukunftskrieges«[339] vortrug, griff er die aus dem Februar bekannten Phasen wieder auf. Besonders stellte er die zweite, konventionelle Phase des Krieges heraus, in der es darauf ankäme, um Schlüsselgelände zu kämpfen, gegnerische Streitkräfte zu vernichten und das feindliche Territorium zu erobern. Indem Heusinger dieses Kriegsbild erläuterte, trat er für eine alternative Option zur NATO-Strategie ein. Interessanterweise verwies er bei seinem differenzierten Kriegsbild auf die fatalen deutschen Erfahrungen des Jahres 1914, als der Schlieffenplan die erste Phase des Ersten Weltkrieges bestimmte. Heusinger zog es deshalb vor, die Atomwaffe nur als eine »gewaltige Unterstützungswaffe«[340] anzusehen. Er wollte die Planer bei SHAPE davon abbringen, die Nuklearwaffen zum alleinigen Ausgangspunkt ihrer Überlegungen zu machen.[341] Speidel griff diesen Gedanken auf und wies auf die Möglichkeit, ja Notwendigkeit eines begrenzten Krieges hin, weil ein Atomkrieg die gegenseitige Vernichtung bedeuten würde:

»Die Vernunft verlangt die Ausnutzung der Atomkraft nur zu friedlichen Zwecken [...] Wissenschaft und Technik werden nicht beim Jahre 1956 stehenbleiben, und der Realismus unserer Zeit darf sich leider nicht nur auf ethische und philosophische Kenntnisse und Forderungen verlassen in einem Zeitalter, wo gebannt oder offen immer noch die Herrschaft der Macht sich offenbart [...] Für alle Fälle muss in Rechnung gestellt werden, dass die Atomwaffe von keiner Seite angewandt wird, weil der Einsatz die sofortige Vernichtung beider Gegner nach sich ziehen würde [...] Es darf auch an die Möglichkeit von Teilkriegen erinnert werden, Korea, Indochina, Nordafrika und was Sie noch nennen wollen, die nicht oder noch nicht zu einem Weltkrieg führen und deshalb von beiden Seiten nicht mit Atomkraft entschieden werden. Es kann also Kriege geben, die auf alle Fälle noch mit klassischen Waffen durchgeführt werden.«[342]

---

[338] Groß, Mythos und Wirklichkeit, S. 301 f.
[339] BArch, BW 2/982, Handakte Heusinger, Vortrag vor 1. Lehrgang in Sonthofen am 5.5.1956: Grundlagen und Bild eines Zukunftskrieges.
[340] BArch, BW 2/980, Notiz für Studie, Gedanken General Heusingers zur Atomkriegführung, (ohne Datum) 1956, S. 1.
[341] AWS, Bd 3 (Beitrag Greiner), S. 707.
[342] BArch, BW 11 VI/9, Ansprache des Herrn Gen.Lt. Dr. Speidel zur Eröffnung des Lehrganges II am 16.7.1956 in Sonthofen (nach Tonband), S. 16.

Mit diesen Vorstellungen fand die Bundeswehrführung beim SACEUR jedoch keine Übereinstimmung. Das Leitbild der NATO stand dem nach wie vor entgegen. Für Gruenther gab es keine kleinen Kriege in Mitteleuropa, sondern ausschließlich den allgemeinen Nuklearkrieg, der binnen 30 Tagen entschieden wäre. Auch Montgomery sah begrenzte Konflikte nur außerhalb des NATO-Vertragsgebietes. Der SACEUR betonte, dass es ihm in einem Kriege um die maximale Ausnutzung des Atompotenzials durch die strategischen Luftwaffen der USA und Großbritanniens ginge. Würde diese Luftschlacht nicht gewonnen, ginge der gesamte Krieg verloren. Die Landstreitkräfte sollten den Feind lediglich zu Kräftemassierungen zwingen. Frontrücknahmen und nukleare Zerstörungen auf dem Gebiet der Bundesrepublik wären dabei zwangsläufig in Kauf zu nehmen.[343] Dieses Kriegsbild hatte zuvor bereits eine GETI-Studie[344] vom März und eine NATO-Gefechtsstandübung[345] vom April 1956, an denen auch Bundeswehroffiziere teilnahmen, deutlich werden lassen. Vor allem die GETI-Studie hatte klar gemacht, dass das gesamte Arsenal taktischer Atomwaffen (280-mm-Geschütze, »Honest John« und »Corporal«) zwischen 2 und 500 Kilotonnen genutzt werden sollte, um nicht nur die Streitkräfte des Gegners selbst mit Atomfeuer zu treffen, sondern auch den feindlichen Vormarsch mit nuklear ausgelösten Sperren zu verlangsamen und zu kanalisieren. Das überlegene westliche Potenzial an strategischen und taktischen Atomwaffen würde nach den Erkenntnissen der Studie die Entscheidung bringen. Der Bundeswehr käme dabei lediglich die Rolle der »Deckungstruppen« zu.[346]

Heusinger jedoch scheute sich vor diesem – wie Bernd Greiner es genannt hat – »Blick ins offene Grab«[347]. Er dachte weiterhin auf Alternativen herum. Während in einem möglichen Krieg die Nuklearwaffen bei den führenden Köpfen der NATO also die erste Wahl blieben, drehte die Bundeswehrführung die Prioritätenreihenfolge einfach um. Ihrer Ansicht nach sollten die Nuklearwaffen erst zum Einsatz kommen, wenn die konventionelle Verteidigung scheiterte. Deshalb befürwortete Heusinger weiterhin starke konventionelle Landstreitkräfte.[348] Doch auch in den USA selbst regte sich Widerstand gegen das ausschließlich nuklear und deshalb vor allem auf die Luftstreitkräfte ausgelegte Kriegsleitbild in der NATO. Besonders General Maxwell Davenport

---

[343] AWS, Bd 3 (Beitrag Greiner), S. 717 und 724−728; BArch, BW 2/2722, Handakte Heusinger, Gespräche in Paris am 21.8.1956, Gespräch mit General Gruenther, Bonn, 22.8.1956, S. 3. Zugleich spielte der Abschreckungsgedanke im Konzept des SACEUR eine wichtige Rolle.

[344] BArch, BW 2/1946, Schreiben IV-A-2 an Unterabteilung IV-A betreffend »Studie Nr. 6 der GETI«, Bonn, 29.3.1956, mit Anlage 1 »Kurzfassung (auszugsweise Wiedergabe) der GETI-Studie Nr. 6, Einige taktische Aspekte der ersten Tage der Land-Luftschlacht«.

[345] An der NATO-Gefechtsstandübung »Ablauf eines großen Krieges im Jahre 1961« vom 24. bis 27.4.1956 nahmen erstmals als Zuschauer in Uniform die Generalleutnante Heusinger und Speidel sowie Vizeadmiral Friedrich Ruge teil. Montgomery prognostizierte dabei, dass ein künftiger Krieg höchstens 50 Tage dauern würde. Siehe dazu auch: Gablik, Strategische Planungen, S. 102 f.

[346] BArch, BW 2/1946, Kurzfassung der GETI-Studie Nr. 6, Anlage 1 zu IV-A-2 Tgb.Nr. 480/56 von IV-A-2, Tagebuchnummer 480/56 vom 29.3.1956, S. 15−23.

[347] AWS, Bd 3 (Beitrag Greiner), S. 742.

[348] Hammerich, Kommiss kommt von Kompromiss, S. 108 f.

Taylor, der Stabschef der U.S. Army, kritisierte diese Sichtweise, zumal beim amerikanischen Heer zu dieser Zeit Kürzungen um bis zu 450 000 Mann vorgesehen waren.[349] Im September 1955 reiste Speidel in die USA und traf sich mit Taylor, der im Frühjahr 1960 mit seinem Buch »The Uncertain Trumpet« die US-Nuklearstrategie infrage und die Vorstellung eines begrenzten Krieges im Gegensatz zu einem allgemeinen Nuklearkrieg in den Vordergrund stellen sollte.[350] Erneut wird an dieser Stelle deutlich, dass bei der Auseinandersetzung um das Kriegsbild ein Interessenkonflikt von Heer, Luftwaffe und Marine mitschwang. Dieser existierte jedoch nicht nur in den USA, sondern auch unter den Teilstreitkräften der Bundeswehr.

Innerhalb der Bundeswehr hatte am 6. März 1956 Ruge die Leitung der Abteilung VII Marine, die zuvor Kapitän zur See Adolf Zenker innegehabt hatte, übernommen. In der Marineführung waren die konzeptionellen Gedanken für den Kriegsfall in den vergangenen Monaten auch ins »blaue Wasser« der Nordsee sowie des Atlantiks gewandert, zugleich Vorstellungen von maritimer Geltung wiederbelebt worden.[351] Generalleutnant Josef Kammhuber[352] wurde am 6. Juni 1956 Leiter der Abteilung VI Luftwaffe, und Generalleutnant Hans Röttiger[353] sollte am 15. Oktober 1956 die Stellung des Leiters der Abteilung Heer einnehmen.[354] Axel Gablik hat vermutet, dass sich führende Heeresoffiziere gegen eine Ausrichtung auf den Atomkrieg und zugleich gegen den Vorzug der Luftwaffe sträubten.[355] Aus Sicht von Gablik und Gerhard P. Groß war es ein psychologisches Problem, dass die klassische Rollenverteilung zwischen Heer und Luftwaffe mit der Nuklearkriegführung auf den Kopf gestellt wurde. Das Heer lief nun Gefahr, seine traditionell herausgehobene Position innerhalb der Streitkräfte zu verlieren.[356] Demnach hätte sich Heusingers Eintreten für die konventionelle Kriegführung gegen die drohende Dominanz der Luftwaffe, namentlich gegen die Machtstellung und Sicht von Kammhuber gerichtet. Und tatsächlich sah der baldige erste Inspekteur der Luftwaffe – sich vor allem an den Denkmustern der NATO orientierend[357] – seine Teilstreitkraft in der Rolle des NATO-Schwertes. Dies wurde deutlich, als Kammhuber im Juli 1956 sein Kriegsbild vor Stabsoffizieren der Bundeswehr skizzierte:

---

[349] BArch, BW 9/2527, 8. Diensttagebuch der Abteilung IV-A, 5.9.1956. Nach Gablik, Strategische Planungen, S. 106.
[350] Gablik, Strategische Planungen, S. 94 f.; Steinhoff/Pommerin, Strategiewechsel, S. 26.
[351] Sander-Nagashima, Die Bundesmarine 1950 bis 1972, S. 49–53 und S. 67–80.
[352] Zum Werdegang Kammhubers siehe: Schmidt, »Seines Wertes bewusst«!, S. 351–381.
[353] Zum Werdegang Röttigers siehe Lingen, Von der Freiheit der Gewissensentscheidung, S. 383–407.
[354] Gablik, Strategische Planungen, S. 102. Die Verzögerung der Amtsübernahme der drei designierten Inspekteure war auf das Verfahren vor dem Personalgutachterausschuss zurückzuführen.
[355] Gablik, Strategische Planungen, S. 102.
[356] Ebd., S. 132. Vgl. Groß, Mythos und Wirklichkeit, S. 309.
[357] Schmidt, Gewaltdispositionen, S. 187–208; Lemke, Konzeption und Aufbau der Luftwaffe, S. 79–112. Wolfgang Schmidt sprach ganz allgemein von einem »amerikanisierten Image« der Luftwaffenführung. Schmidt, Briefing statt Befehlsausgabe, S. 653.

IV. Die Entwicklung von Kriegsbildern

»Ein kommender Krieg, der von Russland gegen Amerika zu führen wäre, kann nur von der Luftwaffe ausgeführt werden. Denn nur die Luftwaffe hat die Möglichkeit, dem Feind den Schaden zuzufügen, der nun mal notwendig ist, um ein Land, wie es Amerika ist, zu zerschlagen und damit ein Kriegsziel zu erreichen.«[358]

Kammhuber machte im Gegensatz zu Heusinger und Speidel die Atomentwicklung zum Ausgangspunkt seiner Überlegungen. Nur die Luftwaffe verfügte aus seiner Sicht über die Mittel, um »die Atomwirkung in den Feind hinein«[359] zu tragen, zunächst mit Bomberflotten und künftig mit Fernraketen. Amerikaner und Briten seien aufgrund ihres technischen Vorsprungs mit ihren Bomberflotten in der Lage, die Kraftzentren des Ostens in einer global angelegten Kriegführung zu zerstören und mit Aussicht auf Erfolg ein baldiges Ende eines Krieges herbeizuführen. Deutschland würde im Kriegsfall durch seine Lage am Eisernen Vorhang aber den ersten Schlag abbekommen. Kriegsziel der Sowjets wäre es, einen eurasischen Block zu schaffen, um den USA an Kraftquellen überlegen zu sein. Gerade die personellen und materiellen Ressourcen Deutschlands hätten dabei ein entscheidendes Gewicht. Möglicherweise fiele deshalb auf deutschem Boden keine Atombombe. Nach Kammhubers Verständnis müssten Militärs jedoch stets die ungünstigste Situation ins Auge fassen und von einem Angriff mit Atomwaffen gegen die Bundesrepublik Deutschland ausgehen. Bei Geschwindigkeiten von 1,5 Mach der Flugzeuge habe die Kanone als Waffensystem ausgedient. Der Krieg würde sich in einer Höhe von 15 km, in ein paar Jahren 25 km abspielen, der vom Boden aus nicht zu hören und zu sehen wäre, sondern sich nur elektrisch durch Radargeräte erfassen ließe. Der Erfolg im Krieg der Zukunft hing nach Kammhuber daher vom technologischen Fortschritt ab. Bemerkenswerterweise verwies er auf den technischen Vorsprung der Westalliierten im Zweiten Weltkrieg. »Es dreht sich nur darum, den kleinen Vorsprung in dem Moment zu gewinnen, in dem der Krieg ausbricht.«[360] Deshalb sei im internationalen Rahmen technokratisches Denken und die Orientierung am NATO-Rahmen erforderlich.

Hier fand innerhalb der Bundeswehr eine Art Verselbstständigung des Kriegsbildes für die Luftwaffe statt. Kammhuber richtete sich weniger am Himmeroder Leitbild als an den Vorstellungen und Einsatzverfahren der Amerikaner aus.[361] Dass die Sichtweise Kammhubers von Luftwaffen-General Lauris Norstad, dem neuen SACEUR ab November 1956, unterstützt wurde, ist nicht verwunderlich.[362] Den ersten Inspekteur des Heeres, Hans Röttiger, im Zweiten Weltkrieg General der Panzertruppen, stellte ein möglicher Befehl zum Einsatz von

---

[358] BArch, BW 11 VI/9, Rede des Generals Kammhuber vor den Stabsoffizieren des Lehrganges II Gesamtstreitkräfte in Sonthofen (nach Tonband), Juli 1956, S. 1.
[359] Ebd., S. 1.
[360] Ebd., S. 12.
[361] Schmidt, Briefing statt Befehlsausgabe, S. 655–559.
[362] BArch, BW 2/2722, Handakte Heusinger, Gespräche in Paris am 21.8.1956, Gespräch mit General Norstad, Bonn, 22.8.1956, S. 5. Siehe auch: Lemke, Konzeption und Aufbau der Luftwaffe, S. 80–87.

Massenvernichtungswaffen hingegen vor Gewissensfragen.[363] Heusinger blieb vor dem Hintergrund dieses Interessenkonfliktes bei seiner differenzierten Sichtweise: »Es besteht die Gefahr, dass wir nur im Schlepptau der Amerikaner und der amerikanischen Gedankengänge abmarschieren (Kammhuber, Graf Kielmannsegg [sic]). Das darf nicht geschehen. Es muß eine Alternative zum Atomkrieg geben.«[364]

In drei grundlegenden Studien vom November 1956 ließ die Doppelspitze der Bundeswehr dieses Kriegsbild noch einmal umfassend fixieren: Mit der Feststellung »Das Bild eines künftigen Krieges ist unklar.«[365] wurde in der Studie Nr. 1 »Gedanken zur deutschen Verteidigung«[366] vom 8. Oktober 1956 einleitend die Notwendigkeit einer differenzierten Sichtweise betont. Jedoch musste selbstkritisch eingeräumt werden, dass die deutschen Erfahrungen des Zweiten Weltkrieges aufgrund technologischer Fortschritte in ihrem Kurswert erheblich gesunken seien. Mit dem taktischen Einsatz von Atom- und Wasserstoffbomben müsse mittlerweile gerechnet werden. Dennoch seien herkömmliche Waffen im Kriege auch künftig unabdingbar, vor allem um nach einem »Atomgewitter«[367] die zu erwartenden chaotischen Zustände zu beheben und die Volkssubstanz zu schützen. Der Krieg der Zukunft werde jedoch nicht nur die Truppe, sondern in totaler Art und Weise alle Bereiche des Lebens betreffen. In der Studie Nr. 2 »Gedanken zur Organisation, Ausbildung und Führung des Heeres«[368] vom 11. Oktober 1956 wurden diese Grundgedanken insbesondere für die Teilstreitkraft Heer noch einmal wiederholt: »Eins kann man wohl heute schon sagen, dass über die Art eines künftigen Krieges noch längere Zeit Meinung gegen Meinung stehen wird und sich keine Ansicht auf positive Beweise stützen kann.«[369] Die zahlenmäßige Unterlegenheit gegenüber dem Osten müsse durch höhere Wirksamkeit ausgeglichen werden. Der Atomkrieg sei zwar in allen Ausbildungszweigen zu berücksichtigen, die Aufgabe des Heeres liege jedoch vor allem darin, die Vorwärtsverteidigung zu realisieren. In ihrem Sinne sollten die Alliierten beeinflusst werden. Auch die Studie Nr. 3 »Grundlagen-Sammlung für den Deutschen Verteidigungs-Beitrag«,[370] die den Zweck verfolg-

---

[363] Röttiger, Umrüstung, S. 517 f. Aus Sicht Frank Reichherzers resultierte das Unbehagen am Atomkrieg aus der Tradition des deutschen Idealismus. Reichherzer, Zwischen Atomgewittern und Stadtguerilla, S. 147.

[364] BArch, BW 2/980, Notiz für Studie, Gedanken General Heusinger zur Atomkriegführung, (ohne Datum) 1956, S. 2.

[365] BArch, BW 2/2673, Militärischer Führungsrat, »Studie Nr. 1 Gedanken zur deutschen Verteidigung«, Bonn, 8.10.1956, S. 1.

[366] Ebd. Die Studie wurde nicht von Heusinger selbst verfasst, er gab jedoch am 15.10.1956 sein Einverständnis zum Inhalt. Siehe dazu BArch, BW 2/980, Entwurf zur »Studie über ›Gedanken zur deutschen Verteidigung‹«, 15.10.1956.

[367] BArch, BW 2/2673, Militärischer Führungsrat, »Studie Nr. 1 Gedanken zur deutschen Verteidigung«, Bonn, 8.10.1956, S. 8.

[368] BArch, BW 2/2673, Der Vorsitzende des Militärischen Führungsrates, »Studie Nr. 2 Gedanken zur Organisation, Ausbildung und Führung des Heeres«, Bonn, 11.10.1956.

[369] Ebd., S. 1.

[370] BArch, BW 2/2673, Studie Nr. 3 Grundlagen-Sammlung für den Deutschen Verteidigungs-Beitrag, (ohne Datum) 1956.

IV. Die Entwicklung von Kriegsbildern

te, Zukunftsentwicklungen abzuschätzen und die deutschen Auffassungen gegenüber den westlichen Verbündeten herauszustellen, enthielt sehr differenzierte Sichtweisen. In ihrem Aufbau folgte sie im Groben dem bekannten Schema. Den möglichen Absichten des Ostblocks[371] in Europa wurde das strategische Konzept der NATO[372] gegenübergestellt. Die Studie enthielt vor allem aber die über die letzten Jahre entwickelten deutschen Gedanken zur Kampfführung in Mitteleuropa. Den Bedingungen des Nuklearkrieges wurde mit jährlichen Hochrechnungen der Produktion an kernwaffenfähigem Material und den Leistungsdaten von Nuklearwaffenträgern Rechnung getragen. Der Bundeswehrführung war dabei bewusst, dass die Entscheidung einen Atomkrieg zu führen, außerhalb ihres Ermessens lag: »Notwendig und realistisch ist daher die Vorbereitung einer Verteidigung für den Atomkriegsfall, bei dem die nucleren [sic] Waffen bereits jetzt als gewaltige Unterstützungswaffen anzusehen sind.«[373] Aufgrund des für das Jahr 1960 errechneten nuklearen Patts wurde neben den gedanklich bereits früher durchgespielten umfassenden Angriff des Warschauer Paktes bis zum Atlantik, zu den Pyrenäen und zum Persischen Golf die Möglichkeit eines auf die Bundesrepublik Deutschland begrenzten lokalen Krieges gestellt. Dieser könnte überraschend und ohne Atomwaffen mit ca. 50 Divisionen aus der Deutschen Demokratischen Republik (DDR) heraus geführt werden. Die von SHAPE vertretene Auffassung, dass der nukleare »general war« die einzige Kriegsform darstellen würde, erfuhr Kritik: »Diese Betrachtungsweise stellt eine gefährliche Überspitzung der Dinge dar.«[374] Im Mittelpunkt der Leitvorstellungen für die Bundeswehr stand der Wunsch, einen lediglich konventionell geführten Verteidigungskrieg mit ausreichenden Kräften erfolgreich beenden zu können. Doch wurde unmittelbar aus den eigenen Reihen daran Kritik laut.

Oberstleutnant i.G. Alfred Martin aus der Abteilung IV A 1 im Führungsstab der Bundeswehr[375] fühlte sich aufgrund seiner Kenntnis der gültigen NATO-Dokumente dazu berufen, Antithesen zu formulieren:

»In ihnen ist das Bild eines grossen Krieges unheimlich scharf umrissen (siehe Emergency Defence Plan [EDP], Atomic-Strike-Plan, MC 48-Serie u.a.m.). Ich halte es für falsch und gefährlich, sich diesen Plänen entgegenstellen zu wollen.«[376]

---

[371] Zugrunde lagen genaue Informationen über Zahlen und Dislozierung von insgesamt 175 sowjetischen Kampfdivisionen, davon 22 in der DDR, einzelne Waffensysteme sowie die sowjetischen Führungsgrundsätze.

[372] Ausgegangen wurde von der MC 48 (Schwert und Schild) einschließlich des Einsatzes taktischer Atomwaffen. Zugrunde lagen den Einschätzungen Informationen der Verbündeten z.B. in Form von Gesprächsnotizen und aus der internationalen Presse (z.B. U.S. News & World Report; Army, Navy, Air Force Journal). BArch, BW 2/2673, Studie Nr. 3 Grundlagen-Sammlung für den Deutschen Verteidigungs-Beitrag, (ohne Datum) 1956, S. 293‒372.

[373] Ebd., S. 103.

[374] Ebd., S. 102.

[375] BArch, BW 2/2673, IV A 1, Oberstleutnant Martin betreffend Studie Nr. 1 des Stabes des MFR »Gedanken zur deutschen Verteidigung«, Bonn, 17.10.1956. Siehe auch: Hammerich, Kommiss kommt von Kompromiss, S. 174.

[376] BArch, BW 2/2673, Militärischer Führungsrat, »Studie Nr. 1 Gedanken zur deutschen Verteidigung« vom 8.10.1956.

Als Franz Josef Strauß, ein Protagonist der westdeutschen Nuklearpolitik, am 16. Oktober 1956 zum Bundesverteidigungsminister berufen wurde und Adenauer nach der Tagung des NATO-Rats im Dezember 1956 auf dessen Linie einschwenkte, bedeutete dies nicht nur einen Kurswechsel in der deutschen Sicherheitspolitik.[377] Das Spannungsverhältnis im Kriegsbild der Bundeswehrführung verstärkte sich noch einmal mehr. Allerdings fand Strauß bei seinem Amtsantritt eine militärische Führungsriege vor, die sich seit Wochen bereits auf eine Nuklearisierung der Bundeswehr eingestellt hatte.[378] Die Entwicklung des Kriegsbildes war damit in eine neue Phase getreten.

f) Zwischenfazit

Zusammenfassend kann zur Entwicklung der Kriegsbilder im Amt Blank und in der frühen Bundeswehr bis November 1956 festgehalten werden, dass sich die Vorstellungen sehr stark an traditionellen operativen Denkmustern des deutschen Generalstabs ausrichteten. Trotz der gewollten Brüche zum deutschen Militär der Vergangenheit[379] gingen mit den personellen Kontinuitäten zwischen Wehrmacht und Bundeswehr[380] ideengeschichtliche einher. Die »Wiederbelebung des operativen Denkens« ergab sich vor allem dadurch, dass viele Offiziere der anfänglichen Bundeswehrführung aus den Operationsabteilungen der Wehrmacht stammten. Der erste Generalinspekteur der Bundeswehr Heusinger ist dafür das prominenteste Beispiel.[381] Gemeinsam mit Speidel avancierte er zur ersten Doppelspitze der Bundeswehr und prägte für diese die ersten Leitbilder vom Krieg der Zukunft. Im internationalen Kontext und vor dem Hintergrund der waffentechnologischen Entwicklung muten diese Vorstellungen auf den ersten Blick recht eigentümlich und anachronistisch an. Führt man sich jedoch die Biografien der beiden Protagonisten noch einmal vor Augen, vergegenwärtigt sich die Vorgeschichte des deutschen Generalstabsdenkens und berücksichtigt die politischen Interessen des ersten Bundeskanzlers Adenauer, so wird die erste Phase in der Entwicklung des Kriegsbildes gut nachvollziehbar.

Die frühesten Belege für die Neuausbildung eines Kriegsbildes datieren aus dem Jahr 1948 und resultierten aus der rasanten Zuspitzung des Ost-West-Konflikts. Das Interesse der Westmächte an den deutschen Erfahrungen aus dem Krieg gegen die Sowjetunion bot einen hervorragenden Ansatzpunkt, um das eigene Kriegsbild zu instrumentalisieren und letztlich mehr Souveränität für die Bundesrepublik Deutschland zu erreichen. Insofern wurde die Argumentation

---

[377] Strauß, Die Erinnerungen, S. 296–298. Siehe hierzu auch: Gablik, Strategische Planungen, S. 109 und S. 115 f.; Thoß, NATO-Strategie, S. 333 f.
[378] Gablik, Strategische Planungen, S. 110.
[379] AWS, Bd 1 (Beitrag Rautenberg), S. 759–863.
[380] Stumpf, Die Wiederverwendung von Generalen, S. 73–96.
[381] Beispielsweise waren Kammhuber und Zenker im Zweiten Weltkrieg ebenfalls in den Operationsabteilungen ihrer Wehrmachtteile eingesetzt worden. Groß, Mythos und Wirklichkeit, S. 4 und 279 f.

IV. Die Entwicklung von Kriegsbildern 197

der »Zwillinge« Heusinger und Speidel eng an den politischen Bedürfnissen Adenauers ausgerichtet. Ein Stück weit waren die Gedankenspiele der beiden auch ein Mittel der Vergangenheitsbewältigung. Die folgende These von Dietrich Beyrau, Michael Hochgeschwender und Dieter Langewiesche trifft auch und gerade für die frühe Bundeswehrführung zu:

»Kriegserfahrungen werden in der deutenden Wahrnehmung und in der Praxis von Akteuren während der Kriege, aber auch in ihrer sedimentierten Form als Wahrnehmungs-, Sinnstiftungs- und Deutungsmuster in Kommunikations- und Interaktionsprozessen in Nachkriegszeiten aufgesucht, die wiederum zu Rahmenbedingungen künftiger Kriegserfahrung werden können.«[382]

Anhand der Denkschriften von 1948 bis 1950 wurde die zunehmende Ausformung und Verfeinerung des Kriegsbildes deutlich. Charakteristisch waren der operative Blickwinkel und der Fokus auf die Landoperationen des Heeres, wodurch die gesamte Dimension eines Kriegsbildes bzw. die strategische Ebene nicht immer in ausgewogener Weise berücksichtigt wurde.

In der Himmeroder Denkschrift fand das Kriegsbild auf nationaler Ebene 1950 seine vorläufig dominierende, wegweisende Ausprägung. Zweifellos erfüllte es eine Orientierungsfunktion für die Aufstellung der Bundeswehr und hatte zugleich einen stark appellativen Charakter für die westliche Sicherheitspolitik. Insofern sind die in Kapitel III ausgeführten Thesen zur Kriegsbildtheorie zu bestätigen. Das Kriegsbild von Himmerod stand im Banne der großen Landschlacht um Mittel- und Westeuropa. Im Dienste westdeutscher Interessen vollzog es anschließend im internationalen Gedankenaustausch zwischen 1950 und 1955 eine ambivalente Entwicklung. Einerseits arbeiteten die Vertreter des Himmeroder Kriegsbildes beharrlich und erfolgreich daran, die Vorstellung der beweglich geführten Vorwärtsverteidigung im Denken der NATO-Operateure zu verankern. Andererseits wurde zunehmend klar, dass ein Kriegsbild ohne umfassenden Nuklearwaffeneinsatz an der Realität vorbeiging. Die Entwicklung taktischer Atomwaffen und ihre Aufnahme in die Kriegsplanungen der Supermächte bedingte zwischen 1953 und 1955 eine zunehmende »Nuklearisierung des Gefechtsfeldes«, die der Kriegführung eine ganz neue Qualität verlieh.

Trotz zahlreicher Einsichten in die NATO-Planungen beharrte die frühe Bundeswehrführung in traditionellen Denkmustern der konventionellen Kriegführung und marginalisierte die taktischen Nuklearwaffen. Die von Frank Reichherzer formulierte These, dass »Nuklearwaffen [...] – einmal in der Welt – der zentrale Faktor in den Kriegsszenarien des Kalten Krieges«[383] waren, gilt für die militärische Führung der Bundeswehr also nur mit Verzögerung und Einschränkung. Die Integration der taktischen Nuklearwaffen in ihr Kriegsbild stellte schließlich einen qualitativen Wandel dar und bildete 1956 eine Zäsur. Der Wunsch nach einer Begrenzung des Krieges auf konventionelle Mittel bestimmte jedoch weiterhin die Gedankengänge und schlug sich in der relativ späten Ausdifferenzierung der Sichtweise nieder. Insgesamt kann der Entwicklung des

---

[382] Beyrau/Hochgeschwender/Langewiesche, Einführung, S. 10.
[383] Reichherzer, Zwischen Atomgewittern und Stadtguerilla, S. 132.

Kriegsbildes in der ersten Bundeswehrführung eine beachtliche Trägheit attestiert werden. Weiß man jedoch um den weiteren Ablauf des Ost-West-Konflikts, könnte andererseits durchaus von einer Vernunftorientierung der Vorstellungen gesprochen werden,[384] die ihrer Zeit, vor allem dem pragmatischen nuklearen Ansatz der anglo-amerikanischen Strategen Mitte der 1950er Jahre,[385] um einige Jahre voraus war.

Bemerkenswert bleibt, dass die frühe westdeutsche Militärführung den Ideen und Planungen der NATO-Partner trotz aller Abhängigkeiten beharrlich ein alternatives Kriegsbild gegenüberstellte. Die Sichtweisen Kammhubers als Vertreter der Luftstreitkräfte und Martins als Repräsentant einer neuen Generalstabsgeneration mit geringeren Berührungsängsten zur Nuklearkriegführung machten aber deutlich, dass von einem einheitlichen und unangefochtenen Leitbild für die gesamte Bundeswehr nicht die Rede sein konnte. Vor diesem Hintergrund, aber auch mit dem Rückblick auf die skizzierten Alternativvorstellungen von Schwerin und Bonin, zeigt sich, dass die These von der Konkurrenz der Kriegsbilder auch im Falle der Bundeswehr ihre Gültigkeit besitzt. Außerdem wird ersichtlich, wie stark Kriegsbilder doch personengebunden waren und sind.

2. Kriegsbilder im Dilemma: Zwischen Nuklearisierung des Gefechtsfeldes, Unvorstellbarkeit des Allgemeinen Atomkrieges und Begrenzung des Krieges 1957 bis 1965

Im vorhergehenden Unterkapitel wurde bereits beschrieben, wie die Nuklearisierung der Kriegführung in der NATO voranschritt und sich für die Bundeswehrführung dadurch ein Dilemma[386] zwischen Schutz und Zerstörung der Bundesrepublik auftat. Die beschriebene Ausdifferenzierung der Kriegsbilder und die Vorstellung von einem begrenzbaren Krieg mit einer marginalisierten Rolle der Nuklearwaffen bot dafür keine Dauerlösung. Das Dilemma sollte sich indessen in den folgenden Jahren weiter zuspitzen, als sich der westdeutsche Blickwinkel zunehmend auf die Annahme eines allgemeinen Nuklearkrieges verengte, der mit einem Großangriff der UdSSR beginnen würde.[387] Axel Gabliks These, dass die »Beschränkung der Perspektive [...] so weit [ging], daß man sich 1962 überhaupt gegen die Annahme eines begrenzten Krieges vehement

---

[384] Siehe auch: Kollmer, »Klotzen, nicht kleckern!«, S. 509.
[385] Siehe auch: Lemke, Vorwärtsverteidigung, S. 26−33.
[386] Zur Problematik dieses Dilemmas siehe: Schmidt, Strukturen des »Kalten Krieges«, S. 189 f.; Nerlich, Die nuklearen Dilemmas, S. 637−652. Martin Rink benannte mehrere Dilemmata. Rink, The Service Staffs' Struggle, S. 226.
[387] Gablik, Strategische Planungen, S. 189.

sträubte«,[388] ist jedoch zu pauschal formuliert und berücksichtigt kaum die unterschiedlichen Entwicklungen bei Heer, Marine und Luftwaffe. Dabei spielten außerdem neue Köpfe in der militärischen Führung der Bundeswehr und alternative Geistesströmungen eine Rolle. Die bereits Ende 1956 eingeleitete, neue Phase der Entwicklung der Kriegsvorstellungen ist geprägt vom Konkurrenzkampf ganz verschiedener Kriegsbilder der einzelnen Teilstreitkräfte. Denn deren Führungen beanspruchten jeweils eine zentrale Rolle im Krieg der Zukunft und entwickelten jeweils eigentümliche Gedankengänge, welche die Formulierung eines gemeinsamen Kriegsleitbildes für die Bundeswehr genau genommen unmöglich machten und letztlich die nächste Veränderung dieser trotz allem dringend erforderlichen Leitvorstellung herbeiführten, wie im Folgenden gezeigt werden soll.

Doch zunächst gilt es für alle Bereiche der Bundeswehr festzuhalten, dass Ende der 1950er Jahre in politischer, strategischer und operativer Hinsicht die Weichen für den allgemeinen Nuklearkrieg gestellt waren. Erstens war der Verteidigungsfall in der Bundesrepublik Deutschland mit dem Bild des Allgemeinen Nuklearkrieges in den Strategiepapieren der NATO fixiert. Die Devise des »Overall Strategic Concept for the Defense of the North Atlantic Treaty Organisation« (MC 14/2) und der »Measures of Defence Planning Committee in Ministerial Session« (MC 48/2), die nach Zustimmung des Nordatlantikrates am 9. Mai 1957 vom Militärausschuss (Military Committee) am 23. Mai 1957 als verbindlich für die weitere militärische Planung in Kraft gesetzt wurden, hieß Kriegsverhinderung durch Abschreckung.[389] MC 14/2 erwähnte deshalb überhaupt nicht den »limited war«. Begrenzte Kriege ohne Nuklearwaffeneinsatz mochten allenfalls in der Dritten Welt stattfinden.[390] Jeder Angriff der Sowjetunion oder auch nur ihrer Verbündeten auf NATO-Territorium hingegen sollte zum allgemeinen Nuklearkrieg führen. Geplant war vor allem von anglo-amerikanischer Seite der weltweite Krieg mit allen Mitteln, der etwa 30 Tage dauern sollte.[391] MC 48/2 sah im Kriegsfall nach der Freigabe durch den US-Präsidenten Atomschläge der amerikanischen strategischen Bomber und der nukelar bewaffneten »Strike Forces« des SACEUR gemäß dem »Atomic Strike Plan« gegen zugewiesene Fliegerhorste, Verkehrsknotenpunkte, Häfen, Depots, Kommandostellen, Fernmeldeeinrichtungen und Truppenkonzentrationen des Warschauer Paktes mit Sprengköpfen von zwei bis 750 Kilotonnen vor.[392] Die überragende Rolle würde dabei der strategischen Luftoffensive mit Atombomben zukommen. Lediglich ergänzend sollten auch die sonstigen taktischen Nu-

---

[388] Ebd., S. 189.
[389] Thoß, NATO-Strategie, S. 243; Steinhoff/Pommerin, Strategiewechsel, S. 21–30 und 60; Knoll, Atomare Optionen, S. 86–95.
[390] Hammerich, Kommiss kommt von Kompromiss, S. 106; Krüger, Schlachtfeld Bundesrepublik?, S. 177; Gablik, Strategische Planungen, S. 150; Thoß, NATO-Strategie, S. 224. Trotzdem galt MC 14/2 mit den nuklearen »general war« als umstrittener Kompromiss. Siehe dazu: Heuser, NATO, Britain, France and the FRG, S. 38–41.
[391] Greiner, Die Entwicklung der Bündnisstrategie, S. 164–167 und 171; vgl. Thoß, NATO-Strategie, S. 199 f.
[392] Krüger, Schlachtfeld Bundesrepublik?, S. 175–177.

klearwaffen und schließlich noch die nur konventionell ausgerüsteten Streitkräfte eingesetzt werden.[393]

Zugrunde lag diesen Planungen ein ganz bestimmtes Bild von der ersten Phase eines Krieges: »The planning [...] was based on the assumption that World War III would start with an all-out strategic exchange of nuclear weapons.«[394] Und tatsächlich bewegte sich nach dem erfolgreichen Start einer interkontinentalen ballistischen Rakete in der UdSSR im Mai 1957 sowie des Sputnik-Satelliten im Oktober 1957 nicht nur die NATO der nuklearen Komplettierung ihrer Waffenarsenale auf allen Ebenen entgegen.[395] Wenngleich die atomare Überlegenheit der USA noch bis ca. 1960 anhalten sollte, hatte der Einstieg in die nukleare Rüstungsspirale schon begonnen.[396] So war bereits 1957 aus NATO-Sicht im Kriegsfall davon auszugehen, dass die UdSSR ca. 300 Atomwaffen in Mitteleuropa würde einsetzen können. Demgegenüber hätte die NATO in den ersten 48 Stunden ca. 700 Atombomben plus 300 weitere für einen späteren Einsatz zur Verfügung.[397] Der »Emergency Defence Plan« (EDP) 1957 sah Atomziele sowohl in der DDR als auch in der Bundesrepublik vor.[398] Als Speidel nur wenige Tage nach seinem Dienstantritt im April 1957 als erster deutscher Oberbefehlshaber der NATO-Landstreitkräfte von Europa-Mitte (COMLANDCENT) in Fontainebleau dem großen SHAPE-Planspiel »Lion Noir« beiwohnte, konnte er sich davon überzeugen, wie sehr »die Bedeutung der Atomwaffen [...] gewachsen«[399] und die Nuklearisierung vorangeschritten war.

Hier wurde zudem ganz deutlich, dass der Nuklearkrieg nicht nur seitens der NATO strategisch vorgeplant, sondern wegen einer konventionellen Schwäche für den Westen auch operativ notwendig war. Den Teilnehmern an der Übung »Lion Noir« wurde nämlich folgendes Szenario vor Augen geführt: Nach sechsmonatiger Spannungszeit würde einem sowjetischen Atomschlag mit ca. 100 Atomsprengkörpern auf Mitteleuropa, dem zahlreiche westdeutsche Großstädte (z.B. Frankfurt a.M., Stuttgart, Köln, Bremen, Hamburg) und große Teile der NATO-Streitkräfte zum Opfer fielen, ein Angriff starker gepanzerter Kräfte aus dem Osten auf breiter Front folgen. Dieser würde bei ausschließlich konventioneller Verteidigung von westlicher Seite nach wenigen Tagen zur Einnahme weiter Gebiete der Bundesrepublik führen, sodass die Überwindung des Rheins bei Mainz und Wiesbaden unmittelbar bevorstand. In dieser Übungssituation forderte Speidel den Einsatz taktischer Nuklearwaffen. Nach der angenommenen Freigabe durch den amerikanischen Präsidenten erteilte der

---

[393] Greiner, Die Entwicklung der Bündnisstrategie, S. 144 f.
[394] Heuser, NATO, Britain, France and the FRG, S. 41.
[395] Kaplan, Strategic Problems, S. 1 f.; Thoß, Bündnisintegration, S. 15; Thoß, NATO-Strategie, S. 67; Knoll, Atomare Optionen, S. 152−154.
[396] Lemke, Vorwärtsverteidigung, S. 35.
[397] Wampler, NATO strategic planning, S. 9−11; Schmidt, Strukturen des »Kalten Krieges«, S. 206.
[398] BArch, BW 2/2668, »Anlage 3 Verteidigungsplanung und Atomplanung« zum Schreiben von Oberst i.G. Peter von Butler, LANDCENT an den Führungsstab der Bundeswehr Brigadegeneral de Maizière, Fontainebleau, 22.8.1957.
[399] Speidel, Aus unserer Zeit, S. 361.

NATO-Oberbefehlshaber Europa im Rahmen von »Lion Noir« den Einsatzbefehl für 108 Atomsprengkörper auf die feindlichen Angriffsspitzen. Zugleich wurde im Planspiel der Einsatz der strategischen Bomber veranlasst. Nach dem massiven Einsatz der westlichen Nuklearwaffen und mit Hilfe eingetroffener amerikanischer Reserven gingen die Übungsteilnehmer von der anschließenden Zerschlagung der feindlichen Streitkräfte und der Rückeroberung des Bündnisgebietes aus. SACEUR Norstad unterstrich bei der Übungsauswertung schließlich die Bedeutung taktischer Nuklearwaffen für die Verteidigung Westeuropas.[400] Dass derartige NATO-Übungen und -Planungen nicht nur reine Gedankenspiele, sondern mit realen Kriegsmitteln unterlegt waren, zeigte sich, als der NATO-Rat 1958 die Ausrüstung der europäischen Partnerstaaten mit taktischen Atomwaffen unter amerikanischer Kontrolle beschloss und die ersten nuklearfähigen Waffensysteme wie »Honest John«, »Matador« und »Nike« im selben Jahr in den Mitgliedsstaaten stationierte.[401]

Neben der in der Forschungsliteratur bereits ausführlich behandelten »Nuklearisierung der Bündnisstrategie«,[402] den »Realitäten atomarer Verteidigungsplanung«[403] und der »Nuklearisierungspolitik der Führungsmacht«[404] USA wirkten sich darüber hinaus erneut nationale politische Vorgaben auf die Kriegsbilderentwicklung in der Bundeswehr aus. Insbesondere der am 16. Oktober 1956 ins Amt berufene Bundesverteidigungsminister Strauß[405] stand für das Prinzip der Kriegsverhinderung durch nukleare Abschreckung. Deshalb trat er dafür ein, auf jede Art von Angriff auf die Bundesrepublik Deutschland mit dem Einsatz von Atomwaffen zu reagieren. Auch machte er keinen Hehl daraus, dass für ihn konventionelle Waffen keine entscheidende Bedeutung mehr in einem großen Krieg hätten.[406] Strauß' Äußerungen spiegelten jedoch eher politische Rhetorik und Machtkalkül als realistische Kriegsvorstellungen wider. Denn für Strauß wie auch für Adenauer war die Atombewaffnung der Bundeswehr *das* Vehikel nuklearer Mitsprache und ein Machtfaktor für bundesdeutsche Interessenpolitik.[407]

---

[400] Hammerich, Kommiss kommt von Kompromiss, S. 103−105; Nägler, Baudissin, S. 600 f.; AWS, Bd 3 (Beitrag Greiner), S. 744; Thoß, NATO-Strategie, S. 344−348.
[401] AWS, Bd 3 (Beitrag Greiner), S. 743; Hammerich, Kommiss kommt von Kompromiss, S. 105 f.
[402] Thoß, NATO-Strategie, S. 236. Die fortschreitende Nuklearisierung zeigte sich auch in anderen Bereichen, z.B. bei der von der NATO geplanten Verteidigung des Alpenraumes. Siehe dazu: Krüger, Brennender Enzian, S. 71−158.
[403] Thoß, NATO-Strategie, S. 199.
[404] Lemke, Vorwärtsverteidigung, S. 36.
[405] Eine Biografie zu Strauß liegt vor von: Bickerich, Franz Josef Strauß. Als Autobiografie siehe: Strauß, Die Erinnerungen.
[406] Strauß vertrat die Überzeugung: »Es kann in Europa keinen konventionellen Krieg mehr geben, da beide Seiten atomar bewaffnet sind.« Strauß, Die Erinnerungen, S. 369. Zur Sichtweise von Strauß auf die Atomkriegführung allgemein siehe: Ebd., S. 368−379. Zur Kriegsverhinderung durch nukleare Abschreckung in den Augen von Strauß siehe: Stenographisches Protokoll der 72. Sitzung des Auschusses für Verteidigung vom 21.1.1960, PA-DBT 3119, 3. WP, 72. Sitzung, S. 34−37. Siehe dazu ferner: Thoß, NATO-Strategie, S. 236−238; AWS, Bd 3 (Beitrag Greiner), S. 620 und 707; Die kriegsverhindernde Philosophie.
[407] Knoll, Atomare Optionen, S. 109−121 und 134−159; Heuser, NATO, Britain, France and the FRG, S. 124−147; Krüger, Schlachtfeld Bundesrepublik?, S. 180; Lemke, Vorwärtsverteidigung, S. 36. Trotz gesellschaftlicher Entrüstung (Kritik der Kirchen, Aktionsbündnis »Kampf dem

Auf einer Pressekonfernz im April 1957 bezeichnete der Bundeskanzler die taktischen Atomwaffen nicht zuletzt deshalb als Weiterentwicklung der Artillerie, auf welche die Bundeswehr nicht verzichten könne, um rüstungstechnisch auf der Höhe der Zeit zu sein.[408] Ganz im Sinne Adenauers forderte Strauß mit seinem resoluten, selbstbewussten und zielstrebigen Auftreten, dass sich die ihm unterstellte militärische Führung rigoros auf seinen Nuklearkurs ausrichtete. Damit gab er zugleich den entscheidenden Impuls, um die Bundeswehr zu atomkriegsfähigen Streitkräften aufzurüsten.[409] Nachdem SACEUR Norstad im September 1957 erklärt hatte, dass Land-, Luft- und Seestreitkräfte der NATO-Staaten mit modernen Waffen aller Art einschließlich Atomwaffen ausgestattet werden sollten, kündigte das Bundesverteidigungsministerium am 20. Juni 1958 die Ausrüstung der Bundeswehr mit Mehrzweckraketen an, die konventionelle und atomare Sprengköpfe tragen konnten. Bis 1962 wurde die Bundeswehr dann tatsächlich – zunehmend zu Lasten konventioneller Waffensysteme – mit nuklearfähigen Trägersystemen ausgestattet.[410]

Dieser politisch motivierte Kurswechsel ist sehr bemerkenswert, hatten sich Heusinger und Speidel doch bis ins Jahr 1956 hinein noch gegen eine unbedingte Nuklearisierung des Krieges gestemmt.[411] Während Adenauer und Strauß mit einer nuklear ausgerüsteten »Qualitätsarmee«[412] nicht zuletzt einen Prestigegewinn innerhalb der NATO verbuchen wollten, gerieten die Kriegsbilder in der militärischen Führung der Bundeswehr mit dem Wandel der zumindest in Aussicht gestellten Kriegsmittel zwangsläufig ins Fahrwasser der Nuklearkriegführung. Die politischen Vorgaben wurden gleichsam zur Auflage für die militärischen Denk- und Handlungsprozesse und bedingten einen Paradigmenwechsel in den Köpfen der militärischen Führung der Bundeswehr.

Atomtod« und »Göttinger Manifest«), innenpolitischer Auseinandersetzungen (Große Anfrage im Bundestag) und sogar innerparteilichen Differenzen (Atlantiker gegen Gaullisten) sprach sich Bundeskanzler Adenauer im April 1957 für die Atombewaffnung aus. Knoll, Atomare Optionen, S. 159–182; Hammerich, Kommiss kommt von Kompromiss, S. 103–105.

[408] BArch, BW 9/2593, Auszugsweise Abschrift aus dem Kurzprotokoll über die 164. Kabinettssitzung der Bundesregierung am 19.12.1956, Bonn, 9.1.1957, fol. 323–325. Michael Knoll hat belegt, dass Adenauer eigentlich über die neuesten Rüstungsentwicklungen sehr gut informiert war. Knoll, Atomare Optionen, S. 146 f. und 326. Die drohende Reduzierung konventioneller Streitkräfte durch die USA und Großbritannien ließ die europäischen Mächte ohne Atomwaffen, v.a. Frankreich und die Bundesrepublik Deutschland verstärkt an Nuklearwaffen und deren Einsatz denken. Adenauer, Erinnerungen 1955–1959, S. 292–318; AWS, Bd 3 (Beitrag Greiner), S. 717–723; Hammerich, Kommiss kommt von Kompromiss, S. 105.

[409] Strauß, Die Erinnerungen, S. 268–296 und 331; Bickerich, Franz Josef Strauß, S. 95–117; Gablik, Strategische Planungen, S. 109, 115 f. und 172; Thoß, NATO-Strategie, S. 237 f. und 333 f.

[410] Gablik, Strategische Planungen, S. 144 f.; Gablik, »Eine Strategie kann nicht zeitlos sein«, S. 320. Angedacht waren Nike-Raketen für die Luftwaffe und Raketenbataillone für das Heer. Es sollte jedoch noch bis 1961 dauern, ehe Strauß in den USA einen Kaufvertrag über eine Mittelstreckenrakete (Pershing I) erhielt. Gablik, Strategische Planungen, S. 148 und 175.

[411] Ebd., S. 173.

[412] Kollmer, »Klotzen, nicht kleckern!«, S. 515.

Vor diesem Hintergrund der politischen Vorgaben, der strategischen Bedingtheiten, der operativen Abhängigkeiten sowie des Dilemmas zwischen nuklearer Abschreckung und dem Wunsch, eine nukleare Verwüstung des deutschen Bodens zu vermeiden,[413] entbrannte nun der Kampf der Teilstreitkräfte um die Rollenverteilung im Krieg der Zukunft.

a) Widerstreit der Kriegsbilder: Konkurrierende Vorstellungen der Teilstreitkräfte im Banne der Nuklearkriegführung 1957 bis 1959

Wie bereits aus der Vorgeschichte der Entwicklung von Kriegsvorstellungen im Kapitel III ersichtlich wurde, stellte der Streit um »das Kriegsbild« insbesondere einen Wettlauf um die vorhandenen und nicht beliebig vermehrbaren Haushaltsmittel für Rüstungsgüter im Verteidigungsetat dar. Auch im Fall der Bundeswehr der späten 1950er Jahre hat Eckart Conze deshalb ganz zutreffend von »notorischen Rivalitäten der Teilstreitkräfte« gesprochen,[414] die nunmehr unter dem Vorzeichen der Nuklearkriegführung ausgetragen wurden. Aufgrund der einleitend genannten Weichenstellungen erfuhr die Luftwaffe, die vor 1945 und auch noch bei den Überlegungen in Himmerod als Unterstützungswaffe für das Heer eher eine Nebenrolle gespielt hatte,[415] ab 1957 einen ungeahnten Bedeutungszuwachs für den möglichen Krieg der Zukunft. Da als potenzielle Nuklearwaffenträger in der Bundeswehr zunächst vor allem Flugzeuge in Form von Jagdbombern infrage kamen, förderte Strauß die Luftwaffe im Rahmen des Aufbaus der westdeutschen Streitkräfte unter dem Motto »Qualität vor Quantität« in besonderer Weise.[416] Die bisherige gedankliche Nebenrolle der Luftwaffe bis zu diesem Zeitpunkt hatte aber auch noch andere als nur politische Gründe. Ihre Führung hatte schlichtweg einige Zeit benötigt, um sich nach der Zäsur von 1945 zu orientieren und dann neu zu positionieren.[417] Denn gerade zwischen 1945 und 1955 waren in der Luftfahrzeugtechnik international enorme Fortschritte erzielt worden, an denen das besiegte und besetzte Deutschland

---

[413] Schmidt, Strukturen des »Kalten Krieges«, S. 189 f.; Krüger, Schlachtfeld Bundesrepublik?, S. 173.
[414] Conze, Griff nach der Bombe?, S. 79. Auch aus Sicht Axel Gabliks ging es Ende der 1950er Jahre in der Bundeswehrführung weniger um die Entscheidung für oder gegen Atomwaffen, sondern vielmehr um die Rollenverteilung der Teilstreitkräfte in einem künftigen Konflikt, der sicherlich auch mit nuklearen Mitteln ausgetragen würde. Gablik, Strategische Planungen, S. 134. Zum strukturgeschichtlichen Kompetenzgerangel der Teilstreitkräfte siehe auch: Rink, The Service Staffs' Struggle, S. 221–251.
[415] Der Status einer konventionell kämpfenden Unterstützungswaffe für das Heer geht aus frühen Grundsatzvorträgen Kammhubers und Steinhoffs hervor. Siehe dazu: Lemke, Konzeption und Aufbau der Luftwaffe, S. 153; Corum, American Assistance, S. 94–100.
[416] Strauß, Die Erinnerungen, S. 268–296; Conze, Griff nach der Bombe?, S. 79; Lemke, Konzeption und Aufbau der Luftwaffe, S. 481; Steinhoff/Pommerin, Strategiewechsel, S. 38–42; Rink, The Service Staffs' Struggle, S. 224 und 232–238.
[417] Lemke, Konzeption und Aufbau der Luftwaffe, S. 151.

keinen direkten Anteil hatte.[418] Diesen technischen, aber auch gedanklich-konzeptionellen Rückstand in der Luftkriegsrüstung musste die Luftwaffenführung, allen voran natürlich deren erster Inspekteur, erst einmal aufholen. Hier hatte am 6. Juni 1956 Generalleutnant Josef Kammhuber, der ehemals noch in den letzten Kriegswochen 1945 zum »Generalbevollmächtigten für Strahlflugzeuge« ernannt worden war, Oberst Werner Panitzki als Leiter der Abteilung VI Luftwaffe im Verteidigungsministerium abgelöst. Seit dem 1. Juni 1957 nahm Kammhuber dann die Stellung des ersten Inspekteurs der Luftwaffe ein. Zugleich erhielt die Abteilung VI offiziell die Bezeichnung »Führungsstab Luftwaffe« (FüL).[419]

Ähnlich wie Heusinger und Speidel hatte auch Kammhuber den Ersten Weltkrieg als junger Frontoffizier erlebt.[420] Im Zweiten Weltkrieg war Kammhuber zum ersten General der Nachtjagd ernannt worden und hatte mit der sogenannten Kammhuber-Linie eine radargestützte Luftverteidigung für das Deutsche Reich aufgebaut. Nach 1945 hatte er sich als freier Mitarbeiter der Historical Division mit deren Studien über den Zweiten Weltkrieg, z.B. über die Entwicklung des operativen Luftkriegs der Westmächte einerseits und die deutschen Erfahrungen aus der Luftkriegführung gegen die Sowjetunion andererseits,[421] auseinandergesetzt und daraus seine Schlüsse für mögliche künftige Kriege gezogen. Hinzu kamen als Informationsquellen Auswertungen für die Luftwaffenführung zum möglichen Krieg über das Potenzial des Gegners aufgrund laufender Manöver und Flugübungen in der SBZ und der DDR.[422]

Wie der spätere Inspekteur der Luftwaffe (1966–1970) Johannes Steinhoff im Rahmen eines Vortrags zum Thema »Ziele und Aufgaben der deutschen

---

[418] BArch, N 885/6 (Nachlass Johannes Steinhoff), Bd 1, Vortragsmanuskript zum Thema »Ziele und Aufgaben der deutschen Luftwaffe«, Koblenz, 15.10.1959, S. 1; Steinhoff/Pommerin, Strategiewechsel, S. 50; Corum, American Assistance, S. 107.

[419] Gieske, General Josef Kammhuber, S. 111–117. Rebhan, Aufbau und Organisation der Luftwaffe, S. 567 f. Lemke hat ausgeführt, welche Rolle die Erfahrungen, die man 1933 bis 1945 mit der Luftwaffe Hermann Görings gemacht hatte, sowohl für die Alliierten als auch für die Luftwaffenführung spielten. Lemke, Konzeption und Aufbau der Luftwaffe, S. 79–105. Zur Strukturgeschichte der Luftwaffe, insbesondere zur Spitzengliederung, siehe: Lemke, Konzeption und Aufbau der Luftwaffe, S. 269–320. Zu den Kommandostrukturen der Teilstreitkräfte der Bundeswehr allgemein siehe: Verteidigung im Bündnis, Anlage 6, S. 462 f.

[420] Schmidt, Gewaltdispositionen, S. 189–199.

[421] BArch, ZA 3/368, Historical Division Hq USAREUR – Air Force Project –, Die Entwicklung des operativen Luftkrieges der Westmächte bei Tage, von Hauptmann Gerhard Stamp, Mitte Oktober 1944 Gruppenkommandeur, dabei wurde Gen a.D. Kammhuber im Verteiler aufgeführt, ohne Ort, 1956. Unter derselben Signatur finden sich weitere Dokumente wie eine Auswertung der »Bekaempfung der sow.russ. Kriegswirtschaft« vom Chef der Luftflotte 6 (12.6.1943), ohne Ort, 27.9.1956, oder Protokolle zu Besprechungen über die »Bekaempfung der russ. Stromversorgung«, ohne Ort, 6.3.1958; ebd., Historical Division Hq USAREUR – Air Force Project –, Studie 178, Bedeutung des Kampfes der Luftwaffe auf der »Inneren Linie« auf Basis der deutschen Vorschrift »Luftkriegsfuehrung« L.Dv. 16 von 1935/Neudruck 1940, dabei wurde Gen a.D. Kammhuber im Verteiler aufgeführt, ohne Ort, 18.8.1955.

[422] BArch, BL 1/1504, Studie Luftverteidigung 1960, Bundesministerium für Verteidigung, Leiter VI (Luftwaffe), Tgb.Nr. 21/57, unterschrieben von Kammhuber, Bonn-Hardt, 20.3.1957, S. 10.

IV. Die Entwicklung von Kriegsbildern 205

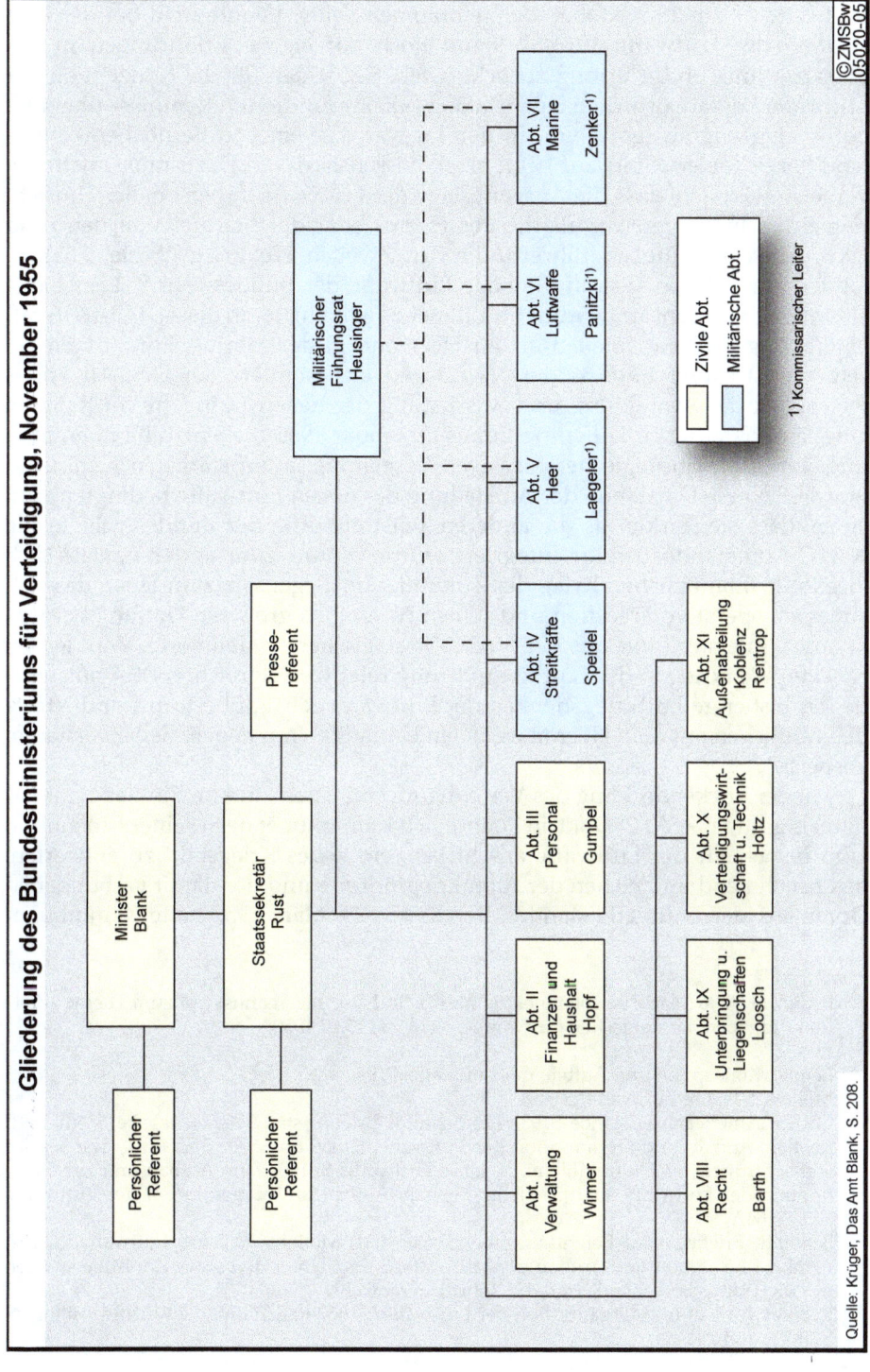

Gliederung des Bundesministeriums für Verteidigung, November 1955

Quelle: Krüger, Das Amt Blank, S. 208.

Luftwaffe«[423] am 15. Oktober 1959 einräumen sollte, konnte man bei der Aufstellung der Luftwaffe 1956/57 kaum noch auf eigene Erfahrungen in der Einsatztechnik und -führung zurückgreifen. Selbst den für die Konzeption der Luftwaffe Verantwortlichen lagen anfangs »keine fundierten Kentnisse über moderne Flugzeugmuster«[424] vor. In der Tat war dies ein von Bernd Lemke treffend bezeichneter »Start auf begrenzter Wissensbasis«.[425] Dazu muss man sich vergegenwärtigen, dass die Ausgangslage der Luftwaffe in personeller Hinsicht ungleich schwieriger war als die des Heeres oder der Marine: Von den rund 6000 deutschen Flugzeugführern, die den Zweiten Weltkrieg überlebt hatten, fanden nur 181 den Weg in die neue Luftwaffe der Bundeswehr.[426] Dies bietet einen Erklärungsansatz, warum traditionelle Denkmuster in dieser Teilstreitkraft eine geringere Rolle spielten als im Heer und in der Marine. Hinzu kam ein sehr viel stärkerer Einfluss der NATO und insbesondere der U.S. Air Force, welche bei der Ausbildung und Ausrüstung der neuen Luftwaffe im Rahmen eines amerikanischen Hilfsprogramms ab Januar 1956 die Starthilfe übernahm und durch die Strategie der Massiven Vergeltung ja am stärksten begünstigt wurde.[427] Diese Umstände der Aufstellung der neuen Luftwaffe bedingten zum einen, dass sie stärker als die anderen Teilstreitkräfte der Bundeswehr in die NATO-Kommandostruktur integriert wurde,[428] und zum anderen, dass sich ihre Rolle im möglichen Krieg der Zukunft – im Gegensatz zum Heer, das sich auf seine operative Tradition und seinen wesentlich größeren Umfang berufen konnte – in erster Linie aus der NATO-Strategie heraus definierte. Von den im Zweiten Weltkrieg in der Luftkriegführung relativ erfolgreichen USA aus wurde das bisherige Luftkriegsdenken der Luftwaffe geistig überformt und – trotz des verglichen mit dem Heer marginalen Umfangs – mit neuem Selbstvertrauen gespeist.

Mit der Rückendeckung des Verteidigungsministers und im Einklang mit der damals gültigen NATO-Doktrin konnte sich Kammhuber nach seiner Ernennung zum Inspekteur der Luftwaffe anschicken, ein neues Kriegsbild zu entwerfen, das zunehmend im Zeichen der Atomkriegführung und der damit verbundenen Dominanz der Luftwaffe stand.[429] Bereits am 20. März 1957 hatte Kammhuber

---

[423] BArch, N 885/6 (Nachlass Johannes Steinhoff), Bd 1, Vortragsmanuskript zum Thema »Ziele und Aufgaben der deutschen Luftwaffe«, Koblenz, 15.10.1959.
[424] Ebd., S. 1.
[425] Lemke, Konzeption und Aufbau der Luftwaffe, S. 92.
[426] Möllers, 50 Jahre Luftwaffe, S. 157.
[427] Corum, American Assistance, S. 93–116; Schmidt, Briefing statt Befehlsausgabe, S. 661–691; Rebhan, Aufbau und Organisation der Luftwaffe, S. 566 und 573–576; Rink, The Service Staffs' Struggle, S. 236 f.; Möllers, 50 Jahre Luftwaffe, S. 160. Zum Aufbau und zur Organisation der Luftwaffe ab 1955 siehe: Rebhan, Aufbau und Organisation der Luftwaffe, S. 557–647.
[428] Schmidt, Briefing statt Befehlsausgabe, S. 649–691; Möllers, 50 Jahre Luftwaffe, S. 157; Lemke, Konzeption und Aufbau der Luftwaffe, S. 260. Unter deutscher Kontrolle standen nur die Transportverbände und die Rohrfliegerabwehr.
[429] Rebhan, Aufbau und Organisation der Luftwaffe, S. 567 f.; Schmidt, Gewaltdispositionen, S. 187 f. und 204.

mit seiner »Studie Luftverteidigung 1960«,[430] den Versuch unternommen, »ein Bild von der Luftverteidigung im Jahre 1960 zu zeichnen«.[431] Die Studie begann mit einer Bestandsaufnahme der sowjetischen Luftstreitkräfte: Demnach umfasste die taktische Luftwaffe der UdSSR rund 9900 Einsatzflugzeuge (Jagd-/Schlachtflieger, Jagdbomber, leichte Bomber, Aufklärer, Transporter) in den Frontverbänden, davon ein Viertel in Fernost, welche die Landstreitkräfte unmittelbar unterstützen würden. Hinzu kamen ca. 4400 Maschinen in der westlichen und inneren Sowjetunion, die zur Luftverteidigung bestimmt waren, ferner ca. 1300 Fernkampfflugzeuge, d.h. insbesondere mittlere und schwere Bomber, die Europa, Asien, Nordafrika und die Nordhälfte Nordamerikas erreichen könnten. Schließlich waren ca. 3600 Marineflieger einzukalkulieren, davon 900 in der Ostsee, die als Bestandteil der Marine zur Luftverteidigung, Aufklärung sowie zum Angriff gegen feindliche Seestreitkräfte eingesetzt würden. Insgesamt ging Kammhuber davon aus, dass die sowjetischen Luftstreitkräfte im Jahr 1960 über mehr als 19 000 Flugzeuge verfügen würden.[432] Diese zahlenmäßige Überlegenheit gegenüber den wenigen Flugzeugen der Luftwaffe war zunächst erdrückend, wurde aber in Kammhubers Gedankenwelt durch Nuklearwaffen und technische Innovationen relativiert.

Der frühe Einsatz von Atomwaffen spielte in den Kriegsvorstellungen des ersten Inspekteurs der Luftwaffe die entscheidende Rolle. Dies zeigt sich zunächst an der Reihenfolge, in der ein künftiger Krieg nach Kammhubers Dafürhalten ablaufen würde: In der ersten Phase des Krieges kam es darauf an, die Luftherrschaft zu erkämpfen, einerseits offensiv mit Bombern und Raketen als Nuklearwaffenträger sowie andererseits defensiv mit Jagdfliegern gegen die feindliche Luftwaffe (»Counter Air«). In der zweiten Phase des Krieges ging es darum, die gegnerischen Versorgungseinrichtungen mit Bombern, Fernlenkwaffen und Schlachtfliegern zu bekämpfen und den Feind abzuriegeln (»Interdiction«). Erst in der dritten Phase bestand dann die Möglichkeit, den Landstreitkräften mit Schlachtfliegern unmittelbare Erdkampfunterstützung zu leisten (»Close Air Support«).[433] Der leitende Gedanke Kammhubers zur Rolle seiner Teilstreitkraft war, zumindest einige Atombomben im feindlichen Hinterland abzuwerfen. Dabei ging er von folgender Grundannahme aus:

»Wenn im 2. Weltkrieg die Vernichtung von 10 % eines angreifenden Bomberverbandes einen Erfolg darstellte, so ist dieser Prozentsatz im Zeitalter nuklearer Waffen bedeutungslos, weil jedes Flugzeug A- bzw. H-Bomben mitführen kann.«[434]

Unter dieser Maßgabe konnte auch die Luftwaffe der Bundesrepublik trotz ihrer relativ bescheidenen Ausstattung an geeigneten Waffensystemen gegenüber der

---

[430] BArch, BL 1/1504, Studie Luftverteidigung 1960, Bundesministerium für Verteidigung, Leiter VI (Luftwaffe), Tgb.Nr. 21/57, unterschrieben von Kammhuber, mit einem Vorwort von Oberst Steinhoff, Bonn-Hardt, 20.3.1957.
[431] Ebd., S. 1.
[432] Ebd., S. 1–3.
[433] Ebd., S. 8 f.
[434] Ebd., S. 15.

oben aufgeführten Überzahl der sowjetischen Luftstreitkräfte eine wichtige Rolle spielen. Ein zweiter Hauptfaktor im Kriegsbild Kammhubers stellten technische Innovationen bzw. der Stand der Luftrüstung dar. So rechnete er im Jahre 1960 mit neuen Typen an Hochleistungsjägern (Delta-Typen), die Geschwindigkeiten von bis zu zwei Mach erreichen würden.[435] Selbst bei den Bomberverbänden ging er damals schon bald von Überschallgeschwindigkeiten aus.[436] Die technische Entwicklung lief in den Augen Kammhubers jedoch darauf hinaus, Flugzeuge zunehmend durch Raketen bzw. Flugkörper (Boden/Boden) zu ersetzen. Bis 1960 traute er den Sowjets zu, Flugkörper mit Reichweiten von 1000 bis 1500 km, 3000 km und 6000 km entwickelt zu haben.[437] Ganz im Zeichen der gesteigerten Geschwindigkeiten und Reichweiten ging der Inspekteur der Luftwaffe von einem Kriegsbeginn mit Überraschungsangriff im Überschallbereich ohne vorausgehende Spannungsperiode aus.[438] Mit seinen Rivalen vom Heer teilte er aber das Credo, die quantitative Überlegenheit des Gegners durch qualitative, hier insbesondere technische Überlegenheit wettmachen zu können.[439] So zeigte sich Kammhuber optimistisch, feindliche Flugzeuge sowie Lenkflugkörper mit Abfangjägern und »Gegenraketen«,[440] die noch gar nicht entwickelt waren,[441] abwehren zu können. Die Annahme, dass es unmöglich sei, alle Atomwaffenträger abzuwehren, musste jedoch auch für Angriffe der Gegenseite gelten.

Nicht ganz so optimistisch, jedoch tendenziell ähnlich beurteilte der damalige Oberst i.G. Johannes Steinhoff, zu jener Zeit Leiter der Unterabteilung Planung in der Abteilung VI des Verteidigungsministeriums und danach im Führungsstab der Luftwaffe, das Wesen des Zukunftskrieges. Im Rahmen seines Vortrags zum Thema »Der Zukunftskrieg der Luftwaffe«[442] auf der Arbeitstagung des »Arbeitskreises für Wehrforschung« und der »Arbeitsgemeinschaft für Wehrtechnik« in Bad Godesberg am 25. Oktober 1957 warnte Steinhoff vor der »Gefahr, dass ein utopisches Bild gezeichnet wird«,[443] und sprach bei Flugabwehrraketen das Problem mangelnder Zielgenauigkeit an.[444] Er bekräftigte indessen die Einschätzung, dass der Krieg, möglicherweise auch in Form des uneingeschränk-

---

[435] Ebd., S. 4.
[436] Ebd., S. 5.
[437] Ebd., S. 7.
[438] Ebd., S. 14 f.
[439] Ebd., S. 16.
[440] Ebd., S. 39.
[441] Für angreifende Flugziele wurde eine Abschussquote von lediglich 10−20 % errechnet. Gegen die heraufziehende Gefahr des Angriffs durch Boden-Boden-Raketen mit nuklearer Bewaffnung gab es kein erfolgversprechendes Gegenmittel. Lemke, Konzeption und Aufbau der Luftwaffe, S. 158.
[442] BArch, N 885/6 (Nachlass Johannes Steinhoff), Bd 1, Arbeitskreis für Wehrforschung/Arbeitsgemeinschaft für Wehrtechnik, Programm für die gemeinsame Arbeitstagung vom 24. bis 26.10.57 in Bad Godesberg, 4.11.1959. Mit Zukunftskrieg meinte Steinhoff einen ab 1960 möglichen Krieg. Das anschließende Referat hielt Brigadegeneral Ulrich de Maizière zum Thema »Der Einfluß der modernen Waffen auf die Kriegführung«.
[443] Ebd., S. 1.
[444] Ebd., S. 3.

IV. Die Entwicklung von Kriegsbildern _____ 209

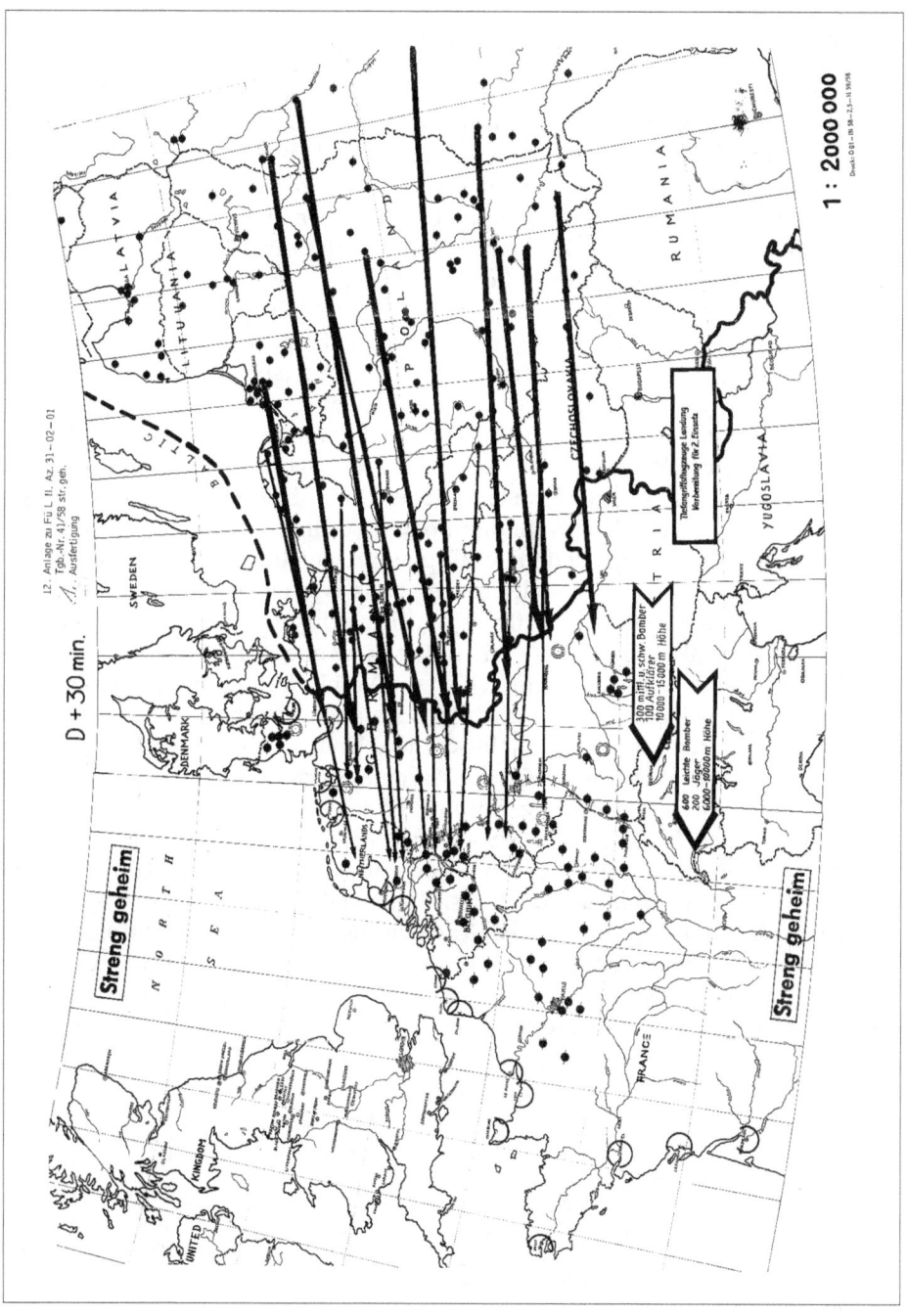

Szenario der deutschen Luftwaffe: Position der feindlichen Kampfverbände 30 Minuten nach Angriffsbeginn
Quelle: BArch, BL 1/1751-1, Studie Luftverteidigung (Zeitraum ab 1962) vom 2.12.1957, Anl. 12.

ten Atomkrieges, überraschend ausgelöst werden könnte und dass die Tendenz bei den Mitteln des Luftkriegs zur Rakete ginge.[445]

In seiner »Studie Luftverteidigung«[446] vom 2. Dezember 1957 blieb Steinhoff diesen Ansichten treu und verfeinerte seine Argumentation über die Natur einer möglichen militärischen Auseinandersetzung mit dem Warschauer Pakt. Zwar thematisierte er auch die Möglichkeit eines Krieges mit konventionellen Waffen und eines lokalen Konflikts, doch nahm er den allgemeinen, interkontinentalen Atomkrieg als Normalfall an. Zugleich betonte er, dass er sich damit im Einklang mit den Vorstellungen bei SHAPE befände.[447] Außer Zweifel stand für Steinhoff, dass »ein Angriff auf das Gebiet der Bundesrepublik [...] einen weltweiten Krieg auslösen«[448] und die Sowjetunion zur Bekämpfung des Hauptgegners USA »im Falle einer großen militärischen Auseinandersetzung nukleare Waffen einsetzen«[449] würde. Den Einsatz von B- und C-Waffen in Europa hielt Steinhoff dagegen für unwahrscheinlich, da dieses Gebiet dann nicht von den Sowjets besetzt werden könnte. Wie bei Kammhuber war auch nach Steinhoffs Vorstellungen die erste Phase eines solchen großen Krieges durch beiderseitige Atomschläge mit Bombern und Flugkörpern (Boden-Boden) bestimmt, die jeweils darauf abzielten, die nuklearen Kapazitäten des Gegners zu zerstören. Die Luftstreitkräfte der Sowjetunion würden dabei gleichzeitig ganz Westeuropa und die atomaren Basen der USA angreifen. Angriffe gegen die Industrie und die Bevölkerung der Bundesrepublik Deutschland wären erst in zweiter Linie zu erwarten. Eine hundertprozentige Luftverteidigung, also die Verhinderung der nuklearen Verwüstung, sei dabei gar nicht möglich.[450] Dass auch Steinhoff dem Kampf des Heeres in der ersten Phase bestenfalls kleinere Unterstützungsleistungen durch die Luftstreitkräfte zudachte,[451] zeigt die Marginalisierung der Landstreitkräfte im allgemeinen Nuklearkrieg in seiner Studie. Vergleichbar war in den Kriegsbildern Kammhubers und Steinhoffs zudem die herausgehobene Bedeutung der Rüstungstechnik. Steinhoff prognostizierte noch für Mitte der 1960er Jahre – neben dem weiteren Anwachsen des nuklearen Potenzials in Ost und West – bei den Luftstreitkräften eine Steigerung der Geschwindigkeiten und Dienstgipfelhöhen, die Verbesserung der Treffgenauigkeit, den Ausbau der Fähigkeiten zur elektronischen Kampfführung, die Entwicklung der Nachtkampffähigkeit und vor allem eine Schwerpunktverlagerung des Luftkrieges vom Flugzeug zum unbe-

---

[445] Ebd., S. 2 f.
[446] BArch, BL 1/1751, Führungsstab der Luftwaffe – Abteilung Führung, Tgb.Nr. 140/57, Studie Luftverteidigung, unterschrieben von Steinhoff, Bonn-Hardt, 2.12.1957. Die Studie war eine Untersuchung über Luftverteidigungsmöglichkeiten der Bundesrepublik Deutschland und ein Vorschlag für den Aufbau eines Luftverteidigungssystems ab 1962.
[447] Ebd., S. 12.
[448] Ebd., S. 18.
[449] Ebd., S. 18.
[450] Ebd., S. 12 f., 16, 32–34 und 42.
[451] Ebd., S. 28 f.

mannten Flugkörper.[452] Schon ab 1960 würde sich der Luftkrieg in Gipfelhöhen von 20 000 Metern und mit Geschwindigkeiten von zwei Mach abspielen.[453]

Zieht man die Bilanz aus den Einschätzungen der beiden maßgeblichen konzeptionellen Köpfe der Luftwaffe, zeigt sich, wie sehr einerseits Technikaffinität, allen voran Kammhubers Bemühen um den modernsten technischen Fortschritt seiner Teilstreitkraft,[454] und andererseits die in den Strategiepapieren der NATO formulierte Massive Retaliation die Kriegsvorstellungen in der Luftwaffenführung prägten.[455] Bemerkenswert ist in diesem Zusammenhang übrigens die von Bernd Lemke getroffene Feststellung, dass der technisch-organisatorische Aufbau der Luftwaffe insgesamt gesehen überhaupt nicht von den Atomwaffen abhing,[456] d.h. für sie eine nuklear-konventionelle Doppelrolle eigentlich technisch durchaus möglich war. Der zentrale Gedanke in den Kriegsvorstellungen der Luftwaffenführung war jedoch die sicherlich zum großen Teil interessengeleitete dominante Rolle der Luftstreitkräfte als Träger der vermeintlich kriegsentscheidenden Nuklearwaffen. Die Gefährdung der eigenen Bevölkerung und Lebensgrundlagen durch atomare Verwüstungen wurde dabei bewusst in Kauf genommen.

Mit Unterstüzung von Strauß und Norstad verselbstständigte die Luftwaffe 1957 durch ihre Erklärung zur »Königin der Waffen«[457] ihre Rolle im gedachten Kriege und bewirkte damit zugleich ihre Abkopplung vom bisherigen, heeresdominierten Leitbild.[458] Und auf diese grundsätzlichen Überlegungen folgten schon bald Fakten: Mit der Entscheidung zur Anschaffung des Flugzeugmusters F-104 G »Starfighter« als »Fighter Bomber« bzw. Jagdbomber mit Strike-Kapazität für die Bundeswehr erhielt die Luftwaffe ein Kriegsmittel, das für den offensiven Atombombeneinsatz im feindlichen Hinterland gedacht war. Mit Zustimmung des Deutschen Bundestages im Frühjahr 1958 sollte die Luftwaffe schon im folgenden Jahr erst 25, dann 50 Flugzeuge für den Strike-Plan des SACEUR stellen. Bereits ab Juli 1958 wurde in den USA die erste Flugzeugführergeneration der Luftwaffe für den Nukleareinsatz ausgebildet. Gleichzeitig wurde in der Bundesrepublik ein Sonderlager für Atommunition unter amerikanischer Obhut am Standort dieses F-104-Geschwaders eingerichtet.[459]

---

[452] Ebd., S. 39–41.
[453] Ebd., S. 25.
[454] Conze, Griff nach der Bombe?, S. 79; Lemke, Vorwärtsverteidigung, S. 36; Rink, The Service Staffs' Struggle, S. 224 und 236.
[455] Lemke, Konzeption und Aufbau der Luftwaffe, S. 151; Krüger, Die Entstehung der NATO-Luftverteidigung, S. 543–545.
[456] Lemke, Vorwärtsverteidigung, S. 39.
[457] Krüger, Schlachtfeld Bundesrepublik?, S. 187.
[458] Strauß, Die Erinnerungen, S. 373; Lemke, Konzeption und Aufbau der Luftwaffe, S. 111 und 151; Gablik, Strategische Planungen, S. 132–134; Conze, Griff nach der Bombe?, S.79.
[459] Strauß, Die Erinnerungen, S. 331; Gablik, Strategische Planungen, S. 139 und 175 f.; Steinhoff/Pommerin, Strategiewechsel, S. 53; Krüger, Schlachtfeld Bundesrepublik?, S. 185; Möllers, 50 Jahre Luftwaffe, S. 159 f. Sein Ziel, eine breite Mehrheit des Bundestages für die Anschaffung des Marschflugkörpers »Matador« für die Luftwaffe zu gewinnen, erreichte Kammhuber 1958 jedoch nicht. Siehe dazu: Thoß, NATO-Strategie, S. 609. Die tatsächliche Bestückung mit Atomwaffen und die Zielzuweisung für Strike-Aufträge sollten erst im Laufe der 1960er Jahre erfolgen. Lemke, Konzeption und Aufbau der Luftwaffe, S. 178 f. und 233–237.

IV. Die Entwicklung von Kriegsbildern

Diese Entwicklungen konnten für die Überlegungen der Heeresführung nicht ohne Folgen bleiben. Dort leiteten sich Kriegsvorstellungen unverändert vor allem aus operativen Erwägungen ab. Erst in zweiter Linie spielten offenbar politische und NATO-Vorgaben eine Rolle. Dazu hat Helmut R. Hammerich bereits festgestellt:

»Der Führungsstab des Heeres entwickelte im Gegensatz zu den Führungsstäben der Bundeswehr und der Luftwaffe ein Kriegsbild, welches aus Sicht der Anhänger der gültigen NATO-Strategie veraltet war.«[460]

War dieser Anachronismus nur darauf zurückzuführen, dass – wie Bruno Thoß dies bemerkt hat – die deutschen Generäle die neue NATO-Strategie mit ihren rüstungsmäßigen, operativen und psychologischen Folgen erst einmal verarbeiten und in den militärischen Aufbaumaßnahmen umsetzen mussten?[461] War der Grund dafür – wie die These von Dieter Krüger lautet – Skepsis gegenüber der zunehmenden Nuklearisierung der Kriegführung?[462] Oder war es gar eine Frage des Gewissens und eine daraus resultierende Zerrissenheit, wie dies beim Atomverweigerer Röttiger im vorausgegangenen Kapitel bereits angeklungen ist?[463] Um diese Fragen zu beantworten, müssen die komplexen Zusammenhänge und vor allem die Sichtweisen der Protagonisten im Heer noch einmal genauer beleuchtet werden.

Ausgangspunkt der Überlegungen zum Kriegsbild der Heeresführung blieb hier zunächst – ganz im Sinne einer traditionellen militärischen Lagebeurteilung – das Kriegspotenzial des Feindes. Die Einschätzungen dazu erfolgten auf Grundlage jüngster Übungen sowjetischer Großverbände, aber auch – durchaus anachronistisch – anhand militärgeschichtlicher Beispiele aus dem Zweiten Weltkrieg. So wurde aufgrund der sowjetischen Herbstmanöver von 1956 davon ausgegangen, dass die Landstreitkräfte des Ostens, technisch modern ausgestattet, mit zwei Panzerwellen voraus und drei Infanteriewellen folgend angreifen würden. Allein in der ersten Welle wurde mit rund 7000 Kampfpanzern in Mitteleuropa gerechnet, die eine ständige Bewegung des Angreifers ermöglichten, womit die Wirkung der westlichen Atomwaffen unterlaufen würde.[464] Den Sowjets wurde das operative Ziel unterstellt, im Analogieschluss aus den Praktiken im Zweiten Weltkrieg zuerst die feindlichen Streitkräfte zu vernichten und dann das Feindgebiet, d.h. vor allem die Nordseehäfen, das Ruhrgebiet und den Raum

---

[460] Hammerich, Kommiss kommt von Kompromiss, S. 106. Am 27.3.1958 schrieb Fü B III 7 in einem Vermerk für Oberst i.G. von Hobe: »Die in der HDv 100/1 ›Grundsätze der Truppenführung des Heeres‹ in den Nummern 155 und 156 angegebenen Grundsätze für die Verteidigung entsprechen nicht mehr den Forderungen der atomaren Kriegführung.« BArch, BW 2/1.944, Fü B III 7, Vermerk für Oberst i.G. v. Hobe, Bonn, 27.3.1958, S. 1.
[461] Thoß, NATO-Strategie, S. 67; Groß, Mythos und Wirklichkeit, S. 296.
[462] Krüger, Der Strategiewechsel, S. 44.
[463] Hammerich, Kommiss kommt von Kompromiss, S. 106.
[464] BArch, BH 1/503, Führungsstab des Heeres V A Fü 3a, Tgb.Nr. 760/57, stv. Inspekteur des Heeres von der Groeben, Vortrag »Führungsgrundsätze des Heeres«, Bonn, 12.7.1957, S. 5–99; BArch, BH 1/4, Führungsstab des Heeres, V A Fü 1a, Tgb.Nr. 210/57, Studie »Grenzsicherung«, Hardt, 2.9.1957, S. 10. Siehe dazu auch: Hammerich, Kommiss kommt von Kompromiss, S. 105.

Frankfurt a.M.–Pfalz, zu besetzen. Insbesondere in der ersten Phase des Krieges rechnete die Heeresführung mit einem massiven Auftreten der feindlichen taktische Luftwaffe, die den Schwerpunkt der sowjetischen Luftrüstung darstellte.[465] Zu diesem Feindbild mischte sich – zumindest bei Röttiger[466] – Skepsis über die Wirksamkeit und Anwendbarkeit der Atomwaffen. So warnte er in Reaktion auf den Entwurf der »Minimum Essential Force Requirements, 1958–1963« (MC 70) im Februar 1958 vor nuklearer Überbetonung.[467] Als Inspekteur des Heeres bündelte er in gewisser Weise die Einwände der Heeresoffiziere, die Atomwaffen für die eigene Kampfführung als problematisch ansahen, da sie die eigenen Operationen durch radioaktive Verseuchung, zumal in der begrenzten räumlichen Tiefe der Bundesrepublik Deutschland, behindern würden.

Neben den operativen Gesichtspunkten spielten bei Röttiger, den seine Vorgesetzten aus dem Zweiten Weltkrieg als einen »tatsächlich ein wenig philosophisch angehauchten Kopf, einen gründlichen Denker«[468] beschrieben, ideelle Erwägungen und die Besorgnis um die möglicherweise unnötige Verheerung seiner Heimat eine Rolle. So wehrte er sich beispielsweise gegen vorgeplante Zerstörungen ohne unmittelbaren Feinddruck, um den feindlichen Vormarsch zu stoppen, sondern verlangte den Abwehrkampf direkt an der Zonengrenze.[469] Wie aus der Studie »Grenzsicherung« des Führungsstabes des Heeres vom 2. September 1957[470] hervorgeht, war die Aufgabe der Landesverteidigung ja »die Erhaltung der biologischen Substanz unseres Volkes und seiner wirtschaftlichen, industriellen und kulturellen Grundlagen, durch Schutz des deutschen Volkes und Landes gegen militärische Angriffe jeder Art«.[471] Die Hoffnungen der Heeresführung waren daher darauf gerichtet, eine Verteidigung der Bundesrepublik schon am Eisernen Vorhang leisten zu können.[472]

Röttiger dachte vorwiegend in operativen Kategorien mit tiefen, dichten Verteidigungszonen, d.h. ohne feste Fronten, mit einem dezentral angelegten Netz kleiner Versorgungsstützpunkte, mit Gegenangriffen starker Panzerkräfte

---

[465] BArch, BH 1/503, Führungsstab des Heeres, V A Fü 3a, Tgb.Nr. 760/57, stv. Inspekteur des Heeres von der Groeben, Vortrag »Führungsgrundsätze des Heeres«, Bonn, 12.7.1957, S. 3–5; BArch, BW 2/1799, Fü H, Tgb.Nr. 22/58, Studie »Aufbau und Entwicklung des deutschen Heeres«, vorgelegt am 29.5.1958, S. 5; BArch, BH 1/4, Führungsstab des Heeres, V A Fü 1a, Tgb.Nr. 210/57, Studie »Grenzsicherung«, Hardt, 2.9.1957, S. 14–18. Erst später würde sich strategische Luftüberlegenheit des Westens auswirken, sodass die Masse der feindlichen Luftwaffe zerschlagen und das Nachführern weiterer Divisionen aus dem Osten über Weichsel, Oder und Elbe unterbunden werden könnte. Ebd.
[466] Büschleb, Generalleutnant Hans Röttiger, S. 98–110.
[467] Gablik, Strategische Planungen, S. 132 f.
[468] Büschleb, Generalleutnant Hans Röttiger, S. 98.
[469] Gablik, Strategische Planungen, S. 152.
[470] BArch, BH 1/4, Führungsstab des Heeres, V A Fü 1a, Tgb.Nr. 210/57, Studie »Grenzsicherung«, Hardt, 2.9.1957.
[471] Ebd., S. 6. In diesem Sinne auch Röttiger in: BArch, BW 2/1799, Fü H, Tgb.Nr. 22/58, Studie »Aufbau und Entwicklung des deutschen Heeres«, vorgelegt am 29.5.1958, S. 29.
[472] BArch, BH 1/4, Führungsstab des Heeres, V A Fü 1a, Tgb.Nr. 210/57, Studie »Grenzsicherung«, Hardt, 2.9.1957, S. 7 f.

und taktischem Atomwaffeneinsatz zur Unterstützung des Heeres.[473] Sein Kriegsbild drehte sich um den »Entscheidungskampf an der Zonengrenze«.[474] Im Grunde handelte es sich um die Wunschvorstellung, einen Krieg mit dem Warschauer Pakt räumlich, zeitlich und im besten Fall sogar in der Wahl der Mittel begrenzen zu können. In den Fokus seiner Überlegungen wurde daher ganz im Gegensatz zur Luftwaffe die Möglichkeit lokaler Konflikte gestellt,[475] was angesichts der Ereignisse in Ungarn und im Nahen Osten Ende 1956 nicht abwegig war. Eingeräumt wurde jedoch auch die Option, dass sich aus einem örtlichen Konflikt, etwa Unruhen in der DDR – ob von der Sowjetunion gewollt oder nicht – ein »general war« entwickeln könnte.[476] Daraus wurde die Zielsetzung abgeleitet, »einen derartigen Brandherd mit eigenen nationalen Streitkräften im Keim zu ersticken, ehe ein Eingreifen der NATO erforderlich«[477] würde. Dieser Gedanke war eigentlich abwegig, Röttiger ging es jedoch explizit um »die nationale Auslegung des Schild- und Schwert-Gedankens (im Gegensatz zur NATO-Vokabel)«.[478] Dies war freilich ein Kriegsbild, in welchem dem deutschen Heer die Königsrolle zufiel.

Insgesamt hatten sowohl der Inspekteur des Heeres als auch sein Führungsstab ein vorrangiges Interesse daran, das bereits in den Vorjahren angedachte Prinzip der Vorwärtsverteidigung zu verwirklichen. Es leuchtet ein, dass Röttiger die Bemühungen Speidels um die bewegliche Vorwärtsverteidigung, 1957 ja noch im Zuge der Weser angenommen, unterstützte.[479] Eine Aufwertung des Heeres forcierte Röttiger zudem mit dem neuen Brigadekonzept, das gerade im Sinne des oben skizzierten Kriegsbildes der beweglich geführten Vorwärtsverteidigung dienen sollte.[480]

In seiner Sichtweise wurde Röttiger wiederum von Heusinger unterstützt, der sich 1957 unverändert für die Wichtigkeit von Landstreitkräften aussprach und dabei sowohl an deren Verzahnung im Kampf als auch an begrenzte Konflikte dachte.[481] Doch wie realistisch war diese Vorstellung? Die Studie »Grenzsicherung« vom Führungsstab des Heeres hatte bereits festgestellt, dass mit

---

[473] BArch, BW 2/1799, Fü H, Tgb.Nr. 22/58, Studie »Aufbau und Entwicklung des deutschen Heeres«, vorgelegt am 29.5.1958, S. 6 und 27; BArch, BH 1/4, Führungsstab des Heeres, Fü H II 1, Tgb.Nr. 210/58, Bonn, 23.8.1958, S. 8.
[474] BArch, BW 2/1799, Fü H, Tgb.Nr. 22/58, Studie »Aufbau und Entwicklung des deutschen Heeres«, vorgelegt am 29.5.1958, Vorwort, S. III.
[475] BArch, BH 1/4, Führungsstab des Heeres, V A Fü 1a, Tgb.Nr. 210/57, Studie »Grenzsicherung«, Hardt, 2.9.1957, S. 7.
[476] Ebd., S. 8; BArch, BH 1/503, Führungsstab des Heeres, V A Fü 3a, Tgb.Nr. 760/57, stv. Inspekteur des Heeres von der Groeben, Vortrag »Führungsgrundsätze des Heeres«, Bonn, 12.7.1957, S. 3.
[477] BArch, BH 1/4, Führungsstab des Heeres, – V A Fü 1a, Tgb.Nr. 210/57, Studie »Grenzsicherung«, Hardt, 2.9.1957, S. 9.
[478] BArch, BW 2/1799, Fü H, Tgb.Nr. 22/58, Studie »Aufbau und Entwicklung des deutschen Heeres«, vorgelegt am 29.5.1958, S. 24.
[479] Ebd., Vorwort, S. I–III. In der Forschungsliteratur haben dies Gablik, Hammerich und Thoß bereits beschrieben. Gablik, Strategische Planungen, S. 156; Hammerich, Kommiss kommt von Kompromiss, S. 107 f.; vgl. auch Thoß, NATO-Strategie, S. 449.
[480] Gablik, Strategische Planungen, S. 155.
[481] Hammerich, Kommiss kommt von Kompromiss, S. 108 f.

einer Verwirklichung der »forward strategy« wegen der operativen Planung der NATO, die zumindest in den Grundzügen bekannt war, vorläufig nicht zu rechnen war.[482] Bei der Auswertung des »War game 1958« der 7. U.S. Army im Frühjahr 1958 wurde der Führungsstab des Heeres in dieser Auffassung bestätigt.[483] Noch immer musste also davon ausgegangen werden, dass eine nachhaltige Verteidigung erst in der Tiefe der Bundesrepublik Deutschland im Zuge des Rheins geführt, d.h. weite Räume des Bundesgebietes mehr oder weniger kampflos aufgegeben würden. Dies lag schlichtweg daran, dass es die notwendigen konventionellen Streitkräfte zur Realisierung der Vorwärtsverteidigung zu jener Zeit noch nicht gab.[484] Allein die Aufstellung der Bundeswehr selbst hinkte gehörig ihrem Zeitplan hinterher.[485] Die Rechnung der Heeresführung konnte in dieser Situation nur aufgehen, wenn die taktischen Atomwaffen des Westens als Schwerpunktmittel[486] zum Ausgleich der Kräfteverhätnisse (damals 1:6 bei den Landstreitkräften) umfassend in das Kriegsbild integriert wurden.[487] Mit seiner Unterschrift unter der Studie »Aufbau und Entwicklung des deutschen Heeres« vom Mai 1958[488] stellte Röttiger klar, dass eine Verteidigung des Westens vorläufig nur durch massierten Atomwaffeneinsatz und selbst nach Aufstellung der zwölf deutschen Divisionen lediglich »unter vollem Einsatz der Atomwaffen«[489] zu erfüllen war. In einem Schreiben an den Leiter der Studiengruppe des Heeres an der Führungsakademie in Bad Ems vom 12. Mai 1958 hielt der Inspekteur des Heeres ebenfalls noch einmal fest, dass sich die Schwerpunktsetzung mehr als bisher »auf eine mögliche Kampfführung unter Einsatz eigener und die Abwehr feindlicher Atomwaffen verlagert hat«.[490] Zugleich beauftragte er die Studiengruppe des Heeres, die bisherigen Führungsvorschriften in diesem Sinne zu überarbeiten. Die HDv 100/2 werde daher vor die HDv 100/1 treten. Die taktischen Nuklearwaffen hatten nunmehr den Stellenwert einer wirkungsgesteigerten Artillerie, für deren Einsatz, insbesondere gegen Feindkräftemassierungen, Atomfeuerpläne vorgesehen waren.[491] 20 Kilotonnen Sprengwirkung, wie bei

---

[482] BArch, BH 1/4, Führungsstab des Heeres, V A Fü 1a, Tgb.Nr. 210/57, Studie »Grenzsicherung«, Hardt, 2.9.1957, S. 18−20.
[483] BArch, BH 1/4, Führungsstab des Heeres, Fü H II 1, Tgb.Nr. 210/58, Bonn, 23.8.1958, S. 3.
[484] Gablik, Strategische Planungen, S. 153.
[485] AWS, Bd 3 (Beitrag Greiner), S. 750−850; Rink, »Strukturen brausen um die Wette«, S. 358.
[486] BArch, BH 1/503, Führungsstab des Heeres, V A Fü 3a, Tgb.Nr. 760/57, stv. Inspekteur des Heeres von der Groeben, Vortrag »Führungsgrundsätze des Heeres«, Bonn, 12.7.1957, S. 87.
[487] Groß, Mythos und Wirklichkeit, S. 296−298.
[488] BArch, BW 2/1799, Fü H, Tgb.Nr. 22/58, Studie »Aufbau und Entwicklung des deutschen Heeres«, vorgelegt am 29.5.1958.
[489] Ebd., Vorwort, S. II.
[490] BArch, BW 2/1.944, Fü H IV 4, Az. 52-10-00, Tgb.Nr. 253/58, gezeichnet von Röttiger, Bonn, 12.5.1958, S. 2.
[491] BArch, BH 1/503, Führungsstab des Heeres, V A Fü 3a, Tgb.Nr. 760/57, stv. Inspekteur des Heeres von der Groeben, Vortrag »Führungsgrundsätze des Heeres«, Bonn, 12.7.1957, S. 57−61; Middeldorf, Handbuch der Taktik, S. 286. Die Forderung nach atomkriegsfähigen Verbänden verschmolz mit den Kriegserfahrungen zur Heeresstruktur 2. Die Heeresstruktur 2 bedeutete die Atomatisierung der Korps- und Divisionsartillerie. Siehe dazu: Rink, »Strukturen brausen um die Wette«, S. 358 f.; Hammerich, Kommiss kommt von Kompromiss, S. 108.

den Atombomben von Hiroshima und Nagasaki, galten mittlerweile bereits als »Normalbomben«.[492] Im Handbuch der Taktik von Eike Middeldorf, herausgegeben im Juli 1957 mit einem Geleitwort Röttigers für die Ausbildung des militärischen Führungsnachwuchses, war daher beim möglichen Krieg die Rede von »Leere des Gefechtsfeldes und [...] Kampf in großer Auflockerung«,[493] die sich zwangsläufig aus der nuklearen Steigerung der Feuerkraft ergeben mussten.

Am 23. August 1958 legte Röttiger dem Verteidigungsminister, dessen Staatssekretär und dem Generalinspekteur eine Studie zur »grenznahen Abwehr«[494] im Verteidigungsfall vor, wonach die Verwirklichung der Vorwärtsstrategie durch den wirkungsvollen Einsatz nuklearer Waffen unter Ausnutzung der grenznahen Mittelgebirge und Verteidigungsstellungen möglichst weit ostwärts erreicht werden sollte. Zugleich verband sich damit die Annahme, dass Angriffsvorbereitungen des Warschauer Paktes, etwa die Zuführung von Angriffsdivisionen aus Innerrussland in die Aufmarschgebiete, erkannt würden und genügend Zeit vorhanden wäre, die eigenen Verteidigungsstellungen zu beziehen.[495] Die gleiche Denkrichtung geht aus der Heeresstudie »Führung und Kampf der Panzergrenadier-Division unter atomaren Verhältnissen«[496] vom 22. Januar 1959 hervor, welche zwar die künftige Kampfführung durch den »Einsatz von Atomwaffen und die weitgehende Panzerung und Mechanisierung der Verbände des Heeres«[497] gekennzeichnet sah, es aber dennoch als möglich erachtete, den Feind wegen seines Festhaltens an überkommenen Führungsgrundsätzen durch die eigene Beweglichkeit und mit Hilfe der Atomwaffen auszumanövrieren.[498] Diese »Nuklearisierung des operativen Denkens«[499] brachte – wie Gerhard P. Groß es ausgedrückt hat – das Heer im Rennen mit der Luftwaffe wieder ein Stück nach vorn.

Ähnlich wie bei der Luftwaffe muss auch für den Bereich des Heeres eine starke Interessenleitung bei der Formulierung des Kriegsbildes festgestellt werden. Die vom Heer entwickelten Leitvorstellungen, die zum Beispiel im Rahmen eines Vortrags des stellvertretenden Inspekteurs des Heeres über die »Führungsgrundsätze des Heeres«[500] am 18. Februar 1957 verkündet wurden, lauteten daher: Zwar seien theoretisch vier Varianten eines modernen Krieges vorstellbar (erstens ein Krieg mit unbeschränktem Einsatz von Atom- und Wasserstoffwaffen, zweitens ein Krieg mit beschränktem Einsatz nur von Atomwaffen im Frontgebiet, drittens ein Krieg nur mit herkömmlichen Waffen, viertens Kleinkriege, lokale Kriege und Aufstände), doch seien wegen des zu erwartenden Schadens jedoch nur zwei Fälle von Krieg wahrscheinlich, nämlich

---

[492] Middeldorf, Handbuch der Taktik, S. 286.
[493] Ebd., S. 11.
[494] BArch, BH 1/4, Führungsstab des Heeres, Fü H II 1, Tgb.Nr. 210/58, Bonn, 23.8.1958.
[495] Ebd., S. 4 f.
[496] BArch, BW 2/1944, Anlage zu BMVtdg, Fü H II 3, Az. 31-05-12, Tgb.Nr. 200/59 vom 22.1.1959.
[497] Ebd., S. 5.
[498] Ebd., S.5 und S. 9.
[499] Groß, Mythos und Wirklichkeit, S. 291 und 296–298. Siehe hierzu die Grafik auf S. 218.
[500] BArch, BH 1/503, Führungsstab des Heeres, V A Fü 3a, Tgb.Nr. 760/57, stv. Inspekteur des Heeres von der Groeben, Vortrag »Führungsgrundsätze des Heeres«, Bonn, 12.7.1957.

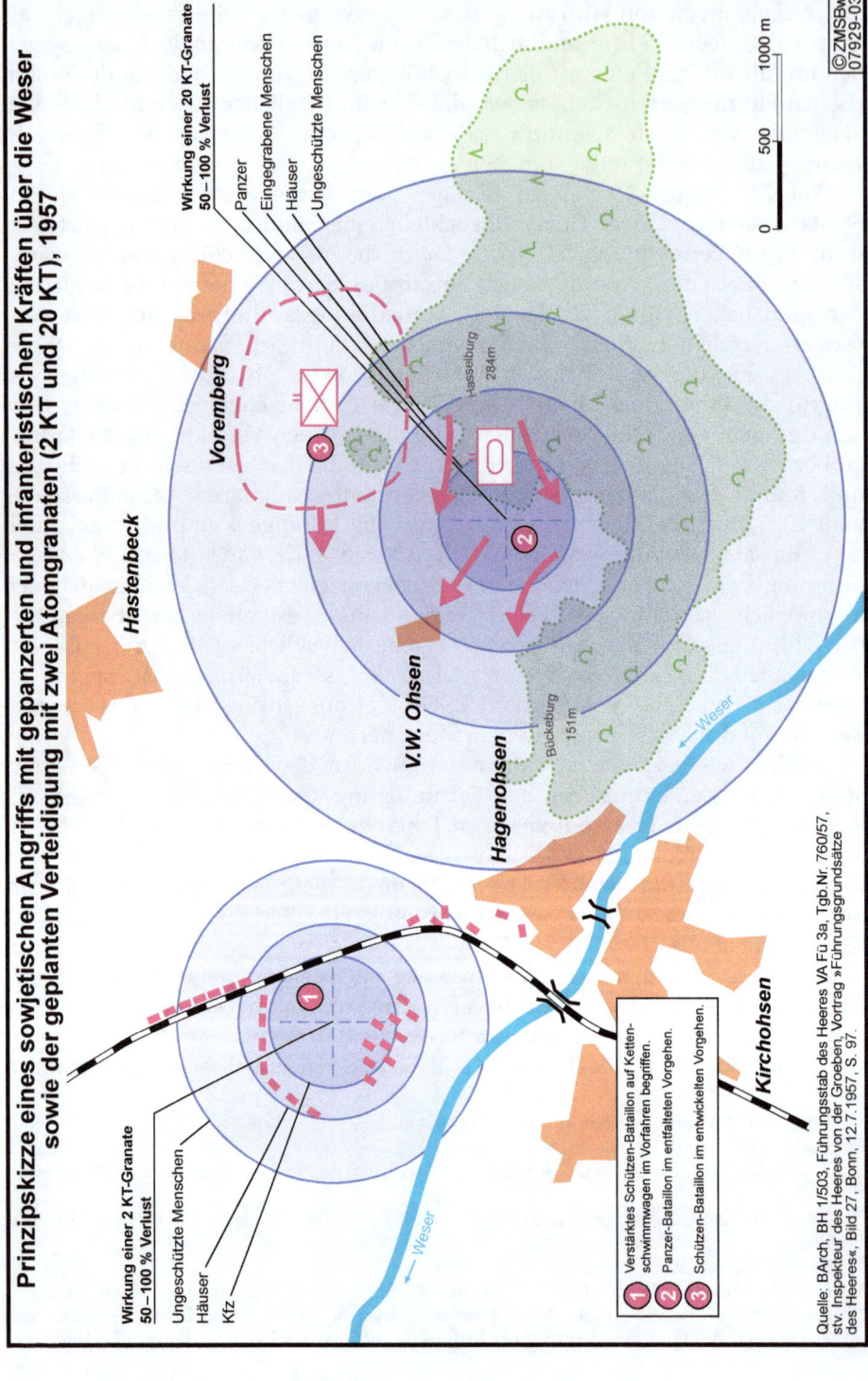

zum einen der Krieg mit beschränktem Einsatz von Atomwaffen im Frontgebiet und zum anderen der Krieg mit lediglich herkömmlichen Waffen.[501] Insgesamt gingen also in der Heeresführung bei der Formulierung des Kriegsbildes traditionelle Denkmuster, Skepsis, Gewissensfragen, Wunschdenken und Interessenleitung einher. Die gedankliche Herleitung wie auch die Ausprägung der Kriegsvorstellungen unterschieden sich bei Heeres- und Luftwaffenführung jedoch erheblich.

Wie beeinflusste nun zum Vergleich die Weichenstellung auf den Nuklearkrieg und der zwischen Luftwaffe und Heer entbrannte Kampf um die tragende Rolle im Krieg der Zukunft die Vorstellungen in der Marineführung? In den Denkmustern der Marine, unverändert verkörpert durch deren Inspekteur Ruge, herrschte eine Art kompromisshafte Sichtweise aus Luftwaffen- und Heeresvorstellungen. Beiderlei Denkansätze, d.h. strategische NATO-Orientierung und operativ fokusierte Vorwärtsverteidigung, fanden Eingang in ein drittes Leitbild vom Wesen des künftigen Krieges, das sich bei der Marine vor allem um die Verteidigung der Ostseeausgänge drehte und – wiederum ganz im Sinne der Interessenleitung – die Bedeutung des Seekrieges besonders herausstellte. Ruge gelang es dabei noch am ehesten, seinen bereits 1949, später auch in Himmerod formulierten, im vorausgegangenen Unterkapitel skizzierten Gedanken zum Wesen des künftigen Seekrieges treu zu bleiben. Vor allem auch seine Affinität zur »Seemacht«[502], zur »Beherrschung der Weltmeere«[503] blieb beim ersten Inspekteur der Marine konstant. Dieses alte Paradigma einer »Blue Water Navy« stellte unverändert den Ausgangspunkt der Überlegungen in der Marineführung dar.

Schon 1956 hatte Ruge gegen seine Kameraden von Heer und Luftwaffe den Vorwurf erhoben, den gleichen Fehler wie in den beiden Weltkriegen zu begehen, indem sie sich allzu sehr auf die Landkriegführung konzentrierten.[504] In seiner Schrift »Seemacht und Sicherheit«[505] kritisierte er, dass die Zusammenhänge nicht gesehen würden und sich das militärische Denken zu sehr in den eingefahrenen Bahnen bewegte. Seemacht ergäbe sich aus einer bedeutenden Flotte und einer günstigen geostrategischen Position, wie sie sich auf Seiten der NATO befände. In einem Dritten Weltkrieg drohe daher der Sowjetunion bei aller Überlegenheit ihrer Land- und Luftstreitkräfte ein ähnliches Schicksal wie dem Deutschen Reich im Zweiten Weltkrieg. Um seine Gedanken zu verdeutlichen, führte Ruge – ähnlich wie die Heeresführung – Kriegserfahrungen an und übertrug sie auf den Krieg der Zukunft: Während das deutsche Heer 1941 beim Angriff auf Moskau enorme Schwierigkeiten hatte, den Nachschub über Land zu organisieren, gelang dies den Amerikanern durch die Nutzung der See von 1942 bis 1945 über Tausende von Kilometern hinweg. Ähnlich könnte es sich im Falle eines Atomkrieges verhalten, in dem die Infrastruktur in Mittel- und Osteuropa zu-

---

[501] Ebd., S. 3.
[502] Bradley, Vizeadmiral Professor Friedrich Ruge, S. 118.
[503] Ebd., S. 124.
[504] Ruge, Die Bedeutung der Seemächte, S. 3−6 und 20; Gablik, Strategische Planungen, S. 133.
[505] Ruge, Seemacht und Sicherheit. Siehe hierzu auch: BArch, N 379/110a, Nachlass Friedrich Ruge, Seemacht und westliche Sicherheit, ohne Ort, 12.1.1958.

sammenbrechen würde, während die Versorgung über See sichergestellt werden könnte, da die Seewege selbst durch Nuklearwaffen nicht zerstört werden können. Die gelungenen Landungsoperationen der Angloamerikaner im November 1942 in Nordafrika und im Juni 1944 in der Normandie stimmten Ruge ebenfalls optimistisch für einen potenziellen Krieg gegen die Kontinentalmacht UdSSR. Selbst aus der britischen Blockade im Ersten Weltkrieg zog der Inspekteur der Marine einen Analogieschluss zu den Möglichkeiten der 7. US-Flotte im Fernen Osten und der 6. US-Flotte im Mittelmeer im Kriegsfall. Anhand dieser Grundüberlegungen zur Seemacht zeigte sich, dass Ruge zwar von einem Nuklearkrieg, jedoch nicht nur von einem kurzen atomaren Schlagabtausch ausging. Zumal Seemacht die Zeit als Verbündete hatte und sich Schiffe gegen die sekundären Auswirkungen von Atombomben widerstandsfähig zeigten, rechnete Ruge damit, dass im großen Ost-West-Krieg nach einem gegenseitigen Abringen der Landluftstreitkräfte beider Seiten die großen Trägerkampfgruppen und Landungsverbände des Westens noch intakt wären und den Ausschlag für den Kriegserfolg geben könnten.[506] Die sowjetische U-Bootwaffe, die nunmehr den Schwerpunkt der sowjetischen Seerüstung darstellte, sah Ruge nicht als ernsthafte Gefahr an. Er entwickelte also seine Vorstellungen im Hinblick auf einen künftigen Krieg aus Erfahrungen der Vergangenheit und übertrug bekannte Bilder in die Zukunft. Auch wenn der Inspekteur der Marine – ebenso wie derjenige der Luftwaffe – eine Entwicklungstendenz zu Raketen und Atomsprengköpfen als Kriegsmittel feststellte, so hatte doch in seinen Augen ein Trägerverband in Bewegung auf See ballistische Raketen von Land nicht zu fürchten. Allerdings waren Schiffsansammlungen wie noch die großen Landungsflotten im Zweiten Weltkrieg in seinen Augen wegen der Atomwaffen nicht mehr möglich. Deshalb spielte die Auflockerung im Kriegsbild Ruges eine ähnlich bedeutsame Rolle wie in den Vorstellungen Röttigers.

Als der Führungsstab der Marine im April 1958 seine Überlegungen zu Problemen der Seekriegführung zu Papier brachte,[507] wurde darin Ruges Kerngedanke von der im wörtlichen Sinne »tragenden Rolle« der Seestreitkräfte im Nuklearkrieg wiederholt: »Nach den z.Z. bestehenden Operationsabsichten von SACEUR muß im gesamten feindlichen Hinterland mit einer weitgehenden Lahmlegung aller Landtransportmöglichkeiten durch den Einsatz von A-Bomben gerechnet werden«.[508] Daher war für die Marineführung absehbar, dass der Gegner seinen Kriegsnachschub, selbst im Falle einer Auseinandersetzung nur mit konventionellen Waffen, längs der Küsten über die »Rollbahn See«[509] befördern würde. Indem die Bundesmarine mit U-Booten, Zerstörern, S-Booten, Flugzeugen und durch Mineneinsatz dazu beitragen sollte, diesen sowjetischen

---

[506] Die USA allein besaßen zu jener Zeit rund 30 große und 70 kleinere Flugzeugträger.
[507] BArch, BW 2/2569, Fü M II, »Überlegungen zu Problemen der Seekriegführung und der NATO-Kommandostruktur im Bereich der Bundesmarine«, Anlage 2 zu Tgb.Nr. N 322/58, unterschrieben von Ruge, Hardthöhe, 3.4.1958.
[508] Ebd., S. 13.
[509] Ebd., S. 14.

IV. Die Entwicklung von Kriegsbildern

Seeverkehr zu stören,[510] kam ihr in den Augen der Marineführung eine bedeutende Rolle zu. Der Stärkevergleich der Seestreitkräfte von Ost und West in der Ostsee ergab, dass die Bundesmarine als Hauptträgerin des Verteidigungskampfes um die Ostseeausgänge wegen der sowjetischen Übermacht, ganz besonders bei den Seeluftstreitkräften, zu Kriegsbeginn in die Defensive in der westlichen Ostsee gedrängt würde und insbesondere die Nacht und Schlechtwetterlagen für ihre Operationen ausnützen müsste. Nach der Ausführung des Interdiction-Plans von SACEUR jedoch wäre die sowjetische Kampfkraft spürbar geschwächt, sodass sich die Seekriegführung zunehmend in den Bereich der Offensive in der ostwärtigen Ostsee hin verlagern würde.[511]

Ganz ähnlich argumentierte Ruge, als er dem Generalinspekteur und dem Leiter Fü B III am 8. April 1958 noch einmal eine Kurzdarstellung zu Problemen der Seekriegführung in Nord- und Ostsee vorlegte.[512] Auch in der Studie »Die seestrategische Lage der Bundesrepublik und die sich aus ihr ergebenden Forderungen für den Aufbau der Marine«,[513] der sogenannten Ur-Konzeption[514] der Marine, die Ruge am 30. Mai 1958 in der Marineführung zur Bildung einer einheitlichen Auffassung verteilen ließ, wurden die oben skizzierten Gedanken zu einem expliziten Leitbild von der Rolle der Marine im künftigen Kriege zusammengefasst. Es verwundert nicht, dass die kriegsentscheidende Bedeutung von Seeherrschaft und -transport auch hier noch einmal herausgestellt wurde. Deshalb dachte Ruge nun ergänzend daran, den Handelsschiffsraum aus den großen Nordseehäfen (Hamburg, Bremen, Bremerhaven, Emden) bei Kriegsbeginn zu evakuieren, sodass er später für die Versorgung über die Häfen und Nothäfen an der jütländischen Westküste zur Verfügung stünde.[515] Um die Rolle seiner Teilstreitkraft zu unterstreichen, zitierte der Inspekteur der Marine sogar den früheren sowjetischen Verteidigungsministers Georgij K. Žukov (Schukow):

---

[510] Ebd., S. 8–11 und 14.
[511] Ebd., S. 1–4. Beurteilung des Feindpotenzials der sowjetischen Ostseeflotte (8 Kreuzer, 75 Zerstörer und Geleitboote, 150 U-Boote, 190 S-Boote, eine große Zahl von Landungsfahrzeugen, 1200 Marineflugzeuge) und des NATO-Potenzials (nur 12 Zerstörer, 12 U-Boote, 40 S-Boote, ca. 50 Marineflugzeuge, außerdem einige Minensuchverbände, überalterte dänische Zerstörer, Geleitfahrzeuge, Schnellboote und U-Boote).
[512] BArch, BW 2/2569, Inspekteur der Marine, Az. 31-03-01-02, Tgb.Nr. N 322/58, unterschrieben von Ruge, Hardthöhe, 8.4.1958, S. 4 f.
[513] BArch, BM 1/1248, Fü M II, Tgb. Nr. 100/58, »Die seestrategische Lage der Bundesrepublik und die sich aus ihr ergebenden Forderungen für den Aufbau der Marine«, vorgelegt von Ruge am 30.5.1958. Bemerkenswert ist Ruges Vorbemerkung »Die in der Studie und ggf. meinen Stellungnahmen zum Ausdruck kommende Beurteilung ist die für die Marine gültige und verbindliche«, mit der noch einmal deutlich wird, wessen Handschrift das Kriegsbild der Marine trug. BArch, BM 1/1248, Der Inspekteur der Marine, Az.: 31-02-01, Tgb.Nr. 100/58, Anschreiben zur Verteilung der Studie »Die seestrategische Lage der Bundesrepublik und die sich aus ihr ergebenden Forderungen für den Aufbau der Marine«, Bonn, 30.5.1958, S. 1.
[514] Sander-Nagashima, Die Bundesmarine 1950 bis 1972, S. 86; Doepgen, Die Konzeptionen, S. 125–147.
[515] BArch, BM 1/1248, Fü M II, Tgb.Nr. 100/58, »Die seestrategische Lage der Bundesrepublik und die sich aus ihr ergebenden Forderungen für den Aufbau der Marine«, vorgelegt von Ruge am 30.5.1958, S. 51–54.

»In einer künftigen kriegerischen Auseinandersetzung wird der Seekrieg von ungleich größerer Bedeutung als im letzten Kriege sein.«[516] Wichtig für das Kriegsbild Ruges ist insbesondere die Einschätzung der Kriegsdauer, die sich an das Zitat knüpft. Indem er von einer längeren Kriegsdauer ausging,[517] negierte der Inspekteur der Marine die auch vom Inspekteur der Luftwaffe vertretene Leitlinie der NATO, die infolge des massiven Nuklearwaffeneinsatzes ja lediglich einen kurzen Krieg von bis zu 30 Tagen Dauer vorsah. Doch wegen der zu erwartenden Zerstörungen dachte Ruge nicht an die von Kammhuber in den Fokus gestellte Form des Krieges:

»Wahrscheinlicher als durch einen massiven Überfall könnte ein allgemeiner Atomkrieg entstehen, wenn die Sowjets die Reaktion der NATO-Mächte auf aggressive Maßnahmen zunächst begrenzten Umfanges fehl beurteilen [...] Wahrscheinlich würde der Angreifer in dieser Situation anstreben, örtliche Kampfaktionen mit konventionellen Waffen rasch voranzutreiben und sich in dem eroberten Gebiet schnell festzusetzen.«[518]

In diesem Punkt stand Ruge gedanklich Röttiger näher. Die Idee, begrenzte Kriege in Mitteleuropa vielleicht im nationalen Alleingang zu beenden, schloss Ruge jedoch kategorisch aus. Die westdeutsche Marineführung baute auf massive US-britische Verstärkung, um einen Kräfteausgleich im Ostseebereich herzustellen und dort zunächst die Luftüberlegenheit, später auch die Seeherrschaft der sowjetischen Streitkräfte zu brechen.[519] So stand der Verteidigungsfall bei Ruge im Zeichen eines langsam eskalierenden allgemeinen Krieges, der auch nuklear geführt würde. Allein die strategisch wichtige Verteidigung der Ostseeausgänge, die der Feind nach Ruges Vorstellungen schnellstmöglich durch triphibische Operationen auf dem dänischen Seeland und Vorstöße seiner Landstreitkräfte über Schleswig-Holstein und Jütland in seinen Besitz zu bringen beabsichtigte, ließ sich bestenfalls durch Nuklearwaffeneinsatz realisieren.[520] Gleiches galt damit zugleich für den Schutz der Marinestützpunkte in Schleswig-Holstein vor feindlicher Eroberung. Insofern schritt die Nuklearisierung der Kriegsvorstellungen auch in der Marineführung voran. Hinzu kam in technologisch-rüstungstechnischer Hinsicht (v.a. in den USA, Großbritannien und der UdSSR) die zunehmende Einführung von Atomantriebsanlagen für Schiffe, die Entwicklung von Atomgefechtsköpfen für Topedos und U-Abwehrwaffen sowie die Erwartung, dass die strategische Bedeutung von Seestreitkräften als schwimmende Abschussbasen für nuklear bestückte Raketen zuneh-

---

[516] Ebd., S. 17.
[517] Ebd., S. 22 f.
[518] Ebd., S. 20.
[519] Sander-Nagashima, Die Bundesmarine 1950 bis 1972, S. 92 f.
[520] Ebd., S. 75 f. Sander-Nagashima zog in seiner Studie über die Bundesmarine die Umsetzbarkeit der von Ruge formulierten Ziele in Zweifel. Der Stärkevergleich, insbesondere bei den Marineluftstreitkräften (1:20), fiel für die deutsch-dänischen Seestreitkräfe in der Ostsee einfach zu ungünstig aus, sodass den Streitkräften des Warschauer Paktes die Eroberung der Ostseeausgänge wohl schnell gelungen wäre. Ebd., S. 89 f. und 96.

IV. Die Entwicklung von Kriegsbildern

men würde.[521] Die Anschaffung von entsprechenden Polaris-Booten lehnte Ruge jedoch zugunsten einer Breitenrüstung seiner Marine im April 1958 gegenüber dem Generalinspekteur mit der Begründung ab, dass diese strategischen Waffensysteme keinen wesentlichen Beitrag zur Verteidigung der Ostseeausgänge leisten könnten.[522] Auch in diesem Punkt teilte Ruge argumentativ eher die operative Sichtweise des Heeres als den strategischen Standpunkt Kammhubers. Frank Nägler hat der Marineführung wohl deswegen einiges Beharrungsvermögen in alten Denkstrukturen attestiert.[523] Dennoch ist, wie oben gezeigt wurde, die Anpassung der Vorstellungen an den Nuklearkrieg und die Interessenleitung auch im Kriegsbild der Marineführung unübersehbar. Zu Recht sprach Bernd Lemke daher von »Kriegsbild und Machttaktik«[524] bei den Führungen der Bundeswehr und ihren Teilstreitkräften.

Es soll an dieser Stelle darauf verzichtet werden, die Reaktionen des Generalinspekteurs und des Führungsstabes der Streitkräfte auf die unterschiedlichen Kriegsbilder bei Heer, Luftwaffe und Marine genauer zu beleuchten. Diese Untersuchung ist dem folgenden Unterkapitel vorbehalten. Vielmehr soll zunächst der Verlauf der Gedankengänge in den einzelnen Teilstreitkräften mit ihren Wechselwirkungen im Fokus der Analyse bleiben. Besonders interessant wurde hier nämlich die Entwicklung im Jahre 1959, als sich »Heer und Marine einer Forderungsdominanz der Luftwaffe zu erwehren«[525] hatten und der Streit der Kriegsbilder seinen (vorläufigen) Höhepunkt erreichte.

Den Anlass dazu bot ein Schreiben des Generalinspekteurs, der sich im September 1959 einerseits angesichts der allgemein fortschreitenden Nuklearisierung und der absehbaren nuklearen Pattsituation zwischen West und Ost, andererseits wegen der Finanzknappheit für die Rüstungsplanung der Bundeswehr »Gedanken zur weiteren Entwicklung strategischer Pläne und ihre[n] Auswirkungen auf die Aufstellungsplanungen der Bundeswehr«[526] machte. Heusinger kritisierte darin zunächst die noch bis 1963 gültige MC 70 der NATO, die aus seiner Sicht einen zwangsläufigen Einsatz der Atomwaffen zwar einplante, jedoch über diesen Atomgegenschlag der Schwertstreitkräfte kaum hinausreichte. Daher sollten von deutscher Seite »Überlegungen [...] angestellt werden, ob und inwieweit man in der Zukunft aus dieser einseitigen

---

[521] BArch, BM 1/1.248, Fü M II, Tgb.Nr. 100/58, »Die seestrategische Lage der Bundesrepublik und die sich aus ihr ergebenden Forderungen für den Aufbau der Marine«, vorgelegt von Ruge am 30.5.1958, S. 82.
[522] Sander-Nagashima, Die Bundesmarine 1950 bis 1972, S. 133.
[523] Nägler, Baudissin, S. 600−605.
[524] Lemke, Konzeption und Aufbau der Luftwaffe, S. 151. Ähnliche Interessenkonflikte und Instrumentalisierungen von Kriegsbildern gab es auch zwischen den Teilstreitkräften der verbündeten Staaten, v.a. in den USA zwischen der U.S. Airforce und der Army. Lemke, Konzeption und Aufbau der Luftwaffe, S. 85. Siehe dazu auch: Thoß, NATO-Strategie, S. 393.
[525] Lemke, Konzeption und Aufbau der Luftwaffe, S. 216.
[526] BArch, BW 2/1799, Generalinspekteur der Bundeswehr, Fü B III, Tgb.Nr. 337/59, Gedanken zur weiteren Entwicklung strategischer Pläne und ihre Auswirkungen auf die Aufstellungsplanungen der Bundeswehr, Bonn, 7.9.1959. Zugleich archiviert unter der Signatur BArch, BH 1/9487.

Bindung herauskommen kann«,[527] zumal »niemand vorhersagen kann, ob und inwieweit der Atomeinsatz oder der Einsatz bestimmter Grössenordnungen der Atomwaffen vielleicht doch völkerrechtlich eingeschränkt wird.«[528] Heusinger ging davon aus, dass die Atompotenziale der Supermächte ab 1961 ausgeglichen wären, weshalb die NATO-Doktrin der nuklearen Abschreckung im Laufe der nächsten Jahre deutlich an Wert verlieren würde, wie dies auch von Maxwell D. Taylor in dem bereits genannten Buch »The Uncertain Trumpet«[529] vertreten worden ist. Daher sollten nach Heusingers Willen für die Zeit nach 1963 in den Bereichen der Luft-, Land- und Seekriegführung verstärkt Gedanken zu einer sehr beweglichen, frühzeitig zum Gegenangriff übergehenden Verteidigung im Falle von lokalen Angriffen und sogenannten Zwischenfällen[530] entwickelt werden, und zwar ausdrücklich »unabhängig von den Überlegungen in der NATO«.[531] Zugleich stellte Heusinger klar, dass eine nachhaltige Verteidigung der Bundesrepublik Deutschland nicht aus eigener Kraft, sondern nur in einer Verteidigungsgemeinschaft gewährleistet werden könne. Der Generalinspekteur warf insbesondere die Frage auf, ob die Bundeswehr den Schwerpunkt mehr auf die Rüstung und Aufstellung der Luftwaffe legen sollte? Unter der Federführung der Abteilung III des Führungsstabes der Bundeswehr (Fü B III) sollten die Teilstreitkräfte bis zum 10. Oktober ihre Gedankenbeiträge liefern. Aus guten Gründen appellierte Heusinger ausdrücklich, an diese Arbeit »unvoreingenommen ohne Prestigeansprüche und nüchtern«[532] heranzugehen.

Als erstes lieferte die Marine ihren Beitrag, der offenbar unter Federführung der Abteilung II des Führungsstabes der Marine (Fü M II) ausgearbeitet und am 7. Oktober 1959 abschließend von Ruge selbst unterschrieben worden war.[533] Darin griff Ruge zunächst die Kritik Heusingers an der NATO-Konzeption auf und bemängelte deren politische Ausrichtung, die den operativen Erfordernissen insbesondere bei der Verteidigung der strategisch wichtigen Ostseeausgänge nicht gerecht würde. Der Inspekteur der Marine verwehrte sich gegen die bei der NATO gehegten Gedanken, die deutschen Ostseehäfen von vornherein aufzugeben. Auch hier vertrat er natürlich neben dem gesamtstaatlichen Interesse der möglichst grenznahen Verteidigung das Interesse seiner Teilstreitkraft. Die daraufhin folgenden Ausführungen zu den Kriegsvorstellungen erinnern zum großen Teil an die Argumentation aus der Himmeroder Denkschrift. Ruge malte mit zahlreichen operativen Imperativen das bekannte Schwarz-Weiß-Bild von den Kausalbeziehungen zum unmittelbar zusammenhängenden Seekrieg in der Ost- und Nordsee.[534] Insgesamt trat jedoch das oben zuletzt skizzierte Kriegsbild

---

[527] BArch, BH 1/9487, Generalinspekteur der Bundeswehr, Fü B III, Tgb.Nr. 337/59: »Gedanken zur weiteren Entwicklung strategischer Pläne und ihre Auswirkung auf die Aufstellungsplanungen der Bundeswehr«, Bonn 7.9.1959, S. 3.
[528] Ebd., S. 3.
[529] Taylor, The Uncertain Trumpet.
[530] Ebd., S. 6.
[531] Ebd., S. 3.
[532] Ebd., S. 10.
[533] Ebd., S. 1–25.
[534] Ebd., S. 4–23.

wieder hervor: die dem Feind unterstellte Absicht, die Ostseeausgänge durch amphibische oder triphibische Unternehmungen auf den Dänischen Inseln in Besitz zu nehmen, um den Seekrieg dann mit mehr als nur den sowjetischen U-Booten in die Nordsee und in den Atlantik vorzutragen. Außerdem wurde den Sowjets unterstellt, den Heeresnachschub für die Angriffsdivisionen über die Ostsee transportieren zu wollen. Man ging von eigenen »Anfangsrückschlägen großen Ausmaßes«[535] auf westeuropäischem Boden und von der eigenen Defensive in der westlichen Ostsee gegen die weit überlegene sowjetische Flottenmacht in der Anfangsphase des Krieges aus. Dazu sollten Minen möglichst weit ostwärts in der Ostsee vorgetragen werden. Das alles würde schließlich zu einer Kräfteverlagerung zugunsten der NATO führen, die erst nach und nach ihr volles Potenzial zur Entfaltung bringen würde, bis hin zum Erringen der Seeherrschaft in der Ostsee, was schließlich eigene Landungsoperationen auf feindlichem Territorium vorstellbar werden ließ. Aus Ruges Sicht würde sich der Bodenkrieg jedoch auf Zentral- und Westeuropa beschränken, da »die USA und die SU in einem künftigen Kriege das Territorium ihrer Staaten gegenseitig nicht erobern und militärisch besetzen können. In dem riesigen Raum des europäischen Rußlands sind schon die Feldzüge Napoleons und Hitlers gescheitert.«[536]

Das letztgenannte Zitat Ruges ist besonders herauszustellen, verifiziert es doch für den Bereich der Kriegsbildtheorie einmal mehr den Analogieschluss von vergangenen auf zukünftige Kriege. Um Wiederholungen zu vermeiden, soll an dieser Stelle das von Ruge im Oktober 1959 relativ ausführlich skizzierte Kriegsbild nicht noch einmal exakt nachgezeichnet werden. Vielmehr soll das Augenmerk auf zwei ausgewählte Aspekte gelenkt werden. Der erste ist die Rolle, die Ruge im Rahmen seiner Stellungnahme den Seestreitkräften und den anderen Teilstreitkräften zuschrieb. Ganz im Sinne der bekannten Interessenleitung von Kriegsbildern unterließ er es nicht, die Bedeutung der Seekriegführung herauszustellen. So sah Ruge in der Verteidigung der Ostseeausgänge einen »Eckpfeiler für die Verteidigung Europas überhaupt«[537] und in der sowjetischen Ostseeflotte einen »entscheidenden Faktor in der Gesamtkriegführung«.[538] Daher wies er der Luftwaffe die Rolle zu, sich beim Abwehrkampf um die Dänischen Inseln und Schleswig-Holstein stark zu beteiligen, den Luftraum dort zu sichern und Angriffe auf feindliche Flottenstützpunkte durchzuführen. In Ruges Augen waren Vorwärtsstrategie und offensive Verteidigung eben nur in der Ostsee – und damit wohl auch nicht durch das Heer – zu verwirklichen.[539] Zudem könnten nur die Seestreitkräfte »die bei einer längeren Kriegsdauer entstehende, für die Durchführung des Krieges schlechthin entscheidende überseeische Versorgung sicherstellen«.[540] Der zweite besonders interessante Gesichtspunkt in Ruges Stellungnahme ist das Voranschreiten der Technologisierung und

---

[535] Ebd., S. 23.
[536] Ebd.
[537] Ebd., S. 7.
[538] Ebd.
[539] Ebd., S. 11–13.
[540] Ebd., S. 24.

Nuklearisierung der Seekriegführung. Aus der Feststellung, dass die Marine der Sowjetunion mit dem Einbau von Raketen auf ihren Zerstörern bereits begonnen hätte, leitete Ruge die Forderung ab, auch die Bundesmarine schnell mit seezielfähigen Raketen auszustatten. Im Kriegsbild der Marineführung wurde damit die traditionelle Schiffsartillerie bereits durch See-See- und See-Luft-Raketen ersetzt. Ruges Forderung nach »Atomkapazität für taktischen Einsatz«[541] macht ferner deutlich, wie sehr auch sein Kriegsbild nunmehr im Banne der Nuklearwaffen stand. Er dachte bereits an »Artilleriegeschosse mit Atomkopf für Zerstörer«, einen »Atomkopf für Seezielraketen« und »Atombomben für den taktischen Einsatz der Marineflieger«.[542] Insgesamt zielten Ruges Überlegungen jedoch auf eine Vergrößerung der Bundesmarine auf der ganzen Linie ab. Der Zwang zum atomaren Krieg konnte aus seiner Sicht nur durch die Stärkung der Schildstreitkräfte behoben werden.[543] Ruges Kriegsbild war zugleich eine Kritik an den Rüstungsbeschränkungsbemühungen der Westeuropäischen Union (WEU).

Ähnlich wie die der Marine stellte die Antwort der Heeresführung auf die von Heusinger aufgeworfenen Fragen, die am 16. Oktober 1959 als »Auffassung des Heeres«[544] vorgelegt wurde, eine relativ ausführliche Fortschreibung der Kriegsvorstellungen aus den beiden Vorjahren dar. Entgegen den Stellungnahmen des Generalinspekteurs und des Inspekteurs der Marine, sträubte sich Röttiger gegen die seitens der NATO zugedachte Rolle seines unterstellten Bereiches im möglichen Krieg. Demnach sollten die Schildstreitkräfte (vornehmlich Landstreitkräfte) lediglich den Einsatz des nuklearen Schwertes (in erster Linie Luftstreitkräfte) ermöglichen. Der Führungsstab des Heeres (Fü H) zeichnete jedoch nun ein Kriegsbild, in dem – wieder ganz im Sinne der Interessenleitung – die Königsrolle des deutschen Heeres weiter ausgemalt wurde. Ein »General War« stellte darin »erst die letzte Konsequenz«[545] einer militärischen Auseinandersetzung des Warschauer Paktes und der NATO dar, während Röttiger »andere Erscheinungsformen einer kriegerischen Auseinandersetzung gerade jetzt wahrscheinlicher werden«[546] sah. Denn die Heeresführung unterstellte den Sowjets bestrebt zu »sein, den ›großen Krieg‹ zu vermeiden und im ›kleinen Krieg‹ ihre Ziele zu erreichen«.[547] Unter dieser Annahme waren Gedanken an einen »vielleicht zunächst noch konventionellen Krieg«[548] durchaus angebracht. Auch war allein aufgrund der Pattsituation durch das Gleichgewicht der beiden Supermächte bei den strategischen Waffen, d.h.

---

[541] Ebd., S. 14.
[542] Ebd., S. 18.
[543] Ebd., S. 3 und 7. Gemeint war hier jedoch nur der Krieg mit strategischen Nuklearwaffen.
[544] BArch, BH 1/9487, Inspekteur des Heeres, Tgb.Nr. II 300/59: Untersuchung zur Entwicklung einer strategischen Planung und deren Auswirkungen auf die Aufstellungsplanung des Heeres und der Bundeswehr, Bonn-Hardt, 19.10.1959.
[545] Ebd., Führungsstab des Heeres, Fü H II, Tgb.Nr. 300/59: Auffassung des Heeres zur weiteren Entwicklung strategischer Pläne und ihre Auswirkungen auf die Aufstellungsplanungen, Bonn, 16.10.1959, S. 33.
[546] Ebd., S. 33.
[547] Ebd., S. 8.
[548] Ebd., S. 2.

IV. Die Entwicklung von Kriegsbildern 227

Massenvernichtungsmitteln und weitreichenden Trägern, ein Verzicht auf deren Einsatz vorstellbar. Für Röttiger stand fest:

»Die Schildstreitkräfte gewinnen dadurch an Bedeutung. Denn nun sind die Abschreckung und die Entscheidung in einem General War nicht mehr allein durch Schwertstreitkräfte zu erreichen, vielmehr müssen auch die Schildstreitkräfte zum aktiven Handeln befähigt werden.«[549]

Das schien aus Sicht des Heeresinspekteurs vor allem deshalb erfolderlich, weil sowohl im Falle eines »großen« oder auch nur eines »kleinen« Krieges die Bundesrepublik Deutschland als Kriegsschauplatz anzunehmen war. Röttigers Gedankenführung vernachlässigte jedoch zugleich die Tatsache, dass die Entscheidungen über die Operationsführung und den Einsatz von nuklearwaffen in der NATO gefällt würden. Doch dem Inspekteur des Heeres ging es darum, die »Vernichtung oder Versklavung des gesamten deutschen Volkes«[550] in einem Kriege abzuwenden. Der leitende Gedanke in seiner Stellungnahme der Heeresführung war deshalb, den »interkontinentalen Schwertkräften« statt des Schildes einen »kontinentale[n] Degen«[551] beizugeben. Dieser sollte »im Rahmen einer strategischen Defensive eigene Angriffs-Operationen durchführen können«.[552] Das Kriegsbild enthielt also den Appell – an dieser Stelle zeigt sich erneut der appellative Charakter von Kriegsbildern –, in der Bundesrepublik Deutschland starke Landstreitkräfte bereitzuhalten, um im Falle einer militärischen Auseinandersetzung zumindest Zeit für politische Entscheidungen – so zumindest die Rhetorik – und möglicherweise doch den Einsatz strategischer Kernwaffen zu schaffen.

Unter diesen strategischen Grundannahmen bewegte sich das Kriegsbild der Heeresführung freilich schnell wieder auf der operativen Ebene und in den traditionellen Bahnen. In den Augen Röttigers sollte gerade das westdeutsche Heer dem kontinentalen Degen seine entscheidende Kraft verleihen, indem es mit weitreichenden Raketen (z.B. Pershing I) ausgestattet würde, um den Aufmarsch von Folgekräften bereits in der Tiefe des feindlichen Raumes unterbinden zu können. Gerechnet wurde nämlich unverändert mit einem weiträumig aufgelockerten »Massensturm der sowjetischen Panzerarmeen«[553] für einen schnellen Vorstoß in den bekannten Hauptstoßrichtungen zum Rhein und darüber hinaus. Begleitet wäre dieser Angriff der Bodentruppen von starken taktischen Luftstreitkräften und Raketen, möglicherweise auch von einem »Atomüberfall«[554] taktischer Nuklearwaffen (Atomsprengkörper mit kleineren Detonationswerten

---

[549] Ebd.
[550] Ebd., S. 9.
[551] Ebd., S. 2.
[552] Ebd.
[553] BArch, BH 1/9487, Führungsstab des Heeres, Fü H II, Tgb.Nr. 300/59: Auffassung des Heeres zur weiteren Entwicklung strategischer Pläne und ihre Auswirkungen auf die Aufstellungsplanungen, Bonn, 16.10.1959, S. 3. Für den Angriff auf Zentraleuropa rechnete die Heeresführung (nach fünftägiger Aufmarschzeit) mit 64 sowjetischen Divisionen sowie 24 weiteren aus den Satellitenstaaten.
[554] Ebd., S. 6.

und entsprechende Abschussmittel mit Reichweiten von 30 km, die bis auf Bataillonsebene verteilt worden wären). Einkalkuliert war in dieses Kriegsbild immerhin zugleich – und dies lässt auf einen Gedankenaustausch mit der Marineführung schließen – ein triphibisches Unternehmen des Feindes gegen die dänischen Inseln zur Gewinnung der Ostseeausgänge. Das dominierende Kriegsmittel jedoch war in Röttigers Vorstellungswelt immer noch und wegen seiner Schutzwirkung auch im Nuklearkrieg der Panzer: »Im Kampf mit und gegen Panzer fällt die Entscheidung.«[555] Und das Kriegsbild der Heeresführung selbst wurde einmal mehr vom Wunschdenken dominiert. Sie rechnete im Gegensatz zur Luftwaffenführung mit einer kurzen, zumindest fünftägigen Spannungszeit, die es dem westdeutschen Heer ermöglichen würde, auf eine Kriegsstärke von 550 000 bis 650 000 Soldaten aufzuwachsen und eine planmäßige Verteidigung aus einer aufgelockerten Aufstellung heraus bereits in Grenznähe aufzunehmen.[556] Um die Vorwärtsverteidigung erfolgversprechend umzusetzen, bemühte die Argumentation des Heeres ein Zitat Heusingers vom Februar 1959: »Noch immer hat sich gezeigt, daß man den Sowjets nur mit operativ beweglichen Planungen mit Erfolg entgegentreten kann.«[557] Deshalb kam es in den Augen der Heeresführung darauf an, »bereits bei Kriegsbeginn [...] eigene Angriffsoperationen in operativ wirksamer Richtung«[558] durchzuführen, sodass die operative Zielsetzung des Feindes durchkreuzt würde. Dazu sollten die westlichen Panzerbrigaden aus Nord- und Süddeutschland heraus zangenartig früh zum Gegenangriff bis nach Magdeburg antreten[559] und von dort aus gegebenenfalls weiter in Richtung Stettin operieren, während die noch in Westdeutschland befindlichen Feindkräfte vornehmlich durch Atomwaffen vernichtet wurden.[560] Denkbar war dies jedoch nur »mit wirksamer Unterstützung durch die eigenen Luftstreitkräfte«[561] oder gar mit eigenen Heeresfliegerverbänden.

---

[555] Ebd., S. 19.
[556] Ebd., S. 29.
[557] Ebd., S. 10.
[558] Ebd. Genau in diesen Denkkategorien waren kurz zuvor mit der Heeresdienstvorschrift »Truppenführung (TF)« vom August 1959 noch einmal die Leitvorstellungen für das Heer der Bundeswehr niedergeschrieben worden. BArch, BHD 1/796, BMVg, Fü H IV 4, Heeresdienstvorschrift 100/1 »Truppenführung (TF)«, erlassen vom Inspekteur des Heeres Röttiger, Bonn, 25.8.1959. Diese Quelle sprach vom »weiträumigen Gefecht mechanisierter und gepanzerter Verbände«. Ebd., S. 23.
[559] Siehe hierzu die Karte auf S. 229.
[560] BArch, BH 1/9487, Führungsstab des Heeres, Fü H II, Tgb.Nr. 300/59: Auffassung des Heeres zur weiteren Entwicklung strategischer Pläne und ihre Auswirkungen auf die Aufstellungsplanungen, Bonn, 16.10.1959, S. 14 und S. 25. Dies war das von Hammerich bereits herausgearbeitete Denken in den Kategorien eines Bewegungskrieges mit mechanisierten Kräften und Nuklearwaffen. Hammerich, Kommiss kommt von Kompromiss, S. 114. Aufgrund der NATO-Rahmendaten waren derartige Operationen faktisch allerdings nicht durchführbar. Ebd., S. 139−142.
[561] BArch, BH 1/9487, Führungsstab des Heeres, Fü H II, Tgb.Nr. 300/59: Auffassung des Heeres zur weiteren Entwicklung strategischer Pläne und ihre Auswirkungen auf die Aufstellungsplanungen, Bonn, 16.10.1959, S. 12.

IV. Die Entwicklung von Kriegsbildern 229

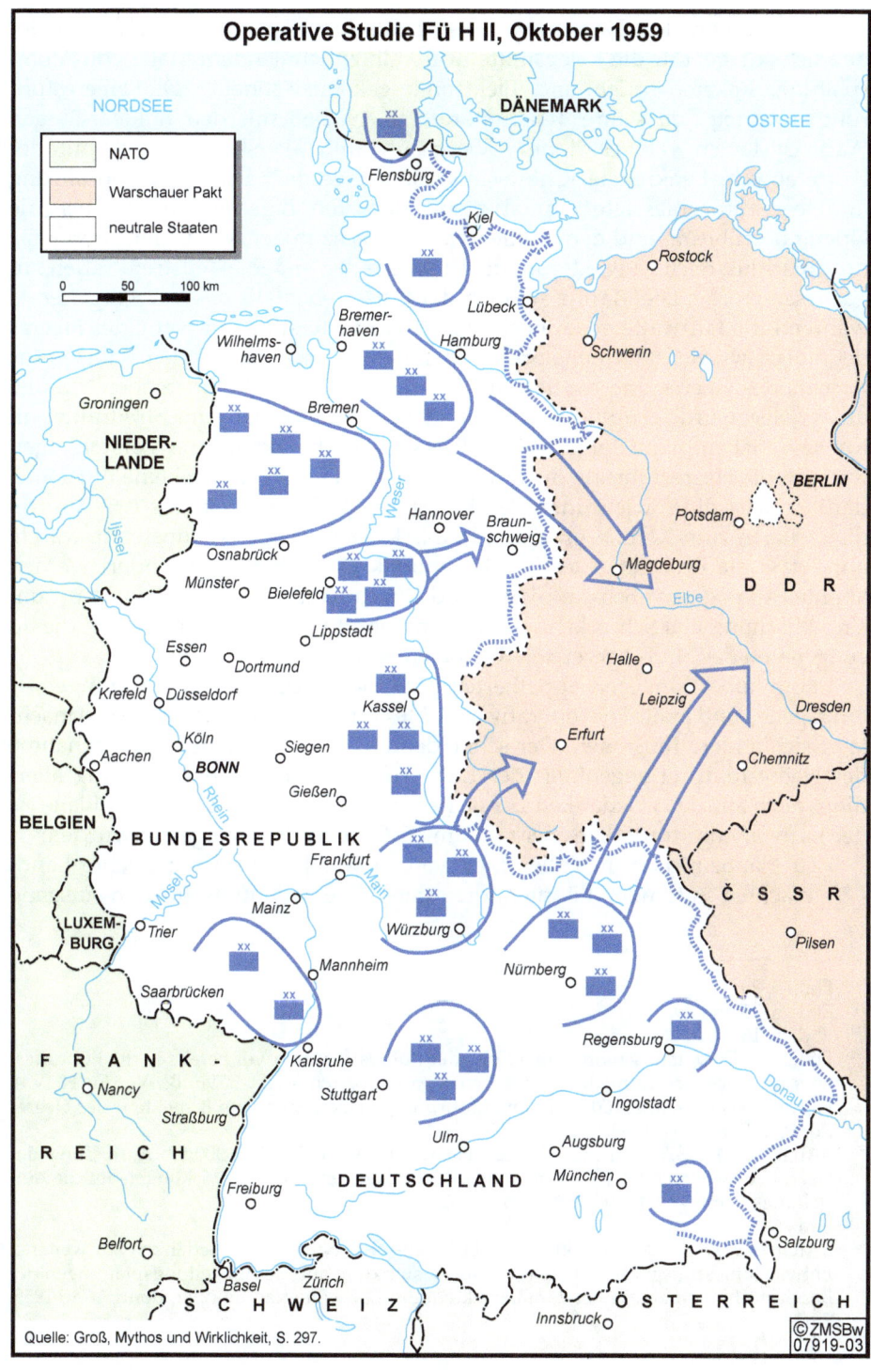

Quelle: Groß, Mythos und Wirklichkeit, S. 297.

Die traditionellen Denkmuster der deutschen Operateure traten wieder deutlich zutage; nur die Kriegsmittel waren in zunehmendem Maße von Atomspaltung, Raketenantrieb und Elektronik gekennzeichnet.[562] Die Heeresführung erwartete, dass ihre Teilstreitkraft ab 1962/63 mit den nuklearfähigen Waffensystemen »Honest John«, »Sergeant« und »Pershing« sowie mit der Panzerabwehr-Lenkrakete »Cobra« ausgestattet werde.[563] Die Gedankenführung im Heer vernachlässigte einmal mehr, dass die Entscheidungen über die Operationsführung und den Nuklearwaffeneinsatz in der NATO getroffen würde. Aufschlussreich ist wiederum die Rolle, die den anderen Teilstreitkräften zugewiesen wurde: Die Marine sollte in der Ostsee ebenfalls offensiv vorgehen,[564] während die Luftwaffe gedanklich wieder zur Unterstützungswaffe des Heeres degradiert wurde.[565] Dementsprechend sollten die weitreichenden Raketen ins Arsenal des Heeres und explizit nicht in das der Luftwaffe übergehen.[566] Ganz unverhohlen wurde damit das Kriegsbild vom Streitobjekt zum Streitmittel im Konkurrenzkampf mit der Luftwaffe. Des Wunschcharakters ihrer Vorstellungen war sich die Heeresführung durchaus bewusst und machte sich keine Illusionen darüber, dass die Sowjets unter den Kräfteverhältnissen des Jahres 1959 »in wenigen Tagen zum RHEIN und zum KANAL vorzudringen«[567] imstande wären, ohne dass die Besetzung der Bundesrepublik Deutschland verhindert werden könnte. Analog zum Schwarz-Weiß-Bild Ruges handelte es sich insgesamt um eine Mischung aus Schreckens- und Wunschbild vom möglichen Krieg, die an einigen von der NATO gesetzten Realitäten vorbeiging.

Kammhuber hingegen appellierte, »sich nicht trügerischen Hoffnungen«[568] hinzugeben und malte kein operativ gefärbtes Wunschbild aus. Stattdessen machte er sich andere Illusionen. Der schneidende Ton, welcher der Stellungnahme der Heeresführung gegenüber der Luftwaffe zu entnehmen war, klang allerdings auch aus den »Gedanken zur weiteren Entwicklung strategischer Pläne«[569] der Luftwaffenführung, die ebenfalls am 16. Oktober 1959 vorgelegt wurden:

»Zu glauben, dass im Falle eines general war [...] noch regelrechte Landschlachten stattfinden könnten, die irgend eine Bedeutung für den Ausgang

---

[562] Ebd., S. 20.
[563] Ebd., S. 25 und 29.
[564] Ebd., S. 16.
[565] Ebd., S. 2. Diese taktisch-operative Rolle der Luftwaffe war zuvor bereits in die Führungsvorschrift des Heeres niedergeschrieben worden; BArch, BHD 1/796, BMVg, Fü H IV 4, Heeresdienstvorschrift 100/1 »Truppenführung (TF)«, erlassen vom Inspekteur des Heeres Röttiger, Bonn, 25.8.1959, S. 22 f.
[566] BArch, BH 1/9487, Führungsstab des Heeres, Fü H II, Tgb.Nr. 300/59: Auffassung des Heeres zur weiteren Entwicklung strategischer Pläne und ihre Auswirkungen auf die Aufstellungsplanungen, Bonn, 16.10.1959, S. 32.
[567] Ebd., S. 8.
[568] BArch, BH 1/9487, Der Inspekteur der Luftwaffe, Tgb.Nr. 192/59: »Gedanken zur weiteren Entwicklung strategischer Pläne und ihre Auswirkung auf die Aufstellungsplanungen der Bundeswehr«, unterzeichnet vom Inspekteur der Luftwaffe Kammhuber, Bonn, 16.10.1959, S. 12.
[569] Ebd., S. 1–39.

IV. Die Entwicklung von Kriegsbildern 231

des Krieges haben könnten, ist unrealistisch und zeigt, dass die Dinge nicht logisch zu Ende gedacht werden.«[570]

Die Ausführungen Kammhubers wirken wie ein Gegenentwurf zur Stellungnahme des Heeres. Das betrifft bereits den gedanklichen Ausgangspunkt. Denn für den Inspekteur der Luftwaffe stand das Kriegsbild unverändert ganz im Zeichen der Abschreckung. Daher vertrat Kammhuber den Standpunkt, dass ein »general war« unter Einsatz aller strategischen Waffen des Westens mit allen Konsequenzen geführt werden müsse, wozu auch die Bundeswehr mit ihren Atomwaffenträgern beitragen solle, um den Krieg »so schnell wie möglich zu Gunsten des Westens«[571] zu entscheiden. Die Logik dieser Gedankenführung war, dass ernst zu nehmende Angriffsoperationen des Ostens wegen der nuklearen Zweitschlagsfähigkeit des Westens einem Selbstmord gleichkämen. Und dieser könne auch für die Sowjetunion »kein Kriegsziel«[572] sein. Für Kammhuber stand fest, dass »der Ausbruch eines general war die Vernichtung der Menschheit auf beiden Seiten bedeuten«[573] würde. Hierbei handelte es sich jedoch nicht um ein deutliches Kriegsbild, sondern ein nebulöses Schreckensbild, das für unvorstellbar erklärt und deshalb dessen weitere Details ausgeblendet wurden. Es beruhte auf der Paradoxie von Erfahrungssättigung und Erfahrungslosigkeit im Umgang mit Nuklearwaffen.[574] Für Kammhuber stand ja die Verhütung des Krieges und damit nicht dessen gedankliche Ausschmückung im Vordergrund seiner Überlegungen.[575] Darüber hinaus orientierte er sich – wie in den Vorjahren – an den NATO-Vorgaben und politischen Interessen. Was die NATO betraf, hatte sich die Luftwaffenführung nunmehr an Norstads neuer Konzeption für Europa vom 22. August 1959 auszurichten. Deren Grundgedanke lautete, dass die absichtliche Auslösung eines allgemeinen Krieges wegen des nuklearen Patts unwahrscheinlich war, die größte Kriegsgefahr jedoch von einer kleineren Unternehmung drohte, die sich aus einem zufälligen oder einem absichtlichen, jedoch nur auf kleinen Effekt berechneten Zusammenstoß entwickelte. Deshalb

---

[570] Ebd., S. 12 f. Der Militärschriftsteller und Kriegstheoretiker Ferdinand Miksche gelangte bei seiner Untersuchung über Kriegsbilder von den Kabinettskriegen bis in die 1970er Jahre zu ähnlichen Einschätzungen wie Kammhuber. Miksche vermutete, dass großräumige Operationen mechanisierter Verbände unter Atombeschuss ebenso zusammenbrechen wie 1914 die Attacken der k.u.k. Kavallerie in Galizien in den Garben russischer Maschinengewehre. Miksche, Vom Kriegsbild, S. 258–261.

[571] BArch, BH 1/9487, Der Inspekteur der Luftwaffe, Tgb.Nr. 192/59: »Gedanken zur weiteren Entwicklung strategischer Pläne und ihre Auswirkung auf die Aufstellungsplanungen der Bundeswehr«, unterzeichnet vom Inspekteur der Luftwaffe Kammhuber, Bonn, 16.10.1959, S. 12. Den »general war« definierte Kammhuber in diesem Kontext wie folgt: »Jede Aggression, an der Russland offen beteiligt ist, ist als Beginn des ›general war‹ anzusehen.« Ebd., S. 6.

[572] Ebd., S. 21.

[573] Ebd., S. 23.

[574] Reichherzer, Zwischen Atomgewittern und Stadtguerilla, S. 142.

[575] Bernd Lemke hat darauf hingewiesen, dass sich die Luftwaffe ein allzu ausführliches Eingehen auf Spielereien um Kriegsbild und planerische Aufstellungsvorhaben letztlich nicht leisten konnte, da für sie die Notwendigkeit zur taktischen Ausgestaltung von Luftangriff und Luftverteidigung im Vordergrund stand. Lemke, Konzeption und Aufbau der Luftwaffe, S. 166.

sollten die Schildstreitkräfte so verstärkt werden, dass sie in einem solchen Falle eine Unterbrechung der Offensivoperationen des Feindes erzwingen konnten, um den Aggressor zu einer grundsätzlichen politischen Entscheidung um den Preis der Selbstvernichtung zu zwingen.[576] Nach Kammhubers Verständnis lag »ein ›kleiner‹ oder ›begrenzter‹ Krieg [...] für Westdeutschland dann vor, wenn sein Gebiet von Ostdeutschland oder einem zum Ostblock gehörenden Satelliten-Staat ohne offene Beteiligung Russlands angegriffen wird.«[577]

Vorstellbar waren bei diesem Verteidigungsfall – dem Beispiel des Koreakrieges entlehnt – insbesondere aus der DDR heraus operierende Einheiten der Nationalen Volksarmee, die durch ausländische Freiwilligen-Verbände unterstützt würden.[578] In Anlehnung an Norstad unterschied Kammhuber nun in einem denkbaren Krieg drei Phasen:[579] In der ersten Phase würden bei dem Versuch, über die Grenze vorgedrungene Feindverbände aufzuhalten und sie im Gegenangriff wieder hinter die Grenze zurückzuwerfen, noch keine Atomwaffen eingesetzt. In der zweiten Phase würde die Politik die atomare Vergeltung ankündigen und ein möglichst kurzes Ultimatum zur Einstellung der Kampfhandlungen stellen. In der dritten Phase würde die atomare Vergeltung mit allen Abschreckungsstreitkräften der NATO in Kontinentaleuropa, aber möglicherweise ohne Beteiligung der strategischen Atomstreitkräfte Amerikas und Großbritanniens, ausgelöst. In der Vorstellungswelt der Luftwaffenführung ging es jedoch nicht darum, dabei die gegnerischen Streitkräfte zu vernichten, sondern mit Nuklearwaffen tragenden Flugzeugen oder Raketen die »Lebenssubstanz«[580] im Herzen des Feindeslandes zu treffen sowie »die feindlichen Atomträger nieder[zu]kämpfen«.[581] Kammhuber rechnete fest damit, dass der Feind auf das Ultimatum hin einlenken und die militärische Auseinandersetzung beenden würde. Sowohl im Falle eines »general war« als auch eines »kleinen« oder »begrenz-

---

[576] BArch, BH 1/9487, Der Inspekteur der Luftwaffe, Tgb.Nr. 192/59: »Gedanken zur weiteren Entwicklung strategischer Pläne und ihre Auswirkung auf die Aufstellungsplanungen der Bundeswehr«, unterzeichnet vom Inspekteur der Luftwaffe Kammhuber, Bonn, 16.10.1959, S. 3.
[577] Ebd., S. 6; vgl. dazu auch MC 14/2 und MC 48/2.
[578] BArch, BH 1/9487, Der Inspekteur der Luftwaffe, Tgb.Nr. 192/59 : »Gedanken zur weiteren Entwicklung strategischer Pläne und ihre Auswirkung auf die Aufstellungsplanungen der Bundeswehr«, unterzeichnet vom Inspekteur der Luftwaffe Kammhuber, Bonn, 16.10.1959, S. 15.
[579] Ebd., S. 26.
[580] Ebd., S. 18. Zur Identifizierung von möglichen Atomzielen traf sich Kammhuber 1959 sogar bereits mit Gehlen, um sich vom BND Zielunterlagen einzuholen. Lemke, Konzeption und Aufbau der Luftwaffe, S. 173. Die Zielplanungen wurden allerdings allein seitens der NATO festgelegt.
[581] BArch, BH 1/9487, Der Inspekteur der Luftwaffe, Tgb.Nr. 192/59: »Gedanken zur weiteren Entwicklung strategischer Pläne und ihre Auswirkung auf die Aufstellungsplanungen der Bundeswehr«, unterzeichnet vom Inspekteur der Luftwaffe Kammhuber, Bonn, 16.10.1959, S. 18. Siehe auch: Lemke, Konzeption und Aufbau der Luftwaffe, S. 152. Aus Sicht Bernd Lemkes verlegte Kammhuber seit 1959 auch formell seine Perspektive von der Luftverteidigung in den Bereich der offensiven, nuklearen Rolle (»strike«). Lemke, Konzeption und Aufbau der Luftwaffe, S. 165 f.

IV. Die Entwicklung von Kriegsbildern

ten« Krieges ging der Inspekteur der Luftwaffe von einer kurzen Kriegsdauer aus, wofür ein Kriegsvorrat über 30 Tage ausreichend wäre.[582]

Ziel der Gedankenführung Kammhubers war explizit, einen kleinen bzw. begrenzten Krieg durch eine Vervollständigung der nuklearen Abschreckung zu verhindern und nicht diesen zu gewinnen.[583] Die Atomkraft sollte dabei aus einem technokratisch zu nennenden Grundverständnis heraus mit allen Konsequenzen genutzt werden.[584] Insgesamt entwickelte der Inspekteur der Luftwaffe weniger ein Kriegsbild, sondern vielmehr eine strategische Konzeption, die insbesondere die Interessen der eigenen Teilstreitkraft bediente. Der Atomkrieg blieb dabei weitestgehend vage Theorie und wurde trotz des selbst formulierten Anspruchs eben nicht zu Ende gedacht. Man könnte hier sogar von einem »negierten Kriegsbild« im Zeichen der nuklearen Abschreckung sprechen.

Um den für das Ende der 1950er Jahre charakteristischen Widerstreit der Kriegsbilder in der Bundeswehr deutlich zu machen, sollen nun noch die Rollen beleuchtet werden, die Kammhuber im Rahmen seiner Stellungnahme den anderen Teilstreitkräften im möglichen Krieg der Zukunft zuschrieb. So wurde die Bedeutung der Luftwaffe in erster Linie auf Kosten des Heeres herausgestellt, dem »bei einem general war nur die Aufgabe der unmittelbaren Grenzsicherung und der stützpunktartigen Verteidigung der atomaren Gegenangriffskräfte der Luftwaffe gegen feindliche Fallschirmspringer«[585] zufallen sollte. Im Falle einer Aggression konventioneller Kräfte sollten die Landstreitkräfte Grenzverletzungen bis zum Ultimatum taktisch und konventionell abwehren. Eine operative Rolle sollten die Landstreitkräfte jedoch nicht spielen.[586] Die Bundesmarine sollte nach dem Verständnis der Luftwaffenführung ihren Schwerpunkt darin sehen, bei der Bereitstellung atomarer strike forces (U-Boote mit POLARIS-Raketen) mitzuwirken, um die abschreckende Kraft der Atomwaffen für alle Kriegsarten zu verstärken.[587] Alles in allem müsse der Schwerpunkt der Aufstellung der Bundeswehr jedoch entsprechend der Aufgabenstellung [...] bei der Luftwaffe liegen,[588] da sie

---

[582] BArch, BH 1/9487, Der Inspekteur der Luftwaffe, Tgb.Nr. 192/59: »Gedanken zur weiteren Entwicklung strategischer Pläne und ihre Auswirkung auf die Aufstellungsplanungen der Bundeswehr«, unterzeichnet vom Inspekteur der Luftwaffe Kammhuber, Bonn, 16.10.1959, S. 32 und 34.

[583] Ebd., S. 11.

[584] Ebd., S. 10 und 27 f.

[585] Ebd., S. 22.

[586] Ebd., S. 22 und 27. Der Einsatz taktischer Atomwaffen der Landstreitkräfte selbst, die eine noch festzulegende Kilotonnen-Stärke nicht überschreiten dürften, könnte dagegen zugelassen werden. Ebd., S. 27.

[587] BArch, BH 1/9487, Der Inspekteur der Luftwaffe, Tgb.Nr. 192/59: »Gedanken zur weiteren Entwicklung strategischer Pläne und ihre Auswirkung auf die Aufstellungsplanungen der Bundeswehr«, unterzeichnet vom Inspekteur der Luftwaffe Kammhuber, Bonn, 16.10.1959, S. 32.

[588] Ebd., S. 29. Zu den gleichen Feststellungen und Forderungen war zudem die »Studie Offensive Verteidigung« von Fü L II aus dem Jahr 1959 gelangt. BArch, BL 1/1753, Fü L II, Tgb. Nr. 188/59, Studie Offensive Verteidigung. Beurteilung der Lage und Entschluß für die Planung des Aufbaus der Luftwaffe bis 1965, ohne Ort und Datum. Die Studie basierte im Wesentlichen auf den Vorgaben von MC 70. Lemke, Konzeption und Aufbau der Luftwaffe, S. 206.

in Zukunft »Träger dieser atomaren Abschreckungsmittel (nucleare und thermonucleare Gefechtsköpfe)«[589] und damit zugleich »Träger der strategischen Offensive« sei.

Im Jahr 1959 wurde einmal mehr und besonders stark deutlich, dass ganz unterschiedliche Denkansätze aufeinandertrafen, die wiederum gegensätzliche Interessen bedienten. Als die drei Führungsstäbe im November 1959 die Gelegenheit erhielten, sich jeweils zu den Stellungnahmen der anderen Teilstreitkräfte zu äußern, nahm der Streit um das Kriegsbild schließlich sogar sarkastische Formen an. Vor allem Kammhuber legte Sarkasmus an den Tag, als er in seiner Gegenargumentation vom 6. November 1959[590] noch einmal die eigentümliche Qualität der Nuklearwaffen für das Wesen der Kriegführung herausstellte. Die operativen Überlegungen der Heeresführung tat er als eine »Illusion«[591] ab und bemerkte zynisch, dass es nach einem atomaren Schlagabtausch »nichts mehr zu operieren gibt – außer in den Krankenhäusern«.[592] Die Heereskonzeption hielt Kammhuber allein deshalb für unrealistisch, weil sie auf der falschen Voraussetzung fußte, die Luftwaffe könne dem Heer die Luftherrschaft über ihrem Operationsraum mit konventionellen Mitteln sichern und gleichzeitig auch noch die Heeresverbände im Bodenkampf durch »Ground support« unterstützen.[593] Diese Erkenntnis hatte bereits die Auswertung der nationalen Herbstübung »Ulmer Spatz«[594] im September 1959 gebracht. Da weder das Heer noch die Luftwaffe der Bundeswehr Abnutzungskriege längerer Dauer durchhalten könnten, würde auch ein »kleiner« oder »begrenzter« Krieg in einen Atomkrieg münden, wenn er über die zweite Phase des Ultimatums hinausführt, was nach Kammhubers Vorstellungen möglichst innerhalb von drei Tagen nach Ausbruch der Feindseligkeiten der Fall sein sollte.[595] Diese Argumentation weckt jedoch

---

[589] BArch, BH 1/9487, Der Inspekteur der Luftwaffe, Tgb.Nr. 192/59: »Gedanken zur weiteren Entwicklung strategischer Pläne und ihre Auswirkung auf die Aufstellungsplanungen der Bundeswehr«, unterzeichnet vom Inspekteur der Luftwaffe Kammhuber, Bonn, 16.10.1959, S. 17.

[590] BArch, BH 1/9487, Der Inspekteur der Luftwaffe, Tgb.Nr. 204/59: »Stellungnahme zu den Studien der Inspekteure des Heeres und der Marine«, unterschrieben von Kammhuber, Bonn, 6.11.1959.

[591] Ebd., Anlage zu Insp.Lw., Tgb.Nr. 204/59: »Stellungnahme zu den Studien der Inspekteure des Heeres und der Marine«, Bonn, 1.11.1959, S. 9.

[592] Ebd., S. 9. Siehe dazu auch: Thoß, NATO-Strategie, S. 726; Groß, Mythos und Wirklichkeit, S. 304.

[593] BArch, BH 1/9487, Anlage zu Insp.Lw., Tgb.Nr. 204/59: »Stellungnahme zu den Studien der Inspekteure des Heeres und der Marine«, Bonn, 1.11.1959, S. 8.

[594] BArch, BH 1/27520, Stab für Überprüfung und Auswertung der nationalen Herbstübung »Ulmer Spatz«, Tgb.Nr. 5798/59, Bonn, 18.9.1959. Bei der Übung ging es vor allem darum, die Möglichkeiten des Zusammenwirkens zwischen Heer und Luftwaffe zu testen sowie insbesondere die Wirksamkeit der gepanzerten und mechanisierten, mit taktischen Atomwaffen ausgestatteten Heeresverbände im neuzeitlichen Gefecht zu überprüfen. Sie wurde unter Beteiligung des Generalinspekteurs, des Inspekteurs des Heeres, des Kommandierenden Generals des II. Korps sowie des Inspekteurs der Luftwaffe durchgeführt.

[595] BArch, BH 1/9487, Anlage zu Insp.Lw., Tgb.Nr. 204/59: »Stellungnahme zu den Studien der Inspekteure des Heeres und der Marine«, Bonn, 1.11.1959, S. 7 und S. 13. Auch Steinhoff ging von einer sehr kurzen Kriegsdauer aus. BArch, N 885/6 (Nachlass Johannes Steinhoff),

IV. Die Entwicklung von Kriegsbildern   235

Assoziationen an den Zeitfaktor und Automatismus in den Kriegsvorstellungen unmittelbar vor dem Ersten Weltkrieg. Die Weigerung der Luftwaffenführung, gründlich über den nuklearen Schlagabtausch hinaus zu denken, war eher kurzsichtig. Kammhubers Fazit, »Wenn aber diese Luftwaffenrüstung einmal steht [...], dann findet auch kein Krieg mehr statt«,[596] muss aus heutiger Sicht sogar als dogmatisch und vermessen bezeichnet werden. Wie die geschichtliche Entwicklung gezeigt hat, nahmen spätere Kriege, zum Beispiel Ende der 1990er Jahre auf dem Balkan, eher traditionell-konventionelle Formen an.

In der Stellungnahme, die der Führungsstab des Heeres am 9. November 1959 abgab, wurde im Gegenzug in erster Linie die Sichtweise Kammhubers kritisiert.[597] Die Argumente stellten jedoch nur eine Wiederholung der bisherigen Gedankengänge dar. Bemerkenswert ist die Tatsache, dass die Heeresführung von anderen Definitionen als die Luftwaffenführung ausging: Von einem kleinen oder begrenzten Krieg könne gesprochen werden, wenn ein Angriff nach Teilnehmerkreis, in seiner räumlichen Ausdehnung und in seiner Zielsetzung begrenzt sei sowie thermonukleare Waffen nicht eingesetzt würden. Um einen »general war« oder »großen Krieg«[598] würde es sich hingegen nur handeln, wenn es um die Weltherrschaft ginge, die Großmächte beteiligt wären und damit eine weltweite Ausdehnung gegeben wäre.

Im Gegensatz zur Luftwaffenführung war für das Heer ein »general war« auch ohne Nuklearwaffeneinsatz vorstellbar.[599] Die gleiche Auffassung vertrat angesichts der absehbaren nuklearen Pattsituation und möglichen Neutralisierung der Atomwaffen auch die Marineführung, die jedoch wiederum von anderen Definitionen der verschiedenen Kriegsformen ausging, wie in der Stellungnahme Ruges vom 9. November 1959[600] klargestellt wurde. Als »kleinen Krieg« verstand der Inspekteur der Marine einen »Angriff des Gegners auf einen NATO-Partner, der einem von vornherein proklamierten bzw. eindeutig erkennbaren, begrenzten Ziel dient«.[601] Bei einem »großen Krieg« hingegen ließe »der Angriff nach Art und Umfang eine begrenzte Zielsetzung nicht erkennen«.[602] In ihrem Credo, einer Wunschvorstellung, waren sich Heer und Marine einig: »Wir müssen [...] alles tun, um einen ›kleinen Krieg‹ nicht zum ›großen Krieg‹ werden zu lassen.«[603] Sowohl Röttiger als auch Ruge waren sich darin einig, dass die Bundeswehr dabei das eigene Territorium unmittelbar davor zu schützen hätte, von feindlichen

---

Bd 1, Vortragsmanuskript zum Thema »Ziele und Aufgaben der deutschen Luftwaffe«, Koblenz, 15.10.1959, S. 4.
[596] BArch, BH 1/9487, Anlage zu Insp.Lw., Tgb.Nr. 204/59: »Stellungnahme zu den Studien der Inspekteure des Heeres und der Marine«, Bonn, 1.11.1959, S. 15.
[597] BArch, BH 1/9487, Führungsstab des Heeres, Fü H II, Tgb.Nr. 336/59: Stellungnahme zu den Studien über strategische Probleme, Bonn, 9.10.1959, S. 1–11.
[598] Ebd., S. 3.
[599] Ebd., S. 5.
[600] BArch, BH 1/9487, Fü M II, Az. 31-02-02, Tgb.Nr. 162/59: »Gedanken zur weiteren Entwicklung strategischer Pläne und ihre Auswirkung auf die Aufstellungsplanungen der Bundeswehr«, Bonn-Hardthöhe, 9.11.1959, S. 1–8.
[601] Ebd., S. 4.
[602] Ebd., S. 4 f.
[603] Ebd., S. 3.

Streitkräften besetzt zu werden.[604] Bernd Lemke sah übrigens im Hinblick auf diese Zeit schon »sämtliche Elemente der Diskussion um die Flexible Response enthalten«.[605]

Was stand am Ende der Debatte von 1959 um die strategische Ausrichtung der Bundeswehr? Der Generalinspekteur der Bundeswehr musste zur ernüchternden Feststellung gelangen, dass unter den Teilstreitkräften völlig divergierende Kriegsbilder, ja sogar Kriegsdefinitionen existierten, die schlechterdings nicht auf einen Nenner zu bringen waren. Im Wesentlichen hatten sie lediglich die Gemeinsamkeit, dass die Führungen aller drei Teilstreitkräfte sich jeweils selbst die Königsrolle im Krieg der Zukunft zuschrieben bzw. den anderen diese Rolle explizit absprachen. Von einer einheitlichen Grundauffassung in der ja allzu oft als monolithisch betrachteten Bundeswehr kann deshalb keinesfalls gesprochen werden.[606] Dass es bei der Debatte nicht um die von Heusinger geforderte unvoreingenommene und nüchterne Analyse, also letztlich um eine realistische Einschätzung als Grundlage für Sicherheitspolitik ging, wird leider allzu offensichtlich. Vielmehr drehte sich die Diskussion um Kompetenzen, die Verteilung von begrenzten Finanzmitteln und im Endeffekt um die Bestückung der Teilstreitkräfte mit einzelnen Waffensystemen samt zugehörigem Personal. Am Beispiel der Ansprüche auf Mittelstreckenraketen[607] kann dies sehr schön festgemacht werden. Kriegsbilder waren damals nicht nur Streitobjekte, sondern Streitmittel und Instrumente von Macht- bzw. Interessenpolitik. Insofern kann Axel Gabliks These zum Charakter von Kriegsbildern sogar noch zugespitzt werden.

---

[604] BArch, BH 1/9487, Führungsstab des Heeres, Fü H II, Tgb.Nr. 336/59: Stellungnahme zu den Studien über strategische Probleme, Bonn, 9.10.1959, S. 9; BArch, BH 1/9487, Fü M II, Az. 31-02-02, Tgb.Nr. 162/59: »Gedanken zur weiteren Entwicklung strategischer Pläne und ihre Auswirkung auf die Aufstellungsplanungen der Bundeswehr«, Bonn-Hardthöhe, 9.11.1959, S. 1-8.

[605] Lemke, Konzeption und Aufbau der Luftwaffe, S. 214.

[606] Axel Gablik hat auf die Meinungsvielfalt im Offizierkorps der Bundeswehr ebenfalls hingewiesen. Gablik, Strategische Planungen, S. 28. Martin Rink unterschied zwischen »›Atomic-oriented Anglo-Saxon‹ and [...] ›Continental-Conventional‹ war-fighting concepts and even mentalities«. Rink, The Service Staffs' Struggle, S. 245.

[607] Zum Streit um die Medium Range Ballistic Missiles (MRBM), insbesondere zwischen Luftwaffe und Heer, siehe Lemke, Konzeption und Aufbau der Luftwaffe, S. 171 f. und 215; Groß, Mythos und Wirklichkeit, S. 303 f. Die Luftwaffe meldete konkreten Bedarf für 100 dieser Waffensysteme an. Letztlich entschied Fü S jedoch nicht über eine Zuordnung der MRBM, sondern das Problem erledigte sich Mitte der 1960er Jahre von selbst, da sich die Beschaffung dieser Raketen im Bündnis nicht durchsetzen ließ. Lemke, Konzeption und Aufbau der Luftwaffe, S. 215 f. Ebenso barg die Aussicht der Marine auf eigene Seefliegerkräfte Zündstoff für eine Konfrontation mit Kammhuber, der für alle Flugzeuge die Unterstellung beanspruchte. Thoß, NATO-Strategie, S. 416; Gablik, Strategische Planungen, S. 145.

IV. Die Entwicklung von Kriegsbildern _____ 237

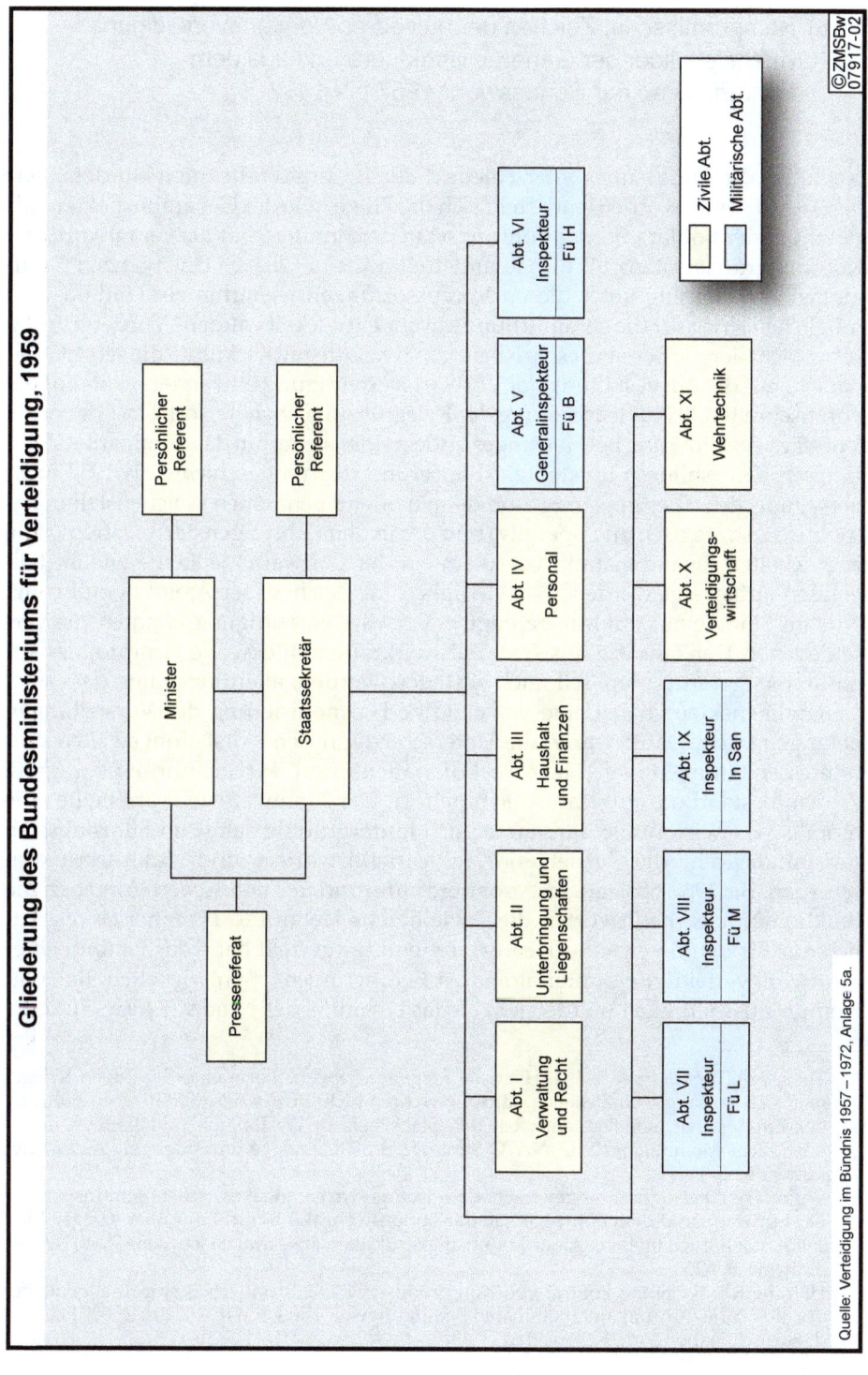

b) Kompromisse im Zeichen der nuklearen Vorwärtsverteidigung: Kriegsleitbilder der Generalinspekteure und aus dem Führungsstab der Bundeswehr 1957 bis 1962

Nachdem die Auffassungsunterschiede[608] der Teilstreitkräfte nunmehr detailliert herausgearbeitet worden sind, stellt sich die Frage, wie der Generalinspekteur als ranghöchster Soldat und der Führungsstab der Bundeswehr als verantwortliche Koordinierungsinstanz für die Gesamtstreitkräfte mit diesen Divergenzen[609] umgingen? Wie konnte unter diesen Voraussetzungen weiterhin ein Leitbild vom möglichen Krieg für die gesamte Bundeswehr entwickelt werden? Vordergründig setzte sich hier die bereits beschriebene ambivalente Entwicklung, die seit 1950 einerseits auf die Ausgestaltung der Vorwärtsverteidigung und andererseits auf die voranschreitende Nuklearisierung der Kriegführung abzielte, fort. Dass dabei die Vorwärtsverteidigung bei Heusinger und Speidel weiterhin das dominante Motiv in ihren Kriegsbildern darstellte, ist aufgrund der Vorgeschichte bis 1957 nicht verwunderlich. Dies ging aufgrund der einleitend genannten Weichenstellungen (politisch, strategisch und operativ) und der in den Führungen der Teilstreitkräfte entwickelten Eigendynamik (vor allem bei der Luftwaffe) jedoch – wie im Folgenden aufgezeigt werden soll – lediglich im Zeichen der Atomkriegführung. Nur im Sinne einer nuklear geprägten Vorwärtsverteidigung konnten die verschiedenen Denkansätze aus den Teilstreitkräften stückweise kompromisshaft zusammengeführt, zum Teil auch gesteuert werden, allerdings ohne dass dem Generalinspekteur dabei eine vollständige Harmonisierung der Vorstellungen gelungen wäre. Dafür waren die Unterschiede in den Vorstellungswelten und Interessenleitungen von Heeres-, Luftwaffen- und Marineführung zu groß. Zudem bestand das nukleare Dilemma fort. Der Atomwaffeneinsatz stellte eine moralische Zwickmühle dar, an der sich hintergründig selbst im Führungsstab der Bundeswehr die Geister von Nuklearbefürwortern und Nuklearkritikern schieden. Bis 1962 obsiegte insbesondere aufgrund der politischen Vorgaben die Fraktion Nuklearbefürworter, die – wie bereits Helmut R. Hammerich (eigentlich nur für den Bereich des Heeres) treffend festgestellt hat – das Leitbild einer »Vorwärtsverteidigung unter atomaren Bedingungen«[610] entwickelten. Bei aller Kompromisshaftigkeit wurden jedoch das Dilemma des Nuklearkrieges und die

---

[608] Thoß, NATO-Strategie, S. 404. Über die Frage, auf welche Form eines künftigen Krieges man sich vorrangig einzustellen hätte, herrschten nicht nur in der militärischen Führung der Bundeswehr, sondern auch bei den Stabschefs in Washington und London unterschiedliche Meinungen. Thoß, NATO-Strategie, S. 393; Lemke, Konzeption und Aufbau der Luftwaffe, S. 173.

[609] Bruno Thoß hat darauf hingewiesen, dass Kompetenzgerangel zwischen dem Inspekteur der Luftwaffe und dem Führungsstab der Bundeswehr (Fü B) nicht nur über Kriegsbilder, sondern z.B. auch im Bereich der Kommandostrukturen ausgetragen wurden. Thoß, NATO-Strategie, S. 426.

[610] Hammerich, Kommiss kommt von Kompromiss, S. 102. Bruno Thoß sprach allgemeiner von der »Kriegführung unter atomaren Bedingungen«. Thoß, NATO-Strategie, S. 605. Siehe dazu auch Haftendorn, Kernwaffen, S. 42.

daraus resultierende Zerrissenheit der Protagonisten immer wieder deutlich, wie im Folgenden noch einmal genauer aufgezeigt werden soll.

Zunächst brachte das Jahr 1957 in organisationsgeschichtlicher Hinsicht eine Neuordnung der Verhältnisse in der bisherigen Doppelspitze der Bundeswehr mit sich, die auch für die Entwicklung des Leitbildes vom Krieg Bedeutung hatte. Speidel, bisher Chef der Abteilung IV im Verteidigungsministerium, wurde auf Betreiben Norstads am 1. April 1957 als der erste deutsche »Commander Allied Land Forces Central Europe« (COMLANDCENT) zu SHAPE nach Fontainebleau versetzt, wo sich sein neuer Kommandobereich von der schweizerischen bis zur dänischen Grenze erstreckte. Im Kriegsfall hätte er den operativen Oberbefehl über alle in Deutschland stehenden Landstreitkräfte der NATO gehabt. Wenngleich sein Einfluss in nationalen Belangen damit erheblich eingeschränkt war, hatte er nunmehr die Möglichkeit, die operativen Planungen der NATO auf Grundlage seines Kriegsbildes mitzugestalten.[611]

Heusinger, bislang lediglich Vorsitzender des Militärischen Führungsrates im Ministerium, übernahm am 1. März 1957 zunächst die Leitung der Abteilung Gesamtstreitkräfte (vgl. Organigramm auf S. 205) und erhielt damit Weisungsbefugnis gegenüber den Abteilungsleitern von Heer, Luftwaffe und Marine. Zum 1. Juni 1957 wurde Heusinger dann in das neugeschaffene Amt des Generalinspekteurs berufen. Als ranghöchster Soldat sollte er die militärische Beratung der Bundesregierung und die Leitung der Streitkräfte im Auftrag des Bundesministers für Verteidigung übernehmen. Er trat damit an die Spitze des aus der Abteilung Gesamtstreitkräfte hervorgegangenen Führungsstabes der Bundeswehr (Fü B), der für die gesamte Bundeswehr in Fragen der Ausbildung, Organisation, der Führung und Militärpolitik zuständigen Zentralinstanz.[612] Zwar besaß Heusinger auf eben diesen Gebieten Weisungsbefugnis gegenüber den Inspekteuren der Teilstreitkräfte, doch blieben diese truppendienstlich für ihren Bereich stets voll verantwortlich. Außerdem wurde die Macht des Generalinspekteurs dadurch eingeschränkt, dass die Inspekteure von Heer, Luftwaffe und Marine ein unmittelbares Vortragsrecht beim Bundesminister für Verteidigung hatten, dem die Entscheidungsgewalt oblag.[613] Insgesamt er-

---

[611] Gablik, Strategische Planungen, S. 120−128. Speidel unterstand seinerseits dem »Commander in Chief Allied Forces Central Europe« (CINCENT), d.h. zunächst dem französischen Marschall Juin, danach dem General Jean Étienne Valluy. Mit der integrierten Verwendung war Speidel formal dem SACEUR und nicht mehr der Bundeswehr verpflichtet.

[612] Fü B nahm zudem teilstreitkräfteübergreifende Kompetenzen auf den Gebieten von Personal, Rüstung und Logistik wahr. Im Rahmen der Umgestaltung der Abteilung IV sollte hier die Unterabteilung IV C ab 1958 als Stabsabteilung III den wesentlichen Bereich des Führungsgrundgebietes 3 (Führung, Ausbildung und Organisation) abdecken. Mit der 1958 erreichten Aufbauorganisation war im Wesentlichen die bis heute gültige Grundstruktur des Führungsstabes der Streitkräfte hergestellt. Dennoch ergaben sich im Untersuchungszeitraum immer wieder Kompetenzverschiebungen bei Unterabteilungen.

[613] Verteidigung im Bündnis, S. 131 f.; AWS, Bd 3 (Beitrag Greiner), S. 678 f.; Gablik, Strategische Planungen, S. 120−128; Meyer, Adolf Heusinger, S. 522−569; Lemke, Konzeption und Aufbau der Luftwaffe, S. 27; Krüger, Vorbemerkung zum Findbuch, BArch, BW 2. Mann, Das Bundesministerium der Verteidigung. Seit 1957 wurde zudem eine Vielzahl weiterer militärischer Dienststellen geschaffen, die 1964 dem stellvertretenden Generalinspekteur

hielt Heusinger 1957 also nur die Stellung eines »primus inter pares«. Von einem Oberbefehl konnte hier nicht Rede sein.[614] Georg Meyer hat sogar von einer »institutionalisierte[n] Machtlosigkeit«[615] des Generalinspekteurs gesprochen. Mit Blick auf das Kriegsbild war aufgrund der genannten Weisungsbefugnisse jedoch zu erwarten, dass sowohl Heusinger als auch der Führungsstab der Bundeswehr Einfluss auf das Leitbild der Bundeswehr vom Krieg der Zukunft nehmen würden. Das schon im Herbst 1955 innerhalb der Abteilung IV geschaffene Atomreferat hatte hingegen kaum zur politisch-militärischen Willensbildung beitragen können.[616]

Wie im vorausgegangenen Unterkapitel dargelegt, war Heusingers Haltung zu den Atomwaffen durchaus ambivalent.[617] Nicht zuletzt aufgrund seiner traditionell-operativen Prägung trat er gemeinsam mit Speidel grundsätzlich gegen das »nukleare Armageddon«[618] auf deutschem Boden ein. In seiner Rolle als Generalinspekteur jedoch konnte er schwerlich vollständig auf seinen Grundüberzeugungen beharren. Vielmehr sah er sich vor die Notwendigkeit gestellt, sich an den politischen Vorgaben auszurichten, an den Planungen der NATO zu orientieren und zudem noch die unterschiedlichen Sichtweisen der Teilstreitkräfte zu harmonisieren. Nicht zu verleugnen waren ferner die neuen rüstungstechnischen Realitäten und weitere Entwicklungen. Im Rahmen eines Vortrags, den Heusinger am 14. Januar 1957 vor Offizieren hielt,[619] differenzierte er gemäß seinem bisherigen Denkschema noch zwischen der Möglichkeit eines lokal geführten konventionellen Krieges einerseits und eines großen Krieges, den er mit dem Nuklearkrieg gleichsetzte, andererseits. Jedoch sah er eine starke Tendenz zur Totalisierung von Kriegen, in denen die Front überall wäre. Mit den modernen Kriegsmitteln (Düsenflugzeuge, Raketen, ballistische Flugkörper, Massenvernichtungswaffen) würde der Unterschied zwischen Front und Hinterland aufgehoben, das Kriegstempo beschleunigt und die Zerstörungskraft zu einem bisher nicht gekannten Ausmaß gesteigert. Unter diesen Voraussetzungen erkannte auch Heusinger die neue Bedeutung der Luftstreitkräfte, aber auch der Seestreitkräfte als Nuklearwaffenträger an.[620] Dass sich in Heusingers Handakte unmittelbar bei dieser Quelle von 1957 auch

---

unterstellt wurden. Auch wurden Kompetenzen der Territorialverteidigung in das Kommando für Territoriale Verteidigung verlagert. 1957/58 ging aus der Abteilung IV die Inspektion für das Sanitäts- und Gesundheitswesen als vierte Teilstreitkraft hervor.
[614] Thoß, NATO-Strategie, S. 157 f. Die Befehls- und Kommandogewalt stand nach den beschlossenen Änderungen des Grundgesetzes im Frieden dem Verteidigungsminister und im Krieg dem Bundeskanzler zu, jeweils eingeschränkt durch die besonderen Befugnisse des NATO-Oberbefehlshabers. Ebd., S. 155. Zu beachten ist weiterhin, dass die operative Führung des Feldheeres sowie der Verbände von Luftwaffe und Marine im Verteidigungsfalle unverändert an die zuständigen NATO-Stäbe überging.
[615] Meyer, Adolf Heusinger, S. 609.
[616] Thoß, NATO-Strategie, S. 409.
[617] Lemke, Konzeption und Aufbau der Luftwaffe, S. 109.
[618] Thoß, NATO-Strategie, S. 406.
[619] BArch, BW 2/1800, Handakte Heusinger, Vortrag vor Offizieren Lehrgang Adenau, ohne Az./Tgb.Nr., 14.1.1957.
[620] Ebd., S. 266 f.

IV. Die Entwicklung von Kriegsbildern

die Übersetzung des bereits bekannten Vortrags von Bernard L. Montgomery vom 12. Oktober 1955[621] zur Bedeutung des Faktors Luftmacht fand, wirkt wie eine späte Reminiszenz an den britischen Feldmarschall und macht Heusingers Perspektivwechsel im Sinne der zunehmenden Nuklearisierung deutlich.

Als Heusinger am 21. Februar 1957[622] die Innenminister der Länder ausdrücklich über das »Kriegsbild«[623] unterrichtete, um die zivile Notstandsplanung für den drohenden Atomkrieg voranzutreiben, führte er seine Gedankengänge in die gleiche Richtung weiter aus. Zwar erwähnte er auch hier die Möglichkeit lokaler Konflikte, ja sogar großer Kriege ohne Nuklearwaffeneinsatz, doch malte er insbesondere die Auswirkungen eines Atomschlags aus: Infolge feindlicher Atomangriffe gegen Raketenbasen, Flugplätze, den Regierungsapparat, militärische Führungseinrichtungen, Versorgungseinrichtungen, Verkehrsknotenpunkte und Häfen müsste mit der Unterbrechung der großen Versorgungslinien und der Aufspaltung der Bundesrepublik in mehrere auf sich gestellte Teilgebiete, vorübergehender Desorganisation und Stagnation aller Bewegungen einschließlich der Landoperationen gerechnet werden. Trotz allem pochte Heusinger gemäß seinem alten Credo auf die Umsetzung der Vorwärtsstrategie, also nach seinem Verständnis die in unmittelbarer Grenznähe beginnende offensive Verteidigung Mitteleuropas durch alle Teilstreitkräfte mit Hilfe der Atomwaffen und unter Rückgriff auf eine dezentrale Depotorganisation auf dem Bundesgebiet, die den Insellagen in einem Kriege Rechnung trüge.[624]

Die Übung »Lion Noir« im April 1957[625] machte neben Speidel auch Heusinger klar, dass im Kriegsfall mit dem Einsatz einer erheblichen Anzahl von Atomsprengkörpern allein im Zuge der Verzögerungsgefechte auf dem Bundesgebiet gerechnet werden musste und die Zielauswahl einem amerikanischem Atomplan, von dem die Deutschen gerade einmal rudimentäre Kenntnisse hatten, folgen würde.[626] Dies war Heusinger bewusst, als er im selben Monat – trotz der Göttinger Erklärung hochangesehener deutscher Kernforscher vom 12. April 1957 gegen Atomwaffen[627] – als Vertreter der Bundesrepublik Deutschland im NATO-

---

[621] Ebd., Übersetzung des Vortrags »Kriegsorganisation im modernen Zeitalter« von Feldmarschall Montgomery, ohne Az./Tgb.Nr., Royal United Service Institution London, 12.10.1957, S. 276-311.
[622] BArch, BW 2/982, Handakte Heusinger: »Vortrag vor Innenministern der Länder am 21.2.1957: Die Militärische Lage«.
[623] Ebd., S. 20.
[624] Ebd., S. 1–5 und 9–14. Siehe dazu auch: Hammerich, Fighting for the heart of Germany, S. 160–162.
[625] ZMSBw, Sammlung Militärgeschichte 1945–1990, NHP-Dokument 010, IV A 2, Tgb. Nr. 48/57 Entwurf »Einsatz von Atomkörpern im Rahmen der Übung LION NOIR«, Bonn, 11.4.1957.
[626] Ebd., S. 1 f. Bruno Thoß hat darauf hingewiesen, dass den Deutschen bis 1958 immer noch keine Einsichtnahme in die Zielplanungen der NATO, geschweige denn eine Mitsprache möglich gewesen sei. Thoß, NATO-Strategie, S. 444.
[627] In der sogenannten Göttinger Erklärung schrieben die »Göttinger Achtzehn« (darunter die Nobelpreisträger Werner Heisenberg, Otto Hahn und Max Born) zu einer nuklearwaffengestützten Strategie unter anderem: »Wir halten aber diese Art, den Frieden und die Freiheit zu sichern, auf die Dauer für unzuverlässig, und wir halten die Gefahr im Falle

Militärausschuss dem Konzept der Allianz zum sofortigen Atomwaffeneinsatz im Falle eines Krieges mit der Sowjetunion zustimmte.[628] Anscheindend hatte sich beim Generalinspekteur der Bundeswehr – wie bei der Mehrheit der Bundesbürger – zu jener Zeit ein gewisser »Atomfatalismus«[629] eingestellt. Wenzel Seibold hat diesen Erkenntnisprozess neutraler »die Anerkennung der atomaren Dimension« genannt[630] und ins Jahr 1958 datiert. Wenngleich anzuerkennen ist, dass es sich um einen Prozess handelte, muss an dieser Stelle festgehalten werden, dass der Gesinnungswandel bei der militärischen Führung bereits früher einsetzte. Heusingers Gedanken bewegten sich nun vordergründig deutlich in den Bahnen der Nuklearkriegführung. Hintergründig gab er – ebenso wie Röttiger – die Hoffnung nie ganz auf, dass die Schildstreitkräfte einen Angriff aus dem Osten stoppen könnten, ohne zwangsläufig Nuklearwaffen zum Einsatz zu bringen, und forderte dazu mehr konventionelle Streitkräfte.[631] Die massive Vergeltung mit Atomwaffen mochte zwar der Abschreckung dienen, aber welchen Zweck sollte sie haben, wenn Europa nach einem atomaren Schlagabtausch für Menschen kaum noch bewohnbar wäre? Fester und dominanter Bestandteil in Heusingers Kriegsbild blieb jedoch – und hier liegt die Kontinuität – der Aspekt der Vorneverteidigung, den er gerade vordergründig und fast schon dogmatisch nun um den Preis der vollständigen Nuklearisierung vertrat. Selbst wenn eine grenznahe Verteidigung als »Zukunftsmusik«[632] zu bezeichnen war, sah es der Generalinspekteur als eine moralische Pflicht, als »nationale Verteidigungsaufgabe«[633] an, in diesen geografischen Kategorien der Kriegführung zu denken. Schon kurz nachdem die ersten drei Divisionen und ein Minensuchgeschwader der Bundeswehr der NATO am 5. Juli 1957 assigniert worden waren,[634] meldete Heusinger in einem Brief an den SACEUR vom 15. Juli 1957[635] zum ersten Mal förmlich deutsche operative Interessen an, um auf die strategischen und operativen Planungen der NATO Einfluss zu nehmen: »Mit

---

des Versagens für tödlich.« Siehe dazu den Text des Göttinger Manifests der »Göttinger Achtzehn«. In: <www.uni-goettingen.de/de/54320.html> (letzter Zugriff 19.3.2014).

[628] AWS, Bd 3 (Beitrag Greiner), S. 736; Krüger, Schlachtfeld Bundesrepublik?, S. 177.
[629] Thoß, NATO-Strategie, S. 607; Bernd Stöver hat in einem Kapitel über »Mentalitäten im Atomzeitalter« beschrieben, wie die Atomkraft durchaus Bestandteil der Normalität in den beiden weltpolitischen Machtblöcken wurde. Stöver, Der Kalte Krieg, S. 200–217.
[630] Seibold, Das allmähliche Begreifen einer neuen Dimension, S. 100. Wenngleich anzuerkennen ist, dass es sich um einen Prozess mit fließenden Übergängen handelte, wird im Rahmen der vorliegenden Arbeit die These vertreten, dass der Gesinnungswandel bei der militärischen Führung bereits früher einsetzte.
[631] Hammerich, Kommiss kommt von Kompromiss, S. 179; Groß, Mythos und Wirklichkeit, S. 304.
[632] Thoß, NATO-Strategie, S. 595.
[633] Ebd., S. 583. Vgl. Gablik, Strategische Planungen, S. 173.
[634] Gablik, Strategische Planungen, S. 137.
[635] BArch, BL 1/1504, Führungsstab der Bundeswehr, IV A, Tgb.Nr. 112/57, Schreiben Heusingers an Norstad, 15.7.1957. Dieser Brief wurde drei Tage später dem Führungsstab der Luftwaffe zur Kenntnisnahme übersandt. Ebd., Tgb.Nr. 112 II/57, unterschrieben von de Maizière, Bonn 18.7.1957. Zugleich wurde der Brief dem Oberbefehlshaber der Alliierten Streitkräfte Europa Mitte, General Valuy, Speidel als COMLANDCENT, den Inspekteuren von Heer, Marine, Luftwaffe, dem Deutschen Militärischen Vertreter in Washington und

IV. Die Entwicklung von Kriegsbildern 243

dem assignment deutscher Verbände aber scheint mir der Zeitpunkt gekommen, um die gegenwärtig noch nach rückwärts ausgerichtete Kampfführung zu modifizieren.«[636] Daher »sollte die Kampfführung zu einer echten forward strategy entwickelt werden mit dem Endziel, den Abwehrkampf am Eisernen Vorhang beginnen zu lassen«.[637] In diesem Fall zeigt sich, wie fließend die Übergänge von Strategie und Kriegsbild grundsätzlich sein können. Man ist geneigt zu sagen: Wo ein Wille (in Form eines Kriegsbildes) ist, ist eben auch ein Weg (in Form einer Strategie).

Diesen Weg der Gedankenführung verfolgte bei der NATO zugleich auch Speidel in seiner neuen Funktion als Oberbefehlshaber der alliierten Landstreitkräfte in Europa-Mitte weiter. Weder Speidel noch Heusinger, die sich in ihren Sichtweisen auch in den neuen Verwendungen weiterhin abstimmten, wollten die der Bundeswehr gemäß der damals gültigen NATO-Strategie zugedachte Funktion in einem künftigen Krieg als Stolperdraht zur Auslösung der Massive Retaliation akzeptieren. Der COMLANDCENT trat mit amerikanischer Unterstützung bald aus dem Schatten des französisch dominierten Allied Forces Central Europe (AFCENT) heraus und brachte gegen manche französische und britische Widerstände die deutschen operativen Vorstellungen, zugleich aber auch die politischen Interessen Adenauers sukzessive zur Geltung. Nachdem Speidel den britischen Befehlshaber der Northern Army Group und die Amerikaner der Central Army Group von der Vorwärtsverteidigung überzeugt hatte, sprach sich in einer Besprechung im Oktober 1959 schließlich auch Norstad für die Verteidigung direkt am Eisernen Vorhang aus.[638] In den Akten aus der Bundeswehrführung finden sich einige Belege dafür, dass deutsche Ideen durchaus weiterhin die Denkweisen der westlichen NATO-Partner beeinflussten und sich so die Verteidigungsführung auch bei diesen gedanklich sukzessive nach Osten bewegte.[639] Eine wirklich einheitliche Auffassung innerhalb

---

den nationalen Militärischen Vertretern bei SHAPE, dem Leiter der Abteilung IV A 1 und dem Verteidigungsminister zur Kenntnis gegeben.

[636] Ebd., Tgb.Nr. 112/57, Schreiben Heusingers an Norstad, 15.7.1957, S. 2.
[637] Ebd.
[638] ZMSBw, Sammlung Militärgeschichte 1945–1990, Nachlass Dr. Hans Speidel, Mappe 69, ohne Beschriftung, »Bemerkungen COMLANDCENT zu Beginn von CENTAG Commanders Conference« vom 23.3.1961, S. 1 f.; Speidel, Aus unserer Zeit, S. 376; Gablik, Strategische Planungen, S. 124–127 und 158.
[639] In einem Schreiben an den Führungsstab der Bundeswehr vom 6.1.1958 betonte der Führungsstab des Heeres, dass eine Besprechung bei der Northern Army Group (NORTHAG) am 10.12.1957 zur Herbeiführung einheitlicher Auffasssungen über Taktik und Operationsführung in einem Atomkrieg ergeben hatte, dass die starke Betonung der beweglichen Kampfführung, die bisher in Gegensatz zu den stark schematischen Auffassungen der Briten gestanden hatte, in eine gemeinsame Weisung Eingang gefunden habe. BArch, BH 1/27522, Führungsstab des Heeres, Tgb.Nr. 285 II/57, Schreiben an den Führungsstab der Bundeswehr betreffend »Besprechung bei NORTHAG« am 10.12.1957, Bonn, 6.1.1958. Siehe auch: Thoß, Bündnisintegration, S. 31; ZMSBw, Sammlung Militärgeschichte 1945–1990, Nachlass Dr. Hans Speidel, Mappe 69, ohne Beschriftung, »Bundesministerium für Verteidigung – Genlt. Röttiger« vom 18.11.1958, S. 1 f.; BArch, BH 1/27521, III. Korps, G 3, Az. 34-01, Tgb.Nr. 623/60, »Zusammenfassender Bericht über CENTAG WAR GAME-60«, Koblenz, 25.4.1960, S. 9 und 16; BArch, BW 2/2440, Schreiben des Oberbefehlshabers

der NATO zur Organisation und zum Einsatz der Divisionen im Gefecht unter nuklearen Bedingungen gab es allerdings weiterhin nicht.[640]

Während Speidel die gemeinsame Leitvorstellung auf internationaler Ebene vertrat, sorgte Heusinger mit seiner Führungsweisung Nr. 4 vom 31. Juli 1957[641] dafür, dass der Grundgedanke der Vorwärtsverteidigung im nationalen Bereich – und damit für die Teilstreitkräfte der Bundeswehr – festgeschrieben wurde.[642] Dies war jedoch nicht nur »Zukunftsmusik«, sondern nahm 1957 bereits recht konkrete Formen an, wie z.B. beim Aufbau vorgeschobener logistischer Einrichtungen für die Bundeswehr.[643] Zugleich ist die Führungsweisung Nr. 4 ein Beleg für die fortgeschrittene Nuklearisierung des Denkens in der militärischen Führungsspitze, denn es hieß darin zum Beispiel: »Der Einsatz nuklearer Waffen auf beiden Seiten muß voll in Rechnung gestellt werden.«[644] Unter diesen Maßgaben bemühte sich Heusinger Ende 1957, die verschiedenen Denkansätze der Teilstreitkräfte in sein Leitbild zu integrieren.

In der Forschung wurde bereits festgestellt, dass Heusinger zur Umsetzung der offensiven Verteidigung Sichtweisen der Luftwaffenführung übernahm.[645] Gleiches gilt jedoch auch für die Standpunkte der Heeres- und Marineführung, wie aus Heusingers »Beurteilung der strategischen Lage« vom 26. November 1957[646] für den Bundeskanzler hervorgeht: Zum großen Teil wiederholte er frühere Überlegungen, z.B. bezüglich der Entwicklung der Rüstungstechnik (Tendenz zu Raketen), zum Kräftepotenzial des Feindes (60 Divisionen des Ostblocks im Bereich der DDR, Polens und der Tschechoslowakei) und seinen vermuteten Hauptstoßrichtungen (Ruhrgebiet und Frankfurter Becken), zu den Schlüsselpunkten der europäischen Verteidigung (Dardanellen, Triest, Ostsee-Ausgänge und das Gebiet zwischen Alpen und Nordsee) und der Schlüsselrolle der Bundesrepublik Deutschland sowie in besonderem Maße zur Verteidigung

---

     der Verbündeten Landstreitkräfte Europa-Mitte an General Foertsch vom 5.12.1961; BArch, BW 2/8742, Ausführungen COMLANDCENT am 17.1.1963. Eine wirklich einheitliche Auffassung innerhalb der NATO zur Organisation und zum Einsatz der Divisionen im Gefecht unter nuklearen Bedingungen gab es allerdings weiterhin nicht. Greiner, Die Entwicklung der Bündnisstrategie, S. 145. Siehe hierzu schließlich noch die Karte auf folgender Seite.

[640] Ebd., S. 145.
[641] ZMSBw, Sammlung Militärgeschichte 1945–1990, NHP-Dokument 013. Führungsweisung Nr. 4: Vorläufige Weisung für die Einsatzvorbereitung der Territorialen Verteidigung und ihre Führung im Kriege, Führungsstab der Bundeswehr, IV-A-3, 31.7.1957.
[642] Gablik, Strategische Planungen, S. 138.
[643] BArch, BW 2/2985, IV E 1 (Logistik), Besprechungen über Versorgungsführung (AFCENT), Bonn, 23.4.1957, S. 1.
[644] ZMSBw, Sammlung Militärgeschichte 1945–1990, NHP-Dokument 013. Führungsweisung Nr. 4: Vorläufige Weisung für die Einsatzvorbereitung der Territorialen Verteidigung und ihre Führung im Kriege, Führungsstab der Bundeswehr, IV-A-3, 31.7.1957, S. 5.
[645] Lemke, Konzeption und Aufbau der Luftwaffe, S. 110.
[646] BArch, BW 2/20373, Der Generalinspekteur der Bundeswehr, General A. Heusinger, an den Bundeskanzler Dr. Konrad Adenauer, Beurteilung der strategischen Lage, Bonn, 26.11.1957. Sehr ähnlich auch: BArch, BW 2/982, Handakte Heusinger: »Vortrag vor Hansa-Klub Hamburg: Die Strategische Weltlage«, Hamburg, 25.11.1957.

IV. Die Entwicklung von Kriegsbildern 245

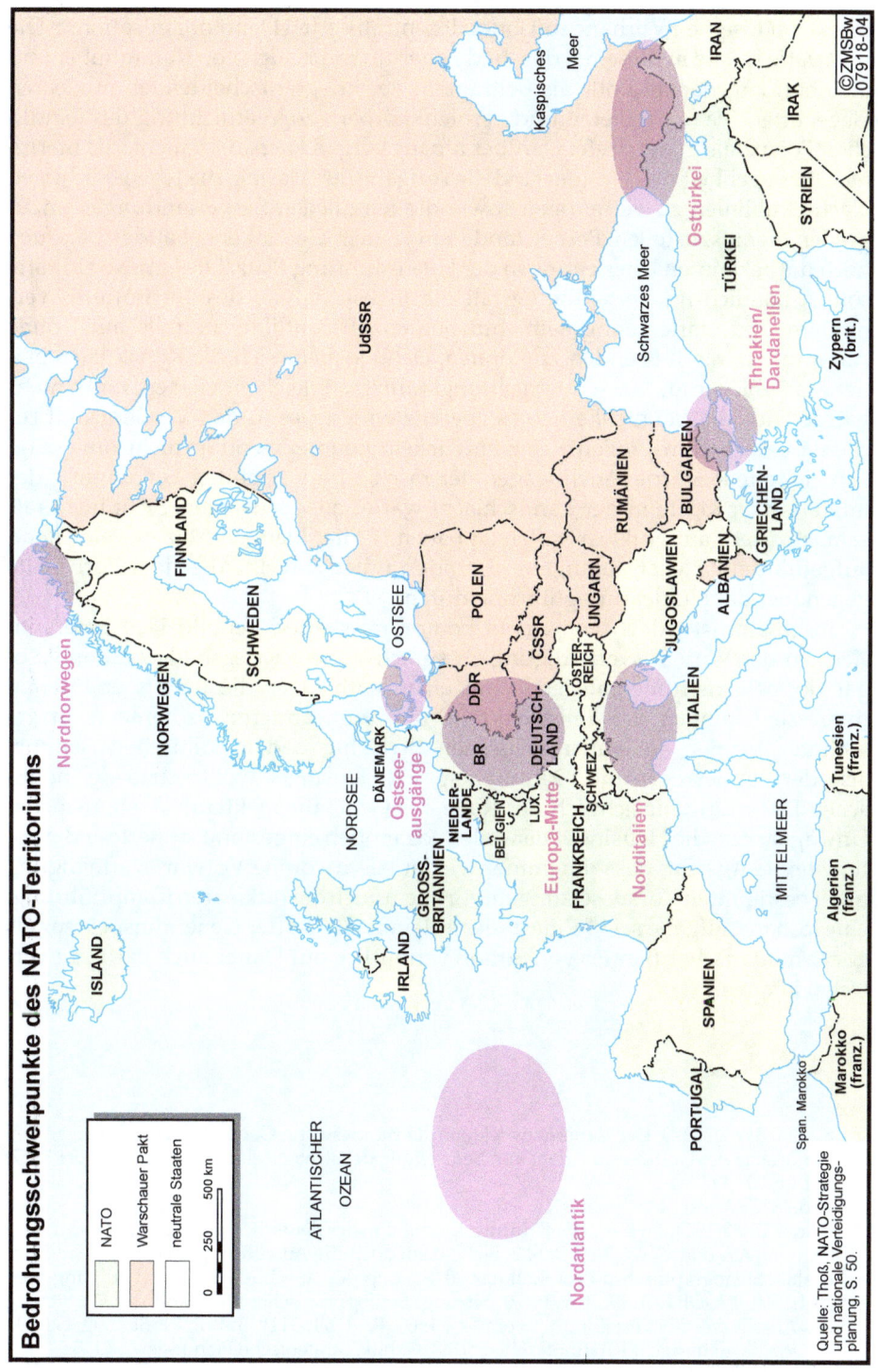

direkt am Eisernen Vorhang mit einer dezentralisierten Depotorganisation.[647] Die Luftwaffe spielte in diesem Kriegsbild neuerdings die auch von Kammhuber und Steinhoff zugedachte Rolle als Beiträgerin der kriegsentscheidenden nuklearen Gegenoffensive mit Raketen und Fernlenkkörpern zur Vernichtung des feindlichen Potenzials in der Tiefe. Darüber hinaus vergaß Heusinger nicht, die maritime Überlegenheit des Westens und die Aufgabe der Marine, die lebenswichtigen Nachschublinien zu verteidigen sowie die feindlichen Seeverbindungen anzugreifen, herauszustellen. Ferner fanden in seinem Gedankengebäude aber auch noch die bekannten Überlegungen der Heeresführung Platz. Die Landstreitkräfte sollten nämlich im Verteidigungsfall die Inbesitznahme des Territoriums verhindern und stark genug sein, um begrenzte Konflikte, notfalls auch ohne Atomwaffen, rasch beenden zu können. Denn je mehr sich die Kapazitäten beider Machtblöcke an Massenvernichtungswaffen angleichen würden, umso mehr würde auch die Möglichkeit eines begrenzten Krieges in den Vordergrund rücken, der sich zum großen Krieg entwickeln könnte, wenn er nicht unverzüglich eingestellt würde. Auch wegen der rasch zu erwartenden Verzahnung der militärischen Kräfte in der Landschlacht war es aus Heusingers Sicht nicht ratsam, allzusehr auf Nuklearwaffen zu bauen.[648] Hier klangen trotz der einleitend aufgeführten Weichenstellungen zumindest unterschwellig die alten Vorbehalte gegenüber der Nuklearkriegführung durch.

Insgesamt ist jedoch von einem kompromisshaften Leitbild Heusingers im Zeichen der Vorwärtsverteidigung zu sprechen. Sein Kriegsbild war damit sogar doppelt instrumentalisiert: Zum einen enthielt es die bereits erläuterten Interessenleitungen der Teilstreitkräfte und zum anderen bediente es in gewohnter Manier die außenpolitischen Bedürfnisse der politischen Leitung, also der Bundesregierung. Damit entsprach Heusinger wohl genau der politischen Erwartung hinsichtlich der Rolle des Generalinspekteurs. Trotz mancher Unwägbarkeit, die Heusinger bisweilen sogar offen eingestand, äußerte er die optimistische Ansicht, dass die immer wieder beschworene Vorwärtsverteidigung unter bestimmten Voraussetzungen, vor allem auch der nuklearen Kampfführung, eine lösbare Aufgabe sei.[649] Eine andere Meinung hätte der Generalinspekteur als erster militärischer Berater von Strauß vermutlich auf Dauer auch gar nicht vertreten können.

---

[647] BArch, BW 2/20373, Der Generalinspekteur der Bundeswehr, General A. Heusinger, an den Bundeskanzler Dr. Konrad Adenauer, Beurteilung der strategischen Lage, Bonn, 26.11.1957, S. 1 und 9–14.
[648] Ebd., S. 2–7 und 11 f.
[649] BArch, BW 2/1944, Fü B III, Die Führungskonzeption der deutschen Streitkräfte, Tgb.Nr. 442/58, ohne Az. und Ort, 5.3.1958, S. 2. Siehe dazu auch die Ausführung Heusingers im Bundestag: Stenographisches Protokoll der 70. Sitzung des Auschusses für Verteidigung vom 13.1.1960, PA-DBT, 3119, 3. WP, 70. Sitzung; Stenographisches Protokoll der 71. Sitzung des Auschusses für Verteidigung vom 14.1.1960, PA-DBT, 3119, 3. WP, 71. Sitzung; Gablik, »... von da an herrscht Kirchhofsruhe«, S. 48; Gablik, Strategische Planungen, S. 135.

IV. Die Entwicklung von Kriegsbildern 247

Heusinger befand sich nun mit seinem Kriegsbild auf dem Nuklearisierungskurs seines Ministers, da er den Primat der Politik anerkannte,[650] zugleich aber auch im Mittelpunkt des deutschen nuklearen Dilemmas. Denn zu jener Zeit bildeten sich im Verteidigungsministerium zwei Fraktionen heraus: Während die Nuklearbefürworter und Vertreter der lückenlosen Abschreckung aufgrund der Unterstützung durch Strauß Oberwasser hatten, war die Opposition der Nuklearkritiker, die den Nuklearwaffeneinsatz möglichst restriktiv handhaben wollten – insbesondere beim Kampf um die Haushaltshoheit – in den Hintergrund gedrängt.[651] Zu dieser Minderheit gehörte bis August 1957 auch der Unterabteilungsleiter Fü B III, Ulrich de Maizière, der seine Ansichten erst später als Generalinspekteur stärker zur Geltung bringen konnte.[652] Nach Ansicht von Axel Gablik bewegte sich die militärische Führung der Bundeswehr in den späten 1950er Jahren in einem psychologischen Spannungsfeld, in dem der deutsche Offizier nur bestehen konnte, wenn er eine Möglichkeit sah, der totalen nuklearen Zerstörung zu entgehen. Einige Offiziere wollten mit der Nuklearkriegsführung sogar gar nichts zu tun haben.[653] Zum Vergleich ergab eine Umfrage des Meinungsforschungsinstituts Emnid im Mai 1958 immerhin, dass die Mehrheit der Westdeutschen die Nuklearstrategie und die daraus abgeleitete Atombewaffnung der Bundeswehr ablehnte.[654] Die Forschung hat aber, gestützt auf die Erkenntnisse des NHP, genau für diese Zeit eine »Nuklearfaszination der Bundeswehrführung«[655] festgestellt. Ein maßgeblicher Befürworter der Nuklearkriegführung war beispielsweise Luftwaffen-General Werner Panitzki, vom 1. Juni 1957 bis 31. März 1960 Chef des Stabes im Führungsstab der Bundeswehr. Hier schien – insbesondere um die politischen Vorgaben von Strauß zu bedienen – die amerikanische Entwicklung zur Massiven Vergeltung innerhalb weniger Monate nachgeholt zu werden. Nicht nur wurde mit einer großzügigen Verwendung von Nuklearwaffen gerechnet, ab 1957 wurden Kriegs- und Planspiele mit atomaren Lagen von deutscher Seite geradezu gefordert.[656] Ob es Heusinger vor diesem Hintergrund immer gelang, mit seinem Kriegsleitbild au-

---

[650] Bemerkenswert ist dabei, dass Heusinger die Zuständigkeit für Kriegsbilder bei den Politikern sah, die dem Soldaten den möglichen politischen Rahmen für die nächsten fünf bis zehn Jahre aufzeigen müssten. Der Primat der Politik erscheint aus dem Verantwortungsdenken heraus in einem ganz neuen Blickwinkel! BArch, BW 2/1799, Generalinspekteur der Bundeswehr, Fü B III, Tgb.Nr. 337/59, Gedanken zur weiteren Entwicklung strategischer Pläne und ihre Auswirkungen auf die Aufstellungsplanungen der Bundeswehr, Bonn, 7.9.1959, S. 4.
[651] Gablik, »... von da an herrscht Kirchhofsruhe«, S. 49 f. Auf Betreiben von Strauß war der konventionelle Ausbau der Bundeswehr zugunsten der Aufstellung von Raketenbataillonen ins Stocken geraten. Auf politischer Ebene verschleierte Strauß das Problem eines Atomkriegs auf deutschem Boden. AWS, Bd 3 (Beitrag Greiner), S. 742 f.
[652] Gablik, Strategische Planungen, S. 147.
[653] Ebd., S. 131 f.
[654] Thoß, NATO-Strategie, S. 364 f.
[655] Gablik, »... von da an herrscht Kirchhofsruhe«, S. 57.
[656] BArch, BW 2/1944, Der Generalinspekteur der Bundeswehr, Fü B III/3, Az. 31-05-12, Tgb. Nr. 1492/59, Bonn, 8.4.1959, S. 1 f. Siehe dazu auch: Gablik, Strategische Planungen, S. 133 und 171; Thoß, NATO-Strategie, S. 169 und 335.

thentisch zu bleiben, muss bezweifelt werden. Das psychologische Ventil und die maßgebliche Konstante war bei ihm das Bild der Vorwärtsverteidigung, um dessen willen er offenbar auch sehr pragmatisch sein konnte.

Doch war Heusingers Gedankenführung überhaupt realistisch? In den Vorstellungen und Planungen der US-Armee zumindest blieb Westdeutschland noch geraume Zeit lediglich eine Verzögerungszone.[657] So sah der Emergency Defence Plan (EDP) des SACEUR für die Jahre 1957/58 wegen der eigenen Kräfteunterlegenheit einen hinhaltenden Kampf immerhin schon auf Höhe der Weser, eine nachhaltige Verteidigung aber immer noch – wie in den Führungsstäben der Bundeswehr damals bekannt war[658] – erst im Zuge vom Rhein und Ijssel vor. Zwar stieg der westdeutsche Einfluss in der NATO proportional zur eigenen Truppenstärke, doch glichen die viel langsamer als geplant aufgestellten Bundeswehr-Verbände faktisch gerade einmal die amerikanischen, britischen und französischen Truppenreduzierungen in Westdeutschland aus.[659] In einem Schreiben aus der Abteilung Fü B III vom 30. Juli 1958[660] hieß es dazu selbstkritisch: »Solange die ›Vorwärtsstrategie‹ nicht durch das Gewicht des deutschen Verteidigungsbeitrages erzwungen wird, ist es unrealistisch, sie mit den letzten Konsequenzen von den Alliierten zu erwarten.«[661] Selbst als im EDP 2-59 erstmals nicht mehr die Rhein–Ijssel-Linie als die Hauptverteidigungslinie angenommen, sondern die Verteidigung auf Höhe der Städte Ulm – Frankfurt a.M. – Münster befohlen wurde, war Speidel im Oktober 1958 der Umstand klar, dass es sich dabei um eine »Idealforderung«[662] handelte. Und auch noch 1959/60 musste Heusinger nach der Auswertung der Herbstübungen einmal mehr eingestehen, dass der Mangel an einsatzfähigen Präsenzverbänden für eine Verteidigung ostwärts den Rheins gerade einmal für einen Raum zwischen Main und Kassel ausreiche.[663] Außerdem war dem Generalinspekteur bekannt, dass »die Führung eines längeren Kampfes ostwärts des Rheins [...] auch bei alliierter Aushilfe logistisch nicht sichergestellt«[664] war, geschweige denn dass die zivile Versorgung für

---

[657] Trauschweizer, Learning with an Ally, S. 477–508; Groß, Mythos und Wirklichkeit, S. 306.
[658] BArch, BW 2/2668, Führungsstab der Bundeswehr, A 1, Aktennotiz über die Besprechung am 5.12.57 bei NORTHAG, 6.12.1957, S. 1 f.; BArch, BH 1/4, Führungsstab des Heeres, Fü H II 1, Tgb.Nr. 210/58, Bonn, 23.8.1958, S. 2 f.
[659] AWS, Bd 3 (Beitrag Greiner), S. 627 und 745; Thoß, Bündnisintegration, S. 25 und 30; Thoß, NATO-Strategie, S. 173–198 und 557–568; Gablik, Strategische Planungen, S. 98–100. Zu den Aufstellungsschwierigkeiten der Bundeswehr siehe AWS, Bd 3 (Beitrag Greiner), S. 750–850.
[660] BArch, BW-2/27522, Fü B III 6, Az 58-03-15, Tgb.Nr. 1694/58, Schreiben an Fü B III 2 betreffend »Geplante Großzerstörungen bei NORTHAG«, Bonn, 30.7.1958.
[661] Ebd., S. 1. Für Thoß hatte die Vorwärtsverteidigung zu dieser Zeit eigentlich nur den Charakter einer Absichtserklärung. Thoß, NATO-Strategie, S. 583.
[662] BArch, BH 1/4, Der Oberbefehlshaber der verbündeten Landstreitkräfte Europa-Mitte, Tgb. Nr. 116/58, Schreiben an den Generalsinspekteur der Bundeswehr Heusinger, Fontainebleau, 15.10.1958, S. 2.
[663] Stenographisches Protokoll der 70. Sitzung des Auschusses für Verteidigung vom 13.1.1960, PA-DBT, 3119, 3. WP, 70. Sitzung, S. 42.
[664] BArch, BW 2/2686, Fü B V/Ltr., Az. 80-02, Tgb.Nr. 61/58, Vorlage an den Generalinspekteur betreffend »Versorgungslage der Bundeswehr«, Bonn, 19.7.1958, S. 3. Problematisch waren zum Beispiel die Öl- und Betriebsstoffvorräte für den Krieg. Siehe dazu: BArch, BW 2/2435,

IV. Die Entwicklung von Kriegsbildern _____ 249

die zu erwartenden Flüchtlingsströme und den Massenanfall an Verletzten gewährleistet gewesen wäre.[665] Die Munitionsbevorratung reichte gerade einmal für 15 Tage, der Betriebstoff für 40 Tage aus. Schließlich wurde das von der militärischen Führung der Bundeswehr konstruierte Leitbild der Vorwärtsverteidigung noch durch die Ansprüche von General Charles de Gaulle, der am 1. Juni 1959 in Frankreich die Präsidentschaft angetreten hatte, infrage gestellt. Dessen Interesse lag nicht – wie Speidel im Juni 1962 vom Inspekteur des französischen Heeres, Armee-General Roger Noiret, erfuhr – in der Vorwärtsverteidigung am Eisernen Vorhang, sondern ausschließlich darin, die »Schlacht um Frankreich« zu gewinnen.[666] Während also die militärische Führung der Bundeswehr das Leitbild der Vorwärtsverteidigung nach Kräften pflegte, war sie sich dessen Wunschbildcharakters durchaus bewusst. Insofern wurde hier an alte geschichtliche Entwicklungslinien, die im Kapitel III aufgezeigt worden sind, angeknüpft. Neu waren bei dieser Langzeitbetrachtung hingegen beträchtliche Unklarheiten bezüglich des Einsatzes der nuklearen Kriegsmittel. Am 19. November 1957 schrieb Speidel resigniert an Heusinger:

> »Die weitgehend von SACEUR vorbereitete Atomplanung ist wohl das schwierigste Problem der Gesamtverteidigung [...] Auch von alliierter Seite wird die Lage der Bundesrepublik im Falle eines Atomkrieges als besonders ernst angesehen [...] Man darf sich hier keinen Illusionen hingeben. Wir haben in unserer Lage keine Wahl von Zeit und Raum.«[667]

Dass sie nicht die Herren über die Wahl der Kriegsmittel und den möglichen Kriegsverlauf waren, wurde den Westdeutschen nicht zuletzt wegen des amerikanischen Informationsvorbehalts zu den konkreten nuklearen Kriegsplanungen bewusst. In einem Brief an General Jean Étienne Valluy vom Januar 1958[668] be-

---

X B 9, Tgb.Nr. 423III/57, Schreiben an IV E 1 betreffend »Betriebsstoffvorräte auf dem Territorium der Bundesrepublik«, Bonn, 2.7.1957, mit Übersetzung eines Berichts des Planungsauschusses für Erdölprodukte zu »Ölreserven für Kriegszeiten im europäischen Gebiet der NATO«, S. 1; BArch, BW 2/2443, Vortrag vor Verteidigungsrat am 12.6.1959, ohne Az./Tgb.Nr./Ort/Datum, S. 1–5.

[665] BArch, BW 2/2443, Fü B III 5, III. Ergänzung und Vervollständigung der Verteidigungsbereitschaft, ohne Az./Tgb.Nr., Bonn, 10.6.1959. Siehe auch: Thoß, NATO-Strategie, S. 172. Nach Schätzungen des Bundesministeriums des Innern war mit etwa acht Millionen Evakuierten und sechs Millionen Flüchtlingen zu rechnen. Es fehlte an adäquaten Notstandsplanungen.

[666] ZMSBw, Sammlung Militärgeschichte 1945–1990, Nachlass Dr. Hans Speidel, Mappe 70, »Handakte O.B. persönlich. Bemerkungen zu Übungen.«; ebd., Mappe 69, ohne Beschriftung, »Gespräch mit Général d'Armée Noiret, General-Inspekteur des Französischen Heers, am 22.6.1962, 18.30 Uhr, beim Empfang des Maire von Fontainebleau anlässlich des Reittourniers«. Zu de Gaulles Agitationen gegen Speidel siehe: Gablik, Strategische Planungen, S. 156 f. Zu de Gaulles Nuklearpolitik siehe: Revue, Französische Armee, Bundeswehr und NATO, S. 205–210. Soutou, De Gaulle, S. 491–518. Zur »Schlacht um Frankreich« siehe: AAPD 1962, Bd 3, Dok. 399 vom 17.10.1962, S. 1726.

[667] BArch, BW 2/2668, Schreiben des Befehlshabers der Verbündeten Streitkräfte Europa-Mitte an den Generalinspekteur der Bundeswehr, betreffend Fü S, A 1, Tgb.Nr. 245/57 vom 19.11.1957, Fontainebleau, 15.12.1957, S. 4.

[668] BArch, BW 2/2668, Der Generalinspekteur der Bundeswehr, Brief an General Jean-Etienne Valluy, Tgb.Nr. 16/58, Bonn, Januar 1958.

klagte sich Heusinger, dass das deutsche Verteidigungsministerium über keinerlei konkrete Unterlagen zu den »Regional Atomic Plans« von SHAPE verfügte, und forderte für den Führungsstab der Bundeswehr Einblick in diese Pläne.[669] Die Deutschen erfuhren jedoch, dass Nuklearwaffen in der Allianz in erster Linie als eine nationale Angelegenheit behandelt wurden.[670] Dass sich dann auch noch der französische Staatspräsident den Einsatz seiner atomaren »Force de frappe« bei Kampfhandlungen auf deutschem Boden im Rahmen einer vermeintlichen »Schlacht um Frankreich« selbst vorbehielt,[671] machte die Eskalation einer militärischen Auseinandersetzung mit dem Warschauer Pakt noch schwieriger abwägbar. Aufgrund dieser Fremdsteuerung möglicher Kriegshandlungen mussten selbst in den idealisierten Kriegsbildern der militärischen Führung der Bundeswehr noch manche dunkle Flecken bleiben.[672] Dass in den Kriegsvorstellungen des Generalinspekteurs und des Führungsstabes der Bundeswehr deshalb eine Portion Atomfatalismus mitschwang, liegt auf der Hand. Daher ist die Aufforderung des Generalinspekteurs vom September 1959 an die Teilstreitkräfte, Überlegungen anzustellen, ob und wie man in der Zukunft aus der nuklearen Bindung herauskommen kann, nicht nur im Lichte der Vorwärtsverteidigung und Interessenleitung, sondern ein Stück weit auch als Ausdruck der inneren Zerrissenheit Heusingers zu deuten.[673]

Dennoch bemühten sich der Generalinspekteur und der Führungsstab der Bundeswehr, vor allem die Unterabteilung III, weiterhin darum, konkretere Informationen über den möglichen Krieg der Zukunft zu gewinnen und dafür ein nationales Leitbild zu etablieren. So wurden beispielsweise im Führungsstab der Bundeswehr die Uran- und die Plutoniumproduktion der Sowjetunion ausgewertet sowie Waffendemonstationen auf Militärparaden in Moskau verfolgt, um den feindlichen Atomwaffenbestand hochzurechnen und das Potenzial an neuartigen sowjetischen Raketenwaffen einzuschätzen.[674] Gleichzeitig wurde versucht, Einsichten in die neuesten Strategiedokumente und Vorschriften der westlichen Verbündeten, insbesondere der Amerikaner und Briten, zu erhalten, um über die

---

[669] Ebd., S. 2; vgl. BArch, BW 2/2668, Führungsstab der Bundeswehr, A 1, Stellungnahme zum Annex C »Atomkriegführung« zu SACEURS EDP, Tgb.Nr. 245/57, Bonn, 19.11.1957. Siehe dazu auch: Thoß, NATO-Strategie, S. 444; AWS, Bd 3 (Beitrag Greiner), S. 744.

[670] Knoll, Atomare Optionen, S. 316−318; AWS, Bd 3 (Beitrag Greiner), S. 740; Steinhoff/Pommerin, Strategiewechsel, S. 54.

[671] AAPD 1965, Bd 2, Dok. 242 vom 11.6.1965, S. 1002−1008; Vaïsse, Die Außen- und Verteidigungspolitik, S. 479−489; Revue, Französische Armee, Bundeswehr und NATO, S. 205−210; Hammerich, Kommiss kommt von Kompromiss, S. 119; Gablik, Strategische Planungen, S. 233−235 und 382−384.

[672] Bruno Thoß hat bereits auf weitere Unwägbarkeiten hingewiesen. Bei einem massiven nuklearen Schlagabtausch sei gar nicht mehr einzuschätzen gewesen, welchen Einfluss dies auf Wetter, Fruchtzyklen und die menschliche Fortpflanzung weltweit haben würde. Thoß, NATO-Strategie, S. 609.

[673] Strauß, Die Erinnerungen, S. 378; Gablik, Strategische Planungen, S. 136.

[674] BArch, BW 2/2686, Handakte Heusinger, Führungsstab der Bundeswehr, C (Ausl.) 4/5, Az. 90-00-4-3066/57, Zusammenstellung betreffend »Bestand an atomaren Waffen UdSSR«, Bonn, 25.11.1957, S. 1; ebd., Az. USR-90-01-3-3020/57, Aktennotiz betreffend »Moskauer Parade am 4.11.1957«, unterschrieben von Heusinger, Bonn, 23.11.1957, S. 1−4.

IV. Die Entwicklung von Kriegsbildern 251

wesentlichen Planungen, den Stand der Waffentechnik und die Wirkungsweisen der Nuklearwaffen im Bilde zu sein.[675] Aus vergleichenden Gegenüberstellungen der Waffensysteme und Kräftepotenziale in Ost und West wurden nach wie vor Schlussfolgerungen für den möglichen Krieg und die eigene Rolle darin gezogen.[676] Interessant ist, dass die Bundeswehr dabei zu anderen Einschätzungen als die NATO gelangte. Während beispielsweise die NATO im Juni 1958 noch mit 175 sowjetischen Kampfdivisionen rechnete, wurden von Fü B aufgrund sowjetischer Personalreduzierungen nur 124 Kampfdivisionen angenommen.[677] Ein Informationsaustausch über Fragen der Kriegführung erfolgte zudem immer wieder im Rahmen bilateraler Generalstabsbesprechungen mit den NATO-Verbündeten.[678] Aus den Großübungen des Bündnisses erschloss sich der militärischen Führung der Bundeswehr ferner ein grobes operatives Lagebild.[679]

Die Informationen zum Wesen eines möglichen Krieges wurden unter der Federführung der Abteilung III des Führungsstabes der Bundeswehr gesammelt und jeweils bei Bedarf für den Generalinspekteur aufbereitet.[680] Zu bestimmten Themenbereichen gab dieser zusätzlich bei seinem Führungsstab Sonderstudien in Auftrag, so am 2. Januar 1958 zur »mögliche[n] Entwicklung der Raketenwaffe bis zum Jahre 1963, ihre mögliche Auswirkung auf die strategische Lage, die Organisation der Streitkräfte und die Führung«.[681] In den verschiedenen Studien und Informationssammlungen, aber folglich auch in den Konzeptionen und Richtlinien der militärischen Führung tauchten einige Aspekte wie Leitmotive, die sich in den Köpfen der Protagonisten geradezu festsetzen mussten, immer wieder auf: der eher überraschende Ausbruch der Kampfhandlungen, der fast zwangsläufige Nuklearwaffeneinsatz (insbesondere gegen Abschussbasen, Atomwaffenlager und Flugplätze), die auf beiden

---

[675] ZMSBw, Sammlung Militärgeschichte 1945–1990, NHP-Dokument 018, Fü B III, Leiter, Tgb.Nr. 51/58, Kurze Inhaltsangabe der MC 70, Bonn, 18.2.1958, S. 3 f.; BArch, BW 2/1944, Botschaft der Bundesrepublik Deutschland, Heeres-Attaché, Schreiben an das Bundesministerium für Verteidigung, Fü B II 4, Az. 230-01/B 3, London, 2.10.1958, S. 1; BArch, BW 2/2333, Auszug aus »Die Auswirkungen von Kernwaffen«, veröffentlicht vom Department of the Army USA als Department of the Army pamphlet Nr. 39-3, ohne Ort, Mai 1957, S. 1–3; Thoß, NATO-Strategie, S. 374.

[676] BArch, BW 2/2686, FüStab Bw, C (Ausl.) 4/5, Az. ALLG-04-03-01, Tbgb.Nr. 31/58 Vorlage an den Generalinspekteur betreffend »Vergleichende Gegenüberstellung von Heeresverbänden und deren wichtigsten Waffen (SU und Satelliten gegenüber NATO im Abschnitt AFCENT) am M-Tag«, Bonn, 6.1.1958; ebd., Az. USR-04-04-00, Tgb.Nr. 110/58, Vorlage an den Generalinspekteur betreffend »Derzeit angenommene Kriegsgliederung der sowjet. Panzer-Div. und der sowj. Mech.Div. Neuer Art«, Bonn, 13.1.1958; ebd., Fü B II 2/3, Az. ALLG 04-03-01-2912/58, Vorlage an den Generalinspekteur betreffend »Kräftevergleich Ost/West«, Bonn, 18.6.1958.

[677] Ebd., Vorlage an den Generalinspekteur betreffend »Kräftevergleich Ost/West«, Bonn, 18.6.1958, S. 3.

[678] Gablik, Strategische Planungen, S. 382.

[679] Thoß, NATO-Strategie, S. 376.

[680] BArch, BW 2/1944, Leiter Fü B III, Entwurf betreffend »Bild eines künftigen Krieges« vom 20.2.1958.

[681] Ebd., Führungsstab der Bundeswehr, III/3, Ausarbeitung zur Entwicklung der Raketenwaffen bis zum Jahre 1963, ohne Az./Tgb.Nr., Bonn, 17.1.1958.

Seiten zur Verfügung stehende große Zahl an thermonuklearen Waffen und Trägersystemen, die Tendenz zur Verwendung von Flugkörpern und Atom-U-Booten, das Aufkommen von Satelliten zur militärischen Navigation und Aufklärung, der Kampf auf weite Entfernungen mit Massenvernichtungswaffen gegen die Kraftquellen des Feindes, die kurzfristige Zusammenballung enormer Zerstörungskräfte, die Entstehung ausgedehnter Schadensgebiete, dezentralisierte Kampfhandlungen und Insellagen, die unmittelbare Betroffenheit der Zivilbevölkerung, Massenflucht, feindliche Sabotageakte im eigenen Hinterland, Katastophenzustände, die Überforderung des Sanitäts- und Rettungswesens, das Zusammenbrechen der Infrastruktur und öffentlichen Ordnung sowie der zunehmende Bedeutungsverlust der Landstreitkräfte.[682]

Bewusst wurde diesen Überlegungen der schlimmste anzunehmende Fall zugrunde gelegt.[683] In den militärischen Grundannahmen für die Verteidigungsplanung vom 15. Dezember 1961 hieß es: »Jede, nur mit herkömmlichen Mitteln eingeleitete Angriffsoperation muß sich zwangsläufig nach wenigen Stunden in einen nuklearen Krieg entwickeln.«[684] Im Führungsstab der Bundeswehr dominierte nun »ein Kriegsbild [...], das den massierten Angriff mit Atomwaffen, spätestens zum Zeitpunkt des Einrückens der eigenen Truppe in die vorgesehenen Einsatzräume, vorbehaltlos einschließt«.[685] Zur selben Zeit identifizierte die Abteilung III des Führungsstabes der Bundeswehr innerhalb Westdeutschlands 422 Ziele für Bodendetonationen, vor allem in Norddeutschland, Frankfurt a.M., Stuttgart und im Zuge des Rheins. Hinzu käme ein Gürtel von der Nordsee bis zu den Alpen, in dem mit dem Einsatz von Atomsprengköpfen (300 bis 500) kleinerer Kilotonnen-Werte (bis 100 KT) als Luftdetonationen zu rechnen war.[686]

---

[682] ZMSBw, Sammlung Militärgeschichte 1945–1990, NHP-Dokument 018, Fü B III, Leiter, Tgb.Nr. 51/58, Kurze Inhaltsangabe der MC 70, Bonn, 18.2.1958, S. 4–6; BArch, BW 2/1944, Anlage zu Führungsstab der Bundeswehr, III/3, Ausarbeitung zur Entwicklung der Raketenwaffen bis zum Jahre 1963, ohne Az./Tgb.Nr., Bonn, 17.1.1958, S. 1–9; ebd., Fü B III, Die Führungskonzeption der deutschen Streitkräfte, Tgb.Nr. 442/58, ohne Az. und Ort, 5.3.1958, S. 7–9; BArch, BW 2/2668, Führungsstab der Bundeswehr, A 1, Aktennotiz für den Herrn Generalinspekteur betreffend kurze Inhaltsangabe des Dokuments SGM 687-57 vom 25.10.1957 betreffend Analysis of Recent Russian Moves, Tgb.Nr. 260/57, Bonn, 4.12.1957, S. 1–4; BArch, BW 2/2713, Fü B III 5, Tgb.Nr. 40/58. Anlage 1 zur Vorlage an den Verteidigungsminister betreffend Aufgaben und militärische Forderungen für einen künftigen Ausbau der Territorialen Verteidigung, Bonn, 13.2.1958, S. 1–3; ZMSBw, Sammlung Militärgeschichte 1945–1990, Nachlass Dr. Hans Speidel, Mappe 69, ohne Beschriftung, »Fü B III, Entwurf über Politische und militärische Konzeption der NATO aus Sicht der BRD«, S. 8; BArch, BW 2/1800, Handakte Heusinger, Vortrag am 22.3.1958 vor der Ev. Akademie Loccum, ohne Az./Tgb.Nr., S. 117; BArch, BW 2/2228, Fü B III 6, Az. 58-29-00, »Vorentwurf Die militärischen Grundannahmen für die Verteidigungsplanung 1962« vom 15.12.1961, S. 4–13; Gablik, Strategische Planungen, S. 160.
[683] BArch, BW 2/1944, »Die Führungskonzeption der deutschen Streitkräfte«, Fü B III, Az. 442/58 vom 5.3.1958, S. 6.
[684] BArch, BW 2/2228, Fü B III 6, Kriegsbild Fall A. Vorentwurf »Die militärischen Grundannahmen für die Verteidigungsplanung 1962«, ohne Ort, 15.12.1961, S. 3.
[685] Ebd., S. 3 f.
[686] Ebd., S. 4–13.

IV. Die Entwicklung von Kriegsbildern

Insgesamt verdichtete sich im Zeitraum von 1957 bis 1962 – trotz mancher Informationsvorbehalte – das Bild eines im Rahmen des NATO-Bündnisses auf allen Ebenen atomar geführten Krieges, während konventionelle Waffen in den Hintergrund gedrängt wurden und biologische wie chemische Waffen offenbar keine große Rolle spielten. Den Protagonisten im Verteidigungsministerium wurde wiederholt klar, dass man bei allen Überlegungen am Referenzrahmen der NATO-Strategiepapiere, hier insbesondere von MC 70[687] nicht vorbeikam. Während einer USA-Reise des Generalinspekteurs im Spätherbst 1959 betonten der amerikanische Verteidigungsminister Neil H. McElroy und der Vorsitzende der Joint Chiefs of Staff, General Nathan F. Twining, Heusinger gegenüber, dass es für sie mit Blick auf Europa nur den großen Krieg gäbe.[688] Auch für den SACEUR Norstad war es Ende 1961 »keine Frage, dass NATO nukleare Waffen einsetzen wird, wenn die Lage nur dadurch gemeistert werden kann. Wir haben keine nicht-nukleare Konzeption und beabsichtigen auch nicht, sie zu haben«.[689] In einem Entwurf zur Konzeption der NATO aus der Feder der Abteilung III des Führungsstabes der Bundeswehr aus dem selben Jahr hieß es daher, dass für die Kriegführung der Streitkräfte »Atomwaffenträger und Atomgefechtsköpfe organisch einzugliedern«[690] seien. Und tatsächlich standen die Zeichen auf nuklearem Sturm, umfassten doch die Arsenale der NATO in Europa 1960 bereits 3000 amerikanische Atomsprengköpfe, wovon etwa die Hälfte in Sondermunitionslagern auf dem Territorium der Bundesrepublik Deutschland lagerte,[691] während die Sowjetführung gerade zu jener Zeit dazu überging, verstärkt in den Kategorien eines offensiven Nuklearwaffeneinsatzes zu denken.[692]

In den Bundeswehrakten dieser Zeit finden sich immer wieder Belege dafür, dass die Abteilung III des Führungsstabes der Bundeswehr auf der geistigen Grundlage der oben genannten Leitmotive versuchte, die Kriegsbilder in den Führungsstäben der Teilstreitkräfte zu steuern, »gefährlichen Illusionen«[693] vorzubeugen, gewisse Sprachregelungen des Ministeriums durchzusetzen und so ein Kriegsleitbild im Sinne der grenznahen, nuklear ausgepägten und offensiv

---

[687] BArch, BW 2/1944, Leiter Fü B III, Entwurf betreffend »Bild eines künftigen Krieges«, 20.2.1958, S. 2.
[688] Thoß, NATO-Strategie, S. 534.
[689] BArch, BW 2/2440, Oberst i.G. Hinrichs, Anlage 1 zu Fü B III, 317/65, Fontainebleau, 4.12.1961, S. 2.
[690] ZMSBw, Sammlung Militärgeschichte 1945–1990, Nachlass Dr. Hans Speidel, Mappe 69, ohne Beschriftung, »Fü B III, Entwurf über Politische und militärische Konzeption der NATO aus Sicht der BRD«, S. 8.
[691] Thoß, NATO-Strategie, S. 432 f.
[692] Mastny, Imagining war in Europe, S. 19–25; Gavrilov, Soviet Union Military Planning, S. 126–129; Stöver, Der Kalte Krieg, S. 164 f. Matthias Uhl hat dazu ebenfalls festgestellt: »The strategy of all-out nuclear missile war as the new military doctrine of the USSR shows that by the beginning of the 1960s the strategic use of exclusively conventional forces was no longer considered a real option. Missiles an nuclear weapons had altered the operational capability of military forces too radically«. Uhl, Storming on to Paris, S. 49. Vgl. Uhl, Soviet and Warsaw Pact Military Strategy, S. 39–49.
[693] BArch, BW 2/1944, Leiter Fü B III, Entwurf betreffend »Bild eines künftigen Krieges«, ohne Az./Tgb.Nr., Bonn, 20.2.1958, S. 1.

geführten Verteidigung zu etablieren.[694] Hierbei wurde auch die Expertise weiterer Dienststellen, etwa des Deutschen Militärischen Vertreters in Washington zu Rate gezogen, der vor allem an den »Wunschgedanken«[695] der Heeresführung Kritik übte. In Washington wurde indessen Ende 1960 registriert, »dass es dem Führungsstab der Bundeswehr nicht gelungen ist, für Heer und Luftwaffe ein gemeinsames Kriegsbild [...] zu entwickeln«.[696] Für Cord von Hobe jedoch stand fest:

> »Das Bild eines künftigen Krieges ist aufzubauen auf der politischen, geografischen, wirtschaftlichen und militärischen Struktur der BR. Der Rahmen ist durch die MC 70, Zeitpunkt 1963, insbesondere den Abschnitt V ›Voraussichtliche Natur eines künftigen Krieges‹ gegeben. Die Diskussionen sollten sich in strenger Selbstdisziplin an diesen Rahmen halten, sonst wird das Thema zerredet.«[697]

Besonders gut lässt sich die vom Verteidigungsministerium gesteuerte, zunehmende Nuklearisierung und schließliche Dominanz des Nuklearkriegsdenkens – hier gilt pars pro toto – anhand der Führungsvorschrift HDv 100 nachvollziehen.[698] Die Vorschriften vom März 1956 hatten sich als ein Provisorium erwiesen, das durch die Waffentechnik schnell überholt worden war. Ab Frühsommer 1958 arbeitete daher im Auftrag Röttigers eine militärwissenschaftliche Arbeitsgruppe des Heeres an der Führungsakademie unter dem damaligen Oberst i.G. Ernst Golling an einer Überarbeitung, die weiterhin einen teilstreitkräfteübergreifenden Charakter besaß. Das Ergebnis war die am 25. August 1959 vom Inspekteur

---

[694] Ebd., S. 1–4; ebd., Die Führungskonzeption der deutschen Streitkräfte, Tgb.Nr. 442/58, ohne Az. und Ort, 5.3.1958, S. 5; ebd., Fü B III/3, Az. 31-05-12, Tgb.Nr. 1302/59, Bonn, 26.3.1959, S. 2. In diesem Sinne griff auch Speidel noch weiterhin in die Diskussionen um das Kriegsbild ein. BArch, BH 1/4, Der Oberbefehlshaber der verbündeten Landstreitkräfte Europa-Mitte, Tgb.Nr. 116/58, Schreiben an den Generalinspekteur der Bundeswehr Heusinger, Fontainebleau, 15.10.1958, S. 2 f.; BArch, BW 2/1800, Fü B, Studiengruppe, Aufstellungsplanung der Bundeswehr, ohne Az./Tgb.Nr., Bensberg, 27.11.1959, S. 4; BArch, BW 2/1944, Schreiben des Oberst i.G. Schindler, Fü B III, an den Leiter Fü B III, ohne Az./Tgb.Nr., Bonn, 2.7.1959, S. 1–3. Siehe dazu auch: Thoß, »Je mehr Bundeswehr, desto weniger Atombomben«, S. 122.

[695] BArch, BH 1/9487, Anlage 1 zu Leiter Fü B III, Tgb.Nr. 450/59, Schreiben an Oberst i.G. Kleyser, DMV Tgb.Nr. 10/59, Bonn, 22.12.1959, S. 1. In der Forschungsliteratur hat z.B. Dieter Krüger darauf hingewiesen, dass die Gefechtsführung der Landstreitkräfte in einem von zahllosen Atomdetonationen gekennzeichneten Gelände wenig realistisch sei. Krüger, Schlachtfeld Bundesrepublik?, S. 186.

[696] Gablik, »... von da an herrscht Kirchhofsruhe«, S. 50 f.

[697] BArch, BW 2/1944, Leiter Fü B III, Entwurf betreffend »Bild eines künftigen Krieges«, ohne Az./Tgb.Nr., Bonn, 20.2.1958, S. 2. In diesem Sinne äußerte sich auch Generalinspekteur Heusinger. BArch, BW 2/1944, Fü B III, Die Führungskonzeption der deutschen Streitkräfte, Tgb.Nr. 442/58, ohne Az. und Ort, 5.3.1958, S. 9.

[698] Eine parallele Entwicklung ist im Pressearchiv des Presse- und Informationsamts der Bundesregierung – nachzuvollziehen. Siehe z.B. Parlamentarisch-politischer Pressedienst, »Sofort atomar zurückschießen«, 13/29, Bonn 9.2.1962; Frankfurter Neue Presse, »Strauß betont: Atomare Abschreckung erhalten«, 30.3.1962; Frankfurter Rundschau, »Für klare Atomwaffenpolitik«, 10.4.1962; Frankfurter Rundschau, »Strauß besteht auf Atom-Raketen«, 28.6.1962.

des Heeres erlassene Führungsvorschrift »TF 59«, eine auf die Division 59[699] gemünzte und konventionelle Kriegführung ausgelegte Vorschrift, die nur wenige Aspekte eines möglichen Nuklearkrieges berücksichtigte.[700] Aufgrund der beschriebenen Interessenleitung im Kriegsbild der Heeresführung ist nachvollziehbar, warum diese Vorschrift trotz der nuklearen Weichenstellungen in erster Linie am Bewegungskrieg vollmechanisierter Landstreitkräfte ausgerichtet war. Doch lässt sich anhand der Bundeswehrakten andererseits nachvollziehen, wie der Führungsstab der Bundeswehr das Leitbild vom Kriege beeinflusste, indem der Leiter der Unterabteilung B III 3, Oberst i.G. Albert Schindler, im Juni 1959, schon kurz vor der Herausgabe der Vorschrift also, zum Entwurf der Vorschrift wie folgt Stellung nahm:

»Als Grundlage für eine zukünftige Kampfführung wird der Entwurf in seiner Gesamtheit nicht gutgeheißen [...] Dabei sollte aber nicht vergessen werden, daß in unserer Lage die Herausgabe einer ›Atom-TF‹ im Vordergrund zu stehen hat.«[701]

Nur wenig später ließ auch der Generalinspekteur dem Inspekteur des Heeres seine Anmerkungen zum Entwurf der Vorschrift »Truppenführung« zukommen, in denen es unter anderem hieß:

»Man merkt der Vorschrift an, wie in ihr gerungen wird zwischen den althergebrachten Formen der Truppenführung und den modernen, neuzeitlichen Formen [...] Man merkt der Vorschrift des weiteren die noch nicht durchgestandene Auseinandersetzung mit der Atomkriegführung stark an.«[702]

Heusinger hielt es mittlerweile für unglücklich, eine Vorschrift zu erlassen, die den nuklearen Fall nicht konsequent vorsah. Auch hatte aus seiner Sicht die Zusammenarbeit mit der Luftwaffe darin noch nicht den notwendigen Platz gefunden.[703] Hier wurde deutlich im Sinne einer Nuklearisierung der Kriegsbilder Einfluss genommen. Im Oktober 1959 beauftragte Röttiger folglich die Studiengruppe Heer mit der Erarbeitung einer Führungsvorschrift für den Nuklearkrieg. Bis November 1960 entstand dann, ab 16. April 1960 in Zuständigkeit des zweiten Inspekteurs des Heeres, Alfred Zerbel,[704] die

---

[699] Zur Division 59 und zur Heeresstruktur 2 siehe: Rink, »Strukturen brausen um die Wette«, S. 413–466.

[700] BArch, BH 1/4934, Der Inspekteur des Heeres an den Leiter der Studiengruppe Heer Oberst i.G. Golling, Bonn-Hardt, 9.10.1959; BArch, MSG 1/2452, von Claer, Studiengruppe des Heeres, Hamburg-Blankenese, 29.3.1960; Maizière, In der Pflicht, S. 222.

[701] BArch, BW 2/1944, Oberst i.G. Schindler, Fü B III/3, erste Stellungnahme zu dem von der Studiengruppe des Heeres ausgearbeiteten Entwurf von Führungsgrundsätzen des Heeres in einem »nichtnuklearen« Krieg, ohne Az./Tgb.Nr. und Ort, 24.6.1959, S. 14.

[702] Ebd., Der Generalinspekteur der Bundeswehr, Schreiben an den Inspekteur des Heeres, ohne Az./Tgb.Nr., Bonn, 29.6.1959, S. 1.

[703] Ebd., S. 1.

[704] Zerbel übernahm das Amt des Inspekteurs des Heeres bis zum 30.9.1964. Auch wenn Zerbel den Masseneinsatz von Nuklearwaffen nicht befürwortete, vertrat er seine Linie nicht so konsequent wie Heusinger, Speidel oder Trettner, sondern eher die Kompromisssicht von Fü B. Gablik, Strategische Planungen, S. 193.

HDv 100/2 »Führungsgrundsätze des Heeres für die atomare Kriegführung«[705] (die wegen ihres Einbands sogenannte rote TF bzw. »TF 60«), die am 11. April 1961 bezeichnenderweise von Verteidigungsminister Strauß erlassen wurde. Axel Gablik hat dieses Werk »den Höhepunkt der nuklear orientierten Kampfführung deutscher Prägung«[706] genannt. Darin wurden die Atomwaffen schlichtweg als Hauptwaffen und der Kampfpanzer als das Schwerpunkt-Waffensystem definiert.[707] Der Atomwaffeneinsatz spielte sich gedanklich vor allem auf der operativ-taktischen Ebene ab. Auch Atomminen (»Atomic Demolition Munitions« bzw. ADM) wurden zwischenzeitlich als Mittel der Gefechtsführung einkalkuliert.[708] Durch Instrumente wie Atomrechenschieber wurde den Truppenführern der Eindruck vermittelt, dass die Nuklearkriegführung berechenbar sei.[709] Zugleich wurden mit Formulierungen wie »Atomwaffen können wegen ihrer außerordentlichen Wirkung auch schwächere Kräfte befähigen, ein erfolgreiches Abwehrgefecht zu führen«,[710] Wunschvorstellungen bedient und geschürt. Den Reakteur Ernst Golling, für den die Erarbeitung dieser als »Tante Frieda«[711] bezeichneten Vorschrift eine große seelische Belastung darstellte, hat die dienstlich geforderte Forcierung des Nuklearkriegsdenkens gesundheitlich stark mitgenommen.

Am 12. Oktober 1961 erteilte indessen Kammhuber einer Studiengruppe der Luftwaffe an der Führungsakademie der Bundeswehr den Auftrag, eine eigene Luftwaffenführungsvorschrift (LDv 100/1) als Nachfolgerin der LDv 16 zu erstellen, die insbesondere dem Nuklearkrieg Rechnung tragen sollte.[712] Parallel

---

[705] BArch, BHD 1/566, Der Bundesminister für Verteidigung, Führungsstab des Heeres, IV 4, HDv 100/2 Führungsgrundsätze des Heeres für die atomare Kriegführung. Truppenführung 1960 (TF 60), Bonn, 11.4.1961. Damit trat die HDv 100/2 vom März 1956 außer Kraft. Zum Themenkomplex der Nuklearkriegführung wurden etwa zur gleichen Zeit noch weitere Vorschriften herausgegeben, etwa die HDv 132/1 »Wirkung und Einsatz von Atomsprengkörpern« sowie die ZDv 5/2 »Abwehr aller Truppen gegen die Wirkungen von Atomwaffen«. Ein Verweis dazu findet sich in BArch, BHD 1/566, Der Bundesminister für Verteidigung, Führungsstab des Heeres, IV 4, HDv 100/2 Führungsgrundsätze des Heeres für die atomare Kriegführung. Truppenführung 1960 (TF 60), Bonn, 11.4.1961, S. 53.

[706] Gablik, »... von da an herrscht Kirchhofsruhe«, S. 50.

[707] BArch, BHD 1/566, Der Bundesminister für Verteidigung, Führungsstab des Heeres, IV 4, HDv 100/2 Führungsgrundsätze des Heeres für die atomare Kriegführung. Truppenführung 1960 (TF 60), Bonn, 11.4.1961, S. 15.

[708] BArch, BH 1/27521, III. Korps, G 3, Az. 34-01, Tgb.Nr. 623/60, »Zusammenfassender Bericht über CENTAG WAR GAME-60«, Koblenz, 25.4.1960, S. 16; BArch, BW 2/2552, Fü H II 1, Az. 31-02-01, Tgb.Nr. 2920/61 Untersuchung für Fü B III 1 betreffend »Zeitbedarf für sowjet. Angriff von Zonengrenze bis zur Weser«, Bonn, 17.11.1961, S. 4; Siehe auch: Thoß, NATO-Strategie, S. 599 und 611.

[709] Gablik, »... von da an herrscht Kirchhofsruhe«, S. 50; Gablik, »Eine Strategie kann nicht zeitlos sein«, S. 320.

[710] BArch, BHD 1/566, Der Bundesminister für Verteidigung, Führungsstab des Heeres, IV 4, HDv 100/2 Führungsgrundsätze des Heeres für die atomare Kriegführung. Truppenführung 1960 (TF 60), Bonn, 11.4.1961, S. 173.

[711] Zeitzeugenbefragung Frau Christine Golling (Tochter Ernst Gollings), Berlin, 16.5.2014. Auszug aus dem unveröffentlichten autobiografischen Manuskript »Bissiges Gras«, S. 2 und 5.

[712] Lemke, Konzeption und Aufbau der Luftwaffe, S. 261. Daneben galten als maßgebliche Vorschriften weiterhin die Handbücher der ATAFs und die ATP-33 (NATO Tactical Air Doctrine). Die Schlusszeichnung der LDv 100/1 erfolgte jedoch erst am 22.3.1991, da sich

IV. Die Entwicklung von Kriegsbildern _____ 257

wurden die Grundsätze der Heeresführungsvorschriften, die nicht nur auf den Nuklearkrieg, sondern weiterhin insbesondere auf eine beweglich geführte Vorneverteidigung ausgelegt waren, im Rahmen der NATO-Übungen »Hold Fast« und »Flash Back« erprobt.[713] Doch der Zustand, parallel mit zwei Führungsvorschriften zu arbeiten, war auf Dauer nicht haltbar. Daher wurde wiederum unter Federführung Gollings, mittlerweile Brigadegeneral, die »TF 62« erarbeitet, eine redaktionelle Zusammenfassung von TF 59 und TF 60.[714] Diese HDv 100/1 »Truppenführung«[715] vom Oktober 1962 wurde wiederum von Strauß erlassen. Für Gerhard P. Groß bildet die Vorschrift den vorläufigen Endpunkt des klassischen operativen Denkens, bei welchem am Dogma der Beweglichkeit festgehalten wurde, obwohl die Bedeutung des Faktors Feuer bzw. Waffenwirkung durch die Nuklearwaffen enorm zugenommen hatte.[716] Die konventionellen Streitkräfte spielten nur noch eine untergeordnete Rolle, gerade groß genug, um den Feind zu Massierungen für Atomwaffeneinsätze zu zwingen.[717]

Ein genauerer Blick in die Vorschrift zeigt, dass die Truppenführung nun jedenfalls im Zeichen eines nuklear geprägten Kriegsbildes stand: »Die Atomwaffen haben das Bild des Krieges grundlegend verändert; sie erfordern ein Denken in anderen Maßstäben«,[718] hieß es einleitend. Auch dass Atomwaffen »das wichtigste Kampfmittel«[719] seien, wurde wiederholt betont. Ausgegangen wurde mittlerweile von der Grundannahme, dass Atomsprengkörper nach Entscheidung der politischen Führung der NATO freigegeben und aus dem Gewahrsam der amerikanischen Armee an die Bundeswehr übergeben würden.[720] Aus der Vorschrift erschließt sich auf operativer Ebene ein grobes Leitbild vom Krieg, das sich an den oben genannten Leitmotiven orientierte: Der überraschende Ausbruch des Krieges, die Zusammendrängung von Zeit und Raum durch die Technik,

---

die Bearbeitung und Mitzeichnung aufgrund hoher Personalfluktuation immer wieder verzögerte. Lemke, Konzeption und Aufbau der Luftwaffe, S. 261 f.

[713] BArch, BH 1/27520, Fü H II 1, Az. 34-01-20, Tgb.Nr. 2122/60, NATO-Übung »Hold Fast«, Bonn, 25.8.1960, S. 1–3. Für Rot ging es bei der Übung »Hold Fast« um ein Vordringen gepanzerter Kräfte nach Jütland, für Blau, immerhin mit einer Übungstruppe von 45 000 Soldaten und 10 000 Fahrzeugen dargestellt, um die Verteidigung des Gebietes zwischen Kiel-Kanal und Schlei–Treene–Eider-Linie in Schleswig-Holstein. Bezeichnenderweise traten dabei einmal mehr unterschiedliche Vorstellungen zwischen Bundeswehr und NATO zutage, wie die Verteidigung zu führen sei. BArch, BH 1/27520, Fü H II 1, Az. 34-01-22, Tgb.Nr. 2707/60, Auswertung der Erfahrungsberichte zur Übung »Hold Fast«, Bonn-Hardt, 19.10.1960, S. 1 f. In der Übung »Flash Back« wurden – basierend auf den EDP-Plänen Atom-Meldeverfahren erprobt und die Wirkung atomarer Angriffe ausgewertet. Insgesamt wurde in der Übung »Flash Back« der Einsatz von 186 Atomsprengkörpern (102 eigene und 84 feindliche) angenommen. BArch, BH 1/27518, Der Bundesminister der Verteidigung, Fü B III, Az. 34-01-22, Tgb.Nr. 4958/60, Erfahrungsbericht über die Übung »Flash Back«, Bonn, 15.12.1960.
[714] BArch, MSG 1/2452, von Claer, Studiengruppe des Heeres, Hamburg-Blankenese, 29.3.1960.
[715] BArch, BHD 1/799, Der Bundesminister der Verteidigung, Führungsstab des Heeres, IV 4, HDv 100/1 Truppenführung, Bonn, 25.10.1962.
[716] Groß, Mythos und Wirklichkeit, S. 303.
[717] Gablik, Strategische Planungen, S. 379.
[718] BArch, BHD 1/799, Der Bundesminister der Verteidigung, Führungsstab des Heeres, IV 4, HDv 100/1 Truppenführung, Bonn, 25.10.1962, S. 12.
[719] Ebd., S. 16.
[720] Ebd., S. 3 f.

die gewaltige Feuerkraft und Flächenwirkung der Atomwaffen, deren umfassender Einsatz zur Lösung diverser taktisch-operativer Problemstellungen, außerordentliche Verluste, die Bedeutung der Auflockerung und die sich daraus ergebende Leere des Schlachtfeldes, das Fehlen fester Fronten, Insellagen, die Betroffenheit der Zivilbevölkerung sowie der Kampf gegen Spionage, Sabotage und Zersetzung.[721] Hinzu kam die kompromisshafte Zusammenführung der unterschiedlichen Denkansätze aus den Teilstreitkräften, d.h. im Sinne der Luftwaffenführung vor allem Kampf der Luftstreitkräfte gegen Feind in der Tiefe mit Atomsprengkörpern[722] und im Sinne des Heeres die Abwehr im »überlegten und wendigen Einsatz der Atomwaffen in Verbindung mit angriffsweiser Gefechtsführung durch mechanisierte Verbände.«[723]

Trotz der tragenden Rolle der Luftwaffe bevorzugte der Führungsstab der Bundeswehr jedoch mit Unterstützung der Heeres- und Marineführung eine mehroptionale Streitkräfteplanung.[724] Besonders interessant ist an der TF 62, dass der Einsatz atomarer Sprengkörper gegen Truppen oder andere militärische Ziele an sich nicht als völkerrechtswidrig erklärt wurde, während chemische und bakteriologische Kampfmittel als verboten herausgestellt wurden.[725] Die Auswirkungen der Nuklearkriegführung (neutroneninduzierte Strahlung, radioaktive Niederschläge, Verwüstungen und Zerstörungen) beschrieb die Vorschrift allerdings nur in sehr groben Zügen.[726] Der spätere Generalinspekteur Ulrich de Maizière, der als einer der Hauptkritiker der »roten TF« galt, kritisierte den allzu unbekümmerten Einsatz atomarer Gefechtsfeldwaffen in der Verteidigung.[727] Und auch dem noch später folgenden Generalinspekteur Jürgen Brandt ist die Masse der Nuklearwaffen, die bei Übungen nach den damals gültigen Führungsvorschriften regelmäßig eingesetzt wurden, »doch an die Nieren gegangen«.[728] Für die Marine brachte die Übung indessen die ernüchternde Erkenntnis, dass die erfolgreiche Vorwärtsverteidigung der Ostseeausgänge im Bereich von LANDJUT selbst beim Einsatz taktischer Nuklearwaffen infrage gestellt wäre und der Feind bereits fünf Tage nach Angriffsbeginn zur Nordseeküste durchbrechen könnte.[729]

Die Grundannahmen aus den TF 60 und 62 sowie aus »Fallex 62« waren im Weiteren – neben der kontinuierlich verfolgten grenznahen Verteidigung – die

---

[721] Ebd., S. 11, 15, 25, 36−42, 44, 62−71, 73, 117 f. und 163.
[722] Ebd., S. 151.
[723] Ebd., S. 193 f. Helmut R. Hammerich hat darauf hingewiesen, dass das Nuklearkriegsdenken für fast alle Truppengattungen konkrete Auswirkungen hatte, wie z.B. den Bedeutungszuwachs der Panzeraufklärungstruppe für den gezielten Einsatz taktischer Atomwaffen. Hammerich, Kommiss kommt von Kompromiss, S. 120 f.
[724] BArch, BW 2/1799, Generalinspekteur der Bundeswehr, Fü B III, Tgb.Nr. 337/59, Gedanken zur weiteren Entwicklung strategischer Pläne und ihre Auswirkungen auf die Aufstellungsplanungen der Bundeswehr, Bonn, 7.9.1959, S. 6; Thoß, NATO-Strategie, S. 9.
[725] BArch, BHD 1/799, Der Bundesminister der Verteidigung, Führungsstab des Heeres, IV 4, HDv 100/1 Truppenführung, Bonn, 25.10.1962, S. 308.
[726] Ebd., S. 63 f.
[727] Gablik, Strategische Planungen, S. 201 f.
[728] Zit. nach: Gablik, Strategische Planungen, S. 201.
[729] Sander-Nagashima, Die Bundesmarine 1950 bis 1972, S. 252−256.

IV. Die Entwicklung von Kriegsbildern

Kernbestandteile des Kriegsleitbildes von Friedrich Albert Foertsch, der seit 1959 zunächst als stellvertretender Planungschef im NATO-Hauptquartier in Paris fungiert und am 1. April 1961 das Amt des Generalinspekteurs von Heusinger übernommen hatte. Briefwechsel von Speidel und Foertsch belegen, dass beide auf eine Vorverlegung des Verteidigungsraumes vom Rhein zur Weser hinarbeiteten.[730] Wie sich die Entwicklung des Kriegsleitbildes Anfang der 1961/62 trotz des Wechsels an der Führungsspitze auch im Zeichen der Nuklearisierung unter dem Einfluss der NATO linear fortsetzte, wird anhand eines Briefes von Speidel an Foertsch vom 7. August 1962 deutlich, in dem der COMLANDCENT im Rückblick auf die Übung »Fallex 62« prognostizierte: »Die im Kriegsbild angenommene Feindlage (einige – 5 – Tage Vorwarnung) mag heute und noch wenige Jahre zutreffen, solange Flugzeuge als Atomträger unentbehrlich sind. (Einige 100 IRBM nimmt EDP bereits jetzt gegen Ziele in EUROPA an.) Wir müssen uns aber m.E. auch zeitgerecht darüber klar werden, wie es aussehen wird, wenn ein Überraschungsangriff – vielleicht auch nur mit einigen Minuten Vorwarnung – nur noch mit Raketen geführt wird.«[731]

Auch wenn die im vorangegangen Unterkapitel dargestellte Technikaffinität Kammhubers nicht repäsentativ für die gesamte militärische Führung der Bundeswehr war, so hatte die Rüstungstechnik – und hier insbesondere die Nuklear- und Raketentechnologie – zu jener Zeit doch belegbar einen prägenden Einfluss auf deren Kriegsbilder. Dies klang bereits bei den Teilstreitkräften zwischen 1957 und 1959 durch. Zudem waren die einleitend erläuterten Weichenstellungen – und hier auch der Einfluss der NATO, den Foertsch ja schon in seiner Vorverwendung bei SHAPE erfahren hatte – offenbar so wirkmächtig, dass der neue Generalinspekteur bis zu seinem Ruhestand Ende 1963 von der Vorstellung eines Allgemeinen Nuklearkrieges nicht absehen konnte.

Mit der Studie »Das Kriegsbild« des Generalinspekteurs vom 1. September 1962[732] erreichte die Entwicklung des nuklear ausgerichteten Leitbildes in der Bundeswehr schließlich ihren Höhe- und Kulminationspunkt. Dabei handelte es sich um eine von Foertsch in Auftrag gegebene, umfassende Abhandlung über den Nuklearkrieg nach Phasen, die »den Teilstreitkräften [...] ab sofort als Grundlage fuer Überlegungen und Planungen dienen« sollte[733]. Der Abhandlung lag folgende Begriffsdefinition zugrunde:

> »Das Kriegsbild ist die Vorstellung vom kuenftigen Kriege. Es beruecksichtigt die politische Doktrin und Zielsetzung eines moeglichen Gegners, den Stand der Waffenentwicklung, die geographischen Gegebenheiten sowie das

---

[730] BArch, BW 2/2440, Der Oberbefehlshaber der Verbündeten Landstreitkräfte Europa-Mitte, Brief an Foertsch, Anlage 3 zu Fü B III 317/65, Fontainebleau, 5.12.1961, S. 1.
[731] ZMSBw, Sammlung Militärgeschichte 1945–1990, Nachlass Dr. Hans Speidel, Mappe 70, »Handakte O.B. persönlich. Bemerkungen zu Übungen.«
[732] BArch, BW 2/5783, Dokument Nr. 7, Studie des Generalinspekteurs der Bundeswehr ueber »Das Kriegsbild«, Bonn, 1.9.1962. Die Studie wurde an den Bundesminister der Verteidigung/Fue B III 4, den Chef Fü B, an Fü H/L/M, den Inspekteur San, den DMV Washington auch Heusinger (NMR bei SHAPE) und Speidel (DLBv AFCENT) verteilt.
[733] Ebd., S. 1.

militaerische Potential beider Seiten. Diese Ausarbeitung behandelt nur den
›Heissen Krieg‹.«[734]

Grundsätzlich waren für Foertsch in Mitteleuropa drei Optionen der Eröffnung eines Krieges durch die Sowjetunion vorstellbar: erstens mit örtlich begrenzten Angriffen zur Gewinnung von Faustpfändern, was zur zeitlichen und räumlichen Ausweitung des Krieges und zum Einsatz von Nuklearwaffen führen würde, zweitens mit einem großen nicht-nuklearen Angriff, zu dessen Abwehr die NATO binnen kurzer Zeit Nuklearwaffen einsetzen würde, und drittens mit einem nuklearen Überraschungsangriff, begleitet von der Offensive der Land-, Luft- und Seestreitkräfte des Warschauer Paktes. Das Fazit war jedoch eindeutig: »Alle drei Moeglichkeiten ergeben ein nukleares Kriegsbild, evtl. mit einer kurzen konventionellen Anfangsphase.«[735] Das Leitbild des Generalinspekteurs drehte sich daher um einen nuklearen Schlagabtausch der Supermächte mit kurzen Vorwarnzeiten, wobei ein sowjetischer Nuklearwaffenangriff zwangsläufig Europa und Nordamerika gleichzeitig erfassen müsste.[736] Für Foertsch stand fest:

»Der nukleare Schlagaustausch schafft so tiefgreifende Tatsachen und Wirkungen, dass diese in einem weiteren Verlauf der Kampfhandlungen kaum mehr zu aendern sein werden. Damit entscheidet dieser Schlagaustausch weitgehend den Kriegsausgang, ohne dass dies sofort erkennbar zu werden braucht.«[737]

Eine Hochrechnung hatte ergeben, dass allein für den Nuklearschlag der Sowjetunion mittlerweile 2000 atomare Sprengmittel gegen die westeuropäischen Staaten anzunehmen wären, wovon die Masse gegen etwa 1200 Ziele in Europa Mitte (davon etwa 400 auf dem Gebiet der Bundesrepublik Deutschland), das Ostseekommando und Großbritannien eingesetzt würde.[738] Bevorzugte Ziele seien Aufmarschräume der Nuklearstreitkräfte (Flugzeuge und Raketen) und der Luftverteidigung, Nuklearwaffenlager, Radaranlagen, militärische Führungseinrichtungen, Flugplätze, Großdepots und Betriebstofflager, Truppenansammlungen, Verkehrsknotenpunkte und Häfen, Schiffsansammlungen sowie Fernmeldezentren, um die Voraussetzungen für einen schnellen Durchbruch bis zum Atlantik zu schaffen.[739] Der Ablauf eines Krieges würde sich im Wesentlichen

---

[734] BArch, BW 2/5783, Anl. 1 zu BMVtdg, Fue B III 4, Tgb.Nr. 457/62, Studie »Das Kriegsbild«, Bonn, 1.9.1962, S. 1.

[735] Ebd., S. 1. Auch Speidel hatte ein halbes Jahr zuvor betont: »Ich möchte jedoch davor warnen, zu glauben, daß die Begrenzung auf Einsatz taktischer Atomwaffen auf die Dauer möglich ist, wenn einmal Atomsprengkörper eingesetzt sind.« ZMSBw, Sammlung Militärgeschichte 1945–1990, Nachlass Dr. Hans Speidel, Mappe 70 »Handakte O.B. persönlich. Bemerkungen zu Übungen«, Schlussbemerkungen COMLANDCENT zu einem Kriegsspiel der 10. Panzerdivision, ohne Ort, 22.3.1962, S. 3.

[736] BArch, BW 2/5783, Anl. 1 zu BMVtdg, Fue B III 4, Tgb.Nr. 457/62, Studie »Das Kriegsbild«, Bonn, 1.9.1962, S. 2.

[737] Ebd., S. 2.

[738] Ebd., S. 5 f. Die Sprengkraft einer taktischen Atombombe oder -granate war 1962 bereits auf etwa 20 000 t TNT gestiegen. Schramm, Vom zeitgerechten Kriegsbild, S. 654.

[739] BArch, BW 2/5783, Anl. 1 zu BMVtdg, Fue B III 4, Tgb.Nr. 457/62, Studie »Das Kriegsbild«, Bonn, 1.9.1962, S. 5 f.

IV. Die Entwicklung von Kriegsbildern

in drei Phasen untergliedern:[740] Die erste, nukleare Phase würde nur wenige Tage dauern und durch den nuklearen Schlagabtausch sowie atomar wie konventionell geführte Operationen der Land-, Luft- und Seestreitkräfte gekennzeichnet sein. In einem relativ kurzen Zeitraum würden so sehr große Verluste an Menschen und materiellen Werten entstehen.[741] Was die Rolle der Teilstreitkräfte betrifft, wehrten die Landstreitkräfte gedanklich die angreifenden Verbände des Feindes so weit ostwärts wie möglich ab, wobei sich Operationen bald in inselartige Gefechte auflösten. Die Luftstreitkräfte sah der Generalinspekteur mit der Masse an der Durchführung der festgelegten Strike-Pläne der NATO und zum geringen Teil am Kampf der Land- und Seestreitkräfte beteiligt; Die Seestreitkräfte operierten zunächst – so die weitere Annahme – in der westlichen und mittleren Ostsee gegen feindliche Streitkräfte und konnten ihren Kampf aufgrund ihrer logistischen Unabhängigkeit noch für längere Zeit aus verbündeten oder neutralen Staaten aus fortsetzen.[742]

Laut der Studie schloss sich sodann eine zweite Phase des Krieges an, die sogenannte Restitutionsphase[743], in der – nach dem psychologischen Schock des Nuklearwaffeneinsatzes – beide Seiten die verbliebenen Kräfte und Mittel neu ordnen und die Kampfmoral festigen mussten. Auch hier wies Foertsch den Teilstreitkräften ihre potenziellen Rollen zu: Die Luftstreitkräfte mussten durch Aufklärung die Auswirkungen der nuklearen Phase feststellen und den Feind an der Reorganisation seiner Kräfte hindern. Die Landstreitkräfte hatten Operationen vorzubereiten, die zur Bereinigung der Lage notwendig waren. Und die Seestreitkräfte mussten ihre bisherigen Aufträge fortsetzen.

Die dritte Phase, die sogenannte Liquidationsphase,[744] die jedoch weltweit viele Monate bis Jahre dauern konnte, würde schließlich zur Beendigung des Krieges führen. Hier sah das Kriegsleitbild vor, dass neu aufgestellte militärische Verbände aus weniger vom Nuklearkrieg betroffenen Gebieten, insbesondere aus Übersee, nach Europa zugeführt wurden und diese zusammen mit den reorganisierten Kräften Angriffsoperationen durchführten, um den Krieg erfolgreich zu beenden. Während dieser Operationen sei weiterhin mit dem selektiven Einsatz nuklearer Waffen zu rechnen.[745] Insgesamt zeichnete Foertsch also ein relativ umfassendes, nuklear dominiertes Leitbild, das die Sichtweisen der Führungen

---

[740] Ebd., S. 2–4.
[741] Ebd., S. 5.
[742] Ebd., S. 3. Die Marineführung ging von der Annahme aus, dass durch gegnerische Nuklearschläge gegen Führungseinrichtungen der Marine zu Lande die Führungsfähigkeit ernsthaft infrage gestellt wäre. Auch war die offensive Vorwärtsverteidigung für die Bundesmarine aufgrund rüstungstechnischer Einschränkungen, vor allem wegen der Unterlegenheit gegenüber den sowjetischen Lenkflugkörpern, unrealistisch. Sander-Nagashima, Die Bundesmarine 1950 bis 1972, S. 255–257. Eine Studie mit anschließendem Planspiel von Fü M Anfang 1960 hatte zudem ergeben, dass erfolgversprechende Abwehrmöglichkeiten gegen feindliche Landungen im Raum der Ostseeausgänge nur mit nuklearen Waffen vorstellbar waren. Sander-Nagashima, Die Bundesmarine 1950 bis 1972, S. 159–174.
[743] BArch, BW 2/5783, Anl. 1 zu BMVtdg, Fue B III 4, Tgb.Nr. 457/62, Studie »Das Kriegsbild«, Bonn, 1.9.1962, S. 4.
[744] Ebd.
[745] Ebd.

der Teilstreitkräfte zu berücksichtigten und wieder zusammenführen versuchte. Insofern führte er die von Heusinger entwickelten Gedankengänge stringent fort und gestaltete sie zu einem nachvollziehbaren Kompromiss aus. Hinzu kam, dass dieses Kriegsleitbild von 1962 relativ ausführlich auf die Auswirkungen eines Nuklearkrieges einging. Doch auch in diesem Punkt wurde letztlich nur das, was in den letzten vier Jahren bereits partiell durchdacht worden war, noch einmal zu einer Gesamtschau zusammengefasst:

»Unter der Gesamtwirkung des nuklearen Schlages wird sich das strukturelle Gefuege Mittel- und Westeuropas weitgehend aufloesen. In weiten Gebieten erstarrt das zivile Leben oder muendet in Panik und Flucht, besonders in den Kampfgebieten Westdeutschlands. In inselartigen Teilgebieten jedoch bleiben die Mindestfunktionen einer staatlichen und militaerischen Ordnung erhalten.«[746]

Dieses Kriegsbild beschrieb die durch den Nuklearschlag enstehende humanitäre Katastrophe bei der Zivilbevölkerung (unzureichende Schutzmöglichkeiten, enorme Verluste an Toten und Verletzten, Flüchtlingsbewegungen, Ausfall der Versorgung, Mangellagen, Hunger, Durst und Seuchen), die Schädigung der Umwelt (große zusammenhängende Schadensgebiete), den Zusammenbruch der Wirtschaft Westeuropas und des Verkehrwesens, die Lähmung der politischen und militärischen Führung oberhalb der Regierungsbezirke bzw. Divisionsebene, die zu erwartenden Verluste unter den Streitkräften der westeuropäischen Staaten (75 Prozent bei der Bodenorganisation der Luftwaffe, bis zu 50 Prozent bei den ungeschützten Landstreitkräften, bis zu 25 Prozent bei den gepanzerten Verbänden, bis zu 75 Prozent bei den Stützpunkten und ortsfesten Versorgungseinrichtungen der Seestreitkräfte, zehn Prozent bei den schwimmenden Verbänden) sowie die Zerstörung der logistischen Einrichtungen (große Munitions-, Betriebstoff- und Gerätedepots, große Instandsetzungseinrichtungen der Streitkräfte und der Industrie), vor allem westlich des Rheins.[747] Sein Fazit lautete: »Ein Krieg mit modernen Vernichtungswaffen beschwoert fuer die ganze Welt ein Chaos herauf. Auch fuer den Gewinner waere der Sieg fragwuerdig.«[748] Insofern endete dieses Kriegsleitbild wieder beim Grundgedanken der Abschreckung, dessen Protagonisten ja im militärischen Bereich Kammhuber und im politischen Bereich Strauß waren. Zwar hatte die Bundeswehrführung damit eine Leitvorstellung entwickelt, die mit den Vorgaben der NATO und den politischen Vorgaben der Bundesregierung durchaus korrespondierte, doch war dieses Kriegsbild durchaus fragwürdig. Die gedankliche Fixierung auf den Nuklearkrieg sollte nämlich planerisch bald in eine Sackgasse führen, was sich im Oktober 1962 zum einen anhand der Spiegel-Affäre und zum anderen angesichts der Kubakrise bereits herauskristallisierte.

Strauß hatte die nukleare Ausrichtung der Bundeswehr in erster Linie aus Prestigegründen betrieben. Mit dem Artikel »Bedingt abwehrbereit« im

---

[746] Ebd., S. 6.
[747] Ebd., S. 6−8.
[748] Ebd., S. 9.

Nachrichtenmagazin »Der Spiegel« vom 8. Oktober 1962[749] wurde jedoch, unter anderem gestützt auf Erkenntnisse aus der Übung »Fallex 62«, die Politik des Bundesverteidigungsministers und damit indirekt auch das Leitbild der militärischen Führung der Bundeswehr infrage gestellt. Aufgrund erheblicher Rückstände bei der Aufstellung, Ausbildung und logistischen Ausstattung der Bundeswehr, hatte die NATO-Führung den deutschen Verbänden bei der Übung »Fallex 62« die niedrige Einstufung »Bedingt abwehrbereit« attestiert. Unter dem gleichlautenden Titel berichtete der stellvertretende Chefredakteur des »Spiegels« Conrad Ahlers darüber, dass die Bundesrepublik Deutschland auf den Fall eines Nuklearkrieges gar nicht eingestellt sei. Nicht nur mangelte es aus Sicht des Autors an Soldaten, Waffen und Gerät, um den Verteidigungsauftrag zu erfüllen, auch das westdeutsche Sanitätswesen würde ebenso wie die Lebensmittelversorgung schon zu Beginn eines Krieges zusammenbrechen. Zwar stammte der als Hauptinformant für den Artikel geltende Oberst Alfred Martin interessanterweise aus dem Führungsstab des Heeres,[750] doch drehte sich die vielschichtige Affäre nicht nur um ein Kriegsbild oder eine Strategie, sondern letztlich um Landesverrat und Pressefreiheit. Dennoch war die Angelegenheit symptomatisch für die Instrumentalisierung von Kriegsbildern im Allgemeinen sowie für die Diskrepanz zwischen dem Anspruch der Nuklearkriegführung und den tatsächlichen Vorbereitungen in der besonderen Situation des Jahres 1962. Am Ende der Affäre stand am 11. Dezember 1962 die Ablösung des Verteidigungsministers Strauß durch Kai-Uwe von Hassel.[751] Damit war zugleich eine wichtige Weiche für die Weiterentwicklung von Kriegsbildern in der Bundeswehr neu gestellt.

Ähnlich alarmierend und ernüchternd musste auf die militärische Führung der Bundeswehr etwa zur selben Zeit die Erfahrung der Kubakrise[752] wirken. Vom 14. bis 28. Oktober 1962 begann sich wegen der zunächst geplanten Stationierung sowjetischer Mittelstreckenraketen auf Kuba eine militärische Konfrontation der beiden Supermächte bereits abzuzeichnen. Ein Atomkrieg rückte spürbar in den Bereich des Möglichen und dessen Gefahren damit einer

---

[749] Spiegel-Ausgabe, 41/1962, 10. Oktober 1962, S. 32−53. Siehe dazu auch: Die Spiegel-Affäre.
[750] Strauß, Die Erinnerungen, S. 378; Die Spiegel-Affäre, Anhang »50 Jahre SPIEGEL-Affäre«, S. 378−432, hier S. 387. Martin war kein Gegner der Atomwaffen, aber ein strikter Gegner der Strategie des vorbeugenden Atomschlages (preemptive strike).
[751] Conze, Griff nach der Bombe?, S. 69 und 81; Die Spiegel-Affäre, Anhang »50 Jahre SPIEGEL-Affäre«, S. 379 f.; Thoß, »Bedingt abwehrbereit«, S. 79 f.; Gablik, Strategische Planungen, S. 317−319.
[752] Steininger, Die Kubakrise; George, The Cuban missile crisis; Munton/Welch, The Cuban Missile Crisis; Conze, Die Kuba-Krise, S. 141−166; Magenheimer, Die Kuba-Krise, S. 159−176; Dülffer, Europa im Ost-West-Konflikt, S. 37; Steinhoff/Pommerin, Strategiewechsel, S. 133−146. Die Krise ermahnte auch die politische Leitung zur Wachsamkeit und sensibilisierte sie für Schwachstellen der Sicherheitsarchitektur. Siehe dazu: BArch, »Die Kabinettsprotokolle der Bundesregierung« online, Sondersitzung am 24.10.1962. In: <www.bundesarchiv.de/cocoon/barch/0000/k/k1962k/kap1_2/kap2_52/para3_1.html> (letzter Zugriff 15.4.2014); AAPD 1962, Bd 3, Dok. 408 vom 22.10.1962, S. 1759−1761, Dok. 409 vom 23.10.1962, S. 1762−1766, Dok. 412 vom 24.10.1962, S. 1772−1775, Dok. 413 vom 24.10.1962, S. 1775−1778 und Dok. 418 vom 26.10.1962, S. 1793−1799.

breiteren Öffentlichkeit ins Bewusstsein. Immerhin wurden im Zuge der Krise der Bereitschaftgrad für die Bundeswehr erhöht und die zivilen Warndienste im Bereich des Bundesinnenministeriums besetzt, wenngleich aus der DDR und Berlin keine lageverschärfenden Nachrichten vorlagen. Die Westdeutschen wurden von dieser krisenhaften Zuspitzung der Sicherheitslage ziemlich überrascht, da sie in die Hintergründe zur Entwicklung auf Kuba nicht eingeweiht waren. Die Kuba-Erfahrung zeigte ihnen vor allem, wie schnell aus einer regionalen Krise die Gefahr einer globalen militärischen Auseinandersetzung erwachsen konnte und wie weit sie von einer nuklearen Mitsprache in Verteidigungsfragen tatsächlich entfernt waren.[753] Nach der genaueren Auswertung dieser Erfahrungen in den Führungsstäben der Teilstreitkräfte unter der Federführung der Abteilung III des Führungsstabes der Bundeswehr (Fü B III) wurde im Folgemonat ein »Rahmen-Katalog« für Maßnahmen in Krisenzeiten entwickelt.[754] Zugleich zog Fü B III die ernüchternde Bilanz:

> »Die Beurteilung der Einsatzfähigkeit der Bundeswehr unter den realen – und nicht durch Übungsannahmen gemilderten – Bedingungen der Kuba-Krise bestätigt das Urteil, daß die Bundeswehr in einem größeren militärischen Konflikt zur Zeit kaum länger als eine Woche kämpfen könnte.«[755]

Am Ende des Jahres 1962 musste eigentlich feststehen, dass es in einem Krieg nicht nur – wie dies von der Luftwaffenführung propagiert wurde[756] und sich dies zu einem großen Teil im Kriegsleitbild manifestiert hatte – darum ging, eine möglichst große Vernichtungswirkung technisch an den Feind zu bringen. Vielmehr galt es doch, seinem Vaterland und der Menschheit das nukleare Inferno, das sich in der Zielplanung der NATO offenbarte,[757] zu ersparen. Die Kubakrise hatte gezeigt, dass sich die Nuklearwaffenpotenziale der Supermächte neutralisieren konnten, aber auch das nukleare Dilemma einmal mehr deutlich gemacht. Das sogenannte Weimar-Syndrom,[758] d.h. die Scheu vor der Vorstellung, dass Piloten der Luftwaffe mit ihren Atomwaffen das Zentrum deutscher Geisteskultur und eigene Landsleute auslöschen würden, mag dafür ebenfalls bezeichnend ge-

---

[753] Die Bundeswehr besaß faktisch zu keinem Zeitpunkt Verfügungsgewalt über Atomwaffen, da die atomaren Sprengköpfe unter Verschluss und Aufsicht der US-Streitkräfte standen. Zur amerikanischen Obhut (custody) über die Nuklearwaffen und zur Problematik der Vorabgenehmigung deren Einsatzes (predelegation) siehe Maier, Die politische Kontrolle, S. 227–396; Thoß, »Bedingt abwehrbereit«, S. 65, 73 und 77–80; Gablik, Strategische Planungen, S. 286–289. Zu den Lehren aus der Kubakrise siehe auch: AAPD 1962, Bd 3, Dok. 421 vom 29.10.1962, S. 1805–1807.

[754] BArch, BL 1/1753, Fü L II 1, Az. 31-01-01, Tgb.Nr. 325/62, Schreiben an Fü B III 6 betreffend »Erste Auswertung der Erfahrungen aus der Kuba-Krise«, Bonn, 9.11.1962, S. 1 f.

[755] BArch, BW 2/20162, Fü B III 6, Az. 31-01-01, Tgb.Nr. 10050/62, Erfahrungsberichte zur Kuba-Krise, Bonn, 17.12.1962, S. 2.

[756] Lemke, Konzeption und Aufbau der Luftwaffe, S. 481.

[757] Der Chef des Stabes Fü B, Generalmajor Albert Schnez, durfte die Einsatz- und Zielplanung von SACEUR im Sommer 1960 als Erster aus der Bundeswehrführung einsehen. Er sah im Falle eines europäischen Krieges »ein Golgatha des deutschen Volkes«. Thoß, NATO-Strategie, S. 612; Gablik, Strategische Planungen, S. 201.

[758] Lemke, Konzeption und Aufbau der Luftwaffe, S. 236. Fü L versuchte indessen, den Atomwaffeneinsatz gegen bestimmte Ziele zurückzuweisen. Ob die NATO dies im Ernstfall respektiert hätte, bleibt fraglich.

IV. Die Entwicklung von Kriegsbildern   265

wesen sein. Deshalb unterbreitete Foertsch in einem Gespräch mit Norstad am 22. November 1962 den Vorschlag, für die nächste »Fallex«-Übung nicht nur die jetzt gültige Vorwärtsverteidigung zugrunde zu legen, sondern »aus psychologischen Gründen«[759] nicht mit dem großen Atomwaffenabtausch enden zu lassen. Auch hier konnte sich also eine Veränderung im Kriegsbild anbahnen.

Im Rahmen einer Zwischenbilanz muss jedoch zunächst festgehalten werden, dass der Generalinspekteur im Zusammenwirken mit der Abteilung III des Führungsstabes des Heeres am Ende des Jahres 1962 ein vollständig nuklearisiertes Leitbild vom möglichen Kriege etabliert hatte. Unter diesem gedanklichen Dach gingen die Divergenzen zwischen den Teilstreitkräften zwar nicht mehr so weit wie noch 1959, doch war in der militärischen Führung der Bundeswehr nur eine vordergründige Harmonisierung der Vorstellungen gelungen. Im Hintergrund gingen die Meinungsverschiedenheiten zwischen Heer und Luftwaffe mit den bereits bekannten Argumenten weiter.[760] Im Fahrwasser der Atomwaffenhörigkeit von Strauß, die der westdeutschen Souveränitätspolitik dienen sollte, war das operative Denken in den Hintergrund, der Abschreckungsgedanke in den Vordergrund getreten.[761] Dies schlug sich zu jener Zeit in der Aufstellung und Rüstungsplanung der Bundeswehr im Zeichen von MC 70 nieder.[762] Während das Heer sukzessive mit »Honest John«- und »Sergeant«-Bataillonen ausgestattet wurde, beschaffte die Luftwaffe als Nuklearwaffenträger zunehmend Flugzeuge vom Typ F-104 G sowie »Pershing«-Geschwader.[763]

Den Standpunkt, dass die Hauptaufgabe der Luftwaffe eben die Bekämpfung des Gegners mit taktischen Atomwaffen sei und dass das auch immer so bleiben werde,[764] übernahm Generalleutant Werner Panitzki mit dem Amt des Inspekteurs der Luftwaffe (1. Oktober 1962 bis 25. August 1966); er wusste sich

---

[759] ZMSBw, Sammlung Militärgeschichte 1945–1990, NHP-Dokument 113, Fü B III, Tgb. Nr. 618/62, Kurzprotokoll über Gespräch General Norstad/Generalinspekteur am 22.11.1962, Bonn, 30.11.1962, S. 1.

[760] Dies zeigte sich beispielsweise bei der Auswertung der Übung »Ulmer Spatz« im Februar 1960, in der die Unterstützung des Heeres durch die Luftwaffe »im neuzeitlichen Gefecht der gepanzerten und mechanisierten, sowie mit taktischen Atomwaffen ausgestatteten Heeresverbände« gefordert wurde. BArch, BH 1/27520, Inspekteur des Heeres, Tgb. Nr. Fü H II 357/60, Schreiben an den Inspekteur der Luftwaffe, Bonn-Hardt, 23.2.1960, S. 1. Im Gegenzug stellte Kammhuber im April 1960 gegenüber dem Inspekteur des Heeres klar: »Die Flugzeugführer erhalten eine entsprechende Ausbildung im Bombenwerfen und Schiessen Luft-Boden. Jedoch kommt ein so hochwertiges Waffensystem wie die F-104 für diesen Einsatz nicht infrage, sondern ist für den atomaren Gegenschlag vorgesehen.« BArch, BH 1/27520, Inspekteur der Luftwaffe, Tgb.Nr. 1760/60, Schreiben an den Inspekteur des Heeres, Bonn-Hardt, 6.4.1960, S. 1.

[761] Conze, Griff nach der Bombe?, S. 73 f.; Gablik, Strategische Planungen, S. 255–258.

[762] Conze, Griff nach der Bombe?, S.76. Zum Thema Rüstung siehe: Kollmer, »Klotzen, nicht kleckern!«, S. 215–252.

[763] Rebhan, Aufbau und Organisation der Luftwaffe, S. 609–614 und S. 619–623; Thoß, NATO-Strategie, S. 448 f. Bis zur Ausmusterung im Jahre 1989 beschaffte die Bundeswehr insgesamt 916 Flugzeuge vom Typ F-104. Zur Beschaffung der F-104 im politisch-militärisch-wirtschaftlichen Beziehungsfeld siehe: Lemke, Konzeption und Aufbau der Luftwaffe, S. 321–374.

[764] Gablik, Strategische Planungen, S. 344.

damit zunächst in Übereinstimmung mit dem Leitbild des Generalinspekteurs. Jedoch taugte die massive (atomare) Vergeltung mehr als Strategie als der allgemeine Nuklearkrieg mit dem enthemmten Atomwaffeneinsatz als Kriegsbild. Dies hatten die krisenhaften Zuspitzungen des Jahres 1962, aber auch schon die Berlin-Krisen[765] der Vorjahre deutlich gemacht. Das Atomwaffensupremat der USA war etwa 1960 faktisch aufgehoben worden, als auch die UdSSR einen nuklearen Rüstungsstand erreicht hatte, der – in Verbindung mit den sich herausbildenden Zweitschlagsfähigkeiten der Supermächte – eine wechselseitig gesicherte Zerstörung (Mutual Assured Destruction, abgekürzt MAD) im Kriegsfall bedeuten würde. Die sogenannte Overkilling-Kapazität belief sich Mitte der 1960er Jahre gemäß Berechnungen des US-amerikanischen »Institut for strategic studies« bei den USA schon auf den Faktor 29, bei den Sowjets auf den Faktor 9.[766]

Konkrete Maßnahmen zum Schutz der Zivilbevölkerung für den Fall eines Nuklearkrieges waren in der Bundesrepublik Deutschland jedoch bei Weitem nicht getroffen. Auch die Verabschiedung einer entspechenden Notstandsgesetzgebung sollte wegen der erforderlichen Zwei-Drittel-Mehrheit im Deutschen Bundestag noch bis 1968 fehlen. Tatsächlich waren im Kriegsfall Massenflucht und Chaos zu erwarten.[767] Andersherum könnte aus der Rückschau auch festgehalten werden, dass das nukleare Abschreckungsdenken seinen Zweck erfüllt hat. So war beispielsweise Speidel unter dem Einfluss des Philosophen Karl Jaspers bereit, die Freiheit selbst um den Preis eines Nuklearwaffeneinsatzes zu behaupten.[768] Nur Dank der Atomwaffen konnte der COMLANDCENT 1963 endlich die Vorwärtsverteidigung, die in den Kriegsbildern der militärischen Führung der Bundeswehr die zentrale Rolle spielte und dem spezifisch westdeutschen Sicherheitsinteresse geschuldet war, in seinem Verantwortungsbereich anordnen.[769] Immerhin wären aufgrund der Tatsache, dass im Emergency Defence Plan

---

[765] Zu den Berlin-Krisen 1958 und 1961 siehe: Uhl, Krieg um Berlin?; Wettig, Chruschtschows Berlin-Krise; Stöver, Der Kalte Krieg, S. 129–138; Steinhoff/Pommerin, Strategiewechsel, S. 81–92. Der Kontext findet sich überblicksartig bei: Dülffer, Europa im Ost-West-Konflikt, S. 174–183.

[766] Spannocchi, Strategie und modernes Kriegsbild, S. 355; Dülffer, Europa im Ost-West-Kon flikt, S. 37.

[767] Thoß, NATO-Strategie, S. 651–660, 674–691 und 709 f.; Gablik, Strategische Planungen, S. 398 f. Die Zusammenarbeit von NATO, Territorialverteidigung und Zivilschutz war zu jener Zeit gar nicht gelöst. Thoß, NATO-Strategie, S. 620–651 und 660–691. Bruno Thoß sah Westeuropa im Falle eines totalen Atomkrieges als »einzigen Notstandsraum«. Ebd., S. 691. Zu den Zivilschutzkampagnen der 1960er Jahre siehe Biess, »Jeder hat eine Chance«, S. 408–482.

[768] ZMSBw, Sammlung Militärgeschichte 1945–1990, Nachlass Dr. Hans Speidel, Mappe 262a, Gedanken zur militärpolitischen Lage, Technische Hochschule Stuttgart, 4.11.1959, S. 17. Speidel formulierte es so: »Ein Volk, das alle seine Möglichkeiten ausschöpft, um die Verteidigung seines Landes und den Schutz seiner Menschen mit konventionellen Mitteln sicherzustellen, ist verpflichtet, nukleare Waffen einzusetzen, wenn sein konventionelles Potenzial zur Erhaltung der Freiheit nicht ausreicht.«

[769] BArch, BW 2/20373, Hauptquartier der Verbündeten Landstreitkräfte Europa-Mitte: Planungsweisung für die Vorwärtsverteidigung, Übersetzung aus dem Englischen vom Februar 1963. Siehe auch: Thoß, Bündnisintegration, S. 33 f.; Thoß, NATO-Strategie, S. 406. Andererseits stand dieses Gedankengebäude auch weiterhin nicht auf einem festen

(EDP) 1-63 vom September 1963 die Ems–Neckar-Linie durch die Weser–Lech-Linie als Hauptverteidigungslinie ersetzt wurde, im Verteidigungsfall 90 Prozent statt wie bisher nur 50 Prozent des Bundesgebietes verteidigt worden.[770]

Für die führenden Miltärs und Politiker der Bundesrepublik Deutschland blieb die Nuklearkriegführung mit ihrer inhärenten Selbstzerstörung durch Selbstverteidigung jedoch eine »Quadratur des Kreises«,[771] ein Dilemma von ungeheuerlicher Tragweite. Der französische, durch die deutsche Geistesgeschichte geprägte Philosoph und Kriegstheoretiker Raymond Aron versuchte in seinem Hauptwerk »Frieden und Krieg« 1962 einen Ausgleich zwischen strategisch-politischen Erwägungen und Sittlichkeit zu beschreiben, der in rationalen Konfliktlösungen unterhalb der nuklearen Menschheitskatastophe bestehen sollte.[772] Ähnliche Gedanken entwickelten auch Angehörige der militärischen Führung der Bundeswehr, wie im Weiteren aufgezeigt werden soll. Doch bedurfte es erst des Kriegsbildes von Baudissin, damit sich die Leitbilder vom Kriege dort aus dem »Bann einer apokalyptischen Vision«[773] lösen konnten.

c) »Die Wandlung der Apokalypse« und die »Teufelsspirale« zur »Weltkatastrophe« 1962 bis 1964

Im Jahr 1962, auf dem Höhepunkt des offiziellen, nuklear geprägten Leitbildes vom Verteidigungsfall, wurde der im Hintergrund immer noch schwelende Streit zwischen Atomwaffenbefürwortern und -kritikern, d.h. indirekt aber auch zwischen den Vertretern der verschiedenen Teilstreitkräfte, verstärkt in die Öffentlichkeit getragen. Außer dem bereits in anderem Kontext erwähnten Spiegel-Artikel »Bedingt abwehrbereit«, in dem es ja vor allem um die Aufarbeitung von Manövererfahrungen gehen sollte, sind hier zwei kriegstheoretische Beiträge zu nennen. Den ersten stellte im Januar 1962 ein Artikel von Oberst Gerd Schmückle, dem Leiter der Presseabteilung im Verteidigungsministerium, in der Zeitschrift »Christ und Welt« dar, der bezeichnenderweise den nuklearen Abschreckungsgedanken noch einmal unterstrich und auf eine Änderung des soldatischen Selbstverständnisses abzielte. Bei dem zweiten handelte es

---

Fundament. Selbst Ende 1964 registrierte Fü B III zum wiederholten Male: »Für unser Anliegen einer Vorwärtsverteidigung im zentraleuropäischen Bereich mangelt es noch an Verständnis.« BArch, BW 2/1732, Fü B III 1, Tgb.Nr. 6340/64, Strategische Auffassungen der NATO-Partner und das deutsche strategische Konzept, Bonn, 23.10.1964, S. 9. So wurde die Vorwärtsverteidigung von Speidels Nachfolger bei SHAPE Kielmansegg weiterbetrieben. Gablik, Strategische Planungen, S. 389 f.

[770] Hammerich, Kommiss kommt von Kompromiss, S. 145.
[771] Krüger, Schlachtfeld Bundesrepublik?, S. 180. Zum unlösbaren Problem der Schadensbegrenzung im Atomkrieg siehe: Thoß, »Je mehr Bundeswehr, desto weniger Atombomben«, S. 121–125.
[772] Zu den Gedanken über Krieg und Frieden im atomaren Zeitalter siehe: Aron, Frieden und Krieg; Hildebrand/Wachter, Krieg, S. 207–224.
[773] Horn, Die apokalyptische Fiktion, S. 43.

sich um einen vor der Deutschen Atlantischen Gesellschaft im April 1962 gehaltenen, vielbeachteten Vortrag von Generalmajor Wolf Graf von Baudissin, damals Deputy Chief of Staff Operations Intelligence bei den Allied Forces Central Europe (AFCENT), der sich ausführlich und kritisch mit dem »Kriegsbild« sowie seinen Wirkungen auf das soldatische Grundverständnis auseinandersetzte. Insbesondere Baudissins Gedankengänge, die in den folgenden drei Jahren in unterschiedlichen Zusammenhängen wiederholt und verfeinert wurden, verliehen den Kriegsvorstellungen in der militärischen Führung der Bundeswehr neue Impulse, die einen weiteren Wandel des Leitbildes nur wenige Jahre später vorbereiteten. Insofern spiegelten die Beiträge von Schmückle und Baudissin die Bedeutung des Jahres 1962 als Höhe- und Kulminationspunkt des nuklear geprägten Kriegsleitbildes wider.

Anfang 1962 hatte im Bundesministerium der Verteidigung unter dem politischen Einfluss von Strauß die Fraktion der Nuklearbefürworter Oberwasser. Allen voran ist hier Kammhuber im Dienste seiner Luftwaffe zu nennen.[774] So wusste sich Schmückle in Übereinstimmung mit der Sprachregelung seiner Dienststelle, als er am 26. Januar 1962 seinen Zeitschriftenartikel unter dem Titel »Die Wandlung der Apokalypse«[775] veröffentlichen ließ, in dem er eine »Betrachtung über das Kriegsbild in Europa«[776] anstellte. Als Leiter der Presseabteilung war er im Verteidigungsministerium eine graue Eminenz und nutzte diese Stellung, um sich für eine Kriegsverhinderung durch lückenlose Abschreckung mittels Atombewaffnung der Bundeswehr auszusprechen.[777] Dabei scheute sich Schmückle nicht, die Diskrepanzen in der militärischen Führung der Bundeswehr einer breiteren Öffentlichkeit darzulegen, indem er in der Zeitschrift »Christ und Welt« feststellte:

> »Es gibt Generäle, die sich darauf versteifen, ein Krieg in Europa dauere nicht länger als 48 Stunden. Andere sprechen von 48 Monaten. Die Differenz beider Zahlen spiegelt die geistige Entfernung wider, die Luftwaffen- und Heeresexperten im allgemeinen voneinander trennt, sobald die Rede auf das Kriegsbild unserer Tage kommt.«[778]

Für Schmückle jedoch hatte die Kriegführung mit Atombomben, die er als »absolute Waffen«[779] ansah, eine ganz neue Qualität bekommen: »Die Atomwaffen haben das bisherige Kriegsbild bis zur Unkenntlichkeit zerstört.«[780] Ihre Zerstörungskraft auf die Substanz der an einem möglichen Krieg beteiligten Völkerschaften schätzte Schmückle – ähnlich wie Kammhuber und Panitzki – als so ge-

---

[774] Gablik, Strategische Planungen, S. 304, 344 und 398; Gablik, »... von da an herrscht Kirchhofsruhe«, S. 49. Bernd Lemke hat darauf hingewiesen, dass die Luftwaffe in rein konventionellen Kämpfen ohnehin in kurzer Zeit aufgerieben worden wäre. Lemke, Konzeption und Aufbau der Luftwaffe, S. 207. Insofern sind ihre maßgeblichen Vertreter zweifelsfrei den Nuklearbefürwortern zuzuordnen.
[775] Schmückle, Die Wandlung der Apokalypse, S. 33.
[776] Ebd.
[777] BArch, BW 1/21.616, Hannoversche Presse, 17 (1962), 198.
[778] Schmückle, Die Wandlung der Apokalypse, S. 33.
[779] Ebd.
[780] Ebd.

waltig ein, dass konventionelle Heere nach dem allgemeinen atomaren Schlagabtausch nichts Entscheidendes mehr auszurichten hätten. Operationen von Panzerkräften – wie sie der Heeresführung vorschwebten – hielt Schmückle in einem früher oder später vermeintlich ohnehin umfassend nuklear geführten Krieg für »Wunschdenken«.[781] Während Schmückle auf der einen Seite an die Möglichkeit eines begrenzten Krieges in Mitteleuropa nicht glauben konnte und hier daher einen rein konventionellen Krieg kategorisch ausschloss, sah er auf der anderen Seite einen Nuklearkrieg als planmäßig und nüchtern betriebene gegenseitige Vernichtung an. Solch ein »Höllenfahrplan der Verwüstung«[782] widersprach nach Schmückles Verständnis aber auch der kommunistischen Ideologie. Demnach war in seinen Augen der Krieg überhaupt als Mittel der Politik in Europa delegitimiert. In seiner Gesamtbewertung sah Schmückle die Abschreckung und Kriegsverhütung als Hauptaufgabe der Streitkräfte an. Den Grundsatz »Kämpfen können, um nicht kämpfen zu müssen«[783] rückte er in den Mittelpunkt des soldatischen Selbstverständnisses. Im Grunde negierte er damit jedoch ein Kriegsbild. Die Hintergründe für Schmückles Pressevorstoß lassen sich nicht mehr genau ermitteln. Die Beweggründe des damaligen Leiters der Presseabteilung im Verteidigungsministerium mögen Überzeugung[784] oder Karriereorientierung – aus der Sicht von Strauß hat Schmückle »wichtige Aufklärungsarbeit geleistet«[785]– gewesen sein. Interessant ist »Die Wandlung der Apokalypse« für die vorliegende Untersuchung wegen ihrer für das Ministerium zu jener Zeit sehr bezeichnenden Argumentation sowie der Reaktionen aus den Reihen der Nuklearkritiker.

Und diese ließen nicht lange auf sich warten. Oberst Heinz Karst, damals Referatsleiter Erziehungswesen im Verteidigungsministerium (Fü B I 4), der als Exponent einer damals noch starken traditionalistischen Gruppe in der Bundeswehr galt, kritisierte Schmückles Ansichten. Karst hingegen vertrat die Meinung, dass ein moderner Krieg die Atomwaffen unterliefe, Formen eines revolutionären Kleinkrieges annehmen könnte, und machte sich deshalb für eine Verstärkung der konventionellen Kräfte stark. Zudem sah sich Karst an die christliche Morallehre gebunden, nach der die Anwendung von ABC-Waffen unsittlich wäre.[786] Karsts Gedankengänge wiederum reihten sich damit genau in die von Röttiger bekannte Argumentation der Heeresführung ein, die aus anderen Erwägungen heraus mindestens ebenso stringent war wie die der Nuklearbefürworter. Bei den Letzteren muss jedoch wiederholt auf die Analogien zum Jahr 1914 verwiesen werden, als die vermeintliche Bindung an gefährliche Automatismen einen Kriegszustand sukzessive herbeiführte.

---

[781] Ebd.
[782] Ebd. Siehe dazu auch: BArch, N 717/86, Nachlass Gerd Schmückle.
[783] Borkenhagen, Entwicklungslinien, S. 504.
[784] Siehe dazu auch Schmückles Autobiografie: Schmückle, Ohne Pauken und Trompeten.
[785] Strauß, Die Erinnerungen, S. 369.
[786] Siehe hierzu den Sammelband: Karst, Im Dienst am Vaterland. Interessant hierzu ist für einen Abgleich auch: BArch, N 717/86, Nachlass Gerd Schmückle.

Karsts Kritik hatte ihre Berechtigung, denn die Vertreter der lückenlosen Abschreckung im Verteidigungsministerim hatten sich auf ein Kriegsbild eingestellt, das sie überhaupt nicht überblicken, geschweige denn bewältigen konnten. Wenn Axel Gablik schreibt, dass man mit dieser Erkenntnis noch 1962 die Grundfesten der strategischen Überlegungen im Führungsstab der Bundeswehr erschüttert hätte, dies drei Jahre später jedoch zumindest ein akzeptiertes Argument gewesen sei,[787] so liegt dies zu einem erheblichen Teil an der Gedankenarbeit Wolf Graf von Baudissins. Dieser machte das ganze Ausmaß eines möglichen Krieges und auch die Fatalität eines nuklear ausgerichteten Kriegsleitbildes deutlich, als er am 7. April 1962 im Rahmen eines Vortrags in Heidelberg ein »Kriegsbild« in allen Facetten skizzierte und so die technokratischen Denkmuster aus dem Verteidigungsministerium ins Licht der Öffentlichkeit brachte. Das sollte sowohl den Vertretern der Luftwaffe als auch denen des Heeres zu denken geben.

Baudissin hatte 1938/39 die Generalstabslaufbahn in der Wehrmacht absolviert, ohne im Zweiten Weltkrieg Erfahrungen an der Ostfront zu sammeln, und war in seiner geistigen und politischen Herkunft den »jungen Konservativen« aus der Zeit der Weimarer Republik zuzuordnen, deren Ideenwelt maßgeblich von Arthur Moeller van den Bruck[788] und Oswald Spengler[789] beeinflusst worden war. Baudissin sah sich selbst als einen Vertreter des staatsbürgerlichen Humanismus. Er hatte 1950 an der Himmeroder Denkschrift mitgeschrieben und 1957 das »Handbuch Innere Führung« verfasst.[790] Nach seiner Verwendung als Kommandeur der Panzergrenadierbrigade 4 in Göttingen, hatte er im November 1961 seinen Dienst bei AFCENT in Fontainebleau angetreten, wo er sich im Rahmen der Analyse der NATO-Strategie und der Umsetzung der Vorwärtsverteidigung mit dem Wesen eines möglichen Krieges beschäftigt hatte.[791]

Obwohl Baudissin Schmückle in mancherlei Hinsicht geistig nahe stand, wandte er sich mit seinem »Kriegsbild« gegen die große Fraktion der Nuklearwaffenbefürworter und gegen die kurzsichtige Planung des Einsatzes dieser

---

[787] Gablik, Strategische Planungen, S. 400. Bernd Lemke hat die Situation des Jahres 1962 so beschrieben: »Offenbar befand man sich geistig in einer Art lückenfüllendem Automatismus, ohne zu bedenken, dass man dadurch eine strategische Situation schuf, deren Folgen in einem Krieg sich der rationellen Beurteilung entzogen.« Lemke, Vorwärtsverteidigung, S. 35.
[788] Arthur Moeller van den Bruck (1876–1925) war ein deutscher Kunsthistoriker, Staatstheoretiker und völkischer Schriftsteller, der als Vertreter der Konservativen Revolution in den 1920er Jahren gilt. Zu seiner Gedankenwelt siehe sein Hauptwerk: Moeller van den Bruck, Das dritte Reich.
[789] Oswald Spengler (1880–1936) war ein deutscher Geschichtsphilosoph, Kulturhistoriker und politischer Schriftsteller, der als Vordenker der Konservativen Revolution gilt. Zu seinen Auffassungen siehe sein Hauptwerk: Spengler, Der Untergang des Abendlandes, Bd 1; Spengler, Der Untergang des Abendlandes, Bd 2.
[790] Hoffmann, Frieden in Freiheit, S. 84. Zu Baudissins geistiger und politischer Herkunft siehe: Kutz, Aus den Katastrophen der Geschichte lernen, S.15 f.; Rosen, Frieden und Widerstand, S. 25-44; Schlaffer, Die Innere Führung. Zur militärischen Vorgeschichte Baudissins siehe: Förster, Wolf Graf von Baudissin. Zu seiner Verortung innerhalb der Militärelite siehe: Naumann, Ein staatsbürgerlicher Aristokrat.
[791] Renk, Baudissins Wirken, S. 3–8; Gablik, Strategische Planungen, S. 299; Gablik, »... von da an herrscht Kirchhofsruhe«, S. 45 f.

Waffen. Baudissins Hauptmotiv, ein alternatives Kriegsbild zu entwerfen und es offensiv publik zu machen, lag darin, dass er die strategische Ausrichtung der Bundeswehrführung, in deren Fahrwaser sogar Heusinger und Foertsch zur Durchsetzung der Vorwärtsverteidigung geraten waren, für grundlegend falsch hielt. Die Formulierung des offiziellen Kriegsbildes, die sich insbesondere in den TF 60 und 62 manifestierte, hatte seine moralischen Grundsätze infrage gestellt. Baudissin vertrat als überzeugter evangelischer Christ jedoch die Auffassung, dass Gott mehr zu gehorchen wäre als den Menschen. Um die göttliche Schöpfung zu bewahren, wollte er die Dominanz der Atomwaffe im militärischen Denken brechen.[792] Insofern war er innerhalb der Bundeswehr der Opposition der Nuklearkritiker, die den Nuklearwaffeneinsatz möglichst restriktiv handhaben wollten, zuzurechnen. Diese waren zu jener Zeit insbesondere beim Kampf um Beschaffungen im Verteidigungshaushalt in den Hintergrund gedrängt worden, war doch der konventionelle Ausbau der Bundeswehr auf Betreiben von Strauß zugunsten der Aufstellung von nuklearfähigen Waffensystemen ins Stocken geraten.[793]

Sicherlich bezog Baudissin die Masse der Informationen für sein »Kriegsbild« aus seinen Einsichten bei AFCENT, doch stand er in regelmäßigem Gedankenaustausch zu einer ganzen Reihe von Personen, die der militärischen Führung der Bundeswehr in nationalen Verwendungen angehörten. Zu Baudissins Gesprächspartnern jener Zeit zählten neben Schmückle und de Maizière auch der Leiter des Stabes für Studien und Übungen Albert Schindler, der spätere Inspekteur der Luftwaffe Johannes Steinhoff, der Kommandeur der Panzergrenadierbrigade 19 Bernd Freiherr Freytag von Loringhoven, der Deutsche Nationale Vertreter im NATO-Oberkommando Peter von Butler und der Kommandeur der 10. Panzergrenadierdivision Johann Adolf Graf Kielmansegg.[794]

Mit seinem vielbeachteten Vortrag vor der Deutschen Atlantischen Gesellschaft wandte sich Baudissin über das fachliche Publikum hinaus an eine akademisch gebildete Öffentlichkeit und deklinierte die möglichen Eskalationsstufen eines Krieges mit dem Warschauer Pakt in ausführlicher, zugleich eindringlicher Weise bis zur »Kirchhofsruhe«,[795] die einem letztlich total-atomaren Krieg folgen würde, durch. Einleitend definierte er das Kriegsbild[796] in der bereits im Unterkapitel II.2

---

[792] Scheffler, »Gott ist Geist; wo aber der Geist des Herrn ist, da ist Freiheit«, S. 70 und 74–76; Gablik, »... von da an herrscht Kirchhofsruhe«, S. 45–48; Gablik, Strategische Planungen, S. 300; Kutz, Gesellschaft, Militär, Krieg und Frieden, S. 9; Nägler, Zur Ambivalenz der Atomwaffe, S. 154.
[793] Gablik, »... von da an herrscht Kirchhofsruhe«, S. 49. Zu der Riege der Nuklearwaffenkritiker gehörte z.B. auch Ulrich de Maizière, der 1958 bei einer Brigadeübung zur Verblüffung der versammelten Militärexperten auf den Nuklearwaffeneinsatz verzichtet hatte. Den Widerstreit von Nuklearwaffenskeptikern und -befürwortern beschreibt: Gablik, »... von da an herrscht Kirchhofsruhe«, S. 49–58.
[794] Ebd., S. 51.
[795] Baudissin, Das Kriegsbild (1962), S. 14. Zugleich Baudissin, Das Kriegsbild (IFT 1962), S. 17. Siehe dazu auch die Baudissin-Interpretation von Axel Gablik: Gablik, »... von da an herrscht Kirchhofsruhe«, S. 51–53.
[796] Baudissin definierte das Kriegsbild als »Erscheinungsform, Intensität, Ausdehnung [...] Möglichkeiten, Mittel und Zwecke, kurz [...] Wesen eines kommenden Krieges.« Baudissin, Das Kriegsbild (1962), S. 1. Vgl. auch Baudissin, Kriegsbild (1970), S. 54.

bezeichneten Form, die bis in die Gegenwart Maßstäbe gesetzt hat. Anschließend identifizierte und erläuterte Baudissin vier grundlegende Einflussfaktoren auf das Kriegsbild: erstens Technik, zweitens Weltanschauung, drittens weltweite Dimensionen und viertens Totalität.[797] Auf diese soll später, an passenderer Stelle noch einmal genauer eingegangen werden.

Danach beschrieb Baudissin die in mehreren Eskalationsformen denkbare »Teufelsspirale unaufhaltsamer Zuspitzung des Konflikts«[798] zur »Weltkatastrophe [...], die ein dritter Weltkrieg auslösen würde«.[799] Diese Eskalationsspirale führte vom Kalten Krieg über den subversiven Krieg und den nicht-atomaren Krieg zum atomaren Krieg.[800] Den Kalten Krieg (einschließlich der militärischen Machtentfaltung in Paraden, grenznahen Manövern und Atomversuchen) zwischen Frieden, d.h. dem grundsätzlichen Verzicht auf Gewaltanwendung, und heißem Krieg, d.h. der offenen militärischen Gewaltanwendung, sah Baudissin damals aufgrund des weltrevolutionären Anspruchs der Sowjetunion bereits als Normalzustand an. Der subversive Krieg, d.h. der Kampf paramilitärischer und militärischer Kräfte gegen bestehende Ordnungsfaktoren in Spannungsgebieten (wie z.B. in Vietnam, Laos und Kuba) bis hin zur offenen Intervention, stellte in seinen Augen einen Schritt weiter in Richtung einer militärischen Auseinandersetzung dar. Unter einem nicht-atomaren Krieg verstand Baudissin die unverhüllte militärische Gewaltanwendung mit konventionellen Waffen zwischen Staaten und Machtblöcken. Er vermochte sich diese Kriegsform, die sowohl in Verhandlungen als auch in den atomaren Krieg münden konnte, jedoch nur zeitlich begrenzt oder als Nebenaktion vorzustellen. Im atomaren Krieg würden von beiden Kriegsparteien schließlich Atomsprengkörper eingesetzt, wobei Baudissin zwischen begrenzt-atomaren und total-atomaren Kriegen unterschied. Im begrenzt-atomaren Krieg würden Atomwaffen in erster Linie taktisch verwendet, die Landstreitkräfte ihre Operationsfähigkeit behalten und wesentliche Existenzgrundlagen der Bevölkerung intakt bleiben. Im total-atomaren Krieg hingegen würden auch thermonukleare Sprengkörper, getragen von Luft- und Seestreitkräften, mit höchsten Detonationswerten (im Multimegatonbereich) und insbesondere gegen die Zivilbevölkerung eingesetzt werden. Letztlich liefen die Ereignisse auf einen Moment hinaus, in dem jede Kriegführung aufhören und die besagte Grabesstille herrschen würde. Eine exakte Prognose gab Baudissin nicht ab, sondern thematisierte nur ganz grundsätzlich mögliche Ablaufkombinationen, die nacheinander oder auch nebeneinander auftreten konnten. Ein kurzer total-atomarer Schlagabtausch zu Beginn mit schließlich örtlichen nicht-atomaren Gefechten war für Baudissin ebenso denkbar wie ein umgekehrter Ablauf, die Steigerung ins total-atomare Extrem aus örtlichen Konflikten heraus. Nur eines stand für ihn fest: Beim Versagen der Abschreckung zeichnete sich zwischen NATO und Warschauer Pakt ein total-atomarer Krieg ab.

---

[797] Baudissin, Das Kriegsbild (1962), S. 2–11.
[798] Ebd., S. 11.
[799] Ebd.
[800] Ebd., S. 12–14.

Das Wesen des Krieges, insbesondere in den atomaren Formen, war nach Baudissin aber auch von den vier genannten Einflussfaktoren geprägt, die ein ganz bestimmtes soldatisches Selbstverständnis abverlangten. In seinen Augen vollendete die Technik mit den Atomwaffen nämlich ihre Herrschaft über den militärischen Bereich und hob sogar die Unterschiede zwischen den Teilstreitkräften auf. Für Baudissin stellten Atomwaffen daher keine besonders wirksame Artillerie dar, noch nicht einmal deklaratorisch wie bei Adenauer, sondern neben Feuer und Bewegung ein drittes Hauptelement des Kampfes, das ganz neue Phänomene auf dem Gefechtsfeld erzeugte. In diesem Punkt lagen Baudissins Auffassungen eng bei denen von Schmückle. Doch finden sich bei Baudissin Denkmuster, die schon einerseits von der Heeres- und andererseits von der Luftwaffenführung her bekannt sind: Auf der einen Seite rechnete er nicht mehr mit durchlaufenden Fronten, sondern stattdessen mit einem ständigen Wechsel der Gefechtsarten, vorwiegend nachts. Dabei bestimmten kleine, bewegliche, autarke Verbände mit der Fähigkeit zu schneller Auflockerung das Gefechtsfeld. Auf der anderen Seite ermöglichten Zahl und Reichweite der Einsatzmittel dem Angreifer ein erschreckend großes Überraschungsmoment, sodass an Mobilmachungen der üblichen Art gar nicht mehr zu denken sei. Die thermische Strahlung mit Blendwirkung, Verbrennung und Bränden sowie die Kernstrahlung mit radioaktivem Niederschlag würden schlagartig und großflächig zu schweren Ausfällen bei Personal und Material führen, Verwüstungen und Verstrahlungen weite Teile des Landes bis zur Unkenntlichkeit verändern und Bewegungen massiv behindern. Die logistischen Probleme wären kaum lösbar.

Bei diesen Auswirkungen eines Nuklearkrieges sind wiederum einige Übereinstimmungen mit dem Kriegsleitbild von Foertsch festzustellen. Vielmehr als dies bislang bei den Überlegungen zum Krieg der Zukunft der Fall gewesen war, hob Baudissin schließlich jedoch noch den Einsatz von biologischen und chemischen Kampfstoffen hervor, denen Streitkräfte wie Zivilbevölkerungen nahezu schutzlos ausgeliefert wären. Sie würden schwerste Seuchen über ganze Kontinente hinweg verursachen. Was Baudissin von den anderen Vordenkern weiterhin unterschied, war die Berücksichtigung der individuellen Ebene. So malte er ferner aus, welche massiven psychischen Belastungen Strahlungs- und andere Krankheiten für den einzelnen Menschen bedeuteten.[801] Nach Baudissins Verständnis verlieh der Verbund von Technik, Weltanschaulichkeit und Weltweite dem künftigen Krieg insgesamt einen totalen Charakter. Darin könnten Soldaten als dann vereinzelt agierende Träger und Objekte einer totalen weltanschaulichen Auseinandersetzung jedoch bestenfalls im Sinne der Auftragstaktik[802] bestehen.

---

[801] Ebd., S. 2−7.
[802] Ebd., S. 4. Nach Baudissin werde auf dem Gefechtsfeld der Zukunft mehr kooperiert als gehorcht, da Spezialisten auf sich gestellt seien und von den Vorgesetzten gar nicht mehr überwacht werden könnten. Nur mitdenkender, verantwortungsfreudiger Gehorsam könnte in solchen Lagen erfolgreich sein. Zum psychologischen Aspekt und zur soldatischen Ethik auf der untersten taktischen Ebene für den möglichen Einsatz atomarer Waffen und Problematik siehe: AWS, Bd 3 (Beitrag Meyer), S. 911−917.

Baudissin wollte dem einzelnen Soldaten das geistige Rüstzeug zum selbstständigen Denken und Handeln im wahrscheinlichen Nuklearkrieg bereitstellen.[803] In diesem Kontext stellte er die Attraktivität von freiheitlicher Grundhaltung, Recht und Menschenwürde heraus, womit er seiner Argumentation zugunsten der Inneren Führung in der Auseinandersetzung mit den Traditionalisten in der Bundeswehr, die noch in ganz anderen Bereichen ausgetragen wurde, Auftrieb gab.[804] Insofern hat er selbst sein Kriegsbild – wenngleich diesmal nicht direkt im Sinne einer bestimmten Teilstreitkraft – instrumentalisiert, obwohl Baudissin den Anspruch erhob, ein wirklichkeitsnahes, unvoreingenommenes Kriegsbild zu entwerfen. Da für die Überlebenden am Ende einer solchen Weltkatastrophe nur unwirtliche Wüste zurückbliebe, war ein Krieg in Baudissins Augen sinnlos und auch für die Sowjets nicht tragbar.[805] Die Abschreckung vor dem absehbaren Endzustand würde letztlich dazu führen, den Systemkonflikt zwischen Ost und West in anderen Bereichen als dem militärischen auszutragen. In diesem Punkt, der sich im weiteren Verlauf des Ost-West-Konflikts bewahrheiten sollte, zeigt sich wieder die gedankliche Nähe zu Schmückle, der ja ebenfalls auf Kriegsverhindung durch Abschreckung setzte, jedoch ohne ein Kriegsbild näher auszumalen, wie dies Baudissin in bemerkeswerter Schärfe tat. In dieser Ergänzung und ihrer Wirkung bei der Zuhörer- bzw. Leserschaft liegt der feine, aber entscheidende Unterschied zwischen dem Höhe- und dem Kulminationspunkt des Kriegsleitbildes.

In der Forschungsliteratur fällt die Bewertung von Baudissins Kriegsbild durchaus unterschiedlich aus. Frank Nägler sieht darin die Ambivalenz der Atomwaffe zwischen »Vernichtungsdrohung und Friedenswahrung«[806] besonders gut dargestellt. Nach dem Urteil des zeitgenössischen Historikers Hans Herzfeld hat Baudissin allerdings »überaus hohe, vielleicht zu hohe Anforderungen an das durch den modernen Krieg wünschenswerte Umdenken in allen Ausbildungsformen gestellt«.[807] Axel Gablik hat Baudissins Kriegsbild als eine der überzeugendsten militärstrategischen Analysen eines Krieges in Mitteleuropa eingeschätzt.[808] Zumindest zeichnete es sich mehr durch Realitätsnähe als durch Interessenleitung aus. Baudissins nüchterne Analyse richtete sich gleichermaßen gegen die interessengeleiteten Kriegsvorstellungen der Heeres- und Luftwaffenführung. Stellt man diese Baudissins Gedankengängen gegenüber, muss man feststellen, dass hier nicht nur unterschiedliche Kriegs-, sondern auch Menschen- und Berufsbilder aufeinandertrafen. Technokratie wurde Ethik gegenübergestellt.

Bemerkenswerterweise tat Baudissin im April 1962 das, was Kammhuber in seiner Stellungnahme vom 16. Oktober 1959 gefordert hatte, nämlich den

---

[803] Gablik, »... von da an herrscht Kirchhofsruhe«, S. 45 f.
[804] Baudissin, Das Kriegsbild (1962), S. 8 f.
[805] Ebd., S. 16.
[806] Nägler, Zur Ambivalenz der Atomwaffe, S. 151.
[807] Herzfeld, Die Bundeswehr, S. 78.
[808] Gablik, »... von da an herrscht Kirchhofsruhe«, S. 59.

IV. Die Entwicklung von Kriegsbildern

Krieg zu Ende zu denken,[809] allerdings in einer Art und Weise, die Kammhuber nicht recht sein konnte. Denn Baudissin forderte keine nukleare Teilhabe der Bundesrepublik. Es ging ihm darum, Konflikte und deren Gefahren in ihrer gesamten Bandbreite nicht zu leugnen, zugleich aber auch die Sinnlosigkeit eines Atomkrieges deutlich zu machen. Im Gegensatz zu den meisten Vertretern der Militärführung sprach Baudissin die katastrophalen Folgen der operativen Planungen offen aus. Dabei beleuchtete er die Makro- und Mikroebene eines Atomkrieges gleichermaßen und durchdachte den Atomkrieg erstmals bis zum bitteren Ende, eben bis zur »Kirchhofsruhe«. Indem er das Ultimative aussprach, führte er der militärischen Führung der Bundeswehr den Fatalismus ihres Kriegsleitbildes vor Augen. Zugleich vollzog sich unter dem Einfluss Baudissins – in Anlehnung an Schindlers geistige Vorarbeit – eine bemerkenswerte Auffächerung des Kriegsbildes zu einem facettenreichen Gesamtgemälde, das im Begriff der Kriegsszenarien[810] zukünftig noch des Öfteren aufgegriffen werden sollte. Ohne offiziellen Auftrag schuf Baudissin für die Bundeswehr also ein informelles Kriegsleitbild ganz eigener Art, in dem sehr viel Reformkraft steckte.

Wie äußerten sich diese und welche Wirkung entfalteten Baudissins Gedankengänge? Es ist nicht überliefert, wie das Heidelberger Publikum den Vortrag aufnahm. Die Brisanz dürfte dem aufmerksamen Zuhörer jedoch unmittelbar klar gewesen sein. Aus der Publikationsgeschichte und der weiteren ideengeschichtlichen Entwicklung kann gefolgert werden, dass Baudissin den Begriff des Kriegsbildes auch außerhalb der Bundeswehr durchaus geläufig machte und neue Diskussionen über das Leitbild vom Kriege entfachte. Die Protagonisten im Verteidigungsministerium gerieten damit verstärkt ins Blickfeld der Öffentlichkeit.[811] Innerhalb der Bundeswehr blies Baudissin zunächst ein Wind des Protests ins Gesicht. Dafür, dass er »mit seinen Gedanken an den strategischen Grundfesten der deutschen Militärführung gerüttelt«[812] und die Nuklearfaszination im Führungsstab der Bundeswehr ein Stück weit entzaubert hatte, wurde Baudissin personalführungstechnisch bald kaltgestellt.[813] Dies änderte nichts daran, dass seine Gedanken ausgesprochen waren und im Laufe der nächsten Monate und Jahre weitergesponnen wurden. Im September 1962 wurde

---

[809] Ebd., S. 51. Das Gleiche hat etwa zur selben Zeit auch jenseits des Atlantiks in einem amerikanischen Think Tank sattgefunden. Das Ergebnis war: Kahn, Thinking about the Unthinkable.
[810] Wenn Joachim Niemeyer in seiner Abhandlung über Kriegsbilder festgestellt hat, dass Anfang der 1960er Jahre die Theoretiker des Kriegsbildes zu der Einschätzung gelangten, dass es mit der Atombombe und dem verstärkten Auftreten von Guerrillakriegen in der Dritten Welt kein einheitliches Kriegsbild mehr gäbe, so meinte er genau diese bei Baudissin vollzogene Auffächerung. Niemeyer, Das österreichische Militärwesen, S. 4. Wie die vorliegende Untersuchung gezeigt hat, konnte zumindest in der Bundeswehr schon in den späten 1950er Jahren von einem einheitlichen Kriegsbild keine Rede mehr sein.
[811] Gablik, »... von da an herrscht Kirchhofsruhe«, S. 54.
[812] Ebd., S. 56.
[813] Gablik, Strategische Planungen, S. 372–375; Gablik, »... von da an herrscht Kirchhofsruhe«, S. 55 und 57.

Baudissins »Kriegsbild« in der Zeitschrift »Information für die Truppe«[814] abgedruckt. 1963 wurde es zur Veröffentlichung an die Chefredaktion von »Christ und Welt«[815] übersandt.

Basierend auf seinen Gedanken aus dem Jahr 1962 trug Baudissin 1964, mittlerweile als Kommandeur des NATO Defense College in Paris, ergänzende »Gedanken zum Kriegsbild«[816] vor der Deutschen Gesellschaft für Auswärtige Politik in Bonn vor, die in der »Neuen Rundschau« publiziert wurden. Unverändert ging es darin um den Kampf von Wertordnungen, bei dem die Anwendung von Gewaltmitteln nur durch Nützlichkeitserwägungen eingeschränkt würde, da der Krieg, einmal ausgebrochen, den Zug der Radikalisierung in sich trüge. Neu waren dabei die verstärkte militärische Nutzung des Weltraumes mit Aufklärungs-, Navigations-, Frühwarn-, Raumabwehr- und Angriffssatelliten.[817] Prägend für das Kriegsbild waren in Baudissins Augen nach wie vor atomare und thermonukleare Waffen sowie biologische und chemische Kampfmittel. Die Leitmotive blieben dieselben wie im Kriegsbild von 1962, auch die möglichen Formen des Krieges bis hin zur »Kirchhofsruhe«.[818] Parallel zu den weiterführenden Gedankengängen von Baudissin selbst fanden sowohl der Begriff des »Kriegsbildes« als auch die Diskussion um seine Inhalte einen beachtlichen Widerhall in militärwissenschaftlichen Zeitschriften[819] und Akten des Verteidigungsministeriums.[820] Darin wurde auf Baudissins Überlegungen von 1962, insbesondere auf den Grundgedanken der stufenweise ablaufenden Kriegsformen, immer wieder Bezug genommen.

Insgesamt trug Baudissins Kriegsbild massiv dazu bei, den Atomfatalismus als Bewusstseinslage, die auch in den militärischen Personalkörper Einzug gehalten hatte,[821] zu durchbrechen. Die Gruppe der nuklearkritischen Offiziere

---

[814] Baudissin, Das Kriegsbild (IFT 1962).
[815] BArch, BW 1/21.616, Pressereferat, Az. ch-8/63, Übersendung des Kriegsbildes von Generalmajor Graf von Baudissin an die Chefredaktion »Christ und Welt« zur Veröffentlichung, 3.7.1963.
[816] Baudissin, Gedanken zum Kriegsbild (1964).
[817] Ebd., S. 456 f.
[818] Ebd., S. 458 und 465–467.
[819] Als Beispiele können angeführt werden: Reinhardt, Gedanken zu einem modernen Kriegsbild, S. 644–648. Canstein, Gedanken zum modernen Kriegsbild, S. 516 f.
[820] Als Beispiele können angeführt werden: BArch, BW 1/318109, Fü B III 4, Az. 31-06-01-10b, Vorschläge betreffend »Definition des Begriffs ›Kriegsbild‹«, 25.6.1964; ebd., Fü H II 3, Az. 31-05-05, Vorlage von Fü H II 3 an Fü B III 4 betreffend »Definition des Begriffs ›Kriegsbild‹«, 7.7.1964; ebd., Fü L II 1, Az. 31-06-01-10b, Vorlage von Fü L II 1 an Fü B III 4 betreffend »Definition des Begriffs ›Kriegsbild‹«, 9.7.1964; ebd., Fü B/Fü B III 4, Az. 31-06-01-06, Begriffsbestimmung Kriegsbild, 29.7.1964; ZMSBw, Sammlung Militärgeschichte 1945–1990, Nachlass Dr. Hans Speidel, Mappe 268 »Verteidigung Mitteleuropa«, hier: »Gedanken zur Verteidigung Europas« vom 15.10.1964, S. 29; BArch, BW 1/318109, Klingmüller, Arnold und Hetzel, Wilhelm: Die vierzig Kriegsbilder nach Prof. Dr. von Weizsäcker. In: Zivilschutz. Vormals ziviler Luftschutz und baulicher Luftschutz, 29 (1965), 5, S. 153–159; ebd., Arbeitskreis für Wehrforschung, Einladung an Regierungsdirektor Dr. Joachim Hinz, Stuttgart, ohne Datum (Oktober 1965).
[821] Siehe dazu: Maizière, In der Pflicht, S. 222.

im Ministerium wuchs jedoch nur sehr langsam.[822] Erst 1965 sollte ein Perspektivwechsel, der vom allgemeinen Nuklearkrieg zum begrenzten Krieg führte, unter dem neuen Generalinspekteur Heinz Trettner möglich werden. Dieser konnte aus der Rückschau im Jahr 1966 feststellen: »Das Kriegsbild ist gegenüber dem Jahre 1962 vielgestaltiger geworden.«[823] Diese Entwicklung ist zum Teil Baudissin zuzuschreiben und vollzog sich vor allem deshalb, weil sein Kriegsbild zum einen realistisch war und zum anderen Geistesverwandte an entscheidende Stellen in der Bundeswehr gelangten.[824]

d) Die Hinwendung zum »Begrenzten Krieg« und die Umformulierung des Leitbildes 1963 bis 1965

Wenngleich die politischen Vorgaben für das BMVg, die im Sinne einer lückenlosen Abschreckung auf eine Nuklearbewaffnung der Bundeswehr abzielten, auch unter dem neuen Bundesverteidigungsminister Kai-Uwe von Hassel fortbestanden,[825] zeigte die Episode Baudissin, dass aus der »Nuklearfaszination der Bundeswehrführung«[826] zumindest in einigen Fällen allmählich ein – wie es in einem zeitgenössischen Presseartikel hieß – »Atomverdruss«[827] wurde. Waren die Nuklearkriegführung und die Rolle der Luftwaffe in Foertschs Kriegsbild von 1962 gedanklich noch in den Vordergrund gerückt worden, vollzog sich verstärkt ab 1963 bei den meisten Angehörigen der militärischen Führung der Bundeswehr eine allmähliche Abkehr von den Vorstellungsmustern der Massive Retaliation. Mit der einhergehenden Hinwendung zum »Begrenzten Krieg« veränderte sich die Qualität der Kriegsvorstellungen, bis Trettners Führungsweisung Nr. 1 vom 21. Juli 1965 schließlich eine weitere Zäsur in der Entwicklung des Kriegsleitbildes markierte.

Der entscheidende Impuls für diese Rückkehr oder zum Teil auch nur erneute Bestärkung konservativer Denkmuster, die von den Nuklearkritikern in der militärischen Führung der Bundeswehr, insbesondere von den Vertretern der Heeresführung, schnell aufgegriffen wurden, kam aus den USA. Hier war am 20. Januar 1961 die Präsidentschaft vom Republikaner Eisenhower auf den Demokraten John F. Kennedy übergegangen, der seinen Wahlkampf bereits mit dem Anspruch angetreten hatte, die US-Verteidigungsstrategie zu reformieren. Hinter Kennedy stand eine Elite von liberalen Denkern und intellektuellen Regierungsbeamten, die die bisherigen Denkmuster der Massive Retaliation

---

[822] Gablik, Strategische Planungen, S. 303.
[823] BArch, BW 2/20377, Der Bundesminister der Verteidigung, S VII 4, Tgb.Nr. 991/66, Kriegsbild und strategisches Konzept aus deutscher Sicht, Vortrag des Generalinspekteurs der Bundeswehr General Trettner anlässlich der 12. Kommandeur-Tagung der Bundeswehr, 28.6.1966, S. 20.
[824] Gablik, »... von da an herrscht Kirchhofsruhe«, S. 59.
[825] Gablik, Strategische Planungen, S. 304.
[826] Gablik, »... von da an herrscht Kirchhofsruhe«, S. 57.
[827] Strobel, Zwischen allen Stühlen.

aufbrechen und den Kommunismus langfristig mit anderen Mitteln überwinden wollten. Zu den maßgeblichen Köpfen im unmittelbaren Umfeld Kennedys gehörten die Sicherheitsberater McGeorge Bundy, Herman Kahn und Henry Kissinger sowie der Wissenschaftsberater Jerome Wiesner. Chef des Department of Defense war der liberale Republikaner Robert McNamara, der sich im Pentagon vor allem auf Paul Nitze und Maxwell D. Taylor als Berater abstützte.[828] Beim Letzteren handelte es sich um einen langjährigen Kritiker der Massive Retaliation, der bereits im Frühjahr 1956 als amerikanischer Heeresstabschef das »One War Concept«[829] infrage gestellt hatte, indem er den Blick auf andere Formen der Konfliktaustragung gelenkt hatte.[830]

In der Forschungsliteratur wurde bereits nachgewiesen, dass das Umdenken zu einer mehroptionalen Bündnisstrategie nicht erst in der Zeit der Kennedy-Administration entdeckt werden musste.[831] Da die sowjetische Nuklearrüstung zwischenzeitlich jedoch so weit fortgeschritten war, dass auch das Territorium der USA mit strategischen Atomwaffen unmittelbar bedroht und nachhaltig verwüstet werden konnte, wuchs in Washington gerade mit dem Wechsel zur Kennedy-Administration deutlich die Neigung, die Atomwaffen in einer künftigen militärischen Auseinandersetzung nicht mehr bedingungslos einzusetzen.[832] US-Verteidigungsminister Robert McNamara vertrat vielmehr die Ansicht, dass ein Nuklearkrieg einem kollektiven Selbstmord gleichkäme. Daher erklärte Kennedy es zu seinem politischen Ziel, den Ausbruch eines nuklearen Krieges so unwahrscheinlich wie möglich zu machen.[833] Gegenüber den eigenen Verbündeten in der NATO bedeutete dies – nach Prädelegierungstendenzen in den Vorjahren –, dass das Freigabeverfahren für den Nuklearwaffeneinsatz wieder stärker an den US-Präsidenten und seine Vertreter selbst rückgebunden wurde, was nun zusätzlich durch elektronische Sperrvorrichtungen in den Atomsprengkörpern (permissive action links = PAL) technisch sichergestellt wurde.[834] In Bezug auf die Sowjetunion bedeutete Kennedys neuer politischer Kurs zum einen, die nukleare Zweitschlagsfähigkeit der USA gegen Atomangriffe (»second strike capability«[835]) zu entwickeln. Dies gelang durch Verbunkerungen der strategischen Nuklearwaffen an Land und durch die Stationierung von

---

[828] Heuser, NATO, Britain, France and the FRG, S. 43–47; Gablik, Strategische Planungen, S. 213 f.; Thoß, NATO-Strategie, S. 552; Lemke, Konzeption und Aufbau der Luftwaffe, S. 194 f.
[829] Greiner, Die Entwicklung der Bündnisstrategie, S. 156.
[830] Spannocchi, Strategie und modernes Kriegsbild, S. 356; Greiner, Die Entwicklung der Bündnisstrategie, S. 157; Thoß, NATO-Strategie, S. 553.
[831] Stromseth, The Origins of the Flexible Response, S. 26–41; Conze, Griff nach der Bombe?, S. 77; Greiner, Die Entwicklung der Bündnisstrategie, S. 169; Krüger, Schlachtfeld Bundesrepublik?, S. 177; Thoß, »Je mehr Bundeswehr, desto weniger Atombomben«, S. 126–128; Thoß, NATO-Strategie, S. 230, S. 244 und 519–521; Steinhoff/Pommerin, Strategiewechsel, S. 68; Hammerich, Kommiss kommt von Kompromiss, S. 110.
[832] Altenburg, Die Nuklearstrategie, S. 329; Gablik, Strategische Planungen, S. 213 f.
[833] Kaplan, Strategic Problems, S. 13; Thoß, NATO-Strategie, S. 553; Duncan, John F. Kennedy. Eine neue Biografie zu Kennedy schrieb jüngst: Martinez, John Fitzgerald Kennedy.
[834] Thoß, NATO-Strategie, S. 481.
[835] Steinhoff/Pommerin, Strategiewechsel, S. 72–81.

Interkontinentalraketen auf U-Booten. Zum anderen bemühte sich die Kennedy-Administration im Rahmen der sogenannten McNamara-Doktrin darum, die Schwelle für einen Nuklearkrieg, vor allem durch einen Ausbau der konventionellen Fähigkeiten der NATO anzuheben, um Kriege besser auf Europa begrenzen zu können. So kam der Begriff des »limited war« auf, der im Kontext eines Wechsels von der Massive Retaliation hin zur Flexible Response stand.[836]

Mitte Dezember 1961 sprachen sich McNamara und US-Außenminister Dean Rusk auf der NATO-Ministerratssitzung in Paris öffentlich für einen Strategiewechsel des Bündnisses aus.[837] Die in den »Athener Richtlinien« der NATO vom Mai 1962 formulierte Vorstellung einer abgestuften Abschreckung leitete eine Erneuerung des strategischen Konzepts ein. Es sollte nunmehr ein zusätzliches, glaubwürdiges politisches Mittel zur Kriegsverhinderung oder -beendigung geschaffen werden, um dem Aggressor Gelegenheit einzuräumen, sein Offensivvorhaben zu überdenken und schließlich einzustellen.[838] McNamara plädierte dafür, konventionelle Großangriffe nach Konsultationen der Bündnispartner mit selektiven Atomwaffeneinsätzen zu beantworten und einen begrenzten Angriff möglichst konventionell zu bekämpfen. Dem Ersteinsatz von Nuklearwaffen stand der US-Verteidigungsminister allerdings – ebenso wie Taylor – kritisch gegenüber, fürchtete er doch einen nuklearen Vergeltungsschlag des Gegners. Echte Mitbestimmungsrechte über die amerikanischen nuklearen Gegenschlagskräfte (»second strike forces«), die zu 90 Prozent außerhalb Europas stationiert waren, schloß McNamara jedoch aus.[839] Neben sicherheitspolitischen Erwägungen spielten für die USA beim Strategiewechsel aber auch volkswirtschaftliche Aspekte eine Rolle, da so für den amerikanischen Rüstungskomplex neue Impulse gesetzt werden konnten.[840]

Noch im Mai 1962 beschloss die Allianz, die Grundsätze der Athener Richtlinien in den Emergency Defence Plan des SACEUR aufzunehmen.[841] Norstad begrüßte den strategischen Kurswechsel der Kennedy-Administration, war er doch bereits seit 1958 für seinen Befehlsbereich bemüht, die Zwangsläufigkeit eines atomaren Gegenschlages aufheben und die Massive Retaliation nach dem Prinzip der Angemessenheit aufzuweichen.[842] Der SACEUR unterstützte den Übergang zur Flexible Response dadurch, dass er in Europa den Aufbau stärkerer konventioneller NATO-Streitkräfte (30 Divisionen) einforderte, um die Schwelle zum

---

[836] Krüger, Der Strategiewechsel, S. 47 f.; Gablik, Strategische Planungen, S. 248 und S. 331.
[837] Steinhoff/Pommerin, Strategiewechsel, S. 92–104; Krüger, Der Strategiewechsel, S. 50; Gablik, Strategische Planungen, S. 248.
[838] Altenburg, Die Nuklearstrategie, S. 330 f.; Hammerich, Kommiss kommt von Kompromiss, S. 115 f. Zu den Athener Richtlinien siehe: Athens 4th-6thMay 1962. Final Communiqué. In: NATO on-line library <www.nato.int/docu/comm/49-95/c620504a.htm> (letzter Zugriff 24.7.2014). Zur Rezeption der Rede McNamaras in Athen durch die Bundesregierung siehe: AAPD 1965, Bd 2, Dok. 207 vom 14.5.1965, S. 938–942.
[839] Krüger, Schlachtfeld Bundesrepublik?, S. 194; Steinhoff/Pommerin, Strategiewechsel, S. 165; Krüger, Der Strategiewechsel, S. 51.
[840] Krüger, Schlachtfeld Bundesrepublik?, S. 207.
[841] Ebd., S. 194.
[842] Gablik, Strategische Planungen, S. 163 und 213 f.; Krüger, Der Strategiewechsel, S. 47.

Atomkrieg zu erhöhen. Norstad vertrat die Auffassung, dass ein konventioneller Angriff der Sowjets lediglich mit taktischen Nuklearwaffen zurückgeschlagen werden könnte. Durch eine demonstrative »Pause« im Krieg, die nach Norstads Vorstellungen durch rein konventionelle Kriegführung gekennzeichnet sein konnte, sollte dem Aggressor die Gelegenheit gegeben werden, die Eskalation zu einem interkontinentalen Atomkrieg zu erkennen, seine Kriegshandlungen einzustellen und den status quo ante bellum wiederherzustellen.[843] General Lyman L. Lemnitzer, seit 1. Januar 1963 Norstads Nachfolger als SACEUR, war gegenüber einem Nuklearwaffeneinsatz noch kritischer eingestellt und drängte deshalb ebenfalls auf eine Steigerung der Kampfkraft bei den Präsenzverbänden sowie auf eine effizientere Vorwärtsverteidigung in Europa.[844] Hatte sich Strauß aus Sorge um den deutschen Einfluss in der NATO gegen die Argumentation Norstads im Sinne der Flexible Response noch gewehrt,[845] vertrat Hassel hier eine moderatere Linie und übte zudem seinen Einfluss als westdeutscher Verteidigungsminister weit weniger vehement aus als sein Vorgänger im Amt. Dies war eine wichtige Voraussetzung für eine Umstellung des Leitbildes vom möglichen Krieg in der Bundeswehr.

Die amerikanischen Einflussnahmen auf die politisch-strategischen Weichenstellungen der Allianz wurden vom westdeutschen Auswärtigen Amt und auch in der militärischen Führung der Bundeswehr frühzeitig registriert. Je nach Geisteshaltung bzw. Denkschule und Ressortinteresse fielen die Bewertungen dieser Entwicklung unterschiedlich aus. Bereits im April 1959 übermittelte der Deutsche Militärische Vertreter in Washington, Brigadegeneral Hans Georg von Tempelhoff, erste Signale, dass der NATO-Militärausschuss, der Ratschläge zu militärischen Richtlinien und der Strategie des Bündnisses erteilte, einen »general war« angesichts der Gefahr gegenseitiger Zerstörung für immer unwahrscheinlicher hielt.[846] Ähnliche Meldungen gingen zum Beispiel im September 1960 vom deutschen Heeresattaché aufgrund öffentlicher Äußerungen Lemnitzers, seit 1. Juli 1959 Generalstabschef der U.S. Army, nach Bonn.[847] In den USA wurden nämlich zwischenzeitlich Studien erstellt, die eine rein konventionelle Verteidigung prüften.[848] Im Führungsstab der Bundeswehr dachte zu jener Zeit jedoch nur eine kleine Minderheit über eine Abkehr von der Massive Retaliation konsequent nach.[849] Anfang 1961 verdichtete sich in der Abteilung III des Führungsstabes der Bundeswehr die Vorstellung von dem, was der Kennedy-Administration vorschwebte, nämlich die »Stärkung der konventionellen Verteidigung zur Erhöhung der nuklearen Schwelle und der Möglichkeit

---

[843] Gablik, Strategische Planungen, S. 129 f.; Steinhoff/Pommerin, Strategiewechsel, S. 63–65; Krüger, Schlachtfeld Bundesrepublik?, S. 191.
[844] Thoß, NATO-Strategie, S. 549 und 595.
[845] Gablik, Strategische Planungen, S. 131, 166 und 240.
[846] Ebd., S. 163.
[847] Thoß, NATO-Strategie, S. 549.
[848] Steinhoff/Pommerin, Strategiewechsel, S. 67.
[849] Gablik, Strategische Planungen, S. 188; Gablik, »... von da an herrscht Kirchhofsruhe«, S. 51.

IV. Die Entwicklung von Kriegsbildern

einen begrenzten und beschränkten nuclearen [sic] Krieg zu führen.«[850] In der Deutung des Ministeriums hieß das, dass die Risikobereitschaft der USA zum interkontinentalen Nuklearkrieg mittlerweile eingeschränkt war und sich die Wahrscheinlichkeit von konventionell geführten Stellvertreterkriegen, vor allem auch auf deutschem Boden, erhöhte.[851]

Nicht zuletzt wegen des oben beschriebenen, ganz anders gearteten Kriegsleitbildes und der dahinter stehenden politischen Interessen konnte die militärische Führung der Bundeswehr zu jener Zeit keine Verminderung der Abschreckung zulassen, sondern beharrte auf der Atombewaffnung der westdeutschen Streitkräfte.[852] Bemerkenswerterweise trat der SPD-Abgeordnete Helmut Schmidt gleichzeitig bereits für die rein konventionelle Verteidigungsführung ein und forderte, Nuklearwaffen erst in Reaktion auf feindliche Nuklearwaffen einzusetzen.[853] Anfang 1962 wurde in der Abteilung III des Führungsstabes der Bundeswehr die Rede des US-Verteidigungsministers McNamara vom 14. Dezember 1961 vor dem NATO-Rat in Paris analysiert.[854] Von besonderer Bedeutung für die Kriegsbildentwicklung war der nunmehr erstmalig gebrauchte Ausdruck »general limited war«[855] mit seinen Implikationen. Für die militärische Führung der Bundeswehr wurde immer klarer, dass die Amerikaner die Wahrscheinlichkeit von Atomkriegen nun für geringer als die von konventionellen Kriegen hielten.[856] Anfang 1963 registrierte die Abteilung III des Führungsstabes vor dem Hintergrund des im Unterkapitel IV.2.b beschriebenen Kriegsleitbildes die Kritik McNamaras, »das von dem Herrn Bundeskanzler gebilligte Kriegsbild sei noch nicht auf die Annahme eingestellt, wonach begrenzte nicht-nukleare Aggressionen die wahrscheinliche Form zukünftiger Kriegführung sein werden«.[857] Doch erst Mitte 1963 hatten sich die außen- und innenpolitischen Rahmenbedingungen so weit geändert, dass sich die Vorstellungen bei der Abteilung Fü B III den amerikanischen annäherten, wurde doch auf einem Sprechzettel für Verteidigungsminister von Hassel festgehalten:

---

[850] ZMSBw, Sammlung Militärgeschichte 1945–1990, NHP-Dokument 057, Der Generalinspekteur der Bundeswehr, Fü B III, Tgb.Nr. 120/61, Schreiben an Verteidigungsminister betreffend »Vorlage bei Herrn Bundeskanzler«, unterschrieben von Foertsch, Die US-Verteidigungspolitik und ihre Auswirkungen auf die Militärpolitik der NATO, Bonn, 6.4.1961, S. 3.

[851] Ebd., S. 5.

[852] Ebd., S. 6 f. Die in der Forschungsliteratur von Lemke vorgenommene Beurteilung des Jahres 1961 als »eine Art psychologischen Kristallisationspunkt« (Lemke, Konzeption und Aufbau der Luftwaffe, S. 196) für die obersten Gremien der Bundeswehr beim Wandel zum »Limited War« erfolgt – zumindest für das Thema Kriegsbilder – zu früh und müsste zwei Jahre später datiert werden.

[853] Steinhoff/Pommerin, Strategiewechsel, S. 68.

[854] ZMSBw, Sammlung Militärgeschichte 1945–1990, NHP-Dokument 089, Fü B III 8, Az. 31-08-60, Tgb.Nr. 112/62, Analyse der Reden des amerikanischen Verteidigungsministers MacNamara und des Aussenministers Rusk am 14.12.61 vor dem NATO-Rat, Bonn, 5.3.1962.

[855] Ebd., S. 2.

[856] Ebd.

[857] Ebd., Dok.Nr. 119, Fü B III 1, Tgb.Nr. 37/63, Vortrag des Bundesverteidigungsministers vor dem Verteidigungsrat über »Grundsätze der Verteidigungspolitik insbesondere Auswirkungen des Nassau-Abkommens«, Bonn, 23.1.1963, S. 13.

»Wir stimmen mit der amerikanischen Auffassung überein, daß ein großer Krieg unter Einsatz aller nuklearen Kampfmittel in der absehbaren Zukunft immer unwahrscheinlicher wird.«[858]

Trotz dieser gedanklichen Annäherung blieben die Sichtweisen auf einen begrenzten Krieg der Zukunft immer noch recht unterschiedlich. Dem lagen zunächst verschiedene Bedrohungsperzeptionen zugrunde: Während McNamara von einem Verhältnis von 24 westlichen gegen 26 sowjetische Divisionen ausging, rechnete die Abteilung II des Führungsstabes der Bundeswehr die NVA sowie die polnischen und tschechoslowakischen Truppen hinzu, sodass das Verhältnis 24 gegen 108 Divisionen betrug. Wurde eine umfassende Mobilisierung im Warschauer Pakt zugrunde gelegt, kamen die Amerikaner auf 150, die Deutschen auf 160 feindliche Divisionen.[859] Die deutschen Offiziere im Verteidigungsministerium mißtrauten im Allgemeinen den als verharmlosend wahrgenommenen Statistiken McNamaras, der für die USA ein sicherheitspolitisches Interesse daran hatte, das Denken an den »limited war«[860] zu intensivieren. Sie gelangten deshalb auch zu einer anderen Bewertung des Feindkräftepotenzials und hielten es »für eine gefährliche Fehleinschätzung [...], daß die Streitkräfte in der Lage sein sollen, jede limited aggression nur konventionell abwehren zu können«.[861] Vor allem aber unterstellte man im Führungsstab den Amerikanern, bei einer Aggression des Warschauer Paktes in Europa vor dem Einsatz von Nuklearwaffen zurückzuschrecken, um eine Ausweitung des Krieges auf den amerikanischen Kontinent zu verhindern. Die Abschreckung wäre demnach nicht mehr glaubwürdig.[862] Wenngleich McNamara betonte, dass der Verlust Europas als Existenzbedrohung für die USA verstanden würde, musste doch geschlussfolgert werden, dass eine atomare Auseinandersetzung von den USA so lange wie möglich vermieden würde. Damit war für die westdeutsche Seite einmal mehr das Kriegsleitbild der Vorwärtsverteidigung infrage gestellt.[863]

Nach den Erfahrungen der Berlin-Krisen und der Kuba-Krise war den Westdeutschen andererseits klar, dass »Radikalszenarien«[864] keine realistischen Lösungen boten. Mitte 1963 dachten die Offiziere im Führungsstab der Bundeswehr verstärkt an einen begrenzten konventionellen Angriff der Sowjets

---

[858] Ebd., Dok.Nr. 139, Fü B III 8, Az 31-01-00-03, Tgb.Nr. 367/61, Sprechzettel mit Herrn Minister zum Besuch Präsident Kennedys, Bonn, 21.6.1963, S. 2.
[859] Ebd., S. 2−5; Gablik, Strategische Planungen, S. 280. Gablik bezeichnete den Unterschied zwischen den amerikanischen und den deutschen Auffassungen sogar als »gravierend«. Ebd., S. 248. Zustande kamen solche Unterschiede durch verschiedene Interpretation der gleichen Geheimdienstinformationen. Ebd., S. 386 f.
[860] Ebd., S. 256 und 385.
[861] ZMSBw, Sammlung Militärgeschichte 1945−1990, NHP-Dokument 139, Fü B III 8, Az. 31-01-00-03, Tgb.Nr. 367/61, Sprechzettel mit Herrn Minister zum Besuch Präsident Kennedys, Bonn, 21.6.1963, S. 9.
[862] Ebd., S. 3−5; Kaplan, Strategic Problems, S. 13.
[863] ZMSBw, Sammlung Militärgeschichte 1945−1990, NHP-Dokument 119, Fü B III 1, Tgb. Nr. 37/63, Vortrag des Bundesverteidigungsministers vor dem Verteidigungsrat über »Grundsätze der Verteidigungspolitik insbesondere Auswirkungen des Nassau-Abkommens«, Bonn, 23.1.1963, S. 13; Gablik, Strategische Planungen, S. 248.
[864] Lemke, Vorwärtsverteidigung, S. 36.

IV. Die Entwicklung von Kriegsbildern

oder ihrer Satellitenstreitkräfte aus der DDR repektive ČSSR mit örtlich erheblich überlegenen Kräften, um ohne Ausweitung zum großen Krieg schnell Faustpfänder für politische Verhandlungen zu gewinnen. In solch einem Fall müssten nach deutscher Auffassung, gerade bei einer Einnahme West-Berlins, wenn die eigenen örtlich vorhandenen Abwehrkräfte zur sofortigen Bereinigung einer Aggression nicht in der Lage wären, zwangsläufig schnell Nuklearwaffen eingesetzt werden, die den Gegner von einer Fortsetzung seines Angriffs abhalten würden.[865] Der von SACEUR angedachten »Pause« stand man im Führungsstab der Bundeswehr skeptisch gegenüber, da diese auch die Gefahr einer Ausweitung von Kriegshandlungen in sich barg.[866] Denn dort galt eine lange konventionelle Phase als »Schreckensszenario«.[867] Stattdessen wurde dafür plädiert, die Nuklearwaffen weiterhin als integralen Bestandteil der Verbände aufzufassen.[868] Insofern stand 1963 das Leitbild vom Kriege beim Führungsstab der Bundeswehr weiterhin im Zeichen der Abschreckung. Allerdings deuteten sich Veränderungen in den Denkmustern an. Das nukleare Dilemma, in dem sich die Bundesrepublik Deutschland befand, bestand indessen fort.

Der spätere Generalinspekteur (1983 bis 1986) Wolfgang Altenburg erinnert sich, als Teilnehmer am Generalstabslehrgang 1962/63 an militärischen Übungslagen ausgebildet worden zu sein, die einen großzügigen Einsatz taktischer Nuklearwaffen auf Divisionsebene vorsahen, was er wegen der großflächigen, nachhaltigen Zerstörungen auf eigenem Territorium jedoch nicht als realistisch wahrnehmen konnte.[869] Als Altenburg seine Sichtweise erläuterte und dabei auf die Athener Richtlinien verwies, erregte er die Aufmerksamkeit des damaligen Kommandeurs der Führungsakedmie der Bundeswehr, General Ulrich de Maizière. Für diesen, der Riege der Nuklearkritiker zuzurechnenden Offizier wurde deutlich, dass hier eine neue Generation von Führungskräften mit veränderten Sichtweisen aufkam, die bei genügender Förderung in den 1970er und 1980er Jahren maßgeblichen Einfluss auf die Kriegsbilder in der militärischen Führung der Bundeswehr nehmen sollte. Dies wird aber erst in den nachfolgenden Kapiteln eingehender zu erörtern sein. Für Altenburg jedenfalls stellten die Athener Richtlinien, welche die Nuklearwaffen als politisches Mittel einstuften,

---

[865] ZMSBw, Sammlung Militärgeschichte 1945–1990, NHP-Dokument 139, Fü B III 8, Az. 31-01-00-03, Tgb.Nr. 367/61, Sprechzettel mit Herrn Minister zum Besuch Präsident Kennedys, Bonn, 21.6.1963, S. 3–5 und S. 10.
[866] Ebd., Dok.Nr. 140, Anlage 2 zu Fü B III 1, Tgb.Nr. 420/63, McNamara-Rede Athen, ohne Ort, 1.8.1963, S. 2.
[867] Krüger, Schlachtfeld Bundesrepublik?, S. 196.
[868] ZMSBw, Sammlung Militärgeschichte 1945–1990, NHP-Dokument 139, Fü B III 8, Az. 31-01-00-03, Tgb.Nr. 367/61, Sprechzettel mit Herrn Minister zum Besuch Präsident Kennedys, Bonn, 21.6.1963, S. 10 f.
[869] Zeitzeugengespräch mit General a.D. Wolfgang Altenburg, Lübeck-Travemünde, 11.6.2014. Altenburg führte aus, dass bei den gespielten Lagen ein Geländestreifen von ca. 40 bis 60 km entlang des Eisernen Vorhangs mit taktischen Nuklearwaffen komplett verwüstet worden wäre, was er auf 1:50 000-Karten festgehalten habe. Dies war insofern unrealistisch, als man nach seiner Auffassung nicht das Land, das man verteidigen will, zerstören sollte. Siehe dazu auch: Maizière, In der Pflicht, S. 243.

unmittelbar den »Übergang zum neuen Denken«[870] dar. Auch auf dieser Ebene der militärischen Führungsorganisation zeichnete sich also eine weitere Zäsur in der Kriegsbilderentwicklung bereits ab. Obwohl die NATO-Strategie der Angemessenen Reaktion bzw. Flexible Response erst am 16. Januar 1968 verabschiedet werden sollte, stand die Entscheidung über den Einsatz atomarer Waffen schon ab 1962/63 offenkundig verstärkt unter großen politischen Vorbehalten.[871]

Auch wenn die Bundesregierung samt Führungsstab der Bundeswehr an ihrem Kurs der nuklearen Teilhabe zunächst festhielt und eine lange konventionelle Phase ablehnte, musste sie sich den amerikanischen Vorgaben letztlich fügen. Der amerikanische Hegemon gestand den Westdeutschen keine Verfügungsgewalt über Kernwaffen zu. 1963 besiegelte das Moskauer Atomteststoppabkommen das Ende der westdeutschen nuklearen Ambitionen unter Adenauer. Weitere Bemühungen des im November 1963 gewählten Bundeskanzlers Ludwig Erhard, die nukleare Teilhabe doch noch zu erreichen, sollten ebenfalls ohne Erfolg bleiben. Aufgrund der Abhängigkeit von den amerikanischen Atomwaffen blieb in Sachen Kriegsbild eigentlich gar keine echte Alternative zum amerikanischen Kurs, der auf eine Begrenzung des möglichen Krieges in Europa abzielte.[872]

Dieser neue Kurs manifestierte sich mittlerweile auch in maßgeblichen NATO-Dokumenten. In »The long term threat assessment« (MC 100) vom 24. Januar 1963 galt ein von den Sowjets bewusst vom Zaun gebrochener allgemeiner Atomkrieg schon als nahezu ausgeschlossen.[873] Und im Emergency Defence Plan des SACEUR aus dem selben Jahr wurde bereits zwischen einem »general war« und einer »aggression less than general war« unterschieden.[874] Dieter Krüger hat dies als sukzessive Aufweichung der NATO-Strategie und Aushöhlung des nuklearen Automatismus bewertet.[875] Im Juli 1963 ist eine solche Aufweichung, besser gesagt Ausdifferenzierung der Denkmuster im Sinne Baudissins, bereits im Leitbild vom möglichen Krieg für die Bundeswehr do-

---

[870] Sie bedeuteten vor allem eine Erhöhung der konventionellen Abschreckungsfähigkeit, die der nuklearen als Teil der Gesamtabschreckung vorgeschaltet war. Zeitzeugengespräch mit General a.D. Wolfgang Altenburg, Lübeck-Travemünde, 11.6.2014.

[871] Altenburg, Die Nuklearstrategie, S. 329 f.

[872] Krüger, Der Strategiewechsel, S. 57; Krüger, Schlachtfeld Bundesrepublik?, S. 195−204; Larres, Sicherheit mit und vor Deutschland, S. 41−61; Gablik, Strategische Planungen, S. 27 und 364; Thoß, »Je mehr Bundeswehr, desto weniger Atombomben«, S. 127. Auch Ludwig Erhard war ein Verfechter des Abschreckungsdenkens. So galt ihm die Idee eines Begrenzten Krieges gleichsam als Einladung dazu. Doch auch die MLF entpuppte sich 1965 statt als erhofftes Mittel der Mitbestimmung über den Einsatz als Instrument der Nichtverbreitung von Atomwaffen. Knoll, Atomare Optionen, S. 297−313 und S. 316; Kaplan, Strategic Problems, S. 12. Zur NATO-Nuklearstreitmacht MLF siehe: Steinhoff/Pommerin, Strategiewechsel, S. 122−131. Bezeichnend dafür, dass die Impulse für diese Entwicklung aus den USA kamen, ist Krügers Kapitelbezeichnung »Das neue Kriegsbild und die Bundeswehr«. Krüger, Der Strategiewechsel, S. 57.

[873] Krüger, Schlachtfeld Bundesrepublik?, S. 195.

[874] BArch, BW 2/1732, Fü B III 1, Tgb.Nr. 6340/64, Strategische Auffassungen der NATO-Partner und das deutsche strategische Konzept, Bonn, 23.10.1964, S. 2. Siehe hierzu auch: Hammerich, Kommiss kommt von Kompromiss, S. 116; Lemke, Konzeption und Aufbau der Luftwaffe, S. 225.

[875] Krüger, Der Strategiewechsel, S. 54.

IV. Die Entwicklung von Kriegsbildern

kumentiert. Generalinspekteur Foertsch stellte nun als Sprachregelung zum Kriegsbild klar, dass drei Kriegsarten zu unterscheiden seien: »1. Allgemeiner Krieg [...] 2. Begrenzter Krieg [...] 3. Verdeckter Kampf«[876]. Darunter verstand Foertsch jeweils eine

> »1. [...] weltweite, mit strategischen und taktischen Nuklearwaffen uneingeschränkt geführte Auseinandersetzung [...] 2. [...] nach politischer Zielsetzung, Raum, Art und Umfang der eingesetzten Kampfmittel sowie Zielauswahl begrenzte nukleare oder nichtnukleare Auseinandersetzung [...] 3. [...] Auseinandersetzung mit verdeckten Mitteln und Methoden mit irregulären Kräften gegen Wehrpotenzial.«[877]

Auch wenn in der Forschung darauf hingewiesen worden ist, dass die deutsche Hinwendung zum Bild des »limited war« als diplomatisches Entgegenkommen gegenüber der amerikanischen Politik vor dem Hintergrund des Kennedy-Besuches in der Bundesrepublik Ende Juni 1963 zu verstehen ist,[878] zeichnete sich hier eine Zäsur in der Kriegsbilderentwicklung bereits ab. Das »Deutsche Strategische Konzept für die Verteidigung in Mitteleuropa«,[879] das Foertsch am 14. Oktober 1963 als vom Verteidigungsminister gebilligte Weisung erließ, stellte einen weiteren Schritt in diese Richtung dar. Die einleitende Bemerkung des Generalinspekteurs, es sei »unsere Auffassung, die ich bei Plan- und Gefechtsuebungen zu vertreten bitte«,[880] machte den Charakter eines Kriegsleitbildes sehr deutlich. Besonders interessant ist an diesem Dokument, dass sowohl eine mit taktischen Nuklearwaffen unterstützte »major aggression« in Mitteleuropa als auch eine »limited aggression«[881] zur Gewinnung von Faustpfändern als unwahrscheinlich bewertet wurden.[882] Als wahrscheinlich wurde jetzt eine von der Sowjetunion und ihren Satellitenstaaten ausgehende »konventionelle major aggression«[883] dargestellt, die zum baldigen Einsatz von Nuklearwaffen durch die NATO im Rahmen der »Vorwaertsverteidigung am

---

[876] BArch, BW 8/I/897, Der Generalinspekteur der Bundeswehr, Fü B III 4, Az. 31-06-01-10b, Schreiben betreffend »Kriegbild«, Bonn, 30.7.1963, S. 1. In diesem Sinne auch Foertsch, Strategie des Friedens, S. 3.

[877] BArch, BW 8/I/897, Der Generalinspekteur der Bundeswehr, Fü B III 4, Az. 31-06-01-10b, Schreiben betreffend »Kriegbild«, Bonn, 30.7.1963, S. 1.

[878] Gablik, Strategische Planungen, S. 353.

[879] BArch, BW 2/5783, Weisung des Generalinspekteurs der Bundeswehr fuer das Deutsche Strategische Konzept, BMVtdg, Fue B III 1, Tgb.Nr. 5330/63, Bonn, 14.10.1963, Anlage, S. 1–10. Ebenfalls zu finden unter: BArch, BW 2/1732, Fü B III 1, Anlage zu Az. 31-08-42, Tgb.Nr. 5330/63, Deutsches strategisches Konzept für die Verteidigung in Mitteleuropa.

[880] BArch, BW 2/5783, Weisung des Generalinspekteurs der Bundeswehr fuer das Deutsche Strategische Konzept, BMVtdg, Fue B III 1, Tgb.Nr. 5330/63, Bonn, 14.10.1963, S. 1. Im Verteiler standen Bundeskanzleramt, Auswärtiges Amt für militärische Vertretung in der NATO-Botschaft Paris, Kommando der Territorialen Verteidigung, Führungsakademie der Bw mit den Studiengruppen Bundeswehr, Heer, Luftwaffe und Marine, Stab für NATO-Übungen, Abteilungen im BMVg sowie die Führungsstäbe der Teilstreitkräfte, schließlich noch der Inspekteur des Sanitätsdienstes. Ebd., S. 2.

[881] Ebd.

[882] Ebd., S. 5.

[883] Ebd., S. 2.

Eisernen Vorhang« führen würde.[884] Denn dieses Kriegsleitbild ging davon aus, dass eine längere konventionelle Verteidigung in Mitteleuropa wegen der fehlenden Tiefe des Verteidigungsraumes und der modernen Waffensysteme nicht möglich sei.[885] Da sich aus Sicht des Generalinspekteurs die maritime Überlegenheit der NATO nicht mehr für den ersten entscheidenden Kampf in Mitteleuropa auswirken würde,[886] spielte die Bundesmarine im künftigen Krieg nur noch eine untergeordnete Rolle. Die Seestreitkräfte hätten im Kriegsfall die Aufgabe, dem Gegner die Operationsfreiheit in der Ostsee, vor allem für Landungsoperationen in der westlichen Ostsee, zu verwehren.

Diese Abwertung der Marine im Kriegsleitbild deckte sich durchaus mit der Selbsteinschätzung der Marineführung, zu der die amerikanischen Vorstellungen vom begrenzten, zunächst rein konventionell geführten Krieg vor allem ab 1962 über den Sumpreme Allied Commander Atlantic (SACLANT) gelangt waren.[887] Im Kriegsbild der Bundesmarineführung wurde die eigene Rolle gerade zu jener Zeit deutlich bescheidener. Hatte Ruge noch die strategische Bedeutung der Ostsee in einem Allgemeinen Krieg herausgestellt und den Anspruch auf eigene »Verteidigung vorn«[888] erhoben, war das Denken mit dem Wechsel zum neuen Inspekteur der Marine, Karl-Adolf Zenker, seit 1961 zunehmend selbstkritisch geworden. Der maßgebliche neue Kopf innerhalb der Marineführung, Edward Wegener,[889] musste feststellen, dass die Ostsee gegenüber den Operationen der Landstreitkräfte in Mitteleuropa mittlerweile wohl eher einen Nebenkriegsschauplatz darstellen würde. Hinzu kam, dass die Bundesmarine wegen der quantitativen und nun auch qualitativen Überlegenheit der Baltischen Flotte, vor allem im Bereich der Seeluftstreitkräfte und Flugkörperausstattung, die Seeherrschaft weitgehend dem Gegner würde überlassen müssen. Aus den Studien und Planspielen der Bundesmarine Anfang der 1960er Jahre ergab sich immer wieder eine gewisse »Hilflosigkeit«[890] gegenüber der erdrückenden Übermacht aus dem Osten. Zur gleichen Einschätzung gelangte auch Heinrich Gerlach, der Wegener im Dezember 1962 als konzeptioneller Kopf der Marine nachfolgte.[891]

---

[884] Ebd., S. 2 f.
[885] Ebd., S. 5 f. und 10.
[886] Ebd., S. 6.
[887] Sander-Nagashima, Die Bundesmarine 1950 bis 1972, S. 230.
[888] Ruge, Die Seeflanke, S. 284.
[889] Wegener war von 1957 bis 1960 als Kapitän zur See Marineattaché in Washington und seit Frühjahr 1961 als Flotillenadmiral Unterabteilungsleiter II im Fü M. Zur Biografie und zu seinen konzeptionellen Vorstellungen siehe: Wegener, Moskaus Offensive zur See.
[890] Sander-Nagashima, Die Bundesmarine 1950 bis 1972, S. 164; Doepgen, Die Konzeptionen, S. 147–168. Eine NATO-Analyse bei COMNAVBALTAP 1963 ergab, dass die NATO-Streitkräfte in der Ostsee bei intensiver Seekriegführung binnen 48 Stunden aufgerieben sein könnten. Arendt, Die Bundesmarine, S. 128.
[891] BArch, BM 1/879, Der Bundesminister für Verteidigung, Fü M II 1, Az. 07-11-00, Tgb.Nr. 613/60, Bonn, 4.3.1960, S. 3 f.; Sander-Nagashima, Die Bundesmarine 1950 bis 1972, S. 239–244, 252–267 und 286. Tatsächlich spielte in den Übungen der Warschauer Vertragsorganisation die Besetzung der Ostseeausgänge neben der Landkriegführung in Zentraleuropa von 1961 bis Mitte der 1980er Jahre eine Rolle. Jensen, The Warsaw Pact's special target, S. 95–117.

Aufgabe der Luftstreitkräfte in Foertschs Weisung wäre es gewesen, das Mitteleuropa bedrohende feindliche Potenzial zu zerschlagen, vor allem durch die Nahunterstützung von Land- und Seestreitkräften, ggf. aber auch mit einem selektiven Nuklearwaffeneinsatz bis hin zur Ausführung des strike-Auftrags im Nuklearkrieg. Hier wurde gegenüber dem Vorjahr eine neue Akzentuierung in der Rolle deutlich. Die Landstreitkräfte, nun wieder von größerer Bedeutung, müssten den Kampf bei Beginn einer Aggression am Eisernen Vorhang aufnehmen, mit allen verfügbaren Kräften und Mitteln Gegenangriffe durchführen und sich auf einen raschen Übergang zur nuklearen Kriegführung einstellen.[892] Ruft man sich die Erkenntnisse aus den vergangenen Unter-/Kapiteln III. und IV.1 in Erinnerung, war dies nicht das erste Mal, dass westdeutschen Streitkräften das Leitbild eines notwendigerweise kurzen Krieges vorgegeben wurde. Im Grunde handelte es sich nun um das Szenario eines kurzen europäischen Regionalkonflikts.

Durch die jüngsten Entwicklungen, insbesondere die Impulse aus den USA konnte sich die ehemalige Doppelspitze der Bundeswehr, Heusinger und Speidel, eigentlich in ihren Einschätzungen zum begrenzten Krieg, die sie bereits 1956 unter anderen Vorzeichen geäußert hatte, bestätigt sehen, sieht man davon ab, dass sie zwischenzeitlich die Vorwärtsverteidigung mit allen Mitteln betrieben hatten. Bereits im Juli 1958 hatte Heusinger in seiner bereits beschriebenen Zerrissenheit beispielsweise in der CDU/CSU-nahen Zeitschrift »Evangelische Verantwortung« einen Aufsatz zum Thema »Militärische Fragen der Verteidigung« veröffentlichen lassen, in dem er ausführte, dass interkontinentale Nuklearkriege mit wachsenden Atompotenzialen immer unwahrscheinlicher würden, während die Möglichkeit begrenzter Kriege und kleiner Konflikte zunähme.[893] Zugleich hatte der damalige Generalinspekteur dort seiner Hoffnung Ausdruck verliehen, dass die Atomwaffen »überhaupt aus dem Kriegsgeschehen herauszunehmen«[894] wären. Auch nach der Logik Speidels war ein Nuklearkrieg umso unwahrscheinlicher, je mehr Nuklearpotenziale aufgebaut würden.[895] Deshalb hatte er zum Beispiel bei seinen »Gedanken zur militärpolitischen Lage«, die er im Rahmen eines Vortrags am 4. November 1959 an der Technischen Hochschule in Stuttgart formuliert hatte, Wert darauf gelegt, nach einem allgemeinen Nuklearkrieg

---

[892] BArch, BW 2/5783, Weisung des Generalinspekteurs der Bundeswehr fuer das Deutsche Strategische Konzept, BMVtdg, Fue B III 1, Tgb.Nr. 5330/63, Bonn, 14.10.1963, Anlage, S. 7 f.
[893] BArch, N 643/142, Nachlass Adolf Heusinger, Aufsatz »Militärische Fragen der Verteidigung«. In: Evangelische Verantwortung. Politische Briefe des evangelischen Arbeitskreises der christlich-demokratischen/christlich-sozialen Union, 6 (1958), 7, S. 2–8.
[894] Ebd., S. 8. Inhaltlich ähnlich auch: BArch, BW 2/1800, Handakte des Generalinspekteurs, Vortrag »Die Weltstrategische Lage« vor der Deutschen Atlantischen Gesellschaft, ohne Az./Tgb.Nr., Stuttgart, 25.2.1959, S. 65–108. In der Interpretation von Fü S erscheint die Flexible Response als »ein Gedanke übrigens, den General Heusinger in den ersten Ansätzen schon 1956 in Washington zur Abmilderung des starren Konzepts der massiven Vergeltung vorgetragen hatte.« BArch, BW 2/20377, Der Bundesminister der Verteidigung, Fü S VII 4, Tgb. Nr. 631/67, Die Entwicklung des neuen strategischen Konzepts der NATO, seine Bedeutung und Folgen aus deutscher Sicht, Bonn, 21.7.1967, S. 2.
[895] ZMSBw, Sammlung Militärgeschichte 1945–1990, Nachlass Speidel, Mappe 262a »Vorträge. Gehalten ab 1951/52«, hier: Ergänzung S. 29 f.

auch die an Wahrscheinlichkeit gewinnende »Möglichkeit [...] eines begrenzten Krieges«[896] und »eine Verlagerung der Gewichte auf die konventionellen Streitkräfte«[897] anzusprechen. Im Bezug auf Kriegsbilder kann deshalb durchaus die These vertreten werden, dass Heusinger und Speidel eine Art Flexible Response gedanklich vorweggenommen haben.[898] Es bahnte sich hier bereits ein gedanklicher Ausweg aus dem nuklearen Dilemma an, der bald beim selektiven Nuklearwaffeneinsatz enden sollte.

In der weiterhin innerhalb der Bundeswehrführung schwelenden Auseinandersetzung um die Deutungshoheit über den künftigen Krieg zwischen Nuklearbefürwortern und -kritikern gerieten erstere nun unter Druck. Zwar ist in der Forschung zurecht darauf hingewiesen worden, dass die Grenzen dieser beiden Gruppierungen nicht klar definiert waren und quer durch die Teilstreitkräfte verlaufen konnten,[899] doch wurde das Selbstbild der Luftwaffe durch die jüngsten Entwicklungen zweifellos am heftigsten erschüttert. Denn die Hinwendung zum begrenzten Krieg verlieh dem Aspekt der Luftunterstützung für die eigenen Bodentruppen neues Gewicht.[900] Die Luftwaffenführung befürchtete folglich eine Verlagerung des eigenen Einsatzschwerpunktes auf eine Kampfunterstützung des Heeres auf Kosten des Kampfes gegen das Atompotenzial und die Luftstreitkräfte des Feindes.[901] Hier war nun die von Kammhuber gepflegte Königsrolle der Luftstreitkräfte in einem allgemeinen Nuklearkrieg massiv infrage gestellt. Stattdessen drohte die zahlenmäßig noch recht schwach aufgestellte Luftwaffe in einer konventionellen Kriegführung nach wenigen Tagen, vielleicht auch nur Stunden aufgerieben zu werden.[902]

Bereits im April 1961 hatte die Abteilung Luftwaffe an der Führungsakademie der Bundeswehr eine Studie darüber angefertigt, wie ein von sowjetischer Seite mit konventionellen Waffen gegen Westeuropa unternommener Angriff mit konventionellen Waffen abgewehrt werden könnte.[903] Die Bilanz war sehr ernüchternd ausgefallen:

---

[896] Ebd., Mappe 262a »Vorträge. Gehalten ab 1951/52«, hier: »Gedanken zur militärpolitischen Lage. Technische Hochschule Stuttgart, 4.11.1959«, S. 11.
[897] Ebd.
[898] Gablik, Strategische Planungen, S. 183. Zwischen 1960 und 1963 gehörte bezeichnenderweise Maxwell D. Taylor zu Speidels Gesprächs- und Korrespondenzpartnern. Siehe dazu: Korrespondenz Speidels mit Maxwell D. Taylor 1960 bis 1963. ZMSBw, Sammlung Militärgeschichte 1945–1990, Nachlass Dr. Hans Speidel, Mappe 109 »Korrespondenz: Ausland (A–Z)«; ebd,, Mappe 69, ohne Beschriftung, »Statement made by General Maxwell D. Taylor, USA, before the Senate Armed Services Committee, on Thursday, 9 August 1962«; ebd., The White House Washington, Brief von Maxwell D. Taylor an General Dr. Hans Speidel, Washington, 15.8.1962.
[899] Gablik, Strategische Planungen, S. 394. Eckart Conze sah für Anfang der 1960er Jahre »mit der Frage von Strategie und Kriegführung im Nuklearzeitalter unterschiedliche Ausprägungen militärischen Denkens und unterschiedlich ausgeformte mititärische Erfahrungen« sich gegenüberstehen, die um die dominante Rolle rangen. Conze, Griff nach der Bombe?, S.69.
[900] Krüger, Der Strategiewechsel, S. 53.
[901] Lemke, Konzeption und Aufbau der Luftwaffe, S. 221.
[902] Ebd., S. 202. Krüger, Schlachtfeld Bundesrepublik?, S. 196.
[903] BArch, BL 1/1753, Führungsakademie der Bundeswehr, Abteilung Luftwaffe, Az. 31, Tgb. Nr. 7/61, Studie betreffend Abwehr mit konventionellen Waffen, Hamburg, 25.4.1961.

»In der gegenwärtigen Situation sind die westeuropäischen Luftstreitkräfte nur in geringem Umfange, kurze Zeit und in begrenztem Raum in der Lage, einen Abwehrkampf gegen einen mit konventionellen Waffen unternommenen Angriff mit konventionellen Mitteln zu führen.«[904]

Die abschließende Feststellung, dass »ein konventioneller Krieg mit Mitteln der Luftwaffe nicht entschieden werden«[905] könnte, machte die drohende Marginalisierung dieser Teilstreitkraft im Bild eines konventionell begrenzten Krieges deutlich. Steinhoffs Studie zur Luftverteidigung vom November 1961 hatte ebenfalls zu der Einschätzung geführt, dass die Luftwaffe in einem rein konventionellen Kampf in kurzer Zeit aufgerieben würde.[906] An dieser Rolle in einem künftigen Krieg konnte der Luftwaffenführung jedoch nicht gelegen sein. Das erklärt auch, warum sich die Luftwaffe entschieden gegen die Vorstellung wehrte, konventionelle Kampfaufträge zu übernehmen.[907] Nicht nur war die Führungsorganisation der Luftwaffe entsprechend dem bisherigen Leitbild auf einen Atomkrieg eingerichtet,[908] auch das Hauptwaffensystem F-104 G war ausschließlich als Nuklearwaffenträger beschafft worden und für Aufgaben der konventionellen Kriegführung ungeeignet.[909] Nicht zuletzt war nun die bisherige Technikgläubigkeit bei der Luftwaffe infrage gestellt.

Doch noch beharrte die Luftwaffenführung auf ihren alten Denkmustern und ging allenfalls von der Annnahme aus, dass »konventionelle Kriege – soweit es die Luftkriegführung angeht – voraussichtlich sehr begrenzt bleiben«[910] würden. Um die Fähigkeit zur weiterhin als entscheidend wahrgenommenen Atomkriegführung nicht zu verlieren, könnten daher – so lautete die Argumentation – nur Teile der Luftwaffe im begrenzten Krieg eingesetzt werden.[911] Anfang 1964 beschwor der Inspekteur der Luftwaffe Panitzki deshalb noch einmal die Priorität des »Strikes« in der NATO.[912] Die Ambitionen der Amerikaner zu einer langen konventionellen Kriegführung versuchte die Luftwaffenführung indessen als realitätsferne Träumerei zu entlarven.[913] Und tatsächlich wurden die militärischen Fähigkeiten zur konventionellen Verteidigung Westeuropas zu jener Zeit überschätzt. Eine längere Durchhaltefähigkeit für einen Krieg war einfach nicht gegeben. Selbst die Voraussetzungen für eine weitere schnelle konventionelle Aufrüstung fehlten sowohl in personeller wie auch in finanzieller Hinsicht.[914]

---

[904] Ebd., S. 19 f.
[905] Ebd., S. 20.
[906] Lemke, Konzeption und Aufbau der Luftwaffe, S. 207.
[907] Gablik, Strategische Planungen, S. 268.
[908] BArch, BL 1/1753, Führungsakademie der Bundeswehr, Abteilung Luftwaffe, Az. 31, Tgb. Nr. 7/61, Studie betreffend Abwehr mit konventionellen Waffen, Hamburg, 25.4.1961, S. 11.
[909] Lemke, Konzeption und Aufbau der Luftwaffe, S. 212; Krüger, Der Strategiewechsel, S. 57.
[910] BArch, BL 1/1753, Führungsakademie der Bundeswehr, Abteilung Luftwaffe, Az. 31, Tgb. Nr. 7/61, Studie betreffend Abwehr mit konventionellen Waffen, Hamburg, 25.4.1961, S. 17.
[911] Ebd., S. 15 f.
[912] Krüger, Der Strategiewechsel, S. 57; Krüger, Schlachtfeld Bundesrepublik?, S. 210.
[913] Lemke, Konzeption und Aufbau der Luftwaffe, S. 199.
[914] Steinhoff/Pommerin, Strategiewechsel, S. 171 f.; Hammerich, Kommiss kommt von Kompromiss, S. 117; Gablik, Strategische Planungen, S. 281. Der angestrebte Kriegsvorrat bis

Möglicherweise schärfte diesmal die »Frontstaatenmentalität«[915] den Realitätssinn der Westdeutschen. Aus taktischen Gründen erklärten sie zunächst, allenfalls den Angriff eines verstärkten Regiments konventionell abwehren zu können.[916] Demnach hätte der Westen dann – sollte er nicht dazu in der Lage sein, rechtzeitig große konventionelle Reserven heranzuführen – wohl auf Nuklearwaffen zur Verteidigung zurückgreifen müssen. Zwar stand neben der Bundesregierung auch der Allianzpartner Frankreich einer Denuklearisierung der Bündnisstrategie kritisch gegenüber, doch brachte die Festlegung auf die Massive Retaliation die Luftwaffe fortan bei der Entwicklung von Kriegsbildern zunehmend ins Abseits.[917]

Ganz anders verhielt es sich mit der Riege der Nuklearkritiker, die durch die amerikanischen Impulse zur konventionellen Kriegführung neuen Auftrieb erhielten. Die These, dass die Massive Retaliation im Führungsstab der Bundeswehr ohnehin zu keiner Zeit eine befürwortende Mehrheit gefunden hätte,[918] ist anhand der Aktenlage schwer nachzuweisen. Zumindest wollten schon seit einiger Zeit Offiziere – meistens aus dem Heer stammend – wie Heusinger und Speidel, aber vor allem auch Trettner und de Maizière, bei der Formulierung eines Leitbildes vom Krieg die konventionelle Option in den Vordergrund rücken.[919] Trettner, der im Januar 1964 zum neuen Generalinspekteur der Bundeswehr ernannt wurde, hatte sich schon 1960 als Kommandierender General des I. Korps für die konventionelle Kriegführung stark gemacht. Den Masseneinsatz von Atomwaffen lehnte er grundsätzlich ab.[920] Im Rahmen der jährlich bei der NORTHAG stattfindenden Übung »Make Fast« im Juli 1960 hatte er beispielsweise die »Vorstellung eines begrenzten Atomkrieges, der sich nicht zum totalen Krieg ausweitet«,[921] vertreten. Auch de Maizière, der nach seiner Verwendung als Kommandeur

---

1970 beschränkte sich auf 20 SHAPE-Tage. BArch, BW 2/5783, »Weisung der Unterabteilung Logistik des Fuehrungsstabes der Bundeswehr fuer Kriegsvorrat und Versorgung der Bundeswehr im Kriege«, Fue B V 1, Az. 31-06-01-04, Tgb.Nr. 818/64, Bonn, 3.3.1964, S. 1.

[915] Gablik, Strategische Planungen, S. 393. Doch hat andererseits Dieter Krüger dargestellt, wie die Entscheidungsträger im Verteidigungsministerium die bittere Wahrheit über die strategische Lage Mitteleuropas verdrängten. Krüger, Schlachtfeld Bundesrepublik?, S. 193.

[916] Ebd., S. 193.

[917] Gablik, Strategische Planungen, S. 163; Gablik, »Eine Strategie kann nicht zeitlos sein«, S. 317; Lemke, Konzeption und Aufbau der Luftwaffe, S. 216; Krüger, Schlachtfeld Bundesrepublik?, S. 195.

[918] Gablik, »Eine Strategie kann nicht zeitlos sein«, S. 317.

[919] Hammerich, Kommiss kommt von Kompromiss, S. 115; Gablik, Strategische Planungen, S. 298.

[920] Hammerich, Kommiss kommt von Kompromiss, S. 119; Gablik, Strategische Planungen, S. 192.

[921] BArch, BH 1/27520, General der Pioniertruppen, Az. 34-01-22, Tgb.Nr. 2569/60, Bericht über die NATO-Planübung »Make Fast VIII«, Köln, 28.7.1960, S. 3. Speidel hatte bereits 1959 – neben dem damals dominierenden totalen Krieg – drei Formen eines begrenzten Krieges unterschieden: »Kriege, die geographisch begrenzt sind [...] Kriege, die nach Mitteln und Waffen begrenzt sind [...] Kriege, die nach Raum, Mitteln und Waffen lokalisiert und begrenzt sind.« ZMSBw, Sammlung Militärgeschichte 1945–1990, Nachlass Speidel, Mappe 262a »Vorträge. Gehalten ab 1951/52«, hier »Gedanken zur militärpolitischen Lage. Technische Hochschule Stuttgart, 4.11.1959«, S. 11.

IV. Die Entwicklung von Kriegsbildern _____ 291

der Führungsakademie 1964 zum Inspekteur des Heeres ernannt wurde, hatte schon Lehrgangsteilnehmer in Hamburg darauf hingewiesen, dass die damals gültige Auffassung, nach der jede kriegerische Auseinandersetzung im mitteleuropäischen Raum gleich oder nach einer gewissen Anlaufzeit in einen großen Atomkrieg münden müsse, keineswegs unumstritten sei. Der neue Inspekteur des Heeres war der Ansicht, dass Atomwaffen im operativen Denken deutscher Offiziere eine zu große Rolle spielten. In seinen Augen stellten Nuklearwaffen keinen Ersatz für fehlende konventionelle Streitkräfte dar.[922]

Mit den Personalveränderungen von 1964 an der Spitze der militärischen Führung der Bundeswehr bahnte sich beim Kriegsbild ein Paradigmenwechsel im Sinne der Nuklearkritiker und zugleich im Interesse des Heeres an. Insofern kehrte die von Heusinger und Speidel noch in den 1950er Jahren in der Argumentation mit den Amerikanern lancierte Idee vom begrenzten Krieg 1963 unter anderen Vorzeichen nach Westdeutschland zurück, wo sie 1964/65 von Trettner und de Maizière neu aufgegriffen werden konnte. Dabei sollten zwar die konventionellen Fähigkeiten zur Vervollständigung der Abschreckung ausgebaut werden, die Nuklearwaffen behielten allerdings ihre Bedeutung im Sinne der Gesamtabschreckung.

Sowohl de Maizière als auch Trettner waren realistisch genug, um sich der Schwächen des Westens im konventionellen Bereich bewusst zu sein. Eine Bedrohungsanalyse von der Abteilung III des Führungsstabes der Bundeswehr für Europa-Mitte und Ostsee vom Januar 1964 hatte das Kriegspotenzial des Warschauer Paktes noch einmal deutlich gemacht.[923] Speidel, zu dieser Zeit bereits im Ruhestand, sprach von der »Unzulänglichkeit«[924] der NATO-Streitkräfte. Nicht zuletzt deshalb vertrat Trettner wie sein Vorgänger im Amt des Generalinspekteurs im Juli 1964 die Ansicht, »dass ein laengerer Krieg – konventionell oder nuklear – fuer Mitteleuropa untragbar ist«.[925] Sein Kriegsbild

---

[922] Maizière, In der Pflicht, S. 239–279, bes. S. 277; Zimmermann, Ulrich de Maizière, S. 240; Gablik, Strategische Planungen, S. 395.

[923] BArch, BM 1/69, Anlage 1 zu Chef Fü B III 4, Az. 31-06-01-04, Tgb.Nr. 260/64, Bonn, 15.1.1964, S. 1. Bei Landstreitkräften in der ersten Welle 34 Divisionen (20 sowjet. und 14 der Satelliten), in der zweiten Welle 40 Divisionen (30 sowjet. und 10 der Satelliten) sowie in der dritten Welle 28 Divisionen (24 sowjet. und 4 der Satelliten). Ferner 2400 Flugzeuge der taktischen Luftstreitkräfte (JaBo, le Bomber, Aufklärer), dann an Seestreitkräften starke Über- und Unterwasserstreitkräfte sowie Marinefliegerverbände, ca. 600 bis 700 Abschussstellungen MRBM und IRBM in der europ. Sowjetunion, zum Teil gegen Ziele in der Bundesrepublik gerichtet. Sowie ein beachtliches Potenzial an subversiven Kräften in der Bundesrepublik und in anderen NATO-Ländern.

[924] ZMSBw, Sammlung Militärgeschichte 1945–1990, Nachlass Speidel, Mappe 266 »Verteidigung Mitteleuropa«, hier »Gedanken zur Verteidigung Europas«, Freudenstadt, 15.10.1964, S. 13. Die amerikanische Übung »Big Lift« von 1963 zur vermeintlich schnellen Verlegung von US-Truppen nach Zentraleuropa hatte eher den Charakter eines Beruhigungsmittels. Kaplan, Strategic Problems, S. 16.

[925] BArch, BW 2/5783, Weisung des Generalinspekteurs der Bundeswehr fuer die Bereitstellung des personellen Ersatzes fuer zu erwartende Verluste im Kriegsfall, Fue B III 4, Az. 31-06-01-04, Tgb.Nr. 3839/64, Bonn, 13.7.1964, S. 1.

stand im Unterschied zum Kriegsbild von Foertsch immerhin »zwischen konventioneller Kampffuehrung und selektivem Einzeleinsatz nuklearer Waffen«.[926]

Im Sommer 1964 beauftragte Bundesverteidigungsminister von Hassel den Führungsstab der Bundeswehr, die strategischen Auffassungen der NATO-Partner mit den deutschen zu vergleichen, was erneut zu einem deutschen Bekenntnis zum frühzeitigen selektiven Einsatz nuklearer Gefechtsfeldwaffen führte. Der Gegner sollte so gezwungen werden, seinen Angriff einzustellen oder den Weg der nuklearen Eskalation zu beschreiten. An dieser Stelle traten unterschiedliche Interpretationen eines begrenzten Krieges durch die westdeutsche, amerikanische, britische und französische Militärführung zutage. Während die Westdeutschen ihre Hoffnungen darauf setzten, dass die Kriegshandlungen nach einem frühzeitigen, selektiven Nuklearwaffeneinsatz eingestellt würden, sahen Amerikaner und Briten hingegen diesen Einsatz erst spät vor, um die Eskalation zu einem allgemeinen Nuklearkrieg, der über das europäische Festland hinausreichen würde, zu verhindern. Allerdings traten die Franzosen für einen sofortigen Einsatz ihrer weitreichenden Nuklearwaffen ein, sobald eine eindeutige Aggression gegen das französische Mutterland festzustellen wäre.[927] Insofern ist einer zeitgenössischen These zu widersprechen, dass es für Staaten ohne eigene Kernwaffen kein unabhängiges nationales Kriegsbild mehr gegeben habe.[928] Die militärische Führung der Bundeswehr entwickelte zum Teil eigentümliche Vorstellungen, die – insbesondere in ihrem Führungsstab – am strategischen Prinzip einer lückenlosen Abschreckung ausgerichtet und deshalb ein Stück weit alten Denkmustern verhaftet waren. Die Nuklearwaffen blieben darin das Mittel der Kriegsentscheidung. Der Einsatz taktischer Nuklearwaffen würde jedoch – so das im Jahre 1964 zunehmend auch im Führungsstab um sich greifende Verständnis – nicht zwangsläufig den strategischen Nuklearkrieg nach sich ziehen.[929]

Die Übung »Fallex 64«, deren Anlage und Verlauf nur teilweise den westdeutschen Forderungen entsprachen, stellte einen Kriegsfall dar, bei dem nach einer angenommenen vierzehntägigen Spannungszeit am ersten Tag nur konventionell gekämpft würde, am zweiten einzelne Nuklearwaffen eingesetzt würden und ab dem dritten Tag ein allgemeiner, interkontinentaler Nuklearkrieg angenommen

---

[926] Ebd., S. 2. In diesem Sinne war zuvor schon die »Interne Planungsrichtlinie des Führungsstabes der Bundeswehr« zur »Ersten Kriegsphase« vom Februar 1964 verfasst worden. Ebd., Interne Planungsrichtlinie des Fuehrungsstabes der Bundeswehr im Zusammenhang mit dem Begriff der »Ersten Kriegsphase«, BMVtdg, Fue B V 1, Tgb.Nr. 578/64, Bonn, 15.2.1964, S. 1.

[927] BArch, BW 2/1732, Fü B III 1, Tgb.Nr. 6340/64, Strategische Auffassungen der NATO-Partner und das deutsche strategische Konzept, Bonn, 23.10.1964, S. 2−7 und 10 f. Siehe auch: Gablik, Strategische Planungen, S. 355; Hammerich, Kommiss kommt von Kompromiss, S. 116. Die Amerikaner sahen einen Nuklearwaffeneinsatz gemäß Äußerungen der Minister Rusk und McNamara nur dann vor, wenn vitale Interessen der USA auf dem Spiel stehen sollten. BArch, BW 2/1732, Fü B III 1, Tgb.Nr. 6340/64, Strategische Auffassungen der NATO-Partner und das deutsche strategische Konzept, Bonn, 23.10.1964, S. 2−5.

[928] Walitschek, Probleme des modernen Kriegsbildes, S. 200. Dies gilt zumindest, soweit das Kriegsbild wie in der vorliegenden Arbeit definiert wird.

[929] Gablik, Strategische Planungen, S. 357, 364, 378−382 und 405.

IV. Die Entwicklung von Kriegsbildern

wurde. Wenngleich es bei dieser Übung regelmäßig vor allem darauf ankam, Verfahrensweisen einzustudieren, bleibt festzuhalten, dass immerhin auch hier zwei Tage eines begrenzten Krieges dargestellt wurden.[930] Deutlich wurde dabei wiederum, »daß das Feldheer noch immer zu viel Zeit benötigt, bevor es abwehrbereit in den Verteidigungsräumen stehen kann«.[931] Insofern zog die militärische Führung der Bundeswehr die von den Amerikanern propagierten konventionellen Fähigkeiten zur Verteidigung Westeuropas erneut zu Recht in Zweifel.

Das Ringen um ein neues Leitbild vom möglichen Kriege wurde aber nicht nur im internationalen Gedankenaustausch[932] ausgetragen. An das Kriegsbild gebundene Verteilungskämpfe belasteten auf nationaler Ebene nach wie vor das Verhältnis zwischen den maßgeblichen Vertretern der Teilstreitkräfte Heer und Luftwaffe. Im September 1964 entbrannte beispielsweise zwischen dem Inspekteur des Heeres und dem Inspekteur der Luftwaffe eine Auseinandersetzung um die Ausstattung mit Mittelstreckenraketen. Auch um die Aufstellung der Heeresfliegertruppe wurde gestritten. Dass die Rolle der Luftwaffe immer noch stark an die Strukturen der NATO und damit letztlich an amerikanische Vorgaben geknüpft war, gereichte Panitzki vor dem Hintergrund der spezifisch westdeutschen Gedankengänge im Verteidigungsministerium diesmal zum Nachteil.[933] Ferner wurden Fragen zur Ausrichtung des strategischen Konzepts der NATO und der bundesdeutschen Position seit Ende 1962 zwischen dem Verteidigungsministerium und dem Auswärtigen Amt diskutiert.[934]

In dieser Zeit des ressort- und teilstreitkraftübergreifenden sowie internationalen Gedankenaustausches über Strategie-, Kriegführungs- und Bewaffnungsfragen mit allen positiven wie negativen Implikationen ließ Generalinspekteur Trettner ein neues Leitbild vom möglichen Kriege für die Bundeswehr

---

[930] ZMSBw, Sammlung Militärgeschichte 1945−1990, NHP-Dokument 153, Fü B III 1, 2. Anlage zu Fü B III 119/65, Vortrag über »Fallex« 1964, ohne Ort, 1.8.1963, S. 1 und S. 3. Wichtig war es deutlich zu machen, dass auch in zeitlicher Hinsicht die nukleare Einsatzfähigkeit der Allianz über die konventionelle Phase hinaus gegeben war. Zeitzeugengespräch mit General a.D. Wolfgang Altenburg, Lübeck-Travemünde, 11.6.2014. Siehe auch: Krüger, Der Strategiewechsel, S. 57 f.

[931] ZMSBw, Sammlung Militärgeschichte 1945−1990, NHP-Dokument 153, Fü B III 1, 2. Anlage zu Fü B III 119/65, Vortrag über »Fallex« 1964, ohne Ort, 1.8.1963, S. 4.

[932] Siehe dazu auch: Maizière, In der Pflicht, S. 249 f.

[933] In der Frankfurter Allgemeinen Zeitung erschien ein Artikel unter der Überschrift »Auch wir brauchen Mittelstrecken-Raketen«, in dem sich der Inspekteur der Luftwaffe zu dieser Problematik äußerte. Dazu erklärte der Inspekteur des Heeres: »Ich halte es für eine unmögliche Methode, dass derartige Probleme [...] in einer Tageszeitung von Führenden Soldaten in einer derartigen Form kritisch behandelt werden.« FAZ, D-Ausgabe vom 19.9.1964. In: BArch, N 857/24, Nachlass Alfred Zerbel, Inspekteur des Heeres, Schreiben an den Generalinspekteur, Bonn-Hardt, 19.9.1964. Zur Heeresfliegerproblematik siehe: Maizière, In der Pflicht, S. 262 f.; Lemke, Konzeption und Aufbau der Luftwaffe, S. 218.

[934] AAPD 1962, Bd 3, Dok. 502 vom 31.12.1962, S. 2128−2133. Diskutiert wurden vor allem die Bedrohungsarten seitens des Warschauer Paktes, die passende NATO-Strategie unter besonderer Berücksichtigung der deutschen Interessenlage sowie das strategische Konzept der Bundesrepublik.

ausarbeiten.[935] Es schlug sich schließlich am 21. Juli 1965 in der »Führungsweisung Nr. 1: Deutsche Auffassung zum strategischen Konzept der NATO«[936] nieder, die als Planungsgrundlage zum weiteren Ausbau der Bundeswehr für zehn Jahre dienen sollte. Es handelte sich – was Kriegsvorstellungen betraf – im Grunde um eine Zusammenfassung der innovativen Gedanken aus den vorhergehenden eineinhalb Jahren. Um einen eigenen Standpunkt samt Kriegsbild zu entwickeln, waren für Trettner nach eigenen Angaben darüber hinaus Gespräche mit dem General der US-Armee Earle Gilmore Wheeler, von 1964 bis 1970 Vorsitzender der Joint Chiefs of Staff, bedeutsam gewesen.[937] Auch an dieser Stelle wurde deutlich, dass wichtige Impulse für die Kriegsbilderentwicklung in der militärischen Führung der Bundeswehr gerade zu jener Zeit von den USA ausgingen, wenngleich es bei der spezifisch westdeutschen Interpretation des begrenzten Krieges blieb. Grundlage für Trettners »Führungsweisung für alle Bereiche der Bundeswehr«[938] war ein Kriegsbild, bei dem im Gegensatz zu den Vorgängerdokumenten nun offiziell in erster Linie von einem begrenzten Krieg als wahrscheinlichste Kriegsform ausgegangen wurde.[939] Zwar wurde die Möglichkeit eines allgemeinen, interkontinental geführten Atomkrieges, der durch den nuklearen Schlagabtausch mit strategischen Waffen geprägt wäre, der Vollständigkeit halber erwähnt,[940] dieser jedoch aufgrund der Zweitschlagfähigkeit und Auswirkungen der Nuklearwaffen als unwahrscheinlich bewertet und deshalb nicht weiter ausgeführt. Ähnlich verhielt es sich mit einem allgemeinen konventionellen Krieg, bei dem nach einem vorstellbaren Angriff mehrerer Armeen aus dem Osten in Zentraleuropa »die umfassende nu-

---

[935] Federführender Leiter bei Fü B III war zu dieser Zeit Brigadegeneral Bernd Freiherr Freytag von Loringhoven. Gablik, Strategische Planungen, S. 413.

[936] ZMSBw, Sammlung Militärgeschichte 1945–1990, NHP-Dokument 159, Fü B III 1, Az. 31-02-01-03, Tgb.Nr. 219/65, Führungsweisung Nr. 1. Deutsche Auffassung zum strategischen Konzept der NATO, Bonn, 21.7.1965.

[937] BArch, BW 2/20377, Der Bundesminister der Verteidigung, Fü S VII 4, Tgb.Nr. 631/67, Die Entwicklung des neuen strategischen Konzepts der NATO, seine Bedeutung und Folgen aus deutscher Sicht, Bonn, 21.7.1967, S. 2. Zur Biografie Wheelers siehe: Earle Gilmore Wheeler General, United States Army. In: <www.arlingtoncemetery.net/ewheeler.htm> (letzter Zugriff 23.7.2014). Ferner wurden im Jahr 1965 deutsch-amerikanische Studien zu den Themen »Atomic Demolition Munitions (ADM)« (Studie Nr. 1), »Fähigkeit des Warschauer Paktes zum Aufmarsch vor Europa-Mitte und Vorwarnzeit für NATO« (Studie Nr. 2), »Die Rolle der taktischen Luftstreitkräfte der NATO in Mitteleuropa« (Studie Nr. 3) und »Erdkampf-Doktrin 1970 bis 1980« (Studie Nr. 4) erstellt. ZMSBw, Sammlung Militärgeschichte 1945–1990, NHP-Dokument 160, Fü S III 1, Stand der Bearbeitung der deutsch-amerikanischen Studien, Bonn, 24.8.1965, S. 1–7.

[938] ZMSBw, Sammlung Militärgeschichte 1945–1990, NHP-Dokument 159, Fü B III 1, Az. 31-02-01-03, Tgb.Nr. 219/65, Führungsweisung Nr. 1. Deutsche Auffassung zum strategischen Konzept der NATO, Bonn, 21.7.1965, S. 4. Zur Akzeptanz Trettners siehe: Maizière, In der Pflicht, S.269.

[939] Hammerich, Kommiss kommt von Kompromiss, S. 117.

[940] ZMSBw, Sammlung Militärgeschichte 1945–1990, NHP-Dokument 159, Fü B III 1, Az. 31-02-01-03, Tgb.Nr. 219/65, Führungsweisung Nr. 1. Deutsche Auffassung zum strategischen Konzept der NATO, Bonn, 21.7.1965, S. 12 f. und 22.

kleare Reaktion der NATO unausweichlich«[941] wäre und der daher »nicht weiter behandelt«[942] wurde.

Zu erwarten war nach Trettners Kriegsleitbild vielmehr, dass eine Aggression des Warschauer Paktes, insbesondere aus den Stellvertreterstaaten, nach Zeit, Ort und Umständen so gewählt würde, dass sie »unter dem Schirm der nuklearen Drohung, Stufungen in der Gewaltanwendung zu nutzen versucht, die totale Reaktionen nicht rechtfertigen«.[943] Anders ausgedrückt: Vorstellbar war für den Generalinspekteur in Mitteleuropa lediglich ein kurzer konventionell geprägter Krieg, der aufgrund eines selektiven Einsatzes nuklearer Waffen schnell enden würde.[944] Denn die Abnutzung der eigenen Streitkräfte, insbesondere der Luftstreitkräfte, aber auch die Verwüstung des eigenen Territoriums in einem längeren, intensiv geführten konventionellen Krieg konnte gedanklich nicht akzeptiert werden.[945] Deshalb war es für Trettners Verständnis eines begrenzten Krieges wichtig, »eine Aggression schnell zu bereinigen«,[946] wie er es ja bereits ein Jahr zuvor hat verlautbaren lassen. Ganz deutlich wurde hier, dass eigentlich der Wunsch der »Vater der Gedankenführung« war. Ob diese Annahmen realistisch waren, lässt sich sicherlich bezweifeln. Eine Kontinuitätslinie blieb in der Führungsweisung Nr. 1 weiterhin die Vorwärtsverteidigung. Trettner verlieh dieser eine etwas konventionellere Prägung, indem er den Ablauf eines Krieges im Falle einer »Aggression unterhalb des Allgemeinen Krieges«[947] wie folgt beschrieb: Zuerst sollte der feindliche Angriff aus dem Osten in einem bestimmten Raum und in kurzer Zeit aufgefangen werden. Dazu sollte der Kampf mit konventionellen Streitkräften des Heeres und der Luftwaffe grenznah aufgenommen werden. Vorstellbar war dabei durchaus – nach Freigabe des US-Präsidenten – ein frühzeitiger selektiver Einsatz von Atomic Demolition Munitions (ADM) oder auch ein nuklearer Einsatz des Waffensystems »Nike« zur Luftverteidigung über dem Gefechtsfeld. Dann würden die Verteidiger ihre Reserven einsetzen und unter der Maßgabe des SACEUR ein »Counter Air«-Programm der bis dahin zum Teil zurückgehaltenen Luftwaffe abrufen. Zuletzt, d.h. wenn vitale Interessen der Bundesrepublik gefährdet wären, dachte Trettner, dass sowohl das Heer[948] als auch die Luftwaffe Nuklearwaffen selektiv einsetzten, um die volle Integrität des eigenen Territoriums wiederherzustellen. An der Seefront war für den Generalinspekteur eine solche stufenartige Eskalation kaum vor-

---

[941] Ebd., S. 21.
[942] Ebd., S. 21. Auch andere Quellen außerhalb des BMVg vom Sommer 1965 bewerteten einen großen Krieg in Westeuropa als unwahrscheinlich. BArch, N 690/151, Nachlass Heinrich Karst, z.d.A. »Kriegsbild«: pi. Politische Informationen B, 12 (1965), 48, Bad Godesberg, 26.8.1965, S. 1 f.
[943] ZMSBw, Sammlung Militärgeschichte 1945–1990, NHP-Dokument 159, Fü B III 1, Az. 31-02-01-03, Tgb.Nr. 219/65, Führungsweisung Nr. 1. Deutsche Auffassung zum strategischen Konzept der NATO, Bonn, 21.7.1965, S. 17.
[944] Ebd., S. 19.
[945] Ebd., S. 9 und 22.
[946] Ebd., S. 23.
[947] Ebd., S. 26.
[948] 1965 gab es im Heer immerhin 14 nuklearfähige Raketenartilleriebataillone. Rink, Das Heer der Bundeswehr, S. 145.

stellbar, da ein Nuklearwaffeneinsatz zur See nach seiner Einschätzung weit weniger bewirken würde als an Land. Eigentlich wurden die amerikanischen und britischen Verteidigungsplanungen auf diese Weise im Sinne westdeutscher Interessen umgedeutet. Dass die Verteidigungsführung nicht nach den General Defence Plans (GDP), sondern gemäß den westdeutschen Interessen abgelaufen wäre, ist zu bezweifeln. Allerdings endete Trettners Kriegsbild bereits mit dem selektiven Nuklearwaffeneinsatz. Was danach theoretisch noch möglich gewesen wäre, wenn der Feind seine Kriegshandlungen nicht eingestellt hätte, nämlich die Eskalation zum »Allgemeinen Atomkrieg« mit allen übrigen Nuklearwaffen, lag für den Generalinspekteur außerhalb des Vorstellbaren.[949]

Durch die von Trettner angewiesene Fokusierung auf den vor allem nach Zeit und Raum, aber auch Qualität und Anzahl der Nuklearwaffen begrenzten Krieg erhielt das Leitbild – gerade gegenüber dem von Foertsch 1962 formulierten – eine neue Qualität. In der Entwicklung von Kriegsbildern in der militärischen Führung der Bundeswehr war dadurch eine weitere Zäsur gesetzt. Zugleich ließ Trettners Richtlinie von 1965 auch in organisationsgeschichtlich-konzeptioneller Hinsicht ein starkes, schnell einsatzbereites Heer, das sowohl konventionell als auch atomar kämpfen konnte, wieder in den Vordergrund treten, ohne dass die Luftwaffe sich von ihrer selbst definierten Rolle komplett verabschieden musste. Im internationalen Vergleich stand das neue Kriegsleitbild der Bundeswehr zwischen der offiziellen amerikanischen Auffassung, dass ein Angriff rein konventionell abgewehrt werden könnte, und der französischen Position vom Einsatz der Force de frappe im Sinne von MC 14/2. Einen Masseneinsatz von Atomwaffen lehnte Trettner jedoch unverändert ab.[950]

e) Zwischenfazit

Fasst man die Entwicklung von 1957 bis 1965 zusammen, so bewegten sich die Kriegsbilder der militärischen Führung der Bundeswehr in einem Dilemma zwischen der Bereitschaft zur nuklearen Verwüstung, die im besten Fall der Abschreckung dienen konnte, und dem Wunsch nach einer Begrenzung der Kriegshandlungen, die im schlimmsten Fall weder abschreckend noch realistisch sein konnte. Nach übereinstimmendem Verständnis von Nuklearbefürwortern und -gegnern wäre in einem Krieg zwischen Ost und West die Bundesrepublik

---

[949] ZMSBw, Sammlung Militärgeschichte 1945–1990, NHP-Dokument 159, Fü B III 1, Az. 31-02-01-03, Tgb.Nr. 219/65, Führungsweisung Nr. 1. Deutsche Auffassung zum strategischen Konzept der NATO, Bonn, 21.7.1965, S. 26–30; ebd., Dok.Nr. 155, Fü B III 1, Wesentliche Ergebnisse der deutsch-amerikanischen Studie »Grundsätze und Richtlinien für den Einsatz der ADM« Bonn, Mai 1965. Zum »Atomminengürtel« entlang des Eisernen Vorhangs und deren Einsatzüberlegungen siehe: Gablik, Strategische Planungen, S. 406-409.

[950] Hammerich, Kommiss kommt von Kompromiss, S. 117–119. Auch Helmut R. Hammerich setzte die Zäsur im Kriegsbild 1965 an. In den strategischen Auffassungen sah Axel Gablik diese Zäsur allerdings erst 1966/67. Gablik, Strategische Planungen, S. 461–483. Das Kapitel mit der Überschrift »Wandeln« der Grundvorstellungen beginnt jedoch auch bei Gablik zu Recht schon 1965. Gablik, Strategische Planungen, S. 413.

Deutschland jedoch das Schlachtfeld gewesen. Erschwert wurde das Dilemma auf nationaler Ebene noch durch Verteilungskämpfe zwischen den Teilstreitkräften und daraus resultierenden unterschiedlichen Sichtweisen auf den möglichen Krieg, wie dies im Jahr 1959 besonders deutlich wurde. Diese Divergenzen wurden durch Impulse aus den USA, zunächst bis 1962 zugunsten der Luftwaffe, danach im Interesse des Heeres befördert. Die Marine, bei der ein dringend notwendiger Modernisierungsprozess den Übergang zum begrenzten Krieg überlagerte, spielte so oder so eher eine Nebenrolle. Insgesamt wird klar, dass das Phänomen »Kriegsbild« in der Bundeswehr keineswegs so homogen war, wie es heute leicht angenommen werden könnte, wenn diese Organisation allzu gerne als monolithischer Block betrachtet wird. Als rhetorische Kontinuitätslinie in dieser Entwicklungsphase kann zumindest die »Vorwärtsverteidigung« betrachtet werden.

Auf die von der NATO und Bundesregierung vorgegebenen Weichenstellungen hin stand das 1962 von Generalinspekteur Foertsch vorgegebene Kriegsbild im Banne der Nuklearkriegführung. Diese Fokusierung des Kriegsleitbildes ging eng mit dem westdeutschen Streben nach Mitbesitz von Atomwaffen einher. Insofern handelte es sich wieder einmal um ein Resultat der Instrumentalisierung von Kriegsbildern. Prestigepolitik und die Kompensation konventioneller Schwäche durch atomare Feuerkraft stellte jedoch ein Kalkül dar, das die eigene Vernichtung einschloss. Generalinspekteur Trettner kommentierte die sicherheitspolitische Situation Mitte der 1960er Jahre daher mit dem Vergleich: »man kann sich in geschlossenen Räumen eben nicht mit Handgranaten duellieren«.[951] Vor allem Baudissins Gedankenarbeit von 1962 bis 1964 öffnete vielen die Augen und trug wesentlich dazu bei, den Atomfatalismus als Bewusstseinslage zu überwinden. Auf den Vater der gerade für das nuklear geprägte Kriegsbild notwendigen Inneren Führung geht die später immer wieder auftauchende Ausdifferenzierung der Erscheinungsformen des Krieges in Allgemeinem Krieg, Begrenztem Krieg sowie Verdecktem Kampf zurück. Der Perspektivwechsel im Kriegsleitbild hin zum begrenzten Krieg als wahrscheinlichste Form eines möglichen Krieges wurde durch Impulse der Kennedy-Administration begünstigt, auf Betreiben der Nuklearkritiker in der Bundeswehrführung jedoch erst 1965 vollzogen.[952] Doch waren Zweifel an der Beherrschbarkeit der deutschen Interpretation eines Begrenzten Krieges mit selektiven Nukleareinsätzen, die – so die große Hoffnung – zur Abkehr von einer Aggression des Warschauer Paktes führen sollten, durchaus begründet.[953] Allerdings wurde auch die amerikanische Vorstellung von der Beherrschbarkeit Begrenzter Kriege in Vietnam sukzessive ad absurdum geführt,[954] was seitens des Auswärtigen Amtes 1965 bereits regis-

---

[951] Gablik, »... von da an herrscht Kirchhofsruhe«, S. 59.
[952] Die Hinwendung zum Begrenzten Krieg war übrigens fast zeitgleich auch im Alpenraum festzustellen, etwa mit dem Übergang zur »Raumverteidigung« in der Schweiz. Die Alpen im Kalten Krieg, S. 370.
[953] Krüger, Der Strategiewechsel, S. 60; Haftendorn, Kernwaffen, S. 55 f.
[954] Kaplan, McNamara, Vietnam, and the defense of Europe, S. 286-300. Zur »Dynamik eines asymmetrischen Krieges« siehe auch Greiner, Die Blutpumpe, S. 167-238.

triert wurde.[955] Inwieweit die Angehörigen des Auswärtigen Amtes sich hierüber mit der militärischen Führung der Bundeswehr austauschten, ist anhand der Quellenlage nicht mehr nachvollziehbar.

Anders als in der Forschungsliteratur bisher angenommen,[956] war eine Neuorientierung in der strategischen Perspektive beim Führungsstab der Bundeswehr (Fü B) mit Trettners Führungsweisung Nr. 1 im Kriegsbild bereits dokumentiert. Während also die Kriegsbilder der militärischen Führung der Bundeswehr den Planungen der NATO in den späten 1950er Jahren hinterherhinkten, gingen sie nun dem offiziellen Strategiewechsel der NATO zur Flexibel Response um Jahre voraus. Im Juni 1965 stellte der Leiter des Stabes für Studien und Übungen (1961–1967), Brigadegeneral Albert Schindler, fest, dass der geplante Umgang mit Atomwaffen sehr viel behutsamer geworden sei.[957] Diese Grundhaltung sollte in der weiteren Entwicklung der Kriegsbilder unter Generalinspekteur Ulrich de Maizière schon bald vertieft werden.

3. Wunschbilder: Differenzierte Vorstellungen vom begrenzten Krieg und die langsame Rückkehr zur konventionellen Kriegführung 1966 bis 1979

Wie aus Akten des Verteidigungsministeriums zu einer Arbeitstagung mit dem Titel »Wirtschaftliche Vorbereitungen für den Verteidigungsfall« vom Juni 1966 hervorgeht, war zu jener Zeit aufgrund der »Weiterentwicklung des Kriegsbildes [...] das gesamte Thema der Verteidigungsvorbereitungen [...] neu zu überdenken«.[958] Angesichts der mittlerweile im Westen und Osten entwickelten Massenvernichtungspotenziale – 1966 hatten die USA allein in Europa rund 7000 nukleare Sprengköpfe gelagert[959] – war die ideengeschichtliche Entwicklung von Kriegsbildern an einen Punkt gekommen, wo die gefährlichste Form eines Krieges nicht mehr die wahrscheinlichste darstellte. Trettners Führungsweisung Nr. 1 vom 21. Juli 1965, in der von einem Leitbild des begrenzten Krieges als wahrscheinlichste Kriegsform ausgegangen wurde, hatte diese Zäsur bei der militärischen Führung der Bundeswehr markiert. Seitdem vollzog sich eine Ausdifferenzierung der Kriegsvorstellungen im Sinne von Baudissins Kriegsbild. Insbesondere der Verdeckte Kampf wurde fortan ein

---

[955] Siehe dazu z.B.: AAPD 1965, Bd 2, Dok. 228 vom 5.6.1965, S. 922–929, Dok. 231 vom 3.6.1965, S. 941–947, Dok. 232 vom 4.6.1965, S. 947–953, und Dok. 300 vom 24.7.1965, S. 1246–1254.
[956] Gablik, Strategische Planungen, S. 410.
[957] Ebd., S. 397.
[958] BArch, BW 1/368, Der Bundesminister der Verteidigung, W II 5, Az. 10-10-30, Tgb.Nr. 571/66, Beitrag Nr. 1 »Die sicherheitspolitischen Grundlagen der wirtschaftlichen Verteidigung für Deutschland« im Rahmen der Arbeitstagung »Wirtschaftliche Vorbereitungen für den Verteidigungsfall«, Bonn, 28.6.1966, S. 1.
[959] Hammerich, Kommiss kommt von Kompromiss, S. 119.

fester Bestandteil der Kriegsleitbilder. Das andere Ende der Baudissinischen »Teufelsspirale«, die Eskalation zum Allgemeinen Nuklearkrieg, wurde hingegen verstärkt ausgeblendet, da durch sicherheitspolitische Ratio und das Primat der Politik die Kriegführung gedanklich eingehegt wurde. Hier orientierten sich die Kriegsleitbilder an der ab 1968 offiziell implementierten NATO-Strategie der Flexible Response. Im Zeitraum von 1965 bis 1979 verfestigte und verfeinerte die militärische Führung der Bundeswehr ihre Vorstellungen von einem begrenzten Krieg spezifisch westdeutscher Prägung, der durch entschlossene konventionelle Vorneverteidigung, spätestens jedoch durch einen selektiven Atomwaffeneinsatz beendet werden sollte. Zugleich wurde so die langsame Rückkehr zu konventionell bestimmten Kriegsbildern eingeleitet, die jedoch aufgrund der tatsächlichen Stärkeverhältnisse bei den Streitkräften vielfach an den realen Möglichkeiten der Verteidigung vorbeigingen. Bei verschiedenen Gelegenheiten wurde immer wieder deutlich, dass es sich um Wunschbilder handelte, wie im Folgenden noch aufgezeigt werden soll. Das nukleare Dilemma, von dem vor allem die Bundesrepublik Deutschland betroffen war, bestand indessen fort. Denn unverändert warfen die Nuklearwaffen – wie Martin van Creveld es ausdrückte – »ihren Schatten auf alle anderen Formen des Krieges«.[960] Auch die Verteilungskämpfe unter den Teilstreitkräften gingen weiter, während die Bedeutung der Rüstungsindustrie in der Bundesrepublik Deutschland und dann auch einzelner hochkomplexer Waffensysteme zunahm. Mit dem verstärkten Einzug der Hochtechnologie in die militärische Rüstung und das Kriegswesen sollte das Leitbild der Bundeswehr vom Kriege um 1979/80 schließlich eine neue Akzentuierung und Qualität erhalten, was zudem veränderte Rollenverständnisse der Teilstreitkräfte nach sich zog.

a) Der nationale Standpunkt: Die Verfestigung der Vorstellung vom begrenzten Krieg und die Zunahme des Verantwortungsbewusstseins im Umgang mit Atomwaffen 1966 bis 1969

Zunächst brachte die 1965 vollzogene Hinwendung zum Leitbild des begrenzten Krieges 1966/67 ein verstärktes Verantwortungsbewusstsein im Denken an einen Nuklearwaffeneinsatz mit sich. Generalinspekteur Trettner wurde dabei vom Inspekteur des Heeres de Maizière unterstützt, der diese Entwicklung weiter vorantrieb, als er selbst das Amt des Generalinspekteurs übernahm. Zudem bemühten sich beide darum, einen eigenständigen Standpunkt zu entwickeln, der den spezifisch westdeutschen Sicherheitsbedürfnissen entsprach.

Insofern gingen Interessenleitung und Verantwortungsbewusstsein Hand in Hand, als Trettner 1966 sein Leitbild vom begrenzten Krieg zu verfestigen suchte. Dazu nutzte er zum Beispiel das Forum der 12. Kommandeurtagung der Bundeswehr, auf der neben den Inspekteuren der Teilstreitkräfte die Führer

---

[960] Creveld, Die Gesichter des Krieges, S. 228.

der Großverbände der Bundeswehr vertreten waren und fast zwangsläufig zu Multiplikatoren für die Vermittlung seiner Sichtweise wurden. In seinem Vortrag zum Thema »Kriegsbild und strategisches Konzept aus deutscher Sicht«[961] am 28. Juni 1966 wiederholte, vertiefte und verfeinerte der Generalinspekteur der Bundeswehr seine aus dem Vorjahr bekannten Gedankengänge. Auch wenn er zwischen den drei Erscheinungsformen »Allgemeiner Krieg«, »Begrenzter Krieg« und »Verdeckter Kampf« als Sonderform differenzierte,[962] hielt er den Allgemeinen Krieg für sehr unwahrscheinlich und er glaubte auch nicht an den Masseneinsatz von taktischen Atomwaffen im übervölkerten Europa.[963] Ob es bei der Tagung Widerspruch aus den Reihen der Zuhörerschaft gegeben hat, lässt sich leider nicht mehr feststellen. Doch bereits als Trettner das Kriegsbild einleitend als »Vorstellung vom Wesen und den vielfältigen Erscheinungsformen eines zukünftigen Krieges«[964] definierte, konnte dem aufmerksamen Zuhörer klar werden, dass die Entwicklung des entsprechenden Leitbildes auf eine Ausdifferenzierung im Sinne Baudissins hinauslaufen würde, wobei das Stadium der Kirchhofsruhe mittlerweile aufgrund politischer Ratio ausgespart wurde. In aller Deutlichkeit grenzte sich Trettner noch einmal vom alten Leitbild des Nuklearkrieges, das ja eigentlich erst am Ende der Baudissinschen Eskalationsspirale eingesetzt hatte, ab:

»Die Neubearbeitung des Kriegsbildes war erforderlich, weil es in der Fassung vom September 1962 nur die Vorstellung einer, mit allen Mitteln eines ›Allgemeinen (Atom-) Krieges‹ geführten Auseinandersetzung vermittelt hatte. Das entsprach den damals in der NATO noch vorherrschenden Überlegungen. Wegen des Fehlens anderer Erscheinungsformen, die besonders durch die verschiedenen Möglichkeiten eines ›Begrenzten Krieges‹ gegeben sind, erweist sich die alte Fassung heute als unvollständige Planungshilfe.«[965]

Angesichts des Beharrungsvermögens der Luftwaffenführung in alten Rollenverständnissen, dürfte sich diese Klarstellung des Generalinspekteurs vor allem an sie gerichtet haben. An diesem Beispiel wird deutlich, wie mentale Bilder in der Bundeswehr durchaus »auf dem Dienstweg« beeinflusst werden konnten. Trettner distanzierte sich jedoch nicht nur von den Denkmustern der Luftwaffenführung, sondern auch von der amerikanischen Sichtweise. Auch wenn er die Vorstellungen der Flexible Response übernommen hatte,[966] glaubte er nicht daran, dass »die konventionellen Streitkräfte schon heute in der Lage seien, stärkere sowjetische Angriffe abzuwehren, ohne zum Atom zu greifen«,[967] wie dies der Diktion des amerikanischen Verteidigungsministers entsprach. Da

---

[961] BArch, BW 2/20377, Der Bundesminister der Verteidigung, S VII 4, Tgb.Nr. 991/66, Kriegsbild und strategisches Konzept aus deutscher Sicht, Vortrag des Generalinspekteurs der Bundeswehr General Trettner anlässlich der 12. Kommandeur-Tagung der Bundeswehr, 28.6.1966.
[962] Ebd., S. 3.
[963] Ebd., S. 16.
[964] Ebd., S. 2.
[965] Ebd., S. 3.
[966] Ebd., S. 6.
[967] Ebd., S. 13.

IV. Die Entwicklung von Kriegsbildern 301

Studien ergeben hatten, dass die schwachen NATO-Kräfte nicht in der Lage wären, auch nur einen Angriff von acht sowjetischen Divisionen zum Stehen zu bringen, warf Trettner den Amerikanern »Zweckoptimismus«[968] vor. Hier verkörperte der Generalinspekteur der Bundeswehr mehr den Realisten als den Nuklearkritiker, zumal er sich der großen konventionellen Überlegenheit der Sowjets zu diesem Zeitpunkt bewusst war.[969] Ferner kritisierte Trettner in seiner Ansprache vor den Kommandeuren der Bundeswehr den in Großbritannien und Frankreich weiterhin gehegten Gedanken der primär nuklearen Abschreckung, wie er sich mittlerweile beispielsweise in der französischen Force de frappe manifestierte. Diese galt dem Generalinspekteur der Bundeswehr jedoch als »Unsicherheitsfaktor«[970]. Da die Sichtweisen und Strategien der NATO-Partner die sicherheitspolitischen Interessen der Deutschen nicht ausreichend berücksichtigten, ging es Trettner explizit um die Erarbeitung eines nationalen, d.h. westdeutschen Standpunktes. Er hatte den Anspruch, über die Terminologie der NATO-Dokumente hinauszudenken, wobei er sich die Verteidigung fest im Bündnisrahmen und mit dem Potenzial der USA in der Hinterhand vorstellte.[971]

Trettner thematisierte nunmehr verstärkt die Möglichkeit eines größeren Angriffs mit konventionellen Kräften, der vielleicht zu begrenzten Atomeinsätzen zwingen könnte.[972] Selbst die durch einen auf Mitteleuropa begrenzten, konventionellen Krieg hervorgerufenen Schäden und Verluste konnten für die Bundesrepublik Deutschland nach seinem Dafürhalten durchaus so groß sein wie in einem Allgemeinen Krieg.[973] Auf jeden Fall war aus seiner Sicht ein Verdeckter Kampf als Vorstufe oder als Begleiterscheinung eines Krieges zu erwarten.[974]

Als Ziel im Verteidigungsfall erklärte Trettner trotzdem, möglichst lange konventionell zu verteidigen, um Zeit für politische Entscheidungen zu gewinnen. Zur Not war auch der frühzeitige Einsatz einzelner Atomwaffen vorstellbar, um den Feind zur Besinnung und Einstellung seiner Angriffe zu zwingen.[975] Dieses Kriegsbild ging also vom glimpflichen Ausgang einer großangelegten konventionellen Aggression aus dem Osten aus. Trettners Kriegsleitbild stand damit einerseits unter der Prämisse der Vorwärtsverteidigung und andererseits im Zeichen der Nutzung politischer Möglichkeiten zur Schadensminimierung.[976] Noch wichtiger war allerdings die Glaubwürdigkeit der Abschreckung vor einem Krieg, auch dann, wenn er nur mit begrenzten Zielen und Mitteln geführt werden sollte.

Zwei Monate nach Trettners Ansprache bei der Kommandeurtagung der Bundeswehr verteilte der Führungsstab der Streitkräfte (Fü S), der im Rahmen der Umorganisation von Ressorts des Verteidigungsministeriums in Hauptabteilungen im August 1965 aus dem Führungsstab der Bundeswehr

---
[968] Ebd., S. 14.
[969] Ebd., S. 4.
[970] Ebd., S. 11 f.
[971] Ebd., S. 3 und 12.
[972] Ebd., S. 14.
[973] Ebd., S. 5.
[974] Ebd., S. 5. Siehe hierzu auch die Grafik auf S. 302 der vorliegenden Arbeit.
[975] Ebd., S. 14 f.
[976] Ebd., S. 3.

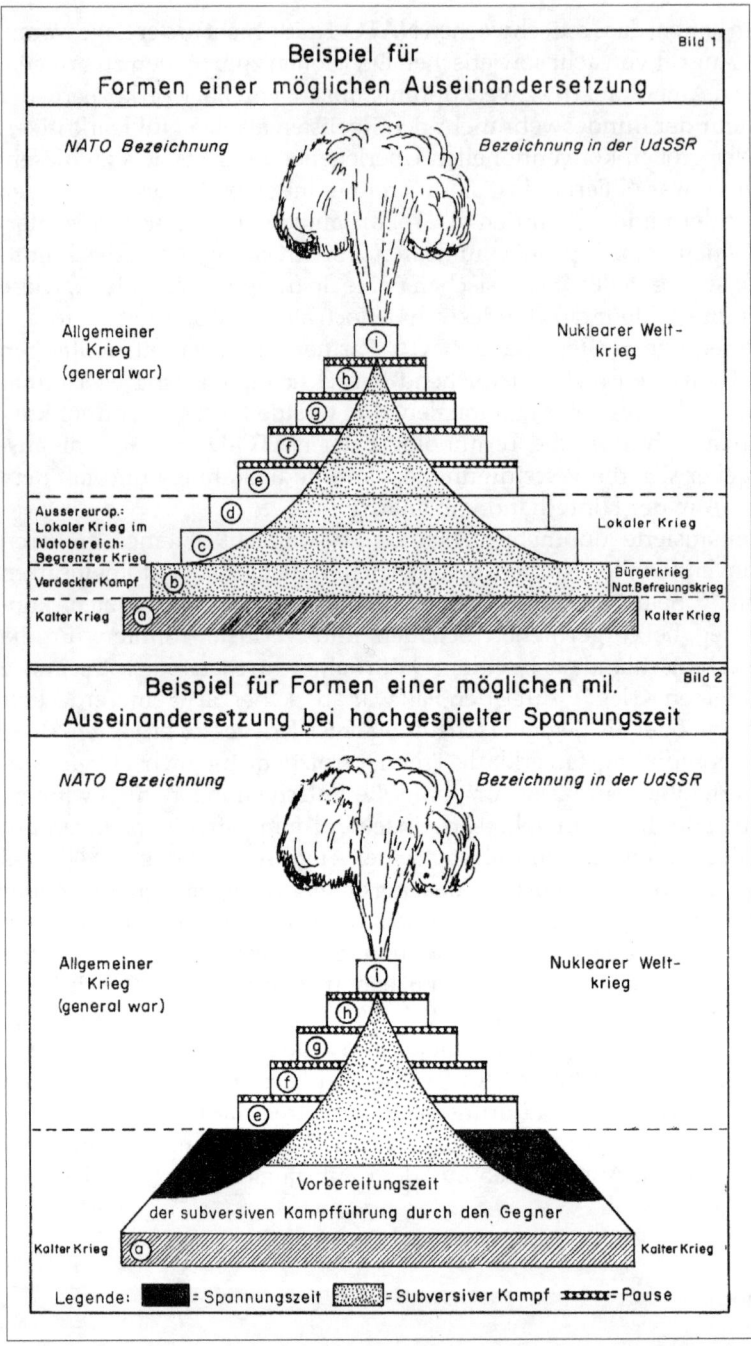

Modelle der Eskalation zum »Allgemeinen Krieg« bzw. »Nuklearen Weltkrieg« von 1965
Quelle: Canstein, Gedanken zum modernen Kriegsbild, S. 516.

hervorgegangen war,[977] eine Studie mit dem Titel »Das Kriegsbild«.[978] Die Inhalte des unter dem Kopf der Abteilung III des Führungsstabes stehenden, von Verteidigungsminister von Hassel unterschriebenen Dokuments korrespondierten mit den Ausführungen Trettners und ergänzten diese. Dass »Das Kriegsbild« in insgesamt 200 Ausfertigungen im Verteidigungsministerium, an dessen Staatssekretäre, an die Führungsstäbe der Teilstreitkräfte, an den Deutschen Militärischen Vertreter in Washington, an die Führungsakademie, an die Korps, ja sogar an die Luftwaffen- und Heeresdivisionen sowie Marinekommandos weitläufig verteilt wurde, macht einmal mehr den Charakter eines Kriegsleitbildes für die gesamte Bundeswehr deutlich. Da in den Beständen des Verteidigungsministeriums keine negativen Reaktionen aus dem Bereich der Bundesregierung oder der NATO-Verbündeten überliefert sind, ist zu vermuten, dass die wesentlichen Inhalte zuvor mit maßgeblichen Personen national wie international abgestimmt worden waren. Zugleich dokumentiert die umfassende Studie »Das Kriegsbild« den Versuch, die unterschiedlichen Vorstellungen innerhalb der Bundeswehr in Übereinstimmung zu bringen. Sie sollte »Grundlage für alle Überlegungen der Verteidigungsplanung«[979] sein und zugleich das gleichlautende Dokument vom 1. September 1962 ersetzen.

Hier wurde die Zäsur von 1965 also im Nachhinein noch einmal sehr deutlich gemacht. Und auch hier drehten sich die Gedanken um den begrenzten Krieg,[980] eine »nach politischer Zielsetzung, Raum oder eingesetzten Kräften begrenzt gehaltene Auseinandersetzung«,[981] einen »Konflikt im Bereich einer konventionellen Auseinandersetzung«,[982] der nach damaliger Einschätzung von seiten des Warschauer Paktes auf die Wegnahme von Landstrichen, Städten, Industriezentren oder Inseln als Faustpfänder ausgerichtet sein konnte. Die Beherrschung der Weltmeere durch die NATO war damit gedanklich nicht infrage gestellt.[983] Denkbar waren nunmehr drei Formen eines begrenzten Krieges: Erstens könnte es sich lediglich nur um »örtliche Kampfhandlungen« bzw. »Local Hostile Actions« in sehr begrenzten Räumen mit geringen Schäden handeln, bei denen mit Einsickerungen und Überfällen irregulärer Feindkräfte zu rechnen wäre. Vorstellbar waren zweitens »begrenzte Angriffe stärkerer Kräfte« in einem größeren Raum mit regulären, konventionellen Streitkräften des Warschauer Paktes, einschließlich der Luftstreitkräfte, Luftlandungen und amphibischer Operationen. In solch einem Falle wäre mit erheblichen Schäden, Fluchtbewegungen der Zivilbevölkerung und regional mit einem Zusammenbruch der staatlichen Ordnung zu rechnen gewesen. Die dritte Möglichkeit eines begrenzten Krieges stellte ein Angriff, vor allem auch mit sowjetischen

---

[977] Lemke, Konzeption und Aufbau der Luftwaffe, S. 201; Thoß, NATO-Strategie, S. 155.
[978] BArch, BW 2/6617, Der Bundesminister der Verteidigung, S III 4, Az. 31-06-01-10b, Tgb. Nr. 4351/66, Das »Kriegsbild«, Bonn, 30.8.1966.
[979] Ebd., S. 1. Zugleich war die Fassung der Studie »Das Kriegsbild« vom 1.9.1962 als überholt zu vernichten.
[980] Ebd., S. 27−33.
[981] Ebd., S. 27.
[982] Ebd., S. 12.
[983] Ebd., S. 17.

Großverbänden, auf breiter Front dar, der das Ziel verfolgte, die Rheinübergänge und die Ostseeausgänge einzunehmen. Von dieser Form des Krieges wäre ganz Deutschland mit gewaltigen Schäden betroffen. Da die NATO in diesem Fall relativ schnell Nuklearwaffen einsetzen und so die Gefahr einer allgemeinen nuklearen Eskalation bestehen würde, schätzte die Abteilung III des Führungsstabes diese letzte Option jedoch eher als unwahrscheinlich ein.

In jedem Falle wurde aber auch im Führungsstab mit dem Verdecktem Kampf als Begleiterscheinung eines Krieges gerechnet, »eine[r] im Innern eines Staates in Verbindung mit psychologischen Kampfmaßnahmen geführte[n] gewaltsame[n] Auseinandersetzung, bei der die eingesetzten irregulären Kräfte von einer auswärtigen Macht gelenkt und unterstützt werden«,[984] um die staatliche Ordnung zu erschüttern oder die Stellung eines Staates im Bündnis abzuwerten. Gekennzeichnet wäre der Verdeckte Kampf von der Beeinflussung der Zivilbevölkerung, Sabotageakten gegen die Infrastruktur (z.B. Energie- und Wasserversorgung), von heimlicher Kampfführung (Sprengstoffe, B-/C-Kampfmittel) und dem Einsatz irregulärer Kräfte bis hin zum »Bandenkrieg«.[985]

In der Gesamtbewertung war dieses Kriegsleitbild des Jahres 1966 relativ facettenreich, denn die Sichtweise speziell auf den begrenzten Krieg war nun stärker ausdifferenziert als zuvor. Gegenüber früheren Kriegsbildern spielten nun aber auch biologische und chemische Kampfmittel eine größere Rolle.[986] Allerdings ging dieses Kriegsbild nicht über den selektiven Nuklearwaffeneinsatz hinaus, d.h. die Vielfalt der Kriegsphänomene beschränkte sich auf den unteren Bereich der Baudissinischen Eskalationsspirale. Was die neue Qualität des Kriegsleitbildes in besonderer Weise auszeichnete, war, dass die Kriegführung stärker als zuvor der politischen Ratio und dem Verantwortungsbewusstsein unterworfen war. Dies widerspricht der von Frank Reichherzer formulierten These, dass es nach wie vor eine Tendenz zur Entgrenzung des Krieges gegeben habe.[987] Die Totalisierung der Kriegführung fand hier einen gedanklichen Schlusspunkt. Denn es handelte sich nicht mehr um ein Vernichtungsdenken, wie es in Kapitel III beschrieben worden ist, sondern um die Vorstellung, einen Konflikt zum frühestmöglichen Zeitpunkt zu lösen.[988] Die militärische Führung der Bundeswehr ging mittlerweile von der Grundannahme aus, »daß ein Krieg mit uneingeschränktem Waffeneinsatz kein brauchbares Mittel der Politik mehr ist«[989] und dass »die Anwendung von Gewalt im Verhältnis zum politischen Zweck zu begrenzen«[990] sei. Diese Annahme galt nicht nur für die eigene Seite, sondern insbesondere auch für das Feindbild und schien zumindest durch die Erfahrungen der Kuba-Krise gerechtfertigt zu sein. Eine unbe-

---

[984] Ebd., S. 34.
[985] Ebd., S. 34–36.
[986] Ebd., S. 38.
[987] Reichherzer, Zwischen Atomgewittern und Stadtguerilla, S. 131–160, hier bes. S. 152 f.
[988] Gablik, Strategische Planungen, S. 452.
[989] BArch, BW 2/6617, Der Bundesminister der Verteidigung, S III 4, Az. 31-06-01-10b, Tgb. Nr. 4351/66, Das »Kriegsbild«, Bonn, 30.8.1966, S. 5.
[990] Ebd., S. 5.

grenzte Gewaltanwendung in der Kriegführung war unter diesen Vorzeichen nur noch ausnahmsweise infolge einer gegnerischen Fehleinschätzung, beim Überschreiten der äußersten Grenze politischer Vernunft oder als Folge einer Eskalation denkbar.[991] Auch wenn das Leitbild vom Kriege eine spezifisch westdeutsche Ausprägung hatte, stand die militärische Führung der Bundeswehr mit ihrer Sichtweise im atlantischen Bündnis nicht ganz allein. Auch der ehemalige SACEUR Norstad hatte im März 1966 zum Konzept der Abschreckung erklärt, dass es vor allem darum ging, »das Überleben der Menschheit zu sichern«.[992] Seiner Auffassung nach konnte »die Gefahr eines Krieges [...] von einem kleineren Konflikt ausgehen, der sich aus einem zufälligen oder einem absichtlichen Zusammenstoß entwickelt«.[993]

Diese Sichtweisen fanden sich prompt im Oktober 1966 in der NATO-Stabsrahmenübung »Fallex 66« wieder, in welcher der Ablauf einer möglichen Gewalteskalation durchgespielt und recht plastisch gestaltet wurde. Wie im Vorkapitel bereits erwähnt, hatten die Westdeutschen für »Fallex 66« einen Übungsverlauf gefordert, der in seiner ersten Phase ohne Atomwaffeneinsatz endete und »die Abschreckung zur vollen Wirkung brachte«.[994] Da es im Rahmen dieser Übung zugleich darum ging, den im Bundestag zur Beratung vorliegenden, sehr umstrittenen Entwurf der Notstandsverfassung[995] praktisch zu erproben, nahmen Bundesregierung und Parlament in prominenter Besetzung teil. Gemeinsam mit der militärischen Führung der Bundeswehr bezogen die Regierungsvertreter für einige Tage den in der Eifel gelegenen unterirdischen Gefechtsstand »Rosengarten«.[996]

Der Übungsverlauf lässt sich anhand des »Kriegstagebuchs«[997] des deutschen III. Korps gut nachvollziehen und hatte starke Bezüge zu den vom Generalinspekteur und vom Führungsstab der Streitkräfte verbreiteten Leitbildern vom Kriege. Als Ausgangslage wurde angenommen, dass der Versuch der Führer von »Orange« – so lautete die Übungsbezeichnung für den Warschauer Pakt –, durch eine aggressive Außenpolitik innenpolitische Schwierigkeiten zu überwinden, zu einer militärischen Auseinandersetzung führte. Auslöser der gedachten Verschärfung der Konfrontation waren Grenzkonflikte zwischen Bulgarien und Griechenland. Im Zuge einer längeren Spannungszeit wurden vom Westen zunächst weiträumige Truppen- und Flottenbewegungen der Warschauer-Pakt-Staaten, die unter dem Deckmantel von Manövervorbereitungen abliefen, sowie verstärkte Aufklärungsflüge registriert. Parallel wurde im Westen eine Häufung

---

[991] Ebd., S. 6.
[992] Norstad, Das Konzept der Abschreckung, S. 153.
[993] Ebd., S. 156.
[994] ZMSBw, Sammlung Militärgeschichte 1945–1990, NHP-Dokument 153, Fü B III 1, 2. Anlage zu Fü B III 119/65, Vortrag über »Fallex« 1964, ohne Ort, 1.8.1963, S. 15.
[995] Zum Thema Notstandsverfassung siehe: Lenz, Notstandsverfassung des Grundgesetzes; Pannkoke, Der Einsatz des Militärs im Landesinnern. Für die weiterführenden Hinweise zum Thema Notstandsverfassung danke ich Oberstleutnant Dr. Rudolf J. Schlaffer.
[996] Maizière, In der Pflicht, S. 283.
[997] BArch, BH 7/3/854, Kriegstagebuch, Bd 1/66, Korpskommando III. Korps, Anlage 10 zu Fü S VII, Tgb.Nr. 125/69, 13.–22.10.1966.

von Spionagetätigkeiten und Sabotageakten an Verteidigungsgerät sowie in Rüstungsbetrieben angenommen. Hinzu kamen subversive Aktivitäten in der Bevölkerung, insbesondere in Industriegebieten und kommunistische Agitation unter den »Gastarbeitern« in der Bundesrepublik Deutschland, was schließlich vermehrt zu Übergriffen führte. Von Seiten der NATO wurde im Rahmen der Übung folglich »Military Vigilance« ausgelöst. Auf die weitere Zunahme von Sabotage- und Zersetzungstätigkeiten, z.B. in Form von Sprengstoffanschlägen in der Bundesrepublik Deutschland, reagierte das Atlantische Bündnis – so die Übungsannahme – mit »Reinforced Alert«. Nach einer mehrtägigen Spannungszeit, die in der Bundesrepublik Deutschland einerseits mit nicht steuerbaren Flüchtlingsbewegungen und andererseits mit dem Aufmarsch der Bundeswehr in die Verfügungs- und Stellungsräume sowie mit der Vorbereitung von Sperren und Nuklearwaffen verbunden war, erfolgte der militärische Angriff des Warschauer Paktes in Stärke von ca. 45 Divisionen. An dem zunächst als rein konventionell angenommenen Angriff waren die NVA sowie die Streitkräfte Polens und der ČSSR beteiligt, während sich die sowjetischen Truppen auf ihren Aufmarsch in der Tiefe des osteuropäischen Raumes beschränkten. Von begrenzten Kamphandlungen waren – so die Übungsannahme weiter – auch Griechenland, die Türkei, Österreich und die dänische Insel Bornholm betroffen.

Der Übungsverlauf ergab, dass die Angreifer insbesondere in der Bundesrepublik Deutschland erfolgreich verzögert und durch die Vorneverteidigung des Heeres mit Unterstützung der taktischen Luftwaffe zum Stehen gebracht wurden. Räumlich waren die Vorstöße des Feindes nicht über 15 Kilometer hinausgekommen, als die feindlichen Streitkräfte von den NATO-Truppen durch Gegenangriffe zurückgeschlagen und der status quo ante bellum in Mitteleuropa wiederhergestellt wurden. So endete die erste Übungsphase von »Fallex 66« damit, dass die Regierungen Verhandlungen zur Beendigung des militärischen Konflikts führten, bevor die Sowjetunion mit regulären Streitkräften in den Krieg eingreifen würde oder Nuklearwaffen zum Einsatz kämen.[998] Das Kriegsbild, das hier gestellt wurde, war das eines glimpflich ablaufenden Konflikts, der zum einen vom Verdecktem Kampf und zum anderen von einer großangelegten Aggression konventioneller Streitkräfte geprägt wurde. Ob diese Übungsphase auf realistischen Annahmen beruhte, ist wohl eher zu bezweifeln. Doch entsprach dies immerhin dem westdeutschen Postulat und Leitbild vom Kriege. Inwiefern hier grundsätzlich auf den westdeutschen Einfluss in der NATO geschlossen werden kann, wird an anderer Stelle noch zu klären sein.

In einem zweiten, rein militärischen Übungsteil wurden dann aber doch noch die Verfahren für den Einsatz von Atomwaffen einstudiert. Zugrunde lag der zweiten Übungsphase die Annahme, dass der Feind auf der gesamten Breite des Eisernen Vorhangs unter Einsatz von einigen taktischen Nuklearwaffen angreifen und so tiefe Einbrüche in die westliche Verteidigung erzielte, worauf-

---

[998] Ebd., III. Korps, G 2, CPX »Fallex 66«, »Intsum Nr. 1« und »Intsum Nr. 2«, Koblenz, 13./14.10.1966, S. 1; ebd., Kriegstagebuch, Bd 1/66, Korpskommando III. Korps, Anlage 10 zu Fü S VII, Tgb.Nr. 125/69, 13.–22.10.1966; Maizière, In der Pflicht, S. 284.

hin die NATO nach angenommener Freigabe von taktischen Nuklearwaffen an die Divisionen mit atomaren Mitteln, dem Einsatz von »Pershing I«-Raketen, Interdiction-Einsätzen der Luftstreitkräfte und Gegenangriffen der Reserven des Heeres antwortete, was hohe Verluste bei »Orange« hervorrief. Dass in diesem erweiterten Übungsrahmen noch Probleme mit Fallout-Wolken durch Ostwinde eingespielt wurden, sprach für die mittlerweile erhöhte Sensibilität gegenüber Nuklearwaffen.[999]

Der nahezu völlige Verzicht auf einen Nuklearwaffeneinsatz neben dem konventionellen des ersten Übungsteils ist dadurch erklärbar, dass die Abschreckung durch eine Demonstration der Eskalationsbereitschaft aufrechterhalten werden sollte und hierzu auch das Einüben der Verfahren für den Einsatz von Atombomben gehörte. Viele Übungsteilnehmer vermuteten, dass durchaus Informationen aus den »Fallex«-Übungen auf nachrichtendienstlichem Wege in den Ostblock gelangen würden.[1000] Zweifellos waren die im Rahmen von Übungen und Vorträgen vermittelten Kriegsbilder ein wichtiger Bestandteil der Kommunikationskultur zwischen den Machtblöcken im Ost-West-Konflikt. Aus diesem Blickwinkel gesehen lief die Ausdifferenzierung der Kriegsbilder auf ein lückenloses System der Abschreckung hinaus und signalisierte der Gegenseite zugleich aber auch eine gewisse Bereitschaft zur Deeskalation.

In diese Denkkategorien fügte sich nahtlos die Sichtweise de Maizières ein, der als Nachfolger Trettners am 25. August 1966 Generalinspekteur wurde, nachdem dieser zusammen mit Generalleutnant Panitzki wegen der Starfighter-Krise zurückgetreten war.[1001] De Maizière hatte schon an den NATO-Stabsübungen »Fallex 62« und »Fallex 64« als kritischer Beobachter teilgenommen, gehörte zum Freundeskreis Gollings, hatte einen regen Gedankenaustausch mit Baudissin gepflegt und als Unterabteilungsleiter im Führungsstab der Bundeswehr eine vorsichtige Meinung zum Gebrauch von Atomwaffen vetreten.[1002]

Bereits als Inspekteur des Heeres hatte er im März 1966 in einem Beitrag mit dem Thema »Heer im Atomzeitalter«[1003] darauf hingewiesen, dass die beiden einzigen Atombomben 1945 eingesetzt wurden und danach auch bei Konflikten von Atommächten (z.B. in Korea) auf ihren Einsatz verzichtet wurde. De Maizières Devise lautete »kühl zu wägen und weder allzusehr am Alten zu hängen noch sich in Wunschträumen zu verlieren«.[1004] Vor allem vertrat er unverändert die Ansicht, dass Atombomben im operativen Denken deutscher Offiziere eine zu große Rolle spielten. Er wertete die taktischen Nuklearwaffen weniger als Mittel der Gefechtsführung, sondern unterstrich ihre politische Bedeutung »als zu-

---

[999] BArch, BH 7/3/854, Kriegstagebuch, Bd 1/66, Korpskommando III. Korps, Anlage 10 zu Fü S VII, Tgb.Nr. 125/69, 13.–22.10.1966. Maizière, In der Pflicht, S. 284.
[1000] Zeitzeugengespräch mit General a.D. Wolfgang Altenburg, Lübeck-Travemünde, 11.6.2014.
[1001] Maizière, In der Pflicht, S. 278 f. Zu den Rücktritten des Jahres 1966 siehe: Zimmermann, Führungskrise.
[1002] Maizière, In der Pflicht, S. 248; Zeitzeugenbefragung Frau Christine Golling (Tochter Ernst Gollings), Berlin 16.5.2014. Siehe dazu ferer: Gablik, Strategische Planungen, S. 395; Gablik, »... von da an herrscht Kirchhofsruhe«, S. 58.
[1003] Maizière, Heer im Atomzeitalter, S. 224.
[1004] Ebd., S. 239.

sätzliches Mittel der Abschreckung unterhalb der Ebene der amerikanischen und sowjetischen strategischen Atomwaffen«.[1005] Deshalb hatte de Maizière sich bereits zu seiner Zeit als Inspekteur des Heeres veranlasst gesehen, in seinem Verantwortungsbereich – mit Billigung des Generalinspekteurs und des Verteidigungs-ministers sowie nach Rücksprache mit dem COMLANDCENT General Graf Kielmansegg – restriktivere Richtlinien für den Einsatz der Nuklearwaffen im nationalen Bereich zu erlassen, »die extremen Vorstellungen entgegenwirkten«.[1006] Mit seinen »Führungsrichtlinien für den taktischen Einsatz von Atomwaffen«[1007] vom 18. Juli 1966, die de Maizière rückblickend als seine bedeutungsvollste Weisung ansah, hatte er versucht, das Verantwortungsbewusstsein der nationalen Befehlshaber im Umgang mit Atomwaffen zu beschwören.[1008] Sie sollten den Auswirkungen auf die Bevölkerung und das eigene Land besondere Beachtung schenken.[1009] Dies galt bereits für alle militärischen Übungen. Indem er die bisherige Truppenführungsvorschrift dafür hatte außer Kraft setzen lassen, hatte de Maizière dem Leitbild vom begrenzten Krieg eine größere Verbindlichkeit eingeräumt. Seine neuen Auflagen betrafen auch die ADM.[1010] Hatten die örtlich verantwortlichen Operateure noch Ende 1965 im Zuge der geplanten Verteidigung alle vier bis fünf Kilometer einen ADM-Punkt festgelegt, sollte nunmehr – bemerkenswerterweise entgegen den Alarmplänen der NATO – auf spezielle ADM-Sperrpläne verzichtet werden.[1011] Während de Maizière seine Untergebenen vom nuklear geprägten Bewusstsein wegführte, bemühte er sich in der anderen Richtung des Dienstweges die Bundesregierung dahingehend zu beraten, den von den Amerikanern favorisierten ADM-Einsatz in dicht bevölkerten Gebieten der Bundesrepublik Deutschland abzulehnen.[1012] Auch in diesem Teilaspekt wurde der nationale Standpunkt deutlich. Er zeugte von einer gedanklichen Unabhängigkeit, wie er in der NATO – damals im Gegensatz zur Warschauer Vertragsorganisation – durchaus möglich war.

Auch wenn sich der Perspektivwechsel im Kriegsbild aufgrund der geistigen Vorarbeit Trettners nicht nur de Maizière zuschreiben lässt,[1013] vollzog sich

---

[1005] Maizière, In der Pflicht, S. 277.
[1006] Ebd., S. 277.
[1007] BArch, BH 2/160, Führungsrichtlinien für den Einsatz von Atomwwaffen, Bonn, 18.7.1966.
[1008] Maizière, In der Pflicht, S. 278.
[1009] Hammerich, Kommiss kommt von Kompromiss, S. 119; Gablik, Strategische Planungen, S. 453. Aus Dieter Krügers Sicht war der Inspekteur des Heeres der Entwicklung vorausgeeilt, wenn er schon 1966 die restriktive Verwendung taktischer Nuklearwaffen anordnete. Krüger, Schlachtfeld Bundesrepublik?, S. 216.
[1010] Hammerich, Kommiss kommt von Kompromiss, S. 119.
[1011] Maizière, In der Pflicht, S. 277 f.; Hammerich, Kommiss kommt von Kompromiss, S. 119; Hammerich, Die geplante Verteidigung, S. 247 und 256.
[1012] Maizière, In der Pflicht, S. 276 f.
[1013] So die Lesart bei: Gablik, »... von da an herrscht Kirchhofsruhe«, S. 58. Allerdings wies 1967 de Maizière selbst auf die geistige Vorarbeit Trettners hin. BArch, BW 2/20.377, Der Bundesminister der Verteidigung, Fü S VII 4, Tgb.Nr. 631/67, Die Entwicklung des neuen strategischen Konzepts der NATO, seine Bedeutung und Folgen aus deutscher Sicht, Bonn, 21.7.1967, S. 2.

IV. Die Entwicklung von Kriegsbildern   309

mit dem neuen Generalinspekteur 1966 eine Art Generationenwechsel[1014] in der militärischen Führung der Bundeswehr. Bei de Maizière handelte es sich um einen Protagonisten, zu dessen militärischen Erfahrungshintergrund der Erste Weltkrieg nicht mehr gehörte und der den Zweiten Weltkrieg als Stabsoffizier, jedoch nicht als General und Bestandteil der obersten Militärelite mitgemacht hatte.[1015] Er verkörperte eine neue Generation, die ein vorwiegend politisch geprägtes Leitbild vom Kriege vertrat. Dabei konnte sich de Maizière auf die Unterstützung des zum 1. Dezember 1966 ins Amt des Verteidigungsministers berufenen Gerhard Schröder abstützen, der sich 1968 dafür entschied, das Weisungsrecht des Generalinspekteurs beizubehalten, ihm die Gesamtverantwortung für die Bundeswehrplanung zu übertragen und so dessen Position zu stärken. Der Jurist und CDU-Politiker Schröder, der das Verteidigungsministerium bis 1969 leiten sollte, zeichnete sich durch einen nüchternen, eher unauffälligen Arbeitsstil aus. Den Schwerpunkt seiner Arbeit sah er in der Sicherheitspolitik und bekannte sich wie sein oberster militärischer Berater zum Begrenzten Krieg.[1016] Dass auch dem neuen Verteidigungsminister an einer Deeskalation im Kalten Krieg gelegen war, zeigte sich beispielsweise daran, dass er am 20. März 1967 empfahl, statt der bisher gebräuchlichen »Vorwärtsverteidigung« den Begriff »Vorneverteidigung« zu benutzen, um Fehlinterpretationen der Gegenseite zu vermeiden.[1017]

Mit einer Führungsweisung und verschiedenen Vorträgen in den Jahren 1967 und 1968, insbesondere auf den jährlich stattfindenden Kommandeurtagungen, versuchte der neue Generalinspekteur der Bundeswehr das Leitbild eines kurzen, glimpflich ablaufenden begrenzten Krieges zu festigen. De Maizières Führungsweisung Nr. 1 vom 26. Januar 1967 trug den Titel »Deutsches Strategisches Konzept«[1018]. Sie leitete sich zum einen explizit aus den Vorgaben der neuen NATO-Strategie Flexible Response[1019] und zum anderen aus der Kriegsbild-Studie von der Abteilung III des Führungsstabes der Bundeswehr aus dem Vorjahr ab. Dass diese Weisung erklärtermaßen »die Grundlage für die Vertretung der deutschen Sicherheitsinteressen innerhalb der NATO«[1020] darstellen sollte, machte die spezifisch westdeutsche Färbung und Interessenleitung des darin beschriebenen Leitbildes vom möglichen Krieg noch einmal besonders deutlich. Durch die zwischenzeitlich angelaufenen amerikanisch-sowjetischen Verhandlungen über Rüstungskontrollen und den eventuellen Abschluss eines

---

[1014] Der Generationenkonflikt und Kulturwandel, der mit der Chiffre »68« oder »68-er Bewegung« bezeichnet wird, scheint auf die Entwicklung der Kriegsbilder zunächst keinen allzu großen Einfluss gehabt zu haben. Lediglich der Protest an der Notstandsgesetzgebung berührte das Themenfeld der Kriegführung. Wirsching, Deutsche Geschichte, S. 106 f.
[1015] Siehe zum Generationenwechsel: Militärische Aufbaugenerationen, S. 17–22.
[1016] Maizière, In der Pflicht, S. 310 f.; Zimmermann, Ulrich de Maizière, S. 335; Krüger, Schlachtfeld Bundesrepublik?, S. 221.
[1017] Gablik, Strategische Planungen, S. 112.
[1018] ZMSBw, Sammlung Militärgeschichte 1945–1990, NHP-Dokument 8, Fü S III, Az. 31-02-01-01, Tgb.Nr. 8/67, Deutsches Strategisches Konzept, Führungsweisung Nr. 1, Teil I, Bonn 26.1.1967.
[1019] Ebd., S. 3.
[1020] Ebd., S. 4.

Vertrages über die Nichtverbreitung von Atomwaffen trat in den Augen der militärischen Führung der Bundeswehr keine grundlegende Veränderung der Sicherheitslage ein.

De Maizière ging weiterhin davon aus, dass für den Verteidigungsfall Freigabeverfahren des Atomwaffeneinsatzes vereinbart wären.[1021] Insofern lag der Schatten der Atombombe auch über dem neuen Kriegsleitbild, das wegen der Freigabeproblematik eigentlich mit einem Fragezeichen zu versehen war. Als am wahrscheinlichsten galten kurze Vorwarnzeiten von bis zu sechs Tagen und »räumlich, kräftemäßig, nach Zielsetzung und nach Einsatzmitteln begrenzte Operationen, die mit großer Wahrscheinlichkeit durch Maßnahmen des Verdeckten Kampfes unterstützt«[1022] würden. Konstant blieb ferner die Vorstellung, dass die Bundesrepublik Deutschland ihre Sicherheit nicht alleine gewährleisten konnte und die NATO-Partner daher an der Verteidigung unmittelbar beteiligt wären.[1023] Im Sinne der Schadensminimierung – dieser Gedanke ist schon von Trettner her bekannt – sollte der Abwehrkampf so lange wie möglich konventionell geführt werden, um Zeit und Voraussetzungen für politische Lösungen zu schaffen. Im Deutschen Strategischen Konzept wurde prinzipiell ein denkbarer Ablauf des Verteidigungsfalls beschrieben: von der Spannungszeit, die der Erhöhung der Kampfbereitschaft für die »Kriegs-Bundeswehr«[1024] diente, über den Verdeckten Kampf »innerhalb der Bevölkerung um die Bevölkerung«[1025] und das wirtschaftliche Potenzial bis hin zum begrenzten Krieg.[1026]

Auch wenn gerade de Maizière vom Vernichtungsdenken im Sinne einer weiteren Totalisierung der Kriegführung abgekommen war[1027] und den Krieg so schnell wie möglich eingehegt wissen wollte, knüpfte er in Sachen Operationsführung im begrenzten Krieg bewusst an die Denktraditionen der Beweglichkeit und Wendigkeit an, wie sie bereits von Moltke d.Ä., Schlieffen, Seeckt und Beck formuliert und zuletzt noch von Heusinger und Speidel gefordert worden waren.[1028] Dabei wies das Deutsche Strategische Konzept den Teilstreitkräften klare Rollen zu: Die Landstreitkräfte[1029] sollten zunächst die Dimensionen eines feindlichen Angriffs feststellen und die Verteidigung schnell grenznah aufnehmen, um mit Unterstützung der eigenen Luftstreitkräfte schwächere Feindangriffe, d.h. in einer Stärke von bis zu sechs Divisionen, mit allen

---

[1021] Ebd., S. 5.
[1022] Ebd.
[1023] Ebd., S. 6.
[1024] Ebd., S. 11.
[1025] Ebd.
[1026] Ebd., S. 12–18; BArch, BW 2/1698, Fü S III 4, Alternativvorschläge der Teilstreitkräfte aus strategisch-operativer und militärpolitischer Sicht, Bonn, 5.6.1967, S. 2–15.
[1027] Auch Gablik sah in dieser Entwicklung einen Bruch mit der Denktradition des Vernichtungskrieges nach Moltke und Schlieffen. Gablik, Strategische Planungen, S. 451. Die gegenteilige Auffassung vertritt Reichherzer. Reichherzer, Zwischen Atomgewittern und Stadtguerilla, S. 143.
[1028] Zimmermann, Ulrich de Maizière, S. 223 f.
[1029] ZMSBw, Sammlung Militärgeschichte 1945–1990, NHP-Dokument 8, Fü S III, Az. 31-02-01-01, Tgb.Nr. 8/67, Deutsches Strategisches Konzept, Führungsweisung Nr. 1, Teil I, Bonn 26.1.1967, S. 13 f. und 22.

Mitteln des konventionellen Kampfes direkt zu zerschlagen und den Feind hinter die Grenzen zurückzuwerfen. Und stärkere Feindangriffe, d.h. in einer Stärke zwischen sechs und 20 Divisionen, sollten so weit vorn wie möglich aufgefangen werden, um mit Hilfe herbeigeführter Reserven Gegenangriffe aus der Tiefe zu führen und die Ausgangslage wiederherzustellen. Dies ist insoweit bemerkenswert, als noch drei Jahre zuvor im Verteidigungsministerium die Schwelle zum Einsatz von Nuklearwaffen mit dem Angriff lediglich eines verstärkten Regiments definiert worden war.[1030]

Allerdings endeten die gedachten Gegenangriffe ganz im Zeichen der Deeskalation diesmal im Gegensatz zu den Vorstellungen des Jahres 1959 an der Demarkationslinie des Eisernen Vorhangs. Das Kriegsbild war damit auch geografisch stärker begrenzt als zuvor. Die unter nationaler Führung stehenden Kräfte der militärischen Landesverteidigung[1031] sollten indessen die fest einkalkulierten subversiven Kräfte des Feindes in den rückwärtigen Räumen bekämpfen. Die Luftstreitkräfte[1032] hätten Umfang, Stärke, Art und wahrscheinliche Operationsziele des Feindes festzustellen, um der politischen und militärischen Führung ein Lagebild zu geben. Vor allem sollte die Luftwaffe mit ihren 14 fliegenden Staffeln in konventionellem Einsatz an den Schwerpunkten des Abwehrkampfes eine zeitliche und örtliche Luftüberlegenheit erringen und den Schutz vor Angriffen aus der Luft gewährleisten. Auch die Bundesmarine[1033] sollte zur Vervollständigung des eigenen Lagebilds Aufklärung in die Ostsee hinein betreiben, feindliche Seestreitkräfte in den von der NATO zugewiesenen Operationsgebieten bekämpfen und insbesondere die Ostseeausgänge gegen Landungen von See her sichern. Verglichen mit Heer und Luftwaffe spielte die Marine aber eine untergeordnete Rolle.

Im Gegensatz zu früheren Kriegsbildern waren der bewegliche Operationskrieg und auch das traditionelle operative Denken diesmal in die von der Flexible Response vorgesehene abgestufte Eskalation (Direktverteidigung – kontrollierte Eskalation – allgemeiner nuklearer Gegenschlag) eingebettet. Sofern die eigenen Möglichkeiten der konventionellen Luft- oder Landesverteidigung überstiegen wären, müsste – so de Maizières Führungsweisung – schließlich »ein selektiver, räumlich und zeitlich sehr begrenzter Einsatz atomarer Gefechtsfeldwaffen«[1034] vorgesehen werden, um dem Feind die Schwelle zum Nuklearkrieg deutlich zu

---

[1030] Hammerich, Kommiss kommt von Kompromiss, S. 120.
[1031] ZMSBw, Sammlung Militärgeschichte 1945–1990, NHP-Dokument 8, Fü S III, Az. 31-02-01-01, Tgb.Nr. 8/67, Deutsches Strategisches Konzept, Führungsweisung Nr. 1, Teil I, Bonn 26.1.1967, S. 16 f.
[1032] Ebd., S. 14 f. und 23; BArch, BW 2/1698, Fü S III 4, Alternativvorschläge der Teilstreitkräfte aus strategisch-operativer und militärpolitischer Sicht, Bonn, 5.6.1967, S. 16–20.
[1033] ZMSBw, Sammlung Militärgeschichte 1945–1990, NHP-Dokument 8, Fü S III, Az. 31-02-01-01, Tgb.Nr. 8/67, Deutsches Strategisches Konzept, Führungsweisung Nr. 1, Teil I, Bonn 26.1.1967, S. 15 f. und 24. Vgl. BArch, BW 2/1698, Fü S III 4, Alternativvorschläge der Teilstreitkräfte, ohne Orts- und Datumsangabe, S. 21.
[1034] ZMSBw, Sammlung Militärgeschichte 1945–1990, NHP-Dokument 8, Fü S III, Az. 31-02-01-01, Tgb.Nr. 8/67, Deutsches Strategisches Konzept, Führungsweisung Nr. 1, Teil I, Bonn 26.1.1967, S. 14.

machen. Allein die Formulierungen machen eine neue Sensibilität der militärischen Führung deutlich. Für die immer noch denkbare nukleare Eskalation käme dann ein »Einzeleinsatz von taktischen atomaren Waffen gegen ausgewählte Ziele im Hinterland des Feindes«[1035] infrage. Für einen solchen Strike-Einsatz, der in de Maizières Leitbild die ultima ratio darstellte, sollte die Luftwaffe vier fliegende Staffeln F-104 G und vier Gruppen »Pershing I« in Reserve halten. Allerdings wurde dem Einsatz nuklearer Gefechtsfeldwaffen, der dann voraussichtlich mit A-, B- und C-Waffen beantwortet würde, eine strategische Bedeutung zugemessen.[1036]

Insgesamt waren sich die Verfasser der Führungsweisung Nr. 1 von 1967 gegenüber Trettners gleichnamigem Dokument von 1965 der politischen Folgen eines taktischen Nuklearwaffeneinsatzes stärker bewusst.[1037] Diese Waffen wurden deshalb nunmehr viel kritischer bewertet.[1038] De Maizières Kriegsleitbild erforderte – sollte es nicht nur einen Wunsch darstellen – ausreichend präsente Streitkräfte mit einer hohen Einsatzbereitschaft, rasche Mobilmachungsmaßnahmen in der Spannungszeit, eine Stärkung der konventionellen Schlagkraft und eine ausgewogene Bewaffnung und Ausrüstung der Bundeswehr, einschließlich nuklearer Trägermittel. Während die Luftunterstützung des Heeres mittlerweile gedanklich forciert wurde, stellte die Bestückung der deutschen Jagdbomber mit Atomwaffen keine militärische Notwendigkeit dar, sondern blieb eine politische Entscheidung.[1039] Die neue und sukzessiv verfestigte Qualität dieses Kriegsleitbildes lag doch vor allem darin, dass mit dem Primat der Politik die Regierungen viel stärker als zuvor in die Verantwortung über den Verlauf und die erwünschte Deeskalation einer militärischen Auseinandersetzung genommen wurden. Wohlgemerkt handelte es sich beim Deutschen Strategischen Konzept um ein Dokument der militärischen Führung und nicht der politischen Leitung, die hier nur reagierte.[1040] Man mag darin eine psychologische Entlastung der militärischen Führung der Bundeswehr, die Zunahme des Einflusses von Zivilpersonen auf Fragen der Verteidigung, die Ankunft der Flexible Response im Kriegsbild oder nach den Grundsätzen von Clausewitz den Sieg politischer Vernunft über rein militärfachliches Denken sehen. Die nuklearkritische Sichtweise und das Verantwortungsbewusstsein de Maizières trugen jedenfalls erheblich zum neuen Kriegsleitbild bei. Zudem schwang darin eine gute Portion Optimismus mit. Denn in seiner Rechnung vom möglichen Krieg der Zukunft löste de Maizière einige unbekannte Größen als Variablen im westdeutschen Sinne auf. Sein Credo von einer abgestuften, beherrschbaren Eskalation[1041] könnte durchaus als Wunschdenken bezeichnet werden, aber schwerlich als Dogma, wie es noch in der Zeit vor dem Ersten Weltkrieg gesehen werden kann.

[1035] Ebd., S. 15.
[1036] Ebd., S. 9.
[1037] Gablik, »Eine Strategie kann nicht zeitlos sein«, S. 322 f.
[1038] Gablik, Strategische Planungen, S. 469−472.
[1039] Ebd., S. 475.
[1040] Ebd., S. 473 und 478 f. Denn die Bundesregierung hielt mehr am politischen Ziel der nuklearen Teilhabe fest, als dass sie sich um operative Fragen kümmerte. Ebd., S. 420.
[1041] Hammerich, Kommiss kommt von Kompromiss, S. 120.

Obwohl sich die sicherheitspolitischen Rahmenbedingungen gegenüber der ersten Hälfte des 20. Jahrhunderts für Deutschland grundlegend verändert hatten, spielte der aus Kapitel III bekannte Zeitfaktor auch in diesem Leitbild vom Kriege wieder einmal eine entscheidende Rolle.[1042] Dies wurde deutlich, als de Maizière seine Vorstellungen vom begrenzten Krieg nach bewährtem Muster auf der 13. Kommandeurtagung der Bundeswehr am 27. Juni 1967 zum Thema »Die Entwicklung des neuen strategischen Konzepts der NATO, seine Bedeutung und Folgen aus deutscher Sicht«[1043] in der Bundeswehr zu implementieren versuchte. Die Bedeutung des Zeitfaktors lag im gedanklichen Ausgangs- und Endpunkt vom möglichen Kriege begründet, wie de Maizière in seinem Vortrag klarstellte:

»Ziel muß es sein, im Falle einer begrenzten Aggression die Ausgangslage in möglichst kurzer Zeit wieder herzustellen. Das erfordert die Aufnahme des Abwehrkampfes unmittelbar an der Demarkationslinie und Grenze, also die Vorneverteidigung.«[1044]

Genau die gleichen Gedanken fanden sich auch in seinem Vortrag auf der 14. Kommandeurtagung der Bundeswehr am 28. Mai 1968 in Kassel über »Die militärpolitische Weltlage und ihre Einflüsse auf die Verteidigung Mitteleuropas«[1045] wieder. Für die schnellstmögliche Wiederherstellung des status quo ante bellum und somit die Einhegung des Krieges war »rasches Zupacken«,[1046] d.h. entschlossenes militärisches Handeln und eine schnellstmögliche Bereinigung der sicherheitspolitischen Gefährdung geboten. Auf der operativen Ebene lag es im Sinne einer möglichst effizienten konventionellen Verteidigung nahe, auf Bewährtes zurückzugreifen. Deshalb auch war die »bewegliche Kampfführung«[1047] de Maizières an der bereits in den Unter-/Kapiteln III und IV.1 beschriebenen, vielgelobten Tradition operativen Denkens von Moltke d.Ä. bis Heusinger orientiert. Der Einsatz von Atomwaffen musste zur Abschreckung weiterhin vorgesehen bleiben.[1048] Und hier lag ein entscheidender Unterschied zu den Vorstellungen, wie sie noch in der ersten Hälfte des 20. Jahrhunderts dominierten. De Maizière machte dies mit folgenden Worten deutlich: »In jedem Falle sollte man sich bemü-

---

[1042] BArch, BW 2/20377, Der Bundesminister der Verteidigung, Fü S VII 4, Tgb.Nr. 631/67, Die Entwicklung des neuen strategischen Konzepts der NATO, seine Bedeutung und Folgen aus deutscher Sicht, Bonn, 21.7.1967, S. 7.
[1043] Ebd., S. 1–23.
[1044] Ebd., S. 7.
[1045] Ebd., Tgb.Nr. 661/68, Die militärpolitische Weltlage und ihre Einflüsse auf die Verteidigung Mitteleuropas, Bonn, 22.8.1968. Hier hieß es: »Vorneverteidigung ist eine Operationsführung, bei der der Abwehrkampf an der Zonengrenze beginnt.« und »Rasches Handeln kann eine Ausweitung des Konfliktes verhindern«. Ebd., S. 17.
[1046] Ebd., S. 7. Exakt die gleiche Formulierung verwendete de Maizière etwa ein Jahr später wieder: Ebd., Die militärpolitische Weltlage und ihre Einflüsse auf die Verteidigung Mitteleuropas, Bonn, 22.8.1968, S. 17.
[1047] Ebd., Tgb.Nr. 631/67, Die Entwicklung des neuen strategischen Konzepts der NATO, seine Bedeutung und Folgen aus deutscher Sicht, Bonn, 21.7.1967, S. 8.
[1048] Ebd., S. 7. Siehe dazu auch: Gablik, Strategische Planungen, S. 451; ACDP, Nachlass Schröder, I-483-110/1, »Längerfristige Planung der Bundeswehr«, Referat des Stellvertreters des Generalinspekteurs, Generalleutnant Herbert Büchs, vor dem wehrpolitischen Forum der SPD am 26.4.1969 in Bad Honnef, April 1969, S. 32.

hen, die atomare Eskalation nicht als etwas Automatisches oder Zwangsläufiges zu sehen.«[1049] Eben durch diese Infragestellung von Automatismen wurde der einstige Dogmatismus aufgebrochen, der für die deutsche Ideengeschichte des Krieges bereits beschrieben worden ist. Insofern lässt sich Frank Reichherzers These zur Entgrenzung des Krieges auch an diesem Zitat relativieren.

Wenn es nach de Maizière ging, so war die Abkehr von alten Dogmen nicht nur ein Verdienst, das aus der Kennedy-Administration herrührte, sondern die militärische Führung der Bundeswehr hätte »in erheblichem Maße [dazu] beigetragen«,[1050] dass auch das amerikanische Dogma der Massiven Vergeltung überwunden wurde. Wichtig waren nach der Einschätzung des Generalinspekteurs in diesem Zusammenhang Gespräche mit dem Vorsitzenden der Joint Chiefs of Staff der US-Streitkräfte, General Earle Gilmore Wheeler, gewesen.[1051] Insofern hatte in der Wahrnehmung der Bundeswehrführung die Erarbeitung und Vertretung eines spezifisch westdeutschen Standpunkts »Früchte getragen«.[1052] In einem Schreiben des Bundesministers der Verteidigung an das Bundeskanzleramt wegen Entwicklung der NATO- und der nationalen Streitkräfteplanung vom 26. Juli 1967 wurde der Übergang von den Politischen Richtlinien des Jahres 1956, denen noch das Konzept der Massive Retaliation (gem. MC 14/2 und 48/2) zugrunde lag, nunmehr durch Ministerweisung zum Konzept der Flexible Response auch de jure ersetzt.[1053] Am 16. September 1967 nahm der NATO-Militärausschuss das neue strategische Konzept »Overall Strategic Concept for the Defence of the NATO Area« (MC 14/3) an. Am 12. Dezember 1967 folgten die Verteidigungsminister der Allianz und damit schließlich der offizielle Strategiewechsel.[1054] MC 14/3 sah nun gegen jede Art der Bedrohung mit den Optionen »Direct Defence«, »Deliberate Escalation« und »General Nuclear Response« eine angemessene militärische Reaktion vor, letztlich auch mit nuklearen Waffen.[1055] Damit gingen das Leitbild der Bundeswehr vom Kriege mit all seinen Spezifika und die offizielle NATO-Strategie ab diesem Zeitpunkt wieder miteinander einher. Zugleich stand der Strategiewechsel der Allianz in unmittelbarem Zusammenhang mit dem Harmel-Bericht vom 14. Dezember 1967, in dem der NATO-Rat feststellte:

[1049] BArch, BW 2/20377, Der Bundesminister der Verteidigung, Fü S VII 4, Tgb.Nr. 631/67, Die Entwicklung des neuen strategischen Konzepts der NATO, seine Bedeutung und Folgen aus deutscher Sicht, Bonn, 21.7.1967, S. 6.
[1050] Ebd., S. 2.
[1051] Ebd.
[1052] Ebd., S. 16.
[1053] BArch, BW 2/5783, Schreiben des Bundesministers der Verteidigung an das Bundeskanzleramt wegen Entwicklung der NATO- und der nationalen Streitkräfteplanung, Fue S IV, Az. 10-20-10, Tgb.Nr. 1225/67, Bonn, 26.7.1967, S. 3.
[1054] Krüger, Schlachtfeld Bundesrepublik?, S. 216. Zur Annahme der und Umsetzung der MC 14/3 siehe: Haftendorn, Kernwaffen, S. 31–344.
[1055] BArch, BW 2/20377, Der Bundesminister der Verteidigung, Fü S VII 4, Tgb.Nr. 661/68, Die militärpolitische Weltlage und ihre Einflüsse auf die Verteidigung Mitteleuropas, Bonn, 22.8.1968, S. 13. Siehe ferner: Heuser, NATO, Britain, France and the FRG, S. 52 f. Zur Flexible Response siehe auch: Daalder, The Nature and Practice of Flexible Response.

»Die Atlantische Allianz hat zwei Hauptfunktionen. Die erste besteht darin, eine ausreichende militärische Stärke und politische Solidarität aufrechtzuerhalten, um gegenüber Aggressionen und allen Formen politischen Drucks abschreckend zu wirken und das Gebiet der Mitgliedstaaten zu verteidigen, falls es zu einer Aggression kommt. Die zweite Funktion besteht nach diesem Beschluß in der weiteren Suche nach Fortschritten in Richtung auf dauerhaftere Beziehungen, mit deren Hilfe die grundlegenden politischen Fragen gelöst werden können.«[1056]

Die Kombination aus Entspannung[1057] und abschreckender Verteidigungsfähigkeit spielte für die Vorstelllungen der Bundeswehrführung fortan eine maßgebliche Rolle.[1058] Das politische Bewusstsein wurde damit noch einmal bestärkt. Weltpolitisch kam es zu jener Zeit zwischen den USA und der Sowjetunion immerhin zu einem Interessenausgleich, der einerseits auf einem zunehmenden ideologischen Konflikt zwischen Moskau und Peking, andererseits aber auch auf einer sich verschärfenden Auseinandersetzung zwischen den USA und China vor dem Hintergrund des Vietnamkrieges beruhte.[1059] Auch war gerade am Beispiel dieses Krieges eine gewisse Tendenz feststellbar, dass ideologische, mit militärischer Gewalt ausgetragene Konflikte in die Dritte Welt verlagert wurden.[1060] Insofern bestand nach der Einschätzung des westdeutschen Verteidigungsministers zu jener Zeit keine akute Kriegsgefahr mit dem Warschauer Pakt, auch wenn die militärische Bedrohung durch das östliche Bündnis nicht nachließ.[1061] Vor dem Hintergrund amerikanisch-sowjetischer Verhandlungen über einen Atomwaffensperrvertrag und der Fragwürdigkeit der nuklearen Eskalationsbereitschaft der USA ging Bundeskanzler Kurt Georg Kiesinger im März 1967 sogar so weit, den beiden Supermächten eine »atomare Komplizenschaft«[1062] zu unterstellen. Für die Westdeutschen kam es nun darauf an, ihre Interessen in der Nuklearen Planungsgruppe (NPG) der NATO geltend zu machen, indem sie bei der Planung und Freigabe nuklearer Einsatzmittel aus dem Arsenal der verbündeten Atommächte mitwirkten. Im September 1968 sicherte der amerikanische Präsident Lyndon B. Johnson dem Bundeskanzler zu-

---

[1056] Weißbuch 1979, S. 13.
[1057] Zur Entspannungspolitik im Kalten Krieg siehe: Gaddis, The Cold war. Siehe dazu aber auch: Lundestad, The Cold War According, S. 535–542.
[1058] BArch, BW 2/20377, Der Bundesminister der Verteidigung, Fü S VII 4, Tgb.Nr. 661/68, Die militärpolitische Weltlage und ihre Einflüsse auf die Verteidigung Mitteleuropas, Bonn, 22.8.1968, S. 10.
[1059] BArch, BW 2/6617, Der Bundesminister der Verteidigung, S III 4, Az. 31-06-01-10b, Tgb. Nr. 4351/66, Das »Kriegsbild«, Bonn, 30.8.1966, S. 7–10. Vgl. AAPD 1967, Bd 3, Dok. 374 vom 27.10.1967, S. 1468. Der eskalierende Konflikt in Vietnam bereitete der Bundesregierung Kopfzerbrechen. Gablik, Strategische Planungen, S. 447.
[1060] BArch, BW 2/20377, Der Bundesminister der Verteidigung, Fü S VII 4, Tgb.Nr. 661/68, Die militärpolitische Weltlage und ihre Einflüsse auf die Verteidigung Mitteleuropas, Bonn, 22.8.1968, S. 5 f. Siehe dazu auch eine Studie der Arbeitsgemeinschaft Kriegsursachenforschung (AKUF): Das Kriegsgeschehen 2000, bes. S. 14–25.
[1061] Hassel, Die Bundeswehr von morgen, S. 34.
[1062] Krüger, Schlachtfeld Bundesrepublik?, S. 217.

mindests zu, dass er sich vor dem Einsatz taktischer Nuklearwaffen von oder auf westdeutschem Boden mit der Bundesregierung absprechen würde.[1063]

Indessen war der Strategieunterschied zwischen MC 14/2 und MC 14/3 jedoch gar nicht so groß, wie er aufgrund der Bezeichnung »Flexible Response« oft angenommen wird. Beatrice Heuser hat daher MC 14/3 als »Flexible Escalation« beyeichnet.[1064] Für die vorbedachte Eskalation verfügte die Bundeswehr mit Stand 1. April 1967 immerhin über insgesamt 472 atomwaffenfähige Systeme (mit »Sergeant«, »Honest John«, 203-mm-Haubitzen, F-104 G, »Nike-Herkules«-Abschussrampen und »Pershing I«).[1065] Doch die Implementierung der Flexible Response und deren Annahme in der militärischen Führung der Bundeswehr durch eine Ministerweisung als Grundlage für das Kriegsbild bedeutete einen weiteren Schritt zur Denuklearisierung der gedachten Kriegführung, einen Sieg der Nuklearkritiker im Meinungsstreit mit den Nuklearbefürwortern.

Aber war die Luftwaffe, deren Waffensysteme eigentlich auf den Nuklearkrieg ausgelegt waren, überhaupt in der Lage, den technischen und operativen Anforderungen des sicherheitspolitischen Paradigmenwechsels zu folgen? Und wie sah es mit dem Kriegsbild in den Führungsstäben der Teilstreitkräfte aus?

Was die Luftwaffenführung betraf, hatte Generalleutnant Johannes Steinhoff, der neue Inspekteur der Luftwaffe seit dem 2. September 1966, noch im Oktober 1965 für den SACEUR im Kriegsfalle die Notwendigkeit gesehen, nukleare Waffen einzusetzen.[1066] Die Möglichkeit eines kurzen »konventionellen Vorspiels«[1067] im Verteidigungsfall hatte er dabei nicht ausgeschlossen. Steinhoffs Grundannahmen hatten sich zu jener Zeit, als er seinen Dienst noch bei AIRCENT leistete, auf die damals gültige NATO-Strategie und den Emergency Defence Plan (EDP) des SACEUR gestützt, wie er in einem Vortrag deutlich machte:

»Die sogenannte pragmatische Strategie – in SACEUR's EDP festgelegt – basiert auf der Theorie der Abschreckung und ist zugleich ›das Kriegsbild der NATO‹. Der EDP ist richtungsweisend fuer die Anlage von Uebungen und Planspielen [...] Fuer uns, fuer AIRCENT, die wir das Kommando ueber assignierte Verbaende ausueben, ist er das Gebetbuch.«[1068]

Allerdings lautete die Forderung von McNamara und seitens SHAPE nunmehr, dass alle Strike-Flugzeuge der Luftwaffe auf eine konventionelle Zweitrolle umgerüstet werden sollten.[1069] SACEUR Wheeler drängte darauf, in einer speziellen Studie die konventionellen Fähigkeiten der Luftwaffe auszuloten.[1070] Aufgrund der starken Abhängigkeit in den Bereichen der Technik, der Logistik, der

---

[1063] AAPD 1968, Bd 1, Dok. 108 vom 26.3.1968, S. 397–400; Hammerich, Die Operationsplanungen der NATO, S. 291. Zur Problematik nuklearer Mitsprache siehe auch: Hoppe, Zwischen Teilhabe und Mitsprache.
[1064] Heuser, NATO, Britain, France and the FRG, S. 53.
[1065] Gablik, Strategische Planungen, S. 477.
[1066] BArch, N 885/6 (Nachlass Johannes Steinhoff), Bd 2, Probleme der operativen Fuehrung in Mitteleuropa, Fontainebleau, 21.10.1965, S. 3.
[1067] Ebd., S. 6.
[1068] Ebd., S. 4.
[1069] Krüger, Schlachtfeld Bundesrepublik?, S. 208 und 210.
[1070] Lemke, Konzeption und Aufbau der Luftwaffe, S. 218.

Einsatzgrundsätze, des Vorschriftenwesens, der Ausbildung und nicht zuletzt der Freigabe von Nuklearwaffeneinsätzen durch den amerikanischen Präsidenten wurden die Aufgaben der Luftwaffe im Kriegsfall durch die neuen amerikanischen Vorgaben in den konventionellen Bereich abgedrängt.[1071] Aufgrund des Drucks aus den USA, aber auch wegen der gewandelten Vorstellungen im Bonner Verteidigungsministerium war die bisherige Fixierung der Luftwaffe auf den Strike-Einsatz nicht mehr durchzuhalten.[1072]

Angesichts seines geringen Handlungsspielraums musste der neue Inspekteur der Luftwaffe die »Entthronung«[1073] seiner Teilstreitkraft als bisheriges nukleares Aushängeschild der Bundeswehr akzeptieren. Während Kammhuber dem Bild des begrenzten Krieges selbst zu dieser Zeit immer noch ausgesprochen skeptisch gegenüberstand,[1074] lenkte Steinhoff die Luftwaffenführung in den folgenden Jahren auf einen Kompromisskurs ein und beteiligte sich aktiv an der Umgestaltung der Einsatzstruktur unter der US-Ägide.[1075] Auch die U.S. Air Force hatte sich ja unter dem Druck der Kennedy-Administration bereits von ihrer bisherigen Festlegung auf die Atomkriegführung verabschiedet und die neue konventionell-nukleare Doppelrolle akzeptiert.[1076] Beide Rollen sollte nunmehr in Steinhoffs Augen auch die Luftwaffe einnehmen. Im Führungsstab der Luftwaffe kamen 1967 massive Ängste auf, seitens des Heeres konzeptionell vereinnahmt zu werden und so die gewohnte Eigenständigkeit zu verlieren,[1077] hing doch die Bedeutung der Luftwaffe wesentlich von der Beibehaltung der Strike-Verbände ab. Mitte 1967 waren sechs, 1968 sogar sieben Jagdbomber-Staffeln als Strike-Verbände der NATO assigniert.[1078] Die Umstellung auf eine konventionelle Zweitrolle für die Kriegführung barg aus Sicht der Luftwaffenführung die Gefahr in sich, zu einer Art Heeresfliegertruppe zu degenerieren.[1079] Wegen der beschränkten Zerstörungswirkung konventioneller Waffen war gerade die Einsatzart »interdiction« nun gänzlich infrage gestellt.[1080] Vorläufig entsprachen die konventionellen Bomben im Wesentlichen noch denen, die am Ende des Zweiten Weltkriegs benutzt worden waren. Es sollte bis etwa 1970 dauern, ehe für die F-104 G Starfighter einigermaßen wirksame und kosteneffektive konventionelle Abwurfmunition zur Verfügung stand.[1081] Zur Zeit des offiziellen Strategiewechsels sind die F-104 G von Dieter Krüger zu Recht als »Atombomber

---

[1071] Gablik, Strategische Planungen, S. 440 f.; Lemke, Konzeption und Aufbau der Luftwaffe, S. 112.
[1072] Lemke, Konzeption und Aufbau der Luftwaffe, S. 201; Krüger, Der Strategiewechsel, S. 60.
[1073] Krüger, Schlachtfeld Bundesrepublik?, S. 211.
[1074] Kammhuber, Flugzeuge oder Raketen?, S. 251.
[1075] Lemke, Konzeption und Aufbau der Luftwaffe, S. 217 f.
[1076] Krüger, Schlachtfeld Bundesrepublik?, S. 208.
[1077] Lemke, Konzeption und Aufbau der Luftwaffe, S. 221.
[1078] Ebd., S. 229.
[1079] Ebd., S. 201 f.
[1080] Ebd., S. 202.
[1081] BArch, BW 2/20377, Der Bundesminister der Verteidigung, Fü S VII 4, Tgb.Nr. 631/67, Probleme der Rüstungsplanung aus deutscher Sicht, Bonn, 27.6.1967, S. 4−6. Siehe auch: Steinhoff/Pommerin, Strategiewechsel, S. 69; Krüger, Schlachtfeld Bundesrepublik?, S. 211.

mit Eisenbomben«[1082] bezeichnet wordem. Einstweilen wurden vier G-91-Geschwader und drei der zehn Staffeln F-104 G zur unmittelbaren, konventionellen Heeresunterstützung vorgesehen.[1083] Der Versuch, der angedachten konventionell-nuklearen Doppelrolle gerecht zu werden, brachte die Luftwaffe so immer wieder an ihre Leistungsgrenze, zumal seit 1965 bei den Starfightern im Flugbetrieb verstärkt technische Problem auftraten, die in Artikeln des Nachrichtenmagazins »Der Spiegel« wiederholt thematisiert wurden.[1084] Hinzu kam, dass die Luftwaffe zu jener Zeit gerade einmal in der Lage war, 36 der etwa 2000 identifizierten Nuklearziele in den Staaten des Warschauer Paktes anzugreifen.[1085] 1979 stellte der damalige Inspekteur der Luftwaffe Friedrich Obleser in der Rückschau auf das Jahr 1967 fest, dass »die Luftwaffe die schwerwiegende Erfahrung plötzlicher Unzulänglichkeit gegenüber neu und anders gestellten Aufgaben machen«[1086] musste. Obleser konkretisierte seine selbstkritische Einschätzung: »Fliegende Waffensysteme waren für Waffen im Megatonnen-Bereich ausgelegt und hätten kaum einen Panzer pro Einsatzflug konventionell vernichten können. Flugabwehrsysteme waren zur Bekämpfung vereinzelt fliegender Nuklearträger ausgelegt – und zur Abwehr massierter konventioneller Angriffe kaum geeignet.«[1087] Bei einem konventionellen Einsatz in einem begrenzten Krieg musste die Luftwaffe damit rechnen, nach wenigen Tagen, vielleicht auch nur Stunden, aufgerieben zu sein.

Die Luftwaffenführung war sich also der eigenen begrenzten Fähigkeiten und Kräfte wohl bewusst. In konzeptioneller Hinsicht blieben jedoch die Einsatzprinzipien der Luftwaffe mit den Hauptelementen Counter Air, Interdiction, Close Air Support und Reconnaisance unter den Vorzeichen der Flexible Response bestehen.[1088] Hier wurde lediglich die Gewichtung entsprechend der neuen Perspektive etwas geändert, ohne dass dies wirklich als erfolgversprechend angesehen wurde.[1089] Als Steinhoff bei der 14. Kommendeurtagung in Kassel am 29. Mai 1968 zum Thema »Möglichkeiten und Grenzen der Luftkriegführung in Mitteleuropa«[1090] vortrug, sprach er vor allem von der »Eskalationsträchtigkeit von Luftkriegsoperationen in einem begrenzten Konflikt«,[1091] die bei Angriffen auf das Luftverteidigungssystem der NATO, auf Flugplätze in der Tiefe des Raumes oder auch durch hohe Verluste im konventionellen Kampf recht bald

---

[1082] Ebd., S. 208.
[1083] Lemke, Konzeption und Aufbau der Luftwaffe, S. 218–220.
[1084] Ebd., S. 230. Lemke, Eine Teilstreitkraft, S. 374–379. Als eine kleine Auswahl von Zeitschriften-Artikeln siehe: Die Starfighter-Affäre; Ausstieg oben; Ein schöner Tod – fürs Vaterland?
[1085] Lemke, Konzeption und Aufbau der Luftwaffe, S. 237.
[1086] BArch, BM 1/4427, Fü L VI 1, ohne Az., Tgb.Nr. 745/79, Die Luftwaffe in den 80er Jahren. Vortrag Inspekteur der Luftwaffe bei der Kommandeurtagung Bundeswehr 1979, Bonn 10.5.1979, S. 9.
[1087] Ebd., S. 17.
[1088] Lemke, Konzeption und Aufbau der Luftwaffe, S. 221.
[1089] Ebd., S. 265.
[1090] BArch, BW 2/20377, Der Bundesminister der Verteidigung, Fü S VII 4, Tgb.Nr. 661/68, Möglichkeiten und Grenzen der Luftkriegführung in Mitteleuropa, Bonn, 22.8.1968, S. 50–86.
[1091] Ebd., S. 85.

erreicht wäre. Zugleich machte er deutlich, dass für ihn die Luftkriegführung im allgemeinen nuklearen Krieg weiterhin einen großen Stellenwert besaß. Der Schwerpunkt der Luftkriegführung im Allgemeinen Krieg lag aus Steinhoffs Sicht bei den Luftangriffskräften, d.h. bei den Strike-Flugzeugen und den Boden-Boden-Flugkörpern »Pershing I«. Vor allem die Strike-Flugzeuge würden – so das von Steinhoff skizzierte mentale Bild – im Tiefstflug und großen Geschwindigkeiten angreifen, um den Gegenschlag mit sehr guten Erfolgsaussichten auszuführen.[1092] Aus diesem Grund behielten die F-104 G mit einem besonderen Alarmbereitschaftssystem (Quick Reaction Alert) in der Nähe der amerikanischen Atomwaffenlager für die Luftwaffenführung einen besonderen Status.[1093] Eine generelle Abrüstung der nuklearen F-104-Geschwader konnte die Luftwaffenführung bis in die 2000er Jahre abwenden.[1094] Dies lag unter anderem daran, dass Generalinspekteur Ulrich de Maizière aufgrund seines Leitbildes vom Kriege und die politische Leitung aus prestige- und sicherheitspolitischen Gründen ebenfalls auf einem begrenzten Anteil der Luftwaffe am Strike-Einsatz beharrten.[1095] Der »Widerstand gegen eine Denuklearisierung«[1096] und auch das Beharrungsvermögen der Luftwaffenführung in alten Kriegsbildern waren einmal mehr im Sinne der Teilstreitkraft interessengeleitet, aber auch Ausdruck nationaler Eigenständigkeit, die von der unreflektierten Übernahme amerikanischer Leitvorstellungen Abstand nahm.[1097] Diese westdeutschen Vorstellungen kamen im September 1969 zum Tragen, als in einem Kriegsspiel der Abteilung II des Führungsstabes der Luftwaffe davon ausgegangen wurde, dass bei einem begrenzten Krieg NATO und Warschauer Pakt 600 Maschinen für den späteren Nukleareinsatz zurückhalten würden.[1098]

Insgesamt herrschte in der Luftwaffenführung also ein Kriegsbild vor, das weniger im Zeichen des Begrenzten Krieges als der begrenzten Kräfte und Mittel stand. Vor diesem Hintergrund bahnte sich bereits die Entwicklung hochwirksamer Munition für die konventionelle Kriegführung an.[1099] Und auch Steinhoff hatte bereits 1968 eine wesentliche Steigerung der konventionellen Feuerkraft durch 1972/73 noch einzuführende Streuwaffen, d.h. Behälter mit einer Vielzahl von Kleinbomben, im Sinn.[1100]

Dass die Heeresführung zu jener Zeit ein anderes Kriegsbild vertrat, hatte sich bereits in den Vorjahren abgezeichnet. Als Steinhoff im Rahmen der 14. Kommandeurtagung der Bundeswehr zur möglichen schnellen Eskalation begrenzter Konflikte vortrug, äußerte der Inspekteur des Heeres, Generalleutnant

---

[1092] Ebd., S. 55–59 und 85 f.
[1093] Lemke, Konzeption und Aufbau der Luftwaffe, S. 202 und 222 f.; Krüger, Die Entstehung der NATO-Luftverteidigung, S. 555.
[1094] Lemke, Konzeption und Aufbau der Luftwaffe, S. 218–220.
[1095] Ebd., S. 202 und 221.
[1096] Ebd., S. 204.
[1097] Ebd., S. 201 und 228 f.
[1098] Ebd., S. 266.
[1099] Ebd., S. 201.
[1100] BArch, BW 2/20377, Der Bundesminister der Verteidigung, Fü S VII 4, Tgb.Nr. 661/68, Möglichkeiten und Grenzen der Luftkriegführung in Mitteleuropa, Bonn, 22.8.1968, S. 76.

Josef Moll, am 29. Mai 1968 seine »Gedanken und Vorstellungen über die künftige Landkriegführung in Mitteleuropa«.[1101] Sie stellten in mancherlei Hinsicht die Antithese zur Luftwaffensicht dar. Vor allem beim Kriegsbild ergab sich mit den Worten Molls eine interessante Diskrepanz zu Steinhoffs Gedankenführung: »Ein umfassender nuklearer Krieg scheint heute nahezu ausgeschlossen zu sein. Das gleiche gilt auch für größere Aggressionen, die zwangsläufig eine nukleare Eskalation in Gang bringen würden.«[1102]

Molls Ausführungen drehten sich stattdessen um begrenzte Aggressionen des Warschauer Paktes mit konventionellen Mitteln, die darauf abzielten, die Entscheidungsfähigkeit der NATO auf die Probe zu stellen oder Faustpfänder zu gewinnen. Vorstellbar war ein überraschender, schneller Angriff mit starken konventionellen Stoßkräften auf einzelne Objekte von nationalem Interesse, wie zum Beispiel das Volkswagenwerk in Wolfsburg.[1103] Dem Kriegsleitbild de Maizières entsprechend läge der Beitrag der Landstreitkräfte darin, den Feind möglichst lange hinzuhalten, um Zeit für politische Entscheidungen zu gewinnen.[1104] Auf operativer Ebene bedeutete dies nach Moll einen schnellstmöglichen Übergang zum Angriff, d.h. den Kampf mit Verzögerungskräften frühzeitig aufzunehmen und dann mit mechanisierten Verbänden aus der Tiefe heraus zum Gegenangriff anzutreten.[1105] Auch Moll formulierte hier – ähnlich wie de Maizière, aber im Grundsatz auch durchaus vergleichbar mit Steinhoff – selbstbewusst einen national-westdeutschen Standpunkt: »Wir Deutschen sollten hier vorangehen; denn auf dem Gebiet der operativen Führung liegt traditionsgemäß unsere Stärke.«[1106] Vor allem aber hielt es der Inspekteur des Heeres für notwendig, »daß wir [...] von der Vorstellung wegkommen, daß es mehr oder weniger alleinige Aufgabe der Landstreitkräfte ist, einen konventionellen Großangriff in Mitteleuropa zunächst konventionell, dann durch Einsatz von nuklearen Gefechtsfeldwaffen zu meistern.«[1107] Diese Aussage war eindeutig gegen das bisherige Rollenverständnis der Luftwaffenführung gerichtet und forderte die unmittelbare Luftwaffenunterstützung für die Operationen des Heeres ein.[1108]

In einer Weisung mit dem Titel »Unser Heer«[1109] vom September 1968 wiederholte Moll seine Zukunftsvorstellungen. Er sprach sich im Sinne der Flexible Response für »ein reichhaltiges konventionelles Potential« und einen erhöhten Bereitschaftstand der Bundeswehr aus. Die Niederschlagung des »Prager Frühlings« bestärkte Moll in der Annahme, dass es für eine militärische Auseinandersetzung zahlreiche Indikatoren geben würde, die rechtzeitig militärische Vorkehrungen zur Abwehr erlauben würden. Moll hegte die

---

[1101] Ebd., S. 29−47.
[1102] Ebd., S. 31.
[1103] Ebd., S. 32−34.
[1104] Ebd., S. 31 f.
[1105] Ebd., S. 38−47.
[1106] Ebd., S. 40.
[1107] Ebd., S. 32.
[1108] Ebd., S. 38−47.
[1109] ACDP, Nachlass Schröder, I-483-110/1, Der Inspekteur des Heeres, Generalleutnant Josef Moll, Unser Heer, September 1968.

Hoffnung, »daß wir bei dem derzeitigen Kräfteverhältnis eine gute Chance haben, einen nach unserer deutschen Definition begrenzten Angriff in mehrtägigem Ringen mit konventionellen Mitteln abzuschlagen.«[1110] Immerhin standen allein der Bundeswehr zu diesem Zeitpunkt für den Verteidigungsfall bereits mehr als 1500 Kampfpanzer »Leopard« und insgesamt mehr als 1000 Jagdpanzer (Kanone und Rakete) zur Verfügung.[1111] hohe Erwartungen setzte der Inspekteur des Heeres zudem in die Einführung von Raketenwerfern als weitreichende Flächenfeuerwaffen der Artillerie, welche die konventionelle Feuerkraft Anfang der 1970er Jahre deutlich erhöhen sollten, und in die Eingliederung von Hubschraubern, die unter anderm die Panzerabwehrfähigkeit des Heeres verbessern würden.

Die gleichen Ansichten wie Moll vertrat Albert Schnez, der am 1. Oktober 1968 das Amt des Inspekteurs des Heeres übernahm. Schnez hatte sich bereits ab 1950 als Oberst i.G. a.D. aus eigenem Antrieb um die Aufstellung von Milizen aus ehemaligen Elitedivisionen gekümmert, hatte im Führungsstab der Bundeswehr als erster deutscher Soldat Einsicht in die atomare Zielplanung der US-Streitkräfte für das Gebiet der Bundesrepublik gehabt und galt seit der nach im benannten Studie, die eigentlich den Titel »Gedanken für Verbesserung der inneren Ordnung des Heeres«[1112] trug, als Personifikation eines Traditionalisten.[1113] Was sein Kriegsbild betraf, war Schnez mindestens ebenso progressiv wie traditionell. Für den neuen Inspekteur des Heeres war – wie er 1969 zum »Heer der 70er Jahre«[1114] in der Zeitschrift »Soldat und Technik« verbreiten ließ – der »Verteidigungsfall [...] mit dem atomaren Chaos nicht mehr von vornherein identisch«.[1115] Vielmehr standen »begrenzte Aggressionen mit konventionellen Kräften«,[1116] bei denen die Streitkräfte der NATO die Lage nach Möglichkeit schnell bereinigen oder der Politik zumindest Zeit und Spielraum für Verhandlungen erkämpfen sollten,[1117] im Fokus seiner Überlegungen. Schnez begründete seine gegenüber Steinhoff sehr zuversichtliche Einschätzung, die soldatische Qualifikationen und Moral hervorhob, mit der Beobachtung, dass die letzten Kriege im Nahen Osten von Streitkräften gewonnen worden seien, die an Zahl und oft auch an Qualität der Ausrüstung ihrer Gegner weit unterlegen waren.[1118] Die Veränderungen im Kriegsbild erforderten in seinen Augen eine Neubearbeitung der grundlegenden

---

[1110] Ebd., S. 21 f. und 24.
[1111] Ebd., S. 13.
[1112] Die Studie von 1968 ist abgedruckt in: Blätter für deutsche und internationale Politik, 3 (1970), S. 301–319.
[1113] Keßelring, Die Organisation Gehlen, S. 12, 25–48 und 69. Zum militärischen Werdegang von Schnez siehe: Ebd., S. 40–43.
[1114] Zeitschriftenartikel von Generalleutnant Albert Schnez, Inspekteur des Heeres: Schnez, Das Heer der 70er Jahre.
[1115] Ebd., S. 663.
[1116] Ebd. Zur selben Zeit äußerte auch Speidel die Ansicht, dass begrenzte Kriege an den weichen Grenzen der Blöcke und subversiver Kampf am wahrscheinlichsten seien. ZMSBw, Sammlung Militärgeschichte 1945–1990, Nachlass Speidel, Mappe 277, Speidel: Gedanken zur Verteidigung Westeuropas (1969), S. 53–75, hier S. 54, 63 f. und 68–74.
[1117] Schnez, Das Heer der 70er Jahre, S. 663.
[1118] Ebd., S. 668.

Führungs- und Ausbildungsvorschriften, die Schnez im März 1969 letztlich beim Führungsstab des Heeres in Auftrag gab.[1119]

Mit dem Anspruch, eine »zukunftsweisende Schau vom Wesen des Krieges und der Strategie«[1120] anzustellen und erstmals das Zusammenwirken mit den Verbündeten sowie mit den anderen Teilstreitkräften besser zu berücksichtigen, erließ der Inspekteur des Heeres am 28. Juli 1969 seine »Leitlinie für die Neubearbeitung der Heeresdienstvorschrift Truppenführung (Arbeitstitel TF 71)«.[1121] In der neuen Führungsvorschrift sollten zudem die Wechselwirkungen zwischen möglichen Erscheinungsformen eines Krieges, der mutmaßliche Feind, militärgeografische Gegebenheiten, die absehbare technische Entwicklung sowie die geplante Struktur des Heeres größere Berücksichtigung finden.[1122] Die neue Prägung der TF 71 sollte weiterhin darin bestehen, dass »der Einsatz von atomaren und biologischen Waffen [...] als möglich, der von chemischen als wahrscheinlich anzusehen«[1123] war. Ferner regte Schnez an, »subversive Aktionen in der Tiefe stärker zu berücksichtigen«.[1124] Damit wertete er die Komponente des Verdeckten Kampfes im Leitbild des Heeres noch einmal auf. Diesem Aspekt sollte die mittlerweile vorgenommene Einteilung des Heeres in Feld- und Territorialheer besser gerecht werden.[1125] Darüber hinaus wollte Schnez die infanteristische Komponente aufwerten, sei es in einer durchaus auch »statisch«[1126] zu führenden Verteidigung oder im Jagdkampf regulärer Truppen zur Kleinkriegführung, auch gegen irreguläre Kräfte des Feindes.[1127] Der Inspekteur des Heeres forderte ein ausgewogenes Feldheer mit mechanisierten Divisionen und weniger kostenintensiven Jägerverbänden, die mit relativ billigen, aber nunmehr sehr wirksamen Panzerabwehrwaffen ausgestattet und in Mittelgebirgs- und Waldregionen eingesetzt würden.[1128] Was die neueste Rüstungsentwicklung anging, sollten Panzerabwehrwaffen, moderne Munitionssorten, Hubschrauber, technische Führungsmittel mit Bildübertragung und Datenverarbeitung sowie Kampfführung bei Nacht einen größeren Stellenwert im gedachten Krieg erhalten.[1129] Vor allem aber stellte Schnez fest, dass »die Unterstützung des Heeres durch Luftstreitkräfte [...] an Bedeutung gewonnen«[1130] habe, sei es in Form von Luftaufklärung, -angriff, -verteidigung und -transport der Luftwaffe oder auch

---

[1119] BArch, BW 1/129388, Der Bundesminister der Verteidigung, Fü H II 1, Az. 60-15, Neubearbeitung der HDv-Truppenführung, Bonn, 27.3.1969, S. 1.
[1120] Ebd., Az. 60-15-03, Leitlinie für die Neubearbeitung der Heeresdienstvorschrift Truppenführung, Bonn, 28.7.1969, S. 4.
[1121] Ebd., S. 1 und 4.
[1122] Ebd., S. 6.
[1123] Ebd., S. 12.
[1124] Ebd., S. 11.
[1125] Ebd., S. 14.
[1126] Ebd., S. 19.
[1127] Ebd., S. 20.
[1128] Schnez, Das Heer der 70er Jahre, S. 666 f.
[1129] BArch, BW 1/129388, Der Bundesminister der Verteidigung, Fü H II 1, Az. 60-15-03, Leitlinie für die Neubearbeitung der Heeresdienstvorschrift Truppenführung, Bonn, 28.7.1969, S. 13.
[1130] Ebd., S. 14.

IV. Die Entwicklung von Kriegsbildern

Luftbeweglichkeit des Heeres mit Hubschraubern.[1131] Dazu wies der Inspekteur des Heeres an, das »Zusammenwirken zwischen Land- und Luftstreitkräften [...] in der neuen HDv 100/1 wesentlich ausführlicher zu behandeln«[1132] und auch das »Zusammenwirken mit den Seestreitkräften [...] angemessen zu berücksichtigen.«[1133] Auch hier wurde deutlich, wie ein Kriegsleitbild durchaus interessengeleitet gestaltet und der Stellenwert der anderen Teilstreitkräfte abgewertet wurde.

Insgesamt standen die Kriegsvorstellungen der Heeresführung im Zeichen der konventionellen Landkriegführung, bei der die Luftwaffe, insbesondere aber auch die Marine eine untergeordnete Rolle spielten. Die Leitbilder von Moll und Schnez dienten als Grundlage für Gefechtsübungen des Heeres, bei denen die bewegliche Gefechtsführung im nichtatomaren Krieg geübt wurde.[1134] Und immerhin waren auch seitens der NATO seit dem EDP 1-68 keine atomaren Feuerfelder mehr vorgesehen.[1135]

Was die Marineführung angeht, deckte sich die Abwertung ihrer Teilstreitkraft im Leitbild des Generalinspekteurs zunächst durchaus mit ihrer Selbsteinschätzung. Die Sowjetunion verfügte mittlerweile über die größte U-Bootflotte der Welt und dehnte ihre maritimen Aktivitäten bereits in den Nordatlantik und ins Mittelmeer aus. Indem sie den Aufbau ihrer Nordmeerflotte vorantrieb, bedrohte sie die Ostseeausgänge nunmehr von zwei Seiten. Allein in der Ostsee war die Überlegenheit der Baltischen Flotte selbst nach der Ausgliederung der sowjetischen Marineflieger weiterhin erdrückend. Neben der Überzahl an Schiffen, Booten und Flugzeugen ging die Hauptbedrohung von den Flugkörper tragenden Zerstörern und Schnellbooten des Warschauer Paktes aus. Hier hatte die Bundesmarine noch nichts Vergleichbares entgegenzusetzen und wäre im Kriegsfall auch in qualitativer Hinsicht deutlich unterlegen gewesen. Dieser rüstungstechnische Rückstand war die Hauptursache für die Ernüchterung der Marineführung.[1136] In einer Studie der Abteilung II des Führungsstabes der Marine aus dem Jahr 1968 hieß es: »Bei beschränkten Mitteln des Verteidigers bietet eine Verteilung der vorhandenen Kräfte auf eine längere Dauer des Krieges

---

[1131] Ebd., S. 20.
[1132] Ebd., S. 14.
[1133] Ebd.
[1134] Hammerich, Kommiss kommt von Kompromiss, S. 150−152.
[1135] Ebd., S. 152.
[1136] BArch, BM 1/926h, Der Deutsche Militärische Vertreter bei SHAPE, NMR/M, Az. 03-06-20, Schreiben an Fü M II betreffend Studie »Maritime Forces in ACE in the 1970's«, Paris, 16.2.1966; BArch, BM 1/938, Anlage zu Fü M II 1, Tgb.Nr. 338/68, Vortrag des Inspekteurs der Marine vor dem Verteidigungsausschuss am 25.1.1968, ohne Ort, 2.2.1968, S. 3−6 und 22; BArch, BM 1/938, Vortrag des Inspekteurs der Marine, Vizeadmiral Gert Jeschonnek, vor der Staatspolitischen Gesellschaft am 20.5.1968 in Hamburg, ohne Az/Tgb.Nr., Ort und Datum, S. 10 f.; BArch, BW 2/20377, Der Bundesminister der Verteidigung, Fü S VII 4, Tgb. Nr. 661/68, Einsatz moderner Seestreitkräfte zur Verteidigung Nord- und Mitteleuropas, Bonn, 22.8.1968, S. 97; BArch, BM 1/918d, Anlage zu Fü M II 1 vom 17.10.1968, Notizen zur USA-Reise des InspM, S. 2; Sander-Nagashima, Die Bundesmarine 1950 bis 1972, S. 421 f.; Doepgen, Die Konzeptionen, S. 279.

für keinen Zeitpunkt eine begründete Aussicht, dem Angreifer einen Erfolg zu verwehren.«[1137]

Dies ließ nunmehr selbst die Abwehr einer feindlichen Landungsoperation in der Ostsee unrealistisch aussehen. Der Nord- und Ostseeraum war zur Mitte der 1960er Jahre die schwächste Flanke der NATO-Verteidigungsfront in Europa, die Bundesmarine damit in eine Krise geraten. Und obwohl eine Modernisierung – dies hatte auch eine umfassende Marinestudie vom September 1966 bestätigt[1138] – dringend erforderlich war, konnte diese aufgrund der Prioritätensetzungen im Verteidigungsministerium und der zur selben Zeit in der Bundesrepublik Deutschland einsetzenden wirtschaftlichen Rezession nicht sofort vorgenommen werden. Wie keine andere Teilstreitkraft litt die Marine unter Sparzwang und Kürzungen.[1139] Hinzu kam die seitens der NATO, aber auch vom Generalinspekteur vorgegebene Schwerpunktsetzung auf die Ostsee.[1140] Dass sich die Marineführung bei den Streitkräfteforderungen innerhalb der Gesamtbundeswehr meist an letzter Priorität befand, lag vermutlich auch an mangelnder Interessenvertretung.[1141] Zudem hatte eine Auswertung der Lehren aus dem sogenannten Sechstagekrieg[1142] von 1967 im Nahen Osten zwischen Israel und einer Koalition arabischer Staaten ergeben, dass die Marinen beider Seiten kaum in Erscheinung getreten waren.[1143] Clemens Doepgen hat der Marineführung für jene Zeit Unentschlossenheit und Ratlosigkeit bei der Neuausrichtung ihrer Konzeption attestiert.[1144]

1967 lag in der Marineführung der Entwurf eines Erlasses von Karl-Adolf Zenker mit dem Titel »Das maritime Kriegsbild«[1145] vor, der unter der Beteiligung von Flottenkommando, Marineamt, Abteilung Marine an der Führungsakademie, Chef des Führungsstabes der Streitkräfte (damals Konteradmiral Albrecht

---

[1137] BArch, BM 1/1022a, Fü M II 13, Tgb.Nr. 12235/68, Annahmekonzept für die Studie »Optimale Zusammensetzung der See- und Seeluftstreitkräfte«, Bonn, 14.11.1968, S. 6.

[1138] Hess, Der Übergang der Marine, S. 423–435. Die Modernisierung erforderte nicht zuletzt lenkbare oder zielsuchende Flugkörper und Torpedos, also Abstandswaffen, die zu jener Zeit erst in der Erprobung waren. Diese Waffen waren in Verbindung mit neuen elektronischen Führungssystemen (etwa SATIR oder AGIS) zu sehen. Als Träger der neuen Waffensysteme kamen insbesondere FK-Zerstörer (DDG), FK-Korvetten und FK-Schnellboote infrage. Sander-Nagashima, Die Bundesmarine 1950 bis 1972, S. 375 f.

[1139] Sander-Nagashima, Die Bundesmarine 1950 bis 1972, S. 186.

[1140] Seitens der NATO, z.B. in Person des RAdm Evans, Naval Deputy CINCNORTH, wurde den Deutschen Anfang 1967 klar gemacht, dass sich die Bundesmarine auf die Ostsee und die Ostseeausgänge nicht nur zu konzentrieren, sondern zu beschränken habe. BArch, BM 1/925a, Fü M II 1, Az. 03-30, Tgb.Nr. 7889/67, Auswertung des Besuchs RAdm EVANS bei der Marine, Bonn, 2.5.1967, S. 1–3. Siehe auch: Doepgen, Die Konzeptionen, S. 279 f.; Monte, Die Rolle der Marine, S. 566 und 571–582.

[1141] Doepgen, Die Konzeptionen, S. 287; Sander-Nagashima, Die Bundesmarine 1950 bis 1972, S. 379.

[1142] Zu den Nahostkriegen siehe: Kuniholm, Die Nahostkriege, S. 442–468.

[1143] BArch, BW 2/20377, Der Bundesminister der Verteidigung, Fü S VII 4, Tgb.Nr. 631/67, Entwicklung Nahost. Aufmarsch und Vorwarnzeit im Falle eines Angriffes gegen Mitteleuropa, Bonn, 21.7.1967, S. 10 f.

[1144] Doepgen, Die Konzeptionen, S. 281 f.

[1145] BArch, BM 1/4.282, Der Bundesminister der Verteidigung, Fü M II 1, Az. 31-01-01-23, Führungsgrundlagen der Marine Nr. 23, Das Maritime Kriegsbild, ohne Ort, 1967.

IV. Die Entwicklung von Kriegsbildern

Obermaier), in den Führungsstäben der Streitkräfte und der Marine erstellt worden war. In diesem Schreiben wurde folgende Bedrohungseinschätzung festgehalten: »Neben der Hauptstoßrichtung Mitteleuropa wird die Eroberung der Ostseeausgänge das operative Nahziel des Gegners bleiben.«[1146]

Im »maritimen Kriegsbild« des Jahres 1967 rangierten der Allgemeine Atomkrieg, der begrenzte Krieg und der Verdeckte Kampf als Erscheinungsformen noch nebeneinander.[1147] Das Kriegsleitbild der Marineführung schwankte zu dieser Zeit noch zwischen dem gefährlichsten und dem wahrscheinlichsten Fall eines möglichen Krieges.[1148] Als wahrscheinlichste Form wurde »eine mindere Form des Begrenzten Krieges, begleitet vom verdeckten Kampf«[1149] angesehen. Dabei wurde mit einem räumlich begrenzten Angriff stärkerer konventioneller Truppen, einschließlich Luft- und Seestreitkräften gerechnet, bei dem erhebliche Verluste und örtliche Schäden bis hin zum regionalem Zusammenbruch der staatlichen Ordnung zu erwarten waren. Ein Seekrieg wäre dabei eher ein Nebenkriegsschauplatz, würde aber dennoch verlustreiche Kämpfe, insbesondere um Seeverbindungen, mit sich bringen. Kleinere Landungsunternehmungen des Angreifers, zum Beispiel auf der Insel Fehmarn, waren nicht auszuschließen.[1150] Fest in dieser Form des Krieges einkalkuliert war ein Verdeckter Kampf des Gegners, der darauf abzielen würde, die staatliche Ordnung zu erschüttern und die Verteidigungskraft zu zersetzen. Gerechnet wurde dabei mit Sabotageakten in Häfen, auf Werften und an landfesten Einrichtungen mit den dort befindlichen Schiffen der Bundesmarine.[1151] Eine Zäsur war damit noch nicht vollzogen, vielmehr gab es ungefähr synchron mit dem offiziellen Strategiewechsel der NATO einen fließenden Übergang im Kriegsleitbild der Marineführung.

Als Vizeadmiral Gert Jeschonnek, seit dem 1. Oktober 1967 Zenkers Nachfolger als Inspekteur der Marine, am 25. Januar 1968 vor dem Verteidigungsausschuss des Bundestages vortrug,[1152] sprach er vom »Wandel im Kriegsbild«,[1153] der zum Übergang von der Strategie der Massiven Vergeltung (Massive Retaliation)

[1146] Ebd., S. 9.
[1147] Ebd., S. 10. Zum allgemeinen Atomkrieg siehe: Ebd., S. 11–15. Zum Bild eines begrenzten Krieges siehe: Ebd., S. 16–26. Zum Verdeckten Kampf siehe: Ebd., S. 27–29.
[1148] Eine solche Tendenz ist selbst noch in einer Marinestudie vom 5.8.1968 feststellbar, die »das Kriegsbild auf der Grundlage des Strategischen Konzeptes« untersuchte. BArch, BM 1/1022a, Militärische Beratergruppe OR Marine, Tgb.Nr. 152/68, 1. Entwurf Annahmekonzept für die Studie »Optimale Zusammensetzung der See- und Seeluftstreitkräfte«, Ottobrunn 5.8.1968, S. 1.
[1149] BArch, BM 1/4282, Der Bundesminister der Verteidigung, Fü M II 1, Az. 31-01-01-23, Führungsgrundlagen der Marine Nr. 23, Das Maritime Kriegsbild, ohne Ort, 1967, S. 35. In diesem Sinne äußerte sich auch der stellvertretende Inspekteur der Marine: BArch, BM 1/719, Der Stellvertreter des Inspekteurs der Marine, Az. 11-71, Tgb.Nr. 650/67, Kommandeurtagung der Marine, 18.–20. Januar 1967. Vorträge und Konzepte des Führungsstabes, Bonn, 7.3.1967, S. 37–52.
[1150] BArch, BM 1/4282, Der Bundesminister der Verteidigung, Fü M II 1, Az. 31-01-01-23, Führungsgrundlagen der Marine Nr. 23, Das Maritime Kriegsbild, ohne Ort, 1967, S. 20–26.
[1151] Ebd., S. 27–29.
[1152] BArch, BM 1/938, Anlage zu Fü M II 1, Tgb.Nr. 338/68, Vortrag des Inspekteurs der Marine vor dem Verteidigungsausschuss am 25.1.1968, ohne Ort, 2.2.1968.
[1153] Ebd., S. 11.

zur Flexiblen Reaktion (Flexible Response) im begrenzten Krieg geführt habe. Damit war das der Konzeption der Marine vom Dezember 1962 zugrunde liegende Leitbild eines Allgemeinen Krieges endgültig abgelöst worden. Der Allgemeine Nuklearkrieg sei zwar theoretisch noch möglich, aber eben nicht die wahrscheinlichste Form eines Krieges, so der neue Inspekteur der Marine.[1154] Daher drehten sich nun auch die Gedanken der Marineführung, die ohnehin nicht über Streitkräfte für einen nuklearen Einsatz verfügte, hauptsächlich um einen begrenzten Krieg.[1155] Gerade der Marine mit ihren sehr begrenzten Seekriegsmitteln bot das neue Kriegsleitbild die Möglichkeit, die Diskrepanz zwischen Anspruch und Wirklichkeit der Auftragserfüllung zu verringern. In einem begrenzten Kriegsszenario musste ein massiver Angriff der Baltischen Flotte zur Inbesitznahme der Ostseeausgänge eher unwahrscheinlich erscheinen, weil sonst eine schnelle nukleare Eskalation provoziert würde.[1156]

Auf der Suche nach der optimalen Zusammensetzung der Marine für den möglichen Krieg wurde 1968 eine weitere Studie erstellt.[1157] Darin hieß es: »Bei einer Konzentration der Kräfte auf den Anfang des Krieges besteht die Wahrscheinlichkeit, zumindest Anfangserfolge zu verhindern, die möglicherweise die einzigen, begrenzten Ziele des Gegners sind.«[1158] Die gleiche Vorstellung von einem räumlich und zeitlich sehr begrenzten Krieg vertrat Jeschonnek bei einem Vortrag vor der Staatspolitischen Gesellschaft in Hamburg am 20. Mai 1968 zum Thema »Die Marine und ihre Aufgaben heute und in den 70er Jahren«.[1159] Für den Inspekteur der Marine hatten deshalb Seekriegsmittel, die im Spannungsfall und zu Beginn eines Krieges besonders wirksam wären, Vorrang vor solchen, die sich erst nach längerer Kriegsdauer auswirken könnten.[1160] Auf der operativen Ebene dachte er – wie schon Ruge – an verbundene, flottillenübergreifende Seeoperationen mit Schnellbooten, Marinefliegern, U-Booten, Zerstörern, Fregatten und Seeminen. Im Gegensatz zu Ruges Vorstellungswelt sollten die Seekriegsmittel jedoch mit modernen Führungssystemen und Datenverarbeitungsanlagen, Schiffsflugkörpern (z.B. »Tartar«-Raketen, Flugkörper »Kormoran«) und Hochleistungstorpedos (z.B. »Nixe«) ausgestattet sein.[1161]

[1154] Ebd.
[1155] Ebd., S. 11 f. Siehe auch: Sander-Nagashima, Die Bundesmarine 1950 bis 1972, S. 367–372. Insofern ist der These Clemens Doepgens zu widersprechen, wonach die Änderung der NATO-Strategie das Selbstverständnis der Marine nicht unmittelbar und grundsätzlich verändert habe. Siehe hierzu: Doepgen, Die Konzeptionen, S. 286.
[1156] Sander-Nagashima, Die Bundesmarine 1950 bis 1972, S. 373 und 423.
[1157] BArch, BM 1/1022a, Fü M II 13, Tgb.Nr. 12235/68, Annahmekonzept für die Studie »Optimale Zusammensetzung der See- und Seeluftstreitkräfte«, Bonn, 14.11.1968, S. 6.
[1158] Ebd., S. 6.
[1159] BArch, BM 1/938, Vortrag des Inspekteurs der Marine, Vizeadmiral Gert Jeschonnek, vor der Staatspolitischen Gesellschaft am 20.5.1968 in Hamburg, ohne Az/Tgb.Nr., Ort und Datum.
[1160] Ebd., S. 14; Sander-Nagashima, Die Bundesmarine 1950 bis 1972, S. 415.
[1161] BArch, BM 1/938, Vortrag des Inspekteurs der Marine, Vizeadmiral Gert Jeschonnek, vor der Staatspolitischen Gesellschaft am 20.5.1968 in Hamburg, ohne Az/Tgb.Nr., Ort und Datum, S. 14–18; BArch, BM 1/719, Der Stellvertreter des Inspekteurs der Marine, Az. 11-71, Tgb.Nr. 650/67, Kommandeurtagung der Marine. 18.–20.1.1967. Vorträge und Konzepte

IV. Die Entwicklung von Kriegsbildern

Dies war die Voraussetzung für eine glaubwürdige Abschreckung. Als der Inspekteur der Marine im Rahmen der 14. Kommendeurtagung am 29. Mai 1968 in Kassel – man möchte sagen in Konkurrenz zu den anderen Inspekteuren – sein Kriegsbild darlegte, versuchte er die Bedeutung von »Seemacht«[1162] und Seekrieg[1163] im Rahmen begrenzter Aggressionen herauszustellen. Als er ausführte, dass »der Wille zu nuklearer Verteidigung z.B. [...] durch Atomwaffeneinsatz auf See demonstriert werden«[1164] könne, musste der Zuhörerschaft klar sein, dass die Marineführung auf das Leitbild de Maizières eingeschwenkt war. Faktisch bestand für die marginalisierte Marine weiterhin die Gefahr, beim Seekrieg mit einem quantitativ wie qualitativ überlegenen Feind verschlissen zu werden. Insofern blieb dem Inspekteur der Marine nichts anderes übrig, als die Forderung nach Modernisierung seiner Teilstreitkraft bei jeder passenden Gelegenheit zu wiederholen.[1165] Trotz anderslautender Vorgaben, vor allem seitens der NATO, zielten die Gedanken der Offiziere im Führungsstab der Marine auch in die Nordsee.[1166] Insofern unterschied sich die Marineführung nicht von den anderen Führungsstäben, als sie auch eine gewisse, an westdeutschen Interessen ausgerichtete Gedankenfreiheit bewahrte.

Zusammenfassend läßt sich festhalten, dass sich bis 1969 Vorstellungen eines begrenzten Krieges nicht nur beim Generalinspekteur und im Führungsstab der Streitkräfte, sondern auch – mehr oder weniger notgedrungen und in unterschiedlichen Ausprägungen – in den Führungsstäben der Teilstreitkräfte durchgesetzt und zum Teil bereits verfestigt hatten. Auch wenn es mehrere verbindende Motive, wie zum Beispiel die Interessenleitung, die nationale Eigenständigkeit oder den Abschreckungsgedanken gab, konnte von einem einheitlichen Kriegsbild in der militärischen Führung der Bundeswehr weiterhin nicht die Rede sein.

Doch wie abschreckend konnten diese Kriegsbilder, selbst wenn sie im Rahmen der Nachrichtengewinnung über den Gegner bei der Warschauer Vertragsorganisation ankamen, überhaupt sein? Wie realistisch waren die Leitbilder eigentlich?

Die damaligen Protagonisten, etwa der Generalinspekteur der Bundeswehr Trettner, äußerten durchaus den Anspruch, »zu realistischen Annahmen oder Auffassungen zu gelangen«,[1167] denn immerhin sollte »das Kriegsbild [...] eine

---

des Führungsstabes, Bonn, 7.3.1967, S. 5–16; Sander-Nagashima, Die Bundesmarine 1950 bis 1972, S. 372; Hess, Der Übergang der Marine, S. 420–422.

[1162] BArch, BW 2/20377, Der Bundesminister der Verteidigung, Fü S VII 4, Tgb.Nr. 661/68, Einsatz moderner Seestreitkräfte zur Verteidigung Nord- und Mitteleuropas, Bonn, 22.8.1968, S. 101.

[1163] Ebd., S. 100.

[1164] Ebd., S. 104.

[1165] BArch, BM 1/938, Anlage zu Fü M II 1, Tgb.Nr. 338/68, Vortrag des Inspekteurs der Marine vor dem Verteidigungsausschuss am 25.1.1968, ohne Ort, 2.2.1968, S. 13 f.

[1166] BArch, BM 1/918q, Anlage zu Fü M II 1, Az. 03-01-03, Tgb.Nr. 2224/66, Der Seeverkehr in der Nordsee und seine Sicherung im Rahmen der derzeitigen NATO-Kommandostruktur, ohne Ort und Datum, S. 1–10.

[1167] BArch, BW 2/20377, Der Bundesminister der Verteidigung, S VII 4, Tgb.Nr. 991/66, Kriegsbild und strategisches Konzept aus deutscher Sicht, Vortrag des Generalinspekteurs der

der Grundlagen der Verteidigungsplanung«[1168] sein. Im Jahr 1967 war sich die militärische Führung im Verteidigungsministerium darüber im Klaren, dass die Bundeswehr einen größeren Angriff der Warschauer-Pakt-Staaten nicht allein abwehren könnte[1169] und dass »der begrenzte Krieg [...] ohne Verstärkung durch alliierte Kräfte nicht über einen langen Zeitraum durchgehalten werden«[1170] könnte. Doch waren erst im Vorjahr 35 000 amerikanische und 5000 britische Soldaten sowie 96 für den Nukleareinsatz vorgesehene Flugzeuge aus der Bundesrepublik Deutschland abgezogen worden.[1171] Zu jener Zeit befanden sich bereits mehr als 260 000 US-Soldaten im Einsatz im Vietnamkrieg, der sich mit der Dynamik eines asymmetrischen Krieges zur »Blutpumpe«[1172] entwickelte.[1173] Auch für das Folgejahr 1968 waren bereits amerikanische, britische, belgische, kanadische und französische Truppenreduzierungen in der Bundesrepublik Deutschland von insgesamt 13 Prozent des Gesamtbestandes absehbar.[1174] Rückverlegeübungen wie der amerikanische »Big Lift«, der eine Warnzeit von zehn bis 15 Tagen voraussetzte, konnten über den Schwund bei den Präsenzverbänden nicht hinwegtäuschen.[1175] Die Kriegsbevorratung reichte weiterhin selbst im Idealfall nur für 30 Kampftage.[1176] Der SACEUR sah die Erfüllung des ihm erteilten Auftrags gefährdet, da Zahl, Ausbildung und Ausrüstung seiner Verbände nicht ausreichen würden.[1177]

Verschärft wurde die politische Krise der NATO zudem durch den Austritt Frankreichs aus der militärischen Organisation des Bündnisses im März 1966. Damit war die Beendigung der Unterstellung der französischen Truppen unter das Oberkommando der NATO verbunden wie auch die Forderung, alle NATO-Einrichtungen vom französischen Territorium bis April 1967 abzuziehen. Für Frankreich war eine Abkehr von der Massive Retaliation unan-

---

Bundeswehr General Trettner anlässlich der 12. Kommandeur-Tagung der Bundeswehr, 28.6.1966, S. 1.

[1168] Ebd., S. 2.
[1169] BArch, BW 2/20377, Der Bundesminister der Verteidigung, Fü S VII 4, Tgb.Nr. 631/67, Die Entwicklung des neuen strategischen Konzepts der NATO, seine Bedeutung und Folgen aus deutscher Sicht, Bonn, 21.7.1967, S. 20.
[1170] Ebd.
[1171] Krüger, Schlachtfeld Bundesrepublik?, S. 214.
[1172] Greiner, Die Blutpumpe, S. 167.
[1173] Ebd., S. 170; Kaplan, McNamara, Vietnam, and the defense of Europe, S. 291.
[1174] BArch, BW 2/20377, Der Bundesminister der Verteidigung, Fü S VII 4, Tgb.Nr. 661/68, Die militärpolitische Weltlage und ihre Einflüsse auf die Verteidigung Mitteleuropas, Bonn, 22.8.1968, S. 14; ebd., Tgb.Nr. 631/67, Die Entwicklung des neuen strategischen Konzepts der NATO, seine Bedeutung und Folgen aus deutscher Sicht, Bonn, 21.7.1967, S. 17.
[1175] Gablik, Strategische Planungen, S. 454. Dies verlieh der Bundeswehr in den Augen der Bundesregierung und des Auswärtigen Amtes ein umso größeres Gewicht in Europa. Siehe dazu: AAPD 1968, Bd 1, Dok. 51 vom 8.2.1968, S. 174−176.
[1176] BArch, BW 2/5783, Weisung des Bundesministers der Verteidigung fuer die Organisatorischen Ziele der Streitkräfte 1970/71, Fue S IV 1, Az. 10-20-10, Tgb.Nr. 700/70, Bonn, 1.6.1970, S. 3.
[1177] Ebd., Vorlage des Bundesministers der Verteidigung an den Bundesverteidigungsrat ueber die Erfuellung der NATO-Forderungen zur Verbesserung der Einsatzbereitschaft der Bundeswehr, Fue S VIII 9, Az. 09-30-00, Tgb.Nr. 640/68, Bonn, 4.11.1968, S. 1−5.

nehmbar. In den französischen Vorstellungen spielte sich die Verteidigung nicht am Eisernen Vorhang ab, sondern an Somme, Aisne, Vogesen, Jura und Alpen. De Gaulle behielt sich den Einsatz der französischen Force de frappe bei Kampfhandlungen auf deutschem Boden selbst vor.[1178] Dass sich die konventionelle Verteidigungsfähigkeit mit der neuen NATO-Strategie unmittelbar verbesserte, wird in der Forschung daher in Zweifel gezogen.[1179] Nach Dieter Krügers Ansicht konnten die Deutschen nur hoffen, dass der Warschauer Pakt die Entschlossenheit des Westens, die Bundesrepublik Deutschland zu verteidigen, nie auf die Probe stellte, denn die konventionellen Fähigkeiten der NATO im Frontstaat Bundesrepublik waren zu jener Zeit alles andere als beeindruckend.[1180] De Maizière erfasste diese Situation unmittelbar und sah gerade deshalb in einem begrenzten Krieg eine »mit etwaigem Abzug alliierter Truppen immer gefährlicher werdende Form einer denkbaren militärischen Auseinandersetzung«.[1181]

Mit der militärischen Besetzung der ČSSR am 20./21. August 1968 hatte die Sowjetunion im Zusammenwirken mit polnischen, ungarischen und bulgarischen Truppen deutlich gemacht, dass sie durchaus bereit war, politische Probleme mit Waffengewalt zu lösen. Bei der Reaktion des Warschauer Paktes auf die Krise des Prager Frühlings mit 30 Divisionen seiner Landstreitkräfte handelte es sich um die größte Militäroperation in Europa seit dem Ende des Zweiten Weltkriegs. Im Ergebnis war die NATO fortan von den Alpen bis zur Ostsee mit sowjetischen Verbänden der 1. Staffel des Warschauer Paktes konfrontiert.[1182] Die Berichte des Bundesnachrichtendienstes von 1967/68 ergaben, dass das frühzeitige Erkennen von Angriffsvorbereitungen dieser 1. Staffel nur sehr schwer möglich wäre.[1183] So war auch diese Krise im August 1968 in der militärischen Führung der Bundeswehr tatsächlich durchaus als Überraschung wahrgenommen worden.[1184] Das Potenzial des Warschauer Paktes für einen Überraschungsangriff ohne Aufmarsch mit begrenzter Zielsetzung belief sich nach den damaligen Kenntnissen des Verteidigungsministeriums auf mindes-

---

[1178] BArch, N 690/151, Nachlass Heinrich Karst, z.d.A. »Kriegsbild«, ohne Ort/Datum, S. 1–4. Siehe dazu: Hammerich, Kommiss kommt von Kompromiss, S. 112 und 119; Krüger, Der Strategiewechsel, S. 61; Gablik, Strategische Planungen, S. 441 f.

[1179] Hammerich, Die Operationsplanungen der NATO, S. 292; Krüger, Schlachtfeld Bundesrepublik?

[1180] Ebd., S. 225.

[1181] BArch, BW 2/20377, Der Bundesminister der Verteidigung, Fü S VII 4, Tgb.Nr. 631/67, Die Entwicklung des neuen strategischen Konzepts der NATO, seine Bedeutung und Folgen aus deutscher Sicht, Bonn, 21.7.1967, S. 20.

[1182] Uhl, Die sowjetischen Truppen in der DDR, S. 145; Wenzke, Die mitteleuropäische Krise, S. 157–178. Zum Einmarsch von Truppen der WVO in die Tschechoslowakei siehe auch: BArch, »Die Kabinettsprotokolle der Bundesregierung« online, 132. Sitzung am 24.7.1962. In: <www.bundesarchiv.de/cocoon/barch/0000/k/k1968k/kap1_2/kap2_27/index.html> (letzter Zugriff 15.4.2014).

[1183] Uhl, Die sowjetischen Truppen in der DDR, S. 144.

[1184] Thilo, Die Tschechenkrise 1968, S. 179–185. Gleiches gilt für den Bereich des Auswärtigen Amtes, wo man zunächst zu falschen Einschätzungen über das Ausmaß gelangte. AAPD 1968, Bd 1, Dok. 159 vom 13.5.1968, S. 597 f.; Bd 2, Dok. 249 vom 9.8.1968, S. 981, Dok. 261 vom 21.8.1968, S. 1027.

tens 49 Divisionen und 3200 Flugzeuge.[1185] Mittlerweile ist bekannt, dass in der Warschauer Vertragsorganisation ab Mitte der 1960er Jahre ein Konzept zur umfassenden, schnellen nuklear-konventionellen Offensive mit insgesamt weit über 100 Divisionen gegen Westeuropa entwickelt wurde.[1186] Im Bereich der Ostsee kam die massive Überlegenheit der Baltischen Flotte durch ihre Flugkörperausstattung hinzu.[1187]

Die in den Spitzengremien der NATO verbreitete, in den Kriegsleitbildern der militärischen Führung aber ebenso dokumentierte Annahme, einen begrenzten Krieg in Europa konventionell führen und zugleich die Fähigkeit zur Atomkriegführung bewahren zu können, war für die Bundesrepublik Deutschland eine »gefährliche Lebenslüge«.[1188] In einem Brief an General Earle Gilmore Wheeler, Chairman Joint Chiefs of Staff, schrieb Trettner im April 1966:

»Ob die NATO-Streitkräfte schon jetzt in der Lage sind, konventionelle sowjetische Angriffe of significant size ohne frühzeitigen Rückgriff auf nukleare Waffen zurückschlagen zu können, muß ich auf Grund der Ergebnisse der Studien und Übungen, die wir innerhalb des Bündnisses durchgeführt haben, bezweifeln [...] Dabei sollten wir alles tun zu verhindern, daß unsere strategischen Vorstellungen aus verständlicher Sorge vor einer Eskalationsgefahr von einem Wunschdenken beeinflußt werden.«[1189]

Die gleiche Kritik, sich dem »Wunschdenken«[1190] hinzugeben, dass eine ausreichende Abschreckung gegenüber dem Ostblock gegeben sei, findet sich fast zur selben Zeit in einem Vortragsmanuskript Speidels im Nachlass von Generalleutnant a.D. Erich Schneider (1894–1980). Und auch ein Aufsatz des bereits bekannten Obersten a.D. von Bonin im Nachrichtenmagazin »Der Spiegel«[1191] vom 21. November 1966 machte deutlich, dass es immer noch prominente gegenläufige Vorstellungen vom möglichen Krieg der Zukunft gab. Bonin erhob darin schwere Vorwürfe gegen die Bundesregierung und die militärische Führung der Bundeswehr, indem er behauptete, dass die Verteidigungskonzeption auf falschen Annahmen beruhe. Die Abteilung III des Führungsstabes der Streitkräfte gelang-

---

[1185] BArch, BW 2/20377, Der Bundesminister der Verteidigung, Fü S VII 4, Tgb.Nr. 631/67, Entwicklung Nahost. Aufmarsch und Vorwarnzeit im Falle eines Angriffes gegen Mitteleuropa, Bonn, 21.7.1967, S. 31.
[1186] Krüger, Schlachtfeld Bundesrepublik?, S. 223. Siehe dazu auch: Ljoschin, Die Streitkräfte der UdSSR; War Plans.
[1187] Hess, Der Übergang der Marine, S. 418–420.
[1188] Krüger, Schlachtfeld Bundesrepublik?, S. 215.
[1189] ZMSBw, Sammlung Militärgeschichte 1945–1990, NHP-Dokument 167, Fü S III, Az. 31-02-01-02, Tgb.Nr. 127/66, Brief General Trettners an den Chef der Vereinigten Generalstäbe General Earle G. Wheeler, April 1966, S. 1.
[1190] BArch, N 625/131, Nachlass Erich Schneider, General a.D. Dr. Hans Speidel, Gedanken zur Verteidigung Europas, Vortrag vor dem NATO Defense College, Rom 19.5.1967, S. 1. Ebenso überliefert in: ZMSBw, Sammlung Militärgeschichte 1945–1990, Nachlass Dr. Hans Speidel, Mappe 277, »Gedanken zur Verteidigung Europas«, Rom, 19.5.1967, S. 1.
[1191] BArch, BW 2/2998, Fü S III 1, Az. 31-02-01-01, Stellungnahme zum Aufsatz des Oberst i.G. a.D. von Bonin in »Der Spiegel« Nr. 48 vom 21.11.1966, S. 1–10.

te hingegen zu der Bewertung, dass Bonin von falschen Annahmen ausging, und stellte »fundamentale Unterschied[e] zwischen den Gedankengängen«[1192] fest.

Hier spielten eben wieder unterschiedliche Bedrohungsperzeptionen,[1193] Feind- und Selbstbilder sowie Interessen eine Rolle. De Gaulle beispielsweise hielt die Erkämpfung einer Pause mit konventioneller Abwehr für illusorisch.[1194] Die französischen Kriegsleitvorstellungen waren – wie das aus der Veröffentlichung einer Studie des französischen Chefs des Generalstabes, General Charles Ailleret, im Dezember 1967 in der Zeitschrift »Revue de Defense Nationale« hervorging – von der Grundannahme geprägt, dass der Allgemeine Krieg in Europa am wahrscheinlichsten blieb.[1195] Ailleret wollte deshalb in erster Linie aus der vorhandenen Force de frappe eine thermonukleare Streitmacht mit globaler Reichweite und später eventuell eine orbitale Streitmacht entwickeln. De Maizière ging 1967 auf die unterschiedliche Kriegsvorstellungen der NATO-Partner ein: Während de Gaulle an der Massive Retaliation festhielt, gingen die Briten von einer langen politischen Vorwarnzeit aus.[1196] Das amerikanische Kriegsleitbild stellte den begrenzten Krieg in den Fokus, hielt ihn auch kurzfristig für führbar und sah die Bündelung strategischer Reserven in den USA vor.[1197] Die Westdeutschen dachten eher langfristig an eine Rekonventionalisierung der Verteidigung und wurden in ihren Auffassungen in vielerlei Hinsicht von den Niederlanden, Italien, Griechenland und der Türkei unterstützt.[1198]

Bei aller Vielfalt der Meinungen: An der Wirklichkeit der operativen Fähigkeiten in den NATO-Streitkräften hatte der Wandel des Kriegsbildes und der Strategie zunächst faktisch wenig geändert. Militärisch war die Flexible Response vorläufig ein »Mythos«.[1199] Denn es veränderten sich zunächst einmal weniger die Kriegsmittel als nur die Konsultationsverfahren.[1200] Die USA hatten dem Schutz des eigenen Territoriums eben höhere Priorität eingeräumt als dem Schutz des NATO-Bündnisgebietes in Europa. Planübungen der NATO ließen erkennen, dass die Zielauswahl der Amerikaner und Briten für den nuklearen Ersteinsatz fast immer das Territorium der Bundesrepublik Deuschland betraf und nur der weitere Einsatz Ziele auf dem Gebiet der DDR oder Polens vorsah.[1201] Aus westeuropäischer Sicht bestand das Grunddilemma fort, die Zerstörung all

---

[1192] Ebd., S. 4.
[1193] Gablik, Strategische Planungen, S. 433 f.
[1194] Steinhoff/Pommerin, Strategiewechsel, S. 175.
[1195] ZMSBw, Sammlung Militärgeschichte 1945–1990, Nachlass Dr. Hans Speidel, Mappe 92/1 »NATO-Strategie«, hier: »Die Rundum-Verteidigung Frankreichs«, S. 5–8.
[1196] BArch, BW 2/20377, Der Bundesminister der Verteidigung, Fü S VII 4, Tgb.Nr. 631/67, Die Entwicklung des neuen strategischen Konzepts der NATO, seine Bedeutung und Folgen aus deutscher Sicht, Bonn, 21.7.1967, S. 12 f.
[1197] Ebd., S. 9–12.
[1198] BArch, BW 2/20377, Der Bundesminister der Verteidigung, Fü S VII 4, Tgb.Nr. 631/67, Die Entwicklung des neuen strategischen Konzepts der NATO, seine Bedeutung und Folgen aus deutscher Sicht, Bonn, 21.7.1967, S. 14. Siehe auch: Gablik, Strategische Planungen, S. 436.
[1199] Krüger, Schlachtfeld Bundesrepublik?, S. 212.
[1200] Heuser, NATO, Britain, France and the FRG, S. 52–54.
[1201] Altenburg, Die Nuklearstrategie, S. 331.

dessen in Kauf nehmen zu müssen, was eigentlich durch die Abschreckung bewahrt werden sollte, wobei der maßgeblichen Nuklearmacht gar nicht an der nuklearen Eskalation gelegen sein konnte.[1202] Dieter Krüger hat festgestellt, dass die Vorstellung, den Gegner durch demonstrative Detonationen mit geringer Sprengkraft zur Umkehr zu bewegen, ebenso fragwürdig war wie die Vorstellung, dass genügend Zeit für Konsultationen über den Nukleareinsatz zur Verfügung stand.[1203] Der Nahostkonflikt hatte bewiesen, dass ein Kriegsausbruch trotz mehr als einmonatiger Spannungszeit auf politischem Wege nicht verhindert wurde.[1204] Insofern mussten die durchaus selbstbewussten und zugleich sensibilisierten Vorstellungen der militärischen Führung der Bundeswehr zu jener Zeit als »Wunschdenken«[1205] bezeichnet werden.

b) Lokal begrenzter Krieg mit begrenzten Kräften: Kriegsbilder unter dem ersten sozialdemokratischen Verteidigungsminister 1969 bis 1972

Bis zum Ende der 1960er Jahre waren die nuklearen Zerstörungspotenziale der beiden antagonistischen Supermächte quantitativ und qualitativ weiter ausgebaut worden, insbesondere durch »Multiple Reentry Vehicle (MIRV)«, d.h. nukleare Mehrfachsprengköpfe auf den Interkontinentalraketen (wie z.B. die amerikanischen »Minuteman III«). Die 1970er Jahre eröffneten mit Fortschritten bei den Raketen- und Satellitentechnologien neue Möglichkeiten, die nuklearen Zielplanungen zu verbessern.[1206] Die Komplexität der technologischen Zusammenhänge und die Dimension der Zerstörungskräfte überstiegen zunehmend die Vorstellungskräfte der Militäreliten.

Da jedoch keine atomaren Kriege stattfanden und selbst die Spitzenmilitärs in der Nuklearkriegführung keine Erfahrungsexpertise beanspruchen konnten, übten zunehmend zivile Sicherheitsberater – von Bernhard Brodie über Albert Wohlstetter, Herman Kahn, Henry Kissinger, Thomas Schelling bis zu Edward Luttwak – und Verteidigungspolitiker Einfluss auf das Themenfeld der Kriegsbilder aus. Das Militär wurde auf diese Weise – übrigens auch im Bereich des militärischen Bildungssystems – fortschreitend den zivilen Bedürfnissen angepasst. Der Anforderungskatalog an militärisches Führungspersonal änderte sich. Gleiches gilt für den Bereich der Rüstungstechnologie und ein entsprechen-

---

[1202] Theiler, Die Entfernung der Wirklichkeit von den Strukturen, S. 343 f.
[1203] Krüger, Am Abgrund, S. 149.
[1204] BArch, BW 2/20377, Der Bundesminister der Verteidigung, Fü S VII 4, Tgb.Nr. 631/67, Entwicklung Nahost. Aufmarsch und Vorwarnzeit im Falle eines Angriffes gegen Mitteleuropa, Bonn, 21.7.1967, S. 21.
[1205] Ebd., Tgb.Nr. 991/66, Kriegsbild und strategisches Konzept aus deutscher Sicht, Vortrag des Generalinspekteurs der Bundeswehr General Trettner anlässlich der 12. Kommandeur-Tagung der Bundeswehr, 28.6.1966, S. 1.
[1206] Heuser, NATO, Britain, France and the FRG, S. 55 f.

des Expertentum.[1207] So brachten die letzten zwanzig Jahre des Ost-West-Konflikts eine Erhöhung der Komplexität politischen und militärischen Handelns mit sich.[1208] 1962 hatte bereits Baudissin auf diese Problematik aufmerksam gemacht und 1965 der damalige Brigadegeneral Raban Freiherr von Canstein festgestellt, dass Probleme der Verteidigung nicht mehr nur von Soldaten erörtert werden können, sondern auch von Wissenschaftlern und Politikern in der Öffentlichkeit diskutiert werden müssten.[1209] Diese breitere Behandlung der Thematik entsprach dem zuletzt in den Gedankengängen von de Maizière geforderten Primat der Politik mit deren Gesamtverantwortung für den Verlauf eines möglichen Verteidigungsfalls. Im politischen Raum, vor allem auf der außen- und sicherheitspolitischen Kommunikationsebene, gewann der Abschreckungsgedanke auf diese Weise immer mehr an Bedeutung. Dahinter stand eine sicherheitspolitische Ratio und Interpretation der sowjetischen Doktrin in der Weise, dass Errungenschaften der kommunistischen Revolution nicht durch ein zu großes unkalkulierbares Risiko, welches ein Krieg in sich bürge, infrage gestellt würden. Immerhin verzichtete die Warschauer Vertragsorganisation in ihrem Herbstmanöver »Zapad«, das im Oktober 1969 stattfand, auf den bisherigen Ersteinsatz von Nuklearwafffen.[1210]

Als nach der Bundestagswahl am 28. September 1969 eine sozialliberale Koalition unter Bundeskanzler Willy Brandt die Regierungsverantwortung übernahm, betrieb sie unter der Devise »Wandel durch Annäherung« eine neue Ostpolitik, die eben diesen sicherheitspolitischen Gegebenheiten Rechnung zu tragen versuchte. Sie wurde vom Geist des Harmel-Berichts getragen, »den Westen zu verteidigen und nach einem stabilen Frieden mit dem Osten zu suchen«.[1211] Etwa zur selben Zeit konkretisierte sich die weltpolitische Entspannung zwischen den USA und der Sowjetunion mit den »Strategic Arms Limitation Talks (SALT)«-Verhandlungen. Aus westdeutscher Sicht war es aber – gerade im Sinne des Leitbildes der militärischen Führung der Bundeswehr von einem begrenzten Krieg – wichtig, auch die Betroffenheit der UdSSR selbst von möglichen Kriegshandlungen deutlich zu machen. Es sollte eben nicht der Eindruck erweckt werden, dass ein Krieg auf Mittel- und Westeuropa beschränkt werden könne.[1212]

Helmut Schmidt, der infolge des Regierungswechsels im Oktober 1969 das Amt des Verteidigungsministers übernahm, stand bei allen Reformbestrebungen um Wehrgerechtigkeit für Kontinuität in der Sicherheits- und Bündnispolitik. Er galt als ausgewiesener Fachmann für Verteidigungsfragen, hatte bereits 1961 mit seinem Buch »Verteidigung oder Vergeltung« den ersten umfassenden und international beachteten deutschen Beitrag zu Nuklearstrategie ge-

---

[1207] Creveld, Die Gesichter des Krieges, S. 254.
[1208] Lemke, Abschreckung, Provokation oder Nonvaleur?, S. 311. Siehe dazu auch: Mey, NATO-Strategie vor der Wende.
[1209] Canstein, Gedanken zum modernen Kriegsbild, S. 513.
[1210] Ebd., S. 518 f.; Krüger, Am Abgrund, S. 139.
[1211] ACDP, Nachlass Schröder, I-483-110/1, »Längerfristige Planung der Bundeswehr«, Referat des Stellvertreters des Generalinspekteurs, Generalleutnant Herbert Büchs, vor dem wehrpolitischen Forum der SPD am 26.4.1969 in Bad Honnef, April 1969, S. 24.
[1212] Heuser, NATO, Britain, France and the FRG, S. 55 f.

liefert und genoss einen hohen Bekanntheitsgrad. Mit seiner zupackenden Art und seinem Reformkurs stärkte Schmidt den Primat der Politik, der sich insbesondere ab 1969 auch in den Verteidigungspolitischen Richtlinien (VPR) der Bundesregierung und Weißbüchern des Verteidigungsministers niederschlug.[1213] Von seinem Vorgänger im Amt übernahm Schmidt das im Weißbuch 1969 zur Verteidigungspolitik der Bundesregierung[1214] niedergeschriebene Bekenntnis zur Flexible Response und zur bekannten Leitidee eines begrenzten Krieges:

»Die Strategie der angemessenen Reaktion [...] trägt dem Begrenzten Krieg als der wahrscheinlicheren Form einer bewaffneten Auseinandersetzung in besonderer Weise Rechnung, ohne die massive Vergeltung im Falle eines allgemeinen Krieges in Frage zu stellen.«[1215]

Es galt der Grundsatz der Verhältnismäßigkeit der Mittel »mit dem Ziel, die Lage wiederherzustellen, die vor Beginn des Angriffs bestanden hat«,[1216] und das Leitprinzip der »Vorneverteidigung«.[1217] Wie de Maizière trat auch der neue Verteidigungsminister für die Einstufung der Nuklearwaffen als politisches Mittel und nicht als bessere Gefechtsfeldwaffen ein, was er insbesondere im Rahmen einer Tagung der Nuklearen Planungsgruppe (NPG) in Mittenwald im November 1969 sowie auf der Herbsttagung des NATO-Rates im Dezember 1969 deutlich machte. Hier nahm der Vertreter der Bundesrepublik Deutschland erstmals entscheidenden Einfluss auf die nukleare Diskussion der Allianz. De Maiziere war an den ersten zehn Sitzungen der NPG ebenfalls beteiligt. Die informationstechnische Zuarbeit dazu stammte von der Abteilung III des Führungsstabes der Bundeswehr im Verteidigungsministerium.[1218] Nachdem das Projekt einer multilateralen, seegestützten Nuklear-Streitmacht Multilateral Force (MLF) wieder verworfen worden war, boten die Amerikaner im Dezember 1969 mit der NPG, die zweimal jährlich zu Beratungen auf der Ministerebene tagen sollte, den europäischen Stationierungsländern eine regelmäßige Unterrichtung über Ort, Zahl und Kaliber der auf ihren Territorien gelagerten Atomköpfe an. In der Tat erwies sich die NPG als ein Forum, in dem Differenzen bei den Vorstellungen über den Einsatz von Nuklearwaffen überbrückt und gemeinsame Regeln für den Einsatz entwickelt werden konnten. Die Freigabeentscheidung verblieb jedoch weiterhin beim amerikanischen Präsidenten.[1219]

[1213] Fischer, Schmidt, Leber, Apel, S. 193–222.
[1214] Weißbuch 1969.
[1215] Ebd., S. 17 f.. Siehe dazu auch: Maizière, In der Pflicht, S. 289. Auf der Gegenseite (z.B. im Rahmen der ersten Sitzung des Komitees der Verteidigungsminister der WVO am 22./23.12.1969 in Moskau), wurde die Flexible Resonse als Variante der Kriegsentfesselung und -entwicklung dargestellt, die ein Anwachsen konventioneller militärischer Auseinandersetzungen zum allgemeinen Kernwaffenkrieg vorsehe. Minow, Die NVA und Volksmarine, S. 183.
[1216] Weißbuch 1969, S. 18.
[1217] Ebd., S. 19.
[1218] Maizière, In der Pflicht, S. 290 f.; Altenburg, Die Nuklearstrategie, S. 331; Haftendorn, Kernwaffen, S. 166–180.
[1219] Altenburg, Die Nuklearstrategie, S. 330; Haftendorn, Kernwaffen, S. 175.

In den »Provisional Political Guidelines for the Initial Tactical Use of Nuclear Weapons (PPGs)« und den »Consultation Guidelines« wurde die Verpflichtung festgelegt, die Bündnispartner vor einem etwaigen Einsatz von Atomwaffen zu konsultieren. Danach war es nach Meinung des späteren Generalinspekteur Altenburg nicht mehr vorstellbar, dass sich der Regierungschef einer Nuklearmacht, der über den Nuklearwaffeneinsatz entschied, über die Meinung der meistbetroffenen Nationen hinwegsetzte.[1220] In den »Politischen Richtlinien für den selektiven «taktischen» Ersteinsatz nuklearer Waffen« hieß es, dass jeder Ersteinsatz von Atomwaffen eine qualitative Änderung des Charakters eines militärischen Konfliktes bedeute. Er sollte deshalb nur selektiv und dosiert stattfinden.[1221] Ein relativ früher Ersteinsatz von Nuklearwaffen, bevorzugt auch im Hinterland der Warschauer-Pakt-Staaten, war für die Westdeutschen jedoch ein wichtiger gedanklicher Schritt in der Abschreckungspolitik (»to restore the credibility of the overall deterrent«[1222]). Die Westdeutschen hegten Hoffnungen, die Eskalation einer möglichen militärischen Auseinandersetzung auf diese Weise vermeiden zu können. Allerdings waren die PPGs – wie auch schon die NATO-Strategiepapiere – Kompromissformeln, die allen Beteiligten eigene Interpretationsspielräume ließen.[1223]

Doch für Helmut Schmidt stand – wie er beispielsweise am 9. November 1970 vor der 16. Jahressitzung der Nordatlantischen Versammlung in Den Haag erklärte – der Abschreckungsgedanke im Vordergrund.[1224] Zumindest ging dieser in den weiterhin durchgeführten Stabsrahmenübungen der NATO auf. So endeten die »Wintex«-Übungen, die von 1968 bis 1989 anstelle von »Fallex« abgehalten wurden, meist mit selektiven Nuklearwaffeneinsätzen. Auch wenn bei diesen Großübungen formal nur Verfahrensabläufe geprüft werden sollten, dienten sie der NATO als Demonstrationen politischer Entschlossenheit und Gradmesser dafür, inwieweit eine militärische Strategie tatsächlich implementierbar ist. Insofern wurden die Hoffnungen des westdeutschen Verteidigungsministers und seines Generalinspekteurs zumindest in den Übungsanlagen der Allianz, die für alle Teilnehmer ein durchaus wichtiges gedankliches Gerüst darstellten, regelmäßig bestätigt.

Schmidt gewann schnell Sympathien in den Gremien der NATO und konnte so einigen Einfluss nehmen. Im Mai 1971 war seine Stellung so weit gefestigt, dass er bei der Tagung der Nuklearen Planungsgruppe in Kopenhagen seine Forderung, stets das politische Element des Einsatzes von Nuklearwaffen in den Vordergrund zu stellen, selbst gegenüber dem neuen SACEUR, General Andrew

---

[1220] Altenburg, Die Nuklearstrategie, S. 330.
[1221] Maizière, In der Pflicht, S. 290 f.; Haftendorn, Kernwaffen, S. 166-180.
[1222] Heuser, NATO, Britain, France and the FRG, S. 54. Auch SACEUR Andrew J. Goodpaster äußerte im Rahmen einer Vorbereitungsbesprechung für die NPG in Kopenhagen 1970: »There should be no ambiguity on the side of the agressor regarding our reactions in a continuum of deterrence.« Zeitzeugengespräch mit General a.D. Wolfgang Altenburg, Lübeck-Travemünde, 11.6.2014.
[1223] Ebd., S. 60 f. und 144 f.
[1224] Bundesministerium der Verteidigung, Informations- und Pressestab, Mitteilungen an die Presse VII/134, Bonn, 9.11.1970.

J. Goodpaster, der Lemnitzer im Juli 1969 ins Amt nachgefolgt war, erheben konnte.[1225] Goodpaster, der in Bonn ein hohes Ansehen genoss, hatte in Washington Zutritt zu den Spitzen des Pentagon und in das Weiße Haus. De Maizière war ihm nach eigenen Angaben freundschaftlich verbunden.[1226] Dies bot sowohl für Schmidt als auch für de Maizière gute Voraussetzungen, um ihre gemeinsame Sichtweise auf einen möglichen Verteidigungsfall international zur Geltung zu bringen. In der Rückschau schrieb der Generalinspekteur: »Wir wehrten uns gegen die Vorstellung eines auf Europa begrenzten, möglicherweise länger dauernden militärischen Konfliktes unter Einsatz von Atomwaffen.«[1227]

Auf nationaler Ebene ließ Schmidt an seinem Führungsanspruch über das Militär keinen Zweifel. Mit dem »Blankeneser Erlaß« vom März 1970 entwickelte er eine Lösung, um sowohl die Stellung der Inspekteure der Teilstreitkräfte zu truppendienstlichen Vorgesetzten als auch durch ein erstmals eingeräumtes Inspektionsrecht und eine Umgliederung des Führungsstabes der Streitkräfte die Position des Generalinspekteurs aufzuwerten.[1228] Damit wurden Voraussetzungen geschaffen, um unter anderem das Leitbild vom möglichen Kriege auch innnerhalb der Bundeswehr besser durchzusetzen. Angereichert wurde dieses Kriegsbild weiterhin mit Erkenntnissen aus nationalen Studien, wie sie beispielsweise im Dezember 1970 in der Abteilung II des Führungsstabes der Streitkräfte zu »Entwicklungstendenzen in den sowjetischen Vorstellungen von zukünftigen Kriegen«[1229] erarbeitet wurden. Vor dem Hintergund des nuklearen Patts und der Entwicklungen in Südostasien[1230] gelangte man dort zu der Bewertung:

»Unter den aktuellen politischen Verhältnissen ist von der Sowjetunion mit nuklearen Waffen vermutlich keine direkte Aggression zu erwarten; diese wird sich vielmehr auf alle übrigen Arten von Konflikten beschränken.«[1231]

Der Sowjetführung wurde unterstellt, ihre Strategischen Raketentruppen sowie ihre Seestreitkräfte in erster Linie zu Abschreckungszwecken zu unterhalten und stattdessen den »revolutionären Bürgerkrieg« als brauchbare Methode strategischen Handelns in den Vordergrund zu stellen.[1232] Begrenzte Kriege nach westlichem Verständnis kannte die sowjetische Militärdoktrin als »Bürger-

---

[1225] Gablik, »Eine Strategie kann nicht zeitlos sein«, S. 315; Fischer, Schmidt, Leber, Apel, S. 204; Altenburg, Die Nuklearstrategie, S. 331; Lemke, Abschreckung, Provokation oder Nonvaleur?, S. 311; Mey, NATO-Strategie vor der Wende, S. 320.
[1226] Maizière, In der Pflicht, S. 296 f.
[1227] Ebd., S. 324.
[1228] Maizière, In der Pflicht, S. 258 und 295 f.; Thoß, NATO-Strategie, S. 155 f.
[1229] BArch, BH 1/27526, Der Bundesminister der Verteidigung, Fü S II 3, Az. SOWB 04-03-10, Tgb.Nr. 5754/70, Sichtbare Entwicklungstendenzen in den sowjetischen Vorstellungen von zukünftigen Kriegen, Stand Mai 1970, Bonn 7.12.1970.
[1230] In Vietnam begann 1969 nach der sogenannten Tet-Offensive der kommunistischen Kräfte die amerikanische Truppenreduzierung.
[1231] BArch, BH 1/27526, Der Bundesminister der Verteidigung, Fü S II 3, Az. SOWB 04-03-10, Tgb.Nr. 5754/70, Sichtbare Entwicklungstendenzen in den sowjetischen Vorstellungen von zukünftigen Kriegen, Stand Mai 1970, Bonn 7.12.1970, S. 16.
[1232] Ebd., S. 5 f.

IV. Die Entwicklung von Kriegsbildern

und Nationale Befreiungskriege«.[1233] Eine für das Kriegsbild der militärischen Führung der Bundeswehr wesentliche Einschätzung des Gegners lautete:

»Mit der Übernahme der These, daß begrenzte Kriege nicht in einen Weltkrieg eskalieren müssen, ist für die Sowjetunion theoretisch die Freiheit gegeben, sich zukünftig vermehrt an lokalen Konflikten zu beteiligen.«[1234]

Eine feste Erwartung bei diesen lokal und qualitativ beschränkten Formen militärischer Auseinandersetzungen bestand darin, »daß ein Begrenzter Krieg jeglicher Art seitens der Sowjetunion – falls beabsichtigt – durch eine politische Kampagne sowohl innerhalb des Zielstaates als auch außerhalb – z.B. gegenüber seinen Verbündeten oder der Weltöffentlichkeit – vorbereitet bzw. begleitet wird«.[1235] Dies bedeutet nicht anderes, als dass sich die »gesteigerten Möglichkeiten eines verdeckten oder subversiven Vorgehens«[1236] in den Kriegsvorstellungen weiter verfestigt und konkretisiert hatten. Ganz in diesem Sinne arbeitete auch die Studiengruppe Bundeswehr an der Führungsakademie in Hamburg etwa zur selben Zeit an einer Studie zum Thema »Die Bundeswehr in der Abwehr des Verdeckten Kampfes (Handbuch für Führung und Ausbildung)«,[1237] verbunden mit dem Ziel, »einheitliche Auffassungen aller Teilstreitkräfte«[1238] herzustellen.

Das gleiche Ziel verfolgte de Maizière, als er am 1. Februar 1971 in der »Planungsleitlinie zur Erstellung von Planungsvorschlägen zum Streitkräfteplan 1972–1985«[1239] sein Leitbild vom Verteidigungsfall fortschrieb. Die Planungsleitlinie sollte zugleich als umfassende Entscheidungsgrundlage für die Entwicklung und Einführung großer Waffensysteme dienen. Hier zeigte sich einmal mehr der unmittelbare Zusammenhang von Kriegsbildern und Rüstungsentscheidungen. Das Dokument orientierte sich gleichermaßen an den bisherigen Vorstellungen de Maizières, an dem insbesondere von Schmidt durchgesetzten Primat der Politik und den von beiden Protagonisten vertretenen westdeutschen Interessen. Aufgrund der Erkennntisse aus den obengenannten

---

[1233] Ebd., S. 19.
[1234] Ebd., S. 21.
[1235] Ebd., S. 26.
[1236] Ebd., S. 37.
[1237] BArch, BW 8/I/834, Studiengruppe Bundeswehr, Az. 31-06-01-10, Tgb.Nr. 28/69, Die Bundeswehr in der Abwehr des Verdeckten Kampfes, 1. Arbeitsentwurf, Hamburg, 1.10.1969. Dieser Studie wurde folgende Definition zugrunde gelegt: »Der Verdeckte Kampf ist eine im Innern eines Staates zwischen illegalen Kräften und der legalen Staatsgewalt in Verbindung mit psychologischen Kampfmaßnahmen geführte gewaltsame Auseinandersetzung, die von einer auswärtigen Macht ingangesetzt, gelenkt oder unterstützt wird, deren Beteiligung verborgen bleiben soll [...] Der Verdeckte Kampf kann für sich allein oder als Vorstufe einer bewaffneten Auseinandersetzung internationalen Ausmaßes wie auch im Zusammenhang damit geführt werden«. Ebd., S. 9. Hierauf wurde insbesondere auch die Konzeption und Ausbildung der Heimatschutztruppe ausgerichtet. BArch, BW 1/129388, Planübung »Weißer Springer«. Einsatz der Heimatschutztruppe im Verteidigungsfall und im Spannungsfall, ohne Ort/Datum.
[1238] Ebd., S. 2.
[1239] BArch, BW 2/7965, Generalinspekteur der Bundeswehr, Fü S VIII 1, Az. 09-30-05, Tgb. Nr. 17/71, Planungsleitlinie zur Erstellung von Planungsvorschlägen zum Streitkräfteplan 1972–1985, Bonn 1.2.1971.

Studien drehten sich die Gedanken um »lokale begrenzte Kriege«[1240] in Mittel- und Westeuropa, auf welche die Bestrebungen des Gegners voraussichtlich abzielen würden. Die NATO würde darauf mit der Triade der Konflikteskalation nach der Strategie der Flexible Response reagieren.[1241] Die maßgebliche Konstante im Kriegsleitbild der militärischen Führung der Bundeswehr blieb die besondere Betonung der »Vorneverteidigung«.[1242] De Maizière dachte an

> »eine Operationsführung [...], bei der die Abwehr unabhängig von der Art der Aggression mit einem Höchstmaß an Kampfkraft an der Demarkationslinie/ Grenze und in der Ostsee beginnt, wobei es darauf ankommt, die Entscheidung ostwärts der Linie Kiel–Hamburg–Weser–Vogelsberg–Spessart–Nürnberg– Landshut–Rosenheim zu suchen und in der Ostsee die Abwehr so weit ostwärts wie möglich aufzunehmen«.[1243]

In dieser spezifisch westdeutschen Vorstellung, wie sie bereits von Heusinger und Speidel geprägt worden war, spielte die geografische Dimension des Kriegsbildes eine herausgehobene Rolle, im Gegensatz zum angloamerikanischen Denken, wo die Wahl der Waffen von größerer Bedeutung war. Im Verteidigungsfall käme es nach den Vorgaben de Maizières für die Bundeswehr darauf an, »den Kampf sofort aufzunehmen mit dem Ziel, den Gegner zur Aufgabe seiner Absichten zu zwingen und die Ausgangslage so rasch wie möglich wiederherzustellen«.[1244] Hieraus leiteten sich die Aufträge der Teilstreitkräfte ab. Für das Heer sah de Maizière dafür eine Erhöhung von Kampfkraft und Einsatzbereitschaft, vor allem durch eine Verstärkung der konventionellen, flächendeckenden Feuerkraft und Panzerabwehrfähigkeiten, als notwendig an.[1245] Die Luftwaffe sollte unverändert ihre Einsatzverbände auf neue Waffensysteme umrüsten, um »die Land- und Seestreitkräfte in den Schwerpunkten ihres Kampfes auch unmittelbar zu unterstützen«.[1246] Für die Marine wurden weiterhin keine Atomwaffenträgermittel vorgesehen, allerdings sollte die Modernisierung der Seekriegsmittel mit Flugkörperbewaffnung und datenverarbeitenden und -übertragenden Anlagen vorangetrieben werden, um mit Schwerpunkt in der Ostsee »sofort nach Beginn von Feindseligkeiten auf den Gegner wirken«[1247] zu können. Sollte es nicht gelingen, den feindlichen Angriff mit konventionellen Streitkräften zum Stehen zu bringen und die Integrität des NATO-Territoriums wiederherzustellen oder der Verlust des eigenen atomaren Potentials drohen, müssten Atomwaffen eingesetzt werden. Der atomare Ersteinsatz der NATO nach den in der Nuclear Planning Group (NPG) und im Defence Planning Committee (DPC) beschlossenen oder noch zu erarbeitenden politischen Richtlinien sollte jedoch selektiv und restriktiv

---

[1240] Ebd., S. 2.
[1241] Ebd., S. 6.
[1242] Ebd., S. 9.
[1243] Ebd., S. 10.
[1244] Ebd., S. 15.
[1245] Ebd., S. 4 und 8.
[1246] Ebd., S. 12.
[1247] Ebd., S. 11 und 14.

erfolgen mit dem Ziel, die Abschreckung durch diese qualitative Veränderung des Krieges erneut wirksam werden zu lassen.

Das politische Ziel sowohl vor einer möglichen – auch konventionellen – militärischen Auseinandersetzung als auch in einem denkbaren Krieg war die Abschreckung. Die Ausstattung der Bundeswehr mit nuklearen Waffenträgern blieb Bestandteil dieses Denkens. In den Leitvorstellungen des Generalinspekteurs und seines Führungsstabes bahnte sich 1971 zudem erstmals die zukünftige Rolle der Hochtechnologie an, wurden doch bis zum Beginn der 1980er Jahre erhebliche Verbesserungen bei den konventionellen Waffen hinsichtlich ihrer Reichweite, Zielgenauigkeit und Flächenwirkung erwartet, die durch eine Fortsetzung der Entwicklungsarbeiten an Lasern in den Bereichen der Ortungs-, Aufklärungs- und Leitsysteme sowie durch eine Automatisierung von Waffensystemen ermöglicht würden.[1248]

Trotz aller Bemühungen, die verschiedenen Auffassungen in den Teilstreitkräften zu vereinheitlichen, blieben die Unterschiede aufgrund verschiedener mentaler Prägungen, vor allem aber des starken Einflusses der jeweiligen Interessenleitung.

Der Heeresführung musste es zu dieser Zeit relativ leicht fallen, die Orientierung an den Kriegsleitbildern des Generalinspekteurs und aus dem Führungsstab der Streitkräfte einzufordern, vermochte sie es doch am ehesten, diese Vorstellungen zu teilen. Die Übereinstimmung reichte von der Grundvorstellung eines lokal begrenzten und konventionell geführten Krieges, über die wachsende Bedeutung von Streu- und Flächenwaffen für die Heeresrüstung, über den Verdeckten Kampf irregulärer Kräfte zur Erschütterung der staatlichen Ordnung, auch unter Einsatz von B- und C-Kampfmitteln, bis hin zur maßgeblichen Beeinflussung des Kriegsverlaufs durch die politische Führung.[1249]

Eine sogenannte Führerreise Heer,[1250] die unter der Federführung des Inspekteurs des Heeres Anfang Mai 1970 durchgeführt wurde, machte die großen Schnittmengen in den Vorstellungswelten von Heeresführung und Generalinspekteur deutlich. Die Planübung wurde in Anlehnung an den General Defence Plan (GDP) des III. (GE) Korps angelegt und ging zunächst von subversiven Tätigkeiten in der Bundesrepublik Deutschland aus. Angenommen wurde weiterhin, dass die NATO-Streitkräfte ihre Verteidigungsräume gemäß dem GDP bezogen hätten und dann ein örtlich zwischen Elbe und Thüringer Wald begrenzter, dreitägiger Angriff sowjetischer Streitkräfte in Stärke von zwei Armeen mit Unterstützung durch Jäger- und Jagdbomberverbände gegen die Bundesrepublik Deutschland am zähen Widerstand der deutschen, britischen, belgischen und niederländischen Verteidiger unter hohen Panzerverlusten der Sowjets scheitern würde. Ferner wurde den Sowjets im Rahmen der Übung

---

[1248] BArch, BW 2/7965, Fü S IX 1, Anhang zu Anlage 1 zu Generalinspekteur der Bundeswehr, Fü S VIII 1, Az. 09-30-05, Tgb.Nr. 17/71, Planungsleitlinie zur Erstellung von Planungsvorschlägen zum Streitkräfteplan 1972–1985, Bonn 1.2.1971, S. 5 f.
[1249] Ebd., S. 13 f. und 27–29.
[1250] BArch, BH 1/27499, Der Inspekteur des Heeres, Fü H II 3, Az. 34-08-01, Führerreise Heer 1970, Bonn, 10.4.1970.

unterstellt, die räumliche Begrenzung des Krieges ständig über Rundfunk und sämtliche diplomatische Vertretungen zu betonen, während auch die amerikanische Regierung bemüht wäre, den Konflikt begrenzt zu halten. Westliche Luftstreitkräfte, vor allem auch unter amerikanischer Beteiligung, würden zunächst zur Luftnahunterstützung gegen die Angriffsspitzen des Feindes und später zur Abriegelung aus der Luft eingesetzt. Schließlich brachten im Rahmen der »Führerreise Heer« die Gegenangriffe deutscher und amerikanischer Divisionen auch den Angriff der 2. Staffel des Warschauer Paktes zum stehen.[1251] Ein sehr ähnliches Kriegsbild lag auch der »Führerreise Heer 1971«,[1252] die der Inspekteur des Heeres im April 1971 entwickeln ließ, zugrunde.

Die gedankliche Nähe der Heeresführung zu den Leitbildern des Generalinspekteurs bedeutete noch lange nicht, dass das Heer den darin gesetzten Ansprüchen mit seinen damaligen Fähigkeiten tatsächlich gerecht geworden wäre. In einem »Zustandsbericht des Heeres«,[1253] der fast zur selben Zeit erschien, wurden immer noch Munitionsengpässe beim Kriegsvorrat festgestellt.[1254] Vor allem war die Einsatzbereitschaft des Heeres von einer mehrtägigen Mobilmachung abhängig und »der GDP-Auftrag [...] nur bedingt zu erfüllen«.[1255] Zwar brachten auf der einen Seite neue Waffensysteme wie der Kampfpanzer »Leopard«, der Schützenpanzer »Marder«, die Panzerhaubitze M 109 (G) und der mittlere Transporthubschrauber CH 53 mehr Beweglichkeit und Feuerkraft, die Umgliederung nach dem Heeresstrukturmodell 3 wurde im Jahr 1972 abgeschlossen und die Luftwaffe stellte 33 Verbindungskommandos zu Brigaden des Heeres auf, um die Luftunterstützung zu verbessern.[1256] Auf der anderen Seite stand jedoch auf dem möglichen Kriegsschauplatz Westdeutschland dem nur konzeptionell angelegten deutschen »Wunschheer«[1257] von zwölf mechanisierten oder atomwaffenfähigen Divisionen mit 40 sofort einsatzbereiten Brigaden im Jahr 1970 faktisch ein lediglich teilmechanisiertes, stark mobilmachungsabhängiges Heer mit nur elf vollen Divisionen und 34 Brigaden gegenüber.

Aufgrund dieser Defizite war die Luftwaffenführung nicht ganz zu Unrecht davon überzeugt, dass ein konventioneller Großangriff aus dem Warschauer Pakt selbst unter Zuhilfenahme von ADM und bei nuklearem Erdeinsatz von Boden-Luft-Raketen »Nike«[1258] kaum abgewehrt werden konnte. Diese waren noch am ehesten für den selektiven Nuklearwaffeneinsatz geeignet, da hier die Gefahr nuk-

---

[1251] Ebd., S. 3–47.
[1252] BArch, BW 2/7965, Der Inspekteur des Heeres, Fü H III 1, Az. 34-08-01, ohne Tgb.Nr., Führerreise Heer 1971, Planübung, Bonn 5.4.1971.
[1253] BArch, BW 2/7965, Fü H III 4, Az. 11-72-03, Tgb.Nr. 5565/71, Zustandsbericht des Heeres 1970, Bonn 2.3.1971.
[1254] Ebd., S. 46.
[1255] Ebd., S. 50.
[1256] BArch, BW 2/8665, GenInsp, Tgb.Nr. Fü S 4496/73, Lagevortrag des Generalinspekteurs der Bundeswehr vor der 18. Kommandeurtagung der Bundeswehr am 30.10.1973 in Bad Kissingen, Bonn, 30.10.1973, S. 14.
[1257] Hammerich, Kommiss kommt von Kompromiss, S. 351.
[1258] Zu den Waffensystemen der Luftverteidigung siehe: Lemke, Konzeption und Aufbau der Luftwaffe, S. 248–260.

learer Gegenschläge herabgesetzt schien.[1259] Hinzu kam als weitere Unwägbarkeit und Einschränkung selbst der nuklearen Verteidigungsfähigkeiten des atlantischen Bündnisses in Europa der Entscheidungsvorbehalt des US-Präsidenten. So gab es vor allem für den Bereich der Luftwaffe noch viele Fragezeichen zum möglichen Krieg.

Genau diese Problematik erkannte auch Steinhoff und hegte den Vorbehalt, dass ein selektiver Nuklearwaffeneinsatz gemäß dem Kriegsleitbild des Generalinspekteurs daran scheitern könnte, dass die zur Verfügung stehenden Systeme an den Atomic Strike Plan des SACEUR gebunden waren. Für seinen Zuständigkeitsbereich sah er zudem wegen der begrenzten Fähigkeiten der Luftwaffe deren konventionell-nukleare Doppelrolle weiterhin überaus skeptisch.[1260] Die Sichtweise des Inspekteurs der Luftwaffe stellte somit immer noch eine Kritik an der Führungsweisung Nr. 1 vom Januar 1967 dar. Die von Axel Gablik vertretene Ansicht, dass mit diesem Dokument zumindest militärpolitisch und strategisch eine gewisse Ruhe eingekehrt sei,[1261] ist deshalb zu relativieren. Zu sehr blieb die Luftwaffenführung in ihren alten Vorstellungsmustern verhaftet und konnte sich von ihrer bisherigen Rolle im möglichen Krieg kaum lösen. Bernd Lemke hat dies ganz treffend als einen »hinhaltenden Widerstand gegen eine Denuklearisierung«[1262] und damit insbesondere zugleich gegen die zugedachte konventionelle Rolle bezeichnet. Stattdessen beharrte die Luftwaffenführung auf einer umfassenden nuklearen Schlag- und Vernichtungskraft für ganz Europa bis zur sowjetischen Grenze, die sich in verschiedenen vorgeplanten Optionen, sogenannten contingencies,[1263] niederschlagen sollte. Wann ein erster Nuklearwaffeneinsatz erfolgen sollte, blieb offen.[1264]

Da Anfang der 1970er Jahre der »Bedeutungszentit«[1265] der Luftstreitkräfte als vorrangiger Atomwaffenträger überschritten war und die Freigabeentscheidung der Amerikaner der Verwirklichung eigener Vorstellungen einfach unterbinden konnte, blieb nur die Umstellung der Strike-Flugzeuge der Luftwaffe auf eine konventionelle Zweitrolle übrig.[1266] Freilich bemühte sich Steinhoff um eine politische Kompensation für die Zurücksetzung seiner Teilstreitkraft und machte damit wieder einmal den direkten Zusammenhang von »Kriegsbild und Machttaktik«[1267] sehr deutlich. Um die eigenen Interessen wahren zu können, entwickelte die Luftwaffenführung Ende 1969 ein Positionspapier »Konventionelle

---

[1259] Ebd., S. 203.
[1260] Ebd., S. 205; Krüger, Der Strategiewechsel, S. 67; Krüger, Schlachtfeld Bundesrepublik?, S. 220.
[1261] Gablik, »Eine Strategie kann nicht zeitlos sein«, S. 314.
[1262] Lemke, Konzeption und Aufbau der Luftwaffe, S. 204. Doch fanden sich zu dieser Zeit auch außerhalb der Luftwaffenführung Kriegstheoretiker, die dieser Sichtweise beipflichteten. Siehe dazu: Krumpelt, Das Kriegsbild der Zukunft.
[1263] Lemke, Konzeption und Aufbau der Luftwaffe, S. 264.
[1264] Ebd., S. 203, 222, 263 f. und 479–484.
[1265] Ebd., S. 481.
[1266] Krüger, Schlachtfeld Bundesrepublik?, S. 219 f.; Krüger, Der Strategiewechsel, S. 66; Lemke, Konzeption und Aufbau der Luftwaffe, S. 262–267.
[1267] Lemke, Konzeption und Aufbau der Luftwaffe, S. 206.

Luftkriegführung in Mitteleuropa«. Wegen fehlender konkreter Planungen blieben die darin formulierten Vorstellungen allerdings recht vage, sodass es sich lediglich um »ein partielles Kriegsbild«[1268] handelte. Ein konventionelles Kriegsszenario blieb zu dieser Zeit also unterentwickelt.[1269] Die Luftwaffenführung befand sich in einer gedanklichen Grauzone, in einer Übergangsphase zwischen der Verabschiedung der Atomwaffen und der Hoffnung auf neue, hocheffiziente konventionelle Munition.[1270] Diese Munition sollte – zum Beispiel in Form der Cluster-Bomben – jedoch erst zum Ende der 1970er Jahre zur Verfügung stehen. Alles in allem handelte es sich um eine recht kompromisshafte Sichtweise, bei der wie beim Heer Anspruch und Wirklichkeit – insbesondere mit Blick auf die im Kriegsleitbild angedachte Vorneverteidigung – noch erheblich auseinandergingen.[1271] Steinhoff schätzte, dass die Luftstreitkräfte und hier insbesondere die Jagdbomber nach zwei Tagen konventionellen Kampfes mit hoher Intensität aufgerieben sein könnten. Bei den Kampfverbänden war mit bis zu 90 Prozent Ausfällen nach wenigen Tagen zu rechnen. Dann bliebe nur noch die nukleare Eskalation oder die rasche Niederlage auf konventionellem Wege.[1272] Dies führt zu dem Befund, dass neben einer gewissen Verunsicherung das Prinzip der nuklearen Abschreckung weiterhin das Denken der Luftwaffenführung bestimmte. Sie blieb dem nuklearen Dilemma am stärksten verhaftet.[1273]

Dieses spielte bei der Marineführung keine große Rolle. Größer war hier das Dilemma der doppelten Bedrohung in Ost- und Nordsee. Auch wenn die Marine unter Schmidt im Vergleich der Teilstreitkräfte im Leitbild vom Kriege sowie im Verteidigungshaushalt weiterhin eine untergeordnete Rolle spielte, unterstützte der neue Verteidigungsminister doch die Ausrichtung der Marineführung auf beide Seegebiete.[1274] Hierzu wurden acht Operations-Research-Studien in Auftrag gegeben, die bei der Erarbeitung eines neuen maritimen Kriegsleitbildes unterstützen sollten. Die Definition von Nord- und Ostsee als strategisch zusammenhängendes Operationsgebiet kam dann in der Konzeption von 1972 zum Ausdruck.[1275] Dazu hatte der Inspekteur der Marine den Unterabteilungsleiter Fü M I, Kapitän zur See Carl Heinz Vorsteher, im Oktober 1969 beauftragt, eine Grundlagenstudie zur Konzeption der Marine vorzulegen, mit der die eigene Rolle bis in die 1980er Jahre definiert werden sollte.[1276] Noch 1969 wurden folglich in einer ersten Fassung die »Grundgedanken zur Konzeption der Marine«[1277]

[1268] Ebd., S. 263.
[1269] Ebd., S. 264.
[1270] Ebd., S. 483.
[1271] Krüger, Der Strategiewechsel, S. 67 f.
[1272] Lemke, Konzeption und Aufbau der Luftwaffe, S. 225 und 266 f.
[1273] Ebd., S. 267.
[1274] Sander-Nagashima, Die Bundesmarine 1950 bis 1972, S. 379.
[1275] Doepgen, Die Konzeptionen, S. 237 f. und 281 f.; Sander-Nagashima, Die Bundesmarine 1950 bis 1972, S. 419–423.
[1276] BArch, BM 1/4282, BMVg, Inspekteur der Marine, Schreiben betreffend »Grundlagenstudie zur Konzeption der Marine«, Bonn, 30.10.1969, S. 1.
[1277] BArch, BM 1/4282, Der Bundesminister der Verteidigung, Fü M II 1, Az. 31-02-02-02, Grundgedanken zur Konzeption der Marine. Vorläufige Fassung, ohne Ort, 1969.

formuliert, die den Führungsstab der Marine seit dem Frühjahr 1967 beschäftigt hatten. Sie standen im Zeichen des Übergangs zur Strategie der Flexible Response und drehten sich um die »limited aggression« als »wahrscheinlichste Erscheinungsform eines Angriffs«.[1278] Denkbar war eine »limited aggression« aus Sicht des Führungsstabes der Marine zum Beispiel in Form von subversiven Aktionen oder eines Stellvertreterkrieges.[1279] Als wahrscheinlichste Option erschien der Versuch, einen Anliegerstaat der Ostseeausgänge durch maritime Maßnahmen und politischen Druck aus der NATO herauszubrechen.[1280] Die Bedrohungsanalyse stand weiterhin unter dem Eindruck der neuen maritimen Strategie der Sowjetunion und des daraus resultierenden erhöhten Seekriegspotenzials mit weitreichenden Schiff-Schiff-Flugkörpersystemen auf Kreuzern, Zerstörern und Schnellbooten sowie mit der die ganze Ostsee beherrschenden Luftüberlegenheit.[1281] In diesem Rahmen war die Erwartung naheliegend, dass die Streitkräfte des Warschauer Paktes versuchen könnten, Skandinavien zu besetzen, die Seeherrschaft in der Ostsee zu erringen und die transatlantischen Zufuhren aus den USA zu verhindern. Fester Bestandteil der Überlegungen waren nun auch in der Marineführung Aktionen des Verdeckten Kampfes wie feindliche Kommandounternehmungen über die Küste oder der Einsatz irregulärer Kräfte auf Fischereifahrzeugen und Handelsschiffen.[1282] Die Bundesmarine sollte diesen Bedrohungen mit ihrer ausgewogenen Flotte »in beweglicher Kampfführung«[1283] begegnen.

Ein Großteil dieser »Grundgedanken« fand sich in der Konzeption der Marine vom 1. August 1972[1284] wieder, nachdem auch noch der Führungsstab der Streitkräfte im Sinne seines Kriegsleitbildes Einfluss auf die Entwürfe genommen hatte. Ganz im Zeichen der Flexible Response sollte die Marine bereits im Spannungsfall zur »Krisenbewältigung«[1285] in Nord- und Ostsee beitragen. Auch diesem Dokument lag der Ausbau des sowjetischen Seekriegspotenzials und der mutmaßliche Angriff aus dem Osten und dem Norden gleichzeitig zugrunde.[1286] Im Verteidigungsfall hatte die Marine den Auftrag, die Integrität der Bundesrepublik Deutschland und des NATO-Territoriums wiederherzustellen. Dies bedeutete vor allem, Angriffe auf die Küsten des Bündnisgebietes abwehren und die Ostseezugänge im Sinne der Vorneverteidigung zu schützen, dem Gegner zeitlich und räumlich begrenzt die Nutzung der Ostsee zu erschwe-

---

[1278] BArch, BM 1/3769, Fü M III, Az. 31-02-01, Tgb.Nr. 2991/72, Militärstrategisches Konzept der Bundeswehr, Bonn, 19.7.1972, S. 1.
[1279] BArch, BM 1/4282, Der Bundesminister der Verteidigung, Fü M II 1, Az. 31-02-02-02, Grundgedanken zur Konzeption der Marine. Vorläufige Fassung, ohne Ort, 1969, S. 1−6.
[1280] Sander-Nagashima, Die Bundesmarine 1950 bis 1972, S. 418.
[1281] BArch, BM 1/4282, Der Bundesminister der Verteidigung, Fü M II 1, Az. 31-02-02-02, Grundgedanken zur Konzeption der Marine. Vorläufige Fassung, ohne Ort, 1969, S. 18−20.
[1282] Ebd., S. 22−27.
[1283] Ebd., S. 27, Nr. 5611.
[1284] BArch, BM 1/3934, Der Inspekteur der Marine, Fü M VI 1, Az. 31-02-02, Die Konzeption der Marine, endgültige Fassung, Bonn, 1.8.1972. Siehe auch: Doepgen, Die Konzeptionen, S. 221−245.
[1285] Ebd., S. 222.
[1286] Ebd., S. 44−48.

ren und dort dessen Kräfte zu binden, ihm die Nutzung der Verbindungswege zwischen Nord- und Ostsee zu verwehren sowie die Heranführung eigener Verstärkungen und der Versorgung über die Nordsee zu sichern. Gedanklich verlagerte sich die Seekriegführung ein gutes Stück weit in Richtung des Atlantiks. Diese »Blue Water«-Ambitionen stießen jedoch bei den europäischen NATO-Partnern auf wenig Gegenliebe, da die unter politischen Vorbehalten stehende Beteiligung der Bundesmarine an Nordseeaufgaben seitens der NATO eigentlich erst noch zu definieren war,[1287] während die Führung der Bundesmarine nun noch einmal verstärkt Ostsee, Nordsee und Atlantik als Einheit in der Seekriegführung verstand.[1288] Doch die Übermacht des Ostens schien weiterhin erdrückend: So wurde im Bereich der Ostsee mit bis zu 900 Schiffen und Booten, 2400 Flugzeugen, umfangreichem Seetransportraum und Küstenflugkörpern gerechnet, während für die Nordsee ein feindlicher Einsatz mit bis zu 400 Schiffen und Booten, 230 Flugzeugen und einem umfangreichen Seetransportraum angenommen wurde. Integriert in das Kriegsleitbild waren nun auch gesteigerte Kräfte und Fähigkeiten der Marinen der DDR und Polens.[1289] Wichtig waren in der Vorstellungswelt der Marineführung unter der Maßgabe des Leitbildes vor allem die ersten Tage eines Krieges, da es hier um die Wiederherstellung der Abschreckung gehen musste.[1290] Dies bedeutete in der Ostsee den unmittelbaren Abwehrkampf mit U-Booten, Schnellbooten, Jagdbombern und Flugkörper-Hubschraubern. In der Nordsee und im Skagerrak hieß Vorneverteidigung vorwiegend Sicherungs- und Abwehroperationen mit U-Jagdflugzeugen, Fregatten und ihren Bordhubschraubern, Korvetten und U-Booten durchzuführen.[1291] Der in der Konzeption niedergeschriebene Anspruch lautete immer noch, den Seekrieg »soweit ostwärts wie möglich«[1292] aufzunehmen.

Eine Bestandsaufnahme aus dem Jahr 1972 ergab allerdings, dass die Erfüllbarkeit der Aufträge der Marine »nicht hinreichend gewährleistet«[1293] war. Dies machte Speidel, seit 1964 in den Ruhestand versetzt und nun als Präsident der Stiftung Wissenschaft und Politik und Vizepräsident der Deutschen Atlantischen Gesellschaft, in seinem Vortrag »Gedanken zur militärpolitischen Lage der NATO« vor der Deutschen Atlantischen Gesellschaft am 3. Februar 1972 in Stuttgart deutlich, als er die zahlenmäßig mehrfache Überlegenheit des Warschauer Paktes an der Nordflanke herausstellte.[1294] Hinzu kam unverändert die qualitative Unterlegenheit der Bundesmarine, da deren umfassende

---

[1287] Sander-Nagashima, Die Bundesmarine 1950 bis 1972, S. 416 und 423.
[1288] Ebd., S. 415 f.
[1289] BArch, BM 1/3934, Der Inspekteur der Marine, Fü M VI 1, Az. 31-02-02, Die Konzeption der Marine, endgültige Fassung, Bonn, 1.8.1972, S. 24 f.; Doepgen, Die Konzeptionen, S. 225.
[1290] Doepgen, Die Konzeptionen, S. 234.
[1291] Ebd., S. 235; Sander-Nagashima, Die Bundesmarine 1950 bis 1972, S. 419.
[1292] BArch, BM 1/3934, Der Inspekteur der Marine, Fü M VI 1, Az. 31-02-02, Die Konzeption der Marine, endgültige Fassung, Bonn, 1.8.1972, S. 48.
[1293] Sander-Nagashima, Die Bundesmarine 1950 bis 1972, S. 420.
[1294] ZMSBw, Sammlung Militärgeschichte 1945–1990, Nachlass Dr. Hans Speidel, Mappe 281e »Gedanken zur militärpolitischen Lage der NATO«, »Gedanken zur militärpolitischen Lage der NATO. Vortrag in Stuttgart, am Mittwoch, 3.2.1971«, S. 6–15.

Modernisierung erst 1975 langsam beginnen und schließlich in den 1980er Jahren realisiert werden sollte.[1295] Der »Militärische Zustandsbericht der Marine« fiel ähnlich wie derjenige der Luftwaffe aus.[1296] Damit gingen auch die Vorstellungen der Marineführung an den realen Möglichkeiten vorbei.

Zusammenfassend steht für die Entwicklungsphase 1969 bis 1972 der Befund, dass es sich bei den vom Verteidigungsminister über den Generalinspekteur mit seinem Führungsstab bis zu den Inspekteuren der Teilstreitkräfte mit deren Führungsstäben gepflegten Kriegsleitbildern mehr oder weniger um Wunschvorstellungen handelte. Der geplante Krieg war zu jener Zeit eigentlich noch immer ein Krieg unter atomaren Bedingungen. Die konventionellen Fähigkeiten ließen zu wünschen übrig.[1297] Und auch im Jahre 1970 war der Ausbaustand des Zivilschutzes in der Bundesrepublik Deutschland mit 600 000 Schutzraumplätzen immer noch völlig unzureichend.[1298] Doch vor dem Hintergrund des anlaufenden Entspannungs- und KSZE-Prozesses[1299] waren Wunschbilder vielleicht tolerierbar, sofern sie immer noch eine militärisch abschreckende Wirkung auf den politischen Gegner entfalteten. Die Ost-West-Konfrontation wurde eigentlich vor allem – wie sich jedoch erst in der Rückschau als richtig erwiesen hat – im wirtschaftlichen und gesellschaftlichen Bereich ausgetragen.

c) Kriegsbilder zwischen Modernisierung und Verdecktem Kampf: Der langsame Einzug von Operations Research und Technologie 1972 bis 1979

Als am 25. Juli 1973 die neue Heeresdienstvorschrift (HDv) 100/100 »Führung im Gefecht«[1300] erschien, wurde die oben beschriebene Durchsetzung des Primats der Politik unter Schmidt noch einmal besonders deutlich. Die Führungsvorschrift be-

---

[1295] Sander-Nagashima, Die Bundesmarine 1950 bis 1972, S. 423; Doepgen, Die Konzeptionen, S. 289.
[1296] BArch, BW 2/7965, Fü M III 4, Az. 11-72-00, Tgb.Nr. 310/71, Militärischer Zustandsbericht der Marine, Bonn 2.3.1971, S. 19 f. und 26 f.
[1297] Bundesministerium der Verteidigung, Informations- und Pressestab, Mitteilungen an die Presse VII/145, Bonn, 4.12.1970, S. 2–4. Siehe auch: Hammerich, Die geplante Verteidigung, S. 260 f. und 292.
[1298] BArch, BW 2/7966, Anlage zu BwA, Abt. III, Grp ABC/Se, Az. 46-02-03, Tgb.Nr. 29/71, Sachstand des Zivilschutzes in den Staaten der NATO (Stand 1970), ohne Ort, 5.2.1971, S. 2 f. Nach den Erhebungen der NATO hatten nur wenige Staaten, darunter die USA, Kanada, die Niederlande, Norwegen und mit Einschränkung Dänemark einen zufriedenstellenden Ausbaustand erreicht. So verfügten die Niederlande z.B. über 1 500 000 Schutzraumplätze bei einer jährlichen Zunahme von 100 000.
[1299] Oliver Bange beschreibt den KSZE-Prozess, der zur Militärischen Détente und letztlich zur Implosion der kommunistischen Herrschaftssysteme führte. Bange, Der KSZE-Prozess, S. 87–104; vgl. auch Békés, Entspannung in Europa, S. 47–66.
[1300] BArch, BHD 1/4, HDv 100/100 »Führung im Gefecht«, ohne Ortsangabe, 25.7.1973.

tonte nicht nur die »Strategie der Abschreckung«,[1301] sondern auch die Dominanz der »politischen Organe«[1302] gegenüber der nur beratenden Rolle der militärischen Führung. Insgesamt fiel bei dieser Vorschrift die moderate Wortwahl auf, die sie von ihren Vorgängerinnen der frühen 1960er Jahre unterschied. Von einem neuen Ton und Bewusstsein zeugten beispielsweise Sätze wie dieser: »Die Rücksichtnahme auf die Bevölkerung, die Sicherheit der eigenen Truppe und das Vermeiden unnötiger Zerstörungen schränken die Verwendung von Atomwaffen erheblich ein.«[1303] Bezeichnenderweise war in der neuen HDv 100/100 auch das bisher einleitend beschriebene Kriegsbild einer Einführung zu politischen und militärischen Grundlagen der Truppenführung gewichen. Nur noch ein relativ kurzer Abschnitt war den »Erscheinungsformen des Krieges«[1304] gewidmet, wobei als potenzielles Kriegsziel des Westens in jedem Fall die »Wiederherstellung der Integrität des Bündnisbereiches«[1305] definiert war. Je nach Eskalation eines militärischen Konflikts, bei dem vorab oder auch als Begleiterscheinung mit dem Verdeckten Kampf gerechnet wurde,[1306] und je nach Entschluss der politischen Führung könnte dieses Ziel zur Not auch durch den Einsatz von Atomwaffen erreicht werden.[1307] Insofern blieb der drohende Nuklearkrieg ein Bestandteil des Leitbildes. Bei der Freigabe der Atomwaffen trat der Primat der Politik jedoch rhetorisch und gedanklich viel stärker hervor als in den Vorjahren, würde doch der Nuklearwaffeneinsatz »eine grundlegende Veränderung des Krieges [...] und [...] schwerwiegende politische, militärische und psychologische Folgen«[1308] mit sich bringen. Eine neue Nuancierung erhielt die Führungsvorschrift zudem in einem Kapitel über »Kriegsmittel«:[1309] Denn verstärkt würden – so die Annahme – in einem künftigen Krieg Elektronik und Automation zum Einsatz kommen. Auch die »Weiterentwicklung herkömmlicher Kampfmittel«[1310] spielte nun wieder eine deutlich größere Rolle als noch zehn Jahre zuvor. Vor allem bei der Artillerie wurden bald erhebliche Leistungssteigerungen durch Flächenfeuerwaffen oder auch durch verschussfähige Panzerstreuminen erwartet. Der Einzug konventioneller Technologie und datengestützter Optimierungsberechnungen in die Kriegsbilder sollten die Entwicklung der 1970er Jahre kennzeichnen.

Den Ausgangspunkt für solche Überlegungen bildeten zu jener Zeit häufig sogenannte Operations-Research (OR)-Studien. Nach wirtschaftswissenschaftlichem Verständnis umfassen diese »alles, was sich mit dem Formulieren und Lösen von quantitativ formulierbaren und integrierbaren Entscheidungsproblemen beschäftigt«.[1311] Der Sinn und Zweck von Operations Research lag darin,

---

[1301] Ebd., Kap. 1, Nr. 102.
[1302] Ebd., Kap. 1, Nr. 103 und 104.
[1303] Ebd., Kap. 11, Nr. 1115.
[1304] Ebd., Kap. 1, Nr. 107.
[1305] Ebd.
[1306] Ebd., Kap. 1, Nr. 108.
[1307] Ebd., Kap. 1, Nr. 110.
[1308] Ebd., Kap. 1, Nr. 109.
[1309] Ebd., Kap. 3.
[1310] Ebd., Kap. 3, Nr. 304.
[1311] Wessler, Operations Research, S. 1.

IV. Die Entwicklung von Kriegsbildern _____ 347

knappe Ressourcen wie Rüstungsgüter in optimaler Weise zu verteilen.[1312] In wissenschaftlichen Modellen und rechnergestützten Kriegsspielen wurden nun Trefferwahrscheinlichkeiten für bestimmte Waffensysteme, der Munitionsverbrauch oder auch militärische Verluste anhand verschiedener technischer und taktischer Annahmen sowie Umweltfaktoren (z.B. Geländeform und Witterung) berechnet.[1313] Ein wesentlicher Nachteil dieser Methoden bestand darin, dass zahlreiche Nebenbedingungen kaum berücksichtigt werden konnten, wie beispielsweise Möglichkeiten, die sich rationalen Denkkategorien entzogen. Hinzu kam die Gefahr von Manipulationen.[1314] Dennoch wurden die OR-Studien zunächst in den USA, dann auch in Europa immer gebräuchlicher und beeinflussten zunehmend die Vorstellungen von militärischen Waffengängen.[1315]

Aus Sicht der Abteilung III des Führungsstabes der Streitkräfte bewährten sich die OR-Simulationen, die sowohl bei der Bundeswehr als auch bei der NATO Anwendung fanden.[1316] Bereits 1971 hatte der Stab für Studien und Übungen der Bundeswehr unter dem Stichwort »Contingencies« den Auftrag erhalten, mögliche Aggressionsfälle gegen die Bundesrepublik Deutschland, die eine militärische Reaktion erforderlich machen würden, zu untersuchen. Das Ziel war, dafür Reaktionspläne mit wissenschaftlichen Methoden zu entwickeln. Den Untersuchungen lag die Grundvorstellung eines nach Ziel, Raum und Mitteln begrenzten Konflikts zugrunde. Dabei würde ein Feindangriff ohne Vorwarnzeit, aber mit begrenzter strategischer Zielsetzung erfolgen; der Angriff würde sich nur gegen einen Teil der Bundesrepublik Deutschland (z.B. Braunschweig, Nordostbayern oder Schleswig-Holstein) als Faustpfand richten, von feindlichen Luftstreitkräften im Erdkampf unterstützt und von Maßnahmen des Verdeckten Kampfes begleitet sein.[1317] Gerechnet wurde dabei mit Überraschungsangriffen der Landstreitkräfte des Warschauer Paktes von der Stärke nur eines Regiments bis zu 15 Divisionen (d.h. ca. 2000 bis ca. 220 000 Soldaten) mit entsprechenden Luft- und Seestreitkräften.[1318]

Die Ergebnisse der computerbasierten, in verschiedenen Ablaufmodellen angelegten Studie[1319] fielen allerdings sehr ernüchternd aus, ergaben sie doch,

---

[1312] Ebd., S. 1.
[1313] BArch, BW 2/6.617, Zentrale Operations-Research-Stelle Trier, ZOR-Internbericht 69, Zeitstudie AG 51, Trier, Februar 1973; BArch, BW 2/6617, Zentrale Operations-Research-Stelle Trier, ZOR-Internbericht 94, Möglichkeiten und Anwendungen des Kriegsspiels CONTI, Trier, Dezember 1973. Siehe dazu auch: Schneider, Verteidigungsplanung; Wessler, Operations Research, S. 55–280; Lemke, Konzeption und Aufbau der Luftwaffe, S. 467–477.
[1314] Wessler, Operations Research, S. 2 und 163.
[1315] Auf einer Tagung zum Thema »Experten des Krieges nach 1945« am 31.10./1.11.2013 an der Universität Augsburg wurde die zunehmende Verwissenschaftlichung von Politik und Kriegführung nach dem Zweiten Weltkrieg erörtert. Siehe dazu <http://hsozkult.geschichte.hu-berlin.de/tagungsberichte/id=5219> (letzter Zugriff 2.2.2014).
[1316] BArch, BW 2/6617, Fü S III 6, Az. 31-06-01 III, Vortragsnotiz für Vortrag Chef Stab Fü S am 7.6.1973 zu Ergebnissen der Studie CONTI III, Bonn, 1.6.1973, S. 1.
[1317] BArch, BW 2/6617, Stab für Studien und Übungen der Bundeswehr, Abteilung Studien, Studie CONTINGENCIES, Bensberg, 3.6.1971, S. 5, 9, 27 und 37.
[1318] Ebd., S. 1 f.
[1319] Ebd., S. 20–39.

dass »der Gegner [...] in der Lage ist, aus dem Stand heraus anzugreifen und lohnende Räume zu besetzen, bevor die Masse der im Grenzraum stationierten Heeresverbände ihre Einsatzbereitschaft herstellen kann«.[1320] Tatsächlich waren die sowjetischen Landstreitkräfte im Zuge der ČSSR-Krise von 1968 nach Westen verlegt worden und daher mehr als zuvor zu Überraschungsangriffen befähigt.[1321] Doch immerhin konnte eine großangelegte Aggression, die den Aufmarsch weiterer sowjetischer Kräfte aus der Tiefe erforderlich gemacht hätte, nicht verborgen bleiben.[1322]

Diese Erkenntnisse wurden durch weitere Contingencies-Studien bestätigt. So diente auch die rechnergestütze Simulation von Land- und Luftoperationen für zwei Kriegsspielparteien unter dem Titel »Contingencies III« aus dem Jahr 1973 dazu, mögliche Konfliktverläufe zu untersuchen und Erfolgsaussichten eigener Gegenmaßnahmen zu ermitteln. Die jeweiligen Abteilungen III der Führungsstäbe der Streitkräfte, des Heeres, der Luftwaffe sowie der Bundesgrenzschutz (BGS) waren darin eingebunden. Die Studie ergab, dass eine planvolle Abwehr »im Sinne der Vorneverteidigung«[1323] – diese Konstante in den Kriegsbildern spiegelte sich auch in Computersimulationen wider – bei normalem Bereitschaftsgrad der Bundeswehr nicht möglich wäre. Während Rot, d.h. der Warschauer Pakt in der Simulation die festgelegten Angriffsräume in kurzer Zeit ohne wesentliche Verluste erreichte, hatte Blau, d.h. die NATO Mühe, überhaupt Marsch- und Gefechtsbereitschaft herzustellen. Die negative Bilanz aus der Untersuchung für die Bundeswehr lautete: »Der Feind konnte an keiner Stelle nachhaltig verzögert werden.«[1324] Die Ergebnisse der Studien im Hinblick auf eine konventionelle Verteidigung waren zu jener Zeit deprimierend und in der militärischen Führung der Bundeswehr durchaus bekannt. Nicht nur nahmen Vertreter aus den Führungsstäben der Streitkräfte und Teilstreitkräfte an den OR-Studien teil, deren Ergebnisse wurden regelmäßig im Verteidigungsministerium vorgelegt und vorgetragen.[1325] Auf diese Weise offenbarte sich in den 1970er Jahren wiederholt das damalige Wunschdenken in den Kriegsleitbildern.

Allerdings setzte die Bundeswehrführung große Hoffnungen auf die technologischen Fortschritte im Westen. Wenngleich sich die Gedanken vor allem auf zukünftige Entwicklungen richteten, war ein gewisser Optimismus nicht unberechtigt. Die technologische Rückständigkeit des Ostblocks aufgrund wirtschaftlicher Schwierigkeiten zeichnete sich schon in den frühen 1970er Jahren ab.[1326] Der Jom-Kippur-Krieg[1327] vom 6. bis zum 25. Oktober 1973 zeigte in mehrerlei

---

[1320] Ebd., S. 6.
[1321] Ebd., S. 12 f.
[1322] Ebd., S. 8.
[1323] Ebd., Az. 31-66-01-10 III, Tgb.Nr. 1186/73, OR-Studie CONTINGENCIES III, Vortrag Ergebnisse vor ChefStabFüS, Bensberg, 29.5.1973, S. 2.
[1324] Ebd., S. 3.
[1325] Ebd., Az. 31-06-01-10 III, Tgb.Nr. 68/74, Präsentation CONTINGENCIES, Bensberg, 17.1.1974.
[1326] Mastny, Imagining war in Europe, S. 33−38.
[1327] Zu den Nahostkriegen siehe: Kuniholm, Die Nahostkriege. Erkenntnisse aus diesem Krieg wurden aber auch über das Auswärtige Amt gewonnen. Die Bundesrepublik verhielt sich in diesem Konflikt neutral, registrierte jedoch sowohl sowjetische als auch amerikani-

Hinsicht den Wert moderner Waffensysteme.[1328] Viel stärker als die Entwicklung in Vietnam registrierte daher die militärische Führung der Bundeswehr die Kriege im Nahen Osten. Die vierte militärische Auseinandersetzung zwischen Israel und seinen arabischen Nachbarstaaten nannte der Stellvertreter des Generalinspekteurs, Generalleutnant Karl Schnell, auf der Kommandeurtagung von 1974 einen »Krieg, dessen Lehren zumindest in Teilen auf einen Kriegsschauplatz Mitteleuropa übertragen werden können«,[1329] handelte es sich doch um einen begrenzten Konflikt, bei dem modernstes sowjetisches und westliches Rüstungsmaterial eingesetzt wurde. Im Rahmen seiner Auswertung der Land-, Luft- und Seekriegführung im Nahen Osten zog Schnell Analogieschlüsse von der Situation Israels (überraschender Angriff der Feinde, geringe Tiefe des Raumes, hohe Bevölkerungsdichte, Vorneverteidigung, Mobilmachungssystem, Abhängigkeit von der Unterstützung der USA) auf die Bundesrepublik Deutschland. Die dominierende Rolle der Kampfpanzer fand die militärische Führung der Bundeswehr hier bestätigt, wobei die israelischen Panzer wegen ihrer auf Entfernungsmessern basierenden Waffensysteme den Gegnern überlegen waren. Wenngleich die Rolle der Seestreitkräfte im Jom-Kippur-Krieg hingegen marginal war, gab es dort 1973 in der Geschichte des Seekrieges zum ersten Mal Gefechte flugkörperbewaffneter Schnellboote. Auch daraus wurden Rückschlüsse für die Bundesmarine gezogen.[1330]

In der Bundeswehr war indessen der Modernisierungsprozess in allen drei Teilstreitkräften angelaufen und wurde weiter betrieben.[1331] Gemäß der Konzeption der Marine vom 1. August 1972[1332] wurden neue, flugkörperbestückte Schnellboote und Fregatten mit Bordhubschraubern eingeführt.[1333] Die »Starfighter« der Marineflieger und der Luftwaffe sollten durch den Marinejagdbomber MRCA »Tornado«,[1334] der 1974 in Manching seinen Erstflug absolvierte und mit der Abstandswaffe »Kormoran« auszurüsten war, ersetzt werden.[1335] Beim Heer erhöhte sich die Wirksamkeit konventioneller Feuerkraft. Die Artillerie sollte nun mit Ladeautomatik, Laserentfernungsmessern, Laserzielmarkierung, eigenen Radargeräten, Feuerleit- und Rechengeräten ausge-

---

sche Waffenlieferungen an die kriegführenden Parteien. AAPD 1973, Bd 3, Dok. 314 vom 8.10.1973, S. 1530−1532, Dok. 335 vom 24.10.1973, S. 1638−1643, Dok. 337 vom 25.10.1973, S. 1647−1653.

[1328] Mikshe, Vom Kriegsbild, S. 268−281.
[1329] BArch, BW 2/8665, Stellvertreter des Generalinspekteurs der Bundeswehr, Tgb.Nr. Fü S 5373/74, Vortrag anläßlich der 19. Kommandeurtagung der Bundeswehr vom 28.−30.10.1974 in Ostseebad Damp 2000, Bonn, 29.11.1974, S. 3.
[1330] Ebd., S. 4−41.
[1331] Mikshe, Vom Kriegsbild, S. 284 f.
[1332] BArch, BM 1/3934, Der Inspekteur der Marine, Fü M VI 1, Az. 31-02-02, Die Konzeption der Marine, endgültige Fassung, Bonn, 1.8.1972. Siehe auch: Doepgen, Die Konzeptionen, S. 221−245.
[1333] Arendt, Die Bundesmarine, S. 132.
[1334] Zur Entwicklung und Rezeption des MRCA Tornado: Lemke, Eine Teilstreitkraft, S. 388 f. Das Flugzeug sollte jedoch erst 1982 in den Streitkräften eingeführt werden.
[1335] Arendt, Die Bundesmarine, S. 131.

stattet werden.¹³³⁶ Mit den Streuminen fanden sich neue Panzerabwehrwaffen, die mit Raketenwerfern ausgebracht werden und mit elektronischen Zündern auf Geräusche, Wärme, leichte Berührung oder magnetisch reagieren konnten.¹³³⁷ In der Luftwaffe und in den Luftstreitkräften der Verbündeten dominierten im Gegensatz zu der Aufstellungsphase der Bundeswehr bald komplexe Waffensysteme, Raketen und elektronisches High-Tech-Material. Entwickelt wurden nun lasergesteuerte Bomben und die Panzerabwehrrakete »Maverick«, bei der eine Miniaturfernsehkamera im Geschosskopf das Ziel erfasste und die Waffe ins Ziel lenkte. Hinzu kamen neue Flugabwehrraketen (z.B. »Hawk«) und Aufklärungssatelliten.¹³³⁸

In einer Dokumentationsmappe des Verteidigungsministeriums wurden mittlerweile sogar Informationen zur Kriegführung im Weltraum gesammelt, wie zum Beispiel aus dem Artikel »Schlachtfeld Weltall?«,¹³³⁹ der am 27. August 1973 im Deutschen Allgemeinen Sonntagsblatt erschienen war. Darin hieß es: »Die Abhängigkeit von verläßlicher Aufklärung und Kommunikation über Satelliten wird für das strategische Kriegsgeschehen auf dem Planeten Erde immer größer.«¹³⁴⁰ Immerhin waren zum damaligen Zeitpunkt schon mehr als 300 militärische Satelliten (Aufklärungs-, Frühwarn-, Fernmelde-, Navigationssatelliten) in Umlauf gebracht worden. Sogenannte Killer-Satelliten¹³⁴¹ blieben damals jedoch von Science-Fiction-Filmen genährte Visionen. Ähnlich verhielt es sich mit einem vermeintlichen »Roboterkrieg im All«,¹³⁴² wie er in der Frankfurter Allgemeinen Zeitung vom 18. Februar 1978 beschrieben wurde. In der Beilage »Aus Politik und Zeitgeschichte« vom 8. April 1978 erschien ein weiterer Artikel zum Thema »Weltraum und Sicherheit«,¹³⁴³ in dem festgestellt wurde, dass »das Ringen der Großmächte um Angriffs- und Verteidigungspositionen im Weltraum [...] in den letzten Jahren in eine entscheidende Phase getreten«¹³⁴⁴ sei. Da 1978 bereits in seriösen Medien von »Raumkriegsführung«¹³⁴⁵ zu lesen war, wurden zu jener Zeit die Kriegsbilder – zumindest ansatzweise auch der militärischen Führung der Bundeswehr, wenngleich nicht in deren Leitbildern – um extraterrestrische Komponenten erweitert. Die technologischen Fortschritte machten eben »Mut, auch utopische Gedanken zu denken«.¹³⁴⁶

Genährt wurden derartige Gedankenspiele zunehmend von der westlichen Rüstungsindustrie. Der scheidende US-Präsident Dwight D. Eisenhower hatte be-

---

1336 Miksche, Vom Kriegsbild, S. 285 f.
1337 Ebd., S. 270.
1338 Ebd., S. 274 und 278–281; Lemke, Konzeption und Aufbau der Luftwaffe, S. 481.
1339 BArch, BW 1/242003, Dokumentation, Schlachtfeld Weltall, Deutsches Allgemeines Sonntagsblatt, Nr. 35/1973, 27.8.1973.
1340 Ebd., S. 15.
1341 Ebd., S. 16. Grundlegend zu diesem Thema auch: Lindgren, Trust But Verify.
1342 BArch, BW 1/242003, Dokumentation, VR II 3, Johansen: Vorbereitungen für einen Roboterkrieg im All, Frankfurter Allgemeine Zeitung, 18.2.1978, S. 5.
1343 Ebd.; Dauses/Wolf, Weltraum und Sicherheit, S. 3–8.
1344 Ebd., S. 5.
1345 Ebd., S. 7.
1346 BArch, BW 1/242003, Dokumentation, Schlachtfeld Weltall, Deutsches Allgemeines Sonntagsblatt, Nr. 35/1973, 27.8.1973, S. 17.

IV. Die Entwicklung von Kriegsbildern   351

reits einige Jahre zuvor eine Interessenkoalition von Militär- und Rüstungseliten als Gefahr bezeichnet und mit dem Begriff des militärisch-industriellen Komplexes[1347] belegt. Gerade in den 1970er Jahren wurden Rüstungsprojekte in Europa von den großen Konzernen verstärkt international angelegt. So waren beispielsweise der MRCA »Tornado«, das Flugabwehrsystem »Roland« und die Panzerabwehrraketen »HOT« sowie »Milan« das Ergebnis staatenübergreifender Rüstungskooperationen, die in einer Phase der wirtschaftlichen Rezession der europäischen Rüstungsindustrie auf die Beine helfen sollten.[1348] Seit den frühen 1970er Jahren wuchsen die Militärausgaben der Bundesrepublik Deutschland gemäß dem Einzelplan 14 deutlich und bis 1987 kontinuierlich auf mehr als das Doppelte, wobei der Investitionsanteil auf über 30 Prozent stieg.[1349] Verbunden mit Überlegungen zu den rüstungstechnologischen Potenzialen konnten Kriegsbilder eben auch ein riesiges Geschäft darstellen,[1350] selbst wenn die Ziele des KSZE-Prozesses damit ein Stück weit infrage gestellt wurden.

Auch das in der DDR 1973 veröffentlichte »Militärlexikon« kritisierte gerade diese Entwicklung, indem es »für das Kriegsbild der NATO und der Bundeswehrführung [...] volle Ausnutzung der wissenschaftlich-technischen Revolution für die Aggressionsvorbereitung und -durchführung [...] kennzeichnend«[1351] nannte. Dass dem Westen unterstellt wurde, sich auf eine strategische Offensive vorzubereiten, ging jedoch an dessen realen Möglichkeiten weit vorbei und kann nur aus der ideologischen Verwurzelung des Konflikts hergeleitet werden. Und auch im Osten fand – wenngleich in geringerem Umfang als im Westen – zwischen 1965 und 1982 eine Modernisierung der Streitkräfte der Warschauer Vertragsorganisation, vor allem im Bereich der Seekriegsmittel und Kampfpanzer statt. Auch dort wuchs der Einfluss des sowjetischen militärisch-industriellen Komplexes.[1352] Diese Entwicklung wurde wiederum von der militärischen Führung der Bundeswehr registriert und führte Admiral Armin Zimmermann, vom 1. April 1972 bis zum 30. November 1976 de Maizières Nachfolger als Generalinspekteur der Bundeswehr, auf einer Kommandeurbesprechung am 16. April 1973 angesichts eines gut gerüsteten Gegners zu folgender Einschätzung: »Ihren Einsatzauftrag im Verteidigungsfall kann die Bundeswehr gemeinsam

---

[1347] Schössler, Der militärisch-industrielle Komplex, S. 143–152. Massive wirtschaftliche Interessen und Lobbyismus spielen in der US-Politik eine starke Rolle. Siehe hierzu auch: Hennes, Der neue Militärisch-Industrielle Komplex in den USA, S. 41–46. Andererseits kommt die jüngste Forschung zu dem Ergebnis, dass in Deutschland im Gegensatz zu den USA von einem »militärisch-industriellen Komplex« eigentlich nicht gesprochen werden kann. Militärisch-Industrieller Komplex?

[1348] Kollmer, »Nun siegt mal schön!«, S. 411–414.

[1349] Während von 1955 bis 1970 stets unter 20 Mrd. DM jährlich in den Einzelplan 14 flossen, stieg die Summe der Verteidigungsausgaben von 21,4 im Jahr 1971 kontinuierlich auf 50,852 Mrd. im Jahr 1987 an. Siehe hierzu: Bontrup/Zdrowomyslaw, Die deutsche Rüstungsindustrie, S. 37; Geiger, Die Bundesrepublik Deutschland und die NATO, S. 167.

[1350] Siehe dazu die Abbildung auf S. 412.

[1351] Militärlexikon, S. 191.

[1352] BArch, BW 2/8665, Generalinspekteur Bw, Tgb.Nr. Fü S 1579/73, Ansprache des Generalinspekteurs anläßlich der Kommandeurbesprechung am 16.4.1973, Bonn, 26.4.1973, S. 5–8. Siehe auch: Krüger, Am Abgrund, S. 133.

mit den verbündeten Streitkräften für einen eng begrenzten Zeitraum konventionell erfüllen.«[1353] Die maßgebliche Gefahr für die Bundesrepublik Deutschland ging vor allem von 34 sowjetischen Panzerdivisionen aus, die über einen hohen Bereitschaftsgrad und damit über die Fähigkeit zu einem Überraschungsangriff verfügten.[1354] Wichtig war Zimmermann daher »die frühe Verfügbarkeit möglichst starker konventioneller Land-, Luft- und Seestreitkräfte«[1355] und die »Vorneverteidigung«,[1356] wie er in seinen Lagevorträgen auf den Kommandeurtagungen der Bundeswehr am 30. Oktober 1973 in Bad Kissingen und am 29. Oktober 1974 in Damp betonte.

Zu seinem Publikum gehörten diesmal neben den Inspekteuren der Teilstreitkräfte und den Truppenkommandeuren sogar Vertreter der Presse. Noch immer dienten die Kommandeurtagungen jedoch vor allem als »Führungsmittel nach unten wie auch Impulsgeber nach oben«.[1357] In diesem Rahmen machte Zimmermann, ebenso wie sein Vorgänger im Amt, seine vorwiegend politische Sichtweise auf einen möglichen Krieg deutlich: Die Verteidigungskräfte sollten den Feind so lange aufhalten, bis die politische Führung in die Lage versetzt wäre, den Konflikt durch Verhandlungen zu beenden oder Entscheidungen zum Einsatz von Nuklearwaffen herbeizuführen. Im Mittelpunkt seiner Überlegungen stand die zu erwartende Entwicklung an der Landfront.[1358] In der Gesamtentwicklung der Kriegsbilder hatte sich somit die Sichtweise auf einen möglichen Krieg von einem operativen zu einem politischen Blickwinkel verschoben und verfestigt. Zwar gaben die Minderung der Verteidigungsanstrengungen einiger NATO-Partner (Dänemark, Italien, Großbritannien, Belgien, Niederlande) und die zeitlich sehr beschränkte Leistungsfähigkeit der Bundeswehr für den Generalinspekteur Anlass zur Besorgnis,[1359] doch richtete er seine Hoffnungen auf den Zulauf moderner Waffensysteme und Großgeräte, wie den Kampfpanzer »Leopard«, den Schützenpanzer »Marder«, die Flugabwehrrakete »Redeye«, den Lenkflugkörper »TOW«, die Hubschrauber CH 53 und »Seaking«, den Jagdbomber F-4 »Phantom«, die Flugkörper tragenden Schnellboote der Klasse 148, die U-Boote der Klasse 206 sowie auf die Zuführung moderner Abwurfmunition.[1360]

[1353] BArch, BW 2/8665, Generalinspekteur Bw, Tgb.Nr. Fü S 1579/73, Ansprache des Generalinspekteurs anläßlich der Kommandeurbesprechung am 16.4.1973, Bonn, 26.4.1973, S. 18.
[1354] Ebd., S. 11. Siehe ferner: Uhl, Die sowjetischen Truppen in der DDR, S. 145 f.
[1355] BArch, BW 2/8665, GenInsp, Tgb.Nr. Fü S 4496/73, Lagevortrag des Generalinspekteurs der Bundeswehr vor der 18. Kommandeurtagung der Bundeswehr am 30.10.1973 in Bad Kissingen, Bonn, 30.10.1973, S. 5.
[1356] Ebd., S. 6; ebenso BArch, BW 2/8665, Generalinspekteur, Tgb.Nr. Fü S 4864/74, Lagevortrag des Generalinspekteurs der Bundeswehr anläßlich der Kommandeurtagung der Bundeswehr in Damp 2000 am 29.10.1974, Bonn, 29.11.1974, S. 11.
[1357] BArch, BW 2/8665, GenInsp, Tgb.Nr. Fü S 4496/73, Lagevortrag des Generalinspekteurs der Bundeswehr vor der 18. Kommandeurtagung der Bundeswehr am 30.10.1973 in Bad Kissingen, Bonn, 30.10.1973.
[1358] BArch, BW 2/8665, Generalinspekteur, Tgb.Nr. Fü S 4864/74, Lagevortrag des Generalinspekteurs der Bundeswehr anläßlich der Kommandeurtagung der Bundeswehr in Damp 2000 am 29.10.1974, Bonn, 29.11.1974, S. 11 und 13.
[1359] Ebd., S. 13.
[1360] Ebd., S. 20. Siehe auch: Kollmer, »Nun siegt mal schön!«; Militärisch-Industrieller Komplex?

IV. Die Entwicklung von Kriegsbildern 353

Im Nachlass des ehemaligen Generalinspekteurs Trettner findet sich ein Briefwechsel mit dem Militärtheoretiker und Schriftsteller Ferdinand Otto Miksche[1361] aus dem Jahr 1977, in dem die Bedeutung der modernen Waffentechnologie für die Kriegführung diskutiert wurde. Miksche gilt als ausgewiesener Kriegstheoretiker, der sowohl über militärgeschichtliche Zusammenhänge als auch über moderne Entwicklungen des Kriegswesens im Bilde war. Seinem Gedankenaustausch mit Trettner zugrunde lag eine gut 20-seitige Studie Miksches mit dem Titel »Denkende Waffen verändern das Kriegsbild«.[1362] Darin hieß es: »Während vor einigen Jahren die Probleme der Atomstrategie im Mittelpunkt militärischer Diskussionen standen, scheinen es gegenwärtig die durch die Präzisionswaffen aufgeworfenen Fragen zu sein.«[1363] Mit denkenden Waffen bzw. Präzisionswaffen meinte Miksche Waffensysteme (z.B. »Milan«, TOW oder »Maverick«), deren Geschosse noch während des Zielanfluges lenkbar waren. In größeren Mengen eingesetzt »würde aber dann im Gegensatz zu den herrschenden Auffassungen ein völlig anderes Kriegsbild entstehen als erwartet«,[1364] so Miksche, und er zog Vergleiche mit der Bedeutung der Maschinengewehre im Ersten Weltkrieg. Als Beispiel für die »Automatisierung des Gefechtsfeldes«[1365] nannte er die Wirkung moderner Artillerie: »Eine Batterie von 110 mm Raketenwerfern kann innerhalb zwanzig Sekunden auf 14 000 m Entfernung 288 Raketen mit insgesamt 1440 Minen abfeuern.«[1366] Auch Miksche bezog sich bei seiner Argumentation auf das Beispiel des Jom-Kippur-Krieges, in dem mit 58 elektronisch gesteuerten Luft-Boden-Flugkörpern des Typs »Maverick« 52 Panzer zerstört worden waren.[1367]

Anfang 1976 hatten die Offiziere im Verteidigungsministerium konkrete Kenntnisse vom technologischen Rückstand der Sowjetunion, vor allem in den Bereichen der Raumflugkörpertechnik, der MIRV-Technik, der verfeinerten Leit- und Zielverfahren (PGM) und der Avionik bei den Fliegerkräften.[1368] Aber auch der Panzer T-62, mit dem immer noch ca. drei Viertel der sowjetischen Panzerdivisionen ausgerüstet waren, zeigte sich den neuen westlichen Modellen unterlegen.

Auf der Ebene der Teilstreitkräfte begannen sich folglich mehr Selbstsicherheit und Optimismus auszubreiten. So sollte beispielsweise bei der Marine die Modernisierung ab 1975 tatsächlich greifen und bis 1980 nachhaltig vorangetrieben werden. Peter Monte hat dies als einen »Qualitätsschub« bezeichnet,

---

[1361] BArch, N 842/29, Nachlass Heinrich Trettner, Brief an Oberst a.D. Ferdinand Otto Miksche, ohne Ortsangabe, 2.1.1977.
[1362] Ebd., Textentwurf »Denkende Waffen verändern das Kriegsbild« von Ferdinand Otto Miksche, 2.1.1977.
[1363] Ebd., S. 2.
[1364] Ebd.
[1365] Ebd., S. 10.
[1366] Ebd., S. 8.
[1367] Ebd., S. 9.
[1368] ZMSBw, Sammlung Militärgeschichte 1945–1990, Abgabe Walther Stützle, Ordner 001, Leiter Planungsstab, Schwächen der Sowjetunion und des Warschauer Paktes, Bonn 24.2.1976, S. 36 f.

mit dem es gelang, den Rüstungsvorsprung der Sowjets in der Ostsee aus den 1960er Jahren qualitativ aufzuholen. Westliche Korvetten und zum Teil einige Schnellboote, die mit dem Waffensystem »Tartar« ausgestattet waren, konnten nun einen Flugabwehrschirm gegen Flugzeuge und Flugkörper bilden, um es der Marine wieder zu ermöglichen, bis in die mittlere Ostsee hinein zu operieren.[1369] Doch wurde die frühere Trennung von Nord- und Ostseeaufgaben nun aufgegeben und durch den Begriff »Nordflankenraum«[1370] ersetzt. Die weltweite Präsenz der sowjetischen Seestreitkräfte zwang die NATO, vor allem die U.S. Navy und die britische Royal Navy, dazu, ihre Kräfte aufzusplittern. Aus dieser Situation ergaben sich für die Bundesmarine mehr Aufgaben in der Nordsee und die Möglichkeit, aus der bisherigen, auf die Ostsee begrenzten Rolle des Junior-Partners herauszuwachsen. Ab 1975 wurde ihr Operationsgebiet auf den »Nordflankenraum«,[1371] also Teile der inneren Nordsee und Norwegensee, ausgeweitet, wo die Jagd auf U-Boote in einem möglichen Krieg eine wichtige Rolle spielen sollte.[1372] 1979 wurden diese Gedanken im Weißbuch erstmals dokumentiert und im selben Jahr auf deutsche Initiative hin von CONMAROPS als neues seestrategisches Konzept der Allianz für den Nordflankenraum erarbeitet.[1373] Eine Studie der Abteilung II des Führungsstabes der Marine zur »maritimen Bedrohung der NATO-Marinen in den 90er Jahren«[1374] aus dem Jahr 1976 stellte als Entwicklungstendenz fest, »daß der Bestand an Schiffseinheiten nicht zu-, eher abnehmen wird zu Gunsten einer qualitativen Verbesserung der Einsatzmittel«.[1375] Die Technologie hielt so sukzessive ihren Einzug in die Kriegsbilder der militärischen Führung der Bundeswehr.

Mit dem Beschaffungsprogramm »Bundeswehr 77«[1376] hatte Bundesverteidigungsminister Georg Leber von 1972 bis 1978 zahreiche neue Waffensysteme eingeführt und eine ganze Reihe weitere in Auftrag gegeben.[1377] Die Rüstungsschwerpunkte ließ er in den Weißbüchern des Verteidigungsministeriums definieren.[1378] Leber bekannte sich zur Strategie der Flexible Response und zur möglichst konventionellen Verteidigung Mitteleuropas.[1379] Wie für seinen Vorgänger im Amt waren auch für Leber »Nuklearwaffen [...] keine Waffen zur Führung eines Krieges [...] allenfalls politische Instrumente zur Verhinderung

---

[1369] Sander-Nagashima, Die Bundesmarine 1950 bis 1972, S. 422.
[1370] Monte, Die Rolle der Marine, S. 584.
[1371] Arendt, Die Bundesmarine, S. 132.
[1372] Doepgen, Die Konzeptionen, S. 245–256.
[1373] Ebd., S. 256.
[1374] BArch, BM 1/3205, Anlage 1 zu Fü M II 1, Tgb.Nr. 93/76, Die maritime Bedrohung der NATO-Marinen in den 90er Jahren, Bonn 2.1.1976.
[1375] Ebd., S. 4.
[1376] Zum Thema »Bundeswehr 77« siehe auch: Die neue Struktur der Bundeswehr; Führungsfähigkeit und Entscheidungsverantwortung.
[1377] Fischer, Schmidt, Leber, Apel, S. 212.
[1378] Im Jahr 1976 waren dies z.B. rechnergestützte Informationssysteme, Aufklärungsmittel, Panzerabwehrwaffen und mittlere Jagdbomber des Musters MRCA. Weißbuch 1975/76, S. 121–129.
[1379] Leber, Die konventionelle Verteidigung, S. 223–247.

von Kriegen«.[1380] Wenn überhaupt rechnete Leber mit einer großangelegten Operation des Warschauer Paktes durch die Norddeutsche Tiefebene.[1381] Seine Gedanken drehten sich nach eigenen Angaben jedoch weniger um ein bestimmtes Kriegsbild, sondern um die Frage, wie ein Krieg im Falle einer Krise überhaupt verhindert werden konnte.[1382] Diesen Standpunkt machten die Westdeutschen weiterhin auch in der NATO geltend. In der NATO-Übung »Wintex 77« wurde auf Betreiben der Bundesregierung dazu übergegangen, die nukleare Eskalation nicht mehr bis zum großflächigen Einsatz von Atomwaffen durchzuspielen, sondern die Übung mit dem Eintritt der untersten Eskalationsstufe zu beenden. Daher wurde angenommen, dass der vom SACEUR befohlene Einsatz von 25 Nuklearwaffen auf Ziele in Polen und der Tschechoslowakei »Orange« zum Waffenstillstand bewegte. Fortan sollte auch in den »Wintex/Cimex«-Übungen die zivil-militärische Krisenbewältigung in den Vordergrund gestellt werden.[1383] Unvorstellbar waren für Leber hingegen eine Eskalation zum Nuklearkrieg und »die Ausrottung des Lebens auf der Erde«.[1384]

Die Sichtweise des Bundesministers der Verteidigung teilte weiterhin der Generalinspekteur der Bundeswehr, vom 21. Dezember 1976 bis 11. Dezember 1978 Luftwaffengeneral Harald Wust. Wie er in seinem Lagevortrag auf der Kommandeurtagung der Bundeswehr in Sindelfingen im April 1977[1385] klarstellte, würde die Streitkräfte der NATO »das Thema Krisenbewältigung [...] in Zukunft verstärkt beschäftigen«.[1386] Der Luftwaffengeneral bekannte sich ebenfalls zur Strategie der Flexible Response. Die nukleare Balance der beiden Supermächte galt ihm wegen der gesicherten Zweitschlagsfähigkeit als gesetzt. Im Rahmen der Vorbedachten Eskalation, der ersten Stufe einer Steigerung hin zu einem Nuklearkrieg durch den Einsatz taktischer, auf Europa beschränkter Nuklearwaffen, sah Wust mögliche Aufgaben für die Bundeswehr mit nuklear ausgestatteten taktischen Flugzeugen, Boden-Boden-Raketenwerfern, Artillerie, Boden-Luft-Raketenwerfern.[1387] Doch auch der Generalinspekteur richtete seine Hoffnungen auf konventionelle Waffensysteme und bescheinigte dem Westen einen qualitativen Vorsprung bei der Panzerabwehr und bei fliegenden Waffensystemen.[1388] Sein Vertrauen auf die konventionellen Verteidigungsfähigkeiten des Westens wurde dadurch erhöht, dass er nun wieder eine Vorwarnzeit zum Herstellen der Verteidigungsbereitschaft in sein Kriegsbild einkalkulierte: »Wir wissen, dass der Warschauer Pakt nicht ›aus dem Stand‹ antreten und die NATO total überraschen kann, wenn er ein strategisches

---

[1380] Ebd., S. 238.
[1381] Ebd.
[1382] Ebd., S. 236.
[1383] Lemke, Abschreckung, Provokation oder Nonvaleur?, S. 327 f.
[1384] Leber, Die konventionelle Verteidigung, S. 238.
[1385] BArch, BW 2/8665, GenInsp, Tgb.Nr. Fü S 1151/77, Lagevortrag des Generalinspekteurs der Bundeswehr auf der 21. Kommandeurtagung der Bundeswehr in Sindelfingen vom 19.–21.4.1977, ohne Datum.
[1386] Ebd., S. 32.
[1387] Ebd., S. 5.
[1388] Ebd., S. 8–10.

Ziel erreichen will.«[1389] Diese Gedankengänge basierten vor allem auf Studien der Abteilung II des Führungsstabes der Streitkräfte zu Bedrohungsformen und Konfliktwahrscheinlichkeiten[1390]. Diese stellten zum einen fest, dass »unter den heutigen Bedingungen die Entstehung eines Krieges in Europa wenig wahrscheinlich ist«.[1391] Zum anderen gelangten die Studien zu der Einschätzung, dass als wahrscheinlichste Konfliktform »die zunächst mit konventionellen Kräften geführte ›Großangelegte Aggression‹«[1392] anzusehen sei, die auf einen operativen Durchbruch bis zum Rhein oder die Inbesitznahme der Ostseeausgänge abzielte.[1393] Die Berechnungen im Verteidigungsministerium ergaben, dass hierfür acht bis zehn Tage Aufmarschvorbereitungen erforderlich wären.[1394] Zu rechnen war dann mit ca. 60 feindlichen Divisionen in der ersten Angriffsstaffel, die für 60 Kampftage bevorratet wären.[1395]

Konstant und stringent blieb die Sichtweise auf Nuklearwaffen als politische Instrumente zur Verhinderung oder schlimmstenfalls Einhegung von Kriegen. Auch darin stimmten die militärische Führung und die politische Leitung im Verteidigungsministerium im Wesentlichen überein. Daran änderte sich im Ergebnis auch nichts, als US-Verteidigungsminister James Rodney Schlesinger im Rahmen der sogenannten Technologiestudie der Nuklearen Planungsgruppe (NPG) im Juni 1975 erstmals über die »Neutronenwaffe«[1396] sprach, die dann 1977 zum Diskussionsgegenstand in der amerikanischen Öffentlichkeit wurde. Ihre Entwicklung führte aus der Sicht des Generalinspekteurs – wie er auf der Kommandeurtagung der Bundeswehr vom 4. bis 6. April 1978 in Saarbrücken deutlich machte – nicht zur Absenkung der nuklearen Schwelle.[1397] Aus den Unterlagen des Führungsstabes der Streitkräfte geht jedoch hervor, dass die Neutronenwaffe eigentlich gar nicht in die Kriegsvorstellungen der militärischen

---

[1389] Ebd., S. 13.
[1390] BArch, BW 2/19438, Fü S II 3, Az. SOWB 04-90-04-01, Tgb.Nr. 4253/77, Studie »Aspekte der Bedrohung«, Bonn 6.7.1977. Fü S II wiederum stützte sich weiterhin auf Informationen des BND ab. BArch, BM 1/3205, Bundesnachrichtendienst, III C 10, Az. 04-06-10, Tgb. Nr. 2201/76, Hintergrundmaterial für deutsch-amerikanische Generalstabsbesprechung, Pullach 14.9.1976.
[1391] BArch, BW 2/19438, Fü S II 3, Az. SOWB 04-90-04-01, Tgb.Nr. 4253/77, Studie »Aspekte der Bedrohung«, Bonn 6.7.1977, S. 1.
[1392] Ebd., S. 4.
[1393] Ebd., S. 5.
[1394] Ebd., S. 10.
[1395] Ebd., S. 12 und 15.
[1396] Eine 1,3-KT-Neutronenwaffe hatte das Potenzial, binnen kürzester Zeit in einem Radius von über 1000 Metern Panzerbesatzungen durch eine tödliche Strahendosis kampfunfähig machen, während die Wirkung auf zivile Einrichtungen, vor allem in Betonbauweise recht gering ausfiel. BArch, BW 2/14399, Fü S III 1, ohne Az., Tgb.Nr. 5819/81, Bericht des BMVg über »Die amerikanische Entscheidung zur Neutronenwaffe« in der Sitzung des Verteidigungsausschusses des Deutschen Bundestages am 9.9.1981, Bonn 7.9.1981, S. 2 und 8–15.
[1397] BArch, BW 2/8665, Bundesministerium der Verteidigung, Generalinspekteur der Bundeswehr, Tgb.Nr. Fü S 1110/78, Lagevortrag des Generalinspekteurs der Bundeswehr auf der 22. Kommandeurtagung der Bundeswehr vom 4.–6.4. in Saarbrücken, Bonn, 13.4.1978, S. 14.

Führung der Bundeswehr integriert war.[1398] Am politischen Doppelkonzept von »Abschreckung und Entspannung«[1399] und den Fortschritten des KSZE-Prozesses festhaltend, blieb für die Bundeswehr-Generalität auch auf der operativen Ebene der »Kampf gegen gepanzerte Kräfte«[1400] ein wesentlicher Aspekt im Kriegsbild. Hier lag in den Überlegungen der Abteilung III des Führungsstabes der Streitkräfte der politische Wert der Neutronenbombe, als Hebel für Rüstungs- und Dislozierungsbeschränkungen zum Abbau der »Panzerdisparität«.[1401] Auch Miksche, der in den 1970er Jahren unter anderem in Briefwechseln offenbar Einfluss auf die militärische Führung der Bundeswehr ausübte, wies 1977/78 »den Atomwaffen nur noch einen strategischen Nebenauftrag zu«,[1402] wie Adelbert Weinstein in der »Frankfurter Allgemeinen Zeitung« (FAZ) feststellte.

Andererseits beschrieb Miksche, der durchaus als ein Fürsprecher der konventionellen Aufrüstung der NATO bezeichnet werden kann, in einer Abhandlung aus dem Jahre 1976 die Mangelhaftigkeit von Kriegsbildern, die im Zeichen der Technologie standen, denn sie »verkennen die Tatsache, daß [...] nicht Maschinen sondern Menschen das eigentliche Ziel des Kampfes bilden«.[1403] Der Kriegstheoretiker sah hier die Gefahr einer »Übertechnisierung der westlichen Streitkräfte«.[1404] Der in der Wahrnehmung des Verteidigungsministeriums gerne marginalisierte Vietnamkrieg – und die Verdrängung der Kleinkriegführung auf deutschem Boden reichte ja ideengeschichtlich über Gerhard Graf von Schwerin und Joachim von Stülpnagel bis zu Helmuth von Moltke d.Ä. zurück[1405] – stellte für die Kriegführung mit einfachsten Mitteln allerdings ein hervorragendes Lehrbeispiel dar. Nach dem Pariser Abkommen vom 27. Januar 1973 waren die Amerikaner im Grunde geschlagen aus Vietnam abgezogen. Mit der Einnahme Saigons durch die kommunistische Nordvietnamesische Volksarmee endete der Vietnamkrieg am 1. Mai 1975. Er blieb bis heute in der westlichen Welt eine Chiffre für verfehlte Kriegsvorstellungen und eine gescheiterte amerikanische Strategie.

Dass Miksches Kritik an den in der NATO und auch in der Bundeswehr verbreiteten Vorstellungen durchaus berechtigt war, zeigten jedoch nicht nur die

---

[1398] BArch, BW 2/14399, Fü S III 5, ohne Az., Tgb.Nr. 1629/78, Schreiben an das Auswärtige Amt betreffend »Neutronenwaffe«, Bonn 3.3.1978, S. 1–15.

[1399] BArch, BW 2/8665, Bundesministerium der Verteidigung, Generalinspekteur der Bundeswehr, Tgb.Nr. Fü S 1110/78, Lagevortrag des Generalinspekteurs der Bundeswehr auf der 22. Kommandeurtagung der Bundeswehr vom 4.–6.4. in Saarbrücken, Bonn, 13.4.1978, S. 17. So war dies auch schon zu lesen in: Weißbuch 1975/76, S. 5 und 70.

[1400] BArch, BW 2/8665, Bundesministerium der Verteidigung, Generalinspekteur der Bundeswehr, Tgb.Nr. Fü S 1110/78, Lagevortrag des Generalinspekteurs der Bundeswehr auf der 22. Kommandeurtagung der Bundeswehr vom 4.–6.4. in Saarbrücken, Bonn, 13.4.1978, S. 20.

[1401] BArch, BW 2/14399, Fü S III 5, ohne Az., Tgb.Nr. 3169/78, Rüstungskontrollpolitische Nutzung der Neutronenwaffe, Bonn 5.5.1978, S. 1 f.

[1402] BArch, N 842/29, Nachlass Heinrich Trettner, Zeitungsausschnitt aus der FAZ, 15.2.1978, S. 1.

[1403] Miksche, Vom Kriegsbild, S. 288.

[1404] Ebd., S. 295.

[1405] Siehe auch: Keßelring/Loch, Himmerod war nicht der Anfang, S. 60–96.

Erfahrungen des Vietnamkrieges. Die Kleinkriegführung blieb in der Form des Verdeckten Kampfes in den 1970er Jahren ein fester Bestandteil der Kriegsbilder in der militärischen Führung der Bundeswehr, wenn auch nur als Vorgeschichte und Begleiterscheinung eines begrenzten Krieges. Anhand des Kriegstagebuchs der NATO-Übung »Wintex 75«,[1406] an der wie immer Spitzenpersonal der Bundeswehr teilnahm, wird dies deutlich. Angenommen wurden bis zum Eintritt des Verteidigungsfalls erhöhte Spionagetätigkeit, subversive Agitationen und Sabotageakte an Bundeswehreinrichtungen (z.B. Sprengungen an Tanklagern, Logistikeinrichtungen und Pipelines) bis hin zu Kommandounternehmungen irregulärer Kräfte in Stärke bis zu 20 Mann über das gesamte Bundesgebiet. Die Aktionen der Roten Armee Fraktion (RAF)[1407] in den 1970er Jahren mochten hierauf einen kleinen Vorgeschmack geliefert haben. Zum Verdeckten Kampf wurde bei »Wintex 75« ferner die Verbreitung einer Grippe- und Pockenepidemie gerechnet, von der 30 Prozent der Zivilbevölkerung und fünf Prozent des Militärs im Übungsgebiet (Hamburg und Niedersachsen) betroffen sein würde.[1408] Nach dem Eintreten des Verteidigungsfalls bei »Wintex 1975« wurden der Verdeckte Kampf, aber auch die B- und C-Kampfführung fortgesetzt. In die Übung eingespielt wurde daher im weiteren Verlauf auch Bandenkampf und ein massiver Gasangriff auch auf NATO-Truppen sowie Sprühangriffe mit S-Lost (Senfgas) auf Flugplätze in der Bundesrepublik Deutschland.[1409] Dem gleichen Ablaufschema folgte die Übung »Wintex 77«.[1410] Und auch »Wintex 79« befasste sich mit dem Verdeckten Kampf.[1411] Eben diese Vorstellung, wie sie bei den »Wintex«-Übungen vermittelt wurde, bekräftigte das im Januar 1976 herausgegebene Weißbuch 1975/76: »Subversive Aktionen können einen militärischen Konflikt vorbereiten und ihn flankieren«.[1412] Diese Leitbilder vom Verdeckten Kampf trieben die Inspekteure der Teilstreitkräfte um, wie beispielsweise den Inspekteur des Heeres (1. Oktober 1973 bis 31. März 1979) Horst Hildebrandt, der seine Teilstreitkraft mit dem Schutz zahlreicher ziviler Objekte zunächst überfordert, in der Heeresstruktur 4 jedoch Möglichkeiten zur Schaffung neuer, beweglicher Sicherungsregimenter sah.[1413] Insofern stellte die Technologie

---

[1406] BArch, BM 1/1424, Fü M, Tgb.Nr. 1305/75, Kriegstagebuch Übung »Wintex 1975«, Bd 1, Bonn, 5.–13.3.1975.
[1407] Zur RAF siehe: Winkler, Die Geschichte der RAF; Die RAF und der linke Terrorismus, Bd 1; Peters, RAF.
[1408] BArch, BM 1/1424, Fü M, Tgb.Nr. 1305/75, Kriegstagebuch Übung »Wintex 1975«, Bd 1, Bonn, 5.–13.3.1975, S. 1–25.
[1409] Ebd., S. 25–101.
[1410] BArch, BW 2/26107, Bundesministerium der Verteidigung Fü S V 4, Az. 40-03-40, ohne Tgb. Nr., Instandsetzung von Pipelinesystemen im Spannungs- und Verteidigungsfall durch Unternehmen/Betriebe der gewerblichen Wirtschaft. Erfahrungen »Wintex 77«, Bonn 3.5.1977.
[1411] BArch, BW 2/26107, Fü S V, Az. 34-01-16, ohne Tgb.Nr., Exercise »Wintex/Cimex 79«, Bonn 21.3.1979.
[1412] Weißbuch 1975/76, S. 19.
[1413] BArch, BW 1/200288, Inspekteur des Heeres, ohne Az. und Tgb.Nr., Schreiben an Abteilungsleiter VR im Ministerium betreffend »Schutz ziviler Objekte«, Bonn, 26.7.1976, S. 3 f.

IV. Die Entwicklung von Kriegsbildern _____ 359

in den 1970er Jahren einen wichtigen, jedoch nicht den einzigen Aspekt in den Kriegsvorstellungen der militärischen Führung der Bundeswehr dar. Die Kriegsbilder hatten meist zwei Facetten, die sie zum einen durch konventionelle Gefechte regulärer Streitkräfte und zum anderen durch den Kampf irregulärer Kräfte erhielten. Zu diesem Ergebnis kam auch die oben bereits genannte Studie der Abteilung II des Führungsstabes der Streitkräfte über Bedrohungsformen und Konfliktwahrscheinlichkeiten[1414] aus dem Jahre 1977:

»Neben der Bedrohung durch Kampftruppen muß in den rückwärtigen Gebieten überall und jederzeit zusätzlich mit der Bedrohung durch Kräfte gerechnet werden, die den Kampf verborgen, ganz oder teilweise verdeckt oder als Kommandounternehmen führen.«[1415]

Die Hoffnungen der Bundeswehrführung auf die technologische Überlegenheit des Westens im möglichen, doch nicht als unmittelbar besonders wahrscheinlich empfundenen Krieg der Zukunft wurden aber noch durch andere Faktoren relativiert. Der Jom-Kippur-Krieg von 1973 hatte gezeigt, wie materialintensiv Gefechte zwischen technisierten Streitkräften ablaufen konnten. Innerhalb von zehn Tagen verloren die kriegführenden Parteien 51 Prozent ihrer Panzer und 34 Prozent ihrer Flugzeuge.[1416] Aufgrund der Kostspieligkeit der eingesetzten Waffensysteme, aber auch wegen der Komplexität der Ausbildung beim zugehörigen Personal waren Ausfälle nicht mehr schnell zu ersetzen. Nach Einschätzung Miksches konnte deshalb längerer Widerstand nur von einem relativ einfach ausgerüsteten Volksheer geleistet werden. Deshalb mangelte es aus seiner Sicht dem »übertechnisierte[n] Soldatentum«[1417] an Durchhaltefähigkeit.[1418] Die Beschaffung technologisch sehr fortschrittlichen Wehrmaterials stellte einen enormen Kostenfaktor dar. Als der Militärhistoriker Joachim Niemeyer 1976 einen Aufsatz über »Elemente des modernen Kriegsbildes« lieferte, stellte er fest, dass die Technik die Kriegführung in immer kürzeren Intervallen veränderte und die ständig erforderliche Umrüstung auf neue Waffensysteme nur noch für wenige Staaten mit einem hohen technischem Kenntnisstand überhaupt noch erschwinglich sei. Wegen dieser Kostenspirale, aber auch der anhaltenden Ideologisierung prognostizierte Niemeyer eine Zunahme der Guerillakriegführung im Rahmen von Stellvertreterkriegen in der sogenannten Dritten Welt.[1419]

Wie oben bereits dargestellt wurde, geriet die Bundeswehr aufgrund des zwar steigenden, aber doch beschränkten Verteidigungshaushalts immer wieder an die Grenzen der Realisierbarkeit von damals angestrebten Beschaffungsvorhaben.

[1414] BArch, BW 2/19438, Fü S II 3, Az. SOWB 04-90-04-01, Tgb.Nr. 4253/77, Studie »Aspekte der Bedrohung«, Bonn 6.7.1977.

[1415] Ebd., S. 21. Hier kann man durchaus ein Stück weit das vorweggenommen sehen, was heute als »hybride Kriegführung« geläufig ist.

[1416] Miksche, Vom Kriegsbild, S. 288.

[1417] Ebd., S. 306.

[1418] Ebd., S. 298. Doch immerhin hatte die Bundeswehr (Heer, Marine, Luftwaffe, ZMilDBw, ZSanDBw) 1976 einen Verteidigungsumfang von insgesamt fast 1 250 00 Soldatinnen und Soldaten. BArch, BW 2/14399, Fü S III 8, Az. 07-11-12-05, Tgb.Nr. 6008/75, Jährliche Mobilmachungsanweisung für die Bundeswehr 1976, Bonn 1.9.1975, S. 6.

[1419] Niemeyer, Elemente des modernen Kriegsbildes, S. 77 f.

Hinzu kam als mentalitätsgeschichtliche Hintergrundfolie in der westdeutschen Gesellschaft der späten 1970er Jahre ein gewisses Krisenbewusstsein,[1420] da die Ölpreiskrisen von 1973 und 1979 ihre Spuren im Weltwirtschaftssystem hinterließen und insbesondere die Bundesrepublik Deutschland als rohstoffarmes und exportorientiertes Land mit Rezessionen trafen. Eckart Conze hat auch deshalb den Zeitraum von 1974 bis 1982 als »Krisenjahre«[1421] der Bundesrepublik bezeichnet. Zwischen den beiden Supermächten vollzog sich etwa zur selben Zeit ein Wechsel der Bedrohungswahrnehmungen und ein Austarieren der vermeintlichen Kräfte zwischen Ost und West. Die Sicherheitsarchitektur beruhte damals faktisch vor allem auf dem strategischen Gleichgewicht zwischen den USA und der UdSSR, die beide ihre Potenziale der Mutual Assured Destruction mit Interkontinentalraketen und atomaren Mehrfachsprengköpfen bis zum Ende der 1970er Jahre weiter ausgebaut hatten.[1422]

Als die Sowjets im Jahr 1977 damit anfingen, die bisherigen MRBM SS-4 und SS-5 durch leistungsgesteigerte, mobile SS-20-Mittelstreckenraketensysteme zu ersetzen, begann sich in Europa ein sicherheitspolitisches Ungleichgewicht abzuzeichnen, das der 1974 zum Bundeskanzler gewählte Helmut Schmidt am 28. Oktober 1977 im Rahmen seiner »Memorial Speech« in London öffentlich kritisierte.[1423] Die sowjetischen SS-20-Mittelstreckenraketen bedeuteten eine neue militärische Herausforderung, die sich allerdings mehr im politischen und strategischen Denken als in den Kriegsbildern niederschlug. Hier hatte – wie oben bereits beschrieben – ein geistiger Entkopplungsprozess stattgefunden. Den mittlerweile gewonnenen geistigen Abstand der militärischen Führung der Bundeswehr vom Nuklearwaffeneinsatz machte 1977 der ehemalige Generalinspekteur Trettner in einem Brief an Miksche mit den Worten »Für die europäischen Völker wäre eine Kapitulation besser als eine Auseinandersetzung mit Atomwaffen auf ihrem Boden.«[1424] sehr deutlich.

Die Atomwaffen spielten nun in erster Linie zum Zwecke der Abschreckung und im Rahmen eines von politischer Ratio dominierten Denkens eine Rolle,

---

[1420] Wirsching, Deutsche Geschichte, S. 112 f.
[1421] Conze, Die Suche nach Sicherheit, S. 463. Hohensee hat darauf hingewiesen, das die sogenannten Ölkrisen vor allem Perzeptions- und Preiskrisen darstellten, die sich in Energiesparmaßnahmen wie autofreien Sonntagen äußerten. Zum Bewusstseinswandel und den wirtschaftlichen Folgen siehe: Hohensee, Der erste Ölpreisschock, S. 193−254.
[1422] BArch, BW 1/81535, MBB. Information Wehrtechnik 10/76, BT 007, Bl. 2 f.; Weißbuch 1979, S. 99. Siehe auch: Krüger, Am Abgrund, S. 148; Walsh, The Military Balance in the Cold War.
[1423] BArch, BW 2/8665, Bundesministerium der Verteidigung, Generalinspekteur der Bundeswehr, Tgb.Nr. Fü S 1110/78, Lagevortrag des Generalinspekteurs der Bundeswehr auf der 22. Kommandeurtagung der Bundeswehr vom 4.−6.4. in Saarbrücken, Bonn, 13.4.1978, S. 13; Leber, Die konventionelle Verteidigung, S. 240−242. Die sowjetischen SS-20-Mittelstreckenraketen mit mobiler Startrampe, Einsatzbereitschaft innerhalb von 15 Minuten und einer Reichweite von fast 5000 Kilometern ermöglichte es dem Osten, Atomschläge selbst gegen die atlantischen Entladehäfen durchzuführen. Hinzu kam noch das Potenzial der strategischen Bomber Tu-22 M (»Backfire«) mit Reichweiten bis zu 2400 Kilometern. Krüger, Am Abgrund, S. 151 f.; Heuser, NATO, Britain, France and the FRG, S. 56.
[1424] BArch, N 842/29, Nachlass Heinrich Trettner, Brief an Oberst a.D. Ferdinand Otto Miksche, ohne Ortsangabe, 2.1.1977, S. 1.

selbst beim Eintritt des Verteidigungsfalles. Genau diese Gedanken machte Generalinspekteur Wust der Bundeswehr 1978 auf der Kommandeurtagung geltend:

> »Sollte die Abschreckung versagen, dann ist es erklärtes Ziel der Allianz, die Abschreckung so schnell wie möglich wiederherzustellen. Ich halte infolgedessen den nuklearen Ersteinsatz als vorbedachte Eskalation dann für unabdingbar notwendig, wenn die Gefahr besteht, dass unser Land durch einen intensiven konventionellen Krieg zerstört werden könnte. Der nukleare Einsatz zielt im Sinne meiner vorherigen Feststellung nicht auf das Auskämpfen eines Konfliktes auf entsprechender Ebene, sondern auf die Wiederherstellung der Abschreckung.«[1425]

Insofern blieb der demonstrative Nuklearwaffeneinsatz ein fakultativer Bestandteil des Kriegsleitbildes. Bei der konventionellen Verteidigungsfähigkeit baute Wust auf die Möglichkeiten neuer Waffentechnologien.[1426] Vieles musste jedoch noch in Potenzialen gedacht werden. Die tatsächlichen Fähigkeiten blieben weit dahinter zurück und ließen manchen Zweifel an der Realisierbarkeit der Kriegsleitbilder.[1427] Hier bestand für den Westen durchaus die Gefahr, dem eigenen »Trugbild«[1428] zu erliegen. Da sich die Generalinspekteure selbst auf der einen Seite dieses Umstandes bewusst waren und bisweilen auch sehr kritische Töne über die Verteidigungsbereitschaft der NATO hören ließen,[1429] auf der anderen Seite ihre Hoffnungen auf den glimpflichen Ablauf einer militärischen Auseinandersetzung zwischen Ost und West setzten, beschreibt der Begriff »Wunschbilder« vielleicht treffender das ideengeschichtliche Paradigma dieser Zeit.

[1425] BArch, BW 2/8665, Bundesministerium der Verteidigung, Generalinspekteur der Bundeswehr, Tgb.Nr. Fü S 1110/78, Lagevortrag des Generalinspekteurs der Bundeswehr auf der 22. Kommandeurtagung der Bundeswehr vom 4.–6.4. in Saarbrücken, Bonn, 13.4.1978, S. 10.

[1426] Ebd., S. 8.

[1427] So zeigte beispielsweise die Geschichte der Allied Mobile Force (AMF) die grundsätzliche Schwäche der Flexible Response, nämlich berechtigte Zweifel an der Realisierbarkeit des limited war. Lemke, Abschreckung, Provokation oder Nonvaleur?, S. 330 f. 1974 sprach SACEUR Alexander Haig von einem verlorenen Jahrzehnt, das die Allianz nicht genutzt habe, um die notwendigen konventionellen Kräfte bereitzustellen. Krüger, Am Abgrund, S. 134.

[1428] Ebd., S. 134.

[1429] Bei der Kommandeurtagung im Oktober 1975 in Wiesbaden hatte der Generalinspekteur klargestellt, dass die GDP/EDP-Aufträge durch die Großverbände des Heeres konventionell nur bedingt erfüllbar seien. BArch, BW 2/8665, Generalinspekteur, Tgb.Nr. Fü S 3395/75, Lagevortrag des Generalinspekteurs der Bundeswehr anläßlich der Kommandeurtagung der Bundeswehr in Wiesbaden vom 20.–22.10.1975, Bonn, 30.10.1975, S. 6–8 und 35.

d) Die Beflügelung der Kriegsvorstellungen durch die Hochtechnologie und das »Umdenken in die neuen Luftkriegsdimensionen hinein« 1979

Nachdem die Bedeutung der Rüstungstechnologie für die Kriegsbilder im Verlauf der 1970er Jahre sukzessive angestiegen war, verstärkte sich diese Entwicklung zum Ende des Jahrzehnts noch einmal merklich unter dem Einfluss der Hochtechnologie.[1430] Da deren Möglichkeiten die Kriegsvorstellungen der militärischen Führung der Bundeswehr in einer Weise beflügelten, dass ganz neue Gedankengänge und Rollenverständnisse entwickelt wurden, kann man mit dem Jahr 1979 eine weitere qualitative Änderung der Kriegsleitbilder feststellen.

Auch wenn die Übergänge in den Vorstellungswelten durchaus fließend waren, macht ein Blick ins Weißbuch 1979,[1431] mittlerweile herausgegeben vom neuen Verteidigungsminister (17. Februar 1978 bis 1. Oktober 1982) Hans Apel, deutlich, dass in diesem Jahr im Bundesministerium der Verteidigung sicherheitspolitische Einschnitte wahrgenommen wurden. Zwar bestimmte zu jener Zeit immer noch der Harmel-Bericht die Sicherheitspolitik der Bundesrepublik Deutschland und die Strategie der Flexible Response die Vorstellungen vom Konflikt- und Verteidigungsfall. Neben der Entspannungspolitik mit »Rüstungskontrolle« (SALT, MBFR) und Intensivierung des politischen Dialogs der ideologischen Gegner (KSZE[1432]) registrierte die Bundesregierung jedoch »mit großer Sorge das Anwachsen der Militärpotentiale in fast allen Teilen der Welt«.[1433] Neben dem Ost-West-Gegensatz war nun erstmals im Weißbuch auch von einer »Nord-Süd-Problematik« die Rede und der sogenannten Dritten Welt ein relativ großes Kapitel gewidmet.[1434] Hier bestätigte sich die oben erwähnte Tendenz ideologische, mit militärischer Gewalt ausgetragene Konflikte in die Dritte Welt zu verlagern.

Ebenfalls im Jahr 1979 gingen von der Bundesrepublik Deutschland und vor allem ihrem Bundeskanzler Schmidt aber auch die entscheidenden Impulse für den NATO-Doppelbeschluss aus. Dessen Grundgedanke war, ganz im Sinne der Abschreckungspolitik ein Eskalationsspektrum ohne Lücke zu schaffen. Aufgrund der sowjetischen Aufrüstung mit SS-20 und »Backfire«-Bombern boten die NATO-Außenminister am 12. Dezember 1979 einerseits Verhandlungen zur Reduzierung nuklearer Mittelstreckenraketen in Europa an. Andererseits sollte im Falle eines Scheiterns der Verhandlungen der neuen sowjetischen Bedrohung in Europa ab 1983 mit der Stationierung amerikanischer Mittelstreckenraketen (»Pershing II«) und Marschflugkörper (BGM-109 »Tomahawk«) begegnet werden.

[1430] Mit »Hochtechnologie« bzw. »Hightech« oder auch »Spitzentechnologie« wird Technik bezeichnet, die dem aktuellen technischen Stand entspricht. Rode, Hochtechnologie; Glos/Lenzer, Hochtechnologien.
[1431] Weißbuch 1979.
[1432] Ebd., S. 7, 13, 55−61, 64−83 und 123−125.
[1433] Ebd., S. 3.
[1434] Ebd., S. 8 und 87−92.

IV. Die Entwicklung von Kriegsbildern 363

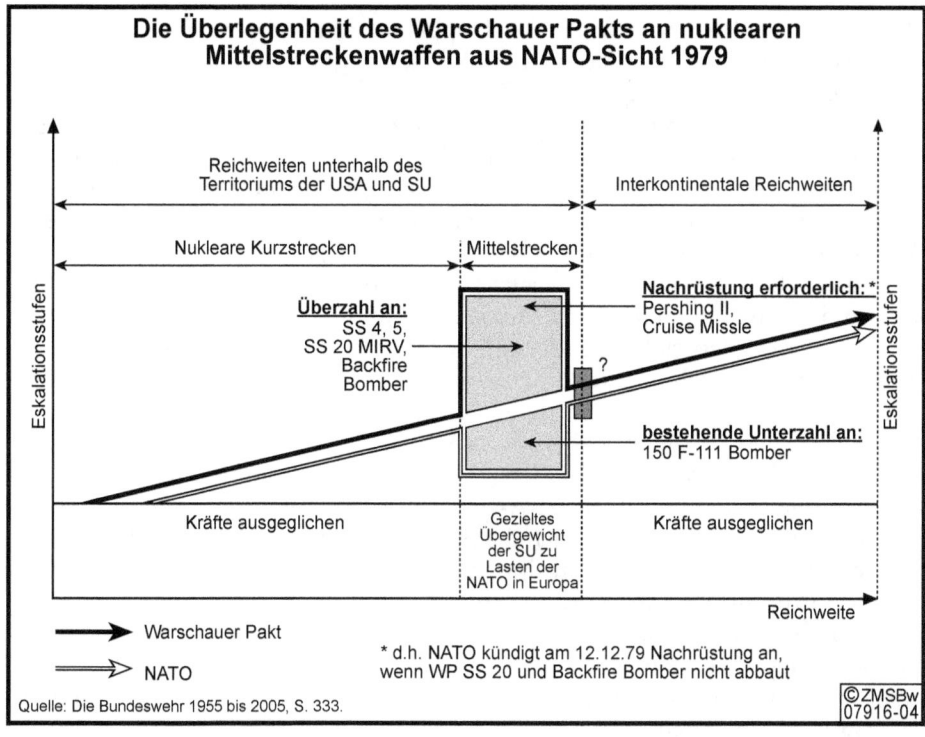

Quelle: Die Bundeswehr 1955 bis 2005, S. 333.

Der NATO-Doppelbeschluss und seine Folgen stellten in der langfristigen Betrachtung einen Meilenstein der internationalen Beziehungen auf dem Weg zum Ende des Kalten Krieges dar, was an anderer Stelle noch einmal ausführlicher dargestellt werden soll.[1435] Kurzfristig löste die Beschlussfassung des Atlantischen Bündnisses in Europa und insbesondere in der Bundesrepublik Deutschland eine heftig geführte sicherheitspolitische Debatte aus, die vor allem die Friedensbewegung auf den Plan rief.[1436] Die außerparlamentarische Protestbewegung kritisierte das Sicherheitskonzept, das auf der Schreckensvision eines nuklearen Weltenbrandes beruhte und verstand sich damit als Gegenposition zur »Expertokratie«[1437] von Politikern, Militärs und Wissenschaftlern. Dass zwangsläufig auch die militärische Führung der Bundeswehr mit diesen Ansichten konfrontiert wurde, scheint auf die Entwicklung ihrer Leitbilder vom Kriege zunächst keinen allzu großen Einfluss genommen zu haben, bewegten sich die Vorstellungen doch ohnehin in Richtung einer Konventionalisierung der

---

[1435] Schmidt, Von der Kubakrise zum Nato-Doppelbeschluss; Weißbuch 1979, S. 126: Geiger, Die Bundesrepublik Deutschland und die NATO, S. 176; Seelow, Strategische Rüstungskontrolle, S. 211–430; Altenburg, Die Nuklearstrategie, S. 331; Heuser, NATO, Britain, France and the FRG, S. 56; Möllers, Sicherheitspolitik in der Krise, S. 203; Schwabe, Verhandlung und Stationierung; Geiger, Die Regierung Schmidt-Genscher, S. 96 f.
[1436] »Entrüstet Euch!«; Möllers, Sicherheitspolitik in der Krise.
[1437] So Eckart Conze im Rahmen eines Vortrags im ehemaligen MGFA am 31.5.2011.

Kriegführung. Auch war der NATO-Doppelbeschluss von Schmidt ja nicht als Aufrüstungsmaßnahme, sondern dessen Ankündigung als Mittel zur Abrüstung beim Warschauer Pakt angedacht.[1438]

Als dann nur wenige Tage später im Dezember 1979 sowjetische Truppen in Afghanistan einmarschierten,[1439] wurde auch dies als ein Einschnitt in den internationalen Beziehungen wahrgenommen. Es handelte sich um die erste sowjetische Militärintervention in einem Staat, der nicht der Warschauer Vertragsorganisation angehörte, und zugleich um den Beginn eines langwierigen Stellvertreterkrieges. Die sowjetische Invasion in Afghanistan löste vor allem ein Umdenken in der amerikanischen Außen- und Sicherheitspolitik aus.[1440]

Was die Kriegsvorstellungen der militärischen Führung der Bundeswehr betrifft, blieb die im Weißbuch 1979 dokumentierte Grundannahme vom Verteidigungsfall konstant, eine Vorneverteidigung gemeinsam mit den NATO-Verbündeten zu führen.[1441] Eben zu dieser Zeit verstärkten die USA ihre Streitkräfte auf westdeutschem Boden mit neuen Waffensystemen (z.B. Luftüberlegenheitsjäger F-15 »Eagle« und Erdkampfflugzeuge A-10 »Thunderbolt« zur Panzerbekämpfung) und mehr Kampftruppen.[1442] Auch die Bundeswehrplanung sah die Beschaffung von mehr Panzerabwehrwaffen und größeren Munitionsvorräten für die integrierte Vorneverteidigung vor.[1443] Zugleich sollten Rüstungskooperationen wie der »Tornado«, die Aufklärungsdrohne CL-289, die Fregatten der Klasse 122, die Anti-Invasions-Seemine, die Seegrundmine 80, die Panzerhaubitze M-109 (155-1) oder auch die Panzerabwehrraketensysteme »HOT« und »Milan« die militärische Effizienz im Atlantischen Bündnis fördern.[1444]

Viel stärker als zuvor dominierte die Qualität einzelner Waffensysteme das militärische Denken, das früher vor allem von Zahlenverhältnissen bei Großverbänden geprägt gewesen war. Wie das Weißbuch 1979 deutlich machte, kam es aus der Warte des Verteidigungsministeriums nun »darauf an, Möglichkeiten moderner Technologie für Verteidigungszwecke frühzeitig zu erkennen und diese Technologie in leistungsfähige Waffensysteme umzusetzen«.[1445] Unter der Überschrift »Neue Waffentechnologie« hieß es in diesem Dokument:

»Mikro-miniaturisierte Elektronik, neue nichtmetallische Verbundwerkstoffe, die Anwendung neuartiger physikalischer und chemischer Prozesse und in extreme Frequenzbereiche vorangetriebene Nutzung elektromagnetischer Wellen – dies vor allem kennzeichnet das sich rasch wandelnde technische Umfeld der Rüstung.«[1446]

Insbesondere aus den Fortschritten der Halbleiter- und Informationstechnologie ergaben sich Rückwirkungen auf die Rüstungsindustrie. Hier hatte der Westen

---

[1438] Zeitzeugengespräch mit General a.D. Wolfgang Altenburg, Lübeck-Travemünde, 11.6.2014.
[1439] Zur Vorgeschichte und zu den Hintergründen siehe: Gibbs, Die Hintergründe, S. 291–314.
[1440] Ebd., S. 291.
[1441] Weißbuch 1979, S. 145.
[1442] Ebd., S. 20.
[1443] Ebd., S. 26.
[1444] Ebd., S. 31.
[1445] Ebd., S. 146.
[1446] Ebd., S. 179.

einen Vorsprung, der nun für die Kriegführung der Zukunft nutzbar gemacht werden sollte. Die technologischen Möglichkeiten, die mit Stichworten wie Abstandswaffen, Reaktivpanzerungen, elektronische Kriegführung und intelligente Munition umrissen werden können, beflügelten das operative Denken vieler Militärs.

Als der Inspekteur der Luftwaffe, Friedrich Obleser (1. Oktober 1978 bis 31. März 1983) im Rahmen der Kommandeurtagung der Bundeswehr am 10. Mai 1979 einen Vortrag über »Die Luftwaffe in den 80er Jahren«[1447] hielt, sprach er gar von einem »Umdenken in die neuen Luftkriegsdimensionen hinein«.[1448] Dieses wurde aus der Sicht Oblesers erforderlich, da sich durch moderne Waffen und Munition »aus taktischen Luftstreitkräften [...] zu großräumiger operativer Luftkriegführung befähigte Kräfte«[1449] entwickelten. Sie konnten sich auf die Verteidigungsführung nun erheblich stärker auswirken »als in den vergangenen Jahrzehnten auch nur denkbar, geschweige denn zu erwarten war«,[1450] so Obleser.

In den USA wurden sowohl in der U.S. Army unter dem Begriff »AirLand Battle« als auch in der U.S. Air Force mit dem Schlagwort »Follow-on-Forces Attack« (FOFA) Studien angefertigt, wie eine Großoffensive des Warschauer Paktes, die nach der sowjetischen Militärdoktrin geführt wurde, auch in der Tiefe des feindlichen Raumes zerschlagen werden könnte. Überlegungen in dieser Richtung hatte es zwar auch schon früher gegeben, vor allem im Rahmen des Interdiction-Auftrages der Luftstreitkräfte und im Rahmen der nuklearen Planungen, doch versprach die Rüstungstechnologie nun neue konventionelle Möglichkeiten.[1451]

Zwar war sich Obleser des Aufwuches der sowjetischen Flotte, des Ausbaus der gepanzerten Stoßkraft beim Warschauer Pakt, der Modernisierung seiner Luftwaffe sowie der Erhöhung seines Luftverteidigungspotenzials bewusst und sah auch das neue sowjetische Mittelstreckenpotenzial an SS-20 mit Mehrfachsprengköpfen als besonderes Problem an, doch hatte der Westen aus seiner Sicht mancherlei Vorteile.[1452] Nach Einschätzung des Inspekteurs der Luftwaffe wurden in den 1970er Jahren vier Entwicklungen eingeleitet, die sich bald auswirken sollten: erstens die Verbesserung der Führungsfähigkeit, zweitens eine Flexibilisierung der Luftstreitkräfte, drittens die Steigerung der

---

[1447] BArch, BM 1/4427, Fü L VI 1, ohne Az., Tgb.Nr. 745/79, Die Luftwaffe in den 80er Jahren. Vortrag Inspekteur der Luftwaffe bei der Kommandeurtagung Bundeswehr 1979, Bonn 10.5.1979.
[1448] Ebd., S. 5.
[1449] BArch, BM 1/4427, Fü L VI 1, ohne Az., Tgb.Nr. 745/79, Die Luftwaffe in den 80er Jahren. Vortrag Inspekteur der Luftwaffe bei der Kommandeurtagung Bundeswehr 1979, Bonn 10.5.1979, S. 4 f.
[1450] Ebd., S. 5.
[1451] BArch, BL 1/45263, OTA Project Staff for New Technology for NATO, New Technology for NATO. Implementing Follow-on Forces Attack, Washington DC, Februar 1987, S. 50. Siehe auch: Hammerich, Die Operationsplanungen der NATO, S. 292; ferner die Grafik auf S. 366.
[1452] BArch, BM 1/4427, Fü L VI 1, ohne Az., Tgb.Nr. 745/79, Die Luftwaffe in den 80er Jahren. Vortrag Inspekteur der Luftwaffe bei der Kommandeurtagung Bundeswehr 1979, Bonn 10.5.1979, S. 2–6.

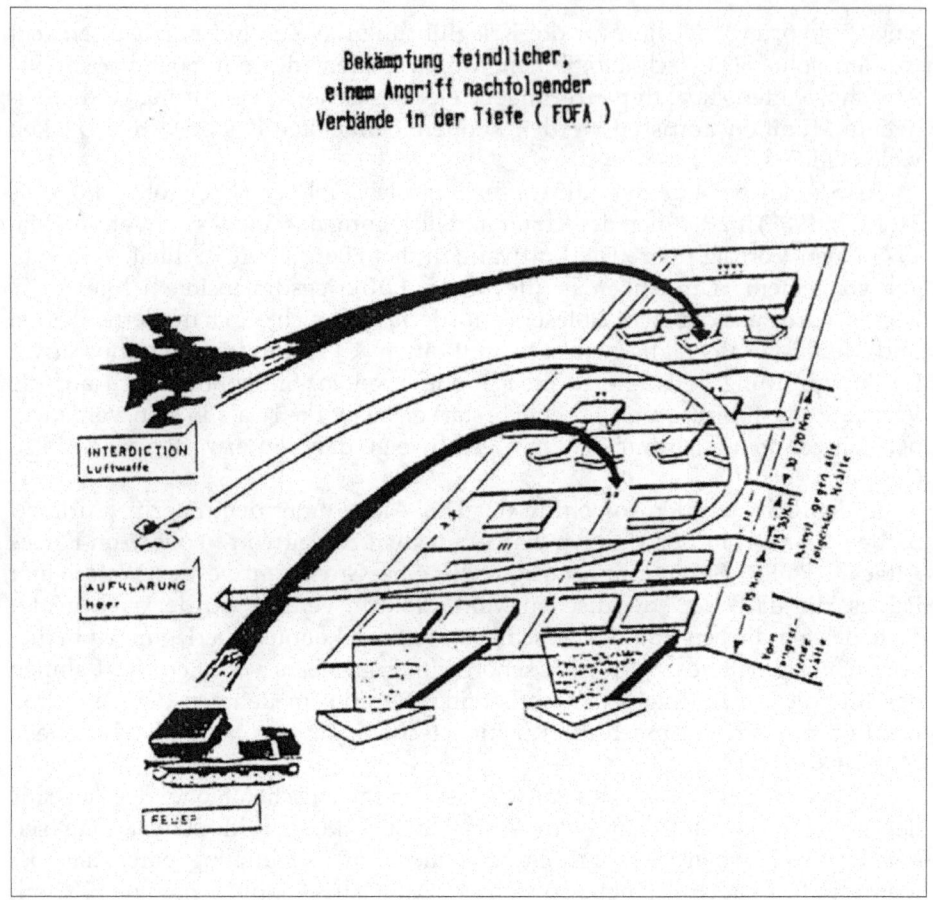

Prinzipskizze von 1986 zur Bekämpung feindlicher militärischer Verbände in der Tiefe des Raumes
Quelle: BArch, BW 2/20.529, Der Bundesminister der Verteidigung, Fü S VI 3, Tgb.Nr. 1231/86, Arbeitsunterlage Konzeptionelle Vorstellungen zu Kampf in der Tiefe, Bonn, 11.8.1986, S. 20.

Einsatzwirksamkeit und viertens die Erhöhung der Überlebensfähigkeit.[1453] Nun griff auch in der Luftwaffe endlich die Modernisierung und sie stand im Begriff, neue Waffensysteme mit neuen Fähigkeiten einzuführen (Kampfwertsteigerung der F-4 »Phantom«, Einführung von »Tornado«, »Patriot«, »Roland« und des fliegenden Frühwarnsystems AWACS).[1454] Hinzu kam intelligente, zielsuchende Munition für den Luftangriff.[1455]

[1453] Ebd., S. 9–11.
[1454] Ebd., S. 1 f.
[1455] Ebd., S. 19.

IV. Die Entwicklung von Kriegsbildern

Im Verteidigungsfall sollte die Luftwaffe nach den Vorstellungen Oblesers »den ersten Ansturm der Angriffsspitzen des Warschauer Paktes auffangen«. Dazu musste sie »für hundert Prozent der Zeit mit hundert Prozent der Kampfkraft eingesetzt werden.«[1456] Die Verbände der Luftwaffe sollten nun durch Mehrrollenfähigkeit für ein breites Einsatzspektrum ausgebildet, ausgerüstet und bevorratet werden.[1457] Bis Ende der 1970er Jahre war die Teilstreitkraft immerhin auf 110 000 Soldaten aufgewachsen.[1458] Die Entwicklung zur von ihrem Inspekteur so bezeichneten »Hundert-Prozent-Luftwaffe«[1459] stellte einen entscheidenden Wandel im Rollenverständnis dar. Die seit den späten 1960er Jahren verstärkt unter dem Primat der Politik stehenden Kriegsbilder der militärischen Führung der Bundeswehr erhielten ab 1979 eine sehr technologische Färbung. Zugleich begann der Aspekt der Multioptionalität an Bedeutung zu gewinnen, der für die Bundeswehr insbesondere in der Gegenwart sehr stark zum Tragen kommt.[1460]

In der Marine wurde ab 1979 die unter deutschem Einfluss erarbeitete operative Neukonzeption des Nordflankenraums durch die NATO implementiert,[1461] die sich auf der einen Seite aus dem massiven Ausbau der sowjetischen Nordmeerflotte, auf der anderen Seite durch Außerdienststellung von Kampfeinheiten bei den westlichen Marinen ergab. Die westdeutsche Vorstellung, den Einsatzraum und das Aufgabenspektrum auszuweiten, resultierte zum einen aus neuen technologischen Fähigkeiten, zum anderen aus dem vitalen Interesse, die eigene Versorgung im Verteidigungsfall zu sichern. Entgegen anderslautender Interpretationen handelte es sich – ideengeschichtlich von der Kriegsbilderentwicklung her gesehen – mehr um eine Anpassung an eine neue militärische Bedrohung als um die Wiederkehr alter Hochseefantasien bei der Marineführung. In der Nordsee bildete die Bundesmarine mittlerweile ein Drittel der für den Nordflankenraum sofort verfügbaren See- und Seeluftstreitkräfte des Bündnisses und war aufgrund ihrer Ausstattung auch zu Operationen im Verbund mit den anderen NATO-Seestreitkräften fähig. Allerdings waren die Ostseestreitkräfte nun – wie es der damalige Befehlshaber der Flotte, Vizeadmiral Günter Fromm feststellte – ohne Aussicht auf Verstärkungen auf sich alleine gestellt. Aufgrund des Qualitätssprungs der Bundesmarine schien ein flexibler, reaktionsschneller Abwehrkampf in Nord- und Ostsee gleichzeitig nun aber nicht mehr unrealistisch zu sein.[1462]

Die neuen Denkansätze begründeten 1979 eine Zäsur, mit der Hochtechnologie als bestimmender Faktor in die Kriegsleitbilder eingeführt wurde. Diese ideengeschichtliche Entwicklung passte zur wirtschaftlichen und gesellschaftlichen

---

[1456] Ebd., S. 13.
[1457] Ebd., S. 13.
[1458] Bundeswehr im Einsatz, S. 21.
[1459] BArch, BM 1/4427, Fü L VI 1, ohne Az., Tgb.Nr. 745/79, Die Luftwaffe in den 80er Jahren. Vortrag Inspekteur der Luftwaffe bei der Kommandeurtagung Bundeswehr 1979, Bonn 10.5.1979, S. 23 f.
[1460] Ebd., S. 22.
[1461] Doepgen, Die Konzeptionen, S. 270.
[1462] Ebd., S. 272–274.

Ausrichtung der Bundesrepublik Deutschland als ein führender Industriestaat, der sich auch in seinen zivilen Sektoren zunehmend auf elektronische Datenverarbeitung und Informationstechnik abstützte und so – trotz des teilweise herrschenden, oben beschriebenen Krisenbewusstseins – die technische, ökonomische und gesellschaftliche Modernisierung weiter vorantrieb, die spätestens mit dem Ende des Ost-West-Konflikts in die sogenannte Globalisierung münden sollte.[1463]

e) Zwischenfazit

Insgesamt bewegten sich die Kriegsbilder in der militärischen Führung der Bundeswehr von 1965 bis 1979 in einem Spannungsfeld zwischen nuklearkritischem Verantwortungsbewusstsein, einem verstärkten politischen Primat, wirtschaftlichen Krisenbewusstsein, teilstreitkraftorientierter Zweckrationalität und auf die Möglichkeiten der Hochtechnologie setzenden Fortschrittsoptimismus.

Die sicherheitpolitischen Rahmenbedingungen verbesserten sich aus westdeutscher Sicht zunächst mit dem »Wandel durch Annäherung« und die bilateralen Ostverträge bis zur Multilateralisierung der Entspannungspolitik durch die KSZE und den einsetzenden Helsinki-Prozess.[1464] Das machte den Verteidigungsfall prinzipiell unwahrscheinlicher. Zugleich wuchsen aber die militärischen Potenziale in Ost und West in quantitativer, vor allem aber qualitativer Hinsicht weiter an. Diese gegenläufige Entwicklung, sowohl die Entspannung als auch die Verteidigungs- bzw. Kriegsfähigkeit auszubauen, entsprach dem Grundgedanken des Harmel-Berichts von 1968. Das militärische Denken, das in dieser Phase meist aus freien Stücken verstärkt unter den Primat der Politik gestellt wurde, zielte vor allem auf Abschreckung vor einem Krieg ab und im Verteidigungsfall darauf, die Abschreckung so schnell wie möglich wiederherzustellen. Dies spiegelte sich in den Leitbildern der militärischen Führung der Bundeswehr von einem begrenzten Krieg wider, der nach einer entschlossenen, grenznahen Verteidigung schnell und glimpflich enden sollte. Die Kriegsbilder waren dennoch differenziert und umfassten zum einen den Verdeckten Kampf und zum anderen die konventionelle Vorneverteidigung. In den 1970er Jahren war die Einschätzung, einer großangelegten Aggression des Warschauer Paktes mit Erfolg begegnen zu können, jedoch eher pessimistisch.[1465] So lautete auch die im Weißbuch von 1979 abgegebene Bewertung: »In Mitteleuropa und an den europäischen Flanken sind die konventionellen Kräfte des Warschauer Paktes, vor allem seine Landstreitkräfte, denen der NATO eindeutig überlegen.«[1466] Deshalb waren die Nuklearwaffen in den 1970er Jahren immer noch ein großes Thema.[1467]

Die militärische Führung war sich des Wunschcharakters ihrer begrenzten konventionellen Vorstellungen aufgrund der quantitativen, zum Teil auch noch

---

[1463] Wirsching, Deutsche Geschichte, S. 124.
[1464] Bange, Der KSZE-Prozess, S. 97–103; Helsinki 1975.
[1465] Zeitzeugengespräch mit Generalleutnant a.D. Rainer Glatz, Potsdam-Eiche, 17.11.2014.
[1466] Weißbuch 1979, S. 118.
[1467] Zeitzeugengespräch mit General a.D. Wolfgang Altenburg, Lübeck-Travemünde, 11.6.2014.

IV. Die Entwicklung von Kriegsbildern 369

qualitativen Unterlegenheit gegenüber dem Warschauer Pakt bewusst. Machte sich die militärische Führung der Bundeswehr damit selbst etwas vor oder wollte sie dem potenziellen Gegner zur Abschreckung Fähigkeiten vorspiegeln, die noch nicht vorhanden waren? Lag es daran, dass Interessenleitung wichtiger war als eine realistische Lageeinschätzung? Baute die militärische Führung der Bundeswehr auf den Fortschritt des KSZE-Prozesses und kalkulierte lieber mit Fähigkeitslücken als mit der nuklearen Apokalypse? Verleugnete sie Tatsachen als eine Art psychologischer Selbstschutzmechnanismus? Je nach Protagonist und Situation können die Antworten auf diese Fragen unterschiedlich ausfallen. Vermutlich handelte es sich insgesamt um eine vielschichtige Gemengelage, bei der Interessenleitung (z.B. Rüstungsprojekte, Teilstreitkraftinteressen und politische Motive) eine wesentliche Rolle spielte, zugleich aber über einige Unzulänglichkeiten in der Einsatzbereitschaft bei allem Zweckoptimismus nicht hinweggetäuscht werden konnte. Erst als die Kriegsbilder Ende der 1970er Jahre in den Bann der Hochtechnologie gerieten, wurden die Sichtweisen tendenziell optimistischer. Zugleich sollten sich die Gedanken zukünftig jedoch verstärkt um waffensystemtechnische Aspekte Mehrrollenfähigkeit, Zielortung, Treffgenauigkeit, Waffenwirkung und Mehrfachzielbekämpfung drehen.[1468]

4. Kriegführung im »Kontinuum der Abschreckung«: Die schleichende Rekonventionalisierung der Kriegsbilder im Zeichen der Hochtechnologie 1980 bis 1990

Der im Weißbuch von 1979 formulierte Appell, die Möglichkeiten moderner Technologie für die Vorneverteidigung zu nutzen,[1469] sollte in den 1980er Jahren konkrete Formen in Waffensystemen und Konzeptionen annehmen. Auf diese Weise wurde die konventionelle Verteidigungsfähigkeit der NATO in Europa sichtbar verstärkt. Zwar verfestigte sich auf der einen Seite die Vorstellung, mit großangelegten konventionellen Großangriffen gepanzerter Verbände des Warschauer Paktes rechnen zu müssen, auf der anderen Seite wurde – im Gegensatz zu den 1970er Jahren – die Einschätzung der eigenen Erfolgsaussichten, eine militärische Auseinandersetzung durch eine integrierte, vorbereitete, mit modernem Kriegsgerät entschlossen geführte Verteidigung zu einem glimpflichen Ende bringen zu können, ab 1985/86 deutlich optimistischer. Die rüstungstechnischen Potenziale sollten bei Amerikanern wie Europäern so manches Kriegsbild beflügeln und insbesondere in der Bundeswehr traditionelles operatives Denken wiederbeleben.

[1468] BArch, BM 1/4427, Fü L VI 1, ohne Az., Tgb.Nr. 745/79, Die Luftwaffe in den 80er Jahren. Vortrag Inspekteur der Luftwaffe bei der Kommandeurtagung Bundeswehr 1979, Bonn 10.5.1979, S. 17–19.
[1469] Weißbuch 1979, S. 146.

Aufgrund der tatsächlich jedoch beschränkten technologischen und finanziellen Fähigkeiten des Atlantischen Bündnisses blieb am Ende vieles davon ein Gedankenspiel. Inbesondere bei der westdeutschen Militärführung standen die Kriegsbilder daher weiterhin im Zeichen der Abschreckung, die mit der Hochtechnologie eine wichtige zusätzliche Komponente erhielt. Wenngleich die Vorstellungen in der NATO tendenziell gar auf eine Rekonventionalisierung der Kriegführung hinausliefen, spielten die Atomwaffen in den Verteidigungsplanungen faktisch unverändert eine bedeutsame Rolle.

Im öffentlichen Bewusstsein war auf dem europäischen Kontinent die Sorge vor einer nuklearen Katastrophe indessen sehr ausgeprägt. Dies war nicht erst das Ergebnis des Atomreaktorunglücks von Tschernobyl vom 26. April 1986. Schon zu Beginn der 1980er Jahre schürte eine ganze Reihe nuklearapokalyptischer Literatur und Filme Ängste, nicht zuletzt in der westdeutschen Bevölkerung. Exemplarisch waren hier die Bücher »Angst vor den Freunden«[1470] des damaligen Publizisten und SPD-Politikers Oskar Lafontaine und »Ende: Tagebuch aus dem 3. Weltkrieg«[1471] von dem deutschen Journalisten und Mitglied der Friedensbewegung Anton Andreas Guha aus dem Jahr 1983. Auch der Dokumentarfilm »The Atomic Café«[1472] von 1982 sowie die Spielfilme »The Day After – Der Tag danach«[1473] und »Das letzte Testament«[1474] von 1983 waren für die Wahrnehmung einer breiteren Öffentlichkeit jener Zeit bezeichnend.[1475] Derartige Weltvernichtungsszenarien waren nicht nur eine Kritik an der Moderne,[1476] sie schürten Ängste in einer gesellschaftlichen Atmosphäre, die durch die Nachrüstungsdebatte ohnehin emotional sehr aufgeladen war.[1477]

Doch dominierte in der militärischen Führung der Bundeswehr in den 1980er Jahren eine relativ nüchterne Abschreckungsratio. Noch immer bestimmte der Harmel-Bericht die Sicherheitspolitik in der Bundesrepublik Deutschland und auch die Denkmuster der militärischen Führung der Bundeswehr. Neben den Nuklearwaffen sollte nunmehr die Hochtechnologie dabei eine wesentliche Rolle

---

[1470] Lafontaine, Angst vor den Freunden.
[1471] Guha, Ende.
[1472] »The Atomic Café« ist ein im Jahr 1982 in den USA produzierter Dokumentarfilm über die staatliche Darstellung und öffentliche Wahrnehmung der Atombombe in den 1940er und 1950er Jahren. In den gezeigten zeitgenössischen Zeichentrickanimationen der USAF stiegen über detonierten Städten des Feindes Atompilze in die Höhe. The Atomic Café. Regie: Jayne Loader/Kevin Rafferty/Pierce Rafferty, USA 1982.
[1473] »The Day After – Der Tag danach« ist ein amerikanischer Spielfilm aus dem Jahr 1983, der sich mit den Auswirkungen eines fiktiven Atomkrieges inmitten der USA befasst. In der Bundesrepublik erhielt der Film die »Goldene Leinwand« für drei Millionen Zuschauer im Kino. The Day After – Der Tag danach. Regie: Nicholas Meyer, USA 1983.
[1474] »Das letzte Testament« (Originaltitel: Testament) ist ein amerikanisches Filmdrama aus dem Jahr 1983, das sich in erster Linie mit den Folgen eines Atomkrieges, insbesondere mit dem Aussterben der Menschen aufgrund der radioaktiven Strahlungsdosis nach einem Nuklearschlag beschäftigt. Das letzte Testament. Regie: Lynne Littman, USA 1983.
[1475] Theiler, Die Entfernung der Wirklichkeit von den Strukturen, S. 357. Siehe hierzu auch: Der deutsche Film im Kalten Krieg.
[1476] Reichherzer, Zwischen Atomgewittern und Stadtguerilla, S. 147.
[1477] Theiler, Die Entfernung der Wirklichkeit von den Strukturen, S. 357. Siehe hierzu auch: Angst im Kalten Krieg; Conze, Die Suche nach Sicherheit.

spielen. Die bewusst genährte Überschätzung der Möglichkeiten des Westens sollte auf der anderen Seite des Eisernen Vorhangs eine entscheidende Bedeutung für den Ausgang des Ost-West-Konflikts erlangen. An der Technologiefront konnte der Ostblock mit seiner schwächeren Wirtschaft nicht mehr mithalten. Im Grunde sollte der politische Gegner – auch über die Vermittlung ambitiöser Kriegsbilder – systematisch getäuscht und die Sowjetunion bis zum Ende der 1980er Jahre »totgerüstet«[1478] werden.

a) Das Aufkommen der Hochtechnologie in Rüstung und Kriegführung 1980 bis 1983

Doch zu Beginn der 1980er Jahre standen die militärischen Kräfteverhältnisse in Europa immer noch deutlich zu Ungunsten des Westens.[1479] Eine Bedrohungsanalyse der Abteilung III des Führungsstabes der Streitkräfte aus dem Jahr 1982 ergab, dass die NATO dem nuklearen Mittelstreckenpotenzial der Sowjetunion an SS-20-Raketen, auf Fahrzeugen beweglich gemacht, Reichweiten von 4500 bis 5500 Kilometer erzielend und mit Mehrfachsprengköpfen ausgestattet,[1480] damals nichts Gleichwertiges entgegenzusetzen hatte. Durch den raschen Ausbau ihrer Flotten und eine aktive Stützpunktpolitik (z.B. in Kuba, Syrien, Angola, Guinea und Somalia) hatte die Sowjetunion ihre Seestreitkräfte zudem zum weltweiten Einsatz befähigt. Was die für die Bundesrepublik Deutschland besonders relevante Landkriegführung betraf, hatte der Warschauer Pakt neue Transportkapazitäten für einen schnellen Aufmarsch der 2. Staffel geschaffen. Als zusätzliche Bedrohung wurden mittlerweile auch die sogenannten Operativen Manövergruppen identifiziert, hoch bewegliche, selbstständig agierende gepanzerte Großverbände für rasche Durchbrüche durch die Verteidigungsräume. Gesteigert wurde die Angriffsfähigkeit zusätzlich durch eine forcierte Luftbeweglichkeit der Landstreitkräfte sowie die erhöhte Eindringtiefe und Nutzlast der Luftstreitkräfte des Warschauer Paktes.[1481] Als wahrscheinlichste Agressionsform wurde deshalb nun »eine Großangelegte Agression des Warschauer Paktes in Europa mit dem Ziel der Unterwerfung und Inbesitznahme Westeuropas – besonders wenn dies ohne Einsatz von Kernwaffen möglich wäre –«[1482] eingeschätzt. Die Abteilung II des Führungsstabes der Streitkräfte unterstellte dem Gegner die Absicht, schnelle operative Durchbrüche

---

[1478] Weizsäcker, Der Weg zur Einheit, S. 87.
[1479] Poppe, Zum militärischen Kräfteverhältnis, S. 254–284.
[1480] BArch, BW 2/14399, Fü S III 5, ohne Az., Tgb.Nr. 5690/81, Überlegungen zum rüstungskontrollpolitischen Teil des NATO-Doppelbeschlusses, Bonn 28.8.1981, S. 6 und 10.
[1481] BArch, BW 2/12.461, Fü S II 3, ohne Az. und Tgb.Nr., Vortrag: Aktualisierung der den Verteidigungspolitischen Richtlinien (VPR) zugrunde gelegten Bedrohungsvorstellungen, Bonn 21.5.1982, S. 1 und S. 4; Hammerich, Die Operationsplanungen der NATO, S. 296.
[1482] BArch, BW 2/12.461, Fü S II 3, ohne Az. und Tgb.Nr., Vortrag: Aktualisierung der den Verteidigungspolitischen Richtlinien (VPR) zugrunde gelegten Bedrohungsvorstellungen, Bonn 21.5.1982, S. 5 f.

durch ununterbrochene Operationen bei Tag und Nacht und unterstützt von Luftlandungen erzielen zu wollen, um mit der 1. Staffel die Ostseeausgänge, die Nordseeküste sowie die Rheinlinie zu nehmen und den Angriff mit der 2. Staffel bis zur französischen Atlantik- und Mittelmeerküste fortzusetzen. Zugleich würden die Seeoperationen auf eine Unterbrechung der Seeverbindungslinien der NATO im Atlantik abzielen.[1483] Das Kriegsbild erhielt so wieder eine deutlich größere geografische Dimension, blieb aber bei der Wahl der Kriegsmittel perzeptionsgeschichtlich auf konventionelle Waffen beschränkt: »Das Ausschalten der atomaren Einsatzmittel der NATO, auch durch Kommando- und Sabotageunternehmungen, wird oberstes Ziel sein.«[1484] lautete die Einschätzung in Bonn. Zu jener Zeit leitete die Abteilung II des Führungsstabes der Streitkräfte Erkenntnisse über den potenziellen Gegner in erster Linie von Erkenntnissen des Bundesnachrichtendienstes und befreundeter ausländischer Nachrichtendienste, aus den Ergebnissen der Fernmeldeaufklärung entlang des Eisernen Vorhangs und in der Ostsee sowie aus der Abstimmung mit den Dienststellen der NATO im Sinne einer gemeinsamen, abgestimmten Bedrohungsanalyse ab. Zusätzlich gewannen Nachrichtendienste in Afghanistan spezielle Informationen über die Leistungsfähigkeit sowjetischer Waffensysteme.[1485]

Aufgrund des Informationsaustausches verwundert es nicht, dass die NATO-Dienststellen zu ähnlichen Einschätzungen der Bedrohungslage kamen. AFCENT rechnete Anfang der 1980er Jahre mit einem massiven Angriff in Mitteleuropa von 16 Armeen mit über 60 Divisionen in der 1. Staffel und weiteren sechs Armeen mit rund 30 Divisionen in der 2. Staffel des Warschauer Paktes. Das Überlegenheitsverhältnis gegenüber der NATO betrug damit 3:1, wobei die modernen Panzertypen T-72 und T-80, die Schützenpanzer BMP-2 und BTR-80 sowie die Artilleriesysteme 2-S1 und 2-S3 den westlichen Systemen durchaus gleichwertig waren. Außerdem wurde die Unterstützung dieser Landstreitkräfte durch ca. 4400 Kampfflugzeuge und 2000 Kampfhubschrauber einkalkuliert. Logistische Berechnungen ergaben, dass die Munitionsvorräte des Gegners für 60 bis 70 Tage und die Versorgung für über 100 Tage reichen würde.[1486] CINCENT erfüllte diese Kräfteverteilung »mit Sorge«.[1487] Auch der neue SACEUR Bernard W. Rogers[1488] gelangte Anfang der 1980er Jahre zu der Einschätzung, dass eine konventionell geführte Verteidigung nur wenige Tage standhalten würde, bevor er die Freigabe der Nuklearwaffen beantragen müsste.[1489]

[1483] Ebd., S. 5–7.
[1484] Ebd., S. 7.
[1485] Zeitzeugengespräch mit Generalleutnant a.D. Rainer Glatz, Potsdam-Eiche, 17.11.2014.
[1486] Hammerich, Die Operationsplanungen der NATO, S. 294.
[1487] BArch, BW 2/12462, CINCENT, Tgb.Nr. 208/81, Anlage 4 zu Fü S VI/Sekretariat, Tgb.Nr. 1051/81, Langfristige Forderungen an die deutschen Streitkräfte aus der Sicht des NATO-Oberkommandos Europa-Mitte, Brunssum 8.9.1981, S. 9.
[1488] Rogers war SACEUR vom 1.7.1979 bis 26.6.1987.
[1489] Hammerich, Die Operationsplanungen der NATO, S. 292.

IV. Die Entwicklung von Kriegsbildern

Obwohl dem Warschauer Pakt eine konventionelle Kriegführung unterstellt wurde, blieb die sowjetische Militärdoktrin[1490] trotz des beständigen Zuwachses an konventioneller Kampfkraft Anfang der 1980er Jahre für den Krieg in Europa tatsächlich auf den Kernwaffeneinsatz ausgerichtet. Aber auch nur das konventionelle Potenzial war beeindruckend, verfügten doch allein die sowjetischen Streitkräfte in der DDR auf dem Höhepunkt der Nachrüstungsdebatte über fünf Armeen mit mehr als 400 000 Soldaten, ca. 7000 Panzern und 10 000 gepanzerten Fahrzeugen, 5000 Geschützen, 700 Kampfflugzeugen und 350 Hubschraubern in einer ständig hohen Einsatzbereitschaft.[1491] Parallel dazu war die Entwicklung der NVA zu dieser Zeit durch weitere Anstrengungen zur Erhöhung der Gefechtsbereitschaft und Modernisierung (Panzer Typ T-72) gekennzeichnet.[1492] Ein ca. 11 500 Kilometer langes Netz sogenannter Kettenmarschwege ermöglichte den Streitkräften der Warschauer Vertragsorganisation einen gedeckten Aufmarsch und erhöhte die Fähigkeit zum konventionellen Großangriff.

Während der Journalist und Sicherheitsexperte der FAZ Adalbert Weinstein in einem Zeitungsartikel am 6. September 1980 die Frage aufwarf, ob der Krieg nun wieder denkbar würde,[1493] kamen westliche Politiker und Spitzenmilitärs zu der Einschätzung, dass in Europa keine akute Kriegsgefahr bestand, da für den Warschauer Pakt »die wahrscheinlichen Folgen eines Krieges größere Nachteile im Hinblick auf die Zielsetzungen mit sich bringen als der Verzicht auf eine militärische Auseinandersetzung«.[1494] Trotz der Mittelstreckenproblematik bestand das nukleare »Gleichgewicht des Schreckens« im Großen fort, verfügten doch die USA gemäß NATO-Streitkräftevergleich von 1982 über 9112 nukleare Gefechtsköpfe und Frankreich sowie Großbritannien jeweils über jeweils ca. 150 gegenüber 7860 der Sowjetunion.[1495] 1980 lagerten allein auf dem Territorium der Bundesrepublik Deutschland über 5000 amerikanische Nuklearwaffen. Dies bedeutete die höchste Dichte atomarer Waffen in einem europäischen Land.[1496]

Was das Leitbild der militärischen Führung der Bundeswehr vom Kriege betraf, wie es sich in einer Studie der Abteilung III des Führungsstabes der Streitkräfte zu den »Aufgaben der Bundeswehr«[1497] vom 11. September 1981 widerspiegel-

---

[1490] Zur Entwicklung der Militärdoktrin in der Warschauer Vertragsorganisation siehe: Kauffmann, Kontinuität und Wandel; Lautsch, Die NVA-Operationsplanung, S. 265–285.
[1491] Uhl, Die sowjetischen Truppen in der DDR, S. 147.
[1492] Wenzke, Von der Parteiarmee zur Volksarmee?, S. 43.
[1493] Weinstein, Wird der Krieg wieder denkbar?
[1494] BArch, BW 2/12461, Fü S II 3, ohne Az. und Tgb.Nr., Vortrag: Aktualisierung der den Verteidigungspolitischen Richtlinien (VPR) zugrunde gelegten Bedrohungsvorstellungen, Bonn 21.5.1982, S. 3. Siehe dazu auch: Hammerich, Die Operationsplanungen der NATO, S. 296.
[1495] BArch, BW 2/14399, Fü S III 1, ohne Az., Tgb.Nr. 6360/82, START-Hintergrundmaterial, Bonn 11.10.1982, Beilagen 2 und 3.
[1496] Geiger, Die Bundesrepublik Deutschland und die NATO, S. 166.
[1497] BArch, BW 2/12462, Fü S III 6, Tgb.Nr. 5950/81, Aufgaben der Bundeswehr, Bonn 11.9.1981. Gleiche Gedanken wurden auch in einer anderen Studie von Fü S III geäußert. Siehe hierzu: BArch, BW 2/12461, Fü S III 2, Tgb.Nr. 3639/81, Der Auftrag der Bundeswehr und die daraus abgeleiteten, für die Erfüllung des Auftrags erforderlichen Aufgaben, Bonn, 19.5.1981. Dem gleichen Muster folgten auch die Gedankengänge des Generalinspekteurs der Bundeswehr: BArch, BW 2/12461, Anlage 2b zu Fü S VI/Sekretariat 861/81, Vortrag des GenInspBw zur

te und wie es auch der Generalinspekteur Jürgen Brandt vertrat,[1498] wurde der Kampf mit Atomwaffen im Rahmen der Wahrnehmung von Bündnisaufgaben zwar genannt, jedoch nicht eingehender ausgeführt. Zur gedanklichen Begrenzung eines Krieges setzte die Bundeswehrführung trotz ungünstiger konventioneller Kräfteverhältnisse ihre Hoffnungen weiterhin auf eine konventionelle »Stabilisierung der militärischen Situation«[1499] im Verteidigungsfall, sodass eine militärische Auseinandersetzung auf diplomatischem Wege schnell beigelegt werden sollte. Als Absicht in einem möglichen Kriege wurde dem Warschauer Pakt das bereits aus der Bedrohungsanalyse des Führungsstabes her bekannte Vorgehen unterstellt, unterstützt von »operative[n] Luftlandungen in der Tiefe«[1500] sowie »subversive[n] Operationen«[1501] in Mittel-/Westeuropa. Über die Flanke Nordeuropa würden die Sowjets – so die Erwartung – zugleich Küstenbasen in Norwegen gewinnen, um die transatlantischen Verbindungen der NATO zu unterbrechen. Dies setzte das Öffnen der Ostseeausgänge durch triphibische Operationen voraus. In Südeuropa würde der Warschauer Pakt – so eine weitere Grundannahme – indessen durch Operationen gegen Italien ebenfalls vorgeschobene Stützpunkte am Mittelmeer einnehmen, um die NATO dort von den Energiequellen des Nahen Ostens und Afrikas abzuschneiden. Dies wiederum bedingte, dass zugleich die Dardanellen geöffnet werden sollten.[1502] Als Kriegsziele wurden dem Warschauer Pakt damit zum einen das Zerschlagen der NATO-Streitkräfte auf dem europäischen Kontinent, zum anderen die Vereinnahmung von dessen wirtschaftlichen Potenzial unterstellt. Gegenüber dem räumlich sehr begrenzten Kriegsleitbild der 1970er Jahre erhielten die Vorstellungen damit wieder eine deutlich größere, mindestens gesamteuropäische Dimension. Offenbar hatte auch die Erfahrung der Energiekrisen aus den 1970er Jahren die Denkmuster beeinflusst.

Da die Bundeswehrführung davon ausging, dass die NATO die Vorbereitung einer dermaßen umfassenden Offensive im Ostblock registrieren würde, rechnete sie fest mit einer Warnzeit von wenigstens 48 Stunden, um Verteidigungsvorbereitungen treffen zu können.[1503] Zu diesen Vorbereitungen gehörten zum einen das Aufwachsen der Bundeswehr auf ihren Verteidigungsumfang,

---

konstituierenden Sitzung der »Kommission für die Langzeitplanung der Bundeswehr« am 25.5.81, ohne Ort und Datum.
[1498] Ebd.
[1499] BArch, BW 2/12461, Fü S III 2, Tgb.Nr. 3639/81, Der Auftrag der Bundeswehr und die daraus abgeleiteten, für die Erfüllung des Auftrags erforderlichen Aufgaben, Bonn, 19.5.1981, S. 11.
[1500] BArch, BW 2/12462, Fü S III 6, Tgb.Nr. 5950/81, Aufgaben der Bundeswehr, Bonn 11.9.1981, S. 5.
[1501] Ebd., S. 5.
[1502] Ebd., S. 5–7.
[1503] BArch, BW 2/12461, Fü S II 3, ohne Az. und Tgb.Nr., Vortrag: Aktualisierung der den Verteidigungspolitischen Richtlinien (VPR) zugrunde gelegten Bedrohungsvorstellungen, Bonn 21.5.1982, S. 10. Dies korrespondierte mit: BArch, BW 2/12462, Anlage 23 zu Fü S VI/Sekr 1051/81, Fü S VI/Sekretariat, Az. 09-10, Kurzfassung der Ergebnisse der Facharbeitsgruppe (FAG) »Mobilmachungssystem/Reservistenpotential«, Bonn 26.10.1981, S. 1.

der 1980 immerhin mehr als 1 224 500 Soldatinnen und Soldaten betrug,[1504] zum anderen aber auch das Beziehen der Verteidigungsräume. Von einem Überraschungsangriff aus dem Osten war mittlerweile nicht mehr die Rede.[1505]

Aus der vorbereiteten Verteidigung heraus galt es für die Bundeswehr, »die Wucht des ersten Angriffs auf[zu]fangen und danach zunächst solange die möglichst grenznahe und zusammenhängende Verteidigung [zu] führen, daß Maßnahmen der Konfliktbeendigung vorbereitet und genutzt werden können«.[1506] Der Vernichtungsstrategie des Warschauer Paktes stand gedanklich also weiterhin die Kriegsbeendigungsstrategie der NATO gegenüber.[1507] Wichtig war die »maximale Abnutzung des Gegners schon in der Anfangsphase des Krieges«.[1508] Dazu sollten die Kampfhandlungen von den eigenen Luftstreitkräften unmittelbar, von den Verzögerungskräften des Heeres innerhalb von 24 Stunden und von den Verteidigungskräften binnen 48 Stunden aufgenommen werden.[1509] In bekannter Weise sollte die Bundeswehr dann durch »bewegliche Gefechtsführung«[1510] den angreifenden Fronten der 1. Staffel einen operativen Erfolg verwehren und mögliche Einbrüche durch Gegenangriffe bereinigen. Zugleich sollte nun aber auch schon die 2. Staffel in der westlichen DDR und ČSSR mit weitreichender Artillerie und Luftangriffen bekämpft und verzögert werden. Die offensiven Operationen der Luftwaffe wurden gedanklich bereits von »Tornados« ausgeführt, welche die F-104 ersetzen sollten. Darüber hinaus standen für diese Aufgabe tatsächlich F-4 F »Phantom« sowie die leichten Jagdbomber »Alpha Jet« zur Verfügung.[1511] Insbesondere von den alliierten strategischen Reserven wurde dann erwartet, die Verteidigung gegen die 2. Staffel des Warschauer Paktes zu gewährleisten, sonst müsste die Vorneverteidigung – so die Einschätzung der Bundeswehrführung – nach fünf bis zehn Tagen aufgegeben werden.[1512] Noch kürzer würde allerdings die eigene Luftverteidigung den feindlichen Luftstreitkräften standhalten können. Erwartet wurde deshalb, dass aus den USA sechs US-Divisionen und 33 Kampfstaffeln der US-Luftstreitkräfte sowie aus Großbritannien eine weitere Division und eine Brigade zur Verstärkung der britischen Rheinarmee herangeführt würden, spätestens innerhalb von zehn Tagen.[1513]

[1504] BArch, BW 2/14399, Fü S III 8, Az. 07-11-12-05, Tgb.Nr. 4279/79, Jährliche Mobilmachungsanweisung für die Bundeswehr 1980, Bonn 17.7.1979, Anlage 1.
[1505] BArch, BW 2/20529, Fü S VI 3, Az. 09-10, Tgb.Nr. 1561/86, Planungskonferenz 3/83 am 4.11.1983, hier: Vortrag »Prüfung der verteidigungspolitischen und militärstrategischen Prämissen sowie der Organisation und Struktur der Streitkräfte der 90er Jahre«, Bonn, 28.10.1983, S. 8.
[1506] BArch, BW 2/12462, Fü S III 6, Tgb.Nr. 5950/81, Aufgaben der Bundeswehr, Bonn 11.9.1981, S. 8.
[1507] Hammerich, Die Operationsplanungen der NATO, S. 287.
[1508] BArch, BW 2/12462, Fü S III 6, Tgb.Nr. 5950/81, Aufgaben der Bundeswehr, Bonn 11.9.1981, S. 16.
[1509] Ebd., S. 17.
[1510] Ebd.
[1511] Ebd., S. 23.
[1512] Ebd., S. 19 f.
[1513] Ebd., S. 24 und 29.

Was die Seekriegführung in der Ostsee betraf, hoffte man, feindliche Landungsverbände durch den gestaffelten Einsatz von Marinejagdbombern und U-Booten zersplittern zu können. Auch im Seekrieg würde es für den Erfolg der eigenen Operationsführung darauf ankommen, die eigenen Kräfte noch vor Beginn der Kampfhandlungen in ihre Operationsgebiete zu dislozieren und Minenlegeoperationen abzuschließen. Ferner war die Beteiligung an den NATO-Operationen im Nordflankenraum zur Sicherung der Verstärkungs- und Nachschubtransporte nun fest in dieses Kriegsbild integriert.[1514]

Von entscheidender Bedeutung war in diesem Leitbild ingesamt wieder einmal der Zeitfaktor:

> »Die ersten Tage intensiv geführter, konventioneller Kampfhandlungen entscheiden darüber, ob sich die Frage einer nuklearen Eskalation frühzeitig stellt oder ob die NATO durch Stabilisierung der militärischen Situation an Handlungsspielraum gewinnen wird.«[1515]

Die maßgeblichen Konstanten in diesem Kriegsleitbild blieben für den Westen die Abschreckung – sei es in Form einer »pre-war-deterrence«[1516] (die Abschreckung vor einem Krieg) oder später auch als »intra-war-deterrence«[1517] (die Wiederherstellung der Abschreckung im Krieg) – sowie die »Vorneverteidigung«.[1518]

Die wesentliche Neuerung in der Kriegsbilderentwicklung bestand darin, dass die Vorneverteidigung fortan im Zeichen der Hochtechnologie geführt werden sollte. Der angedachte operative Erfolg in der grenznahen Verteidigung setzte nämlich den »Einsatz neuer Waffentechnologien (NWT)«[1519] voraus, um zum einen den zahlenmäßig überlegenen Feind in der 1. Staffel effizient zu bekämpfen und zum anderen die 2. Staffel des Warschauer Paktes wirksam abzuriegeln.[1520] Eine Strategie-Synopse der Abteilung III des Führungsstabes

---

[1514] Ebd., S. 24–26.
[1515] BArch, BW 2/12461, Fü S III 2, Tgb.Nr. 3639/81, Der Auftrag der Bundeswehr und die daraus abgeleiteten, für die Erfüllung des Auftrags erforderlichen Aufgaben, Bonn, 19.5.1981, S. 11.
[1516] BArch, BW 2/12462, Fü S III 6, Tgb.Nr. 5950/81, Aufgaben der Bundeswehr, Bonn 11.9.1981, S. 7.
[1517] Ebd., S. 7.
[1518] BArch, BW 2/12461, Anlage 2b zu Fü S VI/Sekretariat 861/81, Vortrag des GenInspBw zur konstituierenden Sitzung der »Kommission für die Langzeitplanung der Bundeswehr« am 25.5.81, ohne Ort und Datum, S. 3; BArch, BW 2/12461, Fü H VI 2, Az. 09, Stand der Heeresplanung, Bonn, 29.6.1981, S. 2; BArch, BW 2/12461, Anlage 9b zu Fü S VI/Sekretariat 861/81, Vortrag: Planung Marine, ohne Ort und Datum, S. 12; BArch, BW 2/15168, Fü S III 6, Strategie-Synopse, Alternative Konzeptionen der Verteidigung, Bonn 31.7.1982, S. 1.
[1519] In einem Dokument von Fü S III wurden NWT wie folgt definiert: »Allgemein kann man unter NWT Entwicklungen subsumieren, die wesentliche Leistungssteigerungen bei Führung, Einsatz und Wirkung von Waffensystemen und Munition bewirken oder zu neuartigen Waffen führen könnten.« BArch, BW 2/15168, Fü S III, Strategie-Synopse, Zusammenfassende Bewertung des derzeitigen Standes der sicherheitspolitischen Diskussion, Bonn 31.7.1982, S. 17.
[1520] BArch, BW 2/12461, Fü H VI 2, Az. 09, Stand der Heeresplanung, Bonn, 29.6.1981, S. 23; BArch, BW 2/12461, Fü L VI 1, Az. 09-10, Vortrag: Ist-Stand der Planung, Bonn, 29.6.1981, S. 31.

der Streitkräfte zum Themenkomplex NWT[1521] führte 1982 zu der Prognose, dass die wehrtechnische Entwicklung bis 2000 voraussichtlich durch Mikroelektronik und Computertechnologie bestimmt werde. Deshalb komme es in zukünftigen Kriegen darauf an, das elektromagnetische Frequenzspektrum (Lasertechnologie, Mikrowellen, Lichtleiterübertragung) für Aufklärung, Führung, Feuerleitung und Kommunikation zu nutzen und dafür neue Werkstoffe (faserverstärkte Kunststoffe) zu entwickeln. Mustererkennung, Echtzeitübertragung und Datenverbund sollten Führungsabläufe beschleunigen, Präzisionsnavigation und intelligente Submunition – so die Erwartungshaltung im Verteidigungsministerium – die konventionelle Waffenwirkung erheblich steigern.[1522] Die NWT sollten »reaktionsschnelle, weitreichende und präzise konventionelle Waffen«[1523] liefern. Große Hoffnungen und Erwartungen wurden dabei auf weitreichende Raketensysteme, überlegene Jagdflugzeuge und intelligente, endphasengelenkte Munition gesetzt. Aber auch Kampfhubschrauber mit Panzerabwehrlenkraketen, sogenannte Fire-and-forget-Systeme, Überschall-Flugkörper gegen Seeziele, sensorgezündete und endphasengelenkte Artilleriemunition, intelligente Minen mit Freund-/Feind-Kennung, bewegliche Seeminen, Leichtbauweise, neue Verfahren im Triebwerksbau, Kurzstartfähigkeit, Drohnen und elektronische Datenverarbeitung spielten in den Gedankengängen zum Krieg der Zukunft eine ganz neue Rolle. Die militärische Führung der Bundeswehr sah NWT »als wesentliche Voraussetzung zur Verbesserung der konventionellen Verteidigung«[1524] an. Zugleich erforderten die NWT neue Gedankengänge. Auf der einen Seite eröffneten sie insbesondere den Westdeutschen einen gedanklichen Ausweg aus dem bisherigen nuklearen Dilemma. Auf der anderen Seite bedurften sie umfassender Planungen mit dem Bundesministerium für Wirtschaft und hoher Entwicklungskosten.

In Gang gesetzt wurde der »Modernisierungsschub«[1525] der NATO-Streitkräfte in den 1980er Jahren einmal mehr durch Entwicklungen in den USA. Dort waren seit den späten 1970er Jahren unter den Stichworten »Integrated Battlefield« sowohl in der U.S. Army als auch in der U.S. Air Force Studien darüber angefertigt worden, wie eine Großoffensive des Warschauer Paktes, die nach der sowjetischen Militärdoktrin geführt wurde, schon in der Tiefe des feindlichen Raumes zerschlagen werden könnte. Die 2. Staffel musste daran gehindert werden, ins Gefecht einzugreifen.[1526] Diese konzeptionellen Überlegungen waren in amerikanischen Militärfachzeitschriften und in der Öffentlichkeit seit einiger Zeit diskutiert worden. Auch Angehörige der deutschen Heeresführung, z.B. der Leiter des deutschen Heereshauptverbindungsstabes, nahmen darauf Einfluss, sahen

---

[1521] BArch, BW 2/15168, Fü S III 4, Strategie-Synopse, Neue Waffentechnologie (New Weapons Technology – NWT), Bonn 31.7.1982.
[1522] Ebd., S. 1 f.
[1523] Ebd., S. 1.
[1524] BArch, BW 2/15168, Fü S III, Strategie-Synopse, Zusammenfassende Bewertung des derzeitigen Standes der sicherheitspolitischen Diskussion, Bonn 31.7.1982, S. 17.
[1525] Hammerich, Die Operationsplanungen der NATO, S. 293.
[1526] Jarosch, Das Zusammenwirken; Pech, Das Kriegsbild in der BRD, S. 38.

sie darin doch ein geeignetes Mittel zur Umsetzung der Vorneverteidigung.[1527] Freilich war diese aus westdeutscher Sicht viel enger gefasst als für die der nordamerikanischen Verbündeten, aus deren Warte selbst die Verteidigung in der gesamten Bundesrepublik immer noch Vorneverteidigung gewesen wäre. 1982 veröffentlichte die U.S. Army eine neue Doktrin mit dem Titel »AirLand Battle«. In deren Zentrum stand »a combination of deep fires to break up the enemy's offensive, and counterattacks to restore losses and seize the initiative«.[1528] Die U.S. Air Force erklärte Ende 1982 dafür ihre Unterstützung und unterzeichnete das »Joint Operational Concept Joint Attack of the Second Echelon (J-SAK)«, in dem das Zusammenwirken der Teilstreitkräfte genauer geregelt wurde. Auf dieser gedanklichen Grundlage begann noch im selben Jahr bei SHAPE unter dem Stichwort »Follow-on-Forces Attack (FOFA)« die Arbeit an einer Studie zum Kampf gegen die Folgekräfte des Warschauer Paktes, die als »Long Term Planning Guideline for FOFA« des SACEUR am 9. November 1984 bestätigt werden sollte.[1529] Anfang der 1980er Jahre versprach die Rüstungstechnologie neue konventionelle Möglichkeiten, sodass mit FOFA bereits die Option einer »rein konventionellen Verteidigung«[1530] thematisiert wurde.

In den USA eröffnete die Hochtechnologie aber auch in anderen Bereichen der Kriegführung neue Perspektiven, die unter dem neuen US-Präsidenten Ronald Reagan forciert und breit kommuniziert wurden. Am 6. August 1981 beschloss dieser im Rahmen einer Sitzung der »National Security Planning Group« den Bau von mehr als 1000 Neutronenbomben, worüber die Bundesregierung am 7. August 1981 über die deutsche Botschaft in Washington und die US-Botschaft in Berlin informiert wurde.[1531] In einer Sitzung des Verteidigungsauschusses des Deutschen Bundestages am 9. September 1981 berichtete folglich auch die Abteilung III des Führungsstabes über die Neutronenwaffe,[1532] die vornehmlich durch Strahlung, weniger durch Druck und Hitze wirkte.[1533] Wie bereits im vorherigen Unterkapitel dargestellt, handelte es sich aus Sicht der militärischen Führung der Bundeswehr um politische Waffen, deren Einsatz es nach Möglichkeit zu vermeiden galt.

Besonders bekannt geworden ist unter den neuen Rüstungsprojekten die amerikanische »Strategic Defense Initiative (SDI)«, die Reagan in einer Rede am 23. März 1983 publik machte. Darin forderte der US-Präsident umfassende

---

[1527] BArch, BW 2/15168, Fü S III 4, Strategie-Synopse, Konzeptionelle Überlegungen der US-Army, Bonn 31.7.1982, S. 1.
[1528] BArch, BL 1/45263, OTA Project Staff for New Technology for NATO, New Technology for NATO. Implementing Follow-on Forces Attack, Washington DC, Februar 1987, S. 50.
[1529] Ebd., S. 50.
[1530] BArch, BW 2/15168, Fü S III, Strategie-Synopse, Zusammenfassende Bewertung des derzeitigen Standes der sicherheitspolitischen Diskussion, Bonn 31.7.1982, S. 10.
[1531] BArch, BW 2/14399, Fü S III 5, ohne Az., Tgb.Nr. 5819/81, Bericht des BMVg über »Die amerikanische Entscheidung zur Neutronenwaffe« in der Sitzung des Verteidigungsauschusses des Deutschen Bundestages am 9.9.1981, Bonn 7.9.1981.
[1532] BArch, BW 2/14399, Fü S III 1, ohne Az., Tgb.Nr. 5289/81, Entscheidung des US-Präsidenten zur Produktion von Neutronenwaffen, Bonn 11.8.1981, S. 5.
[1533] BArch, BW 2/14399, Fü S III 1, ohne Az., Tgb.Nr. 4539/78, Dokumentation zur Neutronenwaffe, Bonn 7.7.1980, S. 1.

IV. Die Entwicklung von Kriegsbildern

Bemühungen zur Festlegung eines langfristigen Forschungsprogramms, dessen Ziel die Ausschaltung der von nuklearen ballistischen Flugkörpern ausgehenden Bedrohung sein sollte.[1534] Erste Entwicklungen auf diesem Feld (z.B. zu Abfangraketen wie »Safeguard«, »Spartan« oder »Sprint«) hatte es in den USA bereits in den späten 1970er Jahren gegeben.[1535] Doch nun wurden die Kriegsbilder aus der NATO ganz bewusst noch einmal vor der Weltöffentlichkeit forciert, um die Sowjetunion in den Staatsbankrott zu treiben. Dazu sollten im Januar 1984 in den USA zwei Studiengruppen gebildet und im folgenden Jahr 1,777 Mrd. Dollar aus dem US-Verteidigungshaushalt bereitgestellt werden.[1536] Doch eigentlich handelte es sich bei SDI lediglich um ein langfristig, d.h. bis in die 1990er Jahre hinein angelegtes Forschungsprogramm, nach Erinnerung des Bundeskanzlers Helmut Kohl um eine »weit in die Zukunft gerichtete[...] Vision«.[1537] Deren Grundidee war, mittels eines im Weltraum stationierten Raketenabwehrsystems einen möglichen Angriff mit atomar bestückten Interkontinentalraketen abzufangen.[1538]

Die SDI-Forschungsprojekte beschäftigten sich dazu u.a. mit raumgestützten Sensorsystemen, Software-Werkzeugen auf Basis künstlicher Intelligenz, Mikrowellenwaffen, Neutralteilchen-Strahlwaffen und Hochleistungslaserstrahlen.[1539] Bundeskanzler Kohl selbst äußerte erhebliche Zweifel an der Realisierbarkeit dieses Raketenabwehrsystems. Überhaupt gab es in der Bundesrepublik Deutschland einige Vorbehalte gegen das amerikanische Rüstungsprogramm. Die SPD-Opposition lehnte die SDI-Initiative pauschal ab.[1540] Spätestens Anfang 1986 war den Westdeutschen klar, dass »das Abwehrsystem [...] technisch zu aufwendig und nicht bezahlbar«[1541] war. Doch erst zum Ende der 1980er Jahre sollten die finanziellen und technologischen Probleme ihre Wirkung zeigen, bis das SDI-Projekt nach dem Ende des Ost-West-Konflikts fallen gelassen wurde.[1542]

[1534] Siehe hierzu die Grafik auf S. 380.
[1535] BArch, BW 1/342932, Fraunhofer-Institut für Naturwissenschaftlich-Technische Trendanalysen (INT), Bericht Nr. 123: Zur Diskussion über SDI in der Öffentlichkeit, Euskirchen, März 1986, S. 1–10. Siehe hier auch: Kohl, Erinnerungen 1982–1990, S. 362.
[1536] BArch, BW 2/27349, Übersetzung: US-Verteidigungsministerium, Bericht an den Kongreß über die Strategische Verteidigungsinitiative 1985, ohne Ort und Datum, S. II-1-II-2.
[1537] Kohl, Erinnerungen 1982–1990, S. 362. Zu dieser Einschätzung gelangte auch: Theiler, Die Entfernung der Wirklichkeit von den Strukturen, S. 344.
[1538] Ebd., S. 361–366; BArch, BW 1/342932, Fraunhofer-Institut für Naturwissenschaftlich-Technische Trendanalysen (INT), Bericht Nr. 123: Zur Diskussion über SDI in der Öffentlichkeit, Euskirchen, März 1986, S. 11. Zur Nutzung des Weltraums siehe: Becher, Die Nutzung des Weltraums, S. 282–289.
[1539] BArch, BW 1/342931, Rü II 3, Beteiligung der Bundesrepublik Deutschland an der Strategischen Verteidigungsinitiative (SDI), Bonn, August 1985, S. 2–5; BArch, BW 1/342.932, Fraunhofer-Institut für Naturwissenschaftlich-Technische Trendanalysen (INT), Bericht Nr. 123: Zur Diskussion über SDI in der Öffentlichkeit, Euskirchen, März 1986.
[1540] Kohl, Erinnerungen 1982–1990, S. 363.
[1541] BArch, BW 1/342932, Fraunhofer-Institut für Naturwissenschaftlich-Technische Trendanalysen (INT), Bericht Nr. 123: Zur Diskussion über SDI in der Öffentlichkeit, Euskirchen, März 1986, S. 10.
[1542] Kohl, Erinnerungen 1982–1990, S. 364.

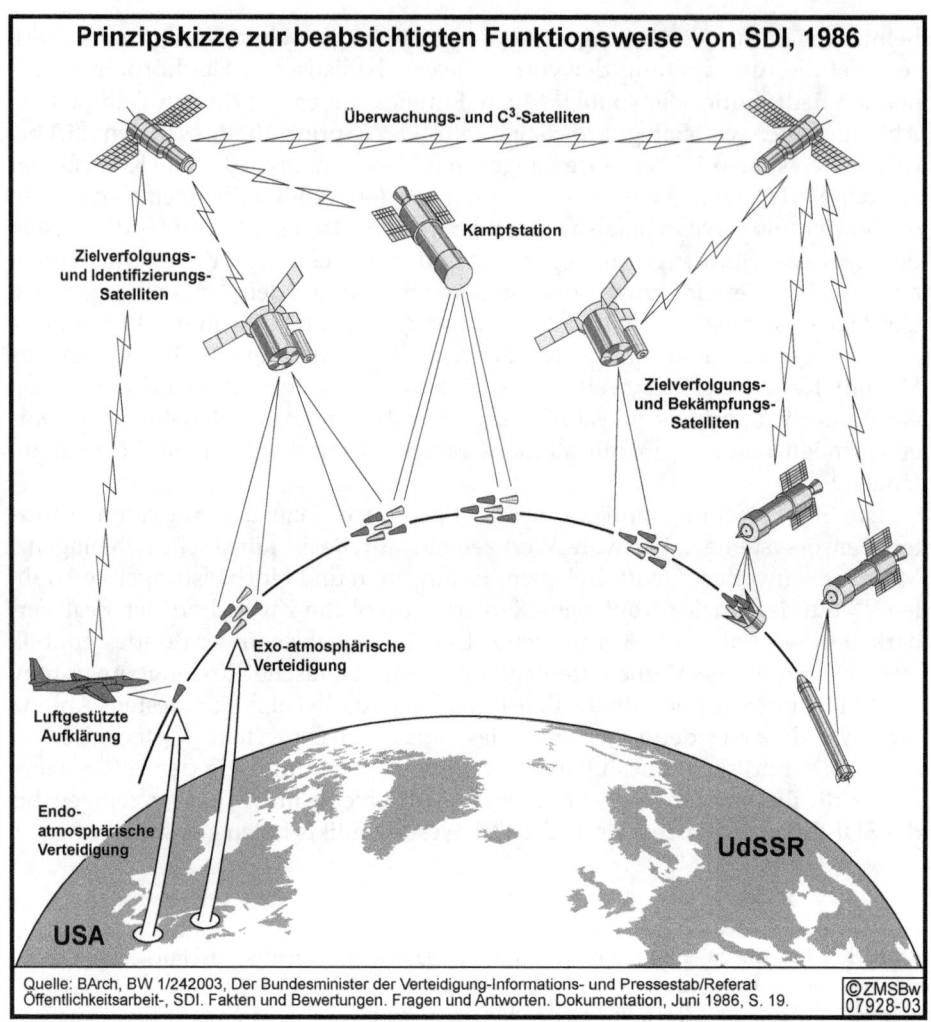

Prinzipskizze zur beabsichtigten Funktionsweise von SDI, 1986

Quelle: BArch, BW 1/242003, Der Bundesminister der Verteidigung-Informations- und Pressestab/Referat Öffentlichkeitsarbeit-, SDI. Fakten und Bewertungen. Fragen und Antworten. Dokumentation, Juni 1986, S. 19. ©ZMSBw 07928-03

Indessen zeigte sich schon zu Beginn der 1980er Jahre in der Warschauer Vertragsorganistation eine zunehmende Krisenanfälligkeit, die sich zum Beispiel in Afghanistan oder auch in der gewerkschaftlichen Protestbewegung Polens manifestierte.[1543] Genau diese Problematik wurde bei der NATO in die »Wintex-/Hilex«-Übungen eingespielt, bei denen der Sowjetunion eine Aggression unterstellt wurde, um den Erosionsprozess im eigenen Block entgegenzuwirken.[1544] »Wintex 81« begann beispielsweise mit der Ausgangslage einer Krise an der europäischen Südflanke. Dann folgte die Übungsanlage im Prinzip dem oben beschrie-

---

[1543] Altenburg, Die Nuklearstrategie, S. 336. In der Warschauer Vertragsorganisation wurde indessen von der Kremlführung immer wieder auf die unmittelbar drohende Kriegsgefahr hingewiesen, insbesonder um eine permanent hohe Einsatzbereitschaft der Streitkräfte zu begründen. Minow, Die NVA und Volksmarine, S. 185‑189.
[1544] Lemke, Abschreckung, Provokation oder Nonvaleur?, S. 321 f.

benen Kriegsleitbild der militärischen Führung der Bundeswehr vom September 1981. Nach der angenommenen Mobilisierung in Ost und West griff »Orange« über das blockfreie Jugoslawien Griechenland und über Finnland Norwegen an. Schließlich wurde die Übung vor einem (fiktiven) Nuklearwaffeneinsatz abgebrochen, und im Kriegstagebuch des Führungsstabes des Heeres findet sich ein Eintrag, dass die konventionelle Verteidigung funktioniert habe.[1545]

Tatsächlich jedoch waren Nuklearwaffen Anfang der 1980er Jahre für den Westen nach Einschätzung der Bundesregierung »bis auf weiteres noch unverzichtbar«.[1546] Während die Strategiedebatte auch in der westdeutschen Öffentlichkeit unter Beteiligung von Friedensbewegung, Kirchen, der Partei »Die Grünen« und von Wissenschaftlern energisch geführt wurde, beharrte die militärische Führung der Bundeswehr, verkörpert durch die Abteilung III des Führungsstabes der Streitkräfte, auf der Grundphilosophie des Harmel-Berichts, dem zufolge die Nuklearwaffen mit politischem Zweck schneller Konfliktbeendigung und Schadensbegrenzung eingesetzt werden sollten.[1547] Nach wie vor bestand deshalb offiziell »das Schreckensszenario eines nuklearen Holocaust«.[1548] Es blieb ein Kernbestandteil der Abschreckung. Die Abteilung III des Führungsstabes der Streitkräfte war bestrebt, FOFA in die gültige Strategie der Flexible Response einzubetten und einer operativen Entkopplung von anderen Elementen der NATO-Triade entgegenzuwirken, während die Amerikaner und SACEUR am Einzelkonzept FOFA festhielten. Deshalb konnten speziell aus westdeutscher Sicht neue Waffentechnologien auf konventionellem Gebiet nukleare Waffen zur Abschreckung nicht ersetzen, sondern nur ergänzen.[1549] Die Kriegsbilder in der NATO wurden aber verstärkt mit Komponenten der Hochtechnologie angereichert, wobei es schon um die »Nutzbarmachung neuer Technologien für die konventionelle Rüstung«[1550] im großen Stil ging, um gegenüber dem Warschauer Pakt zumindest eine qualitative Überlegenheit der Waffensysteme herzustellen.

Anhand damals aktueller Kriegserfahrungen anderer Staaten waren diese Leitvorstellungen im Hinblick auf einen möglichen Krieg gut nachvollziehbar: Der Falklandkrieg zwischen Großbritannien und Argentinien vom 2. April bis 20. Juni 1982 zeigte die entscheidende Rolle des von den Briten eingesetzten modernen Kriegsgeräts. Dieser Krieg blieb die einzige Auseinandersetzung seit 1945, bei der Seestreitkräfte in nennenswertem Umfang aufeinanderstießen. Von britischer Seite wurden zwei mittlere Flugzeugträger, mehrere Fregatten, U-Boote

---

[1545] Gablik, »Eine Strategie kann nicht zeitlos sein«, S. 325 f.
[1546] Kohl, Erinnerungen 1982–1990, S. 363.
[1547] BArch, BW 2/13416, Fü S III 2, Die Strategiedebatte in der Öffentlichkeit, Bonn 5.12.1983, S. 1–3.
[1548] Kohl, Erinnerungen 1982–1990, S. 363.
[1549] BArch, BW 2/13464, Fernschreiben von BMVg, Fü S III 4, an NATOGERMA betreffend »Emerging Technologies/Verbesserung der konventionellen Verteidigungsfähigkeit«, Tgb. Nr. 350, Bonn, 3.6.1983, S. 1–5; BArch, BW 2/13416, Fü S III 4, Nutzbarmachung neuer Technologien für die konventionelle Rüstung (Emerging Technologies), Bonn 7.12.1983, S. 1–3.
[1550] Ebd., S. 1.

sowie Versorgungs- und Landungsschiffe eingesetzt, um die von argentinischen Streitkräften besetzten Falklandinseln (Malwinen) zurückzuerobern.[1551]

Unterstützt aus den Reihen der Politiker,[1552] beförderten sowohl der Generalinspekteur als auch die Inspekteure der Teilstreitkräfte von NWT geprägte Vorstellungen, um ihre Interessen durchzusetzen. Generalinspekteur Jürgen Brandt hatte bereits am 25. Mai 1981 als Leitender der Kommission für die Langzeitplanung der Bundeswehr deutlich gemacht, dass es ihm vor allem um die Beschaffung neuer Waffensysteme ging, um die Vorneverteidigung mit überlegenem Kriegsmaterial zu ermöglichen.[1553] Obwohl die Rivalitäten unter den Teilstreitkräften um die begrenzten Haushaltsmittel andauerten, gingen Heer und Luftwaffe mehr als früher eine gedankliche Symbiose ein, um zur Auftragserfüllung der Bundeswehr beizutragen. Erleichtert wurde dieses Zusammenwirken vor allem durch eine Abgrenzung der Zuständigkeiten für die 1. und 2. Staffel des Warschauer Paktes, wobei die vorzusehenden Reichweiten dafür zunächst noch umstritten waren.

Wie auf der zweiten Kommissionssitzung zur Langzeitplanung Anfang Juli 1981 deutlich wurde, sah sich das Heer im Verteidigungsfall als Träger des Kampfes gegen den »zahlenmäßig überlegenen, [...] hochbeweglichen und enorm feuerstarken mechanisierten Feind«[1554] der 1. Staffel, der in Krisenlagen mit Luftnahunterstützung der Luftwaffe rechnen konnte. Mit über 5000 Kampfpanzern, 2000 Schützenpanzern und rund 1000 Artilleriesystemen bildete das Heer der Bundeswehr damals den Eckpfeiler der Vorneverteidigung in Mitteleuropa. Der operativ geprägte Fokus ging über die Reichweite der Raketenartillerie kaum hinaus, während die Abriegelung der 2. Staffel aus der Luft als Aufgabe der Luftstreitkräfte und zugleich als wesentliche Voraussetzung für einen operativen Erfolg der Heeresverbände angesehen wurde.[1555] Genau diese Vorstellungen und das Kriegsleitbild des Generalinspekteurs spiegelten sich dann auch in den großen Heeresübungen wie »St. Georg« des III. Korps[1556] oder auch »Frischer Wind 80« des I. Korps[1557] wider. Das Hauptinteresse der Heeresführung bei der Langzeitplanung des Jahres 1981 bestand darin, die Heeresstruktur 4 durchzusetzen, deren Schwerpunkt bei den gepanzerten Kräften (»Leopard 2«, »Milan«, »TOW« und »HOT«) lag und in erster Linie eine Umgliederung der

---

[1551] AAPD 1982, Bd 1, Dok. 131 vom 4.5.1972, S. 651 f., Dok. 137 vom 6.5.1972, S. 696−703; Creveld, Die Gesichter des Krieges, S. 236. Zum Falklandkrieg siehe: Zieber, Der Falklandkrieg; Monaghan, The Falklands War; Parsons, The Falklands War; Strachwitz, Der Falklandkrieg als Medienevent.

[1552] In der FAZ forderten Wehrexperten der CDU-/CSU-Bundestagsfraktion: »Präzisionswaffen statt alter Atomwaffen«; BArch, BW 2/15168, Fü S III 6, Strategie-Synopse, Wörner/Würzbach: Konzept »Zur Aktiven Friedenssicherung« und Studie »Zur Verbesserung der Konventionellen Verteidigung«, Bonn 31.7.1982, S. 1.

[1553] BArch, BW 2/12461, Anlage 2b zu Fü S VI/Sekretariat 861/81, Vortrag des GenInspBw zur konstituierenden Sitzung der »Kommission für die Langzeitplanung der Bundeswehr« am 25.5.81, ohne Ort und Datum, S. 3.

[1554] BArch, BW 2/12461, Fü H VI 2, Az. 09, Stand der Heeresplanung, Bonn, 29.6.1981, S. 5.

[1555] Ebd.; Hammerich, Die Operationsplanungen der NATO, S. 293.

[1556] Heeresmanöver der Bundeswehr, S. 27−117.

[1557] Ebd., S. 119−184.

IV. Die Entwicklung von Kriegsbildern

Jägerdivisionen aus der Heeresstruktur 3 zu Panzergrenadierdivisionen bedeutete.[1558] Generalleutnant Johannes Poeppel,[1559] Inspekteur des Heeres (1.4.1979–30.9.1981), hatte sich schon 1980 gegen die »Vorstellung, mechanisierte Kräfte in zusammenhängender Vorneverteidigung zu ersetzen bzw. zu ergänzen durch leichte, ungepanzerte, netzartig operierende Infanterie«,[1560] ausgesprochen.

Mit ihrem »Umdenken in die neuen Luftkriegsdimensionen hinein«[1561] hatte sich die Luftwaffenführung zu Beginn der 1980er Jahre bereits auf die Abriegelung der 2. Staffel des Warschauer Paktes in der Tiefe des feindlichen Raumes, jenseits der Reichweite der Heereswaffensysteme also, mit konventionellen Waffen als Hauptaufgabe im Verteidigungsfall eingestellt. Dies zeigte sich im Rahmen ihrer Langzeitplanung im Jahr 1981.[1562] Auf der einen Seite wurde diese neue Sichtweise durch einen Generationenwechsel in der Luftwaffe begünstigt. Und in der Tat stand die Luftwaffe mit dem »Tornado« bereits im Begriff, geeignete Waffensysteme für die neuen Aufgaben einzuführen. Bis zur Mitte der 1980er Jahre sollten ihr zumindest 60 »Tornados«, 200 »Phantom«, 175 »Alpha Jets« und 108 »Starfighter« zur Verfügung stehen.[1563] Auf der anderen Seite blieb die Luftwaffe doch sehr von überseeischen Verstärkungen abhängig und hatte aus Finanzierungsgründen noch einen erheblichen Bedarf an adäquater Munition. Für die Umsetzung der FOFA-Prinzipien spielte deren Entwicklung und Verfügbarkeit aber eine zentrale Rolle.[1564] »Nicht zuletzt bedeuten diese Vorstellungen, die Möglichkeiten zu nutzen, die sich mit moderner Munition bieten«,[1565] stellte die Luftwaffenführung deshalb auf der Planungskonferenz im Juni 1981 klar, um ihr Hauptanliegen, die Engpässe bei moderner Munition zu beheben, deutlich zu machen. Die »Anwendung neuer Technologien«[1566] besaß in den Kriegsbildern der Luftwaffenführung in den folgenden Jahren

---

[1558] Hammerich, Die Operationsplanungen der NATO, S. 293.

[1559] Johannes Poeppel (1921–2007) erlebte das Ende des Zweiten Weltkrieges als Hauptmann der Wehrmacht, trat 1955 in die Bundeswehr ein, war von 1973 bis 1978 Kommandeur der 6. Panzergrenadierdivision in Neumünster, bevor er zum Inspekteur des Heeres ernannt wurde.

[1560] Der Bundesminister der Verteidigung, Informations- und Pressestab/Pressereferat, VIII/13, »Gefechtsfeld Mitteleuropa – Überlegungen zur Struktur von Landstreitkräften«. Der Inspekteur des Heeres im Verteidigungsausschuß des Deutschen Bundestages zur Heeresstruktur, Bonn, 25.6.1980, S. 1. Diese Überlegungen äußerten vor allem Uhle-Wettler, Afheldt und Löser.

[1561] BArch, BM 1/4427, Fü L VI 1, ohne Az., Tgb.Nr. 745/79, Die Luftwaffe in den 80er Jahren. Vortrag Inspekteur der Luftwaffe bei der Kommandeurtagung Bundeswehr 1979, Bonn 10.5.1979, S. 5.

[1562] BArch, BW 2/12461, Fü L VI 1, Az. 09-10, Vortrag: Ist-Stand der Planung, Bonn, 29.6.1981, S. 9.

[1563] BArch, BM 1/4427, Fü L VI 1, ohne Az., Tgb.Nr. 745/79, Die Luftwaffe in den 80er Jahren. Vortrag Inspekteur der Luftwaffe bei der Kommandeurtagung Bundeswehr 1979, Bonn 10.5.1979, S. 1 f. Siehe auch: Lemke, Eine Teilstreitkraft, S. 390; Hammerich, Die Operationsplanungen der NATO, S. 294.

[1564] Lemke, Eine Teilstreitkraft, S. 390.

[1565] BArch, BW 2/12461, Fü L VI 1, Az. 09-10, Vortrag: Ist-Stand der Planung, Bonn, 29.6.1981, S. 31.

[1566] ZMSBw, Sammlung Militärgeschichte 1945–1990, Abgabe Walther Stützle, Ordner 031, Leiter Planungsstab, Bonn 9.9.1982, S. 4.

eine wesentliche Bedeutung, ging es doch konkret um die Beschaffung neuer Waffensysteme. Dies zeigte sich beispielsweise, als der Inspekteur der Luftwaffe der politischen Leitung des Verteidigungsministeriums im August 1982 seine Vorstellungen zum Taktischen Kampfflugzeug 90, das als Abfangjäger und »Hochleistungsflugzeug«[1567] konzipiert war, zur Billigung vorlegte. Zwar wurde der Bedarf aus den NATO-Forderungen abgeleitet, doch wurde nicht verhehlt, dass bei diesem Rüstungsprojekt auch »die Interessen der wehrtechnischen Industrie«[1568] eine große Rolle spielten.

Im Vergleich zu Heer und Luftwaffe spielte die Marine bei den Verteidigungsplanern weiterhin eine untergeordnete Rolle, hatte aber im Krieg – ähnlich wie die Luftwaffe und im Gegensatz zum Heer – eine prinzipiell offensive Rolle wahrzunehmen. Der Qualitätssprung in der Ausstattung ihrer Plattformen verlieh der Marineführung wieder mehr Selbstvertrauen für eine »Vorneverteidigung auf See«.[1569] Die sowjetische Nordmeerflotte und ihre nuklear-strategischen U-Boote, die so wahrgenommene »globale Dimension der Bedrohung«,[1570] rechtfertigten ein Kriegsbild, das sich nicht mehr nur auf die Ostsee beschränkte, sondern verstärkt auch die Seekriegführung im Atlantik in den Blick nahm. Vor dem Hintergrund des oben beschriebenen Kriegsleitbildes der Abteilung III des Führungsstabes der Streitkräfte und des Generalinsspekteurs der Bundeswehr sah die Marineführung mittlerweile eine wesentliche Aufgabe darin, »lebenswichtige Seeverbindungen zu sichern«,[1571] die schon im Rahmen der Verteidigungsvorbereitung die Zuführung von Verstärkungen aus den USA ermöglichen sollten. Maritime Vorneverteidigung bedeutete deshalb die angriffsweise Verteidigung des gesamten Nordflankenraumes.[1572] Im Juni 1980 beschloss der Bundessicherheitsrat der Bundesregierung, die bisher bestehende Beschränkung des Einsatzes deutscher See- und Seeluftstreitkräfte auf die Linie Dover–Calais und 61 Grad nördlicher Breite (Linie Shetland–Bergen) aufzuheben. 1981 einigten sich die NATO-Befehlshaber SACLANT, SACEUR und CINCHAN auf eine Flexibilisierung der Einsatzführung für alliierte See- und Seeluftstreitkräfte in der Nordsee, unabhängig von den Zuständigkeitsbereichen. Dies schaffte die in der Bundesmarine lange ersehnte Klarheit der Befehls- und Kommandoverhältnisse und die Erweiterung der Rolle von der sogenannten Brown Water- zur Blue Water-Navy.[1573]

Gemeinsam war den durchaus unterschiedlich gewichteten, sich aber insgesamt unter den Leitvorstellungen der Abteilung III im Führungsstab der Streitkräfte ganz gut ergänzenden Kriegsbildern der Teilstreitkräfte zu Beginn der 1980er Jahre die Forderung nach technisch überlegenen Waffensystemen

---

[1567] Ebd., S. 2.
[1568] Ebd., S. 1.
[1569] BArch, BW 2/12461, Anlage 9b zu Fü S VI/Sekretariat 861/81, Vortrag: Planung Marine, ohne Ort und Datum, S. 12.
[1570] Ebd., S. 9.
[1571] Ebd., S. 15.
[1572] Doepgen, Die Konzeptionen, S. 267; Monte, Die Rolle der Marine, S. 566 und 586–590; Krüger, Am Abgrund, S. 137 f.
[1573] Ebd., S. 586 f.

und die gedankliche Rekonventionalisierung der Kriegführung.[1574] In der Warschauer Vertragsorganisation wurde dies damals als Mittel zur Forcierung von Rüstungsanstrengungen und Stimulierung der Kriegsvorbereitung wahrgenommen.[1575]

Auch wenn die Kosten für militärische Beschaffungen in der Bundesrepublik Deutschland in der letzten Phase der Kriegsbilderentwicklung deutlich anstiegen,[1576] blieben die tatsächlichen Fähigkeiten der NATO-Streitkräfte um einiges hinter den mit vielen Postulaten versehenen Kriegsleitbildern zurück. Haufig mussten der NATO-Generalsekretär und der SACEUR die Bündnisbeiträge anmahnen. Trotz der erklärten Absicht, die konventionellen Streitkräfte in Europa auszubauen, erhöhte sich die Anzahl der Divisionen gerade einmal von $26^1/_3$ im Jahr 1968 auf $28^2/_3$ im Jahr 1986. Die europäischen Staaten scheuten sich davor, durch zu hohe Verteidigungsausgaben ihre Ressourcen zu überstrapazieren.[1577] Zu Recht kritisierte der aus dem Unterkapitel IV.2.c bekannte Heinz Karst die für den Verteidigungsfall unzureichende Sanitätsversorgung sowie den eklatanten Mangel an kriegswichtiger Munition, während die Sowjets auf diesen Gebieten gerade während der Zeit der Entspannungspolitik von 1969 bis 1980 Fortschritte gemacht hätten.[1578] Aus dem Protokoll einer Planungskonferenz der Bundeswehrführung vom 13. Dezember 1983 geht hervor, dass die Auftragserfüllung der Luftwaffe damals großen Risiken unterlag und bekannt war, dass eine beachtliche Erhöhung der Kampfkraft erst in den 1990er Jahren erreicht würde.[1579] Eine wirkliche technologische Revolution, die sogenannte Revolution in Military Affairs fand erst nach 1991 statt, als die dann ausgereiften Waffensysteme aus den Kriegsbildern der frühen 1980er Jahre tatsächlich zum Einsatz kamen.[1580] Deshalb lag angeblichen »Revolutionen«[1581] der Rüstungstechnologie zu dieser Zeit, wie sie aus den Kriegsbildern – noch mehr als aus den westdeutschen, ja aus den amerikanischen – nur allzu leicht geschlussfolgert werden könnten, eigentlich eine Evolution der Kriegstechnik zugrunde. Im Jahr 1983 war sich die Bundeswehrführung bewusst, dass trotz des gelungenen Qualitätsschubs »zumindest mittelfristig die konventionelle Unterlegenheit der NATO-Streitkräfte gegenüber den Streitkräften des Warschauer Paktes in Europa insgesamt und die im Kriege daraus resultierenden Schwächen in der Vorneverteidigung nicht ausgeglichen werden«[1582] konnten.

Wie schon früher in der Entwicklung von Kriegsbildern in deutschen Streitkräften wurden alternative Vorstellungen entwickelt, wenn eine Schere zwi-

---

[1574] Pech, Das Kriegsbild in der BRD, S. 40 f.
[1575] Ebd., S. 24–28.
[1576] Bontrup/Zdrowomyslaw, Die deutsche Rüstungsindustrie, S. 37.
[1577] Altenburg, Die Nuklearstrategie, S. 332; Krüger, Am Abgrund, S. 137 f.
[1578] Karst, Soldat im Wandel der Zeit, S. 75.
[1579] BArch, BW 2/31014, Fü S VI 1, Az. 09-01-00, Tgb.Nr. 311/84, Ergebnisprotokoll über die Planungskonferenz 4/83 am 13.12.1983 im Simultanraum, Bonn 23.1.1984, S. 5.
[1580] Creveld, Die Gesichter des Krieges, S. 248 f.
[1581] Ebd., S. 246.
[1582] BArch, BW 2/20529, Fü S VI 3, Az. 09-10-80, Anlage 1 zu GenInsp, Fü S VI 3, Az. 09-10-80, Tgb.Nr. 1911/83, Bundeswehrplan 1985–1997, Bonn, 9.12.1983, S. 48.

schen Anspruch und Wirklichkeit bestand. Im Jahr 1982 setzte sich die Bundeswehrführung[1583] mit gedanklichen Alternativen auseinander, deren Spektrum von radikalen Alarmisten (Jochen Löser, Eckart Afheldt, Franz Uhle-Wettler, Emil Spannocchi, Guy Brossollet), die für eine starke Aufrüstung und alternative konventionelle Verteidigung und neue Waffentechnologien plädierten, bis hin zu radikalen Pazifisten (Theodor Ebert, Jonathan Schell, Walter Pincus), die sich für Streitkräftereduzierungen und atomwaffenfreie Zonen aussprachen.[1584] Besondere Aufmerksamkeit genossen in der militärischen Führung damals Denkansätze, die eine infanteristische Komponente bei der Verteidigung in den Vordergrund stellten und damit wieder einmal zur Kleinkriegsführung tendierten. Dazu gehörten Afheldts »Raumverteidigung unter atomarem Vergeltungsschirm«,[1585] d.h. eine flächendeckende Verteidigung mit kämpfenden »Techno-Kommandos« ohne bedeutende Rolle der Panzer, Lösers »Raumdeckende Verteidigung«,[1586] d.h. die Nutzung der Tiefe des Raumes mit grenznahen Jagdbrigaden und schnellen mechanisierten Brigaden sowie Jagdkommandos des Heimatschutzes in der Tiefe des Raumes, und Uhle-Wettlers Verteidigung mit »leichter Infanterie«,[1587] bei der das bedeckte Gelände zum infanteristischen Kampf nach den Einsatzgrundsätzen der Partisanentaktik mit einfachen Waffensystemen genutzt werden sollte.

Die militärische Führung der Bundeswehr kritisierte, dass »Raumverteidigungskonzeptionen [...], selbst wenn es gelänge, den Krieg rein konventionell zu führen, zu weitgehender Vernichtung und Zerstörung der eigenen – nicht nur militärischen – Potentiale führen«.[1588] Das Kriegsleitbild der Bundeswehr sollte jedoch der Schadensminimierung in Westdeutschland dienen. Deshalb waren alle Konzepte, welche die Aufgabe von Raum in Kauf nahmen, einmal mehr zu verwerfen.[1589]

[1583] Mit der Strategie-Synopse beschäftigten sich u.a. der Verteidigungsminister, die Staatssekretäre des Ministeriums, der Generalinspekteur, der Leiter Planungsstab, der Chef des Stabes Fü S, die Stabsabteilungsleiter Fü S II, Fü S III und Fü S VI, sowie die Führungsstäbe der Teilstreitkräfte. BArch, BW 2/15168, Fü S III, Strategie-Synopse, Bonn Juli 1982, Verteiler.
[1584] Ebd., Übersicht über die Autoren, Bonn 31.7.1982, Anlage 2.
[1585] BArch, BW 2/15168, Fü S III 6, Strategie-Synopse, Alternative Konzeptionen der Verteidigung, Bonn 31.7.1982, S. 7.
[1586] Ebd., S. 8.
[1587] Ebd., S. 9.
[1588] Ebd., S. 11.
[1589] BArch, BW 2/12466, Fü S VI/Sekretariat, Az. 09-10, Tgb.Nr. 31/82, Kommission für die Langzeitplanung der Bundeswehr, Bonn 13.1.1982, S. 3.

b) Das Denken im »Kontinuum der Abschreckung« 1983 bis 1986

Für die »Aufnahme der grenznahen Verteidigung«[1590] und das »Halten der Verteidigungsräume«,[1591] die altbekannte Kontinuitätslinie der Vorneverteidigung also, setzte sich auch der neue Generalinspekteur der Bundeswehr Wolfgang Altenburg[1592] ein.

Altenburgs Kriegsvorstellungen speisten sich aus seinen persönlichen Erlebnissen im Jahr 1945, aus den Medien, nachrichtendienstlichen und dienstlichen Erkenntnissen sowie kriegsgeschichtlichen Beispielen. Prägend waren dabei seine Erfahrungen im Zweiten Weltkrieg, da er die Folgen des alliierten Luftkriegs gegen Hamburg und Berlin mit eigenen Augen gesehen und als Marinehelfer die Bombardierung Helgolands am 18./19. April 1945 erlebt hatte, bei der binnen einer Stunde ein Großteil seiner Schulkameraden ums Leben gekommen war. So hatte er die verheerende Wirkung selbst einer rein konventionellen Kriegführung kennengelernt und wollte deshalb jede Art von Kriegshandlung auf deutschem Boden verhindert wissen.[1593]

Als Altenburg sein Amt als Generalinspekteur 1983 antrat, hielt er es durchaus für möglich, dass eine Aggression des Warschauer Paktes zum Verteidigungsfall für die Bundesrepublik Deutschland führen könnte, insbesondere dann, wenn die Stabilität des östlichen Bündnisses von innen heraus bedroht war und die Kremlführung ihre Macht durch einen außenpolitisch-militärischen Erfolg gegenüber der NATO zu erhalten versuchte. Gut vorstellbar war für den obersten

---

[1590] BArch, BW 2/20529, Fü S VI 3, Az. 09-10-80, Anlage 1 zu GenInsp, Fü S VI 3, Az. 09-10-80, Tgb.Nr. 1911/83, Bundeswehrplan 1985–1997, Bonn, 9.12.1983, S. 15.

[1591] Ebd., S. 16.

[1592] Altenburg war vom 1.4.1983 bis 1.10.1986 Generalinspekteur der Bundeswehr. Er trat 1956 als Freiwilliger in die Bundeswehr ein. Von 1959 bis 1961 war er als Zugführer und im Stab eines Panzerartillerieregiments eingesetzt gewesen. 1961/62 war er Batteriechef und später Kommandeur der nuklear bestückbaren Artillerie. 1971 wurde er stellvertretender Leiter für nukleare Planungsfragen beim NATO-Oberkommando SHAPE, ab 1973 Referent im BMVg, wo er einen ministeriellen Aufbau über Fü S III 1, als stellvertretender Leiter Fü S III und schließlich von April 1978 bis Anfang 1979 als Leiter Fü S durchlief. Danach war er 1979–1981 Deutscher Vertreter beim Militärausschuss der NATO eingesetzt. Nach einer Verwendung als Kommandierender General des III. Korps wurde Altenburg zum Generalinspekteur ernannt und beeendete seine militärische Laufbahn als Vorsitzender des Militärausschusses der NATO 1986–1989. Zeitzeugengespräch mit General a.D. Wolfgang Altenburg, Lübeck-Travemünde, 11.6.2014. In: <www.bmvg.de/portal/a/bmvg/!ut/p/c4/NYxBC4JAEIX_0Y52kOhWhNQloUvaJdZ1WIfcWRlHvfTjW4Peg-_wPnjwhFS2C3mrFNkOUEPj6NCupg2LN4GYJkWhORiPk-vJ9Yqvn_PIKHYgnkZ8K86S9hUe22OHxkVG3ajISolerEYxYxQdNjOLJGOogybLz6csz_7JP0VZX-r7vthdb2UFYwjHLzMQrfo!/> (letzter Zugriff 17.6.2014). Zur Dienstauffassung und Berufsbild Altenburgs siehe auch: Naumann, Generale in der Demokratie, S. 243–277.

[1593] Zeitzeugengespräch mit General a.D. Wolfgang Altenburg, Lübeck-Travemünde, 11.6.2014. Siehe dazu auch: Naumann, Generale in der Demokratie, S. 265. Die Ansicht, dass ein rein konventioneller Krieg für die Bundesrepublik Deutschland ähnlich verheerende Folgen gehabt hätte wie ein Nuklearkrieg, wird auch von der historischen Forschung vertreten. Siehe z.B. Geiger, Die Bundesrepublik Deutschland und die NATO, S. 178 f.

Soldaten der Bundeswehr deshalb, dass einem Angriff die sowjetische Besetzung Polens und eine Verstärkung der in der ČSSR sowie DDR befindlichen Kräfte vorausgehen würde.[1594]

Für die wahrscheinlichste Form des Krieges hielt Altenburg dann einen konventionellen Großangriff in Zentraleuropa, eine »kompakte Aggression«,[1595] welche die sowjetischen Truppen zumindest bis zum Rhein führen sollte.

Diese Bedrohungseinschätzung wurde im Bonner Verteidigungsministerium auch weiterhin geteilt: »Weitgesteckte operative Ziele sollen angriffsweise und so schnell wie möglich gewonnen werden«,[1596] lautete hier die operative Grundannahme. Unverändert rechneten der Generalinspekteur und sein Führungsstab mit dem Aufmarsch der Landstreitkräfte des Feindes in zwei Staffeln, unterstützt von Luftstreitkräften und operativen Luftlandungen sowie mit einem Angriff der See- und Seeluftstreitkräfte, um Europa von den Flanken her zu umfassen und die Verbindung zu den USA zu unterbrechen.[1597]

Um genau dies zu verhindern, war die Kriegsverhinderung durch Abschreckung Altenburgs Credo, jedoch in einer anderen Weise, als dies noch bei Kammhuber der Fall gewesen war. Altenburg kam es in seiner Zeit als Generalinspekteur der Bundeswehr besonders darauf an, der Vorstellung entgegen zu wirken, dass das »Auskämpfen« einer militärischen Auseinandersetzung – und sei es auch nur eines begrenzten Krieges – auf deutschem Boden möglich wäre. Hier verfolgte die Gedankenführung des Generalinspekteurs im Wesentlichen drei verschiedene Stoßrichtungen.

Erstens gab es im nationalen Bereich militärische Operateure, die das Grauen eines konventionellen Krieges nicht mehr aus persönlichem Erleben kannten und wohl deshalb mehr in Kriegsführungs- als in Abschreckungskategorien dachten. Für Altenburg waren jedoch die Fähigkeiten zur Kriegführung vor allem insoweit relevant, wie sie in erster Linie für die Abschreckung vor einem Krieg oder in zweiter Linie zumindest zur Wiederherstellung der Abschreckung (»to restore deterrence«[1598]) im Verteidigungsfall dienen konnten. Ihm ging es ja möglichst um Kriegsverhinderung ohne den Verlust der Freiheit. Die Abschreckung konnte allerdings nur funktionieren, solange sie an glaubwürdige Fähigkeiten der eigenen Streitkräfte geknüpft war. Altenburg sah seine Hauptaufgabe als oberster

---

[1594] Zeitzeugengespräch mit General a.D. Wolfgang Altenburg, Lübeck-Travemünde, 11.6.2014. Dass die NATO-Stabsrahmenübung »Able Archer« (7.–11.11.1983) an den Rand eines Atomkrieges geführt hätte, wurde von der historischen Forschung zwischenzeitlich korrigiert. Mark Kramer beschrieb die »Nicht-Krise um Able Archer 1983« als eine nur vermeintliche und künstlich geschürte Kriegspanik zu propagandistischen Zwecken. Kramer, Die Nicht-Krise um »Able Archer 1983«. Die gegenteilige Meinung vertritt aufgund der sicherheitspolitischen Gesamtsituation des Jahres 1983 Georg Schild. Siehe dazu: Schild, 1983.
[1595] Zeitzeugengespräch mit General a.D. Wolfgang Altenburg, Lübeck-Travemünde, 11.6.2014. Siehe hierzu auch die Karte auf S. 389.
[1596] BArch, BW 2/31014, Fü S VI 3, Bundeswehrplan 1985–1997, Textbd, Teil B, Bonn 13.1.1984, S. 6.
[1597] Ebd., S. 6–9. Es ist jedoch erneut darauf hinzuweisen, dass die General Defence Plans und die Operationsführung im Verteidigungsfall von der NATO vorgegeben würden.
[1598] Zeitzeugengespräch mit General a.D. Wolfgang Altenburg, Lübeck-Travemünde, 11.6.2014.

IV. Die Entwicklung von Kriegsbildern _____ 389

Soldat der Bundeswehr darin, zu dieser Glaubwürdigkeit (»Credibility«[1599]) der NATO beizutragen. In der Bundeswehrführung wollte er Zweifel am Wert der NATO-Strategie ausräumen bzw. Vertrauen »in die eigene Strategie der Abschreckung«[1600] stiften. Operatives Denken ordnete Altenburg bewusst dem Primat der Politik unter und dachte sich den Ablauf des Verteidigungsfalls systematisch entsprechend den PPGs und Consultation Guidelines der NATO.[1601] Hier zeigte sich im Grunde die nachhaltige Wirkung der Athener Richtlinien von 1962

[1599] Ebd.
[1600] Ebd.
[1601] Ebd.

und der Unterschied zu Kammhubers Denkmustern, die in Unterkapitel IV.2.a beschrieben worden sind.

Eine zweite Denkrichtung Altenburgs ging nach dem Osten und war an der Perzeption der Kremlführung ausgerichtet.[1602] Auch dieser sollte deutlich gemacht werden: »Wenn ihr kommt, dann wird dies für euch kein Spaziergang.«[1603] Altenburg unterstellte dem Warschauer Pakt, eine schnelle, überlegene, konventionelle Aggression zu planen, um die nukleare Schwelle der NATO zu unterlaufen. Diese vermutete Absicht des Gegners sollte in jederlei Hinsicht durchkreuzt werden. Um das eigene Territorium von Kampfhandlungen möglichst frei zu halten, kam es aus Sicht des Generalinspekteurs auf den Kampf gegen die erste Staffel an, die in den Räumen gemäß des General Defence Plans der NATO mit konventionellen Mitteln aufgehalten werden sollte. Würde dies nicht gelingen, so sollte eine Eskalation gemäß der NATO-Strategie einsetzen, deren nächste Stufe darin bestand, den Einsatz von Nuklearwaffen zu erwägen (»contemplating the use of nuclear weapons«[1604]). Dies hätte bereits die Schwelle zum nuklearen Krieg dargestellt. Das Kontinuum der Abschreckung wäre aus Altenburgs Sicht dann aber nicht auf das Gefechtsfeld beschränkt geblieben, sondern die Zerstörungen wären – zunächst in kleinerem Umfang – auch auf das Gebiet des Agressors zurückgetragen worden (»to show an aggressor that his territory was no sanctuary«[1605]). Erst die glaubhaft gemachte Bereitschaft der NATO, den Krieg auch in der UdSSR stattfinden zu lassen und Nuklearwaffen einzusetzen, würde den Krieg nach Auffassung Altenburgs für die Großmächte »unakzeptabel« und damit insgesamt unwahrscheinlich machen.[1606] Indem im Zuge des NATO-Doppelbeschlusses 1983/84 in der Bundesrepublik Deutschland 108 amerikanische Pershing-II-Raketen und 496 Cruise Missiles[1607] stationiert wurden, die erstmals auch die UdSSR von Westdeutschland aus atomar bedrohten, wurde die Fähigkeit zu einer solchen Eskalation signalisiert.[1608] Unter den damals gegebenen Rahmenbedingungen stellte dies wohl die plausibelste Antwort auf das lange gehegte nukleare Dilemma der Westdeutschen dar. Auch wenn im sogenannten heißen Herbst von 1983 die Proteste gegen den NATO-Doppelbeschluss mit hunderttausenden Demonstranten die größten Ausmaße annahmen und aus der Friedensbewegung eine Massenbewegung geworden war,[1609] ging es der militärischen Führung der Bundeswehr um die konsequen-

---

[1602] Naumann, Generale in der Demokratie, S. 266.
[1603] Zeitzeugengespräch mit General a.D. Wolfgang Altenburg, Lübeck-Travemünde, 11.6.2014.
[1604] Ebd.
[1605] Ebd.
[1606] Ebd.
[1607] Cruise Missiles waren unbemannte Marschflugkörper, die in Bodennähe annähernd mit Schallgeschwindigkeit bis zu 2500 km weit flogen und ihren Flugweg nach vorprogrammierten Landmarken automatisch korrigieren. Ein elektronisches Zielerfassungssystem verlieh ihnen eine relativ hohe Treffgenauigkeit. Siehe dazu: Weißbuch 1979, S. 103.
[1608] Geiger, Die Bundesrepublik Deutschland und die NATO, S. 180; Möllers, Sicherheitspolitik in der Krise, S. 203.
[1609] Rödder, Bündnissolidarität und Rüstungskontrollpolitik, S. 123–136.

IV. Die Entwicklung von Kriegsbildern 391

te Umsetzung der Abschreckungsratio.[1610] Für Altenburg war es bei aller medialen Aufregung entscheidend, dass die Gegenseite die NATO-Strategie begriff und »das Kontinuum der Abschreckung«[1611] funktionierte. Hier sah er sich auf einer Linie mit Schmidt und Kohl, der den sicherheitspolitischen Kurs seines Vorgängers in diesem Bereich trotz der offiziell deklarierten politischen »Wende« von 1982/83 konsequent fortsetzte. Die Grundlagen der Verständigungspolitik Willy Brandts blieben zugleich ebenfalls gewahrt.[1612] Dass im Herbst 1982 die sozialliberale Koalition und damit die Regierungszeit Schmidts endeten, hatte auf die Entwicklung der Kriegsbilder in der militärischen Führung der Bundeswehr offenbar keinen Einfluss.

Altenburg konnte erst in der Rückschau, vor allem unter ganz anderen sicherheitspolitischen Bedingungen für Deutschland äußern, dass für ihn ein Nuklearkrieg damals eigentlich unvorstellbar war.[1613] Atomwaffen blieben – ähnlich wie zuvor schon bei Schmidt und de Maizière – ein politisches Mittel der Kriegsverhinderung, kein Mittel zur Kriegführung. Nach dem Verständnis Altenburgs konnte es »im Grunde genommen keine taktischen Nuklearwaffen«[1614] geben, da sie die Qualität der Kriegführung grundlegend veränderten. Ein Nuklearwaffeneinsatz hätte nach seiner Auffassung automatisch einen Krieg der Großmächte nach sich gezogen, die allerdings eine solche Konstellation gar nicht eintreten lassen wollten. Insofern hegte Altenburg große Hoffnungen – erst in der Retrospektive kann man feststellen zu Recht –, dass eine sicherheitspolitische und letztlich nukleare Eskalation gar nicht eintreten würde. Dies galt damals – selbst wenn dies formal mit einem Fragezeichen behaftet sein musste – auch für die französische Force de frappe.[1615] Und auch den Staaten des Warschauer Paktes war an »der Auslöschung allen Lebens auf der Erde«[1616] infolge eines Kernwaffenkrieges nicht gelegen. Der Allgemeine Nuklearkrieg taugte nur noch als Negativfolie für Kriegsbilder, deren »Drohfunktion«[1617] in der DDR damals zutreffend erkannt wurde.

Schließlich richteten sich Altenburgs Gedanken drittens aber auch noch gegen den eigenen Hauptverbündeten in der NATO, die USA.[1618] Der amerikanische SACEUR Rogers war bemüht, seine Vorstellungen zur wirkungsvolleren Verteidigung Mitteleuropas mit konventionellen Mitteln der NATO durchzusetzen, und hat dazu eine langfristige Planungsrichtlinie (Long Term Planning

---

[1610] BArch, BW 2/14399, Staatssekretär Dr. Rühl, ohne Az., Tgb.Nr. 1221/83, Vermerk über Gespräch VM FR, GB und Bundesrepublik Deutschland am 21.9.1983 in Paris, Bonn 23.9.1983, S. 1.
[1611] Zeitzeugengespräch mit General a.D. Wolfgang Altenburg, Lübeck-Travemünde – Potsdam, 26.6.2014.
[1612] Kohl, Die Folgen bedenken, S. 94; Altenburg, Die Nuklearstrategie, S. 334; Wirsching, Deutsche Geschichte, S. 111 f.
[1613] Zeitzeugengespräch mit General a.D. Wolfgang Altenburg, Lübeck-Travemünde, 11.6.2014.
[1614] Ebd.
[1615] Ebd.
[1616] Pech, Das Kriegsbild in der BRD, S. 31.
[1617] Ebd., S. 54.
[1618] Naumann, Generale in der Demokratie, S. 266.

Guideline) entwickeln lassen, deren Schwerpunkt auf dem Einsatz neuer konventioneller Waffentechnologie gegen die Kräfte der Zweiten Staffel des Warschauer Paktes lag.[1619] Dabei sollte dem Gegner durch die optimierte Nutzung der Raketen-, Computer- und Laser-Technologie bereits bei seinem Aufmarsch ein Schlag in der Tiefe (»Deep Strike«[1620]) versetzt werden. Hier erhofften die Amerikaner aus dem SDI-Programm eine nachhaltige Förderung der herkömmlichen Wehrtechnik.[1621] Das für die Amerikaner durchaus vorstellbare und auch geplante Gefechtsfeld Zentraleuropa war für Altenburg jedoch inakzeptabel. Der Generalinspekteur wollte wie schon mancher Vorgänger im Amt ganz bewusst, trotz vielfältiger Abhängigkeiten von den USA, eine nationale Position zu strategischen Fragestellungen entwickeln, um die deutschen Interessen im Bündnis zur Geltung zu bringen. Die NATO war für ihn der »mainplayer«,[1622] in dessen Gremien die Weichen zur Kriegsplanung gestellt wurden. Insofern war die Erarbeitung der General Defence Plans laut Altenburg ein »ewiger Kampf«[1623] der nationalen Interessen aller Bündnispartner.

Ein wichtiges Instrument im Aushandlungsprozess stellten die Kriegsbilder dar. Gerade gegenüber den Amerikanern versuchte Altenburg der Vorstellung entgegenzuwirken, dass ein Krieg auf deutschem Boden rein konventionell führbar wäre. Vor allem sollte dieser Eindruck nicht gegenüber dem Warschauer Pakt erweckt werden. Deshalb war das konventionell ausgelegte FOFA-Konzept nach amerikanischem Verständnis für die militärische Führung der Bundeswehr eine Quasi-Strategie, die nicht zwingend die erwünschte abschreckende Wirkung erzielte.[1624] Zu groß waren dafür 1983 noch die Fähigkeitsdefizite der NATO-Streitkräfte, insbesondere der Luftstreitkräfte. Dies konnte auch den Nachrichtendiensten der Warschauer Vertragsorganisation nicht verborgen bleiben. Wie der Generalinspekteur im Dezember 1983 bei der langfristigen Bundeswehrplanung feststellte, war die Munitionsbevorratung der Luftwaffe sowohl für die Luftverteidigung als auch für eine Abriegelung des Gefechtsfeldes in der Tiefe völlig unzureichend.[1625] Eine konsequente Umsetzung des amerika-

---

[1619] BArch, BW 2/13416, Fü S VI 1, Follow-on Forces Attack (FOFA) als Teil der Vorneverteidigung, Hintergrundinformation, Bonn 14.10.1984, S. 1; BArch, BW 1/217731, Presseauswertung »Die Welt«: »FOFA oder: Abschreckung mit langem Arm«, Bonn 20.11.1984, S. 1. FOFA sah fünf verschiedene Distanzen beim Kampf in der Tiefe vor: bis 30 km, bis 80 km, bis 150 km, bis 350 km und bis 800 km (mit Cruise Missiles); BArch, BL 1/45263, OTA Project Staff for New Technology for NATO, New Technology for NATO. Implementing Follow-on Forces Attack, Washington, DC, Februar 1987, S. 82.

[1620] BArch, BW1/217731, Presseauswertung »Welt am Sonntag«: »Mit Subwaffen in die Tiefe des Raums«, Bonn 25.11.1984, S. 1.

[1621] BArch, BW 1/242003, Der Bundesminister der Verteidigung, Informations- und Pressestab/ Referat Öffentlichkeitsarbeit, SDI. Fakten und Bewertungen. Fragen und Antworten. Dokumentation, Juni 1986, S. 18.

[1622] Zeitzeugengespräch mit General a.D. Wolfgang Altenburg, Lübeck-Travemünde, 11.6.2014 und 26.6.2014.

[1623] Zeitzeugengespräch mit General a.D. Wolfgang Altenburg, Lübeck-Travemünde, 11.6.2014.

[1624] Ebd. Siehe dazu auch: Theiler, Die Entfernung der Wirklichkeit von den Strukturen, S. 362.

[1625] BArch, BW 2/20529, Fü S VI 3, Az. 09-10-80, Anlage 1 zu GenInsp, Fü S VI 3, Az. 09-10-80, Tgb. Nr. 1911/83, Bundeswehrplan 1985–1997, Bonn, 9.12.1983, S. 20 und 40; BArch,

IV. Die Entwicklung von Kriegsbildern

nischen FOFA-Konzepts hätte die Bundeswehr vor nicht zu bewältigende logistische Probleme gestellt.[1626]

Dieses Umstands und der damit immer noch begrenzten Leistungsfähigkeit seiner Teilstreitkraft in der konventionellen Kriegführung war sich auch der Führungsstab der Luftwaffe sehr bewusst.[1627] Doch wie weit konnte dieser Schwachpunkt offengelegt werden? Wie der Inspekteur der Luftwaffe, Generalleutnant Eberhard Eimler,[1628] in der Zeitschrift »Europäische Wehrkunde« 1986 zu den »Schlachtfeldern der Luftstreitkräfte« schrieb, war zwar die Abriegelung der Folgekräfte des Warschauer Paktes vom Gefechtsfeld aus der Luft nicht flächendeckend, doch zumindest über Schlüsselziele der Infrastruktur leistbar.[1629] Infrage kamen hier vor allem Verkehrsknotenpunkte, Brücken, Bahnlinien und Straßen. Darüber hinaus stellten in einem möglichen Krieg aber auch Truppenansammlungen und Kampfverbände auf dem Marsch bevorzugte Ziele für Luftangriffe dar, die nach den Vorstellungen der Luftwaffenführung künftig nicht nur von bemannten Luftfahrzeugen, sondern auch von Flugkörpern, Raketenwerfern und unbemannten Kampfdrohnen bekämpft werden konnten.[1630] Gerade aus der Sicht der Luftwaffenführung war es wichtig, die feindlichen Folgekräfte zu bekämpfen, bevor sie auf dem Gefechtsfeld ihre Wirkung entfalten konnten, ging es damit doch um die Rolle der Luftwaffe in einem Krieg der Zukunft und zugleich um ihre Gewichtung in der Langzeitplanung der Bundeswehr. Eimler verwies während einer Generalstagung der Luftwaffe im September 1986 auf das NATO-Dokument »The conceptual military framework (CMF) MC 299«, in dem FOFA als eine der sogenannten Key Mission Components (KMC)[1631] definiert worden war, die für die Erfüllung des Verteidigungsauftrages der Allianz erforderlich waren.[1632] Aufgrund ihrer Reichweite, Geschwindigkeit und Flexibilität verfügten nur die Luftkriegsmittel über die Fähigkeit, diese Aufgabe wahrzunehmen. Das Heer wollte der Inspekteur der Luftwaffe hingegen auf die Aufgabe beschränkt wissen, es mit der 1. Staffel der feindlichen Streitkräfte aufzunehmen.[1633]

BW 2/31014, Fü S VI 3, Az. 09-20-30, Tgb.Nr. 2001/83, Bundeswehrplan 1985–1997 (BwPl 85), Textbd, Bonn 13.1.1984, S. 96.

[1626] Zeitzeugengespräch mit General a.D. Wolfgang Altenburg, Lübeck-Travemünde, 11.6.2014.
[1627] Lemke, Eine Teilstreitkraft, S. 390 f.
[1628] Eimler war vom 1.4.1983 bis 30.9.1987 Inspekteur der Luftwaffe. Von 1968 bis 1970 war er Adjutant des damaligen Inspekteurs der Luftwaffe, Generalleutnant Steinhoff, gewesen.
[1629] Lemke, Eine Teilstreitkraft, S. 390; Eimler, Die Schlachtfelder der Luftstreitkräfte.
[1630] BArch, BL 1/45263,Fü L III 1, Az. 03-05-01 PO 04/91, Vortrag bei Generalstagung Luftwaffe II/86 betreffend »Position Luftwaffe zu FOFA«, Bonn, 16.9.1986, S. 4 f.
[1631] Ebd., S. 3. Am 9.11.1984 hatte das NATO Defence Planning Committee (DPC) die »Long Term Planning Guideline for FOFA« des SACEUR bestätigt und damit FOFA zum offiziellen Bestandteil der NATO-Strategie gemacht. BArch, BL 1/45263, OTA Project Staff for New Technology for NATO, New Technology for NATO. Implementing Follow-on Forces Attack, Washington, DC, Februar 1987, S. 49 f.; BArch, BW 1/217731, Der Bundesminister der Verteidigung, Fü S I 3, Truppeninformation betreffend »Verbesserung der konventionellen Verteidigungsfähigkeit der NATO«, Bonn 12.11.1984, S. 1.
[1632] BArch, BL 1/45263, Fü L III 1, Az. 03-05-01 PO 04/91, Vortrag bei Generalstagung Luftwaffe II/86 betreffend »Position Luftwaffe zu FOFA«, Bonn, 16.9.1986, S. 2 f.
[1633] Ebd., S. 2 und 5.

»Vor dem Hintergund begrenzter Finanzmittel«[1634] – diese Formulierung machte das alte Grundproblem deutlich, wenn es darin um die Gewichtung der Teilstreitkräfte ging – brachte die Luftwaffenführung deshalb FOFA immer wieder auf den Tisch des Generalinspekteurs[1635] und wurde aufgrund der Interessenkonvergenz von der Royal Air Force sowie der USAF unterstützt, die ihren Anteil im britischen und amerikanischen Verteidigungshaushalt ebenfalls auszubauen versuchten. Insofern waren FOFA und Air Land Battle (ALB) zur Mitte der 1980er Jahre durchaus dominante Themen in der NATO, auf die die Westdeutschen ebenfalls Einfluss nahmen.[1636] Neben konzeptionellen operativen Gedanken[1637] trugen sie mit technologischen Entwicklungen wie dem »Tornado« und der KB-44-Submunition zum Waffensystemverbund für den Kampf in der Tiefe bei.[1638] Oft genug stellten Rüstungskooperationen dabei aber einen einseitigen Technologieabfluss aus der Bundesrepublik Deutschland in die USA dar.[1639]

Aus Sicht der Bundesregierung und der militärischen Führung der Bundeswehr war FOFA allerdings nicht – wie dies vor allem bei den Amerikanern der Fall war – die Grundlage eines Leitbildes für eine militärische Auseinandersetzung in Europa, sondern – wie dies im Weißbuch des Jahres 1985 klargestellt wurde – nur eine Komponente der »kraftvollen konventionellen Vorneverteidigung in Mitteleuropa«[1640] und der Glaubwürdigkeit der Gesamtstrategie. Für Altenburg

---

[1634] Ebd., S. 6.
[1635] BArch, BW 2/20529, Der Bundesminister der Verteidigung, Fü S VI 3, Tgb.Nr. 1231/86, Arbeitsunterlage Konzeptionelle Vorstellungen zu Kampf in der Tiefe, Bonn, 11.08.1986, S. 5; BArch, BL 1/45263, Fü L III 1, Az. 03-05-01 PO 04/91, Vortrag bei Generalstagung Luftwaffe II/86 betreffend »Position Luftwaffe zu FOFA«, Bonn, 16.9.1986, S. 7; BArch, BW 2/20530, Anlage 2 zu Fü S VI 3, TgbNr. 1558/84, US/GE-Studienplan zur Verbesserung der Luftverteidigung in der NATO, hier: Vorbemerkungen und konzeptioneller Gesamtrahmen, Bonn 15.10.1984, S. 1; Eimler, Die Schlachtfelder der Luftstreitkräfte. Siehe dazu auch: Lemke, Eine Teilstreitkraft, S. 391 f.
[1636] »The FRG [...] wields considerable influence on the Allies' views concerning FOFA.« hieß es dazu in einem amerikanischen FOFA-Dokument. BArch, BL 1/45263, OTA Project Staff for New Technology for NATO, New Technology for NATO. Implementing Follow-on Forces Attack, Washington, DC, Februar 1987, S. 113. In gleicher Weise äußerte sich General Altenburg. Zeitzeugengespräch mit General a.D. Wolfgang Altenburg, Lübeck-Travemünde, 11.6.2014.
[1637] In der deutsch-amerikanischen Planübung »Mapex 84« wurde beispielsweise von einem »begrenzten, konventionell geführten Einsatz« ausgegangen. BArch, BW 2/23493, CLSS, GE/US Planübung Sanitätsdienst, Vorbemerkungen zur Lagedarstellung, München 6.2.1984, S. 1. Von 1985 bis 1988 wurde unter maßgeblicher deutscher Beteiligung das Konzept CONMAROPS nach den Prinzipien »Containment«, »Keeping the Initiative« und »Defence in Depth« erarbeitet. Monte, Die Rolle der Marine, S. 587.
[1638] BArch, BL 1/45263, OTA Project Staff for New Technology for NATO, New Technology for NATO. mplementing Follow-on Forces Attack, Washington, DC, Februar 1987, S. 113 f.
[1639] BArch, BW 1/342932, Bundesminister der Verteidigung,Rü II 3, Az. 02-20-20, Schreiben an den Bundesminister für Wirtschaft betreffend »Verhandlungen mit den USA über Technologietransfer«, Bonn, 29.5.1985, S. 2 f.
[1640] Weißbuch 1985, S. 35; BArch, BW 2/13416, Fü S VI 1, Follow-on Forces Attack (FOFA) als Teil der Vorneverteidigung, Hintergrundinformation, Bonn 14.10.1984, S. 1; BArch, BW 1/217731, Der Bundesminister der Verteidigung, Fü S I 3, Truppeninformation betreffend »Verbesserung der konventionellen Verteidigungsfähigkeit der NATO«, Bonn 12.11.1984,

ging es bei FOFA vor allem um eine »Perzeptionsfrage«[1641] für den möglichen Aggressor. Die an die FOFA-Fähigkeiten geknüpfte Steigerung der konventionellen Verteidigungsfähigkeit stellte ein zusätzliches Mittel im Kontinuum der Abschreckung dar, die sich weiterhin auch auf Nuklearwaffen abstützte. Daher stand die Bundesregierung – wie auch Verteidigungsminister Manfred Wörner im Atlantischen Bündnis wiederholt betonte – FOFA grundsätzlich nicht ablehnend gegenüber, fokusierte sich aber als voraussichtlicher Hauptbetroffener eines Angriffs auf die 1. Staffel des Warschauer Paktes.[1642] Denn was nützte der erfolgreiche Kampf gegen die 2. Staffel auf feindlichem Gebiet, wenn es der 1. Staffel gelang, das Territorium der Bundesrepublik Deutschland zu besetzen? Aus der bereits im Vorkapitel genannten »Frontstaatenmentalität« der Westdeutschen heraus ist es nachvollziehbar, dass ihre Kriegsbilder eine andere Nuancierung hatten als die der Amerikaner. Die Kriegsleitbilder der militärischen Führung der Bundeswehr drehten sich aus begründetem nationalem Interesse um Schadensbegrenzung und schnelle Konfliktbeendigung. Das Mittel der Wahl, um dies zu erreichen, blieb die integrierte Vorneverteidigung.[1643] Und genau diese Sichtweise, die in erster Linie der politischen Ratio folgte, wurde im Weißbuch von 1985 dargelegt:

»Im Krieg müssen die Streitkräfte der Bundesrepublik Deutschland gemeinsam mit den verbündeten Streitkräften – und in enger Zusammenarbeit mit anderen Organen des Staates – die Sicherheit und Integrität der Bundesrepublik Deutschland erhalten oder wiederherstellen. Zweck ihres Einsatzes wäre es, den Krieg bei größtmöglicher Begrenzung des Schadens so schnell wie möglich unter politisch annehmbaren Bedingungen zu beenden und die Abschreckung wiederherzustellen.«[1644]

Eine entschlossene und erfolgreiche Vorneverteidigung sollte im Verteidigungsfall die Siegeserwartungen des Angreifers zunichte machen und der eigenen politischen Führung die Handlungsfreiheit erkämpfen, die sie bräuchte, um den Krieg am Verhandlungstisch wieder zu beenden.[1645]

Dies setzte voraus, dass die Verteidigungsbereitschaft zu Lande, für den Luftkrieg und zur See trotz der »Aktionen des Verdeckten Kampfes wie Spionage, Sabotage und Zersetzung«,[1646] mit denen nach wie vor in der Spannungszeit gerechnet wurde, hergestellt sein musste, bevor ein Angriff begann. Altenburg ging fest davon aus, dass ein Aufmarsch der Armeen des Warschauer Paktes anhand

---

S. 1; BArch, BW 1/217731, Presseauswertung »Frankfurter Rundschau«: »Strategie wird glaubwürdiger«, Bonn 10.12.1984, S. 1.

[1641] Zeitzeugengespräch mit General a.D. Wolfgang Altenburg, Lübeck-Travemünde, 11.6.2014.
[1642] BArch, BL 1/45263, OTA Project Staff for New Technology for NATO, New Technology for NATO. Implementing Follow-on Forces Attack, Washington, DC, Februar 1987, S. 113 f.; BArch, BW 1/217731, Presseauswertung »Der Spiegel«: »Blitzing NATO«, Bonn 26.11.1984, S. 1.
[1643] BArch, BW 2/23493, CLSS, GE/US Planübung Sanitätsdienst, Zusammenfassung Vortrag Nr. 1, München 6.2.1984, S. 2.
[1644] Weißbuch 1985, S. 77.
[1645] Ebd., S. 79.
[1646] Ebd., S. 64.

einer Reihe von Indikatoren (z.B. Abbruch der internationalen Beziehungen, psychologische Vorbereitungen der Satellitenstaaten auf den Krieg, Umstellung auf Kriegswirtschaft, Ankauf von Rohstoffvorräten, Umstellung der Verkehrsinfrastruktur auf einen Truppenaufmarsch[1647]) zu erkennen war und die NATO deshalb mit einer Spannungszeit von mindestens 14 Tagen kalkulieren konnte. Dies reichte nach damaliger Einschätzung aus, um den rechtzeitigen Aufwuchs der Bundeswehr um ca. 900 000 gediente Soldaten für den Verteidigungsfall zu gewährleisten und zumindest eine bedingte Verteidigungsbereitschaft herzustellen.[1648] Allerdings mussten die Verstärkungskräfte aus den USA bereits 14 Tage vor Beginn eines Angriffs in Marsch gesetzt werden, sodass sie in der Vorneverteidigung Wirkung entfalten konnten.[1649] Um die Warnzeit[1650] zu verlängern, war dem Generalinspekteur gemeinsam mit dem Inspekteur der Luftwaffe daran gelegen, eine eigene Satellitenaufklärung zu entwickeln. Auch zu diesem Zweck sollte die Hochtechnologie zum Tragen kommen.[1651] Doch hätte dies tatsächlich ausgereicht?

Den Kriegsbeginn stellte sich Altenburg so vor, dass einzelne NATO-Alarmierungsmaßnahmen im Rahmen von »Simple Alert« ausgelöst und der Verteidigungsfall festgestellt wurden. Hinzu kamen aus seiner Sicht vor allem noch Konsultationen zwischen den beiden Supermächten, in denen deutlich gemacht würde, dass man auf einen Nuklearkrieg zusteuerte.[1652] Nach der Einschätzung der militärischen Führung der Bundeswehr würde es aufgrund des nunmehr angenommenen größeren Ausmaßes einer Aggression[1653] einerseits und der

---

[1647] BArch, BW 2/20529, Fü S VI 3, Az. 09-10, Tgb. Nr. 1561/86, Planungskonferenz 3/83 am 4.11.1983, hier: Vortrag »Prüfung der verteidigungspolitischen und militärstrategischen Prämissen sowie der Organisation und Struktur der Streitkräfte der 90er Jahre«, Bonn, 28.10.1983, S. 42.

[1648] Zeitzeugengespräch mit General a.D. Wolfgang Altenburg, Lübeck-Travemünde, 11.6.2014; BArch, BW 2/20529, Fü S VI 3, Az. 09-10, Tgb. Nr. 1561/86, Planungskonferenz 3/83 am 4.11.1983, hier: Vortrag »Prüfung der verteidigungspolitischen und militärstrategischen Prämissen sowie der Organisation und Struktur der Streitkräfte der 90er Jahre«, Bonn, 28.10.1983, S. 2 und 8.

[1649] Ebd., S. 11.

[1650] »Warnzeit ist der Zeitraum zwischen der Erkenntnis über Kriegsgewißheit und Kriegsbeginn«, hieß es in einem Planungsdokument. BArch, BW 2/20529, Fü S VI 3, Az. 09-10, Tgb.Nr. 1561/86, Planungskonferenz 3/83 am 4.11.1983, hier: Vortrag »Prüfung der verteidigungspolitischen und militärstrategischen Prämissen sowie der Organisation und Struktur der Streitkräfte der 90er Jahre«, Bonn, 28.10.1983, S. 8. Sie betrug nach Berechnungen der NATO mindestens 48 Stunden. BArch, BW 2/20529, Der Bundesminister der Verteidigung, Fü S VI 3, Tgb.Nr. 1231/86, Arbeitsunterlage Konzeptionelle Überlegungen zu Kampf in der Tiefe, Bonn, 11.8.1986, S. 1; BArch, BW 2/31014, Fü S VI 3, Bundeswehrplan 1985–1997, Textbd, Teil B, Bonn 13.1.1984, S. 15.

[1651] Zeitzeugengespräch mit General a.D. Wolfgang Altenburg, Lübeck-Travemünde, 11.6.2014. BArch, BW 2/31014, Fü S VI 3, Az. 09-03, Tgb.Nr. 399/84, Beitrag Fü S VI 3 zur Untersuchung »Weltraumtechnologie«, Bonn 20.3.1984, S. 2.

[1652] Zeitzeugengespräch mit General a.D. Wolfgang Altenburg, Lübeck-Travemünde, 11.6.2014.

[1653] BArch, BW 2/31014, Fü S VI 3, Bundeswehrplan 1985–1997, Textbd, Teil B, Bonn 13.1.1984, S. 8. Auch ein rechnergestütztes OR-Planspiel des Amts für Studien und Übungen der Bundeswehr ging von einer großangelegten Aggression des Warschauer Paktes in Mitteleuropa aus, von der auch Österreich betroffen wäre. Derartigen Planspielen lagen

IV. Die Entwicklung von Kriegsbildern 397

schichttortenartigen Verteilung der NATO-Streitkräfte in der Bundesrepublik Deutschland (neun Korps aus sechs Staaten) andererseits immer ein Krieg sein, an dem mehrere Nationen beteiligt wären.[1654] Dies war nicht mehr der räumlich begrenzte Krieg, wie er noch in den späten 1960er Jahren angedacht worden war. Angesichts der vorbereiteten General Defence Plans der NATO war die Vorneverteidigung nur noch integriert vorstellbar. In gleicher Weise kam aufgrund der NATO-Strukturen selbst ein taktisch-konventioneller Einsatz der Luftwaffe nur noch im Verbund mit den Luftstreitkräften der Bündnispartner in Betracht.[1655] Vor allem die schnell einsatzbereite Luftwaffe und die Panzerabwehrhubschrauber des Heeres, die mittlerweile mit der 3. Generation von Panzerabwehrlenkraketen, sogenannten fire and forget-Waffen, ausgestattet waren, sollten das Gefecht zügig grenznah aufnehmen.[1656] Die Hauptaufgabe der Luftwaffe sollte jedoch der Kampf gegen die gegnerischen Luftstreitkräfte darstellen, deren Potenzial sich 1986 auf 2700 Jagdbomber und Jäger, 250 Bomber und 1000 Hubschrauber bezifferte. Erst in zweiter Priorität hatte die Luftwaffe dann Landstreitkräfte des Feindes zu bekämpfen.[1657]

In den bundeswehrinternen Vorstellungen war FOFA also hinten angestellt, da aus westdeutscher Sicht in der Anfangsphase eines Krieges ja die Operationen gegen die Fronten der 1. Staffel des Warschauer Paktes von entscheidender Bedeutung waren. Und hier drehten sich die Gedanken um den Kampf gegen die feindlichen Panzer.[1658] Diesen konnte die NATO 1985 die beachtliche Menge von 21 400 Kampfpanzern entgegenstellen,[1659] die zumindest gemäß dem Kriegsleitbild der Bundeswehr den Feind in einer beweglichen Operationsführung schlagen, Lücken in der eigenen Verteidigung schließen und verlorene Räume wiedergewinnen sollten.[1660] Das Heer spielte für Altenburg die maßgebliche Rolle bei der Landesverteidigung.[1661] Das hierfür relevante operative Denken stand ebenfalls im Zeichen der Hochtechnologie, da das Heer auf die Überlegenheit moderner Waffensysteme wie den bis 1987 der Truppe zulaufenden Kampfpanzer »Leopard 2« und den Raketenjagdpanzer »Jaguar 2« setzte. Große Hoffnungen

---

die damals aktuellen Führungvorschriften der NATO, der Warschauer Vertragsorganisation und der Bundeswehr sowie die GDPs zugrunde. BArch, BW 2/20530, Amt für Studien und Übungen der Bundeswehr, MilBerOR/Grp PlSt, Projektgruppe »MOD II«, Az. 09-61-50/16 11 15, Tgb.Nr. 1905/85, Ottobrunn, 10.12.1986.

[1654] Zeitzeugengespräch mit General a.D. Wolfgang Altenburg, Lübeck-Travemünde, 11.6.2014.
[1655] Weißbuch 1985, S. 203.
[1656] BArch, BW 2/31014, Fü S VI 3, Bundeswehrplan 1985–1997, Textbd, Teil B, Bonn 13.1.1984, S. 15.
[1657] Ebd., S. 15. BArch, BW 2/20529, Der Bundesminister der Verteidigung, Fü S VI 3, Tgb. Nr. 1231/86, Arbeitsunterlage Konzeptionelle Vorstellungen zu Kampf in der Tiefe, Bonn, 11.8.1986, S. 12; BArch, BW 2/20529, Der Bundesminister der Verteidigung, Fü S VI 3, Tgb. Nr. 1231/86, Arbeitsunterlage Konzeptionelle Vorstellungen zu Kampf in der Tiefe, Bonn, 11.8.1986, S. 22.
[1658] BArch, BW 2/31014, Fü S VI 3, Bundeswehrplan 1985–1997, Textbd, Teil B, Bonn 13.1.1984, S. 16.
[1659] Krüger, Am Abgrund, S. 172.
[1660] BArch, BW 2/31014, Fü S VI 3, Bundeswehrplan 1985–1997, Textbd, Teil B, Bonn 13.1.1984, S. 16.
[1661] Zeitzeugengespräch mit General a.D. Wolfgang Altenburg, Lübeck-Travemünde, 11.6.2014.

ruhten weiterhin auf der Ausstattung der Artillerie mit Bomblet- und zielsuchender Munition gegen gepanzerte Kräfte, deren volles Leistungsspektrum aber erst Ende der 1990er Jahre zu erwarten war.[1662]

Der von Altenburg Anfang 1984 erlassene »Bundeswehrplan 1985–1997 (BwPl 85)«[1663] sah bis zum Ende der 1980er Jahre ferner die Anschaffung weiterer Hochtechnologie für die konventionelle Kriegführung (z.B. das Mittlere Artillerie Raketen System (MARS), Panzerabwehrhubschrauber 2, die Aufklärungsdrohne CL 289, das Kleinfluggerät Zielortung (KZO), die Führungsmittel AUTOKO II und III, den Lenkflugkörper PARS, das Flugabwehrraketensystem »Patriot«, das Jagdflugzeug 90 sowie die Fregatte 90) vor.[1664] In der Wahrnehmung der Kampftruppe des Heeres stieg mit der verbesserten Ausstattung das Selbstvertrauen, einer Aggression des Warschauer Paktes so zu begegnen, dass es nicht zu einer schnellen nuklearen Eskalation kam, gegenüber den 1970er Jahren deutlich an.[1665] Das nuklearfähige Flugabwehrraketensystem »Nike« der Luftwaffe sollte ab 1988 gar durch das rein konventionelle System »Patriot« ersetzt werden.[1666] Die Leistungsfähigkeit dieser neuen Waffen war im Rahmen von OR-Studien in Duellsimulationen gegen Systeme des Warschauer Paktes erprobt worden.[1667] Gerade im Weißbuch des Jahres 1985 wurde im Kapitel »Weichenstellung für die neunziger Jahre« deklariert, dass »neue Technologien zur Stärkung der konventionellen Verteidigung zu nutzen«[1668] seien. Vor allem dem Informationsvorsprung gegenüber dem Feind durch Datenverarbeitungssysteme, Zieldatenübertragung sowie rechnergestützte Feuerleitverfahren kam nun eine große Bedeutung zu.

Während nach der Lesart des Weißbuchs die Land- und Luftstreitkräfte der NATO die operativen Absichten des Warschauer Paktes in Mitteleuropa durchkreuzen sollten, würde die Marine in diesem Kriegsleitbild durch bündnisgemeinsame Operationsführung Angriffe des Gegners über See gegen die seestrategischen Schlüsselpositionen und gegen eigenen Schiffsverkehr entlang der Seeverbindungslinien verhindern. Unter dem neuen Paradigma »Maritime Verteidigung im Nordflankenraum«[1669] erstreckte sich das gedachte Einsatzgebiet der Bundesmarine von der Ostsee über die Ostseeausgänge bis in die Nordsee mit ihren angrenzenden Seegebieten.[1670] Auch wenn die Marine aus Sicht des Generalinspekteurs lediglich eine untergeordnete Rolle spielte,[1671] war für die

---

[1662] BArch, BW 2/31014, Fü S VI 3, Bundeswehrplan 1985–1997, Textbd, Teil B, Bonn 13.1.1984, S. 18.
[1663] Ebd., Az. 09-20-30, Tgb.Nr. 2001/83, Bundeswehrplan 1985–1997 (BwPl 85), Textbd, Bonn 13.1.1984.
[1664] Ebd., S. 98–114.
[1665] Zeitzeugengespräch mit Generalleutnant a.D. Rainer Glatz, Potsdam-Eiche, 17.11.2014.
[1666] BArch, BW 2/31014, Fü S VI 3, Bundeswehrplan 1985–1997, Textbd, Teil B, Bonn 13.1.1984, S. 27 f.
[1667] Ebd., S. 65 und 78.
[1668] Weißbuch 1985, S. 380.
[1669] Ebd., S. 217.
[1670] Ebd., S. 216. Siehe dazu auch: Doepgen, Die Konzeptionen, S. 267.
[1671] Zeitzeugengespräch mit General a.D. Wolfgang Altenburg, Lübeck-Travemünde, 11.6.2014.

neuen Marinejagdbomber MRCA »Tornado« und Schnellboote 143 A sogar ein »Kampf in der Tiefe des Raumes Ostsee«[1672] vorgesehen. Mitte der 1980er Jahre hatte die Bundesmarine dafür endlich einen sehr guten qualitativen Stand erreicht.[1673]

Zu Lande, in der Luft und zur See ging damit das Leitbild der Bundeswehr vom Kriege davon aus, dass die konventionelle Abwehr gleich zu Beginn einer Auseinandersetzung mit einem Höchstmaß an Kampfkraft geführt wurde.[1674] Die Gedankenführung war darauf ausgerichtet, dem Warschauer Pakt Anfangserfolge zu verwehren. Die Kriegführung wäre dabei – so die Erwartung im Verteidigungsministerium im Jahre 1986 – durch hohe Geschwindigkeit, taktisch-operative Beweglichkeit und den Kampf mit weitreichenden Waffensystemen gekennzeichnet.[1675] Für Altenburg kam es darauf an, gegenüber dem Warschauer Pakt deutlich zu machen, dass er durch die konventionelle Verteidigungsfähigkeit der NATO in Zentraleuropa in eine Dimension der Kriegführung gezwungen würde, welche die Kremlführung vermeiden wollte.[1676] Es ging darum, die gegnerische Perzeption im Sinne der Abschreckungsstrategie zu beeinflussen. An dieser Stelle wird die in Unterkapitel II.3 aufgeführte Drohfunktion von Kriegsbildern deutlich.

Tatsächlich waren sich die Operateure und Logistiker der NATO der Schwachstellen in dem oben skizzierten Leitbild bewusst. Vor allem die eigene Durchhaltefähigkeit in einem längeren Waffengang gab Anlass zur Sorge.[1677] Sollte es nicht gelingen, die 2. Staffel oder auch nur die operative Reserven der 1. Staffel vor Auftreffen auf die Verteidigungskräfte abzunutzen, musste mit tiefen Einbrüchen in die eigenen Verteidigungsräume gerechnet werden. Die Mittel der Luftwaffe reichten jedenfalls nicht aus, um nachhaltige Operationen gegen die Fronten der 2. Staffel zu führen.[1678] Die gleiche Gefahr bestand, wenn es dem Feind gelänge, seine 2. Staffel auf dem Gefechtsfeld einzuführen, bevor die

---

[1672] BArch, BW 2/31014, Fü S VI 3, Bundeswehrplan 1985–1997, Textbd, Teil B, Bonn 13.1.1984, S. 24.
[1673] Monte, Die Rolle der Marine, S. 588. Die Marine verfügte u.a. über 24 U-Boote, 40 FK-Schnellboote und 112 neue Marinejagdbomber MRCA »Tornado« mit Anti-Schiff-FK für die Ostsee sowie 8 neue U-Jagd-Fregatten der »Bremen«-Klasse (Typ F 122) mit Bordhubschraubern für die Nordsee.
[1674] Weißbuch 1985, S. 79.
[1675] BArch, BW 1/242003, Der Bundesminister der Verteidigung, Informations- und Pressestab/Referat Öffentlichkeitsarbeit, SDI. Fakten und Bewertungen. Fragen und Antworten. Dokumentation, Juni 1986, S. 13.
[1676] Zeitzeugengespräch mit General a.D. Wolfgang Altenburg, Lübeck-Travemünde, 11.6.2014.
[1677] BArch, BW 2/20529, Der Bundesminister der Verteidigung, Fü S VI 3, Tgb.Nr. 1231/86, Arbeitsunterlage Konzeptionelle Vorstellungen zu Kampf in der Tiefe, Bonn, 11.8.1986, S. 14. In einem Artikel mit dem Titel »Bedingt abwehrbereit« vom 13.8.1984 hieß es, dass Altenburg überzeugt gewesen sei, dass die Bundeswehr zusammen mit den Verbündeten den Ansturm der 1. Staffel ca. eine Woche lang aufhalten könne. Durch eine Verstärkung der konventionellen Kampfkraft sollte der politischen Führung im Kriegsfalle Zeit und Handlungsspielraum gewonnen werden. Bedingt abwehrbereit; vgl. Altenburg, Die Nuklearstrategie, S. 335.
[1678] BArch, BW 2/31014, Fü S VI 3, Bundeswehrplan 1985–1997, Textbd, Teil B, Bonn 13.1.1984, S. 21.

Verstärkungen aus den USA wirksam würden.[1679] Große Einschränkungen gab es auch noch bei der Wirksamkeit sogenannter intelligenter Munition. Eine interne Bestandsaufnahme der NATO Ende 1986 ergab:

»NATO's ability to attack follow-on forces is provided today almost exclusively by aircraft operating at depths of 150 kilometers or less and carrying weapons that are most effective against fix targets (guided bombs) or soft area targets (cluster bombs) [...] In particular they would not destroy armored forces.«[1680]

Und auch eine amerkanische Analyse im Auftrag des Center for International Studies an der Princeton University hatte 1984 deutlich gemacht, wie sehr sich die amerikanische Strategie – trotz vielen Aufhebens um ALB bzw. FOFA und SDI[1681] – immer noch auf Nuklearwaffen abstützte.[1682] Aus diesem Grunde wies das westdeutsche Weißbuch von 1985 ganz berechtigt darauf hin, dass sich die NATO den politisch kontrollierten Einsatz von Nuklearwaffen vorbehalten würde, um im Verteidigungsfall die Abschreckung wiederherstellen zu können.[1683] Unter diesen Vorzeichen war es für den Generalinspekteur wichtig, durch die Bereitstellung zumindest einer begrenzten Anzahl von Trägermitteln auch einen Beitrag zur nuklearen Abschreckung der NATO zu leisten.[1684] Nach wie vor lag die Option auf nukleare Teilhabe an amerikanischen Atomwaffen im Verteidigungsfall im außenpolitischen Interesse der Bundesrepublik Deutschland, deren Regierung eine möglicherweise unzureichende lückenhafte Abschreckung wegen einer »Atomlücke« befürchtete.[1685]

Der SACEUR wollte von Altenburg immer wieder wissen, ab welchem Punkt der Verteidigungsführung ein Nuklearwaffeneinsatz nach deutscher Interpretation erwogen werden könnte. Hier kamen verschiedene Optionen des selektiven Ersteinsatzes von Nuklearwaffen nach den Provisional Political Guidelines for Initial Tactical Use of Nuclear Weapons (PPGs) und Consultative Guidelines in Betracht (demonstrative use, battlefield use – dies hätten ADM oder anti-weapon sein können –, air defense, maritime use, z.B. anti-submarine), von denen »battlefield use« und »air defense« für Altenburg noch am ehesten als die Optionen vorstellbar waren, die der SACEUR, als die dazu vorgesehene

---

[1679] BArch, BW 2/20529, Der Bundesminister der Verteidigung, Fü S VI 3, Tgb.Nr. 1231/86, Arbeitsunterlage Konzeptionelle Vorstellungen zum Kampf in der Tiefe, Bonn, 11.8.1986, S. 17–19.

[1680] BArch, BL 1/45263, OTA Project Staff for New Technology for NATO, New Technology for NATO. Implementing Follow-on Forces Attack, Washington, DC, Februar 1987, S. 135.

[1681] BArch, BW 1/242003, Der Bundesminister der Verteidigung, Informations- und Pressestab/ Referat Öffentlichkeitsarbeit, SDI. Fakten und Bewertungen. Fragen und Antworten. Dokumentation, Juni 1986.

[1682] Garvey, Strategy and the Defense Dilemma, S. 113–122.

[1683] Weißbuch 1985, S. 78; BArch, BW 2/20529, Der Bundesminister der Verteidigung, Fü S VI 3, Tgb.Nr. 1231/86, Arbeitsunterlage Konzeptionelle Vorstellungen zu Kampf in der Tiefe, Bonn, 11.8.1986, S. 2 f.

[1684] Weißbuch 1985, S. 188.

[1685] BArch, BW 2/31014, Fü S VI 3, Bundeswehrplan 1985–1997, Textbd, Teil B, Bonn 13.1.1984, S. 27.

Ebene, in den Konsultationsprozess eingebracht hätte.[1686] Der Generalinspekteur vertrat jedoch die Ansicht der Bundeskanzler Schmidt und Kohl, dass der Nuklearwaffeneinsatz jeweils auf Grundlage der Gesamtsituation in einem Kriege entschieden werden musste, jedoch nicht nach vorher detailliert definierten Einzelsituationen beschlossen werden konnte. Die entscheidende Frage lautete für Altenburg aber immer: »Stehen die zu erwartenden Schäden in Relation zum politischen Nutzen?«[1687] Der militärische Nutzen allein reichte nicht. Insofern konnte es auch nicht um Predelegation für eine möglichst effiziente Verteidigung mit taktischen Nuklearwaffen gehen. Entsprechenden Bestrebungen von Korps- und Divisionskommandeuren trat der Generalinspekteur – trotz fehlender Machtkompetenzen für die bei der NATO liegende Operationsführung im Kriegsfall – mit der Argumentation entgegen, dass die Dimension der Kriegführung und damit die Existenz der Völkerschaften über die Lage beispielsweise eines Korps zu stellen waren.[1688] Hier dominierten politische Denkmuster die operativen. Es herrschte in der militärischen Führung der Bundeswehr der »Primat der Politik«.[1689] Um die Frage des SACEUR an Altenburg zu beantworten, musste eine politische Entscheidung über den Nuklearwaffeneinsatz schon dann fallen, wenn es in der Bundesrepublik Deutschland noch etwas zu verlieren gab. Insofern musste ein Krieg nach einhelliger Meinung der Bundesregierung und der militärischen Führung der Bundeswehr frühzeitig beendet werden, sofern er nicht durch Abschreckung überhaupt verhindert werden konnte.[1690]

Insgesamt unterschied sich dieses Kriegsbild eines vor allem zeitlich begrenzten Krieges deutlich von der Vorstellung des in erster Linie räumlich begrenzten Krieges um 1970. Auch machten die Kriegshandlungen diesmal gedanklich nach einer Aggression des Warschauer Paktes nicht an der Demarkationslinie zwischen der Warschauer Vertragsorganisation und der NATO halt, sondern wurden auf das Territorium des Gegners, ja sogar in die Tiefe des feindlichen Raumes zurückprojeziert. Dass von der umfassenden Nuklearkriegführung abgesehen wurde, blieb jedoch seit 1965 gegenüber früheren Vorstellungen unverändert. Allerdings war selbst der demonstrative Atomwaffeneinsatz im Jahre 1986 gedanklich in den Hintergrund getreten, da die militärische Führung der Bundeswehr davon ausging, dass zuvor bereits politische Maßnahmen, spätestens jedoch die Ankündigung des Nuklearwaffeneinsatzes zum Einlenken des

---

[1686] Zeitzeugengespräch mit General a.D. Wolfgang Altenburg, Lübeck-Travemünde – Potsdam, 26.6.2014. Der nukleare Ersteinsatz der NATO wäre immer erst eine Reaktion auf eine Aggression des Warschauer Paktes gewesen. Denn Zielsetzung der damaligen NATO-Strategie war in erster Linie »to restore deterrence«. Zum Atomkrieg aus dem Blickwinkel von unten zur Mitte der 1980er Jahre siehe: Klein, Wehrpflichtige der Bundeswehr und Atomkrieg, S. 440–453.

[1687] Zeitzeugengespräch mit General a.D. Wolfgang Altenburg, Lübeck-Travemünde, 11.6.2014.

[1688] Ebd.

[1689] Weißbuch 1985, S. 43.

[1690] 1986 wurden die fomal niemals verbindlichen PPGs durch die »General Political Guidelines for the Employment of Nuclear Weapons in the Defence of NATO« (GPGs) ersetzt. Ziele waren nun – entsprechend den westdeutschen Forderungen – verstärkt sowjetische Truppen und militärische Einrichtungen für den nuklearen Ersteinsatz, während Ziele auf NATO-Bündnisgebiet ausgespart wurden. Heuser, NATO, Britain, France and the FRG, S. 57.

Gegners führen würden.[1691] Im Gegensatz zu den 1970er Jahren spielten biologische und chemische Kampfmittel in diesem Kriegsbild keine Rolle mehr, nachdem im Verteidigungsministerium bekannt geworden war, dass deren Einsatz auch von der Gegenseite als kontraproduktiv eingeschätzt wurde. Denn die Antwort der NATO auf den Einsatz von C- und B-Waffen wäre definitiv nuklear ausgefallen.[1692] Auch wenn unter Wörner und Kohl 1985 mit den von schon zuvor von Schmidt forcierten »German 4 Nos«[1693] (no site preparation and prechambering, no predelegation, no fallout, no belt and no damage to installations of vital interest) erreicht wurde, dass die US-Streitkräfte ihre ADM abzogen,[1694] blieben die Atomwaffen für die militärische Führung der Bundeswehr bis zum Ende des Ost-West-Konflikts als Mittel zur Abschreckung oder Wiederherstellung der Abschreckung ein notwendiges Element der Kriegführung.[1695]

Dass der Nuklearwaffeneinsatz nicht zugleich zwangsläufig ein Bestandteil ihres Kriegsbildes war, durfte die Bundeswehrführung zum Zwecke der Abschreckung nicht allzu deutlich machen. Hier ist zwischen persönlichen Auffassungen und politischer Rhetorik zu unterscheiden. Das Kalkül Altenburgs scheint am Ende der Blockkonfrontation jedoch aufgegangen zu sein.

Auch wenn die SDI-Technologien trotz immenser Kosten,[1696] besonders in den USA, nicht die propagierte Stärkung der konventionellen Verteidigungsfähigkeit mit sich brachten, das Fraunhofer-Institut die Feldtauglichkeit zahlreicher SDI-Waffensysteme infrage stellte[1697] und Bundesverteidigungsminister Wörner im Rahmen einer Planungskonferenz am 15. April 1986 zu den Rüstungsprojekten feststellte, dass »die Industrie [...] offensichtlich nicht einlösbare Versprechungen gemacht«[1698] hatte, spielte die Hochtechnologie in den Kriegsbildern beim Warschauer Pakt die erhoffte Rolle.[1699] In der DDR wurde damals ein »Hochrüstungs-

---

[1691] Zeitzeugengespräch mit General a.D. Wolfgang Altenburg, Lübeck-Travemünde, 11.6.2014.
[1692] Ebd. Zeitzeugengespräch mit General a.D. Wolfgang Altenburg, Lübeck-Travemünde – Potsdam, 26.6.2014.
[1693] Zeitzeugengespräch mit General a.D. Wolfgang Altenburg, Lübeck-Travemünde, 11.6.2014.
[1694] Heuser, NATO, Britain, France and the FRG, S. 145; Hammerich, Die geplante Verteidigung, S. 256.
[1695] Eine ähnliche Sichtweise vertraten auch die Briten und Franzosen. In diesem Punkt ergab sich damit jedoch eine zunehmende Divergenz zu den Amerikanern. Heuser, NATO, Britain, France and the FRG, S. 146 f.
[1696] Das SDI-Forschungsprogramm war mit rund 40 Mrd. US-Dollar veranschlagt. BArch, BW 1/242003, Der Bundesminister der Verteidigung, Informations- und Pressestab/Referat Öffentlichkeitsarbeit, SDI. Fakten und Bewertungen. Fragen und Antworten. Dokumentation, Juni 1986, S. 8−10. Eine Rakete des Typs »Maverick« kostete damals beispielsweise mehr als 100 000 US-Dollar. BArch, BL 1/45.263, OTA Project Staff for New Technology for NATO, New Technology for NATO. Implementing Follow-on Forces Attack, Washington, DC, Februar 1987, S. 138.
[1697] BArch, BW 1/342932, Fraunhofer-Institut für Naturwissenschaftlich-Technische Trendanalysen (INT), Bericht Nr. 123: Zur Diskussion über SDI in der Öffentlichkeit, Euskirchen, März 1986, S. 32.
[1698] An dieser Konferenz nahmen neben den Staatssekretären der Generalinspekteur, sein Stellvertreter und die Inspekteure der Teilstreitkräfte teil. BArch, BW 2/20529, Fü S VI 1, Az. 09-01-00, Tgb.Nr. 931/86, Ergebnisprotokoll über die Planungskonferenz 1/86 am 15.4.1986, Bonn, 19.6.1986, S. 21.
[1699] Zeitzeugengespräch mit General a.D. Wolfgang Altenburg, Lübeck-Travemünde, 11.6.2014.

IV. Die Entwicklung von Kriegsbildern _____ 403

programm des BRD-Imperialismus«[1700] unmittelbar registriert und die Entwicklung des Waffensystems »Tornado« beargwöhnt.[1701] Während der US-Haushalt für Rüstungsforschungen im Jahr 1984 um 18 Prozent und 1985 um weitere 27 Prozent erhöht wurde,[1702] begann sich im Kreml aus dem Gefühl der militärischer Überlegenheit ein Eindruck von Unterlegenheit zu entwickeln, wobei aber auch die so wahrgenommene Unzuverlässigkeit der Warschauer Pakt-Partner eine Rolle spielte.[1703] Siegfried Lautsch hat die »essentiellen Veränderungen im operativen Denken der Warschauer Vertragsorganisation«[1704] in den Jahren 1983 bis 1988 beschrieben. Die Wahrnehmung der NVA-Operateure wurde dabei durchaus von unterstellten »Aggressionsabsichten und Angriffspotenziale[n]«[1705] der NATO geleitet. Vielleicht siegte bei den Sowjets die Ratio,[1706] vermutlich jedoch war auch infolge des Wettrüstens der wirtschaftliche und gesellschaftliche Wandlungsdruck im Osten so groß, dass in Moskau die Militärdoktrin auf die strategische Defensive umgestellt wurde.[1707] Dies schlug sich in der Warschauer Vertragsorganisation nicht nur in Kriegsplänen und Großübungen, sondern auch in der taktischen Ausbildung nieder. Zunehmend litt die Einsatzbereitschaft der Streitkräfte unter den Folgen der wirtschaftlichen Instabilität des Ostens.[1708] Als am 11. März 1985 Michail S. Gorbačëv zum neuen Generalsekretär der KPdSU gewählt wurde, markierte dies das Ende eines stetig gestiegenen Verteidigungshaushalts der UdSSR. Für Gorbačëvs »Perestroika« (Umgestaltung) war es wichtig, den Rüstungswettlauf mit der NATO zu begrenzen. Auch war er bemüht, den Einfluss der Militärs in seinem Lande zurückzudrängen und einen nachhaltigen Entspannungsprozess einzuleiten.[1709] Mehr als 300 Generale wurden entlassen, die den Reformen von »Glasnost« (Offenheit) und »Perestroika« ablehnend gegenüberstanden.[1710] Bereits 1985 war – zumindest in der Warschauer Vertragsorganisation – eine »Wende im militärischen Denken der sowjetischen Führung«[1711] zu verzeichnen. 1986 verkündete Gorbačëv auf dem XXVII. Parteitag der KPdSU die Strategie einer hinreichenden Verteidigung.[1712] Gorbačëvs spektakulärer Vorschlag vom 15. Januar 1986 vor der Weltöffentlichkeit, die Nuk-

---

[1700] Pech, Das Kriegsbild in der BRD, S. 47.
[1701] Ebd., S. 49.
[1702] BArch, BW 1/342931, Rü II 3, Technologietransfer West-West, Bonn, 29.5.1985, S. 2 f.
[1703] Zeitzeugengespräch mit General a.D. Wolfgang Altenburg, Lübeck-Travemünde, 11.6.2014.
[1704] Lautsch, Die NVA-Operationsplanung, S. 265.
[1705] Ebd., S. 270.
[1706] 1986 verfügten die beiden Supermächte USA und UdSSR trotz Abrüstungsverhandlungen über zusammen 20 673 strategische Sprengköpfe. BArch, BW 1/242003, Der Bundesminister der Verteidigung, Informations- und Pressestab/Referat Öffentlichkeitsarbeit, SDI. Fakten und Bewertungen. Fragen und Antworten. Dokumentation, Juni 1986, S. 7.
[1707] Hammerich, Die Operationsplanungen der NATO, S. 288.
[1708] Soldaten wurden zunehmend zu Unterstützungsleistungen großen Stils in der Landwirtschaft und Industrie herangezogen. Vortrag des ehemaligen Hauptmanns der NVA Gunter Fluegel im ZMSBw am 11.2.2015 zur Geschichte der 1. MSD der NVA.
[1709] Bundeswehr im Einsatz, S. 25.
[1710] Uhl, Die sowjetischen Truppen in der DDR, S. 149.
[1711] Lautsch, Die NVA-Operationsplanung, S. 275.
[1712] Uhl, Die sowjetischen Truppen in der DDR, S. 148.

learwaffen bis zum Jahr 2000 abzurüsten, läutete eine Phase substanzieller Abrüstungsverhandlungen ein, zumal auch der sowjetische Generalstabschef Marschall Sergej F. Achromeev hinter dem Angebot stand. So sollten »Glasnost« und »Perestroika« schließlich die westlichen Feindbilder zum Wanken bringen.[1713] Während der Atomreaktorunfall im ukrainischen Tschernobyl[1714] am 26. April 1986 in Europa große Betroffenheit erzeugte, in den westdeutschen Medien als Zeichen der technologischen Schwäche des Ostens gesehen und von der militärischen Führung der Bundeswehr als ein Wendepunkt im öffentlichen Bewusstsein wahrgenommen wurde, war ein Ende der Ost-West-Konfrontation für den Generalinspekteur der Bundeswehr zu jener Zeit noch nicht absehbar.[1715] Gerade drei Jahre zuvor war man im Führungsstab der Streitkräfte noch von folgender Fehleinschätzung ausgegangen: »Grundannahme zur Bedrohung ist, daß die Sowjetunion ihre heutige militärstrategische Position als Weltmacht auf der inneren Linie und ihre militärischen Fähigkeiten in Mitteleuropa auch unter den Bedingungen des Zeitraums bis 1997 aufrechterhalten kann.«[1716]

c) Die Renaissance operativen Denkens und die gedankliche Rekonventionalisierung der Kriegführung 1987 bis 1990

Als Altenburg seine Amtszeit als Generalinspekteur der Bundeswehr im Oktober 1986 beendete und den Vorsitz des NATO-Militärausschusses übernahm, war ihm aufgrund von Informationen aus dem amerikanischen Pentagon jedoch klar, dass asymmetrische Bedrohungen – hier vor allem verstanden im Sinne von Cyber War – künftig an Bedeutung gewinnen würden und größeren Schaden in den Volkswirtschaften anrichten könnten als militärische Gewalteinwirkung.[1717] Hochtechnologie hatte für die Kriegsbilder und den Kampf der Wirtschaftssysteme weiterhin eine erhebliche Bedeutung. So wurden SDI und FOFA vor allem unter amerikanischem Einfluss und westdeutscher Beteiligung auch 1987 weiter vorangetrieben.[1718] Versprach sich Kohl davon in allgemein wirtschaftlicher Hin-

---

[1713] Loth, Der Krieg, der nicht stattfand, S. 297.
[1714] Bei dem Reaktorunfall von Tschernobyl schmolz ein Reaktorkern, was Explosionen im Kernkraftwerk auslöste und zur Freisetzung einer beträchtlichen Menge radioaktiver Strahlung führte. So wurden weitreichende und nachhaltige Zerstörungen der Umwelt in mehreren europäischen Ländern hervorgerufen. Sapper, Tschernobyl.
[1715] Kohl, Erinnerungen 1982–1990, S. 408–417; Altenburg, Die Nuklearstrategie, S. 336; Zeitzeugengespräch mit General a.D. Wolfgang Altenburg, Lübeck-Travemünde, 11.6.2014.
[1716] BArch, BW 2/20529, Fü S VI 3, Az. 09-10-80, Anlage 1 zu GenInsp, Fü S VI 3, Az. 09-10-80, Tgb.Nr. 1911/83, Bundeswehrplan 1985–1997, Bonn, 9.12.1983, S. 5.
[1717] Zeitzeugengespräch mit General a.D. Wolfgang Altenburg, Lübeck-Travemünde, 11.6.2014.
[1718] BArch, BW 2/27000, Fü S III 6, Az. 03-15-10-07, Ergebnisprotokoll der Besprechung bei Fü S III 6 am 20.2.1987 betreffend »SHAPE projected FOFA concept of operations«, Bonn, 25.2.1987; BArch, BW 2/27349, Fü S III 2, Schreiben an Staatssekretär Dr. Rühl und Generalinspekteur Bw betreffend »SDI«, Bonn, 18.7.1986.

sicht einen »technologischen Innovationsschub auf breiter Basis«,[1719] erhoffte die militärische Führung der Bundeswehr in erster Linie eine »Verbesserung der konventionellen Verteidigung«.[1720] Dieter Wellershoff, seit 1. Oktober 1986 neuer Generalinspekteur der Bundeswehr, teilte hier die von Altenburg bekannte Sichtweise: »Wer sein Denken auf Kriegführungsszenarien verengt, verkennt, daß der Kern der Abschreckung eben nicht die Kriegsführung, sondern die Verhinderung des Krieges ist.«[1721] Deshalb blieben auch für Wellershoff konventionelle Fähigkeiten der Bundeswehr ein Bestandteil der Abschreckung zur Wahrung des Friedens. Auf der strategischen Ebene bestand der Primat der Politik fort.[1722]

Die amerikanische Sichtweise barg dagegen weiterhin eher die Gefahr in sich, dass ein Krieg wieder denkbar wurde.[1723] Denn der amerikanische Generalleutnant James Abrahamson, Leiter der Organisation für die Strategische Verteidigungsinitiative (SDIO), sah das Ziel seiner Dienststelle darin, alle Nuklearwaffen abzuschaffen,[1724] während sich FOFA – wie eine US-Studie Anfang 1987 zeigte – als ein Rechenexempel für die konventionelle Kriegführung darstellte.[1725] Da sich entsprechende Waffensysteme wie das Multiple Launch Rocket System (MLRS), das Army Tactical Missile System (ATACMS), das Mehrzweckkampfflugzeug F-16, der Luftüberlegenheitsjäger F-15E, Cruise Missiles für B-52, »Joint STARS« (Surveillance Target Attack Radar System) und gelenkte Submintion bereits in der Truppe oder in der Produktion befanden, wirkte sich FOFA faktisch als Motor für den amerikanischen militärisch-industriellen Komplex aus.[1726] Ein Experten-Bericht der Luftwaffenführung zu FOFA stellte bald »starke rüstungswirtschaftliche Bezüge«[1727] fest.

[1719] BArch, BW 1/242003, Der Bundesminister der Verteidigung, Informations- und Pressestab/Referat Öffentlichkeitsarbeit, SDI. Fakten und Bewertungen. Fragen und Antworten. Dokumentation, Juni 1986, S. 57.
[1720] Ebd., S. 21.
[1721] Wellershoff, Menschen und Waffen, S. 209.
[1722] Ebd., S. 203 und 206.
[1723] Theiler, Die Entfernung der Wirklichkeit von den Strukturen, S. 362.
[1724] BArch, BW 1/242003, Der Bundesminister der Verteidigung, Informations- und Pressestab/Referat Öffentlichkeitsarbeit, SDI. Fakten und Bewertungen. Fragen und Antworten. Dokumentation, Juni 1986, S. 46.
[1725] BArch, BL 1/45263, OTA Project Staff for New Technology for NATO, New Technology for NATO. Implementing Follow-on Forces Attack, Washington, DC, Februar 1987, S. 33.
[1726] Ebd., S. 5–42. Aus dem OTA Project Staff und dem Advisory Panel for New Technology for NATO wird der militärisch-industrielle Komplex ersichtlich. New Technology for NATO: Implementing Follow-on Forces Attack. Ed. by U.S. Government Printning Office im Auftrag des U.S. Congress, Office of Technology Assessment, Washington, DC, Juni 1987, S. V f. Auch aus dem Entwurf der Broschüre »New Technology for NATO. Implementing Follow-on Forces Attack« geht die Verbindung zum militärisch-industriellen Komplex (im Beratergremium vertreten waren u.a. Lockheed Corp., Lockheed Missile & Space Co., The MITRE Corp., Ford Aerospace & Communications) und Denkfabriken der USA (Rand Corporation, Institute for Defense Analyses) hervor. Ebd., S. VI.
[1727] BArch, BL 1/45263, Fü L VI 1, Az. 03-01-07, Auswertung des Experten-Berichtes zu FOFA, Stellungnahme Fü L, Bonn, 7.1.1988, S. 7.

Zu dieser Zeit waren auf der anderen Seite des Eisernen Vorhangs Gorbačëv und sein Außenminister Eduard A. Ševardnadze bereits zu der Überzeugung gelangt, dass sich die UdSSR eine weitere Runde in einem ruinösen Rüstungswettlauf nicht mehr leisten konnte.[1728] Zwar standen dem Warschauer Pakt damals immer noch riesige Mengen an Soldaten, Material und Munition zur Verfügung, die im Kriegsfall unmittelbar einsatzbereit gewesen wären.[1729] Doch sollte sich Vizeadmiral Hans Joachim Mann, von 1. Oktober 1986 bis 30. September 1991 Inspekteur der Marine, später »über die veraltete Technologie«,[1730] die er in den Warschauer-Pakt-Staaten vorfand, wundern, nachdem er im Juni 1990 beauftragt worden war, an der Schaffung der »Armee der Einheit« mitzuwirken. Im Mai 1987 verabschiededete die Warschauer Vertragsorganisation eine neue, defensive Militärdoktrin, die ihre Mitglieder verpflichtete, keine Kriegshandlungen zu beginnen, und somit einer Politik der Kriegsverhinderung Rechnung trug.[1731] Wie auf dem Gipfeltreffen von Reykjavik im Oktober 1986 zwischen Gorbačëv und Reagan vereinbart, kamen die UdSSR und die USA im Intermediate Range Nuclear Forces-(INF)-Abkommen vom 8. Dezember 1987 überein, alle Mittelstreckenraketen von 500 bis 5500 km Reichweite bis 1991 abzuschaffen, sodass nun erstmals atomare Arsenale reduziert und nicht nur großzügig limitiert wurden.[1732]

Im Bonner Verteidigungsministerium wurden – wie zum Beispiel sogenannte G2/A2-Berichte Ost[1733] vom November 1987 zeigen – die unter Gorbačëv eingeleiteten Veränderungen zwar genau registriert, aber immer noch mit einigem Vorbehalt aufgenommen. Sie wurden zunächst als Maßnahmen der militärischen Effizienzsteigerung in den sowjetischen Streitkräften verstanden. Vielfach wurde die militärische Stärke des Warschauer Paktes schlichtweg überschätzt.[1734] Für die militärische Führung der Bundeswehr war 1986/87 jedoch spürbar, dass innen- und außenpolitisch vieles in Bewegung geraten war. Eine frühe Beschreibung dieser Entwicklungen lieferte u.a. der britische Historiker und Schriftsteller Timothy Garton Ash,[1735] die damals durchaus zur Standardlektüre der Militäreliten in der

---

[1728] Laqueur, Das Ende des Kalten Krieges, S. 65.
[1729] Sander-Nagashima, Die Bundesmarine 1950 bis 1972; Interview mit Vizeadmiral a.D. Hans Joachim Mann, S. 476 f. Zu dieser Zeit verfügte die WVO über ca. 2 Mio. Soldaten mit über 150 000 konventionellen Waffensystemen, während die NATO lediglich ca. 1,5 Mio. Soldaten mit ca. 60 000 konventionellen Waffensystemen aufbieten konnte. Theiler, Die Entfernung der Wirklichkeit von den Strukturen, S. 349 f.
[1730] Sander-Nagashima, Die Bundesmarine 1950 bis 1972, Interview mit Vizeadmiral a.D. Hans Joachim Mann, S. 476.
[1731] Jones, Gorbacevs Militärdoktrin, S. 251–254; Loth, Die sowjetische Führung, S. 138; Dörr, Die Nationale Volksarmee im Beitrittsprozess zur BRD, S. 34. Auf den Einsatz von Kernwaffen blieb die WVO dennoch eingestellt. Siehe dazu: Lautsch, Die NVA-Operationsplanung, S. 280.
[1732] Theiler, Die Entfernung der Wirklichkeit von den Strukturen, S. 346; Altenburg, Die Nuklearstrategie, S. 331. Der INF-Vertrag trat am 1.6.1988 in Kraft.
[1733] BArch, BW 2/19436, Bundesministerium der Verteidigung, Fü S II 3, Az. 04-09-03-10, Tgb. Nr. 4740/87, Bonn 25.11.1987. Vgl. auch BArch, BW 2/27000, Fü S III 6, Presseauswertung.
[1734] Sander-Nagashima, Die Bundesmarine 1950 bis 1972; Interview mit Vizeadmiral a.D. Hans Joachim Mann, S. 486; Poppe, Zum militärischen Kräfteverhältnis, S. 254–284.
[1735] Timothy Garton Ash, geb. 1955 in London, hat seinen Forschungsschwerpunkt auf die europäische Geschichte seit 1945 und auf Deutschland gelegt. Unter dem Pseudonym Edward

NATO gehörte. Mit den sicherheitspolitischen Veränderungen verband die militärische Führung der Bundeswehr auf der einen Seite Hoffnungen, auf der anderen Seite hegten sie aber auch Unsicherheiten und Befürchtungen.[1736] Damit tat sich eine Diskrepanz zwischen der Wahrnehmung der Bedrohungslage durch die sicherheitspolitischen Experten einerseits und breiten Schichten der mittel- und westeuropäischen Bevölkerungen andererseits auf.[1737] In der zweiten Hälfte der 1980er Jahre glaubten die meisten Menschen nach der Katarsis von Visionen der nuklearen Apokalypse, wie sie in den Filmen zu Beginn des Jahrzehnts vermittelt worden waren, nicht mehr an einen Dritten Weltkrieg, da die Hoffnung auf humanitäre Einsicht überwog. Die politisch und militärisch Verantwortlichen im Westen waren sich dieses grundsätzlich als positiv verstandenen Wandels in der Sowjetunion jedoch nicht ganz sicher, weil sie militärische Bedrohungen immer noch von innenpolitischen Entwicklungen in der Sowjetunion abhängig sahen und eine außenpolitische Kurzschlußaktion aus einer politisch-ökonomischen Notlage heraus nicht ausschlossen.[1738] Olaf Theiler hat die Haltung der Militärexperten zu jener Zeit als einen »berufsbedingte[n] Zweckpessimismus« bezeichnet.[1739] Die wirtschaftlichen, gesellschaftlichen und nicht zuletzt sicherheitspolitischen Veränderungen entbanden die militärischen Verantwortlichen eben nicht von ihrem Auftrag der Landes- und Bündnisverteidigung, der weiterhin der Kern der Abschreckung blieb. Für die Militäreliten ging es dabei auch um die Legitimation ihres Berufsstandes.

Vor diesem sicherheitspolitischen und mentalitätsgeschichtlichen Hintergrund ist eine Renaissance operativen Denkens zu verorten, die sich in den Kriegsbildern der Teilstreitkräfteführungen in den späten 1980er Jahren vollzog:

In der Bundesmarine war dies mit der »Konzeption der Marine« vom 1. September 1986 und dem Beitrag zum seestrategischen Konzept der NATO CONMAROPS ab 1985 bereits vorweggenommen worden. Im Zentrum der Überlegungen standen dabei die Stärkung der konventionellen Verteidigungsfähigkeit durch Modernisierung und die operative Umsetzung der Vorneverteidigung mit neuen Seekriegsmitteln. Ostwärtig der Insel Bornholm sollten dazu vor allem Marinejagdbomber vom Typ »Tornado« und U-Boote zum Einsatz kommen, während die Prinzipien der Vorneverteidigung mit der Mehrzahl der Schiffe und Boote nun vor allem im Nordflankenraum Anwendung finden sollten.[1740]

Die Wiederbelebung traditionellen operativen Denkens vollzog sich jedoch vor allem beim Heer und war mit dem Namen Hans-Henning von Sandrart, dem Inspekteur des Heeres vom 1. Oktober 1984 bis 25. September 1987, ver-

---

Marston schrieb er Beiträge über die Situation im Ostblock. Er gilt als Grenzgänger zwischen Journalist und Gelehrtem.

[1736] Zeitzeugengespräch mit Generalleutnant a.D. Rainer Glatz, Potsdam-Eiche, 17.11.2014.
[1737] Theiler, Die Entfernung der Wirklichkeit von den Strukturen, S. 339.
[1738] Ebd., S. 359 und 363.
[1739] Ebd., S. 364.
[1740] BArch, BW 2/20529, Fü S VI 3, Tgb.Nr. 791/86, Möglichkeiten zur konzeptionellen Fortschreibung TSK-übergreifenden Aufgaben, Bonn, 19.5.1987, S. 20; Monte, Die Rolle der Marine, S. 589; Doepgen, Die Konzeptionen, S. 275.

bunden.¹⁷⁴¹ Einen wichtigen Impuls hatte diese Renaissance bereits in den späten 1970er Jahren erfahren, als nach den Erfahrungen des Vietnam- und des Jom-Kippur-Krieges die Unzufriedenheit in der U.S. Army über die im General Defence Plan festgelegte, relativ statische Vorneverteidigung in Europa gewachsen war.¹⁷⁴² Vorstellungen, sich von einem eher starren GDP-Denken zu lösen und verstärkt FOFA-Prinzipien innerhalb der NATO umzusetzen,¹⁷⁴³ wurden danach vor allem in einer »Neuen Operativen Schule« kultiviert, die sich um General Sir Nigel Bagnall, den Befehlshaber der britischen Rheinarmee (1. Juli 1983 bis 31. Juli 1985), gebildet hatte. In der Bundeswehr und NATO tat sich auch Ferdinand von Senger und Etterlin¹⁷⁴⁴ hervor. Bis zum Jahr 1987 hatte Sandrart diese Gedanken weiterentwickelt und erließ am 20. August 1987 als Inspekteur des Heeres seine »Leitlinie für die operative Führung von Landstreitkräften in Mitteleuropa«,¹⁷⁴⁵ die im selben Jahr zudem in die neue HDv 100/100 eingearbeitet wurde. In der Bundeswehr setzte er damit neue Maßstäbe für das Denken über einen möglichen Krieg, zumal die Leitlinie mit einem großen Verteiler auch an die Führungen der anderen Teilstreitkräfte weitergegeben wurde.

Die Leitlinie ging unverändert von der Grundannahme aus, dass der Warschauer Pakt einen großangelegten Angriff mit konventionellen Mitteln und Schwerpunkt in Mitteleuropa führen würde, um die NATO-Streitkräfte schnell zu zerschlagen, Räume von strategischer Bedeutung rasch mit tiefen, auf schnelle Durchbrüche angelegte Operationen in Besitz zu nehmen und auf diese Weise eine militärische Entscheidung noch vor einer nuklearen Eskalation herbeizuführen.¹⁷⁴⁶ Eine weitere Prämisse der Leitlinie lautete, dass Operationen konventioneller Kräfte an Bedeutung gewinnen würden.¹⁷⁴⁷ Deshalb galt sie vor allem »für den konventionell geführten Krieg, der aufgrund der Dimension eines solchen Konfliktes und der dadurch begründeten Dynamik über das politisch dominierte Mittel der Eskalation in die nukleare Dimension umschlagen kann«.¹⁷⁴⁸ Rhetorisch blieb damit das von Altenburg bekannte »Kontinuum der Abschreckung« ge-

---

[1741] Groß, Mythos und Wirklichkeit, S. 3.
[1742] Ebd., S. 316 f.
[1743] Hammerich, Die Operationsplanungen der NATO, S. 309.
[1744] Ferdinand von Senger und Etterlin (1923 bis 1987), aus der Panzertruppe stammend, wurde als Generalleutnant 1978 Kommandierender General des I. Korps in Münster und 1979 Oberbefehlshaber AFCENT in Brunssum.
[1745] BArch, BH 8-5/195, Bundesministerium der Verteidigung, Inspekteur des Heeres, Az. 31-05-00, Leitlinie für die operative Führung von Landstreitkräften in Mitteleuropa, Bonn, 20.8.1987.
[1746] BArch, BH 8-5/195, Bundesministerium der Verteidigung, Inspekteur des Heeres, Az. 31-05-00, Leitlinie für die operative Führung von Landstreitkräften in Mitteleuropa, Bonn, 20.8.1987, S. 1–7; BArch, BW 2/27000, Fü S III 6, Az. 03-01-07-20-1, Artikel von Generalleutnant Hans Henning von Sandrart, Inspekteur des Heeres: Der Kampf in der Tiefe bedingt ein operatives Konzept. In: WWR, 2/87, S. 1. Diese Annahme lag auch den großen Heeresübungen, wie z.B. »Landesverteidigung 88« des Territorialkommandos Süd im September 1988 zugrunde. Heeresmanöver der Bundeswehr, S. 185–202.
[1747] BArch, BH 8-5/195, Bundesministerium der Verteidigung, Inspekteur des Heeres, Az. 31-05-00, Leitlinie für die operative Führung von Landstreitkräften in Mitteleuropa, Bonn, 20.8.1987, S. 2.
[1748] Ebd., S. 3.

wahrt. Es handelte sich jedoch um mehr als nur Lippenbekenntnisse. Auch gedanklich lag Sandrart mit seinem ehemaligen Generalinspekteur, dem er schon 1973 als Oberst auf den Dienstposten des Stabsoffiziers für nukleare Grundsatzfragen bei SHAPE in Mons nachgefolgt war, auf einer Linie.[1749]

Dass Sandrarts Leitlinie aufgrund dieser intellektuellen Provenienz im Grunde nur Bestandteil einer Drohgebärde zur Kriegsverhinderung war, sieht man ihr auf den ersten Blick nicht unbedingt an. Denn sehr stark wird in ihr der Fokus auf die operative Ebene eines möglichen Krieges gelegt. Wegen dieser gedanklichen Einengung erinnern viele Formulierungen an die Führungsvorschriften aus der Zeit vor 1945. Nur stützten sich altbekannte Prinzipien (z.B. »Führen mit Auftrag«,[1750] »das Gesetz des Handelns an sich zu reißen«[1751] oder »den Feind treffenweise zu schlagen«[1752]) diesmal auf das »Leistungsvermögen moderner Führungsinformationssysteme«[1753] ab. Auch die Heeresführung stand unter dem Einfluss der Hochtechnologie.

Das in der Leitlinie vermittelte Leitbild vom Kriege sah in den ersten Kriegstagen eine sehr hohe Kampfintensität vor, um die 1. Operative Staffel des Warschauer Paktes durch integrierte, wendig geführte Verteidigung so grenznah wie möglich mit konventionellen Mitteln zu schlagen.[1754] Dies schloss den bisher vor allem von amerikanischer Seite bekannten »Land-Luftkrieg in der Vorderen Kampfzone«[1755] ein. Direkt zu Beginn des Verteidigungsfalls wurden ferner grenzüberschreitende Operationen eigener Luftstreitkräfte vorgesehen, wobei Sandrart die Bekämpfung der gegnerischen Folgekräfte als gemeinsame Aufgabe von Land- und Luftstreitkräften definierte.[1756] Einmal mehr wurden so über ein Kriegsbild Rollen- und Verteilungskämpfe zwischen Heer und Luftwaffe ausgetragen. Als Sandrart in der Militärfachzeitschrift »Wehrwissenschaftliche Rundschau« vom Februar 1987 die gleichen Vorstellungen einem größeren Publikum – und damit übrigens auch dem Gegner – darlegte, forderte er darüber hinaus ein, dass den Heeresgruppen ausreichende Luftkriegsmittel für Interdiction-Aufgaben zur Verfügung gestellt werden müssten.[1757] Auch hier drehten sich die Gedanken darum, »die angreifenden Feindkräfte unter voller Nutzung der Wirkung von Feuer und Sperren in beweglicher Gefechtsführung

---

[1749] Zeitzeugengespräch mit General a.D. Wolfgang Altenburg, Lübeck-Travemünde – Potsdam, 26.6.2014.
[1750] BArch, BH 8-5/195, Bundesministerium der Verteidigung, Inspekteur des Heeres, Az. 31-05-00, Leitlinie für die operative Führung von Landstreitkräften in Mitteleuropa, Bonn, 20.8.1987, S. 11.
[1751] Ebd., S. 13.
[1752] Ebd., S. 15.
[1753] Ebd., S. 30.
[1754] Ebd., S. 7, 10 und 12.
[1755] Ebd., S. 13.
[1756] Ebd., S. 10 und 14; BArch, BW 2/27000, Fü S III 6, Az. 03-01-07-20-1, Artikel von Generalleutnant Hans Henning von Sandrart, Inspekteur des Heeres: »Der Kampf in der Tiefe bedingt ein operatives Konzept«. In: WWR, 2 (1987), S. 2.
[1757] BArch, BW 2/27000, Fü S III 6, Az. 03-01-07-20-1, Artikel von Generalleutnant Hans Henning von Sandrart, Inspekteur des Heeres: »Der Kampf in der Tiefe bedingt ein operatives Konzept«. In: WWR, 2 (1987), S. 2.

vor und in den Verteidigungsräumen auf[zu]fangen und [zu] zerschlagen«.[1758] Dass die in der »Wehrwissenschaftlichen Rundschau« geäußerten Vorstellungen ebenfalls mit Hochtechnologie angereichert waren, zeigte sich zum Beispiel daran, dass Sandrart von Kampfdrohnen zur Panzerabwehr schrieb.[1759] Erst die »Fortschritte der Technik«,[1760] die die Treffgenauigkeit und Geschoßwirkung erheblich verbesserten, machten die optimistische Einschätzung des Inspekteurs des Heeres möglich. Elmar Dinter, der 1987 in seinem Buch »Nie wieder Verdun« Überlegungen zum Krieg in den 1990er Jahren anstellte, sah sogar eine neuerliche Dominanz der Feuerkraft gegenüber der Bewegung als Element des Gefechts, wie sie bereits während des Ersten Weltkriegs zu verzeichnen gewesen war.[1761]

Sandrarts Leitbild vom möglichen Krieg rief die Kritik von Martin Kutz, damals Dozent an der Führungsakademie der Bundeswehr, hervor, der das von wirtschaftlichen, sozialen sowie politischen Realitäten losgelöste Beharren auf großräumigen Offensiven vor dem Hintergrund der deutschen Militärgeschichte anprangerte und vor der Rückbesinnung auf das operative Denken der deutschen Generalstäbe im Zeitalter der Weltkriege warnte.[1762] Die Kritik von Kutz übersah jedoch, dass sich Sandrart mit seiner Betonung der operativen Fähigkeiten und Möglichkeiten immer noch im »Kontinuum der Abschreckung« bewegte.

Insofern handelte es sich nicht um ein neues Kriegsbild, sondern nur um einen Perspektivwechsel im bisherigen Kriegsleitbild von Altenburg und Wellershoff, der die konventionelle Abschreckung glaubwürdiger machen sollte. Dies wird jedoch erst auf einen zweiten Blick in der »Leitlinie für die operative Führung von Landstreitkräften in Mitteleuropa« ersichtlich, deren erklärtes Anliegen es ebenfalls war, »eine frühestmögliche Kriegsbeendigung unter annehmbaren Bedingungen und größtmöglicher Schadensbegrenzung herbeizuführen«.[1763] Zwar zielte die Leitlinie insgesamt auf eine Rekonventionalisierung der Kriegführung ab und vermittelte durch ihren operativen Blickwinkel ein defizitäres Kriegsbild, doch sollte die Anwendung bewährter konventioneller Prinzipien und Waffen den Einsatz politischer Nuklearwaffen möglichst verhindern. Das strategisch angelegte Gedankengebäude, in das dieses operativ geprägte Leitbild eingebettet war, blieb das »Kontinuum der Abschreckung«. Deshalb durfte in der Leitlinie ein kleiner Abschnitt über den »Einsatz von Atomsprengkörpern« nicht fehlen, in dem es darum ging, »im Krieg durch einen politisch kontrollierten begrenzten Einsatz die Abschreckung wiederherzustellen und zur Konfliktbeendigung beizutragen«.[1764]

[1758] Ebd., S. 1.
[1759] Ebd., S. 4.
[1760] Ebd.
[1761] Dinter, Gedanken eines Offiziers, S. 87 f.
[1762] Groß, Mythos und Wirklichkeit, S. 3.
[1763] BArch, BH 8-5/195, Bundesministerium der Verteidigung, Inspekteur des Heeres, Az. 31-05-00, Leitlinie für die operative Führung von Landstreitkräften in Mitteleuropa, Bonn, 20.8.1987, S. 7. »Ein Angreifer muß von unserer Fähigkeit überzeugt sein, militärische Operationen erfolgreich führen zu können«, schrieb Sandrart an anderer Stelle seiner Leitlinie. Ebd., S. 2.
[1764] Ebd., S. 27 f.

Das gleiche Prinzip der Abschreckung stand auch hinter den damals abgehaltenen Großübungen der NATO, die jährlich mit »Volltruppe« und sehr großem Aufwand von einem der drei deutschen Korps des Feldheeres abgehalten wurden und nicht zuletzt von den Militärattachés aus dem Warschauer Pakt besichtigt werden konnten. Auf diesen Übungen wurden aber auch zum Teil Truppenstärken und Fähigkeiten[1765] vorgetäuscht, die tatsächlich gar nicht gegeben waren. Angelegt wurde diese Art operativer Leistungsschau weitgehend von deutschen Offizieren, die insbesondere unter dem Einfluss der deutschen NATO-Oberbefehlshaber Europa Mitte (AFCENT) in Brunssum standen.[1766] Dieses Amt nahm Sandrart ab dem 1. Oktober 1987 bis zu seinem Eintritt in den Ruhestand am 1. Oktober 1991 ein und sorgte beispielsweise in Form der operativen Prinzipien für AFCENT für eine Verstetigung seines Gedankenguts in der Übungspraxis über seine Amtszeit als Inspekteur des Heeres hinaus.

Die Luftwaffenführung sah sich allerdings durch Sandrarts Vorstellungen herausgefordert und legte am 6. März 1987 ihre Position zu FOFA dar:[1767] Für den Inspekteur der Luftwaffe war es im Interesse seiner Teilstreitkraft wichtig herausstellen zu lassen, dass kurz- und mittelfristig »ausnahmslos Luftstreitkräfte für den FOFA-Einsatz befähigt«[1768] waren, wohingegen das Deutsche Heer mit seinen damaligen Wirkungsmöglichkeiten auf den Gefechtsfeldeinsatz bis 25 km beschränkt war. Das in der Luftwaffe und Marine bereits vorhandene Waffensystem »Tornado« war für FOFA-Einsätze selbst bei Nacht- und Schlechtwetter besonders geeignet, zumal es mit »Maverick«, Mehrzweckwaffe 1 (MW-1) und absehbar der Vertikalbordwaffe über entsprechende Punkt- und Flächenzielwaffen verfügte.

Für Eimler war »FOFA als Aufgabe der Luftwaffe«[1769] anzusehen, und diese würde ihre Leistungsfähigkeit im Einsatz gegen die Folgekräfte des Feindes langfristig konsequent weiter ausbauen. Hierzu gehörte das für Anfang der 1990er Jahre geplante luftgestützte Elektronische Aufklärungssystem der Luftwaffe (EASysLuft) und die Schaffung eines Datenverarbeitungsverbundes zwischen Aufklärung und Luftangriff.[1770] Im Übrigen, und insbesondere was die Bedrohungsanalyse betraf, stimmten die Ansichten der Luftwaffenführung mit denen der Heeresführung überein.[1771] An dieser Konvergenz änderte sich auch unter Eimlers Nachfolger Horst Jungkurth, Inspekteur der Luftwaffe vom

---

[1765] »Nicht alle der hier aufgezeigten operativen Grundsätze können bereits heute in Planungen umgesetzt werden. Dazu fehlen zum Teil die Voraussetzungen« hieß es dazu in der Leitlinie. Ebd., S. 30.

[1766] Heeresmanöver der Bundeswehr, S. 9 f.

[1767] BArch, BW 2/27000, Fü L VI 1, Az. 03-01-07, Grundlagen und Position der Luftwaffe zu Follow-on Forces Attack/FOFA, Bonn, 6.3.1987.

[1768] Ebd., S. 4.

[1769] Ebd., S. 4. Die Bemühungen der Luftwaffenführung richteten sich gegen die Beschaffung einer Kampfdrohne des Heeres. Vgl. auch BArch, BW 2/27000, Fü S VI, Az. 03-01-07-20, Artikel von Eckehard Kügler: »FOFA-Fähigkeit der Luftwaffe: Aufklärung, Führung, Kampf«. In: Europäische Wehrkunde/WWR, 5 (1988), S. 275 f.

[1770] BArch, BW 2/27000, Fü L VI 1, Az. 03-01-07, Grundlagen und Position der Luftwaffe zu Follow-on Forces Attack/FOFA, Bonn, 6.3.1987, S. 6.

[1771] Ebd., S. 3.

Werbung der Raketen Technik Gesellschaft von 1988 für die neue Mehrzweckwaffe MW-1 und andere Submunitionsarten
Quelle: BArch, BW 2/27000, Fü S IV, Az. 03-01-07-20, in unmittelbarem Zusammenhang mit dem Artikel von Eckehard Kügler: »FOFA-Fähigkeit der Luftwaffe: Aufklärung, Führung, Kampf«. In: Europäische Wehrkunde/ WWR, 5 (1988), S. 277.

Mehrzweckwaffe MW-1

MW-1 ist ein konventionelles Mehrzweckwaffensystem mit verschiedenen Submunitionsarten zur Bekämpfung von gepanzerten und mechanisierten Flächenzielen sowie Flugplätzen.
MW-1 ist von der RTG – einer Tochtergesellschaft von MBB und Diehl – entwickelt worden und ist seit 1984 bei der deutschen Luftwaffe im Einsatz. Die Einführung bei der italienischen Luftwaffe erfolgt 1987.

Submunitionsarten

MUSA
Splitterladung zur Bekämpfung halbharter Flächenziele.

MIFF
Panzermine mit einem hochentwickelten Sensorsystem.

STABO
Startbahnbombe zur Zerstörung der Rollwege.

MUSPA
Splitterflächensperrmine zur Bekämpfung rollender, startender oder landender Flugzeuge.

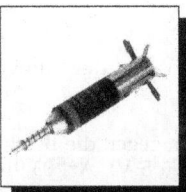

KB44
Hohlladungskleinbombe mit zusätzlichem Splittereffekt zur Bekämpfung gepanzerter Ziele.

RTG

Raketen Technik Gesellschaft mbH, Oberweg 8
D-8025 Unterhaching
Telefon (089) 6110 12 38
Telex 5 216 632 rtg d

IV. Die Entwicklung von Kriegsbildern 413

1. Oktober 1987 bis 31. März 1991, grundlegend nichts. Im Gegensatz zu den späten 1950er Jahren waren die Unterschiede in den Kriegsbildern zwischen Heer und Luftwaffe mittlerweile marginal.

Das FOFA-Konzept wurde in den folgenden Jahren sowohl in den USA, bei SHAPE als auch im Führungsstab der Luftwaffe weiterentwickelt und fand nun in Europa – wenngleich in bescheideneren Dimensionen als ursprünglich in den USA angedacht[1772] – wachsende Akzeptanz.[1773] Am 5. August 1988 setzte SACEUR sein »Concept for Follow-on Forces Attack« für seinen Befehlsbereich in Kraft.[1774] Dass bei SHAPE ein Jahr später die Schlacht in der Normandie des Jahres 1944 als geschichtliches Beispiel für FOFA herangezogen wurde,[1775] zeigte, dass Kutz' Kritik an der Renaissance des operativen Denkens – wenngleich sie gegen Sandrart eine falsche Stoßrichtung verfolgte – zumindest nicht an den Haaren herbeigezogen war.

Für die militärische Führung der Bundeswehr blieb FOFA jedoch nur ein Aspekt einer komplementär zu begreifenden Vorneverteidigung. Als der Generalinspekteur der Bundeswehr am 14. September 1988 seine FOFA-Planungsleitlinie[1776] erließ, war zum einen der Kampf gegen die 2. Staffel des Warschauer Paktes fest in sein Leitbild vom Kriege integriert und waren zum anderen die Zuständigkeiten der eigenen Teilstreitkräfte darin klar getrennt:

»Im ersten Bereich bis ca. 100 km ist die selbständige Gefechtsführung des Heeres ab Kriegsbeginn anzustreben. Die Luftwaffe unterstützt mit verfügbaren Luftangriffskräften, ohne jedoch dafür Kräfte zu spezialisieren. Die überwiegenden Zielarten sind bewegliche gepanzerte Ziele. Der zweite Bereich jenseits ca. 100 km wird ausschließlich durch die Luftwaffe abgedeckt. Hierbei

---

[1772] Die grundlegende Einschränkung blieb die Begrenzung des Einsatzes auf neuralgische Punkte der Infrastruktur wie Stromversorgung, Weichenstellanlagen, Beladestationen und Brücken, um die Bewegungsmöglichkeiten der feindlichen Folgekräfte zu reduzieren. BArch, BL 1/45263, Joint Chiefs of Staff, JCS Pub 3-03.1, Test Publication, Joint Interdiction of Follow-on Forces, Washington, DC, 16.6.1988, S. II–3.

[1773] BArch, BW 2/27000, Fü S VI, Az. 03-01-07-20, Artikel von Karsten D. Voigt: »FOFA im Kreuzfeuer der Kritik. Die Wandlungen eines NATO-Konzepts«. In: Europäische Wehrkunde/WWR, 12 (1987), S. 668 f.; BArch, BL 1/45263, Fü S III 6, Az. 03-15-10-07, Schreiben an Fü S VI 2 betreffend SHAPEs Concept »FOFA in the 1990's and beyond« Bonn, 12.4.1988; ebd., Joint Chiefs of Staff, JCS Pub 3-03.1, Test Publication, Joint Interdiction of Follow-on Forces, Washington, DC, 16.6.1988; ebd., Fü L VI 1, Schreiben an Chef des Stabes Fü L betreffend »SACEUR's Concept for Follow-on-Forces-Attack (FOFA)«, Bonn, 16.7.1988; ebd., Fü S III 6, Hintergrundinformation für GenInspBw zur 99. MC/CS betreffend »SACEUR's Concept for Follow-on-Forces-Attack (FOFA)«, Bonn, 20.8.1988; BArch, BW 2/27000, Fü S VI, Az. 03-01-07-20, Artikel von John Galvin: »Auge, Hirn und Faust für FOFA«. In: Europäische Wehrkunde/WWR, 2 (1989), S. 77 f.

[1774] BArch, BL 1/45263, Fü S III 6, SACEUR's FOFA Concept: Status Report by SHAPE. Hintergrundinformation«, Bonn August 1988. FOFA wurde allerdings nicht in operative Richtlinien umgesetzt.

[1775] Ebd., SHAPE, Military History Society, Symposium on FOFA/Interdiction: The Battle of Normandy 1944, SHAPE Belgium, 1.11.1989.

[1776] Ebd., Bundesministerium der Verteidigung, Generalinspekteur der Bundeswehr, FOFA-Planungsleitlinie, Bonn 14.9.1988. Die Leitlinie wurde mit einem relativ großen Verteiler innerhalb der Bundeswehr (u.a. an die Inspekteure der Teilstreitkräfte) und an deutsche Offiziere in NATO-Dienststellen verteilt.

sind vorrangig ortsfeste Ziele und Truppenkonzentrationen im Rahmen von Abriegelungseinsätzen zu bekämpfen.«[1777]
Damit waren die Rollen von Heer und Luftwaffe im möglichen Kriege nach einer konkret vorstellbaren und in Landkarten projezierbaren Führungslinie aufgeteilt.[1778] Auf diese Weise führte Wellershoff letztlich die Sichtweisen zwischen NATO-, Heeres- und Luftwaffenführung zu einer Kompromissvorstellung zusammen[1779] und kam so einem bereits seit längerer Zeit im Verteidigungsministerium bestehenden Wunsch nach »Harmonisierung der TSK-Forderungen«[1780] nach. Gedankliche Bindeglieder waren der gemeinsame Auftrag der Landesverteidigung und die Möglichkeiten der Hochtechnologie.

Dass es wirklich gut um diese Möglichkeiten bestellt war, blieb auch am Ende der 1980er Jahre allerdings fraglich. Die Abteilung VI des Führungsstabes der Streitkräfte stellte fest, dass immer noch »erhebliche ›Erkenntnisdefizite‹«[1781] zur Realisierbarkeit der FOFA-Prinzipien bestanden, während Stimmen aus dem politischen Raum des Bundestages wiederholt »technologische Defizite«[1782] von FOFA zur Sprache brachten. Vor allem Abgeordnete der SPD-Opposition kritisierten, dass durch konventionell wie nuklear einsetzbare Marschflugkörper die Rüstungsverifikation erschwert und die Abrüstungspolitik konterkarriert würden.[1783] Der SPD-Vordenker Peter Glotz sprach von einem »Fehlglaube[n] an eine ›Position der Stärke‹«.[1784] Dass bei allen Bemühungen der militärischen Führung der Bundeswehr um Abschreckung – nicht zuletzt durch die Entwicklung und Verbreitung von Kriegsbildern – immer noch eine »Glaubwürdigkeitslücke«[1785] bestand, spielte am Ende des Ost-West-Konflikts keine Rolle mehr, da die Staaten des Warschauer Paktes zwischenzeitlich mit ganz anderen Problemen zu kämpfen hatten.

Die kommunistischen und sozialistischen Systeme des Ostens befanden sich am Ende ihrer wirtschaftlichen Leistungsfähigkeit. Die von Glotz befürchtete

---

[1777] BArch, BW 2/27000, Bundesministerium der Verteidigung, Generalinspekteur der Bundeswehr, FOFA-Planungsleitlinie, Bonn, 14.9.1988, S. 1.
[1778] BArch, BW 2/20529, Fü S VI 3, Tgb.Nr. 791/86, Möglichkeiten zur konzeptionellen Fortschreibung TSK-übergreifender Aufgaben, Bonn, 19.5.1987, S. 14 und 35 f.
[1779] BArch, BW 2/27000, Fü S III 6, Az. 03-01-07-20, SACEUR's FOFA Concept: Status Report by SHAPE. Hintergrundinformation, Bonn, August 1988, S. 6.
[1780] BArch, BW 2/20529, Fü S VI 3, Tgb.Nr. 791/86, Möglichkeiten zur konzeptionellen Fortschreibung TSK-übergreifender Aufgaben, Bonn, 19.5.1987, S. 23.
[1781] BArch, BW 2/27000, Fü S VI 3, Az. 09-10, Schreiben an Fü H VI 2 betreffend »Position des Heeres zum Kampf gegen gegnerische Folgekräfte (FOFA) aus konzeptioneller Sicht«, Bonn, 12.2.1987, S. 2.
[1782] BArch, BW 2/27000, Fü S VI, Az. 03-01-07-20, Artikel von Florian Gerster (MdB) und Michael Hennes: »FOFA-Irrtümer. Rückbesinnung auf die Vorneverteidigung«. In: Europäische Wehrkunde/WWR, 10 (1989), S. 599.
[1783] BArch, BW 2/27000, Fü S VI, Az. 03-01-07-20, Artikel von Karsten D. Voigt: »FOFA im Kreuzfeuer der Kritik. Die Wandlungen eines NATO-Konzepts«. In: Europäische Wehrkunde/WWR, 12 (1987), S. 665–669.
[1784] Ebd., Artikel von Peter Glotz: »Mehr Sicherheit durch FOFA?« In: Europäische Wehrkunde/WWR, 4 (1987), S. 195.
[1785] Hammerich, Die Operationsplanungen der NATO, S. 310.

»erneute Drehung der Rüstungsspirale«[1786] blieb deshalb aus. Am 7. Dezember 1988 kündigte Gorbačëv in einer Rede vor den Vereinten Nationen in New York eine einseitige Abrüstungsinitiative an. Er teilte mit, dass die UdSSR innerhalb der nächsten zwei Jahre ihre Streitkräfte um 500 000 Mann und 5000 Panzer reduzieren wolle. Art und Ausmaß dieses Abrüstungsprogramms schränkten die Angriffsfähigkeit der Warschauer Vertragsorganisation erheblich ein und veränderten nunmehr die Jahrzehnte alte Sicherheitsarithmetik im Ost-West-Konflikt,[1787] auch in der unmittelbaren Wahrnehmung der NATO-Spitze.[1788] Zu jener Zeit war die sowjetische Militärdoktrin bereits umgestellt und die Breschnew-Doktrin aufgegeben.[1789]

Eine offensive Abrüstungspolitik ermöglichte der Sowjetunion die Umverteilung von Ressourcen aus der Rüstung in die Zivilindustrie. Die Durchsetzung von »Glasnost« und »Perestroika« wurde für das marode Wirtschaftssystem überlebensnotwendig.[1790] Aufgrund der mangelnden Produktivität außerhalb der Rüstungs- und Schwerindustrie kollabierte aber nun im Rüstungswettlauf mit der NATO die sozialistische Planwirtschaft. Ab dem Frühjahr 1989 war die Kremlführung mit zahlreichen innen- und außenpolitischen Krisen konfrontiert. In der Warschauer Vertragsorganisation stellten sich Auflösungserscheinungen ein: Das kommunistische Regime in Polen begann unter dem Druck der Gewerkschaftsbewegung »Solidarność« zu zerfallen. Im Sommer 1989 nahm auch in der DDR der öffentliche Protest gegen das SED-Regime zu und ging in eine Friedliche Revolution mit Massendemonstrationen in Dresden und Leipzig über. Noch im selben Jahr begann der Abzug der sowjetischen Truppen aus der DDR.[1791] Während sich in Mittel- und Osteuropa dramatische Ereignisse abspielten, konnte selbst im November 1989 niemand in der Bundesregierung und in der militärischen Führung der Bundeswehr mit Bestimmtheit sagen, was weiter passieren würde und ob es nicht vielleicht doch noch zu einer außenpolitischen Eskalation käme.[1792] Eine Bedrohungsanalyse der Abteilung II des Führungsstabes der Streitkräfte aus dem Januar 1989 war dabei noch von den gleichen Grundannahmen wie in den Vorjahren ausgegangen.[1793] Eben diese

---

[1786] BArch, BW 2/27000, Fü S VI, Az. 03-01-07-20, Artikel von Peter Glotz: »Mehr Sicherheit durch FOFA?« In: Europäische Wehrkunde/WWR, 4 (1987), S. 198.

[1787] Uhl, Die sowjetischen Truppen in der DDR, S. 147 und 150; Altenburg, Die Nuklearstrategie, S. 337; Lautsch, Die NVA-Operationsplanung, S. 282.

[1788] Zeitzeugengespräch mit General a.D. Wolfgang Altenburg, Lübeck-Travemünde, 11.6.2014.

[1789] Umbach, Das rote Bündnis, S. 385–468. In der operativ-strategischen Kommandostabsübung der Sowjetarmee »Ossen-88« vom 20.–23.9.1988 in der UdSSR wurde erstmals die Konzeption zur Führung eines Verteidigungskrieges geübt. Minow, Die NVA und Volksmarine, S.189.

[1790] Uhl, Die sowjetischen Truppen in der DDR, S. 151.

[1791] Lautsch, Die NVA-Operationsplanung, S. 281; Uhl, Die sowjetischen Truppen in der DDR, S. 152; Stankowski/Wicke, Geschichte und Geschichten, S. 5; Kohl, Erinnerungen 1982–1990, S. 954–987; Ritter, Wir sind das Volk!, S. 10.

[1792] Kohl, Erinnerungen 1982–1990, S. 955.

[1793] BArch, BW 2/28775, Fü S II 3, Beitrag betreffend ZDv 40/500 Kapitel 3 »Die Bedrohung«, Bonn 3.1.1989, S. 1. Aus Umfang, Organisation, Dislozierung und logistischen Vorbereitungen der Streitkräfte des Warschauer Paktes wurde eine großangelegte, konventionell geführte

Vorstellungen lagen auch den NATO-Übungen »Wintex/Cimex 87«[1794] sowie »Wintex 89«[1795] zugrunde, die mit einem konventionellen Großangriff begannen und ohne nukleare Eskalation endeten.

Wie Altenburg beschrieb, fiel es den Führungsgremien der NATO Ende der 1980er Jahre schwer, an einen grundsätzlichen Wandel der Einstellungen zum Militär in der Sowjetunion zu glauben. Zwar war eine atmosphärische Entspannung zwischen den Spitzenmilitärs beider Blöcke seit 1988 spürbar, doch wurde die desolate wirtschaftliche Lage der UdSSR lange unterschätzt.[1796] Wilfried Loth ist zu der Bewertung gelangt, dass es sich nie um einen Konflikt gleichrangiger Kontrahenten gehandelt hat, sondern die Kräfte der durch den Zweiten Weltkrieg angeschlagenen Sowjetunion in der Blockkonfrontation von Anfang an überspannt worden sind.[1797] Schon Anfang der 1980er Jahre stellte sich angesichts der ungünstigen Wirtschaftsentwicklung und steigenden Konsumwünschen im Osten in einer Langzeitstudie des Verteidigungsministeriums die Frage, wie lange die sowjetische Führung ein überproportionales Wachstum der Verteidigungsausgaben noch aufrechterhalten wolle oder könne.[1798] Als die wirtschaftliche Misere im Osten Ende 1989 klar wurde, versuchte die Bundesregierung, eine Destabilisierung zu verhindern.[1799] Das Ende des Kalten Krieges kam für Politiker wie Sicherheitsexperten insgesamt gleichermaßen überraschend.[1800] Kohl warnte dabei »vor einem Rückfall Europas in die Denk- und Verhaltensmuster von gestern und vorgestern«.[1801] Hier war ein sicherheitpolitischer Paradigmenwechsel und eine ideengeschichtliche Veränderung eingetreten.

Für die Untersuchung von Kriegsbildern in der militärischen Führung der Bundeswehr stellt sich die Frage, wann der Ost-West-Konflikt eigentlich endete, aus einem neuen, in der Forschung bisher vernachlässigten Blickwinkel. Für viele Historiker und Politikwissenschaftler markiert der Fall der Berliner Mauer

---

    Agression in Verbindung mit Operationen verdeckt kämpfender Kräfte in den rückwärtigen Gebieten für den wahrscheinlichsten Fall gehalten. Die Landstreitkräfte würden in mehrere Fronten sowie Staffeln gegliedert sein und durch zugehörige Armee- und Frontfliegerkräfte unterstützt werden, um nach zehn Tagen die Ostseeausgänge, Nordseeküste und die Rheinlinie als strategische Zwischenziele zu nehmen, das nukleare Potenzial in Europa v.a. aus der Luft zu zerschlagen und die Seeherrschaft über den gesamten Nordflankenraum zu gewinnen. Als Angriffsziele wurden die französische Atlantik- und Mittelmeerküste angenommen. Ebd., S. 2 f.

[1794] BArch, BW 2/23492, Teilnehmerliste »Wintex-Cimex 87«, ohne Ort, Stand 26.2.1987. BArch, BW 1/19791, Fü S IV, Lagebesprechung HQ-BMVg II zu »Wintex-Cimex 87«, Mayen 7.3.1987.
[1795] Gablik, »Eine Strategie kann nicht zeitlos sein«, S. 326.
[1796] Altenburg, Die NATO und die Wende in Osteuropa, S. 443–446.
[1797] Loth, Der Krieg, der nicht stattfand, S. 298.
[1798] BArch, BW 2/12461, Fü S II 3, Az. SOWB 04-90-02-03, Kommission für die Langzeitplanung der Bw, hier: Vortrag »Die Entwicklung der Bedrohung in den 90er Jahren«, Bonn, Juni 1981, S. 6.
[1799] Kohl, Erinnerungen 1982–1990, S. 906 f., 950 und 1048–1061. Siehe auch: Laqueur, Das Ende des Kalten Krieges, S. 63–70.
[1800] Ebd., S. 66.
[1801] Kohl, Erinnerungen 1982–1990, S. 1039.

IV. Die Entwicklung von Kriegsbildern 417

am 9. November 1989 sehr präzise das Ende des Ost-West-Konflikts.[1802] Trotz anderer Weisungen Gorbačevs waren die Einheiten der Westgruppe der Truppen an diesem Tag jedoch immerhin in »Erhöhte Gefechtsbereitschaft« versetzt worden.[1803] Die Gefahr einer militärischen Auseinandersetzung war somit noch nicht gebannt. Es herrschte Verunsicherung auf beiden Seiten. Anfang Dezember 1989 wurde im Führungsstab der Streitkräfte festgehalten: »In der Wechselbeziehung zwischen Strategie, Rüstungskontrolle und Streitkräfteplanung ändern sich zur Zeit nahezu alle bisher mehr oder weniger konstanten Beziehungsgrößen gleichzeitig.«[1804] Als zum Jahreswechsel 1989/90 die Versorgung in einigen russischen Metropolen bereits zusammenbrach, wurden aus NATO-Reserven der Bundesrepublik Deutschland mehr als 100 000 Tonnen Lebensmitteln geliefert.[1805] Statt Kriegsbilder zu entwickeln, war es in dieser Situation gewiss besser, sich den wirtschaftlichen und innenpolitischen Realitäten in Osteuropa zu stellen. Erst Anfang Mai 1990 war in einer Planungsweisung aus dem Verteidigungsministerium, bei der es eigentlich um die Bekämpfung von Folgestaffeln des Warschauer Paktes gehen sollte, zu lesen, dass »die mittlerweile eingetretenen gravierenden Änderungen der sicherheitspolitischen Lage [...] eine grundlegend neue Einschätzung der Offensivfähigkeit des Warschauer Paktes«[1806] nahelegten. Ab 1990 fanden keine gemeinsamen Übungen der Warschauer Vertragsorganisation mehr statt. Vielfach wird in der militärhistorischen Forschung das Ende der Landesverteidigung mit dem 3. Oktober 1990 in Verbindung gebracht,[1807] während Gregor Schöllgen und Walter Laqueur das Ende des Ost-West-Konflikts jedoch erst mit dem Zerfall der Sowjetunion 1991 gekommen sahen.[1808] Was die damalige Sichtweise der Bundeswehrführung betrifft, stellte Bundesverteidigungsminister Gerhard Stoltenberg (21. April 1989 bis 31. März 1992) in einem Schreiben an den Generalinspekteur im August 1990 fest: »Der West-Ost-Konfrontation, die jahrzehntelang die Sicherheitslage

---

[1802] Loth, Der Krieg, der nicht stattfand, S. 297. Zu diesem Thema wurde am 27./28.11.2014 eine Tagung an der Ruprecht-Karls-Universität Heidelberg durchgeführt. Siehe dazu: <http://hsozkult.geschichte.hu-berlin.de/termine/id=26505> (letzter Zugriff 27.2.2015). Vom 11. bis 13.7.2014 fand in diesem Sinne auch an der Akademie für Politische Bildung in Tutzing mit namhaften Referenten eine Tagung zum Thema »Welt im Wandel: 1989 als globales Epochenjahr« statt. Siehe dazu: <http://hsozkult.geschichte.hu-berlin.de/tagungsberichte/id=5598> (letzter Zugriff 10.10.2014).
[1803] Uhl, Die sowjetischen Truppen in der DDR, S. 137−160.
[1804] BArch, BW 2/20529, Anlage zu Fü S VI 2, Tgb.Nr. 2297/89, Arbeitsteilung, Rollenspezialisierung und Rationalisierung in der Streitkräfteplanung des Bündnisses. Deutsche Position, Bonn, 4.12.1989, S. 21.
[1805] Kohl, Erinnerungen 1982−1990, S. 1069 f.
[1806] BArch, BW 2/20529, Fü S VI 3, Tgb.Nr. 279/90, Untersuchungen gemäß Planungsweisung, hier: Untersuchungsauftrag II.2 »Bekämpfen der Folgestaffeln«, Bonn, 3.5.1990, S. 3; ebd., Anlage zu Fü S VI 2, Tgb.Nr. 2297/89, Arbeitsteilung, Rollenspezialisierung und Rationalisierung in der Streitkräfteplanung des Bündnisses. Deutsche Position, Bonn, 4.12.1989, S. 21.
[1807] Frank, Von der Landesverteidigung, S. 705.
[1808] Schöllgen, Was hat der Ost-West-Konflikt in der Weltpolitik bewirkt?, S. 56; Laqueur, Das Ende des Kalten Krieges, S. 63.

Europas bestimmte, folgt jetzt eine umfassende Zusammenarbeit.«[1809] Für viele Deutsche war der Ost-West-Konflikt beendet, als am 31. August 1990 Vertreter beider deutscher Staaten den Einigungsvertrag unterschrieben. Diese Zäsur kann für die Entwicklung von Kriegsbildern in der militärischen Führung der Bundeswehr gesetzt werden, auch wenn die NVA[1810] erst am 3. Oktober 1990 in die Bundeswehr übernommen wurde, das »Ende des Kalten Krieges«[1811] und die Abkehr von SDI erst mit einem Fernschreiben der Abteilung III des Führungsstabes der Streitkräfte vom 20. November 1990 erwähnt wurde und die formale Auflösung der Warschauer Vertragsorganisation erst zum 31. März 1991 erfolgte.

d) Zwischenfazit

Zusammenfassend lässt sich festhalten, dass die militärische Führung der Bundeswehr zwischen 1980 und 1990 eine militärische Auseinandersetzung mit dem Warschauer Pakt nicht ausschloss, während in der westdeutschen Zivilbevölkerung pazifistische Grundhaltungen vorherrschten. Ausgegangen wurde von einer großangelegten konventionellen Aggression aus dem Osten, obwohl die Militärdoktrin des Warschauer Paktes seit Mitte der 1980er Jahre zur strategischen Defensive übergegangen war. Insgesamt war damals auf beiden Seiten des Eisernen Vorhangs eine Tendenz zur Rekonventionalisierung der Kriegführung feststellbar.[1812] Das Denken der Bundeswehrführung stand unter dem Einfluss der Möglichkeiten der Hochtechnologie, blieb aber von einer starken sicherheitspolitischen Ratio bestimmt, bei der Abschreckung eine wesentliche Rolle spielte. Dies war auch am Ende es Ost-West-Konflikts der Fall, als eine Renaissance operativen Denkes den gedanklichen Fokus verengte und vermeintlich zu einer sicherheitspolitischen Destabilisierung führte.

Tatsächlich wurde diese durch den wirtschaftlichen und innenpolitischen Zusammenbruch des Sowjetimperiums herbeigeführt. Auch wenn für diese Entwicklung und das Ende des Ost-West-Konflikts mehrere Faktoren verantwortlich waren,[1813] trugen die Kriegsbilder, die in den 1980er Jahren im Zeichen einer

---

[1809] BArch, BW 2/20 529, Anlage zu Minister-Schreiben an den Generalinspekteur der Bundeswehr, Tgb.Nr. 1062/90, Rahmenrichtlinie für die Planung der Bundeswehr im vereinten Deutschland, Bonn, 31.8.1990, S. 2.

[1810] Zur NVA am Ende des Ost-West-Konflikts siehe den Beitrag von Rüdiger Wenzke in dem von ihm selbst herausgegebenen Sammelband. Wenzke, Von der Parteiarmee zur Volksarmee, S. 43−89.

[1811] BArch, BW 2/27349, Fernschreiben VREG FUE S III, Bonn, 20.11.1990, S. 2.

[1812] Schlotter, Das Ende der Systemkonfrontation, S. 123. In der NATO ist diese Tendez jedoch immer noch im Kontinuum der Abschreckung zu sehen, als intensivere Beschäftigung mit konventionellen Fragestellungen unter Beibehaltung des gesamten, auch nuklearen Fähigkeitsspektrums. Von einer vollständigen Rekonventionalisierung kann deshalb nicht gesprochen werden.

[1813] Für das Ende der Systemkonfrontation 1989/90 ist der gesamte KSZE-Prozess zu berücksichtigen. Schlotter, Das Ende der Systemkonfrontation, S. 115. Die politischen Regime des Ostens hatten vor allem gesellschaftlich abgewirtschaftet.

neuen Industriellen Revolution durch die Mikroelektronik standen, und die daraus abgeleiteten Rüstungsanstrengungen erheblich dazu bei, dass die osteuropäischen Volkswirtschaften kollabierten. Sie waren in der Tat »totgerüstet« worden. Dabei waren die Leitvorstellungen der militärischen Führung der Bundeswehr vom möglichen Kriege in ihrer letzten Entwicklungsphase immer noch mehr von rüstungstechnologischen Potenzialen als von militärischen Fähigkeiten geprägt. Die von Altenburg betonte perzeptionsgeschichtliche Komponente des Ost-West-Konflikts war am Ende die entscheidende. Im Rüstungswettlauf zwischen NATO und Warschauer Pakt war der Sowjetunion gewissermaßen der Atem ausgegangen. Die große, offene militärische Auseinandersetzung der beiden Bündnissysteme blieb eine geschichtliche Fiktion. Doch waren es gewiss nicht das amerikanische SDI-Programm oder das operative Potenzial der Bundeswehr allein, die der Kremlführung im militärischen Bereich Kopfzerbrechen bescherten.[1814] Auch die selbstbereitete Afghanistan-Erfahrung hatte dort zu der Einsicht geführt, dass militärische Interventionen sehr kontraproduktiv sein konnten.[1815] Letztlich ermöglichte erst der von Gorbačëv offensiv vertretene Einstellungswandel den Abbau der Feindbilder und die Vereinigung der Bundeswehr mit der NVA zur sogenannten Armee der Einheit, trotz noch älterer britischer und französischer Ängste und Vorbehalte vor einem deutschen Wiedererstarken.[1816]

[1814] Loth, Die sowjetische Führung, S. 137.
[1815] Ebd., S. 129−146.
[1816] Geiger, Die Bundesrepublik Deutschland und die NATO, S. 181.

V. Zusammenfassung und Ausblick

Nach Georg Wilhelm Friedrich Hegel ist Entwicklung die erste Kategorie der »Weltgeschichte, das große Tagewerk des Geistes«.[1] Diese Kategorie stand auch im Zentrum der vorliegenden Arbeit, in der die Entwicklung von Kriegsbildern in der militärischen Führung der Bundeswehr im Zeitalter des Ost-West-Konflikts untersucht worden ist. Was ist ein Kriegsbild? Gab es in der militärischen Führung der Bundeswehr ein einheitliches Kriegsbild? Wie hat sich das Kriegsbild bzw. haben sich Kriegsbilder im Laufe des Ost-West-Konflikts gewandelt? Wann und weshalb sind Veränderungen eingetreten? Wo lagen möglicherweise Brüche oder Kontinuitäten?

Diese Leitfragen sollen nun zusammenfassend beantwortet und dabei die Entwicklung der Kriegsbilder in ihren Grundzügen rekapituliert werden. Zugleich soll der bisherige Fokus der Studie über den eigentlichen Untersuchungsgegenstand hinaus geweitet werden, um die gewonnenen Erkenntnisse in einem größeren geschichtlichen und methodologischen Zusammenhang verorten zu können. Dies bedeutet zum einen, Kontinuität und Wandel der untersuchten Kriegsvorstellungen in einem größeren zeitlichen Rahmen zu sehen und dazu – zumindest skizzenhaft – noch die weitere Entwicklung über das Jahr 1990 hinaus bis in die Gegenwart aufzuzeigen. Zum anderen können die Untersuchungsergebnisse nach dem Prinzip aristotelischer Induktion dazu genutzt werden, die Kriegsbildforschung ein weiteres Stück voranzutreiben, indem die in Kapitel II gesammelten Thesen falsifiziert, verifiziert oder auch verfeinert werden. Auf diese Weise sollen Anknüpfungspunkte für weitere wissenschaftliche Forschungen unterschiedlicher Disziplinen aufgezeigt werden.

Zunächst musste jedoch definiert werden, was eigentlich unter einem Kriegsbild zu verstehen ist, da in Unterkapitel II.1 erkennbar wurde, welchen Bedeutungswandel der Begriff durchlaufen hat und wie vielfältig er gegenwärtig immer noch verwendet wird. Unter Berücksichtigung des militärischen und wissenschaftlichen Begriffsverständnisses und in geistiger Anlehnung an Wolf Graf von Baudissin bezeichnet das Kriegsbild eine Grundvorstellung vom Wesen eines zukünftig möglichen Krieges, d.h. von dessen Erscheinungsformen sowie von den Zwecken, den Möglichkeiten, den Mitteln, der Ausdehnung, der Intensität und den Auswirkungen der Kriegführung. Da es sich beim Kriegsbild um ein mentales bzw. geistiges, ein inneres Bild und damit um eine Individualvorstellung

---

[1] Hegel, Vorlesungen über die Philosophie der Geschichte, S. 128. Siehe dazu auch: Schramm, Vom zeitgerechten Kriegsbild, S. 651.

handelt, kann es eigentlich – mit all den in Unterkapitel II.4 beschriebenen Einschränkungen – nur über die führenden Köpfe in den Militäreliten erschlossen werden. Der Logik des militärischen Dienstweges folgend, standen deshalb die Generalinspekteure der Bundeswehr und die Inspekteure der Teilstreitkräfte Heer, Marine und Luftwaffe im Fokus der Untersuchung, sowie andere Personen, sofern sie auf deren Kriegsvorstellungen einen maßgeblichen Einfluss genommen haben. Sie verkörperten meist das in der militärischen Führung der Bundeswehr jeweils vorherrschende Kriegsbild, dem eine in Konzeptionen, Vorschriften und Übungsanlagen niedergeschriebene dominante Funktion als Kriegsleitbild für die Organisation Bundeswehr zukam. Hier galt das von Vergil in seiner Aeneis beschriebene Prinzip »Mens agitat molem«[2] (»Der Geist bewegt die Materie«), das ja aus gutem Grund zum Leitspruch der Führungsakademie der Bundeswehr erwählt wurde. Nur partiell kamen in der Studie alternative Vorstellungen zum Tragen, sofern diese die etablierten Kriegsleitbilder ernsthaft infrage stellten oder Vorstellungswelten der militärischen Führung beeinflussten.

Die wesentliche Herausforderung der vorliegenden Arbeit bestand darin herauszufinden, wann sich die Vorstellungen der westdeutschen Militäreliten oder zumindest die von ihnen etablierten Kriegsleitbilder im Laufe des Ost-West-Konflikts qualitativ geändert haben und weshalb eine Veränderung eintrat. Die Identifikation dieser Zäsuren, deren Festmachen möglichst an einem bestimmten Dokument oder Datum und eine nachvollziehbare Erklärung für das Zustandekommen der Veränderung stellten die Voraussetzungen dar, um den Wandel von Kriegsbildern beschreiben zu können.

Da es sich bei Kriegsbildern um Individualvorstellungen handelt, gehen sie immer mit einer bestimmten Biografie einher, sind von einem speziellen gedanklichen Herkommen, einer spezifischen sozialen Prägung und mentalen Grundhaltung gekennzeichnet. Sie hängen eng mit Bewusstsein, Feindbildern und Selbstbildern zusammen. Vor allem erfordern sie spezielle Erfahrungen und militärische Kenntnisse. Aufgrund dieser Prämissen musste die Untersuchung von Kriegsbildern der militärischen Führung der Bundeswehr einige Zeit vor deren Gründung im Jahr 1955 einsetzen. Zugrunde zu legen war die mentale Disposition der ersten militärischen Führungsspitze der Bundeswehr, die aus den Generalen Adolf Heusinger und Hans Speidel bestand und die ersten Kriegsleitbilder für die Bundeswehr prägte. Da beide bereits Kriegserfahrungen im Ersten und Zweiten Weltkrieg gesammelt hatten und prägende Kontinuitäten operativen Denkens von den 1950er Jahren bis zu Helmuth von Moltke d.Ä. zurückreichten, setzte die Untersuchung bereits im Jahr 1871 mit der Gründung des Deutschen Kaiserreiches sowie einer nationalen Militärführung ein. Diese Vorgeschichte ist wichtig, um die erste Entwicklungsphase von Kriegsbildern im Amt Blank nachzuvollziehen und den operativen Blickwinkel verstehen zu können. Denn bis 1945 waren in Deutschland aus geostrategischen Gegebenheiten Vorstellungen

---

[2] Vergilius, Aeneis 6, 727. Interessant ist an gleicher Stelle auch die gedankliche Verbindung zu Hegels Geschichtsphilosophie: »principio caelum ac terras camposque liquentis lucentemque globum Lunae Titaniaque astra spiritus intus alit«. Ebd., 6, 724–726.

V. Zusammenfassung und Ausblick

von einem Mehrfrontenkrieg beherrschend, die die deutschen Militärführungen nötigten, militärische Operationen hocheffizient zu planen und durchzuführen.[3] Eine operativ geprägte Denkschule wurde zum Ausdruck einer deutschen militärischen Führungsphilosophie.[4] Dabei wirkte als geistige Hintergrundfolie ein Unsicherheitsempfinden als Spezifikum der deutschen Mentalitätsgeschichte,[5] das freilich in erster Linie mit den Erfahrungen der beiden Weltkriege erklärt werden kann, deren Ursprünge sich aber bis zum Dreißigjährigen Krieg als ein über Generationen tradiertes Trauma zurückverfolgen lassen.[6] Dieses verband sich mit der Erfahrung, dass die Staatenkriege des 20. Jahrhunderts tendenziell total, d.h. in der Gewaltanwendung zunehmend enthegt und entgrenzt wurden.[7]

Das Dilemma eines Zwei- oder Mehrfrontenkrieges sowie die Schreckensvision eines totalen Volkskrieges, wie er beispielsweise in den frühen 1920er Jahren im Truppenamt von Joachim von Stülpnagel thematisiert wurde, führte seit der Kaiserzeit immer wieder zu Ideal- bzw. Wunschbildern eines kurzen Krieges, in welchem die Mobilisierung des gegnerischen Potenzials mit rasch herbeigeführten Vernichtungsschlachten unterlaufen werden sollte. Die operativ geprägte »Doktrin des kurzen Krieges«, wie sie im preußischdeutschen Generalstab – zumindest offiziell – gepflegt wurde, erwies sich im Ersten Weltkrieg als eine Illusion und als ein anschaulicher Beleg dafür, wie groß die Diskrepanz zwischen Kriegsbildern und der Kriegswirklichkeit sein kann. Deutlich realistischer waren die Kriegsvorstellungen, die in den 1930er Jahren vom Oberbefehlshaber der Kriegsmarine Erich Raeder und vor allem vom Chef des Truppenamtes und späteren Generalstabschef des Heeres Ludwig Beck entwickelt, ja sogar ausdrücklich zu Protokoll gegeben wurden. Beide hatten die Totalität eines heraufziehenden Krieges, aber auch die begrenzten Möglichkeiten des außenpolitisch weitgehend isolierten Deutschen Reiches richtig erfasst. Allerdings mussten Beck und andere erkennen, dass ihr Kriegsbild an Bedeutung verlor, als Hitler die Militärführung auf die Rolle einer Befehlsempfängerin reduzierte. Tragischerweise hatten Ressortdenken und Interessenleitung offenbar vielfach eine größere Gewichtung als eine realitätsnahe Kriegsvorbereitung auf Basis realistischer Kriegsbilder. Die Kriegsleitbilder bewegten sich indessen weiterhin in den idealtypischen Dimensionen eines kurzen, kontinentaleuropäischen, operativ geführten Bewegungskrieges. Dies galt gleichermaßen für die von Hans von Seeckt maßgeblich geprägte Vorschrift »Führung und Gefecht der verbundenen Waffen (F.u.G.)« von 1921/23 wie für Becks »Heeresdienstvorschrift 300 Truppenführung (T.F.)« von 1933/34. Sowohl das darin manifestierte operative Denken als auch Hitlers starrsinnige Kriegführung stellten prägende Erfahrungen für die frühe Führung der Bundeswehr dar. Während die Hitler zugeschriebene Kriegführung der Jahre

---

[3] Groß, Mythos und Wirklichkeit, S. 23.
[4] Ebd., S. 4.
[5] Prof. Dr. Eckart Conze im Rahmen eines Vortrags im damaligen MGFA am 31.5.2011.
[6] Sack, Der Krieg in den Köpfen, S. 211–229.
[7] Beyrau/Hochgeschwender/Langewiesche, Einführung, S. 11; Kutz, Realitätsflucht und Aggression, S. 62; Wendt, »Totaler Krieg«, S. 384 f.; Baudissin, Das Kriegsbild (1962), S. 11.

1943 bis 1945 wie eine Negativfolie fortwirkte, wurden die militärischen Siege der Jahre 1939 bis 1941 zu einer Art Blaupause für eine erfolgversprechende, zunehmend in den Bereich des Möglichen rückende Kriegführung gegen die Sowjetunion im entstehenden Ost-West-Konflikt.

Das Interesse der britischen und US-Militärs an den deutschen Erfahrungen aus dem Krieg gegen die Sowjetunion bot einen hervorragenden Ansatzpunkt, um das operativ geprägte Kriegsbild nutzbar zu machen und letztlich mehr Souveränität für die damals gerade entstehende Bundesrepublik Deutschland zu erreichen. So wuchs ab 1947/48 unter den zukünftigen Verfassern der Himmeroder Denkschrift langsam ein neues Kriegsbild auf, wobei mit den personellen Kontinuitäten zwischen Wehrmacht und Bundeswehr ideengeschichtliche einhergingen. Die »Wiederbelebung des operativen Denkens« ergab sich allein daraus, dass viele Offiziere der anfänglichen Bundeswehrführung aus den Operationsabteilungen der Wehrmacht stammten. Der erste Generalinspekteur der Bundeswehr Heusinger, der gemeinsam mit Speidel zur ersten Doppelspitze der Bundeswehr avancierte, ist dafür das prominenteste Beispiel. Dabei ist die Bedeutung von Netzwerken – national wie international – sowohl für die Weitergabe von Informationen als auch für die Durchsetzungsfähigkeit bestimmter Ideen und Denkschulen nicht zu unterschätzen.

Alternativvorstellungen von einem infanteristisch geprägten Kleinkrieg, die – ähnlich wie bei Stülpnagel in den 1920er Jahren – auch in den 1950er Jahren leitmotivisch wieder zu Tage traten und mit den Namen Gerhard Graf von Schwerin und Bogislaw von Bonin verknüpft waren, blieben im Kampf der Ideen auf der Strecke. In den Denkschriften von Heusinger und Speidel wurde zwischen 1948 und 1950 zunehmend sehr bewusst ein von Panzerdivisionen geprägtes Leitbild eines möglichen Krieges für zukünftige westdeutsche Streitkräfte formuliert.[8] In der Himmeroder Denkschrift fand es auf nationaler Ebene 1950 seine vorläufig dominierende, wegweisende Ausprägung. Zweifellos erfüllte es eine wichtige Orientierungsfunktion für die Aufstellung der Bundeswehr. Allerdings mutete dieses Kriegsbild auf den ersten Blick anachronistisch an, da es trotz der Atombombeneinsätze in Japan 1945 und weiterer rüstungstechnischer Entwicklungen im Bereich der Nuklearwaffen im Zeichen mechanisierter Landschlachten um Mittel- und Westeuropa stand. Auf den zweiten Blick diente das Kriegsbild aber als ein wirksames Mittel westdeutscher Souveränitätspolitik. In deren Dienste vollzog sich zwischen 1950 und 1955 im internationalen Gedankenaustausch eine ambivalente Entwicklung. Einerseits arbeiteten die Vertreter des Himmeroder Kriegsbildes beharrlich und erfolgreich daran, die Vorstellung einer beweglich und grenznah geführten Vorwärtsverteidigung in den Köpfen der NATO-Operateure zu verankern. Andererseits wurde mit zunehmendem Einblick in deren Planungen klar, dass

---

[8] Hierzu sei noch einmal auf die neuesten Forschungsbeiträge von Agilolf Keßelring und Thorsten Loch verwiesen, deren Kernaussage bereits in der Einleitung beschrieben worden sind. Die zugrundeliegenden ideengeschichtlichen Kontinuitätslinien sind sicherlich noch weitere, umfassendere Untersuchungen wert. Keßelring/Loch, Himmerod war nicht der Anfang; Keßelring/Loch, Der »Besprechungsplan«.

ein Kriegsbild ohne umfassenden Nuklearwaffeneinsatz an den Realitäten vorbeiging. Die Entwicklung taktischer Atomwaffen und ihre Aufnahme in die Kriegsplanungen der Supermächte bedingten zwischen 1953 und 1955 eine zunehmende »Nuklearisierung des Gefechtsfeldes«, die der Kriegführung eine ganz neue Qualität verlieh. Trotz zahlreicher Einsichten in die NATO-Planungen verharrte die frühe Bundeswehrführung noch relativ lange in den traditionellen Denkmustern der konventionellen Kriegführung und marginalisierte die taktischen Nuklearwaffen. Deren Integration in das Kriegsbild stellte 1956 schließlich eine erste Zäsur dar.

Allerdings entstand durch die fortschreitende Nuklearisierung der Kriegsplanungen in der NATO für die militärische Führung der Bundeswehr ein Dilemma, das sich zwischen dem gewünschten Schutz und der zu befürchtenden Zerstörung Deutschland auftat und sich von 1957 bis 1962 weiter zuspitzte, als sich ihr Blickwinkel auf die Annahme eines allgemeinen Nuklearkrieges verengte. Während die Kriegsbilder der Bundeswehrführung unter dem Einfluss des neuen, nuklearpolitisch sehr ambitionierten Verteidigungsministers Franz Josef Strauß zunehmend in den Bann der Nuklearkriegführung gerieten, taten sich spätestens ab 1957 ganz unterschiedliche Sichtweisen bei Heer, Marine und Luftwaffe auf, deren Führungen jeweils eine zentrale Rolle im möglichen Krieg der Zukunft beanspruchten. Vor allem die Luftwaffe, von Strauß als potenzielle Hauptträgerin von Atomwaffen protegiert, machte den Landstreitkräften ihre bisherige Bedeutung in der Landes- und Bündnisverteidigung streitig. Die ideengeschichtliche Entwicklung war zu jener Zeit in höchstem Maße geprägt vom Widerstreit ganz verschiedener Kriegsbilder in den einzelnen Teilstreitkräften, die ihre Ressortinteressen im Konkurrenzkampf um begrenzte Haushaltsmittel durchzusetzen versuchten. Der Generalinspekteur der Bundeswehr, dem seine Zerrissenheit im nuklearen Dilemma durchaus anzumerken war,[9] musste 1959 zur ernüchternden Feststellung gelangen, dass unter den Teilstreitkräften völlig divergierende Kriegsbilder, ja sogar Kriegsdefinitionen, existierten, die schlechterdings nicht auf einen gemeinsamen Nenner zu bringen waren. Im Wesentlichen hatten sie lediglich die Gemeinsamkeit, dass die Teilstreitkräfte entweder sich selbst die Königsrolle im Krieg der Zukunft zuschrieben bzw. den anderen diese Rolle explizit absprachen. Dass es bei der Debatte nicht um die von Heusinger geforderte unvoreingenommene und nüchterne Analyse, also letztlich um eine realistische Einschätzung als Grundlage für Sicherheitspolitik ging, wird in den Quellendokumenten allzu offensichtlich. Kriegsbilder waren damals nicht nur Streitobjekte, sondern Streitmittel der Machtpolitik. Von einer einheitlichen Grundauffassung in der ja allzu oft als monolithisch betrachteten Bundeswehr kann deshalb keinesfalls gesprochen werden.

---

[9] Heusinger sprach 1958 von einer »dem Atomzeitalter eigenen Spannung zwischen Verteidigungsbereitschaft und Friedenswillen«. BArch, N 643/142, Nachlass Adolf Heusinger, Aufsatz »Militärische Fragen der Verteidigung«. In: Evangelische Verantwortung. Politische Briefe des evangelischen Arbeitskreises der christlich-demokratischen/christlich-sozialen Union, 6 (1958), 7, S. 5.

Die Frage, ob es in der Bundeswehrführung ein einheitliches Kriegsbild gab, muss deshalb ausdrücklich verneint werden. Hinter den Kriegsvorstellungen standen nicht nur verschiedene Interessen der Teilstreitkräfte, sondern auch unterschiedliche Weltdeutungen, Führungskulturen und Rollenverständnisse:[10] Das Heer bevorzugte taktisch-operative Führungsqualitäten, die Luftwaffe war fixiert auf technische Qualifikationen, und die Marine huldigte dem Idealbild des Schiffskommandanten.[11] Die Frage nach dem Kriegsbild berührte jeweils »Erwartungsraum und Erfahrungshorizont«.[12]

Nachdem die NATO 1958 die Ausrüstung der Partnerstaaten mit taktischen Atomwaffen unter amerikanischer Kontrolle beschlossen hatte, die ersten nuklearfähigen Waffensysteme in Europa stationiert worden waren und auch das Bundesverteidigungsministerium am 20. Juni 1958 die Ausrüstung der Bundeswehr mit Mehrzweckraketen für Atomsprengköpfe angekündigt hatte, wurden die politischen Vorgaben gleichsam zur Auflage für die militärischen Denk- und Handlungsprozesse. Sie bedingten einen Paradigmenwechsel in den Köpfen der militärischen Führung der Bundeswehr. In den folgenden Jahren wurde die Bundeswehr dann tatsächlich – zunehmend zu Lasten des konventionellen Aufwuchses – mit nuklearfähigen Systemen ausgestattet und stand 1962 unter Friedrich Foertschs kompromisshaftem Leitbild eines katastrophalen, allgemeinen Nuklearkrieges, in dem die mit Atombomben bestückten »Starfighter« der Luftwaffe eine wichtige Rolle spielen sollten. Dieses Jahr bildete den Höhepunkt des Nuklearkriegsdenkens in der militärischen Führung der Bundeswehr. Vorwärtsverteidigung, auch um den Preis vollständiger Nuklearisierung der Kriegführung lautete der leitende Gedanke des Generalinspekteurs. Es handelte sich um eine vage Schreckensvision, die im Sinne von MC 14/1 (Strategie Guidance – Forward Strategy) der Abschreckung dienen sollte, hinter der in Westdeutschland jedoch mehr politische Rhetorik und Machtkalkül als reale Fähigkeiten und realistische Kriegsvorstellungen standen. Der Artikel »Bedingt abwehrbereit« vom 8. Oktober 1962 des Nachrichtenmagazins »Der Spiegel« machte diese Diskrepanz deutlich. Tatsächlich war ein allgemeiner Nuklearkrieg für die militärische Führung der Bundeswehr weitgehend unvorstellbar. Er war »das Undenkbare, das gleichwohl gedacht, das Bildlose, das gleichwohl bebildert werden muss«.[13] Im von Gerd Schmückle verfassten Zeitschriftenartikel »Die Wandlung der Apokalypse« wurde diese Problematik eines mentalen Bildes erkennbar. Im selben Jahr markierte Wolf Graf von Baudissins vielbeachteter Vortrag »Das Kriegsbild« vor der Deutschen Atlantischen Gesellschaft den Kulminationspunkt des nuklear geprägten Kriegsleitbildes. Baudissin beschrieb Eskalationsformen zum Allgemeinen Nuklearkrieg und die »Teufelsspirale«

---

[10] Reichherzer, Zwischen Atomgewittern und Stadtguerilla, S. 139; Naumann, Generale in der Demokratie, S. 358.
[11] Ebd., S. 25.
[12] Koselleck, »Erfahrungsraum« und »Erwartungshorizont«, S. 349–375; Naumann, Generale in der Demokratie, S. 29.
[13] Horn, Die apokalyptische Fiktion, S. 47.

V. Zusammenfassung und Ausblick

zur »Weltkatastrophe« in allen Facetten[14] und schließlich darüber hinaus bis zur »Kirchhofsruhe«. Indem er das Ultimative aussprach, führte er der militärischen Führung der Bundeswehr den Fatalismus ihres Kriegsleitbildes vor Augen und gab für die ideengeschichtliche Entwicklung der Kriegsbilder Anregungen, die dazu beitrugen, den Atomfatalismus als Bewusstseinslage zu überwinden. Auch die Erfahrung der Berlin-Krisen und der Kuba-Krise zeigte, dass »Radikalszenarien«[15] keine realistischen Lösungen boten.

Der entscheidende Impuls für einen sicherheitspolitischen Paradigmenwechsel in Richtung »limited war« stammte aus den USA und wurde von den Nuklearkritikern in der militärischen Führung der Bundeswehr, insbesondere von den Vertretern der Heeresführung, schnell aufgegriffen. Für Generalinspekteur Wolfgang Altenburg stellten die von US-Präsident John F. Kennedy und dessen Verteidigungsminister Robert McNamara propagierten »Athener Richtlinien«, welche die Nuklearwaffen als politisches Mittel einstuften, unmittelbar den »Übergang zum neuen Denken«[16] dar. Während auf der einen Seite die politischen Ambitionen auch unter dem neuen Verteidigungsminister Kai-Uwe von Hassel weiterhin auf eine Nuklearbewaffnung der Bundeswehr abzielten, wiederholte und verfeinerte auf der anderen Seite Baudissin seine Gedankengänge. Die Gruppe der nuklearkritischen Offiziere im Verteidigungsministerium wuchs stetig an, bis 1965 unter dem neuen Generalinspekteur Heinz Trettner ein Perspektivwechsel vollzogen wurde, der vom Allgemeinen Nuklearkrieg weg zum begrenzten Krieg als wahrscheinlichste Kriegsform führte. Diese Zäsur, bei der die Entwicklung des Leitbildes vom Kriege an einen Punkt gekommen war, wo die gefährlichste Form nicht mehr die wahrscheinlichste darstellte, markierte Trettners »Führungsweisung Nr. 1: Deutsche Auffassung zum strategischen Konzept der NATO« vom 21. Juli 1965.

Zunächst brachte die Hinwendung zum Leitbild eines räumlich und waffentechnisch begrenzten Krieges 1966/67 ein verstärktes Verantwortungsbewusstsein im Denken an einen Atomwaffeneinsatz mit sich. Das militärische Denken, das in dieser Phase aus freien Stücken verstärkt unter den – ja schon viel früher von Carl von Clausewitz als Grundsatz formulierten – Primat der Politik gestellt wurde, zielte vor allem auf Abschreckung vor einem Krieg ab und im Verteidigungsfall darauf, die Abschreckung so schnell wie möglich wiederherzustellen. Generalinspekteur Trettner wurde bei der Durchsetzung dieser neuen Ideen vom Inspekteur des Heeres Ulrich de Maizière unterstützt, der die Entwicklung weiter vorantrieb, als er selbst ins Amt des Generalinspekteurs nachfolgte. Damit siegten in dem von Martin van Creveld so bezeichneten »Krieg der Denkfabriken«[17] nicht nur die Nuklearkritiker. Mit der bewussten Einhegung angedachter kriegerischer Gewalt fand eine Jahrzehnte lange Tendenz zur

---

[14] Hier begann die in der Gegenwart dominierende Tendenz zur diversifizierten Szenarioermittlung (siehe: Sicherheitspolitische Zukunftsanalyse).
[15] Lemke, Vorwärtsverteidigung, S. 36.
[16] Zeitzeugengespräch mit General a.D. Wolfgang Altenburg, Lübeck-Travemünde, 11.6.2014.
[17] Creveld, Die Gesichter des Krieges, S. 250.

Totalisierung der Kriegführung ihren Abschluss.[18] Es wurde nun eine schleichende Rekonventionalisierung der Leitbilder vom Kriege eingeleitet, die wiederum die Rolle der Landstreitkräfte in einer möglichen militärischen Auseinandersetzung mit dem Warschauer Pakt wieder in den Vordergrund stellte. Die Heeresführung konnte ihre Position gegenüber den anderen Teilstreitkräften wieder ausbauen. Zugleich vollzog sich eine Ausdifferenzierung der Kriegsvorstellungen im Sinne von Baudissins Kriegsbild. Insbesondere der verdeckte Kampf irregulärer Feindkräfte im eigenen Hinterland wurde fortan ein fester Bestandteil der Leitbilder. Das andere Ende der Baudissinischen »Teufelsspirale«, die Eskalation zum Allgemeinen Nuklearkrieg, wurde hingegen verstärkt ausgeblendet, da die Kriegführung nun unter der Maßgabe sicherheitspolitischer Ratio und Schadensminimierung stehen sollte. Hier orientierten sich die militärischen Leitbilder an der erst 1968 offiziell implementierten NATO-Strategie der Flexible Response. Zudem fand der 1975 einsetzende Helsinki-Prozess Berücksichtigung, der den Verteidigungsfall für die Bundesrepublik Deutschland im Prinzip unwahrscheinlicher machte.[19] Im Gegensatz zu der Situation vor dem Ersten Weltkrieg[20] ging die deutsche Militärelite also nicht von der Unvermeidlichkeit eines Krieges aus. Und tatsächlich sollte ja das im Weißbuch von 1969 deklarierte Ziel am Ende des Ost-West-Konflikts erreicht werden:

»Unsere Sicherheits- und Verteidigungspolitik kann die deutsche Gesamtsituation nicht außer acht lassen. Sie ist stets so zu führen, daß sie die Freiheit und Unabhängigkeit des freien Teiles unseres Vaterlandes bewahrt und so dazu beiträgt, daß zu gegebener Zeit auf friedlichem Wege Fortschritte zur Lösung der in Europa noch offenen Fragen, vor allem zur friedlichen Lösung der deutschen Frage in Freiheit und Einheit erzielt werden können.«[21]

Im Zeitraum von 1965 bis 1979 verfestigte und verfeinerte die militärische Führung der Bundeswehr dazu ihre Vorstellungen von einem begrenzten Krieg spezifisch westdeutscher Prägung, der durch entschlossene konventionelle Vorneverteidigung, spätestens jedoch durch einen selektiven Atomwaffeneinsatz schnell und glimpflich beendet werden sollte. Atomwaffen wurden nunmehr nicht mehr nach ihrem operativen Nutzen zur Vernichtung feindlicher Streitkräfte bewertet, sondern – insbesondere unter dem Einfluss von Verteidigungsminister

---

[18] »Totalisierung« ist jedoch ein Begriff, der hinterfragt und diskutiert werden muss. Für den »Totalen Krieg« gibt es eine Reihe von Definitionen. Nach Heinz Gärtner wird dieser ohne militärische, politische oder moralische Grenzen geführt und schließt die bewusste Vernichtung von Zivilisten ein. Gärtner, Internationale Sicherheit, S. 138 f. Diese Tendenz setzte mit dem Amerikanischen Sezessionskrieg 1861 bis 1865, spätestens jedoch mit dem Ersten Weltkrieg ein.

[19] Während in Europa eine relativ große sicherheitspolitische Stabilität hergestellt wurde, zeigte sich eine Tendenz, militärische Konflikte in die Dritte Welt zu verlagern. Das Kriegsgeschehen 2000, S. 14–25. Mit Ausnahme des Falklandkriegs 1982 blieben seit 1945 ausgedehnte konventionelle Kriege, zum Teil auch in Form von Stellvertreterkriegen, auf einen Krisenbogen beschränkt, der sich vom Balkan über den Nahen Osten, das Horn von Afrika und Persischen Golf bis nach Vietnam erstreckte. Creveld, Die Gesichter des Krieges, S. 228.

[20] Müller, Anmerkungen zur Entwicklung, S. 388.

[21] Weißbuch 1969, S. 11.

V. Zusammenfassung und Ausblick

Helmut Schmidt – als politische Waffen zur Kriegsverhinderung oder -beendigung angesehen. Zugleich nahmen die Westdeutschen über die Nukleare Planungsgruppe (NPG) verstärkten Einfluss auf die Planungen des Nuklearwaffeneinsatzes der NATO. Aufgrund der tatsächlichen Stärkeverhältnisse zwischen NATO und Warschauer Pakt bei den konventionellen Streitkräften wurde in den 1970er Jahren jedoch bei verschiedenen Gelegenheiten, zum Beispiel im Rahmen der aufkommenden rechnergestützten OR-Simulationen, im Bereich der Kriegsbevorratung, der Flugkörperausstattung der Marine oder auch bei den konventionellen Fähigkeiten der Luftwaffe, immer wieder deutlich, dass es sich bei den Kriegsleitbildern der militärischen Führung der Bundeswehr um Wunschvorstellungen handelte. Das nukleare Dilemma, von dem vor allem die Bundesrepublik Deutschland betroffen war, bestand deshalb fort. Auch die Verteilungskämpfe unter den Teilstreitkräften gingen weiter, während die Bedeutung der Rüstungsindustrie und dann auch einzelner hochkomplexer Waffensysteme zunahmen. Mit dem verstärkten Einzug der Hochtechnologie in die militärische Rüstung und das Kriegswesen sollte das Leitbild der Bundeswehr vom Krieg um 1979/80 schließlich eine neue Akzentuierung und Qualität erhalten, was zudem veränderte Rollenverständnisse der Teilstreitkräfte nach sich zog. Friedrich Oblesers »Umdenken in die neuen Luftkriegsdimensionen hinein«[22] war für die neue konventionelle Rolle der Luftstreitkräfte und die Hoffnungen, die in intelligente Munition und Konzepte wie AirLand Battle oder auch FOFA gesetzt wurden, bezeichnend. Auch die Marineführung definierte die Rolle ihrer Teilstreitkraft mit modernen Plattformen und Fähigkeiten im möglichen Krieg neu, als sie ihre Gedanken zunehmend auf den Nordflankenraum richtete. Die neuen Denkansätze begründeten in der Entwicklung der Kriegsbilder 1979 eine weitere Zäsur, mit der Hochtechnologie als bestimmender Faktor in die Leitbilder vom Kriege eingeführt wurde. »Denkende Waffen verändern das Kriegsbild«[23] war deshalb bezeichnenderweise eine Studie von Ferdinand Otto Miksche betitelt, die in Militärkreisen diskutiert wurde. Diese ideengeschichtliche Entwicklung korrespondierte – trotz des in den 1970er Jahren entwickelten wirtschaftlichen Krisenbewusstseins – mit der wirtschaftlichen und gesellschaftlichen Ausrichtung der Bundesrepublik Deutschland als ein führender Industriestaat, der sich auch in seinen zivilen Sektoren zunehmend auf elektronische Datenverarbeitung und Informationstechnik abstützte.

Der im Weißbuch von 1979 formulierte Appell, die Möglichkeiten moderner Technologien für die Vorneverteidigung zu nutzen,[24] sollte in den 1980er Jahren konkrete Formen in Waffensystemen und Konzeptionen annehmen. Durch moderne, die Möglichkeiten von Hochtechnologie nutzende Waffensysteme wie den »Tornado« wurde die konventionelle Verteidigungsfähigkeit der NATO in Europa sichtbar verstärkt. Zwar führten die Bedrohungsanalysen der Abteilung II des Führungsstabes der Streitkräfte von der in den 1970er Jahren verbreiteten

---

[22] Ebd., S. 5.
[23] BArch, N 842/29, Nachlass Heinrich Trettner, Brief an Oberst a.D. Ferdinand Otto Miksche, ohne Ortsangabe, 2.1.1977.
[24] Weißbuch 1979, S. 146.

Annahme einer regional sehr begrenzten militärischen Auseinandersetzung weg, und es verfestigte sich die Vorstellung, mit konventionellen Großangriffen gepanzerter Verbände des Warschauer Paktes in ganz Europa rechnen zu müssen. Doch schätzte die militärische Führung der Bundeswehr die eigenen Erfolgsaussichten, eine militärische Auseinandersetzung durch eine integrierte, vorbereitete, mit modernem Kriegsgerät und entschlossen geführte Vorneverteidigung zu einem glimpflichen Ende bringen zu können, ab 1985/86 deutlich optimistischer ein. Während in der westdeutschen Bevölkerung seit der Nachrüstungsdebatte um den NATO-Doppelbeschluss pazifistische Grundhaltungen vorherrschten, sollten die rüstungstechnischen Potenziale bei Amerikanern wie Europäern so manches Kriegsbild beflügeln und insbesondere im Heer traditionelles operatives Denken wiederbeleben. Bezeichnend war hierfür die »Leitlinie für die operative Führung von Landstreitkräften in Mitteleuropa«[25] des Inspekteurs des Heeres Hans-Henning von Sandrart aus dem Jahr 1987.

Im Zeichen der neuen Waffentechnologien (NWT) war schließlich sogar eine gedankliche Symbiose zwischen Luftwaffe und Heer möglich, deren sich ergänzende Rollen mit einer Aufteilung des Kampfes gegen die 1. und 2. Staffel des Warschauer Paktes und einer 100 Kilometer-Linie relativ klar verteilt waren, während die Marine unverändert eine Nebenrolle spielte. Aufgrund der tatsächlich jedoch beschränkten technologischen und finanziellen Fähigkeiten des Atlantischen Bündnisses blieben am Ende viele Anwendungsmöglichkeiten der Hochtechnologie ein Gedankenspiel. Wenngleich die Vorstellungen in der NATO, aber auch in der Warschauer Vertragsorganisation tendenziell gar auf eine Rekonventionalisierung der Kriegführung hinausliefen, spielten die Atomwaffen sowohl in den Verteidigungsplanungen als auch perzeptionsgeschichtlich für das von Generalinspekteur Altenburg gepflegte »Kontinuum der Abschreckung« unverändert eine bedeutsame Rolle. Die Gedankengänge der militärischen Führung der Bundeswehr blieben bis zum Ende des Ost-West-Konflikts von einer starken sicherheitspolitischen Ratio bestimmt, selbst als eine Renaissance operativen Denkens den gedanklichen Fokus verengte und vermeintlich zu einer sicherheitspolitischen Destabilisierung führte. Tatsächlich wurde diese durch den wirtschaftlichen und innenpolitischen Zusammenbruch des Sowjetimperiums herbeigeführt. Auch wenn für diese Entwicklung mehrere Faktoren verantwortlich waren, trugen die Kriegsbilder, die in den 1980er Jahren im Zeichen einer neuen Industriellen Revolution durch die Mikroelektronik standen, und die daraus abgeleiteten Rüstungsanstrengungen erheblich dazu bei. Die von Altenburg betonte perzeptionsgeschichtliche Komponente des Ost-West-Konflikts war am Ende die entscheidende. Im Rüstungswettlauf zwischen NATO und Warschauer Pakt war der Sowjetunion gewissermaßen der Atem ausgegangen. An der Technologiefront konnten die osteuropäischen Volkswirtschaften nicht mehr mithalten. Im Grunde wurde der politische

---

[25] BArch, BH 8-5/195, Bundesministerium der Verteidigung, Inspekteur des Heeres, Az. 31-05-00, Leitlinie für die operative Führung von Landstreitkräften in Mitteleuropa, Bonn, 20.8.1987.

V. Zusammenfassung und Ausblick

Gegner – auch über die Vermittlung ambitiöser Kriegsbilder – systematisch »totgerüstet«.[26] Ideen-, Perzeptions- und Wirtschaftsgeschichte können so direkt miteinander verknüpft sein. Was die Politikgeschichte betrifft, ermöglichte jedoch erst der von Michail S. Gorbačëv offensiv vertretene Einstellungswandel und Strategiewechsel – viel früher als von der militärischen Führung der Bundeswehr gedacht – den Abbau der Feindbilder und die Vereinigung der Bundeswehr mit der NVA zur sogenannten Armee der Einheit. Auch wenn die Armee der Einheit in der geschichtswissenschaftlichen Bewertung mit einem Fragezeichen zu versehen ist und gewiss noch der eingehenden Erforschung bedarf,[27] steht am Ende der Ost-West-Konfrontation die Feststellung, dass sich die schon in der Dienststelle Blank gehegte Überzeugung, »Es ist nicht wahr, daß jede Rüstung zwangsläufig zum Kriege führt«,[28] bewahrheitet hat.

In der Gesamtschau bleibt bemerkenswert, dass die westdeutsche Militärführung den Ideen und Planungen der NATO-Partner trotz aller Abhängigkeiten beharrlich alternative Leitbilder vom Kriege gegenüberstellte. Wenngleich sich deren Vorzeichen mehrfach änderten, stellte die Vorstellung von einer grenznahen, wendig geführten Vorwärts- bzw. Vorneverteidigung die beherrschende Kontinuitätslinie in der Entwicklung von Kriegsbildern in der militärischen Führung der Bundeswehr dar. Sie sollte der Bewahrung der Freiheit, aber auch der Wohlfahrt des deutschen Volkes dienen.

Da ein Volkskrieg oder auch eine Kleinkriegführung wegen der zu erwartenden Verluste in der Bevölkerung diesen Zweck unter den jeweils gegebenen Rahmenbedingungen nicht erfüllen konnten, mussten sie beim Kampf der Ideen wohl jeweils gegenüber den operativ geprägten Leitbildern im Hintergrund stehen bleiben, sei es bei Moltke d.Ä., Stülpnagel, Schwerin, Bonin oder auch Jochen Löser und Franz Uhle-Wettler[29]. Am Ende erwiesen sich die durchaus immer wieder in verschiedener Weise instrumentalisierten Kriegsbilder der Bundeswehrführung als ein vorzügliches Mittel deutscher Souveränitätspolitik. Die deutsche Besetzung von Schlüsselpositionen in den NATO-Kommandostrukturen, zum Beispiel durch Speidel, Heusinger, Altenburg und Sandrart, trug erheblich zur Verstetigung dieses Gedankenguts bei.[30]

Interessant wäre es, die Entwicklung von Kriegsbildern in der militärischen Führung der Bundeswehr mit der in der NVA oder der in den sowjetischen Streitkräften zu vergleichen. Ebenso interessant wäre ein Vergleich mit der Sichtweise in anderen NATO-Staaten. Und auch die Sicht in den blockfreien Staaten, beispielsweise die Perspektive der schwedischen oder schweizerischen Militärführung auf eine militärische Auseinandersetzung zwischen dem Warschauer Pakt und der NATO, wäre sicherlich in vielerlei Hinsicht aufschlussreich.

---

[26] Weizsäcker, Der Weg zur Einheit, S. 87.
[27] Hierzu sollen im ZMSBw wissenschaftliche Studien erarbeitet werden.
[28] Vom künftigen deutschen Soldaten, S. 9.
[29] Stutz, Raumverteidigung.
[30] Insofern ist die Sichtweise, dass NATO-Verwendungen der Bundeswehr-Generalität – wie bei Baudissin – eine »funktionale Kaltstellung« bedeuten können, zu relativieren. Siehe hierzu: Schlaffer, Die Innere Führung, S. 145.

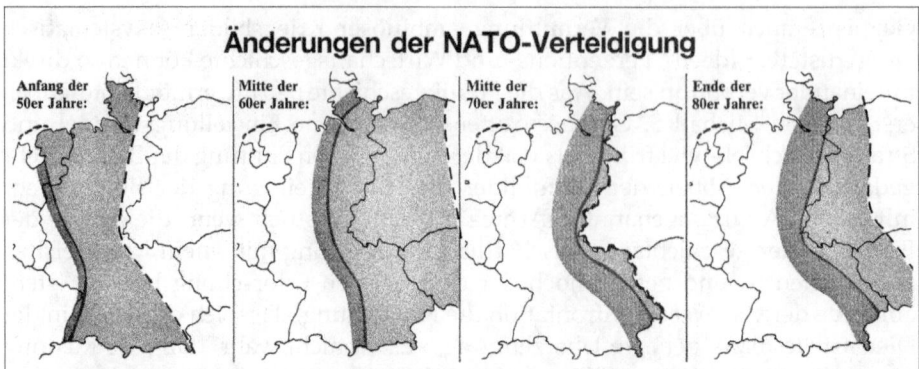

Die Veränderung der geografischen Dimension von Kriegsbildern von den 1950er bis zu den 1980er Jahren
Quelle: BArch, BW 2/27 000, Fü S VI, Az. 03-01-07-20, Artikel von Florian Gerster (MdB) und Michael Hennes: »FOFA-Irrtümer. Rückbesinnung auf die Vorneverteidigung«. In: Europäische Wehrkunde/WWR, 10 (1989), S. 596.

Solch eine militärgeschichtliche Forschung kann an dieser Stelle nur angeregt und als Desiderat formuliert werden.

Um die Untersuchung von Kriegsbildern in der militärischen Führung der Bundeswehr zwischen 1955 und 1990 in einen größeren zeitlichen Rahmen einzubetten, soll zumindest noch ein kurzer Blick auf die weitere Entwicklung bis in die Gegenwart geworfen werden.

So wie das Leitbild vom Kriege in den späten 1940er Jahren allmählich aufwuchs und verfeinert wurde, löste es sich nach dem Ende des Ost-West-Konflikts aufgrund der neuen Bedrohungslage allmählich wieder auf, ehe ab etwa 1994 ein sicherheitspolitischer Paradigmenwechsel vollzogen wurde.

Der »Vertrag über die abschließende Regelung in Bezug auf Deutschland« vom 12. September 1990 machte den Weg zur Wiedervereinigung der ehemaligen Besatzungszonen und zur »Armee der Einheit«[31] frei. Während die Bestimmungen des »Zwei-plus-Vier-Vertrages« die umfassende Abrüstung der Bundeswehr auf einen Friedensumfang von 370 000 Soldaten vorgaben, war absehbar, dass die Bundesrepublik Deutschland mit dem Abzug der Besatzungstruppen zum 31. August 1994 ihre Souveränität erlangen würde. Vor allem aber markierte die Auflösung der Warschauer Vertragsorganisation am 31. März 1991, die in

---

[31] Informationen zur Sicherheitspolitik; Bundeswehr im Einsatz, S. 26.

V. Zusammenfassung und Ausblick

der militärischen Führung der Bundeswehr als »entscheidender Einschnitt«[32] und »grundlegende Änderung der Bedrohungssituation«[33] wahrgenommen wurde, das Ende der ursprünglich ideologisch begründeten Blockkonfrontation. Deutschland war damit kein Frontstaat mehr, sondern grenzte nur noch an neutrale Staaten oder NATO-Mitgliedstaaten. Nach vielen Jahrzehnten der Feindschaft und unmittelbaren außenpolitischen Bedrohungen durch europäische Nachbarn fühlten sich die Deutschen nunmehr »nur von Freunden umgeben«.[34] Die neue Russische Föderation, deren Streitkräfte ein Machtfaktor im eurasischen Raum blieben, befand sich bereits in einer tiefgreifenden politischen und gesellschaftlichen Umbruchphase,[35] wurde aber über Einrichtungen wie den NATO-Russland-Rat oder Programme wie »Partnerschaft für den Frieden«[36] sicherheitspolitisch weiterhin wahrgenommen. Die Bundeswehr setzte die großen Heeresmanöver, die es in der NATO bis Ende der 1980er Jahre in Zusammenarbeit mit den Luftstreitkräften, dem Territorialheer und den NATO-Partnern noch gegeben hatte, nach 1990 nicht mehr fort.[37] Die Zeit der Parole »Kämpfen können, um nicht kämpfen zu müssen«[38] war vorbei – dies wurde in der Heeres- und Bundeswehrführung relativ schnell registriert.[39] Die militärischen Übungen wurden zunehmend »entrussifiziert«,[40] zum Beispiel indem anstelle der gegnerischen, bislang roten Manöverpartei eine schwarze gesetzt wurde. Im Übrigen bestanden die bisherigen »Operational Requirements« und Prozeduren in der NATO jedoch fort.[41] Während »der GDP [...] so allmählich obsolet« wurde, ergab sich für die Bundeswehr eine vorübergehende »Phase der Orientierungslosigkeit«.[42] Das bisherige Leitbild vom möglichen Kriege verschwamm, sozusagen »auf dem Weg in die Berliner Republik (1990–2001)«.[43]

Hatte die bisherige bipolare Blockkonfrontation eine stabilisierende, ja vor allem auch mentale Ordnungsfunktion gehabt,[44] stellte der Übergang zu einer multipolaren, »neue[n] Weltordnung«[45] viele der bisherigen Denkmuster in der Bundeswehr infrage.[46] Deren Generalinspekteur Klaus Naumann (1991 bis 1996) sprach von »einer grundlegenden Veränderung aller sicherheitspolitischen

---

[32] Zeitzeugengespräch mit Generalleutnant a.D. Rainer Glatz, Potsdam-Eiche, 17.11.2014.
[33] Ebd.
[34] Frank, Nur von Freunden umgeben, S. 441-449.
[35] Bestandsaufnahme, S. 13.
[36] Ebd., S. 15 und S. 33-37.
[37] Heeresmanöver der Bundeswehr, S. 9.
[38] Borkenhagen, Entwicklungslinien, S. 504.
[39] Zeitzeugengespräch mit Generalleutnant a.D. Jörg Schönbohm, ZMSBw Potsdam, 18.6.2015.
[40] Sander-Nagashima, Die Bundesmarine 1950 bis 1972; Interview mit Vizeadmiral a.D. Hans Joachim Mann, S. 485.
[41] Ebd., S. 485.
[42] Ebd.
[43] Conze, Die Suche nach Sicherheit, S. 747.
[44] Loth, Der Krieg, der nicht stattfand, S. 292 und 296-298.
[45] Creveld, Die Gesichter des Krieges, S. 259.
[46] Heidenkamp, Der Entwicklungsprozess, S. 33-125.

Rahmenbedingungen«.[47] »Bilder von Krieg und Elend«[48] stammten in Naumanns Augen nun aus ganz anderen Weltregionen und betrafen die Deutschen nur noch indirekt. Der Generalinspekteur der Bundeswehr sprach jetzt von »Risiken, die dem Krisenbogen an der südlichen und südöstlichen Peripherie Europas entspringen«[49] und Gefahren für die Industriegesellschaften darstellen würden. An die Stelle von Kriegsbildern und -planungen für den Verteidigungsfall traten nun »Sicherheitsvorsorge« sowie »Konfliktvorbeugung und Krisenbewältigung«[50] außerhalb Zentraleuropas. Gemeinsam mit den Inspekteuren des Heeres Helge Hansen (1992 bis 1994) und Hartmut Bagger (1994 bis 1996) entwickelte Naumann bald nach der Auflösung des Warschauer Paktes eine Vorstellung davon, dass die deutsche Sicherheitspolitik zukünftig nicht mehr von der Landesverteidigung alter Art bestimmt würde, sondern die vom »Krisenbogen« Mauretanien–Pakistan ausgehenden Risiken verstärkt die Bundeswehr betreffen würden. Der Grundgedanke bestand darin, »Krisen und Konflikte dort zu bewältigen, zumindest einzudämmen, wo sie entstehen«,[51] bevor sie negative Auswirkungen auf Deutschland hätten. Die entsprechende Heeresstruktur, die bereits unter Hansen vorbereitet worden war und die dann von Bagger umgesetzt wurde, hieß bezeichnenderweise »Neues Heer für neue Aufgaben«.[52] Daraus abgeleitet wurde eine neue Gliederung der Bundeswehr in Hauptverteidigungskräfte (HVK), Krisenreaktionskräfte (KRK) und Militärische Grundorganisation (MGO). Bei diesen Kräftekategorien ging es nicht mehr um die Rolle von Teilstreitkräften in einem relativ konkreten Kriegsbild, sondern es handelte sich hier um eine veränderte Rolle von Streitkräften der NATO überhaupt.[53] Es vollzog sich deshalb kein weiterer Wandel von Kriegsbildern, sondern ein sicherheitspolitischer Paradigmenwechsel.[54] Roland Kaestner sah darin »völlig neue Gesichter des Krieges und der organisierten Gewalt«.[55] Zerfallende Staaten, sogenannte failing states, die Schwächung des staatlichen Gewaltmonopols, Bevölkerungswachstum und Ressourcenverknappung, Migrationsbewegungen, Proliferation von Massenvernichtungswaffen, transnationaler Terrorismus, religiöse Radikalisierung, Waffen- und Drogenhandel sowie international

---

[47] Naumann, Aufgaben der Bundeswehr, S. 691.
[48] Ebd., S. 693.
[49] Ebd., S. 692.
[50] Ebd., S. 693.
[51] Ebd., S. 694. Ebenso: Zeitzeugengespräch mit Generalleutnant a.D. Rainer Glatz, Potsdam-Eiche, 17.11.2014.
[52] Ebd.
[53] Auf der Mikroebene stellte Naumann fest: »Im Gegensatz zur Zeit des Kalten Krieges genügte es aber auch nicht mehr, den Soldaten nur als Kämpfer auszubilden.« Naumann, Der Wandel des Einsatzes, S. 494.
[54] Siehe dazu Rühe, Betr.: Bundeswehr, S. 9. Dr. Karl Lamers, Mitglied und stellvertretender Vorsitzender des Verteidigungsausschusses des Deutschen Bundestages sowie Vize-Präsident der parlamentarischen Versammlung der NATO sagte dazu: »Denn die moderne Entwicklung der Sicherheitspolitik ist von anderen Erscheinungsformen als dem ›klassischen Kriegsbild‹ gekennzeichnet. So liefen alle bisherigen Bundeswehr-Einsätze als Krisenreaktions- und Stabilisierungsmissionen ab.«
[55] Kaestner, Kriegsbilder, S. 118.

V. Zusammenfassung und Ausblick

organisiertes Verbrechen gewannen nun auch für das Militär an Bedeutung.[56] Naumann musste einräumen, dass damals »diesem relativ klaren Bild der Risiken [...] noch nicht ein entsprechend klares Bild der Gegenmaßnahmen gegenüber«[57] stand. Die Vorstellungen vom Einsatz der Streitkräfte waren deutlich diffuser geworden. Insbesondere die Auftragserfüllung bei den KRK waren nach Naumann von »wenig vertrauten Rahmenbedingungen gekennzeichnet«.[58]

In der neuen HDv 100/100 »Truppenführung (TF)« vom Juni 1997[59] ist kein Kapitel mehr zu finden, in dessen Titel der Begriff »Kriegsbild« auftauchen würde. Stattdessen ist von »Erscheinungsformen bewaffneter Konflikte«[60] zu lesen. Bei diesem zunehmenden Facettenreichtum werden Erinnerungen an Baudissins »Kriegsbild« aus den Jahren 1962 bis 1965 wach. Auch nach dem Wort »Krieg« muss man in der neuen Führungsvorschrift aus dem Jahre 1997 lange suchen.[61] Stattdessen dominieren Formulierungen wie der »Einsatz von Streitkräften«,[62] Krisen und Krisenbewältigung sowie Friedensmissionen. Generalleutnant Helmut Willmann, Inspekteur des Heeres von 1996 bis 2001, sprach von einem »breiten Einsatzspektrum«[63] im Rahmen der unverändert nicht wegdenkbaren NATO. Die weltweit wirkenden Veränderungen politischer, gesellschaftlicher und wirtschaftlicher Rahmenbedingungen führten 1991 bis 1999 zur weitreichenden Neuorientierung, zum weltweiten Engagement und zur Osterweiterung der NATO. Beim neuen strategischen Konzept des Bündnisses von 1999 drehten sich die Gedanken um einen Stabilitätstransfer.[64]

Während also die Bundeswehr zur »Armee der Einheit« zusammenwuchs und personell wie materiell reduziert wurde, hatte sie sich im Rahmen der Vereinten Nationen, der NATO und der Europäischen Union auf Einsätze außerhalb des NATO-Gebietes einzustellen.[65] Sie wandelte sich allmählich von der Präsenzarmee der Abschreckung und Landesverteidigung zu einer Auslandseinsatzarmee,[66] was durch ein entsprechendes Grundsatzurteil des Bundesverfassungsgerichts vom 12. Juli 1994 befördert wurde.[67] Eine Grundannahme Schmückles von 1962

---

[56] Heidenkamp, Der Entwicklungsprozess, S. 13 und 33–125.
[57] Naumann, Aufgaben der Bundeswehr, S. 693.
[58] Ebd., S. 698.
[59] BArch, BHD 1/756, Entwurf der HDv 100/100 VS-NfD Truppenführung (TF), Juni 1997.
[60] Ebd., Nr. 2312–2317.
[61] Ebd. Unter Nr. 106 heißt es lediglich: »Der Krieg ist die schärfste Form eines bewaffneten Konflikts«.
[62] Ebd., Nr. 106 und Teil A, Kapitel 1.
[63] Willmann, Die politische und militärische Zielsetzung, S. 712.
[64] Siehe hierzu: Asmus, Opening NATO's door; Historische Trendanalyse, Bd 2, S. 31. Zur neuen deutschen Politik im Rahmen der NATO nach 1990 siehe: Overhaus, Die deutsche NATO-Politik.
[65] Naumann, Der Wandel des Einsatzes, S. 477; Bestandsaufnahme, S. 19 f. Einsätze liefen bisher unter dem Mandat der NATO (IFOR, SFOR, KFOR, ISAF), der EU (AMM, EUFOR RD CONGO, EUNAVFOR ATALANTA) und der VN (UNAMIC, UNOSOM II, UNMIS, UNOMIG). Siehe dazu: Bundeswehr im Einsatz, S. 51–103.
[66] Naumann, Der Wandel des Einsatzes, S. 478–494.
[67] Zu den Auslandseinsätzen der Bundeswehr siehe: Wölfle, Die Auslandseinsätze der Bundeswehr; Auftrag Auslandseinsatz; Von Kambodscha bis Kosovo. Bis 1990 hatte die Bundeswehr bereits mehr als 120 humanitäre Hilfaktionen weltweit durchgeführt. 1992 hatte es

erwies sich jedoch bald nach dem Ende des Ost-West-Konflikts als Trugschluss: »Eine höhere Wahrscheinlichkeit als je zuvor in der Menschheitsgeschichte spricht dafür, daß der Krieg als Mittel der Politik in Europa ausgeschaltet wird.«[68] Wegen der Bürgerkriege im zerfallenden Jugoslawien wurde der Balkan schon Anfang der 1990er Jahre als ein Herd von Instabilität verstanden, der das Engagement der internationalen Staatengemeinschaft erforderte.[69] Die Bundesregierung sah hier eine neue Verantwortung der Bundesrepublik Deutschland im internationalen Umfeld und fällte die Entscheidung, die Bundeswehr auf dem Balkan an IFOR, SFOR und KFOR zu beteiligen.[70] Die »Entregionalisierung«[71] der NATO betraf auch die Marine. Ihr Blickwinkel erweiterte sich nach 1990 über Ost- und Nordsee hinaus zu einem weltweiten Einsatz. Aus der Sicht von General Rainer Glatz, dem späteren Befehlshaber des Einsatzführungskommandos der Bundeswehr (2009 bis 2013),[72] taten sich angesichts des erweiterten Aufgabenspektrums wieder unterschiedliche »Denkschulen« unter den deutschen Stabsoffizieren auf: »Es war nicht jeder in der neuen Welt angekommen.«[73] Während ein Teil in den Kategorien der Auslandseinsätze dachte, verharrte ein anderer Teil in den Denkmustern der Landesverteidigung.

»Krisenvorbeugung durch Stabilitätstransfer«[74] wurde jedoch zur Devise deutscher Sicherheitspolitik, und »Krisenvorbeugung und Krisenbewältigung«[75] entwickelten sich zum Haupttätigkeitsfeld der Bundeswehr, die sich in Bezug auf Strukturen, Personalplanung, Ausrüstung, Ausbildung und schließlich Selbstverständnis – wenngleich nicht ganz frei von inneren Spannungen und Widersprüchen – auf die neuen Herausforderungen ausrichtete.[76] Seit dem Ende des

---

einen Einsatz deutscher Blauhelme im Rahmen von UNTAC in Kambodscha gegeben, 1994 folgte ein Einsatz in Somalia. Bestandsaufnahme, S. 25. Hans-Peter Kriemann schreibt derzeit im ZMSBw an einer Studie über den KFOR-Einsatz der Bundeswehr.

[68] Schmückle, Die Wandlung der Apokalypse, S. 34.
[69] Seit dem Ende des Ost-West-Konflikts ist der konventionell geführte Krieg und Bürgerkrieg wieder zur alltäglichen Realität geworden. Schöllgen, Was hat der Ost-West-Konflikt in der Weltpolitik bewirkt?
[70] Rühe, Deutschlands Verantwortung.
[71] Monte, Die Rolle der Marine, S. 590. Zu den Einsätzen am Horn von Afrika siehe: Hoch, Einsätze am Horn von Afrika, S. 675–704.
[72] Seine Sichtweise war nach eigenen Angaben von 1969 bis 1989 durch den Kalten Krieg, dann durch den Prozess der Wiedervereinigung sowie das Schaffen der »Armee der Einheit« und schließlich ab 1993 durch die Auslandseinsätze der Bundeswehr geprägt. In verschiedenen Verwendungen (angefangen als Jugendoffizier 1978 bis 1981, in der britischen Generalstabsausbildung 1986 sowie als Büroleiter von Horst Teltschik, dem damaligen außen- und sicherheitspolitischen Berater von Helmut Kohl 1987 bis 1989) hat er sich mit Themen der Sicherheitspolitik, vor allem mit der Einordnung der Sicherheitspolitik in die Staatspolitik, auseinandergesetzt. Glatz hat in sieben Jahren im Einsatzführungskommando der Bundeswehr ca. 162 000 deutsche Soldatinnen und Soldaten in insgesamt 18 Auslandseinsätzen geführt. Heute arbeitet er als freier wissenschaftlicher Mitarbeiter in der Forschungsgruppe Sicherheitspolitik der Stiftung Wissenschaft und Politik (SWP). Zeitzeugengespräch mit Generalleutnant a.D. Rainer Glatz, Potsdam-Eiche, 17.11.2014.
[73] Ebd., 17.11.2014.
[74] Bestandsaufnahme, S. 14.
[75] Ebd., S. 15; Grundzüge der Konzeption der Bundeswehr, S. 11.
[76] Biehl, Die neue Bundeswehr, S. 10–59.

V. Zusammenfassung und Ausblick

Ost-West-Konflikts wird die Wahrnehmung von Krieg in den deutschen Lexika von der Beobachtung bestimmt, dass mit der Verlagerung des Kriegsgeschehens in die Dritte Welt ein deutlicher Trend zu innerstaatlichen Kriegen einhergeht. An der Schwelle zum 21. Jahrhundert waren nicht mehr zwischenstaatliche Kriege der Regelfall, sondern asymmetrische zur dominanten Kriegsform geworden.[77] Dass außerhalb Europas, vor allem in Entwicklungsländern, asymmetrische Methoden der Kriegführung vorherrschten, war in der militärischen Führung der Bundeswehr bereits Ende der 1980er Jahre klar.[78] 1997 war in der neuen TF zu lesen, dass sich die Bundeswehr auf den Kampf gegen »irreguläre Kräfte«[79] einzustellen habe. Doch zeigten sich einige gedankliche Kontinuitäten auch noch nach dem sicherheitspolitischen Paradigmenwechsel: »Eigene Truppen kämpfen nicht irregulär. Auch Anti-Guerilla-Operationen werden deshalb nach den Grundsätzen des Gefechts der Verbundenen Waffen geführt.«[80] Ebenso wirkten die alten Kriegsbilder rüstungstechnisch nach, da einige der in den 1980er Jahren angedachten Waffensysteme (wie zum Beispiel der »Jäger 90«, der schließlich doch noch als »Eurofighter 2000« eingeführt wurde) nunmehr technisch ausgereift waren und die sogenannte Revolution in Military Affairs erst jetzt wirksam wurde.[81]

Diese Waffensysteme kamen in den sogenannten Neuen Kriegen[82], militärischen Auseinandersetzungen geringerer Intensität bzw. »low intensity conflicts«,[83] die sich eigentlich den bisherigen Denk- und Rechtskategorien weitgehend entzogen hatten und erst infolge des Anschlags auf das World Trade Center am 11. September 2001 und des sich daraus ergebenden NATO-Bündnisfalls ins öffentliche Bewusstsein getreten sind, zum Einsatz.[84] Möglicherweise waren die »Neuen Kriege« aber gar nicht so neu, sondern hätten auch in Westdeutschland aus weniger reflektierten Kriegserfahrungen der Verbündeten im Ost-West-Konflikt – wie der Franzosen in Algerien oder der Amerikaner in Vietnam – besser bekannt sein können. Der bislang vielfach gedanklich verworfene Kleinkrieg kehrte nun unter anderen Vorzeichen auch nach Deutschland zurück. Viele Faktoren, die bislang zur Genese von operativen Kriegsleitbildern geführt

---

[77] Buschmann/Schierle/Mick, Kriegstypen, S. 31; Gärtner, Internationale Sicherheit, S. 134; Kaestner, Kriegsbilder, S. 107–129.
[78] Zeitzeugengespräch mit Generalleutnant a.D. Rainer Glatz, Potsdam-Eiche, 17.11.2014.
[79] BArch, BHD 1/756, Entwurf der HDv 100/100 VS-NfD Truppenführung (TF), Juni 1997, Nr. 2314.
[80] Ebd., Nr. 2317.
[81] Volker Rühe – in der Mitte Europas, S. 23–25; Creveld, Die Gesichter des Krieges, S. 248 f. Einen Überblick über neue Waffensysteme für den weltweiten Einsatz bietet: Clement/Jöris, 50 Jahre Bundeswehr, S. 167–178. Die Tendenz zur »Automatisierung des Gefechtsfeldes« durch Hochtechnologie (z.B. bewaffnete Drohnen, Militärrobotik) ist indessen weiter vorangeschritten. Siehe dazu: Krieg der Roboter?; Rieger, Das Gesicht unserer Gegner von morgen, S. 31–33.
[82] Münkler, Der Wandel des Krieges, S. 291–309; Pradetto, Neue Kriege, S. 214–225; Beyrau/Hochgeschwender/Langewiesche, Einführung, S. 12–15.
[83] Zeitzeugengespräch mit Generalleutnant a.D. Rainer Glatz, Potsdam-Eiche, 17.11.2014. Siehe auch: Ehrhart, Innere Führung, S. 17.
[84] Hildebrand/Wachter, Krieg, S. 213. Chojnacki, Auf der Suche nach des Pudels Kern, S. 479.

hatten, waren in Einsatzgebieten wie Afghanistan, wo ein »war on terror« gegen individuelle oder zumindest nicht-staatliche Gewaltakteure geführt werden sollte, gar nicht greif- und abschätzbar.[85] Mit dem sicherheitspolitischen Paradigmenwechsel befanden sich die Streitkräfte nun in einem neuen Dilemma, das aus einer vielfach ungeklärten Rollenerwartung bestand. Dieses spiegelte sich auch in dem 2004 einsetzenden Transformationsprozess der Bundeswehr wieder, die nun in Eingreif-, Stabilisierungs- und Unterstützungskräfte eingeteilt wurde.[86]

Als Generalinspekteur Wolfgang Schneiderhan (2002–2009) in einem Beitrag zum Wesen der Transformation 2009 erklärte, dass die Auslandseinsätze den Alltag der Bundeswehr bestimmen würden,[87] und Verteidigungsministers Franz Josef Jung den Wechsel »von der Landesverteidigung zur ›Armee im Einsatz‹«[88] vollzogen sah, zielten die Entwicklungen in der Rüstungstechnologie tendenziell nicht mehr auf eine Steigerung der Waffenwirkung, sondern der Präzision ab.[89] Atomwaffen sind zwischenzeitlich eher »zu grässlichen Geldvernichtungsmaschinen«[90] geworden. Das neue Dilemma besteht nämlich vor allem darin, dass Sicherheit und Stabilität im Zeitalter der Globalisierung – zumal in zerfallenden Staaten – nicht mehr auf das Militärische reduziert werden kann.[91] »Vernetzte Sicherheit«[92] lautete daher ein Stichwort der Verteidigungspolitischen Richtlinien vom 27. Mai 2011. Was die Vorstellung von möglichen Einsätzen der Bundeswehr betraf, hieß es allerdings: »Die Risiken von heute sind vielschichtiger, diffuser, komplexer und oftmals kaum vorhersehbar.«[93] Von einem Leitbild vom Kriege in der militärischen Führung der Bundeswehr konnte schlechterdings kaum noch gesprochen werden. Hinzu kam, dass es sich in Afghanistan im völkerrechtlichen Sinne um einen »innerstaatlichen bewaffneten Konflikt« und beim ISAF-Einsatz um eine »Stabilisierungsoperation«, mandatiert nach Kapitel 7 der Charta der Vereinten Nationen, handelte. Aber was die Wahrnehmung der Soldaten auf der taktischen Ebene betraf, war in der militärischen Führung bereits 2008/09 – also noch vor Guttenberg 2010 – die Rede vom »Krieg« in Afghanistan sehr gut nachvollziehbar.[94]

Am vorläufigen Ende der Entwicklung von Kriegsvorstellungen in der militärischen Führung der Bundeswehr muss jedoch festgehalten werden, dass Kriegsbilder nicht sehr präsent, doch auch nicht gänzlich verschwunden sind.

---

[85] Frank, Von der Landesverteidigung, S. 715; Deutsche Soldaten im Krieg, S. 17; Chojnacki, Auf der Suche nach des Pudels Kern, S. 485–489; Gärtner, Internationale Sicherheit, S. 131 f.
[86] Grundzüge der Konzeption der Bundeswehr, S. 13–15 und 25–27. Siehe hierzu auch: Schneiderhan, Zum Wesen der Transformation.
[87] Ebd., S. 11.
[88] Bundeswehr im Einsatz, S. 23.
[89] Zeitzeugengespräch mit Generalleutnant a.D. Rainer Glatz, Potsdam-Eiche, 17.11.2014.
[90] Gorbatschow, Weg mit den Atomwaffen, S. 2.
[91] Verteidigungspolitische Richtlinien 2011, S. 1–4 und 43; Schneiderhan, Zum Wesen der Transformation, S. 11; Siehe hierzu auch: Putzier, Der Krieg der Zukunft geht ums Wasser, S. 8.
[92] Bundeswehr im Einsatz, S. 46.
[93] Ebd., S. 48.
[94] Zeitzeugengespräch mit Generalleutnant a.D. Rainer Glatz, Potsdam-Eiche, 17.11.2014.

V. Zusammenfassung und Ausblick

In Denkfabriken wie der Stiftung Wissenschaft und Politik und dem Zentrum für Internationale Friedenseinsätze wurden Fragen der Kriegführung auch nach dem Ende des Ost-West-Konflikts weiterhin diskutiert. Diese Erkenntnisse wurden sowohl der Bundesregierung als auch den führenden Militärs zur Verfügung gestellt. Vor allem fand in lange gepflegten Netzwerken – oft abseits der formal zuständigen Stellen, die auf den »Friedensgrundbetrieb« fokussiert waren – ein internationaler Gedankenaustausch über Kriegsbilder statt. Dass die Deutschen selbst von amerikanischen Militärstrategen »als Gesprächspartner nicht nur akzeptiert, sondern [...] auch gesucht«[95] waren, weckt Erinnerungen an die Situation in den frühen 1950er Jahren. Da Leitvorstellungen von möglichen Kriegen aufgrund des sicherheitspolitischen Paradigmenwechsels politisch in der Bundesrepublik gar nicht erwünscht waren, wurden sie wohl eher in Nischen, gewissermaßen unter der Oberfläche entwickelt. Eine dieser Nischen stellte das Dezernat Zukunftsanalyse im ehemaligen Zentrum für Transformation der Bundeswehr, der Nachfolgeorganisation des Stabes bzw. (ab 1975) Amtes für Studien und Übungen der Bundeswehr dar, das im Rahmen interdisziplinärer wissenschaftlicher Grundlagenarbeit mit der Analyse sich abzeichnender sicherheitspolitischer, wirtschaftlicher, gesellschaftlicher, demografischer und technischer Entwicklungen im 21. Jahrhundert beauftragt war.[96] Seine Kriegsbild-Definition lehnte sich stark an Baudissin an,[97] und es wurden dort zwölf Kriegsbildszenarien (»operational environments«[98]) für das Jahr 2025 ausgearbeitet.

Spätestens seit der Aufnahme der mittelosteuropäischen Staaten in die NATO ist erweiterte Landesverteidigung im Rahmen der Bündnisverteidigung, die lange Zeit vernachlässigt worden war, wieder ein Thema.[99] Die weitverbreitete Annahme, dass die reguläre Kriegführung bedeutungslos geworden sei, lässt auf eine gewisse Unschärfe und Kurzsichtigkeit in den Vorstellungen über Kriegsbilder schließen. Henrik Heidenkamp hat herausgearbeitet, dass das Phänomen der »hybriden Kriegführung« in Osteuropa mit ihren Asymmetrien und Möglichkeiten der schleichenden Eskalation auch der

---

[95] Ebd.
[96] Informationsbroschüre Zentrum für Transformation, S. 19.
[97] »Als generische Beschreibungen der Art zukünftiger militärischer Auseinandersetzungen treffen die Kriegsbilder Aussagen zu der Erscheinungsform, Intensität und Ausdehnung von möglichen Kriegen und damit zu den Möglichkeiten, Zwecken, Zielen und Mitteln der Kriegführung.« Sicherheitspolitische Zukunftsanalyse, S. 12.
[98] Ebd., S. 12. Folgende Szenarien werden aufgeführt: 1. regulärer multilateraler HighTech-Staatenkrieg, 2. Krieg gegen lose organisierte, irreguläre Kämpfer, 3. extern unterstützter Kleinstaatenkonflikt, 4. bilateraler Krieg mit geringer militärischer Relevanz, 5. bilateraler Krieg mit HighTech-Staat, 6. Krieg zwischen Private Military Companies im staatlichen Auftrag, 7. irregulärer Krieg zur Gewinnerzielung, 8. High-Tech-Krieg zwischen staatlichen und nichtstaatlichen Truppen, 9. totaler Krieg, 10. Intervention im Bürgerkrieg, 11. Intervention in einem »Failing State« und 12. nicht-letale Bekämpfung innerer Unruhen. Sicherheitspolitische Zukunftsanalyse, S. 7 und 12–16.
[99] Zeitzeugengespräch mit Generalleutnant a.D. Rainer Glatz, Potsdam-Eiche, 17.11.2014.

regulären Kriegführung[100] wieder einen festen Stellenwert einräumt.[101] Bundesverteidigungsministerin Ursula von der Leyen hat die Bundeswehr jüngst beauftragt, sich auf die Herausforderung der mittlerweile 28 Mitglieder umfassenden NATO, ihr Bündnisgebiet zu schützen, vorzubereiten. Es zeichnet sich also eine Entwicklung von der symmetrischen Kriegführung über die asymmetrische zur hybriden ab. Möglicherweise stellt sich damit die Frage nach einem zwischenzeitlich verblassten Kriegsbild aus anderer Perspektive neu.[102] Aufgrund der Verflechtungen der OECD-Staaten ist andererseits ein »Krieg nicht mehr denkbar«.[103] Vielmehr gewinnen »künftige Cyberkriege«[104] an Bedeutung. Wird sich daraus ein weiterer Paradigmenwechsel ergeben? Die Zeit ist reif geworden für das neue »Weißbuch zur Sicherheitspolitik und zur Zukunft der Bundeswehr«![105]

Doch abgesehen von aktuellen sicherheitspolitischen Fragestellungen, die anderen Disziplinen als der Geschichtswissenschaft überlassen werden sollten, können abschließend die anhand des Untersuchungsgegenstands Bundeswehr gewonnenen Erkenntnissen insbesondere dazu genutzt werden, die Thesen zur (Kriegs-)Bildforschung zu überprüfen und zu verfeinern.

Hier ist zunächst festzuhalten, dass Kriegsbilder in einen komplexen Prozess von Bildproduktion und -reproduktion eingebettet sind, der nur anhand von Sprachbildern mit einem multiperspektivischen Ansatz erfasst werden kann. Grundlegend ist die Feststellung, dass es sich bei mentalen Bildern (bzw. inneren oder auch geistigen Bildern) immer um individuelle Vorstellungen handelt. Auch wenn der Zeitgeist (wie zum Beispiel die »Nie wieder Krieg«-Neigung der 1950er, die Nuklearaffinität der 1960er, das wirtschaftliche Krisenbewusstsein der 1970er oder die Friedensbewegung der 1980er Jahre) als kollektive mentalitätsgeschichtliche Hintergrundfolie nicht vernachlässigt werden darf, hat ein Kriegsbild vor allem eine starke biografiegeschichtliche Prägung, wie die Beispiele Seeckts und Altenburgs gezeigt haben. Deshalb stellt sich hier erneut die Frage nach den führenden Köpfen, nach der Repräsentativität sowie nach den Grenzen des Aussagewerts. Kriegsbilder – der Plural ist dem Aspekt der Individualität geschuldet – sind in ein komplexes Spannungsfeld

---

[100] Hybride Kriegführung umfasst nach Aussage der aktuellen Verteidigungsministerin Ursula von der Leyen das Schüren sozialer Unruhen, das Desavouieren einer legitimen Regierung, das Einsickern von Soldaten ohne Hoheitsabzeichen, das Einbringen von Waffen und schwerem Gerät, um Konflikte anzutreiben und z.B. Abspaltungstendenzen zu unterstützen, unterstützt von einer ausgefeilten aggressiven Kommunikation, Beeinflussung der öffentlichen Meinung, über Medien einschließlich sozialer Medien. Siehe dazu: <www.bmvg.de/portal/a/bmvg/!ut/p/c4/NYu7DsIwEAT_6M5OgQQdUSgQHUKC0DmO5RzED 10uoeHjsQt2pSl2tPjE0mg28kYoRTPjA3tLh>EDQ9g8vNLKZYWF7OR4ciRLTjMJvfFer6 MDm6KTSnFRqNCzkcSQE8tczcpcDNCIvdJdq7T6R3_3t9OlafROd-f2ijmE4w_D2tmW/> (letzter Zugriff 5.2.2015).
[101] Heidenkamp, Der Entwicklungsprozess, S. 91; Zeitzeugengespräch mit Generalleutnant a.D. Rainer Glatz, Potsdam-Eiche, 17.11.2014.
[102] Heidenkamp, Der Entwicklungsprozess, S. 269.
[103] Kaiser, Die neue Weltpolitik, S. 499.
[104] Rüb, Plan X für den nächsten Präventivkrieg; Iklódy, Die NATO wird angegriffen.
[105] Weißbuch 2016.

V. Zusammenfassung und Ausblick

aus Weltbildern, Menschenbildern, Feindbildern und Selbstbildern eingebettet. Und auch diese entwickelten sind beständig fort: Panta rhei! Deshalb ist es so schwierig, ja vielleicht sogar unmöglich, ideengeschichtliche Entwicklungen in allen Facetten nachzuzeichnen. Verallgemeinernd kann jedoch sicherlich festgestellt werden, dass Sozialisationen, Erfahrungshorizonte, Bewusstseinszustände und Rollenverständnisse auf Kriegsbilder einen wichtigen Einfluss haben. Matthias Bruhns These, dass was »als ein Bild gilt und wahrgenommen wird, [...] gesellschaftliche wie individuelle Hintergründe« hat und »von intellektuellen und psychologischen Faktoren, von langfristigen Sprachtraditionen und langlebigen Konnotationen ab[hängt]«,[106] ist zu unterstreichen. Die aufgezeigten Kontinuitätslinien, wie operatives Denken und Vorwärts- bzw. Vorneverteidigung, sind dafür bezeichnend. In der Relevanz, ob Ideen aus dem Heer, aus der Marine oder aus der Luftwaffe stammen, zeigt sich der Einfluss der Organisationsgeschichte auf ideengeschichtliche Dispositionen, während die Trennung in Nuklearwaffenkritiker und -befürworter wohl eher eine Frage der Sozialisation darstellt. Zu den gesellschaftlichen Strukturen, in denen persönlichen Netzwerken – sowohl für den Gedankenaustausch als auch für die Durchsetzung von Vorstellungen – offenbar eine ganz besondere Bedeutung zufällt, kommt vor allem noch der politische Rahmen,[107] etwa in Form von Strategievorgaben oder des Einflusses von Verteidigungsministern wie Strauß oder Schmidt. Insgesamt handelt es sich bei Kriegsbildern um ein kaum überschaubares Konglomerat geistiger oder zumindest mental wirkender Faktoren, eine hochkomplexe psychologische Gemengelage.

Die gesamte geistige Dimension im Rahmen einer wissenschaftlichen Untersuchung erfassen zu wollen, wäre daher wohl – zumal über einen langen Untersuchungszeitraum gerechnet – vermessen. Vielfach musste sich die Frage nach den Kriegsvorstellungen in der militärischen Führung der Bundeswehr – zugegebenermaßen etwas holzschnittartig – auf den »Wandel des herrschenden Kriegsbildes«[108] beschränken, wie dies auch schon bei anderen wissenschaftlichen Untersuchungen der Fall gewesen ist.[109] In Kauf genommen werden muss dabei eine gewisse Zeitverzögerung, da für die Erstellung von Kriegsleitbildern, meist in Denkschriften oder Vorschriften, normalerweise ein umfassender Mitzeichnungsgang einzukalkulieren ist. Es liegt auf der Hand, dass die Ideen zuerst einige Zeit in den Köpfen kursierten, bevor sie dann irgendwann zu Papier gebracht wurden.[110] Allerdings sind Nachlässe – sofern sie nicht gesäubert worden sind – als eine zeitnähere und authentischere Quelle für mentale Bilder und Grundhaltungen zu bewerten.

---

[106] Bruhn, Das Bild, S. 12.
[107] Albrecht, Die Bundesrepublik Deutschland als »Gesellschaft«.
[108] Müller, Anmerkungen zur Entwicklung, S. 389.
[109] So auch bei: Dülffer, Kriegserwartung und Kriegsbild, S. 110.
[110] Auch bei Joachim Niemeyer wurde deutlich, dass sich Innovationen im Kriegsbild erst mit erheblicher Zeitverzögerung niederschlugen. Niemeyer, Das österreichische Militärwesen, S. XI f.

Was die Genese von Kriegsbildern betrifft, mussten oft bekannte Bilder herangezogen werden, um das kaum Denkbare vorstellbar zu machen. Gerade deshalb konnten die Kriegsbilder, die Erfahrungen von der Ostfront des Zweiten Weltkriegs berücksichtigten, ja in den Dienst der Souveränitätspolitik der Regierung Adenauer gestellt werden. Auf der anderen Seite blieben die Bilder des Allgemeinen Nuklearkriegs deshalb relativ vage, da geschichtliche Beispiele fehlten. Bewusst oder unbewusst basieren Kriegsbilder also zum großen Teil auf Erfahrungen. Die Rezeption zeitgenössischer Kriege spielte dagegen interessanterweise eine geringere Rolle. Zutreffend wurden in der Kriegsbildforschung bereits andere Determinanten wie wehrgeografische Situation, politisch-strategische Rahmenbedingungen und Vorgaben, ökonomische Leistungsfähigkeit, Stand der Militärtechnik, personelle Grundlagen, Mentalität, Rechtsauffassungen, operative Vorstellungen, anzunehmende Operationsziele, geistige Fähigkeiten und Ethik erfasst. Dem Faktor der militärischen Potenziale kam beim Untersuchungsgegenstand eine überragende Bedeutung zu, da die Bedrohungsanalyse in den meisten Fällen den Ausgangspunkt der Überlegungen zum Kriegsbild darstellte.

Was die Zuständigkeit für die Entwicklung von Kriegsvorstellungen angeht, hat sich im Laufe der Arbeit gezeigt, dass das Phänomen Kriegsbild an einer Schnittstelle von operativem, strategischem und politischen Denken angesiedelt ist. Insofern mussten eigentlich Experten aus allen drei Bereichen eingebunden werden, um zu realistischen Annahmen zu gelangen. Es zeigte sich jedoch im Laufe der Untersuchung, dass dies nicht immer gelang. Dies wiederum hängt mit der Funktion von Kriegsbildern zusammen. Dem Anspruch nach sollten sie ja realistische Einschätzungen liefern und »den Teilstreitkräften [...] als Grundlage fuer Überlegungen und Planungen dienen«.[111] Tatsächlich waren sie meist mehr oder weniger stark interessengeleitet. Nicht nur weil Kriegsbilder über einen Zeitraum von durchschnittlich etwa fünf Jahren in die Zukunft projiziert wurden, eilten Ambitionen den Realitäten oft weit voraus. Meistens enthielten Kriegsbilder Postulate, zum Beispiel nach ganz bestimmten Waffensystemen.[112] Hier zeigte sich der unmittelbare Zusammenhang von Kriegsbildern und Rüstungsentscheidungen. Die Untersuchungsergebnisse aus dem Jahr 1959 haben gezeigt, dass Kriegsbilder nicht nur »Streitobjekte«[113] sind, sondern sogar als Streitmittel im Konkurrenzkampf um knappe Ressourcen eingesetzt werden können.

Meist wurden Kriegsbilder in irgendeiner Weise instrumentalisiert. Je nach Intention konnten sie bald Visionen, bald apokalyptische Prognosen, bald realistische Lagebeurteilungen oder bald Illusionen sein. Fragwürdig wurden sie – nicht nur aus der Sicht eines Baudissin – dann, wenn Interessenleitung

---

[111] BArch, BW 2/5783, Dokument Nr. 7, Studie des Generalinspekteurs der Bundeswehr ueber »Das Kriegsbild«, Bonn, 1.9.1962, S. 1.

[112] Hier lässt sich die These von Dierk Walter verifizieren, dass ein Appell mit der Deskription einer imaginierten Zukunft oft untrennbar vermischt war. Walter, Zwischen Dschungelkrieg und Atombombe, S. 16.

[113] Gablik, »... von da an herrscht Kirchhofsruhe«, S. 45.

V. Zusammenfassung und Ausblick

über einer realistischen Einschätzung stand und Tatsachen verleugnet wurden. Gewiss wären Kriegsbilder deshalb auch ein interessantes Feld für die Psychologie oder Psychoanalyse. Wie der stellvertretende Generalinspekteur, Generalleutnant Herbert Büchs, im April 1969 feststellte, waren Kriegsbilder »als Beurteilungsgrundlage um so brauchbarer, je realer und vernünftiger die Bilder von der Zukunft gezeichnet sind«.[114] Wie die Erfahrungen des Ersten und Zweiten Weltkrieges gezeigt haben, ist das Thema zu ernst und wichtig für Irrationalitäten oder kurzfristiges Ressortdenken. Jedenfalls scheint Instrumentalisierung ein wichtiges Merkmal von Kriegsbildern zu sein, sei es außenpolitisch, innenpolitisch oder auch bundeswehrintern.

Die mehrfach vertretene These, dass es in Staaten ohne eigene Atomwaffen wie der Bundesrepublik Deutschland kein unabhängiges, nationales Kriegsbild mehr gäbe,[115] lässt sich anhand der vorstehenden Studie, welche die Formulierung eigenständiger Vorstellungen im Dienste der Souveränitätspolitik nachgewiesen hat, zweifelsfrei widerlegen. In diesem Zusammenhang können jedoch noch weitere Funktionen von Kriegsbildern, etwa die Abschreckungs- und Drohfunktion, ins Spiel gebracht werden. Im Ost-West-Konflikt dienten sie auch als Kommunikationsmittel, wobei bei den Protagonisten zwischen persönlichen Auffassungen und politischer Rhetorik zu unterscheiden ist. Von Clausewitz stammt hier das zutreffende Diktum: »Mögliche Gefechte sind der Folgen wegen als wirkliche zu betrachten.«[116]

Als »Leitbild der Sicherheits- und Wehrpolitik«[117] konnte ein Kriegsbild aber auch eine wichtige Orientierungs- und Integrationsfunktion haben. Interessant wäre es sicherlich zu untersuchen, wie dies umgesetzt wurde und wie sich Kriegsbilder auf der taktischen Ebene entwickelten.

Ein wesentliches Charakteristikum von Kriegsbildern ist schließlich der Wandel, mehr im Sinne einer Evolution als einer Revolution, da es um die kontinuierliche Fortschreibung von Kriegsbildern und nicht um deren komplette Ersetzung ging. Zweifellos haben der technische Fortschritt, aber auch Strategiewechsel hier einen maßgeblichen Einfluss gehabt. Baudissin führte hierzu 1964 aus: »Die großen Wandlungen des Kriegsbildes in der Geschichte sind nichts anderes als Begleiterscheinungen und Konsequenzen der geistigen, gesellschaftlichen und politischen Umbrüche.«[118]

Ganz am Ende der Arbeit soll die Frage stehen, welchen Erkenntniswert die Beschäftigung mit Kriegsbildern in der wissenschaftlichen Forschung überhaupt hat? Man könnte nun aus Sicht der verantwortlichen Militärs und Politiker argumentieren: »Wer die Forderungen, die ein künftiger Krieg stellt, klarer

---

[114] ACDP, I 483 110/1, »Längerfristige Planung der Bundeswehr«, Referat des Stellvertreters des Generalinspekteurs, Generalleutnant Herbert Büchs, vor dem wehrpolitischen Forum der SPD am 26.4.1969 in Bad Honnef, April 1969, S. 21.

[115] Walitschek, Probleme des modernen Kriegsbildes, S. 193; Middeldorf, Führung und Gefecht, S. 17.

[116] Clausewitz, Vom Kriege, S. 119.

[117] Brockhaus. Die Enzyklopädie, Bd 12, S. 525; Gablik, »... von da an herrscht Kirchhofsruhe«, S. 45; Mark, Kriegsbild der Zukunft, S. 29.

[118] Baudissin, Gedanken zum Kriegsbild (1964), S. 453.

erkennt und daraus rechtzeitig die notwendigen Folgerungen zieht und in die Tat umsetzt, verschafft sich Vorteile.«[119] Verspätete Erkenntnisse kosteten in der Geschichte einen hohen Preis und wurden meist mit Blut erkauft.

Man sollte hier aber weder in einen applikatorischen Ansatz noch in kontrafaktische Geschichtsschreibung abgleiten, indem man fragt: »Was wäre gewesen, wenn?« Vielmehr soll es hier um den Erkenntniswert für die Militärgeschichte gehen. Eine zentrale These dieser Studie dazu lautet: Kriegsbilder stellen neben Strategie und operativem Denken eine eigenständige ideengeschichtliche Kategorie dar. Die Frage nach dem Wesen eines zukünftig möglichen Krieges (Wie wird ein möglicher Krieg aussehen?) steht vor der Entwicklung einer Strategie (Wie kann ein möglicher Krieg gewonnen werden?) und deren Umsetzung in operatives Denken (Wie sind militärische Operationen zu führen, um die Strategie zu realisieren?). Nach wie vor sollte also ein Kriegsbild eigentlich den Ausgangspunkt aller Überlegungen des Einsatzes von Streitkräften darstellen. Die Überlegungen führen zurück zum Grundgedanken Ludwig Becks, dass Krieg nie zum Selbstzweck werden darf und alle strategischen Überlegungen sich dem Primat einer weitblickenden, sittlich verantwortungsvollen Politik unterzuordnen haben.[120] Es geht also auch um das Gewicht der Ideengeschichte gegenüber Politik-, Organisations-, Struktur-, Mentalitäts- oder auch Rüstungsgeschichte, eine Facette der Kulturgeschichte des Krieges von ganz eigener Bedeutung. Ihre Erforschung wäre gewiss weitere Anstrengungen wert. Dies betrifft ideengeschichtliche Kontinuitätslinien in der frühen Bundesrepublik Deutschland wie die Entwicklung der Militärdoktrin in der NVA oder Warschauer Vertragsorganisation, internationale Vergleiche von Kriegsbildern wie Feindbilder und andere Stereotypen aus der Zeit des Ost-West-Konflikts. Insbesondere die Zeit nach 1970 erfordert hier noch weitere Grundlagenforschungen.

---

[119] BArch, BHD 1/756, Entwurf der HDv 100/100 VS-NfD Truppenführung (TF), Juni 1997, Nr. 2312--2317.
[120] Beck, Studien.

Abkürzungen

AAFCE Allied Air Forces Central Europe
AAPD   Akten zur Auswärtigen Politik der Bundesrepublik Deutschland
ACDP   Archiv für Christlich-Demokratische Politik
ADM   Atomic Demolition Munitions
AFCENT
       Allied Forces Central Command
AIRCENT
       Allied Air Forces Central Europe
ALB   Air Land Battle
APuZ   Aus Politik und Zeitgeschichte (Zeitschrift)
ASMZ   Allgemeine Schweizerische Militärzeitschrift
ATACMS
       Army Tactical Missile System
ATAF   Allied Tactical Air Force (der NATO)
AUTOKO
       Automatisiertes Kommunikationssystem
AWAKS Airborne Warning and Control System
AWS   Anfänge westdeutscher Sicherheitspolitik
Az.   Aktenzeichen
BGS   Bundesgrenzschutz
BMVg   Bundesministerium für/der Verteidigung
BND   Bundesnachrichtendienst
BW   Bundeswehr
BwPl 85 Bundeswehrplan 1985–1997
CENTAG
       Central Army Group (der NATO)
CIA   Central Intelligence Agency
CINCENT
       Commander in Chief Allied Forces Central Europe
CINCHAN
       Commander in Chief Channel Allied Forces
CINCNORTH
       Commander in Chief Allied Forces Northern Europe
CMF   conceptual military frameworks
COMLANDCENT
       Commander Allied Land Forces Central Europe
COMNAVBALTAP
       Commander Allied Naval Forces Baltic Approaches
CONMAROPS
       Concept of Maritime Operations (NATO)
D.K.   Deutsches Kontingent
d.Ä.   der Ältere
DPC   Defence Planning Committee
EArch Europa-Archiv (Zeitschrift)

EASys Luft	Elektronisches Aufklärungssystem der Luftwaffe	J-SAK	Joint Operational Concept Joint Attack of the Second Echelon
EDP	Emergency Defence Plan	KFOR	Kosovo Force
EVG	Europäische Verteidigungsgemeinschaft	km²	Quadratkilometer
		KMC	Key Mission Components
FAZ	Frankfurter Allgemeine Zeitung	KRK	Krisenreaktionskräfte
		KSZE	Konferenz für Sicherheit und Zusammenarbeit in Europa
FK	Flugkörper		
FOFA	Follow-on-Forces Attack	KT	Kilotonne
Fü B	Führungsstab der Bundeswehr	k.u.k.	kaiserlich und königlich
		KVP	Kasernierte Volkspolizei
Fü H	Führungsstab des Heeres	KZO	Kleinfluggerät Zielortung
Fü S	Führungsstab der Streitkräfte	L.Dv./LDv	Luftwaffen-Dienstvorschrift
F.u.G.	Führung und Gefecht der verbundenen Waffen	Ltr.	Leiter
GDP	General Defence Plan	MAD	Mutual Assured Destruction
GE	German	MARS	Mittleres Artillerie Raketen System
GETI	Interalliierte Taktische Studiengruppe	MAZ	Märkische Allgemeine Zeitung
GG	Geschichte und Gesellschaft (Zeitschrift)	MBFR	Mutual and Balanced Force Reductions
GG	Grundgesetz	MC	Military Committee
GWU	Geschichte in Wissenschaft und Unterricht (Zeitschrift)	MdB	Mitglied des Bundestages
		MGFA	Militärgeschichtliches Forschungsamt
HIS	Hamburger Institut für Sozialforschung	MGM	Militärgeschichtliche Mitteilungen
HVK	Hauptverteidigungskräfte		
HZ	Historische Zeitschrift	MGO	Militärische Grundorganisation
IFOR	Implementation Force (in Bosnia and Herzegovina)	MGZ	Militärgeschichtliche Zeitschrift
IFT	Information für die Truppe (Zeitschrift)		
INF	Intermediate Range Nuclear Forces	MIRV	Multiple Reentry Vehicle
		MLF	Multilateral Force
InspM	Inspekteur der Marine	MLRS	Multiple Launch Rocket System
IRBM	Intermediate Range Ballistic Missile	MRBM	Medium Range Ballistic Missile
ITMG	Internationale Tagung für Militärgeschichte	MRCA	Multi-Role Combat Aircraft
JCS	Joint Chiefs of Staff	MSD	Mot[orisierte]-Schützen-Division
JMilH	Journal of Military History (Zeitschrift)	MT	Megatonne

MW-1	Mehrzweckwaffe-1	SFOR	Stabilization Force (in Bosnia and Herzegovina)
NATO	North Atlantik Treaty Organization	SHAPE	Supreme Headquarters Allied Powers Europe
NHP	Nuclear History Programm	SOWI	Sozialwissenschaftliches Institut der Bundeswehr
NISCA	NATO International Staff Central Archives	STARS	Surveillance Target Attack Radar System
NMR	National Military Representative	SU	Sowjetunion
NORTHAG	Northern Army Group	t	Tonne
NPG	Nuclear Planning Group	T.F.	Truppenführung
NVA	Nationale Volksarmee	T.F./A.	HDv 100/2 »Führungsgrundsätze des Heeres im Atomkrieg«
NWT	neue Waffentechnologien		
ÖMZ	Österreichische Militärische Zeitschrift	T.F./G.	Heeresdienstvorschrift HDv 100/1 »Grundsätze der Truppenführung des Heeres«
OR	Operations Research		
PAL	permissive action links		
PARS	Panzerabwehr Raketensystem	Tgb.Nr.	Tagebuchnummer
PGM	Precision Guided Munition	TNT	Trinitrotuluol
PPGs	Provisional Political Guidelines for the Initial Tactical Use of Nuclear Weapons	UdSSR	Union der Sozialistischen Sowjetrepubliken
		UNTAC	United Nations Transitional Authority in Cambodia
RAF	Royal Air Force		
RAF	Rote Armee Fraktion		
RMA	Reichsmarineamt	USAF	United States Air Force
SACEUR	Supreme Allied Commander Europe	VfZ	Vierteljahrshefte für Zeitgeschichte (Zeitschrift)
		VN	Vereinte Nationen
SACLANT	Supreme Allied Commander Atlantic	VPR	Verteidigungspolitische Richtlinien
		WEU	Westeuropäische Union
SALT	Strategic Arms Limitation Talks	WP	Warschauer Pakt
SATIR	System zur Auswertung taktischer Informationen auf Rechnerschiffen (Führungssystem der Deutschen Marine)	WP	Wahlperiode
		WVO	Warschauer Vertragsorganisation
		WWR	Wehrwissenschaftliche Rundschau (Zeitschrift)
SBZ	Sowjetische Besatzungszone		
SDI	Strategic Defense Initiative	ZMSBw	Zentrum für Militärgeschichte und Sozialwissenschaften der Bundeswehr
SDIO	Strategic Defense Initiative Organization		

Quellen und Literatur

1. Unveröffentlichte Quellen

Zentrum für Militärgeschichte und Sozialwissenschaften (ZMSBw), Potsdam, Sammlung Militärgeschichte 1945–1990

Abgabe Walther Stützle,
  Ordner 001, Leiter Planungsstab, Schwächen der Sowjetunion und des Warschauer Paktes, Bonn 24.2.1976.
  Ordner 031, Leiter Planungsstab, Bonn 9.9.1982.
Nachlass Hans Speidel
  Mappe 39–41; 56; 58; 60; 69 f.; 92; 109; 262; 266; 268; 277; 281
NHP-Dokumentensammlung
  Dok.Nr. 010; 013; 018; 057; 089; 113; 119; 139 f.; 153; 155; 159

Archiv für Christlich-Demokratische Politik (ACDP), Sankt Augustin

Nachlass Gerhard Schröder, I-483-110/1, Der Inspekteur des Heeres, Generalleutnant Josef Moll, Unser Heer, September 1968
Nachlass Gerhard Schröder, I-483-110/1, »Längerfristige Planung der Bundeswehr«, Referat des Stellvertreters des Generalinspekteurs, Generalleutnant Herbert Büchs, vor dem wehrpolitischen Forum der SPD am 26. April 1969 in Bad Honnef, April 1969

Bundesarchiv, Abt. Militärarchiv (BArch), Freiburg i.Br.

BHD 1	Heeresdienstvorschriften
BH 1	Führungsstab des Heeres
BH 8	Divisionen der Bundeswehr
BL 1	Führungsstab der Luftwaffe
BM 1	Führungsstab der Marine
MSG 1	Militärgeschichtliche Sammlungen
BW 1	Bundesministerium der Verteidigung

BW 2   Führungsstab der Streitkräfte
BW 8-I   Führungsakademie der Bundeswehr
BW 9   Dienststellen zur Vorbereitung des westdeutschen Verteidigungsbeitrags
BW 11-VI   Lehrstab A Sonthofen
DVW 1   Ministerium für Nationale Verteidigung
Lw 106   Einsatz von Flugzeugen zur Panzerbekämpfung, heute ZA 3
N 5/10   Nachlass Joachim von Stülpnagel
N 28   Nachlass Ludwig Beck
N 379   Nachlass Friedrich Ruge
N 625   Nachlass Erich Schneider
N 643   Nachlass Adolf Heusinger
N 664   Nachlass Karl Wilhelm Thilo
N 690   Nachlass Heinrich [Heinz] Karst
N 717   Nachlass Gerd Schmückle
N 842   Nachlass Heinrich [Heinz] Trettner
N 857   Nachlass Alfred Zerbel
N 885   Nachlass Johannes Steinhoff
RH 2   OKH/Generalstab des Heeres
RM 5   Admiralstab der Marine/Seekriegsleitung der Kaiserlichen Marine
RM 6   Oberbefehlshaber der Kriegsmarine
ZA/3   Operational History (German) Section der Historical Division der U.S. Army

Parlamentsarchiv des Deutschen Bundestages (PA-DBT), Berlin

Stenographisches Protokoll der 70. Sitzung des Auschusses für Verteidigung vom 13.1.1960, PA-DBT 3119, 3. WP, 70. Sitzung.
Stenographisches Protokoll der 71. Sitzung des Auschusses für Verteidigung vom 14.1.1960, PA-DBT 3119, 3. WP, 71. Sitzung
Stenographisches Protokoll der 72. Sitzung des Auschusses für Verteidigung vom 21.1.1960, PA-DBT 3119, 3. WP, 72. Sitzung
Protokolle des Bundestagsausschusses für Verteidigung,
    23. Sitzung vom 1.12.1954, S. 258–270
    32. Sitzung vom 10.2.1955, S. 622–645.
    70. Sitzung vom 13.1.1960, S. 31
Presse- und Informationsamt der Bundesregierung – Pressedokumentation, Nr. 903-4/2, Die Zeit, 62 (1964): »Zwischen allen Stühlen. In Bonn wächst der Atomverdruß« von Robert Strobel, 25.12.1964.

Zeitzeugenbefragungen

Frau Christine Golling (Künstlername Frederike Frei, Tochter des Brigadegenerals und Leiters der Studiengruppe Heer an der Führungsakademie der Bundeswehr Ernst Golling), Berlin, 16.5.2014
General a.D. Wolfgang Altenburg, Lübeck-Travemünde, 11.6.2014
General a.D. Wolfgang Altenburg, Lübeck-Travemünde - Potsdam, 26.6.2014
Generalleutnant a.D. Rainer Glatz, Potsdam-Eiche, 17.11.2014
Generalleutnant a.D. Jörg Schönbohm, ZMSBw Potsdam, 18.6.2015

Vorträge

Vortrag des ehemaligen Hauptmanns der NVA Gunter Fluegel im ZMSBw am 11.2.2015 zur Geschichte der 1. MSD der NVA
Vortrag von Prof. Dr. Eckardt Conze im damaligen MGFA am 31.5.2011

Filme

Das letzte Testament. Regie: Lynne Littman, USA 1983
The Atomic Café. Regie: Jayne Loader/Kevin Rafferty/Pierce Rafferty, USA 1982
The Day After – Der Tag danach. Regie: Nicholas Meyer, USA 1983

Quellen im Internet

Athens 4th-6thMay 1962. Final Communiqué. In: NATO on-line library, <www.nato.int/docu/comm/49-95/c620504a.htm> (letzter Zugriff 24.7.2014)
BArch, »Die Kabinettsprotokolle der Bundesregierung« online, 132. Sitzung am 24.7.1962. In: bundesarchiv.de, <www.bundesarchiv.de/cocoon/barch/0000/k/k1968k/kap1_2/kap2_27/index.html> (letzter Zugriff 15.4.2014)
BArch, »Die Kabinettsprotokolle der Bundesregierung« online, Sondersitzung am 24.10.1962. In: bundesarchiv.de, <www.bundesarchiv.de/cocoon/barch/0000/k/k1962k/kap1_2/kap2_52/para3_1.html> (letzter Zugriff 15.4.2014)
Earle Gilmore Wheeler, General, United States Army. In: www.arlingtoncemetery.net, <www.arlingtoncemetery.net/ewheeler.htm> (letzter Zugriff 23.7.2014)
NATO, NISCA, C 6-D/1, Annex B, 13.12.1950. In: »Documents of the year 1949-1952 series reviewed«, <www.nato.int/archives/tools/2.pdf> (letzter Zugriff 6.2.2018)
<http://hsozkult.geschichte.hu-berlin.de/rezensionen/2013-2-154> (letzter Zugriff 30.5.2013)

<http://hsozkult.geschichte.hu-berlin.de/rezensionen/2013-3-013>
   (letzter Zugriff 4.7.2013)
<http://hsozkult.geschichte.hu-berlin.de/tagungsberichte/id=4018>
   (letzter Zugriff 20.1.2012)
<http://hsozkult.geschichte.hu-berlin.de/tagungsberichte/id=4264>
   (letzter Zugriff 11.6.2012)
<http://hsozkult.geschichte.hu-berlin.de/tagungsberichte/id=4312>
   (letzter Zugriff 15.7.2012)
<http://hsozkult.geschichte.hu-berlin.de/tagungsberichte/id=4437>
   (letzter Zugriff 28.10.2012)
<http://hsozkult.geschichte.hu-berlin.de/tagungsberichte/id=4627>
   (letzter Zugriff 6.2.2013)
<http://hsozkult.geschichte.hu-berlin.de/tagungsberichte/id=5156>
   (letzter Zugriff 3.1.2014)
<http://hsozkult.geschichte.hu-berlin.de/tagungsberichte/id=5219>
   (letzter Zugriff 2.2.2014)
<http://hsozkult.geschichte.hu-berlin.de/tagungsberichte/id=5598>
   (letzter Zugriff 10.10.2014)
<http://hsozkult.geschichte.tu-berlin.de/tagungsberichte/id=5709>
   (letzter Zugriff 7.12.2014)
<http://hsozkult.geschichte.tu-berlin.de/tagungsberichte/id=5883>
   (letzter Zugriff 18.3.2015)
<http://hsozkult.geschichte.hu-berlin.de/termine/id=16902>
   (letzter Zugriff 22.7.2011)
<http://hsozkult.geschichte.hu-berlin.de/termine/id=20051>
   (letzter Zugriff 25.9.2012)
<http://hsozkult.geschichte.hu-berlin.de/termine/id=20181>
   (letzter Zugriff 24.10.2012)
<http://hsozkult.geschichte.hu-berlin.de/termine/id=20696>
   (letzter Zugriff 9.8.2017)
<http://hsozkult.geschichte.hu-berlin.de/termine/id=22650>
   (letzter Zugriff 4.9.2013)
<http://hsozkult.geschichte.hu-berlin.de/termine/id=24370)>
   (letzter Zugriff 9.3.2014)
<http://hsozkult.geschichte.hu-berlin.de/termine/id=24639)>
   (letzter Zugriff 6.4.2014)
<http://hsozkult.geschichte.hu-berlin.de/termine/id=25587>
   (letzter Zugriff 6.8.2014)
<http://hsozkult.geschichte.hu-berlin.de/termine/id=26505>
   (letzter Zugriff 27.2.2015)
<www.bmvg.de/portal/a/bmvg/!ut/p/c4/NYu7DsIwEAT_6M5OgQQdUSgQ
   HUKC0DmO5RzED10uoeHjsQt2pSl2tPjE0mg28kYoRTPjA3tLh->EDQ9g8
   vNLKZYWF7OR4ciRLTjMJvfFer6MDm6KTSnFRqNCzkcSQE8tczcpcDN
   CIvdJdq7T6R3_3t9OlafROd-f2ijmE4w_D2tmW/> (letzter Zugriff 5.2.2015)

2. Veröffentlichte Quellen und Literatur

Adenauer, Konrad, Erinnerungen 1955–1959, Stuttgart 1967
Afflerbach, Holger, Planning Total War? Falkenhayn and the Battle of Verdun 1916. In: Great War, total war, S. 113–131
Anfänge westdeutscher Sicherheitspolitik, Bd 1–4. Hrsg. vom Militärgeschichtlichen Forschungsamt, München 1982–1997
Akten zur Auswärtigen Politik der Bundesrepublik Deutschland 1949/50, 1. September 1949 bis 31. Dezember 1950. Bearb. von Michael F. Feldkamp und Daniel Kosthorst, Wissenschaftlicher Leiter: Rainer A. Blasius, München 1997
Akten zur Auswärtigen Politik der Bundesrepublik Deutschland 1962, Bd 2: 1. April bis 31. August 1962. Bearb. von Mechthild Lindemann und Michael Mayer, Wissenschaftliche Leiterin: Ilse Dorothee Pautsch, München 2010
Akten zur Auswärtigen Politik der Bundesrepublik Deutschland 1962, Bd 3: 1. September bis 31. Dezember 1962. Bearb. von Mechthild Lindemann und Michael Mayer, Wissenschaftliche Leiterin: Ilse Dorothee Pautsch, München 2010
Akten zur Auswärtigen Politik der Bundesrepublik Deutschland 1965, Bd 2: 1. April bis 31. August 1965. Bearb. von Mechthild Lindemann und Ilse Dorothee Pautsch, Wissenschaftlicher Leiter: Rainer A. Blasius, München 1996
Akten zur Auswärtigen Politik der Bundesrepublik Deutschland 1967, Bd 3: 1. September bis 31. Dezember 1967. Bearb. von Ilse Dorothee Pautsch [u.a.], Wissenschaftlicher Leiter: Rainer A. Blasius, München 1998
Akten zur Auswärtigen Politik der Bundesrepublik Deutschland 1968, Bd 1: 1. Januar bis 30. Juni 1967; Bd 2: 1. Juli bis 31. Dezember 1968. Bearb. von Mechthild Lindemann und Matthias Peter, München 1999
Akten zur Auswärtigen Politik der Bundesrepublik Deutschland 1973, Bd 3: 1. Oktober bis 31. Dezember 1973. Bearb. von Matthias Peter [u.a.], Wissenschaftliche Leiterin: Ilse Dorothee Pautsch, München 2004
Akten zur Auswärtigen Politik der Bundesrepublik Deutschland 1982, Bd 1: 1. Januar bis 30. Juni 1982. Hrsg. im Auftrag des Auswärtigen Amts vom Institut für Zeitgeschichte von Hans-Peter Schwarz, wiss. Leiterin Ilse Dorothee Pautsch. Bearb. von Michael Ploetz, Tim Szatkowski und Judith Michel, München 2013
Albrecht, Clemens, Die Bundesrepublik Deutschland als »Gesellschaft«: Letztbegriffe kollektiver Selbstdeutung. In: Wege in die neue Bundesrepublik, S. 83–113
Die Alpen im Kalten Krieg. Historischer Raum, Strategie und Sicherheitspolitik. In Zusammenarbeit mit der Landesverteidigungsakademie Wien und des Militärgeschichtlichen Forschungsamtes hrsg. von Dieter Krüger und Felix Schneider, München 2012 (= Beiträge zur Militärgeschichte, 71)
Altenburg, Wolfgang, Die NATO und die Wende in Osteuropa. In: Vom Kalten Krieg zur deutschen Einheit, S. 443–446

Altenburg, Wolfgang, Die Nuklearstrategie der Nordatlantischen Allianz. Vom Gegeneinander zum Miteinander im Ost-West-Verhältnis. In: Die Bundeswehr 1955 bis 2005, S. 329–338

Am Hindukusch und anderswo. Die Bundeswehr: Von der Wiederbewaffnung in den Krieg. Hrsg. von der Arbeitsstelle Frieden und Abrüstung, Köln 2005

Angst im Kalten Krieg. Hrsg. von Bernd Greiner [u.a.], Hamburg 2009 (= Studien zum Kalten Krieg, 3)

Apel, Hans, Sicherheitspolitik und Parteiräson. In: Vom Kalten Krieg zur deutschen Einheit, S. 249–259

Arendt, Rudolf, Die Bundesmarine als Flotte im Bündnis. In: Entschieden für Frieden, S. 123–135

Argumente für Frieden und Freiheit. Hrsg. von Hans-Joachim Veen, Melle 1983

Armee gegen den Krieg. Wert und Wirkung der Bundeswehr. Hrsg. von Wolfram von Raven, Stuttgart 1966

Aron, Raymond, Frieden und Krieg. Eine Theorie der Staatenwelt. Aus dem Französischen übertr. von Sigrid von Massenbach, Frankfurt a.M. 1963

Asmus, Ronald, Opening NATO's door. How the alliance remade itself for a new era, New York 2002

Auf eine Zigarette mit Helmut Schmidt. Hrsg. von Giovanni di Lorenzo und Helmut Schmidt, Köln 2011

Auftrag Auslandseinsatz. Neueste Militärgeschichte an der Schnittstelle von Geschichtswissenschaft, Politik, Öffentlichkeit und Streitkräften. Im Auftrag des Militärgeschichtlichen Forschungsamtes hrsg. von Bernhard Chiari, Freiburg i.Br. 2012 (= Neueste Militärgeschichte. Analysen und Studien, 1)

Ausstellung Österreich-Ungarischer und Bulgarischer Kriegsbilder. Hrsg. von der Königlichen Akademie der Künste und Mechanischen Wissenschaften, Berlin 1917

Ausstieg oben. In: Der Spiegel, 21/1966, S. 38

Bald, Detlef, Die Atombewaffnung der Bundeswehr. Militär, Öffentlichkeit und Politik in der Ära Adenauer, Bremen 1994

Bald, Detlef, Die Bundeswehr. Eine kritische Geschichte 1955–2005, München 2005

Bald, Detlef, Zum Kriegsbild der militärischen Führung im Kaiserreich. In: Bereit zum Krieg, S. 146–160

Bange, Oliver, »A German finger on the trigger«. Die Furcht vor den bundesdeutschen Nuklearaspirationen, der Nichtverbreitungsvertrag und der Aufbruch in die Ära der Entspannung. In: Angst im Kalten Krieg, S. 278–309

Bange, Oliver, Der KSZE-Prozess und die sicherheitspolitische Dynamik des Ost-West-Konflikts 1970–1990. In: Wege zur Wiedervereinigung, S. 87–104

Baudissin, Wolf Graf von, Gedanken zum Kriegsbild. In: Neue Rundschau, (1964), S. 452–471

Baudissin, Wolf Graf von, Gedanken zum Kriegsbild. In: Baudissin, Soldat für den Frieden, S. 71–75

Baudissin, Wolf Graf von, Das Kriegsbild. Aus einem Vortrag von Generalmajor Graf von Baudissin vor der Deutschen Atlantischen Gesellschaft in Heidelberg, Bad Godesberg 1962

Baudissin, Wolf Graf von, Das Kriegsbild. In: Baudissin, Soldat für den Frieden, S. 54–70

Baudissin, Wolf Graf von, Das Kriegsbild. Abgedr. als Beilage zu: Information für die Truppe, (1962), 9, S. 3–19

Baudissin, Wolf Graf von, Soldat für den Frieden. Entwürfe für eine zeitgemäße Bundeswehr. Hrsg. und eingel. von Peter von Schubert, München 1970

Becher, Klaus, Die Nutzung des Weltraums. In: Die neue Weltpolitik, S. 282–289

Beck, Ludwig, Der Anführer im Kriege. In: Ludwig Beck. Studien, S. 19–45

Beck, Ludwig, Deutschland in einem kommenden Kriege. Eine grundsätzliche Betrachtung. In: Ludwig Beck. Studien, S. 47–64

Beck, Ludwig, Studien. Hrsg. und eingel. von Hans Speidel, Stuttgart 1955

Becker, Frank, Bilder von Krieg und Nation. Die Einigungskriege in der bürgerlichen Öffentlichkeit Deutschlands 1864–1913, München 2001 (= Ordnungssysteme Studien zur Ideengeschichte der Neuzeit, 7)

Bederke, Jeanette, Betonkoloss mit Gruselfaktor. Der Führungsbunker der DDR-Generalität im Wald von Harnekop steht zum Verkauf. In: MAZ, 17.3.2011, S. 6.

Bedingt abwehrbereit. In: Der Spiegel, 33/1984, S. 36–38

Befehl Nr. 8 des Chefs des Admiralstabs der Marine an Chef der Hochseestreitkräfte, Berlin 30.7.1914, RM 47/1, Bl. 5. In: Die deutsche Seekriegsleitung im Ersten Weltkrieg, S. 67 f.

Békés, Csaba, Entspannung in Europa, die deutsche Frage und die Staaten des Warschauer Pakts 1970–1990. In: Wege zur Wiedervereinigung, S. 47–66

Benedix, Roderich, 1813. Kriegsbild in zwei Aufzügen. In: Haustheater, Bd 2, S. 405–440

Benz, Wolfgang, Verdrängen oder Erinnern? Der Krieg gegen die Sowjetunion im Bewusstsein der Deutschen. In: Erobern und Vernichten, S. 211–230

Bereit zum Krieg. Kriegsmentalität im wilhelminischen Deutschland 1890–1914. Beiträge zur historischen Friedensforschung. Hrsg. von Jost Dülffer und Karl Holl, Göttingen 1986

Berger, Stefan, Geschichtswissenschaft und ihre Organisationsgeschichte. In: GWU, 64 (2013), 1/2, S. 1–6

Berghahn, Volker R., und Wilhelm Deist, Rüstung im Zeichen der wilhelminischen Weltpolitik. Grundlegende Dokumente 1890 bis 1914, Düsseldorf 1988

Berghahn, Volker R., Der Tirpitz-Plan. Genesis und Verfall einer innenpolitischen Krisenstrategie unter Wilhelm II., Düsseldorf 1971 (= Geschichtliche Studien zu Politik und Gesellschaft, 1)

Berghahn, Volker R., Der Tirpitz-Plan und die Krisis des preußisch-deutschen Herrschaftssystems. In: Marine und Marinepolitik, S. 89–115

Bergien, Rüdiger, Vorspiel des »Vernichtungskrieges«? Die Ostfront des Ersten Weltkriegs und das Kontinuitätsproblem. In: Die vergessene Front, S. 393–408

Bernhard, Patrick, Holger Nehring und Anne Rohstock, Der Kalte Krieg im langen 20. Jahrhundert. Neue Ansätze, Befunde und Perspektiven. In: Den Kalten Krieg denken, S. 11-39

Bestandsaufnahme. Die Bundeswehr an der Schwelle zum 21. Jahrhundert. Hrsg. vom Bundesministerium der Verteidigung, Bonn 3.5.1999

Besteck, Eva, Die trügerische »First Line of Defence«. Zum deutsch-britischen Wettrüsten vor dem Ersten Weltkrieg, Freiburg i.Br. 2006 (= Einzelschriften zur Militärgeschichte, 43)

Bethge, Ernst Heinrich, Bei unsern Kriegern an der Front. Kriegs-Bilder und -Eindrücke, Leipzig [1914]

Beyrau, Dietrich, Michael Hochgeschwender und Dieter Langewiesche, Einführung: Zur Klassifikation von Kriegen. In: Formen des Krieges. Von der Antike bis zur Gegenwart, S. 9-15

Bickerich, Wolfram, Franz Josef Strauß. Die Biographie, Düsseldorf 1996

Biehl, Heiko, Die neue Bundeswehr. Wege und Probleme der Anpassung der deutschen Streitkräfte an die außen- und sicherheitspolitischen Herausforderungen nach dem Ende des Kalten Krieges, Strausberg 1998 (= SOWI-Arbeitspapier, 112)

Biess, Frank, »Jeder hat eine Chance«. Die Zivilschutzkampagnen der 1960er Jahre und die Angstgeschichte der Bundesrepublik. In: Angst im Kalten Krieg, S. 61-93

Bild und Eigensinn. Über Modalitäten der Anverwandlung von Bildern. Hrsg. von Petra Leutner und Hans-Peter Niebuhr, Bielefeld 2006

Bilder in historischen Diskursen. Hrsg. Von Franz X. Eder [u.a.], Wiesbaden 2014 (= Interdisziplinäre Diskursforschung)

Bilder – Sachen – Mentalitäten. Arbeitsfelder historischer Kulturwissenschaften. Wolfgang Brückner zum 80. Geburtstag. Hrsg. von Heidrun Alzheimer [u.a.], Regensburg 2010

Bildlichkeit. Internationale Beiträge zur Poetik. Hrsg. von Volker Bohn, Frankfurt a.M. 1990

Bildtheorien. Anthropologische und kulturelle Grundlagen des Visualistic Turn. Hrsg von Klaus Sachs-Hombach, Frankfurt a.M. 2009

Bildwissenschaft. Disziplinen, Themen, Methoden. Hrsg. von Klaus Sachs-Hombach, Frankfurt a.M. 2005

Bisanz, Elize, Die Überwindung des Ikonischen. Kulturwissenschaftliche Perspektiven der Bildwissenschaft, Bielefeld 2010

Bitzel, Uwe, Die Konzeption des Blitzkrieges bei der deutschen Wehrmacht, Frankfurt a.M. 1991 (= Europäische Hochschulschriften, Reihe III: Geschichte und Hilfswissenschaften, 477)

Blueprints for Battle. Planning for War in Central Europe 1948-1968. Ed. by Jan Hoffenaar and Dieter Krüger, Lexington, KY 2012

Blume, von, (General der Infanterie), Inwiefern haben sich die Bedingungen des Erfolges im Kriege seit 1871 verändert? In: Vierteljahrshefte für Truppenführung und Heereskunde, 5 (1908), 3, S. 407-458

Bontrup, Heinz-J., und Norbert Zdrowomyslaw, Die deutsche Rüstungsindustrie. Vom Kaiserreich bis zur Bundesrepublik. Ein Handbuch, Heilbronn 1988

Boog, Horst, Anglo-amerikanisches Führungsdenken im strategischen Bombenkrieg 1939 bis 1945 in Abhängigkeit von wechselnden Kriegsbildern. In: Führungsdenken, S. 219–234

Boog, Horst, Die deutsche Luftwaffenführung 1935–1945. Führungsprobleme, Spitzengliederung, Generalstabsausbildung, Stuttgart 1982 (= Beiträge zur Militär- und Kriegsgeschichte, 21)

Boog, Horst, Führungsdenken in der Luftwaffe im Zweiten Weltkrieg. In: Operatives Denken und Handeln, S. 182–205

Boog, Horst, Luftwaffe und unterschiedsloser Bombenkrieg bis 1942. In: Der Zweite Weltkrieg. Analysen, Grundzüge, Forschungsbilanz, S. 523–531

Borkenhagen, Franz H.U., Entwicklungslinien aktueller deutscher Sicherheits- und Verteidigungspolitik. In: Die Bundeswehr 1955 bis 2005, S. 501–517

Bradley, Dermot, Vizeadmiral Professor Friedrich Ruge, erster Inspekteur der Bundesmarine. In: Mars, 1 (1995) S. 111–117

Brenner, Stefan Maximilian, Die NATO im griechisch-türkischen Konflikt 1954 bis 1989, Berlin, Boston 2017 (= Entstehung und Probleme des Atlantischen Bündnisses, 11)

Brill, Heinz, Bogislaw von Bonin im Spannungsfeld zwischen Wiederbewaffnung – Westintegration – Wiedervereinigung, Bd 1: Ein Beitrag zur Entstehungsgeschichte der Bundeswehr 1952–1955, Baden-Baden 1987 (= Militär, Rüstung, Sicherheit, 49)

Brill, Heinz, Bogislaw von Bonin im Spannungsfeld zwischen Wiederbewaffnung – Westintegration – Wiedervereinigung, Bd 2: Beiträge zur Entstehungsgeschichte der Bundeswehr – Dokumente und Materialien, Baden-Baden 1989 (= Militär, Rüstung, Sicherheit, 52)

Brockhaus. Die Enzyklopädie in vierundzwanzig Bänden, 20., überarb. und aktual. Aufl., Leipzig, Mannheim 1996–2001

Brose, Eric Dorn, The Kaiser's Army. The Politics of Military Technology in Germany during the Machine Age, 1870–1918, New York, Oxford 2004

Brühl, Reinhard, und Gerhard Förster, Militärtechnik, Kriegsbild und Kriegswirklichkeit. In: Militärgeschichte, 14 (1975), 1, S. 275–285

Brühöfener, Friederike, »Angst vor dem Atom«. Emotionalität und Politik im Spiegel bundesdeutscher Zeitungen 1979–1984. In: Den Kalten Krieg denken, S. 257–282

Bruhn, Matthias, Das Bild. Theorie – Geschichte – Praxis, Berlin 2009

Buchholz, Frank, Strategische und militärpolitische Diskussionen in der Gründungsphase der Bundeswehr 1949–1960, Frankfurt a.M. [u.a.] 1991 (= Europäische Hochschulschriften, Reihe III: Geschichte und ihre Hilfswissenschaften, 458)

Büchl, Marco Robert, Shooting war – Kriegsbilder als Bildquellen. Der Zweite Weltkrieg aus Sicht der US-Kriegsfotografie, Marburg 2009

Büschleb, Hermann, Generalleutnant Hans Röttiger (16.4.1896–15.4.1960), erster Inspekteur des Heeres. In: Mars, 1 (1995), S. 98–110

Bulletin, Nr. 213 vom 11.11.1954. Hrsg. vom Presse- und Informationsamt der Bundesregierung, Bonn 1954

Bulletin, Nr. 120 vom 2.7.1955. Hrsg. vom Presse- und Informationsamt der Bundesregierung, Bonn 1955

Bulletin, Nr. 131 vom 19.7.1955. Hrsg. vom Presse- und Informationsamt der Bundesregierung, Bonn 1955

Der Bundestagsausschuss für Verteidigung. Der Ausschuss zur Mitberatung des EVG-Vertrages. Juli bis Dezember 1952. Im Auftrag des Militärgeschichtlichen Forschungsamtes hrsg. und bearb. von Hans-Erich Volkmann unter Mitarb. von Rüdiger Bergien [u.a.], Düsseldorf 2006 (= Der Bundestagsausschuss für Verteidigung und seine Vorläufer, 1)

Bundeswehr im Einsatz. Katalog zur Ausstellung anlässlich des 15. Jahrestages der ersten Parlamentsmandatierung von bewaffneten Einsätzen der Bundeswehr im Ausland. Hrsg. vom Bundesministerium der Verteidigung, Berlin 2009

Bundeswehr im Krieg. Wie kann die Innere Führung überleben? Hrsg. von Detlef Bald, Hamburg 2009 (= Hamburger Beiträge zur Friedensforschung und Sicherheitspolitik, 153)

Die Bundeswehr 1955 bis 2005. Rückblenden – Einsichten – Perspektiven. Im Auftrag des Militärgeschichtlichen Forschungsamtes hrsg. von Frank Nägler, München 2007 (= Sicherheitspolitik und Streitkräfte der Bundesrepublik Deutschland, 7)

Burchardt, Lothar, Friedenswirtschaft und Kriegsvorsorge. Deutschlands wirtschaftliche Rüstungsbestrebungen vor 1914, Boppard a.Rh. 1968 (= Militärgeschichtliche Studien, 6)

Burr, William, »Is this the best they can do?«: Henry Kissinger and the US quest for limited nuclear options, 1969–75. In: War Plans and Alliances in the Cold War, S. 118–140

Buschmann, Nikolaus, Ingrid Schierle und Christoph Mick, Kriegstypen. Begriffsgeschichtliche Bilanz in deutschen, russischen und sowjetischen Lexika. In: Formen des Krieges. Von der Antike bis zur Gegenwart, S. 17–50

Calder, Nigel, Atomares Schlachtfeld Europa. Report über die Wahrscheinlichkeit eines Atomkrieges in den 80er Jahren. Aus dem Engl. von Rüdiger Lentz, Hamburg 1981

The Cambridge History of the Cold War, vol. 1–3. Ed. by Melvyn P. Leffler and Odd Arne Westad, Cambridge 2010

Canstein, Raban Freiherr von, Gedanken zum modernen Kriegsbild. In: WWR, 15 (1965), S. 513–523

Chickering, Roger, Der totale Krieg: vom Nutzen und Nachteil eines Begriffs. In: Krieg, Frieden und Geschichte, S. 241–258

Chojnacki, Sven, Auf der Suche nach des Pudels Kern: Alte und neue Typologien in der Kriegsforschung. In: Formen des Krieges. Von der Antike bis zur Gegenwart, S. 479–502

Citino, Robert M., The Path to Blitzkrieg. Doctrine and Training in the German Army, 1920–1939, London, Boulder, CO 1999

Clausewitz, Carl von, Sämtliche hinterlassenen Werke über Krieg und Kriegführung, Bd 1: Vom Kriege. Hrsg. von Wolfgang von Seidlitz, Essen 1999

Clausewitz, Carl von, Vom Kriege. Vollständige Ausgabe der acht Bücher. Hrsg. von Karl-Maria Guth, Berlin 2016

Clement, Rolf, und Paul Elmar Jöris, 50 Jahre Bundeswehr 1955–2005, Hamburg, Berlin, Bonn 2005

Cold War Broadcasting. Impact on the Soviet Union and Eastern Europe. A Collection of Studies and Documents. Ed. by A. Ross Johnson and R. Eugene Parta, Foreword by Timothy Garton Ash, Budapest, New York 2010

Conze, Eckart, Griff nach der Bombe? Die militärischen Pläne des Franz Josef Strauß. In: Die SPIEGEL-Affäre, S. 69–85

Conze, Eckart, Die Kuba-Krise: Wendepunkt des Kalten Krieges?. In: Das Zeitalter der Bombe, S. 141–166

Conze, Eckart, Die Suche nach Sicherheit. Eine Geschichte der Bundesrepublik Deutschland von 1949 bis in die Gegenwart, München 2009

Corum, James S., American Assistance to the New German Army and Luftwaffe. In: Rearming Germany, S. 93–116

Corum, James S., The Luftwaffe. Creating the Operational Air War, 1918–1940, Lawrence, KS 1997

Creveld, Martin van, Die Gesichter des Krieges. Der Wandel bewaffneter Konflikte von 1900 bis heute. Aus dem Engl. von Norbert Juraschitz, München 2009

Creveld, Martin van, Supplying War. Logistics from Wallenstein to Patton, Cambridge 1997

Daalder, Ivo H., The Nature and Practice of Flexible Response: NATO Strategy and Theater Nuclear Forces since 1967, New York 1991

»Damit hatten wir die Initiative verloren«. Zur Rolle der bewaffneten Kräfte in der DDR 1989/90. Hrsg. von Rüdiger Wenzke, Berlin 2014 (= Militärgeschichte der DDR, 23)

Das ist Militärgeschichte! Probleme, Projekte, Perspektiven. Hrsg. von Christian Thomas Müller und Matthias Rogg, Paderborn [u.a.] 2013

Dauses, Manfred A., und Dieter O.A. Wolf, Weltraum und Sicherheit. In: Aus Politik und Zeitgeschichte. Beilage zur Wochenzeitung Das Parlament, 14/1978, 8.4.1978, S. 3–8

Deeskalation von Gewaltkonflikten seit 1945. Hrsg. von Corinna Hauswedell, Wetzlar 2006 (= Frieden und Krieg. Beiträge zur Historischen Friedensforschung, 7)

Deist, Wilhelm, Die Reichswehr und der Krieg der Zukunft. In: MGM, 45 (1989), S. 81–92

Den Kalten Krieg denken. Beiträge zur sozialen Ideengeschichte seit 1945. Hrsg. von Patrick Bernhard und Holger Nehring, Essen 2014 (= Frieden und Krieg. Beiträge zur Historischen Friedensforschung, 19)

Denkschriften zu Fragen der operativen Führung. Hrsg. vom Inspekteur des Heeres, Bonn 1987

Der deutsche Film im Kalten Krieg. Hrsg. von Christin Niemeyer und Ulrich Pfeil, Brüssel [u.a.] 2014

Deutsche Marinen im Wandel. Vom Symbol nationaler Einheit zum Instrument internationaler Sicherheit. Im Auftrag des Militärgeschichtlichen Forschungsamtes hrsg. von Werner Rahn, München 2005 (= Beiträge zur Militärgeschichte, 63)

Das Deutsche Reich und der Zweite Weltkrieg, Bd 2: Klaus A. Maier, Horst Rohde, Bernd Stegemann und Hans Umbreit, Die Errichtung der Hegemonie auf dem europäischen Kontinent, Stuttgart 1979

Die deutsche Seekriegsleitung im Ersten Weltkrieg. Dokumentation in 4 Bden, Bd 1. Bearb. von Gerhard Granier, Koblenz 1999 (= Materialien aus dem Bundesarchiv, 9)

Deutsche Soldaten im Krieg. Eine Bilddokumentation. Mit einem Text von Stefan Kornelius. Hrsg. von Stefan Kornelius und Andreas Schindler, Köln 2010

Diedrich, Torsten, und Rüdiger Wenzke, Die getarnte Armee. Geschichte der Kasernierten Volkspolizei der DDR 1952 bis 1956. Hrsg. vom Militärgeschichtlichen Forschungsamt, Berlin 2001 (= Militärgeschichte der DDR, 1)

Dimensionen der Moderne. Festschrift für Christof Dipper. Hrsg. von Ute Schneider und Lutz Raphael unter Mitarb. von Sonja Hillerich, Frankfurt a.M. [u.a.] 2008

Dinter, Elmar, Gedanken eines Offiziers zum Kriegsbild der 90er Jahre. In: Vierteljahresschrift für Sicherheit und Frieden, 2/1987, S. 86–89

Dix, Arthur, Volkswirtschaftliche Kriegsvorsorge. In: Vierteljahrshefte für Truppenführung und Heereskunde, 10 (1913), S. 441–452

Doepgen, Clemens, Die Konzeptionen der Nord- und Ostseeverteidigung der Bundesmarine von den Anfängen bis 1986. Diss., Rheinische Friedrich-Wilhelms-Universität zu Bonn, Bonn 1999

Dörr, Torsten, Die Nationale Volksarmee im Beitrittsprozess zur BRD. Eine Studie zur Demokratiekonformität und militärischen Effizienz der Armee der DDR, München 2009

Dries, Christian, »Zeitbomben mit unfestgelegtem Explosionstermin«. Günther Anders und der Kalte (Atom-)Krieg. In: Den Kalten Krieg denken, S. 63–87

Duby, Georges, Mentalitätengeschichte. In: Ideengeschichte, S. 137–163

Duden. Das große Wörterbuch der deutschen Sprache in zehn Bänden. Hrsg. vom Wissenschaftlichen Rat der Dudenredaktion, 3., völlig neu bearb. und erw. Aufl., Mannheim [u.a.] 1999

Duden. Die deutsche Rechtschreibung. Hrsg. von der Dudenredaktion, 22., völlig neu bearb. und erw. Aufl., Leipzig [u.a.] 2000

Dülffer, Jost, Europa im Ost-West-Konflikt, München 2004 (= Oldenbourg Grundriss der Geschichte, 18)

Dülffer, Jost, Kriegserwartung und Kriegsbild in Deutschland vor 1914. In: Im Zeichen der Gewalt, S. 107–123

Dülffer, Jost, Militärgeschichte und politische Geschichte. In: Was ist Militärgeschichte?, S. 127–139

Dülffer, Jost, Vom Bündnispartner zum Erfüllungsgehilfen im totalen Krieg. Militär und Gesellschaft in Deutschland 1933–1945. In: Der Zweite Weltkrieg. Analysen, Grundzüge, Forschungsbilanz, S. 286–300

Dülffer, Jost, Weimar, Hitler und die Marine. Reichspolitik und Flottenbau 1920–1939. Mit einem Anhang von Jürgen Rohwer, Düsseldorf 1973

Düsseldorf während des großen Völkerringens. Eine Sammlung Kriegsbilder 1914–1918. Hrsg. von Hoffotograf Julius Söhn, Düsseldorf 1919

Duncan, Jason K., John F. Kennedy. The spirit of cold war liberalism, New York [u.a.] 2014

Duncker, J.Z., Eine neue Aera der Kriegsführung? Finnische Gedanken zum modernen Kriegsbild, Darmstadt 1963

Echternkamp, Jörg, Die Inszenierung des Krieges in Europa. In: Das gemeinsame Haus Europa, S. 410–424

Echternkamp, Jörg, Militärgeschichte. In: Docupedia-Zeitgeschichte. Begriffe, Methoden und Debatten der zeithistorischen Forschung <https://docupedia.de/zg/Militaergeschichte> (letzter Zugriff 20.7.2015)

Echternkamp, Jörg, Soldaten im Nachkrieg. Historische Deutungskonflikte und westdeutsche Demokratisierung 1945–1955, München 2014 (= Beiträge zur Militärgeschichte, 76)

Ehlert, Hans, Innenpolitische Auseinandersetzungen um die Pariser Verträge und die Wehrverfassung 1954 bis 1956. In: AWS, Bd 3, S. 235–560

Ehlert, Hans, Christian Greiner, Georg Meyer und Bruno Thoß, Die NATO-Option, München 1993 (= Anfänge westdeutscher Sicherheitspolitik, 3)

Ehrhart, Hans-Georg, Innere Führung und der Wandel des Kriegsbildes. In: Bundeswehr im Krieg, S. 17–23

Eimler, Eberhard, Die Schlachtfelder der Luftstreitkräfte. In: Europäische Wehrkunde, 35 (1986), S. 136–142

Elser, Gerhard, Kriegsbild und Mechanisierung im US-Heer 1920–1940. In: Militärgeschichtliche Beiträge. Sammelband der Zeitschrift Militärgeschichte, 10 (1996), S. 34–40

Engell, Lorenz, Der gedachte Krieg. Wissen und Welt der Globalstrategie, München 1989

»Entrüstet Euch!« Nuklearkrise, NATO-Doppelbeschluss und Friedensbewegung. Hrsg. von Cristoph Becker-Schaum [u.a] unter Mitarb. von Laura Stapane, Paderborn [u.a.] 2012

Entschieden für Frieden. 50 Jahre Bundeswehr 1955 bis 2005. Im Auftrag des Militärgeschichtlichen Forschungsamtes hrsg. von Klaus-Jürgen Bremm, Hans-Hubertus Mack und Martin Rink, Freiburg i.Br., Berlin 2005

Entwicklung und Selbstverständnis von Wissenschaften. Ein interdisziplinäres Colloquium. Hrsg. von Hans-Joachim Braun und Rainer H. Kluwe, Frankfurt a.M., Bern, New York 1985 (= Studien zur Technik-, Wirtschafts- und Sozialgeschichte, 1)

Environmental Histories of the Cold War. Ed. by J.R. McNeill and Corinna R. Unger, Cambridge 2010 (= Publications of the German Historical Institute)

Epkenhans, Michael, Tirpitz. Architect of the German High Seas Fleet, Washington, DC 2008

Erbe des Kalten Krieges. Hrsg. von Bernd Greiner, Tim B. Müller und Klaas Voß, Hamburg 2013 (= Studien zum Kalten Krieg, 6)

Erobern und Vernichten. Der Krieg gegen die Sowjetunion 1941–1945. Hrsg. von Peter Jahn und Reinhard Rürup, Berlin 1991

Erster Weltkrieg – Zweiter Weltkrieg. Ein Vergleich. Krieg, Kriegserlebnis, Kriegserfahrung in Deutschland. Im Auftrag des Militärgeschichtlichen Forschungsamtes hrsg. von Bruno Thoß und Hans-Erich Volkmann, Paderborn [u.a.] 2002

Europabilder im 20. Jahrhundert. Entstehung an der Peripherie. Hrsg. von Frank Bösch [u.a.], Göttingen 2012 (= Geschichte der Gegenwart, 5)

Falkenhayn, Erich von, Die Oberste Heeresleitung 1914–1916 in ihren wichtigsten Entschließungen, Berlin 1920

Falkenstein, Louis von, Kriegsbilder aus dem Jahre 1812. Nach historischen Begebenheiten erzählt von Freimund Ohnesorgen, Berlin 1837

Fischer, Johannes, Militärpolitische Lage und militärische Planung bei Aufstellungsbeginn der Bundeswehr. In: Militärgeschichte. Probleme – Thesen – Wege, S. 452–477

Fischer, Kurt, Schmidt, Leber, Apel. Die Ära der sozialdemokratischen Verteidigungsminister. In: Vom Kalten Krieg zur deutschen Einheit, S. 193–222

Flor, Roland, Konventionelle Rüstungsentwicklung und Kriegsbild. Allgemeine theoretische Grundlagen und ausgewählte Rüstungstrends, Wien 1988

Förster, Jürgen, Wolf Graf von Baudissin in Akademia, Reichswehr und Wehrmacht. In: Wolf Graf von Baudissin, S. 17–35

Foerster, Roland G., Innenpolitische Aspekte der Sicherheit Westdeutschlands 1947–1950. In: AWS, Bd 1, S. 403–575

Foerster, Roland G., Christian Greiner, Georg Meyer, Hans-Jürgen Rautenberg und Norbert Wiggershaus, Von der Kapitulation bis zum Pleven-Plan, München 1982 (= Anfänge westdeutscher Sicherheitspolitik, 1)

Förster, Stig, Der deutsche Generalstab und die Illusion des kurzen Krieges, 1871–1914. Metakritik eines Mythos. In: MGM, 54 (1995), 1, S. 61–95

Förster, Stig, Der Krieg der Willensmenschen. Die deutsche Offizierselite auf dem Weg in den Weltkrieg, 1871–1914. In: Willensmenschen, S. 23–36

Förster, Stig, Operationsgeschichte heute. Eine Einführung. In: MGZ, 61 (2002), 2, S. 309–313

Foertsch, Friedrich, Strategie des Friedens. In: Wehrkunde, 1 (1963), S. 1–6

Foley, Robert T., Der Schlieffenplan. Ein Aufmarschplan für den Krieg. In: Der Schlieffenplan, S. 101–116

Formen des Krieges. Vom Mittelalter zum »Low-Intensity-Conflict«. Hrsg. von Manfried Rauchensteiner und Erwin A. Schmidl, Graz [u.a.] 1991 (= Forschungen zur Militärgeschichte, 1)

Formen des Krieges. Von der Antike bis zur Gegenwart. Hrsg. von Dietrich Beyrau, Michael Hochgeschwender und Dieter Langewiesche, Paderborn [u.a.] 2007 (= Krieg in der Geschichte, 37)

Frank, Hans, Nur von Freunden umgeben. Die veränderte Sicherheit nach Vereinigung und Überwindung des Kalten Krieges. In: Die Bundeswehr 1955 bis 2005, S. 441–449

Frank, Hans, Von der Landesverteidigung zum Kampf gegen den Terror. In: Deutsche Marinen, S. 705–725

Freytag, Werner, Der heiße Krieg: eine utopische Vision?, Köln 1979

Frieden ohne Rüstung? Hrsg. von der Clausewitz-Gesellschaft, zusammengest. von Eberhard Wagemann, Herford, Bonn 1989

Frieser, Karl-Heinz, Blitzkrieg-Legende. Der Westfeldzug 1940, München 1995 (= Operationen des Zweiten Weltkrieges, 2)

Führungsdenken in europäischen und nordamerikanischen Streitkräften im 19. und 20. Jahrhundert. Im Auftrag des Militärgeschichtlichen Forschungsamtes hrsg. von Gerhard P. Groß, Hamburg, Berlin, Bonn 2001 (= Vorträge zur Militärgeschichte, 19)

Führungsfähigkeit und Entscheidungsverantwortung in den Streitkräften. Bericht der Kommission des Bundesministers der Verteidigung zur Stärkung der Führungsfähigkeit und Entscheidungsverantwortung in der Bundeswehr. Hrsg. von der Kommission des Bundesministers der Verteidigung zur Stärkung der Führungsfähigkeit und Entscheidungsverantwortung in der Bundeswehr, Bonn 31.10.1979

»Für klare Atomwaffenpolitik«. In: Frankfurter Rundschau, 10.4.1962

Funck, Marcus, Militär, Krieg und Gesellschaft. Soldaten und militärische Eliten in der Sozialgeschichte. In: Was ist Militärgeschichte?, S. 157–174

Funke, Manfred, Hitler und die Wehrmacht. Eine Profilskizze ihrer Beziehungen. In: Der Zweite Weltkrieg. Analysen, Grundzüge, Forschungsbilanz, S. 301–313

Gablik, Axel F., »Eine Strategie kann nicht zeitlos sein«. Flexible Response und WINTEX. In: Die Bundeswehr 1955 bis 2005, S. 313–328

Gablik, Axel F., Strategische Planungen in der Bundesrepublik Deutschland 1955–1967: Politische Kontrolle oder militärische Notwendigkeit?, Baden-Baden 1996 (= Internationale Politik und Sicherheit, 30; Nuclear History Program, 5)

Gablik, Axel, »... von da an herrscht Kirchhofsruhe.« Zum Realitätsgehalt Baudissinscher Kriegsbildvorstellungen. In: Gesellschaft, Militär, Krieg und Frieden, S. 45–60

Gaddis, John Lewis, The Cold War. A New History, London 2005

Gaddis, John Lewis, Strategies of containment. A critical appraisal of American national security policy during the Cold War, Oxford 2005

Gärtner, Heinz, Internationale Sicherheit. Definitionen von A–Z, 2., erw. und aktual. Aufl., Baden-Baden 2008 (= Studienkurs Politikwissenschaft)

Gantzel, Klaus Jürgen, Über die Kriege nach dem Zweiten Weltkrieg. Tendenzen, ursächliche Hintergründe, Perspektiven. In: Wie Kriege entstehen, S. 299–318

Gantzel, Klaus Jürgen, und Torsten Schwinghammer, Die Kriege nach dem Zweiten Weltkrieg 1945–1992. Daten und Tendenzen, Münster 1995 (= Kriege und militante Konflikte, 1)

Garvey, Gerald, Strategy and the Defense Dilemma. Nuclear Policies and Alliance Politics, Lexington, KY, Toronto 1984

Gavrilov, Victor, Soviet Union Military Planning. 1948–1968. In: Blueprints for Battle, S. 121–129

Geheimbunker der Bundesbank geöffnet. In: Die Welt, 7.10.2010, S. 17

Geiger, Tim, Die Bundesrepublik Deutschland und die NATO in den Siebziger- und Achtzigerjahren. In: Wege zur Wiedervereinigung, S. 165–182

Geiger, Tim, Die Regierung Schmidt-Genscher und der NATO-Doppelbeschluss. In: Zweiter Kalter Krieg und Friedensbewegung, S. 95–122

Das gemeinsame Haus Europa. Handbuch zur europäischen Kulturgeschichte. Hrsg. von Wulf Köpke, München 1999

George, Alice L., The Cuban missile crisis: the threshold of nuclear war, New York 2013

Gerhardt, L. von, Erlebnisse und Kriegsbilder aus dem Feldzuge 1850 in Schleswig-Holstein, Glogau 1852

Gerndt, Helge, Überlegungen zu einer Theorie visueller Kultur. In: Bilder – Sachen – Mentalitäten, S. 427–438

Gerstäcker, Friedrich, Kriegsbilder. Erzählungen und Erinnerungen aus den Kriegsjahren 1870/71, Halle/Saale [1908]

Gerster, Daniel, Vom »modernen Krieg« und »wissenschaftlichen Waffen«. Katholiken und die Perzeption eines imaginären Atomkrieges in transatlantischer Perspektive 1945–1965. In: Den Kalten Krieg denken, S. 235–255

Geschichte und Militärgeschichte. Wege der Forschung. Hrsg. von Ursula von Gersdorff mit Unterstützung des Militärgeschichtlichen Forschungsamtes, Frankfurt a.M. 1974

Geschichtliche Grundbegriffe. Historisches Lexikon zur politisch-sozialen Sprache in Deutschland, Bd 3: H–Me. Hrsg. von Otto Brunner, Werner Conze und Reinhart Koselleck, Stuttgart 1982

Gesellschaft, Militär, Krieg und Frieden im Denken von Wolf Graf von Baudissin. Hrsg. von Martin Kutz, Baden-Baden 2004 (= Forum Innere Führung, 23)

Geyer, Michael, Das Stigma der Gewalt und das Problem der nationalen Identität in Deutschland. In: Von der Aufgabe der Freiheit, S. 673–698

Gibbs, David N., Die Hintergründe der sowjetischen Invasion in Afghanistan 1979. In: Heiße Kriege im Kalten Krieg, S. 291–314

Gieske, Henning, General Josef Kammhuber (19.8.1896–25.1.1986), erster Inspekteur des Heeres. In: Mars, 1 (1995), S. 111–117

Glatzel, Einführung des Armeeoffiziers in die Verhältnisse der Seekriegführung. In: Vierteljahrshefte für Truppenführung und Heereskunde, 9 (1912), S. 39–52

Gleitsmann, Rolf-Jürgen, Rolf-Ulrich Kunze und Günther Oetzel, Technikgeschichte. Eine Einführung, Konstanz 2009

Glos, Michael, und Christian Lenzer, Hochtechnologien – Lebensnerv der deutschen Wirtschaft. In: Wirtschaftsdienst, 73 (1993), 1, S. 31–34

Goethe, Johann Wolfgang, Kampagne in Frankreich 1792. Belagerung von Mainz. Mit einem Nachw. von Josef Kunz, München 1962

Gorbatschow, Michail, Weg mit den Atomwaffen. In: Die Welt, 14.10.2011, S. 2

Gottschling, Verena, Bilder im Geiste. Die Imagery-Debatte, Paderborn 2003

Great War, Total War. Combat and Mobilization on the Western Front, 1914–1918. Ed. by Roger Chickering and Stig Förster, Cambridge 2000

Greiner, Bernd, Die Blutpumpe. Zur Strategie und Praxis des Abnutzungskrieges in Vietnam 1965–1973. In: Heiße Kriege im Kalten Krieg, S. 167–238

Greiner, Christian, Die alliierten militärstrategischen Planungen zur Verteidigung Westeuropas 1947–1950. In: AWS, Bd 1, S. 119–323

Greiner, Christian, Die Entwicklung der Bündnisstrategie 1949 bis 1958. In: Greiner/Maier/Rebhan, Die NATO, S. 17–174

Greiner, Christian, Die militärische Eingliederung der Bundesrepublik Deutschland in die WEU und die NATO 1954 bis 1957. In: AWS, Bd 3, S. 561–850

Greiner, Christian, Klaus A. Maier und Heinz Rebhan, Die NATO als Militärallianz. Strategie, Organisation und nukleare Kontrolle im Bündnis 1949 bis 1959. Im Auftrag des Militärgeschichtlichen Forschungsamtes hrsg. von Bruno Thoß, München 2003 (= Entstehung und Probleme des Atlantischen Bündnisses bis 1956, 4)

Grimm, Jacob, und Wilhelm Grimm, Deutsches Wörterbuch, Bd 5: K–Kyrie eleison. Fotomechanischer Nachdr. der Erstausgabe von 1873. Hrsg. von Jacob Grimm und Wilhelm Grimm. Bearb. von Rudolf Hildebrand, München 1984

Groß, Gerhard P., Das Dogma der Beweglichkeit. Überlegungen zur Genese der deutschen Heerestaktik im Zeitalter der Weltkriege. In: Erster Weltkrieg – Zweiter Weltkrieg, S. 143–166

Groß, Gerhard P., Einführung. In: Führungsdenken, S. 1–9

Groß, Gerhard P., Mythos und Wirklichkeit. Geschichte des operativen Denkens im deutschen Heer von Moltke d.Ä. bis Heusinger, Paderborn [u.a.] 2012 (= Zeitalter der Weltkriege, 9)

Groß, Gerhard Paul, There was a Schlieffen Plan. Neue Quellen. In: Der Schlieffenplan, S. 117–160

Der Große Brockhaus. Handbuch des Wissens in 20 Bänden, Bd 10: Kat–Kz, 15., völlig neubearb. Aufl., Leipzig 1931

Der Große Brockhaus in zwölf Bänden, Bd 6: J–Kz, 16., völlig neubearb. Aufl., Wiesbaden 1955

Grundgesetz für die Bundesrepublik Deutschland [vom 23. Mai 1949, zuletzt geändert durch ÄndG (Art. 91b) vom 23. Dezember 2014]. Stand: 1. April 2015, 15. Aufl., Baden-Baden 2015

Grundzüge der Konzeption der Bundeswehr. Hrsg. vom Bundesministerium der Verteidigung, Arbeitsbereich Öffentlichkeitsarbeit, Berlin 2004

Guha, Anton Andreas, Ende. Tagebuch aus dem 3. Weltkrieg, Königstein/Ts. 1983

Hackett, Sir John, Der Dritte Weltkrieg. Hauptschauplatz Deutschland. Mit einem Vorw. von General a.D. Graf Kielmansegg, München 1978

Hackländer, Friedrich Wilhelm, Freiwillige vor! Kriegsbilder aus den Feldzügen 1870, Wien [1880]

Haftendorn, Helga, Kernwaffen und die Glaubwürdigkeit der Allianz: Die NATO-Krise von 1966/67, Baden-Baden 1994 (= Internationale Politik und Sicherheit, 30; Nuclear History Program, 4)

Halbe, Kath[arina], Mit Gott für König und Vaterland: Kriegsbild in 3 Akten, Essen 1915 (= Neues Vereinstheater, 116)

Hammerich, Helmut R., Der Fall »Morgengruß«. Die 2. PzGrenDiv und die Abwehr eines überraschenden Feindangriffs westlich der Fulda 1963. In: Die Bundeswehr 1955 bis 2005, S. 297–312

Hammerich, Helmut R., Fighting for the heart of Germany. In: Blueprints for battle, S. 155–174

Hammerich, Helmut R., Die geplante Verteidigung der bayerischen Alpen im Kalten Krieg. In: Die Alpen im Kalten Krieg, S. 239–262

Hammerich, Helmut R., Halten am VRV oder Verteidigung in der Tiefe? Die unterschiedliche Umsetzung der NATO-Operationsplanungen durch die Bündnispartner. In: Sonderfall Bundeswehr?, S. 81–112

Hammerich, Helmut R., Dieter H. Kollmer, Martin Rink und Rudolf J. Schlaffer, Das Heer 1950 bis 1970. Konzeption, Organisation und Aufstellung. Unter Mitarb. von Michael Poppe, München 2006 (= Sicherheitspolitik und Streitkräfte der Bundesrepublik Deutschland, 3)

Hammerich, Helmut R., Kommiss kommt von Kompromiss. Das Heer der Bundeswehr zwischen Wehrmacht und U.S. Army (1950 bis 1970). In: Hammerich [u.a.], Das Heer, S. 17–351

Hammerich, Helmut R., Die Operationsplanungen der NATO zur Verteidigung der Norddeutschen Tiefebene in den Achtziger Jahren. In: Wege zur Wiedervereinigung, S. 287–310

Handbuch Innere Führung. Hilfen zur Klärung der Begriffe. Hrsg. vom Bundesministerium für Verteidigung, Führungsstab der Bundeswehr – B, o.O. September 1957 (= Schriftenreihe Innere Führung)

Handbuch Innere Führung. Hilfen zur Klärung der Begriffe. Hrsg. vom Führungsstab der Bundeswehr I 6, 2. Aufl., Bonn 1960 (= Schriftenreihe Innere Führung)

Handbuch Militär und Sozialwissenschaft. Hrsg. von Sven Bernhard Gareis und Paul Klein, 2., aktual. und erw. Aufl., Wiesbaden 2006

Handbuch zur deutschen Militärgeschichte 1648 bis 1939, Bd 4. Begr. von Hans Meier-Welcker. Projektleitung und Gesamtred.: Gerhard Papke und Wolfgang Petter. Hrsg. vom Militärgeschichtlichen Forschungsamt durch Friedrich Forstmeier [u.a.], München 1979

Hanel, Tilman, Die Bombe als Option. Motive für den Aufbau einer atomtechnischen Infrastruktur in der Bundesrepublik bis 1963, Essen 2015

Hassel, Kai Uwe von, Die Bundeswehr von morgen. Festigung der NATO – Konsolidierung der Truppe. In: Armee gegen den Krieg, S. 33–43

Haustheater. Sammlung kleiner Lustspiele für gesellige Kreise, Bd 2, Leipzig 1881

Heeresdienstvorschrift »Truppenführung« (HDv) 100/1. Hrsg. vom Bundesminister der Verteidigung, Führungsstab des Heeres IV 4, Bonn Oktober 1962

Heeresmanöver der Bundeswehr. Hrsg. von Gerhard Brugmann in Zusammenarb. mit der Führungsakademie der Bundeswehr, Buchholz in der Nordheide 2004

Hegel, Georg Wilhelm Friedrich, Vorlesungen über die Philosophie der Geschichte. In: Hegels Werke, Bd 9, Berlin 1837

Hegels Werke. Vollständige Ausgabe durch einen Verein von Freunden des Verewigten, 18 Bde, Berlin 1832–1845

Heidenkamp, Henrik, Der Entwicklungsprozess der Bundeswehr zu Beginn des 21. Jahrhunderts. Wandel im Spannungsfeld globaler, nationaler und bündnispolitischer Bestimmungsfaktoren, Frankfurt a.M. [u.a.] 2010 (= Sicherheit in der multipolaren Welt, 1)

Heinemann, Winfried, Vom Zusammenwachsen des Bündnisses. Die Funktionsweise der NATO in ausgewählten Krisenfällen 1951 bis 1956, München 1998 (= Entstehung und Probleme des Atlantischen Bündnisses bis 1956, 1)

Heiße Kriege im Kalten Krieg. Hrsg. von Bernd Greiner, Christian Th. Müller und Dierk Walter, Hamburg 2006 (= Studien zum Kalten Krieg, 1)

Helsinki 1975 and the Transformation of Europe. Ed. By Oliver Bange and Gottfried Niedhart, New York, Oxford 2008

Henke, Das deutsche Geldwesen im Kriege. In: Vierteljahrshefte für Truppenführung und Heereskunde, 10 (1913), S. 260–279

Hennes, Michael, Der neue Militärisch-Industrielle Komplex in den USA. In: APuZ, 46/2003, S. 41–46

Herzfeld, Hans, Die Bundeswehr und das Problem der Tradition. In: Studien zur politischen und gesellschaftlichen Situation, Bd 1, S. 32–95

Hess, Sigurd, Der Übergang der Marine in das Zeitalter von Führungs-, Waffeneisatzsystemen und Flugkörpern. Die Phase der Innovation 1963 bis 1976. In: Die Bundeswehr 1955 bis 2005, S. 417–436

Hesselberger, Dieter, Das Grundgesetz. Kommentar für die politische Bildung, 5., verb. Aufl., Neuwied 1988

Heuser, Beatrice, Den Krieg denken. Die Entwicklung der Strategie seit der Antike, Paderborn [u.a.] 2010

Heuser, Beatrice, NATO, Britain, France and the FRG. Nuclear Strategies and Forces for Europe, 1949–2000, Houndmills, Basingstoke, London 1997

Heusinger, Adolf, Befehl im Widerstreit. Schicksalstunden der deutschen Armee 1923–1945, Tübingen 1950

Heusinger, Adolf, Die Bundesrepublik Deutschland – Der fünfzehnte Partner. Wesen und Wirkung des deutschen NATO-Beitrags – Gedanken zu einer Reform. In: Armee gegen den Krieg, S. 193–204

Hildebrand, Jens, und David Wachter, Krieg. Reflexionen von Thukydides bis Enzensberger, St. Ingbert 2014

Hillgruber, Andreas, Bilanz des Zweiten Weltkrieges. In: Der Zweite Weltkrieg. Analysen, Grundzüge, Forschungsbilanz, S. 189–202

Hillmann, Jörg, Der Mythos vom unpolitischen Soldaten. Aspekte einer »Ansichtssache« nicht nur in der Frühphase der Bundeswehr. In: Die Suche nach Orientierung, S. 39–49

Historische Trendanalyse. Vergangenheit verstehen – Zukunft gestalten. Bericht zum Workshop, Bd 2. Hrsg. von Roland Kaestner, München 2004

Hitlers militärische Elite, Bd 2: Vom Kriegsbeginn bis zum Weltkriegsende. Hrsg. von Gerd R. Ueberschär, Darmstadt 1998

Hobson, Rolf, Die Besonderheiten des wilhelminischen Navalismus. In: Deutsche Marinen, S. 161–193

Hobson, Rolf, Imperialism at Sea. Naval Thought, the Ideology of Sea Power, and the Tirpitz Plan, 1875–1914, Boston, MA 2002

Hobson, Rolf, Maritimer Imperialismus, Seemachtideologie, seestrategisches Denken und der Tirpitzplan 1875 bis 1914. Hrsg. vom Militärgeschichtlichen Forschungsamt. Aus dem Engl. übers. von Eva Besteck, München 2004 (= Beiträge zur Militärgeschichte, 61)

Hoch, Gottfried, Einsätze am Horn von Afrika. Die Flotte im neuen Einsatzspektrum 1994 bis 2002. In: Deutsche Marinen, S. 675–704

Höhn, Reinhard, Revolution, Heer, Kriegsbild, Darmstadt 1944

Hoenig, Fritz, Zwei Brigaden, Berlin 1882

Hoeres, Peter, Die Slawen. Perzeptionen des Kriegsgegners bei den Mittelmächten. Selbst- und Feindbild. In: Die vergessene Front, S. 179–200

Hoffmann, Eckart, Frieden in Freiheit. Philosophische Grundmotive im politischen Denken von Wolf Graf von Baudissin. In: Wolf Graf von Baudissin, S. 81–98

Hoffmann, Franz, Kriegsbilder aus alter und neuer Zeit. Für die reifere Jugend. Mit acht colorierten Bildern, Stuttgart 1857

Hohensee, Jens, Der erste Ölpreisschock 1973/74. Die politischen und gesellschaftlichen Auswirkungen der arabischen Erdölpolitik auf die Bundesrepublik Deutschland und Westeuropa, Stuttgart 1996 (= Historische Mitteilungen, Beihefte, 17)

Hopman, Albert, Das ereignisreiche Leben eines »Wilhelminers« Tagebücher, Briefe, Aufzeichnungen 1901 bis 1920. Im Auftrag des Militärgeschichtlichen Forschungsamtes hrsg. von Michael Epkenhans, München 2004 (= Beiträ-ge zur Militärgeschichte, 62)

Hoppe, Christoph, Zwischen Teilhabe und Mitsprache. Die Nuklearfrage in der Allianzpolitik Deutschlands 1959–1966, Baden-Baden 1993 (= Internationale Politik und Sicherheit, 30; Nuclear History Program, 2)

Horn, Eva, Die apokalyptische Fiktion. Weltende und Zukunftsmodellierung im Kalten Krieg. In: Den Kalten Krieg denken, S. 43–61

Hoßbach, Friedrich, Zwischen Wehrmacht und Hitler 1934–1938, Wolfenbüttel 1949

Hubatsch, Walther, Der Admiralstab und die Obersten Marinebehörden in Deutschland 1848–1945, Frankfurt a.M. 1958

Hürter, Johannes, Hitlers Generäle und der Erste Weltkrieg. In: Nationalsozialismus und Erster Weltkrieg, S. 261–269

Hürter, Johannes, Kriegserfahrung als Schlüsselerlebnis? Der Erste Weltkrieg in der Biographie von Wehrmachtsgeneralen. In: Erster Weltkrieg – Zweiter Weltkrieg, S. 759–771

»Ich krieg mich nicht mehr unter Kontrolle«: Kriegsheimkehrer der Bundeswehr. Hrsg. von Ute Susanne Werner, Köln 2010

Ideengeschichte. Hrsg. von Barbara Stolberg-Rilinger, Stuttgart 2010 (= Basistexte Geschichte, 6)

Iklódy, Gábor, Die NATO wird angegriffen. In: FAZ, 29.1.2011, S. 10

Ilsemann, Carl Gero von, Probleme der modernen Streitkräfte. In: Europäische Wehrkunde, 26 (1977), S. 17–23

Im Zeichen der Gewalt. Frieden und Krieg im 19. und 20. Jahrhundert. Hrsg. von Martin Kröger, Ulrich S. Soénius und Stefan Wunsch, Köln, Weimar, Wien 2003

In West und Ost. Kriegsbilder aus der Geschichte der 47. Reserve-Division. Nebst einer Einleitung und einer Übersichtskarte. Hrsg. von der 47. Reserve-Division, München 1917

Informationen zur Sicherheitspolitik. Fünf Jahre Armee der Einheit. Hrsg. vom Bundesminister der Verteidigung, Presse- und Informationsstab, Bonn September 1995

Informationsbroschüre Zentrum für Transformation der Bundeswehr. Hrsg. vom Zentrum für Transformation der Bundeswehr durch Brigadegeneral Axel Binder, Strausberg 2009

Jahn, Peter, »Russenfurcht« und Antibolschewismus. Zur Entstehung und Wirkung von Feindbildern. In: Erobern und Vernichten, S. 47–64

Janssen, Wilhelm, Krieg. In: Geschichtliche Grundbegriffe, Bd 3, S. 567–615

Jarosch, Hans-Werner, Das Zusammenwirken von Land- und Luftstreitkräften. In: Europäische Wehrkunde, 5 (1980), S. 219

Jensen, Frede P., The Warsaw Pact's special target. Planning the seizure of Denmark. In: War plans and alliances, S. 95–117

Jentzsch, Christian, Vom Kadetten bis zum Admiral. Das britische und das deutsche Seeoffizierkorps 1871–1919 (in Vorb.)

Jones, Christopher, Gorbačevs Militärdoktrin und das Ende des Warschauer Paktes. In: Der Warschauer Pakt, S. 245–271

Jordan, Stefan, Tatsächlichkeit und Möglichkeit. Über Grenzen und Chancen einer geschichtswissenschaftlichen Prognostik. In: Historische Trendanalyse, Bd 2, S. 77–81

Julien, Elise, Der Erste Weltkrieg, Darmstadt 2014 (= Kontroversen um die Geschichte)

Kaestner, Roland, Kriegsbilder der Zukunft – »Battlefield« 2000. Eine spekulative Betrachtung. In: Kriegsbilder der Zukunft, S. 12–28

Kaestner, Roland, Kriegsbilder im 21. Jahrhundert – Ein Analyseversuch im Geiste Baudissins, abgeleitet von Veränderungen der internationalen Sicherheitspolitik im 21. Jahrhundert. In: Gesellschaft, Militär, Krieg und Frieden, S. 105–129

Kahn, Herman, Thinking about the Unthinkable, New York 1962

Kaiser, Karl, Die neue Weltpolitik. Folgerungen für Deutschlands Rolle. In: Die neue Weltpolitik, S. 497–511

Kammhuber, Josef, Flugzeuge oder Raketen? Defensive und offensive Luftverteidigung – Der technische Krieg – Blick in die Zukunft. In: Armee gegen den Krieg, S. 242–265

Kaplan, Lawrence S., McNamara, Vietnam, and the Defense of Europe. In: War Plans and Alliances, S. 286–300

Kaplan, Lawrence S., Strategic Problems and the Central Sector, 1948–1968. In: Blueprints for Battle, S. 5–20

Karst, Heinz, Im Dienst am Vaterland. Beiträge aus vier Jahrzehnten. Zu Ehren des Autors hrsg. von Klaus Hornung, Herford, Hamburg, Stuttgart 1994

Karst, Heinz, Soldat im Wandel der Zeit. In: Karst, Im Dienst am Vaterland, S. 64–75

Kauffmann, Thomas Anton, Kontinuität und Wandel. Entwicklung der Militärdoktrin und Kriegsplanung des Warschauer Paktes im Verlauf der 80er Jahre unter Berücksichtigung der Landesverteidigung der DDR, München 2002

Kelly, Patrick J., Tirpitz and the Imperial German Navy, Bloomington, IN 2011

Kennedy, Paul M., Maritime Strategieprobleme der deutsch-englischen Flottenrivalität. In: Marine und Marinepolitik, S. 178–210

Kerkhof, Stefanie van de, Rüstungsindustrie und Kriegswirtschaft. Vom Nutzen und Nachteil wirtschaftshistorischer Methoden für die Militärgeschichte. In: Was ist Militärgeschichte?, S. 175–194

Keßelring, Agilolf, und Thorsten Loch, Der »Besprechungsplan« vom 5. Januar 1950. Gründungsdokument der Bundeswehr? Eine Dokumentation zu den Anfängen westdeutscher Sicherheitspolitik. In: Historisch-Politische Mitteilungen, 22 (2015), S. 199–229

Keßelring, Agilolf, und Thorsten Loch, Himmerod war nicht der Anfang. Bundesminister Eberhard Wildermuth und die Anfänge westdeutscher Sicherheitspolitik. In: MGZ, 75 (2015), S. 60–96

Keßelring, Agilolf, Die Organisation Gehlen und die Verteidigung Westdeutschlands. Alte Elitedivisionen und neue Militärstrukturen, 1949–1953, Marburg 2014 (= Unabhängige Historikerkommission zur Erforschung der Geschichte des Bundesnachrichtendienstes 1945–1968, 3)

Kirchhoff, Seekriegsgeschichte und ihr Studium. In: Vierteljahrshefte für Truppenführung und Heereskunde, 7 (1910), S. 385–416

Klargestellt. Berlin: Staatssekretär erläutert, warum Bundeswehr in Afghanistan nicht im Krieg ist. In: Aktuell. Zeitung für die Bundeswehr, 44 (2008), 47, S. 3

Klein, Paul, Wehrpflichtige der Bundeswehr und Atomkrieg. In: Der Krieg des kleinen Mannes, S. 440–453

Kloster, Walter, Der deutsche Generalstab und der Präventivkriegs-Gedanke, Stuttgart 1932 (= Beiträge zur Geschichte der nachbismarckischen Zeit und des Weltkriegs, 13)

Knape, Joachim, Rhetorik. In: Bildwissenschaft, S. 134–147

Knoll, Michael, Atomare Optionen. Westdeutsche Kernwaffenpolitik in der Ära Adenauer, Frankfurt a.M. 2013 (= Militärhistorische Untersuchungen, 13)

Köhler, Henning, Adenauer. Eine politische Biographie, Frankfurt a.M., Berlin 1994

Köster, Burkhard, Aus Liebe zur Seefahrt! Vizeadmiral Karl-Adolf Zenker. In: Militärische Aufbaugenerationen, S. 319–349

Kötzing, Andreas, Kultur- und Filmpolitik im Kalten Krieg. Die Filmfestivals von Leipzig und Oberhausen in gesamtdeutscher Perspektive 1954–1972, Göttingen 2013

Kohl, Helmut, Erinnerungen 1982–1990, München 2005

Kohl, Helmut, Erinnerungen 1990–1994, München 2007

Kohl, Helmut, Die Folgen bedenken: Der Politiker und die Wirklichkeit. In: Argumente für Frieden und Freiheit, S. 89–95

Kollmer, Dieter H., »Klotzen, nicht kleckern!« Die materielle Aufrüstung des Heeres von den Anfängen bis Ende der sechziger Jahre. In: Hammerich [u.a.], Das Heer, S. 485–614

Kollmer, Dieter H., Die materielle Aufrüstung der Bundeswehr von den Anfängen bis heute. In: Entschieden für Frieden, S. 215–230

Kollmer, Dieter H., »Nun siegt mal schön!« Aber womit? Die Aufrüstung des Heeres der Bundeswehr 1953 bis 1972. In: Die Bundeswehr 1955 bis 2005, S. 397–415

Konspiration als Beruf. Deutsche Geheimdienstchefs im Kalten Krieg. Hrsg. von Dieter Krüger und Armin Wagner, Berlin 2003

Koselleck, Reinhart, Der Einfluß der beiden Weltkriege auf das soziale Bewußtsein. In: Der Krieg des kleinen Mannes, S. 324–343

Koselleck, Reinhart, »Erfahrungsraum« und »Erwartungshorizont«. Zwei historische Kategorien. In: Koselleck, Vergangene Zukunft, S. 349–375

Koselleck, Reinhart, Vergangene Zukunft. Zur Semantik geschichtlicher Zeiten, Frankfurt a.M. 1989

Kramer, Mark, Die Nicht-Krise um »Able Archer 1983«: Fürchtete die sowjetische Führung tatsächlich einen atomaren Großangriff im Herbst 1983? In: Wege zur Wiedervereinigung, S. 129–149

Krautkrämer, Elmar, Generalleutnant Dr. phil. Hans Speidel. In: Hitlers militärische Elite, Bd 2, S. 245–255

Krieg der Roboter? Automatisierung des Gefechtsfeldes schreitet voran. In: Behörden Spiegel, 29 (2013), 4, S. 49

Der Krieg des kleinen Mannes. Eine Militärgeschichte von unten. Hrsg. von Wolfram Wette, München 1992

Krieg, Frieden und Geschichte: gesammelte Aufsätze über patriotischen Aktionismus, Geschichtskultur und totalen Krieg. Hrsg. von Roger Chickering, Stuttgart 2007

Der Krieg im Bild – Bilder vom Krieg. Hamburger Beiträge zur Historischen Bildforschung. Hrsg. vom Arbeitskreis Historische Bildforschung, Frankfurt a.M. [u.a.] 2003

Kriegsbegeisterung und mentale Kriegsvorbereitung. Interdisziplinäre Studien. Hrsg. von Marcel van der Linden und Gottfried Mergner unter Mitarb. von Herman de Lange, Berlin 1991 (= Beiträge zur Politischen Wissenschaft, 61)

Kriegsbilder aus großer Zeit. Zugleich eine Ergänzung der Lesebücher für Volks- und Mittelschulen und für höhere Lehranstalten. Hrsg. von Heinrich Herold und Stephan Reinke, Dortmund 1916

Kriegsbilder der Zukunft. Zwei Diskussionsbreiträge zu einem im öffentlichen Bewußtsein der Bundesrepublik Deutschland verdrängten Thema. Hrsg. von Roland Kaestner und Kurt Mark, Mosbach 1989 (= AFES-PRESS-Report, 23)

Kriegs/Bilder in Mittelalter und Früher Neuzeit. Hrsg. von Birgit Emich und Gabriela Signori, Berlin 2009 (= Zeitschrift für Historische Forschung, Beih., 42)

Kriegsbilder. Mediale Repräsentationen des »Großen Vaterländischen Krieges«. Hrsg. von Beate Fieseler und Jörg Ganzenmüller, Essen 2010 (= Veröffentlichungen zur Kultur und Geschichte im östlichen Europa, 35)

Kriegsbilder-Ausstellung. Hrsg. von der Königlichen Akademie der Künste, Berlin 1916

Das Kriegsgeschehen 2000. Daten und Tendenzen der Kriege und bewaffneten Konflikte. Hrsg. von Thomas Rabehl und Wolfgang Schreiber, Arbeitsgemeinschaft Kriegsursachenforschung (AKUF), Opladen 2001

Die kriegsverhindernde Philosophie. Ein Spiegel-Gespräch mit dem Bundesminister für Verteidigung Franz-Josef Strauß. In: Der Spiegel, 18/1957, 1.5.1957, S. 16–23

Krimmer, Elisabeth, The Representation of War in German Literature. From 1800 to the Present, Cambridge 2010 (= Cambridge Studies in American)

Krisen im Kalten Krieg. Hrsg. von Bernd Greiner, Christian Th. Müller und Dierk Walter, Hamburg 2008 (= Studien zum Kalten Krieg, 2)

Krüger, Dieter, Am Abgrund. Das Zeitalter der Bündnisse: Nordatlantische Allianz und Warschauer Pakt 1947 bis 1991, Fulda 2013

Krüger, Dieter, Das Amt Blank. Die schwierige Gründung des Bundesministeriums für Verteidigung, Freiburg i.Br. 1993 (= Einzelschriften zur Militärgeschichte, 38)

Krüger, Dieter, Brennender Enzian. Die Operationsplanung der NATO für Österreich und Norditalien 1951 bis 1960, Freiburg i.Br. 2010 (= Einzelschriften zur Militärgeschichte, 46)

Krüger, Dieter, Bundesarchiv-Militärarchiv, Bestand Bw 2, Führungsstab der Streitkräfte, Vorbemerkung, Freiburg i.Br. 1992

Krüger, Dieter, Einführung. In: Die Bundeswehr 1955 bis 2005, S. 293–296

Krüger, Dieter, Die Entstehung der NATO-Luftverteidigung und die Integration der Deutschen Luftwaffe 1956 bis 1969. In: Lemke [u.a.], Die Luftwaffe 1950 bis 1970, S. 485–556

Krüger, Dieter, Reinhard Gehlen. In: Konspiration als Beruf, S. 207–236

Krüger, Dieter, Schlachtfeld Bundesrepublik? Europa, die deutsche Luftwaffe und der Strategiewechsel der NATO 1958 bis 1968. In: VfZ, 56 (2008), 2, S. 171–225

Krüger, Dieter, Der Strategiewechsel der Nordatlantischen Allianz und die Luftwaffe. In: Lemke [u.a.], Die Luftwaffe 1950 bis 1970, S. 41–69

Krumpelt, Ihno, Das Kriegsbild der Zukunft. In: ASMZ, 136 (1970), S. 83–89

Küntzel, Matthias, Bonn und die Bombe. Deutsche Atomwaffenpolitik von Adenauer bis Brandt, Frankfurt a.M. 1992

Kuniholm, Bruce, Die Nahostkriege, der Palästinakonflikt und der Kalte Krieg. In: Heiße Kriege im Kalten Krieg, S. 442–468

Kutsche, Eckart, Kriegsbild, Wehrverfassung und Wehrwesen in der Deutschen Enzyklopädie des 18. Jahrhunderts dargestellt an Zedlers Großem Universallexikon, Freiburg i.Br. 1974

Kutz, Martin, Aus den Katastrophen der Geschichte lernen: Über den historischen Ort der Konzeption Baudissins. In: Gesellschaft, Militär, Krieg und Frieden, S. 13-24

Kutz, Martin, Gesellschaft, Militär, Krieg und Frieden im Denken von Wolf Graf von Baudissin. In: Gesellschaft, Militär, Krieg und Frieden, S. 9-12

Kutz, Martin, Realitätsflucht und Aggression im deutschen Militär, Baden-Baden 1990 (= Militär, Rüstung, Sicherheit, 62)

Kutz, Martin, Die verspätete Armee. Entstehungsbedingungen, Gefährdungen und Defizite der Bundeswehr. In: Die Bundeswehr 1955 bis 2005, S. 63-79

Lafontaine, Oskar, Angst vor den Freunden. Die Atomwaffen-Strategie der Supermächte zerstört die Bündnisse, Reinbek 1983

Lamberton Harper, John, The Cold War, Oxford 2011 (= Oxford Histories)

Lange, Kristina, Historisches Bildverstehen oder Wie lernen Schüler mit Bildquellen? Ein Beitrag zur geschichtsdidaktischen Lehr-Lern-Forschung, Münster 2011 (= Geschichtskultur und historisches Lernen, 7)

Laqueur, Walter, Das Ende des Kalten Krieges. In: Die neue Weltpolitik, S. 63-70

Larres, Klaus, Sicherheit mit und vor Deutschland. Der Einfluss der Bundesrepublik auf die USA und das westliche Bündnis in den 50er und 60er Jahren. In: Die Bundeswehr 1955 bis 2005, S. 39-61

Lautsch, Siegfried, Die NVA-Operationsplanung für Norddeutschland 1983-1988. In: Wege zur Wiedervereinigung, S. 265-285

Lebendige Sozialgeschichte. Gedenkschrift für Peter Borowski. Hrsg. von Rainer Hering und Rainer Nicolaysen, Wiesbaden 2003

Leber, Georg, Die konventionelle Verteidigung Mitteleuropas und die neue Mittelstreckenbedrohung. In: Vom Kalten Krieg zur deutschen Einheit, S. 223-247

Lemke, Bernd, Abschreckung, Provokation oder Nonvaleur? Die Allied Mobile Force (AMF) in den Wintex- und HILEX-Übungen 1970-1985. In: Wege zur Wiedervereinigung, S. 311-334

Lemke, Bernd, Die Allied Mobile Force 1961 bis 2002, Berlin [u.a.] 2015 (= Entstehung und Probleme des Atlantischen Bündnisses, 10)

Lemke, Bernd, Konzeption und Aufbau der Luftwaffe. In: Lemke [u.a.], Die Luftwaffe 1950 bis 1970, S. 71-484

Lemke, Bernd, Dieter Krüger, Heinz Rebhan und Wolfgang Schmidt, Die Luftwaffe 1950 bis 1970. Konzeption, Aufbau, Integration. Mit Beitr. von Hillrich von der Felsen [u.a.], München 2006 (= Sicherheitspolitik und Streitkräfte der Bundesrepublik Deutschland, 2)

Lemke, Bernd, Eine Teilstreitkraft zwischen Technik, Organisation und demokratischer Öffentlichkeit. Waffensysteme der Luftwaffe. In: Die Bundeswehr 1955 bis 2005, S. 369-396

Lemke, Bernd, Vorwärtsverteidigung, Integration, Nuklearisierung. Die gesamtstrategische Entwicklung bis 1959. In: Lemke [u.a.], Die Luftwaffe 1950 bis 1970, S. 17-40

Lenz, Carl Otto, Notstandsverfassung des Grundgesetzes. Kommentar, Frankfurt a.M. 1971

Lernen aus dem Krieg? Deutsche Nachkriegszeiten 1918–1945. Hrsg. von Gottfried Niedhart und Dieter Riesenberger, München 1992

Lesske, Frank, Politikwissenschaft. In: Bildwissenschaft, S. 236–245

Libero, Loretana de, Tod im Einsatz. Deutsche Soldaten in Afghanistan, Potsdam 2014

Lider, Julian, Origins and Development of West German Military Thought, vol. 2: 1966–1986, Newcastle-upon-Tyne 1988 (= Swedish studies in international relations, 2)

Lindgren, David T., Trust But Verify. Imagery Analysis in the Cold War, Annapolis, MD 2000

Lingen, Kerstin von, Von der Freiheit der Gewissensentscheidung: Inspekteur des Heeres, Generalleutnant Hans Röttiger. In: Militärische Aufbaugenerationen, S. 383–407

Link, Werner, Der Ost-West-Konflikt. Die Organisation der internationalen Beziehungen im 20. Jahrhundert, 2. Aufl., Stuttgart, Berlin 1988

Ljoschin, Michail G., Die Streitkräfte der UdSSR zwischen Berlin- und Kubakrise. Wandlungen strategischer Prinzipien und Einsatzmuster? In: Vor dem Abgrund, S. 27–38

Loth, Wilfried, Der Krieg, der nicht stattfand. Ursprünge und Überwindung des Kalten Krieges. In: Wie Kriege entstehen, S. 285–298

Loth, Wilfried, Die sowjetische Führung, Michail Gorbatschow und das Ende des Kalten Krieges. In: Deeskalation von Gewaltkonflikten, S. 129–146

Loth, Wilfried, Die Teilung der Welt. Geschichte des Kalten Krieges 1941–1955, 8. Aufl., München 2000

Ludwig Beck. Studien. Hrsg. und eingel. von Hans Speidel, Stuttgart 1955

Die Luftwaffe zwischen Politik und Technik. Hrsg. von Eberhard Birk [u.a.], Berlin 2012 (= Schriften zur Geschichte der Deutschen Luftwaffe, 2)

Lundestad, Geir, The Cold War According to John Gaddis. In: Cold War History, 6 (2006), 4, S. 535–542

Macht und Geist im Kalten Krieg. Hrsg. von Bernd Greiner, Hamburg 2011 (= Studien zum Kalten Krieg, 5)

Magenheimer, Heinz, Die Kuba-Krise vom Oktober 1962 als Beispiel für strategisches Krisenmanagement. In: Formen des Krieges. Vom Mittelalter zum »Low-Intensity-Conflict«, S. 159–176

Maier, Klaus A., und Bernd Stegemann, Einsatzvorstellungen und Lagebeurteilungen der Luftwaffe und der Marine bis Kriegsbeginn. In: Das Deutsche Reich und der Zweite Weltkrieg, Bd 2, S. 43–76

Maier, Klaus A., Die politische Kontrolle über die amerikanischen Nuklearwaffen. Ein Bündnisproblem der NATO unter der Doktrin der Massiven Vergeltung. In: Greiner/Maier/Rebhan, Die NATO, S. 251–420

Maizière, Ulrich de, Heer im Atomzeitalter. Konsequenzen des neuen Kriegsbildes – Entscheidend bleibt der Mensch. In: Armee gegen den Krieg, S. 224–241

Maizière, Ulrich de, In der Pflicht. Lebensbericht eines deutschen Soldaten im 20. Jahrhundert, Herford, Bonn 1989

Mann, Siegfried, Das Bundesministerium der Verteidigung, Bonn 1971 (= Ämter und Organisationen der Bundesrepublik Deutschland, 28)

Marine und Marinepolitik im kaiserlichen Deutschland 1871–1914. Im Auftrag des Militärgeschichtlichen Forschungsamtes hrsg. von Herbert Schottelius und Wilhelm Deist, Düsseldorf 1972

Mark, Kurt, Kriegsbild der Zukunft. In: Kriegsbilder der Zukunft, S. 29–40

Marti, Sibylle, Hamstern für den Ernstfall. Konsum, Kalter Krieg und geistige Landesverteidigung in der Schweiz 1950–1969. In: Den Kalten Krieg denken, S. 207–234

Martinez, Frédéric, John Fitzgerald Kennedy, Paris 2013

Marx, Carl, Im Schützengraben oder »Villa Zugluft«. Ein heiteres Kriegsbild aus dem Leben unserer Feldgrauen in 1 Akt, Leipzig 1915 (= Aus grosser Zeit. Eine neue Sammlung vaterländischer Aufführungen ernster und heiterer Art, 6)

Mastny, Vojtech, Imagining war in Europe. Soviet strategic planning. In: War Plans and Alliances, S. 15–45

Mastny, Vojtech, und Gustav Schmidt, Konfrontationsmuster des Kalten Krieges 1946 bis 1956. Im Auftrag des Militärgeschichtlichen Forschungsamtes hrsg. von Norbert Wiggershaus und Dieter Krüger, München 2003 (= Entstehung und Probleme des Atlantischen Bündnisses bis 1956, 3)

Mastny, Vojtech, Die NATO im sowjetischen Denken und Handeln 1949 bis 1956. In: Mastny/Schmidt, Konfrontationsmuster, S. 381–471

Megargee, Geoffrey P., Hitler und die Generäle. Das Ringen um die Führung der Wehrmacht 1933–1945. Mit einem Vorw. von Williamson Murray. Aus dem Amerik. übers. von Karl Nicolai, Paderborn [u.a.] 2006

Meier, Ernst-Christoph, Klaus-Michael Nelte und Heinz-Uwe Schäfer, Wörterbuch zur Sicherheitspolitik. Deutschland in einem veränderten internationalen Umfeld, 6., vollst. überarb. Aufl., Hamburg, Berlin, Bonn 2006

Mey, Holger H., NATO-Strategie vor der Wende. Die Entwicklung des Verständnisses nuklearer Macht im Bündnis zwischen 1967 und 1990, Baden-Baden 1992

Meyer, Georg, Adolf Heusinger. Dienst eines deutschen Soldaten 1915 bis 1964. Hrsg. mit Unterstützung der Clausewitz-Gesellschaft und des Militärgeschichtlichen Forschungsamtes, Hamburg, Berlin, Bonn 2001

Meyer, Georg, Drei deutsche Generale. Dienst in der Diktatur und im Spannungsfeld des Kalten Krieges. In: Vom Kalten Krieg zur deutschen Einheit, S. 51–58

Meyer, Georg, Zur inneren Entwicklung der Bundeswehr bis 1960/61. In: AWS, Bd 3, S. 851–1162

Meyer, Georg, Zur Situation der deutschen militärischen Führungsschicht im Vorfeld des westdeutschen Verteidigungsbeitrages 1945–1950/51. In: AWS, Bd 1, S. 577–735

Meyers Enzyklopädisches Lexikon in 25 Bänden, Bd 14: Ko-Les, 9., völlig neu bearb. Aufl., Mannheim, Wien, Zürich 1975

Meyers Großes Konversations-Lexikon. Ein Nachschlagewerk des allgemeinen Wissens, Bd 11: Kimpolung bis Kyzikos, 6., gänzl. neubearb. und vermehrte Aufl., Leipzig, Wien 1909

Meyers Lexikon, Bd 6: Japanholz-Kudlich, 8. Aufl., Leipzig 1939

Michaelis, William, Tirpitz' strategisches Wirken vor und während des Weltkrieges. In: Deutsche Marinen, S. 397-425

Middeldorf, Eike, Führung und Gefecht. Grundriß der Taktik, 2., vollst. neu bearb. Aufl., Fankfurt a.M. 1968

Middeldorf, Eike, Handbuch der Taktik. Für Führer und Unterführer, 2. Aufl., Berlin, Frankfurt a.M. 1957

Miksche, Ferdinand Otto, Vom Kriegsbild, Stuttgart 1976

Militär und Gewalt. Sozialwissenschaftliche und ethische Perspektiven. Hrsg. von Nina Leonhard und Jürgen Franke, Berlin 2015 (= Sozialwissenschaftliche Schriften, 50)

Militärgeschichte. Probleme - Thesen - Wege. Im Auftrag des Militärgeschichtlichen Forschungsamtes ausgew. und zusammengestellt von Manfred Messerschmidt, Klaus A. Maier, Werner Rahn und Bruno Thoß, Stuttgart 1982 (= Beiträge zur Militär- und Kriegsgeschichte, 25)

Militär-Handlexikon. Hrsg. von August Niemann, Stuttgart, Berlin, Wien 1877

Militärische Aufbaugenerationen der Bundeswehr 1955 bis 1970. Ausgewählte Biografien. Im Auftrag des Militärgeschichtlichen Forschungsamtes hrsg. von Helmut R. Hammerich und Rudolf J. Schlaffer, München 2011 (= Sicherheitspolitik und Streitkräfte der Bundesrepublik Deutschland, 10)

Militärisches Taschenlexikon. Fachausdrücke der Bundeswehr. Hrsg. von K.H. Fuchs und F.W. Kölper, Bonn 1958

Militärisches Wörterbuch. Hrsg. von Fritz Eberhardt, Stuttgart 1940

Militärisch-Industrieller Komplex? Rüstung in Europa und Nordamerika nach dem Zweiten Weltkrieg. Im Auftrag des Zentrums für Militärgeschichte und Sozialwissenschaften der Bundeswehr hrsg. von Dieter H. Kollmer, Freiburg i.Br., Berlin, Wien 2015

Militärlexikon [unter Mitarb. eines Red.-Kollektivs der Militärakademie »Friedrich Engels« unter Leitung von G. Artl], 2. Aufl., Berlin (Ost) 1973

Minow, Fritz, Die NVA und Volksmarine in den Vereinten Streitkräften. Geheimnisse der Warschauer Vertragsorganisation, Friedland 2011

Mitchell, W.J. Thomas, Was ist ein Bild? In: Bildlichkeit, S. 17-68

Moeller van den Bruck, Arthur, Das dritte Reich, Berlin 1923

Möllers, Heiner, 50 Jahre Luftwaffe. Von Himmerod zum Hindukusch. In: Entschieden für Frieden, S. 155-182

Möllers, Heiner, Sicherheitspolitik in der Krise. NATO-Doppelbeschluss, parlamentarische Debatte und mediale Berichterstattung in der Bundesrepublik Deutschland. In: Wege zur Wiedervereinigung, S. 203-220

Moltke, Helmuth von, Erinnerungen, Briefe, Dokumente 1877–1916. Ein Bild vom Kriegsausbruch, erster Kriegführung und Persönlichkeit des ersten militärischen Führers des Krieges. Hrsg. von Eliza von Moltke, Stuttgart 1922

Mombauer, Annika, Der Moltkeplan. Modifikation des Schlieffenplans bei gleichen Zielen? In: Der Schlieffenplan, S. 79–99

Monaghan, David, The Falklands War: myth and countermyth, Houndmills 1998

Monte, Peter, Die Rolle der Marine der Bundesrepublik Deutschland in der Verteidigungsplanung für Mittel- und Nordeuropa von den 50er Jahren bis zur Wende 1989/90. In: Deutsche Marinen, S. 565–598

Moritz, Günter, Die Wandlung des völkerrechtlichen Kriegsbegriffs und das moderne Kriegsbild. In: Neue Zeitschrift für Wehrrecht, 8 (1966), 1, S. 145–153

Müller, Christian, Anmerkungen zur Entwicklung von Kriegsbild und operativ-strategischem Szenario vor dem Ersten Weltkrieg. In: MGM, 57 (1998), 2, S. 385–442

Müller, Klaus-Jürgen, General Ludwig Beck. Studien und Dokumente zur politisch-militärischen Vorstellungswelt und Tätigkeit des Generalstabschefs des deutschen Heeres 1933–1938, Boppard a.Rh. 1980 (= Schriften des Bundesarchivs, 30)

Müller, Klaus-Jürgen, Generaloberst Ludwig Beck. Eine Biographie. Hrsg. mit Unterstützung des Militärgeschichtlichen Forschungsamtes, Potsdam, Paderborn [u.a.] 2008

Müller, Rolf-Dieter, Militärgeschichte, Köln [u.a.] 2009

Münkler, Herfried, Der Wandel des Krieges. Von der Symmetrie zur Asymmetrie, Weilerswist 2006

Munton, Don, and David A. Welch, The Cuban Missile Crisis: a concise history, New York 2012

Murray, Williamson, Vorwort. In: Megargee, Hitler und die Generäle, S. XI f.

Nägler, Frank, Baudissin, die Innere Führung und das Beharrungsvermögen der Marine in der Aufbauphase der Bundeswehr. In: Deutsche Marinen, S. 599–614

Nägler, Frank, Der gewollte Soldat und sein Wandel. Personelle Rüstung und Innere Führung in den Aufbaujahren der Bundeswehr 1956 bis 1964/65, München 2010 (= Sicherheitspolitik und Streitkräfte der Bundesrepublik Deutschland, 9)

Nägler, Frank, Operative und strategische Vorstellungen der Kaiserlichen Marine vor dem Ersten Weltkrieg. In: Skagerrakschlacht, S. 19–56

Nägler, Frank, Zur Ambivalenz der Atomwaffe im Blick auf Baudissins frühe Konzeption der Inneren Führung. In: Wolf Graf von Baudissin, S. 151–164

Napoleon I. und das Militärwesen seiner Zeit. Im Auftrag des Militärgeschichtlichen Forschungsamtes und der Ranke-Gesellschaft hrsg. von Wolfgang v. Groote und Klaus-Jürgen Müller, Freiburg i.Br. 1968

Nationalsozialismus und Erster Weltkrieg. Hrsg. von Gerd Krumeich in Verb. mit Anke Hoffstadt und Arndt Weinrich, Essen 2010 (= Schriften der Bibliothek für Zeitgeschichte, N.F., 24)

Der NATO-Doppelbeschluss in deutsch-deutscher und internationaler Perspektive. Hrsg. im Auftrag des Instituts für Zeitgeschichte München-Berlin und des Deutschen Historischen Instituts Washington von Philipp Gassert [u.a.], München 2011

NATO Strategy Documents, 1949-1969. Ed. by Gregory W. Pedlow in collaboration with NATO International Staff Central Archives, Brussels 1997

Naumann, Klaus, Aufgaben der Bundeswehr am Ende des 20. Jahrhunderts. Deutschland und Europa in einer veränderten sicherheitspolitischen Lage. In: Vom Kalten Krieg zur deutschen Einheit, S. 691-709

Naumann, Klaus, Generale in der Demokratie. Generationsgeschichtliche Studien zur Bundeswehrelite, Hamburg 2007

Naumann, Klaus, Ein staatsbürgerlicher Aristokrat. Wolf Graf von Baudissin als Exponent der militärischen Elite. In: Wolf Graf von Baudissin, S. 37-54

Naumann, Klaus, Der Wandel des Einsatzes von Katastrophenhilfe und NATO-Manöver zur Anwendung von Waffengewalt und Friedenserzwingung. Die veränderte Sicherheit nach Vereinigung und Überwindung des Kalten Krieges. In: Die Bundeswehr 1955 bis 2005, S. 477-494

Neff, Bernhard, Antizipationen des modernen Krieges. Sozialdemokratische Kriegsbilder am Vorabend des Ersten Weltkrieges. In: Dimensionen der Moderne, S. 379-392

Neitzel, Sönke, Zum strategischen Mißerfolg verdammt? Die deutschen Luftstreitkräfte in beiden Weltkriegen. In: Erster Weltkrieg – Zweiter Weltkrieg, S. 167-192

Nerlich, Uwe, Die nuklearen Dilemmas der Bundesrepublik Deutschland. In: EArch, 17 (1965), S. 637-652

Neue Ideengeschichte. Hrsg. von Wolfgang Hardtwig. In: GG, 27 (2001), 1

Die neue Struktur der Bundeswehr. Hrsg. vom Bundesminister der Verteidigung, Führungsstab der Streitkräfte, [Bonn] 1974

Die neue Weltpolitik. Hrsg. von Karl Kaiser und Hans-Peter Schwarz, unter Mitarb. von Martin Brüning und Gregor Schild, Baden-Baden 1995

Niedhart, Gottfried, Der Ost-West-Konflikt. Konfrontation im Kalten Krieg und Stufen der Deeskalation, Bonn 2010 (= Archiv für Sozialgeschichte, 50)

Niedhart, Gottfried, Ost-West-Konflikt und Deutsche Frage 1949-1969. In: Wege zur Wiedervereinigung, S. 31-44

Niemeyer, Joachim, Elemente des modernen Kriegsbildes aus historischer Sicht. In: Truppenpraxis, 20 (1976), 2, S. 73-78

Niemeyer, Joachim, Das österreichische Militärwesen im Umbruch. Untersuchungen zum Kriegsbild zwischen 1830 und 1866, Osnabrück 1979 (= Studien zur Militärgeschichte, Militärwissenschaft und Konfliktforschung, 23)

Norstad, Lauris, Das Konzept der Abschreckung. Strategie zum Schutz des Friedens – Bollwerk gegen den Krieg. In: Armee gegen den Krieg, S. 152-160

Ökonomie im Kalten Krieg. Hrsg. von Bernd Greiner [u.a.], Hamburg 2010 (= Studien zum Kalten Krieg, 4)

Oelke, Dieter, Kaiserliche Kriegsspiele am Beispiel der Herbstmanöver 1911 zwischen Rhein, Main und Lahn, Heidelberg [u.a.] 2010

Offer, Avner, The First World War. An agrarian interpretation, Oxford 1989
O'Gorman, Ned, Spirits of the Cold War. Contesting Worldviews in the Classical Age of American Security Strategy, East Lansing, MI 2012
Operatives Denken und Handeln in deutschen Streitkräften im 19. und 20. Jahrhundert. Hrsg. vom Militärgeschichtlichen Forschungsamt. Mit Beitr. von Horst Boog [u.a.], Herford, Bonn 1988 (= Vorträge zur Militärgeschichte, 9)
Opitz, Eckardt, Der Weg der Militärgeschichte von einer Generalstabswissenschaft zur Subdisziplin der Geschichtswissenschaft. In: Entwicklung und Selbstverständnis von Wissenschaften, S. 57–78
Overhaus, Marco, Die deutsche NATO-Politik. Vom Ende des Kalten Krieges bis zum Kampf gegen den Terroismus, Baden-Baden 2009
Overmans, Rüdiger, Deutsche militärische Verluste im Zweiten Weltkrieg, 3. Aufl., München 2004 (= Beiträge zur Militärgeschichte, 46)
Overmans, Rüdiger, Die Toten des Zweiten Weltkriegs in Deutschland. Bilanz der Forschung unter besonderer Berücksichtigung der Wehrmacht- und Vertreibungsverluste. In: Der Zweite Weltkrieg. Analysen, Grundzüge, Forschungsbilanz, S. 858–873
Pahl, Magnus, Fremde Heere Ost. Hitlers militärische Feindaufklärung, Berlin 2012
Pannkoke, Jörg, Der Einsatz des Militärs im Landesinnern in der neueren deutschen Verfassungsgeschichte, Münster 1998
Parsons, Michael, The Falklands War, Stroud, Glouchestershire 2000
Paul, Gerhard, Bilder des Krieges. Krieg der Bilder. Die Visualisierung des modernen Krieges, Paderborn [u.a.] 2004
Paul, Gerhard, Der Bilderkrieg: Inszenierungen, Bilder und Perspektiven der »Operation Irakische Freiheit«, Göttingen 2005
Paul, Gerhard, Kriegsbilder – Bilderkriege. In: APuZ, 59 (2009), 31, S. 39–46
Paul, Günter, Aufmarsch im Weltall: die Kriege der Zukunft werden im Weltraum entschieden, Bonn 1980
Pauli, Frank, Wehrmachtsoffiziere in der Bundeswehr. Das kriegsgediente Offizierkorps der Bundeswehr und die Innere Führung 1955–1970, Paderborn [u.a.] 2010
Pauls, Rolf Friedemann, Adenauer und die Soldaten. In: Vom Kalten Krieg zur deutschen Einheit, S. 37–41
Pawlecki, Johannes, Die unverhoffte Wiederkehr oder Schicksale eines Schullehrers auf dem Schlachtfelde. Ein getreues Kriegsbild aus dem Feldzuge in Böhmen, Berlin 1866
Peball, Kurt, Zum Kriegsbild der österreichischen Armee und seiner geschichtlichen Bedeutung in den Kriegen gegen die Französische Revolution und Napoleon I. in den Jahren von 1792 bis 1815. In: Napoleon I. und das Militärwesen, S. 129–175
Pech, Artur, Das Kriegsbild in der BRD. Zu einigen weltanschaulichen Aspekten, Berlin (Ost) 1983
Peters, Butz, RAF: Terrorismus in Deutschland, Stuttgart 1991

Petter, Wolfgang, Deutsche Flottenrüstung von Wallenstein bis Tirpitz. In: Handbuch zur deutschen Militärgeschichte 1648-1939, Bd 4, Abschnitt VIII, S. 13-262

Philippi, Siegfried, Unser Waffenbruder. Ein heiteres Kriegsbild in 1 Akt, Leipzig 1915 (= Aus grosser Zeit. Eine neue Sammlung vaterländischer Aufführungen ernster und heiterer Art, 4)

Pierenkemper, Toni, Wirtschaftsgeschichte: Eine Einführung – oder: Wie wir reich wurden, München, Wien 2005

Pietsch, Ludwig, Von Berlin bis Paris, Berlin 1871

Die Planung der Abwehr in der Armee 61. Hrsg. von Peter Braun und Hervé de Weck, Bern 2009

Plato, Alexander von, Die Vereinigung Deutschlands – ein weltpolitisches Machtspiel. Bush, Kohl, Gorbatschow und die geheimen Moskauer Protokolle, Berlin 2002

Pöhlmann, Markus, Großer Krieg und nächster Krieg: Der Erste Weltkrieg in den Kriegslehren und Planungen von Reichswehr und Wehrmacht. In: Nationalsozialismus und Erster Weltkrieg, S. 285-297

Politischer Wandel, organisierte Gewalt und nationale Sicherheit. Beiträge zur neueren Geschichte Deutschlands und Frankreichs. Festschrift für Klaus-Jürgen Müller. Im Auftrag des Militärgeschichtlichen Forschungsamtes hrsg. von Ernst Willi Hansen, Gerhard Schreiber und Bernd Wegner, München 1995 (= Beiträge zur Militärgeschichte, 50)

Poppe, Michael, Zum militärischen Kräfteverhältnis zwischen Nordatlantischer Allianz und Warschauer Pakt. In: Schlachtfeld Fulda Gap, S. 254-284

Pradetto, August, Neue Kriege. In: Handbuch Militär und Sozialwissenschaft, S. 214-225

Präzisionswaffen statt alter Atomwaffen. In: FAZ, 22.5.1982

Putzier, Konrad, Der Krieg der Zukunft geht ums Wasser. In: Die Welt vom 30.7.2012, S. 8

Die RAF und der linke Terrorismus, Bd 1. Hrsg. von Wolfgang Kraushaar, Hamburg 2006

Rahn, Werner, Der Atlantik in der strategischen Perspektive Hitlers und Roosevelts 1941. In: Der Zweite Weltkrieg. Analysen, Grundzüge, Forschungsbilanz, S. 667-682

Rahn, Werner, Seestrategisches Denken in der deutschen Marine 1914-1945. In: Politischer Wandel, S. 143-160

Rahn, Werner, Strategische Optionen und Erfahrungen der deutschen Marineführung 1914 bis 1944: Zu den Chancen und Grenzen einer mitteleuropäischen Kontinentalmacht gegen Seemächte. In: Deutsche Marinen, S. 197-233

Range, Clemens, General Dr. Hans Speidel: Soldat in vier Armeen. In: Militär und Geschichte: Bilder, Tatsachen, Hintergründe, 13 (2004), S. 32-34

Rauchensteiner, Manfried, An der Schwelle zum Krieg – historische Dimensionen des »Low Intensity Conflict«. In: Formen des Krieges. Vom Mittelalter, S. 177-205

Rautenberg, Hans-Jürgen, und Norbert Wiggershaus, Die »Himmeroder Denkschrift« vom Oktober 1950. Politische und militärische Überlegungen für einen Beitrag der Bundesrepublik Deutschland zur westeuropäischen Verteidigung, 2. Aufl., Sonderdr., Karlsruhe 1985

Rautenberg, Hans-Jürgen, Zur Standortbestimmung für künftige deutsche Streitkräfte. In: AWS, Bd 1, S. 737–879

Rearming Germany. Ed. by James S. Corum, Leiden, Boston 2011 (= History of Warfare, 64)

Rebhan, Heinz, Aufbau und Organisation der Luftwaffe 1955 bis 1971. In: Lemke [u.a.], Die Luftwaffe 1950 bis 1970, S. 557–647

Reese, Mary Ellen, Organisation Gehlen. Der Kalte Krieg und der Aufbau des deutschen Geheimdienstes. Aus dem Amerik. von Walle Bengs, Berlin 1992

Reichherzer, Frank, Zwischen Atomgewittern und Stadtguerilla. Gedanken zum Kriegsbild westdeutscher Wehrexperten von den 1950er Jahren bis zum NATO-Doppelbeschluss. In: Den Kalten Krieg denken, S. 131–160

Reinhardt, Hellmuth, Gedanken zu einem modernen Kriegsbild. In: Wehrkunde, 12 (1963), S. 644–648

Reitzenstein, Marie von, Der Dragonerschmied: Ein Kriegsbild in 5 Aufzügen, Bremen 1891

Renk, Hartmut, Baudissins Wirken als deutscher General bei AFCENT und SHAPE. Lehrgangsarbeit an der Führungsakademie der Bundeswehr, Hamburg 1999

Repräsentationen des Krieges. Emotionalisierungsstrategien in der Literatur und den audiovisuellen Medien vom 18. bis zum 21. Jahrhundert. Hrsg. von Sören Fauth [u.a.], Göttingen 2012

Revue, Magdalena, Französische Armee, Bundeswehr und NATO: Antagonistische Strategieperzeptionen? Das Dilemma der nuklearen Bewaffnung. In: Sonderfall Bundeswehr?, S. 197–210

Richter, Saskia, Der Protest gegen den NATO-Doppelbeschluss und die Konsolidierung der Partei Die Grünen zwischen 1979 und 1983. In: Zweiter Kalter Krieg und Friedensbewegung, S. 229–245

Rieger, Frank, Das Gesicht unserer Gegner von morgen. Moral des Algorithmus: Von der Zukunft des Krieges im Zeitalter der Maschinen. In: FAZ, 21.9.2012, S. 31–33

Rink, Martin, Die Bundeswehr 1950/55 bis 1989. Berlin [u.a.] 2015 (= Beiträge zur Militärgeschichte. Militärgeschichte kompakt, 6)

Rink, Martin, Das Heer der Bundeswehr im Wandel 1950–2005. Von Himmerod zum »Heer der Zukunft«. In: Entschieden für Frieden, S. 137–154

Rink, Martin, The Service Staffs' Struggle over Structure. The Bundeswehr's Internal Debates on Adopting NATO Doctrine 1950–1963. In: Rearming Germany, S. 221–251

Rink, Martin, »Strukturen brausen um die Wette«. Zur Organisation des deutschen Heeres. In: Hammerich [u.a.], Das Heer, S. 353–483

Ritter, Gerhard A., Wir sind das Volk! Wir sind ein Volk! Geschichte der deutschen Einigung, München 2009

Rode, Reinhard, Hochtechnologie. In: APuZ, 36 (1986), 2, S. 3–14
Rödder, Andreas, Bündnissolidarität und Rüstungskontrollpolitik. Die Regierung Kohl-Genscher, der NATO-Doppelbeschluss und die Innenseite der Außenpolitik. In: Zweiter Kalter Krieg und Friedensbewegung, S. 123–136
Rödder, Andreas, Deutschland einig Vaterland. Die Geschichte der Wiedervereinigung, München 2009
Rödel, Christian, Krieger, Denker, Amateure. Alfred von Tirpitz und das Seekriegsbild vor dem Ersten Weltkrieg, Stuttgart 2003 (= Beiträge zur Kolonial- und Überseegeschichte, 88)
Röttiger, Hans, Umrüstung und Atomdienstverweigerung. In: Wehrkunde, 5 (1956), 10, S. 517 f.
Rövekamp, Markus, General Adolf Heusinger (4.8.1897–30.11.1982), erster Generalinspekteur der Bundeswehr. In: Mars, 1/1995, S. 65–79
Röver-Kann, Anne, »Nie wieder!« – »Immer wieder«. Kriegsbilder von Dürer bis Picasso, Bremen 1995
Rohne, Über die Bedeutung der Artillerie im nächsten Kriege. In: Vierteljahrshefte für Truppenführung und Heereskunde, 10 (1913), S. 640–652
Rohrwasser, Michael, Theodor Plieviers Kriegsbilder. In: Schuld und Sühne?, Bd 1, S. 139–153
Rosen, Claus Freiherr von, Frieden und Widerstand: »Geistige und sittliche« Gründe in Baudissins Konzeption Innere Führung. In: Gesellschaft, Militär, Krieg und Frieden, S. 25–44
»Der rote Knopf hat nie funktioniert«. Interview von Stefan Locke mit Stanislaw Petrow. In: FAZ, 19.2.2013, S. 7
Rüb, Matthias, Plan X für den nächsten Präventivkrieg. In: FAZ, Nr. 246, 22.10.2012, S. 6
Rühe, Volker, Betr.: Bundeswehr. Sicherheitspolitik und Streitkräfte im Wandel, Berlin 1993
Rühe, Volker, Deutschlands Verantwortung. Perspektiven für das neue Europa, Frankfurt a.M. 1994
Ruge, Friedrich, Die Bedeutung der Seemächte für die Verteidigung der westlichen Welt, Bonn-Bad Godesberg 1956
Ruge, Friedrich, Die Seeflanke. Marine in Ostsee und Nordsee – Tor zum Atlantik. In: Armee gegen den Krieg, S. 266–285
Ruge, Friedrich, Seemacht und Sicherheit. Eine Schicksalsfrage für alle Deutschen. Vorlagen für die Klischees zeichn. Klaus-Dieter Schack, Tübingen 1955
Sachs-Hombach, Klaus, Bild, mentales Bild und Selbstbild. Eine begriffliche Annäherung. In: Bild und Eigensinn, S. 116–131
Sack, Hilmar, Der Krieg in den Köpfen. Die Erinnerung an den Dreißigjährigen Krieg in der deutschen Krisenerfahrung zwischen Julirevolution und deutschem Krieg, Berlin 2008 (= Historische Forschungen, 87)
Salewski, Michael, Führungsdenken in der Kriegsmarine. In: Operatives Denken und Handeln, S. 207–224
Sander-Nagashima, Johannes Berthold, Die Bundesmarine 1950 bis 1972. Konzeption und Aufbau. Mit Beitr. von Rudolf Arendt, Sigurd Hess, Hans Joachim

Mann und Klaus-Jürgen Steindorff, München 2006 (= Sicherheitspolitik und Streitkräfte der Bundesrepublik Deutschland, 4)

Sapper, Manfred, Tschernobyl: Vermächtnis und Verpflichtung, Berlin 2006

Scheffler, Horst, »Gott ist Geist; wo aber der Geist des Herrn ist, da ist Freiheit«. Baudissin und die evangelische Militärseelsorge. In: Wolf Graf von Baudissin, S. 69–79

Schild, Georg, 1983. Das gefährlichste Jahr des Kalten Krieges, Paderborn [u.a.] 2013

Schlachtfeld Deutschland. Der Dritte Weltkrieg im August 1985. In: Der Spiegel, 44/1978, S. 166

Schlachtfeld Fulda Gap. Strategien und Operationspläne der Bündnisse im Kalten Krieg. Hrsg. von Dieter Krüger, Fulda 2014 (= Point Alpha, 2)

Schlaffer, Rudolf J., Die Innere Führung. Wolf Graf von Baudissins Anspruch und Wahrnehmung der Wirklichkeit. In: Wolf Graf von Baudissin, S. 139–149

Schlieffen, Alfred von, Gesammelte Schriften, Bd 1, Berlin 1913

Schlieffen, Alfred von, Der Krieg in der Gegenwart. In: Schlieffen, Gesammelte Schriften, Bd 1, S. 11–22

Der Schlieffenplan. Analysen und Dokumente. Im Auftrag des Militärgeschichtlichen Forschungsamtes und der Otto-von-Bismarck-Stiftung hrsg. von Hans Ehlert, Michael Epkenhans und Gerhard P. Groß, 2., durchges. Aufl., Paderborn [u.a.] 2007 (= Zeitalter der Weltkriege, 2)

Schlipköter, Wilhelm, O Deutschland hoch in Ehren! Kriegsbilder für unsere Jugend, Barmen 1914

Schlotter, Peter, Das Ende der Systemkonfrontation 1989/1990: Der Beitrag des KSZE-Prozesses. In: Deeskalation von Gewaltkonflikten, S. 115–128

Schlußbesprechung des Planspiels des Luftflottenkommandos 2 zur Frage der Luftkriegführung gegen England und über See, Nr. 199, 13.5.1939. In: Völker, Dokumente, S. 460–466

Schmidt, Gustav, Strukturen des »Kalten Krieges« im Wandel. In: Mastny/Schmidt, Konfrontationsmuster, S. 3–380

Schmidt, Helmut, Verteidigung oder Vergeltung. Ein deutscher Beitrag zum strategischen Problem der NATO, Stuttgart 1961

Schmidt, Helmut, Von der Kubakrise zum Nato-Doppelbeschluss. Über atomare Bedrohung. In: Auf eine Zigarette, S. 91–93

Schmidt, Wolfgang, Briefing statt Befehlsausgabe. Die Amerikanisierung der deutschen Luftwaffe zwischen 1955 und 1975. In: Lemke [u.a.], Die Luftwaffe 1950 bis 1970, S. 649–691

Schmidt, Wolfgang, Gewaltdispositionen bei der frühen Bundeswehr-Elite. In: Militär und Gewalt, S. 187–211

Schmidt, Wolfgang, »Seines Wertes bewusst«! General Josef Kammhuber. In: Militärische Aufbaugenerationen, S. 351–381

Schmidt, Wolfgang, Westdeutsche Sicherheitspolitik und Streitkräfte in der medialen Öffentlichkeit und politischen Kommunikation. Eine Einführung. In: Die Bundeswehr 1955 bis 2005, S. 181–194

Schmückle, Gerd, Ohne Pauken und Trompeten. Erinnerungen an Krieg und Frieden, Stuttgart 1982

Schmückle, Gerd, Die Wandlung der Apokalypse. In: Christ und Welt, 15 (1962), 4, S. 33 f.

Schneider, Armin, Verteidigungsplanung und operations research, Darmstadt 1971 (= Beiträge zur Wehrforschung 1971)

Schneiderhan, Wolfgang, Zum Wesen der Transformation der Bundeswehr. In: Europäische Sicherheit, 2 (2009), S. 11–14

Schnez, Albert, Das Heer der 70er Jahre. Eine hochtechnisierte Gemeinschaft von Kämpfern. In: Soldat und Technik, 12/1969, S. 663–668

Schöllgen, Gregor, Was hat der Ost-West-Konflikt in der Weltpolitik bewirkt? In: Die neue Weltpolitik, S. 56–62

Ein schöner Tod – fürs Vaterland? In: Der Spiegel, 35/1982, S. 94–97

Schössler, Dietmar, Der militärisch-industrielle Komplex und sein Einfluß auf die Sicherheit und Entspannung in Ost und West. In: Frieden ohne Rüstung?, S. 143–152

Schramm, Wilhelm Ritter von, Vom zeitgerechten Kriegsbild. Eine entwicklungsgeschichtlich-wehrphilosophische Studie. In: Wehrkunde, 11 (1962), S. 649–658

Schregel, Susanne, Der Atomkrieg vor der Wohnungstür. Eine Politikgeschichte der neuen Friedensbewegung in der Bundesrepublik 1970–1985, Frankfurt a.M. 2011 (= Historische Politikforschung, 19)

Schreiber, Gerhard, Thesen zur ideologischen Kontinuität in den machtpolitischen Zielsetzungen der deutschen Marineführung 1897 bis 1945 – Rückblick und Bilanz. In: Deutsche Marinen, S. 427–449

Schubert, Peter von, Einführung. In: Baudissin, Soldat für den Frieden, S. 7–19

Schuld und Sühne? Kriegserlebnis und Kriegsdeutung in deutschen Medien der Nachkriegszeit (1945–1961). Internationale Konferenz vom 1.–4.9.1999 in Berlin, Bd 1. Hrsg. von Ursula Heukenkamp, Amsterdam, Atlanta, GA 2001 (= Amsterdamer Beiträge zur neueren Germanistik, 50)

Schwabe, Klaus, Verhandlung und Stationierung: Die USA und die Implementierung des NATO-Doppelbeschlusses 1981–1987. In: Zweiter Kalter Krieg und Friedensbewegung, S. 65–93

Seeckt, Hans von, Gedanken eines Soldaten, Berlin 1929

Seelow, Gunnar, Strategische Rüstungskontrolle und deutsche Außenpolitik in der Ära Helmut Schmidt, Baden-Baden 2013

Seibold, Wenzel, Das allmähliche Begreifen einer neuen Dimension, Freiburg i.Br. 2012

Sellin, Volker, Mentalität und Mentalitätsgeschichte. In: HZ, 241 (1985), S. 555–598

Sicherheitspolitische Zukunftsanalyse. Zwischenbericht zur MidTerm Study 2025 »Zukünftige Streitkräftegemeinsame Operationen«, Stand 5.12.2008. Hrsg. vom Zentrum für Transformation der Bundeswehr, Dezernat Zukunftsanalyse, Strausberg 2008

Skagerrakschlacht. Vorgeschichte – Ereignis – Verarbeitung. Im Auftrag des Militärgeschichtlichen Forschungsamtes hrsg. von Michael Epkenhans, Jörg

Hillmann und Frank Nägler, 2., überarb. Aufl., München 2011 (= Beiträge zur Militärgeschichte, 66)

Skinner, Quentin, Bedeutung und Verstehen in der Ideengeschichte (1969/2009). In: Ideengeschichte, S. 61–94

Smith, Jean Edward, Eisenhower: in war and peace, New York 2012

»Sofort atomar zurückschießen«. In: Parlamentarisch-politischer Pressedienst, 13 (9.2.1962), 29

Sonderfall Bundeswehr? Streitkräfte in nationalen Perspektiven und im internationalen Vergleich. Im Auftrag des Zentrums für Militärgeschichte und Sozialwissenschaften der Bundeswehr hrsg. von Heiner Möllers und Rudolf J. Schlaffer, München 2014 (= Sicherheitspolitik und Streitkräfte der Bundesrepublik Deutschland, 12)

Soutou, Georges-Henri, De Gaulle, Adenauer und die gemeinsame Front gegen die amerikanische Nuklearstrategie. In: Politischer Wandel, S. 491–518

Spannocchi, Emil, Strategie und modernes Kriegsbild. In: ÖMZ, 4 (1966), S. 353–358 und 445–450

Speidel, Hans, Aus unserer Zeit. Erinnerungen, 3. Aufl., Berlin [u.a.] 1977

Speidel, Hans, Ergänzung zu den Bemerkungen für ein Gespräch über die Sicherheit Deutschlands, 19.11.1948. In: Speidel, Aus unserer Zeit, S. 466 f.

Speidel, Hans, Gedanken zur Sicherung Westeuropas, 15.12.1948. In: Speidel, Aus unserer Zeit, S. 468–471

Speidel, Hans, Geistige »Kriegführung«. In: Speidel, Zeitbetrachtungen, S. 77–86

Speidel, Hans, Die Sicherheit Westeuropas, Juni 1948. In: Speidel, Aus unserer Zeit, S. 454–465

Spengler, Oswald, Der Untergang des Abendlandes. Umrisse einer Morphologie der Weltgeschichte, Bd 1: Gestalt und Wirklichkeit, 23.–32. Aufl., München 1923

Spengler, Oswald, Der Untergang des Abendlandes. Umrisse einer Morphologie der Weltgeschichte, Bd 2: Welthistorische Perspektiven, München 1922

Die Spiegel-Affäre. Ein Skandal und seine Folgen. Hrsg. von Martin Doerry und Hauke Janssen, München 2013

Sprenger, Florian, Atomare Hinterlassenschaften. Die strahlende Zukunft des Kalten Krieges. In: Den Kalten Krieg denken, S. 337–358

Stachelbeck, Christian, Militärische Effektivität im Ersten Weltkrieg. Die 11. Bayerische Infanteriedivision 1915 bis 1918, Paderborn [u.a.] 2010 (= Zeitalter der Weltkriege, 6)

Stankowski, Sonja, und Martin Wicke, Geschichte und Geschichten. Epochenjahr 1989, Stuttgart, Leipzig 2007

Die Starfighter-Affäre. In: Der Spiegel, 5/1966, S. 21–36

Stark, Klaus, Ein Relikt des Kalten Krieges. Sogar die Bundesregierung will die in Deutschland stationierten US-Atomwaffen abschaffen. In: MAZ, 11.11.2010, S. 12

Steinhoff, Johannes, und Reiner Pommerin, Strategiewechsel. Bundesrepublik und Nuklearstrategie in der Ära Adenauer–Kennedy, Baden-Baden 1992 (= Internationale Politik und Sicherheit, 30; Nuclear History Program, 1)

Steininger, Rolf, Die Kubakrise 1962: dreizehn Tage am atomaren Abgrund, München 2011

Stellungnahme des Grafen von Schwerin zur Denkschrift des militärischen Experten-Ausschusses vom 28. Oktober 1950. In: Rautenberg/Wiggershaus, Die »Himmeroder Denkschrift«, S. 58–60

Stöver, Bernd, Der Kalte Krieg. Geschichte eines radikalen Zeitalters 1947–1991, München 2007

Stollberg-Rilinger, Barbara, Einleitung. In: Ideengeschichte, S. 7–42

Storz, Dieter, Die Auswirkungen der wirtschaftlichen und technischen Entwicklungen auf die Vorstellungen der europäischen Militärs von einem zukünftigen Krieg zu Beginn des 20. Jahrhunderts. In: Führungsdenken, S. 71–99

Storz, Dieter, Kriegsbild und Rüstung vor 1914. Europäische Landstreitkräfte vor dem Ersten Weltkrieg, Berlin, Herford, Bonn 1992 (= Militärgeschichte und Wehrwissenschaften, 1)

Strachwitz, Viktoria, Der Falklandkrieg als Medienevent: Streitkräfte, Politik und Medien im Wechselspiel, Wiesbaden 2005

Straube, Theodor, Kriegsbilder und Scenen aus dem Feldzuge der Preußen im Sommer des Jahres 1866. In Poetischer Form dargestellt, Celle 1866

Strauß besteht auf Atom-Raketen. In: Frankfurter Rundschau, 28.6.1962

Strauß betont: Atomare Abschreckung erhalten. In: Frankfurter Neue Presse, 30.3.1962

Strauß, Franz Josef, Die Erinnerungen, Berlin 1989

Strobel, Robert, Zwischen allen Stühlen. In Bonn wächst der Atomverdruß. In: Die Zeit, 62 (1964), 25.12.1964

Strohn, Matthias, The German Army and the Defence of the Reich. Military Doctrine and the Conduct of the Defensive Battle, 1918–1939, Cambridge [u.a.] 2011 (= Cambridge Military Histories)

Stromseth, Jane E., The Origins of Flexible Response: NATO's Debate Over Strategy in the 1960s. Foreword by Denis Healey, Basingstoke [u.a.] 1988

Studien zur politischen und gesellschaftlichen Situation der Bundeswehr, Bd 1. Hrsg. von Georg Picht, Witten 1965 (= Forschungen und Berichte der Evangelischen Studiengemeinschaft, 21/1+2)

Stumpf, Reinhard, Die Wiederverwendung von Generalen und die Neubildung militärischer Eliten in Deutschland und Österreich nach 1945. In: Militärgeschichte. Probleme – Thesen – Wege, S. 478–497

Stutz, Alfred, Raumverteidigung – Utopie oder Alternative? Vorschläge, Modelle und Kontroversen, Zürich 1982

Die Suche nach Orientierung in deutschen Streitkräften 1871 bis 1990. Im Auftrag der Deutschen Kommission für Militärgeschichte und des Militärgeschichtlichen Forschungsamtes hrsg. von Michael Epkenhans, Potsdam 2006 (= Potsdamer Schriften zur Militärgeschichte, 1)

Suckow, Friedrich von, Atlantische Nächte. Eine Sammlung Novellen und Kriegsbilder, Stralsund 1832

Taylor, Maxwell D., The Uncertain Trumpet, New York 1960

Taylor, Maxwell D., Und so die Posaune einen undeutlichen Ton gibt, wer wird sich zum Streite rüsten? 1. Korinther 14,8, Gütersloh 1962

Teuber, Reinhard, Die Bundeswehr 1955-1995, Norderstedt 1996 (= Schriftenreihe Führung und Truppe, 5)

Theiler, Olaf, Die Entfernung der Wirklichkeit von den Strukturen. Die Bedrohungslage der NATO und ihre Wahrnehmung in der westdeutschen Bevölkerung 1985 bis 1990. In: Die Bundeswehr 1955 bis 2005, S. 339-364

Thilo, Karl-Wilhelm, Die Tschechenkrise 1968. Wie der Kommandierende General des II. Korps diese erlebt hat. In: Vom Kalten Krieg zur deutschen Einheit, S. 179-185

Thoß, Bruno, »Bedingt abwehrbereit«. Auftrag und Rolle der Bundeswehr als NATO-Mitglied während der Kuba-Krise. In: Vor dem Abgrund, S. 65-84

Thoß, Bruno, Der Beitritt der Bundesrepublik Deutschland zur WEU und NATO im Spannungsfeld von Blockbildung und Entspannung (1954-1956). In: AWS, Bd 3, S. 1-234

Thoß, Bruno, Bündnisintegration und nationale Verteidigungsinteressen. Der Aufbau der Bundeswehr im Spannungsfeld zwischen nuklearer Abschreckung und konventioneller Verteidigung (1955 bis 1968). In: Die Bundeswehr 1955 bis 2005, S. 13-38

Thoß, Bruno, Einführung. In: Sander-Nagashima, Die Bundesmarine 1950 bis 1972, S. 1-13

Thoß, Bruno, »Je mehr Bundeswehr, desto weniger Atombomben«. Deutsche militärische Führungseliten und Atomkriegsplanungen 1948-1968. In: Den Kalten Krieg denken, S. 103-130

Thoß, Bruno, NATO-Strategie und nationale Verteidigungsplanung. Planung und Aufbau der Bundeswehr unter den Bedingungen einer massiven atomaren Vergeltungsstrategie 1952 bis 1960, München 2006 (= Sicherheitspolitik und Streitkräfte der Bundesrepublik Deutschland, 1)

Tönsgerlemann, Markus, General Prof. Dr. Hans Speidel (28.10.1897-28.11.1984). Erster deutscher Oberbefehlshaber LANDCENT in Frankreich. In: Mars, 1/1995, S. 80-97

Trauschweizer, Ingo, Learning with an Ally: The U.S. Army and the Bundeswehr in the Cold War. In: JMilH, 72 (2008), 2, S. 477-508

Troitzsch, Ulrich, Technikgeschichte, Berlin 1980

Tuschhoff, Christian, Deutschland, Kernwaffen und die NATO 1949-1967. Zum Zusammenhalt von und friedlichem Wandel in Bündnissen, Baden-Baden 2002 (= Internationale Politik und Sicherheit, 30; Nuclear History Program, 7)

Uhl, Matthias, Krieg um Berlin? Die sowjetische Militär- und Sicherheitspolitik in der zweiten Berlin-Krise 1958 bis 1962, München 2008 (= Quellen und Darstellungen zur Zeitgeschichte, 73)

Uhl, Matthias, Soviet and Warsaw Pact Military Strategy. From Stalin to Brezhnev: The Transformation from »Strategic Defense« to »Unlimited War«, 1945-1968. In: Blueprints for Battle, S. 33-53

Uhl, Matthias, Die sowjetischen Truppen in der DDR zwischen Perestroika, »Wende« und Mauerfall. In: »Damit hatten wir die Initiative verloren«, S. 137−160

Uhl, Matthias, Storming on to Paris. The 1961 Buria exercise and the planned solution of the Berlin crisis. In: War Plans and Alliances, S. 46−71

Umbach, Frank, Das rote Bündnis. Entwicklung und Zerfall des Warschauer Paktes 1955 bis 1991, Berlin 2005 (= Militärgeschichte der DDR, 10)

Unterseher, Lutz, Bewegung, Bewegung! Zur Kritik eingefahrener Vorstellungen vom Krieg. In: Vierteljahresschrift für Sicherheit und Frieden, 2/1987, S. 90−97

Die USA und Deutschland im Zeitalter des Kalten Krieges 1945−1990. Ein Handbuch, Bd 1: 1945−1968. Hrsg. von Detlef Junker in Verbindung mit Philipp Gassert, Wilfried Mausbach und David B. Morris, München, Stuttgart 2001

Vad, Erich, Neue Technologien und das Kriegsbild der Zukunft. In: Europäische Sicherheit, 50 (2001), 5, S. 52−55

Vaïsse, Maurice, Die Außen- und Verteidigungspolitik im Denken und Handeln von General de Gaulle. In: Politischer Wandel, S. 479−489

Varwick, Johannes, Kriegsbild im Wandel. Kriegführung unter terroristischer Bedrohung. In: Information für die Truppe, 45 (2001), 4, S. 39−44

Die vergessene Front. Der Osten 1914/15. Ereignis, Wirkung, Nachwirkung. Im Auftrag des Militärgeschichtlichen Forschungsamtes hrsg. von Gerhard P. Groß, Paderborn [u.a.] 2006 (= Zeitalter der Weltkriege, 1)

Vergilius, Maro P., Aeneis. Rec. atque apparatu critico instruxit Gian Biagio Conte, Berlin, New York 2009 (= Bibliotheca scriptorum Graecorum et Romanorum Teubneriana, 43)

Verteidigung im Bündnis. Planung, Aufbau und Bewährung der Bundeswehr 1950 bis 1972. Hrsg. vom Militärgeschichtlichen Forschungsamt, 2. Aufl., München 1975

Verteidigungspolitische Richtlinien »Nationale Interessen wahren − Internationale Verantwortung übernehmen − Sicherheit gemeinsam gestalten«. Hrsg. vom Bundesminister der Verteidigung, Berlin 27.5.2011

Völker, Karl-Heinz, Dokumente und Dokumentarfotos zur Geschichte der Deutschen Luftwaffe. Aus den Geheimakten des Reichswehrministeriums 1919 bis 1933 und des Reichsluftfahrtministeriums 1933 bis 1939, Stuttgart 1968 (= Beiträge zur Militär- und Kriegsgeschichte, 9)

Völker, Karl-Heinz, Die deutsche Luftwaffe 1933−1939. Aufbau, Führung und Rüstung der Luftwaffe sowie die Entwicklung der deutschen Luftkriegstheorie, Stuttgart 1967 (= Beiträge zur Militär- und Kriegsgeschichte, 8)

Voigt, Hildegard, Feldgraue Weihnachten. Kriegsbild in einem Akt, Stettin [1915]

Volker Rühe − in der Mitte Europas. Hrsg. durch das Militärgeschichtliche Forschungsamt, Potsdam 2012

Vollbehr, Ernst, Bei der Heeresgruppe Kronprinz. Zweites Kriegsbilder-Tagebuch von Ernst Vollbehr, München 1917

Vollbehr, Ernst, Kriegsbilder-Tagebuch des Malers Ernst Vollbehr, München 1915

Vom Kalten Krieg zur deutschen Einheit. Analysen und Zeitzeugenberichte zur deutschen Militärgeschichte 1945 bis 1995. Im Auftrag des Militärgeschichtlichen Forschungsamtes hrsg. von Bruno Thoß unter Mitarb. von Wolfgang Schmidt, München 1995

Vom künftigen deutschen Soldaten. Gedanken und Planungen der Dienststelle Blank, Bonn 1955

Von der Aufgabe der Freiheit. Politische Verantwortung und bürgerliche Gesellschaft im 19. und 20. Jahrhundert. Festschrift für Hans Mommsen zum 5. November 1995. Hrsg. von Christian Jansen, Lutz Niethammer und Bernd Weisbrod, Berlin 1995

Von Kambodscha bis Kosovo. Auslandseinsätze der Bundeswehr seit Ende des Kalten Krieges. Hrsg. von Peter Goebel, Frankfurt a.M., Bonn 2000

Vor dem Abgrund. Streitkräfte der USA und UdSSR sowie ihrer deutschen Bündnispartner in der Kubakrise. Hrsg. von Dimitrij N. Filippovych und Matthias Uhl, München 2005 (= Schriftenreihe der Vierteljahrshefte für Zeitgeschichte, Sondernr.)

Wach, Felix, Wie ist das Kriegsbild? Rede des Wirklichen Geheimen Rats Professors D. Dr. Wach gehalten am 11. Oktober 1916 abends im großen Saale des Zoologischen Gartens in Leipzig, Berlin 1916

Walitschek, Hubert, Probleme des modernen Kriegsbildes. In: Wehrwissenschaftliche Rundschau, 14 (1964), 4, S. 193–204

Walsh, David M., The Military Balance in the Cold War. US Perceptions and Policy, 1976–85, London, New York 2008 (= Cold War history series, 18)

Walter, Dierk, Zwischen Dschungelkrieg und Atombombe. Britische Visionen vom Krieg der Zukunft 1945–1971, Hamburg 2009

Wampler, Robert A., NATO strategic planning and nuclear weapons, 1950–1957, College Park, MD 1990 (= Nuclear History Program, occasional paper, 6)

War Plans and Alliances in the Cold War. Threat Perceptions in the East and West. Ed. by Vojtech Mastny, Sven G. Holtsmark and Andreas Wenger, London, New York 2006

War Visions. Bildkommunikation und Krieg. Hrsg. von Thomas Knieper und Marion G. Müller, Köln 2005

Der Warschauer Pakt. Von der Gründung bis zum Zusammenbruch 1955 bis 1991. Hrsg. von Torsten Diedrich, Winfried Heinemann und Christian F. Ostermann, Berlin 2009 (= Militärgeschichte der DDR, 16)

Was heißt Kulturgeschichte des Politischen? Hrsg. von Barbara Stollberg-Rilinger, Berlin 2005 (= Zeitschrift für Historische Forschung, 35)

Was ist Militärgeschichte? In Verbindung mit dem Arbeitskreis Militärgeschichte e.V. hrsg. von Thomas Kühne und Benjamin Ziemann, Paderborn [u.a.] 2000 (= Krieg in der Geschichte, 6)

Weber, Gerhard, Hellmuth Felmy. Stationen einer militärischen Karriere, Wiesbaden 2010

Wege in die neue Bundesrepublik. Politische Mythen und kollektive Selbstbilder nach 1989. Hrsg. von Jens Hacke und Herfried Münkler, Frankfurt a.M., New York 2009 (= Eigene und fremde Welten, 13)

Wege zur Wiedervereinigung. Die beiden deutschen Staaten in ihren Bündnissen 1970 bis 1990. Im Auftrag des Zentrums für Militärgeschichte und Sozialwissenschaften der Bundeswehr hrsg. von Oliver Bange und Bernd Lemke, München 2013 (= Beiträge zur Militärgeschichte, 75)

Wegener, Edward, Moskaus Offensive zur See, Bonn-Bad Godesberg 1972

Wegener, Jens, Die Organisation Gehlen und die USA. Deutsch-amerikanische Geheimdienstbeziehungen 1945–1949, Berlin, Münster 2008 (= Studies in Intelligence History, 2)

Wegner, Bernd, Erschriebene Siege. Franz Halder, die »Historical Division« und die Rekonstruktion des Zweiten Weltkrieges im Geiste des deutschen Generalstabes. In: Politischer Wandel, S. 287–302

Wegner, Bernd, Wozu Operationsgeschichte? In: Was ist Militärgeschichte?, S. 105–113

Weinstein, Adelbert, Wird der Krieg wieder denkbar?. In: FAZ, 6.9.1980

Weißbuch 1969. Zur Verteidigungspolitik der Bundesregierung. Im Auftrage der Bundesregierung hrsg. vom Bundesminister der Verteidigung, Bonn 1969

Weißbuch 1975/76. Zur Sicherheit der Bundesrepublik Deutschland und zur Entwicklung der Bundeswehr. Im Auftrage der Bundesregierung hrsg. vom Bundesminister der Verteidigung, Bonn 1976

Weißbuch 1979. Zur Sicherheit der Bundesrepublik Deutschland und zur Entwicklung der Bundeswehr. Im Auftrag der Bundesregierung hrsg. vom Bundesminister der Verteidigung, Bonn 1979

Weißbuch 1985. Zur Lage und Entwicklung der Bundeswehr. Im Auftrage der Bundesregierung hrsg. vom Bundesminister der Verteidigung, Bonn 1985

Weißbuch 2016. Zur Sicherheitspolitik und zur Zukunft der Bundeswehr. Hrsg. vom Bundesministerium der Verteidigung, Berlin 2016

Weisungen des Oberbefehlshabers der Luftwaffe für die Führung der Operationen in der ersten Zeit eines Krieges. Beitrag zur Wehrmachtstudie vom 18.11.1935, Nr. 195. In: Völker, Dokumente, S. 445–449

Weizsäcker, Richard von, Der Weg zur Einheit, München 2009

Wellershoff, Dieter, Menschen und Waffen im Dienst der Sicherheitspolitik. In: Frieden ohne Rüstung?, S. 203–209

Der Weltkrieg in seiner rauen Wirklichkeit. Kriegsbilder-Werk mit 600 Bildern aus allen Fronten nach Original-Aufnahmen. Hrsg. durch den Kriegsfotografen Hermann Rex und Hermann Rutz, 3. Aufl., Oberammergau 1927

Wendt, Bernd Jürgen, »Totaler Krieg«. Zum Kriegsbild der Zwischenkriegszeit. In: Lebendige Sozialgeschichte, S. 384–397

Wendt, Bernd Jürgen, Zur Einführung. Der »totale Krieg« der Zukunft in den Planspielen der Reichswehr. In: Führungsdenken, S. 45–55

Wenzke, Rüdiger, Die mitteleuropäische Krise: Prag 1968. In: Vom Kalten Krieg zur deutschen Einheit, S. 157–178

Wenzke, Rüdiger, Von der Parteiarmee zur Volksarmee? Die NVA und die Grenztruppen der DDR in Krise und Umbruch. In: »Damit hatten wir die Initiative verloren«, S. 43–89

Wessler, Markus, Operations Research. Grundlagen und praktische Anwendungen, Renningen 2010 (= Die Betriebswirtschaft, 26)

Westphal, Siegfried, Heer in Fesseln. Aus den Papieren des Stabschefs von Rommel, Kesselring und Rundstedt, Bonn 1950

Wette, Wolfram, Die deutsche militärische Führungsschicht in den Nachkriegszeiten. In: Lernen aus dem Krieg?, S. 39–66

Wette, Wolfram, Militärgeschichte von unten. Die Perspektive des »kleinen Mannes«. In: Der Krieg des kleinen Mannes, S. 9–47

Wette, Wolfram, Militarismus in Deutschland. Geschichte einer kriegerischen Kultur, Darmstadt 2008

Wettig, Gerhard, Chruschtschows Berlin-Krise 1958 bis 1963: Drohpolitik und Mauerbau, München 2006 (= Quellen und Darstellungen zur Zeitgeschichte, 67)

Wie Kriege entstehen. Zum historischen Hintergrund von Staatenkonflikten. Hrsg. von Bernd Wegner, Paderborn [u.a.] 2000 (= Krieg in der Geschichte, 4)

Wiggershaus, Norbert, Die Entscheidung für einen westdeutschen Verteidigungsbeitrag 1950. In: AWS, Bd 1, S. 325–402

Wiggershaus, Norbert, Von Potsdam zum Pleven-Plan. Deutschland in der internationalen Konfrontation 1945–1950. In: AWS, Bd 1, S. 1–118

Wilhelm, Hans-Heinrich, Motivation und »Kriegsbild« deutscher Generale und Offiziere im Krieg gegen die Sowjetunion. In: Erobern und Vernichten, S. 153–182

Willensmenschen. Über deutsche Offiziere. Hrsg. von Ursula Breymayer, Bernd Ulrich und Karin Wieland, 2. Aufl., Frankfurt a.M. 2000

Willmann, Helmut, Die politische und militärische Zielsetzung des Eurokorps. In: Vom Kalten Krieg zur deutschen Einheit, S. 711–720

Winkler, Willi, Die Geschichte der RAF, Berlin 2007

Winter, Jay M., Kriegsbilder: Die Bildende Kunst und der Mythos der Kriegsbegeisterung. In: Kriegsbegeisterung, S. 89–112

Wirsching, Andreas, Deutsche Geschichte im 20. Jahrhundert, München 2011

Wölfle, Markus, Die Auslandseinsätze der Bundeswehr und ihre Auswirkung auf die Rolle der Bundesrepublik Deutschland im internationalen System. Ein Vergleich von Rollenkonzept und Rollenverhalten unter besonderer Berücksichtigung des Zivilmachtkonzepts, Bonn 2005 (= Militärgeschichte und Wehrwissenschaften, 7)

Wohlfeil, Rainer, Wehr-, Kriegs- oder Militärgeschichte? In: MGM, 1 (1967), S. 21–29

Wolf Graf von Baudissin 1907–1993. Modernisierer zwischen totalitärer Herrschaft und freiheitlicher Ordnung. Im Auftrag des Militärgeschichtlichen Forschungsamtes hrsg. von Rudolf J. Schlaffer und Wolfgang Schmidt, München 2007

Wolff, Albert, Schultze und Müller im Orient. Humoristische Kriegsbilder, Düsseldorf 1854

Wukovits, John F., Eisenhower, New York [u.a.] 2006

Das Zeitalter der Bombe. Die Geschichte der atomaren Bedrohung von Hiroshima bis heute. Hrsg. von Michael Salewski, München 1995

Zieber, Markus, Der Falklandkrieg: ein konventioneller Krieg im Zeitalter der Massenvernichtungsmittel, Hamburg 1988

Zimmermann, Hubert, Der Konflikt um die Kosten des Kalten Krieges: Besatzungskosten, Stationierungskosten, Devisenausgleich. In: Die USA und Deutschland im Zeitalter des Kalten, S. 514–523

Zimmermann, John, Führungskrise in der Bundeswehr oder »Aufstand der Generale«? Die Rücktritte der Generale Trettner und Panitzki 1966. In: Die Luftwaffe, S. 108–123

Zimmermann, John, Ulrich de Maizière. General der Bonner Republik, 1912–2006, München 2012 (= Sicherheitspolitik und Streitkräfte der Bundesrepublik Deutschland, 12)

Der Zweite Weltkrieg. Analysen, Grundzüge, Forschungsbilanz. Im Auftrag des Militärgeschichtlichen Forschungsamtes hrsg. von Wolfgang Michalka, Reprint der Ausg. 1989, Weyarn 1997

Zweiter Kalter Krieg und Friedensbewegung. Der NATO-Doppelbeschluss in deutsch-deutscher und internationaler Perspektive. Hrsg. im Auftrag des Instituts für Zeitgeschichte München–Berlin und des Deutschen Historischen Instituts Washington von Philipp Gassert, Tim Geiger und Hermann Wentker, München 2011 (= Schriftenreihe der Vierteljahrshefte für Zeitgeschichte, Sondernr.)

Personenregister

Abrahamson, James 405
Achromeev, Sergej F. 404
Adam, Wilhelm 97
Adenauer, Konrad 17, 124, 135 f., 138, 142–144, 149, 151–154, 164, 167, 171, 175, 177, 196 f., 201 f., 243 f., 273, 281, 284
Afheldt, Eckart 383, 386
Ahlers, Conrad 263
Ailleret, Charles 331
Altenburg, Wolfgang 25, 42, 283, 335, 387–392, 394–402, 404 f., 408, 410, 416, 419, 427, 430 f., 440
Apel, Hans 362
Aron, Raymond 16, 267
Ash, Timothy Garton 406

Bagger, Hartmut 434
Bagnall, Sir Nigel 408
Bald, Detlef 10, 21, 49
Bange, Oliver 18 f., 345
Baudissin, Friedrich Graf von 82
Baudissin, Wolf Graf von 2, 12, 28, 37, 40–43, 46 f., 50, 59, 61, 64, 144, 267 f., 270–277, 284, 297–300, 304, 307, 333, 421, 426–428, 431, 435, 439, 442 f.
Beck, Ludwig , 97–103, 113
Behncke, Paul 104
Benz, Wolfgang 132
Berghahn, Volker R. 11, 79
Bergstraesser, Arnold 142
Bernhard, Patrick 18
Besteck, Eva 11, 88
Bethmann Hollweg, Theobald von 76
Beyrau, Dietrich 197

Bitzel, Uwe 103
Blankenhorn, Herbert 144, 180
Blank, Theodor 151 f., 154, 157, 161, 166 f., 171, 175, 180, 182 f., 188
Blomberg, Werner von 96, 100 f., 106
Blumentritt, Günther 166
Bonin, Bogislaw von 164–167, 198, 330 f., 424, 431
Boog, Horst 112, 118
Bozo, Frédéric 18
Bradley, Omar N. 124, 130, 132, 141
Brandt, Jürgen 258, 374, 382
Brandt, Willy 333, 391
Brauchitsch, Walther von 102 f., 114
Brodie, Bernhard 332
Brose, Eric Dorn 74
Brossollet, Guy 386
Brühl, Reinhard 90
Bruhn, Matthias 58 f., 441
Büchs, Herbert 443
Büchsel, Wilhelm 81 f.
Bundy, McGeorge 278
Bush, George W. 63
Busse, Theodor 188
Butler, Peter von 271

Canstein, Raban Freiherr von 44, 333
Citino, Robert M. 12
Clausewitz, Carl von 15, 35, 50, 63 f., 71, 96, 160, 312
Clay, Lucius D. 124
Clement, Rolf 21
Conze, Eckart 203, 288, 360, 363, 423
Corum, James 21
Creveld, Martin van 299, 427
Critchfield, James 128

Cuno, Wilhelm 94

Deist, Wilhelm 11
Diedrich, Torsten 19
Dinter, Elmar 45, 410
Dönitz, Karl 107, 113 f., 117 f.
Doepgen, Clemens 324, 326
Douhet, Giulio 108–110, 117
Dülffer, Jost 10, 15, 60 f., 85

Ebert, Theodor 386
Echternkamp, Jörg 21, 49, 122
Ehard, Hans 129 f.
Ehlert, Hans 11
Eimannsberger, Ludwig Ritter von 103
Eimler, Eberhard 393, 411
Eisenhower, Dwight D. 156 f., 159 f., 277, 350
Embry, Sir Basil 180
Engell, Lorenz 23
Epkenhans, Michael 11
Erhard, Ludwig 284
Evans (Rear Admiral) 324

Falkenhayn, Erich von 85 f.
Felmy, Hellmuth 111, 113 f.
Fett, Kurt 166
Fischel, Max von 82
Foerster, Roland G. 151
Förster, Stig 10, 71, 74, 76
Foertsch, Friedrich 40, 426
Foertsch, Hermann 136, 142, 144, 154, 259–261, 265 f., 271, 273, 277, 285–287, 292, 296 f.
Forrestal, James V. 141
François-Poncet, André 129
Freytag von Loringhoven, Bernd Freiherr 271, 294
Fritsch, Werner von 96–103
Fromm, Günter 367

Gablik, Axel F. 12, 14, 16, 23, 47, 53, 56, 126, 138, 167 f., 181, 183, 189, 192, 198, 203, 215, 236, 247, 256, 270 f., 274, 282, 296, 310, 341
Gaddis, John L. 18
Gärtner, Heinz 62, 428
Gassert, Philipp 21
Gaulle, Charles de 249 f., 329, 331
Gehlen, Reinhard 128, 136, 232
Gerlach, Heinrich 286
Gerndt, Helge 59
Geßler, Otto 96
Gladisch, Walter 144
Glatz, Rainer 25, 42, 50, 436
Glotz, Peter 414
Göring, Hermann 109, 112
Goethe, Johann Wolfgang von 34
Golling, Christine 256, 307
Golling, Ernst 25, 254, 256 f., 307
Goodpaster, Andrew J. 335 f.
Gorbačëv, Michail S. 403, 406, 415, 417, 419, 431
Greiner, Bernd 173, 179, 184, 186, 191
Greiner, Christian 16
Grimm, Jacob 34
Grimm, Wilhelm 34
Groener, Wilhelm 96, 113
Groß, Gerhard P. 11, 21, 51, 69, 72, 74 f., 84, 91, 93, 96, 98, 115, 119
Gruenther, Alfred M. 156, 159, 164, 167 f., 171 f., 174, 177, 191
Guderian, Heinz 103
Guha, Anton Andreas 370
Guttenberg, Karl-Theodor zu 63

Hackett, Sir John Winthrop 1–3
Haftendorn, Helga 16
Halder, Franz 102 f., 114 f., 117
Hammerich, Helmut R. 13 f., 20, 23, 30, 47, 149, 169, 213, 215, 228, 238, 258, 296
Hanel, Tilman 21
Hansen, Helge 434
Hassel, Kai-Uwe von 263, 277, 280 f., 285, 292, 303, 314 f., 427
Hasselman, Ben 164

Heeringen, August von 82
Hegel, Georg Wilhelm Friedrich 421 f.
Heidenkamp, Henrik 439
Heinemann, Winfried 19
Henke (Hauptmann) 36
Herrmann, Richard K. 18
Herzfeld, Hans 274
Heuser, Beatrice 16, 50, 316
Heusinger, Adolf 2 f., 29, 39 f., 65, 67, 86, 90, 101, 115–117, 122 f., 126–130, 132–145, 148, 151–155, 161, 164–167, 169, 171–177, 181 f., 184–194, 196 f., 202, 204, 215, 217, 223 f., 226, 228, 236, 238–244, 246–250, 253–255, 259, 262, 271, 287
Heuss, Theodor 129, 185
Heye, Wilhelm 95
Hildebrandt, Horst 358
Hindenburg, Paul von Beneckendorff und von 87, 95, 99
Hitler, Adolf 97, 99–103, 106, 111 f., 115–117
Hobe, Cord von 213, 254
Hobson, Rolf 11, 78
Hochgeschwender, Michael 197
Höhn, Reinhard 36, 46
Hoeres, Peter 75
Holtsmark, Sven G. 18
Hoßbach, Friedrich 99
Hürter, Johannes 11, 30, 119

Ingenohl, Friedrich von 83
Ingrim, Robert 129

Jahn, Peter 11, 88
Janssen, Wilhelm 63
Jaspers, Karl 266
Jeschonnek, Gert 325–327, 342
Jeschonnek, Hans 111 f.
Jöris, Paul Elmar 21
Johnson, Lyndon B. 315
Juin, Alphonse 160 f., 239
Jung, Franz Josef 438

Jungkurth, Horst 411

Kaestner, Roland 37, 46, 50, 434
Kahn, Herman 278, 332
Kammhuber, Josef 112, 192–194, 196, 198, 203 f., 206–208, 210 f., 222 f., 230–236, 246, 256, 259, 262, 265, 268, 274 f., 288, 317, 388
Karst, Heinz 269 f., 385
Kauffmann, Thomas Anton 19
Keitel, Wilhelm 101
Kennedy, John F. 277 f., 427
Kennedy, Paul M. 11, 79, 81–83
Keßelring, Agilolf 20, 424
Kesselring, Albert 111
Kielmansegg, Johann Adolf Graf von 144, 149, 154, 179, 194, 267, 271, 308
Kiesinger, Kurt Georg 315
Kissinger, Henry 278, 332
Knauss, Robert 108, 144
Knoll, Michael 17
Kohl, Helmut 379, 391, 401 f., 404, 416
Kollmer, Dieter H. 20
Koselleck, Reinhart 127
Kramer, Mark 22
Krüger, Dieter 5 f., 13, 17, 213, 254, 284, 290, 308, 317, 329, 332
Krüger, Horst 144
Krumpelt, Ihno 44, 119
Künzel, Matthias 21
Kutsche, Eckart 35, 46, 48, 50, 56
Kutz, Martin 5, 15, 47, 50, 74, 410

Lafontaine, Oskar 370
Langewiesche, Dieter 197
Laqueur, Walter 23, 417
Larres, Klaus 169
Lautsch, Siegfried 403
Leber, Georg 354 f.
Lemke, Bernd 13, 18, 150, 204, 206, 211, 223, 231 f., 236, 268, 270, 281, 341
Lemnitzer, Lyman L. 280, 336
Lenin, Vladimir I. 3

Le Puloch, Louis 183, 184
Leyen, Ursula von der 440
Lindbergh, Charles 130
Loch, Thorsten 20, 424
Löser, Jochen 383, 386, 431
Loth, Wilfried 416
Ludendorff, Erich 87
Luttwak, Edward 332

McCloy, John J. 129, 156
McElroy, Neil H. 253
McNamara, Robert 278 f., 281 f., 292, 316, 427
Mahan, Alfred Thayer 79
Maier, Klaus A. 12
Maizière, Ulrich de 41, 154, 157 f., 179, 208, 247, 258, 271, 283, 290 f., 298 f., 307–314, 319 f., 327, 329, 331, 333–340, 351, 391, 427
Mann, Hans Joachim 406
Manstein, Erich von 114
Manteuffel, Hasso von 152
Mark, Kurt 23, 46 f., 54, 56
Marras, Luigi Efisio 164
Martin, Alfred 195, 198, 263
Mastny, Vojtech 18
Megargee, Geoffrey P. 93
Meister, Rudolf 144
Meyer, Georg 101, 117, 121
Michaelis, William 11
Middeldorf, Eike 3, 42, 53, 217
Miksche, Ferdinand 231, 353, 357, 359 f.
Miksche, Ferdinand Otto 3, 429
Milch, Erhard 109
Mitchell, Billy 108
Mitchell, W.J. Thomas 59 f.
Moeller van den Bruck, Arthur 270
Moll, Josef 320 f., 323
Moltke, Helmuth Johannes Ludwig von (der Jüngere) 73, 75–78, 85, 91
Moltke, Helmuth Karl Bernhard von (der Ältere) 8, 30, 67, 69–72, 91, 69, 93, 96, 98, 103, 119
Mombauer, Annika 75

Monte, Peter 353
Montgomery, Bernard L. 159, 168, 177, 179, 183 f., 191, 241
Moritz, Günter 64 f.
Müller, Christian 11, 15, 47, 54, 58, 60, 74, 89
Müller, Gebhard 129
Murray, Williamson 119

Nägler, Frank 11, 20, 88, 223
Napoleon I., Kaiser der Franzosen 46
Naumann, Klaus 7, 433–435
Neff, Bernhard 47 f.
Nehring, Holger 18
Nehring, Walther 103
Neurath, Konstantin von 100
Niedhart, Gottfried 19
Niemeyer, Joachim 9 f., 15, 23, 29, 35 f., 45 f., 50 f., 54, 58, 62, 275, 359, 441
Nitze, Paul 278
Noiret, Roger 164, 249
Norstad, Lauris 164, 168, 193, 201 f., 211, 231 f., 239, 243, 253, 265, 279 f., 305
Nostitz, Eberhard Graf von 144

Obermaier, Albrecht 325
Obleser, Friedrich 318, 365, 367, 429
Ollenhauer, Erich 181
Ostermann, Christian F. 19

Panitzki, Werner 180, 204, 247, 265, 268, 289, 293, 307
Pauls, Rolf 135, 137
Peball, Kurt 10, 46
Pech, Artur 15, 34, 37, 48, 52 f., 57, 59
Pedlow, Gregory 19
Pincus, Walter 386
Pöhlmann, Markus 11, 113
Poeppel, Johannes 383

Raeder, Erich 105–107, 109, 113 f., 118
Rahn, Werner 11
Rautenberg, Hans-Jürgen 145, 149
Reagan, Ronald 378, 406

Reichenau, Walther von 101
Reichherzer, Frank 13–15, 48, 155, 194, 197, 304, 310, 314
Reinhardt, Hellmuth 43, 50, 54
Ridgway, Matthew B. 160, 171
Rink, Martin 14, 21, 151, 198, 236
Rödel, Christian 88
Röttiger, Hans 144, 192 f., 213–217, 220, 222, 226–228, 235, 242, 254 f., 269
Rogers, Bernard W. 372, 391
Rommel, Erwin 161
Rougeron, Camille 108
Ruge, Friedrich 138–141, 144, 172, 191 f., 219–226, 230, 235, 286, 326
Rusk, Dean 279, 292

Sachs-Hombach, Klaus 6
Sander-Nagashima, Johannes Berthold 13
Sandrart, Hans-Henning von 407–411, 413, 430 f.
Schelling, Thomas 332
Schell, Jonathan 386
Schild, Georg 22
Schindler, Albert 255, 271, 275, 298
Schlaffer, Rudolf J. 20
Schlesinger, James Rodney 356
Schlieffen, Alfred Graf von 69 f., 72–75, 91 f., 98, 103, 119
Schmidt, Helmut 281, 333–337, 342, 345, 360, 362, 364, 391, 401 f., 429, 441
Schmückle, Gerd (Gerhard) 267–271, 273 f., 426, 435
Schneider, Erich 330
Schneiderhan, Wolfgang 438
Schnell, Karl 349
Schnez, Albert 264, 321–323, 339 f.
Schöllgen, Gregor 23, 417
Schönbohm, Jörg 25, 28
Schramm, Wilhelm Ritter von 43, 53 f.
Schreiber, Gerhard 11, 105
Schröder, Gerhard 309
Schultze-Hinrichs, Alfred 144

Schuyler, Cortland 168, 174, 178
Schwerin, Gerhard Graf von 152–154, 158, 198, 357, 424, 431
Seeckt, Hans von 11 f., 91–95, 97–99, 103, 108, 110
Seibold, Wenzel 242
Senger und Etterlin, Fridolin von 144, 149, 408
Ševardnadze, Eduard A. 406
Skinner, Quentin 28
Spannenkrebs, Walter 103
Spannocchi, Emil 386
Speidel, Hans 2, 29, 39 f., 65, 67, 86, 90, 122 f., 126, 129–139, 141–146, 148, 151–161, 164–169, 171 f., 174–176, 178 f., 184 f., 190–193, 196 f., 200, 202, 204, 215, 238–244, 248 f., 254 f., 259 f., 266 f., 287 f., 290 f., 310, 321, 330, 338, 344
Spengler, Oswald 270
Stalin, Iosif V. 186
Stegemann, Bernd 12
Steinhoff, Johannes 180, 203 f., 207 f., 210, 234, 246, 271, 289, 316–321, 341 f., 393
Steininger, Rolf 18
Stenzel, Alfred 79
Stöver, Bernd 1, 18, 242
Stöver, Rolf 8
Stollberg-Rilinger, Barbara 6, 27, 29
Stoltenberg, Gerhard 417
Storz, Dieter 3, 11, 57, 76
Stosch, Albrecht von 78
Strauß, Franz Josef 196, 201–203, 211, 217, 246 f., 256 f., 262 f., 265, 268 f., 271, 280, 425, 441
Strohn, Matthias 12, 93
Stülpnagel, Joachim von 11, 28, 94–96, 98, 108, 113
Stumpff, Hans-Jürgen 111

Taylor, Maxwell Davenport 192, 224, 278 f., 288
Tempelhoff, Hans Georg von 280
Theiler, Olaf 407

Thoß, Bruno 16, 176, 183, 213, 215, 238, 241, 248, 250, 266
Tirpitz, Alfred von 79–81, 83, 88 f., 104, 118
Trauschweizer, Ingo W. 21
Trenchard, Hugh 108
Trettner, Heinz 4, 41, 47, 255, 277, 290 f., 293–301, 303, 307 f., 310, 312, 327, 330, 353, 360, 427
Trotha, Adolf von 104
Truman, Harry S. 156
Tuschhoff, Christian 21
Twining, Nathan F. 253

Udet, Ernst 109
Uhle-Wettler, Franz 383, 386, 431
Uhl, Matthias 253
Umbach, Frank 19

Valluy, Jean Étienne 239, 249
Varwick, Johannes 45
Vergil 422
Vietinghoff, Heinrich von 144
Vorsteher, Carl Heinz 342

Wach, Felix 36
Wagner, Gerhard 159
Waldersee, Alfred Graf von 71 f.
Walitschek, Hubert 44, 53, 64
Walter, Dierk 14 f., 23, 48, 53, 56 f., 60 f., 77

Wegener, Edward 286
Wegner, Bernd 5, 9
Weinstein, Adelbert 181, 357, 373
Wellershoff, Dieter 405, 410, 414
Wendt, Bernd Jürgen 11, 61
Wenger, Andreas 18
Wette, Wolfram 91
Wever, Walther 110–113
Wheeler, Earle Gilmore 294, 314, 316, 330
White, Thomas D. 178
Wiesner, Jerome 278
Wiggershaus, Norbert 145, 149
Wilberg, Helmuth 108, 110
Wildermuth, Eberhard 20, 129
Wilhelm, Hans-Heinrich 11, 115
Wilhelm II., Deutscher Kaiser und König von Preußen 71, 78–80, 87
Willmann, Helmut 435
Wörner, Manfred 395, 402
Wohlstetter, Albert 332
Wust, Harald 355 f., 361

Zenker, Hans 105, 109
Zenker, Karl-Adolf 159, 192, 196, 286, 324 f.
Zerbel, Alfred 255
Zimmermann, Armin 351 f.
Zimmermann, John 20
Žukov, Georgij K. 221

www.ingramcontent.com/pod-product-compliance
Lightning Source LLC
Chambersburg PA
CBHW060452300426
44113CB00016B/2568